Dirk Kruse-Etzbach

USA-Süden

IWANOWSKI'S REISEBUCHVERLAG

Im Internet:

www.iwanowski.de

Hier finden Sie aktuelle Infos
zu allen Titeln, interessante
Links –und vieles mehr!
Einfach anklicken!

Schreiben Sie uns,
wenn sich etwas verändert
hat. Wir sind bei der Aktuali-
sierung unserer Bücher auf
Ihre Mithilfe angwiesen.

info@iwanowski.de

USA-Süden

9., aktualisierte Auflage 2010

© Reisebuchverlag Iwanowski GmbH
Salm-Reifferscheidt-Allee 37 • 41540 Dormagen
Telefon 0 21 33/26 03 11 • Fax 0 21 33/26 03 33
E-Mail: info@iwanowski.de
Internet: www.iwanowski.de

Titelbild: IFA-Bilderteam
Alle anderen Farb- und Schwarzweißabbildungen: Dirk Kruse-Etzbach,
außer: s. Abbildungsverzeichnis S. 643
Redaktionelles Copyright, Konzeption und dessen ständige Überarbeitung:
Michael Iwanowski
Bearbeitung: Angelika Calmez, Köln
Layout: Monika Golombek, Köln
Karten & Reisekarte: Astrid Fischer-Leitl, München
Titelgestaltung sowie Layout-Konzeption: Studio Schübel, München

Gesamtherstellung: GCC, Calbe
Printed in Germany

ISBN: 978-3-933041-75-3

Inhaltsverzeichnis

Überblick

Überblick

Reiserouten

Reiserouten

Reiserouten

Reiserouten

Reiserouten

Reiserouten

Reiserouten

Reiserouten

Reiserouten

INFO   Außerdem weiterführende Informationen zu folgenden Themen

Die Präsidenten der Vereinigten Staaten von Amerika 23 • World Trade Center und
Pentagon: ein Anschlag, der die Welt verändert hat 54 • Interessantes zum Mississippi
58 • Die soziale Schere öffnet sich 76 • Was ist ein Kreole, und was bedeutet
Cajun/Acadian? 292 • Voodoo 299 • Friedhöfe in New Orleans 314 • Informationen
zum Spanischen Moos 324 • Mark Twain 332 • Die Geschichte der Cajun-Musik 337
• The Great Seawall 341• Hochseeangeln 342 • Jefferson Davis 343 • Was ist ein
Hurrikan? 346 • Information über Tropfsteinhöhlen 358 • Informationen zu den Gulf
Islands und den weißen Stränden 363 • John Gorrie, der Erfinder der Eismaschine
366 • Ponce de León 387 • Gullah – der Slang der Ostküste 398 • „Halfbacks" 443

Verzeichnis der Karten und Grafiken

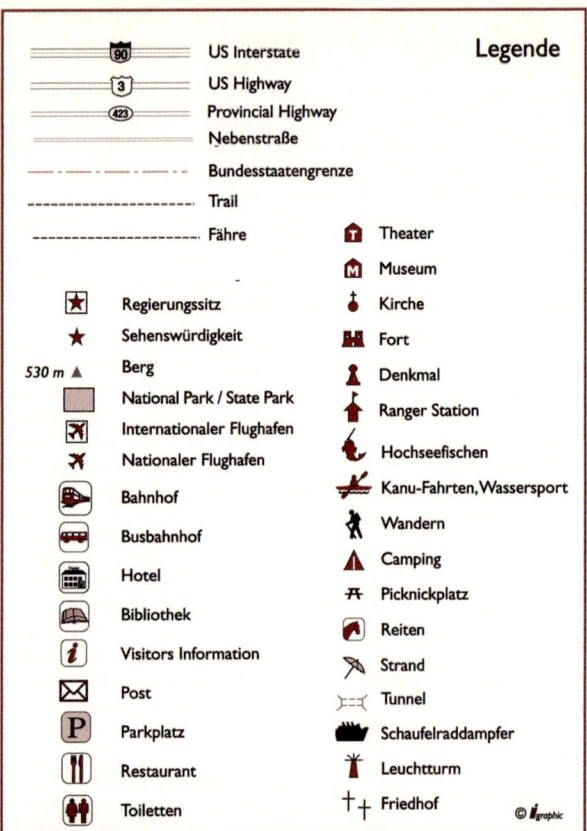

90	US Interstate	**Legende**
3	US Highway	
423	Provincial Highway	
	Nebenstraße	
	Bundesstaatengrenze	
	Trail	
	Fähre	♠ Theater

★	Regierungssitz	Ⓜ	Museum
★	Sehenswürdigkeit	♦	Kirche
530 m ▲	Berg	🏰	Fort
▮	National Park / State Park	♦	Denkmal
✈	Internationaler Flughafen	♦	Ranger Station
✈	Nationaler Flughafen	♦	Hochseefischen
🚉	Bahnhof	🛶	Kanu-Fahrten, Wassersport
🚌	Busbahnhof	🚶	Wandern
🏨	Hotel	▲	Camping
📖	Bibliothek	⊼	Picknickplatz
i	Visitors Information	🐎	Reiten
✉	Post	🏖	Strand
Ⓟ	Parkplatz	⊃⊂	Tunnel
🍴	Restaurant	🚢	Schaufelraddampfer
🚻	Toiletten	🗼	Leuchtturm
		†₊	Friedhof

© *i*graphic

👉 **So gehts**

Das Buch ist so aufgebaut, dass dem eigentlichen Reiseteil ein Einblick in Geschichte und Kultur vorausgeht, aber auch andere Aspekte des Reisezieles, ebenso allgemeine Tipps zur Planung und Ausführung einer Reise (Gelbe Seiten, Allgemeine Reisetipps von A–Z, S. 103, sowie Regionale Reisetipps für das Zielgebiet, S. 155). Im Anschluss folgt der Reiseteil, in dem auf alle wichtigen und wesentlichen Sehenswürdigkeiten eingegangen wird.

Ein ausführliches System der Seitenverweise erleichtert Ihnen das schnelle Zurechtfinden. Da wir unsere Bücher regelmäßig aktualisieren, kann es in den Gelben Seiten zu Verschiebungen kommen. Verweise auf diese Seiten geben wir daher nur in Form der ersten Seite des Gelben Teils (i S. 155). Ein ausführliches Register im Anhang gibt Ihnen die Möglichkeit, schnell und präzise den gesuchten Begriff zu finden. In den Grünen Seiten sind Preisbeispiele des Reiselandes angegeben. Wir freuen uns über Kritik, Anregungen und Verbesserungsvorschläge: info@iwanowski.de

I. Einleitung

Ziel dieses Reisehandbuches ist es, Ihnen Ideen und Tipps zu vermitteln, was Sie im Süden der USA erwartet und wie Sie eine schöne und vor allem eindrucksvolle Reise durchführen können. Alle Angaben beruhen auf persönlichen Erfahrungen und können somit nicht als „Enzyklopädie der Südstaaten" gewertet werden, sondern stellen oft eine subjektive Meinung dar. Trotzdem hoffe ich, dass nun diese Mischung aus nützlichen Tipps und Erläuterungen sowie Beschreibungen und dem einen oder anderen Geheimtipp einen guten Wegbegleiter für Sie darstellen und Ihnen eben auch bei der Planung zu Hause einen nützlichen Dienst erweisen wird. Unterwegs sind es dann Ihr Interesse und Ihr Reiserhythmus, die die Reiseroute vom Verlauf und der zeitlichen Einteilung bestimmen werden.

Das Reisen durch die Südstaaten der USA bietet etwas ganz anderes, als es z. B. die viel bereisten Gebiete im Westen, im Südwesten oder im Nordosten tun. Nicht die landschaftlichen Höhepunkte stehen hier im Vordergrund, sondern die Lebensart der *Aufregende* Menschen, die Musikkulturen, der langsame Wandel der lange kritisierten reaktionä- *kulturelle* ren weißen Gesellschaft, der wirtschaftliche Aufschwung, die Mischung aus französi- *Mischung* scher, spanischer und englischer Kolonialgeschichte und, und, und ...

Kurz: Den Süden muss man nicht nur **sehen**, sondern ihn **erleben** – und das stellt Sie als Reisenden vor eine nicht ganz einfache Aufgabe: Gute Musikclubs verstecken sich häufig in wenig empfehlenswerten Stadtteilen, der Wandel der Gesellschaft zeigt sich nicht selten gerade in sterbenden Städten im alten Cotton-Belt, und um die Kultur der Schwarzen zu erkunden, muss man sich in alten Kirchen oder in Hinterhofmuseen umtun usw.

Für das Verstehen der Südstaaten benötigen Sie ohne Zweifel etwas Mut, aber vor *Wer Be-* allem auch den Willen, sich in der einen oder anderen unangenehmen Umgebung zu *schwerlich-* bewegen. Sind Sie dazu nicht bereit, werden Sie vieles nicht verstehen. Tipps für ent- *keiten scheut,* sprechende Erkundungen finden Sie ausreichend in diesem Handbuch, und wer wirk- *verschenkt* lich einmal so richtig eintauchen möchte, dem seien die Unterkapitel „Off the bea- *intensive* ten track" (dt.: abseits der ausgetretenen Pfade) wärmstens ans Herz gelegt. Ich *Reise-* möchte Sie aber vorher warnen, es handelt sich hierbei teilweise um wirklich alte *eindrücke* Hüttenkneipen, heruntergekommene und halbvergessene Museen sowie Gebiete, wo das architektonische Antlitz bereits sehr zu wünschen übrig lässt. Alle Orte habe ich aber selbst besucht und erkundet, so dass ich der Meinung bin: Versuchen Sie es! Ein kleiner Tipp vorweg: Ein Besuch eines **Baptisten-Gottesdienstes** in einer schwarzen Gemeinde lohnt sich nicht nur wegen der Gospel-Gesänge.

Das soll aber jetzt nicht heißen, dass der Süden landschaftlich nichts zu bieten hat. Das zu behaupten, wäre ungerecht. Riesige weiße **Sandstrände** in Nord-Florida, eindrucksvolle und z. T. unheimliche **Sumpfgebiete** im Mississippi-Delta, endlose **Waldgebiete** in den südlichen **Appalachen**, eine parkähnliche Landschaft in Tennessee und vieles mehr sprechen auch für einen Besuch. Zudem ist eine Reihe von Städten architektonisch einmalig, allen voran natürlich **New Orleans** mit seiner gro-

Weiße Sandstrände und ...

... Berge, der Süden hat auch landschaftlich etwas zu bieten

ßenteils französischen Baustruktur, aber auch **Savannah** und **Charleston** möchte ich bereits an dieser Stelle diesbezüglich hervorheben.

Typisch für die Südstaaten sind nun auch die zahlreichen **Antebellum-Villen**, meist hochherrschaftliche Gebäude in Weiß, die ehemals den reichen Plantagenbesitzern als Wohnstätte gedient haben. Die meisten von ihnen werden auch heute noch bewohnt, andere dienen nur noch als Museum. Sie alle von innen zu besichtigen ist natürlich nicht möglich, besonders deswegen, weil sie nur im Rahmen von Führungen zu betreten sind, und die dauern in der Regel eine Stunde. Konzentrieren Sie sich auf ein paar wenige, so z.B. die wichtigsten in **Natchez** und dann noch zwei bis drei in anderen Gebieten.

Ich habe mich bemüht, Ihnen die absolut schönsten deutlich zu machen, und in diesem Buch werden Sie auch Hinweise erhalten, welche Villen zumindest von außen sehenswert sind, so dass Sie zu einem Fotostopp und einer kleinen Wanderung heranfahren können, aber nicht alle „Geschichtchen" anhören müssen. Nachdem Sie fünf bis sechs dieser Häuser von innen gesehen haben werden, werden Sie wissen, was ich meine.

Der Süden der USA ist vor allem musikalisch

Wie bereits angedeutet, sollte sich ein wesentliches Kernelement Ihrer Reise mit der Geschichte der **Musikrichtungen** des 19. und 20. Jh. beschäftigen. Aus den Bergen entstammte die Hillbilly-Musik, ein wesentlicher Vorreiter der heutigen Country-Musik, und noch viel wichtiger: Im **Mississippi-Delta-Gebiet** südlich von Memphis wurde der **Jazz** geboren, der sich fortsetzte und ausbreitete als Dixie, später als Blues und in der Mitte des 20. Jh. auch als Rock. Hier auf den Baumwollplantagen waren es die schwarzen Landarbeiter, die die erste Saat ausstreuten für diese erst viel später bekannten Musikrichtungen. **Elvis Presley** z.B. „lernte" sein Handwerk von Bluesmusikern in der Beale Street in Memphis und wurde dadurch einer der Gründungsväter der Rockmusik. Eine weitere bekannte Musik des Südens ist die der Cajuns um LaFayette, der sog. Zydeco, eine Mischung aus Jazz und Tanzmusik, bei der Instrumente wie Geigen und das Schifferklavier gemeinsam aufspielen.

Ein weiterer wesentlicher Bestandteil des Südens ist seine kurze – und für manch Reisenden mit Sicherheit langweilige – Geschichte, die scheinbar nur aus „vor dem

Bürgerkrieg und die Zeit danach" besteht. Für die Amerikaner aber ist dieser Krieg von größter Bedeutung gewesen und hat ihren „Schmelztiegel" endgültig zusammengeschweißt.

Noch heute sind die Südstaatler stolz auf ihre militärischen Leistungen. Zahlreiche Monumente und herausgeputzte Kriegsschauplätze erinnern an diese Zeit. Ich bin in diesem Buch nur auf die entscheidenden Punkte dieser Zeit eingegangen, doch werden Sie in jedem Bürgerkriegsmuseum ausreichend Zusatzliteratur finden, falls es Sie besonders interessieren sollte.

Planen Sie am besten zu Hause bereits eine Route, die Sie entweder in New Orleans *Eine beson-* oder in Atlanta beginnen lässt. Ich persönlich empfehle Ihnen New Orleans als *dere Stadt:* Startpunkt – auch wenn der Anflug etwas teurer ist – denn diese Stadt sowohl am *New Orleans* Anfang als auch am Ende einer Reise zu erleben – also zweimal – werden Sie bestimmt nicht bereuen. Sollten Sie nicht ganz so viel Zeit haben, können Sie ja auch zu einer Stadt hin und von der anderen zurückfliegen. Die Einwegmiete kostet Sie dann ca. US$ 200 mehr für den Mietwagen.

Grundsätzlich empfehle ich Ihnen, nicht zu lange Strecken einzuplanen und sich Spielraum für eigene und spontane Erkundungen einzuräumen (behalten Sie dabei eine vorher entschiedene **Hauptrichtung** aber im Auge, um sich nicht zu verzetteln). *Pointen zu* Der Süden soll ja schließlich „erlebt" werden. Es ist kein Reisegebiet zum Abhaken! *setzen lohnt* Folgen Sie also nicht immer diesem Buch, sondern lassen Sie auch Ihrer eigenen *mehr, als* Inspiration freien Lauf. Denn nicht selten mag Ihnen Amerika zu amerikanisch wer- *Reiseziele* den. Dann brauchen Sie nur auf eine kleine Nebenstraße in den ländlichen Gebieten *abzugrasen* abzuzweigen, und der „Alte Süden" mit seiner Gemütlichkeit und der „stehen gebliebenen Zeit" drängen sich wieder in den Vordergrund. Es müssen auch nicht nur die weltbekannten Metropolen sein, denen Sie folgen, unbekanntere Städte wie z. B. **Birmingham**, **Chattanooga** und das kleine **Selma** empfehlen sich durchaus mit ihren Eigenarten. Und wenn Sie nicht alle Höhepunkte der Südstaaten auf einer Reise schaffen können, kommen Sie einfach noch mal wieder oder haben Sie Mut zur Lücke. Lassen Sie sich also von der Philosophie „**Weniger ist mehr**" leiten. Kehren Sie zur Lunchpause auch mal in einer der Country-Bars, der Tankstellen-Restaurants in Provinznestern oder der überaus guten BBQ-Imbisse ein. Die Atmosphäre spricht für sich, die Preise sind ehrlich und die Menschen herzlich. Als Richtlinie empfehle ich Ihnen eine Tagesleistung von 300–350 km.

Das Wetter in den Südstaaten ist unberechenbar. Eines ist aber sicher: Die Sommer sind heiß und schwül. Dafür regnet es aber auch häufiger mal. Doch subtropische Regenfälle halten ja bekanntlich nur relativ kurz an und treten in der Regel nachmittags auf. Trotzdem sollten Sie Regenzeug im Gepäck haben, oder Sie kaufen sich in Amerika einfach einen Regenschirm.

Absolute Höhepunkte auf einer Reise durch den Süden sind die Städte **New Orleans**, **Atlanta**, **Savannah**, **Charleston** und **Memphis**. Und wer etwas mit Countrymusik anfangen kann, der darf auch **Nashville** nicht auslassen. Landschaftlich stechen die gesamte **Küstenregion** und die **Smoky Mountains** heraus, wobei eine

Strecke in Tennessee auch die parkähnliche **Farmlandschaft** „abdecken" sollte. Unvergesslich wird Ihnen auch ein Besuch der **Okefenokee Swamps** in Süd-Georgia bleiben, besonders dann, wenn Sie mit einem Kanu über die pechschwarzen Sumpfgewässer gleiten und die Alligatoren Sie umkreisen (ungefährlich!).

Besondere
Bemerkungen
Telefonvorwahlen habe ich nicht bei jeder Adresse hinzugefügt. Sollten Sie also z.B. einen Restaurantplatz bereits ein oder zwei Tage im Voraus buchen wollen, finden Sie die entsprechende Vorwahl entweder bei den Hoteladressen oder bei größeren Städten auch unter den „Reisepraktischen Hinweisen".

In den USA werden Farbige bzw. Schwarze heute als **„Afro-Americans"** bezeichnet, um ihrer Herkunft gerecht zu werden. Ich habe mich aber weiterhin an die deutsche Bezeichnung „Schwarze" gehalten. Dieses hat keine rassistischen Hintergründe, sondern ist m. E. im deutschen Sprachgebrauch immer noch die geläufigere Form.

Abschließend möchte ich all denen meinen Dank aussprechen, die mich bei meiner Arbeit unterstützt haben.

Ich denke hierbei besonders an *Swantje Stadelbauer* und *Sabine Krieter*. Ihnen möchte ich danken für die tatkräftige Unterstützung bei den ersten Recherchereisen in den 1990er-Jahren. *Marita Bromberg* und *Markus Jäger* waren mir eine große Hilfe bei der letzten großen Nachrecherche, bei der Markus Jäger vor allem die Kapitel Memphis, Von Memphis nach New Orleans und Mobile in Eigenregie überarbeitet hat. *Dr. Margit Brinke*, *Dr. Peter Kränzle* und *Michael Iwanowski* möchte ich dafür danken, dass sie mir großzügigerweise erlaubt haben, einige Abschnitte aus ihrem „Reisehandbuch USA/Ostküste" zu übernehmen. Natürlich möchte ich auch den einzelnen Touristenämtern und deren Agenturen in Deutschland danken, die mich mit vielen Informationen „gefüttert" haben und ausnahmslos auch vor Ort zur Stelle waren, wenn es einmal Probleme gab.

So, wie heißt es nun so schön:
„Get your Mojo working" – viel Spaß in den Südstaaten!

Dirk Kruse-Etzbach

Die USA auf einen Blick

Fläche	9.809.155 km², inkl. Alaska, Hawaii sowie den Wasserflächen (Weltrang: 3)
Einwohner	ca. 308 Mio. (2009), fast 80 % städtische Bevölkerung, 31 Städte mit mehr als 500.000 Einwohnern; Einwohnerdichte: ca. 31 E./km². Sehr ungleichmäßig verteilt
Bevölkerung	68 % Weiße (Caucasians), 13,3 % Hispanics, 13 % Schwarze (Afroamericans), 4 % Asiaten, 1 % Indianer (Native Americans), Inuit, Hawaiianer, 4,2 % Angehörige mehrerer ethnischer Gruppen (Summe über 100 %, da z. T. Mehrfachnennungen)
Staatssprache	Englisch, wobei ca. 20 Mio. Amerikaner kaum Englisch sprechen können (vorn. zugewanderte Hispanics)
Hauptstadt	Washington D.C. (580.000 E.)
Religionen	Protestanten 52 %, Katholiken 25 % Juden 2 %, Orthodoxe Kirchen 1 %, Mormonen 2 %, Muslime 1 %, Buddhisten 1 %, andere 7 % (zahlreiche Splittergruppen und Sekten), keine Religionszugehörigkeit 9 %
Flagge	13 waagerechte abwechselnd rote und weiße Streifen für die 13 Gründerstaaten, im blauen oberen Eck 50 weiße Sterne, welche die Bundesstaaten repräsentieren
Nationalfeiertag	4. Juli (Tag der Unterzeichnung der Unabhängigkeitserklärung)
Staats- und Regierungsform	Präsidialrepublik mit einer bundesstaatlichen Verfassung, wobei der Präsident Kabinettsmitglieder ernennen und entlassen kann. 2-Kammer-Parlament: Senat und Repräsentantenhaus
Regierungschef	*Barack Obama* (Demokrat, vorm. Senator aus Illinois)
Städte-Auswahl	(Einwohnerzahlen innerhalb der offiziellen Stadtgrenzen; in Klammern Einwohner im Großraum/Metr. Area), New York: 8,1 Mio. (18,6 Mio.), Los Angeles: 3,8 Mio. (12,8 Mio.), Chicago: 2,9 Mio. (9,3 Mio.), Houston: 2,0 Mio. (5,0 Mio.), Philadelphia: 1,5 Mio. (5,7 Mio.), Dallas 1,2 Mio. (Großraum Dallas-Fort Worth: 5,5 Mio.), Jacksonville: 780.000 Mio. (1,4 Mio.), Memphis 680.000 (1,4 Mio.), Nashville 600.000 (1,6 Mio.), New Orleans 495.000 (1,5 Mio.), Atlanta 455.000 (4,8 Mio.)
Wirtschaft	Import größer als Export. Jährl. Handelsbilanzdefizit schwankt und liegt bei ca. 800 Mrd (!) – Inflationsrate 3,8% (Prognose für 2009 -0,9%) – hoher Anteil des Dienstleistungssektors (73,3 %), Industrie = 24,3 %, Landwirtschaft = 2,4 %. Im Wechsel mit Deutschland in den letzten Jahren größtes Im- und Exportland der Welt (Export ca. US$ 1.300 Mrd. = 9 % aller Weltexporte). Doch mittlerweile hat China die USA überrundet. **Bruttoinlandsprodukt** (BIP): US$ 14.265.000 Mio., US$ 46.859 pro Kopf (2008) **Arbeitslosenrate** 5,8 %, Arbeitnehmer unter 25 Jahre ca. 15 %, Black Americans über 10 %, Hispanics/Latinos ca. 6 %. 2009 signifikanter Anstieg. **Wichtigste Exportgüter** 2008: Maschinen (13,8%), Elektronik (10,6%), Luftfahrt- und Automobilindustrie (8,2%), Nahrungsmittel (6,6%), Chemikalien und Arzneimittel (6,6%), sonst. Transportausrüstung (6%), Erdöl (4,7%) **Wichtigste Lieferländer** 2008: China (16,1%), Kanada (16%), Mexiko (10,3%), Japan (6,6 %), Deutschland (4,6%), Großbritannien (2,8%)
Problematiken	Angst vor weiteren Terroranschlägen und steigende Rüstungsausgaben nach dem 11.09.2001, wachsendes Handelsdefizit, niedriger allgemeiner Bildungsstandard, immer weiter klaffende Sozialschere, Anzahl illegaler Einwanderer (ca. 7 Mio. geschätzt), hohe Jugendarbeitslosigkeit, hoher Energieverbrauch, hohe Umweltbelastung in Ballungsräumen, Wirtschaftskrise

Daten und Ereignisse

30000-10000 v. Chr. Einwanderung von asiatischen Völkern über eine Kontinental-verbindung im Bereich der Behringstraße

5000 v. Chr. Anfänge von Ackerbau

700 v. Chr. -1300 n. Chr. Holokamkultur

500 v. Chr.-600 n. Chr. Korbmacherkultur

300 v. Chr.-1300 n. Chr. Mogollonkultur

600-1200 n. Chr. Pueblokultur

ca. **1400** Wanderungsbewegung der *Apachen* und *Navajos* in das Gebiet der Pueblokultur

1492 „Entdeckung" Amerikas durch *Christoph Kolumbus* und Gründung eines spani-schen Kolonialreiches

1680 Die Indiander des Rio Grande Gebietes setzen sich in der Pueblorevolte gegen die spanischen Kolonialherren und deren Missionierungsbemühungen zur Wehr

1773 Bei der „Boston Tea Party" versenken Bewohner der englischen Kolonien drei Schiffsladungen Tee im Hafen von Boston, um gegen die Zölle des Mutterlandes zu protestieren

1776-1783 Unabhängigkeitskrieg der 13 nordöstlichen Kolonien, der zur Gründung der Vereinigten Staaten führt

1803 Die Vereinigten Staaten kaufen den Franzosen die Kolonie „Louisiana" für 15 Mio. Dollar ab. Somit kommt das Gebiet der heutigen Bundesstaaten Arkansas, Nebraska, Missouri, Iowa, South Dakota sowie Teile von Oklahoma, Kansas, North Dakota, Montana, Wyoming, Colorado, Minnesota und Louisiana unter den Herr-schaftsbereich der USA

1823 In der Monroe-Doktrin wird die Nichteinmischung in europäische Angelegenhei-ten festgelegt, die für die Außenpolitik der Vereinigten Staaten im 19. Jh. bindend wird

1846-1848 Mexikanisch-Amerikanischer Krieg

1848 Im Frieden von Guadalupe-Hidalgo tritt Mexiko Kalifornien, Utah, New Mexico, Arizona, und Nevada an die Vereinigten Staaten ab

1861-1865 Amerikanischer Bürgerkrieg. Die nördlichen Unionstruppen kämpfen gegen die Konföderierten im Süden

1869 Erste transkontinentale Eisenbahnlinie wird fertig gestellt

1886 Die Gefangennahme des Apachenhäuptlings *Geronimo* beendet die Auseinan-dersetzung mit den Indianern im Südwesten

1887 Eine neue Gesetzgebung schränkt den Freiraum der Indianer weiter ein

1901 Die Vereinigten Staaten erhalten den Zuschlag für den Bau des Panama-Kanals und kontrollieren das Gebiet um diesen Kanal

1917 Die Vereinigten Staaten treten in den I. Weltkrieg ein

1929 Der Zusammenbruch der New Yorker Börse am „Schwarzen Freitag" ruft eine schwere Wirtschaftskrise hervor

1941 Der japanische Angriff auf Pearl Harbor hat den Eintritt der Vereinigten Staaten in den II. Weltkrieg zur Folge

1945 Die Abwürfe von amerikanischen Atombomben über Hiroshima und Nagasaki beenden den II. Weltkrieg

1947 Mit der Truman-Doktrin wird die Grundlage für amerikanische Eingriffe in die Angelegenheiten anderer Länder bei Bedrohung der Freiheit der Bürger gelegt

1950-1953 Die Vereinigten Staaten kämpfen auf südkoreanischer Seite im Koreakrieg.

1962 Die Kubakrise bringt die Welt an den Rand eines dritten Weltkrieges

1964-1973 Amerikanische Truppen kämpfen in Vietnam auf südvietnamesischer Seite

1972 Mit einem Vertrag über Rüstungsbeschränkungen mit der UdSSR wird die Entspannungsphase zwischen dem Ost- und Westblock eingeleitet

1974 Präsident *Nixon* muss wegen des Watergate-Skandals sein Amt niederlegen. Sein Nachfolger wird Vizepräsident *Gerald R. Ford*

1977 Der Panama-Vertrag wird von Präsident *Jimmy Carter* unterzeichnet

1987 Unterzeichnung des INF-Vertrages, der die Abrüstung von Kurz- und Mittelstreckenraketen der UdSSR und der USA regelt

1992 Die USA nehmen als führende Nation im Golfkrieg teil

1995 Aufnahme diplomatischer Beziehungen mit Vietnam

1998 Annäherung an die Volksrepublik China

1999 Die USA beginnen, Abrüstungsverträge und Vereinbarungen über Atomteststopps zu ignorieren

2000 Lockerung des Kuba-Embargos

2000/01 Nach einer mehr als knappen Wahl setzt sich *George W. Bush* als Präsidentschaftskandidat gegen den ehemaligen Vizepräsidenten *Al Gore* durch und wird US-Präsident

2001 Aufbau des Nationalen Raketenabwehrsystems und Ablehnung des Umweltabkommens von Kyoto durch die USA

2001 Am 11. September werden Flugzeuganschläge auf die beiden Türme des World Trade Center in New York sowie auf das Pentagon verübt. Die Türme stürzen ein und 2.800 Menschen sterben bei den Anschlägen. Heftige Auswirkungen auf Politik und Wirtschaft

Herbst 2001 Die USA bombardieren Afghanistan

2002 Die Administration von George W. Bush verschärft den Druck auf den Irak

2003 Beim zweiten Absturz einer amerikanischen Raumfähre sterben alle 7 Besatzungsmitglieder

März 2003 Der Krieg gegen den Irak beginnt

2007 Amerikanische Truppen sind weiterhin im Irak stationiert, um Bemühungen um Frieden im Land zu unterstützen und um befürchteten weiteren Terrorismus zu bekämpfen. Dennoch werden immer wieder neue Anschläge im Gebiet gemeldet

2008 Der nicht endende Konflikt im Irak, die prekäre Marktlage und unsichere wirtschaftliche Zukunft der USA auf dem Weltmarkt führen zu größerer Unsicherheit in der Bevölkerung. Die Wahl des ersten Afro-Amerikanischen Präsidenten, *Barack Obama*, soll eine Veränderung herbeibringen.

2009 Am 20. Januar legt *Obama* unter den Augen der Weltöffentlichkeit seinen Amtseid ab.

INFO ## Präsidenten der Vereinigten Staaten von Amerika

Nr.	Name		Amtszeit	Partei
1	George Washington	(1732–1799)	1789–1797	Föd.
2	John Adams	(1735–1826)	1797–1801	Föd.
3	Thomas Jefferson	(1743–1826)	1801–1809	Dem.-Rep.

Nr.	Name	Amtszeit	Partei
4	James Madison (1751–1836)	1809–1817	Dem.–Rep.
5	James Monroe (1758–1831)	1817–1825	Dem.–Rep.
6	John Quincy Adams (1767–1848)	1825–1829	Dem–Rep.
7	Andrew Jackson (1767–1845)	1829–1837	Dem.
8	Martin van Buren (1782–1862)	1837–1841	Dem.
9	William Henry Harrison (1773–1841)	1841	Whig
10	John Tyler (1790–1862)	1841–1845	Whig
11	James Knox Polk (1795–1849)	1845–1849	Dem.
12	Zachary Taylor (1784–1850)	1849–1850	Whig
13	Millard Fillmore (1800–1874)	1850–1853	Whig
14	Franklin Pierce (1804–1869)	1853–1857	Dem.
15	James Buchanan (1791–1868)	1857–1861	Dem.
16	Abraham Lincoln (1809–1865)	1861–1865	Rep.
17	Andrew Johnson (1808–1875)	1865–1869	Dem.
18	Ulysses Simpson Grabt (1822–1885)	1869–1877	Rep.
19	Rutherford Birchard Hayes (1822–1893)	1877–1881	Rep.
20	James Abram Garfield (1831–1881)	1881	Rep.
21	Chester Alan Arthur (1830–1886)	1881–1885	Rep.
22	Stephen Grover Cleveland (1837–1908)	1885–1889	Dem.
23	Benjamin Harrison (1833–1901)	1889–1893	Rep.
24	Stephen Grover Cleveland (1837–1908)	1893–1897	Dem.
25	William Mckinley (1843–1901)	1897–1901	Rep.
26	Theodore Roosevelt (1856–1919)	1901–1909	Rep.
27	William Howard Taft (1857–1930)	1909–1913	Rep.
28	Thomas Woodrow Wilson (1856–1924)	1913–1921	Dem.
29	Warren Gamaliel Harding (1865–1923)	1921–1923	Rep.
30	Calvin Coolidge (1872–1933)	1923–1929	Rep.
31	Herbert Clark Hoover (1874–1964)	1929–1933	Rep.
32	Franklin Delano Roosevelt (1882–1945)	1933–1945	Dem.
33	Harry S. Truman (1884–1972)	1945–1953	Dem.
34	Dwight David Eisenhower (1890–1969)	1953–1961	Rep.
35	John Fitzgerald Kennedy (1917–1963)	1961–1963	Dem.
36	Lyndon Baines Johnson (1908–1973)	1963–1969	Dem.
37	Richard Milhous Nixon (1913–1994)	1969–1974	Rep.
38	Gerald Rudolph Ford (1913–2006)	1974–1977	Rep.
39	James Earl Carter (1925–)	1977–1981	Dem.
40	Ronald Wilson Reagan (1911–2004)	1981–1989	Rep.
41	George Bush (1924–)	1989–1993	Rep.
42	Bill Clinton (1946–)	1993–2001	Dem.
43	George W. Bush (1946-)	2001-2009	Rep.
44	Barack Obama (1961-)	2009-	Dem.

Abk.: Föd. = Föderalisten; Dem.–Rep. = Demokratische Republikaner
Dem. = Demokraten; Rep. = Republikaner;
Whig = gegr. von Gegnern des Demokraten Andrew Jackson

2.   USA-Süden: Land und Leute

Geschichtlicher Überblick
(von Sabine Krieter)

Die ersten Bewohner Amerikas: die Indianer

Die Indianer als Ureinwohner Amerikas verdanken ihren Namen dem Irrtum eines Europäers. Als *Christoph Kolumbus* 1492 auf den Bahamas landete, glaubte er, die Ostküste Indiens erreicht zu haben, und gab den Einwohnern einen entsprechenden Namen. Hinter dem Wort *Indianer* verbirgt sich heute ein Sammelbegriff für Menschen unterschiedlichsten Aussehens und unterschiedlichster Kultur. Man denke nur an die Bewohner des peruanischen Hochlandes oder die seit langer Zeit als Nomaden lebenden Stämme der nordamerikanischen Wüstengebiete.

Gemeinsam haben die Indianer ihren asiatischen Ursprung. Vor mehr als 10.000 Jahren, möglicherweise sogar schon vor 30.000 Jahren, setzte eine **Wanderbewegung** von Asien ein. Diese führte über die damals aufgrund eines niedrigeren Meeresspiegels zu einem Teil aus Land bestehende Kontinentalverbindung zwischen Asien und Amerika (im Bereich der Behringstraße). Diese Völkerwanderung setzte sich von Alaska aus entlang den Rocky Mountains in Nordamerika über Mittel- und Südamerika fort und zog sich über viele Jahrtausende hin, z.T. aber nur in Schüben und mit jahrhundertelangen Pausen. Wahrscheinlich hat es auch mehrere Jahrtausende gedauert, bevor die ersten Indianer die Südspitze Südamerikas erreicht hatten. Man schätzt, dass es zur Zeit von *Christoph Kolumbus* etwa 15 bis 20 Millionen Indianer auf dem amerikanischen Kontinent gab. Davon bewohnte allerdings nur ein sehr geringer Anteil die Gebiete der heutigen Vereinigten Staaten. Schätzungen gehen von ungefähr 850.000–1.000.000 Indianern aus. *Nur noch wenige Indianer leben heute in den USA*

Heute leben in den USA ca. 1,9 Millionen Indianer, was einem Anteil an der Gesamtbevölkerung von nicht einmal 1 Prozent entspricht (die Zahlenangaben schwanken).

Theorien des 19. Jh., dass die Indianer von den Ägyptern abstammen, oder dass es sich bei ihnen um versprengte Stämme des Volkes Israel handle, sind natürlich schon lange nicht mehr haltbar, aber sie zeigen, zu welchen Fantasien die Frage des Ursprungs der Indianer Anlass gegeben hat. Archäologische Funde lassen darauf schließen, dass die ersten Indianer – allgemein als Paläo-Indianer bezeichnet – Jäger waren, denn es wurden Speer- und

Steinbruch der frühen Indianer

Die Ursprünge der indianischen Kultur Pfeilspitzen aus Steinen sowie Steinmesser zum Häuten und Partieren der erlegten Tiere gefunden. Zu den ältesten Funden zählen die Speerspitzen von Sandia Cave bei Albuquerque in New Mexico, deren Alter auf ca. 20.000 Jahre veranschlagt wird. Anfänge des **Ackerbaus** sind in einer Zeit von ca. 5000 v. Chr. anzusiedeln.

Southeast-Kultur

Die Southeast-Kultur ist für das Reisegebiet dieses Buches interessant, da unter diesem Begriff die Indianerkultur zusammengefasst ist, die schon lange vor der Zeitwende im Südosten von Nordamerika lebte. Die klimatischen und geologischen Voraussetzungen für Ackerbau waren auch schon zu jener Zeit ideal, so dass die Indianer der Southeast-Kultur sesshaft waren und ein hochorganisiertes **Dorfleben** entwickelten. Die unterschiedlichen Stämme schlossen sich sogar zu Gemeinschaften zusammen. Sowohl in der Tatsache, dass sie als einzige Kultur auf dem nordamerikanischen Kontinent ein Gesellschaftssystem mit einem absoluten Herrscher entwickelten, als auch der Umstand, dass ein Teil der Stämme Tempel auf Hügel baute, lässt darauf schließen, dass diese Kultur **mittelamerikanisch** beeinflusst war. Die historischen Zeugnisse dieser Kultur, die bis auf den heutigen Tag überdauert haben, sind nicht so alt wie diejenigen der südwestlichen Indianerkulturen. Man geht jedoch davon aus, dass der Höhepunkt dieser Kulturen um 1300 n. Chr. erreicht war. Die Städte dieser Indianer umfassten häufig eine Anzahl von 1.000 Behausungen, die um einen Hügel in ihrer Mitte, auf dem häufig Spuren eines hölzernen Tempels gefunden wurden, errichtet waren. Diese Eigenart der Bebauung war auch der Grund für die *Verwandt mit den Indianern Südamerikas* Namensgebung der entsprechenden Kultur. Sie wurden als **Temple Mound Builder** (Tempelhügelbauer) bezeichnet. Außer der Kultivierung von Mais und Sonnenblumen war bei ihnen der Anbau von Tabak weit verbreitet. Den ersten Kontakt mit Weißen hatten Indianer dieser Kultur 1513, als *Juan Ponce de León von Puerto Rico (1460–1521)* die Küste Floridas erkundete.

Die Entdecker Amerikas

Auf der Suche nach einem neuen Lebensraum: die Wikinger

Jahrhunderte vor *Christoph Kolumbus*, der lange als Entdecker Amerikas galt, gingen unter der Führung von *Leif Eriksson* die Wikinger an der Ostküste Amerikas an Land. Etwa um 1000 n. Chr. erreichten sie das Mündungsgebiet des St. Lorenz-Stroms und erkundeten die Küste hinunter bis zum heutigen Bundesstaat Massachusetts. Ob sie diesen Landstrich allerdings aufgrund seiner Fruchtbarkeit oder tatsächlich wegen *Sagenhaftes „Vinland"* der damals möglicherweise dort wachsenden Weintrauben „Vinland" nannten, ist bis heute ungeklärt. Ihr Wissen um die Existenz Amerikas ist nach der Aufgabe der grönländischen Siedlungen, von denen aus sie den anderen Kontinent erreicht hatten, nur in einer Saga überliefert, deren Inhalt lange Zeit für die Ausgeburt dichterischer Fantasie gehalten wurde.

Die Entdeckung „Indiens": Christoph Kolumbus

Der gebürtige Italiener *Christoph Kolumbus (1451–1506)* hegte schon zu der Zeit, als er noch auf portugiesischen Schiffen segelte, den Plan, die Ostküste Asiens mit dem

Schiff zu erreichen, was die damals be-
schwerliche Reise auf dem Landwege überflüssig gemacht hätte. 1492 erhielt er
schließlich nicht die Unterstützung des portugiesischen, aber des spanischen Königs-
hauses für seinen Plan, den Seeweg nach
Asien zu entdecken.

An Bord der *Santa Maria*, die noch von zwei
weiteren Schiffen begleitet wurde, erreichte
Kolumbus am 12. Oktober des gleichen Jahres
eine Insel, die die Eingeborenen Guanahani
nannten und die von *Kolumbus* den Namen
San Salvador erhielt. Obwohl er somit die
Bahamas entdeckt hatte, erlag *Kolumbus* dem
Irrglauben, sich auf indischem Boden zu befinden. Dementsprechend nannte er die Einwohner dort Indianer. Ein Name, der auch

Kolumbus' erste Landung in Amerika

heute noch fälschlicherweise die Sammelbezeichnung für die Ureinwohner Amerikas
ist. *Kolumbus* starb sogar in dem Glauben, die Ostküste Asiens entdeckt zu haben.
Seinen Namen erhielt Amerika aber von einem anderen Entdecker im Kielwasser
Kolumbus': *Amerigo Vespucci* (1451–1512). Ihn schickte die spanische Krone 1497 zum
ersten Mal in die neue Welt, wo er die Amazonas-Mündung und die Küste Brasiliens
„entdeckte". Weitere Entdecker waren *Giovanni Caboto* (1450–1498) und *Ponce de
León* (1460–1521).

Die „Neue Welt" wird kolonisiert

Nach der Entdeckung Amerikas rangen mehrere europäische Mächte um die Vormachtstellung in der Neuen Welt. Spanier, Portugiesen, Franzosen und Engländer
bestimmten fast drei Jahrhunderte lang die Geschicke der eroberten Gebiete. Die *Europäische*
Regierungsgeschäfte wurden entweder über das Mutterland abgewickelt, oder es *Mächte im*
wurde über Handelskompanien Einfluss auf die Kolonien genommen, bevor die Ame- *Machtkampf*
rikaner sich 1776 einen unabhängigen Staat erkämpfen konnten. Auch die Nieder-
länder und Schweden versuchten ihr Glück auf dem nördlichen Kontinent der Neu-
en Welt, erlangten dort aber keine Bedeutung als Kolonialmächte. Auch Portugals
Einfluss blieb unwesentlich. Eine Folge der Kolonisation war der **Sklavenhandel**.
1850 arbeiteten ca. 2.800.000 Sklaven in der Landwirtschaft, 1.800.000 davon auf
Baumwollplantagen.

Die Spanier als Herren der ersten Stunde

Während des 16. Jh. dominierten die Spanier und Portugiesen, die von 1580 bis 1640
sogar zu einem Königreich zusammengefasst waren, die Kolonisation der Neuen
Welt und betrieben dort eine expansive Siedlungspolitik. Um 1575 gab es bereits
etwa 200 Siedlungen in Amerika. Die Eroberer (Konquistadoren) machten sich bei

Traum vom Gold

der Ausnutzung der Bodenschätze die Arbeitskraft der einheimischen Indianer zunutze und versuchten durch Erforschung immer neuer Gebiete ihren Einflussbereich zu erweitern. Ihr Hauptinteresse galt **Bodenschätzen** wie Gold und Silber sowie Agrarprodukten aus dem tropischen Bereich. Die bekanntesten Konquistadoren sind *Vasco Nunez, Ponce de Leòn, Hernando Cortez* (1485-1547) und *Hernando de Soto* (1500–1542), der den südöstlichen Teil des nordamerikanischen Kontinents erschloss.

Die Sage vom heute auch im Deutschen noch sprichwörtlichen „**El Dorado**", wo man riesige Mengen Gold vermutete, trieb die ersten Konquistadoren in die Gebiete nördlich von Mexiko. *Francisco Vasquez Coronado* (1510–1544) startete 1540 eine Reise in den heutigen Südwesten der Vereinigten Staaten und erforschte dort das „Neue Mexiko", das von 1606 an von der Hauptstadt „Villa Real de la Santa Fe de San Francisco" (Santa Fe) aus verwaltet wurde. Die Indianer dort wurden christianisiert und zur Zwangsarbeit herangezogen. Da die Kirche bei der Kolonisation eine große Rolle spielte, richtete sich die Feindseligkeit bei Aufständen wie der Pueblorevolte auch vornehmlich gegen klerikale Einrichtungen wie Klöster und Kirchen. An diesem berühmten Indianeraufstand im Jahre 1680 waren die Stämme des Rio-Grande-Gebietes beteiligt.

Französische Aktivitäten in Nord und Süd

Zögerliche Kolonisation

Gründung von New Orleans

Frankreich begann sich ernsthaft erst nach dem Frieden von Cambrai (1529), der die langwierigen Auseinandersetzungen zwischen Frankreich und Spanien um Italien beendete, für Eroberungen in der Neuen Welt zu interessieren. Zwar erforschte der Italiener *Giovanni da Varrazano* (1480–1527) mit einer französischen Crew die Hudson-Mündung und segelte die nordamerikanische Küste bis Maine herunter. Gründungen von Niederlassungen wurden zu diesem Zeitpunkt aber noch nicht in Erwägung gezogen. Erst zu Regierungszeiten von *Heinrich IV.* jedoch wurden Anstrengungen unternommen, auch wirtschaftlichen Nutzen aus den Gebieten der Neuen Welt zu ziehen. Zu Beginn dieser Kolonisationsperiode wurden nur hugenottische Handelskompanien aktiv, die auch die ersten französischen Niederlassungen gründeten. Die zweite Kolonisationsperiode begann 1664, als *Jean Baptiste Colbert* (1619–1683) die „**Französisch-Westindische-Handelskompanie**" gründete, die das Monopol für den französischen Amerikahandel bekam. Von 1673 an beanspruchten die Franzosen die gesamten Gebiete entlang dem Mississippi, des St.-Lorenz-Stroms sowie das Land um die großen Seen für sich. Entscheidend beteiligt waren an diesen Gebietsansprüchen *Jacques Marquette* (1687–1675) und *Louis Joliet* (1645-1700). Das Flussbecken der Mississippimündung erreichte 1682 *Robert Cavelier de la Salle* (1643–1687), der es nach dem französischen Souverän *Ludwig XIV.* „La Louisiane" nannte. Hier gründete *Jean Baptiste le Moyne* (1680–1768) im Jahre 1718 „**La Nouvelle Orleans**", das heutige New Orleans, dem auch heute noch ein französisches Flair anhängt.

Englischer Machtgewinn

Die Engländer setzten sich schon relativ früh im Nordosten Amerikas fest. Sie beanspruchten nicht nur weite Teile des heutigen Kanadas für sich, sondern brachten auch Gebiete der heutigen Bundesstaaten Washington, Oregon, Idaho, Montana und Wyoming in ihren Herrschaftsbereich. Aufgrund der Nähe zu den französischen Nieder-

lassungen und der daraus resultierenden Streitigkeiten gab es heftige Auseinander-
setzungen mit den Franzosen, deren Kolonie Louisiane, die damals auch Teile von *Macht-*
Wyoming, Montana und Colorado umfasste, den Engländern ein Dorn im Auge war. *gerangel mit*
Diese Auseinandersetzungen kulminierten im **Siebenjährigen Krieg** (1756–1763), *Frankreich*
bei dem die Engländer ihren Einflussbereich bis zum Mississippi ausdehnen konnten.
Indianer kämpften bei diesem Konflikt hauptsächlich auf Seiten der Franzosen.

Erst Königin *Elizabeth I.* (1533–1603) drängte auf eine Kolonisierung der Neuen Welt,
für die sie nach dem englischen Sieg über die spanische Armada (1588) auch die
machtpolitische Stellung in Europa errungen hatte. Unter dem Kommando von *Sir
Francis Drake* (1540–1596) und *Sir John Hawkins* (1532–1595) griffen die Engländer
spanische Niederlassungen und Schiffe an. In diesem Zusammenhang gelang es auch,
das spanisch-portugiesische Monopol im einträglichen Sklavenhandel zu brechen. Als
erste feste Siedlung gilt Jamestown in Virginia, das 1607 im Auftrag der Londoner Vir-
ginia-Kompanie gegründet wurde. Eine andere Glaubensgemeinschaft, nämlich die
Quäker, gründeten 1681 Pennsylvania. Der Name dieser Kolonie geht auf ihren Gründer *William Penn* zurück. Zwei Jahre später siedelten sich hier auch viele Deutsche, *Auch*
anfangs vorwiegend Mennoniten aus dem Rheinland und der Pfalz, an. Weitere Sied- *Deutsche*
lungsgebiete deutschsprachiger Einwanderer waren Philadelphia, New York, Maine und *besiedelten*
Georgia. Von etwa 100.000 **Deutschstämmigen**, die Mitte des 18. Jh. in Nordamerika *die neue Welt*
siedelten, lebten jedoch ungefähr 70.000 in Pennsylvania. Diese Siedler gründeten allerdings keine Kolonien im eigentlichen Sinn, da sie nicht als Vertreter eines Staates Land
für diesen beanspruchten, sondern sich aus anderen Gründen ansiedelten.

Der Kampf um die Freiheit

In ihrem Unabhängigkeitskrieg gegen das englische Mutterland (1775–1783) er-
stritten die 13 Ostkolonien die staatliche Autonomie. Ausgelöst wurde dieser
Krieg durch die **Unabhängigkeitserklärung** des Kongresses am 4. Juli 1776, der
bis heute der Nationalfeiertag der Vereinigten Staaten ist. Auch die 13 Querstreifen
der amerikanischen Flagge, die die 13 Gründerstaaten symbolisieren, erinnern an
diesen Tag.

Die Ursachen für die Freiheitsbestrebungen der Siedler lagen schon Jahrzehnte zurück. Abgesehen von dem **Einfuhrverbot** amerikanischer Textilwaren in das Königreich durften ab 1750 auch keine Erzeugnisse der Eisenverarbeitung mehr von den
Oststaaten nach England exportiert werden (*Iron Act*). 1764 wurde die Gesetzgebung *Britische*
dahingehend verschärft, dass in den Kolonien kein eigenes **Geld** aufgelegt werden *Repressalien*
durfte (*Currency Act*), und ein Jahr später wurde das Stempelgesetz (*Stamp Act*) eingeführt, in dem verfügt wurde, dass alle Druckerzeugnisse mit einer Gebührenmarke
beklebt werden mussten. Im gleichen Jahr wurde ebenfalls verfügt, dass ein Drittel
der Kosten für das englische Militär von den Kolonien selbst zu tragen sei (*Quartering
Act*). Die gesetzgebende Macht über die Kolonien hatte sich das Mutterland bereits
1707 durch einen Parlamentsbeschluss gesichert. Als dann 1767 **Einfuhrzölle** für
viele Waren wie Glas, Tee oder Papier erhoben wurden (*Townshend Act*), führte das
zu großem Unmut gegenüber den Regierenden in London. Einige Jahre später führten diese Zölle zur ersten weittragenden Aktion der Amerikaner. Sie versenkten

1773 drei Schiffsladungen Tee im Bostoner Hafen. Unter dem Begriff „**Boston Tea Party**" ist diese Demonstration gegen die Ausbeutung der Kolonien durch das Mutterland in die Geschichte eingegangen. Die englische Krone reagierte auf diesen Protest mit der Sperrung des Hafens und der Verhängung des Ausnahmezustandes. Ein Jahr später tritt der erste **Kontinental-Kongress** mit Delegierten aus allen 13 Neu-England-Staaten zusammen, der die Wiederherstellung der Rechtslage von vor 1763 beschließt. Die 13 Staaten waren Massachusetts, New Jersey, New York, Rhode Island, Connecticut, New Hampshire, Pennsylvania, Delaware, Virginia, Maryland, North Carolina, South Carolina und Georgia. Die bewaffneten Auseinandersetzungen begannen dann ein Jahr später am 18. April 1775 mit dem ersten Zusammenstoß von amerikanischer Miliz und britischen Truppen. Der zweite Kontinental-Kongress im gleichen Jahr ernannte *George Washington* zum Oberbefehlshaber der amerikanischen Truppen, die den britischen Kolonialtruppen und einigen mit den Engländern verbündeten Indianerstämmen gegenüberstanden. North Carolina stellte sich als einziger Bundesstaat auf die Seite der Engländer. Organisiert wurde die amerikanische Armee von dem preußischen *General Baron von Steuben* (1730–1794). Auch andere bekannte **Europäer** wie der französische *Marquis de la Fayette* (1757–1834) und der Pole *Tadeusz Kosciusko* (1746–1817) kämpften auf amerikanischer Seite.

Rebellion gegen die britische Krone

1777 erklärte Frankreich den Engländern den Krieg. Auch die Niederlande (1780) und Spanien (1781) traten gegen die Engländer in den Krieg ein. 1881 mussten die Engländer dann nach der Niederlage bei Yorktown kapitulieren, was 1783 die Anerkennung der Unabhängigkeit der Vereinigten Staaten im Frieden von Paris zur Folge hatte. Etwa 100.000 Loyalisten, die auf der Seite Englands gestanden hatten, wanderten aufgrund der englischen Niederlage nach Kanada aus. Zu dieser Zeit lebten ungefähr drei Millionen Siedler in Nordamerika. Die **Kriegsopfer** beliefen sich auf ca. 70.000 Menschen.

Endlich unabhängig

Die Errichtung des Staatssystems

Die Verfassungsgebung

Der Verfassungskonvent in Philadelphia verabschiedet 1787 die Verfassung der Vereinigten Staaten von Amerika, die jedoch erst 1789 rechtsgültig wurde. Die Einzelstaaten, die seit 1781 durch die „Articles of Confederation" zu einem losen **Staatenbund** zusammengefasst waren, konnten sich nur zögernd zu einer Anerkennung durchringen, da es Unstimmigkeiten darüber gab, ob der Staat eher zentralistisch oder eher föderalistisch organisiert werden sollte. Letztendlich kommt dieser Konflikt auch in der durch die Verfassung festgelegten Staatsform der präsidialen Bundesrepublik zum Ausdruck, die ja bis heute im Wesentlichen unverändert ist. Man denke an die relativ große Machtbefugnis des Präsidenten auf der einen Seite sowie an die teilweise recht unterschiedliche Gesetzgebung in den Einzelstaaten auf der anderen.

Verfassungskompromiss zwischen Zentralisten und Förderalisten

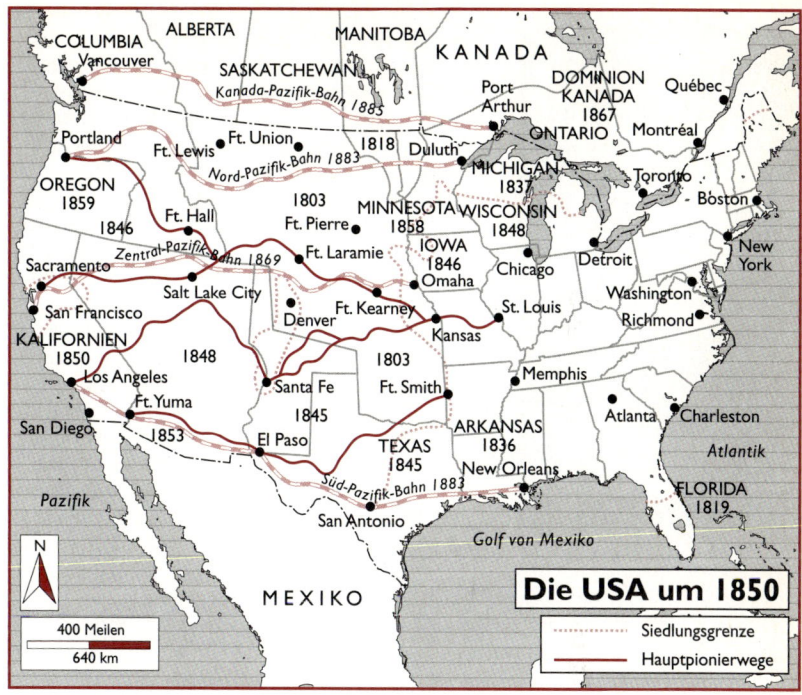

Die USA um 1850

Siedlungsgrenze
Hauptpionierwege

Insofern ist die amerikanische Verfassung eine **Kompromisslösung**, die sowohl den föderalistischen als auch den zentralistischen Forderungen Rechnung trägt.

Mit der Einführung der Gewaltenteilung in Exekutive, Legislative und Jurisdiktion, d.h. der Trennung von ausführender, gesetzgebender und rechtsprechender Macht, ist die amerikanische Verfassung Grundlage der modernen Demokratie. Darüber hinaus führt sie die Trennung von Kirche und Staat und „last but not least" die Volkssouveränität ein, die durch die demokratischen Grundrechte (**Virginia Bill of Rights**), an deren Formulierung *Thomas Jefferson* (1743–1826) federführend beteiligt war, gewährleistet wird.

INFO   Thomas Jefferson

Thomas Jefferson (1743–1826), der vornehmlich als Autor der Unabhängigkeitserklärung in die Geschichte Amerikas einging, konnte während seiner Präsidentschaft (1801–1809) einen weiteren Erfolg verbuchen, der sein Land um mehr als das Doppelte vergrößerte und von sehr weitreichender Bedeutung werden sollte. Die Vereinigten Staaten kauften nämlich 1803 die Kolonie Louisiane von Napoleon, unter anderem, um eine ungehinderte Schifffahrt auf dem Mississippi zu gewährleisten.

Thomas Jefferson

Dieser Landkauf ergab darüber hinaus Siedlungsmöglichkeiten auf einem sehr großen Territorium (Louisiana war damals wesentlich größer als der heutige Bundesstaat mit gleichem Namen) sowie die darauf folgende wirtschaftliche Ausnutzung von Bodenschätzen und eine landwirtschaftliche Nutzung im großen Stil.

Jefferson wurde in der Nähe von Shadwell (Virginia) geboren, wo er zwischenzeitlich auch als Rechtsanwalt tätig war. Seine Funktion als Politiker übte er als Mitglied der Bürgerversammlung von Virginia, des Kontinentalkongresses in Philadelphia und als Gouverneur von Virgina aus. Darüber hinaus war er Gesandter in Paris (1785–1789), Außenminister der Vereinigten Staaten (1790–1793) und Vizepräsident (1797–1801). Er war demokratischer Republikaner und wurde 1801 zum 3. Präsidenten der Vereinigten Staaten gewählt. Dieses Amt hatte er bis 1809 inne und setzte danach als Berater der nachfolgenden Präsidenten seine politische Tätigkeit fort.

Übrigens machte er sich auch als Architekt verdient und plante u.a. das Virginia State Capitol in Richmond und war maßgeblich beteiligt an der Stadtplanung von Washington. *Thomas Jefferson* starb 1826 in Monticello (Virginia).

Regierung und Präsident

Nach dem amerikanischen System ist der Präsident sowohl Staatspräsident, was im deutschen System dem Bundespräsidenten entspricht, als auch entsprechend eines Bundeskanzlers in der Bundesrepublik Deutschland Ministerpräsident.

Der Präsident wird nicht direkt vom Volk, sondern indirekt über **Wahlmänner** für vier Jahre gewählt, die in jedem Bundesstaat in direkter Wahl bestimmt werden. Ihre Zahl pro Bundesland ist entsprechend der jeweiligen Einwohnerzahl festgelegt. Nach einer Wahl ist es die Aufgabe des Präsidenten, eine Regierung zusammenzustellen, die auch aus Mitgliedern anderer Parteien als der eigenen oder aus parteilosen Politikern bestehen kann. Die einzige legale Möglichkeit, einen amerikanischen Präsidenten abzusetzen, ist die Staatsanklage. Kontrolliert wird er jedoch im verfassungsrechtlichen Sinne über den Obersten Gerichtshof und auf parlamentarischer Ebene über den Kongress.

Der Kongress

Der Kongress setzt sich aus zwei Kammern zusammen: dem Senat und dem Repräsentantenhaus.

Verfassung der
Vereinigten Staaten von Amerika
(Präambel)

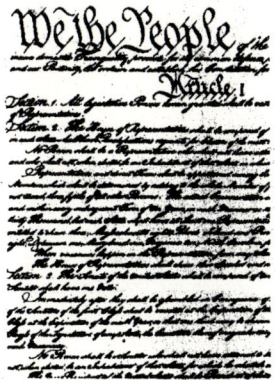

We, the People of the United States, in order to form a more perfect Union, establish justice, insure domestic tranquility, provide for the common defense, promote the general welfare, and secure the blessings of liberty to ourselves and our posterity, do ordain and establish this Constitution for the United States of America.

Wir, das Volk der Vereinigten Staaten, widmen den Vereinigten Staaten diese Verfassung, getragen vom Willen, die Union zu vervollkommnen, Gerechtigkeit zu schaffen, inneren Frieden zu gewährleisten, für eine gemeinsame Verteidigung zu sorgen, das allgemeine Wohl zu fördern sowie uns und unseren Nachfahren den Segen der Freiheit zu bewahren.

Die Mitglieder des Repräsentantenhauses werden auf zwei Jahre direkt gewählt. Jeder Bundesstaat entsendet eine seiner Einwohnerzahl entsprechende Anzahl gewählter Kandidaten, die dann die Interessen dieses Bundesstaates vertreten sollen. Insgesamt sind im **Repräsentantenhaus** heute 435 Sitze zu vergeben. Auch die Senatoren werden direkt vom Volk, allerdings für sechs Jahre, gewählt. Jeder Bundesstaat entsendet entsprechend zwei Senatoren an den Senat, der somit eine Mitgliederzahl von 100 aufweist.

Da der Präsident nur mit einer Zweidrittelmehrheit dieser Kammer internationale Verträge abschließen darf, hat sie auf die Außenpolitik einen großen Einfluss.

Oberster Gerichtshof
(Supreme Court)

Die neun Richter des Obersten Gerichtshofes werden vom Präsidenten in Übereinstimmung mit dem Senat auf Lebenszeit gewählt. Sie haben die Aufgabe, Gesetzgebung und andere politische Entscheidungen auf ihre verfassungsrechtliche Korrektheit hin zu überprüfen, wenn dieses beantragt wird. Insofern fungieren sie als Kontrollinstanz gegenüber dem Präsidenten und dem Kongress.

Die Erweiterung des Staatsgebiets der Vereinigten Staaten

Die 1793 gegründete Hauptstadt Washington D.C. (District of Columbia) ist seit 1800 Sitz der Regierung und des Parlaments. Der Präsident residiert seitdem im Weißen Haus, und der Kongress hat seinen Sitz im Capitol. *George Washington* (1732–1799) war erster Präsident der Vereinigten Staaten (1789–1797). Sein Nachfolger *John Adams* (Präsident von 1797–1801) ist heute nicht mehr so bekannt wie der dritte Präsident *Thomas Jefferson* (Präsident von 1801–1809), unter dessen Regierung die Vereinigten Staaten ihr Staatsgebiet durch **Ankauf** von Land verdoppelten. Für den Betrag von 15 Millionen Dollar wurde damals Napoleon 1803 Louisiane abgekauft, das das Gebiet der heuti-

Neue Bundesstaaten durch Napoleons Landverkauf

gen folgenden Bundesstaaten umfasste: Arkansas, Nebraska, Missouri, Iowa, South Dakota sowie Teile von Oklahoma, Kansas, North Dakota, Montana, Wyoming, Colorado, Minnesota und Louisiana. Dieser Landerwerb ermöglichte eine freie Schifffahrt auf dem Mississippi sowie seinen Nebenflüssen und förderte somit eine weitere Besiedlung des Kontinents, die in den Nordwest- und Mississippi-Territorien schon 1887 eingesetzt hatte und zur Gründung folgender Bundesstaaten führte: Kentucky 1792, Tennessee 1796, Ohio 1803, Louisiana 1812, Indiana 1816, Mississippi 1817, Illinois 1818 und Alabama 1819.

Differenzen in Europa bringen Probleme

Wirtschaftlich gesehen bekamen die Amerikaner große Schwierigkeiten, als sie aufgrund der europäischen **Auseinandersetzungen**, die die Kontinentalsperren (1806) und die entsprechenden Gegenreaktionen der Engländer ein Jahr später zur Folge hatten, wichtige Häfen in Europa nicht mehr anlaufen konnten. Mit den Engländern kam es sogar zu kriegerischen Auseinandersetzungen (1812–1814), als die Vereinigten Staaten versuchten, Kanada in ihr Staatsgebiet einzugliedern. Washington wurde während dieses Krieges zerstört, jedoch konnten sich die amerikanischen Truppen bei New Orleans durchsetzen. Im Frieden von Gent 1814 wurde auch mit Rücksicht auf die Lage in Europa der Vorkriegszustand wieder hergestellt.

Die Siedlungsbewegung in Richtung Westen

Mit der Überquerung der Appalachen der ersten Siedler in westlicher Richtung Ende des 18. Jh. begann eine Ära der amerikanischen Geschichte, die die Besiedlung des gesamten nordamerikanischen Kontinents nach sich zog. Die Menschen, die sich bis an die Grenze der Zivilisation wagten und diese durch Neubesiedlung immer weiter nach Westen verschoben, wurden „frontiers" genannt. Sie führten ein hartes Leben, um der wilden Natur ihren Lebensunterhalt abzuringen, und waren von Pioniergeist *Der Westen* getrieben. Der sogenannte „Wilde Westen" trägt nicht umsonst seinen Namen. Be-

Der Westen zieht die Trapper und Farmer an

vor jedoch Farmer das Land urbar machten und dieses durch den Bau von **Befestigungsanlagen** für die Verteidigung (Forts) gesichert wurde, hatten sich in der Regel Jäger und Fallensteller, die Trapper, in die entsprechende Region vorgewagt, um das Territorium zu erkunden und von den Erträgen ihrer Jagd dort ihr Leben zu fristen. Ihnen folgten Händler, Holzfäller, Landvermesser und Bergleute. Die Siedlungsbewegung in Richtung Westen verdrängte allerdings die Indianer aus ihren Gebieten. Im Jahre 1830 wurden sie alle zwangsenteignet und mussten vor den Siedlern fliehen, was zunehmend zu kriegerischen Konflikten führte, da ja auch die Siedler immer weiter vorrückten (siehe S. 40, „Die Indianerkriege").

Die zunehmende Erschließung des Westens führte auch zur Bildung neuer „territories", die dann nach und nach zu Bundesstaaten wurden. Ein großer Teil der Gebiete fiel nach dem **Frieden von Guadelupe-Hidalgo**, der den amerikanisch-mexikanischen Krieg beendete, an die Vereinigten Staaten. 1846 war im Norden bereits im Oregon-Vertrag der 49. Breitengrad als Nordgrenze der Vereinigten Staaten zu Kana-

Die Eisenbahn als Meilenstein der Siedlungsbewegung

da festgelegt worden. Als man 1848/49 in Kalifornien **Gold** fand, zogen viele in Richtung Westen, um dort ihr Glück zu versuchen. Im Rahmen dieser Entwicklung entstanden „trails" (Wegstrecken, auf denen die großen Menschenmassen von Osten nach Westen zogen). Im Jahre 1869 war dann die erste Eisenbahnstrecke – die **Pazifikbahn** – fertiggestellt, so dass man schneller und bequemer nach Westen kommen konnte.

Darüber hinaus eröffnete diese Eisenbahnstrecke bessere Voraussetzungen für den Handel und damit für die gesamte Wirtschaft der anliegenden Gebiete. Zusätzlich zum Gold fand man auch andere Mineralien und große Kohlevorkommen. Die Verabschiedung des Heimstättengesetzes 1862 ermöglichte die freie **Landnahme**, so dass auch viele unbemittelte Leute versuchten, in der Landwirtschaft ein Auskommen zu finden.

Der Amerikanische Bürgerkrieg

Der Bürgerkrieg (*Civil War*) – im Deutschen auch als **Sezessionskrieg** bezeichnet – war die größte kriegerische Auseinandersetzung auf nordamerikanischem Boden. Dieser Krieg, der von 1861 bis 1865 dauerte, wurde zwischen den Nordstaaten (**American Union**) und den elf Südstaaten, die sich zu den Konföderierten Staaten (**Confederate States of America**) zusammenschlossen, ausgetragen. Das Ziel der Nordstaatler (Yankees) war nicht nur die offiziell im Vordergrund stehende Abschaffung der Sklaverei, sondern auch die Erhaltung der Union aller nordamerikanischen Staaten sowie die Festigung der wirtschaftlichen Vormachtstellung des Nordens auf politischer Ebene. Der entsprechende Machtkampf zwischen den zum Teil **hochindustrialisierten** nördlichen Staaten und dem agrarisch strukturierten Süden, dessen wirtschaftliche Macht auf dem Baumwollmonopol beruhte und insofern von **Plantagenwirtschaft** und unentgeltlicher Sklavenarbeit abhängig war, war schon zwei Jahrzehnte vor Beginn des Bürgerkrieges nur durch Kompromisslösungen auf politischer Ebene zu halten gewesen. Aus Sicht der Südstaatler handelte es sich auch nicht um einen Bürger-, sondern um einen Unabhängigkeitskrieg, der zwischen zwei unabhängigen Staaten ausgefochten wurde.

Machtkampf wird kriegerisch ausgefochten

Im Jahre 1860, nach dem Wahlsieg der Republikanischen Partei, die erst 1854 aufgrund der Differenzen über die **Sklavenfrage** gegründet worden war und die Abschaffung der Sklaverei (*Abolition*) zum Ziel hatte, erklärte South Carolina seinen Austritt aus der Union. Der republikanische Präsidentschaftskandidat *Abraham Lincoln* (1809–1865), der 1861 offiziell sein Amt antrat, war für die sklavenhaltenden Südstaaten als Staatsoberhaupt nicht tragbar. Im Winter 1860–61 folgten die Bundesstaaten Mississippi, Florida, Alabama, Georgia, Louisiana und Texas dem Beispiel South Carolinas. Diese Staaten gründeten am 4. Februar 1861 in Montgomery (Alabama) die „**Confederate States of America**". Als Präsident wurde *Jefferson Davis* (1808–1889) eingesetzt.

Im April desselben Jahres wurde Fort Sumter bei Charleston, das offiziell im Besitz der Unionstruppen war, von Südstaatlern angegriffen, da es sich nach ihrer Ansicht auf dem Boden ihres Staates befand und die Unionstruppen es nicht kampflos übergeben wollten. Auf diesen Angriff hin befahl Präsident *Lincoln* die Mobilmachung der Truppen

Abraham Lincoln

General Robert Lee

General Ulysees Grant

aller in der Union verbliebenen Nordstaaten und die Blockade der südstaatlichen Küstenlinie. Vier der acht zu diesem Zeitpunkt sklavenhaltenden Nordstaaten verweigerten den Gehorsam und traten den Konföderierten Staaten bei. Außer Virginia, dessen Hauptstadt **Richmond** im Mai 1861 auch Hauptstadt der Konföderierten Staaten wurde, waren noch Arkansas, Tennessee und North Carolina unter den Abtrünnigen. West Virginia gehörte seit 1863 als eigener Staat zur Union.

Der Versuch der Konföderierten, ihr Gebiet westwärts auszudehnen, um wirtschaftlich prosperierende Staaten wie Kalifornien ihrem Einflussbereich einverleiben zu können, fand nach ihrem Einmarsch in New Mexico in der Schlacht bei Glorieta im März 1862 ein schnelles Ende. In Bezug auf Oklahoma, das zu diesem Zeitpunkt Indianerterritorium war, konnten sich die Südstaatler zu Beginn des Krieges durch Verträge die Unterstützung der indianischen Bevölkerung, zu einem großen Teil Cherokee, sichern.

Die erste wichtige Schlacht an der **Potomac-Front** verloren die Nordstaatler bei Manassas (1. Bull Run) im Juli 1861 unter General *McDowell*. Es folgten weitere Gefechte, in denen mal die eine mal die andere Seite siegte. Doch als Wendepunkt im Bürgerkrieg wird in vielen Geschichtsbüchern die Schlacht bei Gettysburg im Juli 1863 angesehen, die die Unionstruppen unter General *Meade* nach erbitterten Kämpfen und mit hohen Verlusten auf beiden Seiten zu ihren Gunsten entscheiden konnten. Entscheidend für den Ausgang des Krieges waren jedoch auch in hohem Grade die ab 1863 effektiver werdende **Blockade** der Seehäfen der Südstaaten, die Nachschublieferungen aus dem Ausland, auf die der an Ressourcen arme Süden angewiesen war, sowie die Ausfuhr von Baumwolle als wichtigstem Handelsgut des Südens sehr stark einschränkte. New Orleans als wichtiger Umschlagplatz für Handelswaren war schon seit dem Frühjahr 1862 in den Händen der Nordstaatler. Nachdem der Südstaatengeneral *Lee* im Frühjahr nach erbitterten Kämpfen im Mississipi Valley 1865 einsehen musste, dass weitere militärische Aktionen der Konföderierten zwecklos waren, **kapitulierte** er am 9. April am Appomattox Court House.

Unions-General *Sherman*, der den Befehl über die Truppen an der Südfront von General *Grant* übernommen hatte, zog mit seinen Truppen nach dem Fall von Atlanta im Juli 1864 durch Georgia in Richtung Savannah. Die Unionstruppen hinterließen bei

Das Vordringen der Unionsarmeen

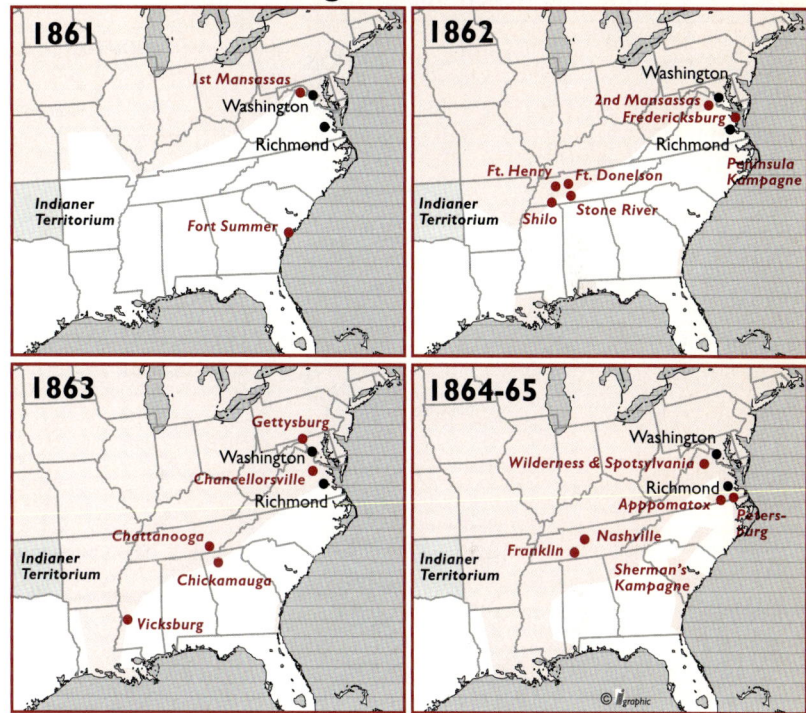

diesem Zug, der auch „**Sherman's March to the Sea**" genannt wird, nur verwüstetes Land. Der Widerstand der Zivilbevölkerung sollte mit allen Mitteln gebrochen werden. Nach der Einnahme von Savannah im Dezember 1864 setzten die *Die* Unionstruppen ihren Kriegszug durch South und North Carolina fort, ohne dass die *Südstaaten* Konföderierten sie hätten stoppen können. Erst am 18. April 1865 wurden die *verlieren den* Kampfhandlungen offiziell beendet. Im gleichen Jahr wurde Präsident *Lincoln* im Ford *Bürgerkrieg* Theater von einem fanatischen Südstaatler erschossen.

Am 1. Januar 1863 hatte *Abraham Lincoln* die Befreiung aller Sklaven proklamiert, so dass nun nach dem Sieg der Nordstaaten die Südstaaten gezwungen waren, die Sklaverei abzuschaffen. (Über die weitere Entwicklung bezüglich der Bürgerrechte der afroamerikanischen Bevölkerung wird im Abschnitt „Gesellschaft" näher eingegangen.) Da *Wirtschafts-* etwas mehr als ein Drittel der Südstaatenbevölkerung Afroamerikaner waren (ca. *kraft der* 3.500.000 von ca. 9.000.000 Gesamtbevölkerung), hatte das für den wirtschaftlich *Südstaaten* durch den Krieg ohnehin ruinierten Süden katastrophale Folgen. Das Land war zum Teil *stark* völlig verwüstet, und die Plantagenbesitzer hatten kein Geld, um Arbeitskräfte zu *geschwächt* bezahlen. Insgesamt ließen ca. 620.000 Menschen in diesem Krieg ihr Leben.

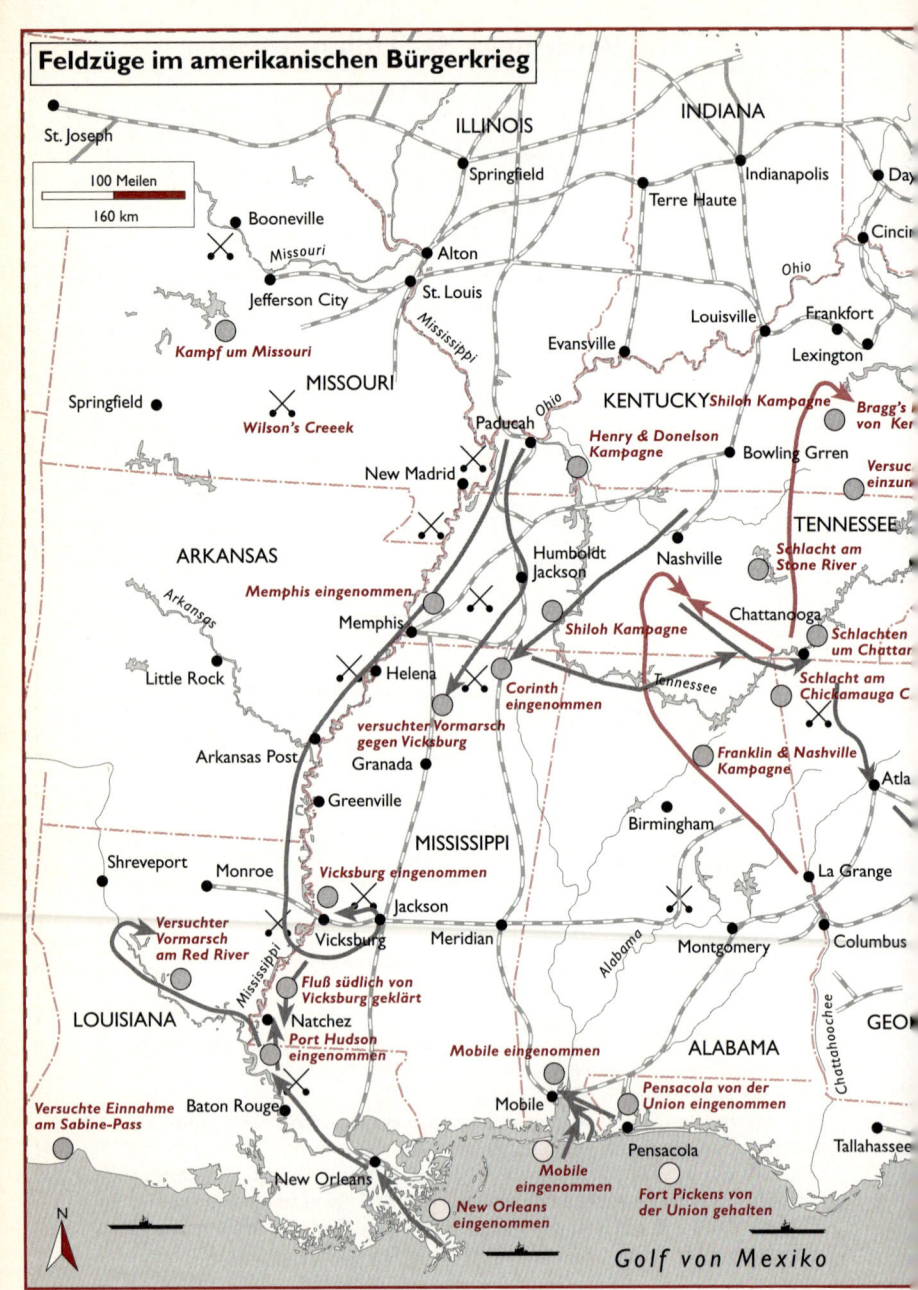

Feldzüge im amerikanischen Bürgerkrieg

St. Joseph

100 Meilen
160 km

ILLINOIS

INDIANA

Booneville

Missouri

Alton

Springfield

Indianapolis

Day

Terre Haute

Cincir

Jefferson City

St. Louis

Ohio

Mississippi

Evansville

Louisville

Frankfort

Kampf um Missouri

MISSOURI

Lexington

KENTUCKY

Shiloh Kampagne

Springfield

Wilson's Creeek

Paducah

Ohio

Henry & Donelson Kampagne

Bowling Grren

Bragg's von Ker

Versuc einzun

New Madrid

ARKANSAS

Arkansas

Memphis eingenommen.

Humboldt
Jackson

Nashville

TENNESSEE

Schlacht am Stone River

Chattanooga

Memphis

Shiloh Kampagne

Schlachten um Chattar

Little Rock

Helena

Tennessee

Schlacht am Chickamauga C

Corinth eingenommen

Arkansas Post

versuchter Vormarsch gegen Vicksburg

Granada

Franklin & Nashville Kampagne

Atla

Greenville

Birmingham

La Grange

Shreveport

Monroe

MISSISSIPPI

Vicksburg eingenommen

Jackson

Versuchter Vormarsch am Red River

Mississippi

Vicksburg

Meridian

Columbus

Alabama

Montgomery

Fluß südlich von Vicksburg geklärt

Natchez

Port Hudson eingenommen

Mobile eingenommen

ALABAMA

GEO

Chattahoochee

Versuchte Einnahme am Sabine-Pass

Baton Rouge

Mobile

Pensacola von der Union eingenommen

Mobile eingenommen

Pensacola

Tallahassee

New Orleans

New Orleans eingenommen

Fort Pickens von der Union gehalten

N

Golf von Mexiko

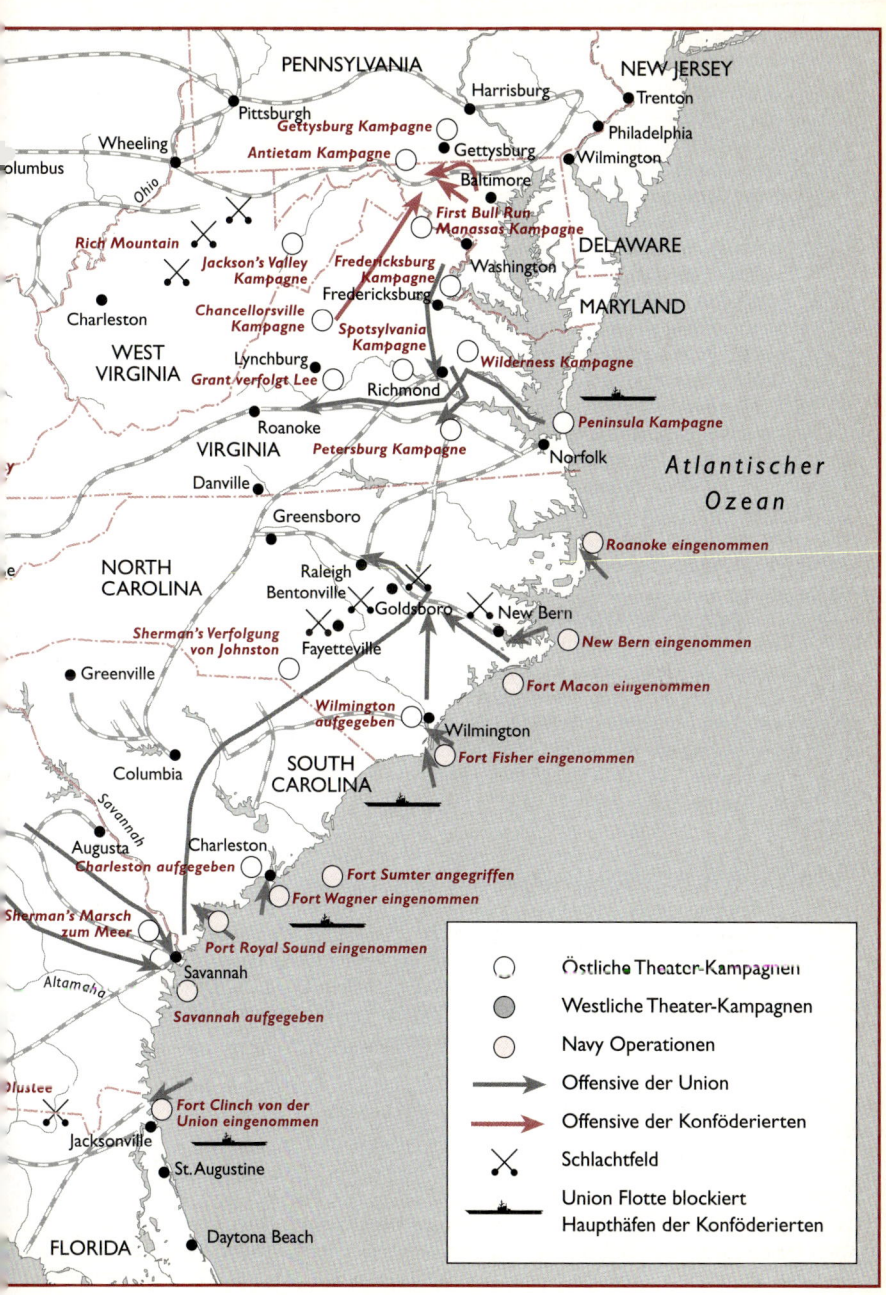

Indianerkriege

Der Amerikanische Bürgerkrieg war allerdings nicht die einzige kriegerische Auseinandersetzung zu jenem Zeitpunkt. Bedingt durch die immer weiter nach Westen fortschreitende Besiedlung durch Weiße und die Vergrößerung des Territoriums der Vereinigten Staaten nach dem Amerikanisch-Mexikanischen Krieg (1846–1848) kam es zu Konflikten mit den Indianern, die jahrzehntelang nie völlig beigelegt werden konnten. In Texas kam es wiederholt zu erbitterten Kämpfen zwischen Kiowa, Komanchen und Apachen auf der einen und texanischen sowie U.S.-Truppen auf der anderen Seite. Dieser Krieg konnte erst 1867 beendet werden, nachdem die Kiowa und Komanchen dazu „überredet" werden konnten, nach Alabama, das damals als Indianerterritorium galt, überzusiedeln. Aber auch dort wurden sie von den Weißen nicht in Ruhe gelassen, so dass es unter dem berühmten Komanchenhäuptling *Quanah Parker* erneut zu kriegerischen Auseinandersetzungen kam. Im Gebiet zwischen den Rio-Grande-Pueblos und Kalifornien waren es hauptsächlich die Navajo und Apachen, die sich gegen die weißen Siedler zur Wehr setzten. Colonel *Kit Carson* besiegte in einem Krieg von 1863–1864 die Navajo, verwüstete Felder und Behausungen und vertrieb die Navajo nach New Mexico. Vier Jahre später bekamen sie dann ein Reservat im Norden Arizonas, aus dem sie ursprünglich auch kamen.

Frieden durch Umsiedlung

Die Apachen leisteten am längsten Widerstand gegen die Siedler, mit denen sie anfangs gute Beziehungen hatten, da sie die Feinde der Spanier und Mexikaner waren, gegen die die **Apachen** vor dem Amerikanisch-Mexikanischen Krieg gekämpft hatten. 1862 brach jedoch ein Krieg aus, der bis 1871 nie richtig beendet werden konnte. Zu jenem Zeitpunkt übernahm General *George Crook* das Kommando über die Truppen in Arizona. Die Apachen wurden von ihm in ein Reservat verdrängt, jedoch konnte ihr Widerstand bis 1886 nicht vollständig gebrochen werden, da unter der Führung des Häuptlings *Geronimo* eine rege **Guerillatätigkeit** organisiert werden konnte. Erst mit *Geronimos* Gefangennahme und Deportation nach Florida gaben die Apachen auf.

Apachen kämpfen gegen Siedler

Die bekanntesten Schlachten der Indianerkriege des 19. Jh. fanden jedoch weiter nördlich statt. Zu nennen sind hier Little Bighorn, der Ort, an dem Sioux, Cheyenne und Arapaho unter *Sitting Bull* und *Crazy Horse* den weißen General *Custer* und seine Truppen 1876 schlugen. Dieses **Massaker** schockierte viele Weiße und führte zu verstärkten militärischen Aktionen gegen die Indianer. Was Weiße den Indianern angetan hatten, wurde dabei völlig außer acht gelassen. Die letzte Entscheidung zu ungunsten der Indianer war 1890 das Massaker am **Wounded Knee**. Viele Sioux unter der Führung von *Big Foot* wurden dort kaltblütig umgebracht.

Grausames Massaker am Wounded Knee

Die frühe Geschichte der einzelnen Südstaaten

Alabama

Der östliche Teil Alabamas, der nach dem Unabhängigkeitskrieg unter spanische Herrschaft geriet, konnte erst 1813 nach einer militärischen Auseinandersetzung der

Vereinigten Staaten mit den Spaniern unter amerikanische Kontrolle gebracht werden. Der westliche Teil gehörte zu dem Zeitpunkt zum Territorium Mississippis. Als der westliche Teil des gesamten Territoriums 1817 unter dem Namen „Mississippi" Bundesstaat wurde, erhielt der östliche Teil den Status eines Territory unter dem Namen „Alabama". Zwei Jahre später wurde Alabama 22. Bundesstaat der Union. Die heutige Hauptstadt **Montgomery** erhielt ihren Status erst 1846, nachdem bereits drei andere Städte Hauptstadt gewesen waren.

Die indianische Bevölkerung Alabamas hatte versucht, die Auseinandersetzung zwischen den Vereinigten Staaten und Spanien und England 1812–1813 zu ihrem eigenen Vorteil zu nutzen, und kämpfte mit britischer Munition bewaffnet für ihre Ansprüche auf das Land. Die blutigste Auseinandersetzung in diesem Zusammenhang fand 1813 zwischen Creek und Bewohnern des Fort Mim statt. Zwar wurden die Indianer von den Unionstruppen unter General *Andrew Jackson* 1814 in der **Horseshoe-Bend-Schlacht** entscheidend geschlagen, doch an vereinzelten kriegerischen Aktivitäten der Indianer zeigte sich, dass diese ihren Lebensraum weiterhin nicht kampflos den *Siedler* Weißen überlassen wollten. In mehreren Verträgen, wie z.B. dem Creek Treaty von *verletzen die* 1832, wurde der indianischen Bevölkerung eigenes Land zugesichert. Da sich weiße *Verträge mit* Siedler in der Regel nicht an diese Abmachungen hielten, flüchtete ein großer Teil der *den Indianern* Indianer Mitte der 1830er-Jahre in Richtung Westen.

Inzwischen hatte sich in Alabama unter dem Einfluss der „älteren" südlichen Bundesstaaten eine Plantagenwirtschaft entwickelt. Es wurde mit Hilfe von Sklavenarbeit im großen Stil Baumwolle angebaut, die über den Hafen Mobile weltweit verschifft wurde. Seit Mitte der 1840er-Jahre wurde die Sklavenfrage zu einem der wichtigsten politischen Themen in Alabama. Da die Plantagenbesitzer den größten Einfluss auf die politischen Geschäfte des Bundesstaates hatten und „King Cotton" (*König Baumwolle*) die Wirtschaft regierte, nahm Alabama eine eindeutig positive Haltung zur Sklaverei und deren Ausbreitung in den westlichen Gebieten der Union ein, die nach dem Amerikanisch-Mexikanischen Krieg unter die Kontrolle der Union fielen. Alabama sagte sich 1861 als vierter Staat von der Union los. Montgomery wurde vor Richmond erste Hauptstadt der Konföderierten Staaten. Außer den Kämpfen um Mobile, das wegen seines Hafens von großer strategischer Bedeutung war, kann den Kriegshandlungen auf dem Gebiet von Alabama keine entscheidende Bedeutung beigemessen werden.

Florida

Zu Beginn des 19. Jh. war Florida im Besitz der Spanier, jedoch musste die spanische Regierung bereits nach den kriegerischen Auseinandersetzungen mit den Vereinigten Staaten im Jahre 1812 amerikanischen Siedlern **Selbstverwaltungsrechte** einräumen. Bis 1818 verlor Spanien weiterhin an Einfluss, da die Unionstruppen unter General *Andrew Jackson* im Kampf gegen Indianer und Engländer immer weiter in das Land eindrangen. 1819 war Spanien dann bereit, Florida an die Vereinigten Staaten abzutreten, was nach der Zahlung der verhältnismäßig niedrigen *Rascher* Entschädigungssumme von 5 Millionen Dollar offiziell 1821 festgelegt wurde. Zu die- *Zuwachs an* sem Zeitpunkt hatte Florida nur ca. 5.000 Einwohner. Es wanderten jedoch ständig *Einwohner*

Im 19. Jh. hatte auch Florida eine Bedeutung als Baumwolllieferant

Siedler zu, und im Norden entwickelte sich unter dem Einfluss der Nachbarbundesstaaten eine Plantagenwirtschaft mit zunehmender **Baumwollproduktion**. Durch die Indianerkriege von 1836–1842, die hauptsächlich gegen die Seminole-Indianer geführt wurden, erlitt die Wirtschaft empfindliche Verluste, die jedoch nach 1845, als Florida offiziell Bundesstaat wurde, schnell wieder aufgeholt werden konnten. Die Bevölkerungszahl stieg von diesem Zeitpunkt an bis 1860 von 60.000 auf 140.000 Einwohner.

Im Januar 1861 trat Florida den Konföderierten Staaten bei. Eine Bedeutung erlangte es im Bürgerkrieg jedoch nur durch die Aushebung einer beträchtlichen Anzahl Soldaten und als Basis für Blockadebrecher.

Georgia

Georgia zählt zu den älteren Bundesstaaten der Vereinigten Staaten. Bereits 1788 wurde von den Vertretern Georgias als vierter Staat die Unionsverfassung ratifiziert. Der westliche Teil des Staates war von Indianern besiedelt. Dieses Gebiet trat Georgia 1802 unter der Prämisse, dass der Stamm der **Creek** umgesiedelt würde, an die Bundesregierung ab. Die Vertreibung erfolgte jedoch erst 1832 unter großen Verlusten für die Indianer. Die Cherokee wurden 1838 vertrieben. Inzwischen hatten Goldfunde das indianische Territorium interessant gemacht. Seit Ende des 18. Jh. wurde in Georgia Baumwolle angebaut, und in relativ kurzer Zeit wurde sie zum wichtigsten Wirtschaftsfaktor. Aus der landwirtschaftlichen Krise der 1840er-Jahre ging Georgia letztendlich als reichster Staat des Südens hervor und wurde dementsprechend „Empire of the South" genannt. Für die gute wirtschaftliche Entwicklung war in Georgia unter anderem die gute Infrastruktur verantwortlich. Bereits 1933 war die „Georgia Railroad" als Eisenbahnverbindung gebaut worden, so dass zusätzlich zu den Handelsverbindungen auf den großen Flüssen eine Strecke über Land für den Transport bereitstand.

Reichster Staat des Südens

Georgia trat 1861 zu den Konföderierten Staaten über und wurde anfangs von den Kriegshandlungen weitgehend verschont. Gegen Ende des Sezessionskrieges jedoch zogen ca. 100.000 Soldaten der Unionstruppen unter General *Sherman* durch das Land und ließen nur verwüstetes Land hinter sich. Die entscheidenden **Schlachten**

Schonungslose Brandschatzung im Bürgerkrieg

fanden im Mai 1864 um Atlanta, das völlig niedergebrannt wurde, und bei Savannah im Dezember des gleichen Jahres statt.

Louisiana

Durch den Louisiana Purchase 1803 sicherten sich die Vereinigten Staaten für einen Betrag von 15 Millionen Dollar ein großes Gebiet von den Franzosen, das sich vom heutigen Bundesstaat Louisiana bis an die kanadische Grenze erstreckte. Zur großen Enttäuschung der Südstaatler erhielt durch den Territorial Act von 1804 eine großer Teil des heutigen Louisiana südlich des 33. Breitengrades lediglich den Status eines *Vom Territory* Territory (of Orleans). Nach Revolten im Jahre 1810 östlich des Mississippi entstand *zum* dort für kurze Zeit die Republik **West-Florida**, die diesem Territorium zugeschla- *Bundesstaat* gen wurde. 1812 war endlich der Status des Bundesstaates erreicht. Wirtschaftlich gesehen entwickelten sich bis Mitte des 19. Jh. die Zucker- und Baumwollproduktion in Form von Plantagenwirtschaft zu den Hauptstützen dieses Bundeslandes. Darüber hinaus wurde New Orleans hinter New York zum zweitgrößten **Hafen** der gesamten Union. Hier konnten durch die günstige geografische Lage in der Nähe des Mündungsgebietes des Mississippi sowohl Binnen- als auch Seeschifffahrt im großen Stil miteinander kombiniert werden.

1861 existierte Louisiana nach dem Austritt aus der Union kurzfristig als eigenständiger Staat, bevor es den Konföderierten Staaten beitrat. Während des Sezessionskrieges befand sich der westliche Teil Louisianas unter der Verwaltung der Konföderierten, während der östliche Teil unter der Militärverwaltung der Unionstruppen stand. New Orleans fiel 1862 an die Unionstruppen.

Mississippi

Zu Beginn des 19. Jh. waren die Verhältnisse des Gebietes, das heute den Bundesstaat Mississippi umfasst, von Auseinandersetzungen zwischen den Vereinigten Staaten und Spanien, die jeweils einen Teil des Landes unter ihrer Kontrolle hatten, gekennzeichnet. Darüber hinaus rebellierten im spanischen Gebiet englischsprache Siedler, die *Die Spanier* zu einem großen Teil protestantisch waren, gegen die katholischen Spanier und er- *werden ver-* klärten ihre Unabhängigkeit. Das entsprechende Gebiet wurde dann von den Verei- *drängt* nigten Staaten annektiert. 1817 wurde der westliche Teil von Mississippi als 20. Bundesstaat eingegliedert. 1822 wurde **Jackson** dann nach **Natchez** Hauptstadt. Die Baumwolle drängte sich zu diesem Zeitpunkt immer mehr in den wirtschaftlichen Vordergrund. Tabak und Indigo verloren in dieser Hinsicht zusehends an Bedeutung. In den 1820er-Jahren gehörte Mississippi zu den führenden Baumwollstaaten des Südens. Politisch dominierten die kleinen und mittleren Farmer, die die Indianer trotz der Verträge über Landbesitz verdrängten.

Aufgrund der Baumwollproduktion gab es in Mississippi einen zunehmenden Anteil von Afroamerikanern am Bevölkerungsanteil. 1860 gab es in diesem Bundesstaat sogar mehr **Afroamerikaner** (437.000) als Weiße (354.000). Die Afroamerikaner waren mit Ausnahme von ungefähr 1.000 Sklaven. Es ist daher nicht verwunderlich, dass sich Mississippi 1861 dazu entschloss, den Konföderierten Staaten beizutreten.

Noch heute zeugen die Villen in Natchez vom einstigen Reichtum der Baumwollfarmer

Dieses Bundesland stellte sogar den Präsidenten *Jefferson Davis*, der während der Zeiten der Union U.S.-Senator war.

Am Sezessionskrieg waren aus Mississippi etwa 80.000 Soldaten beteiligt. Die entscheidende Schlacht fand auf dem Gebiet dieses Bundesstaates bei Vicksbury im Juli 1863 statt. Die Konföderierten wurden dort von den Unionstruppen empfindlich geschlagen.

North Carolina

Im Jahre 1789 wurde North Carolina 12. Bundesstaat der Vereinigten Staaten. Bis Mitte der 30er-Jahre des 19. Jh. galt es jedoch als der wirtschaftlich am wenigsten entwickelte Staat und wurde deshalb sogar „das Irland von Amerika" genannt. Das Bruttosozialprodukt wurde zu 90 Prozent auf dem landwirtschaftlichen Sektor erwirtschaftet, und der Ausbau der Infrastruktur ließ sehr zu wünschen übrig. Ab 1835 wurde in dieser Hinsicht mehr investiert, was die sozialen Umstände verbesserte und zu einer verminderten Abwanderung der Bevölkerung führte, die in den Jahrzehnten davor für ein Sinken der Einwohnerzahl gesorgt hatte. Auf dem industriellen Sektor wurde die baumwollverarbeitende Industrie vorangetrieben, während auf landwirtschaftlichem Gebiet der **Tabakanbau** intensiviert wurde.

40.000 Tote im Bürgerkrieg

Im Mai 1861 trat North Carolina den Konföderierten Staaten bei und hob ein großes Kontingent an Soldaten aus. Unter den Toten des Sezessionskrieges sind allein 40.000 aus dem Bundesstaat North Carolina zu beklagen. Ab 1862 war der Nordosten unter die Herrschaft der Unionstruppen gefallen. Bis zur Invasion durch General *Sherman* 1865 ist jedoch keine kriegsentscheidende Schlacht auf dem Boden von North Carolina zu verzeichnen. Im April kapitulierte der Südstaatengeneral *Johnston* bei Durham, so dass der Sezessionskrieg auch südlich von Virgina ein Ende fand.

South Carolina

South Carolina wurde 1788 8. Bundesstaat der Union. Zu dieser Zeit war ebenso wie zur Kolonialzeit schon Baumwolle dort angebaut worden, aber eine große wirtschaftliche Bedeutung nahm sie erst im 19. Jh. ein. Ab 1833 wurde South Carolina durch den Bau der **Bahnlinie** Hamburg – Charleston wirtschaftlich unabhängiger von Georgia, da es auf Savannah als Seehafen nicht mehr angewiesen war.

 Hinweis

Hamburg, SC, liegt am Savannah River, gegenüber der Stadt Augusta, GA, und ist heute vollkommen integriert in die Stadt North Augusta.

Um eine größere Unabhängigkeit, allerdings in staatsrechtlichen Dingen, ging es in dem Schriftstück „South Carolina Exposition and Protest", in dem 1828 das Recht auf Verweigerung von Gesetzen des Kongresses gefordert wurde, wenn sie von dem betreffenden Bundesstaat als verfassungswidrig angesehen wurden. Da South Carolina inzwischen von der Baumwollproduktion abhängig geworden war, bestand ein großes Interesse daran, Bundesgesetze und Verordnungen, die die entsprechende Besteuerung und die Politik im Zusammenhang mit der Abschaffung der Sklaverei betrafen, zu eigenen Gunsten umgehen zu können. In beiden Fragen rang man sich zu Kompromisslösungen durch, die letztendlich jedoch nicht befriedigend waren, so dass South Carolina sich 1860 als erster Staat von der Union löste und 1861 mit dem Angriff auf **Fort Sumter** außerhalb von Charleston, das zu dem Zeitpunkt noch mit Unionstruppen besetzt war, den Beginn des Bürgerkrieges provozierte. Vor welche wirtschaftlichen und sozialen Probleme die Abschaffung der Sklaverei zu diesem Zeitpunkt die Pflanzer gestellt hätte, lässt sich erahnen, wenn man sich vergegenwärtigt, dass 1860 60 Prozent der Bevölkerung von South Carolina afroamerikanische Sklaven waren.

South Carolina provoziert den Bürgerkrieg

Bis zur Endphase des Sezessionskrieges blieb South Carolina mit Ausnahme heftiger Angriffe auf Charleston weitgehend von Kampfhandlungen verschont. General *Sherman* richtete mit seinen Unionstruppen allerdings noch kurz vor Kriegsende erhebliche Verwüstungen an.

Tennessee

Tennessee wurde bereits 1796 als 16. Bundesstaat in die Union aufgenommen. Zu diesem Zeitpunkt gehörte offiziell ein großer Teil des Landes den Indianern. Die Landansprüche der Chickasaw auf den westlichen Teil von Tennessee wurden 1818 annulliert. Bezüglich der Ansprüche der Cherokee auf den Südosten wurde diesen im **Vertrag von New Echota** (Georgia, wo der größte Teil des Stammes siedelte) 1835 ein Verzicht aufgezwungen. Da ein großer Teil des Stammes diesen Verzicht nicht akzeptierte und dementsprechende Unruhen entstanden, wurden die Cherokee drei Jahre später zwangsumgesiedelt und mussten den „Trail of Tears" (Weg der Tränen) wie viele ihrer Leidensgenossen anderer Stämme in Richtung Oklahoma zurücklegen. Da inzwischen die Baumwollproduktion im Westen und in der Mitte von Tennessee einen agrarwirtschaftlichen Boom erlebte, war dieser Teil des Landes für die Sklavenhaltung eingenommen. Im Osten des Landes, der keine entsprechende Plantagenwirtschaft entwickelt hatte, vertrat man die Meinung, dass die Sklaverei abgeschafft werden sollte. Bedingt durch diese **Spaltung** des Bundesstaates trat Tennessee erst nach der Mobilmachung der Unionstruppen nach dem Angriff auf Fort Sumter im Mai 1861 den Konföderierten Staaten bei. Ost-Tennessee versuchte erfolglos, einen unabhängigen an der Union orientierten Staat zu bilden.

Die Sklavenfrage spaltet das Land

Tennessee war außer Virginia der vom Bürgerkrieg am meisten betroffene Staat. Auf seinem Boden fanden alleine 450 Schlachten und kleinere Gefechte statt. Von den 145.000 Soldaten, die Tennessee stellte, kämpften 30.000 auf der Seite der Union. Die entscheidenden Schlachten waren die von Chattanooga, Fort Danelson, Fort Henry und Shiloh.

Arkansas

Nachdem Frankreich 1803 weite Gebiete um den Mississippi und dessen Nebenflüsse an die Vereinigten Staaten abgetreten hatte, stand Arkansas unter der Verwaltung vom Louisiana Territory. Nachdem Louisiana 1812 offiziell Bundesstaat geworden war, wurde Arkansas als County des Territoriums Missouri verwaltet und erreichte 1819 selbst den Status eines Territory. Dass Arkansas erst 1836 Bundesstaat
der Union wurde, ist nicht verwunderlich, wenn man bedenkt, dass in diesem Gebiet
1810 nur 1.062 Menschen lebten. Nach und nach zogen immer mehr Farmer zu und
machten das Land urbar, so dass 1835 etwa 50.000 Menschen dort lebten. Im Zuge
der Besiedlung wurden in den 1830er-Jahren die Indianer enteignet und des Landes
verwiesen. Zu dieser Zeit zogen auch unzählige Indianer, die aus anderen Bundesstaaten nach Oklahoma (das damals offiziell als Indianerterritorium galt) zwangsumgesiedelt wurden, durch Arkansas. Dieser „Trail of Tears" (Weg der Tränen) ging als
eines der dunkelsten Kapitel in die amerikanische Geschichte ein.

Traurige Trecks von zwangsumge-siedelten Indianern

Wirtschaftlich gesehen entwickelte sich in Arkansas sowohl der landwirtschaftliche
Zweig mit der Verbreitung von Baumwollplantagen als auch der industrielle Zweig
bezüglich der baumwollverarbeitenden Industrie wie auch der Förderung von Rohstoffen wie **Kohle**. Die Bevölkerungszahl von 1860, als bereits fast 440.000 Bürger in
Arkansas lebten, zeigt, wie schnell sich dieses Gebiet wirtschaftlich entwickelt hatte.

Landwirt-schaft, Industrie und Rohstoffe

Im Mai 1861 trat Arkansas im Bürgerkrieg den Konföderierten bei. 1863 war jedoch
der größte Teil des Bundesstaates von den Unionstruppen eingenommen worden.
Die verlustreichste Schlacht auf dem Boden von Arkansas war die von Pea Ridge
1862. Für den Ausgang des Bürgerkrieges fanden jedoch keine entscheidenden
Kampfhandlungen in diesem Bundesstaat statt.

Wiederaufbau nach dem Bürgerkrieg (Reconstruction)

Nach Beendigung des Bürgerkrieges waren nicht nur über 600.000 Tote zu betrau-
ern, sondern es musste auch eine desolate Wirtschaft wieder in geordnete Bahnen
gelenkt werden. Diese Phase der amerikanischen Geschichte wird allgemein als
Reconstruction-Phase (Wiederaufbauphase) bezeichnet.

Neue Agrarstruktur nach Abschaffung der Sklaverei

Durch die Abschaffung der Sklaverei waren die Großgrundbesitzer gezwungen, ihre
Plantagenwirtschaft, durch die sie zu reichen Männern geworden waren, in anderer
Form weiterzuführen oder sie völlig aufzugeben. Die Agrarstruktur veränderte sich
dementsprechend in den ersten zehn Jahren nach dem Bürgerkrieg radikal. Viele ehemalige Sklaven und auch weniger betuchte Weiße kauften Land, das die Großgrundbesitzer nicht mehr halten konnten, und bauten sich ihre eigene Existenz auf
kleinen landwirtschaftlichen Betrieben auf. Eine interessante Zahl ist in diesem
Zusammenhang die enorme Verminderung der Durchschnittsbetriebsgröße von über
1.000 Morgen vor 1861 auf 153 Morgen 1875. Da häufig keine ausreichenden finanziellen Mittel zur Verfügung standen, um die benötigten Arbeitskräfte zu bezahlen,
wurden diese mit Anteilen von der Ernte, Kost und Unterkunft vergütet. Aus einem
gesellschaftlichen System, für das krasse Unterschiede zwischen einer rechtlosen

Unterschicht und einer sehr dünnen Oberschicht charakteristisch war, entwickelte sich so im Laufe der Jahre eine Gesellschaft, in der die **Mittelklasse** dominierte.

Jedoch ergab sich diese Entwicklung nicht ohne politische Konflikte. Als Folge der in einigen Gebieten durch zahlenmäßige Überlegenheit bei der Einführung des Wahlrechtes für die befreiten Sklaven an die Macht gekommenen Schwarzen gründeten Weiße den berüchtigten Geheimbund **Ku-Klux-Klan**, der mit seinen Anschlägen auf schwarze Mitbürger und Sympathisanten der Sklavenbefreiung diese in Angst und Schrecken versetzte. Offiziell löste sich dieser Geheimbund mit dem Abzug der letzten Unionstruppen 1877 auf, die Agenten aus dem Norden – sogenannte **Carpetbaggers** – gedeckt hatten. Die Carpetbaggers nutzten die zum größten Teil in Unwissenheit gehaltenen Schwarzen für ihre politischen Ziele und zu ihrem persönlichen wirtschaftlichen Vorteil aus. Korruption und Missbrauch von öffentlichen Ämtern waren an der Tagesordnung. *Weiße gründen den Ku-Klux-Klan*

Um eine derartige Willkürherrschaft zu unterbinden, wurde ebenfalls 1877 das Berufsbeamtentum mit einer entsprechenden Eignungsprüfung eingeführt. Die schwarze Bevölkerung hatte insofern das Nachsehen bei den Bemühungen, die öffentliche Ordnung wiederherzustellen, als für sie spezielle Wahlklauseln wie z. B. ein Intelligenztest eingeführt wurden. Man wollte damit die Ausnutzung ungebildeter und weitgehend analphabetischer Wähler verhindern, degradierte aber gleichzeitig die Schwarzen, indem man aufgrund ihrer Hautfarbe ihre Bürgerrechte einschränkte, zu Bürgern zweiter Klasse. Diese Entwicklung setzte sich in der Einführung und Handhabung der Rassentrennung weiter fort. *Beamtengesetze grenzen Schwarze aus*

Wirtschaftlicher Aufschwung und Industrialisierung (Gilded Age)

Auf den Wiederaufbau folgte eine Blütezeit der Wirtschaft, die besonders im industriellen Bereich sichtbar wurde. Eine Intensivierung des Tabakanbaus sowie ein Aufschwung in der Textilindustrie, der eine stetig größer werdende Nachfrage nach Baumwolle zur Folge hatte, brachte den Süden der Vereinigten Staaten wirtschaftlich wieder auf die Beine und verringerte die durch den Bürgerkrieg entstandene Diskrepanz zwischen Norden und Süden im wirtschaftlichen Bereich. Da es in der freien Marktwirtschaft der Staaten keine wirtschaftlichen Begrenzungen gab, entstanden mächtige Trusts. Zwar hoben die Massengüter, die man nun in der Lage war zu produzieren, den allgemeinen Wohlstand, aber der Umstand, dass kurz vor dem 1. Weltkrieg zwei Prozent der Amerikaner 60 Prozent des Einkommens verdienten, führte zu Spannungen auf wirtschaftlichem Gebiet. Dieser Entwicklung sollte durch die Anti-Trust-Gesetze entgegengewirkt werden. Ab 1913 wurden dann progressive **Steuern** eingeführt und die Schutzzölle gesenkt. Federführend war hierfür *Woodrow Wilson* (1856–1924). *Aus für die großen Wirtschafts-Trusts*

Als Arbeitnehmerorganisation wurde 1886 ein Dachverband für alle **Gewerkschaften**, die „Federation of Labor", gegründet, die sich für kürzere Arbeitszeiten und ein Verbot der Kinderarbeit einsetzte. Die Zahl der Arbeiter stieg von 1860 bis zu Beginn des 1. Weltkrieges um 700 Prozent, so dass diese Bevölkerungsschicht auch eine eigene Interessenvertretung benötigte.

Erste außenpolitische Ambitionen einer Wirtschaftsmacht

Politik der kriegerischen Einmischung ersetzt die Monroe-Doktrin

Bedingt durch die **Monroe-Doktrin** des gleichnamigen amerikanischen Präsidenten von 1823 waren die Vereinigten Staaten in außenpolitischer Hinsicht im 19. Jh. sehr zurückhaltend, da der Inhalt dieser Doktrin war, sich nicht in europäische Angelegenheiten einzumischen. Gebrochen wurde diese Doktrin erst mit der Kriegserklärung an Spanien 1898 aufgrund der Versenkung eines amerikanischen Schiffes im Hafen von Havanna. Spanien verzichtete im gleichen Jahr auf Kuba, Puerto Rico und Guam (Friede von Paris). Puerto Rico wurde ebenso wie die Hawaii-Inseln im gleichen Jahr annektiert, und Guam sowie die Philippinen wurden als Stützpunkte angegliedert. Die Politik der Einmischung betraf Lateinamerika sehr stark – Besetzung der Dominikanischen Republik (1914–1924); Interventionen in Mexiko (1914/17), Guatemala (1921), Honduras (1911, 1913, 1924/25) und Nicaragua (1912/1925). In Asien beteiligten sich die USA an der Niederwerfung des chinesischen Boxeraufstandes (1900).

Innenpolitisch gesehen verschlechterten sich die Zustände in diesem Zeitraum, da **Arbeitslosigkeit**, ein ungenügendes Sozialsystem und die uneingeschränkten Wettbewerbsbedingungen innerhalb des Wirtschaftssystems zu erheblichen sozialen Spannungen führten.

Erster Weltkrieg

Deutschland führt Seekrieg gegen USA

Von 1914–1917 sympathisierten die Vereinigten Staaten zwar mit den Alliierten, blieben jedoch vorerst neutral und versuchten unter Präsident Wilson zwischen den kriegsführenden Parteien zu vermitteln. Dieses änderte sich 1917 nach der Versenkung mehrerer amerikanischer Schiffe durch deutsche U-Boote. Im Februar 1917 brachen die USA die diplomatischen Beziehungen zu Deutschland ab und traten am 6.4.1917 in den Krieg ein. Deutschland hatte den totalen U-Boot-Krieg erklärt und versucht, Mexiko zu einem Krieg gegen die USA zu überreden. Unter dem Befehl von General *John Joseph Pershing* (1860–1948) kämpften etwa 2 Millionen amerikanische Soldaten auf der Seite der Alliierten, von denen 120.000 auf dem Schlachtfeldern Europas fielen. Für die Zivilbevölkerung hatte der 1. Weltkrieg die Rationierung von Lebensmitteln und Kraftstoff zur Folge. Präsident *Woodrow Wilson* entwickelte 1918 ein 14-Punkte-Programm für die Umgestaltung der politischen und wirtschaftlichen Verhältnisse im durch den Krieg zerrütteten Europa, worin er u. a. die Einrichtung des Völkerbundes forderte. Diesem traten die Vereinigten Staaten nicht bei, da der Senat seine Zustimmung hierfür verweigerte und der Versailler Vertrag von den Vereinigten Staaten nicht ratifiziert werden konnte. 1921 schlossen die Vereinigten Staaten einen Separatfrieden mit dem Deutschen Reich, in dem weder die Völkerbundsatzung noch der Kriegsschuldartikel aufgenommen waren.

USA misstrauen dem Völkerbund

„The Fabulous Twenties" (Die goldenen Zwanziger)

Die Periode der „Goldenen Zwanziger" ist geprägt von außenpolitischer und wirtschaftlicher Isolation (hohe Schutzzölle auf ausländische Waren) der Vereinigten Staaten, sozialen Spannungen und uneingeschränkter Konkurrenz im wirtschaftlichen

Bereich. Nicht umsonst war der Multimillionär *Andrew W. Mellon*, von 1921–1932 Finanzminister der USA. Für ihn stand das „**Big Business**" im Vordergrund, und er bewirkte eine entsprechende Wirtschaftspolitik: Er erreichte eine Senkung der Steuern für Großverdiener sowie eine teilweise Aufhebung der Antimonopol-Gesetze, so dass die Bildung großer Gesellschaften wieder möglich wurde. Bedingt dadurch konzentrierte sich das Kapital in wenigen

Auf dem Weg in die „Fabulous Twenties"

Händen. Demgegenüber stand die durch ein Überangebot auf dem Agrarmarkt *Gesell-* bedingte **Verarmung** der Farmer.

schaftliche Spannungen

In dem Klima der sozialen Verarmung wurden auch die Einwanderungsmöglichkeiten *prägen das* beschränkt. Der *National Origins Act* (1924) verfügte, dass nur 2 Prozent der Anzahl *Leben* Einwohner einer Nationalität, die 1890 Bürger der Vereinigten Staaten waren, pro Jahr eine **Einwanderungsgenehmigung** bekamen. Diese Bestimmung richtete sich offensichtlich gegen die Einwandererströme aus Süd- und Osteuropa. Chinesen und Japaner wurden von der Einwanderung ausgeschlossen. Interessanterweise erhielten die Indianer im gleichen Jahr (1924) die amerikanische Staatsbürgerschaft.

Auch die gesellschaftlichen Spannungen dieser Epoche waren groß. Der 1915 neu gegründete Ku-Klux-Klan zählte 1924 ungefähr 5 Millionen Mitglieder. Ihre Aktionen richten sich jedoch nicht nur gegen Schwarze, sondern auch gegen Juden, Katholiken und Intellektuelle, die ein Leben wider die engen Moralvorstellungen der Anhänger dieser Organisation führten. Im Zeichen der **Prohibition** kämpfte der Ku-Klux-Klan auch gegen die „Nassen" („Wet"), die trotz des Verbotes Alkohol tranken. Die Prohibition währte von 1920–1933 und hatte – wie so häufig bei restriktiven Verboten – die Verkehrung ins Gegenteil der angestrebten Richtung zur Folge. Schmuggel im großen Stil, Schwarzbrennerei und die Bildung von Gangsterbanden sowie die Ausbildung einer entsprechenden Kriminalität führten die Prohibitionsgesetze ad absurdum. Allein in den Jahren 1924–1925 wurden 20.000.000 Gallonen Alkohol beschlagnahmt und 77.000 Personen aufgrund eines Verstoßes gegen das Prohibitionsgesetz verhaftet.

Der „Schwarze Freitag" und seine Folgen

Bedingt durch Unverhältnismäßigkeiten auf dem Kreditmarkt und einer Übersättigung des amerikanischen Binnenmarktes fielen 1929 die Aktienkurse. Der Tag des Zusammenbruchs der New Yorker Börse (24.10.1929) ging als „Schwarzer Freitag" in die Geschichte ein. Die Geschehnisse dieses Tages brachten den Motor der Wirtschaft, die Industrie, zu Fall. Die **Wirtschaftskrise** schuf Zahlen von bis zu 15

Millionen Arbeitslosen und ließ Bürger des modernsten Industrielandes verhungern oder erfrieren, obwohl die Vorräte an Getreide und Baumwolle wuchsen. Den Weg aus der Krise fand *Franklin D. Roosevelt* (1882–1945), nachdem er sich 1932 als

Maßnahmen Präsidentschaftskandidat gegen *Herbert Hoover* durchsetzen konnte. Er entschloss
gegen Arbeits- sich mit seinem **„New Deal Program"** (Neuverteilung der Spielkarten) als erster
losigkeit und Präsident der Vereinigten Staaten dazu, die Wirtschaft durch weitreichende staatliche
Hunger sind Eingriffe zu beeinflussen.
notwendig

In diesem Programm wurden u. a. folgende Punkte verfügt:

1. Phase (1933–1935)

- Entlastung von verschuldeten Farmern und Hausbesitzern
- Schließung aller Banken für einen kurzen Zeitraum und Wiedereröffnung von ca. 75 Prozent dieser, die dann aber an das Federal Reserve System angeschlossen wurden
- Verbot, Gold oder Devisen in Großen Mengen anzuhäufen
- Abwertung des Dollar auf weniger als 50 Prozent seines Wertes
- Landwirtschaftsreform (*Agricultural Adjustment Act*): Produktionsbeschränkung für gewisse landwirtschaftliche Produkte (z. B. Tabak und Baumwolle)
- Tennessee Valley Authority: Projekt zur Strukturverbesserung in Tennessee (Staudammbau, Anlegen von Bewässerungsanlagen, Industrieanlagen und Erosionsbekämpfung durch Aufforstungsprojekte)

Mindestlöhne - Wiederaufbau der Industrie (*National Industrial Recovery Act*): Produktionsbeschränkungen und Preisabsprachen, Festsetzung von Maximalarbeitszeiten und Mindestlöhnen

2. Phase (1935-1939)

- Beseitigung des Arbeitslosenproblems durch Realisierung öffentlich finanzierter Bauvorhaben (*Works Progress Administration*)
- Einführung einer Schlichtungs- und Aufsichtskommission, die Streitfragen zwischen Arbeitern und Arbeitnehmern regelt (*National Labor Relation Act*), Zusicherung des Streikrechtes
- Verbesserung der Sozialgesetzgebung (*Social Security Act*), Einführung einer Invaliden-, Alters-, Arbeitslosen- und Hinterbliebenenversicherung

Trotz starker Anfeindungen durch politische Gegner, die *Roosevelt* als Vertreter einer dirigistischen Wirtschaftspolitik diffamierten und aus dem Amt zu drängen versuchten, setzte *Roosevelt* sich durch und wurde dreimal als Präsident wiedergewählt. Sein New Deal Program brachte die amerikanische Wirtschaft schließlich wieder auf die Beine.

Zweiter Weltkrieg

Die Vereinigten Staaten erklärten zwar 1939 ihre Neutralität in Bezug auf den euro-
Aufgabe der päischen Kriegsschauplatz, gaben diese jedoch 1941 auf, nachdem die deutschen
Neutralität Truppen auch Dänemark, Norwegen, die Niederlande und Frankreich erobert und

mit Japan und Italien den **Drei-Mächte-Pakt** geschlossen hatten. 1941 erklärte Präsident *Roosevelt* in seiner Neujahrsansprache, dass die Vereinigten Staaten als Garant der „Vier Freiheiten" (der Rede und Meinungsäußerung, der Religionsausübung, der Freiheit vor Hunger und der vor Not und Furcht) ihre Neutralität aufgeben müssen. Der *Lend-Lease Act* ermöglichte eine Versorgung der Alliierten mit kriegswichtigem Material ohne Bezahlung. Im Dezember 1941 traten die USA nach dem überraschenden Angriff der Japaner auf Pearl Harbor, bei dem die dort stationierten Schiffe der amerikanischen Marine zerstört wurden, in den Krieg mit Japan ein. Einige Tage später erfolgte die Kriegserklärung an Deutschland und Italien. Um den Krieg möglichst effektiv durchführen zu können, wurde die allgemeine **Wehrpflicht** eingeführt und die Produktion von zivilen Gütern zugunsten von militärischen verringert. Es kam zu einer Lebensmittelrationierung, und 1942 wurde eine staatlich gelenkte Preisbindung eingeführt. Darüber hinaus wurde eine Nachrichtenzensur verhängt.

1942–43 stimmten die Vereinigten Staaten ihre Kriegshandlungen auf verschiedenen Konferenzen mit den anderen Alliierten ab. Die 1. Washington-Konferenz (1941–1942), deren Ergebnis eine Erklärung von 26 kriegsbeteiligten Ländern beinhaltete, keinen Separatfrieden zu schließen, legte den Grundstein für die **Vereinten Nationen**. *26 Länder an einem Tisch - Bahn frei für die Vereinten Nationen*

Seit 1943 operierten die Alliierten Streitkräfte unter dem Oberbefehl von General *Eisenhower*. Die Landung in der **Normandie** gelang 1944. Zu diesem Zeitpunkt wurden schon konkrete Überlegungen angestellt, wie mit Deutschland nach der Kapitulation zu verfahren sei. Die Unterschrift unter den Morgentau-Plan, der eine Zerstückelung Deutschlands und die Verwandlung in einen Agrarstaat vorsah, zog *Roosevelt* jedoch wieder zurück. Auf der **Konferenz von Jalta** im Februar 1945 wurde dann die Aufteilung Deutschlands in Besatzungszonen, die Festlegung der zukünftigen Grenzen, Demontage- und Reparationsfragen sowie die Bildung eines Kontrollrates zur Wahrnehmung der Regierungsgeschäfte des besetzten Gebietes beschlossen. Die definitive Aufteilung Deutschlands erfolgte auf der Potsdamer Konferenz(17.7.–2.8.1945. Der 2. Weltkrieg endete am 2.9.1945 mit der Kapitulation Japans, fast einen Monat nach dem Abwurf von amerikanischen **Atombomben** auf Hiroshima und Nagasaki.

Von über 72 Millionen Soldaten, die am 2. Weltkrieg teilnahmen, wurden mehr als 16 Millionen als tot oder vermisst gemeldet, davon ca. 545.000 Amerikaner. Ungefähr 700.000 Amerikaner wurden bei den Kampfhandlungen verwundet. Der Krieg kostete die Vereinigten Staaten ca. 370 Milliarden Dollar. *Tote und wirtschaftliche Verluste*

Neuordnung der Welt

Bestimmend für die amerikanische Außenpolitik in der Nachkriegszeit wurde die **Truman-Doktrin** (1947), in der allen Ländern zur Bewahrung ihrer nationalen Unabhängigkeit militärische und wirtschaftliche Hilfe von Seiten der USA zugesagt wurde. Die Vereinigten Staaten gingen mit dieser Doktrin von ihrem Isolationismus ab und schafften die Grundlage für ein Eingreifen in die Angelegenheiten anderer Staaten im Sinne einer Ordnungsmacht. In Europa schwebte den USA der Aufbau eines kapitalistischen Wirtschaftssystems unter der Führung Amerikas vor, was natürlich bei der kommunistisch ausgerichteten Sowjetunion auf wenig Gegenliebe stieß.

Gründung der NATO

Der politische Gegensatz zwischen den Vereinigten Staaten und der den Osten Europas beherrschenden Sowjetunion führte zum sogenannten „**Kalten Krieg**" und der daraus resultierenden Aufrüstung auf beiden Seiten. 1949 gründeten die USA zusammen mit 10 europäischen Staaten die NATO (*North Atlantic Treaty Organization*), der 1954 auch die Bundesrepublik Deutschland beitrat. Die NATO diente dazu, die westlichen Staaten im Kriegsfalle gemeinsam verteidigen zu können. Der Kalte Krieg beschränkte sich nicht nur auf ein Wettrüsten der Führungsmächte der Blöcke in großem Stil, sondern setzte sich auch auf dem technologischen Sektor fort. Besonders spektakulär gestaltete er sich auf dem Gebiet der Raumfahrt. Der UdSSR gelang es 1957, den ersten Satelliten ins Weltall zu schicken (Sputnik I), dem ein Jahr später der amerikanische Explorer I folgte. Auch in der bemannten Raumfahrt war der Ostblock den USA noch um einen Monat voraus. *Juri Gagarin* erreichte am 12. April 1961 als erster Mensch das Weltall, während der Amerikaner *Alan B. Shepard* am 5. Mai folgte. Den Vereinigten Staaten gelang es jedoch, 1969 den ersten bemannten Raumflug zum Mond durchzuführen.

Technologischer Wettlauf zwischen UdSSR und USA

Außenpolitische Krisen der Vereinigten Staaten

Der Koreakrieg

Die Unstimmigkeiten zwischen den USA und der UdSSR über die politische Gestaltung des von ihnen nach dem 1945 besetzt gehaltenen Korea führten 1950 zum Koreakrieg. UN-Truppen kämpften unter amerikanischer Führung für Südkorea. Im Laufe der Kampfhandlungen mischte auch China sich ein. Nach dem Waffenstillstand von Panmunjom wird Korea 1953 offiziell in zwei Länder geteilt.

Die Kubakrise

Knapp am 3. Weltkrieg vorbei

Nach Abbruch der diplomatischen Beziehungen zu Kuba 1961 verhängten die Vereinigten Staaten 1962 ein Handelsembargo, bei dessen Durchführung ein amerikanisches Kriegsschiff von einem kubanischen beschossen wurde. Ebenfalls 1962 machte die UdSSR ihr Interesse an einer Stationierung von Nuklearwaffen auf der Insel deutlich. Die USA verhängten eine Teilblockade über Kuba und kündigten an, alle Schiffe, die kubanische Häfen anliefen, von Marineeinheiten kontrollieren zu lassen. Die Welt stand am Rande eines 3. Weltkrieges.

Gewissermaßen in letzter Minute einigten sich *John F. Kennedy* und *Nikita Chruschtschow* auf den militärischen Rückzug der UdSSR aus Kuba.

Der Vietnamkrieg

Wohl als eines der einschneidendsten Ereignisse bezüglich der amerikanischen Außenpolitik im 20. Jh. ist der Vietnamkrieg zu sehen. Nordvietnam wurde von der

Sowjetunion und China unterstützt, während in Südvietnam die Franzosen in den Indochinakriegen versucht hatten, eine Okkupation Südvietnams durch den Norden zu verhindern. Die Vereinigten Staaten griffen erst 1964 ein, um die Einflussnahme des kommunistischen Systems in Indochina zu stoppen.

Innenpolitisch führte der Verlauf des Krieges zu weitreichenden **Protestaktionen**, nachdem die amerikanischen Streitkräfte gegen die Guerillataktik der nordvietname- *Lernen nach* sischen Truppen wenig ausrichten konnte. Präsident *Nixon* zog 1973 die restlichen *Misserfolgen* amerikanischen Truppen ab. Zwei Jahre später kapitulierte Südvietnam bedingungs- *im Vietnam-* los, was die Wiedervereinigung von Nord- und Südvietnam 1976 zur Folge hatte. *krieg*

Insgesamt mussten im Vietnamkrieg 56.000 amerikanische Soldaten ihr Leben lassen. Die Befugnisse des amerikanischen Präsidenten, einen Einsatzbefehl für amerikanische Truppen zu geben, wurden aufgrund der Erfahrungen im Vietnamkrieg mit dem War Powers Act (1973) erheblich eingeschränkt und sind von jenem Zeitpunkt ab in größerem Maße von der Zustimmung des Kongresses abhängig. Für das Selbstbewusstsein der USA waren die **Misserfolge** im Vietnamkrieg ein harter Schlag.

Die Vereinigten Staaten nach dem Vietnamkrieg

Bedingt durch die zunehmende Entschärfung des Ost-West-Konfliktes – nicht zuletzt durch deutsche Bemühungen – kam es zu einer Abrüstungspolitik, die sicherlich auch durch die wirtschaftlichen Probleme der beiden Weltmächte USA und UdSSR forciert wurde. Zwischen 1972 und 1985 wurden allein fünf Rüstungsbeschränkungsverträge geschlossen. Seit der Neuordnung der Welt 1990 und der Auflösung des kommunistischen Systems in der UdSSR kooperieren die beiden Blockmächte sogar, was das Austragen von kriegerischen Konflikten betrifft. Man denke an den ersten Golfkrieg oder den Jugoslawienkonflikt.

Bedingt durch die wachsende Wirtschaftskraft Japans, Koreas, Chinas, Indiens und *Wirtschaft-* der EU schrumpfte die wirtschaftliche Vormachtstellung der Vereinigten Staaten auf *liche* dem Weltmarkt. Als Folge davon verlor der Dollar erheblich an Wert gegenüber den *Vormacht-* anderen großen Währungen. Dieser Wertverlust ist einer sich vermindernden Kon- *stellung* kurrenzfähigkeit der amerikanischen Wirtschaft zuzuschreiben, die auch auf innenpo- *schrumpft* litische Defizite zurückzuführen ist. Als Folge wurde mit Mexiko und Kanada die zweitgrößte Freihandelszone der Welt – die NAFTA – geschaffen, der sich später auch andere Pazifikanrainerstaaten anschlossen. Ein Aufwärtstrend hat seit Beginn der 1990er-Jahre stattgefunden, bedingt vor allem durch den rapide zunehmenden Handel mit den ostasiatischen Staaten.

Ein derber Schock war der Anschlag am 11. September 2001 auf das World Trade *Der Schock* Center und das Pentagon. Wieder einmal musste die Supernation erleben, wie ver- *des 9/11* wundbar sie ist und welche Folgen ihre Politik haben kann. Diesmal waren es islamische Fundamentalisten, die den USA den Krieg erklärt hatten, ein Untergrundkrieg, der schwer zu führen ist für eine organisierte Armee und Staatsmacht. Als Folge rief Präsident *George W. Bush* zum „Krieg gegen den Terror" auf ließ dann mit Hilfe der

Briten und gegen die Kritik der Weltöffentlichkeit im März 2003 den Irak erneut angreifen (2. Golfkrieg). Wenige Zeit später war deren Präsident *Saddam Hussein* entmachtet und der „offizielle Krieg" gewonnen. *Hussein* hielt sich zunächst versteckt,

Der Frieden im Irak misslingt   wurde aber später gefunden und vor Gericht gestellt. Die anschließende Befriedung und Demokratisierung des Iraks erweist sich bisher aber als sehr schwierig. Noch heute kann man sagen, steht der Irak am Rande eines Bürgerkrieges. Im November 2006 wurde der ehemalige Diktator zum Tode durch den Strang verurteilt.

INFO   ## World Trade Center und Pentagon: ein Anschlag, der die Welt verändert hat

Am 11. September 2001 wurden die USA Opfer des größten **Terroranschlages** seit Bestehen der Nation. 2 Flugzeuge rammten dabei die beiden Türme des World Trade Center in New York und brachten sie zum Einsturz. 2.827 Todesopfer waren zu beklagen. Ein weiteres Flugzeug stürzte Minuten später in einen Flügel des Pentagon in Washington. Dieser Anschlag forderte 200 Todesopfer. Ein viertes Flugzeug, mit eigentlichem Ziel Camp David oder Weißem Haus, stürzte nahezu zeitgleich bei Pittsburgh ab, nachdem es höchstwahrscheinlich vorher einen Kampf zwischen den Entführern und den Passagieren gegeben hat.

Diese Terroranschläge, wahrscheinlich von islamistischen Fundamentalisten und Anhängern des Terroristen *Osama Bin Laden* durchgeführt, waren die schwersten und folgenreichsten Angriffe von außerhalb auf dem Boden der USA – seit dem Krieg mit England 1812.

Die Grausamkeit, die Zahl der Opfer und die Tatsache, dass die Selbstmordattentäter mit dem World Trade Center das „Herz der westlichen Welt" getroffen hatten, hatte weitreichende Folgen. Die gesamte westliche Welt, aber auch die Mehrheit der islamischen Staaten, war zutiefst erschüttert und verurteilte die Verbrechen.

Nach dem ersten **Schock** kamen in den USA Zweifel an der bisherigen Nahost-Politik auf. Die Einschätzung islamischer Gruppen und Bewegungen veränderte sich: Es wurde bekannt, dass die USA selbst während des Konfliktes zwischen Afghanistan und Russland in den 1980er-Jahren *Bin Laden* und seine Truppen ausgerüstet und unterstützt hatte. Der Anschlag hatte natürlich auch Folgen für die Weltwirtschaft. Die Aktienkurse rutschten in einer bereits beginnenden Rezession weiter nach unten, die amerikanischen Airlines mussten alleine 100.000 Angestellte entlassen und der Sogeffekt für Tourismus, Autobranche, Flugzeugbauer und viele andere Branchen ist ebenfalls enorm gewesen.

Die Medien brachten tagelang Bildmaterial der Katastrophe und endlose Berichterstattungen. Immer wieder fiel das Wort „Krieg", das die Gewaltbereitschaft in der Bevölkerung schürte, es wurden Vergeltung und Rache gefordert. Berichte und Interviews, die ein diplomatisches Vorgehen und Gesprächsbereitschaft forderten, wurden oft gar nicht oder nur kurz gesendet. Erst nachdem sich der erste Schock gelegt hatte und die Zeitungen immer stärker auf die Bremse traten, wurden Stimmen laut, nicht unschuldige Opfer mit unschuldigen Opfern zu vergelten. Die Frage wurde gestellt, ob nicht das Vorgehen der USA in islamischen Ländern den arabischen Massen in der Vergangenheit allzu oft als arrogante Machtdemonstration erscheinen musste und so zu einem unbändigen Hass geführt hatte.

Die USA kämpft also weiterhin einen Krieg gegen eine Untergrundarmee und der (politische) „Krieg gegen den Terror" hat sich mittlerweile immer mehr ausgeweitet, so auch auf den Iran.

Innenpolitische Schwierigkeiten

Als Präsident *Nixon* 1974 wegen der **Watergate-Affäre** zurücktreten musste, erschütterte das erheblich das Vertrauen der Bürger zu ihrer Regierung. Es hatte sich herausgestellt, dass Mitglieder von *Nixons* Wahlkomitee das Wahl-Hauptquartier der konkurrierenden Demokratischen Partei abgehört hatten.

Die offensichtlichen Missstände jedoch, die in Bezug auf Gleichbehandlung von schwarzen und weißen Bürgern herrschten, führten seit den schwersten **Rassenkrawallen** 1957 in Little Rock bis Ende der 1960er-Jahre immer wieder zu Unruhen, bei denen zum Teil auch Menschen ums Leben kamen. Da es von der amerikanischen Regierung versäumt wurde, auf staatlicher Ebene ein angemessenes energiepolitisches Konzept sowie eine solide Technologie- und Industriepolitik zu entwickeln, führte die Abhängigkeit vom Erdöl der Nahost-Staaten zum Ansteigen des **Handelsdefizits**. Eine Verschärfung der sozialen Gegensätze durch wirtschaftliche Probleme und die Vernachlässigung der sozialen Absicherung der dadurch betroffenen Bürger speziell in der Reagan-Ära führten zu einem weiteren Anwachsen der Drogenprobleme und der **Kriminalitätsrate**.

Martin Luther King

Rückschläge in einer Phase der Erholung seit Beginn der 1990er-Jahre erlitten die USA dann wieder ab 2000. Erst fielen die Aktienkurse und dezimierten die privaten Rentenrücklagen vieler Anleger, dann kam der Anschlag vom 11. September 2001 mit seinen Folgen (Sicherheitsverschärfungen, Terrorangst) und schließlich schnellten aufgrund der Konflikte im Mittleren Osten (bes. Irak) sowie dem Erstarken Chinas (hohe Energie- und Rohstoffforderungen) die Treibstoff- sowie **Rohstoffpreise** in die Höhe. Das traf die USA natürlich besonders hart.

Wirtschaftliche Rückschläge zu Beginn des 21. Jh.

Landschaftlicher Überblick

i Einige geografische Daten zu den USA im Überblick	
Durchschnittliche Höhe über dem Meeresspiegel:	750 m
Höchster Punkt: Mt. McKinley (Alaska):	6.200 m
Niedrigster Punkt: Death Valley:	-85 m
Längster Fluss: Mississippi (zus. mit dem Missouri):	6.420 km
Staatsland:	31,9 Prozent im Besitz des Staates
Land in Nationalparks (inkl. von Nationalpark-Behörde geleitete Parks):	340.200 km²
Jährliche Bodenerosion:	3.101.200.000 t

Allgemeiner Überblick

Begrenzt werden die USA im Norden durch Kanada, im Süden durch Mexiko, im Osten und Südosten durch den Atlantischen Ozean und schließlich im Westen durch den Pazifischen Ozean (Alaska und Hawaii ausgenommen). Die größte **Ost-West-Ausdehnung** erreicht 4.500 km, was etwa der Entfernung vom Nordkap bis Kairo entsprechen würde. Von Norden nach Süden erstreckt sich das Land auf bis zu 2.600 km.

Viertgrößter Staat der Erde Die USA sind mit einer **Landfläche** von 9.372.614 km² der viertgrößte Staat der Erde (berechnet man die Wasserfläche hinzu, landen die USA auf Rang 3). Mit ca. 300 Mio. Einwohnern bedeutet das eine Einwohnerdichte von etwa 32 Einwohnern pro km² (zum Vergleich: Bundesrepublik Deutschland 230 E/km², Schweiz: 174 E/km², Österreich 97 E/km²). Die Einwohnerdichte verteilt sich aber sehr ungleichmäßig über das Land. In den Küstenstaaten des Ostens beträgt die Zahl zwischen 100 und 300 E/km², während sie in den Präriestaaten nur bei etwa 20 E/km² liegt und in den Wüstenstaaten des Südwestens aber auch in Montana und Wyoming unter 10 rutscht.

Das Reisegebiet Süden umfasst etwa 870.000 km² und hat bei einer **Einwohnerzahl** von 35 Mio. eine Bevölkerungsdichte von gut 40 E/km². Dabei liegt die Dichte in folgenden Gebieten am höchsten: Mississippi-Delta, Georgia, Atlanta, am Mississippi, um Memphis und zwischen Montgomery und Nashville.

Sieben geografische Regionen Man kann die USA in 7 markante geografische **Regionen** gliedern:
• die **atlantische Küstenebene**, die sich vom Kap Cod im Norden bis Florida im Südosten zieht. Sie erreicht kaum Höhen über 100 m. Der Norden weist ein Moränenrelief auf, während sich weiter im Süden Lagunen und Ästuare finden. Dieser geschützte Bereich wird als Intercoastal Waterway genutzt. Die Sümpfe auf der Halbinsel Floridas haben sich hauptsächlich aufgrund mangelnder Entwässerung gebildet.
• das **Appalachengebirge**, das sich parallel zur Atlantischen Küstenebene erstreckt. Es ist untergliedert in mehrere verschieden hohe Gebirgszüge, die im Norden nur Höhen von 750 m erreichen. Das eigentliche Appalachengebirge liegt westlich dieser Linie und hat hier Höhen von bis zu 2.000 m. Der höchste Berg ist der Mt. Mitchell nordöstlich von Asheville.

- das **zentrale Tiefland** und die **Golfküstenebene**: Dieses relativ kleine Gebiet folgt dem Mississippital und beginnt im Norden am Zusammenfluss von Missouri und Mississippi. Es ist etwa 800 km lang und zwischen 40 und 200 km breit. Hier hat sich der Untergrund gesenkt, und die großen Flüsse haben das Becken mit Sedimenten bedeckt.

„Ol' Man River": Der Mississippi

- die **Prärien** und die **Great Plains**, welche bestimmt sind durch eine nur leicht hügelige Landschaft. Das Gebiet steigt vom Osten her langsam von 400 m auf 1.500 m unterhalb der westlich angrenzenden Rocky Mountains an. Im nördlichen Schichtstufenland hat durch Monokulturen auf großen Flächen eine starke Erosionstätigkeit eingesetzt. Die Amerikaner bezeichnen diese Gegenden bereits als „Badlands". Diese Landschaft wurde maßgeblich durch die Eiszeiten während der letzten 25.000 Jahre geformt. Die Gletscher sind auch dafür verantwortlich zu machen, die guten Böden aus dem kanadischen Bereich nach Süden getragen und die „Great Lakes" geschaffen zu haben. *Bodenerosion durch Monokultur*

- die **Rocky Mountains**, die den Ostteil der nordamerikanischen Kordilleren einnehmen, Höhen von bis zu 4.400 m (Mt. Elbert) aufweisen und sich auf amerikanischer Seite etwa 2.250 km von NNW nach SSO ziehen. Wie die Alpen sind die Rockies verhältnismäßig jungen Ursprungs. Man nimmt an, dass sie vor etwa 100 Mio. Jahren entstanden sind. Tertiäre Hebungen und Aufwölbungen sowie Brüche und Aufschiebungen haben sie geformt. Flüsse, wie z. B. der Colorado, haben sich in das Gestein geschnitten und Canyons gebildet.

- die „**intermontanen Becken**" (**Great Basins**) liegen zwischen den Rocky Mountains und dem pazifischen Gebirgssystem. Diese Beckenlandschaft ist nahezu abflusslos, und Flüsse, die sie durchqueren, trocknen fast ganz aus (Fremdlingsflüsse: z. B. der Colorado). In diesem Becken gibt es auch eine Reihe von Salztonebenen, die davon zeugen, dass es hier früher Seen gegeben hat, die mittlerweile gänzlich ausgetrocknet sind. Dieses Schicksal droht auch dem Great Salt Lake. *Ausgetrocknete Salzseen*

- das **pazifische Gebirgssystem**, welches sich in zwei Hauptketten gliedert: die inländischen Gebirgszüge Cascade Range und Sierra Nevada (höchste Erhebung: Mt. Whitney mit 4.418 m) und den Küstengebirgszug Coastal Range (höchste Erhebung: Thompson Peak mit 2.744 m). Zwischen diesen Gebirgen erstreckt sich das kalifornische Längstal, das sich im Norden im Williamettetal und dem Pudgetsund fortsetzt.

Bei einer Reise durch den Süden der USA erwartet Sie also:
- Eine interessante Küstenlandschaft mit vorwiegend Stränden und Sümpfen
- Dahinter das flache Küstenland, welches teilweise noch bewaldet und ansonsten am dichtesten besiedelt ist
- Die Mittelgebirge mit Wäldern, Seen und Flüssen
- Schließlich die weiten Ebenen der östlichen Prärien und Plateaus, durch die sich der Mississippi mit seinen großen Nebenflüssen zieht

Vegetation

Auch im Osten gibt es Berge: Blick über die Appalachen

Die ersten Siedler trafen an der **Ostküste** noch auf große Waldbestände, die sich bis hin zu den Prärien zogen. Ihr süßlicher Duft bot ihnen immer wieder ein herzliches Willkommen. Doch im Laufe der folgenden Jahrhunderte wurden diese Baumregionen – im Norden boreale Nadelwälder, weiter südlich Misch- und Laubwälder – immer weiter ausgeschlagen. Der Landhunger, besonders im zuerst entdeckten Osten, kannte keine Gnade. Nur in den unzugänglicheren Appalachen konnten sich noch weite Gebiete sommergrüner Laubwälder halten. Auch die weiten Grasflächen der Prärien mussten den Menschen weichen und auf riesigen Feldern wurde Getreide angebaut. Dieses geschah in einem so großen Ausmaß, dass *Riesengroße* die Farmer hier heute über starke Bodenerosion klagen. Welch Wunder bei offenen *Felder* Feldern von mehreren hundert Hektar Größe. Im südwestlichen **Texas** und im „intermontanen Becken", wo die Niederschläge nur noch sehr gering sind, herrscht eine Halbwüstenvegetation mit Dornsträuchern und vereinzelten Zwergsträuchern vor.

INFO   **Interessantes zum Mississippi**

Warum ändern sich die **Mündungsströme des Mississippi** andauernd und nehmen immer wieder ganz andere Richtungen ein? Der Golf von Mexiko hat einen nur sehr geringen Tidenhub. Dadurch setzt der Mississippi die mitgeführten Sandmengen vor der Mündung ab, kann aber ohne Tide zu keiner Zeit „darüber hinwegfließen".

Im Laufe der Jahre blockiert sich der Fluss so seinen eigenen Abfluss, staut sich zurück, bis sich dann ein anderer, für das Wasser bequemerer Lauf „gefunden" hat. Die vor dem alten Lauf gelagerte Sandbank wird zur Insel und das Delta wächst. In heutiger Zeit aber werden die großen Läufe immer wieder ausgebaggert, so dass diese Tendenz nur bei Nebenläufen weiterhin zu verfolgen ist. Übrigens: Das Delta des Mississippi befand sich einst bei Cairo im Staate Illinois!

„Sawyers", nach denen *Mark Twain* seinen Titelhelden benannt hatte, waren gefürchtete Schlingwurzeln im Mississippi, die bis Mitte des 19. Jh. die Schifffahrt stark beeinträchtigten bzw. in den Nebenflüssen nahezu unmöglich machten. Sie hießen u. a. auch „Planters". Ab 1830 setzte man dann sog. „Snag-Boats" regelmäßig gegen die Pflanzen ein, die diese entfernten und bereits an Bord verarbeiteten, so dass ab 1840 fast alle Wasserwege frei waren.

Die **Rocky Mountains** sind vorwiegend mit Laubmischwäldern besetzt, da diese Region wegen mangelnder Infrastruktur erst sehr spät und damit auch sehr dünn besiedelt wurde. Durch Anlage vieler Nationalparks und verschiedener Schutzgebiete hat der Staat mittlerweile dafür Sorge getragen, dass diese Gebiete in Zukunft geschont werden.

In den **pazifischen Gebirgszügen** reicht das Spektrum von borealem Nadelwald (Sitkafichte und Douglasie) im Norden bis hin zu Mischwäldern im Süden, wobei besonders im Küstenraum Koniferenarten gehäuft auftreten. Charakteristisch für die Sierra Nevada ist übrigens der Mammutbaum. Er ist, wie einige andere Arten der kalifornischen Bäume, ein widerstandsfähiges Hartholzgewächs. Das kalifornische Längstal ist heute maßgeblich landwirtschaftlich bewirtschaftet, was kaum noch etwas von den ursprünglichen Baumbeständen hier ahnen lässt. Florida und die Südküste bis Louisiana sind aufgrund hoher Niederschläge mit **subtropischen** Pflanzen bestanden. Hier finden sich Farne, Lianengewächse, Zypressen und Mangroven.

Großes Spektrum an Baumbewuchs

Klima

Klimatisch sind die USA wesentlich von den von Norden nach Süden ausgerichteten **Gebirgszügen** bestimmt. Sie halten, besonders in Kalifornien, die Regenwolken zurück, so dass der gesamte westliche Teil der USA ungenügend Regen erhält. In den Halbwüsten Nevadas fallen gerade einmal 120 mm/Jahr. In diesen Gebieten ist Landwirtschaft kaum möglich und wenn doch, nur mit künstlicher Bewässerung. Östlich der Rocky Mountains fallen dann wieder etwas mehr Niederschläge, wobei aber die für die Landwirtschaft erforderliche (regelmäßige) Menge von über 500 mm nur in den östlich des Mississippi gelegenen Staaten niedergeht. Zwischen den Rocky Mountains und dem Mississippi gibt es für zwei bis drei Jahre ausreichende Niederschläge, während es dann ein bis zwei Jahre kaum regnet. Diese Ungewissheit ist mit ein Grund für das große Farmensterben in dieser Region. Ausreichende Niederschläge fallen dann besonders an der Süd- und Ostküste, wobei gerade im Reisegebiet Süden östlich vom **Mississippi** großenteils über 1.000 mm pro Jahr niedergehen. Im Süden fallen die Niederschläge hauptsächlich in den Monaten März bis September, während an der Ostküste und im Landesinneren die Maxima im Winter liegen. In den Sommermonaten (Kernzeit: Anfang August bis Mitte September) können an der Küste zwischen Texas und South Carolina Wirbelstürme (Hurrikans) vorkommen. Diese **Wirbelstürme** sind tropischen Ursprungs, entstehen zumeist im karibischen Tiefdruckgebiet und ziehen nordwestwärts in Richtung Florida sowie zu den Golfstaaten, wo sie sich dann aufteilen. Sobald sie an der Atlantikküste in den Bereich der Westwindzone gelangen, drehen sie dann nach Osten auf den offenen Ozean ab. Diese Hurrikans können einen beträchtlichen Schaden anrichten, wie es z. B. der Hurrikan „Katrina" Ende August/Anfang September 2005 getan hat.

Anbau nur mit künstlicher Bewässerung im Westen

Viel Regen an der Süd- und Ostküste

Für das **Reisegebiet** Süden bedeutet das: In der Regel warmes Urlaubswetter, wobei im Sommer und Herbst punktuell mit Niederschlägen und seltener auch mit Wirbelstürmen zu rechnen ist. Wer nun aber das gesamte Gebiet bereisen möchte, kann dem einen oder anderen Regenschauer sowieso kaum entgehen. Irgendwo werden Sie immer auf Regen treffen. Dieser geht kurz und heftig nieder, so dass nach ein bis zwei Stunden wieder die Sonne scheinen wird.

Reisewetter: warm und heiter mit kurzen Schauern ...

Die Temperaturen werden im östlichen Reisegebiet maßgeblich von den Appalachen beeinflusst, die die Luft durch ihre Höhen (und teilweise auch durch die Winde) abkühlen. Trotzdem bieten sich auch hier während des Sommerhalbjahres angenehme Reisetemperaturen. Für Campingtouren sollte wegen der Regenhäufigkeit eine gute Ausrüstung gewählt werden, sonst tropft es dann doch noch auf die Schlafsäcke nach einem starken Guss. Ab Ende Oktober bis März ist das Campen aus klimatischen Gründen auch nicht zu empfehlen.

Regenfeste Camping-ausrüstung im östlichen Reisegebiet

Wer vornehmlich den „absoluten Süden" (Louisiana, Alabama, Mississippi, Florida) bereisen möchte, sollte sich überlegen, ob er nicht die schwülen Sommermonate umgehen kann.

Klimatabellen

Asheville	Temperatur in C°		Niederschlag in mm	
	mittl. tägliches		mittl.	mittl. Anzahl der
Monat	Maximum	Minimum	Monatsmenge	Niederschlagstage
Januar	8,6	-2,4	81	10
Februar	9,7	-2,3	77	9
März	13,4	0,6	95	11
April	19,5	5,6	81	10
Mai	24,2	10,2	73	12
Juni	27,3	14,5	89	12
Juli	28,6	16,3	109	14
August	28,1	15,8	92	13
September	25,3	12,3	71	10
Oktober	20,2	6,2	63	10
November	13,5	0,4	56	8
Dezember	9,1	-2,6	74	9
Jan.–Dez.	19,0	6,2	961	128

Asheville	mittlere Luftfeuchtigkeit in %		Sonnenscheindauer
	(rel. Feuchtigkeit)		Mittel pro Tag
Monat	morgens	nachmittags	in Stunden
Januar	86	60	4,5
Februar	82	55	5,9
März	85	51	6,8
April	88	52	8,1
Mai	92	55	8,7
Juni	97	61	9,1
Juli	97	66	8,1
August	99	64	7,8
September	99	65	7,5
Oktober	96	61	6,6
November	90	57	6,1
Dezember	86	60	4,3
Jan.–Dez.	91	59	6,9/2.519

| Atlanta | Temperatur in C° | | Niederschlag in mm | |
| | mittl. tägliches | | mittl. | mittl. Anzahl der |
Monat	Maximum	Minimum	Monatsmenge	Niederschlagstage
Januar	10,4	-0,8	133	9
Februar	12,5	1,2	110	9
März	17,0	4,9	122	10
April	23,1	10,7	125	11
Mai	27,5	13,1	134	10
Juni	32,0	20,0	92	8
Juli	33,7	21,8	85	8
August	33,5	21,2	72	7
September	30,2	16,8	82	7
Oktober	24,4	10,1	73	6
November	16,3	3,1	105	8
Dezember	11,2	-0,2	104	9
Jan.–Dez.	22,7	10,3	1237	102

| Atlanta | mittlere Luftfeuchtigkeit in % | | Sonnenscheindauer |
| | (rel. Feuchtigkeit) | | Mittel pro Tag |
Monat	morgens	nachmittags	in Stunden
Januar	79	59	4,8
Februar	76	55	5,7
März	77	50	6,9
April	80	52	7,9
Mai	83	54	8,6
Juni	86	60	9,7
Juli	90	64	7,9
August	91	62	8,2
September	89	60	7,5
Oktober	84	53	7,1
November	82	54	6,2
Dezember	80	60	4,4
Jan.–Dez.	83	57	7,2/2.628

| Little Rock | Temperatur in C° | | Niederschlag in mm | |
| | mittl. tägliches | | mittl. | mittl. Anzahl der |
Monat	Maximum	Minimum	Monatsmenge	Niederschlagstage
Januar	10,4	-0,8	133	9
Februar	12,5	1,2	110	9
März	17,0	4,9	122	10
April	23,1	10,7	125	11
Mai	27,5	13,1	134	10
Juni	32,0	20,0	92	8
Juli	33,7	21,8	85	8
August	33,5	21,2	72	7
September	30,2	16,8	82	7
Oktober	24,4	10,1	73	6
November	16,3	3,1	105	8
Dezember	11,2	-0,2	104	9
Jan.–Dez.	22,7	10,3	1237	10

Little Rock Monat	mittlere Luftfeuchtigkeit in % (rel. Feuchtigkeit)		Sonnenscheindauer Mittel pro Tag in Stunden
	morgens	nachmittags	
Januar	81	61	4,1
Februar	79	57	5,9
März	77	54	6,3
April	81	56	7,6
Mai	87	57	8,4
Juni	87	54	10,0
Juli	88	58	9,6
August	89	57	9,3
September	90	58	8,6
Oktober	86	50	7,7
November	83	56	5,9
Dezember	81	62	4,4
Jan.–Dez.	84	57	7,3/2.665

New Orleans Monat	Temperatur in C° mittl. tägliches		Niederschlag in mm	
	Maximum	Minimum	mittl. Monatsmenge	mittl. Anzahl der Niederschlagstage
Januar	17,5	9,1	98	8
Februar	19,2	10,2	101	7
März	21,7	12,7	136	7
April	25,4	16,6	116	7
Mai	28,8	20,2	111	7
Juni	31,9	23,6	113	10
Juli	32,4	24,3	171	13
August	32,5	24,6	131	13
September	30,7	23,0	128	9
Oktober	26,7	18,6	72	5
November	21,3	12,6	85	6
Dezember	18,2	9,7	104	8
Jan.–Dez.	25,5	17,1	1.366	100

New Orleans Monat	mittlere Luftfeuchtigkeit in % (rel. Feuchtigkeit)		Sonnenscheindauer Mittel pro Tag in Stunden
	morgens	nachmittags	
Januar	86	67	5,0
Februar	85	63	5,8
März	84	60	6,8
April	88	60	8,0
Mai	89	59	9,0
Juni	90	62	9,8
Juli	91	66	7,9
August	91	66	7,7
September	89	65	7,8
Oktober	87	59	7,7
November	86	59	6,4
Dezember	86	67	4,5
Jan.–Dez.	88	63	7,2/2.628

Wirtschaftlicher Überblick

Allgemeiner Überblick

Das Wirtschaftssystem der USA basiert auf dem Prinzip der **freien Marktwirtschaft**. Bis in die 1930er-Jahre hinein herrschte das Motto „Laissez faire" in allen Bereichen der Wirtschaft vor. Diese Tatsache lockte unzählige Abenteuerlustige aus *Tummelplatz* allen Teilen der Welt in die USA, um dort ihr Glück zu versuchen. Vielen gelang die- *für kreative* ses, da sich in dem immer noch nicht ganz erschlossenen Land laufend neue Märkte *Unternehmer* anboten und Lücken auftaten, die dem erfindungsreichen Geist neue Möglichkeiten eröffneten.

Seit Ende des 19. Jh. aber bildeten besonders die Schwerindustrien in den Bereichen Maschinen- und Fahrzeugbau, Brückenbau, Eisen- und Stahlindustrie die Triebfeder für die Wirtschaft. Später kam auch noch die Rüstungsindustrie hinzu, die durch die beiden Weltkriege, den Kalten Krieg und den Vietnamkrieg immer mehr an Bedeutung gewann. Seit der **Weltwirtschaftskrise** Anfang der 1930er-Jahre mischte sich dann auch in den USA der Staat, wie bereits in Europa, immer mehr in die

Wohnen und Arbeiten im und um den alten Camper: ein nicht seltenes Bild

Geschehnisse der Wirtschaft ein, und die „Keynessche Beschäftigungstheorie" (Probleme der Vollbeschäftigung, Verhältnis zwischen Investieren, Verschulden und Sparen) gewann auch hier zusehends an Bedeutung. Doch blieb das wirtschaftliche Klima in den USA auch bis heute rauer, da die Gesellschaft einfach viel stärker vom kapitali- *China wächst* stischen Denken geprägt ist. Heute sind die USA mit Abstand die größte **Indus-** *zum über-* **trienation** der Erde, wenn auch der Abstand zu den nachfolgenden Staaten langsam *mächtigen* geringer wird und China in einigen Jahrzehnten die USA überrunden wird. *Konkurrenten*

Natürliche Ressourcen und die Industrialisierung

Schon die ersten Siedler vor zwei- oder dreihundert Jahren fanden ein vielversprechendes Land vor. Die natürlichen Grundlagen sowohl für eine gute Landwirtschaft als auch für den produzierenden Sektor waren vorhanden. Gute Böden, ausreichender Regen, Bodenschätze, aber vor allem: Platz, der Anbau- und Industrieflächen gewährleistete.

Somit waren die **Grundvoraussetzungen** gegeben, diesen Kontinent zu einem leistungsfähigen Wirtschaftsgebiet aufzubauen. Schon früh begann man damit, Waren

Export nach Europa beflügelt Wirtschaft

nach Europa zu exportieren, da mehr produziert wurde, als man in der Neuen Welt verbrauchen konnte. Im Laufe des 19. Jh. entwickelte sich das Land dann immer weiter vom kolonialen Agrarstaat zum modernen Industriestaat.

Mit der Erschließung von bedeutenden **Bodenschätzen** wie Kohle (und später Erdöl), aber auch von Eisenerzen und anderen Metalle begann das Zeitalter der Schwerindustrie. Kein Land der Erde verfügte zum Ende des 19. Jh. über eine so große Spannbreite an eigenen (bekannten) Rohstoffen. Dieses ermöglichte der Industrie für einige Jahrzehnte ein grenzenloses **Wachstum**, bei dem die Industrienationen in Europa nur neidisch zusehen konnten. Die Gunstfaktoren zogen dann auch immer mehr Facharbeiter aus Europa ab, was in vielen Regionen der Alten Welt zu einem reinen Kahlschlag führte, wie z. B. in Irland.

Abwanderung europäischer Fachkräfte

1920, kurz nach dem 1. Weltkrieg, waren die USA der größte **Produzent** der wichtigsten Bergbauerzeugnisse.

i **Bergbauerzeugnisse** (in Prozent der Welterzeugung) **im Jahr 1920**			
Kohle:	39 Prozent	Blei:	36 Prozent
Erdöl:	37 Prozent	Zink:	36 Prozent
Kupfer:	60 Prozent	Schwefel:	51 Prozent

Insbesondere die industrielle Revolution in England brachte der Wirtschaft in den USA in der 2. Hälfte des 19. Jh. einen Boom. In diesen zukunftsträchtigen Markt flossen auch zunehmend europäische Investitionen, während die Amerikaner sich über die eigenen Landesgrenzen ausdehnten. *Paul Getty* hatte z. B. sein Imperium in China aufgebaut. Nachdem er dort in den 1920er-Jahren mit seiner Firma *Standard Oil* Ölvorkommen gefunden hatte, war er aber auch daran interessiert, einen Teil dieses Öls in China selbst zu verkaufen. Da es in China aber so gut wie keine Fahrzeuge gab, musste er sich etwas einfallen lassen. Ihm kam die Idee, die für die arme Landbevölkerung immer noch erschwinglichen Petroleumlampen einzuführen. Ein Boom setzte ein, und die Nachfrage nach Petroleum war gesichert. Mit solchen Aktionen begannen die USA, sich den Ruf des „Neokolonialisten" zu verdienen. Auch das Wort „**Dollarimperialismus**" wurde immer häufiger genannt.

Petroleumlampen nach China – Neokolonialismus?

Mit Ende des 1. Weltkrieges waren die USA anerkanntermaßen die größte **Weltmacht**. Erst mit ihrem Einzug ins Kriegsgeschehen 1916/17 erlangten die Alliierten dann die Oberhand. Dieses war nicht unbedingt den amerikanischen Soldaten zu verdanken, sondern vor allem der Wirtschaftskraft der USA, die große Mengen an Kriegsmaterial an die Fronten schickte. Die darauf folgenden Jahre, auch die „Golden Twenties" genannt, brachten den vom Krieg relativ wenig gebeutelten Amerikanern weitere Boomjahre, wobei sich in dieser Zeit die **Zweiklassengesellschaft** immer deutlicher herauskristallisierte.

Erst der **Börsenkrach** 1929 und die Weltwirtschaftskrise ließen auch die erfolgsverwöhnte amerikanische Wirtschaft aufwachen. Hohe Arbeitslosenquoten, lange

Schlangen vor den Suppenküchen, unzählige Firmenzusammenbrüche bewegten nun auch die Arbeitgeber zum Umdenken. Ihnen wurde klar, dass nicht nur ein Teil der Bevölkerung „einfach nur arm" war, sondern dass ihnen nun auch ein großer Teil der Konsumenten verloren ging. In den 1930er-Jahren begann man deshalb auch mit der Einführung von umfangreichen Sozialmaßnahmen. Gleichzeitig lehrten diese Ereignisse sowie die Zeit nach dem 2. Weltkrieg, dass die amerikanische Wirtschaft nicht unverwundbar war. Die Industrie war mittlerweile so stark gewachsen, dass bestimmte Bodenschätze knapp wurden. Das verlangte auch eine politische Neuausrichtung. *Wirtschafts-krise weckt neues Bewusstsein*

Ölkrisen, Sicherung der Transportwege nach Amerika und Wirtschaftsembargos (z. B. Südafrika während der Apartheidszeit, die Golfkriege u. a.) bildeten fortan Schlüsselthemen der amerikanischen Außenpolitik, um den eigenen Rohstoffbedarf zu decken. Damit aber musste sich das Land immer mehr öffnen für die Weltwirtschaft, die von nun an immer mehr Rohstoffe, aber vor allem auch Waren, in die USA exportierte. Auf diese Weise entstand bereits in den 1970er-Jahren ein **Handelsdefizit**, das sich seitdem immer weiter vergrößert hat. Die Zeit des alleinigen Marktes, der „Insel des Konsums eigener Waren", ist seitdem endgültig vorbei. Die Handels-Konkurrenz hat nicht geschlafen, zuerst erstarkte Europa und nun holt Ostasien in rasantem Tempo auf. *Stetig wachsendes Handels-defizit*

Zweiter Weltkrieg und Neuorientierung

Mit dem Angriff der Japaner auf Pearl Harbor 1941 konnten sich die USA nicht mehr länger aus dem aktiven Geschehen des 2. Weltkrieges heraushalten. Auch jetzt war es wieder die Wirtschaftsleistung der Amerikaner, die die Alliierten am Ende zu einem Sieg führte.

Die **Rüstungsindustrie** versorgte nicht nur die eigenen Truppen mit Material, sondern unterstützte, neben England, vor allem die Russen mit Kriegsgütern. Alleine im ersten Jahr nach Kriegseintritt verschiffte die USA mehr als 4.000 Panzer und 3.000 Flugzeuge nach Russland. Ohne diesen wirtschaftlichen Kraftakt hätte der Krieg vielleicht sogar einen anderen Ausgang gehabt.

Nach dem Krieg stand Europa vor einem Scherbenhaufen, während die USA nun politisch und wirtschaftlich den **Wiederaufbau** in der Alten Welt leiteten. Diesmal galt es, den eigenen Wirtschaftsraum für die Zukunft zu schützen und sich die Märkte in Westeuropa langfristig zu sichern. U. a. der Marshall-Plan, gewährleistet von der amerikanischen Finanzwelt, war ein wesentliches Instrument zur Erlangung dieses hochgesteckten Zieles. *Langfristige Sicherung des europäischen Marktes*

In den 1950er- und 60er-Jahren erlebte die Wirtschaft erneut einen Höhenflug:
• Während Europa und Japan damit beschäftigt waren, ihre Länder wieder aufzubauen, konnte man sich in den USA bereits damit beschäftigen, industrielle Produkte weiterzuentwickeln.
• Die **Reparationszahlungen**, die Übergabe von technischen Entwicklungsplänen (z. B. das Raketenbauprogramm der Deutschen) und die Übernahme von Industrieanlagen verschafften einen weiteren Wettbewerbsvorsprung.

- Der **Autoboom** setzte ein und ließ auch eine Reihe von Zulieferindustrien boomen (z. B. Metallverarbeitung, Erdölkonzerne).
- Die Länder **Lateinamerikas** kauften fast ausschließlich Waren in den USA.
- Auch die **europäischen Länder** benötigten eine Reihe von Industriegütern, um ihre Wirtschaften wieder in Gang zu bekommen.

Günstige Wachstumsfaktoren

- Die **Rüstungsindustrie** florierte (dank dem Kalten Krieg und der Militäreinsätze in Korea und Vietnam).
- Doch vor allem ein Punkt war entscheidend: der **Glaube** der amerikanischen Gesellschaft an die Stärke ihrer Nation. Es wurde konsumiert, sich verschuldet und nur im eigenen Interesse gehandelt.

Überfluss und paradiesische Verhältnisse fanden aber durch den Vietnamkrieg, die Ölkrise von 1973 und die steigende Staatsverschuldung Mitte der 1970er-Jahre ein jähes Ende. Als auch noch die EU-Länder und vor allem Japan begannen, den amerikanischen Markt mit nicht nur billigeren, sondern auch z. T. besseren Produkten zu überschütten, rutschte die Handelsbilanz ins Negative, und der bis dato zu hoch angesetzte Dollar verlor drastisch an Wert. Nun erst erkannten auch die USA, dass sie ihre Wirtschaft umorientieren und auf neue Zielwerte eichen mussten, wie z. B. sparsamere Autos, mehr Umweltschutz, Loslösung von der Abhängigkeit von Rüstungsexporten usw. Im internationalen Wettbewerb tun sich die Amerikaner auch

Mehr Flexibilität gefordert

nach Jahrzehnten der **Umorientierung** noch schwer. Deutlich wird dieses besonders bei der Automobilindustrie. Amerikanische Fahrzeuge lassen sich noch immer schwer im Ausland verkaufen, wobei besonders japanische und koreanische Fahrzeuge den eigenen Markt überschwemmen. Ein japanischer Industrieller sagte einmal dazu die passenden Worte: „Amerikaner und Deutsche produzieren etwas für ihre Bedürfnisse und versuchen es dann auch im Ausland zu verkaufen. Die Japaner aber schauen sich den amerikanischen (für sie ausländischen) Markt an und stellen dann ein passendes Produkt für diesen Markt her."

Probleme zu Beginn des 21. Jh.

Seit der Jahrtausendwende, mit den Folgen des 11. September 2001, dem zweiten Golfkrieg und dem rasanten Wachstum der chinesischen Wirtschaft ergeben sich neue Probleme für die amerikanische Wirtschaft:

- Die **Rohstoffpreise** steigen aufgrund des hohen Bedarfs in China.
- Die immer stärker werdenden **asiatischen Länder**, allen voran China, exportieren mehr in die USA als diese ihnen liefert. Das Handelsbilanzdefizit wächst und wächst.
- **Kosten** für die Staatssicherung und die Kriegs- und Nachkriegshandlungen im Mittleren Osten reißen ein tiefes Loch in die amerikanische Staatskasse.
- Der **amerikanische Einfluss** im sich zwar nur langsam erstarkenden EU-Europa verliert an Boden.

Landwirtschaft

Eigentlich stellt die Landwirtschaft nur eine untergeordnete Rolle im Wirtschaftsgeschehen der USA dar, aber weil sie besonders im Reisegebiet Süden von größerer Bedeutung ist und auch besonders ins Auge fällt, möchte ich doch ein paar Worte darüber verlieren.

ℹ️ Einige interessante Daten

Anzahl der landwirtschaftlichen Betriebe: ca. 1.900.000 (1978: 2.258.300)
Durchschnittliche Farmgröße: 200 ha
Farmland (1982–2004): -2,7 Prozent
Rinderbestand auf Farmen: 104 Mio. Stück (1979: 112 Mio.)
Maisproduktion: 240 Mio. t
Weizen: 65 Mio. t
Zuckerrohrproduktion: 7,5 Mio. t
Anteil am BIP: 1,6 Prozent
Anteil an der Gesamtzahl der Erwerbstätigen
(inkl. Forstwirtsch. u. Fischerei): 2,4 Prozent

Von der Selbstversorgung zur Weltmarkt-Produktion

Die USA haben als reines Agrarland begonnen und konnten sich bereits früh selbst versorgen. Diese Tatsache beruhte in frühen Jahren alleine darauf, dass mangelnde Verkehrsverbindungen die Siedler dazu zwangen, zuerst genügend für den Eigenbedarf, später dann zumindest genügend für die Region erzeugen zu müssen. Erst danach wurde mit marktorientierter Produktion im großen Stil begonnen. Von der Kolonialzeit bis 1920 wurden zur Schaffung von Agrarflächen etwa 130 Mio. ha **Wald** gerodet (die dreieinhalbfache Fläche von Deutschland). In den 1930er-Jahren gab es über 6,5 Mio. landwirtschaftliche Betriebe. Seither sorgte ein Konservierungsprogramm von Seiten des Staates dafür, dass nicht mehr Land gerodet wurde und auch weitere Erosion verhindert wurde. *Konservierungsprogramm für Waldflächen*

Nach dem 2. Weltkrieg wurde die Landwirtschaft erheblich **kapitalintensiver,** und die Zahl der Betriebe nahm allein von 1950 bis 1980 um 60 Prozent ab. Diese Tendenz setzt sich, wenn auch mittlerweile verlangsamt weiter fort. Auch die bebaute Fläche nahm zwischen 1950 und 1980 ab, und zwar um 13,6 Prozent. Dieses liegt an den sinkenden Weltmarktpreisen, die überschuldete Farmer oder Farmen mit schlechten Böden zur Aufgabe zwangen. Denn mittlerweile herrschte auf dem Weltmarkt ein Überangebot an bestimmten Nahrungsmitteln. Da etwa 60 Prozent der Farmen über die Hälfte ihrer Einnahmen aus einem Bereich (Milchviehwirtschaft, Sojabohnen etc.) schöpfen, sind diese besonders anfällig gegen sinkende Preise. Häufig können sie auch gar nicht umsatteln auf ein anderes Marktprodukt, da die Lieferwege zu einem Verarbeitungsbetrieb oft zu weit sind. Viele Regionen werden nur von einem Verarbeitungsbetrieb bedient, und der verarbeitet nur ein Produkt. *Einseitige Farmwirtschaft macht ungreifbar*

Im **Süden der USA**, dem ehemaligen *Cotton Belt* (Baumwollgürtel) wird heute hauptsächlich Grünlandwirtschaft betrieben, direkt an der Golfküste zwischen Texas und Florida nehmen mittlerweile auch Zitrusfrüchte, Zuckerrohr (Mississippi-Delta) und Reis (Küstenebene von Texas) einen hohen Stellenwert ein. In den Prairies (Arkansas, Tennessee und den nördlichen Golfstaaten) sowie im Südwesten dagegen überwiegen die Mastviehhaltung und in besser beregneten Gegenden vor allem der Getreideanbau, der hier in riesigen Monokulturen betrieben wird, was immer noch starke Erosionsschäden hervorruft. In den Staaten der Atlantikküste beeindrucken neben riesigen Getreidefeldern vor allem die Sonderkulturen, wie z. B. Erdnüsse, Gemüse (auch Wassermelonen und verschiedene Kohlsorten) und die großangelegte Haltung von Kleintieren (Hühner, Fasane u. a.).

*Sonder-
kulturen in
den Staaten
der Atlantik-
küste*

An der Golfküste lässt sich noch ein interessanter Aspekt erkennen: Während westlich des Mississippi große Ranchen und Farmen das Landschaftsbild charakterisieren, gibt es östlich des Flusses überwiegend kleinparzellige Ländereien. Diese gehören oft den Schwarzen, deren Vorfahren sich zur Zeit der Sklavenbefreiung hier niedergelassen haben. Der Westen war damals davon noch nicht betroffen, und somit konnten sich die erst allmählich vorrückenden weißen Siedler hier auf größeren Gebieten niederlassen.

Die wirtschaftliche Öffnung des Südens

Noch heute gilt der Süden in den Augen vieler Amerikaner als das „Stiefkind der Nation". Dieses Urteil hat aber seit längerem keine Gültigkeit mehr. Mit der Industrieproduktion für den 2. Weltkrieg nämlich wurde von Seiten des Staates viel Geld in die Entwicklung der Südstaaten gepumpt. Riesige **Industriegebiete** entstanden – nicht nur um die Ballungsgebiete herum. Damit hat der Süden den Anschluss an die Nordstaaten gewonnen und sich bis in die heutige Zeit schneller weiterentwickelt als die meisten anderen Bundesstaaten und damit deutlich aufgeholt. Städte wie Atlanta zum Beispiel ziehen mittlerweile ganze Scharen von Facharbeitern und Wirtschaftsunternehmen aus dem Norden und Kalifornien ab, und heute gilt der Süden als das „Gebiet mit dem größten noch freien Wirtschaftspotential in den USA".

Ist die Kluft überwunden?

Diese wirtschaftliche Öffnung nach außen bzw. Durchmischung hat dann auch dazu geführt, dass die weiße Gesellschaft sich von ihrer erzkonservativen Einstellung zum großen Teil befreit hat. Natürlich sind nicht alle Spuren des Rassismus ausgemerzt, doch hat sich seit den Konflikten während der 1950er- und 60er-Jahre diesbezüglich einiges zum Positiven gewandelt. Jetzt steht das Geld im Vordergrund, und das ermöglicht auch vielen Schwarzen, an dem Wohlstand teilzuha-

*Mehr
Wohlstand
für Schwarze
im Vergleich
zu den
1960ern*

ben. Doch die schwarze Armut ist noch lange nicht überwunden ..., aber ein entscheidender Schritt nach vorne ist bereits unternommen worden. So zählt Atlanta heute z. B. mehr als 1.300 **schwarze Millionäre**!

Die **Warenkreditgesellschaft** (*Commodity Corporation*) nimmt in den USA den Platz einer Einkaufsgenossenschaft ein und lagert Waren während einer Zeit des Überangebots ein, um sie dann während eines schlechten Erntejahres wieder zu verkaufen. Anders als in vielen Ländern Europas aber, vor allem der EG, variieren die gezahlten Preise erheblich, so dass die Farmer häufig nicht auf ihre Kosten kommen.

Daher hat die Regierung bereits in den 1930er-Jahren die Festsetzung von Garantie-preisen und Produktionsquoten eingeführt, aber diese Hilfe von Seiten des Staates ist minimal im Gegensatz zu den EU-Hilfen. Kein Wunder also, dass die Farmer gegen die Subventionspolitik der EU oder die Einfuhrbeschränkung nach Japan (z. B. für Reis) so wettern. Während der 1980er-Jahre wurde ein Teil der Überproduktion an Getreide durch Lieferungen von 9–13 Mio. t jährlich in die UdSSR abgebaut. Doch mit dem Zerfall der Sowjetunion und durch den Wertverfall des Rubels wurden diese Lieferungen fast ganz eingestellt oder „umgemünzt" in Hilfssendungen, die dem amerikanischen Staat aber kein Geld einbringen. *Über-produktion muss redu-ziert werden*

Als Fazit bleibt auch der amerikanischen Landwirtschaft keine andere Wahl, als ihre Produktion drastisch zu reduzieren.

Was kann die Zukunft bringen?

Schon seit der Jahrhundertwende (19./20. Jh.) ist der Trend zu erkennen, dass der pro-duktive Sektor abnimmt und der **Dienstleistungsbereich** stetig wächst. 1993 entfie-len nur noch 32 Prozent des Bruttoinlandsproduktes auf den produzierenden Sektor, während die Dienstleistungsunternehmen 68 Prozent erwirtschafteten. Heute sind die Zahlen noch drastischer: 24,3 Prozent bzw. 73,3 Prozent). Bereits seit 1981 arbeiten mehr Menschen in Dienstleistungsbetrieben als in der Industrie. Diese postindustriel-le Tendenz nimmt noch weiter zu. Industrieunternehmen unterliegen dem gleichen Trend und diversifizieren ihre Strukturen. Lange nicht mehr ist ein Stahlmulti nur mit der Stahlerzeugung beschäftigt. **High-Tech-Produktionen**, Immobiliengeschäfte, Autoverleihe u. a. unterliegen mittlerweile bestimmten Unternehmensbereichen. *Die Wirtschafts-zweige der Zukunft*

Zukunftsweisende Industrie ist u. a. der High-Tech-Bereich, der noch immer die große Hoffnung der amerikanischen Wirtschaft ist. Kommen doch viele neuen Ideen auf diesem Sektor immer noch aus Amerika. Diese Industrie wies bisher jedes Jahr eine positive Handelsbilanz auf. Die „alten" Industrien befinden sich zurzeit in einer Phase des Umbruchs. Wie schon oben erwähnt, diversifizieren sie ihre Unterneh-mensstrukturen. Aber auch in den klassischen Sparten tut sich etwas. Besonderes Ziel ist es, die Produktivität zu steigern. Das ging und geht, wie auch bei uns, zu einem großen Teil auf Kosten der Arbeiter, denn die zunehmende Automatisierung und die **Konkurrenz** aus Fernost lässt viele von ihnen den Job verlieren. Ganze Städte lei-den darunter, wie z. B. Detroit, die Hochburg des Fahrzeugbaus. Obwohl die Handelsbilanz mit den Ländern in Ostasien deutlich negativ ausfällt, hoffen die USA, wie auch die Europäer auf die stetig wachsende Märkte dort, besonders die von China und Indien. Deren rasantes Wachstum wirft aber auch Probleme auf für die USA: Zum einen das wachsende **Handelsbilanzdefizit**, zum anderen die steigen-den Rohstoffpreise aufgrund der starken Nachfrage. *Produktivitäts-steigerung bringt Arbeitsplatz-verlust*

Eine weitere Bedrohung existiert seit der Jahrtausendwende, mit den Folgen des 11. September 2001 und dem zweiten Golfkrieg: Die Kosten für die Staatssicherung und die Kriegs- und Nachkriegshandlungen im **Mittleren Osten** reißen ein tiefes Loch in die amerikanische Staatskasse. Der amerikanische Einfluss im zwar langsam, aber dennoch erstarkenden **EU-Europa** verliert an Boden. *Irak-Krieg reißt Loch in die Staatskasse*

Gesellschaftlicher Überblick

Bevölkerung

Heute leben in den USA 300 Millionen Menschen. Die größte Bevölkerungsgruppe stellen die **Weißen** mit gut 200 Mio. Bürgern. Das sind zwei Drittel der Gesamtbevölkerung. Sie stammen aus vielen verschiedenen Ländern der Erde. Die drei Hauptgruppen sind allerdings von englischer (21,8 Prozent), deutscher (21,7 Prozent) und irischer (17,7 Prozent), d.h. nord- (bzw. mittel-)europäischer, Herkunft. Eine weitere große Bevölkerungsgruppe ist die der **Afroamerikaner** mit etwas über 39 Millionen Bürgern. Darüber hinaus leben über 40 Millionen Menschen mit **lateinamerikanischem** Ursprung und des Weiteren über 15 Millionen Menschen, die zu einer anderen Minderheit gehören, in den Vereinigten Staaten.

„Bunter" Bevölkerungs-mix

Eine weitere Minderheit – wenn auch wesentlich kleiner an Anzahl – prägt besonders im Westen und Südwesten der USA die Bevölkerungsstruktur, nämlich die **Indianer**. Hinter Kalifornien mit mehr als 200.000 indianischen Bürgern folgen Oklahoma (170.000), Arizona (160.000) und New Mexico (110.000) in der Statistik, was den Indianeranteil betrifft. Insgesamt machen die Indianer (inkl. Inuit und Hawaiianer) allerdings mit ca. 2,3 Millionen (Angaben schwanken) noch nicht einmal 1 Prozent der Gesamtbevölkerung der USA aus.

Minderheiten

Afroamerikaner

In den USA sind Bürger mit schwarzer Hautfarbe dazu übergegangen, sich nicht mehr als Schwarze über ein sichtbares Merkmal zu definieren, sondern entsprechend ihres Ursprungs vom afrikanischen Kontinent über ihre Herkunft und werden nun also grundsätzlich „Afroamerikaner" genannt. Mit ihren 13 Prozent Bevölkerungsanteil und trotz gleicher Rechte vor dem Gesetz haben sie durchschnittlich betrachtet nicht die gleichen Chancen wie hellhäutige Bürger. Zwar wurde als Folge der ab 1955 aktiven **Bürgerrechtsbewegung** mit den Civil Rights Acts von 1964, 1965 und 1968 eine Gleichheit vor dem Gesetz festgelegt bzw. Ungleichheiten beseitigt, aber der Traum („I have a dream ...") des bekanntesten Vertreters dieser Bürgerrechtsbewegung *Martin Luther King Jr.* ist, was die realen Verhältnisse betrifft, noch nicht in Erfüllung gegangen.

Martin Luther Kings Traum noch nicht erfüllt

Inzwischen gibt es zwar eine afroamerikanische Mittelschicht, und einige Afroamerikaner schafften den Sprung auch in die oberste Gesellschaftsschicht, aber was den Durchschnittsafroamerikaner betrifft, so haben für ihn Quotenregelungen und Bildungsförderungsprogramme nicht viel an seinem Leben geändert. Der überwiegende Anteil dieser Bevölkerungsgruppe lebt in Gettos mit hoher Arbeitslosigkeit, Analphabetentum und der entsprechenden Kriminalität. 30 Prozent aller Afroamerikaner leben sogar unter der offiziellen Armutsgrenze. Es erübrigt sich fast, zu erwähnen, dass die durchschnittliche Lebensqualität dieser Bevölkerungsgruppe unter dem

Durchschnitt liegt und die Aufstiegschancen vieler Afroamerikaner gering sind. Nach der Abschaffung der Sklaverei 1863 in den Unionsstaaten unter Präsident *Lincoln*, die auf die Südstaaten infolge des Ausganges des amerikanischen Bürgerkrieges 1965 übertragen wurde, erhielten die Afroamerikaner 1867 die amerikanischen Bürgerrechte. Diese wurden durch Sondergesetze der einzelnen Bundesstaaten insbesondere im Süden und durch die praktische Handhabung unterlaufen. Darüber hinaus wurden Afroamerikaner durch die Schikanen von Geheimorganisationen wie dem *Ku-Klux-Klan* unter Druck gesetzt. In den 1870er-Jahren war dann die erste Abwanderungswelle von Afroamerikanern von Süden in den industrialisierten Norden zu beobachten. Die Betroffenen tauschten jedoch ihr Schicksal als Landarbeiter, die häufig nur für Naturalienlohn arbeiten mussten, gegen eine Existenz als schlecht bezahlte Industriearbeiter ein. Zwar waren die Lebensbedingungen für sie im Norden nicht so hart, aber von Gleichberechtigung konnte nicht die Rede sein. *Sonderrechte der Schwarzen unterlaufen*

Von den Gewerkschaften waren Afroamerikaner in der Regel ausgeschlossen und konnten somit ihre Forderungen im Arbeitsbereich schlecht durchsetzen. Häufig organisierten sie sich in rein schwarzen kirchlichen Organisationen. 1883 hob der Supreme Court das Bürgerrechtsgesetz von 1875 auf, so dass daraufhin eine Politik des **„separate but equal"** (getrennt, aber gleich) verfolgt werden konnte. Afroamerikaner hatten somit theoretisch zwar die gleichen Rechte wie die Weißen, konnten sie aber nur innerhalb ihrer „Gesellschaft" ausüben. Regierungs- und Verwaltungsämter blieben bis auf Ausnahmen den Weißen vorbehalten, die an einer realen Gleichstellung der Afroamerikaner nicht interessiert waren. Im Süden der Vereinigten Staaten wurden um 1900 sogar Bundesstaatengesetze verabschiedet, die den Afroamerikanern das Wahlrecht absprachen. In den Städten des Nordens kam es Anfang des Jahrhunderts zu Aufständen gegen die schlechten Lebensbedingungen. Trotzdem gab es während des 1. Weltkrieges eine zweite **Zuwanderungswelle** von Afroamerikanern in die nördlichen Staaten. Hier fanden sie nicht zuletzt wegen der prosperierenden Rüstungsindustrie zumindest einen Job in der Industrie. Der Kampf um Gleichberechtigung zog sich jedoch weiterhin erfolglos wie ein roter Faden durch die folgenden Jahrzehnte. *Rassistischer Leitsatz*

Mit dem von *Martin Luther King* initiierten **Bus-Boykott** in Montgomery (Alabama) 1956 wurde eine neue Ära eingeläutet. Martin Luther King und seine Anhänger vertraten den Standpunkt, dass mit passivem Widerstand in geballter Form eine Verbesserung der Lebensbedingungen der Afroamerikaner in den Vereinigten Staaten zu erreichen sei. Ausgehend von dieser berühmt gewordenen Aktion in Alabama entwickelte sich bis 1960 eine Bewegung, die mit Boykottierung von Geschäften und öffentlichen Einrichtungen durch Afroamerikaner internationales Aufsehen erregte. Ein Ableger der Busaktionen in Montgomery wurde die „Freedom-Rider-Bewegung", die landesweit gleiche Rechte in der Beförderung in öffentlichen Verkehrsmitteln durchzusetzen versuchte. Welche Ausmaße diese Bewegung erreichte, lässt sich schon an der Tatsache beleuchten, dass 1961 allein in Jackson (Mississippi) 290 Aktivisten festgenommen wurden. 1957 und 1960 versuchte die amerikanische Regierung die Durchsetzung des Wahlrechtes von Afroamerikanern in den Südstaaten zu verbessern. Doch Gesetze allein halfen nicht, die soziale Situation zu verändern. Als weitere Waffe des **friedlichen Widerstandes** wurden ab 1962 große Aufmärsche organisiert. Die erste dieser Versammlungen, die in die Geschichte einging, *Passiver Widerstand* fand 1962 in Albany (Georgia) statt. Ein Jahr später führte die Aufforderung *Martin Luther Kings* in Birmingham (Alabama), 40 Tage lang zu demonstrieren, zu ca. 2.500 Festnahmen. Diese Aufmärsche waren rein friedlicher Natur. Ebenfalls 1963 kamen 200.000 Demonstranten nach Washington, um vor Ort für ihre Rechte zu streiten. Zu dieser Zeit formierten sich jedoch auch die „*Black Muslims*", die meinten, ihre Rechte mit Gewalt durchsetzen zu müssen. Der Anführer einer Splittergruppe dieser Bewegung wurde unter dem Namen *Malcolm X* bekannt. Als erste Reaktion der amerikanischen Regierung auf die verschärften Proteste ist sicherlich das Bürgerrechtsgesetz von 1964 zu sehen. Jedoch waren die realen Veränderungen zu wenig spürbar, als dass der gewaltsame Flügel der Bürgerrechtsbewegung zufrieden gestellt gewesen wäre.

Militante „schwarze" Gruppierungen

Viele Schwarze haben vom wirtschaftlichen Aufschwung im Süden profitiert

Ab Mitte der 1960er-Jahre rückte die **„Black Panther Party"** immer mehr in den Vordergrund des Geschehens. Sie forderte, dass die Afroamerikaner in den Gettos sich eigenverantwortlich verwalten sollten. Im Sommer 1965 kam es in Los Angeles zum sogenannten Watts-Aufstand, der 34 Todesopfer und über 1.000 Verletzte forderte. 1967 gab es in Newark und Detroit gewaltsame Auseinandersetzungen, die viele Opfer forderten. Ein Jahr später löste die Ermordung *Martin Luther King's Jr.* Protestaktionen im ganzen Land aus. Die Afroamerikaner in den Vereinigten Staaten pochten auf eine schnelle Änderung ihrer sozialen Benachteiligung, die jedoch auch ein Bürgerrechtsgesetz bezüglich der freien Wahl der Wohnung des gleichen Jahres nicht aufheben konnte.

Gleichberechtigung vor dem Gesetz, aber nicht real

Heute sind Afroamerikaner zwar laut Gesetz gleichgestellt, jedoch zeigen die realen sozialen Verhältnisse, dass eine solche Gleichberechtigung in der Realität nicht existiert. Der durch brutales Verhalten von Polizisten und ein entsprechendes Urteil provozierte Aufstand im Los Angeles der 1990er-Jahre zeigen, dass es auch jetzt noch Rassendiskriminierung gibt.

Bürger lateinamerikanischen Ursprungs

Zwei große Gruppen von Migranten

Von den über 40 Millionen Menschen aus Lateinamerika (bzw. lateinamerikanischem Ursprungs), die in den Vereinigten Staaten leben, sind ungefähr 40 Prozent „Chicanos", d.h. mexikanischen Ursprungs. Diese **„Chicanos"** leben hauptsächlich im Westen und Südwesten der USA, während sich die übrigen Lateinamerikaner (**„Latinos"**/**„Hispanics"**) aus anderen Ländern, wie die Puertorikaner, eher im Osten angesiedelt haben. Bedingt durch die schlechten wirtschaftlichen Verhältnisse in Mexiko und die relativ lange Grenze (über 3.000 km) zwischen diesem Staat und den USA, die sich in ihrer Gesamtheit schlecht überwachen lässt, sehen viele Mexikaner in einem illegalen Grenzübertritt in Richtung USA eine Chance, ihre Lebensqualität zu verbessern.

Jährlich werden mehr als 600.000 illegale Grenzgänger auf dem Weg von Mexiko in die USA von der Grenzpolizei erwischt und wieder zurückgeschickt. Es wird geschätzt, dass weitaus mehr Mexikanern – wahrscheinlich mehr als 1 Million – pro Jahr der Grenzübertritt glückt. Diejenigen, die es geschafft haben, versuchen bei Landsleuten am Stadtrand von Los Angeles, San Diego, Tucson, San Antonio oder Phoenix Unterschlupf zu finden, um sich dann eine Arbeit zu suchen. Zwar sind sie gezwungen, für verhältnismäßig wenig Geld zu arbeiten, was den US-Standard be- *Illegalität* trifft, da sie keine Arbeitserlaubnis haben und in der Regel nicht einmal Englisch spre- *verbietet* chen, aber sie verdienen immer noch mehr als in ihrem Heimatland Mexiko. In eini- *geregelte* gen Gebieten des Südwestens mit einem hohen Chicano-Anteil hat sich daher inzwi- *Arbeit* schen sogar eine spanisch-englische Zweisprachigkeit durchgesetzt. In vielen Restaurants kann man so auch auf Spanisch sein Gericht bestellen.

Da der Strom dieser Wirtschaftsflüchtlinge aus Mexiko in absehbarer Zeit nicht abreißen wird und die Geburtenrate aller lateinamerikanischen Familien weit über dem amerikanischen Durchschnitt liegt, wird die spanischsprachige Minderheit in den USA auch weiterhin überproportional zur Gesamtbevölkerung anwachsen. Die allgemeine Situation dieser Minderheit wird das nicht verbessern, da viele Chicanos aufgrund ihrer illegalen Einreise keine Rechte haben und nur Schwarzarbeiten verrichten können. Häufig sind sie schon auf der Flucht als Drogenschmuggler ausgenutzt worden, und häufig bleibt ihnen später auch nur die Kriminalität als Einnahmequelle.

Ob im Rahmen des NAFTA-Abkommens, das u.a. Kanada, die USA und Mexiko zu einer Freihandelszone zusammenfasst, eine Lösung des Wanderungsproblems zu erreichen ist, bleibt abzuwarten. Ein interessanter Aspekt aber ist z.B. die Tatsache, dass amerikanische Unternehmen begonnen haben, in grenznahen, mexikanischen Städten große Betriebe zu gründen, so dass sie ganz legal von den niedrigeren Löhnen profitieren können und für viele Mexikaner so kein Bedarf mehr besteht, in die USA überzusiedeln. Bisher ist dieses aber nur ein Tropfen auf dem heißen Stein.

Indianer

Die Angaben darüber, wie viele Indianer es in den Vereinigten Staaten heute gibt, variieren stark. Die jeweils angegebene Zahl ist davon abhängig, wer als Indianer gezählt wird. Eng gefasste Definitionen berücksichtigen nur diejenigen, die in Reservaten und indianischen Lebensgemeinschaften leben. Fasst man die Bürger zusammen, die sich selbst als Indianer bezeichnen und entsprechende Angaben bei den Behörden gemacht haben, so leben etwa 1,6 Millionen (einschließlich ca. 50.000 Inuit, ohne Hawaiianer) in den Vereinigten Staaten. Doch auch bei dieser Rechnung soll es eine Dunkelziffer von ca. 500.000 geben. Durch eine relativ hohe Geburtenrate wuchs die Zahl der Indianer seit der Jahrhundertwende (ca. 237.000 registrierte Indianer) doch wieder auf eine beträchtliche Anzahl, auch wenn ihr Anteil an der Gesamtbevöl- *Ein Prozent* kerung, wie bereits erwähnt, heute nicht einmal 1 Prozent beträgt. Wie viele Indianer *der* es vor den Vernichtungsaktionen durch die Weißen ursprünglich einmal auf dem *Bevölkerung* nordamerikanischen Kontinent gegeben hat, gab zu vielen Spekulationen Anlass. Schätzungen zwischen 1–2 Millionen sind in der Literatur am häufigsten zu finden.

Teppichknüpfen für die Touristen

Heute sind 266 Stämme offiziell registriert. Ungefähr die Hälfte der Indianer lebt in Reservaten, die zum Teil autonom verwaltet werden und dem Bureau of Indian Affairs unterstehen.

Die größten Reservate sind das Navajoreservat, das sich über Gebiete der Bundesstaaten Arizona, New Mexico und Utah erstreckt, sowie das Papago- und das Hopireservat, die beide in Arizona liegen. Da diese Reservate in der Regel weder landwirtschaftlich noch industriell in großem Stile genutzt werden können, da der Boden ungeeignet, die Infrastruktur schlecht und Bodenschätze nicht ausreichend vorhanden sind, müssen die Bewohner auf andere Wirtschaftszweige, wie z.B. den Tourismus, ausweichen, um ihren Lebensunterhalt zu sichern. Darüber hinaus werden die Reservate mit staatlichen Mitteln gefördert. Nachdem 1988 durch ein Gesetz (*Indian Gaming Regulatory Act*) die Eröffnung von Spielcasinos auf dem Gebiet von Indianerreservaten legalisiert wurde, versuchen viele indianische Gemeinschaften, diese Geldquelle zu nutzen. Bereits 1994 hatten mehr als die Hälfte und heute schon drei Viertel der 280 Reservate ein Casino eröffnet. Der Jahresumsatz beläuft sich schätzungsweise auf US$ 4 Milliarden.

Ob diese Geldquelle jedoch nur von wenigen angezapft werden wird oder die Situation der Indianer im Allgemeinen verbessert wird, lässt sich schwer sagen. Doch stets ist die Selbstmordrate bei Indianern doppelt so hoch wie beim amerikanischen Durchschnittsbürger. Die Sterblichkeit aufgrund von Alkoholmissbrauch überschreitet den Durchschnitt sogar um ein Mehrfaches. Darüber hinaus ist immer noch eine sehr hohe Säuglingssterblichkeit und ein hoher Prozentsatz an Infektionskrankheiten mit Todesfolge zu verzeichnen. Diese Tatsachen lassen Rückschlüsse auf die schlechte soziale Situation und ungenügende medizinische Versorgung der indianischen Bevölkerung ziehen.

Asiaten

Einen Bevölkerungsanteil von etwa 4 Prozent stellen Amerikaner asiatischer Herkunft, die hauptsächlich an der Westküste der Vereinigten Staaten oder auf Hawaii leben. Aber auch in großen Städten des Ostens, wie z.B. in New York, gibt es Enklaven von Asiaten. Die größte Gruppe unter den Asiaten wiederum bilden die **Chinesen**, die auch die älteste Einwanderungsgruppe sind. Bereits im 19. Jh. kamen die ersten *Chinesen* in die USA, um sich hier niederzulassen. Von einer Einwanderungswelle *kamen zuerst* kann man auch im Zusammenhang mit der Zeit nach dem Zweiten Weltkrieg sprechen, nach dem die Einwanderungsbeschränkungen für Asiaten aufgehoben wurden. Heute wohnen weit über 3 Mio. Chinesen bzw. Menschen chinesischen Ursprungs in den USA, 16 Prozent davon allein in New York.

Ebenfalls nach dem Zweiten Weltkrieg wanderten viele **Japaner** in die Vereinigten Staaten ein bzw. blieben als ehemalige Kriegsgefangene gleich hier. Die Zahl japanischstämmiger Menschen in den USA beläuft sich heute auf über eine Million. Die zweitgrößte asiatische Gruppe bilden jedoch die **Filipinos** mit einer Anzahl von knapp 2 Millionen. Als Folge der Kriege, an denen die USA im Fernen Osten beteiligt waren, kamen dann viele **Koreaner** und **Vietnamesen** nach Amerika. Heute gibt es etwa 900.000 Vietnamesen und etwa 500.000 Koreaner. Auch viele Inder und Pakistani leben im Land.

Typisch für die meisten asiatischen Einwanderer ist der Zusammenschluss mit Landsleuten. Auch heute noch gibt es in amerikanischen Großstädten ganze Wohnviertel, in denen fast ausschließlich Asiaten wohnen und arbeiten. Die Bezeichnung „Chinatown" für solche Viertel ist zu einem festen Begriff geworden. Hier bekommt man *Asiatische* als Tourist das Gefühl, in einer anderen Welt zu sein, da die asiatischen Lebens- *Wohnviertel* gewohnheiten mit nach Amerika „importiert" wurden. Dieser Umstand zeugt von einer starken kulturellen Eigenständigkeit der Asiaten in den USA, der sich auch auf sprachlichem Gebiet beobachten lässt. Obwohl der Integrationsgrad der Asiaten auf kulturellem Gebiet weit geringer ist als der anderer Minderheiten, sind bei ihnen als Gruppe die wenigsten Probleme im beruflich-wirtschaftlichen Bereich zu konstatieren.

Soziale Verhältnisse

Die Einstellung der Amerikaner zu ihrem sozialen System ist auch heute noch geprägt von den Lebensbedingungen der Pioniere, die den nordamerikanischen Kontinent erschlossen; denn auch zu Zeiten, in denen in vergleichbaren Industriestaaten ein soziales Netz existiert, das Arbeitslose, Kranke oder Sozialfälle auffängt, rutschen in den Vereinigten Staaten immer noch viele Menschen mit entsprechenden Pro- *Soziales Netz* blemen durch die Maschen des dort nicht gerade engmaschig geknüpften Netzes. Ein *weitmaschig* großer Teil der amerikanischen Bevölkerung vertritt die Meinung, dass man sich durch harte Zeiten auch ohne staatliche Hilfe durchzuschlagen habe.

Sozialhilfe wird allen Bürgern der Vereinigten Staaten gewährt, deren Einkommen unter der offiziell festgelegten Armutsgrenze liegt, aber i.d.R. auch nur für 2 Jahre. Auch durch bestimmte Sozialleistungen wie Medicaid, Mietzuschüsse und Ausgabe von Lebens- *Sozialhilfe* mittelmarken können die sozial bedingten Missstände nicht behoben werden, da oft *reicht nicht* trotzdem das Geld für das Nötigste fehlt. Der größte Gewerkschaftsdachverband ist *aus* der *AFL-CIO* mit etwa 13 Millionen Mitgliedern. Es gibt zwar landesweit festgelegte Mindestlöhne, (zzt. bei knapp US$ 6 pro Stunde), die nicht unterschritten werden dürfen. Kellner etwa unterliegen diesem Gesetz aber nicht, da sie zusätzlich Trinkgeld bekommen. Die Renten (i.d.R. ab 65 Jahre) werden in den Vereinigten Staaten durch die **Social-Security-Steuer** finanziert. Wie auch in Europa droht ein Kollaps der ameri- *Kirchen* kanischen Rentenkasse. Die Nettoeinzahlungen stagnieren bzw. gehen sogar zurück. *leisten sozia-* Wesentlich größer als in anderen Industrieländern ist der Anteil der **Kirchen** an der *len Beitrag* „Sozialarbeit". Mit unzähligen Helfern, die häufig auf ehrenamtlicher Basis arbeiten, wird hier versucht, Löcher innerhalb der Sozialgesetzgebung zu stopfen.

Aber nicht nur in der sozialen Not sind die Kirchen Anlaufpunkt für Hilfesuchende. Sie bestimmen einen großen Teil des gesellschaftlichen Lebens. So ist man in den

Vereinigten Staaten eher Mitglied einer Gemeinde, wenn man „dazu gehören" will, als in einem Kegelverein, wie es in Deutschland üblich ist. Die Kirchen leisten darüber hinaus einen großen Beitrag auf sozialem Gebiet, durch den sie jedoch die Gesamtsituation von Menschen in sozialer Not nicht besser meistern als das gut ausgebaute europäische Sozialsystem.

Gering- Die hohe Kriminalitätsrate ist sicher auch ein wichtiger Punkt, warum auf sozialpo-
verdiener litischer Ebene ein Prozess des **Umdenkens** stattfinden muss. Unter Präsident
bleiben *Clinton* wurden diesbezüglich bereits in den 1990er-Jahren Versuche unternommen
Verlierer die Sozialpolitik zu verbessern, doch zumeist haben sie nicht gefruchtet bzw. am Ende
standen die Geringverdiener noch schlechter da. Leider ist das auch heute noch so.

INFO **Die soziale Schere öffnet sich**

Die Kluft zwischen arm und reich wird immer größer: Einem Prozent der Haushalte gehören 42 Prozent des amerikanischen Reichtums. Die Zahl der Milliardäre wuchs seit 1982 von 13 auf heute 210! Gleichzeitig ist das (inflationsbereinigte) Einkommen nur geringfügig gestiegen. Das Durchschnittseinkommen der untersten, also ärmsten Haushalte ist sogar gesunken. Offiziell leben 12,8 Prozent der Amerikaner unterhalb der Armutsgrenze.

Bildungswesen

In den Vereinigten Staaten ist der Bildungsweg in drei Abschnitte gegliedert. Nach der Primary oder Elementary School, die jeder amerikanische Schüler durchläuft, besteht die Möglichkeit, auf einer Highschool weiter zur Schule zu gehen. Da der Bildungsweg in den Vereinigten Staaten anders gegliedert ist als in Deutschland, ließe sich ein Teil der College-Ausbildung mit einem Grundstudium an einer deutschen Universität
Großer gleichsetzen.
Unterschied
zum Auch was die berufliche Ausbildung betrifft, gibt es große Unterschiede besonders
deutschen zum deutschen System. Ein Lehre im eigentlichen Sinne existiert in den USA nicht.
Ausbildungs- Berufsbildende Schulen sind weitgehend unbekannt. Man erlernt einen Beruf durch
system Mitarbeit in der jeweiligen Branche bzw. an (halb-)privaten Schulen. Der Nachteil
dieser Art von Berufsausbildung ist häufig ein mangelndes Fachwissen. Als Vorteil ist zu sehen, dass praxisorientiert gelernt wird und die Möglichkeit des Berufswechsels leichter ist. Im Gegensatz zu europäischen Verhältnissen ist es für viele Amerikaner so gut wie selbstverständlich, nicht ihr ganzes Leben lang in einem Beruf zu arbeiten.

Was die Schulen betrifft, so besteht hier ein sehr großer Qualitätsunterschied, der durch den Umstand bedingt ist, dass die Schulen über die Grundstückssteuer finan-

ziert werden. Somit sind Schulen in „reichen" Vierteln wesentlich besser ausgestat- *Schulen sehr*
tet als in Vierteln, in denen arme Leute wohnen. Aber nicht nur dieser Unterschied *unterschied-*
in der Ausstattung der verschiedenen Schulen bietet immer wieder Anlass zu *lich ausge-*
Diskussionen und Versprechen vor Wahlen. Der Umstand, dass amerikanische *stattet*
Schüler durchschnittlich 40 Tage im Jahr weniger zur Schule gehen als in Europa,
die bereits erwähnte starke Orientierung der Lerninhalte im sozialen Bereich und
im Sport sowie die Probleme mit Gewalt und Drogen im Schulbereich, haben ihren
Anteil daran. Zur „Ivy League" (der Elite) der amerikanischen Studenten gehören
ohnehin fast ausschließlich finanzkräftige Amerikaner, da die Studiengebühr für eine
Elite-Universität **ab** 20.000 Dollar im Jahr anzusetzen ist.

Historische Architektur des Südens

Viele Städte des „Alten Südens", besonders aber Savannah und Charleston, verwei-
sen auf die Entwicklung der Architektur Amerikas. Gerade in Charleston lassen sich
verschiedene Stilepochen und Bauelemente exemplarisch beobachten.

Im Folgenden möchte ich Ihnen die wichtigsten Stilelemente vorstellen: *Die wichtig-*
sten Baustile

Colonial Style: Dies sind Häuser aus der frühen Siedlungsperiode zwischen dem
16. und 17. Jh. Es handelt sich stets um rechteckige Grundrisse, die Häuser sind aus
Holz gebaut und besitzen einen gemauerten Kamin. Später wurde unter dem Einfluss
holländischer und deutscher Siedler aus Ziegelsteinen gebaut.
Georgian Style: In diesem Baustil wurden die vornehmeren Häuser vor allem in
den Südstaaten gebaut, wo die Pflanzer und Kaufleute zu großem Reichtum kamen.
Es handelt sich um dunkle Backsteinbauten mit hellen Fenstern und Türen.
Federal Style: So nannte man den Georgian Style nach der Unabhängigkeit. Viele
Häuser wurden weiter vorwiegend aus Holz gebaut. Raffinierte Anstriche vermittel-
ten den Eindruck von „Mauern". Manchmal wurden den Holzhäusern Ziegelwände
vorgeblendet, um den Eindruck von „Solidität" vorzutäuschen (wird z. T. noch heute
gemacht).
Palladio: Dieser Baustil fand vor allem im 17. und 18. Jh. seine Verbreitung in Holland
und Frankreich, gelangte dann nach England und etwas später nach Amerika. Charakteristisch sind hierbei: von Säulen gestützte Dreiecksgiebel, Kolossalanordnung
von Säulen, die oft über mehrere Stockwerke greifen sowie Freitreppen. *Thomas
Jefferson* und sein von ihm entworfenes **„Monticello"** gelten als erste überzeugen-
de und berühmte Beispiele dieses Stils. Der Palladio-Stil selbst geht zurück auf *Andrea
Palladio*, einen venezianischer Baumeister und Architekten (1508–1580). Er griff antike Bauregeln, z. B. aus der griechischen Tempelarchitektur, auf und transferierte sie auf
weltliche Bauten.
Piazza: Typisch für die Häuser des Alten Südens ist der z. T. über mehrere Stockwerke reichende Säulenumgang. Zwischen ihm und den Hausmauern gibt es die wunderschönen, luftigen Veranden. In Charleston z. B. ist dieser Stil häufig vermengt worden mit englischen Stilelementen, denn eine schmale Häuserfront bedeutete dort
niedrigere Steuern. Es wurde also in die Tiefe gebaut, die Hauptveranda an die Seite
gesetzt – nicht nach vorne ausgerichtet – und unter ihr der Garten angelegt.

Greek Revival: Damit bezeichnet man die Bauperiode der sog. „Antebellum-Häuser", jener Bauten, die vor dem Amerikanischen Bürgerkrieg entstanden sind. Hier wurden klassische altgriechische Architekturelemente wie Säulen, Portikus und Architrave aufgegriffen und nicht nur bei öffentlichen Gebäuden, sondern auch bei den herrschaftlichen Plantagenhäusern umgesetzt.

Gothic Revival: Damit bezeichnet man die Wiederverwendung gotischer Bauelemente, was vor allem Niederschlag bei Kirchen, aber auch öffentlichen Gebäuden, wie z.B. Universitäten und Bahnhöfen sowie Hotels fand.

Greek Revival Style

Küche und Getränke

Allgemeiner Überblick

Die amerikanische Küche bzw. die Essgewohnheiten der Amerikaner werden bei uns als minderwertig und ungesund bezeichnet. Ganz richtig ist diese Beurteilung aber nicht, denn wer sich gesund ernähren oder in einem gepflegten Ambiente dinieren möchte, hat dazu trotzdem genügend Gelegenheit. Es gibt, besonders in den größeren Städten, Bioläden bzw. sehr ansprechende und gute Restaurants. Um aber zu verstehen, wieso sich die Fastfood-Restaurants so durchgesetzt haben, sollte man einmal den „kulinarischen Tagesablauf" des „Durchschnittsamerikaners" betrachten: Das deftige **Frühstück** (siehe unten) ist die Hauptmahlzeit des Tages. Kein Wunder also, dass zum **Lunch** der Hunger nicht so groß ist und man vor allem nicht so viel Zeit und Geld für eine vernünftige Mahlzeit investieren möchte. Also greift der Amerikaner halt zum Hamburger mit Pommes, seltener auch zum Pub-Snack. Nachmittags, nach der Arbeit und besonders bei Büroangestellten sehr beliebt, wird eine **Cocktailstunde** (bzw. ein **After-Work-Pubbesuch**) eingelegt. Dabei muss es nicht immer Cocktail sein, manch einer trinkt auch Bier. **Abends** kommt der Hunger umso schneller, da ja das Mittagessen nur ein Lückenfüller war.

Kulinarischer Tagesablauf

Essen, besonders essen gehen, ist also in den USA vor allem eine Geldfrage. Die Preisdifferenzen sind schon gewaltig. Kann man sich in einer Fastfood-Bude für unter 10 Dollar satt essen, einschließlich eines Getränkes, legt man in einem Restaurant dafür mindestens 25 Dollar pro Person auf den Tisch (plus Trinkgeld). Was in den USA oft fehlt, sind gutbürgerliche Restaurants oder Studentenrestaurants, die bei uns die mittlere Preisklasse abdecken.

Restaurants meistens teuer

Wer nun in den **südlichen Staaten der USA reist**, sollte sich dennoch folgende Dinge nicht entgehen lassen:

• Ein gutes, **saftiges Steak** ist ein Muss in Amerika. Sparen Sie sich aber genügend Appetit dafür auf. Die Steaks, besonders die T-Bone-Steaks, sind um einiges größer als bei uns und hängen zumeist sogar über den Tellerrand hinaus. Die besten Steaks gibt es in den mittleren und kleineren Städten auf dem Lande oder halt in einem teuren Restaurant.

- An der Küste steht natürlich **Seafood** ganz oben auf Ihrer Wunschliste. Besonders *Küchen für* in Alabama, Mississippi, Florida, Georgia und Louisiana gehören der Crawfish (große *jeden* Krabbe) und die Shrimps (Krabben) zu den Grundnahrungsmitteln. In Pubs und *Geschmack* Kaschemmen in Louisiana und Alabama werden sie sogar als „Arme-Leute-Essen" serviert. Eingewickelt in eine Zeitung und zusammen mit Brot oder Kartoffeln werden sie dann verzehrt. Fische sind natürlich auch zu empfehlen.
- Eine besonderen Reiz bietet die **Cajun-Küche** (auch **Kreolische Küche** genannt). Sie besteht aus verschiedenen Grundlagen: Meistens bilden Meeresfrüchte und Hühnchen die Grundlage. Die Gewürze und die dazu gebotenen Saucen geben dem Essen eine sehr schmackhafte Note, z. T. ungeahnt scharfe Variante.
- In Florida (aber nur bedingt im Norden) hat sich u. a. die **kubanische Küche** durchgesetzt, die mit vielerlei Exotischem aufwartet. So z.B. mit Kochbananen und schwarzem Pfeffer. Safran darf an den meisten Gerichten auch nicht fehlen.
- In den Städten, besonders denen der westlich gelegenen Staaten des Südens, findet sich dann noch eine Reihe von **mexikanischen** Restaurants bzw. Imbissbuden.
- An der Atlantikküste gibt es neben Seafood vor allem auch **englische Küche**, die aber durchaus schmackhaft sein kann, da das Fleisch besser zubereitet wird als in England und den Gewürzen des Südens Einzug gewährt wurde.

Ein kulinarischer Tagesablauf

• Frühstück

Frühstückszeit ist zwischen 7 und 10 Uhr (oft auch 9 Uhr). Wer in der Stadt oder einem größeren Hotel übernachtet, ist häufig besser beraten mit einem Frühstück in einer Cafeteria oder einem besseren Fastfood-Laden. Das ist billiger, und man entgeht der faden Auswahl von Continental oder American Breakfast. Ausnahme bieten nur die Frühstücksbuffets, die einige größere Hotels anbieten sowie natürlich das bessere Frühstück in einer Bed & Breakfast-Unterkunft.

Das **Continental Breakfast** erhalten Sie nicht überall. Und wer nicht gerade eine *Schön süß...* ausgesprochen süße Mahlzeit mag, hat hiermit auch nicht viel verpasst. Muffins bzw. lasche Croissants, Marmelade, Saft und Kaffee/Tee sind alles. Eine Zusatzorder mit Schinken bzw. Käse wird meist ignoriert.

American Breakfast: Eine Kalorienbombe – Eier (meistens gleich 3), Schinken, Speck, Cornflakes, Saft, Kaffee/Tee und häufig auch noch Kuchen oder Waffeln mit Sirup. Davon wird man mehr als satt, kämpft aber noch Stunden mit dem überladenen Magen.

Mexican Breakfast: Selten vorzufinden, aber besonders im äußersten Süden beliebt. *...bis richtig* Typisch ist hier das Gericht „Huevos Rancheros" – Eier auf Tortillas und dazu eine *deftig* (meist scharfe) Sauce. Alternativ kann man auch ein Steak zum Frühstück ordern.

• Brunch

In der Zeit zwischen 11 und 14 Uhr servieren größere Hotels und Restaurants, zumeist an Sonn- und Feiertagen, eine Mischung aus Frühstück und Mittagessen. Hier kann man warm und kalt essen und soviel man möchte, da es meistens als Buffet angerichtet ist.

• Lunch

Das Mittagessen hat in den USA wenig Bedeutung, und die Amerikaner ernähren sich zu dieser Zeit hauptsächlich von Hamburgern oder Sandwiches aus den Fastfood-Restaurants. Wer trotzdem gerne gut zu Mittag essen möchte, bekommt in den besseren Restaurants zu dieser Zeit Mahlzeiten zu deutlich günstigeren Preisen geboten ("Lunch specials" bzw. "Daily specials").

Spezielle Lunch-Angebote

• Dinner

Das Dinner bildet die zweite große Mahlzeit bei den Amerikanern. Es besteht mindestens aus Vorspeise, Hauptgericht und Nachspeise. Da das üppige Frühstück bereits eine ganze Weile zurückliegt, wird früh zu Abend gegessen. Die Restaurants öffnen um 18, aber ab 20 Uhr (in der Regel aber 21 Uhr) kann es Ihnen bereits passieren, dass die Küche kalt ist. Wenn Sie also spät essen möchten, erkundigen Sie sich lieber vorher über die **Küchenzeiten**. Manche Restaurants haben bereits ab 16 bzw. 17 Uhr geöffnet und locken Gäste mit sehr günstigen "Early Bird-Specials" (meist nur bis 18 Uhr bzw. 18.30 Uhr).

Raffinierte Küche

In den letzten 2 Jahrzehnten hat die Küche an Raffinesse gewonnen. Vorher war selbst in den besseren Restaurants das Essen zwar gut, aber egal, wo man sich in den USA befand, gleich. Doch da die Amerikaner mittlerweile auch den Genuss eines "Dinner-Happenings" erkannt haben, hat die Küche deutlich an Format gewonnen und kann sich mit der europäischen vergleichen. In besseren Restaurants ist die Beleuchtung etwas schummrig, was in Amerika einfach dazugehört. Als Kleidung wählt man hier die bessere Garnitur.

Kleine Sprachhilfe

Teigwaren	
biscuit	weiche Brötchen (süßlich)
cornbread	Maisbrot
danish pastry	Blätterteigstückchen
hush puppies	Pfannkuchen aus Maismehl
pancake	Pfannkuchen
rolls	Brötchen (weich)
rye bread	Roggenbrot
shortcake	Mürbeteigküchlein mit Früchten und manchmal Sahne)
white bread	Weißbrot
crispies	knusprige Getreideflocken

Belag/Beilagen	
bologna sausage	Mettwurst
butter	meist salzige Butter
cottage cheese	Hüttenkäse (eher unserem Quark ähnlich)
jam	Marmelade
jelly	Gelee

maple syrup	Ahornsirup
peanut butter	Erdnussbutter
hash browns	geschnetzelte und gebratene Kartoffeln

Eierzubereitungen

bacon and eggs	Eier mit Schinkenspeck
ham and eggs	Eier mit Schinken
scrambled eggs	Rührei
sunny side up	Spiegeleier, dabei gibt es folgende Varianten: „over" bedeutet auf beiden Seiten fest gebraten, „over easy" bedeutet auf beiden Seiten leicht knusprig gebraten.

Vorspeisen (starters/appetizers)

crab bisque	Krabbencremesuppe
cole slaw	roher, geschnitzelter Kohl in saurer Sahnesauce

Hauptgerichte (entrees/main course)

besondere Arten und Zubereitungen von Fleisch	
prime rib of steak	Rinder-Rippenstück
spareribs	Schweinerippchen (hier nagt man Rippenknochen ab, ein Vergnügen für alle)
steaks	Steaks
sirloin steak	Lendensteak (äußerst zart), ähnlich dem Rumpsteak
tenderloin steak	sehr feines Filet
T-bone steak	Steak mit T-förmigen Knochen
club steak	aus dem Mittelrücken
roundsteak	aus der Keule
	Zubereitung: well done = ganz durchgebraten, medium = halb durchgebraten, innen rot-rosa, rare = innen ganz roh, nur außen gebraten, (häufig verwendet man auch die Bezeichnung medium-rare)
Fisch	
seafood	Fischgerichte/Meeresfrüchte allgemein
fish chowder	Fischcremesuppe (meist mit Gemüseeinlage)
clams	Herz-Muscheln
crab	Krabbe/Krebs
king crab	große Alaskakrebse
crayfish	Languste (große Krabbe)
scallops	Jakobsmuscheln

Cajun- (Kreolische) Spezialitäten

Fisch steht natürlich oben auf der Speisekarte des Südens.

andouille   würzige, grobe Wurst. Wird besonders mit Red Beans auf Reis serviert.

boudin   Schweinefleisch, scharf gewürzt und mit Zwiebeln auf Reis serviert

cafe brulo   starker Kaffee, versetzt mit Gewürzen und einem Likör. Wird gerne nach einem mächtigen Dinner getrunken

chicory   Zichorie. Wird zum Würzen von Pulverkaffee verwendet.

crawfish   Languste, krebsartige Krabbe. Auch „mudbugs" genannt, da sie im Schlamm der Flüsse (also Süßwasser) leben. Findet sich bei fast jedem Kreol-Gericht an etoufee.

etoufee   Dressing, meist auf Tomatenbasis. Gut gewürzt. Wird vor allem zu Crawfish serviert.

grillades   in Würfel geschnittenes und gegrilltes Fleisch

gumbo   dick angemachte Suppe (z.B. Shrimp-gumbo)

jambalaya   eine Art Eintopf, in dem der Koch „Reste" verwertet. „Nationalgericht" der Kreolen

plantain   Kochbanane. Nicht so süß wie die uns bekannte Banane. Wird als Beilage wie Reis serviert.

po'boy   Sandwich, ehemals für die „armen Jungs" (poor boys). Sehr dick belegt, z.B. mit Schinken oder Roastbeef

Spezialitäten Floridas

catfish   Wels. Ein Süßwasserfisch

conch powder   Dicke Suppe aus Milch, Kartoffeln und Muscheln. Kräftig gewürzt

grits   Hafergrütze fürs Frühstück

grouper   Barsch

key lime pie   Dessert. Dünner Teigboden, belegt mit dicker Schicht aus gelben Zitronenbaisers

Po'boys: Gut und günstig

pompano   Goldmakrele. Mit Shrimps gefüllt und dann in Folie im Ofen gebacken

spotted sea trout   Seeforelle. Gebraten und oft mit Mandeln serviert

stone crabs   Steinkrebse. Das beste Fleisch befindet sich in den Scheren.

Kubanische Spezialitäten

arroz con pollo	Huhn und Safranreis
malanquitas	knusprige Kartoffelscheiben
palomilla	kubanisches Steak
sopa	schwarze Bohnensuppe, mit viel Knoblauch, Oliven
de frijoles negros	Schweinefleisch
sopo'n marinero	Suppe mit Schalentieren, Reis, Erbsen, scharfen Pfefferschoten
tocino del cielo	Nachtisch aus Zucker und Eigelb
tostones	gebratene Kochbananenstreifen
tres leches	leichter Biskuitkuchen, der mit Milch durchtränkt ist

---

Mexikanische Spezialitäten

burritos	zugedeckte Tortillas mit Hackfleisch und Bohnen
chilli relleno	mit Käse gefüllte Pfefferschoten
enchiladas	gerollte Tortillas mit Chili und Fleisch
blue corn tortillas	Tortillas aus blauem Mais
tamales	Maisblätter mit Füllung

Getränke

Erwerben Sie ein Getränk in einem Lokal, wie z.B. einem Pub, und Sie möchten das Lokal wechseln, ohne Ihr erst halb geleertes Getränk stehen zu lassen, haben Sie die Möglichkeit, sich einen Plastikbecher zu nehmen und Ihr Getränk darin abzufüllen *Mit dem* (fragen Sie danach). Mit diesem Getränk können Sie dann in die nächste Lokalität zie- *Becher auf* hen, und dort wird durchaus akzeptiert, dass Sie mit einem woanders erworbenen *Wanderschaft* Getränk in der Hand einkehren. Das heißt aber nicht, dass Sie nun mit aus Super-markteinkäufen gefüllten Pappbechern ein Restaurant betreten sollen und damit dort die teuren Preise umgehen können.

• Kaffee

Die Amerikaner trinken zwar gerne Kaffee, doch lässt dieser qualitativ zu wün-schen übrig. Er ist sehr schwach. Nachdem es früher nur löslichen Kaffee gab, hat sich auch hier jetzt der Filterkaffee durchgesetzt, der aber trotzdem nicht viel bes-ser ist.

Gut schmeckt dagegen der Kaffee in den sich immer weiter ausbreitenden Kaffee-häusern, die zumeist Ketten wie z.B. „Starbucks" angehören. Hier fällt manchmal sogar die Auswahl schwer, da es zahlreiche aromatische Sorten gibt (z.B. mit Zimt, Amaretto oder Nuss). Hier können Sie dann sogar die Stärke Ihres Kaffees be-stimmen.

Ein Trick gegen zu schwachen Kaffee gibt es aber: Nehmen Sie immer eine kleine *Zu schwacher* Packung **löslichen** Kaffee mit und verstärken Sie damit Ihren Kaffee. *Kaffee? – Kein Problem...*

• Tee
Fast nur Beutel-Tee. Gut und erfrischend ist aber der „Iced Tea", der mit Zitrone, (mit und ohne) Zucker und Eis serviert wird.

• Soft Drinks
Amerika ist bekannt für seine Softdrinks, und die Angebotspalette ist fast unerschöpflich. Alleine Cola wird in zahlreichen Variationen geboten: Diet, Light, Classic, New und das dann noch mal mit verschiedenen Geschmacksrichtungen vermischt.

Doch gibt es zu den uns bekannten Limonadensorten auch noch **Exotisches** wie z.B. Root Beer (kein Alkohol) oder verschiedene Fruchtsäfte, mit Kohlensäure versetzt. Softdrinks werden in Kneipen und Restaurants mit sehr viel Eis serviert. Das geht folgendermaßen: Erst wird ein Pappbecher bis zum Rand mit zerkleinertem Eis gefüllt, und dann erst „quetscht" der Barkeeper das eigentliche Getränk hinein. Trinkt man nun nicht schnell genug, bleibt nur gefärbtes Wasser übrig.

• Milchshakes
Milchshakes gehören in den USA zu den Standardgetränken der Kinder. Versetzt mit verschiedenen Geschmacksrichtungen und vor allem in unterschiedlichen Flüssigkeitsstufen. Am beliebtesten ist bei den Kindern der „double thick", der eher einem Softeis ähnelt als einem Getränk.

• Säfte
Vorsicht bei *„fresh juice"* Wenn Sie kein gefärbtes und gesüßtes Wasser mögen, müssen Sie darauf achten, dass Sie in den Restaurants einen „fresh juice" bestellen. Der ist dann zwar auch nicht unbedingt frisch gepresst, erfrischt aber wirklich. Gute Säfte gibt es ansonsten in den Supermärkten und oft auch an Tankstellen-Shops.

• Bier
Trotz des schlechten Rufes ist das amerikanische Bier doch ganz trinkbar. Es ist schwächer und kohlensäurehaltiger als das europäische. Eine Krone ist vollkommen unbekannt, und häufig sieht man sich vor die Aufgabe gestellt, das bis zum Rand gefüllte Glas vom Tresen zum Tisch zu befördern – und das auch noch auf klebrigem Boden (woran das wohl liegen mag?). Sehr beliebt ist auch das Lightbeer.

Viele Biersorten tragen deutsche Namen (z.B. „Löwenbräu"), doch gehören die Brauereien amerikanischen Firmen. Im Süden erhält man häufig auch das mexikanische Bier („Corona"), das um einiges stärker ist und i.d.R. in der Flasche mit Zitronenscheibe im Flaschenhals serviert wird. Wer nun gar nicht auf das gute europäische Bier verzichten möchte, kann es sich in Flaschen kaufen. Billig ist es aber nicht.

• Wein
Verlässliche *Weinqualität* Der Wein, hauptsächlich in Kalifornien angebaut, ist in der Regel von guter Qualität und zumeist trocken. Die USA sind übrigens der sechstgrößte Weinproduzent der Erde. Es gibt keine Weinklassifikationen; als Qualitätsgarant halten die Namen der Winzer her. Wein ist etwas teurer als bei uns, besonders in Restaurants.

Die Trinkkultur der Amerikaner hat aber ihren eigenen Charakter: Rotwein wird kalt getrunken. Besonders verwundern wird Sie, wenn Sie jemand sehen, der Wein mit Cola mischt oder, falls er ihm zu sauer ist, auch schon mal ein oder zwei Zuckerwürfel ins Glas fallen lässt.

Folgende Weinsorten kommen aus Kalifornien:

Rotweine	
Zinfandel	auch als „kalifornischer Beaujoulais" bezeichnet, schmeckt himbeerartig
Grenach	wird oft als Verschnittwein verwendet, hell und körperreich
Cabernet Sauvignon	der wohl beste Rotwein, aromatisch und trocken, sollte mindestens 4 Jahre alt sein
Petite Sirah	auch als Shiraz bezeichnet; dunkelroter, gerbstoffreicher und alterungsfähiger Wein
Pinot Noir	leichter, fruchtiger Rotwein
Barbera	sehr dunkler Rotwein mit ausgewogenem Säuregehalt
Ruby Cabernet	guter trockener Tischwein
Gamay Beaujolais	ähnlich dem Pinot Noir, aber nicht mit dem französischen Beaujoulais vergleichbar

Rosé	
Gamay	leichter Roséwein

Weißweine	
Pinot Blanc	fruchtig-trockener Weißwein
Chenin Blanc	harmonischer, herber Wein
Chardonnay	der beste kalifornische Weißwein, trocken und duftend mit herrlichem Traubengeschmack
White Riesling	fruchtiger, herber Weißwein
Semillon	ziemlich süßer, goldfarbener Wein
Sauvignon Blanc	trockener, erdig-fruchtiger Weißwein
Gewürztraminer	leicht süßer, aromatischer Weißwein

• Spirituosen und Cocktails

Whiskey und Brandy sind die beliebtesten harten Getränke der Amerikaner (Wodka holt mittlerweile auf). Besonders aber die „Cocktailkultur" hat in den USA Einkehr gefunden. Nachmittags, nach der Arbeit, wenn die „happy hour" in den Lokalen eingeläutet wird (zumeist zwischen 16.30 und 19 Uhr), füllt es sich, und die verschiedenen (Mix-)Getränke werden zum halben Preis serviert.

Cocktails zum halben Preis

Besonders beliebt im Süden sind Cocktails wie „Pina Colada" (Rum, Kokosnusscreme, Ananassaft und Sahne) und „Margarita" (Tequila mit Zitrone und dazu Salz).

⫸❙❙❙ Einiges Wissenswertes

- Anders als in Europa **verweilt man nicht ewig** im Restaurant. Die Bedienung kommt kurz nach der Mahlzeit und fragt höflich, was sie Ihnen noch bringen kann. Falls Sie keinen Wunsch äußern, dann folgt schnell die Rechnung und man erwartet von Ihnen, dass Sie dann bald gehen. Möchten Sie also nach dem Essen etwas länger sitzen bleiben, sollten Sie sich für das „last seating" anmelden (ca. ab 20.30 Uhr).
- Schon beim Eintritt in ein Restaurant fallen Unterschiede auf: Sie müssen warten, bis man Ihnen **einen Platz zuweist** („wait to be seated"). Das Rauchen in Restaurants ist selten gestattet, nur größere Lokale, die über eine Bar verfügen, haben noch Raucherzonen ausgewiesen.
- Die Amerikaner essen zwar auch mit Messer und Gabel, schneiden aber zuerst ihr Fleisch klein, damit sie sich hinterher **nur noch mit der Gabel begnügen** müssen.
- Der **Kaffee ist sehr dünn**, wird aber oft kostenlos nachgeschenkt. Tipp: Wir haben immer etwas löslichen Kaffee dabei, den wir dann als „Verstärker" zumischen können.
- Das **Trinkgeld** ist wichtig, auch in Pubs. **15 Prozent** müssen Sie geben, da die Bezahlung der Kellner sehr niedrig ist und es grundsätzlich erwartet wird, dass man Trinkgeld gibt. Zahlen Sie mit einer Kreditkarte, gibt es auf der Quittung ein Extrafeld, in das Sie das Trinkgeld eintragen.
- Die **Portionen sind häufig sehr groß**. Achten Sie am besten beim Betreten des Restaurants schon darauf und bestellen Sie entsprechend.
- **Lunch** (Mittagessen) kann man auch in den Pubs der Städte erhalten (Publunch). Häufig funktioniert das folgendermaßen: Der Pub hat sich mit einem nahen Restaurant zusammengetan, und Sie bestellen telefonisch vom Pub aus Ihr Essen, das dann schnell gebracht wird.
- Sehr attraktiv ist der **Brunch** (**B**reakfast/L**unch**), welchen viele Restaurants am Wochenende anbieten. Brunch gibt es zwischen 10 und 14 Uhr, und man kann zu einem Pauschalpreis zwischen den unterschiedlichsten warmen und kalten Gerichten wählen.
- „**Early Bird Dinners**" werden häufig nachmittags zwischen 16 und 18 Uhr angeboten. Dabei essen Sie z. T. zum halben Preis.

📖 Buchtipp

Wenn Sie mehr über amerikanische (Ess-)Kultur erfahren möchten:
H. Pferdekaemper; **Reisegast in den USA**, *Reisebuchverlag Iwanowski, Dormagen.*

Ausgelassenheit
ist Trumpf beim
Mardi Gras in
New Orleans,
dem alljährlich
stattfinden Karne-
val in der „Cres-
cent City". Hun-
derttausende
belagern dann das
French Quarte-
rund die Karneva-
listen greifen
gerne auch auf die
Vodoo-Zeremo-
nien zurück.

In **New Orleans**, der Stadt des „Laissez-faire", wird das Lebensgefühl auch deutlich an den schmiedeeisernen Balkonen und den tropischen Pflanzen, die diese schmücken.

Dank der Bürgerrechtsbewegungen in den 1960er Jahren schauen die Kinder, trotz aller noch bestehender Probleme, heute einer **glücklicheren Zukunft** entgegen, als es ihre Eltern taten.

Markenzeichen
der Südstaaten
sind und bleiben
die **Antebellum-
Häuser**. Meist
weisen die Häuser
imposante Säulen
auf, die man bei
den Griechen ab-
geguckt hat.

Überall im Lande
erinnern Relikte
an den
**Amerikani-
schen
Bürgerkrieg**.

Bei einer Kanu-
fahrt in dem pech-
schwarzen Wasser
der **Okefenokee
Swamps** werden
einem bald viele
Alligatoren als lie-
benswerte (und
harmlose)
Begleiter folgen.

Jacksonville ist
eine der Wirt-
schaftsmetropolen
des Südens. Die
Einwohnerzahl
wächst überpro-
portional schnell
und die Stadt
konnte es sich
auch leisten ein
eigenes Football-
Team zu kaufen.

Der Norden von **Florida** weist die wohl schönsten Strande Amerikas auf. Hier haben die Wellen den Sand zu „Puderzucker" gemahlen. Obendrein beeindruckt die weiße Farbe.

Bei den vielen **Antiquitäten-händler** im Süden gibt es nichts, was es nicht gibt. Vorsicht ist aber bei den morschen Schaukelstühlen geboten...

In **South Carolina** sorgte neben Baumwolle der **Reisanbau** für volle Kassen, die dann für ein Antebellum-Haus aus Stein reichten.

Jazz- und Blueskonzerte, oft nur in verwegenen Spelunken zu hören, gehören allemal zum Pflichtprogramm einer Reise in diese Region Amerikas.

Schon Mark Twain sagte: „Der Mississippi weckt in jedem Sehnsüchte". Eine Fahrt mit einem Mississippidampfer, z. B. der **„Mississippi Queen"**, ist ein unvergessliches Erlebnis.

Stolz und Fahnentreue sind wichtige Grundpfeiler im Leben der Amerikaner. Besonders in den Südstaaten hisst man daher oft und gerne den **Sternenbanner**.

Die von General Oglethorpe im 18. Jh. angelegten großzügigen Grünanlagen in **Savannah** laden auch heute noch zum Spazierengehen in der Altstadt ein.

Eine Klassenfahrt
in die moderne
Metropole der
Südstaaten,
Atlanta, gehört
für jede Schul-
klasse in Georgia
zum Unterrichts-
programm. Hier
können die Kin-
der hautnah erle-
ben, dass der
„Alte Süden"
langsam ausge-
dient hat.

In den kühleren Bergregionen der Appalachen, wie hier im Smoky Mountains National Park, verspricht der **Indian Summer** auch in den Südstaaten ein buntes Farbenmeer.

Golf ist in Amerika ein Volkssport. Die **Küstenstaaten des Südens** haben ihren klimatischen Vorteil erkannt und zahlreiche luxuriöse Golfresorts entlang der Küste angesiedelt.

Nicht zu Unrecht heißen die **Smoky Mountains** - Rauchende Berge. Wenn der morgendliche Dunst aufsteigt und die Morgenröte einsetzt, glaubt man sich in einem Meer aus Flammen. Frühes Aufstehen lohnt sich hier also.

B. B. King und Elvis haben die Beale Street in **Memphis** berühmt gemacht. Doch auch heute treffen sich hier die Legenden der Blues- und Rockmusik und spielen in den vielen Clubs.

Von der Altstadt-
promenade aus
kann man bei
Dämmerlicht den
Kontrast von Alt
und Neu im Hafen
von **Savannah**
besonders gut
erleben.

Die Farmer in
Tennessee, die
sog. Hill-Billies,
haben – wirt-
schaftliche gese-
hen – nicht mehr
viel zu lachen. Ein-
zig der Stolz und
die Geschichten
aus den „guten al-
ten Zeiten" lassen
sie ihr Schicksal
leidlich ertragen.

Mit seinen über 4 Millionen Einwohnern ist **Atlanta** eines der wichtigsten Wirtschaftszentren der USA . Coca Cola und CNN sind die bekanntesten Unternehmen mit Sitz in dieser Stadt.

1927 läutete eine kleine Radioshow in **Nashville**, durch einen dummen Zufall bedingt, das Zeitalter der Countrymusik ein. Zur "Grand Ole Opry", der Country-Show, pilgern alljährlich Millionen von C&W-Fans aus aller Welt.

Viele Amerikaner behaupten noch immer, „Elvis lebt". In **„Graceland"** bei Memphis können Fans des „King of Rock'n' Roll" sein ehemaliges Wohnhaus besichtigen.

Während sich die jüngere Generation immer mehr in Blue-Collar-Jobs verdingt, lieben es die alten Farmer immer noch, ihre Erzeugnisse an den Straßenrändern von **Georgia** zu verkaufen.

3. Der Süden der USA als Reisegebiet

 Benutzerhinweis

*Die Gelben Seiten enthalten vielerlei Tipps und praktische Hinweise zur Reiseregion. In den **Allgemeinen Reisetipps** (S. 103) finden Sie – alphabetisch geordnet – reisepraktische Hinweise für die Vorbereitung Ihrer Reise und Ihren Aufenthalt in den USA. Die **Regionalen Reisetipps** (S. 155) geben Auskunft über Unterbringungsmöglichkeiten etc. in den – ebenfalls alphabetisch geordneten – Städten/Regionen.*

Allgemeine Reisetipps von A–Z

A   Abkürzungen

Im folgenden sind die wesentlichsten Abkürzungen aufgeführt, auf die Sie während einer Reise durch die USA immer wieder treffen werden (z. B. in Karten, auf Straßenschildern) und die in diesem Buch bzw. in den Karten teilweise verwendet werden.

Ave./Av.	Avenue
	Beach/Strand
Bldg.	Building/Gebäude
Blvd.	Boulevard
Cr.	Creek/Bach
CVB	Convention & Visitors Bureau (Fremdenverkehrsamt)
Dept.	Department/im Amerik.: Behörde
Dr.	Drive
Fwy.	Freeway
Ft.	Fort
H.M.	Historical Monument/Historisches Denkmal
H.P.	Historical Park/Historischer Park
Hts.	Heights/Höhen
Hwy.	Highway
I	Interstate/Autobahn
Ind. Res. (auch **I.R.**)	Indian Reservation/Indianerreservat
Int. International	
	Lake/See
Ln.	Lane
Mph	miles per hour (1 mi = 1,6 km)
M.R.	Military Reservation/Militärgebiet
Mt., Mtn.	Mount, Mountain/Berg
Mts.	Mountains/Berge
Mun.	Municipal/städtisch
Nat.	National
N.B.	National Battlefield/Nationales Schlachtfeld
Nat'l Rec. A. (**N.R.A.**)	National Recreational Area/Erholungsgebiet
N.F. oder **Nat. For.**	National Forest/Wald
N.M.	National Monument/Nationaldenkmal
N.P.	Nationalpark
N.S.	National Seashore/Nation. Küstenschutzgebiet
N.W.R.	National Wildlife Refuge/Naturschutzgebiet
Pk.	Peak/Gipfel
Pkwy.	Parkway
Pl.	Place
	River/Fluss
Rd.	Road
Res.	Reservation oder Reservoir/Reservat oder Stausee
RV	Recreational Vehicle/Campingmobil
S.P.	State Park
Spr., Sprs.	Spring, Springs/Quelle, Quellen

Sq.	Square
St.	State oder Street/Staat oder Straße
Abkürzungen der Staaten des Südens	
Louisisana	**LA**
Mississippi	**MS**
Alabama	**AL**
Florida	**FL**
Georgia	**GA**
South Carolina	**SC**
North Carolina	**NC**
Tennessee	**TN**
Arkansas	**AR**

Alkohol

Bier und leichte Alkoholika können Sie in Supermärkten und kleineren Geschäften kaufen. Wein und Spirituosen erhalten Sie dagegen nur in speziellen „**Liquor Stores**", wobei Wein auch in einigen Supermärkten erhältlich ist. In Cafés und Rasthäusern entlang den Highways gibt es fast nie Alkohol, und auch nicht alle Restaurants haben eine volle Alkohollizenz (auch für harte Alkoholika). Solche mit dieser Lizenz sind mit „fully licensed" gekennzeichnet.

▶ BESONDERHEITEN

In einigen Bundesstaaten bzw. speziellen *Counties* gelten besondere **Alkoholgesetze**. In einigen Staaten gibt es sogenannte *Dry Counties* und es ist üblich, an Sonn- und Feiertagen keinen Alkohol vor 12 Uhr mittags zu verkaufen oder auszuschenken.
In den Indianerreservaten darf überhaupt **kein Alkohol** ausgeschenkt werden. Ausnahmen bilden i. d. R. die Casinos.
Für den **Erwerb von Alkohol** ist das Mindestalter von 21 Jahren (selten 18 bzw. 19 Jahre) angesetzt. Dieses wird streng kontrolliert („Picture I.D., please!"). Deshalb sollte man ständig ein offizielles Ausweispapier mit Geburtsdatum mit sich führen (Reisepass oder Führerschein).

Anreise

▶ MIT DEM FLUGZEUG:

Das Angebot an Flügen in die USA wird immer größer und damit auch unübersichtlicher. Auf eine Auflistung aller in Frage kommenden Airlines möchten wir daher verzichten. Am besten informiert man sich im Internet (z. B. www.flug.de oder www.followme.de) bzw. in Ihrem Reisebüro nach den aktuellen Preisen. Lohnend ist auch ein Preisvergleich, z. B. mit einem der **Billigfluganbieter**.

Die **Internetanbieter** sind oft billiger als die **Reisebüros**, aber auch **nicht zwangsläufig**. Achten Sie auf evtl. **Umbuchungsmöglichkeiten**. Häufig sind die preisgünstigeren Internetflüge nicht mehr umbuchbar. Versuchen Sie ruhig auch mal die Internetseiten der Airlines selbst. Hier finden Sie oft ein Schnäppchen oder können, wie bei KLM (www.klm.de)

z. B. mit Hilfe eines Kalenders einen besonders günstigen Tag auswählen. Der Vorteil beim Internet ist auch, dass Sie in Ruhe einen günstigen Flug raussuchen können, bevor Sie Ihre Reisedaten festlegen. Trotzdem, besonders wenn Sie Anschlussflüge, Mietwagen und Hotels schon in Europa buchen möchten, sollten Sie lieber noch auf ein **renommiertes Reisebüro** zurückgreifen. Sie erhalten auf diese Weise mehr Informationen, werden grundsätzlich besser beraten und das Angebot an Zusatzleistungen ist oft deutlich größer.

Achten Sie darauf, dass Sie für Ihre Reise in den Süden nicht einen Flug, z.B. nach New York buchen, nur weil er günstiger ist als der nach New Orleans.
Unterschätzen Sie die Entfernungen in den USA nicht. Für die An- und Abreise von New York nach New Orleans benötigen Sie jeweils 3 Tage, womit Sie schon 6 Tage Ihres kostbaren Urlaubs verschenkt hätten, zuzüglich der Fahrzeugkosten. Wichtig ist, besonders wenn Sie in den Sommermonaten (Hauptsaison) reisen möchten, früh zu buchen. Schnell sind die günstigen Tickets verkauft, und Sie zahlen schließlich erheblich drauf.

Die größten Flughäfen im Süden sind Memphis, New Orleans und vor allem Atlanta, das u.a. als Drehscheibe für die hier ansässige Delta Airlines fungiert. Weitere große Flughäfen, die über einen Cityhopper-Service an das internationale Netz angeschlossen sind: Little Rock, Tallahassee, Mobile, Jacksonville, Columbus, Chattanooga und Nashville. Grundsätzlich gilt: Sind Sie bereit zu einem Stopover (Umstieg) z.B. in New York oder Atlanta, können Sie von dort dann ohne Probleme zu jedem Flugplatz im Süden weiterreisen und Ihre Reise beginnen. Lassen Sie sich bei Ihrer Flugbuchung also nicht von den Namen der großen Metropolen blenden. Ein gezielter Anflug zu einer kleineren Stadt kann Ihnen so manchen unnötigen Kilometer ersparen.

▶ MIT DEM SCHIFF

Schiffsreisen (auch Frachtschiffreisen) sind viel teurer als das Fliegen, aber bieten auch etwas Besonderes. Von Hamburg oder Bremerhaven aus gibt es immer noch einen Schiffsdienst nach New York, der aber nicht regelmäßig bedient wird und häufig mit einer kleinen Kreuzfahrt verbunden ist. Nähere Auskünfte erteilt Ihnen hierzu Ihr Reisebüro.

Eine bedenkenswerte **Alternative** wäre aber die Anreise mit einem Frachtschiff. Dabei stehen Touristen ein paar Kabinen auf einem Frachter zur Verfügung, und man lebt und isst zusammen mit dem Personal. Die Kabinen sind in der Regel sehr komfortabel. Frachtschiffe laufen aber nicht immer die großen Städte an, so dass Sie sich rechtzeitig um einen Weitertransport kümmern sollten.

Nähere Auskünfte über Frachtschiffreisen erteilt:
Kapitän Zylmann, Frachtschiff Touristik International: Exhöft 12, 24404 Maasholm, ☎ 04642/96550, 📠 04642/6767, www.frachtschiffreise.de.

Antebellum-Häuser

Viele Antebellum-Häuser sind heute als Museen eingerichtet und stehen der Öffentlichkeit zur Besichtigung offen. Da in vielen aber auch heute noch Familien leben, hat eine Reihe von Gemeinden – in Vereinbarung mit den Bewohnern – einen relativ kurzen Zeitraum im Jahr festgelegt (meist Frühjahr oder Herbst), in dem ein Einblick in diese Häuser gewährt wird. In

dieser Zeit – auch „Pilgrimage" (Pilgerzeit) genannt – führen als „Southern Belles" kostü-
mierte junge Damen Sie durch die Gebäude. Nähere Auskünfte erteilen die Touristenbüros
der jeweiligen Orte.

› Einige der Pilgrimagedaten und Orte

Athens, Georgia	Mitte April
Beaufort, South Carolina	3. od. 4. Märzwochenende bzw. erstes Oktoberwochenende
Küstenabschnit zwischen Bay St. Louis und Biloxi (hier Infos), Mississippi	Anfang April
Charleston, South Carolina	Ende März bis Mitte April sowie Anfang Oktober
Georgetown, South Carolina	Ende März
Huntsville, Alabama	Mitte April
Mobile, Alabama	Anfang/Mitte März
Natchez, Mississippi	Mitte März bis Anfang April
Savannah, Georgia	Erste Aprilwoche
Vicksburg, Mississippi	Ende März bis Anfang April

Diese Zeiten können nur als Richtlinien angesehen werden und variieren teilweise jedes Jahr
um ein bis zwei Wochen. Falls Sie zielgerichtet zu einer Pilgrimage anreisen möchten, sollten
Sie unbedingt vorher das entsprechende Touristenbüro konsultieren! Eine gezielte Internetseite für alle Orte gibt es nicht, aber wenn Sie über eine Suchmaschine die Begriffe „Pilgrimage – Antebellum Houses" eingeben, dann finden Sie genügend Webseiten.

Auto-/Motorradimport

Diese Variante lohnt sich wirklich nur bei längerfristigen Aufenthalten und folgendes ist zu beachten:
Sie dürfen als ausländischer Tourist ein Fahrzeug **ein Jahr lang zollfrei** einführen (wird evtl.
auf 6 Monate begrenzt). Temporär eingeführte Fahrzeuge müssen das Nationalkennzeichen
tragen. Bei der Ankunft erhalten Sie ein *Touring Permit.*
Eine **Zollkaution** kann erhoben werden, wenn das Fahrzeug ein Zollkennzeichen hat oder
falls Verdacht besteht, dass das Fahrzeug in den USA veräußert wird.
Achten Sie auf die **fristgerechte Wiederausfuhr**. Für den Rücktransport verlangen die
US-Behörden den Original-Fahrzeugschein und zwei beglaubigte Kopien.
Ein nach der Reise nicht mehr fahrtüchtiges Fahrzeug muss entweder wieder exportiert
oder inkl. aller Steuern eingeführt und nach allen Richtlinien der Umweltschutzgesetze teuer
entsorgt werden.
Ein genereller Import (bzw. Verkauf nach der Reise in den USA) bedeutet in der Regel teure
Umbauten (US-Kat, Scheinwerfer etc.) und lohnt in der Regel nicht.
Erkundigen Sie sich vor der Planung bei Ihrem zuständigen US-Konsulat nach dem **neuesten Stand der Dinge**, da Änderungen immer mal wieder vorgenommen werden.
Versichern Sie das Fahrzeug bereits in Europa; das ist zwar nicht unbedingt billiger, verhindert aber unnötige Lauferreien. **Wichtig**: Denken Sie daran, alle in Frage kommenden Fahrer
mit in die Versicherungspolice aufnehmen zu lassen.

Hinweis

Grundsätzlich ist es sehr schwierig, in den USA eine Autoversicherung abzuschließen, wenn man keinen US-Führerschein hat!

Folgende Unternehmen in Deutschland haben sich auf **US-Autoversicherungen für Europäer** spezialisiert:
TourInsure GmbH, Herrengraben 5, 20459 Hamburg, ☎ 040/25172150, 🖷 040/ 25172121, www.tourinsure.de
American International Underwriters – Nowag Versicherungen, Platanenring 15, 63110 Rodgau, ☎ 06106/16960, 🖷 06106/13520, E-mail: nowag@t-online.de.

Der billigste Weg, das eigene Fahrzeug im Container zu verschiffen, ist, sich selbst bei Speditionen in Hamburg oder Bremen zu erkundigen. Fahrzeuge und Motorräder per Air-Cargo einzufliegen ist deutlich teurer. Weitere Informationen hierzu erhalten Sie bei der Cargo-Abteilung der Fluglinien. Wer den gesamten Transport organisiert haben möchte, kann sich bei der Firma **Bernd Woick GmbH**, Plieninger Str. 21 70794 Filderstadt, ☎ 0711/7096710, www.woick.de (Button: *ship'n fly*) erkundigen.

Auto fahren

In den USA gelten auf den Highways der meisten Bundesstaaten unterschiedliche Geschwindigkeitsbegrenzungen, die zwischen 60 mph (96 km/h) und 75 mph (120 km/h) liegen, letztere aber nur auf den 4-spurigen Interstates. Die zulässigen Höchstgeschwindigkeiten sind im Allgemeinen gut ausgeschildert. Die Geschwindigkeit wird streng kontrolliert, und die Strafen sind bei Übertretungen hoch (zahlbar an Ort und Stelle in bar)!

Langsames Fahren prägt das Fahrverhalten der Amerikaner: Es ist bei Weitem weniger hektisch als das der Europäer, aber dafür fahren die Amerikaner oft auch unaufmerksamer. Es wird in der Regel der Tempomat eingeschaltet und dann seelenruhig über das Asphaltband dahingeglitten – dabei wird gegessen, getrunken und sich lebhaft unterhalten. Auch wenn Ihnen dieses Tempo doch etwas langsam vorkommt, das Fahren ist angenehmer und entspannter.
Das Tanken ist in den USA immer noch billiger als bei uns. Gemessen wird das Benzin in Gallonen (ca. 3,78 l), das Motorenöl in Quarts (ca. 1 l).

Einige wichtige Verkehrsregelungen, die Sie beachten sollten:
▸ Es gilt **rechts vor links**. Eine Besonderheit ist der 4-Way-Stop, wo an einer Kreuzung an jeder Straße ein Stoppschild steht. Hier gilt, dass derjenige zuerst fahren darf, der an der Haltelinie seiner Straße zuerst zum Stehen gekommen ist.
▸ Das **Rechtsabbiegen an roten Ampeln** ist in den meisten Staaten **erlaubt**. Nur an wenigen Ampeln gilt diese Regel nicht, dies wird dann aber angezeigt („right turn only on green arrow" oder „no turn on red"). Beim Abbiegen müssen Sie aber trotzdem auf die Vorfahrt der anderen und Fußgänger achten.
▸ In der **Nähe von Schulen** sind die Höchstgeschwindigkeiten herabgesetzt. Dieses wird durch ein Schild angezeigt und streng kontrolliert. Meistens gelten diese deutlich herabgesetzten Geschwindigkeiten aber nur, wenn gleichzeitig ein gelbes Blinklicht aufleuchtet.

- **Schulbusse** (gelb) dürfen nicht überholt werden, solange sie den Blinker gesetzt haben. Auch hier geht es sehr streng zu, weil Kinder involviert sind. Hinter einem blinkenden, stehenden Schulbus hält man dementsprechend an.
- Das Anlegen von **Sicherheitsgurten ist Pflicht.**
- **Falsch geparkte Fahrzeuge werden rigoros abgeschleppt!** Achten Sie also besonders darauf, dass Sie nicht neben einem roten bzw. blauen Kantstein parken, nicht direkt vor einem Hydranten für die Feuerwehr und nicht unter einem „No-Stopping- or-Standing"-Schild.
- Falls Sie im Rückspiegel ein **Polizeifahrzeug mit eingeschaltetem Blinklicht** sehen, halten Sie sofort am Straßenrand an, bleiben Sie im Fahrzeug sitzen, und machen Sie keine hektischen Bewegungen.

Autokauf in den USA

Wer einen längeren Aufenthalt in den USA plant, sollte in Betracht ziehen, ein Fahrzeug zu kaufen, da Autos (inklusive Gebrauchtwagen) in den USA billiger sind. Für den Kauf und Verkauf eines Fahrzeuges sollten Sie jeweils eine Woche einplanen. In den größeren Buchhandlungen gibt es aktuelle Bücher, die die Marktpreise von Gebrauchtwagen auflisten. Da sollten Sie unbedingt reinschauen.

Kfz-Steuern sind **günstiger** als bei uns, aber leider ist es schwieriger und deutlich teurer, eine Versicherung in den USA abzuschließen, wenn Sie keinen amerikanischen Führerschein besitzen. Alternativ können Sie sich eine Blankoversicherung in Deutschland ausstellen lassen, in die Sie nach dem Kauf alle zusätzlich notwendigen Daten eintragen. Denken Sie daran, alle in Frage kommenden Fahrer mit in die Versicherungspolice aufnehmen zu lassen. Informationen zu Versicherungen in Deutschland erteilen Ihnen:
American International Underwriters – Nowag Versicherungen, Platanenring 15, 63110 Rodgau, ☎ 06106/16960, 🖹 06106/13520, E-mail: nowag@t-online.de
TourInsure GmbH, Herrengraben 5, 20459 Hamburg, ☎ 040/25172150, 🖹 040/ 25172121, www.tourinsure.de.

Beim Kauf eines Fahrzeuges sollten Sie nicht zu sehr sparen und versuchen ein Fahrzeug zu bekommen, das nicht älter als fünf Jahre und nicht mehr als 70.000 Meilen gefahren ist. Denn obwohl es in den USA mit Sicherheit genügend Werkstätten gibt, „pflegen" die Amerikaner ihre Fahrzeuge nicht so, wie wir es meist von Europa gewohnt sind. Prüfen Sie Ihr Wunschfahrzeug also vorher genau, und achten Sie dabei auch auf Dinge wie Reifenabnutzung, Bremsbelagstärke und auf die Kupplung. Auch wenn es etwas teurer wird, empfiehlt es sich, ein Fahrzeug bei einem **Händler** zu kaufen. Hier ist die Chance auf ein besseres Auto größer, und Sie haben in der Regel auch ein Rückgaberecht während der ersten Tage. Ein Händler kann Ihnen außerdem einigen Papierkram abnehmen, z. B. die Anmeldung und die Beschaffung der Nummernschilder. Übrigens, handeln ist auch bei den Händlern üblich!

Eine weitere Kaufvariante ist, sich an eine europäische Firma zu wenden, die sich mit dem Kauf und Versichern von Fahrzeugen auskennt. Für den Autokauf käme dabei die Firma **Transatlantic RV**, www.transatlantic-rv.com, in Frage, die sich vorwiegend auf den Verkauf und Rückkauf von Campern, Wohnmobilen und Kombis („Stationwagon") spezialisiert hat. Es werden aber auch normale Kraftfahrzeuge und Motorräder angeboten. Die Fahrzeugausgabe und Abgabe ist allerdings nur in der Nähe von New York, in Los Angeles oder Vancouver/Ka-

nada möglich. Die Firma kauft (Leasing auch möglich) das Fahrzeug nach Ihrer Reise wieder zurück, Versicherungsangelegenheiten und andere Formalitäten werden übernommen, inkl. Garantie. Natürlich ist dieser Kauf teurer, als wenn Sie das selbst in die Hand nehmen würden, aber dafür haben Sie auch eine gewisse Garantie und nicht die Laufereien.
Agentur Deutschland: Ruth Franke, Rossinistraße 11, D-49565 Bramsche, ☎ 05461/6 20 60, 📠 05461/64834
Agentur Schweiz: Paul Müller, Lee C3, CH-9658 Wildhaus, Schweiz, ☎ 071/999 3038, 📠 071/999 9066.

Was benötigen Sie für den Autokauf und danach?

▸ **Title Card**: Diese weist Sie als Fahrzeughalter aus. Man erhält dieses Dokument unter Vorlage des Kaufvertrages beim staatlichen „Department of Motor Vehicle" (*DMV*). Die Ausstellung dauert einige Wochen, so dass Sie sich die Card an eine verlässliche Stelle nachschicken lassen müssen (das kann ein Hotel oder auch der Händler sein, bei dem Sie das Fahrzeug wieder verkaufen wollen). Aber die Adresse muss in den USA sein! Ohne diese Card können Sie das Fahrzeug nicht wiederverkaufen!

▸ die **Nummernschilder** (*license plates*) erhalten Sie sofort nach Vorlage der Versicherungspolice.

▸ die **Entrichtung der Steuern** in o.g. staatlicher Behörde, dem *DMV*.

▸ Abschluss einer **Versicherung** (teuer und schwierig für alle, die keinen amerikanischen Führerschein besitzen).

▸ ein **Abgas-** und **Fahrtüchtigkeitstest** des Wagens muss häufig beim Besitzerwechsel vorgenommen werden. Man erhält dann das „State Test Certificate" (variiert von Bundesstaat zu Bundesstaat).

Automobilclub

Der größte amerikanische Automobilclub heißt „**American Automobile Association**" (abgekürzt „AAA" oder gesprochen „Triple A"). Im Falle einer Panne hilft er ausländischen Touristen dann kostenlos, wenn Sie Mitglied in einem assoziierten heimischen Automobilclub (z. B. ADAC) sind.

Über die gebührenfreie Telefonnummer 1-888-222-1373 erhalten Sie in **deutscher Sprache** Hinweise auf die nächste *AAA*-Pannenhilfe (englisch: 1-800-222-4357). Informationen über die nächstgelegenen Niederlassungen gibt es unter 1-800-654-6226 oder (für Mitglieder) unter www.aaa.com. Auf dieser Webseite finden Sie unten dem Button „AAA Locations". Auf der folgenden Seite geben Sie dann die Postleitzahl (Zip Code) Ihres derzeitigen Standortes ein und die nächsten Filialen vom *AAA* werden Ihnen genannt.

Anschriften der Hauptniederlassungen oder Geschäftsstellen in der Reiseregion:
LOUISIANA
AAA Louisiana, 5454 Bluebonnet Rd., Suite M, Baton Rouge, LA 70809-2121, ☎ (225) 293-1200

MISSISSIPPI
AAA Mississippi, 900 E. County Line Rd., Ridgeland, MS 39157, ☎ (601) 957-8484. Dieser Ort liegt bei Jackson, MS.

ALABAMA
AAA Alabama, Birmingham Headquarters Office, 2400 Acton Road, Birmingham, AL 35243, ☎ (205) 978-7000

FLORIDA
AAA Auto Club South, AAA Tallahassee, 2910 Kerry Forest Pky D1, Tallahassee 32309, ☎ (850) 907-1000

GEORGIA
AAA Auto Club South, AAA Sandy Springs, 4540B Roswell Rd., Atlanta, GA 30342, ☎ (404) 843-4500
AAA Auto Club South, AAA Savannah, 712 Mall Blvd, Savannah, GA 31406, ☎ (912) 352-8222

NORTH & SOUTH CAROLINA
AAA Carolinas, Charlotte Branch, 6600 AAA Drive, Charlotte, NC 28212, ☎ (704) 569-3600
AAA Carolinas, Charleston Branch, 1975-K Magwood Rd, Charleston, SC 29414, ☎ (843) 766-2394

TENNESSEE
AAA East Tennessee, Headquarters Branch Office, 100 W. Fifth Avenue, Knoxville, TN 37917, ☎ (865) 637-1910

ARKANSAS
Automobile Club of Missouri (Zusammenschluss), 9116 Rodney Parham Rd., Little Rock, AR 72205, ☎ (501) 223-9222, 1-800-632-6808

Vor Ort erhalten Sie **Informationsmaterial** (Campingführer, Tourbooks, Motelverzeichnisse, Karten etc.) und weitere Auskünfte betreffs regionaler *AAA*-Stellen. Informationsmaterial wird aber nicht nach Europa verschickt. Bei allen größeren **ADAC-Stellen** in Deutschland erhalten Sie in der Touristikabteilung zusätzliches Informationsmaterial für Reisen in den USA.

Autoverleih

Das Reisen mit einem Mietwagen in den USA ist unbedingt den öffentlichen Verkehrsmitteln vorzuziehen, soweit es die finanziellen Mittel erlauben. Für Urlaube von einer Länge bis zu 6 Wochen ist es auch dem Autokauf vorzuziehen. Amerika ist ein Autofahrerland, und es ist kaum möglich, von Busstationen einen Weitertransport in die Nationalparks bzw. zu den einzelnen Sehenswürdigkeiten zu finden. Auch ist das städtische Nahverkehrssystem mit sehr wenigen Ausnahmen sehr rudimentär. Wohnen Sie z.B. in einem günstigen Vorstadthotel, haben Sie kaum eine Chance, mit einem öffentlichen Verkehrsmittel auf vernünftigem Wege zu einem touristischen Ziel zu gelangen. Sparen lohnt sich hier also kaum. Am Ende kommt es Sie ohne Auto ebenso teuer und/oder Sie müssen eine Reihe interessanter Punkte auslassen. Und schon ab zwei Personen kann es Ihnen passieren, dass Sie ein USA-Urlaub mit dem Bus oder der Bahn teurer kommt als mit einem Mietwagen.

Die erste Entscheidung, die Sie treffen müssen, ist, wo Sie ein Fahrzeug buchen. Wir empfehlen, es bereits in Deutschland in Verbindung mit Ihrem Flugticket zu mieten. Zum einen erhalten

Sie dabei in der Regel günstigere Tarife, da in Europa die Versicherungspauschale im Preis inbegriffen ist, zum anderen haben Sie bei Ihrer Ankunft keine Laufereien.

Als zweites müssen Sie entscheiden, welches Fahrzeug Sie mieten möchten. Ein Campmobil hat zwar den Vorteil der Unabhängigkeit, ist aber unter dem Strich um einiges teurer als ein Mittelklassewagen inkl. günstiger Hotelübernachtungen. Vor allen Dingen ist die Miete des Campers um ein wesentliches höher, aber ein Campmobil verbraucht auch mit Sicherheit das Doppelte an Kraftstoff. Außerdem dürfen Sie nicht „wild" campieren, und die Campingplätze mit den nötigen Anschlüssen für ein solches Fahrzeug sind auch nicht ganz billig (US$ 15–40 pro Nacht).

Wer nicht zu tief in die Tasche greifen möchte und zu zweit unterwegs ist, sollte sich für ein Fahrzeug der beiden unteren Klassen (**Economy**, **Subcompact**, **Compact**) entscheiden. Hierbei handelt es sich um Fahrzeuge in der Größenordnung eines VW-Golfs, oft aber ohne eigenen Kofferraum. Wer es etwas komfortabler möchte, kann sich ein Fahrzeug der Klasse **Intermediate** mieten. Diese haben alle einen separaten Kofferraum, Klimaanlage und einige andere nützliche Ausstattungen und entsprechen in Größe und Ausstattung etwa einem BMW (3-er Reihe) oder Passat. Diese Fahrzeugklasse ist meistens die beste Alternative, berücksichtigt man das Preis-Leistungs-Verhältnis. Wer noch mehr Platz braucht, weil er mit Kindern reist, sollte sich für eine Limousine (**Full-Size-Car**) oder am besten einen **Stationwagon** (Kombi) entscheiden. Am teuersten schließlich sind die Kleinbusse (Mini-Van), die für eine große Familie am besten geeignet sind.

Die Preise für alle Mietwagen variieren je nach Reisezeit, Ort der Anmietung und eventueller Extraleistungen (z. B. ein anderer Abgabeort). Mit etwas Glück erhalten Sie Fahrzeuge auch günstiger zu sogenannten Holidaytarifen. Übrigens sind die Mietpreise in Florida oft niedriger als in den meisten anderen Staaten.

Die dritte Frage ist, bei welcher Firma Sie am besten mieten. In den USA sind neben den uns bekannten Verleihfirmen (**Hertz**, **Avis**, **Budget**) noch einige andere überregionale Firmen vertreten (z. B. **Alamo**, **Dollar**, **National**). Alle diese Firmen sind den etwas günstigeren lokalen Anbietern allemal vorzuziehen, da sie dafür sorgen, dass Sie im Falle einer Panne überall einen Ersatzwagen gestellt bekommen. Wer nur im Umkreis einer Stadt reisen möchte, kann sich anhand der Gelben Seiten (*Yellow Pages*) im Telefonbuch über andere Verleihfirmen erkundigen. Wer noch mehr Geld sparen möchte, kann sich ein „Wrack" leihen. Die Firmen bezeichnen sich als „Rent-A-Wreck". Doch die Autos sind keine Wracks, sie haben meist nur schon mehr Kilometer gefahren, und es handelt sich oft um weniger attraktive Modelle. Dafür sind diese Fahrzeuge aber um einiges billiger.

Frage vier: Wo fahre ich hin, und wo gebe ich das Fahrzeug wieder ab? Bei der Anmiete müssen Sie unbedingt mit angeben, in welche Staaten Sie reisen werden (erwähnen Sie diesen Punkt bei der Abholung) und ob Sie z. B. nach Mexiko einreisen möchten. Häufig bekommen Sie dafür eine entsprechende Versicherungsklassifikation und müssen dafür eine Zusatzversicherung abschließen. Außerdem ist wichtig, ob Sie das Fahrzeug im selben Staat und am selben Ort wieder abgeben werden. Anders als in Europa werden die Fahrzeuge wieder zu ihrem Ursprungsstandort zurückgebracht, und das verursacht zusätzliche Kosten, die der Fahrzeugmieter tragen muss. Erkundigen Sie sich besser bei der Anmietung über diese Extrakosten.

Fünfte Frage: Welche Versicherung(en) sollten oder möchten Sie abschließen?

▶ MIETWAGEN-VERSICHERUNGEN

Oft herrscht Verwirrung über zusätzliche Gebühren für Mietwagen, zumeist besondere Versicherungsleistungen, die nicht immer im Mietpreis enthalten sind. Diese Zusatzversicherungen werden Ihnen i.d.R. erst am Schalter der Mietwagenfirma angeboten, und dann steht man fassungslos vor dem Angebot und weiß nicht, was die einzelnen Abkürzungen beinhalten und ob sie für einen sinnvoll sind.

Im Folgenden sind die gängigen Abkürzungen, Versicherungen und Steuern aufgeführt.

CDW (*Collision Damage Waiver*) und *LDW* (*Loss Damage Waiver*): Vollkasko mit Haftungsbefreiung für Schäden am Mietwagen, auch bei Diebstahl. Abschluss dringend empfohlen und zumeist Pflicht.

ALI (*Additional Liability Insurance*): Die pauschale Erhöhung der Haftpflicht-Deckungssumme, meist auf einen siebenstelligen Betrag, ist ebenfalls sinnvoll.

LIS (*Liability Insurance Supplement*): Analog zu ALI mit zusätzlichem Schutz für Personenschäden bei unterversicherten Unfallgegnern.

UMP (*Uninsured Motorist Protection*): Zusatzversicherung bei Unfall, Verletzung oder Tod durch unterversicherte und/oder unfallflüchtige Unfallgegner.

PAI (*Personal Accident Insurance*): Insassenversicherung bei Verletzung oder Tod.

PEP (*Personal Effects Protection*), **PEC** (*Personal Effects Coverage*): Gepäckversicherung. Die Höchstsumme ist für das gesamtes Fahrzeug begrenzt, also nachfragen! Nur im Zusammenhang mit PAI buchbar. Alle Schäden unterliegen i.d.R. aber einer Selbstbeteiligung.

PERSPRO/CCP (*Carefree Personal Protection*): Personen- und Gepäckversicherung, nur USA. Schutz für Mieter und Mitfahrende sowie beim Ein- und Aussteigen. Zudem Deckung für einige Notfalldienste. Lohnt i.d.R. nicht, da o.g. Versicherungen bzw. die zu Hause abgeschlossene Auslandskranken- u. Gepäckversicherungen diese Fälle abdecken.

VFL (*Vehicle License Fee*): Obligatorische Zusatzgebühr für Mietwagen, die in Kalifornien übernommen werden. Deutsche Veranstalter versprechen aber, diese Gebühr im Mietpreis bereits mit einzuschließen.

▸ Grundsätzlich

Folgende Versicherungen sollten Sie abschließen, falls diese nicht schon im Mietpreis inbegriffen sind: CDW/LDW, ALI (bzw. LIS) und PAI. Wichtig ist, dass Sie sich bereits in Europa beim Reisebüro darüber erkundigen, welche Versicherungen bereits in der Anmieten enthalten sind und ob eine Zusatzversicherung überhaupt nötig ist. Leicht versichert man sich doppelt. Außerdem beinhalten viele Kreditkarten bereits einige Versicherungen für Mietwagen, i.d.R. müssen Sie den Wagen dann aber mit dieser Kreditkarte auch bezahlen.

▸ Worauf sollten Sie noch achten?

Ohne gängige **Kreditkarte** (Mastercard, Visa, American Express, Diners) erhalten Sie kein Fahrzeug.

In vielen Staaten können Sie kein Auto mieten, wenn Sie nicht **mindestens 25 Jahre** alt sind. Für Fahrer unter 25 wird häufig noch ein Zuschlag berechnet. Bei der Buchung unbedingt das Alter des Mieters angeben und bei der Abholung des Fahrzeugs die Führerscheine aller möglichen Fahrer vorlegen.

Geben Sie das Auto nur mit **vollem Tank** wieder ab, ansonsten berechnet Ihnen die Mietwagenfirma fürs Auffüllen einen deutlich höheren Benzinpreis. Mittlerweile werden Ihnen

auch schon Fahrzeuge vermietet, bei denen der Tankinhalt im Preis inbegriffen ist. Achten Sie darauf, sonst tanken Sie evtl. „umsonst" kurz vor Abgabe voll.
Wenn Sie vor Ort mieten, achten Sie auf **Sondertarife**, wie z. B. Wochenendrabatte.

▸Wie bekomme ich mein Mietfahrzeug?
Anders als in Europa haben die Mietwagenfirmen ihre Fahrzeuge nicht direkt am Flughafengebäude. Dafür hat jede größere Firma einen Shuttleservice mit einem Bus eingerichtet, der Sie vom Ankunftsgebäude kostenlos zum nahen Depot bringt und am Ende der Reise vom Depot zur Abflughalle zurückfährt.

Die wichtigsten Autovermieter sind (zentrale Reservierungen und oder Informationen – gebührenfreie **Telefonnummern** innerhalb der USA, außer Alaska und Hawaii):
Alamo Rent-A-Car: ☏ 1-800-327-9633 (auch Kanada), www.goalamo.com
Avis-Reservations Center: ☏ 1-800-831-1212 (auch Kanada), www.avis.com
Budget-Rent-A-Car: ☏ 1-800-527-0700 (auch Kanada), www.budgetrentacar.com
Dollar-Rent-A-Car: ☏ 1-800-800-4000 (auch Kanada), www.dollar.com
Hertz Car Rental: ☏ 1-800-654-3131, www.hertz.com
National Car Rental: ☏ 1-800-227-7368 (auch Kanada), www.nationalcar.com
Thrifty Rent-A-Car: ☏ 1-800-367-2277 (auch Kanada), www.thrifty.com
Rent-A-Wreck: ☏ 1-800-944-7501, www.rent-a-wreck.com

▸Automatikgetriebe
Mietwagen in den USA haben fast alle ein Automatikgetriebe. Ein Automatikgetriebe hat nur drei Vorwärtsgänge. Die Gänge:

P   Parken. Das Getriebe ist geblockt. Nur in diesem Gang startet der Wagen und nur dann können Sie den Zündschlüssel abziehen!
N   Neutral. Leerlauf
R   Reverse. Rückwärtsgang
D   Drive. In diesem Gang fahren Sie auf normalen Straßen und in der Ebene. Beim Beschleunigen müssen Sie schnell das Gaspedal ganz heruntertreten und das Getriebe schaltet automatisch in den nächstunteren Gang.
2   Der 2. Gang. In diesen müssen Sie bei mittleren Steigungen schalten. Auch bei abschüssigen Strecken sollten Sie zur Schonung der Bremsen (könnten heiß laufen) diesen Gang wählen.
1   Der 1. Gang für steile Streckenabschnitte.

B) Banken

Normalerweise sind Banken von 9 bis 14, manchmal 15 Uhr geöffnet, selten nachmittags bis 16 Uhr. Sonnabends sind nur größere Banken in Städten geöffnet und auch sonst gelten längere Öffnungszeiten nur in den Großstädten. Beachten Sie, dass die meisten Banken, besonders in ländlichen Regionen, kein Bargeld wechseln. Dafür gibt es in den größeren Städten Wechselstuben. Sie können sich aber in jeder Bank problemlos mit einer (gängigen) Kreditkarte Geld auszahlen lassen. Fragen Sie aber vorher nach den Gebühren und haben Sie Ihren Reisepass dabei. Die einfachste Variante ist das Abheben von Bargeld per BankCard und PIN-Nummer am Geldautomaten. Die BankCard muss das blau-rote Maestro-Zeichen aufweisen und wird an jeder ATM (*Automated Teller Machine*) mit dem Maestro-Zeichen akzeptiert. Aber auch hier entstehen meistens Gebühren, die je nach Bank variieren.

Behinderte

In den gesamten USA gibt es besondere Einrichtungen für Behinderte (**disabled persons**): Rollstühle an den Flughäfen, extra ausgewiesene Parkplätze, Toiletten, Auffahrrampen zu Gebäuden, Telefonzellen etc. Weil es umfangreiche Gesetze für den Schutz und die Eingliederung von Menschen mit Behinderungen gibt, kann man wirklich sagen, dass hier bereits mehr unternommen worden ist als in Europa. Und überall tritt man den Behinderten freundlich und hilfsbereit gegenüber.

Benzin

Es gibt in den USA drei Sorten Benzin, die in verschiedenen Staaten und Tankstellen unterschiedliche Bezeichnungen haben, sich aber nur in der Oktanzahl unterscheiden. Meist ist von „**Regular**" (= Normal), „**Premium**" (= Super) und „**Ultra**" die Rede. Alle Sorten sind bleifrei. Diesel (Gasoil) hat sich in den USA noch nicht so richtig durchgesetzt und wird nicht an allen Tankstellen angeboten. Das Handbuch zum Auto wird Hinweise auf das angeratene Benzin geben. Bezahlen können Sie in bar (häufig günstiger), mit Kreditkarte oder bisweilen auch mit Reisescheck (vorher erfragen).

Große Tankstellen bieten sowohl Selbstbedienung, als auch Service (*Full Service*) an, wobei der Service meist extra kostet. Achten Sie also darauf, an welche Säule Sie fahren. Bei der Selbstbedienungssäule („Self Service") müssen Sie häufig vor dem Tanken die gewünschte Zahlungsart wählen. Abends wird an vielen Tankstellen aus Sicherheitsgründen nur die Kreditkarte akzeptiert bzw. Sie müssen vor dem Tanken zahlen oder Geld hinterlegen. Da die Benzinpreise sehr variieren können, sollten Sie vor allem Preise vergleichen.

Botschaften und Konsulate

 Hinweis

Informationen zu den US-Botschaften finden Sie unter www.usembassy.gov

▸ Amerikanische Botschaften und Konsulate/Konsularabteilungen

in DEUTSCHLAND
Amerikanische Botschaft: Pariser Platz 2, 10117 Berlin, ☏ (030) 238 5174 und (030) 238 3050, 🖷 (030) 238 6290. Konsularabteilung: Clayallee 170, 14195 Berlin, www.germany.usembassy.gov. Aktuelle Visainformationen erhalten Sie unter der kostenpflichtigen Telefonnummer 0900-1 85 00 55 (teuer!) und unter www.germany. usembassy.gov.
Generalkonsulat Hamburg, Alsterufer 27/28, 20354 Hamburg, ☏ (040) 411 71 100, 🖷 (040) 41 32 79 33.
Generalkonsulat Frankfurt, Gießener Str. 30, 60435 Frankfurt am Main, ☏ (069) 7535-0, 🖷 (069) 7535-2277
Generalkonsulat Düsseldorf, Willi-Becker-Allee 10, 40227 Düsseldorf, ☏ (0211) 788 – 8927, 🖷 (0211) 788 - 8938.

Generalkonsulat Leipzig, Wilhelm-Seyfferth-Straße 4, 04107 Leipzig, ☎ (0341) 213-84-0.
Generalkonsulat München, Königinstraße 5, 80539 München, ☎ (089) 2888-0, 🖷 (089) 280-9998

in ÖSTERREICH
Amerikanische Botschaft: Boltzmanngasse 16, 1090 Wien, ☎ (01) 31339-0, 🖷 (01) 3100682, www.usembassy.at. Konsularabteilung: Parkring 12A, 1010 Wien, 🖷 (01) 512-5835.

in der SCHWEIZ
Amerikanische Botschaft: Sulgeneckstr. 19, 3007 Bern, ☎ (031) 357-7011, 🖷 031/357-7344, www.bern.usembassy.gov.
Konsularagentur: America Center, Rue Versonnex 7, 1207 Genf; ☎ (022) 840 51 60, 🖷 (022) 840-5162.
Konsularagentur: Dufourstraße 101, 8008 Zürich; ☎ (043) 499 29 60, 🖷 (043) 499 29 61

‣ Ausländische Botschaften in den USA

 Hinweis

Informationen zu deutschen, österreichischen und schweizerischen Botschaften und Konsulaten im Ausland finden Sie unter www.auswaertiges-amt.de, www.bmaa.gv.at und www.eda.admin.ch.

für DEUTSCHLAND
Embassy of the Federal Republic of Germany: 4645 Reservoir Rd., N.W., Washington D.C. 20007-1998, ☎ (202) 298-4000, 🖷 (202) 298-4249, www.germany.info.
Atlanta: *Consulate General,* Marquis Two Tower, Suite 901, 285 Peachtree Center Ave., N.E., Atlanta, GA 30303-1221, ☎ (404) 659-4760/61/62, 🖷 (404) 577-2719, www.atlanta.diplo.de.
Miami: *Consulate General,* 100 N. Biscayne Blvd., Miami, FL 33132, ☎ (305) 358-0290, 🖷 (305) 358-0307, www.miami.diplo.de
Birmingham (Honorarkonsulat): *Honorary Consulate,* c/o Alabama Germany Partnership, 500 Beacon Parkway West, Birmingham, AL 35209, ☎ (205) 943-4772, 🖷 (205) 943-4780.
Charlotte (Honorarkonsulat): *Honorary Consulate,* Carolinas International Connection, 3808 Pomfret Lane, Charlotte, NC 28211, ☎ (704) 377-0362, 🖷 (704) 423-8142.
Jackson (Honorarkonsulat): *Honorary Consulate,* c/o AmSouth Bank, 49 Eastbrooke Street, Jackson, MS 39216, ☎ (601) 354-8283, 🖷 (601) 354-8192.
Nashville (Honorarkonsulat): *Honorary Consulate,* Sun Trust Building, 201 Fourth Avenue North, Suite 1420, Nashville, TN 37219, ☎ (615) 251-5447, 44, 🖷 (615) 251-5453.
New Orleans (Honorarkonsulat): *Honorary Consulate,* c/o Leake. Anderson & Mann, 1100 Poydras Street, Energy Center, Suite 1700, New Orleans, LA 70163-1701, ☎ (504) 585-7500, 🖷 (504) 585-7775.

für die SCHWEIZ
Swiss Embassy: 2900 Cathedral Ave., N.W., Washington D.C. 20008, ☎ (202) 745-7900, 🖷 (202) 387 2564, www.swissemb.org.
Atlanta: *Swiss Consulate General,* 349 W Peachtree Street NW, Suite 1000, Atlanta, GA 30309, ☎ (404) 870-2000, 🖷 (404) 870-2011.

Charlotte: *Consulate*, 2208 Houston Branch Road, Charlotte, NC 28270, ☏ (704) 292-1237, 📠 (704) 292-1137.
Miami: *Consulate*, The Four Ambassadors, 825 Brickell Bay Drive, Suite 1450, Miami, FL 33131, ☏ (305) 377-6700, 📠 (305) 377-9936.

für ÖSTERREICH
Austrian Embassy: 3524 International Court N.W., Washington D.C. 20008, ☏ (202) 895 6700, 📠 (202) 895-6750, www.bmaa.gv.at.
Konsularabteilung: 3524 International Court N.W., Washington D.C. 20008, ☏ (202) 895-6720, 6743, 📠 (202) 895-6773, www.austria.org.
Atlanta (Honorarkonsulat): *Honorary Consulate*, 4200 Northside Parkway, NW, Building 1, Suite 300, Atlanta, GA 30327, ☏ (404) 264-9858, 📠 (404) 266-3864
New Orleans (Honorarkonsulat): *Honorary Consulate*, 7557 Magazine St., New Orleans, LA 70130, ☏ (504) 581-5141, 📠 (504) 566-1201.

 Hinweis

Honorarkonsulate habe in den meisten Fällen keine Passbefugnis!

Busse

Während die innerstädtischen Bussysteme oft zu wünschen übrig lassen und einem selten von Nutzen sind (es gibt nur ein dünnes Streckennetz, und die Busse verkehren häufig nur zu den Spitzenzeiten), ist das überregionale Bussystem gut ausgebaut. Es berührt alle Städte der USA und die meisten Orte. Es bietet eine Alternative zum Fliegen, außer vielleicht, wenn Sie Sonderangebote der Airlines nutzen. Es ist gut geeignet, um eine Strecke von einer Großstadt zur nächsten zurückzulegen, aber nicht, um touristische Sehenswürdigkeiten „abzuklappern", besonders nicht in Flächenregionen. Steigt man einmal irgendwo in einem kleinen Nest aus, wo es vielleicht etwas für ein paar Stunden anzusehen gibt, kommt der nächste Bus häufig erst am nächsten Tag. In den großen Städten wiederum liegen die Busterminals nicht unbedingt in der Nähe der gewünschten Unterkunft, und man muss dann versuchen, z.B. per Taxi dorthin zu kommen. Die Busse sind alle klimatisiert und haben ein WC an Bord, Verpflegung gibt es aber nur an den Haltestellen. Je nach Distanz werden mehrere, auch längere Pausen eingelegt, meist an einem Fast-Food-Restaurant. Das Fotografieren aus dem Busfenster ist kaum möglich, da die Scheiben gegen die Sonne stark gefärbt sind.

Größter Anbieter von Busreisen ist GREYHOUND. Das Busunternehmen bietet u.a. auch günstige Langzeittickets und Reisepakete an. Unter www.greyhound.com sind Informationen über Strecken, Preise und aktuelle Angebote erhältlich und es können auch Tickets online gebucht werden.

Camper

Das Reisen mit einem Campmobil ist in Amerika sehr populär. Eine rechtzeitige Buchung, die bereits in Europa stattfinden sollte, ist also essentiell. Dabei sind Vor- und Nachteile zu beachten:

Vorteile
▸ Größere **Unabhängigkeit** bezüglich Zeiteinteilung, Verpflegung und Pausen.
▸ Mehr **Stauraum** für Ihr Gepäck.
▸ Es müssen **nicht** jeden Tag die Koffer **gepackt** und **geschleppt** werden.

Nachteile
▸ Das Reisen ist **teurer** als mit einem Mietwagen inkl. Hotelübernachtungen, da Sie höhere Kosten für Benzin und Anmietung haben. Außerdem kommen hinzu die Kosten für die nicht immer ganz billigen Campingplätze, sowie die Grundausstattung für den Abwasch und das Saubermachen.
▸ Sie reisen **langsamer** und haben oft Parkplatzprobleme im Stadtbereich. Zudem ist das Fahren mit einem großen Camper nicht immer einfach.
▸ Die Pflege (saubermachen, Wassertanks auffüllen, Abwasser ablassen etc.) ist sehr **zeitaufwändig**.

Die Nachteile scheinen nunmehr zu überwiegen, aber vergessen Sie nicht, dass man beide Arten des Reisens nicht miteinander vergleichen kann. Es liegt ganz bei Ihnen, zu entscheiden, welche Vor- und Nachteile für Sie überwiegen. Ein Campmobil sollten Sie, wie einen Mietwagen, auch bereits zu Hause buchen. Es ist schon vorgekommen, dass billige Verleihfirmen während der Reise dichtgemacht haben, und damit können Sie Ihre Anzahlung abschreiben. Die in Europa vertretenen Anbieter sind aber verlässlich. Renommierte Anbieter holen Sie zudem bereits am Flughafen ab.

Bei der Abholung eines Campmobils ist Folgendes zu beachten
▸ Nicht alle Vermieter bringen Sie vom Flughafen zum Standort des Fahrzeugs (meist im Vorstadtbereich). Zudem sind Campmobilvermieterfirmen nur zu den normalen Zeiten geöffnet (Mo–Sa: 9–17 Uhr, So: geschlossen). Eventuell müssen Sie sich für die erste Nacht ein Hotelzimmer nehmen.
▸ Die Fahrzeuge werden oft erst ab 13 Uhr ausgehändigt. Fragen Sie also vorher nach der Abholzeit.
▸ Kontrollieren Sie das gesamte Fahrzeug, und machen Sie auf alle Schäden, so klein sie auch sein mögen, aufmerksam. Das gilt auch für verschmutzte Partien.
▸ Lassen Sie sich alles am Fahrzeug genau erklären, besonders, wie die Tanks gereinigt und entleert werden.
▸ Besorgen Sie sich einen Campingführer, der auf Versorgungsanlagen für Campmobile hinweist (zur Wasserentsorgung, Strom etc.).
▸ Bei der Übernahme müssen Sie ein Ausrüstungspaket (**convenience kit**), das Geschirr und Kochutensilien beinhaltet, und für die Grundreinigung und Kochgasfüllung bezahlen. Zudem ist eine relativ hohe Kaution zu hinterlegen (meist per Kreditkarte).

Folgende Camper-/Motorhome-Typen werden angeboten:
▸ **Van Conversion**: größer als der VW-Camper aber und stärker motorisiert.
▸ **Pick-up-Camper**: 8–10 ft lang. Das Wohnteil ist auf die Ladefläche eines Kleinlastwagens aufgebaut.
▸ **Mini-Motorhomes**: ca. 17 ft lang, Stehhöhe 1,80–1,90 m, Durchgang zur Fahrerkabine, Verbrauch ca. 15–20 l/100 km
▸ **Motorhome**: 19–21 ft lang, komfortabel ausgestattet mit Dusche, Toilette, Waschraum. Starker Motor aber hoher Benzinverbrauch.
▸ **Full-Size Motorhome**: 23–40 ft lang, riesiges Gefährt mit allem Komfort ausgestattet (Toilette, Waschraum, Dusche, Backofen etc.) aber sehr hoher Benzinverbrauch.

▸ Und auch das sollten Sie beachten

Die Preisgestaltung der verschiedenen Anbieter variiert stark. Vergleichen Sie also und machen Sie sich vorher einen Plan, wie viele Kilometer/Meilen Sie voraussichtlich fahren werden. Unterschätzen Sie die Entfernungen nicht und die oft vergessenen Zusatzkilometer für Umwege, Stadtrundfahrten etc. Eventuell ist ein **Komplettpaket** (Miete *plus* frei Kilometer *plus* Teilkasko) um einiges billiger als die einzeln abgerechneten Posten.

Die Camper müssen meist bis 11 Uhr abgegeben werden. Verspätete Abgaben schlagen ordentlich zu Buche und werden oft pro Stunde berechnet.

Camping

Campen ist in den USA ein Volkssport. Dementsprechend gibt es unzählige Campingplätze, die aber in der Saison teilweise recht voll sein können. Dafür sind die meisten sehr großzügig angelegt, so dass das „Sardinengefühl" europäischer Anlagen nicht aufkommt.

Neben einer Reihe von kommunalen und staatlichen (in den National- und State Parks) Campingplätzen gibt es vor allem viele private Plätze, die zu einem großen Teil an Franchise-Ketten angeschlossen sind. Der größte Anbieter ist **KOA (Kampgrounds of America)**, www.koa.com (auch auf Deutsch für „international guests"). Auf Anfrage erhalten Sie von KOA eine Informationsbroschüre in deutscher Sprache. Es empfiehlt sich, den von KOA herausgegebenen **Campingführer erst in den USA kaufen**, da dieser sehr schwergewichtig ist. Sie erhalten ihn aber auch in ausgesuchten europäischen Reisebuchgeschäften (wesentlich teurer als in den USA).

Um Fluggepäck einzusparen, raten wir Ihnen auch, die Campingausrüstung in den USA zu kaufen, zumal Campingequipment dort eher billiger ist. Besonders günstig ist es in den so genannten Outlet-Malls, in denen Hersteller ihre Ware direkt anbieten. An vielen Campingplätzen erhalten Sie u.a. auch einen Zeltsack, eine einfache Zeltart, was Ihnen manche Sucherei erspart, aber nicht ganz so komfortabel ist.

 Tipp

Die Campingplätze in den State und National Parks sind in der Regel die besten und zugleich günstigsten. Sie füllen sich allerdings auch schnell und es gilt „first come – first served". Daher sollten Sie rechtzeitig dort einchecken (manchmal heißt das sogar morgens!). Die kommunalen Plätze schwanken in Qualität und dienen häufig auch als Wohnstätten für die Wanderarbeiter. Die Franchiseketten-Plätze sind meist in Ordnung, wenn auch häufig etwas enger.

Eigenheiten der Gesellschaft E

Im Laufe der über 200-jährigen Geschichte der USA haben sich so einige Eigenarten der Gesellschaft herauskristallisiert, die sich von der mitteleuropäischen Kultur unterscheiden. Die amerikanische Lebensweise gilt in vielem als fortschrittlich, ist aber auch in unzähligen Punkten konservativer als die mitteleuropäische. Grundgedanke der amerikanischen Lebensweise ist das Recht des Einzelnen.

Individualismus spielt in der Gesellschaft eine herausragende Rolle – soweit es ums **Geschäft** geht. Die Wurzeln hierfür findet man bei den ersten Siedlern, die ganz auf sich alleine gestellt überleben mussten, aber gegenseitig auf sich angewiesen waren. Damit war der Grundpfeiler für ausgeprägtes Konkurrenzdenken, aber auch Hilfsbereitschaft Fremden gegenüber gesetzt.

„Free enterprise" (freies Unternehmertum) bildete schon früh ein Schlagwort im Wirtschaftsleben. Daraus resultiert der amerikanische Gedanke, dass Fleiß immer belohnt wird (**„effort optimism"**). An dieser Haltung mag man kritisieren, dass sie zu einer Unterschätzung sozialer Probleme und einer Überschätzung alles Materiellen führt. Dennoch sollte man nicht den Fehler begehen, Vorurteile zu fällen. Folgende Beispiele mögen Ihnen den Umgang mit den Amerikanern erleichtern:

▶ BEGRÜßUNG

Nur selten schüttelt man die Hand bei der Begrüßung und wenn, dann nur bei der ersten Vorstellung, dann nie wieder. Schnell ist man „per Du" und nennt sich beim Vornamen. Doch sollte man dies nicht mit europäischen Maßstäben bewerten. Es ist eine Grundhaltung, hat aber mit persönlicher Sympathie und bewusster „Vertraulichkeit" nichts zu tun. Auch die Tatsache, dass beim ersten Gespräch über persönliche Dinge, wie z. B. Beruf und Familie geredet wird, hat keine weit reichenden Konsequenzen.

▶ DEMOKRATIE

Die Amerikaner bezeichnen ihr politisches System gerne als die beste Demokratie der Welt. Hierbei haben sie aber nur in einem Recht: jeder kann wählen. Doch im Gegensatz zu Europa beinhaltet dieses Staatssystem „nur" die Demokratie, von einem Sozialstaat ist es noch weit entfernt. Hier macht sich das individualistische Denken wieder bemerkbar. Kein Amerikaner möchte sich vom Staat vorschreiben lassen, wen er unterstützt. Anders als in Europa gibt es in den USA einen starken Hang zur „Basisdemokratie", so dass sich einzelne Gruppen bzw. Personen für die schwächeren einsetzen oder gegen eine „Ungerechtigkeit" angehen. Entsprechend sieht man immer wieder im Straßenbild protestierende Gruppen und unzählige Bürgerrechtsinitiativen.

▶ DIENSTLEISTUNG

Der **Dienstleistungssektor in den USA expandiert** in großem Stil. Immer wieder steht Ihnen jemand zur Verfügung, der Sie berät, Sie zu bestimmten Punkten hinbegleitet, Ihr Fahrzeug parkt, Ihre Koffer trägt oder Ihnen ausgiebigst ein Produkt erläutert.

▶ EINLADUNG

Bereits nach einer kürzeren Unterhaltung kann es vorkommen, dass Sie eingeladen werden zu einem Besuch und evtl. sogar zu einer Übernachtung. Leider ist dieses nicht immer so ernst gemeint, wie es klingt. Und wenn man die Einladung tatsächlich annimmt und vor der Tür steht, trifft man nicht selten auf ungläubige Gesichter. Vergewissern Sie sich lieber genau, ob die Einladung ernst gemeint ist und lehnen Sie gegebenenfalls dankend ab, oder entschuldigen Sie sich mit zeitlichen Problemen. Das nimmt Ihnen garantiert niemand übel.

▶ EINSTELLUNG ZU BESUCHERN

Die **Einstellung zum deutschen Besucher** ist durchgängig positiv. Jeder sechste Amerikaner (andere Statistiken behaupten sogar jeder fünfte) hat deutsche Vorfahren, viele bzw. deren Eltern waren während ihrer Militärzeit in Deutschland stationiert. Dem Deutschen werden Werte wie Fleiß, Tüchtigkeit, Disziplin und Wissensdrang zugesprochen. Man schwärmt von deutschen Autobahnen und Autos ... und von deutschem Bier.

Schweizer Staatsbürger erfreuen sich eines Bildes bei den Amerikanern als „Bewohner eines Musterstaates", in dem Fleiß und stete politische Unabhängigkeit zu einem bemerkenswerten „Puppenhaus" geführt haben, in dem es keinem schlecht geht. Schweizer sind zudem in Amerika dafür bekannt, dass sie niemandem etwas anhaben können. Die Einstellung mag so manchem Schweizer kitschig vorkommen, ist aber allemal als positiv zu vermerken.

Für die **Österreicher** dagegen ist es schwieriger. Sie werden bei den Amerikanern immer noch in die Welt des Kaiserreiches eingeordnet, wohnen in verschnörkelten Häusern aus dem vorletzten Jahrhundert, hören tagein, tagaus Walzer und verbringen ihre Freizeit im Caféstübchen des Hotel Sacher. Die ländliche Bevölkerung Österreichs wird in den Augen der Amerikaner eher als rückständig eingestuft, ist dafür aber gesegnet mit einer unverdorbenen Alpenlandschaft. Erst mit *Arnold Schwarzenegger* ist das moderne Österreich den Amerikanern ein wenig näher gebracht worden.

▶ FREUNDLICHKEIT
Wer das erste Mal nach Amerika kommt, wird über die stets präsente Freundlichkeit positiv erstaunt sein, sei es die Bedienung, der Busfahrer, die Angestellten an der Hotelrezeption. Dem netten Umgang miteinander mag nach einer Weile die Ernüchterung folgen, dass es sich dabei um einen Ausdruck der vielen Konformismen handelt, die Amerika und seine vielen Menschen funktionieren lassen. Oberflächlichkeit? Natürlich kann man die Grundhaltung hinterfragen und dazu sicherlich Antworten finden. Doch ob diese Einstellung nun als schlechter zu bewerten ist als beispielsweise die distanzierte Haltung anderer Kulturkreise, mag man nicht beurteilen. Sie ist Spiegel einer anderen Mentalität.

▶ MOBILITÄT
Ganz anders als bei uns wechseln die Amerikaner Wohnort, Arbeitsplatz und auch Arbeitsgebiet durchaus mehrmals im Leben. All fünf Jahre wechselt der Durchschnittsamerikaner seine Wohnung und der Bau eines soliden „ewigen" Eigenheims ist nur in den oberen Einkommensschichten üblich. Dementsprechend kurzlebig und billig erscheinen vielen Häuser. Einfache Container- oder Holzhäuser prägen das das Bild vieler Orte, besonders in den Staaten am Golf.
Fast einzigartig ist die Mobilität im Berufsleben. Rechtsanwälte jobben in ihrer Freizeit in Pubs, Verkäufer arbeiten nur kurz in ein und demselben Laden und viele Amerikaner entscheiden sich erst in späteren Lebensjahren, etwas ganz Neues zu beginnen.

▶ SUPERLATIVE
Durch das fast unüberschaubare Angebot an allem, was man konsumieren kann, ist jeder gezwungen, sein Produkt mit überschwänglichem Optimismus und schmückenden Worten anzupreisen. Kein Wunder also, dass sich hinter „The best Steaks in the West" häufig nur eine heruntergekommene Imbissbude verbirgt (was die Qualität des Steaks aber nicht mindern muss). Auch in Gesprächen werden Sie feststellen, dass mittelmäßige Attraktionen noch mit „how great" oder „marvellous" tituliert werden. Leider bilden die Touristenbüros da kaum eine Ausnahme.

▶ VERGNÜGUNGSPARKS

Vergnügungsparks vermitteln den Besuchern das Gefühl der **heilen Welt** – früher, heute und in Zukunft. Nur Spaß und Ablenkung werden akzeptiert, und wenn ein kritisches Thema angesprochen wird, dann wird es derart verzerrt und verharmlost, dass es keinen „erzieherischen" Effekt mehr hat.

▶ WELTBILD

Das **Weltbild der Amerikaner** ist sehr **zentriert** auf den **nordamerikanischen Kontinent**. Das politische Interesse, so lange es nicht ganz speziell das eigene betrifft, ist sehr eingeschränkt und daher informieren die Medien auch sehr oberflächlich, besonders was Auslandsthemen angeht. Bereits in der Schule wird das Ausland nur sekundär behandelt und auf die Aufarbeitung von speziellen Problematiken kaum Wert gelegt.

Einkaufen

Es gibt genügend Interessantes, das man aus den USA mitbringen kann. Hier nur ein paar Tipps, worauf Sie achten sollten:
Erkundigen Sie sich vorher beim deutschen **Zoll** (siehe auch unter Stichwort „Zoll"), was Sie einführen dürfen, besonders was Pelze und Lederwaren angeht. Schlangen- und Krokodilleder sind z.B. nicht erlaubt.

Verlockend sind die zum Teil **niedrigen Preise** bei Elektrogeräten. Denken Sie aber daran, dass die Geräte auf 110 V eingestellt sind. Ein Adapter, erhältlich in besser sortierten Elektrogeräteläden, kostet etwa US$ 40. Zu Hause müssen Sie dann nur noch den Stecker ändern. Ein Umpolen der Geräte durch einen deutschen Fachmann lohnt finanziell nicht!

Achtung beim Kauf von Autoradios! Sie sind gut und oft billiger, verfügen aber nicht über einen Verkehrsfunkdekoder! In bestimmten kleineren Läden – sie erscheinen wie ein Elektroramschladen – lässt sich bei dem Preis häufig handeln.

Lohnenswert ist teilweise noch der Kauf von Computern und Zubehör, Fotoapparaten und Videorekordern (häufig auch nur 110 Volt Akku-Ladegeräte). Zu bedenken ist, dass die Anleitungen, Programme etc. nur in englischer Sprache zur Verfügung stehen. Vergleichen Sie unbedingt vorher die Preise und achten Sie besonders auf Sonderangebote. Niemand in Amerika kauft zum normalen Ladenpreis.

Bedenken Sie, dass Sie in Deutschland meist **keine Garantie** auf in den USA erworbene Geräte haben oder dass es sehr umständlich und zeitaufwändig ist, diese Geräte reparieren zu lassen.

Schmuck, der als echte Silberarbeit verkauft wird, besteht häufig nur aus billigem Eisenmaterial und wird z.T. in Fernost und nicht mehr von den Indianern hergestellt. Um wirklich gute Ware zu bekommen, lohnt sich die Mehrausgabe und Fachberatung in den Juweliergeschäften.

Wirkliche Schnäppchen lassen sich in den sog. **Factory Outlet Malls** erzielen. Sie liegen meist zwischen zwei großen Städten bzw. weit außerhalb einer Stadt an einem Interstate oder einem viel frequentierten Highway. Die größten Betreiber solcher Malls sind *The Mills* (www.mill corp.com), *Tanger* (www.tangeroutlet.com), *VF* (www.vffo.com) und *Belz* (www.belz.com/fac tory). Hier gibt es jeweils zwischen 50 und 100 Geschäfte aller Arten, u.a. auch **Levis, Nike** und **Ralph Lauren**. In den Outlet Malls ist Kleidung besonders günstig (auf Mängel achten!).

Ein Tipp ist der sich immer weiter ausbreitende **Bass-Shop**, der sich von einem Angelaus-rüster zu einem Eldorado für Outdoorfreunde (Kleidung, Kanus, Zelte usw.) entwickelt hat.

 Hinweis

Unter www.outletonline.com lassen sich die auf der Reiseroute gelegenen Malls erkunden.

Einreise

Als Teil des Programms für visumfreies Reisen (Visa Waiver Program) gilt ab Januar 2009 für die Einreise in die USA das **Electronic System for Travel Authorization** (*ESTA*, https:// esta.cbp. dhs.gov). Deutsche, österreichische und schweizer Staatsangehörige, deren Aufent-halt im Rahmen eines Besuches ist und nicht 90 Tage überschreitet, benötigen eine Geneh-migung für die Einreise in die USA über das elektronische Reisegenehmigungssystem. Die Genehmigung für jeden Reisenden, auch allein- oder mitreisende Kinder, muss spätestens 72 Stunden von der Abreise beantragt werden. Dafür müssen sich Reisende über das web-ba-sierte ESTA einloggen und online einen Antrag mit ihren persönlichen Daten ausfüllen. Eine erteilte Genehmigung gilt bis zu zwei Jahren. Derzeit ist zudem eine Einreisegebühr von US$ 10 im Gespräch.

Sie müssen ein gültiges Rückflugticket besitzen und der maschinenlesbare bordeauxrote Rei-sepass muss noch mindestens für die Dauer der Reise gültig sein. Neu ausgestellte Reisepässe müssen den letzten Bestimmungen der elektronischen Lesbarkeit entsprechen. Kinder kön-nen nur mit einem Kinderreisepass (mit Foto) einreisen, wenn der vor Oktober 2006 aus-gestellt wurde und keine Verlängerung beantragt wurde. Achtung: Es ist ratsam auch für Kin-der unter 12 Jahren einen maschinenlesbaren Reisepass rechtzeitig zu beantragen. Ein Kin-derpass bzw. ein Eintrag bei den Eltern wird nicht akzeptiert!
Über Ihre endgültige Einreise und Aufenthaltsdauer wird allerdings erst bei Ankunft am Flug-hafen entschieden. Bei Ablehnung muss der Rückflug umgehend auf eigene Kosten erfolgen. Es gibt eine Reihe von Ablehnungsgründen, wie z.B. politisch unerwünschte Personen, ge-sundheitliche Gründe oder aber auch nur „unzureichende finanzielle Mittel". Der Reisepass jedes Reisenden wird bei der Einreise eingescannt. Außerdem wird ein digitaler Abdruck bei-der Zeigefinger gescannt und ein digitales Porträtfoto erstellt.

 Hinweis

Aufgrund der wechselnden Einreisebestimmungen in die USA sollten Sie sich die neuesten In-formationen über das Internet (http://germany.usembassy.gov, www.usembassy.aut, www.bern. usembassy.gov, www.auswaertiges-amt.de) einholen oder wenden Sie sich an das Konsulat oder Ihr Reisebüro.

Eisenbahn

Lange Jahre haben die Amerikaner ihre Eisenbahn „vergessen". Autos, Busse und Flugzeuge galten als die attraktiveren Verkehrsmittel. Doch nachdem sich die verschiedenen Eisenbahngesellschaften Anfang der 1970er-Jahre zur „AMTRAK" zusammengeschlossen haben, steigt die Zahl der Bahnreisenden wieder an. Neben den von AMTRAK betriebenen Langstreckenverbindungen gibt es in fast allen Regionen und Staaten separate lokale Bahnlinien.

Die AMTRAK (www.amtrak.com) bietet verschiedene Langstreckenverbindungen an und offeriert auch spezielle und regionale Angebote. Für europäische Touristen ist z.B. der U.S. Rail Pass interessant. Den U.S. Rail Pass gibt es für 15, 30 und 45 Tage und er kostet zwischen $ 390 und $ 750. Mit dem U.S. Rail Pass können Sie, mit bestimmten Einschränkungen, alle AMTRAK Züge nutzen. Er kann online oder bei einer internationalen Verkaufsstelle erworben werden. Eine Liste der internationalen Verkaufsstellen erhalten Sie über die AMTRAK-Homepage.

Zwei Verkaufsstellen in Deutschland sind:
CRD-International-Reisedienst: North America House, Fleethof, Stadthausbrücke 1-3, 20355 Hamburg, ☎ (040) 3006-160, 🖷 (040) 3006-1655, www.crd.de.
MESO Amerika – Kanada Reisen GmbH: Wilmersdorfer Str. 94, 10629 Berlin, ☎ (030) 212 1927, 🖷 (030) 212 3419, www.meso-berlin.de

▸ Hier sind einige spezielle Zugverbindungen im Reisegebiet

Carolinian and Piedmont	Charlotte, NC – New York City
City of New Orleans	Chicago – Memphis, TN – New Orleans, LA
Crescent	New York City – Atlanta, GA – New Orleans, LA
Silver Service	New York City – Savannah, GA – Tampa oder Miami
Sie können auf jeder Strecke auch aussteigen und in einen späteren Zug wieder einsteigen.	

F) Fahrrad fahren

Fahrrad fahren wird in den USA immer populärer, und so manch einer verbringt den gesamten Urlaub auf dem Sattel eines Drahtesels. Doch sollten lange Strecken nur von geübten Radlern zurückgelegt werden. Die Steigungen sind nicht zu unterschätzen.

Es gibt in den USA mittlerweile eine Reihe von Organisationen, Herstellern, Clubs und Vereinen zum Thema „biking", die jedoch meist als Lobbyisten für Fahrradfahrer und Fußgänger auftreten, Städte und Gemeinden beim Ausbau von Fahrradwegen beraten, oder lokale Veranstaltungen organisieren. Wer nur mal einen Tag herumfahren möchte, bekommt Fahrräder über spezielle Vermieter in fast jedem Ort oder auch mal in Hotels.

Gut sortiert und informiert zum Thema „Fahrrad fahren" sind zudem die lokalen sowie staatlichen **Touristenämter**, über die man **eigene Broschüren** mit Routenvorschlägen bekommt. Auch in den Nationalparks gibt es zahlreiche Radwanderwege.

Feiertage

Feiertage werden in den USA immer „gefeiert". D.h., wenn ein Feiertag auf ein Wochenende fällt, wird dieser am Montag „nachgeholt". Neben den folgenden gesetzlichen Feiertagen gibt es noch einige regionale Feiertage.

i Gesetzliche Feiertage

1. Januar	**New Year's Day** (Neujahr)
Dritter Montag im Januar	**Martin Luther King Day**
Dritter Montag im Februar	**President's Day** (es werden die Ge burtstage von *Lincoln* und *Washington* gefeiert)
Letzter Montag im Mai	**Memorial Day** (Heldengedenktag)
4. Juli	**Independence Day** (Unabhängigkeitstag)
Erster Montag im September	**Labor Day** (Tag der Arbeit)
Zweiter Montag im Oktober	**Columbus Day**
11. November	**Veteran's Day** (Soldatengedenktag)
Vierter Donnerstag im November	**Thanksgiving Day** (Erntedankfest)
25. Dezember	**Christmas Day** (Weihnachten)

Fotografieren

Speicherkarten und **Akkus** für Digitalkameras sind in Fotoläden, Elektronikshops und mittlerweile auch in Fotoabteilungen von Drugstores und Supermärkten zu bekommen. Dort gibt es häufig auch digitale Druckservices, photo kiosks. Mitgebrachte Ladegeräte müssen „reisetauglich" sein, d.h. der anderen Spannung angepasst werden können, zudem ist ein Adapter für die anderen Steckdosen nötig, gleiches gilt für ein evtl. mitgebrachtes Kartenlesegerät.

Kameras und **Zubehör** sind in den USA preiswerter als hierzulande, beim Kauf ist allerdings zu prüfen, ob die Garantie weltweit gilt und ob die Stromspannung von Netzgerät und sonstigem Zubehör passen bzw. angepasst werden können. Zum annoncierten Preis addiert werden muss meistens noch die Steuer, außerdem u. U. Zoll am deutschen Einreiseflughafen. In Louisiana bekommen Sie als Tourist die Steuer erstattet.

Hinweis

Diafilme sind in den USA nicht so gefragt, daher sehr teuer und meist nur in Fachgeschäften erhältlich.

Fremdenverkehrsamt

Statt eines amerikanischen Fremdenverkehrsamtes gibt es inzwischen nur noch das **Visit USA Committee**: Mainzer Landstr. 176, 60327 Frankfurt/Main, ☎ 0700-8474 8872, ≞ 0700-0101 2714, www.vusa-germany.de. Allgemeine Informationen finden Sie unter www.usa.de.

Hinweis

Die einzelnen Bundesstaaten verfügen an allen wesentlichen Einfallstraßen (Interstates und US-Highways) – meist kurz hinter der Bundesstaatgrenze – über gesonderte Besucher- oder Informationszentren (Visitor Center), die i.d.R. bis 17 Uhr geöffnet sind. Hier erhalten Sie Karten, individuelle Anregungen, haufenweise Prospektmaterial und auch Couponheftchen, mit denen Sie in einigen Hotels und Motels günstiger übernachten können.

Hinweise zu den einzelnen Staaten finden Sie außerdem bei den folgenden Adressen:

LOUISIANA
Louisiana Office of Tourism, P.O. Box 94291, Baton Rouge, LA 70804, ☎ (800) 652-8251, (225) 342-8100, ≜ (225)342-8390, www.louisianatravel.com, www.deep-south-usa.com.

MISSISSIPPI
Division of Tourism Development, P.O. Box: 849, Jackson, Mississippi 39205, ☎ (601) 359-3297, ≜ (601) 359-5757, Broschüren: (866) 733-6477, www.visitmississippi.org, www.memphis-mississippi.de, www.deep-south-usa.com.

ALABAMA
Alabama Bureau of Tourism & Travel, 401 Adams Ave., Suite 126, P.O. Box 4927, Montgomery, AL 36103-4927, ☎ (800) 252-2262, (334) 242-4169, www.800alabama.com, www.deep-south-usa.com.

ARKANSAS
Arkansas Dep. of Parks and Tourism, 1 Capitol Mall, Little Rock, AR 72201, ☎ (501) 682-7777, www.Arkansas.com

FLORIDA
Visit Florida, P.O. Box 1100, Tallahassee, FL 32302-1100, www.visitflorida.com

GEORGIA
Georgia Dept. of Economic Development, Technology Square, 75 Fifth Street, N.W., Suite 1200, Atlanta, GA 30308, www.georgia.org, www.georgiaonmymind.de, www.deep-south-usa.com.

SOUTH CAROLINA
Department of Parks, Recreation & Tourism, 1205 Pendleton St., Columbia, SC 29201, ☎ (866) 224-9339, (803) 734-1700, www.discoversouthcarolina.com

NORTH CAROLINA
The Travel & Tourism Division, 301 North Wilmington St., Raleigh, NC 27601, ☎ (800) 847-4862, (919) 733-8372, ≜ (919) 715-3097, www.visitnc.com

TENNESSEE
Department of Tourist Development, 312 8th Avenue North, Nashville, TN 37243, ☎ (800) 462 8366, (615) 741-2158, ≜ (615) 741-7225, www.tnvacation.com, www.tennessee.de, www.deep-south-usa.com

Führerschein

In der Regel genügt in den USA der nationale Führerschein, obwohl die eine oder andere kleine Mietwagenfirma auch den internationalen Führerschein verlangt. Der **internationale Führerschein reicht** aber **nicht** alleine, besonders nicht zum Mieten von Fahrzeugen.

Geld/Zahlungsmittel   G

In den USA sind folgende **Banknoten** im Umlauf: 1-, 2- (sehr selten), 5-, 10-, 20-, 50-, 100- sowie nahezu gar nicht im Umlauf 500- und 1.000-US$-Noten. Am gängigsten bei den Noten sind die 1-, 5-, 10- und 20-US$-Scheine. Die 50- sowie 100-US$-Scheine werden wegen einer hohen Fälschungsrate ungern genommen bzw. werden mit einem speziellen Marker an den Kassen „kontrolliert". Geldautomaten geben in der Regel nur 20-$-Scheine aus.

Da alle Scheine gleich groß sind, dieselbe Farbe aufweisen und sich nur durch den Aufdruck verschiedener Persönlichkeiten des (vergangenen) politischen Lebens unterscheiden, kann es leicht passieren, dass Sie mit dem falschen Schein bezahlen. Vergewissern Sie sich also vorher, ob Sie den richtigen weggeben.

Als **Münzen** gibt es: 1 Cent (Penny), 5 Cent (Nickel), 10 Cent (Dime), 25 Cent (Quarter), 50 Cent (half Dollar, sehr selten) und US$ 1 (selten).

Obwohl Reiseschecks immer noch angeboten werden, sind Aufwand und Kosten für die Bestellung und Einlösung inzwischen kaum noch rentabel. In den USA ist es – mehr als bei uns – üblich, mit Kreditkarten zu bezahlen. D.h. Beträge über ca. US$ 25 werden fast ausschließlich mit Karte bezahlt. Wenn Sie beim Bezahlen mit einer Kreditkarte gefragt werden, ob es sich um eine debit oder eine credit card handelt, antworten Sie mit „credit". Summen unter ca. 25 Dollar werden oft noch mit cash bezahlt. Das hat zur Folge, dass es bereits Probleme gibt, wenn Sie mit einer 50-Dollar-Note bar bezahlen wollen. Häufig gibt es kein Wechselgeld und viele Ladenbesitzer wollen sich zudem vor Falschgeld schützen. Also lassen Sie sich beim Geldtauschen nicht zu viele große Scheine geben.

Ohne Kreditkarte geht es in den USA fast gar nicht mehr! Hotels und Mietwagenfirmen nehmen teilweise kein Bargeld mehr, oder lassen Sie beim Einchecken eine größere Summe hinterlegen als Garantie. Die überall akzeptierten Kreditkarten sind **Mastercard** und **Visa**. **American Express** und **Diners** werden an vielen, aber nicht allen Stellen akzeptiert, besonders selten in kleineren Geschäften und an Tankstellen. Besonders *American Express* wird von vielen Ladenbesitzern aufgrund der hohen Gebühren für das Geschäft boykottiert. Bei Verlust der Kreditkarte siehe Notrufnummern unter „Kreditkarten".

Mit einer Kreditkarte können sich an den meisten Bankschaltern auch Geld auszahlen lassen. Einfacher ist es jedoch, mit der BankCard an einen Geldautomaten (ATM = *Automated Teller Maschine*) zu gehen und mit Hilfe Ihrer PIN (*Personal Identification Number*) Bargeld abzuheben. Achten Sie darauf, das die ATM das Maestro-Zeichen aufweist. Wenn die ATM Sie fragt, ob es sich um ein checking oder savings account handelt, ist es meist egal, welche Taste Sie drücken.

Ratsam für eine Aufteilung Ihrer Reisekasse wäre es somit, etwas amerikanisches Bargeld für die ersten Tage mitzunehmen (auch viele 1-US$-Scheine zwecks Trinkgeld), die EC-Karte und ein, besser zwei Kreditkarten dabeizuhaben. Fremde Währungen können Sie zwar als Notreserve auch noch mitnehmen, aber es kann Ihnen passieren, dass Banken in kleineren Städten Ihnen diese nicht wechseln können.

Geschäfte

Es gibt kein Ladenschlussgesetz in den USA. Somit sind viele Geschäfte von 9–21 Uhr geöffnet (allemal aber bis 18 Uhr und vielfach auch bis 23 Uhr). Auch an Sonntagen hat eine Reihe von Geschäften geöffnet, besonders in den vorörtlichen Shopping Malls (So 10–18 Uhr, manchmal sogar länger). Diese Shopping Malls bieten eigentlich alles für das normale Leben. Neben großen Supermarktketten trifft man hier u.a. auf Friseursalons, Boutiquen, Coffee Shops, Freizeitbekleidungsgeschäfte etc. – und das alles unter einem Dach und mit ausreichender Parkfläche. Damit eignen sich solche Malls gut für den Provianteinkauf vor der großen Tour. Wer aber gute Beratung und spezielle Waren erwartet, muss doch meist in die Innenstädte fahren und dort die Spezialgeschäfte aufsuchen (die leider aber auch immer seltener werden).

Gesundheit

 Hinweis

Trinkwasser/Leitungswasser kann überall bedenkenlos getrunken werden. Dies gilt jedoch nicht für Wasser aus Flüssen und Seen.

Impfungen sind für die Einreise in die USA nicht vorgeschrieben (auch nicht für Mexiko). Trotzdem sollten Sie folgende Punkte bedenken:

Der **Zeitunterschied** macht einem doch zu schaffen, wobei der Rückflug sich da noch gravierender auswirkt. Bedenken Sie den Zeitunterschied vor allem dann, wenn Sie regelmäßig Medizin einnehmen müssen, und fragen Sie Ihren Arzt vorher, wie Sie das ausgleichen sollen.

Das **Klima** ist z.T. schwül-heiß, und die Sonne brennt, vor allem in den Sumpfgebieten der Golfküste. Denken Sie also an genügend Sonnenschutzcreme (die Sie natürlich auch in den USA erhalten), und vergessen Sie auch nicht, einen Hut aufzusetzen, wenn Sie länger herumlaufen. **Mücken** gibt es nur in den Sumpfgebieten und an den tiefer gelegenen Seen.

Arzt- und **Krankenhausbesuche** sind in den USA nicht ganz billig und müssen vor Ort bezahlt werden. Schließen Sie also vorher eine Reisekrankenversicherung ab, und achten Sie dabei auch darauf, dass Sie für die gesamte Dauer Ihres Aufenthaltes abgesichert sind, die höheren amerikanischen Kosten vollständig abdeckt sind und für alle Fälle eine Rücktransportversicherung eingeschlossen ist.

Für rezeptpflichtige Medikamente gehen Sie in eine **Apotheke** („Pharmacy), die sich meist in einem Drugstore befindet. In den Drugstores erhalten Sie auch problemlos alle harmlosen Medikamente, z. B. Schmerzmittel ohne Rezept.

Die **Rezeptpflicht** wird sehr streng gehandhabt. Nehmen Sie am besten Ihre Medikamente bereits von zu Hause mit. Für die Einfuhr benötigen Sie aber eine ärztliche Verordnung in englischer Sprache. Einen in Englisch abgefassten Begleitbrief sollten diejenigen dabeihaben, die unter einer chronischen Erkrankung leiden. Der kann Ihnen auch bei eventuellen Arztbesuchen helfen.

Kartenmaterial   K

Neben der diesem Buch beigefügten Reisekarte gibt es auch in Europa eine Reihe guter Karten und Atlanten über die USA und auch detaillierte Karten für die einzelnen Regionen. Zu empfehlen ist **„Hildebrand's Straßenatlas, USA-Osten"**. Für die gesamten USA empfiehlt sich immer noch der **„Rand McNally"**, der in den USA in verschiedenen Versionen (einfacher Straßenatlas, Atlas mit Adressen für Touristen etc.) erscheint und in Europa vom Hallwag-Verlag herausgegeben wird. Karten der einzelnen Staaten werden in den entsprechenden Besucherzentren der jeweiligen Staaten ausgegeben. Auch der ADAC (Touristik Abteilung) stellt Karten und aktuelle Infos für Autofahrer zu den einzelnen Großregionen der USA zusammen. Das Kartenmaterial des ADAC ist dem von Rand McNally meist weit überlegen, da es detaillierter und genauer ist.
Besondere Karten (u.a. großmaßstäbliche, topographische, geophysische Karten) erhalten Sie im **Geo Center** (Schockenriedstraße 44, D-70565 Stuttgart, ☎ (0711) 781-94670, ⊠ (0711) 781 946 71, www.geocenter.de). Kataloge des Geo Center gibt es zudem in jeder größeren Buchhandlung.

Es gibt inzwischen einige zuverlässige Websites, um Adressen und Straßen zu ermitteln, Pläne auszudrucken oder Streckenbeschreibungen zu erhalten. **Mapquest** (www.mapquest.com) und **Rand McNally** (www.randmcnally.com) sind nur zwei Beispiele.

Vergleichbar mit den deutschen Gelben Seiten im Internet, jedoch mit einem größeren Serviceangebot arbeiten auch die **Superpages** (www.superpages.com) und die **Yellow Pages** (www.yellowbook. com). Wer ein wenig Lust auf „Spielerei" im Internet hat, sollte die Internetseite www.natio nalatlas.gov besuchen. Hier können Sie zahlreiche Spezialkarten herunterladen bzw. interaktive Karten betreiben. Die Seite ist nicht sehr übersichtlich, gibt jedoch die eine oder andere Anregung.

Kinder

Die USA sind ein kinderfreundliches Land. Das erkennt man bereits an den vielen Spielplätzen und den Kindermenüs auf den Speisekarten (Kleinkinder dürfen bei den Großen kostenlos mitessen). Auch in touristischen Einrichtungen und Museen geht man besonders auf die Bedürfnisse von Kindern ein. So gibt es eigens für Kinder organisierte Touren oder Videovorträge. Und noch etwas macht eine USA-Reise für die Kleinen zum besonderen Erlebnis: die Kultur der zahlreichen Freizeitparks (*Theme Parks*). Dem einen oder anderen Erwachsenen mag dieses zwar nicht sehr behagen, aber diese Parks bieten unzählige Attraktionen für die Kleinen. Nehmen Sie sich daher ruhig mal einen Nachmittag Zeit, und besuchen Sie so einen Park.

Kleidung

Das Klima, besonders in den Sommermonaten, kann sehr heiß und schwül werden. Mit Tagestemperaturen von über 30 °C müssen Sie rechnen. Diese Aussicht mag das Urlauberherz höher schlagen lassen, kann aber auch sehr lästig werden, wenn man nicht die richtige Kleidung mitgenommen hat. Nehmen Sie also für den Tag lockere, luftige Kleidung mit, am besten aus Baumwolle oder Leinen. Und besonders wichtig ist der Hut gegen die Sonne. Wer wandern möchte, darf natürlich seine Wanderschuhe nicht vergessen, sollte aber auch an einen Regenschutz denken.

Nachts können die **klimatischen Verhältnisse sehr unangenehm sein**, d.h. in den Bergen wird es kühl. Richten Sie sich also darauf ein, einen **Pullover** oder auch eine **Allzweckjacke** mitzunehmen, ideal ist eine regenfeste **Jacke mit herausnehmbarem Futter**. Das „Zwiebelprinzip" mit mehreren Lagen von Kleidung („multiple layers"), die man an- und ausziehen kann, bewährt sich auch in diesen Gebieten. Grundsätzlich sollten Sie sich aber überlegen, ob Sie überhaupt alle Kleidungsstücke mitnehmen möchten und nicht vielleicht besser einiges in den USA kaufen sollten. In den größeren Städten finden Sie ausgesuchte Spezialgeschäfte, und die Preise sind, bei guter Qualität, z.T. günstiger als bei uns (Outlet Malls – siehe unter Einkaufen).

Geschäftsleuten oder Reisenden, die auch einmal „repräsentieren" müssen, sei noch ein Tipp mit auf den Weg gegeben: Auch wenn die Amerikaner selbst in besseren Hotels oft hemdsärmelig herumlaufen und sie sogar zum Abendessen schon mal in Shorts erscheinen, gelten für ein offizielles Treffen andere Kriterien. Wenn ein Geschäftsgespräch oder Ähnliches ansteht, sind **Anzug** (am besten ein dunkler) und Krawatte für den Herrn ein absolutes Muss. Selbst wenn vorher der Dresscode als informell angekündigt wurde, sollten es schon Jackett und Stoffhose sein.

Kreditkarten

Falls Sie Probleme mit Ihrer Kreditkarte haben sollten, bieten die großen Kreditkartenunternehmen einen kostenlosen 24-Stunden-Service per Telefon an:

American Express	☏	1-800-528-4800, www.americanexpress.com
Diners Club	☏	1-800-234-6377, www.dinersclub.com
Master Card	☏	1-800-MC ASSIST, www.mastercard.com
Visa	☏	1-800-VISA 911, www.visa.com

Bei Kartenverlust oder Diebstahl gibt es für beinahe alle Arten von Karten und Banken (einschließlich Kreditkarten und BankCards) in Deutschland eine einheitliche Sperrnummer (116 116). Aus dem Ausland rufen Sie unter der Nummer +49-116 116 oder +49 (30) 4050-4050 an. Im Internet: www.sperr-notruf.de.

Tipp

Machen Sie sich eine Kopie der Vorder- und Rückseite Ihrer Bank- und Kreditkarten. Dort sind ebenfalls wichtige Telefonnummern aufgelistet und Sie haben im Problemfall Ihre Kartennummern parat.

Weitere Informationen zu Kreditkarten unter dem Stichpunkt „Geld".

Kriminalität

Wenn auch deutlich niedriger als vor Jahren, ist es kein Geheimnis, dass die USA immer noch eine relativ hohe Kriminalitätsrate haben, besonders in den Großstädten im Süden. Dieses bekommt man ja auch in ausreichendem Maße im Fernsehen mit. Doch verteilt sich diese Kriminalität sehr unterschiedlich auf Stadt und Land. Sie werden feststellen, dass die Amerikaner in den Kleinstädten des Südens häufig ihre Fahrzeuge geöffnet und mit Zündschlüssel im Schloss abstellen und seelenruhig einkaufen gehen. Zudem ist die Kriminalitätsrate auch in den Zentren der Großstädte in den 1990er-Jahren deutlich gesenkt worden. Dieses fällt besonders in Städten wie Nashville, Memphis und Atlanta auf. Vorsicht ist hingegen immer noch geboten, denn eine aus den Innenstädten verbannte Kriminalität bedeutet noch lange nicht, dass es sie nicht mehr gibt.

▸ Also, was ist ratsam (aber natürlich niemals alleine eine Gewähr):
Haben Sie **niemals zu viel Geld** bei sich, und verteilen Sie dieses so am Körper, dass Sie z.B. 50 Dollar im Portemonnaie haben und 100 Dollar in den Socken oder in einem nicht sichtbaren Geldgürtel etc. Falls Sie also wirklich einmal überfallen werden sollten, täuschen Sie den Dieb halt nur mit den 50 Dollar. Nehmen Sie zudem nur eine Kreditkarte mit, von der Sie aber die entsprechende Telefonnummer der Kreditkartenfirma bei sich haben, so dass Sie sofort nach dem Diebstahl deren Verlust melden können und diese unverzüglich gesperrt werden kann.
Führen Sie möglichst **nur Kopien** Ihrer Papiere bzw. lediglich Ihren Personalausweis mit. Alle Originale und weitere Kopien, vor allen Dingen den Reisepass mit Ihrem Einreisestempel, verwahren Sie an einem sicheren Ort im Hotel.
Nutzen Sie die **Hotelsafes**, von denen es in vielen besseren Hotels sogar welche im Zimmer gibt.
Es ist schwierig, „den Urlauber zu verbergen". Ein „kluger" Dieb erkennt Sie sowieso als solchen, und Sie sind damit bereits als potentielles Opfer ausgewählt. Aber machen Sie es den **Dieben nicht zu leicht**: Bauchgürteltaschen und Handtaschen mögen bequem sein, doch sehen diese nun wirklich nach interessantem Inhalt aus und Letztere sind leicht aus der Hand zu reißen. Lassen Sie so etwas, besonders abends, im Hotelzimmer, oder packen Sie wenig hinein, und tragen Sie diese unauffällig, z. B. unter dem Hosengürtel.
Erkundigen Sie sich besonders in großen Städten im Touristenbüro oder an der Hotelrezeption danach, wohin Sie besser nicht gehen sollten oder ob Sie dort eher mit einem Taxi hinfahren sollten (**No-Go-Areas**).
Lassen Sie aber vor allem **Schmuck** zu Hause.
Wenn Sie einmal wirklich Probleme haben sollten, lautet die **Notrufnummer der Polizei** (gilt auch für Feuerwehr und Krankenwagen) in den gesamten USA **911**.

M Maßeinheiten

▸ Abmessungen

Hohlmaße	1 fluid ounce	▸	29,57 ml
	1 pint (16 fl. oz.)	▸	0,47 l
	1 quart (2 pints)	▸	0,95 l
	1 gallon (4 quarts)	▸	3,79
	1 barrel (42 gallons)	▸	158,97 l
Flächen	1 square inch (sq.in.)	▸	6,45 cm²
	1 square foot (sq.ft.)	▸	929 cm²
	1 square yard (sq.yd.)	▸	0,84 m²
	1 acre (4840 sq.yd.)	▸	4046,8 m² o. 0,405 ha
	1 sq.mi. (640 acres)	▸	2,59 km²
Längen	1 inch (in.)	▸	2,54 cm
	1 foot (ft.)/12 in.	▸	30,48 cm
	1 yard (yd.)/3 ft.	▸	0,91 m
	1 mile/1760 yd.	▸	1,61 km
Gewichte	1 ounce	▸	28,35 g
	1 pound (lb.)/16 oz.	▸	453,59 g
	1 ton/2000 lb	▸	907 kg

Temperaturen

23 °F ▸ -5 °C	32 °F ▸ 0 °C	41 °F ▸ 5 °C	50 °F ▸ 10 °C
59 °F ▸ 15 °C	68 °F ▸ 20 °C	77 °F ▸ 25 °C	86 °F ▸ 30 °C
95 °F ▸ 35 °C	104 °F ▸ 40 °C		

▸ Bekleidung

Herren	Herrenhemden							
	D	36	37	38	39	40/41	42	43
	USA	14	14,5	15	15,5	16	16,5	17
	Herrenschuhe							
	D	39	40	41	42	43	44	45
	USA	6,5	7,5	8,5	9	10	10,5	11
Damen	D	36	38	40	42	44	46	
	USA	6	8	10	12	14	16	
	Damenschuhe							
	D	36	37	38	39	40	41	42
	USA	5,5	6	7	7,5	8,5	9	9,5
Kids	D	98	104	110	116	122		
	USA	3	4	5	6	6x		

Medien

▶ FERNSEHEN

Es gibt in den USA neben den kommerziellen und den Bildungssendern unzählige andere Sender, die sich z.B. religiösen oder anderssprachigen Themen widmen oder sich nur auf das Einkaufen oder das Wetter konzentrieren. Die Vielfalt scheint also enorm. Meistens handelt es sich aber um Berieselungsprogramme, gespickt mit Unmengen von Werbespots. Mit etwas Glück finden Sie aber auch anspruchsvollere Sender dazwischen. So hat jede größere Stadt oder touristisch interessante Region einen Touristensender, der schon mal ansprechende und informative Programme zum regionalen Reisegebiet bietet. Diese Touristensender können Sie aber in der Regel nur in großen Hotels über Decoder empfangen. Zudem gibt es den „Discovery Channel" (Natur und Technik), den „National Geographic Channel" (Natur, Expeditionen, Geschichte, Wissenschaft) sowie den „History Channel" (Geschichte, meist aber mit militärischem Hintergrund).

Die großen überregionalen Sender sind: ABC, CBS und NBC. Kleinere überregionale Sender sind FOX und UPN. Daneben bietet PBS (Public Broadcasting Service) auch anspruchsvollere Sendungen, kann aber nicht überall empfangen werden. Größere Hotels sind auch an ein Kabelnetz angeschlossen, bei dem Sie für eine Gebühr einen Spielfilm Ihrer Wahl (ohne Werbung) sehen können. Sie programmieren Ihren Fernseher im Zimmer nur mit dem entsprechenden Code ein und zahlen zusammen mit Ihrer Hotelrechnung. Spielfilme ohne Werbung bietet auch der Sender HBO, den eine Vielzahl von Hotels kostenlos anbieten.

Wer sich um Nachrichtensendungen bemüht, sollte den Wunsch nach informativer Berichterstattung schnell fallen lassen. Der Nachrichtensender CNN sendet zwar Infos rund um die Uhr, dabei gehören aber Informationen zu Popstars, über Sportereignisse und regionale Ereignisse häufig zum entscheidenden Rahmenprogramm.

▶ INTERNETZUGANG

Internetcafes sind weit verbreitet. Neben den Cafes bieten auch Copyshops Zugang zum Internet an. Die Preise sind allerdings sehr unterschiedlich. Die öffentlichen Bibliotheken gewähren gegen Vorlage des Passes meist eine Stunde kostenlosen Zugang ins Internet. Größere Hotels bieten im so genannten Business Center ebenfalls Internetzugang. Viele Hotels stellen eine günstige oder kostenlose WLAN-Verbindung zur Verfügung. Mit dem eigenen Laptop kann man auch immer öfter den im Hotelzimmer verfügbaren Internetzugang nutzen.

▶ LITERATUR

In den europäischen Buchläden erhalten Sie mit Sicherheit die neuesten Reisebücher und Karten, doch falls Sie sich mit der amerikanischen Literatur oder speziellen Themen zur amerikanischen Geschichte beschäftigen möchten, werden Sie hier nicht viel finden oder müssen Bücher für teures Geld aus Amerika importieren lassen, was bis zu 3 Monate dauern kann. Über Amazon.com kann inzwischen schneller Lesematerial bestellt werden, aber man muss genau wissen, was man lesen möchte.

Eine Möglichkeit, sich Bücher auszuleihen, bieten die amerikanischen Kulturinstitute, die etwa gleichzusetzen sind mit den deutschen Goethe-Instituten im Ausland. Für einen Jahresbeitrag können Sie hier Bücher entleihen:

Amerika Gesellschaft Schleswig-Holstein: Olshausenstr. 10, 24118 Kiel, ☎ (0431) 586 9993, www.amerika-gesellschaft.de

Amerika Haus: Apostelnkloster 13-15, 50672 Köln, ☎ (0221) 209010
Dt.-Amerik. Institut: Kaiser Joseph Str. 266, 79098 Freiburg, ☎ (0761) 31645, www.carl-schurz-haus.de
Dt.-Amerik. Institut: Gleissbühlstr. 13, 90402 Nürnberg, ☎ (0911) 230690, www.dai-nuernberg.de
Dt.-Amerik. Institut: Haidplatz 8, 93047 Regensburg, ☎ (0941) 52476
Dt.-Amerik. Institut Karlstr. 3, 72072 Tübingen, ☎ (07071) 795 260, www.dai-tuebingen.de
Bayerisch-Amerikanisches Institut, Karolinenplatz 3, 80333 München, ☎ (089) 552537-0, www.amerikahaus.de
Amerikazentrum Hamburg, Rothenbaumchaussee 15, 20148 Hamburg, ☎ (040) 450 104-22, www.amerikazentrum.de
Deutsch-Amerikanisches Institut, Sofienstraße 12, 69115 Heidelberg, ☎ (06221) 6073-0, www.dai-heidelberg.de
Dt.-Amerik. Institut, Berliner Promenade 15, 66111 Saarbrücken, ☎ (0681) 3116-0, www.dai-sb.de
Dt.-Amerik. Zentrum, James-F.-Byrnes-Institut, Charlottenplatz 17, 70173 Stuttgart, ☎ (0711) 22818-0 www.daz.org

▶ RUNDFUNK
Es gibt in den USA an die 10.000 Rundfunksender. Unangenehm ist auch hier die Werbung, die nach spätestens drei Titeln eingeblendet wird. Von Vorteil ist aber die Tatsache, dass aufgrund des Konkurrenzdrucks sich viele Sender auf eine bestimmte Musikrichtung eingestellt haben. Hat man also einmal Lust auf Oldies, stellt man sich den entsprechenden Sender ein, und Oldies am Fließband berieseln einen. Achten Sie auf die großen Reklameplakate an den Highways, die nähere Auskünfte über die lokal zu empfangenden Sender geben. Dabei wird man jedoch auf interessante Kommentare und Berichte verzichten müssen, es sei denn, Sie befinden sich im Sendebereich von NPR (National Public Radio) oder BBC.

▶ ZEITUNGEN
Es gibt ca. 1.500 Tageszeitungen mit einer Gesamtauflage von etwa 56 Millionen in den USA. Überall erhältlich ist die bunte „USA Today", die vor allem Landesthemen behandelt und eine gute Wetterseite aufweist, aber dabei im Politischen sehr oberflächlich bleibt, besonders was andere Länder anbetrifft. Die renommiertesten Tageszeitungen sind „New York Times" und die „Washington Post" sowie das wirtschaftsorientierte „Wall Street Journal", die Sie aber nur in größeren Städten erhalten werden. Als **Wochenzeitschriften** empfehlen sich vor allem die „Newsweek" und die „Times" für politische Berichte und „Forbes", „The Economist" und die „Business Week" für den Wirtschaftsbereich. Ausländische, besonders deutschsprachige Zeitungen und Zeitschriften finden Sie kaum.
Die bedeutendsten **Tageszeitungen** im Süden der U.S.A. sind: Atlanta: „Atlanta Journal –Constitution", New Orleans: „Times-Picayune".

N) **Nationalparks, State Parks u.Ä.**

Im Süden der USA gibt es nur zwei Nationalparks, Great Smoky Mountains NP und Hot Springs NP, dafür aber eine Reihe von National Monuments, State Parks und National Historic Sites, die zu einem großen Teil an Schlachten des Bürgerkrieges erinnern. Falls Sie sich schon von Europa aus näher darüber informieren möchten, können Sie bereits Material anfordern. Die jeweiligen Park-Adressen entnehmen Sie bitte den Regionalen Reisetipps.

Allgemeine Informationen und Unterkunftsverzeichnisse der einzelnen Parks erhalten Sie bei folgender Adresse: **United States Department of the Interior**, National Parks Service Headquarters, 1849 C Street NW, P.O. Box 37127, Washington, D.C. 20240, ☎ (202) 208-6843, oder im Internet unter www.nps.gov. Hier können Sie auch Unterkünfte in den Parks buchen.

Unter www.recreation.gov finden Sie hilfreiche Beschreibungen und Informationen nicht nur zu den Nationalparks, sondern auch zu den Historic Sites, National Monuments und staatlichen Erholungseinrichtungen. Außerdem gibt es noch die einfacher gestaltete Internetseite www.areaparks.com mit vielen wichtigen Infos zu den Parks.

Lohnend, besonders für den Fall, dass Sie mehrere Nationalparks besuchen möchten (z.B. Weiterfahrt in den Südwesten der USA), ist das Angebot einer **Jahreseintrittskart**e (*America The Beautiful-National Parks and Federal Recreation Lands Pass*), die erheblich günstiger ist als die Summe der Eintrittskosten.

Der Pass ist folgendermaßen erhältlich:
Am **Eingang eines Nationalparks** (Entrance Gate oder Parkoffice) – die wohl sinnvollste Weise, einen Pass zu erwerben.
Online über www.nationalparks.org oder www.nps.gov.
Telefon: 1-888-ASK USGS; Extension 1 (nur von den USA aus).

Wenn Sie einen Nationalpark betreten, sollte Ihr erster Weg zum Besucherzentrum führen (Visitor Center), wo Sie detaillierte Informationen zu dem jeweiligen Park erhalten. Wenn Sie planen, längere Wanderungen im Park zu unternehmen, informieren Sie vorher unbedingt den Ranger, für den Fall, dass Ihnen etwas passieren sollte. Außerdem wird er Ihnen einige nützliche Tipps mitgeben können.

▶ WEITERE HINWEISE FÜR DEN BESUCH DER NATIONALPARKS

▸ Parkeingang
Hier entrichtet man die Einlassgebühr und erhält bereits Informationsmaterial und eine **Papiertüte für den Müll**.

▸ Besucherzentrum/Visitor Center
Hier gibt es ausführliches Informationsmaterial, und hier stehen Ihnen auch Ranger oder andere Parkangestellte für Fragen zur Verfügung. Ein kleines Museum, Erfrischungen, Souvenirs, Literatur und natürlich Toiletten gibt es hier auch.

▸ Übernachtung
Zu empfehlen sind die Unterkünfte in den Parks, aber sie sind meist in der Zahl begrenzt. In diesem Reisegebiet sind Unterkünfte, meist aus Holz gebaute Lodges bzw. Hütten (cabins), nur im Great Smoky Mts. NP vorhanden. Die Einrichtung ist rustikal. Alternativ gibt es vor den Toren der Parks Motels bzw. Rasthäuser und Hotels. Es ist in jedem Fall dringend anzu-

raten, besonders während der Ferienzeit (Juli/August) und an Wochenenden (bes. Mai–Oktober), die Zimmer vorher zu buchen. Die Campingplätze sind hervorragend ausgestattet, und jeder bekommt einen nummerierten, großzügig angelegten Stellplatz zugewiesen, so dass es niemals ein Gedränge gibt. Man kann die Plätze nicht vorbuchen, und mittags sind auch sie während der Ferienzeit häufig bereits vergeben. Also spätestens gleich nach der Ankunft zuerst den Campingplatz reservieren und belegen. Im Hinterland, entlang den Wanderwegen, gibt es einfachere Zeltplätze, für die Sie sich anmelden müssen. Dabei werden Sie vorher mit den „basics" des Outdoor-Lebens vertraut gemacht, wie z. B. Feuermachen und das Verhalten bei der Begegnung mit gefährlichen Tieren.

▶ Wandern

Hierzu laden unzählige Wanderwege (trails) ein, die gut markiert sind. Beim Ranger kann man sich über den Schwierigkeitsgrad der Strecke erkundigen. An den Ausgangspunkten der einzelnen Wege sind dann auch spezielle Broschüren zu erhalten. Neben Wanderschuhen (oder zumindest festes Schuhwerk) und Proviant ist vor allen Dingen an genügend Trinkwasser zu denken. Der Trinkwasserbedarf wird leider häufig unterschätzt: **3 Liter für eine Tagestour pro Person** sollte das **absolute Minimum** sein, auch bei kühleren Temperaturen. Bedenken Sie die Hitze und die schwüle Luft, gerade im Süden der USA, dazu die zumeist ungewohnte Anstrengung. Mehrtägige Touren, dies gilt auch für andere Aktivitäten, sollte man nicht alleine unternehmen. Für schwierige Trails besteht Eintragungspflicht, damit im Notfall ein Suchtrupp losgeschickt werden kann.

▶ Straßen in den Parks

Sie sind gut und mit allen Fahrzeugen (Ausnahmen gelten z. T. für größere Camper) ohne Probleme zu befahren. Ausgenommen hiervon sind die so genannten „Jeep-trails", die man wirklich nur mit einem geländegängigen Fahrzeug befahren kann. Für deren Nutzung ist eine Anmeldung beim Ranger notwendig.

▶ Weitere Aktivitäten in den Parks

Veranstaltungen: Von der Parkverwaltung werden verschiedene Kurse, Diskussionen, Filmvorführungen etc. angeboten. Dabei kann man einiges hinzulernen, was Geschichte, Flora und Fauna des Parks angehen. Infos hierzu erhalten Sie in den Visitor Centers.

Angeln: Für den Volkssport der Amerikaner ist eine „fishing license" erforderlich. Erhältlich bei der Parkverwaltung.

Reiten: Die Pferde bzw. Maulesel sind sehr zahm, bieten also auch weniger Geübten eine Gelegenheit zum Reiten. Eine Jeans und feste Schuhe sollte man aber schon dabeihaben. Auf Reitstiefel kann man meistens verzichten.

Rad fahren/Mountainbiking: Der Radsport wird immer populärer, und mittlerweile haben private Anbieter in vielen umliegenden Orten auch Fahrräder zum Ausleihen.

Notfall/Unfall/Notruf

Die allgemeine **Notrufnummer** (kostenlos) in den USA lautet **911**.
Wenn Sie eine bestimmte Telefonnummer suchen, fragen Sie einfach den **Operator**.
Sie können auch über den **Telefon-Operator** (kostenlos mit „0" anwählbar) mit der Polizei, Notarzt, Krankenhaus oder Feuerwehr verbunden werden.

Post

Obwohl sich die amerikanische Post („United States Postal Service", kurz: USPS) in den letzten Jahren sehr um besseren Service bemüht und ihrer Leistungen ausgedehnt hat, muss man immer noch damit rechnen, dass man in langen Schlangen ansteht und dass Briefe immer noch eine Woche unterwegs sind. Einfache Sendungen sind immer noch sehr günstig. Seit einiger Zeit kann man auch über das Internet (www.usps.com) Briefmarken kaufen und Sendungen abwickeln. Schneller operieren private Firmen, von denen z.B. das Franchise-Unternehmen „Mail Boxes etc." (meist kleine Läden in kleineren Shopping Malls) zu empfehlen ist. Hier gibt es auch jegliches Zubehör, wie Kartons in allen Größen, Zollformulare etc. Auch Firmen wie DHL, UPS bzw. FedEx sind in Städten vertreten. Manchmal ist es auch möglich, Sendungen direkt am Hotelschalter abzuwickeln.

Wer zuviel eingekauft hat und ein Paket nach Europa schicken möchte, kann dieses problemlos mit dem USPS tun. Kaufen Sie aber am besten ein leeres Paket bei der Post, dann stimmen die Maße. Und bedenken Sie, dass der europäische Zoll strenger mit Kontrollen geworden ist und Zollgebühren auf Waren anstehen können.

 Hinweis

Seit ein paar Jahren hat die U.S. Post den Schiff- oder Landweg (surface mail) für Pakete eingestellt; d.h. diese können nur per Luftpost verschickt werden und das ist nicht billig.

 Information

Allgemeine Öffnungszeiten der Postämter

Mo–Fr	9–17 Uhr
Sa	9–12 Uhr
So	geschlossen

In kleineren Orten sind die Postämter oft nur stundenweise geöffnet.

Briefkästen (mail boxes) in den USA sind blau. Sie können Ihre Post i.d.R. auch an der Hotelrezeption abgeben. **Briefmarken** erhält man auch in einigen Hotels, Geschäften, an Flughäfen und Busbahnhöfen (dort jedoch mit Aufschlägen).

 Information

Einige postalische Fachbegriffe

first class mail	normale Briefpost
priority mail	etwas schneller beförderte Briefpost
air mail	Luftpost
registered (certified) mail	Einschreiben
c/o general delivery	postlagernd
zip code	Postleitzahl (steht immer hinter dem Ortsnamen und Staat, z.B. New Orleans, LA 70130)

Aktuelle Infos zu Portogebühren, Postleitzahlen und ähnliches erhalten Sie über die Internetseite des USPS, www.usps.com.

Preisnachlässe

Die USA sind ein Land, in dem man fast überall auf Preisnachlässe und Rabattangebote trifft. Wer sich damit beschäftigt, kann viel Geld sparen. Kaum jemand bezahlt z.B. für eine Hotelunterkunft den vollen Preis. Hier ein paar Anregungen und Empfehlungen:

Schüler, Studenten, Rentner u. Behinderte sollten einen **internationalen Ausweis** mitnehmen.

Fragen Sie in einem Hotel nach **Sonderpreisen**, so genannten „spezial offers". Es gibt sie fast immer, sie werden Ihnen aber natürlich nicht gerade beim Einchecken angeboten (z.B. Weekendraten in den Städten).

In den Touristenbüros, aber auch an Autobahn-Tankstellen, in Hotels, an Kästen in den Innenstädten liegen Broschüren mit **Coupons** (Discount-Coupons) aus, mit denen Sie billiger übernachten können oder Rabatte bei Einkäufen oder in Restaurants erhalten. Tipp: Sammeln Sie diese Couponhefte gleich hinter den einzelnen Staatsgrenzen auf den Highways oder Interstates in den Informationszentren ein.

Airlines bieten in Verbindung mit den Flugtickets häufig **günstige Eintritte** in Vergnügungsparks und auch verbilligte Hotelunterkünfte am Zielort.

Mitglieder des **Automobilclubs AAA** erhalten in vielen Hotels (z.B. „Days Inns") ermäßigte Raten, wenn es sich auch nicht immer um viel Geld handelt.

R) Rauchen

Bekanntermaßen ist das Rauchen in Amerika noch verpönter als bei uns. Rauchen in Restaurants ist in den meisten Bundesstaaten (und wohl auch bald in allen) verboten. Nur noch in kleinen Raucherzonen (beim Seating angeben) darf hier der Glimmstengel qualmen. Auch in manchen Bars gibt es bereits rauchfreie Zonen. In Kalifornien und New York z.B. darf nicht einmal in Bars mehr geraucht werden. Weiterhin ist das Rauchen strikt verboten in allen öffentlichen Gebäuden, wozu auch die Flughäfen zählen. Wer nach oder vor einem langen Flug rauchen möchte, muss vor die Tür. Also: Erst rauchen, dann durch die Kontrolle.

Hotels, Motels und B&Bs sind überwiegend rauchfrei, wobei es oft noch ein kleines Kontingent an „Smoking-Rooms" gibt. Wer dort also rauchen möchte, der sollte gleich ein entsprechendes Zimmer reservieren lassen. Unterlassen Sie es bloß, in „Non-Smoking-Rooms" zu rauchen! Bei bzw. nach Abreise (Kreditkartenabbuchung) wird Ihnen dann die Reinigung und Desinfizierung in Rechnung gestellt (i.d.R. ab US$ 25). Auch in den Mietwagen ist das Rauchen ungern gesehen. Nahezu in allen Fahrzeugen hängt ein Nichtraucherschild und sind die Aschenbecher ausgebaut. Noch aber wird es hier geduldet, zumindest soweit Sie nicht ausdrücklich einen Nichtraucherwagen gebucht haben. In Flugzeugen auch nicht-amerikanischer Airlines – d.h. auch auf dem Flug über den Atlantik – darf ebenfalls nicht geraucht werden.

Pfeifen- und Zigarrenraucher sollten sich vor dem Anzünden vergewissern, ob ihr Qualm selbst in den Raucherzonen gestattet ist. Oft hängt hier ein Schild: „no pipes – no cigars".

Was bleibt dem passionierten Raucher? Nicht viel, sieht man einmal ab von der Natur (aber Achtung! Brandgefahr) und den einfachen Bars.

Recycling

Das Klischee der amerikanischen Wegwerfgesellschaft scheint durch die unzähligen Aluminiumdosen, Plastiktüten, Papp- bzw. Styroporbecher bestätigt. Trotz alledem, und auch weil Al Gore und seine Organisation den Nobelpreis erhalten haben, hat ein Umdenken eingesetzt. In mittleren und größeren Städten sowie in den Nationalparks gibt es ausgedehnte Recyclingprogramme. In den Nationalparks stehen and den Visitor Centers und an den meisten Campingplätzen getrennte Mülltonnen bereit.

In größeren Orten erkundigt man sich beim Visitor Center, im Touristenbüro oder bei der Stadtverwaltung nach **Recycling-Plätzen** für Trennmüll. Den nächstgelegenen ermitteln Sie mittels Angabe der Postleitzahl im Internet unter www.cleanup.org bzw. unter der kostenlosen Telefonnummer (nur in den USA): 1-800-CLEANUP suchen.

---

i Information

In punkto Umweltschutz fallen die Amerikaner immer weit zurück, wie folgende Beispiele belegen:
- Bei nur 5 Prozent der Weltbevölkerung verbrauchen die Amerikaner 25 Prozent der **Weltenergie**
- 20 t Kohlendioxid-Ausstoß pro Amerikaner und Jahr sorgen für 23 Prozent der auf der Erde produzierten **Treibhausgase**. Damit liegt der Wert pro Einwohner doppelt so hoch wie in Europa und 18 Mal so hoch wie der in Indien.
- 43 Prozent aller neu zugelassener Fahrzeuge waren vor der Wirtschaftskrise 2009 Geländewagen und Pickups mit einem **hohen Benzinverbrauch**.
- 3,4 t Kohle wird **pro Amerikaner** im Jahr verheizt.
- Für das **Abholzen** von 1 m³ Holz zahlt der US-Staat US$ 30 Prämie.
- **1740 l Benzin** verfährt ein Amerikaner pro Jahr (Deutschland: 530 l/Einwohner/Jahr).
- Mit 12.100 verbrauchter Kilowatt Strom pro Einwohner liegen die Werte der USA **doppelt so hoch** wie die in Europa.
- Jeder Deutsche verbraucht 130 l Wasser pro Tag, dagegen gönnen sich die Amerikaner **290 l**.
- Auch in punkto **Landverbrauch** sind die Amerikaner nicht so sparsam: Statistisch gesehen stehen 12 ha einem Einwohner zur Verfügung, demgegenüber 6 ha einem Bundesbürger.

Reisezeit

Für Mitteleuropäer, die hauptsächlich das Landesinnere bereisen wollen, eignet sich vor allem die Zeit Mai/Juni bzw. September bis Mitte Oktober. Dann ist es nicht so heiß wie im Sommer, der einen ziemlich ins Schwitzen kommen lässt, und Sie vermeiden die volle und teure Ferienzeit der Amerikaner. In den Bergen sind aber auch die Wochenenden in der Zeit des

Frühherbstes – „Indian Summer" – oft ausgebucht. Wer noch einen ausgedehnten Badeurlaub einlegen will, sollte dieses mit einplanen. Von November bis März ist es kalt (an der Küste feuchte Kälte!).

▸ Beste Reisezeiten

▶ NEW ORLEANS
April bis Juni und Ende September bis Anfang November. Die Sommermonate sind niederschlagsreich, und im Juli/August wird es tagsüber schwül-heiß. Nicht zu empfehlen sind die Spätherbst- und Wintermonate, die wolkenverhangen sind und durch plötzliche Kälteeinbrüche unangenehm werden können (feuchte Kälte!!).

▶ LITTLE ROCK
Juni bis Oktober, wobei es besonders in den Hochsommermonaten sehr heiß werden kann und am wenigsten regnet.

▶ GREAT SMOKY MOUNTAINS:
Mai bis September, wobei es zwischen Juni und August plötzliche Niederschläge geben kann. April bzw. Oktober sind besonders in den Morgen- und Abendstunden relativ kühl, tagsüber aber immer noch angenehm. Der Winter ist hier nicht zu empfehlen.

▶ ATLANTA
April bis September. In den Sommermonaten kann es heiß und schwül werden, morgens kann es auch dann kühl und neblig sein. Im Spätsommer und Frühherbst gibt es häufig Stürme.

S) Schaufelraddampferfahrten

Vielen sind die Schaufelraddampfer, die den Mississippi befuhren, noch geläufig, vielleicht aus *Mark Twains* Geschichten von Tom Sawyer und Huckleberry Finn. Doch haben sich die Zeiten geändert, und diese Schiffe dienen schon seit geraumer Zeit nicht mehr als Beförderungsmittel. Nur noch auf lokalen Strecken (1–3-stündige Sightseeingtouren) verkehren sie als Touristenschiffe. Eine Ausnahme bildeten die von der *Majestic America Line* betriebene **Delta Queen Steamboat Company**. Leider ist von den drei luxuriös ausgestatteten Dampfern, die für mehrtägige Kreuzfahrten auf dem Mississippi und seinen Nebenflüssen verkehrte, seit 2009 derzeit keiner mehr im Einsatz. Nähere und aktuelle Informationen, ob eine neue Lizenz erteilt wurde, erhalten Sie in Ihrem Reisebüro oder bei **Majestic America Line**, www.majestic americaline.com.

Sicherheit

Seit den **Anschlägen vom September 2001** und **Beginn des Irak-Krieges** wurden die Sicherheitsvorkehrungen verstärkt, besonders an den Flughäfen. Die Präsenz und der Einfluss des *Department of Homeland Security* ist vielerorts allgegenwärtig. Bedenken Sie, dass es zu erhöhten Wartezeiten kommen kann und erscheinen Sie rechtzeitig vor dem Abflug am Flughafen. Taschenmesser, Nagelfeilen und andere spitze Gegenstände gehören grundsätzlich nicht mehr ins Handgepäck. Auch Flüssigkeiten aller Art (Lotion, Wasser, etc.) werden streng kontrolliert und gegebenenfalls konfisziert. Ansonsten ist das Reisen in den USA nicht gefährlicher als in anderen Ländern. Zur aktuellen Lage informiert das Auswärtige Amt auf der Webseite www.auswaertigesamt.de. (s. auch unter dem Stichpunkt „Einreise").

Sport

Das Reisegebiet USA-Süden bietet sich besonders für Outdoor-Aktivitäten wie Wandern, Kajak fahren, Reiten, Tauchen, Segeln und Golf spielen an. Unter www.gorptravel.com finden Sie interessante Angebote, die Sie von zu Hause aus buchen können. Golffreunde werden in jeder kleineren Stadt Golfplätze vorfinden, und besonders entlang den Küstenregionen sind mittlerweile viele Plantagen zu vornehmen Golf-Resorts ausgebaut worden. Größere Hotels haben in der Regel einen Fitnessraum, ein Schwimmbad und häufig auch einen eigenen Tennisplatz.

Sie sollten unbedingt versuchen, ein sportliches Ereignis live mitzuerleben. Je nach Jahreszeit bieten Sportarten wie Baseball, Basketball und Football bei größeren Spielen ein echtes Happening. Falls Sie gerade kein Stadion in der Nähe haben oder einfach nicht so recht loskommen, versuchen Sie es einmal in einem Pub, der meistens schon außen mit der Liveübertragung von Spielen wirbt (in jeder Ecke steht ein Fernseher). Stimmung kommt hier immer auf. Hilfreich ist, wenn man sich vorher ein bisschen mit den Regeln vertraut gemacht hat.

▶ GOLF
Golfplätze finden sich in den USA immer häufiger. Die schönsten Plätze in den Südstaaten gibt es mit Sicherheit entlang den Küsten, dort, wo Reisende Bade- und Golffreuden gleichzeitig genießen können. Häufig wurden ehemalige Plantagen zu luxuriösen Golfanlagen umgebaut, wie z.B. die Litchfield Plantation, oder große Hotels haben sich mit schönen Golfplätzen umgeben, wie z.B. das Mariott Resort in Panama City. Billig ist die Nutzung dieser Anlagen dann aber nicht und manchmal sind diese Golfplätze auch nur für Mitglieder des „Country Club" zugängig oder eine geringe Anzahl von Gästen. Günstiger spielen Sie da in einfachen Orts-Clubs, wo Sie gegen einen geringeren Gästebetrag auch auf Ihre Kosten kommen würden.

Ihnen hier eine Aufzählung der besten Plätze zu bieten, übersteigt den Rahmen dieses Buches (... und unserer Golfkenntnisse), aber in jedem größeren Buchladen finden sich zahlreiche Golfführer. Zudem informieren die Touristenämter ausführlich. Bei den großen Hotelanlagen aber haben wir Ihnen im Reiseteil eine entsprechende Empfehlung beigefügt.

▶ KANU-, KAJAK-, FLOSS- UND WILDWASSERFAHRTEN
Das Angebot ist riesig und für jede Alters- und Geschmacksrichtung ist etwas dabei.

Hier eine ausführliche Liste von Anbietern vorzustellen, ist also unmöglich. Das Beste ist somit, Sie erkundigen sich aktuell bei den lokalen Touristenbüros, was gerade angeboten wird. Um es vorweg zu nehmen: Es lohnt sich, und eine Bootsfahrt durch die Bayous wird mit Sicherheit einer der Höhepunkte Ihrer Reise durch den Süden darstellen.

Folgende Dinge sollten Sie für einen eintägigen Bootstrip mitnehmen bzw. bedenken:
▸ **Zusatzkleidung**, falls eine Garnitur nass wird
▸ ein **Handtuch** zum Abtrocknen

‣ **Badekleidung,** falls die Aussicht auf ein erfrischendes Bad besteht
‣ Sonnenhut, Sonnenbrille und **Sonnenschutz**creme
‣ **leichte Schuhe** für den Ausstieg in steinige Flussbetten
‣ Getränke (nicht zu wenig) und anderen **Proviant**
‣ Plastiktüten als **Nässeschutz**
‣ **Insektenschutzmittel** gegen Mücken

Überlegen Sie, ob Sie Ihren **Fotoapparat** mitnehmen wollen (dies ist nur empfehlenswert für Kanu- bzw. Paddeltouren, nicht für die Schlauchbootfahrten auf den Wildwassern). Beim Kentern könnte er nicht nur nass werden, sondern eventuell auch für immer in den Fluten untergehen. Wir schlagen vor, einen Apparat (z. B. einen älteren) mitzunehmen, diesen in einen wasserdichten Behälter oder Sack einzupacken und zusätzlich am Boot festzubinden.

Machen Sie sich vor dem Ablegen mit der Handhabung eines Kanus/Kajaks vertraut. Einer der häufigsten Fehler: Der Vordermann lehnt sich etwas nach außen und dreht sich um, um Ihnen etwas zu sagen. Sie lehnen sich zur gleichen Seite, um ihn besser zu verstehen. Das Boot bekommt schon eine kritische Seitenlage, und nun passiert es: Um nicht zu kentern, wollen Sie sich nun auch noch reflexartig in die gleiche Richtung abstützen – das war's dann!!

Eine nützliche Adresse in den USA: **American Canoe Association**, 1340 Central Park Blvd., Suite 210, Fredericksburg, VA 22401; ☎ 540-907-4460, 🖷 888-229-3792, www.americancanoe.org.

Wer sich bereits **zu Hause näher informieren** möchte und sich eine detaillierte Auflistung von Kanu-/Kajaktouren-Anbietern und Ausrüstern besorgen will, kann dies tun über: **Deutscher Kanu-Verband**, Bundesgeschäftsstelle, Bertaallee 8, Postfach 100315, 47055 Duisburg, ☎ (0203) 997590, 🖷 0203) 9975960, www.kanu.de. Unter den Buttons „Links", dann „DKV", dann „Nationale Verbände" finden Sie eine Auflistung internationaler Kanuverbände- und Organisationen. Wählen Sie einfach „USA".

 Buchtipp

*Das Buch „**Paddle America**", A Guide to Trips & Outfitters in all 50 States, von Nick Shears, Washington, gibt hervorragende Kurz-Informationen. Das Buch ist nach einzelnen Staaten aufgeteilt. Wanderrouten sind aber nicht enthalten, nur eine kurze Erläuterung, wo es interessant wäre, Touren zu machen.*

▶ REITEN
Eine einmalige Gelegenheit, die Natur zu erleben, bieten organisierte, eintägige sowie mehrtägige Reittouren, die bis zu einer Woche dauern können und in der Regel mit Übernachtungen im Zelt verbunden sind. Solche Touren werden entweder von speziellen Tourorganisatoren durchgeführt oder auch von einigen Ranches. Nähere Auskünfte darüber erteilen die regionalen Touristenbüros. Diese Ausritte erfordern nicht immer gute Reitkenntnisse (es gibt auch Touren für Anfänger), doch sollte man schon einmal auf einem Pferd gesessen haben.

Grundsätzlich ist der Süden der USA aber kein Eldorado für Reiter und nur selten bieten europäische Anbieter Reiterferien dort an. Die meisten Reittrips werden noch in den Smoky Mountains, Tennessee und teilweise Georgia angeboten.

Wer sich von Europa aus informieren und buchen möchte, kann es über die Internetseite von Pferd & Reiter, www.pferdreiter.de probieren. Schauen Sie einmal auf Angebote und Ziele in den USA. Über die Homepage www.pferdreiter.de können Sie auch Reiseberichte anklicken. Und wer schon mal im Internet schaut, kann auch mal auf der Seite www.pferde-links.de oder www.reiten-weltweit.de stöbern. Informationen erhalten Sie auch in den Zeitschriften „Pegasus" und „Pferd & Reiter".

> Reisebüros, die sich auf Reiterferien spezialisiert haben

Pferd & Reiter: Rader Weg 30a, 22889 Tangstedt, ☏ (040) 6076 690, 🖷 (040) 6076 6931, www.pferdreiter.de.

Argus Reisen: Alte Dorfstraße 44 a, 37120 Bovenden, ☏ (05594) 80 4949 0, 🖷 (05594) 80 4949 10551, www.argusreisen.de. Sehr gute Angebote für Ranchaufenthalte aller Art sowie Packtrips und Cattle Drives. Hauptsächlich aber Ziele im Südwesten.

Das Reisebüro **Selektiv Reisen** in Österreich hat sich u.a. auf Reiturlaube eingestellt. Stadtplatz 36, A-4600 WELS, ☏ (0043) (0)7242 26066, www.selektiv-reisen.at). Hier kann man aber auch aus Deutschland und der Schweiz buchen.

Reisebüro Pegasus: Herrenweg 60, CH-4123 Allschwil, ☏ 0800-505 1801 (kostenlos aus Deutschland), (0041) 61/303 3101 (aus Deutschland und Österreich), 🖷 (0041) 61/303 3100, www.reiterreisen.com. Auch hier können Sie aus Deutschland bzw. Österreich buchen – das wohl beste Reisebüro für Reiturlaube in den Südstaaten.

Sprache

Die amerikanische Sprache hat sich während der letzten 200 Jahre in vielen Punkten von der englischen Muttersprache entfernt, wenn auch die Grammatik relativ gleich geblieben ist. Hinzu kommen, wie in jedem Land, regionale Unterschiede in der Aussprache. Besonders die Akzente und der andere Sprachschatz der verschiedenen Bevölkerungsgruppen werden einem zu Beginn sehr fremd vorkommen. Doch nach einiger Zeit versteht man sie dann besser, als man zunächst für möglich gehalten hätte. Die Amerikaner neigen auch dazu, bestimmte Wörter so zu schreiben, wie sie sie sprechen (nite für night) oder ganz neue Wortschöpfungen zu bilden (*u* für *you*, *r* für *are*, *4sale* für *for sale* etc.).

Ein kleines Wörterbuch American / British English (siehe S. 627) enthält zur Orientierung eine kleine Auswahl von amerikanischen Worten, die sich vom Englischen unterscheiden.

Strände

Strände finden sich entlang der Golf- bzw. Atlantikküste, wobei sich die schönsten, aber auch meistbesuchten Strände in Florida befinden. Aufgrund des hier endenden südlichen Äquatorstromes und des Golfstromes ist das Wasser angenehm warm, und die Außentemperaturen ermöglichen eine mindestens 9 Monate dauernde Badesaison. Attraktiv ist auch das Baden in den zahlreichen Binnenseen und natürlich in den Flüssen.

Strom

In den USA sind 110 V Wechselspannung (60 Hz) üblich. Mitgebrachte Geräte müssen daher umgestellt werden. Achten Sie darauf, ob Ladegeräte auch für 110 Volt geeignet sind. Flachstecker sind üblich – Adapter müssen also zwischen gesteckt werden. Diese sind in Reiseausstattergeschäften in Europa sowie in Elektrogeschäften und Hardware Stores in den USA (Billiger!) erhältlich.

T · Taxi

Taxis werden in den USA manchmal auch als „yellow cab" (benannt nach einer der größten Taxifirmen des Landes) bezeichnet. Man kann Taxis entweder **telefonisch** bestellen, oder man steht an der Straße und **winkt eines herbei**. An den großen Hotels stehen sie auch häufig bereit und werden vom Türsteher (*doorman*) herbeigerufen. Mittlerweile gibt es in den USA eine **zentrale Rufnummer**, mit der Sie von überall die nächste Taxizentrale erreichen können: 1-800-USA-TAXI.

Da das öffentliche Verkehrsnetz in vielen Gegenden der USA doch zu wünschen übrig lässt, ist es durchaus üblich, auch kürzere Strecken mit dem Taxi zurückzulegen. Entfernungen von nur 1–2 km werden durchaus akzeptiert, da die Taxifahrer auf der Suche nach Fahrgästen sowieso in der Stadt hin- und herfahren (*cruising*). Neben einer **Grundgebühr** berechnet der Taxameter die gefahrenen Kilometer, wobei auch ein Zeitfaktor (z. B. bei Staus) berechnet wird. Nachts zahlt man zusätzlich noch einen Zuschlag. Wundern Sie sich also nicht, wenn der Preis für eine Strecke manchmal um 50 Prozent variieren kann. Preise sind am/im Taxi angeschlagen. Falls Sie das Gefühl haben beim Preis übervorteilt worden zu sein oder dass der Taxifahrer einen großen Umweg gefahren ist, gibt es Beschwerdemöglichkeiten. Sie können Sich entweder direkt an die Taxizentrale wenden oder bei der Stadtverwaltung anrufen. Dazu müssen Sie den Namen des Taxiunternehmens und die Nummer des Taxis angeben, also unbedingt die Nummer des Taxis notieren. Diese steht im Taxi angeschlagen. Grundsätzlich muss man aber sagen, hat man wenig Ärger mit Taxifahrern, und es ist eher interessant, wenn sich mit ihm/ihr ein Gespräch entwickelt.

Telefonieren

 Information

Vorwahlnummern für Gespräche von den USA
nach Deutschland   011 49 + Vorwahl (ohne 0) + Teilnehmernummer
nach Österreich   011 43
in die Schweiz   011 41

Vorwahlnummer von Europa in die USA
                         00 1 + Vorwahl (area code) + Teilnehmernummer

Bei allen Telefonaten innerhalb der USA muss erst eine „1" gewählt werden, dann der area code und anschließend die Teilnehmernummer. Die „1" ist in manchen Gegenden auch innerhalb eines Vorwahlbereiches notwendig. Gebührenfrei (toll free) innerhalb der USA sind Rufnummern, die mit 1-800, 1-888, 1-866 oder 1-877 beginnen.

Um ein Ferngespräch von einer Telefonzelle zustande kommen zu lassen, gibt es so einige Hürden. Zum einen ist es nicht immer einfach, eine zu finden. In den Eingangshallen der größeren Hotels gibt es sie oft noch. Zudem erweist es sich als sehr umständlich, über ein öffentliches Telefon mit einem Operator und genügend Münzkleingeld (das brauchen sie nämlich, besonders für Auslandsgespräche) ein Gespräch zu führen. In Hotelhallen oder an anderen geschäftigen Plätzen kann man mittlerweile auch öffentliche Telefone finden, die mit einer Kreditkarte funktionieren. Dazu müssen Sie vorweg einen bestimmten Code wählen, der auf dem Apparat aufgedruckt ist. Aber vorsichtig! Diese Telefonate sind extrem teuer.

Telefonieren aus dem **Hotelzimmer** ist natürlich die bequemste Art, sich mit Europa in Verbindung zu setzen. Auf dem Telefon sind alle nötigen Angaben aufgedruckt, meistens muss man eine „8" oder eine „9" vorwählen. Nur Achtung! Das Telefonieren vom Zimmer aus ist sehr teuer. Denn die Hotels müssen mit den Telefongebühren auch Ihre Telefonanlage finanzieren. Bereits ein 3-minütiges Ferngespräch innerhalb der USA kann so schon einige Dollar kosten.

 Tipp

Wer viel telefoniert, sollte sich an einem Kiosk, einem Supermarkt oder einer Drogerie eine Telefonkarte kaufen. Diese gibt es meist in Werten zu US$ 5, 10 und darüber. Auf ihr ist eine Nummer angegeben, die Sie anrufen, um über eine ebenfalls auf der Karte angegebenen Access Code Nummer, Ferngespräche führen können. Auslandsgespräche kosten so nur noch einige Cent pro Minute. Achten Sie aber darauf, für welche Gebiete die jeweilige Karte gilt und das sie nicht nur in dem Bundesstaat gilt, in dem Sie sich gerade aufhalten. Nennen Sie dem Verkäufer auch das Land, in das Sie hauptsächlich telefonieren wollen, auch da gibt es unterschiedliche Angebote.

Telefonnummern können in den USA auch über folgenden Weg in Erfahrung gebracht werden: Für gebührenfreie Nummern (z. B. Hotels und Fluggesellschaften) wählen Sie 1-800-555-1212. Sie müssen dann den Namen der Gesellschaft oder des Hotels nennen und die Nummer wird, von einem Computer gesteuert, angesagt. Für alle anderen Nummern wählen Sie eine „1", dann die Vorwahl des Ortes, in dem Sie eine Nummer suchen, dann 555-1212 und dasselbe passiert. Legen Sie sich einen Zettel und Schreiber zurecht, um die Nummer zu notieren.

▶ MOBILTELEFONE

Die meisten Handys (in Amerika cell phones genannt) funktionieren in den USA dann, wenn sie über ein Tripleband (Tri-Band) verfügen. Die Kosten mit einem deutschen Vertrag können bei Anrufen in und aus den USA ins Geld gehen, die Roaminggebühren liegen oft bei € 2–3 /Min.

Man sollte sich auf jeden Fall vor der Abreise bei seinem Anbieter über Handykosten in den USA erkundigen. Die hohen Roamingkosten können mit einer eigenen amerikanischen SIM-Karte vermieden werden. Die CallCompany GmbH vermittelt amerikanische SIM-Karten zum Einsetzen in das eigene Handy, das jedoch nicht für andere Anbieter gesperrt sein darf.

Man erhält eine amerikanische Rufnummer, unter der man für jeden erreichbar ist. Anrufer aus Deutschland können bereits für wenige Cent zu einer amerikanischen Cellion-Handynummer telefonieren (www.cellion.de).

Falls das Mobiltelefon **verloren geht** oder **gestohlen** wird, sollte man die Nutzung der SIM sofort beim Provider sperren lassen.

Trampen

Trampen in Amerika – „Thumbing a ride" oder „Hitchhiking" – hat in den letzten 20 Jahren deutlich abgenommen und ist nicht mehr sehr üblich. Häufig wird man aus Sicherheitsgründen gar nicht mehr mitgenommen. Die billigste Art vorwärts zu kommen, ist auch in Amerika nicht ganz ungefährlich. Trampen auf den Interstate Highways ist streng verboten, und die Strafen bei Nichtbeachtung sind gesalzen. Die Fahrer an Tankstellen u. Rastplätzen zu fragen, ist aber erlaubt. Es ist in den USA üblich, sich an den Benzinkosten zu beteiligen.

Trinkgeld

Das Trinkgeld („tip", „gratuity") gehört in den USA zur **Haupteinnahmequelle** der Bedienung und muss sogar in vielen Fällen von der Bedienung pauschal versteuert (!) werden, egal wie viel er/sie wirklich bekommen hat. Daher sollten Sie unbedingt daran denken, Trinkgeld zu geben (Ausnahme: Fastfood-Restaurants).

In der Regel gibt man 15 Prozent und auch höher, wenn der Service gut war. Am Tresen einer Kneipe wird häufig auch mehr gegeben wird, meist US$ 1 Trinkgeld für eine Runde oder zwei Bier. Ein Gepäckträger erwartet 50 cent bis US$ 1 pro Gepäckstück, je nach Größe der Koffer. Einem Zimmermädchen gibt man ca. US$ 1 pro Übernachtungstag, bei längeren Aufenthalten auch weniger. Auch Taxifahrer erwarten mindestens 15 Prozent Trinkgeld.

In manchen Fällen, vor allen Dingen wenn Sie in größeren Gruppen essen gehen, ist das Trinkgeld bereits im Preis inbegriffen. Dieses wird dann aber deutlich angezeigt auf der Speisekarte und ist auch auf der Rechnung notiert („service included").

i Information

Woher stammt der Begriff „Tip"?

In früheren Zeiten, als die Bars noch überlaufen und der Umgangston dort rauer war, stand auf dem Tresen ein großes Glas, in das die Kunden Geld eingeworfen haben, um bevorzugt bzw. schneller an das ersehnte Getränk zu gelangen. Der Barkeeper gab einem Gast schneller ein Bier, wenn der Gast halt Geld in dieses Glas geworfen hatte. Bei dem Gedrängel am Tresen ein üblicher Vorgang. Auf diesem Glas prangte ein Schild, auf dem ganz einfach stand: „To Improve Promptness", was später dann in „TIP" abgekürzt wurde.

Unterkünfte

An Unterkünften verschiedener Komfortklassen mangelt es in den USA nicht, selbst während der Hochsaison lässt sich meist noch irgendwo ein Zimmer finden. Ausnahmen bilden hier die Nationalparks, Wochenenden (besonders Juni–Oktober) und Zeiten, wenn spezielle Festivitäten in der Region abgehalten werden. Dann ist Vorbuchung selbst in der Nebensaison dringend zu empfehlen. Wenn Sie telefonisch im Voraus ein Zimmer reservieren möchten, halten Sie immer Ihre Kreditkarte bereit, denn meist wird eine Reservierung nur mit Kreditkartennummer angenommen. Falls Sie dann nämlich nicht erscheinen sollten, rechnet man Ihnen den Zimmerpreis trotzdem an! Geben Sie auch immer an, falls Sie nach 16 Uhr, vor allem nach 18 Uhr („late arrival") ankommen werden, ansonsten wird Ihr Zimmer vielleicht anderweitig vergeben und Sie haben im schlimmsten Fall keine Unterkunft. Geben Sie auch gleich an, ob Sie ein Raucher- („Smoking") oder Nichtraucherzimmer („Non-Smoking") haben möchten.

Bevor Sie ein Hotel fest buchen, fragen Sie vorher nach einem **Sondertarif**, der Ihnen häufig gewährt wird. Besonders an Wochenenden in den Städten oder in der Nebensaison wird man Ihnen oft entgegenkommen. Wenn Sie länger bleiben, fragen Sie nach Wochentarifen.

Bad/Dusche, Klimaanlage, Telefon und Fernseher gehören mittlerweile zum Standard, selbst bei den preisgünstigeren Hotels bzw. Motels. Bed-and-Breakfast-Unterkünfte (B&Bs) bieten diese jedoch nicht immer im eigenen Zimmer an.

Ein Schild *„Vacancy"* bedeutet, dass es noch freie Zimmer gibt, *„Sorry"* oder *„No Vacancy"* signalisiert, dass alles belegt ist.

Die Zimmerpreise sind bei einfacher oder doppelter Belegung fast gleich, und meist wird für ein Kind kein besonderer Aufpreis berechnet. In den meisten Zimmern stehen zwei Doppelbetten (*Double* oder *Queen size*, bis 1,40 m) zur Verfügung. In manchen Zimmern gibt es auch nur ein größeres (*King size*, 1,60-1,80 m) Bett. Wer zu zweit reist und mehr Platz benötigt, sollte aber allemal nach einem Zimmer mit zwei Betten fragen.

Frühstück ist normalerweise nicht im Preis inbegriffen, wird aber in Hotels in einem angeschlossenen Restaurant angeboten. Die Coffeeshops in den größeren Hotels bieten meist eine größere Auswahl zu einem geringeren Preis. Motels verfügen nicht alle über einen Frühstücksraum und fast nie ein Restaurant. Dafür sind Fastfood-Restaurants, Diner oder Coffeeshops ganz in der Nähe.

Beim Einchecken müssen Sie
- ein **Anmeldeformular** ausfüllen
- die **Kreditkarte** vorlegen oder den Zimmerpreis **im Voraus** bezahlen (häufig zzgl. einer Garantiesumme)
- in Stadthotels das **Fahrzeug in eine Garage** stellen lassen (kostet etwa US$ 15–25 pro Tag), wofür Sie ein spezielles Ticket erhalten. Die „Valet" Gebühr, d.h. das Trinkgeld sowie den dafür oft festgesetzten Standardtarif für den Fahrer, sparen Sie, wenn Sie beim Gepäckausladen darauf bestehen, das Auto selbst in die Garage zu bringen.

Beim Auschecken müssen Sie Ihre Rechnung unterschreiben, die eventuell noch Zusatzgebühren enthält (Telefongespräche, Sachen aus der Minibar etc.).

Einige Infos zu den einzelnen Unterkunftstypen

▶ HOTEL
Hier reicht die Skala von ganz einfach bis zum absoluten Luxus. Hotels sind meist teurer als andere Unterkunftstypen, da sie eine Reihe von zusätzlichen Serviceleistungen bieten (Kofferträger, spezielles Restaurant, Business-Center etc.) und oft im Stadtbereich sehr zentral liegen. Im Vergleich zu beispielsweise Kettenhotels besitzt ein so genanntes Boutique Hotel meist einen individuelleren Charakter und ist inhabergeführt.

▶ MOTEL
Sie liegen meist an den Hauptausfallstraßen und sind kaum zu verfehlen. Die an Ketten (z.B. Motel 6, Super 8, Comfort Inn etc.) angeschlossenen Häuser sind etwas teurer als privat betriebene, aber auch etwas besser. Private Motels sind teilweise sehr einfach, aber für eine Nacht durchaus noch zu akzeptieren. Nicht mehr bei allen Motels kann man sein Auto direkt vor der Tür parken, obwohl das meistens noch der Fall ist.

▶ INN
In der eigentlichen Bedeutung ein „Gasthaus", heute oft ein Haus der gehobenen Ansprüche.

▶ LODGES
Liegen meist in der Natur und sind rustikal eingerichtet.

▶ RESORT
Hierbei handelt es sich um ausgesprochene Ferienanlagen, die i.d.R. ruhig liegen und vor allem Sportprogramme und andere Freizeitaktivitäten (Golf, Tennis etc.) bieten. Meist teuer.

▶ GOLFRESORTS
Viele ehemalige Plantagen sind heute zu luxuriösen Golfanlagen mit historischer Übernachtungsstätte umfunktioniert worden. Oft auch mit Unterkünften in neu errichteten „Villas" (teilweise auch für Selbstversorger). Hier ist es natürlich teuer.

▶ COUNTRY CLUB
Häuser mit zumeist hohem Standard, oft einem Golfplatz/-club angeschlossen.

▶ FAMILY RANCHES
Ehemalige Ranches wurden zu Unterkünften umfunktioniert, die viele Freizeitaktivitäten (Reiten, Wandern etc.) anbieten. Sie können bis zu 40 Personen beherbergen. Da diese Ranches des Öfteren durch Konferenzen ausgebucht sind, ist eine rechtzeitige Buchung unbedingt wichtig. Der Mindestaufenthalt beträgt in der Regel 4–7 Tage, selten auch mal 2 Tage. Im Süden der USA sehr selten anzutreffen.

▶ DUDE RANCHES
Diese Ranches – im Süden ebenfalls kaum anzutreffen – sind luxuriöser eingerichtet, und sie haben sich z.T. dem Verband „Dude Ranches" angeschlossen. Die Preise sind mit einem Lu-

xushotel vergleichbar, wobei eine Reihe von Leistungen wie Mahlzeiten, Ausritte und andere Freizeitaktivitäten eingeschlossen sind. „Echtes" Farmleben ist hier aber die Ausnahme, meist wird die Ranch rein touristisch betrieben.

▶ BED & BREAKFAST

Anders als in England, handelt es sich bei den B&B-Häusern in der überwiegenden Zahl um gute bis luxuriöse Unterkünfte, die einen nostalgischen Touch haben, persönliche Betreuung einschließen, aber nur selten Familienanschluss bedeuten. Das Frühstück wird gemeinsam eingenommen. Die B&Bs sind häufig recht teuer. Diese Unterkunftsart ist besonders im Süden der USA sehr beliebt und die einzelnen B&Bs scheinen sich in Ambiente und Service immer wieder selbst zu übertrumpfen.

▶ JUGENDHERBERGEN

Meist teurer als in Europa, aber gut ausgestattet. Es gibt auch eine Reihe von privaten Jugendherbergen, die etwas günstiger sind.

i	Information

Hotel-Preiskategorien für Doppelzimmer

$	unter US$ 60
$$	US$ 60–110
$$$	US$ 110–160
$$$$	US$ 160–240
$$$$$	US$ 240 und mehr

	Hinweis

Die angegebenen Preisklassifizierungen für die in den Regionalen Reisetipps zu den einzelnen Orten und Städten genannten Unterkünfte können nur als ganz grober Richtwert angesehen werden, da sich die Preisgestaltung der einzelnen Hotels unter anderem nach Zimmergröße, Wochentag und Saison richtet. Eine Pauschalisierung ist in den USA also in keiner Weise möglich. Zudem werden sehr häufig Preisnachlässe und Discounts gewährt, die es aber auszuhandeln gilt. Die angegebenen Preisrichtlinien dürfen als obere Grenze angesehen werden und wurden gewählt, damit Sie keine bösen Überraschungen zu erwarten haben.

Buchungs- u. Infoadressen (1-800-Nummern sind in den USA kostenlos):

› YMCA / YWCA

YMCA of the USA, 101 North Wacker Dr., Chicago, IL 60606, ☏ 1-800-872-9622, www.ymca.net.

› Hostels

Hostelling International USA: National Administrative Office, 8401 Colesville Road, Suite 600, Silver Spring, MD 20910, ☏ (301) 495-1240, 🖷 (301) 495-6697, www.hius.org. Unter www.hostelworld.com gibt es Informationen zu Hostels weltweit.

▸ Camping
Kampgrounds of America: P.O. Box 30558, Billings, MT 59114, ☎ (406) 248-7444 und (406) 248-7414, www.koa.com. Die größte Vereinigung von Campingplätzen in Amerika.

▸ Ranches (wie bereits erwähnt befinden sich die meisten dieser Ranches im Westen und Süd-westen der USA)
The Dude Ranchers' Association, 1122 12th Street, P.O. Box 2307, Cody, WY 82414, ☎ 866-399-2339, 🖷 307-587-2776, www.duderanch.org. Unter www.duderanches.com finden Sie, nach Bundesstaaten, eine Liste von Dude Ranches.
Argus Reisen: Alte Dorfstraße 44 a, 37120 Bovenden, ☎ (05594) 80 4949 0, 🖷 (05594) 80 4949 10551, www.argusreisen.de. Sehr gute Angebote für Ranchaufenthalte aller Art sowie Packtrips und Cattle Drives. Hauptsächlich aber Ziele im Südwesten. Auch Tourpakete (Miet-wagen, Sightseeing u.a.) werden auf Wunsch organisiert und zusammengestellt.

▸ Hotels
Es gibt unzählige Internetseiten, über die Sie bereit von Europa aus Hotels Ihrer Wahl buchen können. Dieses lohnt sich besonders wegen der besseren Preisübersicht. Hier nur ein paar Beispiele: www.hotels.com, www.usa-hotel.de, www.hotelrates.com, www.hoteltravel.com, www.expedia.com.

Hotelketten
Die kostenlosen Telefonnummern gelten nur vom nordamerikanischen Telefonnetz aus.
Adam's Mark
☎ 1-800-444-2326, www.adamsmark.com –   hoch
America's Best Value Inn
☎ 1-888-315-2378, www.americasbestvalueinn.com –   niedrig
Best Western:
☎ 1-800-780-7234, www.bestwestern.com –   mittel
Budget Host
☎ 1-800-BUD-HOST, www.budgethost.com –   niedrig
Clarion Hotels
☎ 1-877-424-6423, www.clarionhotel.com –   mittel
Comfort Inns
☎ 1-877-424-6423, www.comfortinn.com –   mittel/teilweise niedrig
Courtyard by Mariott
☎ 1-800-321-2211, www.marriott.com/courtyard –   hoch
Days Inn
☎ 1-800-329-7466, www.daysinn.com –   mittel
Doubletree
☎ 1-800-222-8733, www.doubletree1.hilton.com –   hoch
Econo Lodges of America
☎ 1-877-424-6423, www.econolodge.com –   niedrig
Embassy Suites
☎ 1-800-362-2779, www.embassysuites1.hilton.com –   mittel bis hoch
Fairmont Hotels
☎ 1-800-257-7544, www.fairmont.com –   mittel
Four Seasons Hotels
☎ 1-800-819-5053, www.fourseasons.com –   hoch

Hampton Inn
☏ 1-800-HAMPTON, www.hamptoninn1.hilton.com –   niedrig bis mittel
Hilton Hotels
☏ 1-800-HILTONS, www.hilton.com –   teuer
Holiday Inns
☏ 1-888-HOLIDAY, www.holiday-inn.com –   mittel bis hoch
Howard Johnson
☏ 1-800-446-4656, www.hojo.com –   niedrig bis mittel
Hyatt Hotels & Resorts
☏ 1-800-233-1234, www.hyatt.com, –   hoch
Inns of America
☏ 1-800-826-0778, www.innsofamerica.com –   mittel
Intercontinental Hotels
☏ 1-877-424-2449, www.ichotelsgroup.com –   hoch
La Quinta Inns & Suites
☏ 1-800-SLEEP-LQ, www.lq.com –   niedrig bis mittel
Marriott Hotels
☏ 1-800-236-2427, www.marriott.com –   hoch
Le Meridien
☏ 1-800-543-4300, www.starwoodhotels.com/lemeridien –   mittel bis hoch
Motel 6
☏ 1-800-4-MOTEL-6, www.motel6.com –   niedrig
Omni Hotels
☏ 1-888-444-OMNI, www.omnihotels.com –   hoch
Quality Inns
☏ 1-877-424-6423, www.qualityinn.com –   niedrig bis mittel
Radisson Hotel
☏ 1-888-201-1718, www.radisson.com –   mittel bis hoch
Ramada Inns
☏ 1-800-727-6232, www.ramada.com –   mittel
Red Carpet Inn und **Scottish Inn**
☏ 1-800-251-1962, www.bookroomsnow.com –   niedrig
Red Roof Inns
☏ 1-800-RED-ROOF, www.redroof.com, –   niedrig, teilweise mittel
Renaissance
☏ 1-888-236-2427, www.marriott.com/renaissance-hotels –   hoch
Residence Inns by Mariotts
☏ 1-800-236-2427, www.marriott.com/residenceinn –   hoch
Ritz-Carlton
☏ 1-800-542-8680, www.ritzcarlton.com   hoch
Rodeway Inns
☏ 1-877-424-6423, www.rodeway.com –   niedrig bis mittel
Sheraton Hotels & Inns
☏ 1-800-325-3535, www.starwood.com/sheraton –   hoch
Sleep Inn
☏ 1-877-424-6423, www.sleepinn.com –   niedrig

Super 8 Motels
 1-800-800-8000, www.super8.com –   niedrig
Travelodge
 1-800-578-7878, www.travelodge.com –   niedrig bis mittel
Vagabond Inn
 1-800-522-1555, www.vagabondinn.com –   niedrig
Westin Hotels & Resorts
 1-800-937-8461, www.starwood.com/westin –   hoch
Wyndham Hotels & Resorts
 1-877-999-3223, www.wyndham.com –   hoch

V   Versicherung

Eine **Auslandskranken-** und **Unfallversicherung** ist unbedingt empfehlenswert. Achten Sie bei letzterer darauf, dass sie eine Rücktransportversicherung einschließt. Auch über eine Rücktrittsversicherung sollte nachgedacht werden.

 Tipp

Wer glaubt, die Versicherungen, die über die Kreditkarten laufen, decken alle Eventualitäten ab, sollte sich vor der Reise noch einmal über die Bedingungen informieren. Oft zahlen die Kreditkartenunternehmen bei einem Unfall nur dann, wenn die Reise bzw. der Mietwagen mit dieser Kreditkarte bezahlt wurden. Auch sollte der genaue Zeitraum der Versicherung geklärt werden, um sicher zu sein, dass der gesamte Urlaub abgedeckt ist.

Visum

Visumpflicht für die USA besteht für deutsche, österreichische und Schweizer Staatsbürger nicht, solange ihr Aufenthalt rein touristisch ist und nicht länger als 90 Tage dauert. Im Rahmen der visumsfreien Einreise benötigen Sie ab Januar 2009 jedoch eine Genehmigung über das elektronische Reisegenehmigungssystem (*ESTA*); siehe dazu mehr unter „Einreise".

Wer länger bleiben möchte, muss dieses bei den diplomatischen Vertretungen im Heimatland beantragen. Probleme gibt es dabei selten, und die Genehmigung wird durch ein spezielles Visum in der Regel komplikationslos ausgestellt.

W   Wäsche waschen

In den meisten größeren Hotels steht Ihnen ein 24-stündiger Wäschedienst zur Verfügung („laundry service" bzw. „valet service"). Selbst kleinere Häuser bieten diesen Service an, hier sollten Sie aber die Wäsche am Vortag bis mittags abgegeben haben, um sie am nächsten Morgen zurückzuerhalten, denn diese Wäsche wird oft außer Haus gewaschen.

Selbstversorger können auch auf die Waschautomaten-Salons zurückgreifen („laundromat"). Hierbei handelt es sich meistens um Geschäfte, in denen Sie an die 30 Wasch- und Trocken-maschinen vorfinden, die Sie mit Quarters (25c-Stücke) füttern müssen. Waschmittel können Sie hier auch erstehen. Diese Waschsalons finden Sie am ehesten im Stadtzentrum, hier meist im Wohngebiet des unteren Mittelstandes und auch in einer Reihe von Shopping Malls in den Vorstädten. Motels, besonders die der Franchiseketten, haben meistens auch einen Münz-waschautomaten („Coin Laundry") im Hause.

Zeit

Der Zeitabstand zu Europa ist generell der gleiche, da während unserer Sommerzeit in den USA auch die entsprechende Sommerzeit (daylight saving time) gilt. Nur in den Randmona-ten mag es sich etwas verschieben, da die Uhren in den USA im Frühling eine Woche früher und im Herbst eine Woche später umgestellt werden, so dass eine Woche lang ein größerer bzw. kleinerer Zeitunterschied besteht.

In den USA werden die Zeiten in „ante meridiem" (= vormittags, abgekürzt a.m.) und „post meridiem" (= nachmittags, abgekürzt p.m.) eingeteilt. So entspricht 6 a.m. unserer Morgen-zeit 6 Uhr, dagegen 6 p.m. unserer Abendzeit 18 Uhr. 12 p.m. ist 12 Uhr mittags und wird in Amerika meist „noon" genannt, um Verwechslungen zu vermeiden. Was bei uns 24 Uhr heißt, wird in den USA als „midnight" (12 a.m.) bezeichnet.

Im hier beschriebenen Reisegebiet gibt es zwei Zeitzonen. Siehe dazu unter „Zeitzonen":

Zeitzonen

In den USA gibt es vier „Standard" Zeitzonen: Eastern Time, Central Time, Mountain Time und Pacific Time. Im Süden der USA gelten folgende Zeitzonen:
Central Time: MEZ -7 Std. Gilt für Louisiana, Arkansas, Mississippi, Alabama, den größe-ren, westlichen Teil von Tennessee und schließlich den nordwestlichen „Panhandle" von Florida.
Eastern Time: MEZ -6 Std. Gilt für alle anderen Staaten und Gebiete des Reisegebietes.

Hier einmal ein Beispiel: Ist es in Deutschland 12 Uhr mittags, ist es in Atlanta, Georgia, erst 6 Uhr morgens und in New Orleans, Louisiana 5 Uhr morgens.

Zoll

 Hinweis

Die Ein- und Ausfuhr von fremden Währungen und der US-Währung sind unbeschränkt mög-lich. Allerdings müssen bei der Ein- und Ausreise alle Zahlungsmittel (Bargeld, Schecks u.ä.), die einen Gegenwert von mehr als US$ 10.000 haben, deklariert werden.

Einreise in die USA
Zollfrei sind alle Gegenstände des persönlichen Bedarfs. Außerdem dürfen zollfrei eingeführt werden:
‣ 200 Zigaretten, 2 kg Tabak oder 50 Zigarren
‣ 1 l alkoholische Getränke (pro Person ab 21 Jahre)
‣ Geschenke im Wert von US$ 100
‣ Zahlungsmittel im Wert von über US$ 10.000 müssen in den USA deklariert werden.
‣ Lebensmittel, besonders Frischwaren/Obst, sowie Pflanzen dürfen nicht eingeführt werden.

Wiedereinreise in Europa
Zollfrei sind alle Gegenstände des persönlichen Bedarfs. Außerdem dürfen bei der Wiedereinreise nach Deutschland und Österreich zollfrei eingeführt werden:
‣ 200 Zigaretten oder 100 Zigarillos oder 50 Zigarren oder 250 g Tabak;
‣ 1 l Spirituosen mit einem Alkoholgehalt über 22 Prozent oder 2 l Spirituosen mit einem Alkoholgehalt von höchstens 22 Prozent oder 2 l Schaumwein; 2 l Tafelwein (nur Personen über 17 Jahre);
‣ 500 g Kaffee oder 200 g Kaffeeauszüge (nur Personen über 15 Jahre);
‣ 50 g Parfüm oder 250 ml Eau de Toilette;
‣ Sonstige Waren im Gegenwert von € 430 (nur für den persönliche Gebrauch oder als Geschenk).

 Hinweis

Die Zollfreiheit der Waren hat zur Bedingung, dass sie im persönlichen Gepäck des Reisenden mitgeführt werden.

Bei der Wiedereinreise in die Schweiz dürfen zollfrei eingeführt werden:
‣ 200 Zigaretten oder 50 Zigarren oder 250 g Schnitttabak (Personen über 17 J.);
‣ 2 l alkoholische Getränke bis zu 15 Prozent Alkoholgehalt oder 1 l alkoholische Getränke über 15 Prozent Alkoholgehalt (Personen über 17 J.); sonstige Privatwaren im Gegenwert von 300 Schweizer Franken.

Einfuhrverbot
Betäubungsmittel, Elfenbein, Raubtierfelle, Absinth. Strenge Regelungen bestehen für die Einfuhr von Fleisch und Fleischwaren, Butter, Lebensmitteln, Tieren, Giften, Schusswaffen und Munition.

Beachten Sie: Der Zoll beschlagnahmt alle Souvenirs aus Tier- und Pflanzenprodukten ohne amtliche Begleitpapiere.

Regionale Reisetipps von A–Z

 Benutzerhinweis

Es wird ausdrücklich darauf hingewiesen, dass alle Angaben über Preise, Telefonnummern, Öffnungszeiten u.s.w. nur zum Zeitpunkt der Drucklegung gültig waren. Sie sind oft Änderungen unterworfen. Wir freuen uns über Hinweise auf Änderungen: info@iwanowski.de

i **Hotel-Preiskategorien/DZ** *(nur als Anhaltspunkt, sehr schwankend)*

$ ▸ unter US$ 60	$$$ ▸ US$ 110–160	$$$$$ ▸ US$ 240 und mehr
$$ ▸ US$ 60–110	$$$$ ▸ US$ 160–240	

A) Abbeville/SC (S. 483)

Unterkünfte
The Belmont Inn $-$$: *104 E. Pickens St., Abbeville, SC 29620,* ☎ *(864) 459-9625, www.belmontinn.net.; Haus aus der Jahrhundertwende, dessen Architektur eher an mediterrane Gegenden erinnert.*
Abbeville Opera House: *Karten über* ☎ *(864) 459-2157).*

Alexandria/LA (S. 618ff)

i **Information**
Alexandria-Pineville Area Convention & Visitors Bureau: *707 Main St., Alexandria, LA 71309,* ☎ *(318) 442-9546 oder 1-800-551-9546. www.louisianafromhere.com.*

Unterkünfte
Wegen der eher wenig ansprechenden Innenstadt von Alexandria empfehle ich Ihnen unbedingt, etwas außerhalb (16 Meilen südl.) zu übernachten auf der **Loyd Hall Plantation $$$$**: *292 Loyd Bridge Rd., Cheneyville, LA 71325,* ☎ *(318) 279-2335,* 🖷 *(318) 776-5886, www.loydhall. com. Anfahrt: I-49 nach Süden bis zum Exit 61, dann auf dem Hwy. 167 eine Meile nach Osten bis zur Ausschilderung. Hier nach Süden auf der Loyd Bridge Rd.*
Sollten Sie dennoch direkt in Alexandria übernachten wollen, wählen Sie am besten das zentral gelegene, wenn auch ziemlich langweilige **Holiday Inn (Alexander Fulton Hotel) $$-$$$**: *701 4th Street, Alexandria, LA 71301, (318) 442-9000,* 🖷 *(318) 442-0509, www.holidayinn.com. Ein normales Konferenzhotel der Mittelklasse. Entlang des* **MacArthur Drive** *finden sich Motels der üblichen Ketten.*

Restaurants
Cucos: *2303 MacArthur Dr. (südlich am I-71),* ☎ *(318) 442-8644. Gute mexikanische Gerichte in einfachem, aber sauberem Restaurant.*
Cajun Landing: *2728 MacArthur Dr.,* ☎ *(318) 487-4912. Ansprechendes Seafood-Restaurant in alt hergerichtetem Holzhaus. Auch die Bar ist zu empfehlen.*
Tunk's Cypress Inn: *Kincaid Lake, neun Meilen westlich entlang des Hwy. 28 W. (achten Sie auf das kleine Hinweisschild nach links und auf eine Coca-Cola-Reklame). Alligator-Gerichte, Austern, Fisch und Steaks in rustikalem Ambiente. Man kann auch mit Blick auf den See draußen sitzen. Faire Preise.*

Antebellum Trail/GA (S. 410)

Unterkünfte
Empfehlungen entlang dem Antebellum Trail
Antebellum Inn $$-$$$: *200 N. Columbia St., Milledgeville, GA 31061,* ☎ *(478) 454-5400, www.antebelluminn.com. B&B in „The Old Governor's Mansion" im Zentrum der Stadt. Schaukelstühle auf Porch, schöner Garten, Pool.*
Comfort Suites $$: *2621 N. Columbia St., Milledgeville, GA 31061,* ☎ *(912) 453-2212, www. choicehotels.com/hotel/GA537. Relativ günstiges und sauberes Motel.*
Farmhouse Inn B&B $$: *1051 Meadow Lane, 6 Meilen östlich von Madison, GA 30650,* ☎ *(706) 342-7933, www.thefarmhouseinn.com. Einmal etwas anderes: Unterkunft auf einer Farm. Separate Eingänge zu den Zimmern im Inn und eine Suite über der Scheune!*

Indian Springs State Park $$: *15 Meilem östlich des I-75, nahe Flovilla an der GA 42,* ☏ *1- (800) 864-7275 (Reservierungen) oder (770) 504-2277 (Park), www.gastateparks.org. Hier können Sie kleine Hütten mieten.*

Apalachicola und St. George Island/FL (S. 366ff)

i Information

Apalachicola Chamber of Commerce: *122 Commerce St.,* ☏ *(850) 653-9419, www. apala chicolabay.org. Geöffnet Mo–Fr 9.30–17 Uhr (geschl. 12–13 Uhr)*

Unterkünfte

St. George Inn $$-$$$: *135 Franklin Blvd., St. George Island (ziemlich in der Mitte der Insel),* ☏ *(850) 927-2903, www.stgeorgeinn.com. Historisches Haus im Südstaatenstil (Veranda mit Meeresblick etc.). Komplett renoviert, Pool und ein schönes Plätzchen, um mal einen Tag zu entspannen.*
Coombs House Inn $$-$$$: *80 6th St., Apalachicola, FL 32320,* ☏ *(850) 653-9199,* 🖶 *(850) 653-2785, www.coombshouseinn.com. Tolles B&B, untergebracht in zwei viktorianischen Häusern. Zimmer teilweise mit Blick auf die Bay. Achten Sie bei der Buchung darauf, kein Zimmer zur lauten Straße zu bekommen. Super-Frühstück und wer* **$$$-$$$$** *ausgeben möchte, der wohnt in der Suite mit Whirlpool.*
Gibson Inn $$-$$$: *51 Ave. C (100 Market St.), an der Brücke, Apalachicola, FL 32320,* ☏ *(850) 653-2191,* 🖶 *(850) 653-3521, www.gibsoninn.com. Ein herrliches, altes Landhotel – nun restauriert. Unten befinden sich ein gemütlicher Speiseraum sowie eine einladende Bar. Die Zimmer sind mit alten Möbeln ausgestattet. Super: die Suite.*
Port Inn $$$: *501 Monument Ave., Port St. Joe, FL 32456, (850) 229-7678, www.portinnfl.com. Sehr schönes, historisches Hotel im Stile des „Alten Floridas". 21 Räume, große Porge, Frühstück im Preis inbegriffen. Restaurant im Hause.*
Natürlich gibt es auch günstige Motels in Apalachicola, so z.B. das **Best Western Apalach Inn $$** *(249 Hwy. 98 West, (850) 653-9131).*

Austern- und Fischspezialitäten

Als die beste Adresse gilt das **Boss Oyster** *(125 Water St.,* ☏ *653-9364) am Marina Hotel, 2 Blocks entfernt vom „Gibson Inn". Gutes Cajun-Food sowie ausgesuchte Weine gibt es im* **Chef Eddie's Magnolia Grill** *(99 11th St.,* ☏ *653-8000). Hier sind vor allem die Seafood-Gumbo, die frischen Fischgerichte sowie die leckeren (aber deftigen) Kuchen zu empfehlen. In dem kleinen Ort* **Carabelle***, direkt* **vor** *der Brücke über den Fluss (US 98), befindet sich rechter Hand ein uriges Fischlokal:* **Julia Mae's***. Ein Tipp für einen günstigen Lunch. Wer sich nun abends noch unter die Einheimischen mischen möchte, der geht in die* **Roseate Spoonbill Lounge** *im Apalachicola River Inn (Übergeschoss) in der Water Street.*

Asheville/NC (S. 441ff)

i Information

Asheville Convention & Visitors Bureau (**Visitor Information Center**): *36 Montford Ave., Asheville, NC 28801,* ☏ *(828) 258-6101, www.ashevillechamber.com und www.exploreasheville.com.*

Unterkünft

Grove Park Inn Resort $$$$-$$$$$: *290 Macon Ave., Asheville, NC 28804,* ☏ *(828) 252-2711,* 🖶 *(828) 253-7053, www.groveparkinn.com. Erstklassige Resortanlage an einem Berg-*

A)

hang nördlich von Asheville. Gegründet 1913. Hier fühlten sich bereits Präsidenten, Könige und Industriemagnaten wohl. Großer Golfplatz, sehr gute Restaurants, schöne Zimmer und viele ausgesuchte Geschäfte. Hier allein könnte man Ferien machen. „The Blue Ridge Dining Room" empfiehlt sich übrigens als exquisite Dinner-Adresse.

*Um die preisliche Oberklasse für Asheville noch zu komplettieren, sei hier noch das **Inn on Biltmore Estate $$$-$$$$$** (1 Antler Hill Rd., Asheville, NC 28803, ☎ (828) 225-1600, 🖷 (828) 225-1629, www.biltmore.com) erwähnt. Es liegt auf dem Gelände der Estate selbst und ist auch nur für Hotelgäste zugänglich. Der Urenkel von George W. Vanderbilt hat dieses Inn geplant und für 34 Mio. Dollar bauen lassen. Edel, ein erstklassiges Restaurant etc. Aber wenn Sie nicht ein günstiges Doppelzimmer erhalten, dann wird es richtig teuer. Einziger Trost: Mit dem Hotelzimmer erhalten Sie auch ein kostenloses Ticket für die Besichtigung der Estate.*

Cedar Crest Victorian Inn $$$: *674 Biltmore Ave., Asheville, NC 28803, ☎ (828) 252-1389, 🖷 (828) 253-7667, www.cedarcrestvictorianinn.com. Bed & Breakfast in großer, historischer Mansion (ca. 1890), sehr schön eingerichtet und preislich akzeptabel. Das Haus wurde übrigens von Architekten entworfen, die auch Biltmore gebaut haben. Beachten Sie die große Eichenholztreppe, die Bleiglas-Fenster sowie die z.T. handgeschnitzten Möbel.*

Beaufort House Victorian Inn $$$: *61 N. Liberty St., Asheville, NC 28801, ☎ (828) 254-8334, 🖷 (828) 251-2082, www.beauforthouse.com. Bed & Breakfast. Etwas zentraler zur Innenstadt gelegen als das Cedar Crest (und ein bisschen billiger). Ebenfalls in einer historischen Mansion (1895) mit vielen Antiquitäten. Super-Frühstück!*

Old Reynolds Mansion $$-$$$: *100 Reynolds Heights, Asheville, NC 28804, ☎ (828) 254-0496,www.oldreynoldsmansion.com. Bed & Breakfast in Antebellum-Haus (ca. 1851). Schön, aber nicht ganz so edel wie die beiden o.g. B&Bs, dafür auch etwas günstiger. Pool im Garten.*

🍴 Restaurants

Blue Ridge Dining Room: *Das Restaurant im o.g. Grove Park Inn Resort (☎ 252-2711) bietet bessere amerikanische Küche, bei gutem Wetter Plätze auf der Veranda und das Ganze noch bezahlbar. Beliebt ist Freitagabend das Seafood-Buffet sowie der Sonntags-Brunch. Das edle Restaurant im Grove Park Inn, und eines der besten im weiten Umfeld ist das **Horizon's Restaurant** (☎ 252-2711). Die Speisen variieren hier (aber immer festgesetztes 3-Gänge-Menü). Zumeist Continental mit französischem Touch. Die Herren: Jacket u. Kragenhemd erwünscht!*

Vincenzo's: *10 N. Market St., ☎ 254-4698. Guter Italiener, vor allem beliebt wegen der großen Auswahl an Pasta-Gerichten.*

The Depot: *Sweeten Creek Rd. (im Biltmore Village), ☎ 277-7651. Kleines Restaurant mit Family-Dining-Küche im alten Bahnhof von Biltmore. Erwischen Sie einen Platz am Fenster, können Sie den Lokführern in den vorbeifahrenden Zügen zuwinken (sie winken sogar oft zuerst!).*

Café on the Square: *1 Biltmore Ave., ☎ 251-5565. Kleines Bistro-Restaurant mit avantgardistischem Touch. Amerikanische und französische Küche. Etwas überteuert, aber gut und dazu geeignet, die Leute auf dem Square zu beobachten.*

Athens/GA (S. 488ff)

𝒊 Information

Athens Welcome Center: *280 E. Dougherty St., ☎ (706) 353-1820, www.visitathensga.com.*

Unterkünfte

Rivendell Bed & Breakfast $$-$$$: *3581 South Barnett Shoals Rd., Watkinsville. 10 Meilen südöstlich von Athens, ☎ (706) 769-4522, 🖨 (706) 769-4393, www.rivendellbnb.com. Das Gebäude ist neu, aber geschmackvoll dem Tudor-Stil nachempfunden. In einem privaten Waldstück gelegen. Spazierwege.*

Magnolia Terrace $$-$$$$**: *277 Hill St., Athens, GA 30601, ☎ (706) 548-3860, 🖨 (706) 369-3469, www.bbonline.com/ga/magnoliaterrace. Inmitten des Cobbham Historic District, nahe dem Stadtzentrum. Große Mansion von 1912. 8 Zimmer (**$$-$$$**) und eine Suite (**$$$$). Mit vielen Antiquitäten eingerichtet.*

Zudem gibt es u.a. noch zwei Mittelklassehotels, das **Holiday Inn $$-$$$** *(197 E. Broad St., Athens, GA 30601, ☎ (706) 549-4433, www.hi-athens.com) sowie das* **Best Western Colonial Inn $$** *(170 N. Milledge Ave., Athens, GA 30607, ☎ (706) 546-7311, www.bestwestern.com/colonialinnathens).*

Restaurants

Weaver D's: *1016 East Broad St. Ein von außen unscheinbarer Deli-Shop hat sich mit ehrlichen, billigen aber durchaus herzhaften Hamburgern, Sandwiches und Soulfood zum Treffpunkt bekannter (u.a. die Gruppe R.E.M.) und unbekannter Musiker gemacht. Kein Candlelight-Dinner, dafür aber echtes Flair. Nur Lunch von Mo–Sa.*

Harry Bisset's New Orleans Café: *279 E. Broad St., ☎ 353-7065. In Form eines Pubs aufgezogenes unkompliziertes Restaurant mit einem Touch Snobismus. Die Küche beschränkt sich auf gutes Seafood und Pasta im Cajun-Stil.*

Musikclubs/Pub

Wider Erwarten ist die kleine Stadt Athens zu einer der (kleineren) Rockmusik-„Metropolen" Amerikas geworden. Zu verdanken hat sie dieses vornehmlich zwei mittlerweile weltbekannten Gruppen: R.E.M. und B 52's, die hier in alten Garagen ihre ersten Gigs gespielt haben. Ihre innovative Rockmusik, die zugegebenermaßen nicht jedermanns Sache sein mag, war wegweisend für andere Bands, und noch heute versuchen sich immer wieder neue Bands in einem der zahlreichen Clubs.

U. a. der bekannteste Club ist der **40 Watt Club**, *285 W. Washington St., ☎ (706) 549-7871.*

Der bekannteste Pub ist ohne Zweifel das **Globe** *(199 N. Lumpkin St./nahe Clayton St.), wo es neben 160 Biersorten auch eine ausgesuchte Whisky-Kollektion gibt.*

Atlanta/GA (S. 469ff)

Information

Es gibt 4 Informationsbüros für Atlanta (ACVB VISITOR INFORMATION CENTERS):

233 Peachtree Street: *Suite 100, Atlanta, GA 30303, Downtown, ☎ (404) 222-6688 bzw. 521-6600, www.atlanta.net.*

Underground Atlanta: *65 Upper Alabama St., Downtown, ☎ (404) 222-6688. Angeschlossen ist hier die „Heritage Row", ein Museum zur Stadtgeschichte. Dieses ist das beste Infocenter!*

Lenox Square Shopping Center: *3393 Peachtree Rd, Buckhead, ☎ (404) 266-1398.*

Hartsfield International Airport: *Im Atrium des „Main Ticketing Terminal". Hier erhalten Sie auch den „Atlanta Passport", der vergünstigten Eintritt in zahlreiche Attraktionen gewährt und auch viele aktuelle Infos bereithält.*

Über eine **„Hotline"** *des Touristenbüros werden Sie über Atlanta und sein aktuelles Veranstaltungsprogramm informiert: (404) 222-6699 oder von außerhalb der Atlanta Area gebührenfrei: 1-800-283-6699.*

Die **Tageszeitungen** „Atlanta Journal" und „Atlanta Constitution" informieren in der Sonnabendausgabe über das aktuelle Veranstaltungsprogramm.

 Wichtige Telefonnummern
Vorwahl: ☎ 404 und 770
Notruf Polizei/Feuer/Ambulanz: ☎ 911
Krankenhäuser (24-Std.-Dienst): Grady Memorial Hospital: 80 Jesse Hill Jr Dr., ☎ (404) 616-1000, Atlanta Medical Center: 303 Parkway Dr. NE, ☎ (404) 265-4000
Zahnarzt: Auskunft über ☎ (404) 636-7553
Wetteransage: ☎ (770) 603-3333

 Verkehr
AIRLINES
American: ☎ 800-433-7300
British Airways: ☎ 800-247-9297
Continental: ☎ 800-525-0280
Delta: ☎ 800-221-1212
Lufthansa: ☎ 800-645-3880
Northwest: ☎ 800-225-2525
United: ☎ 800-241-6522
USAir: ☎ 800-428-4322

Wie komme ich zum Flughafen?

Mit dem eigenen Auto: Der Hartsfield International Airport liegt 12 Meilen südlich der City und ist über den I-85 zu erreichen.
Shuttlebus: „Atlanta Airport Shuttle" fährt alle 20 Minuten in die Stadt und zurück (große Hotels) – nachts nur nach Absprache, Infos: ☎ (404) 524-3400
Stadtbusse/-bahnen: Die MARTA Rail (Southline) bringt Fluggäste im 18-Minuten-Takt in die City und weiter bis Buckhead. Abfahrtsorte in der City sind u.a.: Five Points, Peachtree Center und der Civic Center. Eine sinnvolle Busverbindung gibt es nicht vom Airport in die Stadt mit MARTA. Infos: ☎ (404) 848-5000, www.itsmarta.com.
Taxi: Ein Taxi vom Flughafen in die City kostet ab US$ 25.

ÖFFENTLICHE VERKEHRSMITTEL

Amtrak: Brookwood Station, 1688 Peachtree St., NW, am I-85, 3 Meilen nördlich der Downtown. Tägliche Verbindungen nach New York, Washington, New Orleans und Chattanooga. Infos: ☎ (404) 881-3060 od. 1-800-872-7245.
Überlandbusse: Greyhound/Trailway, 232 Forsyth St., Downtown, Infos: ☎ (404) 584-1728 od. 1-800-231-2222
Stadtbusse/Nahverkehr: In Atlanta sollten Sie im Innenstadtbereich auf die Benutzung eines Mietwagens verzichten. Auch von Buckhead in die Innenstadt sind die öffentlichen Verkehrsmittel die sinnvollere Alternative zum Auto. Atlanta verfügt über ein gutes U- und S-Bahnnetz, MARTA genannt (Metropolitan Rapid Transit Authority). Zentraler Knotenpunkt für die S-/U-Bahn in der Innenstadt ist Five Points (Innenstadt, am Atlanta Underground). Im Rhythmus von 9 Minuten sind die Bahnhöfe verbunden. Das Streckennetz verläuft in einer Nord-Süd (vom Airport bis nach Buckhead, North Springs und Doraville)- und einer Ost-West-Achse (von Hamilton E. Holmes im Westen bis Indian Creek im Osten). Daneben gibt es das MARTA-Bussystem, das quasi alle Stadtteile und Außen-

A

bezirke verbindet. Umsteigen von Bahn zu Bus bzw. andersherum ist kostenlos, aber an manchen Stationen schwer nachzuvollziehn. Leider gibt es keine vergünstigten Tagestickets, nur Wochenendtickets. Infos: ☎ (404) 848-5000, www.itsmarta.com.

TAXIS
Checker Cab: ☎ (404) 351-1111
Yellow Cab: ☎ (404) 521-0200

MIETWAGEN
Alle Mietwagenfirmen unterhalten Niederlassungen am **Hartfield Int. Airport**. Stationen in der Stadt befinden sich meistens in großen Hotels. Infos darüber unter den u.g. Telefonnummern (alle Vorwahl 404).
Alamo/National: ☎ 768-4161
Avis: ☎ 530-2725
Budget: ☎ 530-3000
Dollar: ☎ 766-0244
Hertz: ☎ 530-2925

 Sehenswertes (Auswahl)
CNN Center, Ecke Marietta Street und Techwood Drive. ☎ (404) 827-2300, www.cnn.com/StudioTour. Führungen: täglich 9–17 Uhr, Dauer 45 Minuten. Reservierung ist unbedingt empfehlenswert, mind. einen Tag im Voraus. Für einen saftigen Aufpreis können Sie übrigens auch eine VIP-Tour mitmachen, die ca. 1,5 Stunden dauert und bei der man näher ans Geschehen gelangt.

 Touren

 Hinweis

Diese Touren (und viele mehr) können Sie auch über die o.g. Visitor Bureaus buchen.

Gray Line of Atlanta: ☎ (770) 449-1806. Stadtrundfahrten aller Art.
Atlanta Preservation Center: 156 7th St., Suite 3, ☎ (404) 876-2040 oder 688-3353, www.preserveatlanta.com. Verschiedene themenbezogene Spaziergänge durch die historischen Gebiete der Stadt (April bis November).

 Unterkünfte
HOTELS (Downtown und Midtown)

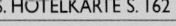
S. HOTELKARTE S. 162 ⓘ

☞ **Tipp**

Während der Wochenenden bieten insbesondere die Innenstadthotels äußerst attraktive „Weekend-Rates". So kann von Freitag bis Sonntag ein Doppelzimmer in einem 3-4-Sterne-Hotel schon mal für US$ 80 zu bekommen sein.

The Ritz-Carlton Atlanta $$$$-$$$$$ (1): 181 Peachtree St. NE, Atlanta, GA 30303, ☎ (404) 659-0400, 🖨 (404) 688-0400, www.ritzcarlton.com. Das Luxushotel der Innenstadt. In

Buckhead · 9 · Dahlonega, Gainesville, Greenville
Chattanooga
75 · 85

Atlanta
Innenstadt und Midtown

ATLANTIC
STATION
17th Street

Spring Street
Arts
Center

ANSLEY
PARK

Piedmont Road

MORNINGSIDE

Monroe Drive

N

Atlanta
West
9 · 19

14th Street
Piedmont
Park

North Highland Avenue

MIDTOWN

State Street

10th Street

Midtown

Spring Street

W. Peachtree Street

Peachtree Street

10th Street

Charles Allen Road

Virginia Avenue

VIRGINIA-
HIGHLAND

11

6th St.

278 · 78 · 29 · 8

10

LITTLE
FIVE
POINTS

5

Ponce de Leon Ave.

North Avenue

North Avenue

Mapleton

North Avenue

Piedmont Avenue

Courtland

Glenris Drive

Freedom Parkway

Marietta Street

Alexander

Simpson St.

Peachtree Center

Civic Center

Ralph McGill Boulevard

Baker Street

INMAN
PARK

Decatur

Harris Street

2 · 3

Inter.
Peachtree
Center

75

85

WCC

8

4

Boul.

Ellis St.

SWEET
AUBURN

Irwin Street

Jackson Street

Georgia Dome
Philips
Arena

7

1

DOWNTOWN

Auburn   Ave.

Edgewood Avenue

GWCC

Five Points

Decatur Ave.

Piedmont Ave.

King Mem.

Dekalb Avenue

Mitchell St.

Martin Luther King

GA ST.

Birmingham

Garnett

Peachtree Street

Central Ave.

Drive

Memorial Dr.

Hill Street

20

Fulton Street

Macon,
Montgomery,
Savannah

Capital Avenue

Hill Street

© graphic

	Hotels
1	Ritz Carlton-Atlanta
2	Hyatt Regency
3	Mariott Marquis
4	Westin Peachtree Plaza
5	Georgian Terrace
6	Best Western Inn at the Peachtrees
7	Quality Hotel
8	Holiday Inn Downtown
9	Hotels in Buckhead
10	The Gaslight Inn
11	The Shellmont

plüschiger Atmosphäre befinden Sie sich bereits in den Aufenthaltsräumen der Lobbys, und die
meisten Zimmer sind auch im Stil des 19. Jh. eingerichtet und haben ein Badezimmer aus
Marmor. Übrigens hat der Hotelkonzern Ritz-Carlton sein Hauptquartier in Atlanta.

Hyatt Regency $$$$ (**2**): 265 Peachtree St. NE, Atlanta, GA 30303, ☎ (404) 577-1234, 🖷
(404) 588-4812, www.hyatt.com. Luxushotel in der Innenstadt. Die eindrucksvolle Atriumhalle (riesige Lobby, Glasaufzüge, Springbrunnen und Restaurant) geht über 23 Stockwerke.

Mariott Marquis $$$$ (**3**): 265 Peachtree Center Ave., Atlanta, GA 30303, ☎ (404) 521-0000,
🖷 (404) 586-6299, www.marriott.com. Modernes Luxushotel, dessen 48-stöckige Atriumhalle die
größte Hotelhalle der USA bildet.

Westin Peachtree Plaza $$$-$$$$ (**4**): 210 Peachtree St./International Blvd., Atlanta, GA 30343,
☎ (404) 659-1400, 🖷 (404) 589-7424, www.westin.com. Imposanter Bau mit einer blitzenden
Glasfassade, welche die Skyline von Atlanta beherrscht. Mit 73 Stockwerken ist es das höchste
Hotelgebäude der USA. Gute Aussicht haben Sie ab dem 50. Stock. Auf dem Dach gibt es ein
Schwimmbad, eine Lounge und ein Restaurant. Das sich drehende „**Sun Dial Restaurant**"
(72. Stock) zählt zu den besseren Restaurants der Stadt.

Georgian Terrace $$-$$$ (**5**): 659 Peachtree St., Atlanta, GA 30308, ☎ (404) 897-1991, 🖷
(404) 724-9116, www.thegeorgianterrace.com. Historisches 320-Zimmer-Hotel gegenüber dem
Fox Theatre. Nur Suiten. Tolle LobbyDer Tipp für diejenigen, die einmal etwas anders wohnen
möchten.

Best Western Inn at the Peachtrees $$ (**6**): 330 W. Peachtree St., Atlanta, GA 30308, ☎ (404)
577-6970, www.bestwestern.com. Motel nahe der Stadtmitte. Relativ große Zimmer. Ein seltener
Komfort: Das Parken ist kostenlos und das Frühstück inbegriffen.

Quality Hotel $$ (**7**): 89 Luckie St., N.W., Atlanta, GA 30303, ☎ (404) 524-7991, www.choi
cehotels.com. Ruhiges und einfacheres Innenstadthotel.

Holiday Inn Downtown $$ (**8**): 101 Andrew Young International Blvd., Atlanta, GA 30303, ☎
(404) 524-5555, 🖷 (404) 221-0702, www.holiday-inn.com. Relativ modernes Motel inmitten der
Innenstadt. Kein Luxus, aber sauber und ansprechend.

HOTELS in Buckhead (**9**)

In Buckhead gibt es neben den unten genannten eine Reihe von **$$$-$$$$**-teuren Luxushotels.

J.W. Mariott $$$$: 3300 Lenox Rd. N.E., Atlanta (Buckhead), GA 30326, ☎ (404) 262-3344, 🖷
(404) 262-8689, www.marriott.com. Großes, modernes Hotel am Lenox Square, günstiger als die
meisten anderen Luxushotels des Stadtteils. Sehr guter Service. Nahe der MARTA-Station.

Embassy Suites – Atlanta Buckhead $$$: 3285 Peachtree Rd, Atlanta (Buckhead), GA 30305, ☎
(404) 261-7733, 🖷 (404) 261-6857. Geräumige Zimmer-Suiten. In der Nähe der Lenox Square
Mall in Buckhead.

Doubletree Hotel Atlanta/Buckhead $$-$$$: 3342 Peachtree Rd., Atlanta (Buckhead), GA
30326, ☎ (404) 231-1234, 🖷 (404) 231-5236, www.doubletree.com. Sauberes Hotel mit relativ geräumigen Zimmern. Nahe der MARTA-Station.

Sierra Suites Lenox North $$-$$$: 3967 Peachtree Rd., Atlanta/Brookhaven, GA 30319, ☎
(404) 237-9100, 🖷 (404) 237-9100, www.sierrasuites.com. Einfache Studio-Suiten mit kleiner
Küche. Nahe der MARTA-Station.

BED & BREAKFAST-HÄUSER

Zentrale **Buchungsstelle** für Bed&Breakfast-Häuser in und um Atlanta ist: **Bed&Breakfast Atlanta**,
1801 Piedmont Ave., Suite 208, Atlanta, GA 30324, ☎ (404) 875-0525, www.bedandbreakfastat
lanta.com. Empfehlenswerte Häuser wären:

A

The Gaslight Inn (**10**), *1001 St. Charles Ave. NE, (404) 875-1001, www. gaslightinn.com; unge-wöhnliches Inn in einem Haus von 1913, im Virginia Highlands-Viertel (Shops und Restaurants).*

The Shellmont $$-$$$$ (**11**): *821 Piedmont Ave., Atlanta, GA 30306, ☏ (404) 872-9290, 📠 (404) 872-5379, www.shellmont.com. Das viktorianische Gebäude von 1891 steht unter Denk-malschutz. Zimmer mit Antiquitäten (bzw. Repliken) ausgestattet. Nur 5 Zimmer und 2 Suiten, daher oft ausgebucht. Einst von einem der besten Architekten Atlantas, W.T. Downing, erbaut. Der Name entstammt übrigens zwei Tatsachen: dem Muschelmuster an der Fassade und der Lage in Piedmont.*

Beverly Hills Inn $$$-$$$$: *65 Sheridan Dr. N.E., Atlanta (Buckhead), GA 30305, ☏ (404) 233-8520, www.beverlyhillsinn.com. Haus von 1929. Die meisten Zimmer haben einen eigenen Balkon. Außerdem kleine Küchen und eine ausgesuchte Bücherei – auch Zeitungen. Alte Möbel.*

🍴 Restaurants   ╭─ S. KARTE S. 165 ──────────── ⓘ ─╮

Die Restaurantvielfalt von Atlanta kann sich ohne Frage mit der anderer großer US-Städte messen – wenn auch nicht mit der von New Orleans. Leider sind die Preise aber auch ziemlich hoch. Entscheiden Sie sich bei einem 2-tägigen Aufenthalt am besten für ein teures Dinner und einen „Sparabend".

Restaurants aller Art (vom Coffee-Shop bis zu Fine-Dining) gibt es in **Virginia-Highland** (**1**) *(nördl. der Ponce de León Ave. bis zur Virginia Ave. entlang der N. Highland Ave.). Hier finden „Abenteuer-lustige" bestimmt etwas.*

The Abbey (**2**): *163 Ponce de León Ave. NE (bei Piedmont Rd. & North Ave., Midtown), ☏ (404) 876-8532. In einer ehemaligen Kirche bedienen Kellner in Mönchskutten. Französische Küche, be-gleitet von Harfenmusik. Gute Weinkarte – teuer.*

Alfredo's (**3**): *1989 Cheshire Bridge Rd., ☏ (404) 876-1380. Unkomplizierte Atmosphäre und echte italienische Küche. Gute Weine aus der Karaffe. Der Tipp für italienisches Essen ohne Schnick-schnack. Pizza gibt es aber nicht, dafür um so bessere Pastagerichte.*

Maggiano's Little Italy (**4**): *3368 Peachtree Rd. N.E., Buckhead, ☏ (404) 816-9650. Großes, sehr gutes italienisches Restaurant. Etwas teurer als Alfredo's und vornehmeres Ambiente. Unbedingt Tisch reservieren. Eine Empfehlung für diejenigen, die in Buckhead übernachten und nicht mehr fahren möchten. Schöne und belebte Bar.*

Sun Dial Restaurant (**5**): *Im Hotel Westin Peachtree Plaza, 210 Peach St., Downtown, ☏ (404) 589-7506. Das Essen ist recht gut (amerikanisch), aber hervorzuheben sei hier vor allem die Aus-sicht vom 72. Stockwerk. Das Restaurant dreht sich (50 Minuten für eine ganze Umdrehung).*

ⓘ Restaurants

1 Restaurants in Virginia-Highland
2 The Abbey
3 Alfredo's
4 Restaurants in Buckhead
5 Sun Dial Restaurant
6 Dailey's Downtown
7 Ray's on the River
8 The Varsity
9 Max Lager's American Grill & Brewery
10 Harlem Bar
11 Rolling Bones Drive Thru

🛍 Einkaufen

1 Peachtree Center
2 Underground Atlanta
3 Lenox Square Mall
4 Little Five Points
5 Virginia-Highland
6 Dekalb Farmers Market
7 Atlanta State Farmers Market
8 Five Points Fleamarket
9 Discover Mills Mall

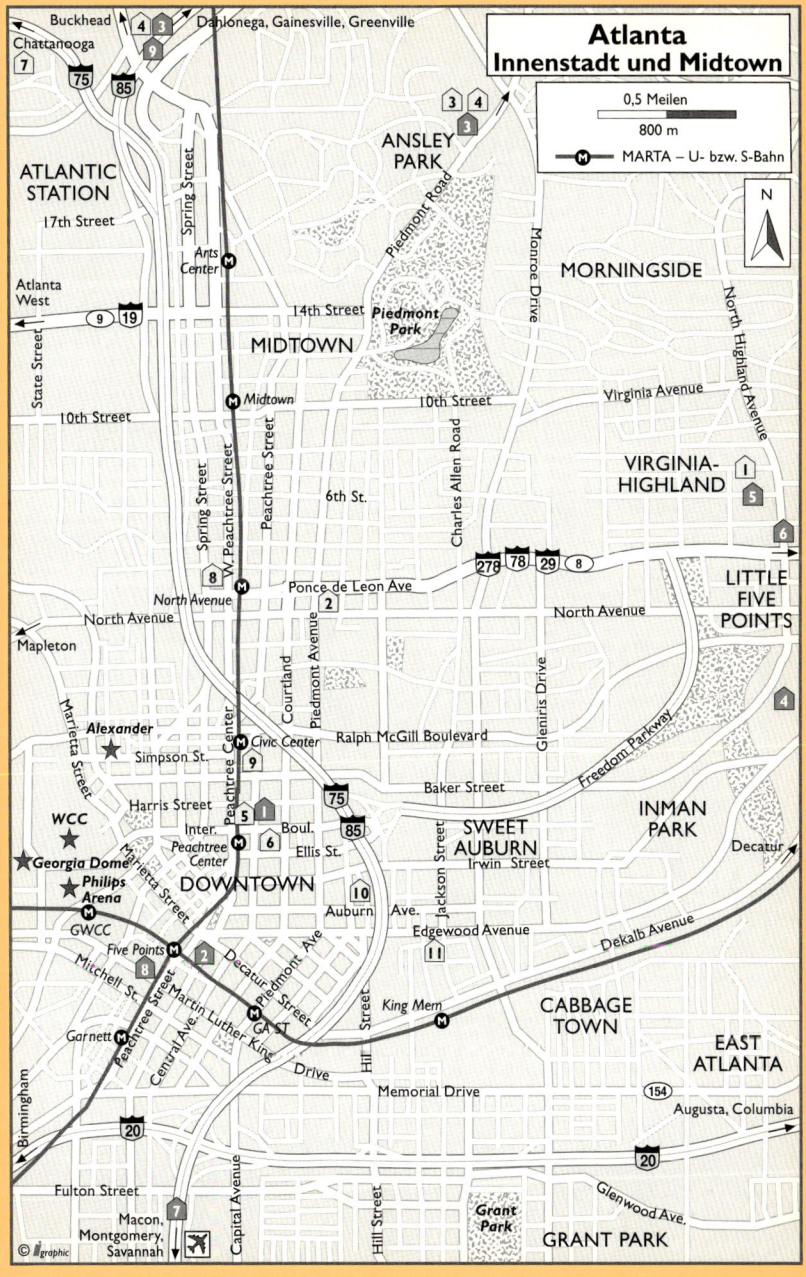

Buckhead

Chattanooga

Dahlonega, Gainesville, Greenville

**Atlanta
Innenstadt und Midtown**

0,5 Meilen

800 m

MARTA – U- bzw. S-Bahn

N

ATLANTIC
STATION

17th Street

ANSLEY
PARK

MORNINGSIDE

Arts
Center

Atlanta
West

14th Street

Piedmont
Park

MIDTOWN

Virginia Avenue

10th Street

Midtown

10th Street

VIRGINIA-
HIGHLAND

6th St.

Spring Street

W. Peachtree Street

Peachtree Street

State Street

Piedmont Road

Monroe Drive

North Highland Avenue

Charles Allen Road

North Avenue

North Avenue

Ponce de Leon Ave

North Avenue

LITTLE
FIVE
POINTS

Mapleton

Courtland

Piedmont Avenue

Gleniris Drive

Freedom Parkway

Marietta Street

Alexander

Simpson St.

Civic Center

Ralph McGill Boulevard

INMAN
PARK

Baker Street

Harris Street

SWEET
AUBURN

Decatur

WCC

Inter.
Peachtree
Center

Boul.

Ellis St.

Irwin Street

Georgia Dome

Philips
Arena

DOWNTOWN

Auburn Ave.

Jackson Street

GWCC

Edgewood Avenue

Five Points

Mitchell St.

Decatur

Dekalb Avenue

Garnett

GA ST

King Mem

CABBAGE
TOWN

EAST
ATLANTA

Peachtree Street

Central Ave.

Martin Luther King

Piedmont Ave.

Decatur Street

Hill Street

Drive

Memorial Drive

Augusta, Columbia

Birmingham

Fulton Street

Macon,
Montgomery,
Savannah

Capital Avenue

Hill Street

Grant
Park

Glenwood Ave.

GRANT PARK

© igraphic

A

The Dining Room (4): *Ritz-Carlton, Buckhead, 3434 Peachtree Rd., ☎ (404) 237-2700. 5 Diamond-Stars und eine Aufnahme im „Guide Michelin" sprechen für die Qualität (und den Preis). Fine Dining der Extraklasse! Entsprechende Garderobe ist angesagt.*

La Grotta Ristorante Italiano (4): *2637 Peachtree Rd. N.E., in Buckhead, ☎ (404) 231-1368. Exquisite norditalienische Küche im Keller eines Apartmenthauses. Bewahren Sie sich unbedingt noch etwas Appetit für die erstklassige Tiramisu hinterher. Teuer. Zum Dinner Schlips und Jackett erwünscht.*

Buckhead Diner (4): *3073 Piedmont St. (Buckhead), ☎ (404) 262-3336. Großer Diner. Hier blitzt der Chrom und leuchtet das Neonlicht. Wenn auch modern, eine wirkliche Diner-Erfahrung!*

Dante's Down the Hatch (4): *3380 Peachtree Rd. N.E., Buckhead, ☎ (404) 266-1600. Gepflegte Atmosphäre. Das Dekor ist einem Schiff aus dem 18. Jh. nachempfunden, die Spezialität des Hauses sind dagegen ausgesprochen schmackhafte Fonduegerichte. Zu diesen beiden unterschiedlichen Punkten gesellt sich nun an 6 Tagen in der Woche noch Live-Jazz. Ist schon einen Besuch wert, aber auch recht teuer. Unbedingt reservieren.*

Dailey's Downtown (6): *17 Andrew Young International Blvd./nahe Peachtree St., Downtown, ☎ (404) 681-3303. Unkomplizierte Atmosphäre in umgebautem Lagerhaus. Gemischte Küche (u.a. Lamm, Pasta u. Fischgerichte). Leckere Dessertbar. Abends Pianomusik. Oft Livemusik in der angeschlossenen Bar.*

Ray's on the River (7): *6700 Powers Ferry Rd. am Chattahoochee (11 Meilen von der Downtown), ☎ (770) 955-1187. Täglich werden frische Meeresfrüchte eingeflogen. Zum Dinner gibt es Live-Jazzmusik (Di–Sa). Blick auf den Fluss.*

The Varsity (8): *61 North Ave., Midtown. Riesiger Drive-In-Fast-Food. Mehr als 150 Parkplätze und 300 Sitzgelegenheiten. Ein echter amerikanischer Hamburger-Tempel, der überregional bekannt ist. Der Chili Dog ist hier die Spezialität. Schmeckt auch gut – es bedarf nur eines gewissen Geschickes, ihn kleckerfrei zu vertilgen. Größter Drive-In der Welt!*

Max Lager's American Grill & Brewery (9): *320 Peachtree St., Downtown, ☎ (404) 525-4400. Großer Brewpub mit Grill- und Fischgerichten sowie Pizzas. Voll nach Büroschluss, ab 19.30 Uhr wird es leerer.*

Harlem Bar (10): *Edgewood Ave. SE/Bell St. NE, Sweet Auborn, ☎ (404) 588-0014. Echtes Soulfood in Südstaaten-Ambiente. Lassen Sie sich nicht von der Umgebung abschrecken. Oft Livemusik.*

Rolling Bones Drive Thru (11): *Ecke Edgewood/W. Holmes Borders Jr., Sweet Auborn. BBQ-Gerichte (geräuchertes Fleisch). Echt, authentisch. Gut für den Lunch-Snack nach Besichtigung der Martin Luther King Gedenkstätten.*

Pubs/Livemusik/Nightlife

Eine Stadt wie Atlanta hat natürlich etwas zu bieten für die Nachteulen. Musikalische Leckerbissen gibt es aber nur sehr selten, besonders was Jazz und Blues angeht. Die Musikszene ist doch sehr geprägt von neueren Rhythmen bzw. Rock. Mit Stolz aber wird behauptet, es gäbe mehr Saloons in der Stadt als Kirchen. Um das Angebot wahrzunehmen, müssen Sie schon Ihr Auto bemühen, denn die Tavernen, Saloons und Jazzkneipen befinden sich verstreut über die ganze Stadt. Zwei „zentrale" Gebiete fürs Nachtleben sind:

*Die **Peachtree Road** N.E. in Buckhead (nördl. des I-85, besonders dort, wo Peachtree Rd. und Roswell Rd. sich treffen). Für alle Geschmäcker, aber besonders die jüngeren Leute. Hier gibt es Thai-Restaurants, irische Pubs, das ESPN Sportsbar Center, Upscale Martini Bars u.v.m.*

*Das Gebiet entlang der **Highland Avenue** NE zwischen den Blocks 800-1100. Hier gehen eher die „Locals" und die Kenner hin.*

Infos *über Livemusik und Veranstaltungen finden Sie in den Sonnabend-Ausgaben der Zeitungen* (**A**
und in dem kostenlosen Veranstaltungsblatt „Creative Loafing", das vielerorts ausliegt.

PUBS (siehe auch unter „Restaurants")

Fadó: *3035 Peachtree Rd. N.E./Ecke Buckhead Ave. (Buckhead),* ☎ *(404) 841-0066, www.fado
irishpub.com Riesiger irischer Pub, dessen Atmosphäre besonders abends einen Besuch wert ist.
Denn dann sitzen hier Banker, Handwerker und „Hallodris" gemeinsam beim frisch gezapften Guin-
ness und oft wird ab 22 Uhr auch Livemusik geboten. Übrigens gibt es wirklich gute und authentische irische Pubgerichte hier.*

Manuel's Tavern: *602 N. Highland Ave.,* ☎ *(404) 525-3447, www.manuelstavern.com. Ein alter
Saloon, wie man ihn heute nicht mehr häufig findet in Amerika: mit Studenten, Möchtegern-Künst-
lern, Handwerkern und Bankern – alle vereint an einem Tresen. Alte Fotos dekorieren die Wände.*

Atkin's Park: *794 N. Highland Ave. N.E.,* ☎ *(404) 876-7249. Sehr beliebter Neighbourhood-Pub.
Oft voll und auch hier hängen historische Fotos aus.*

LIVEMUSIK

Pal's Lounge: *Ecke Auborn/Bell Sts.. Blues und Jazz-Kneipe. Sehr einfach und nicht jeder mag abends
in den Sweet-Auburn-District fahren. Aber nahe der Polizeistation und überhaupt in einem mittlerweile relativ sicheren Gebiet ist es doch den Versuch wert. Leider wird aber nicht jeden Abend
Livemusik gespielt und telefonische Anfragen gibt es nicht. Am besten, Sie fragen bei ihrem Besuch
des Viertels am Tage schon mal nach.*

Harlem Bar: *Edgewood Ave. NE /Bell St. NE, Sweet Auborn,* ☎ *(404) 588-0014. Echtes Soulfood
in Südstaaten-Ambiente. Lassen Sie sich nicht von der Umgebung abschrecken. Oft Livemusik.*

Dailey's Downtown: *17 Andrew Young International Blvd/nahe Peachtree St., Downtown,* ☎ *(404)
681-3303. Unkomplizierte Atmosphäre in umgebautem Lagerhaus. Gemischte Küche (u.a. Lamm,
Pasta u. Fischgerichte). Leckere Dessertbar. Abends Pianomusik. Oft Livemusik in der angeschlossenen Bar.*

Blind Willie's: *828 N. Highland Avenue,* ☎ *(404) 873-2583, www.blindwilliesblues.com. Obwohl
bereits oft in den Medien, ist diese urige „Schlauch-Kneipe" immer noch ein Geheimtipp für Urlauber. Bleibt nur zu hoffen, dass sie es bleibt. Blues, Jazz und tolle Stimmung.*

The Bar: *Im Ritz-Carlton in Buckhead, 3434 Peachtree Rd.. Es ist weniger die Jazzband, die diese
Bar so einzigartig macht, sondern das gediegene Flair in (nachempfundenem) historischem Ambiente – und natürlich: sehen und gesehen werden. Eher etwas für den Sundowner oder den früh-
abendlichen Cocktail als für die „Nimmermüden". Mit Jeans wären Sie hier underdressed!!*

Eddie's Attic: *515 N.McDonough St. in Decatur,* ☎ *(404) 377-4976, www.eddiesattic.com. Fahren
Sie die Ponte de León Ave. bis zum Zentrum von Decateur. Dort fahren Sie dann um das auffällige
Courthouse herum, und gleich dahinter befindet sich der Musikclub. MARTA-Station: Decateur.* ☎
377-4976. Studentenkneipe mit verschiedenen Musikangeboten. Meist Jazz und Blues.

Dante's Down the Hatch: *3380 Peachtree Rd. N.F.,* ☎ *(404) 266-1600. Dinner in auf alt
gemachtem Holzhaus (innen ein altes nachgebautes Segelschiff) mit Livemusik – meist Jazz. Fon-
dues sind hier die Spezialität. Die Musik erinnert aber eher an eine Jazz-Combo – also kein klassischer bzw. Freejazz. Schade eigentlich, denn Dante's ist der älteste Musikclub der Stadt.*

Churchill Grounds: *660 Peachtree St., Midtown,* ☎ *(404) 876-3030. Jazzmusik an den meisten
Abenden, oft Jam Sessions.*

Dark Horse Saloon: *816 N. Highland Ave. N.E.,* ☎ *(404) 873-3607. Rock, Pop, Rockabilly, Jazz in
einer über drei Geschosse gehende Bar. Die Livemusik wird aber unten gespielt.*

A

B

THEATER

Keine Stadt im Süden bietet eine solche Auswahl an Theatergruppen und Aufführungsorten. Aktuelle Ankündigungen finden Sie in der kostenlosen Wochenzeitung „Creative Loafing". Tickets gibt es bei **Ticketmaster**: ☎ *(404) 249-6400, www.ticketmaster.com.*

Fox Theatre: *660 Peachtree Street. Reservierungen:* ☎ *(404) 881-2100. Mit über 4.600 Sitzen das zweitgrößte Theater der USA. Die abendländische Architektur allein ist den Besuch wert.*

Einkaufstipps

S. KARTE S. 165   ⓘ

Es gibt einige interessante Einkaufsgebiete: Zum einen sind das das Gebiet um das **Peachtree Center** (**1**) *(exquisit) und* **Underground Atlanta** (**2**) *(touristisch) in der Innenstadt.*

Des Weiteren die vornehme **Lenox Square Mall** (**3**), *dort wo Peachtree und Lenox Streets in Buckhead (8 Meilen nördlich der City) aufeinandertreffen. Im Gebiet um die Lenox Square Mall gibt es weitere kleine Malls und Geschäfte des gehobenen Standards.*

Im Gebiet **Little Five Points** (**4**) *(Inham Park, Euclid, North u. Moreland Aves.) bietet ausgesuchte kleinere Geschäfte, wie z.B. Boutiquen, Galerien, Buch- und CD-Läden (auch Second-Hand).*

Noch ausgefallener, aber oft auch teurer und erlesener sind die Boutiquen, Antiquitätenläden, Buchläden sowie Restaurants in **Virginia-Highland** (**5**) *(u.a. nördl. der Ponce de Leon Ave. bis zur Virginia Ave. entlang der N. Highland Ave.). Hier lohnt sich das „Window-Shopping".*

Für die Selbstversorger unter Ihnen lohnt sich allemal der Besuch des täglich geöffneten **DeKalb Farmers Market** (**6**) *(3000 E. Ponce de León Ave., Decatur, östl. von Atlanta). Hier finden Sie alles, was ein ausgesuchter Wochenmarkt in Europa auch bietet, und dazu auch Früchte aus aller Welt.*

Eine weitere gute Adresse für Selbstversorger ist der **Atlanta State Farmer's Market** (**7**) *mit viel frischem Gemüse, Obst und Fleisch, aber auch guter Marmelde u.a. Nicht alle Stände bedienen Einzelkunden. 24 Stunden geöffnet, 16 Forest Pkwy., Forest Park: I-75 nach Süden, Exit 237.*

Etwas urig und nur wenig für europäische Geschmäcker, dafür aber ein interessantes Sortiment aus Handtaschen, Räucherstäbchen, Second-Hand-Elektrogeräten und vielem mehr finden Sie im **Five Points Fleamarket** (**8**) *in der 82 Peachtree St. South (gleich südlich von Underground Atlanta).*

Die beste Outletmall im Umkreis ist **Discover Mills Mall** (**9**): *5900 Sugerloaf Pkwy., I-85 an der Rte. 120, Lawrenceville gut 25 Meilen nordöstlich der Stadt.*

Sportveranstaltungen

Sind Sie einmal in einer amerikanischen Großstadt, sollten Sie über einen Besuch einer typisch amerikanischen Sportveranstaltung ernsthaft nachdenken. Es lohnt der Stimmung wegen.

Baseball: *„Atlanta Braves": Spiele auf dem Turner Field (755 Hank Aaron Dr., Ecke Capitol Ave./ Georgia Ave., südl. der Innenstadt). Informationen:* ☎ *(404) 249-6400 od. 522-7630, www. atlantabraves.com.*

Football: *„Atlanta Falcons": Spiele im Georgia Dome (1 Georgia Dome, östl. Magnum St.). Infos:* ☎ *(770) 965-3115, www.atlantafalcons.com.*

Basketball: *„Atlanta Hawks": Spiele in der PhilipsArena (Andrew Young Int. Blvd.). Infos:* ☎ *(404) 827-3800, www.nba.com/hawks.*

Baton Rouge/LA (S. 595ff)

Information

Baton Rouge Area Convention & Visitors Bureau: *359 Third St., Baton Rouge, LA 70801,* ☎ *1-800-LA-ROUGE, (225)-383-1825, www.bracvb.com, www.baton-rouge.com.*

Wichtige Telefonnummern
Vorwahl: ☎ 225

Notruf *Polizei/Feuer/Ambulanz:* ☎ 911

Krankenhaus: *Baton Rouge General Medical Center, 3600 Florida Blvd.,* ☎ *(225) 387-7000. 24-Std.-Dienst.*

24-Std.-Apotheke: *Eckerd's in der 3651 Perkins Rd.,* ☎ *(225) 344-9459.*

Verkehr
ÖFFENTLICHE VERKEHRSMITTEL
Überlandbusse: *Greyhound Lines, 1235 Florida Blvd,* ☎ *(225) 383-3811, www greyhound.com.*
Stadtbusse: *Capitol Transportation City Bus (CATS) bedient den städtischen Nahverkehr. Infos:* ☎ *(225) 389-8282, www.brcats.com.*

Unterkünfte
Besondere Hotels sind in der Verwaltungsstadt Baton Rouge eher selten. Falls Sie trotzdem ausgefallen übernachten möchten, empfehle ich Ihnen, entweder in **St. Francisville** *oder in einem der* **Plantagenhäuser auf dem Wege nach New Orleans** *(lohnenswert:* **Nottoway Plantation** *oder* **Oak Alley Plantation***) zu verweilen (lesen Sie hierzu Seite 320ff.).*

Embassy Suites $$$: *4914 Constitution Ave., I-10 Exit 158, Baton Rouge, LA 70808,* ☎ *(225) 924-6566, www.batonrouge.embassysuites.com. Suiten, zumeist mit Kühlschrank. Schöne Atrium-Lobby.*

Chase Suites by Woodfin $$$: *5522 Corporate Blvd., Baton Rouge, LA 70808 (nördlich des I-10 Exit 158),* ☎ *(225) 927-5630, www.woodfinsuitehotels.com. Geräumige Suiten, von denen die meisten eigene kleine Küchen und sogar einen Kamin haben. Gut geeignet für Selbstversorger und nur unwesentlich teurer als ein Mittelklassehotel.*

Stockade Bed&Breakfast $$$: *8860 Highland Rd., Baton Rouge, LA 70808,* ☎ *(225) 769-7358 oder 1-888-900-5430. www.thestockade.com. Ein ganz spezieller Tipp für Baton Rouge: Geschichtsträchtiges und familiär geführtes B&B-Haus im spanischen Stil, mit nur fünf Gästezimmern und einem sehr schönen „Great Room" in der Mitte des Hauses. Entzückender kleiner Garten mit Bistrotischen. Viele Stammgäste übernachten hier immer wieder und die Preise sind moderat gehalten. Allerdings etwas abseits der Downtown gelegen.*

Riverview Suites $$$: *2045 N. Riverside, Baton Rouge, LA 70802,* ☎ *(225) 344-6000 oder 1-800-487-8157,* 🖹 *(225) 387-2878. Modernes Hotel mit großen Zimmern, die fast alle eine eingebaute Küche und Waschmaschinen (!) haben.*

La Quinta $$: *2333 S. Acadian Thrwy., I-10 Exit 157B, Baton Rouge, LA 70816,* ☎ *(225) 293-9370,* 🖹 *(225) 293-8889. www.lq.com. Sauberes und günstiges Motel.*

CAMPING
Etwa 15 Meilen östlich der Stadt (etwas südlich des I-12) gibt es den ordentlich geführten und sauberen **KOA Campground**: *7628 Vincent Rd., Denham Springs, LA 70726,* ☎ *(225) 664-7281 oder 1-800-292-8245. Bei diesem recht idyllisch gelegenen Campingplatz ist insbesondere der große Swimmingpool mit Sonnendeck hervorzuheben. Auch ein Minipool für Kleinkinder ist vorhanden.*

Restaurants
Don's Seafood & Steakhouse: *6823 Airline Hwy.,* ☎ *(225) 357-0601. Erstklassige Meeresfrüchte (täglich frisch) zu verträglichen Preisen.*

B

Ralph & Kacoo's: 6110 Bluebonnet Boulevard, ☎ (225) 766-2113. Sehr gutes Seafood und lecke-re Steaks. Auch Cajun-Gerichte.

Juban's Wine Room: 3739 Perkins Rd. (im Acadiana Shopping Center), ☎ (225) 346-8422. Restaurant im Bistrostil. Cajunküche, Fleisch- und Fischgerichte. Gute Weinkarte.

Lousiana Lagniappe: 9990 Perkins Rd., ☎ (225) 767-9991, www.louisianalagniapperestaurant. com. „Lagniappe" (ausgesprochen „lannjapp") bedeutet „ein kleines bisschen extra" und gilt als fest-stehender Begriff in Louisiana, wenn man sich ganz besonders verwöhnen lassen möchte. In dem etwas außerhalb der Innenstadt gelegenen Restaurant (vorwiegend Fisch) schmeckt eigentlich alles lecker. Eben „a little something extra".

Pubs/Livemusik/Nightlife
Zuerst möchte ich darauf hinweisen, dass es im **Catfish District** eine ganze Reihe von Lokalen und Restaurants gibt.

Spezielle Empfehlungen sind außerdem:

Mulate's Cajun Restaurant: 8322 Bluebonnet Blvd., ☎ (225) 767-4794. Restaurant mit Cajun-küche. Fast jeden Abend wird Cajunmusik gespielt, zu der auch getanzt werden kann. Das erste „Mulate's" wurde übrigens bei Lafayette gegründet und hat mittlerweile Weltruf.

Teddy's Juke Joint: Old Scenic Rd./ Ecke Heck Young Rd, in Zachary. Fahren Sie Hwy. 61 nach Norden und biegen Sie dann beim Gefängnis ab. Dann noch eine Meile auf einer Schotterpiste. ☎ (225) 892-0064 od. 658-8029, www.teddysjukejoint.com. Sie werden immer seltener, aber sie gibt es noch: die echten alten Holzhaus-Pinten in denen der beste und echteste Blues gespielt wird. Teddy Johnson, der Besitzer, wurde in diesem Haus sogar geboren. Sonntagabend Blues-Jam. Rest der Woche auf Anfrage. Gute Soulgerichte werden auch geboten. Öffnet erst um 20 Uhr!

Einkaufstipp
Mall of Louisiana: Am I-10, 6401 Bluebonnet Blvd., Baton Rouge, LA 70836, ☎ (225) 761-0307. www.mallofla.com. Sehr große Shoppingmall mit weit über 150 Geschäften und dem üblichen Food Court. Modern und typisch.

Veranstaltung
Baton Rouge Blues Festival: Meist Ende April. In der Innenstadt, hauptsächlich im Bereich North Blvd. Infos: ☎ (225) 383-1825 oder 1-800-LA-ROUGE, www.batonrougebluesfestival.org. Es wird nicht nur Blues gespielt, sondern auch Jazz-, Zydeco-, Cajun- und Gospelmusik.

Beaufort/SC (S. 415f)

Information
Beaufort Visitor Center (Chamber of Commerce): 2001 Boundary St., Beaufort, SC 29902, ☎ (843) 525-8531, www.beaufortsc.org. Hier erhalten Sie einen kleinen Stadtplan, der Ihnen eine Route empfiehlt durch die schönsten Straßen der Stadt. Von hier starten auch Kutsch-fahrten, die Sie im Visitor Center buchen können.

Hunting Island State Park: Hunting Island, SC 29920, ☎ (843) 838-2011, www.huntingisland.com.

Unterkünfte

Rhett House Inn B&B $$$-$$$$: 1009 Craven St., Beaufort, SC 29902, ☎ (843) 524-9030, 🖷 (843) 524-1310, www.rhetthouseinn.com. Bed&Breakfast. Antebellum-Haus von 1812 mit Balkon-Galerie inmitten des historischen Distrikts. Hier gefiel es bereits Barbra Streisand und Jeff Bridges. Frühstück, Tee und kleine Snacks inklusive. Dinner auf Anfrage. Im restaurierten Haus gegenüber gibt es auch Whirlpools auf dem Zimmer.

Beaulieu House B & B At Cat Island $$$: 3 Sheffield Court auf Cat Island, Beaufort, SC 29907, ☎ (843) 770-0303, www.beaulieuhouse.com. Schönes B&B am Wasser. Etwa 5 Meilen vom Stadtzentrum von Beaufort entfernt.

Best Western Sea Island Inn $$: 1015 Bay St., Beaufort, SC 29902, ☎ (843) 522-2090, www.sea-island-inn.com. Zentral gelegenes Motel mit günstigen Zimmern. Sehr sauber.

Restaurants

Kathleen's Grille: 822 Bay St., ☎ (843) 524-2500. Meeresfrüchte und typische Gerichte des Binnenlandes mit Blick auf die Bay. Man kann auch draußen sitzen. Sehr zu empfehlen sind die Shrimps, die Crab Showder, die Seafood-Pasta und wer es als Apetizer mag, die Green Fried Tomatoes. Gediegen geht es zu im **Beaufort Inn & Restaurant** (809 Republic St., ☎ (843) 379-4667). Spezialisiert auf Seafood. Hier können Sie entweder in den holzgetäfelten Speisesälen essen oder aber auch auf der Porch. Haus von 1897.

Birmingham/AL (S. 497ff)

i Information

Greater Birmingham Convention & Visitors Bureau: 2200 9th Ave. N., Birmingham, AL 35203, ☎ (205) 458-8000. www.birminghamal.org.

Birmingham Visitor Center: 2600 Riverchase Galleria (südlich der Stadt, nahe I-459): ☎ (205) 402-2663.

Informationen zu Veranstaltungen können Sie einer der beiden Tageszeitungen entnehmen: „Birmingham News" und „Birmingham Post-Herald".

i Wichtige Telefonnummern

Vorwahl: ☎ 205
Notruf Polizei/Feuer/Ambulanz: ☎ 911
Wetter: ☎ 945-7000

Verkehr

ÖFFENTLICHE VERKEHRSMITTEL

Amtrak: Morries Avenue, ☎ (205) 324-3033 od. 1-800-872-7245
Überlandbusse: Der Busbahnhof befindet sich in der 19th Ave. North/Park Place. Infos: ☎ 1-800-231-2222.
Stadtbusse: Der „Metro Area Express" (MAX) bedient die wesentlichen Nahverkehrsrouten der Stadt. Infos: ☎ 521-0101, www.bjcta.org

TAXIS
Yellow Cab: ☎ 252-1131

🛏 Unterkünfte
HOTELS

Tutwiler Hotel $$$-$$$$: *Park Place an der 21st St. N., Birmingham, AL 35203, ☎ (205) 322-2100, 🖨 (205) 325-1183, www.thetutwilerhotel.com. Luxushotel in einem 1913 als vornehmes Apartmenthaus errichteten Gebäude. Seit 1987 Hotel und mit viel Aufwand und geschmackvollen alten Möbeln eingerichtet. Gutes Restaurant im Hause und in der Bar oder Lobby wird auch „softer" Live-Jazz gespielt.*

Wynfrey Hotel at Riverchase Galleria $$$-$$$$: *1000 Riverchase Galleria (US 31), südl. der Innenstadt, Birmingham (Hoover), AL 35244, ☎ (205) 987-1600 od. 1-800-476-7006, 🖨 (205) 988-4597, www.wynfrey.com. Luxushotel, eingerichtet mit Chippendale-Möbeln. Über einem Shopping Center. Gediegene Atmosphäre.*

Hotel Highland at Five Points $$$**: *1023 20th St., Birmingham Southside, AL 35205, ☎ (205) 933-9555, 🖨 (205) 933-6918, www.thehotelhighland.com. Schönes Boutique-Hotel in einem geschichtsträchtigen Haus von 1931. Zimmer und Suiten (**$$$$). Günstig gelegen zu den Lokalitäten um Five Points.*

Doubletree Hotel Birmingham $$-$$$$: *808 20th St. S, Birmingham Southside, AL 35205, ☎ (205) 933-9000, 🖨 (205) 933-0920, www.doubletree.com. Relativ modernes Mittelklassehotel nahe der Universität und der Lokalitäten um Five Points.*

Entlang der Interstates gibt es zahlreiche Motels. *Günstig für die Weiterfahrt am nächsten Tag nach Montgomery ist die Ansammlung der Motels am I-65, Exit Lakeshore Drive 5 Meilen südwestlich der Innenstadt. Hier empfiehlt sich u.a. das* **Drury Inn & Suites $$** *(160 State Farm Pkwy, ☎ (205) 940-9500) mit z.T. sehr geräumigen Zimmern und einem warmen (einfachen) Frühstück.*

🍴 Restaurants
John's City Diner: *112 Richard Arrington Blvd., ☎ 322-6014. Preislich günstiges Familienrestaurant, bekannt für seine frischen Fischgerichte (täglich eingeflogen). Aber auch einige Soulfood/Alabama-Spezialitäten, wie z.B. Maiskolben in Butter und Cole Slaw, den Sie selber mit der hauseigenen Sauce „mixen".*

La Vase: *328 16th St. N., ☎ 328-9327. Bekannt für seine Ribs und Südstaatenküche: Fried Chicken, Macaroni & Cheese, Cornbread aber auch leckere Süßspeisen wie Bananen-Pudding.*

22nd Street Jazz Café: *7th Ave., Ecke 22nd St., ☎ 252-0407. Gehört zum gleichnamigen Musikclub, der Eingang ist aber an der 7th Ave. Typische Südstaaten-Gerichte und auch Burger.*

Pete's Famous Hot Dogs: *1925 2nd Ave. N, ☎ 252-2905. Der Name verrät natürlich schon alles. Bereits seit den 1920er-Jahren werden werden bei Pete's die besten Hot Dogs der Stadt verkauft. Und wer 12 davon schafft, der bekommt den 13. umsonst… Ansonsten gibt es auch Burger und Beef-Sandwiches.*

Jim Nick's Bar-B-Q 5 Points: *1908 11th Ave. (Nahe Five-Points-Kreuzung), ☎ 320-1060. Südstaaten-BBQ-Gerichte, am besten ist das Pork-BBQ auf geröstetem Brötchen.*

Five Points Grill: *1035 20th St., direkt an der Südseite der Five-Points-Kreuzung, ☎ 933-6363. Gute Bierauswahl, einige Microbrews dabei und ein großes Sortiment an Pubfood: Burger, kleine Steaks, Salate, Pizzen, Pastagerichte. Nichts Besonderes, aber man kann auch nichts falsch machen und schaut dabei auf die belebte Straßenkreuzung.*

Irondale Café: *1906 1st Avenue N., Irondale, ☎ (205) 956-5258. Dieses Café inspirierte die Autorin und Schauspielerin Fannie Flag zu dem späteren Filmhit „Green Fried Tomatoes". Auch heute noch schmecken die frittierten Tomaten. Mo-Fr: 11–14.30 Uhr, Di–Fr auch 16.30–20 Uhr, Sa geschl., So 10.45–14.30 Uhr. Anfahrt von Birmingham: I-59 North zur I-20 East. Dort dann*

B

Exit 133. An der roten Ampel nach links abbiegen, dann noch 8 Blocks. Das Café liegt links an den Bahngleisen.

Pubs/Livemusik/Nightlife

22nd Street Jazz Café: *710 22nd St., ☎ 252-0407. Frischgezapftes Bier und dazu guter Blues oder Jazz live. Angenehme Atmosphäre und Treffpunkt aller Bevölkerungsschichten. Um die Ecke gibt es auch etwas zu essen (s.o.). Neben Ona's (s.u.) die beste Musikkneipe in der Stadt.*
Ona's Music Room: *423 20th St., ☎ 322-4662. Mi–Sa Livemusik. Jazz, Rhythm & Blues, seltener Blues. Eine Institution in der Stadt!*
Five Points Grill: *1035 20th St., direkt an der Südseite der Five-Points-Kreuzung, ☎ 933-6363. Gute Bierauswahl, einige Microbrews dabei und ansonsten oft Livemusik, meist Rock und Funk, seltener Blues.*
Im Gebiet um den „Five Points South" gibt es weitere zahlreiche Restaurants, Straßencafés und Musikclubs. Versuchen Sie es auch mal im **Zydeco** *(Ecke 20th St./15th Ave.) von hier ein Stück den Berg hinauf, wo oft Blues, meist aber Rockmusik gespielt wird. Schlendern Sie in diesem Viertel einfach herum – es ist bestimmt etwas für Sie dabei. Die Atmosphäre wird bestimmt durch die vielen Studenten.*

Brunswick und die „Golden Isles"/GA (S. 396ff)

i Information

Brunswick and the Golden Isles Visitor Bureau: *4 Glynn Ave., Brunswick, GA 31520, ☎ (912) 265-0620.* **Info Center** *an der Kreuzung US17/nahe Gloucester Street, an der Abfahrt zur St. Simon's Island; www.bgicvb.com. Informativ ist auch: www.gatewaytothegoldenisles.com.*
Jekyll Island Welcome Center: *901 Jekyll Island Causeway; am Ende des Dammes, noch vor der Brücke, die zur Insel führt (linker Hand); www.jekyllisland.com*
St. Simons Island Chamber of Commerce: *Neptune Park, nahe dem Leuchtturm, St. Simons Island, GA 31522, ☎ (912) 638-9014*

Unterkünfte
BRUNSWICK

☞ Tipp

Übernachten Sie besser auf den Inseln, dort ist es schöner als in Brunswick.

Best Western Brunswick Inn $$: *6 Meilen nördlich am US 341 (I-95 Exit 36B), Brunswick, GA 31520, ☎ (912) 264-0144, www.bestwesternbrunswick.com. Gut geführtes Motel. Eignet sich für diejenigen, die am nächsten Morgen gleich weiter wollen nach Savannah, aber nicht für die Erkundung der Inseln.*
Brunswick Manor $$-$$$: *825 Egmont St., Brunswick, GA 31520, ☎ (912) 265-6889, www. brunswickmanor.com. Historisches Gebäude mit korinthischen Säulen und einer einladenden Porch. Geschmackvolle Einrichtung und ein gutes Frühstück. 4 Zimmer.*

JEKYLL ISLAND
Jekyll Island Club Hotel $$$-$$$$: *371 Riverview Dr., Jekyll Island, GA 31520, ☎ (912) 635-2600, ✆ (912) 635-2818, www.jekyllclub.com. Das Hauptgebäude stammt von 1887 und diente*

B

ehemals als Clubhaus für die oberen Zehntausend von Amerika, die sich hier unter ihresgleichen den Urlaubsfreuden hingeben konnten. Mitte der 1980er-Jahre wurde das gesamte Resort komplett renoviert, aber der Stil blieb erhalten. Eine wahre Oase, wenn auch teuer. Versuchen Sie, ein Zimmer mit Blick auf den Intercoastal Waterway zu bekommen.

Jekyll Inn Oceanfront Resort $$-$$$**: 975 N.Beachview Dr., Jekyll Island, GA 31520, ☎ (912) 635-2531, 🖷 (912) 635-9072, www.jekyllinn.com. Resort mit relativ günstigen Zimmern, von denen viele zum Meer hin liegen. Die geräumigen Apartments für Selbstversorger kosten aber deutlich mehr (**$$$$). Fahrradverleih.

Days Inn $$-$$$: 60 South Beachview Dr., Jekyll Island, GA 31520, ☎ (912) 635-9800, 🖷 (912) 635-2287, www.daysinnjekyll.com. Relativ günstiges, strandnahes Motel und hier an der dem Atlantik zugewandten Seite gibt es zudem noch eine Reihe weiterer Hotels.

ST. SIMON'S ISLAND

 Hinweis

> Es gibt ein paar Bed&Breakfast-Unterkünfte auf der Insel, doch sind diese extrem teuer und daher hier nicht gelistet.

King & Prince $$$-$$$$: 201 Arnold Rd. (an der Downing St.), St. Simons Island, GA 31522, ☎ (912) 638-3631, 🖷 (912) 634-7699, www.kingandprince.com. Resort mit vielen Sportmöglichkeiten (Segeln, Tennis, Golf, Fahrradverleih etc.). Geräumige Zimmer. Auch Villas/Apartments für Selbstversorger. Ein historisches Hotel (von 1947) und das einzige auf dieser Insel direkt am Strand. Versuchen Sie ein Zimmer mit Blick auf das Wasser zu bekommen.

Best Western Island Inn $$: 301 Main St. (geht von der Demere Rd. ab, direkt östlich der Kreuzung mit der Sea Island Rd.), Plantation Village, St.Simons Island, GA 31522, ☎ (912) 638-7805, 🖷 (912) 634-4720, www.bestwestern.com/islandinn. Relativ günstiges Inn (nur Frühstück) in sehr schöner Anlage einer alten Plantage. Der Baustil des Hauses ist dem Antebellum-Stil gelungen nachempfunden, und der kleine Garten mit dem schönen Schwimmbad biete Erholung. Viele „alte" Gebäude im Umfeld sind aber erst kürzlich dem historischen Stil angepasst worden.

Sea Palms Golf & Tennis Resort $$: 5445 Fredericia Rd., St.Simons Island, GA 31522, ☎ (912) 638-3351, 🖷 (912) 634-8029, www.seapalms.com. Der Name verrät schon, dass es sich um ein Sporthotel handelt. Die Zimmer sind sehr geräumig, wenn auch einfach eingerichtet. 2 Pools, Restaurant und Bar. Eine der günstigsten Unterkünfte auf der Insel.

Die günstigste Unterkunft ist wohl das **Epworth by the Sea $$**: 100 Arthur Moore Dr., St.Simons Island, GA 31522, ☎ (912) 638-8688, 🖷 (912) 634-0642, www.epworthbythesea.com. Landeinwärts gelegen, gehört dieses Hotel der United Methodist Church.

LITTLE ST. SIMON'S ISLAND

The Lodge on Little St. Simons Island $$$$: P.O. Box 1078, St. Simons Island, GA 31522, ☎ (912) 638-7472, 🖷 (912) 634-1811, www.littlestsimonsisland.com. Oase auf einer privaten Insel, auf der Naturschutz groß geschrieben wird. Nur 15 Zimmer und sehr teuer. Das Freizeitangebot, nur von wenigen Leuten zu nutzen (da die Insel nur mit einem Boot erreicht werden kann), reicht von Wandern über Reiten bis hin zu Kanufahrten. Wer sich dieses leisten mag, wird nicht enttäuscht sein. Für die Bootsüberfahrt müssen Sie vorher anrufen und besser auch reservieren. Das Boot legt an der Marina im Norden von St. Simons Island ab.

SEA ISLAND
**The Cloister $$$$**: *P.O. Box, Sea Island, GA 31561,* ☏ *(912) 638-3611,* 🖷 *(912) 638-5159, www.seaisland.com. Villas und Cottages vom Feinsten – einige mit eigener Küche. Privatstrand, Golf, Tennis, Reiten und Bootsfahrten. Unter US$ 200 gibt es aber nichts. Hier fand übrigens 2004 der G8-Gipfel statt.*

🍴 Restaurants
Ein typisches Gericht der Region ist der „**Brunswick Stew**". *Fisch und Fleisch (Hühnchen und/oder Rindfleisch) werden hier zu einem hackähnlichen Gulasch gekocht, das sich zusammen mit den Saisongemüsen und der guten Würzung (Achtung! Häufig scharf!) zu einem schmackhaften Gericht entfaltet. Eine gute Gelegenheit, mal von Hamburgern und Shrimps abzuweichen. Leider ist es nicht so einfach, dieses Gericht in den Restaurants zu finden. Hier einmal drei Adressen dafür:* **Brunswick Station** *(Brunswick, 1414 Newcastle St.,* ☏ *554-1910, nur Lunch, nur Mo-Fr),* **Bennie's Red Barn** *(St. Simons Island, 5514 Fredericia Rd.,* ☏ *638-2844) und* **SeaJay's Waterfront Café & Pub** *(Jekyll Island, Jekyll Harbor Marina,* ☏ *635-3200). Letztgenanntes Restaurant ist auch berühmt für sein „Shrimp-Boil-Buffet". Dabei handelt es sich um einen großen Topf mit gekochten Shrimps, Kartoffeln, geräucherter Wurst und dazu gibt es Maiskolben. Ebenfalls eine Spezialität der Region.*

The Grand Dining Room: *371 Riverview, im Jekyll Island Club,* ☏ *635-2600. Dinner bei Kerzenlicht und mit Kristallleuchtern und Silberbesteck. Dazu exquisites Essen (Meeresfrüchte, aber auch Fleisch). Ein wahres Erlebnis. Teuer. Abends sind Jackett und Schlips erwünscht. Als „Gegenleistung" wird Pianomusik geboten.*

Barbara Jean's: *214 Mallery St., St. Simon's Island,* ☏ *634-6500. Hier gibt es Crab Cakes (Fischfrikadellen, die Spezialität der Südstaaten), aber auch andere „einfache" Gerichte wie Meatloaf (gebackener Fleischklops), Pot Roast (eine Art Rindsgulasch) und das Ganze mit Zutaten wie Kartoffelpüree, Spinat, Kohl u.a. Günstig, lecker und einmal etwas anderes!*

King & Prince $$$-$$$$: *201 Arnold Rd. (an der Downing St.), St. Simons Island,* ☏ *638-3631. Im Delegan Dining Room speisen Sie mit Aussicht auf das Wasser. Fleisch, Pasta und Meeresfrüchte. Besonders empfehlenswert ist das ausladende Seafood-Buffet am Freitagabend.*

P.G. Archibald's: *440 King's Way, St. Simon's Island,* ☏ *638-3030. Hier gibt es nicht nur Fisch- und Steakgerichte, bekannt ist das Restaurant vor allem für seine 15 verschiedenen Arten, Austern zuzubereiten.*

Moon Doggy's Pizza: *405 Mallery Street, St. Simons Island,* ☏ *634-2711. Kleines Restaurant und, obwohl die Besitzer noch nie in Italien gewesen sind, stimmt die Atmosphäre, und das Essen ist lecker. Z.B. können Sie sich eine Pizza selbst zusammenstellen – und die ist dann richtig knusprig und nicht so weich wie bei Pizza-Hut.*

*Auf St. Simon's Island gibt es zudem noch zahlreiche andere Restaurants und wer hier noch nicht das Richtige gefunden hat, sollte sich einfach im „***Village***" (untere Mallery Street) oder im „***Redfern Village***" umschauen. Hier wird jeder fündig.*

🎷 Bars/Pubs
Grundsätzlich muss man sich auch hier nicht weit von der unteren Mallery Street auf St. Simon's Island entfernen. In dieser Region, auf 2-3 Blocks verteilt, gibt es für jeden etwas:
J. Mac's Island Restaurant und Jazz Bar *(407 Mallery St.) bietet, was der Name verspricht, Martinis in allen Variationen, oft mit Pianomusik begleitet und einem entsprechendem Publikum. Das Restaurant ist ebenfalls gut, wenn auch recht teuer. Gleich nebenan tönt laute Rockmusik aus* **Murphy's Tavern** *(420 Mallery St.). Die Billardbar ist das „Waterhole", wo sich jeder trifft. Und nicht*

B

C

weit von hier (315 Mallery St.) lockt die **Rafter's Blues & Raw Bar** im Obergeschoss mit Livemusik und Austern zum „Einkaufspreis".

Callaway Gardens/GA (S. 506)

 Unterkünfte
Motel-Unterkünfte bzw. sehr schöne (aber um einiges teurere) Hütten und Cottages gibt es im **Callaway Gardens Resort & Preserve $$-$$$** (Adresse siehe unter Columbus).
Günstigere Cottages (**$$**) gibt es übrigens im **Franklin D. Roosevelt State Park**, dessen Office an der GA 190 östlich der Callaway Gardens zu finden ist. Adresse: FDR-State Park, Superintendent, 2970 Hwy. 190E, Pine Mountain, GA 31822, ☏ (706) 663-4858, www.gastateparks.org/info/fdr.

Charleston/SC (S. 417ff)

 Information
Charleston Visitor Center: 375 Meeting St./Upper King St (gegenüber Charleston Museum), Charleston, SC 29403, ☏ (843) 853-8000, www.charlestoncvb.com. Parkplätze. Von hier fahren auch die einzelnen DASH-Shuttlebusse zum historischen Stadtgebiet ab. Hier gibt es zudem die Discount-Tickets („Heritage Passport") für die Besichtigung mehrerer Attraktionen zu kaufen. Überlegen Sie sich aber vorher, ob sich das für Sie rentiert, denn die Tickets sind recht teuer.
Erkundigen Sie sich am Visitor Center auch nach den zahlreichen geführten **Touren**, zu denen neben den Kutschfahrten auch ständig wechselnde Spezialtouren wie z.B. „Livin' in the Past", „Gullah Touren" (Führungen durch das „schwarze Charleston" und hervorragende Erläuterungen zur Geschichte der Gullah-Sprache), „Architectural Walking Tours", „Charleston-Harbor-Touren", Bootsfahrten den Fluss hinauf u.v.m. gehören.

👉 **Tipp**

Im südlichen Abschnitt des historischen Distriktes gibt es kaum die Möglichkeit, in ein Lokal einzukehren bzw. etwas zu trinken zu kaufen. Nehmen Sie also vorsichtshalber etwas zu trinken mit.

 Wichtige Telefonnummern
Vorwahl: ☏ 843
Notruf Polizei/Feuer/Ambulanz: ☏ 911
Krankenhaus: MUC Hospital: 169 Ashley Blvd., ☏ 792-2300

 Verkehr
ÖFFENTLICHE VERKEHRSMITTEL
Amtrak: 4565 Gaynor Ave., N. Charleston, ☏ (843) 744-8264. Der Bahnhof ist 4 Meilen von der City entfernt, wird aber von einem Busdienst bedient.
Überlandbusse: Greyhound: 3610 Dorchester Rd., N. Charleston, ☏ (843) 744-4247.
Stadtbusse: Neben den Stadtbussen ist besonders der DASH-Bus interessant, der als Trolley alle wesentlichen Punkte in der Innenstadt bedient. Kaufen Sie dafür am besten gleich das zum Einzelticket unwesentlich teurere Tagesticket. Infos: ☏ 724-7420, www.ridecarta.com

TAXIS
Yellow Cab: ☎ 577-6565
Safety Cab: ☎ 722-4066

FAHRRAD
Fahrradverleih
The Bicycle Shoppe: 283 Meeting St., ☎ 722-8168

 Hotels und andere Unterkünfte
HOTELS
Mills House Hotel $$$$: 115 Meeting St., Charleston, SC 29401, ☎ (843) 577-2400, 🖥 (843) 722-0623, www.millshouse.com. Zentral gelegenes Luxushotel mit zumeist großen Räumen. Antebellum-Möbel. Eigene Pferdekutschen. Das Restaurant bietet eine gute Fischküche. Empfehlung: Jumbo-Shrimp auf Spinat.
Charleston Place $$$$: 130 Market St. (Einfahrt von der Hasell St.), Charleston, SC 29401, ☎ (843) 722-4900, 🖥 (843) 724-7215, www.charlestonplacehotel.com. Modernes First-Class-Hotel. Zentral gelegen, aufwendige Gemeinschaftsräumlichkeiten und bequeme Zimmer in zentraler Lage. Leider ziemlich teuer, und für dasselbe Geld können Sie auch in einem gemütlichen B&B-Haus unterkommen.
Doubletree Guest Suites Historical District $$$-$$$$: 181 Church St., Charleston, SC 29401, ☎ (843) 577-2644, 🖥 (843) 577-2697, www.doubletree.com. Alle Suiten sind mit nachgebauten „Antiquitäten", einer kleinen Küche und grundsätzlich viel Platz ausgestattet. Zentral gelegen. Ideal für Familien. In dem Gebäude befand sich ehemals eine Bank: Restaurierter Eingang aus der Zeit um 1875.
Inn at Middleton Place $$$-$$$$: 4290 Ashley River Rd., Charleston, SC 29414, ☎ (843) 556-6020, 🖥 (843) 556-5673, www.middletonplace.org/inn. Beschreibung siehe S. 430. Abgeschieden vom Trubel der Innenstadt in einer Flusslandschaft. Sehr gediegen. Große Zimmer. Lesen Sie dazu auch im Reiseteil unter „Umgebung von Charleston".
Best Western King Charles Inn $$$: 237 Meeting St., Charleston, SC 29401, ☎ (843) 723-7451, 🖥 (843) 723-2041, www.kingcharlesinn.com. Geräumige Zimmer mit reproduzierten Möbeln des letzten Jahrhunderts. Zentrale Lage zum historischen Teil der Stadt. Kostenlose Parkplätze!
Hampton Inn Historic District $$-$$$: 373 Meeting St., Charleston, SC 29403, ☎ (843) 723-4000, 🖥 (843) 722-3725, www.hamptoninn.com. Neues Motel in einem restaurierten Lagerhaus von 1870. Günstige Motelalternative, zentral gelegen. Einzig gewöhnungsbedürftig: Die z.T. etwas übertriebenen Reproduktionen alter Möbel lassen kitschigen Geschmack erkennen. Kostenlose Parkplätze!
Days Inn Historic District $$-$$$: 155 Meeting St., Charleston, SC 29401, ☎ (843) 722-8411, www.daysinn.com. Typisches Motel, aber durch den günstigen Preis eine Empfehlung. Kostenloses Parken!
Günstigere und gute **Motels** finden Sie am US 17 North in Mount Pleasant (über die Brücke).

BED&BREAKFAST-HÄUSER/-INNS
Besonders schön ist es, in einem der zahlreichen Bed&Breakfast-Häuser zu wohnen. Es handelt sich durchgängig um hervorragend restaurierte Häuser, die einfach für sich selber ein Erlebnis sindDie Preise liegen aber im Durchschnitt um 50 Prozent höher als in den Mittelklassehotels. Die Preise in Charleston variieren zudem sehr stark nach Saison und Wochentag (Wochenende teurer).
Eine zentrale Buchungsstelle ist: **Historic Charleston Bed and Breakfast**, 57 Broad St., ☎ (843) 722-6606, www.historiccharlestonbedandbreakfast.com.

C

Two Meeting Street Inn $$$$: 2 Meeting St., Charleston/South of Broad, SC 29401, ☎ (843) 723-7322, www.twomeetingstreet.com. In dem 1890 erbauten Haus stehen 9 Zimmer zur Verfügung, inkl. einem wunderschönen Garten, sowie einer hervorragenden Lage an der Battery. Die Fenster sind z.T. aus Tiffany-Glas, ein auffallender Kandelaber stammt aus der ehemaligen Tschechoslowakei. 2 Zimmer mit Balkon.

Cannonboro Inn $$$-$$$$: 184 Ashley Ave., Charleston, SC 29403, ☎ (843) 723-8572, 🖨 (843) 723-8007, www.charleston-sc-inns.com. Luxuriöses Haus (von 1853) im Historic District. Zu empfehlen ist das üppige „English Breakfast". Fahrradverleih.

Kings Country Inn (Courtyard) $$$-$$$$: 198 King Street, Charleston, SC 29401, ☎ (843) 723-7000, 🖨 (843) 720-2608, www.kinggeorgeiv.com. Inn mit schönem, schattigen Innenhof (Springbrunnen). Gebäude von 1853, einige Zimmer mit Kamin. Auf Wunsch können Sie hier auch dinieren. Im Haus nebenan befinden sich weitere Zimmer. Insg. 41 Zimmer.

1837 Bed and Breakfast $$$: 126 Wentworth St., Charleston, SC 29401, ☎ (843) 723-7166, 🖨 (843) 722-7179, www.1837bb.com. Kleines und sehr schmales Haus (von 1837), das aber eine sehr persönliche Atmosphäre ausstrahlt und preislich unter den anderen B&Bs liegt. Zimmer auch im ehemaligen Kutschhaus.

King George IV Inn $$$: 32 George St., Charleston, SC 29401, ☎ (843) 723-9339, 🖨 (843) 723-7749, www.kinggeorgeiv.com. Recht günstiges B&B in einem Federal-Style-Haus mit den typischen 3 Obergeschossen und den Balkonen auf jeder Etage. 10 Zimmer, davon 8 mit eigenem Bad.

FERIENHAUS-/WOHNUNGSVERMIETUNG

Kiawah Island Golf Resort/The Sanctuary at Kiawah Island $$$-$$$$: 12 Kiawah Beach, Kiawah Island, SC 29455, ☎ (843) 768-2121, 🖨 (843) 768-6099, www.kiawahresort.com. Das Resort: In einer großzügig angelegten, zwar etwas steril wirkenden Ferienanlage (150 Hotelzimmer, 275 Ferienhäuser) kann man richtigen Badeurlaub genießen. Schöne Sandstrände und schattige Bäume. Alle sportlichen Aktivitäten sind möglich. Fahrradverleih. 1–4-Zimmer-Apartments und auch eigene Villas zu mieten (nicht vergessen: je größer desto teurer…), die meisten – aber eben nicht alle – zum Meer hin. Das **Sanctuary at Kiawah Island** ist ein angeschlossenes, großes Hotel mit 260 Zimmern. Am westlichen Ende von Kiawah Island am Kiawah Beach Drive.

 Restaurants

 Hinweis

Wenn nicht anders angegeben, dann befinden sich hier alle genannten Restaurants in der Innenstadt.

82 Queen: 82 Queen St., ☎ 723-7591. Sehr beliebtes Restaurant in einem historischen Gebäude. Häufig wird Musik im Garten, in dem man auch speisen kann, geboten. Die Küche ist typisch für das Low Country. Da kann es schon mal passieren, dass Sie Krabbenkuchen mit einer süß-scharfen Pfeffersauce serviert bekommen.

Hyman's Seafood & Aaron's Deli: 213 Meeting Street, ☎ 723-6000. New-York-Kosher-Deli in Charleston und das seit 1890. Gute Adresse für ein schmackhaftes und nahrhaftes amerikanisches Frühstück bzw. den Mittagsimbiss. Super Sandwiches und gute Seafood-Gerichte.

Carolina's: 10 Exchange St., ☎ 724-3800. Upmarket Bistro-Restaurant in einem ehemaligen Hafengebäude. Gute Low-Country-Küche mit z.B. Avocado-Salsa auf „Erbsen-Kuchen". Lockere, aber gepflegte Atmosphäre. Nur Dinner.

C

Magnolias: *185 E.Bay St.,* ☏ *577-7771. Gute Low-Country-Fischgerichte (berühmt für die „Low Country-Bouillabaisse") in einem alten Lagerhaus. Auch Steaks. Im Magnolias gibt es aber nicht nur die typischen Gerichte des Südens, man bemüht sich hier auch um eine kreative Mischung aus dieser und Spezialitäten aus der ganzen Welt. Blick auf Lodge Alley.*

Garibaldi's: *49 S. Market St.,* ☏ *723-7153. Italienische Küche. Spezialität: Seafood mit Pasta – aber viel besser als sonstwo an der Küste Bistro-Atmosphäre. Nur abends geöffnet.*

Charleston Grill: *224 King Street (Mall des Charleston Place Hotel),* ☏ *577-4522. Preisgekrönte Gerichte von einem überregional angesehenen Meisterkoch. Französisch angehaucht mit Low-Country-Einflüssen. Vornehmlich Fischgerichte (inkl. Muscheln). Gepflegtes Ambiente. Teuer, aber sein Geld wert!*

McCrady's: *2 Unity Alley, Market Area,* ☏ *577-0025. Hervorragende, italienisch angehauchte Küche, dargeboten von einem Meisterkoch. Eine der ältesten Tavernen der Stadt (von 1778) – untergebracht in einem Halbkeller einer Seitengasse. Sehr gute Weinkarte.*

The Wreck of the Richard and Charlene: *106 Haddrell St., Mount Pleasant (über die US 17-Brücke nach Nordosten),* ☏ *884-0052. Wohl die beste Adresse für „Down-to-Earth"-Shrimps, -Crabs, -Claws und -Austern. Klein, etwas schäbig, direkt am Wasser, wo auch die Krabbenfischer vorbeikommen. Kein Lunch.*

A.W. Shucks: *70 State St.,* ☏ *723-1151. Einfach, aber urig. Austern, Shrimps und Crabs in allen Variationen. Lange Bar, viele Biersorten. Es gibt auch Fleischgerichte.*

 ## Zu den Pubs in South Carolina eine kurze Erläuterung

Sicherlich ist Ihnen in South Carolina aufgefallen, dass nur kleine Flaschen mit hartem Alkohol ausgeschenkt werden und an Sonntagen nicht alle Lokale Alkohol verkaufen. Der Grund dafür sind die sog. **„Blue Laws"**: Bis in die beginnenden 1970er-Jahre gab es puritanische Gesetze in diesem Staat, und die reglementierten nicht nur den Ausschank von Alkohohl und Konsum von Tabak, sondern auch den Verkauf von Unterwäsche – die Kirche hatte ein starkes Wörtchen dabei mitgesprochen. Mit dem Aufblühen des Tourismus wurde der Druck der Gastwirte aber immer größer, und man einigte sich auf einen Kompromiss: Harter Alkohol darf in kleinen Flaschen („Flachmänner") verkauft werden. Damit sicherte sich der Staat höhere Steuereinnahmen gegenüber den größeren Flaschen –, die darf auch heute nur – mit Sondergenehmigung – der Koch verwenden. Unterwäsche wurde übrigens freigegeben zum sonntäglichen Verkauf in Hotel-Malls und Touristengebieten, darf aber unter der Woche auch nicht so in „normalen" Geschäften ausliegen. Mit dem Tabak hat es sich ja sowieso fast ausgeraucht in den USA.

Zurück zum Alkohol: Nun dürfen die Lokale in South Carolina an Wochenenden keinen Alkohol ausschenken. Ausnahmen gibt es nur für Charleston, Myrtle Beach und Hilton Head. Doch halt, noch ein Haken: Wer nicht die Lizenz für harten Alkohol besitzt, kann sich auch für den Sonntag nicht die Lizenz für den Bierausschank mit sonntäglich US$ 150 Steuern erkaufen. Nur wer schon harten Alkohol verkaufen darf, darf dann auch leichtes Bier an den Kunden verteilen.

Fazit: Viele Lokale bleiben geschlossen an Sonntagen, dafür führen wiederum kleine Cafés allerlei Schnäpse – damit sie nämlich auch am Sonntag einen Wein ausschenken dürfen!

C

Pubs/Livemusik/Nightlife

Grundsätzlich sollte vorweg bemerkt werden, dass Charleston nicht mit ausgesprochen interessanten Liveauftritten von sich reden macht. Meist finden Auftritte nur an den Wochenenden statt. Auffällig für die Stadt sind die Lokale an der Market Street, die über 3 Geschosse reichen. Unten gibt es etwas zu essen, im 1. Stock eine Bar, und ganz oben treten die Bands auf.

McCrady's Wine Bar: *2 Unity Alley, Market Area,* ☎ *577-0025. Die Weinkarte hier gilt als die erlesenste in der Stadt.*

Henry's: *Ecke N. Market/Anson St.,* ☎ *723-4363. Am Wochenende gute Jazzmusik (gilt als einer der besten Jazzbars in der Stadt). Ansonsten eher ein „Hang-out".*

Tommy Condon's Irish Pub: *160 Church St.,* ☎ *577-3818. Irischer Pub. Sing-along und irische Livemusik. Das Essen bietet eine willkommene Alternative zur amerikanischen Küche. Hier gibt es den besten „Shepherd's Pie", den ich je in den USA gegessen habe.*

Music Farm: *32 Ann Street,* ☎ *853-3276. Am Wochenende der Disco-Schuppen von Charleston. In der Woche häufig Livebands (meist Rock). Nur für das Publikum bis 30 geeignet!*

Southend Brewery & Smokehouse: *161 E. Bay St,* ☎ *853-4677. Microbrewery und auch Pizzas.*

Wer noch mehr Bierauswahl sucht, dabei aber auch Lärm und Pool-Billard verträgt, der sollte mal in **Charleston Beer Works** *(468 King St. www.charlestonbeerworks.com) reinschauen. Hier gibt es über 20 verschiedene Biere vom Zapfhahn und an die 100 Sorten aus Flaschen.*

Charleston   Off

the beaten path

Beginnen Sie mit dem **Visitor Center** und besorgen Sie sich einen guten Stadtplan. Wandern Sie anschließend in die **ärmere Wohngegend nördlich** von hier (die bis hin zur US 17 reicht). Auch hier gibt es historische Gebäude. Nur dass diese nicht wie Puppenhäuser zurechtgemacht sind. Sie vermitteln aber einen Eindruck darüber, wie es in Charleston während der 1920er-Jahre ausgesehen haben mag. Außerdem gibt es hier kleine Geschäfte, Handwerksbetriebe und Barbiere – und die in uriger Atmosphäre. Um die Stimmung einfangen zu können, sollten Sie unbedingt ein Teleobjektiv mitnehmen. Dieser Bezirk ist aber andererseits auch etwas rau. Seien Sie vorsichtig und unternehmen Sie vor allem keine nächtlichen Streifzüge hier!

Für den ausgefallenen Lunch bieten sich 2 Möglichkeiten:
Bowen's Island: 1870 Bowen Island Rd., ☎ 795-2757. Während der Austernsaison ein Muss. Um einen riesigen runden Grill sitzend, werden Ihnen die Austern von dort direkt „vor die Nase geschaufelt". Gewürze und Saucen stehen in einem Eimer bereit, und die leeren Schalen fallen in einen weiteren Eimer zu Ihren Füßen. Ein absolutes Gemeinschaftserlebnis, bei dem man schnell Kontakt knüpft. Haken: Meist ist das Restaurant nur von Do–So geöffnet. Also unbedingt vorher anrufen. Auch außerhalb der Austernsaison schmeckt es hier!

Sie fahren über die gewaltige Brückenkonstruktion nach Mt. Pleasant (der Beifahrer sollte die Kamera griffbereit haben bei der Überfahrt). Dort biegen Sie ab auf die 703 (Coleman Blvd.) in Richtung Sullivans Island. Nach gut einer Meile erreichen Sie eine Brücke. Hier befinden sich einige kleine Fischrestaurants in Holzhütten, wo es die frischesten Krebse und Shrimps der Stadt gibt, da die Fischer sie hier direkt abliefern.

Am Nachmittag empfiehlt sich zur Verdauung eine **Bootsfahrt** in den **Cypress Gardens** oder im **Old Santee State Park**. Besonders in der Woche findet kaum jemand den Weg hierher, und die Stimmung auf dem pechschwarzen Wasser unter den Zypressen spricht für sich.

Am frühen Abend haben Sie sich ein Stück erstklassige Torte im **Kaminsky** (78 N. Market St.) verdient. Zwar nicht gerade „Off the beaten track", aber ein Muss. Kaminsky ist übrigens täglich bis 2 Uhr morgens geöffnet!

Die jungen Nachteulen können ja nun noch die **„Music Farm"** (32 Ann St.) aufsuchen. Vor 1 Uhr aber trifft sich hier eher die Jugend unter 25, während danach auch die Bediensteten der anderen Lokale ihren Weg dorthin finden und bis 6 Uhr morgens durchhalten.

Einkaufstipps

*Der **Old City Market** zwischen East Bay und Meeting St. (Market Street) beeindruckt mit zahlreichen kleinen Ständen und Shops sowie Restaurants drumherum. Oft Flohmarkt, besonders an Wochenenden.*

*Charleston ist ansonsten auch eine Fundgrube für **Antiquitäten**, und entsprechende Geschäfte verteilen sich über den gesamten historischen Distrikt, u.a. konzentriert in der King Street (die Blocks südl. der Market St.). Hier gibt es zudem auch eine Reihe ausgesuchter Modegeschäfte.*

***Farmers Market** (an der Market Street): Sa 8–13 Uhr. Gemüse, Früchte und der übliche Ramsch, der auf amerikanischen Touristenmärkten angeboten wird.*

***Bücher:** Preservation Society of Charleston Bookstores (147 King St., ☏ (843) 722-4630) mit ausgesuchten Büchern zur Stadtgeschichte.*

Veranstaltungen/Feste

*Jedes Jahr findet Ende Mai/Anfang Juni, etwa 17 Tage lang, das **Spoleto Festival USA** statt, von dem Komponisten Gian Carlo Menotti begründet. Dadurch soll die Verwurzelung Europas in Amerika betont werden. Das gemeinsame kulturelle Erbe wurde lange Zeit durch eine Politik der Isolierung vernachlässigt. Die mittelalterliche Spoleto in Umbrien ist im ausgehenden Mittelalter durch die Auflösung des Kirchenstaates bedeutungslos geworden. Ein ähnliches Schicksal ereilte ja auch Charleston nach dem Amerikanischen Bürgerkrieg. Menottis Anliegen war es, beim europäischen Festival in Spoleto dem Publikum die moderne amerikanische Musik, und in Charleston beim amerikanischen Spoleto den Amerikanern die klassische europäische Musik näherzubringen. Zur Zeit des Festivals finden Theater-, Opern-, Ballett-, Jazz- und Chorveranstaltungen statt.*

Programme, Informationen und Reservierungen:
***Spoleto U.S.A.**, P.O. Box 157, Charleston, SC 29402, ☏ (843) 579-3100, www.spoletousa.org.*

C) Chattanooga/TN (S. 521ff)

i Information
Chattanooga Visitors Center: *2 Broad St., ☎ (423) 756-8687, www.chattanoogafun. com. Ein 25-minütige Film, der hier gezeigt wird, gibt einen guten Überblick über die Geschichte von Chattanooga.*
In der Tageszeitung „Chattanooga Times" werden aktuelle Veranstaltungen angekündigt.

i Wichtige Telefonnummern
Vorwahl: *☎ 423 – Achten Sie darauf, dass gleich südlich von Chattanooga die Staatsgrenze zu Georgia liegt. Sehenswürdigkeiten und Hotels haben dort die Vorwahl 706*
Notruf *Polizei/Feuer/Ambulanz: ☎ 911*
Kankenhaus *mit 24-Stunden-Dienst: Memorial Hospital, 2525 de Sales Avenue, ☎ 495-2525*
Taxi: *Checker Cab: ☎ 624-1410*
Greyhoundbus: *☎ 892-1277*

Verkehr
STADTBUSSE
Der mit Elektromotoren angetriebene Shuttlebus verkehrt (alle 5 Minuten) kostenlos in der Innenstadt zwischen dem Tennessee Aquarium und dem Holiday Inn Choo-Choo und zu manchen Zeiten auch zur Talstation der Incline Railway; Zeiten: Täglich 10–19 Uhr, im Sommer Fr–So 10–20.30 Uhr. Dieser und auch die anderen Stadtbusse werden von der CARTA betrieben. Ein weiterer Shuttlebus fährt zu den Attraktionen des Lookout Mountain. Infos zu den Fahrzeiten: ☎ 629-1473, www.carta-bus.org

Rundfahrten/Touren
Incline Railway: *827 East Brow Rd., Lookout Mountain, TN, ☎ 821-4224, www.lookout mountain.com. Die steilste Bahn der Welt (bis zu 72,7 Prozent). Oben gibt es nicht nur eine schöne Aussicht, sondern auch die Gelegenheit, mit einem Shuttlebus zum Point Park, zu den Ruby Falls oder den Rock City Gardens zu fahren. Die Bahn fährt das ganze Jahr. Abfahrten: ca. 3-mal stündlich.*
„Southern Belle": *Kleiner Schaufelraddampfer, mit dem Sie Sightseeing-, Lunch-, Dinner- und vor allem Livemusiktouren unternehmen können. Abfahrt ist am Southern Belle Dock (201 Riverfront Parkway, Pier 2), beim Tennessee Aquarium. Infos: ☎ 266-4488.*
Tennessee Valley Railroad: *Eine eindrucksvolle Fahrt mit einer historischen Eisenbahn zwischen dem Grand Junction Station und East Chattanooga Depot (North Chamberlain Ave.). Für eine Extragebühr dürfen Sie auch auf der alten Dampflokomotive mitfahren Fahrtzeiten: Im Sommer täglich ca. jede Stunde von 9.30–16 Uhr (letzte Abfahrt); Rest des Jahres nur zweimal täglich (aktuelle Zeiten vor Ort erfragen). Der „Downtown Arrow" verkehrt am Wochenende sogar bis zum Chattanooga Choo-Choo (Innenstadt). Es gibt auch Halbtagstouren nach Georgia. Infos: ☎ 894-8028, www.tvrail.com.*

Hotels und andere Unterkünfte
Holiday Inn Chattanooga Choo-Choo $$$-$$$$: *1400 Market St., Chattanooga, TN 37402, ☎ (423) 266-5000, 🖷 (423) 265-4635, www.choochoo.com. Mit Sicherheit ist dieses Hotel einer der Knüller im Süden. Untergebracht im alten Terminal (Bahnhof) von Chattanooga, können Sie hier auch in alten Waggons übernachten, die zu luxuriösen Suiten umgebaut worden sind. Diesen Luxus dürfen Sie sich eigentlich nicht entgehen lassen. Die „normalen" Zimmer haben eher (besseren) Motelcharakter.*

Bluff View Inn $$$-$$$$: *411 East 2nd Street, Chattanooga, TN 37403, ☎ (423) 265-5033 ext. 2, www.bluffviewartdistrict.com. Bed&Breakfast. Schöne Villa mit geräumigen Zimmern und Suiten, z.T. mit Blick auf den Tennessee River. Ein anderes Haus liegt gleich um die Ecke. Der B&B-Tipp für die Stadt, da das Gebiet um das Aquarium Ihnen hier zu Füßen liegt. Leider nicht ganz billig.*

Sheraton Read House Hotel & Suites $$$: *M.L.King Blvd., Ecke Broad St., Chattanooga, TN 37402, ☎ (423) 266-4121, 🖷 (423) 643-1224, www.readhousehotel.com. Das (Backstein-) Hauptgebäude ist aus den 1920er-Jahren und steht unter Denkmalschutz, besonders wegen seiner imposanten Halle. Versuchen Sie, ein Zimmer im historischen Hauptgebäude zu bekommen. Günstige Wochenendtarife!*

Chanticleer Inn $$-$$$: *1300 Mockingbird Lane, Lookout Mountain, GA 750 (Postadresse bereits auf Georgia-Seite), ☎ (706) 820-2002, www.stayatchanticleer.com. Das kleine Bed&Breakfast-Inn liegt direkt an den Rock City Gardens. Gemütliche kleine Zimmer in Steinhäuschen. Günstig gelegen für den Besuch der Attraktionen südlich der Stadt.*

Chattanooga Doubletree Hotel $$-$$$$: *407 Chestnut St., Chattanooga, TN 37402, ☎ (423) 756-5150, 🖷 (423) 752-6950. Modernes, typisch amerikanisches Motel in der Innenstadt. Günstige Preise und optimale Lage.*

Sky Harbor Bavarian Inn $$-$$$: *2159 Old Wauhatchie Pike (1 Block unterhalb der Ruby Falls, Chattanooga, TN 37409, ☎ (423) 821-8619, www.skyharborbavarianinn.com. B&B mit sauberen Zimmern. Aussicht und eigene Balkone. Einige Zimmer mit Whirlpool-Wannen. Pool.*

Days Inn $$: *901 Carter St., Chattanooga, TN 37402, ☎ (423) 266-7331, www.DaysInn.com. Mittelklassehotel, das sehr günstig in der Innenstadt liegt.*

Econo Lodge/East Ridge $-$$: *1417 St.Thomas St., Chattanooga, TN 37412, ☎ (423) 894-1417, www.econolodge.com. Sehr günstiges und sauberes Motel. Schwimmbad und Restaurant.*

🍴 Restaurants

212 Market St. Restaurant: *212 Market St., ☎ 265-1212. Amerikanische Küche mit einigen mexikanischen Gerichten. Empfehlenswert der Sonntags-Champagner-Brunch.*

Porkers Bar-B-Que: *Market St./Ecke Cowart St. Unkomplizierter BBQ-Diner, der in der Innenstadt als der beste seiner Art gilt. Gut für den Mittagssnack.*

Boathouse Rotisserie & Raw Bar: *1459 Riverside Dr. (eine knappe Meile östlich des Aquariums), ☎ 622-0122. Direkt am Fluss gelegen und bei warmem Wetter sollten Sie notfalls die Wartezeit für einen Platz auf dem Balkon in Kauf nehmen. Viele Meeresfrüchtegerichte (Spezialität sind Austern). Aber es gibt auch verschiedene Hühnchenspeisen. Große Bar.*

Dinner in the Diner: *1400 Market St., im Chattanooga-Choo-Choo-Bahnhof, ☎ 266-5000. Fine Dining in einem alten Eisenbahn-Speisewagen (der aber nicht fährt). Ein Erlebnis. Rechtzeitige Reservierung vornehmen Leider nur Freitag und Samstag geöffnet!*

Big River Grille & Brewing Works: *222 Broad St., ☎ 267-2739. Großes Restaurant mit eigener Microbrewerie. Die üblichen Speisen wie Steaks, Burger, Salate und Sandwichs.*

Mount Vernon: *3535 S. Broad St., ☎ 266-6591. Südstaatenküche in Familienrestaurant. Die Preise sind günstig, und das Essen schmeckt. Spezialität: Amaretto-Pie als Nachtisch.*

Tony's: *212 High St., Bluff View Art District, ☎ 265-5033, ext. 6. Gute italienische Küche. Besonders die Pastagerichte sind zu empfehlen.*

🎷 Pubs/Livemusik

Chattanooga ist keine Hochburg der Livemusik, sieht man einmal ab von einigen Rockbands und Hobbymusikern, die sich vornehmlich am Wochenende probieren. Trotzdem bieten sich einige Möglichkeiten für ein Abendprogramm:

C

The Mountain Opry: *Im Civic Center von Walden am Signal Mountain. Zu erreichen über die I-124 N, dann abbiegen auf den Taft Hwy. 127 und noch durch den Ort Signal Mountain durch. 1,6 Meilen weiter, am Fairmount Orchard Zeichen nach rechts in die Fairmount Rd. einbiegen. Nach 600 m befindet sich das Civic Center auf der linken Seite. Nur Freitag von 19 bis 23 Uhr finden hier Livemusikauftritte von Bluegrass- oder Mountainmusikbands statt. Das Ganze ist kostenlos und hat sich zu einem Treffpunkt der Einheimischen entwickelt, und das Publikum ist absolut gemischt. Bevor Sie aber auf gut Glück dort hinfahren, sollten Sie sich beim Visitor Center erkundigen, ob wirklich etwas stattfindet! Oder direkt anrufen bzw. im Internet schauen:* ☎ *(423) 886-3252, www.mtnopry.com.*

*Im Gebiet entlang der **Market Street** (zwischen 5th St. und Aquarium) gibt es zahlreiche einfache Restaurants, bessere Fastfood-Läden sowie einige Kneipen. Wer es also unkompliziert mag, ist hier absolut richtig. Das **Buck Wild** hier ist eine etwas urige Bikerkneipe im irischen Stil mit gelegentlichen Livemusikauftritten. Erdnüsse gibt es gratis, und die Schalen gehören auf den Boden. Das Essen dreht sich vornehmlich um verschiedene Chiligerichte und amerikanische Kneipenkost (frittiert!).*

Station House Restaurant: *Im Choo-Choo-Bahnhof, 1400 Market Street. Bar und Restaurant mit „Singing Servers". Wirklich, die Bedienungen singen für Sie und fordern zum Mitsingen auf. Nur Di-Sa geöffnet. Die **Bar in der Bahnhofshalle** (Hotel) ist auch ein Knüller. Restauriert im Schick der 1930er-Jahre!*

Rhythm & Brews: *221 Market St.,* ☎ *(423) 267-4677, www.Rhythm-brews.com. Bar mit großer Livemusik-Bühne. Unterschiedlichste Musikveranstaltungen. Am Wochenende meist für junges Publikum, oft aber auch Jazz und Big Bands.*

Chattanooga Billard Club: *725 Cherry Street,* ☎ *(423) 267-7740, www.cbcburns.com. In Chattanooga wird Billard groß geschrieben, und viele Profis kommen von hier. Wer also etwas für Billard übrig hat, findet hier die richtigen Gegner und ausgezeichnete Tische. Snacks. Geöffnet täglich bis 3 Uhr. Als „Nur-Kneipe" aber weniger geeignet.*

*Die **Bar** im* **The Chattanoogan Hotel** *(1201 Broad St.) mag zwar etwas formell wirken, doch können Sie hier kostenlos Billard und Shuffelboard spielen.*

Chattanooga Off

the beaten path

Chattanooga ist eine Stadt, die sich im Umbruch befindet. Das hat zur Folge, dass z.B. viele alte Lagerhäuser leer stehen bzw. von experimentierfreudigen Künstlern, Antiquitätenhändlern und Kneipenwirten belegt werden. Vieles mag kurzlebig sein, und daher möchte ich Ihnen hier keine genauen Adressen nennen.

Z.B. eine **Erkundungstour** durch den Innenstadtbezirk (Bereich Market Street) und im Kreuzungsbereich Main und Market Streets bietet mit Sicherheit die eine oder andere Überraschung. Weiterhin scheint sich meines Erachtens das **Gebiet gleich nördlich des Tennessee River** (Ecke N.Market Street und Frazier Street) zu einem kleinen avantgardistischen Stadtteil zu entwickeln: Barber Shops neben Boutiquen, Kunst- und Antikläden Tür an Tür mit Kneipen und 2nd-Hand-Shops.

Wer sich näher mit dem Bürgerkrieg beschäftigen mag, der sollte einmal **abseits des Military Park** die Gebiete der Schlachtfelder aufsuchen. In Gärten und versteckt hinter Bäumen finden Sie hier Friedhöfe und halbvergessene Gedenktafeln.

Dazu ist es aber erst einmal wichtig, dass Sie sich genau mit den Ereignissen der Schlacht auseinandersetzen. Interessant wäre da z.B. das Gebiet entlang der **Missionary Ridge**, ein **Blick vom Signal Point** und das **Tennessee Valley**, dort, wo die historische Eisenbahn hindurchfährt (hier müssen Sie laufen).

Hobbyfotografen sollten sich mit Schwarz-Weiß-Filmen ausstatten und die alten Lagerhäuser bzw. die Industrieanlagen der metallverarbeitenden Betriebe um das Chattanooga Choo-Choo und im Gebiet südlich davon entlang der Broad Street aufnehmen.

Leckere Snacks bieten die zahlreichen **BBQ-Buden**, die es in der ganzen Stadt gibt, besonders aber im Kreuzungsbereich Broad Street/Cummings Hwy. und entlang dem Rossville Blvd.

Um einen ausgefallenen Sonntag zu erleben, sollten Sie einmal in eine **kleine Kirche** in einer Schwarzengemeinde schauen. Z.B. nicht weit weg vom Chattanooga Choo-Choo in die **Trinity Baptist Church** (1600 Market St.) oder in die noch urigere **Missionary Baptist Independent Ushers Union Church** (1700 Carr St. – also gleich um die Ecke).

Einkaufstipps
Die **Warehouse Row Factory Outlets** *(1110 Market St.) bieten in renovierten, alten Lagerhäusern 30 Geschäfte von Markenfirmen mit Waren z.T. zu „Fabrikpreisen". U.a. Ralph Lauren und Perry Ellis.*

Cherokee Indian Reservation/NC (S. 445ff)

Information
Cherokee Visitor Information: *498 Psali Blvd., nahe US 441,* ☎ *(828) 497-9195, www. cherokee-nc.com sowie www.smokymountainsvisitorsguide.com/handmckee..*

Unterkünfte
UNTERKUNFT IM CHEROKEE INDIAN RESERVATION
Es ist schwierig, für diesen Ort eine **Unterkunftsempfehlung** *zu geben, da er wegen des Rummels im Grunde wenig einladend ist. Am besten noch erscheint mir die zentral gelegene* **Newfound Lodge $$** *(1792 Tsa lagi Blvd. N.,* ☎ *(828) 497-2746, Nov.–März geschlossen) sowie das außerhalb gelegene* **Holiday Inn $$** *(1 Meile westlich an der US 19.* ☎ *(828) 497-9181,* 🖷 *(828) 497-5973, www. holiday-inn/cherokeenc): Typische Motelanlage, gutes Restaurant, großer Indoor-Pool, aber kein Alkoholausschank (Indianerreservat!)*

UNTERKUNFT IN MAGGIE VALLEY
Maggie Valley Resort & Country Club $$-$$$$: *1819 Country Club Rd., nahe Kreuzung US 19//US 276, knapp 20 Meilen östl. von Cherokee,* ☎ *(828) 926-1616,* 🖷 *(828) 926-2906, www.maggievalleyresort.com. Gediegener Countryclub mit geräumigen Zimmern und Apartments. Angeschlossen ist ein Golfclub. Schöne Landschaft. Restaurant im Hause.*

C) **Clarksdale/MS** (S. 579ff)

i **Information**
Coahoma County Tourism Commission: *121 Sunflower Ave., Clarksdale, MS 38614,* ☎
(662) 627-7337, 1-800-626-3764, www.visitclarksdale.com und www.clarksdaletourism.com

Unterkunft
Best Western **$$**: *710 State St.,* ☎ *(662) 627-9292, www.bestwestern.com. Sauberes
Motel. Einige Zimmer mit Balkon und Kühlschrank.*
An der **State Street** *gibt es weitere Motels.*

Columbia/SC (S. 435ff)

i **Information**
Greater Columbia Convention & Visitors Bureau: *1101 Lincoln St., Columbia, SC
20201,* ☎ *(803) 545-0002, www.columbiacvb.com.*

i **Wichtige Telefonnummern**
Vorwahl: ☎ *803*
Notruf *Polizei/Feuer/Ambulanz:* ☎ *911*
Krankenhaus: *Providence Hospital: 2435 Forest Dr.,* ☎ *(803) 256-5300*
Columbia Airport: *Informationen* ☎ *(803) 822-5000*
Amtrak: ☎ *1-800-872-7245*

Unterkünfte
The Inn at Claussen's **$$$**: *2003 Green St., Columbia, SC 29205,* ☎ *(803) 765-0440,*
🖷 *(803) 799-7924, www.theinnatclaussens.com. Boutique-Hotel. Gemütliche Zimmer und z.T. über
2 Geschosse gehende Suiten (unwesentlich teurer) in ehemaligem Bäckerei-Gebäude (1928). Nahe
dem Five Points District.*
Clarion Town House **$$-$$$**: *1615 Gervais St., Columbia, SC 29201,* ☎ *(803) 771-8711,* 🖷
*(803) 252-9347, www.clariontownhouse.com. Hotel und angeschlossenes Motel nahe dem State
Capitol. Gutes Preis-Leistungsverhältnis.*
Hampton Inn Downtown Historical District **$$-$$$**: *822 Gervais St., Columbia-Vista, SC
29201,* ☎ *(803) 231-2000,* 🖷 *(803) 231-2868, www.hamptoninncolumbia.com.* **Der** *Tipp in der
Innenstadt. Modern, relativ günstig, genau gegenüber der Restaurants und Bars des Vista-Districts
und vieles können Sie von hier zu Fuß erreichen.*

*Zwei nette, unkomplizierte und relativ günstige Bed&Breakfast-Unterkünfte in alten Stadthäu-
sern bieten:*
Chestnut Cottage B&B **$$**: *1718 Hampton Street, Columbia, SC 29201,* ☎ *(803) 256-1718,
www.chesnutcottage.com*
The 1425 Inn B&B **$$**: *1425 Richland St., Columbia, SC 29201,* ☎ *(803) 252-7225, www.the
1425inn.com*

❚❙ Restaurants
Garibaldi's: *2013 Greene St.,* ☎ *771-8888. Gute italienische Gerichte. Etwas gehobene-
res Ambiente. Im Five Points District.*

Das Gebiet am Convention Center (Innenstadt), auch als **Congaree Vista** *(zwischen Gervais St. und Convention Center) bezeichnet, empfiehlt sich für alle. Ob Steakhäuser, Grill-Restaurants, Tapa-Bar, Weinlokal oder Sportsbar, hier finden Sie bestimmt etwas.*
Ebenso lohnt sich ein Abstecher zum **Five Points District**, *in dessen Mitte* **Goatfeathers** *(2017 Devine Street, ☎ 256-3325) als Café und Restaurant mit Pubatmosphäre lockt und immer noch zu den bekanntesten Esstempeln der Stadt zählt. Gemischtes Publikum. Leckere „Studentengerichte" und gute Kuchen gibt es hier.*
Nicht weit von hier offeriert **Yesterday's** *(2030 Devine St., ☎ 799-0196) von allem etwas: Tex-Mex, Cajun, Vegetarisches, Pasta etc.*

Columbus/GA (S. 506ff)

i Information
Columbus Convention & Visitors Bureau: *900 Front Ave., Columbus, GA 31901, ☎ (706) 322-1613 oder 1-800-999-1613; 📠 (706) 322-0701, www.visitcolumbusga.com.*

Unterkünfte
Rothschild Pound House Inn & Cottages $$$$: *201 Seventh St., Columbus, GA 31909, ☎ (706) 322-4075 oder 1-800-585-4075. www.thepoundhouseinn.com. Klassische Zimmer in einer repräsentativen Südstaaten-Stadtvilla, zu der auch ein Frühstücks- und Lunch-Restaurant gehört („Café 222"). Sehr leckere Omelettes und hausgebackenes Brot. Zentral am Historic District gelegen.*
Marriott Columbus $$$: *800 Front Ave., Columbus, GA 31901, ☎ (706) 324-1800, www.marriott.com. Mitten in der Stadt gelegen, fasziniert das Hotel durch das historische Eingangsgebäude, dem ein moderner Wohntrakt angesetzt worden ist. Tolles Sonntagsbrunch-Buffet!*
B&B Gates House East $$$: *802 Broadway, Columbus, GA 31901, ☎ (706) 324-6464 oder 1-800-891-3187. www.gateshouse.com. Sollten Sie in Columbus übernachten wollen, möchte ich Ihnen besonders dieses Haus ans Herz legen – ein echtes Juwel im viktorianischen Stil von 1872, mit absolut privater Atmosphäre und sehr liebevoll gestalteten Räumen. Außerdem ist das Frühstück wirklich gut und wird Sie für den Rest des Tages nicht hungrig unterwegs sein lassen. Genießen Sie dort abends bei einem kühlen Drink auf der Veranda die Schwüle der Südstaaten und lauschen Sie den unzähligen Geräuschen hunderter Vögel und Insekten an diesem sonst ruhigen Abschnitt des Broadways.*

Restaurants
Houlihans: *800 Front Ave., ☎ (706) 653-1898. Angeschlossen an das o.g. Marriott-Hotel. Sehr feiner Laden mit ausgezeichneter Küche. Jackett erwünscht.*
Garlic Clove: *6060 Veterans Pkwy, ☎ (706) 321-0882. Seafood und amerikanische Gerichte. Hervorragende Weine. Nicht ganz so fein wie das „Houlihans".*

Einkaufstipp
1617 Wynnton: *1617 Wynnton Rd., Columbus, GA, ☎ (706) 324-4121. Hier können Sie exklusive Antiquitäten und feudale Interieurs erstehen. Großes Angebot an Schlaf- und Badezimmer-Einrichtungen sowie eine erlesene Gartenausstellung. Auch „Kleinkram". Das alles in sehr gediegenem Ambiente in einem Haus von 1870. Trotzdem, wohl mehr zum Schauen als zum Kaufen.*

C) **Cumberland Island/GA** (S. 395)

D) *Information*
Die Insel ist in Staatsbesitz und unterliegt der Nationalparkbehörde. In St. Marys gibt es
das kleine **Cumberland Island Visitor Center** direkt am Fähranleger. Weiterhin gibt es das **St.
Mary's CVB**: 406 Osborne St., ☎ (912) -882-4000, 1-866- 868-2199, www.stmaryswelcome.
com) und auch auf der Insel, ebenfalls am Fähranleger, steht ein **Visitor Bureau** zur Verfügung.
Informationen zur Cumberland Island: (912) 882-4336, Reservierungen für die Fähre: ☎ (912) 882-
4335 (Infos: www.stmaryswelcome.com/transportcvb). Reservierungen sind unbedingt nötig, da nur eine
begrenzte Anzahl an Besuchern pro Tag auf der Insel zugelassen wird. Von hier geht eine **Personen-
fähre** zu folgenden Zeiten: März–November: Abfahrt ab St. Mary: tägl. 9 und 11.45, andere Monate nur
Do–Mo 9 und 11.45 Uhr, ab Cumberland Island: März–November tägl. 10.15 und 16.45 sowie Mi–Sa
14.45 Uhr, andere Monate Do–Mo 10.15 und 16.45 Uhr. Unbedingt aber nochmal aktuell erfragen!

👉 **Tipp**

In St. Mary's können Sie übrigens auch **Seakayaks** und **Kanus** anmieten. Ein tolles Vergnügen!

🛏 *Unterkünfte*
IN ST. MARY'S
The Spencer House Inn $$-$$$: 200 Osborne Street, St. Marys, GA 31558, ☎ (912) 882-1872,
www.spencerhouseinn.com. Schönes B&B im viktorianischen Stil. Unbedingt vorher reservieren.
Etwas günstiger ist das historische **Riverview Hotel $$**: 105 Osborne St., St. Mary's, GA 31558,
☎ (912) 882-3242, www.riverviewhotelstmarys.com. Nahe dem Fähranleger.

AUF DER CUMBERLAND ISLAND
Greyfield Inn $$$$: P.O. Box 900, Fernandina Beach, FL 32035, ☎ (904) 261-6408, www.grey
fieldinn.com. Eine schöne, alte Villa, die etwas Gespenstisches an sich hat. Genau der richtige Ort, um
sich mit einem Krimi zurückzuziehen. Das Hotel unterhält einen privaten Fährbetrieb nach Fernandina
Beach in Florida. Vorher buchenSehr teuer, aber lohnenswert. Preise inkl. Mahlzeiten.

CAMPING
Der nächste Campingplatz (Sea Camp Beach) liegt 1 km westlich des Fähranlegers am Visitor Center.
Er ist teilweise stark frequentiert. Daher sollten geübte Wanderer sich zu den (einfacheren) schöneren
Plätzen auf dem nördlichen Inselabschnitt durchschlagen. Dafür ist aber Kondition erforderlich!

Nahrungsmittel
Es gibt kein Geschäft auf der Insel und auch keine Transportmöglichkeiten. Camper müssen also
unbedingt ihre Nahrungsmittel vom Festland mitbringen (keine Bewirtung für Nicht-Hotelgäste!!)
und müssen zu den Campingplätzen laufen.

Dahlonega, Blairsville, Helen
und Clayton/GA sowie Highlands/NC (S. 493f)

 Information
Dahlonega-Lumpkin County Welcome Center/CVB: 13 Park St. S./Dahlonega Square,
Dahlonega, GA 30533, ☎ (706) 864-3711, www.dahlonega.org.

Alpine-Helen Conv. & Visitors Bureau: *726 Brucken Strasse, P.O. Box 730, Helen, GA 30545, ☎ (706) 878-2181, 1-800-858-8027, www.helenga.org.*

Unterkünfte

The Smith House $$$: *84 S. Chestatee St., Dahlonega, GA 30533, ☎ (706) 867-7000, 🖹 (706) 864-7564, www.smithhouse.com. B&B im Countryhouse-Stil. Das Haus wurde 1885 fertiggestellt und 1922 in eine Herberge umgewandelt. Heute gibt es 25 schöne Zimmer, einen Pool und wer Lust hat, kann hier mal die Pfanne schwingen und Gold waschen! Restaurant im Haus.*

Forest Hills Mountain Resort $$-$$$$**: *Rt.3, 12 Meilen westlich von Dahlonega an der GA 52, ☎ (706) 864-6456, 🖹 (706) 864-0757, www.forresthillsresort.com. Ca. 5 Meilen nördlich der Abzweigung des US 129 (und 14 Meilen südlich von Blairsville) empfiehlt sich diese Unterkunft mit romantischen Cottages (**$$$$**, einige mit Hot Tubs), schönen B&B-Zimmern (**$$-$$$) in der Hauptlodge sowie luxuriöseren Suiten in einem nahen Gebäude. Viele Waldwanderwege um die Lodge. Unbedingt vorher reservieren! Unter der Woche günstiger!*

Blood Mountain Cabins & Country Store $$-$$$ *(in der Woche günstiger): 9894 Gainesville Highway (= US 129/11), Blairsville, GA 30512, ☎ (706) 745-9454, www.bloodmountain.com. Idyllische, geräumige Holzhäuser (für bis zu 4 Personen), mit einer kompletten Kücheneinrichtung. Zentrale Lage für alle Erkundungen im Nordosten Georgias. Günstige Raten von Mo–Mi. Zahlreiche Wanderwege in der Nähe – besonders der Wanderweg zu den DeSoto Falls ist lohnenswert. Auf knapp 1.000 m Höhe gelegen. Im Store finden Sie eine reichhaltige Auswahl an Mineralien.*

In dieser Region nördlich von Dahlonega finden Sie auch **weitere Cottages**.

1 Meile nördlich der Blood Mountain Cottages kreuzt der **Appalachian Trail***, ein Wanderweg, der ganz bis zum Staate Maine führt. Hier, am* **Neels Gap***, führt der Weg nach Westen auf die Spitze des Blood Mountain, von wo aus Sie bei klarer Sicht sogar die Skyline von Atlanta erkennen können. Der Aufstieg ist z.T. beschwerlich. Dauer für Hin- und Rückweg: ca. 2,5 Stunden.*

*Nur 2 Meilen weiter finden Sie weitere Hüttenunterkünfte (**$$**) im* **Vogel State Park***, der Gelegenheiten zum Angeln, Picknicken, Tretbootfahren und Baden bietet. Reservierungen: Vogel State Park, Superintendent, Rte. 1, P.O. Box 1230, Blairsville, GA 30534, ☎ (706) 745-2622628, www.gasta teparks.org/Vogel.*

Hofbrau Riverfront Hotel $$: *9001 Main St., Helen, GA 30545, ☎ (706) 878-2184, www. riverfronthotel.com. Einfaches Hotel, dessen Fassade natürlich auch bayrischen Charme versprüht. Beliebt ist auch das hauseigene Restaurant.*

The Alpenhof Motel $$: *17 Yonah St., Helen, GA 30545, ☎ (706) 878-2268, www.alpenhof motel.com. Wie der Name schon sagt: Motel mit äußerlichen Verzierungen im Alpenstil. Sauber und relativ preiswert.*

In Helen gibt es zudem noch viele andere B&Bs, Hotels und Motels, viele im Alpenlook. Unter der Woche sind diese gar nicht so teuer.

Colonial Pines Inn $$$: *Rt.1, P.O. Box 22B, 541 Hickory St., Highlands, NC 28741, ☎ (828) 526-2060, www.colonialpinesinn.com. Hervorragendes B&B-Haus. Sie wohnen in einem beispielhaft restaurierten „Südstaaten"-Stil-Haus, das mit ausgewählten Antiquitäten möbliert ist.*

Falls Sie ein anderes Hotel/Motel/B&B auswählen, achten Sie trotzdem darauf, dass Sie außerhalb des Ortes wohnen – der Landschaft und Ruhe wegen.

Restaurants

Smith House: *202 S. Chestatee St., ☎ (706) 867-7000. Ausgezeichnete Georgia-Küche. Übrigens ist das Smith House auch ein empfehlenswertes Bed&Breakfast-Haus (siehe oben). Eine* **deutsche Brotzeit** *bzw. ein Wursteller dürfte eigentlich nicht ausgelassen werden – als kleine Abwechslung. Angebote git es dafür genügend in* **Helen**.

190

Regionale Reisetipps von A–Z (Dahlonega, Blairsville, Helen und Clayton/GA sowie Highlands/NC, Delta Queen Steamboat Co./Majestic Line, Eufaula/AL)

G
E

On The Veranda: *2 Meilen nördlich, am US 64 West, Highlands, direkt am Lake Sequoyah gelegen,* ☎ *(828) 526-2338. Sehr gutes Restaurant mit einer Reihe ausgezeichneter Fischspezialitäten, z.B. North Carolina Trout (Forelle).*

Aktivitäten
Wildwasserfahrten *auf dem Chattooga River bei Clayton*
Southeastern Expeditions: ☎ *1-800-868-7238, www.southeasternexpeditions.com.*
Natahala Outdoor Center: *Chatooga Ridge Rd., 13 Meilen von Clayton am US 76,* ☎ *1-888-905-7238, www.noc.com*

Grundsätzlich gilt: Die Flussstrecke ist recht lang. Eine vorzeitige Buchung daher ratsam. Zudem nicht geeignet für einen vergnüglichen, 2-stündigen Nachmittagsausflug. Die Streckenetappen dauern einen halben, 1 sowie 2 Tage.
Kanu- *bzw.* **Schlauchboottour** *südlich von Dahlonega (GA 60). Infos: Appalachian Outfitters:* ☎ *1-800-426-7177, www.canoegeorgia.com.*

Delta Queen Steamboot Co.,
jetzt Majestic America Line (Schaufelraddampfertouren) (S. 327f)

i Information
erhalten Sie unter: **Majestic America Line**, *2101 Fourth Ave, Suite 1150, Seattle, WA 98121,* ☎ *(206) 292-9606 od. 1-800-434-1232, www.majesticamericaline.com*

☞ Hinweis

Ob das älteste Schiff, die **„Delta Queen"** *noch einmal eine Betriebserlaubnis von den amerikanischen Behörden erhalten wird, schien bei Drucklegung fraglich. Und ob die* **„Mississippi Queen"** *auch verkauft wird von der Gesellschaft, stand auch nicht fest. Fragen Sie nach der aktuellen Lage in Ihrem Reisebüro bzw. schauen Sie auf o.g. Internetseite.*

Eufaula/AL (S. 510f)

i Information
Hart-House: *211 N. Eufaula Avenue, Eufaula, AL 36027,* ☎ *(334) 687-9755. www.discoverourtown.com*

🛏 Unterkunft
Jameson Inn $$: *136 Towne Center Blvd., Eufaula, AL 37027,* ☎ *(334) 687-7747, www.jamesoninn.com. Ein sauberes Motel mit relativ günstigen Preisen.*

🍴 Restaurant
Dogwood Inn: *214 N. Eufaula Ave.,* ☎ *(205) 687-5629. Einfaches und gutes Restaurant ohne besondere Spezialisierung.*

Florida Caverns State Park/FL (S. 358)

  F

G

  Information
Infocenter: *3 Meilen nördlich von Marianna am FL 166.* ☎ *(850) 482-9598, www.flori dastateparks.org/floridacaverns*

Unterkünfte
MARIANNA
Ramada Inn $$: *P.O. Box 979, 2 Meilen westlich auf dem US 90, I-10 exit 21, Marianna, FL 32446,* ☎ *(850) 526-3251,* 📠 *(850) 482-6223, www.ramada.com*
Comfort Inn $-$$: *P.O. Box 1507, 2175 State Rd. (FL 71 N), an der Kreuzung I-10, exit 21, Marianna, FL 32446,* ☎ *(850) 526-5600, www.comfortinn.com.*

CAMPING
Auf dem Campingplatz des Florida Cavern State Park gibt es sehr schöne schattige Plätze. Ein kurzer Weg vom Campingplatz führt zur Blue Hole Spring Swimming Area. Kleiner Sandstrand.

Gatlinburg, Pigeon Forge und Townsend/TN (S. 456ff)

  Information
Gatlinburg Chamber of Commerce: *811 E. Parkway,* ☎ *(865) 436-4178 und 1-800-588-1817, www.gatlinburg.com.*
Pigeon Forge Welcome Center: *Im Norden: 1950 Parkway (Ampel #0), im Süden: 3107 Parkway (Ampel #5),* ☎ *(865) 453-8574, www.mypigeonforge.com.*
Townsend Vistor Center: *US 321, Ecke Bethel Church Rd.,* ☎ *(865) 448-6134, www.smoky mountains.org.*

  Unterkünfte

☞ **Hinweis**

Auf die Nennung der besonders günstigen Motels wird hier verzichtet, da diese täglich ihre Preise ändern und Sie vor Ort eher ein Schnäppchen machen können. Achten Sie einfach auf die ausgehängten Preise.

Garden Plaza Hotel $$-$$$: *520 Historic Nature Trail, Gatlinburg, TN 37738,* ☎ *(865) 436-9201, www.4lodging.com/GATTN. Großes Hotel mit hohem Freizeitwert (Sport, 3 Pools, Disco, Live Entertainment etc.)*
Eight Gables Inn $$$: *219 N. Mountain Trail, Gatlinburg, TN 37738,* ☎ *(865) 430-3344, www.eightgables.com. Auf einer Anhöhe und inmitten des Waldes gelegenes Bed&Breakfast-Haus (es gibt hier auch Dinner). Herrliche Aussichten und Wandermöglichkeiten.*
Lodge at Buckberry Creek $$-$$$: *Ecke Wiley Oakley/Campbell Lead Rd., Gatlinburg, TN 37738,* ☎ *(865) 430-8030, www.buckberrylodge.com. Etwas abseits vom Trubel gelegene B&B-Unterkunft. Teilweise schöne Aussicht auf den Mount LeConte.*

192

Regionale Reisetipps von A–Z (Gatlinburg/Pigeon Forge und Townsend/TN, Georgetown/SC, Great Smoky Mountains National Park/NC/TN)

G

Country Oaks Cottages $$$: *2740 Florence Dr., Pigeon Forge, TN 37868, ☎ (865) 286-1591, www.countryoaks.com. Schöne, voll eingerichtete Cottages (2-4 Bedrooms) in Pigeon Forge. Das Anmeldebüro befindet sich am nördlichen Abschnitt des Hwy. 441 zwischen dem Shiloh Hotel und der Music Road.*

Middle Creek Valley Chalets $$-$$$: *2525 Goldrush Rd. (östl. des Ortes, abzweigend von der Middle Creek Rd. noch hinter Dollywood, Pigeon Forge, TN 37868, ☎ (865) 429-0090, www.mvchalets.com. Sehr ruhig in einem kleinen Seitental gelegene Chalet- und Hotelunterkünfte. Versuchen Sie ein Zimmer in den kleineren Häusern bzw. ein Chalet zu bekommen. Von hier können Sie auch schöne Spaziergänge unternehmen.*

Park Tower Inn $$-$$$: *201 Sharon Drive, Pigeon Forge, TN 37868, ☎ (865) 453-8605, www.parktowerinn.com. Modernes Hotel der Mittelklasse. Alle Zimmer mit Balkon und die meisten mit Blick auf Pigeon Forge.*

Viele ruhigere Chalet-Unterkünfte *finden Sie westlich von Pigeon Forge, ein kurzes Stück entlang dem US 321 in den Seitenstraßen. Fragen Sie hier mal nach.*

Valley View Lodge $$**: *US 321, Townsend, TN 37882, ☎ (865) 448-2237, www.valleyviewlodge. com. Ansprechendes und sauberes Motel. Es gibt auch Hütten (**$$$). In- und Outdoor-Pool. Gleich nebenan gibt es ein paar weitere Franchise-Motels und gegenüber unkomplizierte, kleine Familien-Restaurants.*

Carnes Log Cabins $$-$$$: *214 Tom Henry Rd., Townsend, TN 37882, ☎ (865) 448-1021, www.carneslogcabins.com. Rustikale, für Selbstversorger voll ausgestattete Holzhäuser. Hot Tubs und Jacuzzis.*

Georgetown/SC (S. 432ff)

Unterkünfte

Harbor House Bed&Breakfast $$-$$$: *15 Cannon St., Georgetown, SC 29440, ☎ (843) 546-6532, 📠 (843) 546-0014, www.harborhousebb.com. Ausblicke auf den Hafen von der Porch und jedem der 4 Zimmer.*

The Shaw House Bed&Breakfast $$: *613 Cypress Court, Georgetown, SC 29440, ☎/📠 (843) 546-9663, www.bbonline.com/sc/shawhouse. Günstiges B&B mit Blick aufs Marschland. Charme des Alten Südens, viele Antiquitäten.*

*Günstige, aber z.T. auch sehr **einfache Motels** finden Sie vor allem an der Ortsausfahrt entlang des Alt US 17/US 521.*

Restaurants

*Eine Reihe von **Restaurants** finden Sie entlang der Front Street. Zu empfehlen wäre da z.B. **Rice Paddy** (732 Front St., ☎ 546-2021) mit exquisit zubereiteten Fischgerichten. Tendenz: Fusion-Cuisine.*

Great Smoky Mountains National Park/NC/TN (S. 448ff)

Information und Anschrift

The Superintendent: Great Smoky Mountain National Park, *107 Park Headquarters Rd., Gatlinburg, TN 37738, ☎ (865) 436-1200, www.nps.gov/grsm.*

Die 3 Visitor Center des Parks sind:
Oconaluftee: *2 Meilen nördlich von Cherokee an der Newfound Gap Road (US 441), North Carolina. Täglich geöffnet. Ein Freilichtmuseum hier (Pioneer Farmstead) bietet einen Einblick in die Lebensweise der ersten weißen Siedler in dieser Gegend.*
Sugarlands: *2 Meilen südwestlich von Gatlinburg, Tennessee (US 441). Täglich geöffnet.*
Cades Cove: *5 Meilen südöstlich von Townsend, Tennessee (TN 73), dann 8 Meilen auf unnummerierter Stichstraße. Täglich geöffnet von März bis November.*

In den Besucherzentren erhalten Sie ausgesprochen gutes Informationsmaterial und Karten. Da ist für jedes Spezialgebiet etwas dabei.

INFORMATIONSPROGRAMME
Von Ende Mai bis Ende August finden an allen drei Besucherzentren von Rangern geleitete, täglich verschiedene Spezialprogramme statt, wie z.B. naturkundliche Wanderungen und Vorträge. Wenn Sie genügend Zeit haben, sollten Sie an einem solchen Programm teilnehmen. Sie werden die bezaubernde Natur um einiges besser verstehen lernen.

 Unterkünfte

 Hinweis

Siehe auch unter Gatlinburg, Pigeon Forge und Townsend (S. 191) sowie Cherokee (S. 185) und Asheville (S. 157).

Le Conte Lodge $$$: *P.O. Box, Gatlinburg, TN 37738, ☏ (865) 429-5704, www.lecontelodge. com. Dieses einfache Berghotel (nur Hütten) kann nur nach einer Halbtagswanderung erreicht werden und steht Gästen von Ende März bis Ende November zur Verfügung. Reservierung unbedingt erforderlich, am besten im vorausgehenden Jahr tätigenEs gibt keinen Strom dort obenMahlzeiten werden zubereitet.*
Fontana Village Resort $$-$$$$: *P.O. Box 68, Fontana Dam, NC 28733 südlich des Parks gelegen der NC 28 N., ☏ (828) 498-2211, ᗺ (828) 498-2345, www.fontanavillage.com. Es stehen sowohl Hotelräume als auch Cottages zur Verfügung. Alle denkbaren Aktivitäten werden angeboten: Tennis, Paddelboote, Swimmingpool, Sauna, Grillmöglichkeiten, Fahrrad fahren, Tennis, Reiten... Übrigens: Fontana Village ist 1947 aus einer Ansiedlung der Bauarbeiter entstanden, die den Fontana-Damm errichteten. Von hier aus können Sie den Nationalpark erkunden und entgehen dabei dem Rummel von Cherokee, Pigeon Forge und Gatlinburg. Erkundigen Sie sich nur über die Öffnung der Seitenstraße in den Park!*

CAMPING
Es gibt 10 ausgebaute Campingplätze (aber keine Duschen, nur kaltes Wasser, keinen Strom) im Park, von denen an den Hauptstrecken die folgenden liegen: Oconaluftee (Smokemont), Elkmont und Caves Cove. In Cherokee und Gatlinburg gibt es natürlich auch zahlreiche private Plätze. Wichtig für die parkeigenen Plätze ist eine rechtzeitige Reservierung: Great Smoky Mountains National Park, 107 Park Headquarters Road, Gatlinburg, TN 37738, ☏ (865) 436-1200 (Infos); 1-800-365-CAMP (Reservierung)

G # Greenville/MS (S. 581f)

H

i **Information**
Greenville/Washington County Convention & Visitors Bureau: 216 S. Walnut St.,
Greenville, MS 38701, ☎ (662) 334-2711 oder 1-800-467-3582, www.visitgreenville.com

Tour
Historic Downtown Greenville Walking Tour *durch die Innenstadt (zwischen Highway
82 und Mississippi-River) entlang zahlreicher Sehenswürdigkeiten. Nach vielen Stunden im Auto
sicherlich zu empfehlen. Informationen dazu sind im Touristenbüro erhältlich.*

Unterkünfte
Linden on the Lake Bed&Breakfast $$$: *Lake Washington Rd., Greenville, MS,* ☎ *(662)
839-2181.*
Motels *und* Hotels aller Ketten *gibt es am Highway US 82 East.*

Restaurant
Does: *502 Nelson St.,* ☎ *(662) 334-3315. Unscheinbar und von der Aufmachung her
recht einfach. Doch sind die Steaks hier gut (und groß). Das Restaurant ist vor allem bekannt für
seine Salatdressings.*

Hickory Knob State Park/SC (S. 438)

Unterkunft
Motel & Cottage ($-$$$): *Nördlich von McCormick. Ein altes, historisches* Cottage *von
1770 im Park ist übrigens der eigentliche Knüller ($$$)Der Park liegt an einem großen See und hat
einen ausgezeichneten Golfplatz. Reservierung: Rt.1, P.O. Box 199-B, McCormick, SC 29835,* ☎
(864) 391-2450, 📠 *(864) 391-5390, www.SouthCarolinaParks.com.*

Hilton Head Island/SC (S. 414f)

i **Information**
Hilton Head Welcome Center: *Gleich hinter der Brücke auf die Insel am US 278, Hilton
Head, SC 29938,* ☎ *(843) 785-4472 od. 785-3673, www.hiltonheadisland.org. Mo–Sa*
Hilton Head Island Chamber of Commerce: *1 Chamber Dr., Hilton Head Island, SC 29938,* ☎
(843) 785-3673, www.hiltonheadisland.org. Nur Mo–Fr.

Unterkünfte
The Westin Resort $$$$: *2 Grasslawn Ave., Hilton-Head-Island-North End, SC 29928,*
☎ *(843) 681-4000,* 📠 *(843) 681-1078, www.westin.com/hiltonhead. Luxuriöses Resort, ruhig
gelegen am Atlantik mit geräumigen Zimmern. Achten Sie darauf, dass Sie ein Zimmer mit Meeres-
blick bekommen. Tennis, Golf und verschiedene Unterhaltungsprogramme werden geboten. Es gibt
auch große „Villas" mit 2–3 Schlafzimmern, Küchen etc.*

Disney's Hilton Head Island Resort $$$-$$$$: *22 Harbourside La., Hilton-Head-Island-Mid-Insel, SC 29928, ☎ (843) 341-4100, 🖨 (843) 341-4130, www.dvcmagic.com oder www.dvc. disney.go.com. Ebenfalls groß und luxuriös eingerichtetes Resort. Über 100 Apartments (1–3 Zimmer), alle geeignet für Selbstversorger. Großzügiges Familienprogramm u. Golf-Arrangements. Shuttle zum Strand.*

Palmetto Dunes Resort $$$-$$$$: *4 Queens Folly Rd., Hilton-Head-Island-Mid-Insel, SC 29928, ☎ (843) 785-1161, www.palmettodunes.com. Resort direkt am Strand mit allem Komfort. Eine tolle Alternative für Familien. Vornehmlich Selbstversorger-Apartments.*

Red Roof Inn $$: *Wm. Hilton Pkwy., Hilton Head Island-Mid-Insel, SC 29928, ☎ (843) 686-6808, www.redroof.com. Günstige Motelalternative, um auf der „Millionärsinsel" Urlaub zu machen. Nicht weit zum Strand.*

Ein weiteres relativ günstiges und gutes Motel ist das **Beachwalk Hotel $$**: *40 Waterside Dr., Hilton Head Island South-End, SC 29928, ☎ (843) 842-8888, www.hiltonheadbeachwalkhotel. com. Gute 5 Minuten zu Fuß zum Strand.*

🍴 Restaurants

Old Fort Pub: *63-65 Skull Creek Dr., North-End, ☎ 681-2386. Aussicht auf das Marschland und den Intracoastal Waterway, neben den Ruinen des Fort Mitchell. Natürlich Fisch- und Pubgerichte, meist Cajun Style. Toll ist aber vor allem die Atmosphäre hier. Auch gut geeignet für den Sundowner (schöner Sonnenuntergang). Kein Lunch.*

Crazy Crab: *2 Lokale: 1) 104 Wm Hilton Pkwy., North-End, ☎ 681-5021, 2) At Harbour Town, South-End, ☎ 363-2722. Frischeste Meeresfrüchte.*

Relativ teurer, dafür aber mit einer guten Weinkarte ausgestattet, ist das Seafood-Restaurant **Alexander's** *(Palmetto Dunes, 76 Queens Folly Rd., Mid Island, ☎ 785-4999).*

Truffles Grill: *8 Pope Avenue Executive Park Rd, ☎ 785-3663. Amerikanische Küche, etwas „feiner". So gibt es hier Thunfisch-Burger, Shrimps mit Coconut-Dip, aber auch sehr gute, wenn auch etwas teurere Steaks.*

🎷 Bars

Beliebte Bars sind:
das **Salty Dog Café** *(South Beach Marina, South-End, auch einfache Küche)*
das **Quaterdeck** *(Harbour Town, Sea Pines Plantation – toller Sonnenuntergang von Veranda), auch Essen*
die **Callahan's Sports Bar & Grill** *(38 New Orleans Rd.).*

Hot Springs/AR (S. 607ff)

ℹ️ Information

Hot Springs National Park Visitor Center & Museum: *Im Fordyce Bathhouse, 369 Central Ave., Hot Springs, AR 71901, ☎ (501) 624-3383. www.hotsprings.org. Mit einem kleinen Museum und wesentlich übersichtlicher als das riesige, viel zu groß geratene*
Convention Center & Visitors Bureau: *134 Convention Blvd., Hot Springs, AR 71901, ☎ (501) 321-2835 oder 1-800-922-6478. www.hotsprings.org.*

🚶 Touren

National Park Duck Tours: *418 Central Ave., ☎ (501) 321-2911, www.rideaduck.com. Unternimmt Touren durch den Nationalpark und auch das Umland von Hot Springs.*

Unterkünfte

 Tipp

Fast alle Hotels in Hot Springs bieten günstigere Wochenendangebote. Es ist dann aber auch deutlich voller als unter der Woche.

Arlington Resort Hotel

The Arlington Resort Hotel & Spa $$$$: 239 Central Ave. (bei der Fountain St.), Hot Springs, AR 71901, ☎ (501) 623-7771 oder 1-800-643-1502, 🖷 (501) 623-6191, www.arlingtonhotel.com. Großes und mondänes „Kurhotel" mit Mineralquellen im Hause. Nachdem der Standard zwischendurch etwas nachgelassen hatte, bietet das Hotel nach der Renovierung wieder eines der eindrucksvollsten Unterkunftserlebnisse in den Südstaaten. Die Stuckdecken, Kandelaber und zahlreichen Antiquitäten erinnern an ähnlich gestaltete Hotels in europäischen Kurbädern. Auf dieses Haus sollte Ihre Wahl fallen – der Atmosphäre wegen. Eigentlich das „Muss" in Hot Springs!

Lake Hamilton Resort & Conference Center $$$$: 2803 Albert Pike, 3 Meilen westlich am US 270, P.O. Box 2070, Lake Hamilton, AR 71913, ☎ (501)712-8606, www.lakehamiltonresort.com. Dieses moderne Resorthotel liegt außerhalb der Stadt auf einer schönen Halbinsel am Lake Hamilton und bietet Entspannung, Komfort und Bademöglichkeiten.

The Springs Hotel & Spa $$$: 135 Central Ave., Hot Springs, AR 71913, ☎ (501) 624-5521 oder 1-800-251-1962, www.thespringshotelandspa.com. Zwar erscheint dieses Hotel von außen wie ein langweiliges Motel, doch bietet es saubere und geräumige Zimmer, Mineralquellen im Haus (Mo–Sa) und das Ganze zu relativ günstigen Preisen.

Park Hotel of Hot Springs $$: 211 Fountain St., Hot Springs National Park, Hot Springs, AR 71913, ☎ (501) 624-5323 od. 1-800-895-7275, www.parkhotelhotsprings.com. Recht preiswertes Boutique-Hotel mit einer Geschichte, die auf die 1920er-Jahre zurückführt. Der günstige Tipp am Ort.

Americas Best Value Inn $$: 2204 Central Ave, Hot Springs, AR 71901, ☎ (501) 624-5551 oder 1-800-493-5114; Fax: (501) 627-1910, www.americasbestvalueinn.com. Von außen wenig attraktives Motel, aber zentral gelegen und günstig.

CAMPING

Es gibt zahlreiche Campingplätze in und um Hot Springs.

Die schönsten liegen am **Lake Ouachita** und dem **Lake DeGray** und werden von der der Ouachita National Forest-Behörde verwaltet: P.O. Box 1270, Hot Springs, AR 71902, ☎ (870) 867-2101.

Der Campingplatz des **Hot Springs Nationalpark** liegt zwei Meilen nordöstlich in der Gulpha Gorge (zu erreichen über den I-70). Keine Reservierungen. Kein Strom- und Wasseranschluss für Campmobile!

Restaurants
Die Auswahl an Restaurants ist in einem Kurort wie Hot Springs naturgemäß sehr groß. Die meisten finden Sie entlang der Central Avenue. Hier einige Empfehlungen:
Bohemia: 417 Park Ave., ☎ (501) 263-9661. Einfach eingerichtetes, aber gutes Restaurant mit deutschen und tschechischen Gerichten (Bohemia = Böhmen).
Grady's Grill: Ecke Park & Central Ave. (im Hotel Majestic), ☎ (501) 623-5511 oder 1-800-643-1504. Gute Steaks und ein hervorragendes Menü. Gehobener Standard, trotzdem lockere Atmosphäre. Etwas außerhalb, aber lohnend, ist das **Hamilton House**: 130 Van Lyell Dr., 6 Meilen südlich am AR 7. ☎ (501) 525-2727. Vornehmes Restaurant in einer mit Antiquitäten geschmackvoll einge- richteten Villa von 1929 – direkt am Lake Hamilton (Sie können mit einem Boot am Restaurant anlegen). Bei Kerzenlicht gibt's dann alles von Steak über Lamm bis hin zu Meeresfrüchten – exqui- sit zubereitet und gewürzt.

 Lesertipp

Das **Red Lobster** (4500 Central Avenue, ☎ (501) 525-7613) liegt zwar etwas außerhalb, man speist aber preiswert und gut. Besonders zu empfehlen ist der Lobster-Tail.

Houma/LA (S. 625f)

i **Information**
Houma Area Convention & Visitors Bureau: South St./Charles St. (am US 90), Houma, LA 70361, ☎ (985) 868-2732 oder 1-800-688-2732, www.houmatourism.com.

 Hinweis

Das Angebot an Swamp-Touren und -Cruises ist schier unüberschaubar und am besten ist, Sie erkundigen sich aktuell im Touristenbüro, das dazu Broschüren bereithält. Dann können Sie in Ruhe auswählen und sich auch entscheiden, wie lange Sie unterwegs sein möchten und wie viel Sie ausgeben wollen. Die Touren sind nämlich – je nach Dauer und Streckenlänge – nicht gerade günstig. Auch würden an dieser Stelle Anfahrtsbeschreibungen und Ablegeorte für die meist mit Booten durchgeführten Touren den Rahmen deutlich sprengen. Die Sumpfgebiete und die sich durch sie hindurch ziehenden Straßen und Örtchen sind sehr weit verzweigt und die Gefahr, die wertvolle Zeit Ihres Aufenthalts hier mit der Frage nach dem Weg in dieser unübersichtlichen Landschaft zu verbringen, ist einfach zu groß. Einige bekannte und zuverläs- sige Veranstalter führe ich daher im Folgenden nur namentlich und mit Telefonnummer bzw. Internetadresse auf. Lassen Sie sich u. U. einfach bei Ihrer Unterkunft oder am Touristenbüro abholen, dann gibt es keine Probleme. Bei mehr Zeit kann man den Weg zu den Veranstaltern natürlich auch selbständig suchen und finden.

Touren in die Swamps
A Cajun Man's Swamp Cruise: ☎ (985) 868-4625, www.cajunman.com
Annie Miller's Son's Marsh and Swamp Tours: ☎ (985) 868-4758 oder 1-800-341-5441, www.annie-miller.com

H

Bayou Black Airboat Swamp Tours: ☏ (504) 628-2508 od. (985) 665-8571, www.bayoublack
airboattours.com
Munson's Swamp Tours: ☏ (985) 851-3569, www.munsonswamptours.com
Canoe 2: ☏ (985) 446-6997; Kanu-Touren durch die Swamps
Hammonds Cajun Air Tours: ☏ (985) 876-0584

*Eine oder mehrere Swamp-Touren gehören unbedingt auf diesem Abschnitt Ihrer Reise dazu. Sie sind
aber eben relativ zeitaufwendig und Sie sollten bei Interesse gut überlegen, ob Sie nicht einfach
etwas länger in Houma und Umgebung bleiben möchten. Es lohnt sich*

🛏 Unterkünfte
Ramada $$$: 1400 W. Tunnel Blvd., Houma, LA 70360, ☏ (985) 879-4871 oder 1-888-
989-8367, 🖷 868-3607, www.bayoucountryinns.com. Ansprechendes Hotel mit geschmackvoll ein-
gerichteten Zimmern und einem großen Swimmingpool im Innenhof.
Plantation Inn $$$: 1381 W. Tunnel Blvd., Houma, LA 70360, ☏ (985) 868-0500 oder 1-800-
373-0072, 🖷 873-8970, www.bayoucountryinns.com od. www.houma-hotels.com. Der Name
täuscht etwas: Hier handelt es sich nicht etwa um die Unterkunft in einem Plantagenhaus sondern um ein modernes, kleines Hotel. Es überzeugt jedoch durch den guten Service und eine
gemütliche Bar.
Audrey's Little Cajun Mansion B & B $$-$$$: 815 Funderburk Ave., Houma, LA 70364, ☏ (985)
879-4643, 🖷 879-4668, www.innsite.com/inns/A003500.html. Audrey spricht auch fließend französisch, ist sehr gastfreundlich und gibt jede Menge gute Tipps über Houma und Umgebung. Das Haus
ist sehr einfach eingerichtet und völlig vollgestellt, die herzliche und warme Atmosphäre tröstet jedoch
darüber locker hinweg. Gegessen wird zusammen mit der Familie in der Küche und Sie werden von
Audrey mehr als reichlich nach Cajun-Art bekocht. Hier müssen Sie einfach übernachten!
Eine weitere, **ganz besondere Übernachtungsempfehlung** befindet sich etwas außerhalb von
Houma: **Wildlife Gardens $**: 5306 N. Bayou Black Dr., Gibson, LA 70356, ☏ (985) 575-3676,
www.wildlifegardens.com. Anfahrt: Von Houma auf dem US 182 ca. 14 Meilen nördlich bis Exit
„Gibson". Hier wurde durch Betty Provost im Laufe der letzten Jahrzehnte ein kleines Paradies
„erschaffen": Sie übernachten in sehr einfachen und rustikalen Cottages inmitten des Sumpfgebietes,
umgeben von einer atemberaubenden Fauna und Flora. Abends auf der Veranda Ihres Häuschens
zu sitzen und den Geräuschen des Sumpfes zu lauschen, ist ein unvergessliches Erlebnis. Auf dem
Gelände befinden sich auch mehrere Gehege mit Wildtieren, darunter Raubkatzen und seltene
Vögel. Spazier- und Wanderwege laden zum erkunden der Umgebung ein. Betty hatte in den letzten Jahren viele internationale Gäste und ist sehr interessiert an fernen Ländern bzw. den Geschichten und Beschreibungen aus **Ihrer** Heimat.

CAMPING
*Die Auswahl an Campgrounds ist in und um Houma besonders groß und ich rate Ihnen, dazu im
Touristenbüro eine Broschüre zu besorgen und sich beraten zu lassen. Besondere Empfehlungen
an dieser Stelle möchte ich Ihnen hier nicht geben. Zweckmäßig ist jedoch, einen Campground zu
wählen, der nicht allzu weit weg von den Sehenswürdigkeiten liegt, welche Sie sich gerne anschau-
en möchten.*

🍴 Restaurants
Mike's Steak House: 1023 W. Tunnel Blvd., ☏ (985) 876-3821. Neben saftigen Steaks
auch gutes Seafood.

Abear's Café: *809 Bayou Black Drive*, ☎ *(985) 872-6306. Cajun-Gerichte. Freitags oft Livemusik.* (**H**
Bayou Delight Restaurant: *4038 Bayou Black Dr.*, ☎ *(985) 876 4879. Cajun-Gerichte. Freitags und samstags oft Livemusik.*

Pubs/Livemusik/Nightlife

Jolly Inn: *1507 Barrow St.*, ☎ *(985) 872 6114. Cajun-Tanzhalle und Lounge. Größere Musikveranstaltungen mit traditioneller Musik.*
Uptown Sports: *7812 Main St.*, ☎ *(985) 868 7744. Mainstream-Sportsbar, die sehr große Hamburger- und Grillgerichte jeder Art bietet. Laut, aber unterhaltsam. Sehr freundliche Bedienung!*

Huntsville/AL (S. 546ff)

i Information

Huntsville/Madison County Convention & Visitors Bureau: *500 Church St., Suite One, Huntsville, AL 35801*, ☎ *(256) 551-2230 oder 1-800-843-0468,, www.huntsville.org*
Visitor Information Center at International Airport Huntsville: *Box 20064, 1000 Glen Hearn Blvd., Huntsville, AL 35824*, ☎ *(256) 772-9470, www.hsvairport.org/tourism.*

Tour

Tour Huntsville Department of Parking & Public Transport: *500 Church St., Suite Two, Huntsville, AL 35801*, ☎ *(256) 427-6811. Geöffnet: Mo-Fr 8–17 Uhr, www.hsvcity.com/PublicTran. Betriebszeiten des „Tourist Trolley Loop" sind Mo-Fr 7–18 Uhr. Das Büro befindet sich direkt neben dem des Huntsville/Madison County Convention & Visitors Bureau.*

Unterkünfte

Marriott Huntsville $$$$: *5 Tranquility Base, Huntsville, AL 35805*, ☎ *(256) 830-2222. www.marriott.com. Modernes Hotel der gehobenen Mittelklasse, mit Ausblick auf die riesigen Raketen des direkt angrenzenden Space & Rocket Centers.*
Holiday Inn-Downtown $$$: *401 Williams Ave., Huntsville, AL 35801*, ☎ *(256) 533-1400, www.holidayinn.com/huntsvilleal. Geräumige Suiten zu akzeptablen Preisen. Liegt zentral in Downtown.*
Huntsville Embassy Suites Hotel: *800 Monroe St., Huntsville, AL 35801*, ☎ *(256) 539-7373, www.embassysuites.com. Modernes Hotel der Oberklasse mit ausgedehntem Fitness- und Spabereich.*
The Dogwood Manor B & B $$: *707 Chase Road Huntsville, AL 35811*, ☎ *(256) 859-3946, www.dogwoodmanorbandb.com. Falls Sie eher „old style" genießen möchten, ist dieses charmante B&B mit seinen 4 Zimmern genau das Richtige. Eine Alternative zu den ultramodernen Hotel-Palästen in Huntsville. Mit sehr leckerem Frühstück.*

CAMPING

U.S. Space & Rocket Center Campground $: *1 Tranquility Base, Huntsville, AL 35805*, ☎ *(256) 830-4987. Befindet sich direkt neben dem „Space&Rocket Center". Sehr zu empfehlen, um lange Anfahrtswege zum Center zu sparen.*

Restaurants

Greenbrier Restaurant: *27028 Old Hwy. 20, Madison (acht Meilen westlich von Huntsville)*, ☎ *(256) 351-1800. Der Geheimtipp in Huntsville. Die Gäste fahren teilweise von weit her an, um in diesem rustikalen Restaurant, das seit 1952 von seinem Besitzer, Jack Webb,* betrieben wird, zu speisen. Die Portionen sind sehr groß und besonders zu empfehlen ist das Hähnchen mit der berühmten weißen BBQ-Sauce. Auch Fisch und Spare Ribs sind im Angebot. Erkundigen Sie sich aber vorher telefonisch nach dem genauen Weg dorthin. Man kann sich leicht verfahren!

Ol' Heidelberg: 6125 NW University Dr., ☎ (256) 922-0556. Deutsche Küche. Zu empfehlen ist der leckere Sauerbraten.

Café Berlin: 964 Airport Rd, ☎ (256) 880-9920. Empfehlenswert für ein gutes Stück Torte nach deutsch/österreichischer Art und eine Tasse Kaffee. Eher etwas für tagsüber.

Sammy's Sports Bar & Grill: 3131 University Drive, ☎ 533-3818. Gute amerikanische Küche in „britischer Pub-Atmosphäre". Versuchen Sie, den Platz in der Gondel im Obergeschoss zu reservieren. Der Sonntags-Brunch ist übrigens ein Supertipp!

Jackson/MS (S. 558ff)

Information
Convention & Visitors Bureau: 11 E. Capitol St., Suite 102, Jackson, MS 39201, ☎ (601) 960-1891, www.visitjackson.com.

Wichtige Telefonnummern
Vorwahl: ☎ 601
Notruf Polizei/Feuer/Ambulanz: ☎ 911

Verkehr
ÖFFENTLICHE VERKEHRSMITTEL
Überlandbusse: Greyhound Lines: 300 W. Capitol St., ☎ (601) 354-1913.

Rundfahrten/Touren
Jackson Tour & Travel: 1801 Crane Ridge Rd., Jackson, MS 39201, ☎ (601) 981-8415. Das Unternehmen bietet geführte Touren durch Jackson und zu den touristisch interessantesten Punkten im Süden des Staates Mississippi an.

Hotels und andere Unterkünfte
The Old Capitol Inn $$$, 226 North State Street, Jackson, MS 39201, ☎ (601) 359-9000 oder (888) 359-9001, 🖷 355-5587, www.oldcapitolinn.com. Mitten in der Altstadt gelegenes, liebevoll möbliertes Bed&Breakfast-Haus, gutes „Southern Style" Frühstück. Swimmingpool, zudem ein Roof-Top Garten mit Blick auf die Altstadt.

Jackson Marriott Downtown $$-$$$: 200 E. Amite St., Jackson, MS 39201, ☎ (601) 969-5100 od. 1-800-256-9194, 🖷 (601) 353-4333, www.marriott.com. Zentral gelegenes Hotel für Geschäftsleute. Aus den oberen Etagen (Ostseite) haben Sie einen Ausblick auf die Kathedrale St. Peter. Günstige Wochenendtarife.

Holiday Inn – The Wilson Inn $$: 310 Greymount Ave., Jackson, MS 39202, ☎ (601) 948-4466, www.wilsonhotels.com. Preiswertes und sauberes Motel.

Restaurants
Hal & Mal's Restaurant & Brewery: 200 S. Commerce St., ☎ (601) 948-0888. Mittelklasse-Restaurant in alter Lagerhalle. Spezialität: Austern. Gutes Bier. Im selben Gebäude gibt es auch gute Pizza in der **Soulshine Pizza Factory**.

Sonny's Real Pit Bar-B-Q: *2603 Highway 80 West, ☏ (601) 355-7434, ww.sonnysbbq.com. Sehr leckere BBQ-Gerichte. Besonders zu empfehlen sind die Baby-Back-Ribs sowie das Pulled Pork.*
Que Será Será: *2801 North State Street, ☏ (601)981-2520. Erstklassige Südstaaten-Gerichte. Po-Boys, Seafood bis hin zum deftigen Steak.*
Scrooge's: *5829 Ridgewood Road, im Brookshire's Parking Lot, ☏ (601) 206-1211. Netter, auf britisch getrimmter Pub. Burger, Steaks, Seafood*
Miller's Downtown Grill: *224 E. Capitol Street, ☏ (601) 354-4044. Kleines, Restaurant mit den „üblichen" amerikanischen Gerichten. Gut fürs Lunch.*

Pubs/Livemusik/Nightlife

Poet's: *1855 Lakeland Drive (im Shopping Center an einer hinteren, vom Lakeland Dr. nicht einsehbaren Stelle), ☏ (601) 982-9711. Großer „Neighbourhood-Pub" und Restaurant mit täglichem Livemusik- und Entertainment-Programm (außer So u. Mo). Häufig sehr voll.*
Fenian's Irish Pub: *901 E. Fortification St., ☏ (601) 948-0055. Pubatmosphäre und leckere irische Gerichte (Shepherd's Pie, Stew etc.). Nahezu täglich Livemusik (Blues, Rock, irisch)*
Red, Hot & Blue: *1625 East County Line Road, ☏ (601) 956-3313. BBQ-Restaurant mit Livemusik an Wochenenden.*

Jackson/TN (S. 550)

Information

Jackson Convention & Visitors Bureau: *197 Auditorium Street Jackson, TN 38301, ☏ (731) 425-8333 oder 1-800-498-4748, www.jacksontncvb.com.*

Tour/Besichtigung

Casey Jones Home & Railroad Village and Museum: *56 Casey Jones Lane, Jackson, TN 38305, ☏ (731) 668-1223 oder 1-800-748-9588, im gleichnamigen, historischen Village (I-40 & Hwy. 45 by-pass, gut ausgeschildert), www.caseyjones.com. Besonders die Freunde alter Eisenbahnen werden hier ihre wahre Freude haben.*

Unterkünfte

Jameson Inn $$: *1292 Vann Dr. (die Straße ganz bis nach hinten durchfahren!), Jackson, TN 38305, ☏ (731) 660-8651 oder 1-800-526-3766, www.jamesoninns.com. Ein sauberes und komfortables Hotel mit kleinem Swimmingpool und Fitnessraum, das aufgrund seiner nachteiligen Lage an der Autobahn ein sehr gutes Preis-Leistungs-Verhältnis bietet. Nehmen Sie ein der Autobahn abgewandtes Zimmer, dann dürfte der Verkehr kein Problem sein.*

 Tipp

Sollten Sie auf dem Wege von Nashville nach Memphis die Gelegenheit nutzen wollen, abseits der (Groß-)Städte einmal „Ruhe einkehren zu lassen", empfehle ich Ihnen eine Übernachtung im **Natchez Trace State Park** *(www.tennessee.gov/environment/parks) in der* **Pin Oak Lodge $$$**, *567 Pin Oak Lodge Lane, Wildersville, TN 38388, ☏ (731) 968-3742 oder 1-800-250-8616, 1 968-6515. Zimmer und Cottages. Picknicktische und Angelgelegenheiten stehen zur Verfügung. Ideal, um einen Tag auszuspannen.*

Restaurant
Die Stadt bietet jenseits der bekannten Restaurantketten leider keine besonderen kulinarischen Genüsse und so möchte ich Ihnen einzig empfehlen den **Old Country Store**: Direkt gegenüber vom Museum im **Casey Jones Village**, ☎ *(731) 668-1223/4.* Tennessee-Country-Küche. Man isst inmitten des Stores. Buffets, Salatbar. Die Einrichtung ist auf alt getrimmt und gibt dem Ganzen ein behagliches und rustikales Ambiente. Die drei Buffets (morgens, mittags, abends) alleine sind schon einen Stopp wert. Hier sollten Sie unbedingt essen und viel Hunger mitbringen.

Jacksonville Area/FL (S. 380ff)

Information
Jacksonville and the Beaches Convention & Visitors Bureau: *550 Water St., Jacksonville.*
☎ *(904) 798-9111, www.jaxcvb.com.* Zudem gibt es eine Infobude im **Jax Landing-Komplex** *(2 Independent Dr., zw. Main und Pearl Sts., Obergeschoss,* ☎ *(904) 791-4305),* in **Jacksonville Beach**: *380 Pablo Avenue,* ☎ *(904) 242-0024* sowie am **Internional Airport.**
Veranstaltungen werden in der **Tageszeitung** *„Florida Times Union"* bekanntgegeben oder dem 14-tägig erscheinenden *„Jacksonville Today".*

Verkehr
ÖFFENTLICHE VERKEHRSMITTEL
Stadtbusse: Die *„Jacksonville Transit Authority"* unterhält einen Trolley-Bus in der Innenstadt entlang der Bay Street (Mo–Sa), 50 innerstädtische Buslinien und den *„Automated Skyway Express"* (ASE). Infos: ☎ *(904) 630-3100 od. 630-3181, www.jtaonthemove.com.*

FLUGVERKEHR
Der **Jacksonville International Airport** liegt 13 Meilen nordwestlich der Innenstadt und wird von allen großen amerikanischen Airlines angeflogen. Airport-Infos: ☎ *(904) 741-4902, www.jaa. aero.* Zudem finden Sie hier alle **Mietwagenfirmen**.

Hotels und andere Unterkünfte
JACKSONVILLE CITY-AREA

☞ **Tipp**

In der Stadt erhalten Sie in der Regel günstige Wochenendtarife, der Tipp lautet aber, in Jacksonville Beach bzw. St. Augustine (siehe dort) zu nächtigen.

Omni $$$-$$$$: *245 Water St., Jacksonville, FL 32202,* ☎ *(904) 355-6664,* 🖷 *(904) 791-4812, www.omnihotels.com.* Großes, luxuriöses Innenstadthotel mit Shopping Mall. Nahe Jax Landing.
Wyndham Jacksonville Riverwalk Hotel: *1515 Prudential Dr., Jacksonville, FL 32207,* ☎ *(904) 396-5100,* 🖷 *(904) 396-7154, www.wyndham.com.* Am Riverwalk gelegen mit schönem Blick auf die Skyline von Jacksonville. Moderate Preise.
House on Cherry Street $$-$$$: *1844 Cherry St., Jacksonville, FL 32205,* ☎ *(904) 384-1999,* 🖷 *(904) 387-4007, www.geocities.com/houseoncherryst.* In vornehmem Vorort und direkt am Fluss

gelegenes Haus im Kolonialstil. Schöne Zimmer und sehr persönliche Atmosphäre. Zu den Sehenswürdigkeiten und in die Downtown aber müssen Sie mit dem Auto z.T. weit fahren.

JACKSONVILLE BEACH-AREA

Marriott Resort at Sawgrass $$$-$$$$$: *1000 PGA Blvd. (nahe FL A1A, zw. US 210 u. J. Turner-Butler Blvd.), Ponte Verdra Beach, FL 32082, ☎ (904) 285-7777, 🖷 (904) 285-0906, www.sawgrassmarriott.com. Luxus-Resort mit vielen Sportmöglichkeiten – besonders aber Golf. Die Golfanlage gehört zu den besten der Welt (int. Turniere)Es gibt auch Apartments/Villas für Selbstversorger. Jacuzzis, Health Club, 6 Restaurants, 3 Pools, Fahrradverleih etc.*

Sea Turtle Inn $$-$$$: *1 Ocean Boulevard, Atlantic Beach, FL 32233, ☎ (904) 247-0305, www.oneoceanresort.com. Hotel mit relativ günstigen Preisen. Lage: Direkt am Ozean und zentral zu den Restaurants der Strandregion. Versuchen Sie, ein Zimmer mit Strandblick zu bekommen. Die äußere Fassade täuscht übrigens, innen ist das Hotel viel netter.*

Sea Horse Oceanfront Inn $$-$$$: *120 Atlantic Blvd., Neptune Beach (Atlantic Beach), FL 32256, ☎ (904) 246-2175, 🖷 (904) 246-4256, www.seahorseoceanfrontinn.com. Günstiges und schönes Motel direkt am Strand. Zentrale Lage zu den meisten Shops und Restaurants.*

Comfort Inn Oceanfront $$: *1515 N. First St., Jacksonville Beach, FL 32250, ☎ (904) 241-2311, 🖷 (904) 249-3830, www.comfortinnjaxbeach.com. Sauberes Motel direkt am Strand. Sehr schön sind die Zimmer mit Balkon zum Meer. Preislich sehr günstig, besonders unter der Woche. Der hauseigene Swimmingpool ist wohl der schönste (u.a. kleine Wasserfälle) entlang der Jacksonville Beach.*

AMELIA ISLAND AREA

Amelia Island ist bekannt für seinen vielen, wenn auch nicht ganz günstigen B&Bs. Wer mehr Adressen sucht, schaut am besten mal auf Amelia Islands Internetseite: www.ameliaisland.org bzw. schaut im Visitor Bureau vorbei: 102 Centre St., Fernandia Beach, ☎ (904) 277-0717 od. 1-800-226-3542. Eine andere Internetseite ist: www.ameliaislandinns.com (B&B-Unterkünfte).

Amelia Island Plantation $$$-$$$$$: *6800 First Coast Hwy. (am FL A1A, 18 Meilen südöstlich vom I-95-Fernandina Beach-Callahan-Exit), Amelia Island, FL 32034, ☎ (904) 261-6161, 🖷 (904) 277-5945, www.aipfl.com. Luxusresort mit Tennis- und Golfanlagen sowie Geschäften, verschiedenen Restaurants, mehreren Pools, Fahrradverleih, Health Center etc. Eine kleine Welt für sich. Schön, aber extrem teuer, und dies gilt auch für die Selbstversorger-Apartments.*

The 1735 House $$$: *584 S.Fletcher Ave., Amelia Island, FL 32034, ☎ (904) 261-4148, 🖷 (904) 277-0018, www.1735house-bb.com. B&B-Haus im New-England-Stil – direkt am Strand. Geräumige Zimmer. Anbei Unterkünfte im Stile eines kleinen Leuchtturmes – ideal für Familien. Erbaut wurde das Haus in den 1920er-Jahren, der Name bezieht sich nur auf das Jahr der Entdeckung der Insel.*

Wer es günstiger mag, kann z.B. im **Beachside Motel Inn $$-$$$** *(3172 S. Fletcher Ave., Fernandia Beach, ☎ (904) 261-4236), www.beachsidemotel.com, absteigen.*

Restaurants
JACKSONVILLE CITY-AREA

Lokale am **Jax Landing** *oder gegenüber am* **Southbank Riverwalk** *bieten für alle Geschmäcker (Pubs, Restaurants etc.) etwas. Hervorgehoben sei einmal die* **River City Brewing Company** *(Museum Circle, Southbank) mit Südstaatengerichten und gutem Bier. Der Besuch hier lohnt aber nur für diejenigen, die sowieso in der Innenstadt übernachten.*

Café Carmon: *1986 San Marco Blvd., ☎ 399-4488. Gepflegte Atmosphäre, feine Küche (Pasta, Fleischgerichte) und vor allem bekannt für die leckeren Desserts – allem voran die Mousse au Chocolat (weiße Schokolade!).*

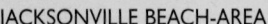

J JACKSONVILLE BEACH-AREA
Ragtime Tavern & Taproom: *207 Atlantic Blvd./1st St., Atlantic Beach, ☎ 241-7877. Cajun-Küche, Seafood und frisch gezapftes Bier im angeschlossenen Pub. Am Wochenende Livemusik.*
First Street Grille: *807 N. First St., Jacksonville Beach, ☎ 246-6555. Gourmet-Restaurant für Fleischliebhaber. Empfehlung: die Lammgerichte.*
Singleton's Seafood Shack: *4728 Ocean St., FL A1A, an der St. John's Ferry, Mayport, ☎ 246-4442. Günstiges und uriges Seafood-Restaurant mit Südstaaten-Einschlag. Hier in Mayport finden Sie noch ein, zwei andere, ähnliche Restaurants.*

Livemusik
Entlang dem **Strandgebiet** spielen in mehreren kleinen Restaurants am Wochenende Bands. In der **Downtown** *(Southbank)* ist die **River City Brewing Co.** *(835 Museum Circle, ☎ 398-2299)* die beste Adresse. Häufiger spielen auch Gruppen in einem der Lokale in der Jax Landing.
Nicht typisch Südstaaten, aber **die** Adresse in Jacksonville: Country- und Westernmusik (oft auch Rock) und das Ganze mit viel Rummel. Wer dazu einmal Lust hat, der sollte in den **Crazy Horse Saloon** *(1770 St Johns Bluff Rd, ☎ 641-8777, Mi–Sa)* gehen.
Freebird Café: *200 N. First St., Jacksonville Beach, ☎ 246-2473. Livemusik an 6 Tagen der Woche. Meist Rock und Rhythm & Blues. Gute Stimmung!*

Aktivitäten
AUSRITTE AM STRAND
Verschiedene Unternehmen bieten dieses in Jacksonville Beach oder auf Amelia Island an, so z.B.:
Sawgrass Stables: *23900 Marsh Landing Pkwy. (nahe FL A1A), ☎ (904) 285-3791.*

SONSTIGES
Surfborde, Katamarane und Fahrräder können Sie am besten in Atlantic Beach (nördlich von J'ville Beach) in den Shops am Ende des Atlantic Boulevard mieten. Ansonsten erkundigen Sie sich in Ihrem Hotel.
Golf: Der beste Golfplatz befindet sich im Mariott at Sawgrass (Pontre Vedra Beach). Hier werden häufig internationale Veranstaltungen abgehalten.
Rundflüge: Ein Flug über die Strände und ebenso über die Swamps ist mit Sicherheit ein Erlebnis. Es gibt zwar nicht direkt ein „Rundflug-Unternehmen", aber am Craig Airport (FL 10, halber Weg in die Stadt; Ecke Atlantic Blvd./St.Johns Bluff Blvd.) gibt es eine Reihe von Flugunternehmen, die für ca. US$ 90/Stunde einen Rundflug machen.

Einkaufstipp
Direkt am St. Johns River (2 Independent Drive) liegt die Shopping Mall **Jacksonville Landing** (kurz: Jax Landing). Hier gibt es alles von Mode über Kitsch bis hin zu Restaurants und Cafés mit häufiger Livemusik. Gleich gegenüber am Fluss bieten Geschäfte am **Southbank River-walk** weitere Einkaufsgelegenheiten.

Knoxville/TN (S. 460ff)

Information
Knoxville Convention & Visitors Bureau: *Ecke Summit Hill Dr., Gay St., Downtown, Knoxville, TN 37902, ☎ (865) 523-7263, www.knoxville.org. Im Gebäude befindet sich übrigens ein*

Country&Western-Radiosender: WDVX, 89.9 FM und ein kleiner Laden mit z.T. ganz ansprechenden Knoxville-Souvenirs.

Wichtige Telefonnummern

Vorwahl: ☎ *865*
Notruf *Polizei/Feuer/Ambulanz:* ☎ *911*
Krankenhäuser: *East Tennessee Baptist Hospital: 137 Blount Ave.,* ☎ *(865) 632-5011, Fort Sanders Parkwest Medical Center: 9352 Park West Blvd.,* ☎ *(865) 693-5151*

Verkehr
ÖFFENTLICHE VERKEHRSMITTEL

Überlandbusse: *Greyhound Bus Lines: 100 Magnolia Ave. N. E.,* ☎ *(865) 524-0369*
Stadtbusse: *Knoxville Transit Authority. Infos:* ☎ *(865) 637-3000 oder 215-7800, www.cityofknox ville.org/kat*
Ein Trolley-Bus *verbindet die wichtigsten Punkte in der Stadt. Infos über den Fahrplan erhalten Sie im Visitors Bureau.*

Rundfahrten/Touren

„Star of Knoxville": *Mit einem kleinen Schaufelraddampfer können Sie auf dem Tennessee River Fahrten unternehmen. Es gibt täglich Lunch-, Sightseeing- und als besondere Empfehlung Dinnercruises. Auch die Brunchtour am Sonntag ist gut. Abfahrt ist am Star-Landing-Kai (300 Neyland Drive, Bicentennial Park). Infos erhalten Sie unter* ☎ *(865) 525-7827, www.tnri verboat.com.*

Hotels und andere Unterkünfte

Marriott Downtown $$$: *500 Hill Ave. S. E., Knoxville, TN 37915,* ☎ *(865) 637-1234,* 🖷 *(865) 522-5911, www.marriott.com. Modernes Hotel mit einer eigenwilligen, aber interessanten Architektur (soll den Azteken-Pyramiden nachempfunden sein). Es gibt viele Zimmer mit Ausblick auf den Tennessee River (ab 3. Stockwerk).*
Marble Grove Inn $$$: *8800 Westland Drive, Knoxville, TN 37923,* ☎ *(865) 951-2315 od. 690-9565, www.maplegroveinn.com. Schönes B&B-Haus von 1799 inmitten eines 7 ha großen Parks. Tennisplatz und Schwimmbad. Genau der richtige Ort zum Entspannen. 9 Meilen zur Innenstadt.*
Four Points Cumberland House Hotel $$-$$$: *1109 White Ave., Knoxville, TN 37916,* ☎ *(865) 971-4663,* 🖷 *(865) 971-4633, www.cumberlandhousehotel.com. Gut geführtes, modernes Hotel nahe Universität und Fair Park. Zur Innenstadt auch nur gut 5 Minuten zu Fuß.*
Maplehurst Inn $$-$$$: *800 W. Hill Ave., Knoxville, TN 37902,* ☎ *(865) 523-7773, www.maple hurstinn.com. B&B nahe der Universität und Innenstadt. Mansion erbaut 1920. Von der $$$-Suite im Obergeschoss (Jacuzzi) haben Sie einen schönen Blick auf den Tennessee River.*
La Quinta Inn West $$: *258 Peters Road North, Knoxville, TN 37923,* ☎ *(865) 690-9777,* 🖷 *(865) 531-8304, www.laquinta.com. Sehr angenehmes und persönlich geführtes Motel (einer Franchise-Kette). 10 Meilen in die Innenstadt. Günstig gelegen für den Besuch von Oak Ridge am nächsten Tag.*

Restaurants

Die lebendigste Ecke für Nachtschwärmer ist ohne Zweifel die „Old City" nördlich der Innenstadt. Hier finden Sie sicherlich etwas. Die verschiedenen kleinen Restaurants sind sehr ansprechend, und ihre Palette reicht von japanisch über Fondue bis hin zu traditionell amerikanisch. Wer einfach eine

Pizza mag, der sollte hier in **Barley's Taproom & Pizzeria** *(220 E. Jackson Ave., ☎ 521-0092) gehen. Hier gibt es oft auch Livemusik und die Bierauswahl ist groß. Weitere Empfehlungen:*

Calhoun's: *Neyland Dr., direkt am Fluss, Innenstadt, ☎ 673-3355. Hier, mit Blick auf den Tennessee, soll es die besten BBQ-Gerichte in Tennessee geben. Gute Bierauswahl, Außenterrasse etc.*

Riverside Tavern: *Volunteer Landing, direkt am Fluss, Innenstadt, ☎ 637-0303. Amerikanische Küche und auch hier, nur ein paar Schritte von Calhoun's, besticht der Blick auf den Fluss.*

Regas: *318 N. Gay St., Innenstadt, ☎ 637-3427. Alteingesessenes Restaurant – seit 1920. Hier können Sie etwas feiner essen gehen. Recht gute Weinkarte.*

Naples: *5500 Kingston Pike, ☎ 584-5033. Eine sehr schmackhafte italienische Küche.*

The Orangery: *5412 Kingston Pike, ☎ 588-2964. Exquisite französische Küche. Eingerichtet mit vielen Antiquitäten. Erstklassiger Weinkeller. Die Lounge (Bar) eignet sich für den Ausklang des Abends.*

The Lunch House: *3816 Holston Dr., Ecke E. Magnolia und Kirkwood, ☎ 637-5188, www.the lunchhouse.com. In einem kleinen Holzhaus wird noch nach traditioneller Art das deftige Südstaaten-Breakfast (inkl. Grits) und Lunch geboten. Rau, einfach, aber herzhaft gut. Hier gehen nur die Einheimischen hin, aber die kommen aus allen Ecken der Stadt.*

Pubs/Livemusik/Nightlife

Zwei Empfehlungen für die „Old City":

Tonic: *125 E. Jackson Ave., ☎ 522-4656. Häufig Livemusik oder Entertainment. Meist Rock und Bluesmusik.*

Patrick Sullivan's Saloon: *100 N. Central, ☎ 637-4255. Ehemals von einem Iren im Jahre 1853 eröffneter Saloon. Während der Prohibition geschlossen und nun in altem Stil (große Kirschholzbar u.a.) wieder eröffnet. Im „Back Room" werden gute BBQ-Gerichte angeboten.*

Die Studenten gehen ansonsten gerne in die **Cumberland Avenue** *(Blocks 1700-2200) und ihre Nebenstraßen, wo sich Kneipen, Fastfood-Läden, Deli-Shops und kleine Restaurants gegenseitig Konkurrenz machen.*

THEATER

Tennessee Theatre: *604 South Gay Street. Infos und Buchungen von Tickets: ☎ (865) 684-1200, www.tennesseetheatre.com.*

Kosciusko/MS (S. 557f)

Information

Kosciusko-Attala Chamber of Commerce: *124 N. Jackson St., Kosciusko, MS 39090, ☎ (662) 289-2981, 🖷 289-2986, www.kosciuskotourism.com.*

Kosciusko Museum & Information Center: *Mile Post 160, direkt am Parkway.*

Unterkünfte

Maple Terrace Inn B&B $$$: *300 N. Huntington St., Kosciusko, MS 39090, ☎ (662) 289-5353 oder 289-6898, www.mapleterraceinn.com. Kleines und familiäres Haus von 1912, aufgeführt im „National Register of Historic Places". Nur vier Gasträume mit antiker Einrichtung und eigenem Bad. Abends kann die Küche zum Kochen benutzt werden und auf der schönen Terrasse lässt man anschließend den Tag bei einem kühlen Drink ausklingen.*

K

L

Sollten Sie lieber in einem Motel der bekannten Ketten übernachten wollen, finden Sie einige auf dem Veterans Memorial Drive (parallel zum Natchez Trace), z.B. das **American Best Value Parkway $$** *(Nr. 1052), ☎ (662) 289-6252, www.abviparkwayinn.com, ein* **Days Inn $$** *(Nr. 1000), ☎ (662) 289-2271, www.days-inn.com, und das* **Super 8 Motel** *(Nr. 718), ☎ (662) 289-7880, www.super8.com.*

🍴 Restaurants

Besondere kulinarische Höhepunkte hat Kosciusko leider nicht zu bieten, der Ortskern selbst besteht eigentlich aus einem reinen Wohngebiet, sieht man vom Courthouse Square in der Ortsmitte (zwischen Washington und Jefferson St.) einmal ab.

Verschiedene Restaurants aller Art und auch Filialen der bekannten Fastfood-Ketten finden sich vor allem am **Veterans Memorial Drive** *und allgemein an den aus der Stadt herausführenden Straßen.*

LaFayette/LA (S. 619f)

ℹ️ Information

LaFayette Convention & Visitors Commission: *1400 NW Evangeline Thrwy., P.O. Box 52066, Lafayette, LA 70505, ☎ (337) 232-3737 oder 1-800-346-1958, www.lafayettetravel.com.*

🛏️ Unterkünfte

Hilton Lafayette $$$-$$$$: *1521 W. Pinhook Rd., Lafayette, LA 70503, ☎ (337) 235-6111 oder 1-800-332-2586, ✆ (337) 237-6313, www.Lafayette.Hilton.com. Modernes und komfortables Konferenzhotel mit günstigeren Wochenendtarifen. Großes Gebäude mit schönem Ausblick.*
Hotel Acadiana $$$: *1801 W. Pinhook Rd.. (5 Meilen südwestlich auf dem I-10, Exit 103A), Lafayette, LA 70508, ☎ (337) 233-8120, ✆ (337) 234-9667, www.bestwestern.com/hotelaca diana. Ansprechendes Hotel der Mittelklasse in der Nähe des Bayou Vermilion. Modern von außen, aber von innen sehr plüschig. Tipp: Die geraden Zimmernummern gehen zum Pool.*
Travelodge $$: *1101 Pinhook Rd., Lafayette, LA 70503, ☎ (337) 234-7402, www.travelodge.com. Gut geführtes, sauberes Motel.*
A Bois de Chenes $$: *338 N. Sterling St., Lafayette, LA 70501, ☎ (337) 233-7816, http://bois dechenes.com. Drei-Zimmer-Bed&Breakfast in einem ehemaligen Kutschenhaus der Charles Mouton Plantage (von 1890). Mit Sicherheit* **der** *Tipp für Lafayette. Es gibt noch zahlreiche* **andere B&B-Unterkünfte** *in Lafayette.*

🍴 Restaurants

Mulate's: *325 Mills Ave. in Breaux Bridge (8 Meilen östlich am Hwy. 94), LA 70517, ☎ (337) 332-4648 oder 1-800-422-2586. Berühmtes Cajunrestaurant, spezialisiert auf Cajungerichte. Täglich Livemusik und Tanz (auch Unterricht!). An den Wänden und Decken hängen mittlerweile Tausende von Visitenkarten, die von Gästen aus aller Welt stammen. Hier sollten Sie unbedingt einmal einkehren. „Wer Mulate's nicht erlebt hat, hat das Cajunland nicht gesehen"!*
Prejean's: *3480 US 167N (NE Evangeline Trwy, bei den Evangeline Downs), ☎ (337) 896-3247. Untergebracht in einem Cottage, ist dieses ein weiteres empfehlenswertes Cajunrestaurant. Auch hier täglich Livemusik.*
Don's Seafood & Steakhouse: *301 E. Vermilion St., ☎ (337) 235-3551. Seafood und Steaks seit 1934. Durch mehrere Generationen traditionell geführtes Familienrestaurant in der Downtown von*

L *Lafayette. Der Fisch wird größtenteils noch selbst gefangen. Die Einheimischen gehen übrigens zu* **Don's Seafood Hut**: *4309 Johnston St.,* ☎ *(337) 981-1141.*

🎵 Cajunmusik-Tipps für diese Region

Slim's Y Ki-Ki: 8393 Hwy. 182, Opelousas (nördlich von Lafayette), ☎ (337) 942-9980. Tanzclub und Halle. Nur zu Veranstaltungen geöffnet.

Randol's Restaurant & Cajun Dancehall: 2320 Kaliste Saloom Rd., ☎ (337) 981-7080. Täglich Livemusik.

Außerdem wird jeden Samstagabend aus dem **Liberty Center for the Performing Arts** (Ecke Park Ave. & S. 2nd St. in Eunice, ☎ (337) 457-7389, www.eunice-la.com, die Radio & TV-Show „Rendezvous des Cajuns" live übertragen. Familiäres Rahmenprogramm, viel Cajun- und Zydecomusik, Tanz und Kultur. Die Moderation ist meist in Französisch.

VERANSTALTUNG

Am 3. Wochenende im Oktober findet jedes Jahr in Eunice das „**Prairie Cajun Folklife Festival**" statt, an dem bekannte und weniger bekannte Musiker teilnehmen. Außerdem Kunsthandwerk, Kochveranstaltungen und Theateraufführungen. Infos: ☎ (337) 457-7389 oder www.eunice-la.com.

Zu den Begriffen Cajun, Acadian bzw. Zydeco lesen Sie bitte auf den Seiten 292 und 337.

Little Rock/AR (S. 603ff)

 Information
Little Rock Visitor Information Center at Historic Curran Hall: *615 E. Capitol Ave., Little Rock, AR 72203,* ☎ *(501) 370-3290 oder 1-800-844-4781, www.littlerock.com*
Touristische Information: *Heart of Arkansas Travel Association, P.O. Box 3232, Little Rock, AR 72203,* ☎ *(501) 537-7682 oder 1-866-672-7682, www.heartofarkansas.com.*

 Wichtige Telefonnummern
Vorwahl: ☎ *501*
Notruf Polizei/Feuer/Ambulanz: ☎ *911*
Krankenhäuser (24 Std.): *University of Arkansas Medical Center:* ☎ *(501) 686-7000*

 Verkehr
TAXIS
Yellow Cab: ☎ *(501) 374-0333*

Touren
Little Rock Tours: *Das bekannte Unternehmen führt Stadtrundfahrten zu den bedeutendsten Sehenswürdigkeiten mit einem Tourbus durch. Informationen unter* ☎ *(501) 868-7287, www.littlerocktours.com.*

River Rail Electric Street Car: *Alternativ zu den geführten Touren unterhält das „Central Arkansas Transit Authority" auf mehreren Linien bunt bemalte Streetcars/Kleinbusse, die ebenfalls an allen wichtigen Punkten halten bzw. vorbeifahren. Die wesentlich preisgünstigere Variante zur erstgenannten. Informationen:* ☎ *(501) 375-6717, www.cat.org.*

Außerdem halten die Touristenbüros Broschüren bereit, nach denen die **Sehenswürdigkeiten** *selbstständig* **erlaufen** *werden können, wobei man entlang der Strecke die Erklärungen den chronologisch angeordneten Kapiteln entnehmen kann.*

🛏 Unterkünfte

In Little Rock findet sich eine unübersehbare Anhäufung von modern ausgerichteten (Oberklasse-)Hotels, die eigentlich alle einen hervorragenden Service bieten und vorzüglich ausgestattet sind. Besonders zentral gelegen:

The Peabody Little Rock $$$$-$$$$$: *3 Statehouse Plaza, Little Rock, AR 72201,* ☎ *(501) 906-4000 oder 1-800-527-1745, www.peabodylittlerock.com. Modernes und luxuriöses Konferenzhotel mit allen Annehmlichkeiten eines Oberklassehotels. Beeindruckende Hotelhalle.*

The Capital Hotel $$$$-$$$$$: *111 W. Markham, Little Rock, AR 72201,* ☎ *(501) 374-7474 oder 1- 877-637-0037, www.capitalhotel.com. Historisches Hotel (Gebäude von 1877), dekoriert im Antebellum-Stil. Bemerkenswert ist die große Lobbyhalle mit ihrer Glaskuppel.*

Double Tree Hotel $$$$: *424 W. Markham, Little Rock, AR 72201,* ☎ *(501) 372-4371 oder 1-800-937-2789, www.littlerock.doubletree.com. Großer Komplex unweit des „River Market District".*

La Quinta Inn & Suites $$$-$$$$$: *617 S. Broadway, Little Rock, AR 72201,* ☎ *(501) 374-9000 oder 1-800-695-8284, www.laquinta.com. Unauffälliges, modernes Innenstadthotel am Arkansas River. Schöne Aussicht von den oberen Etagen.*

Legacy Hotel & Suites $$$: *625 W. Capitol Ave., Little Rock, AR 72201,* ☎ *(501) 374-0100, www.legacyhotel.com. Auf alt getrimmtes Suiten-Hotel (aber auch normale Zimmer). Die Preise für eine Suite liegen im Rahmen eines Mittelklassehotels. Wer also mit Familie reist und/oder etwas Platz sucht, ist hier genau richtig.*

Holiday Inn Express Little Rock Airport $$: *3121 Bankhead Dr., Little Rock, AR 72206,* ☎ *(501) 490-4000 oder 1-800-181-6068, www.ichotelsgroup.com. Zwar direkt am Flughafen gelegen, bietet dieses Motel jedoch guten Service zu günstigen Preisen. Die Alternative zur Innenstadt.*

Alternativ zu den modernen Bauten der Innenstadt möchte ich Ihnen noch **zwei kleine B&Bs** *empfehlen:* **Robinwood B&B $$**: *2021 S Arch St,* ☎ *(501) 312-0999, www.robinwoodbnb.com und das* **Rosemont B&B $$**, *515 West 15th St.,* ☎ *(501) 374-7456, www.rosemontoflittlerock.com. Beide mit persönlicher Atmosphäre. Einige Antiquitäten.*

CAMPING

Arkansas River-Camping *(verwaltet durch: U.S. Army Corps of Engineers): Am Lake Maumelle. Hwy. 10 nach Westen und dann noch drei Meilen auf der Pinnacle Valley Rd,* ☎ *1-877-444-6777, www.recreation.gov. Schwimmen, Bootsrampe und zeitweise auch Bootsverleih.*

🍴 Restaurants

Für eine **Lunchpause** *bieten sich kleine Deli-Shops in der Innenstadt an bzw. eine Reihe kleiner Restaurants und Cafeterien (backen selbst – auch Brot!) im Bereich der Main Street, Blocks 1200 und 1300.*

River Market District: *Im Bereich zwischen Spring und Commerce Streets (Höhe W. Markham und W. 2nd St.) finden Sie eine Reihe von guten Restaurants und Bars.*

L

M

Empfehlen kann ich Ihnen insbesondere:
Ashley's: Im „Capitol" Hotel, 111 W. Markham St., ☎ (501) 374-7474. Elegantes Restaurant (Silber, Porzellan, Kerzen). Spezialisiert auf Fischgerichte.
Browning's Mexican Food: 5805 Kavanaugh Blvd. im Pulaski Heights Shopping Center, ☎ (501) 663-9956. Das Restaurant ist wenig auffällig, aber die mexikanischen Spezialitäten sind sehr gut.

Pubs/Livemusik/Nightlife
Juanita's Cantina: 1300 S. Main St./Ecke 13th St., ☎ (501) 372-1228. In der Bar neben dem gleichnamigen Tex-Mex-Restaurant spielen häufig Livebands (Jazz, Rock, Blues).
Anderson's Cajun by the Wharf: 2400 Cantrell Rd., ☎ (501) 375-5351. Unkomplizierte Atmosphäre in einem alten umgebauten Lagerhaus. Blick auf den Arkansas River. Fisch- und Steakgerichte. Abends häufig Livemusik.
Sticky Fingerz: 107 Commerce St., ☎ (501) 372-7707. Laute Rock-Kneipe. Das Motto lautet hier: „Livemusik, gutes Essen und kaltes Bier"

Lynchburg/TN (S. 533)

Unterkünfte
Mittlerweile haben einige Bed&Breakfast-Unterkünfte in und um Lynchburg eröffnet. Hier zwei Empfehlungen:
Mulberry House $$: 8 Lynchburg Hwy. (Mulberry, TN); ☎ (931) 433-8461, www.bbonline.com/tn/mulberry. In schönem alten Haus (1883). Die Gastgeber können Ihnen viel über die Gegend erzählen.
Lynchburg B&B $$: 107 Mechanic St., Lynchburg, ☎ (931) 759-7158, www.bbonline.com/tn/lynchburg. Jack Daniels (siehe unter Chattanooga) können Sie von hier zu Fuß erreichen. Haus von 1877.

Macon/GA (S. 407ff)

i Information
Macon Convention & Visitors Bureau: 450 Martin Luther King Jr. Blvd. Macon, Georgia 31201, ☎ (478) 743-3401, www.maconga.org od. www.cityofmacon.net/visiting. Das Büro organisiert auch 2-stündige Sightseeingtouren („Old South Historic Tours") zu den historischen Plätzen der Stadt (Mo–Sa 10 u. 14 Uhr).

Unterkünfte
1842 Inn $$$: 353 College St., Macon, GA 31201, ☎ (478) 741-1842, 🖷 (478) 741-1842, www.1842inn.com. Wunderschönes Antebellum-Haus von 1842 im historischen Distrikt. Ein gemütliches Cottage ist angeschlossen. Dieses Bed&Breakfast-Haus kann sich mit Recht als eines der besten im Süden bezeichnen. Service, Ambiente und die schönen Räume (viele mit Jacuzzi) sprechen für sich. Und das Frühstück auf der Terrasse am Morgen bietet einen krönenden Abschluss.
Rodeway Inn $-$$: 4999 Eisenhower Pkwy. (I-475 exit 1), Macon, GA 31206, ☎ (478) 781-4343, www.rodewayinn.com. Günstiges und sauberes Motel.

Restaurants
Macon ist bekannt für seine bodenständigen und regionaltypischen kleinen Restaurants. So serviert **Satterfield's** (120 New Street), ☎ (478) 742-0352) Brunswick Stew und leckere BBQ-

Gerichte und auch **Fincher's Barbecue** *(891 Gray Highway., ☏ (478) 743-5866) ist bekannt für* 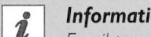 *seine BBQ-Porks und die saftigen Ribs.*
The Back Burner Restaurant: *2242 Ingleside Ave, ☏ (478) 746-3336. Ein bißchen Fine Dining. Ausgewählte, amerikanische Gerichte mit einem Touch aus anderen Regionen der Welt (z. B. Heilbutt in Champagner Sauce).*

Memphis/TN (S. 562ff)

 ### *Information*
Es gibt mehrere Informationsbüros in der Stadt, wobei das erstgenannte am zentralsten und in unmittelbarer Nähe zu den Sehenswürdigkeiten der Innenstadt liegt:
Memphis Convention & Visitors Bureau: *47 Union Ave., Memphis, TN 38103, ☏ (901) 543-5300, www.memphistravel.com und auf deutsch: www.memphis-mississippi.de*
Memphis Visitor Center: *3205 Elvis Presley Blvd., ☏ (901) 543-5333. Die beste Anlaufadresse.*
Memphis/Shelby County Visitor Center: *12036 Arlington Trail, ☏ (901) 543-5333.*
Tennessee State Welcome Center: *119 N. Riverside Dr., ☏ (901) 543-5333.*

 ### *Wichtige Telefonnummern*
Vorwahl: ☏ 901
Notruf: *Polizei/Feuerwehr/Ambulanz: ☏ 911*
Zeitansage & Wetter: *☏ (901) 526-5261*
Krankenhäuser: *St. Josephs Hospital: 220 Overton Ave., ☏ (901) 577-2700; Baptist Memorial Hospital: 889 Madison Ave., ☏ (901) 522-5252*

Verkehr
AIRLINES/FLUGHAFEN
American: *☏ 1-800-433-7300*
Continental: *☏ 1-800-525-0280*
ComAir: *☏ 1-800-354-9822*
Delta: *☏ 1-800-241-4141*
KLM: *☏ 1-800-374-7747*
Northwest: *☏ 1-800-2252525*
United: *☏ 1-800-241-6522*
US: *☏ 1-800-428-4322*
Flughafen-Information: *☏ (901) 922-8000. www.mscaa.com*

<u>Wie komme ich zum Memphis International Airport?</u>
Adresse: 2491 Winchester Rd.
Auto: *Folgen Sie dem I-240 in südlicher Richtung. An dem Autobahnkreuz zur I-55 müssen Sie darauf achten, dass die I-240 nach Osten weiterführt. Am Exit „Airways Road" hinausfahren und dann der Ausschilderung zu dem gewünschten Terminal folgen.*
Shuttlebus: *Das Unternehmen „Downtown Airport Shuttle" (DASH), ☏ (901) 522-1677, unterhält einen regelmäßigen Shuttlebetrieb in die Stadt.*
Taxis: *Die Fahrt in die Innenstadt kostet $ 20–26.*

M

AUTOVERMIETUNGEN
Alle größeren Mietwagenunternehmen haben Stützpunkte am Flughafen. Die größten sind
Avis: ☏ *1-800-577-1521, (901) 345-6129*
Budget: ☏ *1-800-527-0700, (901) 398-8888*
National: ☏ *1-866-434-2226, (901) 345-0070*
Hertz: ☏ *1-800-654-3131, (901) 345-5680*
Enterprise: ☏ *1-866-799-7965, (901) 396-3736*
Dollar: ☏ *1-866-434-2226, (901) 346-3290*

ÖFFENTLICHE VERKEHRSMITTEL
Zug: *AMTRAK. Der Bahnhof befindet sich in der 545 S. Main St.,* ☏ *(901) 526-0052.*
Überlandbusse: *GREYHOUND. 203 Union Ave.,* ☏ *(901) 523-4566.*
Stadtbusse & Trolley: *MATA,* ☏ *(901) 274-6282, www.matatransit.com; bedient den Nahverkehr und auch den „Main Street Trolley", eine historische Straßenbahn, die einen 2,5 Meilen langen Abschnitt der Main Street entlangfährt (zwischen The Pyramid und dem National Civil Rights Museum). Jede Straßenbahn stammt übrigens aus einer anderen Zeit bzw. Stadt.*

TAXIS
Yellow & Checker Cab: ☏ *(901) 577-7700 oder 1-800-796-7750.*
City Wide Cab Company: ☏ *(901) 722-8294.*

Touren

☞ Hinweis

Die Auswahl an verschiedenen Anbietern zu einzelnen Themenrundfahrten bzw. allgemeinen Stadtrundfahrten ist sehr groß. Ein sehr umfassendes Programm bietet z.B. **Memphis Rock'n'Roll Tours** *an:* ☏ *(901) 359-3102, www.memphisrocktour.com*

Sun Studio: *706 Union Avenue,* ☏ *(901) 521-0664 oder 1-800-441-6249, www.sunstudio.com. Geöffnet täglich 10–18 Uhr. Das legendäre Studio, in dem die ersten Plattenaufnahmen von Elvis und anderen Berühmtheiten der Musikgeschichte entstanden sind.*
Graceland: *3734 Elvis Presley Blvd.,* ☏ *(901) 332-3322 oder 1-800-238-2000, www.elvis.com. Anfahrt: Über den I-55 nach Süden, Exit 5b, ca. 15 Minuten Fahrzeit von Downtown aus. Die Parkplätze und die Ticketoffices befinden sich gegenüber von Graceland, also rechter Hand (von Norden kommend).*
Mata Trolley: *1370 Levee Rd.,* ☏ *(901) 274-6282. www.matatransit.com. Rundfahrten mit der historischen Straßenbahn auf den Linien „Riverfront", „Main Street" und „Madison Avenue"*
Memphis Riverboats: *45 South Riverside Drive,* ☏ *901-527-BOAT (2628), www.memphisriverboats.net, Abfahrt: Ecke Monroe Ave./Riverside Ave. Keine Fahrten im Dez./Jan., März–Nov. mind. eine Fahrt tgl. 90-min. Mississippi-Dampferfahrten.*

Unterkünfte   S. HOTELKARTE S. 214   ⓘ
The Peabody (1) $$$$$: *149 Union Ave., Memphis, TN 38103,* ☏ *(901) 529-4000 oder 1-800-PEABODY, www.peabodymemphis.com. Ein Grandhotel, das seit seiner Gründung 1869 mehrfach umgebaut und renoviert worden ist. Die gediegene, plüschige Atmosphäre spricht für sich, hat aber auch ihren Preis. Sehr zentral gelegen zu allen Sehenswürdigkeiten. Günstigere Raten und der üppige Sonntags-Brunch empfehlen dieses Hotel besonders fürs Wochenende.*

Bekannt ist es übrigens auch wegen seiner Enten („Peabody-Ducks"), die täglich um 11 Uhr mit dem Fahrstuhl in die Hotellobby gebracht werden, wo sie sich im Springbrunnen erfrischen können. Um 17 Uhr geht es dann zurück zu ihrer „Dachwohnung".

Hilton Memphis (**2**) **$$$$**: *939 Ridge Lake Blvd., Memphis, TN 38120,* ☎ *(901) 684-6664,* 🖷 *762-7496, www.memphis.hilton.com. Modernes Luxushotel in rundem Glaspalast. Bei 27 Stockwerken empfiehlt sich zwecks eines schönen Ausblicks die Reservierung eines Zimmers in den oberen Etagen. Günstige Wochenendraten, jedoch ca. 15 Meilen östlich der Innenstadt gelegen!*

Memphis Marriott Downtown (**3**) **$$$$**: *250 N.Main St., Memphis, TN 38103,* ☎ *(901) 527-7300,* 🖷 *214-3711, www.marriott.com. Modern aufgezogen, aber mit individuellem Touch, ist dieses Hotel der oberen Mittelklasse durchaus zu empfehlen. Die Lobby ist mit vielen Pflanzen bestückt (Pianomusik inklusive), und die Zimmer sind verhältnismäßig groß. Versuchen Sie, ein Zimmer in den oberen Etagen zu bekommen. Zentral gelegen.*

French Quarter Suites (**4**) **$$$-$$$$**: *2144 Madison Ave., Memphis, TN 38104,* ☎ *(901) 728-4000,* 🖷 *278-1262. Ganz im New Orleans-Stil gehaltenes Hotel. Sehr schöne und individuell eingerichtete Suiten und Maisonetten. Im angeschlossenen Restaurant „**Café Toulouse**" gibt es Cajungerichte und abends Jazzmusik. Vier Meilen zur Innenstadt.*

Doubletree Downtown (**5**) **$$$-$$$$**: *185 Union Ave., Memphis, TN 38103,* ☎ *(901) 528-1800,* 🖷 *525-8509, www. doubletree1.hilton.com. Zentral gelegenes Hotel der oberen Mittelklasse. Die Eintragung ins Natural Register of Historical Places bezieht sich heute offensichtlich nur noch auf eine Fassade und einige wenige Relikte. Sehr zentral gelegen zu allen Sehenswürdigkeiten.*

Lowenstein-Long House (**6**) **$$-$$**: *217 North Waldron Blvd., Memphis, TN 38105,* ☎ *(901) 527-7174. Schönes Bed&Breakfast-Haus in einem viktorianischen „Schlösschen" von 1900. Die Zimmer sind geräumig und die Preise relativ niedrig. Zwei Meilen östlich der Innenstadt gelegen.*

Red Roof Inn (**7**) **$$-$$$** : *42 South Camilla Street, Memphis, TN 38104,* ☎ *(901) 526-1050 oder 1-800-531-5900,* 🖷 *525-3219, www.redroof.com. Günstiges Motel, ca. 1,6 Meilen zur Innenstadt.*

Elvis Presley's Heartbreak Hotel (**8**) **$$-$$$**: *3677 Elvis Presley Blvd., Memphis, TN 38116,* ☎ *(901) 332-1000, www.elvis.com/epheartbreakhotel. Vollkommen auf Elvis getrimmtes Hotel gegenüber von Graceland, das in Farben, Kitsch und Einfallsreichtum kaum zu überbieten ist. Etwas für „wirkliche" Fans!*

Comfort Inn Downtown (**9**) **$$-$$$**: *100 N. Front St., Memphis, TN 38103,* ☎ *(901) 526-0583,* 🖷 *(901) 525-7512, www.choicehotels.com. Relativ günstiges und zentral gelegenes Hotel mit kleinem Fitnessraum. Teilweise Ausblick auf den Mississippi. Swimmingpool auf dem Dach.*

Bed&Breakfast-Häuser, Selbstversorger-Apartments, Häuser etc. *können Sie zentral buchen bei: Bed&Breakfast Memphis: P.O. Box 41621, Memphis, TN 38104,* ☎ *(901) 726-5920;* 🖷 *725-0194.*

CAMPING

Im **Meeman-Shelby Forest State Park** (**10**)*, 15 Meilen nordwestlich, am Mississippi, gibt es Campinggelegenheiten. Hier können Sie auch Boote mieten, angeln und schwimmen. Adresse: P.O. Box 10, Grassey Lake Rd., Millington, TN 38053. Infos unter* ☎ *(901) 876-5201, www.stateparks. com/meemanshelby_forest*

Ein weiterer Campingplatz befindet sich im **T.O. Fuller State Park** (**11**)*, südwestlich der Stadt. Folgen Sie vom US 61 aus der Mitchell Road nach Westen.* ☎ *(901) 543-7581, www.stateparks. com/fuller.*

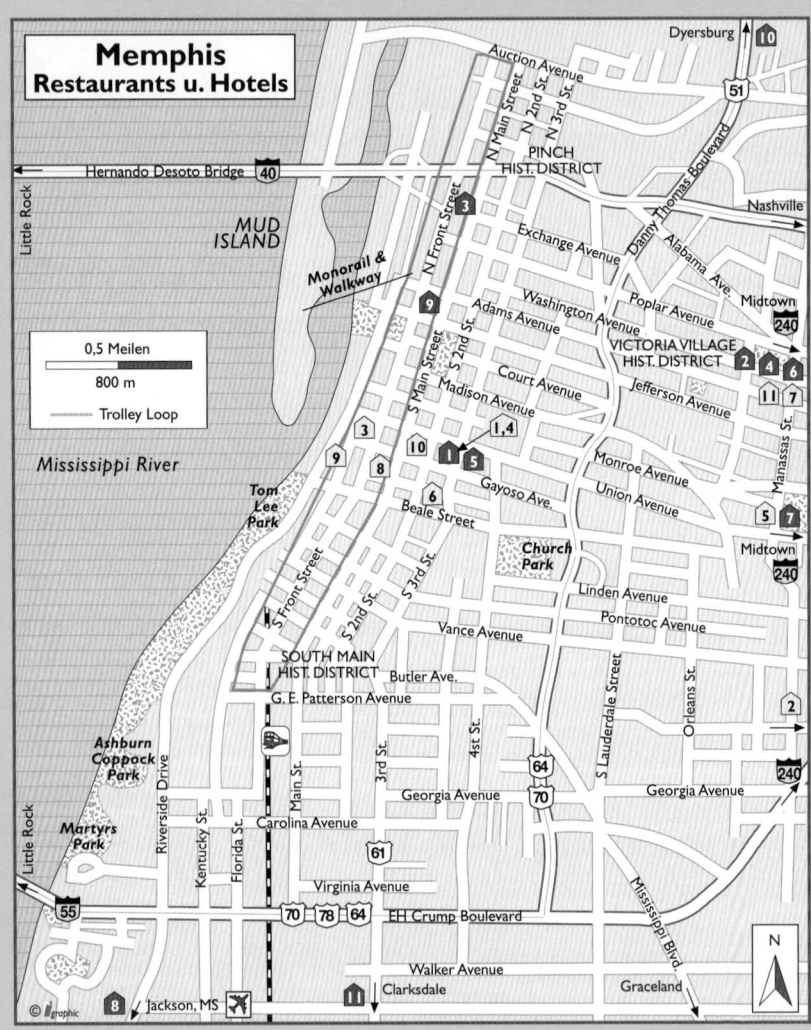

Memphis
Restaurants u. Hotels

Dyersburg

Auction Avenue

PINCH
HIST. DISTRICT

Hernando Desoto Bridge

Nashville

MUD
ISLAND

Exchange Avenue

Monorail &
Walkway

Washington Avenue

Poplar Avenue

Midtown

Adams Avenue

VICTORIA VILLAGE
HIST. DISTRICT

0,5 Meilen

800 m

Court Avenue

Jefferson Avenue

Trolley Loop

Madison Avenue

Mississippi River

Monroe Avenue

Gayoso Ave.

Union Avenue

Tom
Lee
Park

Beale Street

Church
Park

Midtown

Linden Avenue

Pontotoc Avenue

SOUTH MAIN
HIST. DISTRICT

Vance Avenue

Butler Ave.

G. E. Patterson Avenue

Ashburn
Coppock
Park

Georgia Avenue

Georgia Avenue

Carolina Avenue

Martyrs
Park

Virginia Avenue

EH Crump Boulevard

Walker Avenue

Clarksdale

Graceland

Jackson, MS

N

Danny Thomas Boulevard

Alabama Ave.

Manassas St.

S Lauderdale Street

Orleans St.

Mississippi Blvd.

N Main Street

N 2nd St.

N 3rd St.

N Front Street

S Main Street

S 2nd St.

S Front Street

S 2nd St.

3rd St.

Main St.

3rd St.

4st St.

Kentucky St.

Florida St.

Riverside Drive

Little Rock

Little Rock

© graphic

ǁ Restaurants

Chez Philippe (1): Im Peabody-Hotel, 149 Union Ave., ☎ (901) 529-4188. Fine-Dining unter Marmorsäulen und mit Harfenmusik. Jackett und Schlips erwünscht. Die Küche bietet eine Mischung aus französischer Nouvelle Cuisine und regionalen Gerichten.

Justines (2): 919 Coward Pl. (East St.), ☎ (901) 527-3815. Exquisite französische Küche (Spezialität: Meeresfrüchte) in einer Antebellum-Villa (französischer Stil) von 1843. Die frischen Blumen auf den Tischen kommen aus dem eigenen Garten, die Pianomusik untermalt die gediegene Atmo-

🏠 Restaurants	🏨 Hotels
1 Chez Philippe	1 The Peabody
2 Justines	2 Hilton Memphis
3 Cayenne Moon	3 Memphis Marriot - Downtown
4 Capriccio Grill	4 French Quarter Suites
5 Paulette's	5 Doubletree Downtown
6 Blues City Café	6 Lowenstein-Long House
7 Frank Grisanti's	7 Red Roof Inn
8 The Butcher Shop	8 Elvis Presley's Heartbreak Hotel
9 The Pier	9 Comfort Inn - Downtown
10 Thai Cuisine Sawaddii	10 Meeman-Shelby Forest State Park
11 Pho Sai Gon Restaurant	11 T.O. Fuller S.P.

sphäre; die Meeresfrüchte werden täglich frisch von der Küste eingeflogen. Dieses und viel mehr macht ein Dinner hier zu einem Erlebnis. Jackett und Schlips sind erwünscht.

Cayenne Moon (**3**): 94 South Front Street, ☎ (901) 522-1475. Cajunküche in einem alten Gebäude im Cotton District. Abends häufig Bluesmusik.

Capriccio Grill (**4**): 149 Union Ave. (im Peabody-Hotel), ☎ (901) 529-4199. Dem eleganten Stil des Hotels angepasstes Restaurant. Vornehmlich Steaks und Pasta, italienisch angehaucht.

Paulette's (**5**): 2110 Madison Ave., ☎ (901) 726-5128. Unkompliziertes und günstiges Restaurant mit einer Reihe von Spezialitäten: Knackige Salate, Crepes, gute Steaks, Lachsgerichte. Besonders lecker sind die Desserts und der Sonntags-Brunch.

Blues City Café (**6**): 138 Beale St., ☎ (901) 526-3637. Unkonventionelles Hamburger-Restaurant im Beale Street Distrikt. Riesensteaks, saftige Hamburger, mexikanische Gerichte. Genau das Richtige für die Lunchpause.

Frank Grisanti's (**7**): 1022 S Shady Grove Rd, Suites Hotel, ☎ (901) 761-9462. Erstklassiges, italienisches Restaurant. Seit Jahrzehnten in Familienbesitz. An dieser Stelle erst seit 2007.

The Butcher Shop (**8**): 101 S. Front St., ☎ (901) 521-0856. Hier gibt es die wohl besten (und auf Wunsch auch größten) Steaks in Memphis. Bevor Sie bestellen, können Sie sich Ihr Fleisch selbst auswählen. Salatbar!

The Pier (**9**): 100 Wagner Pl. (zwischen Beale St. und Union Ave.), ☎ (901) 526-7381. Gute Meeresfrüchte. Geeignet für das Dinner vor der nächtlichen „Erkundung" der Beale Street.

Thai Cuisine Sawaddii (**10**): 121 Union Ave, ☎ (901) 529-1818. Avantgardistisches und stilvolles Ambiente. Das Essen ist ein Genuss für das Auge und die Geschmacksnerven. Preise im normalen bis gehobenen Bereich.

Pho Sai Gon Restaurant (**11**): 2946 Poplar Ave., ☎ (901) 458-1644. Kleines vietnamesisches Restaurant. Für wenig Geld gibt es hier leckere Nudelsuppen und auch gutes vietnamesisches Chow-Mein.

 Pubs/Livemusik/Nightlife

 Tipp

Es gibt zwar viele Blues-Bands in Memphis, aber meistens treten die Musiker nur an Wochenenden auf. Rufen Sie also unbedingt vorher an. In der Beale Street dagegen gibt es jeden Abend Livemusik, häufig beginnt sie aber erst um 22 Uhr. Als gelungene Überbrückung kann eine „Blues-Session" im W.C. Handy Park an der Beale Street angesehen werden. Sie beginnt nachmittags und geht bis 22 Uhr (nur während der Sommermonate).

M) IN DER BEALE STREET (www.bealestreet.com)
W. C. Handy Performing Arts Park: *Ecke Beale St./Third St.*
Blues Hall Coffe Shop/ Mr. Handy's: *182 Beale St., ☎ (901) 528-0150. Bluesmusik und Cajun-küche (bekannt für die gute Gumbo). Mehrere Gitarren von Blues-Größen sind ausgestellt und hängen z.T. von der Decke.*
Blues City Café – Bar: *138 Beale St., ☎ (901) 526-3637. Kneipe, angeschlossen an den Hamburgerladen. Blues und Jazz. Blues-Jams!*
Black Diamond: *153 Beale Street, ☎ (901) 521-0800. Blues und dazu gibt es Pizza.*
B.B. King's Blues Club: *147 Beale St., ☎ (901) 524-5464. Einer der Traditionsclubs, auch B.B. King ist hier früher häufiger aufgetreten (einige Memorabilien von King sind hier zu bewundern). Heute vornehmlich Blues, aber auch ab und zu Jazz und Rock. Das Restaurant bietet Cajungerichte (Red Beans, Fisch, Pickles), aber auch Steaks.*
New Daisy Theatre: *330 Beale St., ☎ (901) 525-8979. Hier begann B.B.King seine Laufbahn. Heute spielen auf der Bühne (612 Zuschauersitze) vorwiegend Rockbands, manchmal aber noch Blues- und Jazzmusiker.*
Alfred's on Beale Street: *197 Beale St., ☎ (901) 525-3711, www.alfredsonbeale.com. Deftige Südstaatenküche, am Wochenende Brunch. Ansonsten eher eine Disco, in der am Freitag- und Samstagabend Bands auftreten (Rest der Woche DJ's).*
No.1 Beale Street Bar: *1 Beale St., ☎ (901) 525-1116. Früher täglich, heute eher sporadisch Jazz- und Blues-Livemusik*

Memphis   Off

                                          the beaten path

Wenn Sie weniger nach Musik, dafür aber eher nach einer netten „Neighbourhood-Kneipe", in der es auch etwas zu essen gibt, suchen sollten, fahren Sie einfach zum **Overton Square District** (Ecke Madison Ave., Cooper St.) und schauen sich dort um. Innenstadtnäher aber sind:

Marmalade: 153 G.E. Patterson Ave., ☎ (901) 522-8800. Dunkler, aber gepflegter Jazz- und Bluesclub. Es gibt auch etwas zu essen. Musik meist nur an Wochenenden.

The North End: 346 N. Main St., ☎ (901) 526-0319. Einfaches Restaurant, vornehmlich Reisegerichte. Ab 22.30 Uhr gibt es häufig Jazz- und Bluesmusik. Hier im Gebiet des Northend befinden sich übrigens noch mehr Lokale, doch wird dort meist keine Musik geboten.

Joey's Crab Shack: 7990 Horizon Center Blvd, ☎ (901) 384-7478. Echte, deftige Südstaatenküche (Schwerpunkt: Seafood). Blick auf den Mississippi. Zu fortgeschrittener Stunde steigt die Stimmung zu den Rhythmen der Livemusik-Bands (alle Stilrichtungen). Tanzfläche vorhanden.

The New Club Paradise: 645 E. Georgia St., ☎ (901) 947-7144. Blues-Kneipe. Achten Sie auf Ankündigungen – es könnte gerade ein ganz bekannter Musiker hier auftreten. „Raue" Atmosphäre!

NÖRDLICH DER DOWNTOWN
T.J. Mulligan's: *362 N. Main St. Bikerkneipe der herzlichen Art.*
Westy's: *346 N. Main St. Kneipe und Restaurant. Unbedingt die Spare Rips probieren!*

Café Francisco: *400 N. Main St.. Nettes Café mit großer Kuchenauswahl. Eher etwas für tagsüber.* (**M**)
Highpoint Bar & Grill: *477 High Point Ter Ste B. Steak-Restaurant mit angeschlossenem Tanzclub.*

SÜDLICH DER DOWNTOWN
The Green Beetle Tavern: *327 South Main Street. Pub mit Küche bis spät in die Nacht (Burger etc.).*
Gus' Chicken Restaurant: *310 S.Front St. Die besten Hähnchen der Stadt in einer gemütlichen Neighbourhood-Kneipe. Hier kehren viele Einheimische ein.*

ÖSTLICH DER DOWNTOWN
The Blue Monkey: *2012 Madison Ave, zw. S. Morrison St. und N. Rembert St.. Dunkler Schuppen mit freundlichen Gästen.*
Huey's: *1927 Madison Ave., ☎ (901) 726-4372. Kleines „Neighbourhood-Kneipenrestaurant". Jazzmusik an Wochenenden.*
Memphis ist auch bekannt für seine zahlreichen **Comedy-Theater**. *Hier wird leichte Kost, vermischt mit amerikanischem Humor, einem Hauch von Broadway und einigen Livemusik-Sequenzen geboten. Wer also nicht so gerne durch die Nachtclubs streift, für den wird hier mit Sicherheit eine gute Abend-Alternative geboten. Die bekanntesten Theater sind das* **Orpheum Theater** *(203 S. Main St., Infos und Tickets: ☎ (901) 525-3000, www.orpheum-memphis.com), in dem auch Musikkonzerte stattfinden, und das* **Playhouse on the Square** *(51 S. Cooper St., ☎ (901) 726-4656, www.playhouseonthesquare.org)*

🎁 Einkaufstipps
Boutiquen und erlesene Geschäfte finden Sie im **Peabody Place**: *Ecke Peabody Place Ave./Third St., www. peabodyplace.com. In der wirklich ansprechend gestalteten Mall mit ca. 28.000 m² Fläche finden Sie auf mehreren Ebenen Shops, Theater, Restaurants und Museen.*
Andenken an Elvis Presley *können Sie in verschiedenen Geschäften in und um Graceland erstehen.*
Ein besonderer Tipp für Memphis ist **A. Schwab's** *in der 163 Beale St., ☎ (901)*

Bei Schwab's gibt es alles

523-9782. Geöffnet: Mo–Sa 9–17 Uhr. Das Angebot ist kaum zu klassifizieren: Hüte, Voodoo-Fetische, Kleidung aller Art, Haushaltsgegenstände – nichts, was es hier nicht gibt. Wie sagt Herr Schwab so schön: „Wenn Sie etwas bei mir nicht finden, geben Sie die Suche am besten gleich auf".

👫 Veranstaltungen
Informationen *zu aktuellen Veranstaltungen können Sie entweder einer der aktuellen Tageszeitungen entnehmen oder den folgenden, kostenlosen Veranstaltungsblättern: „Memphis Playbook", „Memphis Downtowner" und „The Downtown Directory". An zahlreichen Straßenecken der Stadt stehen Automaten bzw. Kästen, denen die Druckwerke entnommen werden können.*
The Pyramid: *1 Auction Ave., ☎ (901) 521-7909. Veranstaltungs-Arena für häufig wechselnde Events zu verschiedenen Themenbereichen.*
AutoZone Park: *175 Toyota Plaza, www.memphisredbirds.com. Hier können Sie Baseball-Spiele der „Memphis Redbirds" verfolgen und die Atmosphäre dieser für Europäer doch etwas schwer verständlichen Sportart genießen.*

218

Regionale Reisetipps von A–Z (Memphis/TN, Meridian/MS, Mississippi Gulf Coast: Gulfport, Bay St. Louis, Biloxi und Pascagoula/MS)

M) **FedEx Forum**: 195 Linden Ave., ☎ (901) 205-1234, www.grizzlies.com. Basketball-Team, „The Grizzlies". Ansonsten große Veranstaltungshalle für weitere Sportereignisse, Konzerte und Partys.

Meridian/MS (S. 505)

i Information
Meridian/Lauderdale County Tourism Bureau: 212 21st Constitution Ave., P.O. Box 5313, Meridian, MS 39302, ☎ (601) 482-8001 oder 1-888- 868-7720, 🖷 (601) 486-4988, www.visit meridian.com

Unterkunft
Microtel Inn & Suites $$$: 518 Bonita Lakes Dr., Meridian, MS 39301, ☎/🖷 (601) 553-8100, www.microtelinn.com. Fahren Sie am Exit 154 hinaus. Gepflegtes Hotel mit einem kleinen Fitness-Raum.
**Century House B&B $$-$$$**: 2412 9th St., Meridian, MS 39301, ☎ (601) 482-2345, www.centuryhousebnb.com. Sehr ansprechendes B&B in neoklassischer Stadtvilla. Nahe dem Zentrum.

Mississippi Gulf Coast: Gulfport, Bay St. Louis, Biloxi und Pascagoula/MS (S. 340ff)

> ☞ **Hinweis**
>
> Die Folgen von Hurrikan „Katrina" (2005) sind auch heute noch zu spüren. Doch hat sich die Lage bereits ziemlich normalisiert, zumindest was die großen Hotels angeht. Und trotzdem kann es immer wieder entlang der Golfküste von Mississippi passieren, dass sich Dinge in kürzester Zeit ändern, so dass ein Reiseführer einfach nicht aktuell genug sein kann. Ich habe mich bemüht, möglichst aktuell und vorausschauend zu recherchieren, doch das kann keine Garantie sein für alles.
> Daher rate ich Ihnen, egal ob Sie von Westen oder Osten kommen, sich in den jeweiligen **Mississippi Welcome Centern** am I-10 (jeweils kurz hinter der Staatengrenze von Louisiana bzw. Alabama) über den neuesten Stand der Dinge zu erkundigen und bereits auch hier, falls Sie es nicht schon vorher getan haben, Ihre Unterkunft zu buchen. Das Personal der Welcome Center ist sehr hilfsbereit. Auf gut Glück Hotels anzufahren, ist – besonders an Wochenenden – noch sehr riskant. Auch sollten Sie sich nach dem Ausbau des US 90 erkundigen. An dieser Straße wird noch einige Jahre repariert und oft sind Abschnitte dann gesperrt.

i Information

> ☞ **Hinweis**
>
> Noch sind nicht alle Visitor Center (außer den Welcome Centern, s.o.) wieder eröffnet und in diesem Fall gibt es nur Büros, die Sie anrufen können bzw. deren Internetseite Sie nutzen können. Aktuelle Infos zum Stand der Aufräumarbeiten und Wiedereröffnungen nach Hurrikan „Katrina" finden Sie auch auf der deutschen Internetseite www.memphis-mississippi.de.

Bay St. Louis County Tourism Development Bureau: ☎ *(228) 463-9222, www.hancockcoun* *tyms.org.*
Mississippi Golf Coast Convention & Visitors Bureau (Biloxi und Gulfport): *11975 Seaway Road, Gulfport, MS 39503,* ☎ *(228) 896-6699 od. 1-888.467.4853, www.gulfcoast.org.*
Pascagoula: Jackson County Chamber: *720 Krebs Avenue, Pascagoula, MS 39568-0480,* ☎ *(228) 762-3391, www.jcchamber.com.*

Unterkünfte
Nochmals der Tipp: *Erkundigen Sie sich vorher in den o.g. Mississippi Welcome Centern bzw. Touristenämtern nach Unterkünften. Am schönsten sind zurzeit die B&Bs, da es sich bei vielen der Hotels um mehr oder weniger langweilige Casino-Hotels handelt.*

Beau Rivage Resort & Casino $$$: *875 Beach Rd., Biloxi, MS 39531,* ☎ *(228) 386-7111, www.beaurivage.com. Mit 1740 Zimmern das größte Hotel der Region. Direkt am Golf sollten Sie versuchen, ein Zimmer mit Meeresblick zu bekommen.*
Imperial Palaca (IP) Casino $$-$$$: *850 Bayview Ave., Biloxi, MS 39531,* ☎ *(228) 436-3000, www.ipbiloxi.com. Casino-Hotel mit mehr als 1000 Zimmern. An der Binnenlagune. Versuchen Sie, ein Zimmer in den oberen Etagen (ab 10. Stock) zu bekommen und dann zum Meer hin.*
Isle of Capri Casino Resort $$-$$$: *151 Beach Blvd., Biloxi, MS 39531,* ☎ *(228) 435-5400, www.isleofcapricasino.com. Casinohotel direkt am Golf. 740 Zimmer, viele mit Jacuzzi.*
Edgewater Inn $$-$$$: *1936 Beach Blvd., Biloxi, MS 39531,* ☎ *(228) 388-1100 od. 1-800-323-9676, www.gcww.com/edgewaterinn. Ausgefallenes Motel, denn alle Zimmer haben: einen Jacuzzi, einen Kühlschrank und eine Mikrowelle.*
Hampton Inn Biloxi $$: *1138 Beach Blvd., Biloxi, MS 39531,* ☎ *(228) 435-9010, www.hamptoninn.com. Unspektakuläres, aber sauberes, modernes und nur 100 m vom Wasser (hinter Casino-Bau) entferntes Motel.*
La Font Inn $$-$$$: *2703 Denny Ave., Pascagoula, MS 39567,* ☎ *(601) 762-7111,* 🖷 *(601) 762-7111, ext. 324, www.lafontinn.com. Das dazugehörige Seafood-Restaurant bietet eine ansprechende Küche.*
The Red Creek Inn $$-$$$: *7416 Red Creek Road – Long Beach, Mississippi 39560,* ☎ *(228) 452-3080, www.redcreekinn.com. Sehr gemütliches B&B mit großer Porch (Schaukelstühle). Haus von 1899.*
Moss Point Oak B&B $$-$$$: *4401 Welch St Moss Point (zw. I-10 und Pascagoula, also noch einige Meilen vom Wasser entfernt), MS 39563,* ☎ *(228) 474-1367, www.mosspointoaksbb.com. Kleines B&B mit nur 2 Zimmern. Haus von 1870. Sehr persönlich geführt.*

Restaurants
Hier steht natürlich das Seafood im Vordergrund, besonders „Southern Style": Po-Boys, Austern, Shrimps etc.
Dempsey's Seafood & Steak: *7161 Lower Bay Road, Bay St. Louis,* ☎ *228-467-6965. Gute Steaks und Seafood. Südstaatenküche.*
Bruno's Catch: *895 Division Street; Biloxi,* ☎ *(228) 432-2146. Seafood und gute BBQ-Gerichte.*
Cajun Crawfish Hut: *100 East Railroad; Long Beach,* ☎ *(228) 863-5588. Bekannt für Krebse, Krabben, Hummer und Austern.*
Catfish Charlie: *11419 Canal Road; Gulfport,* ☎ *(228) 832-9195. Der Name sagt schon alles: Bester Catfish in allen Variationen.*
Shaggy's Harbor Bar & Grill: *120 South Hiern Avenue, Pass Christian Harbor; Pass Christian,* ☎ *(228) 452-9939. „Raw Seafood" direkt am Hafen. Austern, Shrimps, aber auch Nachos, Keylime Pie und Burger.*

220 Regionale Reisetipps von A–Z (Mississippi Gulf Coast: Gulfport,
Bay St. Louis, Biloxi und Pascagoula/MS, Mobile und die Mobile Bay/AL)

M

Renovierung und Neueröffnung der Attraktionen

Fast alle Attraktionen der Region zwischen New Orleans und Mobile wurden 2005 durch den Hurrikan „Katrina" zerstört. Hier die **aktuellen Daten zu Wieder-** *bzw.* **Neueröffnungen:**
Space & Rocket Center: *Am I-10, nahe Exit 6: Wiedereröffnet. Geöffnet tägl. 9–17 Uhr*
Beauvoir: Bei Biloxi. *Wiedereröffnet. Geöffnet tägl. 9–17 Uhr.*
Seafood Industry Museum: *In Biloxi, Wiedereröffnung geplant für Ende 2009*
Ohr-O'Keeffe Art Museum: *In Biloxi. Geöffnet Mo-Sa 9–16.30 Uhr, So 10–16 Uhr.*
Walter Anderson Museum: *In Ocean Springs. Geöffnet Mo–Sa 9.30–1630, So 12.30–16.30 Uhr.*
Visitor Center des Gulf Islands National Seashore: *In Ocean Springs: Wiedereröffnet, weitere Infos* ☏ *(228) 875-9057, www.nps.gov/guis.*
Old Spanish Fort: *In Pascagoula, im Vistor Center von Pascagoula erfragen:* ☏ *(228) 762-3391, www.jcchamber.com*
Scranton Floating Museum, *jetzt* **Scranton Nature Center:** *In Pascagoula. Nicht bekannt.*

Mobile und die Mobile Bay/AL (S. 350ff)

i Information
Convention & Visitors Bureau: *I South Water St., Mobile. AL 36601,* ☏ *(251) 208-2000 oder 1-800-566-2453,* 🖨 *208-2060, www.mobile.org, www.mobilebay.org*
Gulf Shores Welcome Center: *3150 Gulf Shores Parkway (Hwy. 59), Gulf Shores, AL 36542,* ☏ *(251) 968-7511, www.gulfshores.com*
Orange Beach Welcome Center: *23685 Perdido Beach Blvd. (Hwy. 182), Orange Beach, AL 36561,* ☏ *(251) 974-1510, www.gulfshores.com*

i Wichtige Telefonnummern
Vorwahl: ☏ *251*
Notruf Polizei/Feuer/Ambulanz: ☏ *911*
Krankenhaus: *USA Medical Center (Univ.of South Alabama): 2451 Fillingham St.,* ☏ *(251) 471-7000*
Zeit- & Wetteransage: ☏ *(251) 660-0044*
AAA-Office: *718 Downtowner Loop West,* ☏ *(251) 342-5550*
American Express für verlorene Traveler-Cheques: ☏ *1-800-221-7282*

Verkehr
AIRLINES
Infos zum Airport Shuttle: ☏ *1-800-272-6234*
American: ☏ *1-800-433-7400*
Continental: ☏ *(251) 633-5503*
Delta: ☏ *(251) 478-8205*
Northwest: ☏ *(251) 342-3235*

ÖFFENTLICHE VERKEHRSMITTEL
Amtrak: *11 Government St., Mobile,* ☏ *(251) 432-4052 oder 1-800-872-7245*
Überlandbusse: *Die Greyhound-Busstation befindet sich in der 2545 Government Blvd,* ☏ *(251) 478-6089.*

Stadtbusse: *The Wave Transit/Mobile Transit Authority bedient den öffentlichen Nahverkehr,* ☎ *(251) 344-6600, www.thewavetransit.com.*

Mobile Bays moda!: *Kostenloser Trolleybus, der auf einer 3-Meilen-Strecke die Sehenswürdigkeiten der Innenstadt abfährt.* ☎ *(251) 344-6600. Abfahrten u.a. am Fort Condé Welcome Center. Mo–Fr 7–18, Sa 9–17 Uhr*

Mobile Bay Ferry: **Fähre Dauphine Island – Fort Morgan**, *918 -B Bienville Blvd. Dauphin Island, AL 36528,* ☎ *(251) 861-3000, www.mobilebayferry.com.*

• **Abfahrt von Daphine Island**: *8/9.30/11/12.30/14/15.30/17/18.30 Uhr (April–Oktober)*
• **Abfahrt Fort Morgan**: *8.45/10.15/11.45/13.15/14.45/16.15/17.45 Uhr*

TAXIS
Checker *und* **Yellow Cab**: ☎ *(251) 476-7711*
Mike Cab: ☎ *(251) 457-9448*

MIETWAGEN
Avis: ☎ *(251) 633-4745*
Budget: ☎ *(251) 639-2120*
Dollar: ☎ *(251) 633-5691*
Hertz: ☎ *(251) 633-4000*
National: ☎ *(251) 633-4003*

🚶 *Touren*
Downtown Walking Tours/ Historic Mobile Preservation Society: *Spaziergang durch die historische Innenstadt mit Erläuterungen. Infos:* ☎ *(251) 432-6161, www.historicmobile.org.*
Mobile/ Gulf Coast Carriage Service: *Kutschfahrten durch die historische Innenstadt. Abfahrt: täglich vom Ft. Condé zwischen 9 und 17 Uhr. Infos: 316 N. Conception St.,* ☎ *(251) 433-8601.*

🛏 *Unterkünfte*
MOBILE AREA (stadtnah):
Radisson Admiral Semmes $$$$-$$$$$: *251 Government St., Mobile, AL 36602,* ☎ *(251) 432-8000,* 🖷 *(251) 405-5942, www.radisson.com. Zentral gelegenes Hotel mit Zimmern im „Chippendale"-Stil – manchem mag es zu plüschig-kitschig vorkommen. Hoher Standard.*
Renaissance Riverview Plaza $$$$$-$$$$$: *64 South Water St., Mobile, AL 36602,* ☎ *(251) 438-4000,* 🖷 *(251) 415-0123, www.renaissanceriverview.com. Großes Luxushotel, dessen Preise sich für Reisende nur lohnen, wenn sie einen Wochenendrabatt bekommen bzw. ein Zimmer in einem der oberen Etagen (28 Etagen) des Ausblicks wegen*
Days Inn $$$: *180 S. Beltline Hwy. (West I-65), Mobile, AL 36608,* ☎ *(251) 343-9345,* 🖷 *(251) 342-5366, www.thedaysinn.com/15519. Kein weiter auffälliges Motel und auch etwas abgelegen. Dafür gibt es aber preisgünstige Suiten, die für eine 3–4-köpfige Familie zu empfehlen sind.*
Ramada – Civic Center $$-$$$: *255 Church St., Mobile, AL 36602,* ☎ *(251) 133 6923,* 🖷 *(251) 433-8869, www.ramadamobile.com. Zentral gelegenes Motel der Mittelklasse. Besonders zu empfehlen für diejenigen, die es satt haben, zum Frühstück nur Muffins und Eier zu bekommen – denn es gibt hier ein gutes Frühstücksbuffet.*
Days Inn & Suites $$: *5472-A Tillman's Corner Pkwy. (US Hwy. 90 am I-10 – Exit 15B), Mobile, AL 36619,* ☎ *(251) 660-1520,* 🖷 *(251) 666-4240, www.daysinn.com. Preisgünstiges Motel. Empfiehlt sich vor allem für „Durchreisende" (15 km südwestlich der City). Tipp: Familien mit Kindern können hier eine günstige Suite bekommen.*

M

Malaga Inn $$: *359 Church Street, Mobile, AL 36602, ☎/🖷 (251) 438-4701, www.malaga inn.com. Renoviertes Antebellum-(Doppel-)Haus von 1862, mit Patio, Balkonen usw. Günstige und empfehlenswerte Innenstadtalternative. Tipp: Die „Front Suite" mit einer 4,50 m hohen Decke. Gutes Restaurant im Haus.*

Berney/Fly B&B $$: *1118 Government St., Mobile, AL 36604, ☎ (251) 405-0949, www.berney flybedandbreakfast.com. Ein 5-Zimmer B&B in renoviertem Queen-Ann-Victoria-Gebäude von 1895. schöner Garten, Pool und nicht allzu weit zur Innenstadt. Gutes Frühstück! Eigentlich der Tipp für Mobile.*

Das „Grand Hotel" in Point Clear

Weitere Motels *der verschiedenen Franchise-Ketten finden Sie an der* **S. Beltline** *(etwa im Bereich der Kreuzung von I-10 und I-65).*

BAY AREA/ GULF SHORES/ ORANGE BEACH

Mariott's Grand Hotel $$$$-$$$$$: *23 Meilen südöstlich von Mobile am US 98 Scenic, Point Clear, AL 36564, ☎ (251) 928-9201, 🖷 (251) 928-1149, www.marriottgrand.com. Luxuriöses Resort direkt am Bay. Viele Freizeitaktivitäten möglich: z.B. Segeln, Fahrradfahren, riesiger Pool. Besonders empfehlenswert sind die Cottages. Für diejenigen, die sich so etwas leisten mögen, ist auch die Lage auf halbem Wege zwischen Mobile und den Golfständen ideal. Von So–Do günstigere Raten. Nur das Essen ist etwas langweilig und überteuert. Dafür bieten Restaurants in Fairhope (4 Meilen) eine gute und preisgünstige Alternative.*

Best Western on the Beach $$$$: *337 E. Beach Blvd., Gulf Shores, AL 36542, ☎ (251) 948-7047, 🖷 (251) 948-6660, www.bestwestern.com. Ferienhotel am Golfstrand. Zimmer mit Kühlschränken.*

Lighthouse $$$: *455 E.Beach Blvd., Gulf Shores, AL 36547, ☎ (251) 948-6188, www.gulf-shores-alabama.net. Familiär geführtes Hotel direkt am eigenen privaten Strand. Zimmer und Cottages/Condos. Einige Zimmer haben kleine Küchen. Versuchen Sie, ein Zimmer mit Blick auf den Golf zu bekommen.*

Original Romar House $$$: *24310/ 23500 Perdido Beach Blvd. (Rt.182), Gulf Shores (Orange Beach), AL 36561, ☎ (251) 974-1639 oder 1-888-201-3481, www.romarhouse.com. Die Gästeräume sind im Art-Déco-Stil eingerichtet. Der Rest hat eher einen Touch von Karibik. Fahrradverleih.*

Sandcastle Beachfront Condominiums $$$: *50 Forney Johnston, P.O. Box 338, Dauphin Island, AL 36528, ☎ 861-8042. Zwei-Zimmer-Apartments mit eigener Küche. Nicht teurer als die Hotels.*

CAMPING

An der Golfküste gibt es zahlreiche Campingplätze. Zu empfehlen wäre der **Fort Gaines Campground**: *Östliche Dauphine Island am Fort Gaines, ☎ (251) 861-2742, www.fortgaines.com.*

Fußweg zum Strand und ins „Audubon Bird Sanctuary". Schön ist das Campen am Wasser am Lake Walter F. George. Leider im Sommer häufig recht voll.
Bei Mobile: **Dead Lake Fishing Lodge***: 2350 Dead Lake Marina Rd., Creola, AL 36525, ☎ (251) 675-0320, www.campgroundsofamerica.com. Am Delta des Mobile River. Verleih von Angelausrüstung, Booten und Campingausrüstung. Ca. 20 Meilen in die Stadt.*

Restaurants
MOBILE AREA

The Pillars*: 1757 Government St., ☎ (251) 478-6341. Das Speisen in diesem alten Plantagenhaus, eingerichtet mit Antiquitäten und versehen mit mehreren Verandas, ist ein besonderes Erlebnis. Bereits der Eingang mit seinen klassischen Säulen stimmt auf das Ambiente ein. Die Küche ist exquisit und reicht von Fisch über Steak bis Lamm.*
Felix's Fish Camp*: 1530 Battleship Pkwy., Spanish Fort, ☎ (251) 626-6710. Gute Meeresfrüchte mit Blick auf die Bay. Auch Steaks und Hühnchengerichte.*
Osman's Restaurant*: 2579 Halls Mill Road (nahe Dauphin Island Parkway), ☎ (251) 479-0006. Vornehmlich italienische Küche mit einem Touch Südstaaten-Flair. Alles wird frisch zubereitet im Hause, auch das Brot und die Desserts. Sehr klein, daher vorher reservieren!*
Catfish Junction*: 300 Industrial Pkwy., Hwy. 158, Saraland, ☎ (251) 679-6666. Einfaches aber nettes Familien-Ausflugslokal. Ein Knüller zu günstigem Preis ist das Seafood-Buffet.*
Malaga Restaurant*: 359 Church St., ☎ (251) 438-4701. Kleines Restaurant im „Malaga Inn". Neben Fischgerichten, gekocht nach kreolischen Rezepten, sind besonders die Steaks zu empfehlen.*
Hurricane Brewing Company*: 225 Dauphine St., ☎ (251) 445-2544. Microbrewery – also gutes Bier und alles von Snacks bis zu leckeren Steaks. Unkomplizierte Atmosphäre.*

BAY AREA/GULF SHORES/ORANGE BEACH

Zeke's Landing*: 26619 Perdido Beach Blvd., Orange Beach (10 Meilen östlich auf der AL 180). Aussicht auf die Marina. Hier gibt es vier Lokale, davon sind besonders zu empfehlen:* **Geno's High Tide** *sowie* **Gino's Fresh Catch Grill** *(Seafood und Steaks) und der* **Dockside Grill** *(Seafood), wo Sie draußen auf der Terasse sitzen und auf den Bayou schauen können (alle ☎ (251) 975-1388). Sonntags oft Brunch – meist mit Jazz-Livemusik*
Wintzell's Original Oyster House*: AL 59 (701 Gulf Shores Pkwy), am Bayou Village Shopping Center, Gulf Shores, ☎ (251) 948-2445. Der Seafood-Tip in der Mobile-Area. Wie der Name bereits verrät: Austern aller Art. Aber auch Shrimps-Gerichte nach Cajun-Rezepten. Zudem: Salatbar!*
Hazel's*: AL 182 (25311 Perdido Beach Blvd), ☎ (251) 981-4628. Ein Familien-Restaurant mit entsprechend niedrigen Preisen Reichhaltiges Frühstück, u.a. Salatbar zum Lunch. Spezialisiert auf Seafood. Sa und So spezielles Brunch-Menü.*
Gambino's*: Ecke Scenic Hwy. 98/Laurel Ave. (ca. 4 Meilen nördlich des Grand Hotel), Fairhope, ☎ (251) 928-5444. Leckeres Seafood (auch gekochte Shrimps) und viele italienische Gerichte.*

Pubs/Livemusik/Nightlife
Mobile und Gulf Shores bieten nicht wie z.B. New Orleans oder Memphis ein besonderes Abendprogramm. Die Einheimischen gehen am Wochenende häufig auf ein Bier in **Wintzell's Oyster House** *(s.o.) oder verbringen die Abende in anderen Restaurants an der Bay, wo das eine oder andere Mal auch Live-Musik geboten wird – oder eine „private" Strandfete, die des öfteren einmal ausufert zu einem Happening für alle.*

(M)

Livemusik *(viel Rock) gibt es in Mobile an Wochenenden in den verschiedenen Lokalen in der Dauphin Street, z.B. im* **Haley's***: 278 Dauphin St., ☏ (251) 433-4970 oder im* **Monsoon's***: 210 Dauphin St., ☏ (251) 433-3500.*

Einkaufstipps

Mobile ist sicherlich kein „Einkaufs-Eldorado". Bekannt ist es aber für seine Vielzahl an kleinen Antiquitätengeschäften, die über die ganze Stadt verstreut sind.

ANTIQUITÄTEN

Eine gute Gelegenheit, gleich mehrere Geschäfte auf einmal zu besuchen, bieten die zwei folgenden Malls:
Cotton City Antique Mall*: 2012 Airport Blvd. (am Loop). Auch sonntags geöffnet.*
Red Barn Antique Mall*: 418 Dauphine Island Pkwy.*

Günstige **Mode** *zu Fabrikpreisen können Sie einkaufen im* **Riviera Centre** *in Foley (2601 S McKenzie St., südöstlich von Mobile). Geschäfte von Calvin Klein, Levi's Jeans und Polo/Ralph Lauren und anderen. Eine große Shopping-Area gibt es in Fairhope Downtown (***Fairhope Business Association***), mit einer Reihe von Boutiquen und Shops (Downtown Fairhope, AL 36533, ☏ (251) 928-6387, www. fairhopemerchants.com).*

Veranstaltungen

Allgemeine Information zu **Festivitäten in Mobile***: ☏ (251) 434-7304, www.mobile.org/ calendar.php*
Ende Februar: **Mardi Gras-Karneval***. Dieser Karneval ist übrigens älter als der in New Orleans. Paraden und Umzüge.*
März: **Azalea Festival***. Ein Blumenkorso zieht durch die Stadt und die Randgemeinden.*
Vierter Sonntag im Juni: **Blessing of the Shrimp Fleet***. Bayou La Batre (südwestlich von Mobile). Die Krabbenfischersaison wird eingeläutet mit einem Fest und vielen Leckereien. Infos: ☏ (251) 824-2415.*

Monroeville/AL (S. 520)

Information

Monroeville Area Chamber of Commerce*: 63 N. Mt. Pleasant Ave., Downtown Square, P.O. Box 214, Monroeville, AL 36461, ☏ (251) 743-2879, 🖷 743-2189, www.monroecountyal.com.*

Tour/Besichtigung

Für besonders Interessierte gibt es im Touristenbüro eine Broschüre („Monroeville-in-the-1930s-Walking Tour") mit Erklärungen zu den einzelnen Stationen und geschichtlichen Hintergründen im Rahmen einer zu erlaufenden Wegstrecke durch den Ort. Die Touren finden jeden Freitag auch unter Anleitung statt und starten am alten Court House.

Unterkünfte

Days Inn $$*: 4389 S. Alabama Ave., Monroeville, AL 36460, ☏ (251) 743-3297 oder 1-800-359-2522, www.daysinn.com. Sauberes und ruhiges Motel am Ortseingang mit einem kleinen Swimmingpool. Die indisch/englischen Manager sind sehr nett.*

M

Royal Inn $: *3236 S. Alabama Ave., Monroeville, AL 36460, ☎ (251) 575-3177. Unweit des „Days Inn" zeichnet sich dieses familiär geführte Motel vor allem durch seine besonders günstigen Preise aus.*
Weitere Motels *gibt es am Hwy. 21 South und an der South Alabama Ave.*

¶¶ Restaurant
Freunde kulinarischer Genüsse werden im Ort leider enttäuscht. Außer den üblichen Fastfood-Ketten gibt es nicht viel anderes (diese aber dafür in stattlicher Anzahl). Lediglich eine Empfehlung etwas abseits des Ortskerns:
David's Catfish House: *145 Hwy. 84 E., Monroeville, ☎ (251) 575-3460. Saftig gegrilltes Seafood und Steaks zu fairen Preisen.*

Montgomery/AL (S. 512ff)

ℹ Information
Montgomery Visitor Center: *300 Water St., Montgomery, AL 36104, Innenstadt, im alten, schön renovierten Union Station. ☎ (334) 262-0013, www.visitingmontgomery.com. Von hier fahren auch die Trolley-Busse ab (Mo-Sa). Auf der Rundfahrt durch die Innenstadt („hop-on/hop-off") erklärt Ihnen der Fahrer die Geschichte der Stadt und einige Dinge zu den Sehenswürdigkeiten.*

ℹ Wichtige Telefonnummern
Vorwahl: *☎ 334*
Notruf *Polizei/Feuer/Ambulanz: ☎ 911*
Zeit- und Wetteransage: *☎ 262-8871*
Pharmacy: *Harco Drugs, Capitol Plaza Shopping Center, South By-Pass, ☎ (205) 281-1312. Geöffnet 8 Uhr bis Mitternacht.*

Verkehr
ÖFFENTLICHE VERKEHRSMITTEL
Amtrak: *Montgomery Transportation Terminal im Riverfront Park (Coosa St.). ☎ 1-800-872-7245.*
Überlandbusse: *Greyhound Station. 950 W. South Blvd., ☎ (334) 286-0658.*
Stadtbusse: *Montgomery Area Transit System (MATS). Die Busse fahren aber nur bis abends. Im Grunde für Reisende nur bedingt zu empfehlen. Infos: ☎ (334) 240-4012, www.montgomerytransit.com.*
Trolleybus zu den Sehenswürdigkeiten der Innenstadt: *Vom Visitor Center in der Water Street, Mo bis Sa 9–18 Uhr*

TAXIS
Yellow Cab: *☎ 262-5225*

Hotels und andere Unterkünfte
In Montgomery gibt es nicht viele interessante Unterkünfte. Zumeist sind es Franchise-Hotelketten. In der Innenstadt empfehlen sich zudem nur 2–3 Hotels. Somit können Sie hier auch getrost auf die Hotels/Motels an den Interstates-Kreuzungen ausweichen.
Embassy Suites $$-$$$: *300 Tallapoosa St., Montgomery, AL 36104, ☎ (334) 269-5055, 🖷 (334) 269-0360, www.embassysuitesmontgomery.com. Das relativ neue Hotel liegt direkt neben*

M) dem alten Union Station und liegt damit ideal zum Visitor Center und dem dort abfahrenden Trolley-Bus. Restaurant im Haus.

Capitol Inn $$: 205 N. Goldthwaite St. im Historic Cottage Hills District (nahe Innestadt), Montgomery, AL 36104, ☎ (334) 265-3844, www.capitolinnhotel.com. Motel für Geschäftsreisende. Aber verhältnismäßig günstige Preise und guter Service. Das Hotel liegt nicht direkt in der Innenstadt (aber zentral), dafür haben aber einige Zimmer einen schönen Ausblick auf den Fluss und z.T. die Innenstadt.

Red Bluff Cottage $$: 551 Clay St., Montgomery, AL 36101, ☎ (334) 264-0056, 🖷 (334) 263-3054, www.redbluffcottage.com. Bed&Breakfast-Haus im Historic Cottage Hills District. Viele alte Möbel in altem Gebäude. Empfehlenswert wegen seiner umfangreichen Bibliothek, in der das Stöbern lohnt. Nur 4 Zimmer, daher unbedingt vorbuchen.

Lexington Hotel $$: 1185 Eastern Blvd., am Exit 6 des I-85, Montgomery, AL 36117, ☎ (334) 272-0370, 🖷 (334) 270-0339. Typisches Motel der 1970er-Jahre, dafür aber mit etwas mehr „Charme" als die neuen Motels. Großer Pool, Spielflächen für Kinder. Nahe zahlreicher Restaurant-Ketten an großen Malls.

Restaurants

Viele Restaurants haben sonntags geschlossen. Vorher anrufen!

Saraha: 511 E. Edgemont Ave., Cloverdale, ☎ 264-9178. Exquisites Seafood-Restaurant (seit 1952). Auch gute Steaks. So geschlossen.

Vintage Year: 405 Cloverdale Rd., ☎ 264-8463. Fine Dining mit Pfiff. Gute Weine, Seafood und auch Kalbfleisch. So u. Mo geschlossen. Teuer.

Jubilee Seafood Restaurant: 1057 Woodley Rd., Cloverdale Plaza, ☎ 262-6224. Südstaaten-Fischgerichte, oft auch mit karibischem Einfluss.

Lonestar Steakhouse & Saloon: 1060 East Blvd., nahe Exit 6 des I-85, ☎ 277-2455. Gutes Steakrestaurant der im Süden bekannten Franchise-Kette.

Gutes („down-to-earth") Pubfood gibt es im **Montgomery Brew Pub, Ruddle's Pub** oder **Gator's** (siehe unter „Pubs")

Montgomery   ☺ff

the beaten path

Keineswegs ein nobler Laden und auch sonst wird er nicht jedermanns Geschmack treffen, doch allemal die Erwähnung wert: **Sous La Terre**, 82 Commerce Street/Ecke Bibb St. ☎ 334-265-2069, www.souslaterre.com. Hierbei handelt es sich um einen Jazzclub, dessen Räumlichkeiten in einem ehemaligen Bunker der Konföderierten untergebracht sind. Erst morgens um 0.30 Uhr – und das meist auch nur von Donnerstag bis Samstag – wird hier geöffnet. Dann aber starten prominente, aber auch junge Jazzmusiker ihre „Session". Was dabei herauskommt, ist nicht vorhersehbar. Mal ist es melodischer Dixieland, mal Freejazz, mal vielleicht nur wildes „Üben". Eines ist aber sicher. Die Stimmung ist gut, die Musiker wirklich erstklassig und das Jazzerlebnis perfekt.

Im Obergeschoss gibt es noch die Pianobar, die nur unter der Woche bis zum frühen Abend geöffnet ist.

M

N

Pubs/Livemusik/Nightlife

Montgomery Brew Pub: *12 W. Jefferson St., Innenstadt,* ☎ *834-2739. Microbrews und Pubfood. Sonntags geschlossen.*
1048 East Fairview Jazz Café: *1104 E.Fairview Ave.,* ☎ *834-1048. Kleine Kneipe in altem Holzhaus. An Wochenenden gibt's hier Jazz und Blues live. In der Woche eher Rockmusik. 3 Meilen zur Innenstadt.*
Ruddle's Pub: *3133 Bell Rd.,* ☎ *277-8710. Lebendiger englischer Pub. Amerikanische Küche mit Steaks, Burgern etc. sowie Shepherd's Pie u.Ä. Oft Livemusik. 7 Meilen östlich der Innenstadt.*
Gator's: *Shopping Mall Ecke East Blvd./Vaughn Rd. (Südost-Ecke),* ☎ *(334) 274-0330. Neighbourhood-Restaurant mit angeschlossenem Pub. Oft Livemusik. Gute Gumbo und auch Jambalaya, ansonsten typisches Pubfood und einfach eingerichtet. 6 Meilen östl. der Innenstadt.*

Morgan City/LA (S. 624f)

Information

Morgan City Tourist Center: *725 Myrtle Street (Ecke US 90), Morgan City, LA 70380,* ☎ *(985) 384-3343, www.cityofmc.com, www.cajuncoast.com und www.morgancitylouisiana.com.*

Unterkünfte

The Fairfax House B&B $$$-$$$$: *99 Main Street, Franklin, LA 70538 (also gut 15 Meilen nordwestl. von Morgan City),* ☎ *(337) 828-1195, www.thefairfaxhouse.net. Wunderschönes B&B in einer Plantagenvilla von 1852.*
Holiday Inn $$$: *520 Roderick Street, Morgan City, LA 70380,* ☎ *(985) 385-2200, www.holiday-inn.com/morgancityla*
Morgan City Motel $$: *505 Brashear Ave., Morgan City, LA 70380,* ☎ *(985) 384-6640.*
Days Inn $$: *7408 Hwy 182 East, Morgan City, LA 70380,* ☎ *(985) 384-5750, www.thedays inn.com/morganctiy12442.*

Restaurant

Noch vor Houma liegt auf der linken Seite das **Bayou Delight Restaurant** *der weltberühmten „Alligator Annie": 4038 Bayou Black Dr., Houma, LA,* ☎ *(985) 876 4879. Auch ihre Bootstouren durch die Bayous sind wirklich klasse, obwohl Annie Miller selbst nicht mehr mitfährt. Im Restaurant gibt es typische Cajun-Küche.*

Nashville/TN (S. 535ff)

Information

Nashville Convention & Visitors Bureau: *: Ecke Fourth Ave. N./ Commerce Street,* ☎ *(615) 259-4126, www.musiccityusa.com. Hier erhalten Sie alle wichtigen Informationen, wie z.B. Veranstaltungskalender, Wettervorhersage, Sportereignisse etc. Zudem gibt es hier spezielle Discount-angebote für Veranstaltungen, Attraktionen und Hotels (auch übers Internet) sowie einen Reservierungsservice für Musikveranstaltungen.*
Ein weiteres **Welcome Center** *gibt es am Flughafen.*

Die **Tageszeitung** „The Tennessean" bietet in der Freitagsausgabe den „Opry line-up" und am Sonntag im Showcase die gesamten Veranstaltungen für die folgende Woche. Die wöchentlich erscheinende „Nashville Scene" sowie das Monatsblättchen „Jazz & Blues News" haben sich auf die kostenlose Veröffentlichung des Veranstaltungsprogrammes spezialisiert. Sie liegen in Cafés, Bars, Musikkneipen und im Visitor Center aus.

i Wichtige Telefonnummern
Vorwahl: ☎ 615
Notruf Polizei/Feuer/Ambulanz: ☎ 911
Krankenhaus: University Medical Center: 1211 22nd Ave. S, ☎ 322-5000
24-h-Apotheken: Super X: 303 East Thompson Lane, ☎ 361-3636, Walgreen's: ☎ 1-800-925-4733, um nach der nächsten zu fragen
Wettervorhersage: ☎ 754-4633 (Mo–Fr 8–16 Uhr)

Verkehr
 ÖFFENTLICHE VERKEHRSMITTEL
Überlandbusse: Greyhound: Busbahnhof an der 200 Eighth Ave. S., südlich der Innenstadt, ☎ (615) 255-3556 oder 1-800-231-2222.
Stadtbusse: Die MTA bedient den öffentlichen Nahverkehr. Infos: 862-5950, www.nashvillemta.org

FLUGHAFEN
Der **Nashville International Airport** liegt 9 Meilen südöstlich der Innenstadt. Infos: ☎ (615) 275-1675.
Alle **Mietwagenfirmen** haben hier eine Niederlassung.
Größere Hotels bieten einen **kostenlosen Shuttle-Service** an.
Der **Gray Line Airport Express** (☎ (615) 275-1180) verkehrt zwischen 6 und 23 Uhr im 20-Minutentakt zwischen Flughafen und Innenstadt-Hotels im West-End.
Und es gibt sogar einen **günstigen Stadtbus der MTA** (Linie 18, Elm Hill Pike Bus, Abfahrt: Level 1 im Ground Transportation Area), der wochentags zwischen 8.30 und 17.30 Uhr verkehrt, am Wochenende aber seltener und nicht so lange.

TAXIS
Yellow Cab: ☎ 256-0101
Checker Cab: ☎ 256-7000

Rundfahrten/Touren
Gray Line: 2416 Music Valley Dr., ☎ (615) 883-5555 od. 1-800-251-1864, www.graylinenashville.com. Gray Line bietet verschiedene Touren an. U.a. Sightseeing Nashville, Opryland, Riverboat Dinner Cruises, Nashville Nightlife. Am beliebtesten ist aber die 3-stündige „Star's Home Tour", wo Sie zu den (z.T. ehemaligen) Häusern der großen Countrystars wie z.B. Dolly Parton, Hank Williams und Martina McBride fahren… besser gesagt, Sie fahren daran vorbei. Es bietet sich also an, egal, was Sie vorhaben, sich diesem Unternehmen anzuvertrauen. Gray Line Touren können auch im Visitor Center an einem Schalter in der Country Hall of Fame & Museum sowie an der Ecke 2nd Ave. N/ Broadway gebucht werden.
Trolleys („LunchLINE-Shuttles") verkehren zwischen den wesentlichen Punkten in der Innenstadt. Leider aber nur Mo–Fr von 11–13 Uhr!
Grand Ole Opry Tours: Bietet ebenfalls Rundfahrten zu den Häusern der Stars und den wesentlichen Sehenswürdigkeiten an. ☎ (615) 883-2211, 1- 800-SEE-OPRY, www.opry.com.

Schaufelraddampfer „General Jackson": *Abfahrt nahe dem Opryland-Hotel, 2800 Opryland Dr., (Music Valley), Tickets am Pier. Sightseeing Cruises, Dinner-Cruises etc. Und dazu viel Live-Musik an Bord. Infos:* ☎ *(615) 889-6611, 1-866-567-JACK, www.generaljackson.com.*
Johnny Walker Tours: *107 Music City Circle, Suite 100,* ☎ *(615) 834-8585, www.johnnywalker tours.com. Touren zu den Wohnhäusern und Museen der bekannten Countrymusik-Stars.*
Pferdekutschfahrten *beginnen an der Ecke 2nd/Commerce Street.*

⊨ *Hotels und andere Unterkünfte*
The Hermitage $$$$$: *231 6th Ave., Nashville, TN 37219,* ☎ *(615) 244-3121,* ☒ *(615) 254-6909, www.thehermitagehotel.com. Das Grandhotel der Stadt. Das komplett renovierte Gebäude wurde 1910–11 erbaut und beeindruckt heute durch seine großzügige Lobby (viel Marmor), die plüschigen, aber gemütlichen Zimmer und den sehr guten Service… wie immer, alles zu einem entsprechenden Preis. Innenstadt.*
Renaissance Nashville $$$-$$$$$: *611 Commerce St., Nashville, TN 37203,* ☎ *(615) 255-8400,* ☒ *(615) 255-8202, www.renaissancenashville.com. Großes und modernes Luxushotel in der Innenstadt. Die Möbel sind geschmackvoll ausgesucht und überdecken den Charakter eines sterilen Konferenzhotels. Wochenendtarife. Innenstadt.*
Union Station $$$-$$$$$: *1001 Broadway, Nashville, TN 3703,* ☎ *(615) 726-1001,* ☒ *(615) 248-3554, www.unionstationhotelnashville.com. Im alten Union Station (1897) untergebrachtes Hotel. Sehr geräumige Zimmer. Kaum ein Zimmer gleicht dem anderen. Achten Sie aber darauf, dass Sie ein Zimmer mit großen Fenstern erhalten, viele Zimmer sind nämlich ziemlich dunkel. Manche Zimmer liegen zudem in Richtung Eisenbahnschienen – die einen mögen das, die anderen stört der Lärm der Züge. Beeindruckende Lobby (alte Bahnhofshalle). Stilvoll, Innenstadtlage und günstiger als das „The Hermitage".*
Opryland $$$$: *2800 Opryland Drive, Nashville, TN 37214, 12 Meilen nordöstlich der Innenstadt: Briley Pkwy. (Exit 11 od. 12), neben der Grand Ole Opry,* ☎ *(615) 889-1000,* ☒ *(615) 871-5728, www.gaylordhotels.com. 2900-Zimmer-Hotel. Eigens auf die Besucher der „Country- und Western-Welt Nashvilles" ausgerichtet, könnte dieses Gebäude mit seinen tropischen Imitaten – inkl. Wasserfall und Seen – ebenso in Las Vegas zu finden sein. Beeindruckend sind die 3 riesigen Atrien, in denen Sie auf künstlichen Wasserstraßen mit dem Boot herumfahren können. Der Komplex beherbergt auch Veranstaltungsbühnen, Radiosender, Fernsehstudios u.Ä. und ist damit so groß, dass man sich leicht verlaufen kann.*
Best Western Downtown $$-$$$: *711 Union St., Nashville, TN 37219,* ☎ *(615) 242-4311,* ☒ *(615) 242-1654, www.bestwestern.com. Mittelklassehotel in günstiger Innenstadtlage.*
Radisson Hotel $$-$$$: *2401 Music Valley Dr. (nahe Grand Ole Opry), Nashville, TN 37214,* ☎ *(615) 889-0800,* ☒ *(615) 883-1230, www.radisson.com/nashvilletn. Unauffälliges und sauberes Motel. Um einiges günstiger als das Opryland-Hotel. Im Music Valley, besonders im nördlichen Abschnitt gibt es mittlerweile zahlreiche Franchise-Hotels in der Preisklasse* $$, *so auch das* Comfort Inn *(2516 Music Valley Drive,* ☎ *(615) 889-0086, www.musicvalleyhotels.com) und das* Guest House International Inn *(2420 Music Valley Dr.,* ☎ *(615) 005-4030, www.guest houseintl.com).*
Best Western Music Row Inn $$: *1407 Division Rd., Nashville, TN 37203,* ☎ *(615) 242-1631,* ☒ *(615) 244-9519, www.bestwestern.com. Einfaches Franchise-Motel im Music Row District. Sauber. Gutes Preis-Leistungsverhältnis.*
Shoney's Inn on Music Row $$: *1501 Demonbreun St. (I-40, exit 209B), Nashville, TN 37203,* ☎ *(615) 255-9977,* ☒ *(615) 242-6127, www.shoneysinn.com. Typisches Franchise-Hotel. Sauber und günstig im Preis. Im Music Row-District.*

N   BED&BREAKFAST

Über 100 **Bed&Breakfast-Unterkünfte** können Sie zentral buchen über **www.bnblist.com/tn**, **www.tennessee-inns.com** und **www.bbonline.com/tn**.

Eine B&B-Empfehlung: **1501 Linden Manor $$$**: *1501 Linden Avenue, Nashville, TN 37212,* ☎ *(615) 298-2701, www.Nashville-Bed-Breakfast.com. Viktorianisches Haus im Belmont-Hillsboro Historic District. Nur drei Zimmer, daher vorher buchen.*

❙❙ Restaurants

Arthur's: *Union Station Hotel, 1001 Broadway,* ☎ *255-1494. First-Class-Adresse, untergebracht im ehemaligen Union Station (1897) – heute ein Hotel. Das Ambiente ist sehr gepflegt und die Küche exquisit. Sie ist bekannt für ihre flambierten Nachtische. Abends sind Jackett und Schlips erwünscht. Teuer.*

Jack's BBQ: *2 Adressen: 334 West Trinity Lane (I-65 Exit 78B,* ☎ *228-9888) und 416 Broadway (Downtown,* ☎ *254-5715). Gegrilltes und eingelegtes Fleisch (Schwein und Rind). Ein Tipp für den Lunch.*

The Merchants: *401 Broadway,* ☎ *254-1892. Elegantes Dinnererlebnis über 3 Etagen (elegant im Obergeschoss) in historischem Gebäude in der Innenstadt. Die Böden sind alle aus Holz. Im Sommer kann man auch draußen speisen. Gemischte und ausgesprochen frische Küche. Häufig Jazz-Livemusik. Teuer.*

F. Scott's Restaurant & Jazz Bar: *2210 Crestmoor Rd., Green Hill (südl. der Innenstadt,* ☎ *269-5861. Künstler-Café/Restaurant mit ständig wechselnden Ausstellungen. Etwas versnobt, aber dafür eine der ausführlichsten Weinlisten von Tennessee und eine Reihe von kleinen Leckereien. Bekannt für den guten Sunday-Brunch und die allabendliche Jazz-Livemusik.*

Mafiaoza's: *2400 12th Ave. S.,* ☎ *269-4646. Leckere Pizzen auf dünnem Teig. Die Preise mögen zuerst als hoch erscheinen, aber dafür gibt es wirklich frische Beläge. Besonders der Käse ist super!*

Gerst Haus: *301 Woodland St.,* ☎ *244-8886. Bayerische Küche und deutsche Biere. Sauerbraten, Rouladen, Wurstplatten, Schnitzel u.a. Auch hauseigenes Bier: „Gerst brew".*

Noshville: *1918 Broadway,* ☎ *329-6672. Ein erstklassiger New York-Style-Deli, hier können Sie auch etwas mitnehmen und auf einer Bank essen. Suppen, Sandwiches, ein paar BBQ-Gerichte, Salate etc. Gut fürs Lunch und auch zum Sparen.*

Pancake Pantry: *1796 21st Ave. S.,* ☎ *383-9333. Der Pfannkuchen-Laden in Nashville. Nur von 6–15 Uhr geöffnet (am Wochenende bis 16 Uhr)*

Corky's Bar-B-Q: *100 Franklin Rd., Bentwood,* ☎ *373-1020. Die Empfehlung für Memphis-Style-BBQ (gilt immer noch als das beste BBQ in Amerika). Leider 9 Meilen südlich der Stadt, dafür aber eben die Top-Adresse dafür.*

♪ Pubs/Livemusik/Nightlife

In Nashville liegt wohl nichts näher, als den Abend in einem der vielen Clubs oder Bars zu verbringen und dem Livemusik-Programm zu folgen. Wer glaubt, überall werde nur Countrymusik gespielt, der täuscht sich gewaltig. Alle Musikrichtungen sind vertreten. Trotzdem empfiehlt es sich, selbst wenn man kein Countrymusik-Anhänger sein sollte, hier dieser Musikrichtung den Vorzug zu geben. Jazz gibt es ja auch in New Orleans und Memphis zu hören. Blues und Rhythm&Blues (R&B) dagegen haben auch ihren Ursprung u.a. in Nashville gefunden und bieten selbst in der „großen Zeit der Countrymusik" für manchen eine willkommene Abwechslung. Das kommerzialisierte Erlebnis in der Grand Ole Opry bietet übrigens keinen Ersatz für einen guten Musikclub!

COUNTRY/BLUEGRASS

Nashville Palace: *2400 Music Valley Drive,* ☎ *885-1540. Country-Entertainment und große Disco. Das Restaurant bietet gute Steaks und andere „Western-Gerichte".*

> ☞ **Tipp**
>
> *Wer nun nur einen Abend unterwegs sein kann, dem sei nur zum Besuch der Clubs im Innenstadtviertel „The District" (entlang Broadway unterhalb der 5th Ave, entlang der 2nd Ave. N. und in der Printers Alley) zu raten. Hier gibt es ausreichend Musikclubs und auch Restaurants.*

Ernest Tupp Midnight Jamboree: *Am Eingang, Music Valley Village, 2416 Music Valley Dr., (Exit 12 vom Briley Pkwy.), ☎ (615) 889-2474, www.etrecordshop.com. Programme siehe in den Veranstaltungsblättern. Nur Sa, manchmal Fr. Dann wird von 0 bis 1 Uhr ein Countrymusikprogramm von hier gesendet. Es gibt nur 80 Plätze. Einlass ab 23.30 Uhr. Jeden Sonntag findet hier um 10 Uhr das beliebte „Cowboy Church at Texas Troubadour Theatre", ein Gottesdienst, mit viel Gospelmusik statt. Infos dazu: www.nashvillecowboychurch.org. Wenn Sie wohl kaum in feinster Western-Garderobe hier erscheinen können, ist gute Kleidung doch erwünscht.*

Bluebird Café: *4104 Hillsboro Road, ☎ 383-3669. Kleines Lokal, in dem sich vor allem Songwriter treffen. Sozusagen ein „Geheimtipp" für Auswärtige, nicht aber für die „echten" Nashviller. Also voll! Hier versuchen sich auch begabte Neulinge der Branche. Erster Gig um ca. 19 Uhr (Anfänger und Songwriter), zweiter dann gegen 21 Uhr (etabliertere Bands).*

Station Inn: *402 12th Avenue South, ☎ 255-3307, nimmt keine Anfragen an. Gilt als eines der besten Bluegrass-Lokale von Nashville. Die Musik und die Stimmung sind gut, das Ambiente aber finster und rau.*

The Wildhorse Saloon: *120 2nd Street, ☎ 251-1000. Große Country-Disco mit Livemusik und Radiosender (FM 95). Laut, aber Stimmung. BBQ-Gerichte.*

Tootsie's Orchid Lounge: *422 Broadway, ☎ 726-0463. Einer der letzten legendären Clubs in Nashville. Es gibt 2 Bühnen. An den Wänden hängen alte, z.T. signierte Poster und Fotos von Musikstars. Von 17 bis 2 Uhr durchgehend Livemusik (Country, Bluegrass und Blues). Also auch ein Tipp für die Erfrischung am Tage.*

Legends Corner: *428 Broadway, ☎ 248-6334. Ebenfalls ein alteingesessener Country- und Bluegrass-Musikclub.*

Robert's Western World: *416 Broadway, ☎ 244-9552. Musiklokal mit Westernstiefelverkauf. Eine witzige Mischung. Bluegrassmusik.*

JAZZ

Echte Jazzclubs gibt es nicht, Jazzkonzerte finden aber während der Sommermonate im **Cheekwood Botanical Garden & Museum of Art** *(1200 Forrest Park Drive, ☎ 353-2163, www.cheekwood.org) statt. Dazu können Sie einen Picknickkorb mitbringen. Beginn: In der Regel um 18 Uhr, Dauer: 2 Stunden. Erkundigen Sie sich in den Veranstaltungskalendern.*

ROCK/BLUES UND R&B

3rd&Lindsley: *Ecke 3rd Ave. und Lindsley Street, ☎ 259-9891. Musikclub mit ausgezeichneten Blues und R&B-Bands.*

Douglas Corner: *2106-A 8th Ave, ☎ 298-1688. „Musik-Schuppen" mit gemischtem Programm, meist aber Rock und Blues, wobei auch gelegentlich Country gespielt wird.*

B.B. King's Blues Club: *152 2nd Ave. N., ☎ 256-2727. Der Name verrät alles und zu essen gibt es hier auch etwas. Schauen Sie mal in den Veranstaltungskalender.*

Open Air-Konzerte *(„Dancing in the District") finden übrigens im Sommer jeden Donnerstagabend im Riverfront Park statt.*

Tickets für größere Veranstaltungen können Sie vorbestellen (Kreditkarte bereithalten) bei Ticketmaster, ☏ 255-9600, www.ticketmaster.com

TICKETS FÜR COUNTRYMUSIK-SHOWS

 Hinweis

Oft sind diese Tickets weit im Voraus ausgebucht. Eine rechtzeitige Buchung, am besten über das Internet ist daher naheliegend. Alternative: Kurzfristig über das Visitors Bureau (s.o.)

Grand Ole Opry: *Sie können Tickets für die Radio-Shows am folgenden Freitag bzw. Samstagabend ab Dienstag erwerben. Telefonisch: ☏ (615) 871-6779 od. 1-800-733-6779, www.opry.com. Schriftlich: Grand Ole Opry, 2804 Opryland Dr., Nashville, TN 37214. Schalter: Am Ticket Office direkt an der Grand Ole Opry (Exit 11 vom Briley Pkwy.). Auch an anderen Abenden finden Countrymusik-Veranstaltungen statt, aber ohne Radioübertragung. Es gibt auch Combitickets: z.B. Parken, Grand Ole Opry Museum und eine Show in der Grand Ole Opry. Shows von März bis Oktober.*

Ryman Auditorium: *Ryman Auditorium, 116 5th Ave., Nashville, TN 37219, ☏ (615) 889-3060, www.ryman.com. Schalter am Gebäude. Shows von November bis Februar.*

Gibson Bluegrass Show: *Opry Mills Shopping Center, 161 Opry Mills Drive (Exit 11 vom Briley Pkwy.), ☏ (615) 514-2233, www.gibson.com/bluegrass. Bluegrassmusik-Konzerte im Gitarrenladen der Firma Gibson. Mo u. Mi ist Jam-Session, Do u. Fr meist lokale Bands.*

Nashville

the beaten path

„Off the beaten track" bedeutet in einer Touristenstadt wie Nashville in erster Linie: Halten Sie sich fern von den 3 „Hauptgebieten" (Music Valley, Music Row und The District/2nd Avenue). Das heisst aber nicht, dass Sie die Grand Ole Opry, das Ryman Auditorium, die Clubs entlang des Broadway und die Country Hall of Fame überhaupt nicht sehen sollten. Sie gehören einfach zu Nashville wie der Eiffelturm zu Paris.

Um sich nun abseits der ausgetretenen Pfade zu bewegen, werden zahlreiche Alternativen geboten in Nashville: In den Südstaaten bietet wohl nur New Orleans ebenso viele kleine und ausgefallene Museen, versteckte Kirchen mit Gospelgesängen, heruntergekommene – aber gute – Musikclubs und anderes Sehenswerte. Dieses hier alles aufzuführen, ginge zu weit, aber ein paar Ideen möchte ich Ihnen doch mitgeben: Beginnen Sie Ihren Tag mit einem Sandwich bzw. einem echten BBQ oder Pfannkuchenfrühstück am Broadway (Blocks 200–400) oder weiter draußen im Pancake Pantry.

Als nächstes sollten Sie sich das **Willie Nelson & Friends Showcase Museum** (2613A McGavock Pike – Music Valley, tägl. 9–19 Uhr, im Sommer bis 21 Uhr) anschauen. Nicht nur ein Museum, sondern vor allem ein Country-Souvenirshop mit entsprechender Auslage.

Etwas ganz Spezielles ist dann das **Museum of Beverage Containers and Advertising** Ein Besuch ist aber nur nach vorheriger Anmeldung möglich: ☏ 615-382-9299, E-Mail: gonoinfo@gono.com. Es gibt zwei Standorte:

1) **The Soda Museum**: The Farm at Nostalgiaville, Old New Cut Road, Springfield, Tennessee. Hier gibt es vor allem Brause-Dosen.

Älter und m.E. interessanter (sowie näher an Nashville) ist das
2) **Breweriana Museum**: 1055 Ridgecrest Dr. in Millersville. Hier gibt es vor allem Bier- und andere Dosen. Fahren Sie den I-65 nach Norden. Am Exit 98 geht es dann nach rechts, und nach gut einer Meile weisen Schilder auf der linken Seite den Weg direkt zum Museum. 1973 entdeckte Tom, der Museumsgründer – er war gerade mal 13 Jahre alt – seine Leidenschaft für Bier- und Coladosen. Zuerst nahm seine Familie die Sammlerleidenschaft nicht sehr ernst. Doch mit der Zeit wurde die Flaschen- und Dosensammlung so groß, dass ein Trailer dafür angeschafft werden musste. Heute, mit Hilfe seines Onkels, ist die Sammlung auf über 30.000 Dosen aus allen „Epochen" des 20. Jh. angewachsen – die wohl größte Dosensammlung der Welt. Dazu gibt es alle möglichen Reklameschilder, Flaschen, Korken, Gläser und Kleinkram zu entdecken. Ein wirklich ausgefallenes und mit viel Liebe hergerichtetes Museum.

Zum verspäteten Lunch können Sie nun z.B. in die Lounge (Bar) des **Union Station Hotel** fahren, wobei Sie Zeit haben, sich die alte Bahnhofshalle anzuschauen. Alternativ dazu empfiehlt sich Jack's BBQ (334 Trinity Lane, Exit 78B vom I-65 oder am 416 Broadway).
Für den Nachmittag empfiehlt sich alternativ entweder die Fahrt zum wenig besuchten **Traveller's Rest** (636 Farell Parkway, Di–Sa 10–17 Uhr, So 13–17 Uhr). Anfahrt über I-65 nach Süden, diesen am Harding Exit verlassen. Über die Harding Intersection und dann weiter nach Süden auf der Franklin Road fahren. Ab der Farell Road (linke Seite) auf Schilder achten. Das alte Haus (1799) wurde von einem Freund Präsident Andrew Jacksons, dem Richter John Overton gebaut und bewohnt, und an Wochentagen findet kaum jemand hierher. Daher bieten die Führungen durch das Haus für Sie die Gelegenheit, einmal Ihre speziellen Fragen zu stellen. Am Wochenende aber ist es voller.
Alternativ dazu sollten Sie sich am Nachmittag und frühen Abend im Bereich **Hillsboro Village** (21st Street South, Blöcke 1700–2000) umsehen. Nette Cafés, Boutiquen, versteckte kleine Galerien und Studentenpinten liegen hier dicht beieinander, und viele der „Künstler" leben hier. Am frühen Abend können Sie dann die erste Musiksequenz im Bluebird Café (4104 Hillsboro Drive) miterleben und dann weiterfahren z.B. zum Station Inn (402 12th Ave. S.)

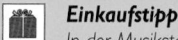 *Einkaufstipps*
In der Musikstadt Nashville liegt wohl nichts näher, als sich mit **Country- und Westernmusik** *einzudecken. Geschäfte mit Platten und CDs gibt es ausreichend. Zu empfehlen wären:*
Ernest Tubb Record Store: *2 Filialen: eine beim Opryland (2414 Music Valley Drive) und eine am 417 Broadway. Der CD-Laden der Stadt für Countrymusik!*
The Great Escape: *1925 Broadway (ein günstiger Outlet-Store befindet nur ein Stück weiter: 1905 Broadway, nur Fr u. Sa geöffnet). Ein weiterer Laden befindet sich 111 Gallatin Rd. N.*
In der **Music Row Area** *(Bereich 16th Ave. und Demonbreun St.) gibt es weitere Musikgeschäfte.*

GITARREN
Gruhn Guitars: *Ecke Broadway/4th Street. Hier gibt es alles, was das Gitarristenherz höher schlagen lässt. Gitarren von 100 Dollar bis 200.000 Dollar. Zudem hervorragende Beratung.*
Gibson Bluegrass: *161 Opry Mills Dr., Opry Mill, (Exit 11 vom Briley Pkwy.). Gitarren, Mandolinen, Banjos in riesiger Auswahl.*

WESTERNBEKLEIDUNG
Stiefel: Boot Country: 304 Broadway, Innenstadt.
Kleidung: Manuel Exclusive Clothier: 1922 Broadway. Hier kleiden sich die Countrystars ein – maßgeschneidert natürlich. Entsprechend exklusiv und teuer, aber unbedingt einen Besuch wert.
Trail West: 214 sowie 312 Broadway, Innenstadt und im Opryland-Hotel (2416 Music Valley Drive).

Antiquitäten gibt es über die gesamte Stadt verstreut. Wer gerne „kramt", sollte einmal die kleinen Geschäfte an der 8th Street (21er Block) ausprobieren.

OUTLET-MALL
Die größte und zzt. beste Outlet-Mall in Nashville ist die **Opry Mills Mall** im Music Valley: Briley Pkwy. (Exit 11)

FLOHMARKT
Der große **Nashville Fairgrounds Fleamarket** auf den Tennessee State Fairgrounds mit bis zu 1500 Händlern lohnt allemal einen Besuch. Jedes 4. Wochenende im Monat (außer September bis Dezember – dann evtl. spezielle Programme): Fr 8–17 Uhr (Dez.–Febr. 12–17 Uhr) Sa: 6–18 Uhr, So: 7–18 Uhr. Weitere Infos: ☎ 862-5016, www.tennesseestatefair.org/FleaMarketDates Times. Jedes Wochenende dagegen findet am (täglichen) **Nashville Farmers Market** ein Flohmarkt statt: 900 8th Ave. N.

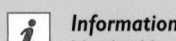
Veranstaltungen
International Country Music Association (CMA) Music Festival: Mitte Juni. 1 Woche lang. Hier treten die ganz Großen der Countrymusik auf. Veranstaltungsorte in der ganzen Stadt, hauptsächlich aber im Coliseum. Einen Höhepunkt bildet die „Grand Master Old Time Fiddling Championship" (erstes volles Wochenende im Juni). Infos und Kartenbestellung: ☎ (615) 770-2041, www.cmafest.com.
Longhorn World Championship Rodeo: International bedeutender Rodeowettbewerb. Oft findet es auch in Nashville, meist im November statt. Infos: www.longhornrodeo.com

Natchez/MS (S. 591ff)

Information
Natchez Visitor Reception Center: An der Kreuzung Highway 84/S. Canal St., direkt an der großen Mississippi-Brücke, Natchez, MS 39121, ☎ (601) 446-6345 oder 1-800-647-6724, www.visitnatchez.com. Das relativ neue Center ist wirklich gut strukturiert und verfügt neben einem kleinen Museum über die Geschichte von Natchez, kostenlosen Erfrischungsgetränken und Kaffee auch über reichliche Pärkplätze vor dem Gebäude. Weitere Infos erhalten Sie beim Natchez Convention and Visitors Bureau: 211 Main St., Natchez, MS 39120, ☎ 1-800-647-6724 od. (601) 442-5880

Touren
Für die Besichtigung der verschiedenen Antebellum-Häuser lohnt sich allemal eine organisierte Tour, besonders auch deswegen, weil viele Häuser noch bewohnt und daher nur auf diese Weise zu besichtigen sind. Touren diesbezüglich unternimmt:
Natchez Pilgrimage Tours (im Visitor Reception Center), www.natchezpilgrimage.com, ☎ (601) 446-6631. In der Regel werden drei Häuser auf einer Tour besichtigt. Mehr kann man an einem Tag

auch gar nicht „verarbeiten". Nehmen Sie daher Abstand davon, die Vier–Sechs–Häuser-Touren zu buchen. Das ist zuviel. Das Unternehmen führt zudem auch einstündige Stadtrundfahrten durch. Versäumen Sie in Natchez keinesfalls eine **Stadtrundfahrt mit den Pferdekutschen**. *Die Halte-punkte der Kutscher konzentrieren sich vor allem im Gebiet der Downtown und man spricht die Wagenlenker einfach an. Eine sehr individuelle und urtümliche Art, Natchez zu erkunden. Nähere Informationen dazu hält auch das Touristenbüro bereit.*

🛏 Unterkünfte

Monmouth $$$$: *36 Melrose Ave., Natchez, MS 39120,* ☎ *(601) 442-5852 oder 1-800-828-4531. www.monmouthplantation.com. Elegantes und luxuriöses B&B-Plantagenhaus von 1818, in dem während der ersten Hälfte des 19. Jahrhunderts der ehemalige Gouverneur von Mississippi gewohnt hat. Die antike Einrichtung und die Gartenanlage bieten das richtige Flair, um die Geschichte von Natchez noch einmal nachzuvollziehen.*

Natchez Eola Hotel $$$$: *110 N. Pearl St., Natchez, MS 39120,* ☎ *(601) 445-6000 oder 1-866-445-3652. www.natchezeola.com. Erbaut 1920, war dieses Hotel einst eines der großen Häuser des Südens. Auch heute noch lässt die Eleganz wenig zu wünschen übrig, obwohl die Repro-duktion einiger „antiker" Möbel und die z.T. recht kleinen Zimmer nicht jedermanns Sache sind. Versuchen Sie, ein Zimmer mit Balkon zum Fluss zu bekommen.*

Ramada Inn Hilltop $$$-$$$$: *130 John R. Junkin Dr. (an der Brücke über den Mississippi), Natchez, MS 39121,* ☎ *(601) 446-6311,* 🖨 *(601) 446-6321, www.ramada.com. Einfaches, aber sauberes Motel der Mittelklasse, dessen „Knüller" darin liegt, dass viele Zimmer mit Balkon zum Mississippi lie-gen. Ebenso haben Sie von der Lounge aus einen tollen Blick auf den Fluss. Bei Sonnenuntergang soll-ten Sie den Blick von der Rückseite des Hotels – durch ein Kudzu-Tal – genießen!*

The Burn $$$: *712 N. Union St., Natchez, MS 39120,* ☎ *(601) 442-1344 oder 1-800-654-8859, www.theburnbnb.com. Ansprechendes Bed&Breakfast-Haus (von 1834 – griechischer Renais-sance-Stil) mit vielen Antiquitäten, einem guten Frühstück und einem schönen Garten.*

Arlington Heights $$$: *200 Arlington Ave., Natchez, MS 39120,* ☎ *(601) 446-7244, www.arling ton-heights.net. Sehr ruhiges B&B in einem Haus von 1890.*

Isles of Capri Casino Hotel $$-$$$: *70 Silver Street Natchez, MS 39120,* ☎ *1-800-843-4753, www.isleofcapricasinos.com/Natchez. Verhältnismäßig preiswertes, modernes Hotel der Mittelklasse.*

Red Carpet Inn $$: *271 D'Evereux Dr. (US 61N), Natchez, MS 39120,* ☎ *(601) 442-3686, www.redcarpetinns.com. Normales Motel im mittleren Preisniveau. Etwas außerhalb der Stadt.*

Days Inn $$: *109 US 61S, Natchez, MS 39120,* ☎ *(601) 445-8291, www.days-inn.com. Einfaches Motel, sauber und vor allem eine preislich günstige Alternative zu den Häusern innerhalb der Stadt. Zudem vermittelt das Touristenbüro äußerst reizvolle* **Unterkünfte in den Antebellum-Häusern**.

CAMPING

Natchez State Park: *US 61 N, 230 B Wickcliff Rd.,* ☎ *(601) 442-2658, www.mississippistate parks.reserveamerica.com/ms/Natchez Neun Meilen nördlich von Natchez. Schattige Plätze.*
Weitere Campingplätze *finden Sie an der nördlichen Zufahrt nach Natchez (US 61).*

🍴 Restaurants

Cock of the Walk: *200 N. Broadway (am Mississippi),* ☎ *(601) 446-8920. Ein alter Bahnhof am Fluss. Von außen nicht besonders ansprechend, findet sich innen ein urig zurechtge-machtes Restaurant. Der Kellner serviert fliegende warme Maiskuchen am Tisch und man isst aus BlechtellernSehr rustikale und günstige Südstaatenküche.*

Center City Grill: *125 N. Commerce St.,* ☎ *(601) 442-1222. Nettes Restaurant in der Down-town mit einem gemütlichen Innenhof. Steaks, Seafood, Chicken & Salate.*

N) **Fat Mama's Tamales**: *500 S. Canal St., ☎ (601) 442-4548. Hier gilt das Motto: „Let Fat Mama light your fire!". Leckere mexikanische Küche und ansprechendes Ambiente. Die Margaritas haben es in sich!*
Planet Thailand: *112 N. Commerce St., ☎ (601) 442-4220. Trotz des irreführenden Namens: Bekannt für gutes Sushi. Und warum nicht einmal Sushi probieren nach all dem vielen amerikanischen Essen auf Ihrer Reise? Happy Hour von 17–21 Uhr.*

Natchez Trace National Parkway/MS/AL/TN (S. 552ff)

i **Information**

Natchez Trace Parkway Visitor Center Tupelo: *2680 Natchez Trace Pkwy., Tupelo, MS 38804 (Meile 266 – 5 Meilen nördlich von Tupelo), ☎ (662) 680-4025 (nur Mo–Fr) oder 1-800-305-7417 (tägl.), www.nps.gov/natr. Haupt-Besucherzentrum des Parkways. Hier gibt es eine kleine Ausstellung zur Geschichte der Straße und einen Film zu sehen. Die Ranger stehen für alle Fragen zur Verfügung.*
Außerdem gibt es ein kleinere **Information Center** *in* **Clinton** *(bei Jackson, MS, Meile 88), in* **Kosciusko** *(dem ein kleines Museum mit Ausstellungsstücken rund um den Parkway angeschlossen ist; Meile 160) und am* **Colbert Ferry Site** *(südl. des Tennessee River; Meile 37, nur in der Sommersaison geöffnet). Weitere Infos erhalten Sie in den* **Touristenbüros** *von Nashville, Jackson, MS und Natchez (Adressen siehe dort).*

🛏 **Unterkünfte entlang der Strecke**

Direkt an der Strecke gibt es keine Hotels/Motels (nur ein B&B im French Camp). Dafür finden Sie aber einige Franchiseketten-Motels in den Orten und Städten entlang der Straße. Für Nashville lesen Sie bitte auf Seite 227, für Tupelo auf S. 270 und für die Strecke von Port Gibson bis Natchez auf Seite 237. Hier eine Auswahl von Motels (von Norden nach Süden):

COLUMBIA/TN (ca. Meile 415)
Jameson Inn of Columbia, *715 S. James M. Cambell Blvd., Columbia, TN 34801, ☎ (931) 388-3326, www.jamesoninns.com.*

SHEFFIELD/FLORENCE/AL (ca. Meile 340, nach Osten abfahren)
Hampton Inn & Suites – Downtown $$-$$$: *505 South Court St., Florence, AL 35630, ☎ (256) 767-8282, ☏ (256) 767-8288, www.florencedowntownsuites.hampton.com*
The Limestone House Bed and Breakfast $$$: *601 No. Wood Avenue, Florence, AL 35630, ☎ (256) 765-0365, www.thelimestonehouse.com.*
Best Western Fairwinds $$: *2807 Woodward Avenue, Muscle Shoals, AL 35661, ☎ (256) 381-0236, www.bestwestern.com*
Webster Hotel & Suites $$: *4205 Hatch Blvd., Sheffield, AL 35660, ☎ (205) 383-4100, www.websterhotel.com.*
J.P. Coleman State Park, MS $$ *(ca. Meile 326, nach Westen abfahren): Rt. 5, Box 504, Iuka, MS 38852, ☎ (662) 423-6515, www.stateparks.com/j_p_coleman. Schöner Park am Tennessee River. 20 Hütten. Kanuverleih und schattige Campingplätze. Ideal, um den Shiloh Park bzw. die Alabama Hall of Fame zu besuchen. In Iuka gibt es zudem noch das* **Pickwick Pines Resort** *(472 Hwy 350, ☎ (662) 424-9865) und zahlreiche Motels.*

FRENCH CAMP ACADEMY/,MS (Meile 180,7)
Bed&Breakfast Inn – French Camp $$-$$$: *French Camp, MS 39745, ☎ (662) 547-6835, www.frenchcamp.org. Unterkünfte in wunderschöner Holzhütte.*

PORT GIBSON/MS (Meile 40)

Oak Square Plantation $$$, *1207 Church St., Port Gibson, MS 39150,* ☎ *(601) 437-4350 oder 1-800-729-0240. Restauriertes 30-Zimmer-Antebellum-Herrenhaus (12 Gästezimmer). Mit vielen Antiquitäten. Große Eichen und Magnolien im Garten.*

Canemount Plantation $$$$: *Rte.2, MS 552 (10 Meilen südlich am US 61, dann 8 Meilen nach Westen auf MS 552), Lorman, MS 39096,* ☎ *(601) 877-3784. Cottages auf noch betriebener Plantage (von 1854). Nichtraucher!*

Es gibt zudem zahlreiche **Campingplätze** *in den Orten entlang der gesamten Strecke. Am besten ausgebaut* **direkt** *am Parkway sind:* **Meriwether Lewis Site** *(Meile 385),* **Tishomingo State Park** *(Meile 302,8),* **Jeff Busby Site** *(Meile 193) und* **Rocky Springs Site** *(Meile 54,8). Auch die anderen lohnen, sind aber nur mit dem Nötigsten ausgestattet.*

> ☞ **Hinweis**
>
> *Die Regionalen Reisetipps zu den größeren Orten/Städten am Natchez Trace Parkway finden Sie für Nashville/TN: S. 227; Tupelo/MS: S. 270; Kosciusko/MS: S. 207; Jackson/MS: S. 200 und Natchez/MS: S. 234.*

Natchitoches/LA (S. 616ff)

ℹ️ *Information*

Natchitoches Convention and Visitors Bureau: *781 Front St., Natchitoches, LA 71457,* ☎ *(318) 352-8072 oder 1-800-259-1714, www.historicnatchitoches.com und und www.natchitochesla.gov*

🛏 *Unterkünfte*

Ramada Inn $$$: *Drei Meilen südlich am LA 1 S-Bypass, P.O. Box 2249, Natchitoches, LA 71457,* ☎ *(318) 357-8281, www.ramada.com. Gut geführtes Motel der Mittelklasse.*

Mehr zu empfehlen aber ist eine Unterkunft in einem der schönen Bed&Breakfast-Häuser in der Innenstadt. Empfehlungen:

Cloutier Townhouse & Courtyard $$$: *416 Jefferson St., Natchitoches, LA 71457,* ☎ *(318) 352-5242. Dieses kleine B&B hat nur zwei Zimmer (mit Blick auf die Front Street und den Cane River). Die Zimmer sind sehr schön, wobei der unwesentlich teurere „Master Bedroom" besonders zu empfehlen ist. Er hat auch einen Jacuzzi!*

Fleur-De-Lis $$$: *336 2nd Street, Natchitoches, LA 71457,* ☎ *(318) 352-6621 oder 1-800-489-6621, www.fleurdelisbandb.com. Schönes B&B in einem Haus von ca. 1900. Die Veranda mit Swing lädt zum abendlichen Sundowner ein.*

Jefferson House B&B $$$: *229 Jefferson St., Natchitoches, LA 71457,* ☎ *(318) 352-3957 oder 1-800-342-3957, www.jeffersonhousebandb.com. Weniger das Haus selbst mit seinen antiken Möbeln, als vielmehr die Veranda (Schaukelstühle) mit Blick auf den Cane River bestechen. Supernette Gastgeber, die ein sehr reichhaltiges Frühstück in familiärer Atmosphäre anbieten. Hier sollten Sie übernachten.*

🍴 *Restaurants*

In der Front Street empfiehlt sich fürs Dinner: „The Landing" *(Nr. 530,* ☎ *(318) 352-1579). Für den Mittags-Snack dagegen ist das* „**Merci Beaucoup**", *127 Church Street, mein Tipp: Salate, Kuchen, New-Orleans-Küche.*

N) New Iberia/LA (S. 622f)

ℹ Information

Iberia Parish Convention & Visitors Bureau: 2513 Hwy. 14, New Iberia, LA 70560, ☎ (337) 365-1540 oder 1-888-942-3742, www.iberiatravel.com. Etwas außerhalb des Ortes gelegen, handelt es sich um ein sehr übersichtlich gestaltetes Touristenbüro für New Iberia aber auch die weiter entfernten Städte der Umgebung. Für Ihre Weiterreise Richtung Süden sollten Sie sich hier mit Informationsmaterial eindecken. Ein besser strukturiertes Büro wird Ihnen nicht mehr begegnen.

🚶 Touren

Rip Van Winkle Gardens, 5505 Rip Van Winkle Rd. Anfahrt: Fahren Sie von New Iberia die LA 14 und 675 in westlicher Richtung. Nach ca. sechs Meilen weist ein großes Schild zu den Gärten. Geöffnet: Täglich 9–17 Uhr.

Tabasco-Fabrik auf Avery Island, Avery Island Rd. Anfahrt: Von New Iberia auf der LA 329 ca. acht Meilen in Richtung Süden. Täglich 9–16 Uhr geöffnet, www.tabasco.com

RICHTUNG MORGAN CITY

Oaklawn Manor, 3296 E. Oaklawn Dr., am Hwy 28, täglich geöffnet 10–16 Uhr

🛏 Unterkünfte

Eine Stadt wie New Iberia mit ihren sehenswerten und interessanten Häusern kann selbstverständlich eine stattliche Anzahl verschiedener Motels und Hotels der bekannten Ketten aufweisen, die sich konzentriert vor allem entlang des Highway 14 auf dem Weg zur Ortsmitte befinden. Sollten Sie jedoch in dieser Stadt in einem alten Haus übernachten wollen – was ich Ihnen dringend empfehle – hier meine Tipps:

Bayou Teche Guest Cottage $$$-$$$$: 100 Teche St., New Iberia, LA 70560, ☎ (337) 364-1933, www.bayoutechecottage.com. Der Slogan „Rustic Charm in the Heart of Town" sagt eigentlich alles. Nur wenige Blocks von der Ortsmitte entfernt kann man hier „wie im Wald" mit Blick aufs Wasser wohnen. Sehr gemütlich, jedoch kein „Schnäppchen".

Estorge-Norton House $$$-$$$$: 446 E. Main St., New Iberia, LA 70560, ☎ (337) 365-7603, www.estorge-nortonhouse.com. Schönes B&B-Antebellum-Haus, nahe zu allen Sehenswürdigkeiten gelegen. Nur fünf individuell eingerichtete Gästezimmer. Tolles Frühstück !

Le Rosier Country Inn B&B $$$: 314 E. Main St., New Iberia, LA 70560, ☎ (337) 367-5306 oder 1-888-804-ROSE, www.lerosier.com. Schnuckeliges Häuschen mit einem liebevoll gestalteten Garten und Veranda. Die Gastgeber sind sehr herzlich und das Frühstück ist fantastisch. Zentral gelegen gegenüber der „Shadows on the Teche".

🍴 Restaurants

Ähnlich wie bei den Unterkünften bietet New Iberia hier eine ganze Menge und die Auswahl an Restaurants verschiedener Stilrichtungen ist für eine Stadt dieser (kleinen) Größe recht groß. Empfehlen möchte ich Ihnen hier einige Lokale mit lokaler Cajun-Küche – des historischen Umfelds wegen aber zentral gelegen:

Bon Creole: 1409 E. St. Peter St., ☎ (337) 367-6181. Alles rund um Seafood, gefüllt, gebraten oder gegrillt. Hausgemachte Zutaten nach kreolischer Art. Fragen Sie als Vor- oder auch als Hauptspeise nach einer Platte mit einer gemischten Auswahl der Gerichte.

Clementine Dining & Spirits: 113 E. Main St. ☎ (337) 560-1007. Eine preisgekrönte Küche und das antike Ambiente zeichnen dieses traditionelle Restaurant aus. Es ist auch eine gemütliche Bar mit leckeren Cocktails vorhanden.

Teche Café: *105 N. Main St., ☏ (337) 229-9244. Hausgemachte Cajun-Speisen nach traditionel-ler Art in rustikaler Atmosphäre. Hier schmeckt eigentlich alles, wobei Sie besonderes Augenmerk den Nachspeisen schenken sollten.*
Eher etwas für tagsüber ist das **Lagniappe Too Café**: *204 E. Main St., ☏ (337) 365-9419. Das Café bietet neben leckeren Suppen, Salaten und Sandwiches auch wechselnde Kunstausstellungen lokaler Künstler. Sehr freundliche und lockere Atmosphäre.*

 Pubs/Livemusik/Nightlife
Bar-Atmosphäre und Livemusik bieten das
Bojangles *in der 101 E. Main St., ☏ (337) 369-5259 sowie das*
Napoleons on the Teche*, 129 W. Main St., ☏ (337) 364-6925.*

New Orleans/LA (S. 284ff)

 Hinweis

Obwohl die meisten Schäden, die der Hurrikan „Katrina" 2005 verurscht hat, behoben sind, kann es – gelegentlich - immer noch passieren, dass
• *sich Öffnungszeiten ändern*
• *Attraktionen, Restaurants, Clubs schließlich doch noch schließen werden, da sie die finanziellen Folgen des Sturmes nicht meistern konnten. Und manchmal dann mit neuem Namen eröffnen.*

Bevor aber die damals komplett überfluteten Gebiete (bes. 9th Ward-District) wieder komplett hergerichtet sein werden, werden noch viele Jahre ins Land gehen.
Ich habe mich bemüht, möglichst aktuell und vorausschauend zu recherchieren, doch das kann auch Jahre nach der Katastrophe keine Garantie sein.

 Information
New Orleans Convention & Visitors Bureau: *2020 St. Charles Ave., NO 70130, ☏ (504) 566-5011, 1- 800-672-6124, www.neworleanscvb.com.*
The Louisiana Office of Tourism/New Orleans CVB: *529 St. Ann Street – am Jackson Square (French Quarter), ☏ (504) 568-5661*
Informationen über Musikveranstaltungen *erhalten Sie aus überall herumliegenden Broschüren in den Hotels und Geschäften (z.B. „Offbeat Publications" oder „Where"). Weitere Infos enthält die Freitagsausgabe der Tageszeitung „Times-Picayune" bzw. das „New Orleans"-Magazin, das Sie an Zeitungsständen erwerben können.*

 Wichtige Telefonnummern
Vorwahl: *☏ 504*
Notruf/Feuer/Polizei: *☏12442911. Die Polizeistation im French Quarter befindet sich in der 334 Royal Street (8th District Police Station).*
Krankenhäuser: *Tulane University Medical Center: 1415 Tulane Ave., ☏ 588-5263. Die 24-Stun-den-Notdienstnummer lautet: ☏588-5711; LSU Medical Center: 433 Bolivar St., ☏ 568-4806*
Wetteransage: *☏ 828-4000 od. 465-9212*
American Automobile Assn.: *3445. N. Causeway, Metairie, ☏ 838-7500 od. 1-800-222-4357*

Travelers Aid Society: ☎ 525-8726
Übersetzungshilfe: ☎ 581-3122

    Verkehr
FLUGHAFEN

Louis Armstrong New Orleans International Airport; *Airportauskunft:* ☎ *(504) 464-3547 od. 464-3536, www.flymsy.com.*

Wie komme ich zum Flughafen?
Mit dem eigenen Auto: *Der International Airport liegt etwa 16 Meilen von der Innenstadt entfernt. Der kürzeste Weg führt entlang der Tulane Ave., die westlich des French Quarter abgeht und nach etwa 1 Meile übergeht in den Airline Hwy. Dieser führt bis zum Flughafen. Alternativ dazu können Sie entlang dem I-10 in Richtung Baton Rouge fahren, von wo aus der Airport ausgeschildert ist. Diese Strecke ist schneller (wenn auch länger). Die Ausschilderung und das Wechseln der Freeways irritiert ein wenig.*
Shuttleservice: Airport Shuttle. *Kleinbusbeförderung zum und von Ihrem Hotel aus. Bestellung: 522-3500, Infos: 592-0555, www.airportshuttleneworleans.com. Der Preis liegt bei ca. US$ 15–17 pro Person zwischen Airport und Innenstadt (aber häufig mehr, wenn nur Sie alleine im Fahrzeug sitzen!). Abfahrt alle 10 Minuten vom Airport (24-Stunden-Dienst)*
Stadtbusse: RTA *(Für den Airporttransport bedient durch Jefferson Transit ☎ (504) 818-1077), www.norta.com bzw. www.jeffersontransit.org.*
Airport-Downtown Express (E-2): *Busverbindung zwischen Airport und Tulane/Loyola Aves. Fahrzeit zum Airport: ca. 45 Minuten.*
Taxi: *Ein Taxi zwischen Airport und City kostet zwischen US$ 28 und 35 (2 Personen. Jede weitere Person kostet zw. US$ 12 und 15).*

AIRLINES
American: ☎ *1-800-433-7300*
Continental: ☎ *488-6364*
Delta: ☎ *529-2431*
Northwest: ☎ *1-800-225-2525*
Southwest: ☎ *1-800-435-9792*

ÖFFENTLICHE VERKEHRSMITTEL
Amtrak: *Union Passenger Terminal, 1001 Loyola Ave., ☎ (504) 524-7571, www.amtrak.com.*
Überlandbusse: Greyhound, *ebenfalls Union Passenger Terminal, 1001 Loyola Ave., ☎ (504) 525-6075 oder 1-800-231-2222, www.greyhound.com.*
Stadtbusse: *Die* **Regional Transit Authority (RTA)** *unterhält das Bussystem. Infos erhalten Sie über ☎ 248-3900, www.norta.com. Lohnenswert sind die Tages- bzw. 3-Tage-Tickets, die Sie auch in jedem größeren Hotel erhalten (Concierge-Desk). Verkehrt nur bis ca. 18 Uhr. Die für Touristen eingerichtete Buslinie „Vieux Carré" verkehrt zwischen dem Convention Center und durch die Straßen des French Quarter (Mo–Fr: 5–19.20 Uhr)*
Streetcar: *es gibt 3 Strecken:* **1)** *St. Charles Streetcar: von der St. Charles Ave. (Ecke Canal St.) zum Audubon Zoo und in die westlichen Vorstädte. Eine lohnende Tour, um alle Baustile von New Orleans (außerhalb des French Quarter) zu erleben. Die Bahn verkehrt 24 Stunden, nach Mitternacht aber nur noch im Stundentakt.* **2)** *Riverfront Streetcar: Entlang dem Mississippi zwischen Esplanade Ave. und Robin Wharf (6 Uhr bis Mitternacht/Wochenende ab 8 Uhr).* **3)** *Canal Street Streetcar: French Market*

– Canal Street – City Park (Museen) zwischen 6 und 22 Uhr, am Wochenende erst ab 7 Uhr.

TAXIS
Die Preise sind am Fahrzeug angeschlagen. Sollten Sie Beschwerden haben, rufen Sie ☎ 565-6272 an. Merken Sie sich aber vorher die Taxinummer!
United Cabs: 1-800-323-3303, 522-9771
Checker Yellow Cabs: 943-2411.

Mit der „Algier"-Fähre über den Mississippi

MIETWAGEN
Alle größeren Mietwagenfirmen unterhalten Stützpunkte am Flughafen.
Alamo: ☎ (504) 469-0532
Avis: ☎ (504) 464-9511
Budget: ☎ (504) 465-2277
Dollar: ☎ (504) 466-4335
Enterprise: ☎ (504) 469-2447
Hertz: ☎ (504) 468-3695 und 468-3675

Konsulate
Sehen Sie bitte unter Allgemeine Reisetipps A–Z (S. 115ff)

Rundfahrten/Touren/Kanutouren
Steamboat "Natchez"/ John James Audubon Riverboat: 1300 World Trade Center, Ticket Office und Abfahrt am Fluss bei Jax Brewery, ☎ 586-8777 od. 1-800-233-2628, www.steamboat natchez.com. Schaufelraddampferfahrten mehrmals täglich (mittags, nachmittags und abends eine Dinner Cruise. Das Unternehmen führt auch die Bootsfahrten zwischen Aquarium und Audubon Zoo durch („normales" Motorschiff): Abfahrt ist am Zoo bzw. am Aquarium of the Americas. Zeiten: ab Aquarium: 10, 12, 14 u. 16 ; ab Zoo: 11, 13, 15 u. 17 Uhr.
Friends of the Cabildo: ☎ 523-3939, www.friendsofthecabildo.org, Walking Touren durch das French Quarter. Touren starten am Jackson Square am 1850 House Museum Store, 523 St. Ann Street.
Save Our Cemeteries: ☎ 525-3377 od. 1-888-721-7493, www.saveourcemeteries.org. Touren zum St. Louis Cemetery No. 1. Durchaus lohnenswert, um die Geschichte der Gräber verstehen zu lernen.
Historic New Orleans Tours: ☎ 947-2120, www.TourNewOrleans.com. Verschiedene Touren, zumeist zu Fuß. Beliebt sind die Touren zu den Friedhöfen sowie die durchs French Quarter.

Gray Line: ☎ 569-1401 od. 1-800-535-7786, www.GrayLineNewOrleans.com. Bustouren: Stadt-rundfahrten, Nighclub-Touren und Touren zu den Plantagenhäusern. Touren auf den Spuren des Jazz, Touren auf den Spuren von „Katrina" u.a. Abfahrten und auch Ticketschalter nahe Jax Brewery. Zu-dem werden erläuterte Bootstouren in die Bayous und Swamps (überdachtes Boot) angeboten. Gute Erläuterungen zur Geschichte der Acadians. Außerdem im Angebot: Flyfishing. Abholung vom Hotel möglich.

Bayou Barn Tour: 7145 Barataria Blvd., Crown Point, Kreuzung Rts. 31, 34 u. 45, 25 Minuten süd-lich von New Orleans, ☎ (504) 689-2663, www.bayoubarn.com. Kanuverleih bzw. geführte Boots-touren durch die Bayous. Zudem ein Cajun-Restaurant.

Dr. Wagner's Honey Island Swamp Tours: ☎ (985) 641-1769, www.honeyislandswamp.com. Dr. Paul Wagner ist Ökologe und Spezialist für Feuchtgebiete. Seine Bootstouren durch die Bayous ver-mitteln einen guten Eindruck über die Naturwunder der Sümpfe. Die Boote sind nicht überdacht. Bringen Sie also unbedingt eine Kopfbedeckung mit! Anfahrt über I-10, dann Exit 266, dann 2 Meilen auf US 190 East, dann nach links abbiegen auf LA 1090 (Military Rd.). Nach 1 Meile über-queren Sie den I-10 und kurz danach geht es rechts auf die Service Rd. des I-10. Dann noch 1,5 Meilen. Insgesamt knappe 40 Meilen vom French Quarter.

Canoeing & Tubing Center – Bogalusa: 10237 S. Choctaw Rd., Bogalusa (ca. 60 Meilen vom French Quarter), ☎ (985) 735-1173 od. 750-4756, www.tubingboguechitto.com. Geöffnet März–September 8–18 Uhr. Ausleihen von Kanus und LKW-Schläuchen. Beschreibung im Reiseteil.

🛏️ *Hotels und andere Unterkünfte*
Preise

S. HOTELKARTE S. 244/245 ⓘ

Die Preise für Unterkünfte variieren sehr. Im Sommer (Juni bis Mitte September) sind sie am nied-rigsten. Wenn große Kongresse bzw. Festivitäten (z.B. Mardi Gras oder Jazzfestival) stattfinden kön-nen sie sich auch leicht mal verdreifachen. Meiden Sie also solche Perioden.

In welchem Gebiet wohnen?

Sie sollten sich in dieser Stadt für eine Unterkunft in der Innenstadt/French Quarter oder alternativ im Garden District/Uptown entscheiden (Hotels/Motels an Highways sind für N.O. keine gute Wahl). Im French Quarter sind Sie natürlich den Attraktionen näher, doch dafür zahlen Sie auch mehr („Parken am Hotel", Restaurantpreise). Im Garden District/Uptown ist alles billiger, vor allem ist das Parken einfacher. Dafür müssen Sie ins French Quarter pendeln. Mit der St. Charles Avenue Streetcar ist das aber kein großes Problem.

FRENCH QUARTER UND INNENSTADTBEREICH

Unterkünfte in und um das French Quarter sind in der Regel nicht ganz billig. Dafür sind aber selbst 1-Stern-Häuser sehr gut, und meist haben sie nur deshalb keinen weiteren Stern, weil der histori-sche Baustil eine Einrichtung für mehr Sterne nicht zulässt. Ambiente und Komfort stimmen aber.

Hyatt Regency $$$$ (**1**): Poydras at Loyola Ave., New Orleans, LA 70140, ☎ (504) 561-1234 od. 1-800-233-1234, FAX (504) 587 4141, http://neworleans.hyatt.com. Modernes Luxushotel (am Superdome) 15 Gehminuten vom French Quarter. Einmalig ist die 77 m hohe Atriumhalle, deren Glasfenster einen schönen Ausblick auf die Mississippibrücke und den Superdome gewähren. Achten Sie auf spezielle Wochenend- und Sommertarife.

Windsor Court $$$$ (**2**): 300 Gravier St., New Orleans, LA 70140, ☎ (504) 523-6000, 1-888-596-0955, 🖨 (504) 596-4513, www.windsorcourthotel.com. Eines der luxuriösesten Hotels der USA. Sehr plüschig gehalten. 10 Minuten zu Fuß vom French Quarter.

Dauphine Orleans $$$-$$$$ (**3**): 415 Dauphine St., New Orleans 70112, ☎ (504) 586-1800,
1-800-521-7111, 🖷 (504) 586-1409, www.dauphineorleans.com. Kleines, historisches Hotel mit
sehr persönlicher Note in einer ruhigen Nebenstraße des French Quarter.
Monteleone Hotel $$$-$$$$ (**4**): 214 Royal St., New Orleans, LA 70130, ☎ (504) 523-
3341, 1-800-535-9595, 🖷 (504) 528-1019, www.hotelmonteleone.com. Ältestes Hotel des
French Quarter. Barockfassade, ausladende Kandelaber und gemütliche, plüschige Zimmer
machen es immer noch zur „Grande Dame" im Quarter. Gute Bar („Caroussell Bar", die sich
dreht). Hier haben schon Tennessee Williams, Liberace und Joe Frazier (vor seinem ersten Kampf
gegen Muhammed Ali) logiert und die Beatles wurden nicht aufgenommen, um den Erhalt des
Inventars zu gewährleisten… Wer also bereit ist etwas tiefer in die Tasche zu greifen, der sollte
hier wohnen.
Bienville House $$$ (**5**): 320 Decateur St., New Orleans, LA 70130, ☎ (504) 529-2345, 1-800-
535-7836, 1-800-535-9603, 🖷 (504) 525-6079, www.bienvillehouse.com. Neben dem Dauphine
Orleans der zweite Tipp in dieser Preisklasse. Historisches Ambiente, günstig gelegen zu den
Attraktionen des French Quarter, aber auch zu denen der Riverfront. Gutes Preis-Leistungsverhältnis.
Nur nicht ganz so ruhig gelegen wie das Dauphine Orleans.
The Inn on Bourbon $$-$$$ (**6**): 541 Bourbon St., New Orleans, LA 70130, ☎ (504) 524-7611,
1-800-535-7891, 🖷 (504) 568-9427, www.innonbourbon.com. Historisches Gebäude (voll reno-
viert), direkt im Herzen der Bourbon-Street-Szene. Von vielen Zimmerbalkonen aus kann man das
Treiben auf der lebendigsten Straße der Stadt beobachten. Ungeeignet für schlechte Schläfer, eher
für die Nimmermüden.
Pelham Hotel $$-$$$ (**7**): 444 Common St., New Orleans, LA 70130, ☎ (504) 522-4444, 🖷
(504) 539-9010, www.thepelhamhotel.com. Historisches Hotel mit 64 Zimmern. Viele Antiquitäten.
Zahlreiche Rabattmöglichkeiten (z.B. inkl. parken). 1 Block zum French Quarter.
In der **Royal Street** (**8**), zw. Dumaine und St. Philip Sts. finden sich gleich zwei nette, historische
Guesthouses (alle **$$-$$$**): 905 Royal (☎ (504) 523-0219, www.905royalhotel.com) sowie das
Andrew Jackson (☎ (504) 561-5881, www.frenchquarterinns.com).
Chateau Hotel $$-$$$ (**9**): 1001 Rue Chartres, New Orleans, LA 70116, ☎ (504) 524-9636, ,
www.chateauhotel.com. Günstige Übernachtungsalternative im French Quarter.
Lamothe House $$ (**10**): 621 Esplanade Ave., New Orleans, LA 70116, ☎ (504) 947-1161, 1-
800-367-5858, 🖷 (504) 943-6536, www.lamothehouse.com. Kleines Guest-House am östlichen
Rand des French Quarter. Viktorianischer Stil. Günstige Pakete: z.B. 2 Nächte inkl. Touren.
Frenchmen Hotel $$ (**11**): 417 Frenchmen St., New Orleans, LA 70116, ☎ (504) 948-2166, 🖷
(504) 948-2258, www.french-quarter.org. Kleines Boutique-Hotel in historischem Gebäude nahe der
Esplanade Avenue. 28 Zimmer. Einfaches Frühstück inbegriffen. Günstige Pakete: z.B. 2 Nächte inkl.
Touren. Wer gerne nahe des French Quarter und „cosy" wohnen möchte, der ist hier richtig.

IM GARDEN DISTRICT/UPTOWN/ST. CHARLES AVE.
St. Charles Inn $$$ (**12**): 3636 St. Charles Ave., New Orleans, LA 70115, ☎ (504) 899-8888,
www.bestwesternlouisiana.com. Unspektakuläres, über sauberes und schön an der St. Charles Ave.
gelegenes Hotel. Relativ neues Gebäude.
Maison St. Charles $$$ (**13**): 1319 St.Charles Avenue, New Orleans, LA 70130, ☎ (504) 522-
0187, 🖷 (504) 529-4379, www.maisonstcharles.com. Relativ günstiges Motel, in 5 historischen
Gebäuden untergebracht.
Josephine Guesthouse $$$ (**14**): 1450 Josephine St., New Orleans, LA 70130, ☎ (504) 524-
6361, www.josephine.us. Kleine B&B-Herberge in italienischem Herrenhaus. Günstig im Preis-Leis-
tungsverhältnis. 5 Minuten zur St. Charles Streetcar. Zu Fuß zum French Quarter ca. 35 Min.

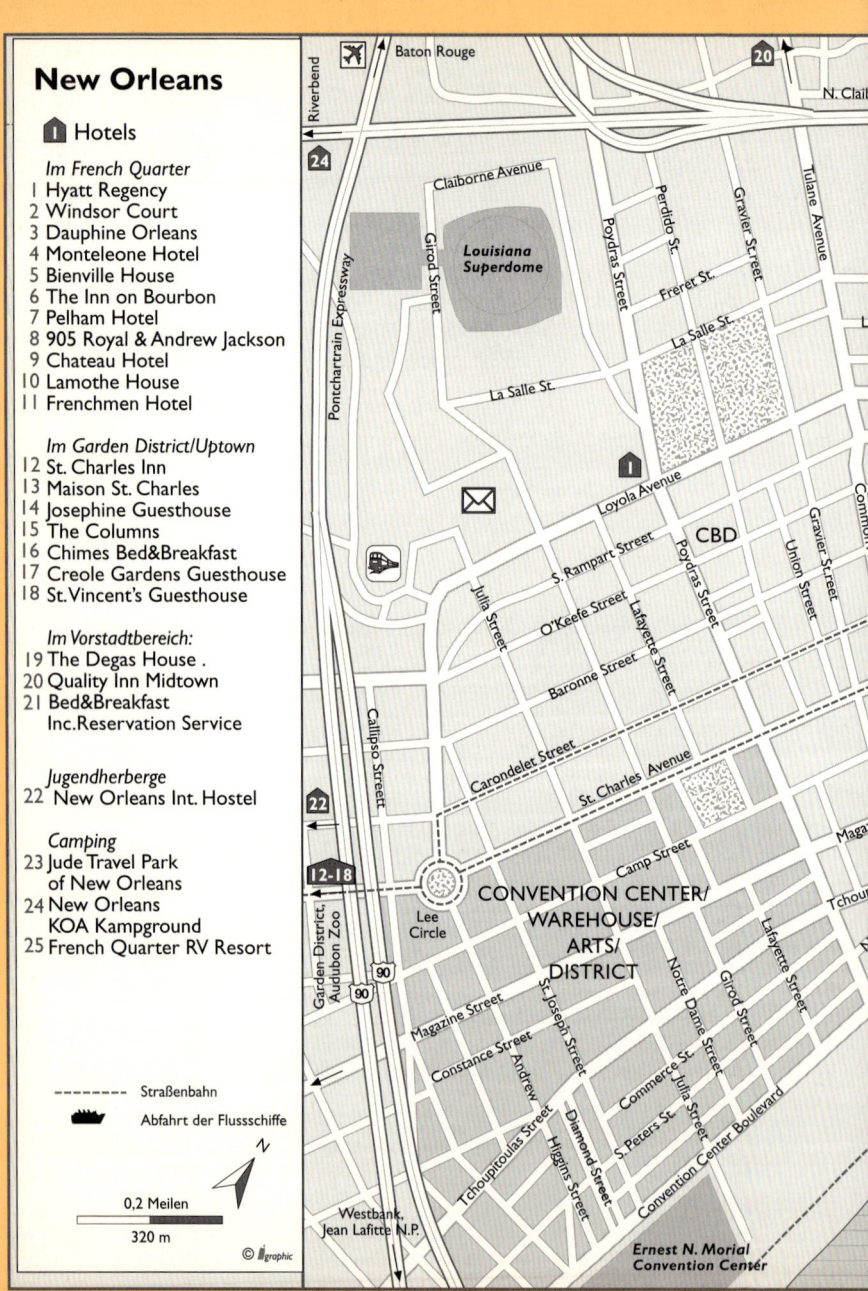

New Orleans

🏨 Hotels

Im French Quarter
1 Hyatt Regency
2 Windsor Court
3 Dauphine Orleans
4 Monteleone Hotel
5 Bienville House
6 The Inn on Bourbon
7 Pelham Hotel
8 905 Royal & Andrew Jackson
9 Chateau Hotel
10 Lamothe House
11 Frenchmen Hotel

Im Garden District/Uptown
12 St. Charles Inn
13 Maison St. Charles
14 Josephine Guesthouse
15 The Columns
16 Chimes Bed&Breakfast
17 Creole Gardens Guesthouse
18 St.Vincent's Guesthouse

Im Vorstadtbereich:
19 The Degas House .
20 Quality Inn Midtown
21 Bed&Breakfast
   Inc.Reservation Service

Jugendherberge
22 New Orleans Int. Hostel

Camping
23 Jude Travel Park
   of New Orleans
24 New Orleans
   KOA Kampground
25 French Quarter RV Resort

- - - - -   Straßenbahn
         Abfahrt der Flussschiffe

0,2 Meilen
320 m

© ilgraphic

Baton Rouge
Riverbend
N. Claibe
Claiborne Avenue
Girod Street
Louisiana Superdome
Perdido St.
Poydras Street
Gravier Street
Tulane Avenue
Frerer St.
La Salle St.
La Salle St.
Pontchartrain Expressway
Lib
Loyola Avenue
CBD
Gravier Street
Common Avenue
S. Rampart Street
Poydras Street
Union Street
Julia Street
O'Keefe Street
Lafayette Street
Baronne Street
Callipso Streett
Carondelet Street
St. Charles Avenue
Magaz
Camp Street
Tchoup
CONVENTION CENTER/
WAREHOUSE/
ARTS/
DISTRICT
Lee Circle
Garden District, Audubon Zoo
90
90
Magazine Street
Constance Street
Andrew
Tchoupitoulas Street
Diamond Street
St.Joseph Street
Higgins Street
S. Peters St.
Commerce St.
Notre Dame Street
Julia Street
Girod Street
Lafayette Street
Convention Center Boulevard
N
Westbank,
Jean Lafitte N.P.
Ernest N. Morial
Convention Center

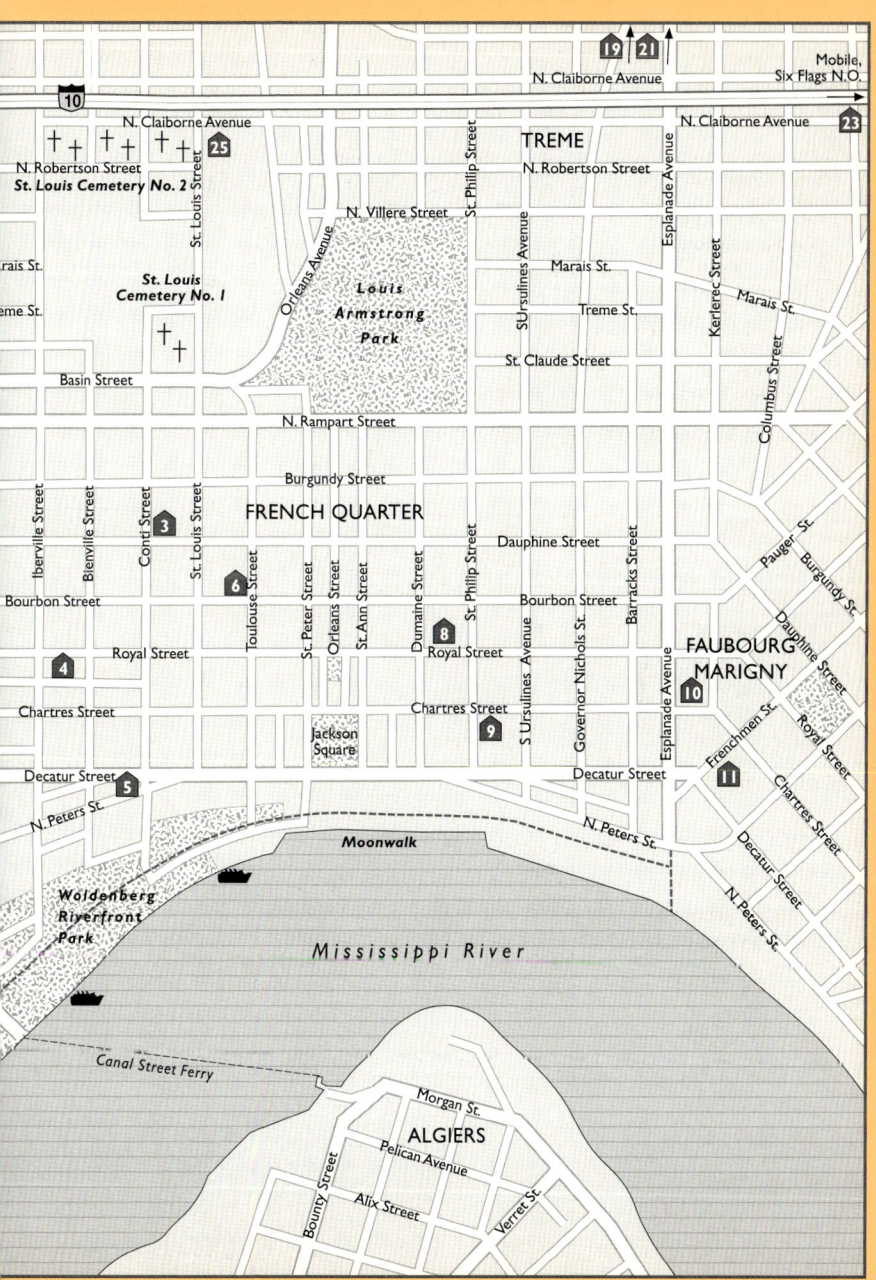

N) **The Columns $$-$$$** (15): *3811 St. Charles St., New Orleans, LA 70115, ☏ (504) 899-9308, www.thecolumns.com. Das herrschaftliche, historische Gebäude mit seinen überdimensionierten Säulen und der großen Veranda fällt sofort auf. Auch innen ist es sehenswert, besonders die Lounge und die Treppe. Die 20 Zimmer sind etwas einfacher eingerichtet, aber in Ordnung. Zweimal die Woche Jazz in der Halle, am Sonntag zudem Jazz-Brunch. Ein Tipp für Uptown/Garden District.*

Chimes Bed&Breakfast $$-$$$ (16): *1146 Constantinopel St., New Orleans, LA 70115, ☏ (504) 899-2621, www.chimesneworleans.com. Nettes, kleines Gästehaus. Bis auf eines befinden sich die Zimmer um einen kleinen Patio herum im ehemaligen Stallgebäude. Geschmackvoll, aber nicht überladen eingerichtet. Gästekühlschrank. Frühstück inbegriffen. Frau Abbyad kann zudem viele gute Tipps geben. 5 Minuten zur St. Charles Streetcar. Ein weiterer Tipp für Uptown/Garden District.*

Creole Gardens Guesthouse $$ (17): *1415 Prytania St., New Orleans, LA 70130., ☏ (504) 569-8700, www.creolegardens.com. Ansprechendes Gästehaus mit 25 Zimmern nahe dem Ware-house District und nur einen Block entfernt von der St. Charles Streetcar.*

St.Vincent's Guesthouse $-$$ (18): *1507 Magazine St., New Orleans, LA 70130, ☏ (504) 523-3411, www.stvguesthouse.com. Sehr einfaches Gästehaus auf B&B-Basis. Untergebracht in einem ehemaligen Waisenhaus. Die Zimmer wirken etwas verstaubt, doch wer Platz haben und nicht viel Ansprüche stellt, der ist hier richtig. Swimmingpool, Garten, Parkplätze und große Gemeinschafts-räume. Erwarten Sie aber keinen Luxus!*

IM VORSTADTBEREICH

The Degas House $$-$$$ (19): *2306 Esplanade Avenue, New Orleans, LA 70119, ☏ (504) 821-5009, www.degashouse.com. 2 km (11 Blocks) vom French Quarter entferntes B&B-Haus. Hier hat einst der Maler Edgar Degas gewohnt. Mit antiken Möbeln eingerichtet.*

Quality Inn Midtown $$ (20): *3900 Tulane Ave., New Orleans, LA 70119, ☏ (504) 486-5541, ✎ (504) 488-7440. Günstiges Motel. 30 Minuten zu Fuß zum French Quarter, wobei sich, alleine aus Sicherheitsgründen, eine Taxifahrt empfehlen würde.*

BED&BREAKFAST-RESERVIERUNGSBÜROS

Bed&Breakfast, Inc.-Reservation Service (21): *1021 Moss St. , New Orleans, LA 70119, ☏ (504) 488-4640, 1-800-729-4640, ✎ (504) 488-4639, www.historiclodging.com.*

JUGENDHERBERGE

Marquette House, New Orleans Int. Hostel $-$$ (22): *2249 Carondelet St., New Orleans, LA 70130, ☏ (504) 523-3014, ✎ (504) 529-5933, www.neworleansinternationalhostel.com. In Antebellum-Haus aus dem ausgehenden 19. Jh. untergebracht. Auch Einzelzimmer und einige Suiten mit Küche. St.Charles Streetcar in der Nähe.*

CAMPING

Wichtig für diejenigen, die zelten möchten: *Fragen Sie vorher, ob Sie ein Zelt aufbauen können, denn die meisten Plätze sind nur für Wohnmobile vorgesehen!*

Pontchartrain Landing (23): *6001 France Rd, New Orleans, LA 70126, ☏ (504) 286-8157, 1-877-376-7850, www.pontchartrainlanding.com. I-10 nach Osten fahren, Exit 239B. An der Ampel li. In Louisa St.N., an der 2. Ampel (0,2 Mi) rechts auf US 90. Nach 0,2, abfahren am Frances Rd. Exit. Gleich an der Ampel links und noch 1,2 Mi der Frances Rd folgen. Shuttle Bus (zweimal tägl.) zum French Quarter.*

New Orleans KOA Kampground (24): *11129 Jefferson Hwy., River Ridge, LA 70123, ☏ (504) 467-1792, www.neworleansrvcamp.com. 2 Shuttlebusse täglich in die City. Autovermietung.*

French Quarter RV Resort (25): *500 N. Claiborne Ave., ☎ (504) 586-3000, www.fqrv.com. Nur zwei Blocks vom French Quarter. Nur Wohnmobile!* **N**

Restaurants S. KARTE S. 248/249

Die Restaurants von New Orleans versprechen eine Küche, die Sie in kaum einer Region der Südstaaten in dieser Form wiederfinden werden und die so einzigartig ist, dass sie diejenigen Lügen straft, die die amerikanische Küche für langweilig halten. Natürlich sind Shrimps, dicke Bohnen und grobe Würste nicht jedermanns Sache – vor allem, weil auch scharf gewürzt wird –, aber probieren sollten Sie einiges trotzdem. Sagen Sie bei der Bestellung gleich, dass Sie es nicht so scharf möchten. Angemessene Kleidung (Kleid/Jackett) wird in den besseren Restaurants erwartet, und selbst in kleinen Restaurants liest man häufig das Schild: „No shirt, no shoes, no service". Aber Hemd und Schuhe hat man ja doch meist an.
Vorweg möchte ich Ihnen noch den Tipp geben, sich im Kapitel „Küche und Getränke" (S. 78ff) bzw. am Anfang dieses Kapitels über das Vokabular der Cajun-/Kreolischen Küche zu informieren. Für die besseren Restaurants in New Orleans ist es allemal empfehlenswert, einen Platz zum Dinner vorher zu reservieren.

Wenn Sie übrigens die cajun-/kreolischen Kochkünste erlernen möchten, bieten u.a. zwei Schulen **Kochkurse** *an (von 3 Stunden bis zu 7 Tagen):*
New Orleans School of Cooking (1): *524 St. Louis St., ☎ 525-2665, www.neworleansschoolof cooking.com*
Creole Delicacies Gourmet Shop & Cookin' Cajun Cooking School (2): *533 St. Ann St., ☎ 525-9508, www.cookincajun.com.*
Beide Schulen betreiben auch Geschäfte, in denen Sie die typischen Zutaten hinterher erwerben können. Der Unterricht entspricht übrigens mehr einem Happening, und selbst mit wenig Sprachkenntnissen werden Sie etwas mitbekommen und Spaß haben. Anschließend an die Kochstunde wird dann von allen Beteiligten das Gekochte verzehrt. Selber kochen ist leider nicht vorgesehen, man schaut einem Koch bei der Zubereitung zu.

KREOLISCHE/CAJUN-KÜCHE
Arnaud's (3): *813 Bienville St., ☎ 523-0611. Klassische Kreol-Küche in gepflegter Atmosphäre. Mosaik gefliester Fußboden, Mardi Gras Museum. Sonntags von 10 bis 14.30 Uhr Jazzbrunch. Eine Institution in New Orleans. Jackett erwünscht!*
Antoine's (4): *713 St. Louis St., ☎ 581-4422. Eines der bekanntesten Restaurants mit französischen und Kreol-Gerichten. Nicht ganz billig, aber ein unvergessliches Erlebnis. Jackett und Schlips erwünscht!*
K-Paul's Louisiana Kitchen (5): *416 Chartres St., ☎ 524-7394. Ausgezeichnete Küche. Die Atmosphäre ist recht leger, trotzdem ist es nicht besonders billig hier. Keine Tischreservierung. An Wochenenden oft geschlossen.*
Galatoire's (6): *209 Bourbon St., ☎ 525-2021. Besonders bekannt für seine Fischgerichte. Wartezeiten müssen Sie einplanen. Daher ein Tipp: Nehmen Sie hier Ihren Lunch ein, kommen Sie aber später als die meisten: ab 13 Uhr. Abends Jackett und Schlips erwünscht!*
Dooky Chase's (7): *2301 Orleans Ave./Ecke N. Miro St., Treme, ☎ (504) 821-0600. Deftige Südstaatenkost, so wie sie die Bewohner von New Orleans gerne essen. Gäste kommen aus allen Teilen der Stadt hierher. Bereits die Vorspeisen sättigen. Also: Hunger mitbringen! An den Wänden hängen Kunstwerke schwarzer Künstler. Zum Lunch reichhaltiges Buffet. Sowohl zum Lunch als auch zum Dinner gilt: Jackett, no Shirts und lange Hosen. Wenn Sie trotzdem hier ungezwungen lunchen*

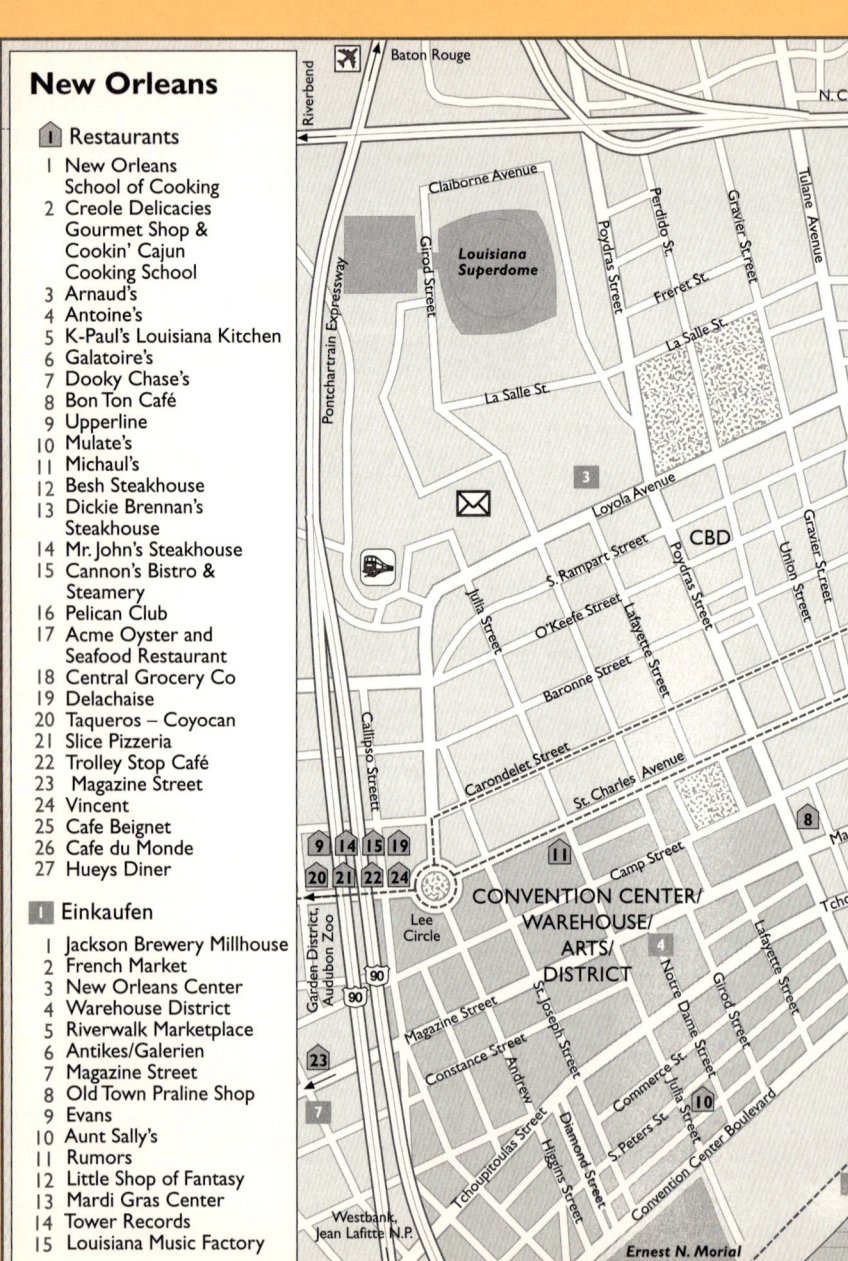

New Orleans

🏛 Restaurants

1 New Orleans School of Cooking
2 Creole Delicacies Gourmet Shop & Cookin' Cajun Cooking School
3 Arnaud's
4 Antoine's
5 K-Paul's Louisiana Kitchen
6 Galatoire's
7 Dooky Chase's
8 Bon Ton Café
9 Upperline
10 Mulate's
11 Michaul's
12 Besh Steakhouse
13 Dickie Brennan's Steakhouse
14 Mr. John's Steakhouse
15 Cannon's Bistro & Steamery
16 Pelican Club
17 Acme Oyster and Seafood Restaurant
18 Central Grocery Co
19 Delachaise
20 Taqueros – Coyocan
21 Slice Pizzeria
22 Trolley Stop Café
23 Magazine Street
24 Vincent
25 Cafe Beignet
26 Cafe du Monde
27 Hueys Diner

🛍 Einkaufen

1 Jackson Brewery Millhouse
2 French Market
3 New Orleans Center
4 Warehouse District
5 Riverwalk Marketplace
6 Antikes/Galerien
7 Magazine Street
8 Old Town Praline Shop
9 Evans
10 Aunt Sally's
11 Rumors
12 Little Shop of Fantasy
13 Mardi Gras Center
14 Tower Records
15 Louisiana Music Factory

© JBgraphic

Baton Rouge
Riverbend
N. Claibo
Claiborne Avenue
Louisiana Superdome
Girod Street
Pontchartrain Expressway
Perdido St.
Gravier Street
Tulane Avenue
Poydras Street
Freret St.
La Salle St.
Lib
La Salle St.
3
Loyola Avenue
CBD
Gravier Street
Common Avenue
S. Rampart Street
Poydras Street
Union Street
Julia Street
O'Keefe Street
Lafayette Street
Baronne Street
Carondelet Street
St. Charles Avenue
Magazi
8
Camp Street
9 14 15 19
20 21 22 24
11
Tchoupi
CONVENTION CENTER/ WAREHOUSE/ ARTS/ DISTRICT
Lee Circle
Garden District, Audubon Zoo
Callipso Street
90
90
Magazine Street
St. Joseph Street
Notre Dame Street
Girod Street
Lafayette Street
N.P
4
Constance Street
Andrew
Commerce Street
Julia Street
10
23
Diamond Street
S. Peters St.
Convention Center Boulevard
7
Tchoupitoulas Street
Higgins Street
Westbank, Jean Lafitte N.P.
Ernest N. Morial Convention Center
5

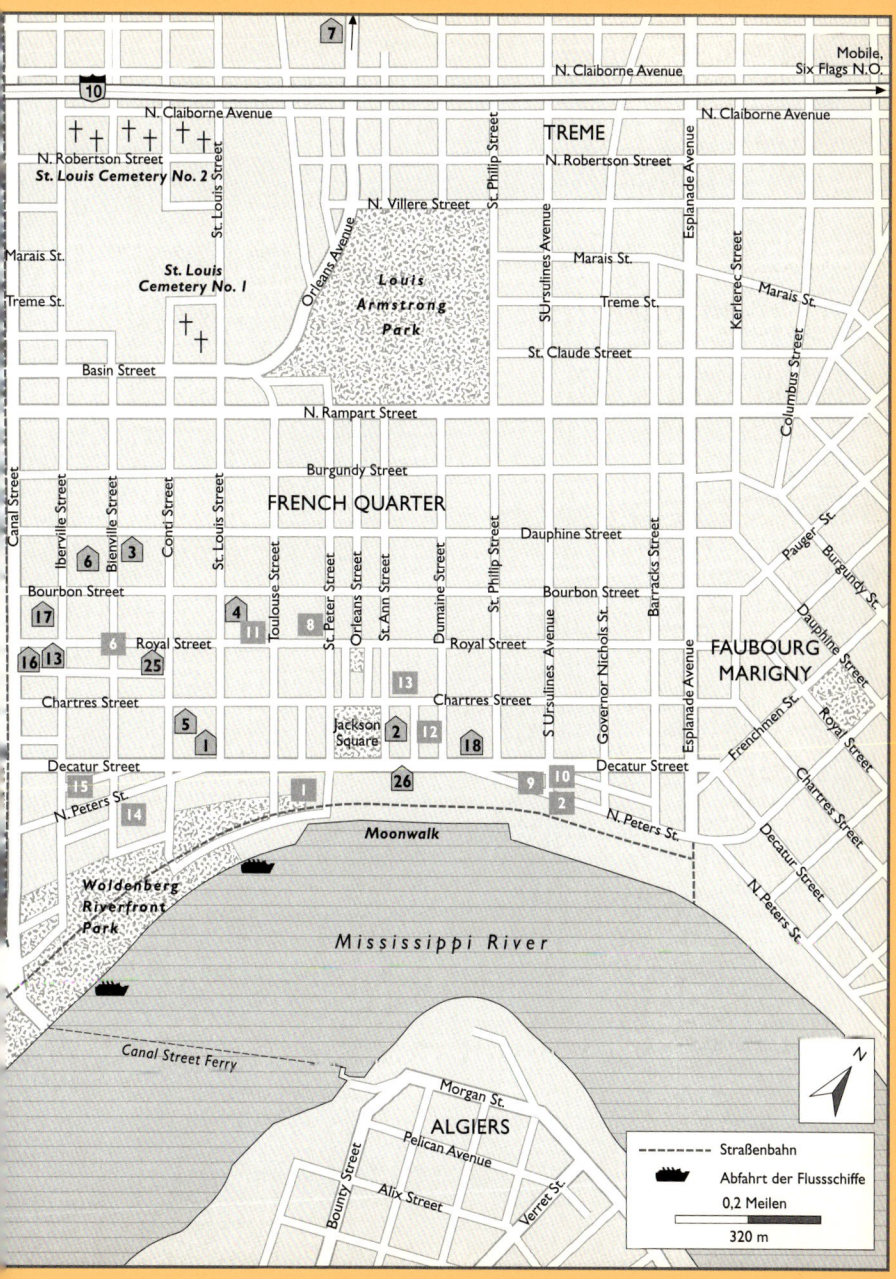

TREME

N. Claiborne Avenue

Mobile,
Six Flags N.O.

N. Robertson Street

N. Claiborne Avenue

N. Villere Street

St. Philip Street

N. Robertson Street

Esplanade Avenue

Kerlerec Street

N. Robertson Street
St. Louis Cemetery No. 2

Marais St.

SUrsulines Avenue

Marais St.

Marais St.

Columbus Street

Marais St.

*St. Louis
Cemetery No. 1*

Treme St.

*Louis
Armstrong
Park*

Treme St.

St. Claude Street

Basin Street

Orleans Avenue

St. Louis Street

N. Rampart Street

Burgundy Street

FRENCH QUARTER

Iberville Street

Bienville Street

Conti Street

St. Louis Street

Dauphine Street

St. Philip Street

Canal Street

Bourbon Street

Toulouse Street

St. Peter Street

Orleans Street

St. Ann Street

Dumaine Street

Bourbon Street

Barracks Street

Pauger St.

Burgundy St.

**FAUBOURG
MARIGNY**

Dauphine Street

Royal Street

Royal Street

S Ursulines Avenue

Governor Nichols St.

Esplanade Avenue

Frenchmen St.

Chartres Street

Chartres Street

Royal Street

Jackson
Square

Decatur Street

Decatur Street

Decatur Street

N. Peters St.

N. Peters St.

N. Peters St.

Moonwalk

*Woldenberg
Riverfront
Park*

Mississippi River

Canal Street Ferry

Morgan St.

ALGIERS

Pelican Avenue

Bounty Street

Alix Street

Verret St.

N

- - - - - - Straßenbahn
Abfahrt der Flussschiffe
0,2 Meilen
320 m

N

möchten, können Sie sich an die Bar setzen und dort essen. Dort gibt es aber kein Buffet. Der guten Po'Boys wegen lohnt sich aber auch das. Außerdem: Take-away! Hinweis: Oft ist Dooky Chase's für private Feiern genutzt. Also unbedingt vorher anrufen, ob geöffnet ist.

Bon Ton Café (**8**): 401 Magazine St., ☎ 524-3386. Bei Einheimischen sehr beliebtes Cajun-Restaurant. Wenig besucht von Touristen. Gilt als Geheimtipp für die Innenstadt.

Upperline (**9**): 1413 Upperline St., ☎ 891-9822. Der kleine Geheimtipp in New Orleans. Hier gehen die Einheimischen gerne hin. Tipp: Fahren Sie mit der St.Charles Streetcar (dann 2 Blocks nach Süden), das rundet das Bild noch ab.

Mulate's (**10**) und **Michaul's** (**11**): Siehe unter „Pubs und Livemusik".

STEAKS

Falls Sie gerne Steaks essen, können Sie getrost in die Restaurants der großen **Hotels** bzw. das **Besh Steakhouse** (**12**) im Harrah's Casino (☎ 533-6111) ausweichen. Die decken diesen Sektor zur Genüge ab.

Weitere Empfehlungen:

Dickie Brennan's Steakhouse (**13**): 716 Iberville Street, ☎ 522-2467. Nicht besonders günstig, dafür aber beste, saftige Steaks in vielen Variationen.

Mr. John's Steakhouse (**14**): 2111 St.Charles Avenue., ☎ 679-7697. Einfacher als die vorgenannten Restaurants, aber auch um einiges günstiger.

Cannon's Bistro & Steamery (**15**): 4141 St. Charles Ave, ☎ 891-3200. Der Name verrät es bereits. Ein Bistro, wo es auch Südstaatenküche gibt. Doch die Steaks hier sind äußerst lecker! Gut zu erreichen mit dem St. Charles Streetcar.

ANDERE RESTAURANTS

Pelican Club (**16**): 312 Exchange Place, ☎ 523-1504. Eine Mischung aus Avantgarde, Südstaatenküche und französischer Nouvelle Cuisine. Nicht ganz billig. Abends Jackett erwünscht!

Acme Oyster and Seafood Restaurant (**17**): 724 Iberville St., ☎ 522-5973. Günstige Meeresfrüchte. Bekannt für seine Austern. Salatbar.

Für ein gutes Sandwich zwischendurch bietet sich die **Central Grocery Co** (**18**). an: 923 Decatur Street. Beliebt seit über 100 Jahren (!) ist das italienische Sandwich (Muffuletta Sandwich) mit Schinken, Salami, Provolone (ital. Käse) sowie Oliven-Relish.

Delachaise (**19**): 3442 St. Charles Ave., ☎ 895-0858. Eher eine Bar mit über 70 verschiedenen Weinen und 50 Biersorten. Zu essen gibt es verschiedene Tapas.

Taqueros – Coyocan (**20**): 1432 St. Charles Ave., ☎ 525-9996. Mexikanisches Restaurant. Im **Taqueros** ist es günstiger, oben im **Coyocan** eher Fine-Dining-Ambiente. Gut zu erreichen mit der St. Charles Streetcar.

Slice Pizzeria (**21**): 1513 St. Charles Ave., ☎ 525-7437. Gute Pizzen. Sie können wählen zwischen dünnem bzw. dickerem BodenZudem besteht die Möglichkeit, sich die Pizza selbst zusammenzustellen.

Trolley Stop Café (**22**): Ecke St. Charles Ave./St. Andrews St. (gut mit St. Charles Streetcar zu erreichen). Einfaches Restaurant mit guter und deftiger Südstaatenküche sowie Burgern und allen Frühstücksvarianten (Omelettes, Pancakes, Spiegeleier etc.). Hier treffen sich Polizisten, Bauarbeiter und Büroangestellte aus der Umgegend. Mittags oft voll. Nahezu gegenüber der Touristeninformation.

Wer sich in der Uptown aufhält, dem sei empfohlen, sich **Magazine Street** (**23**) im 3200er Block (zw. Harmony und Toledano Sts.) umzuschauen. Ein paar eklektische Restaurants, ein Pub sowie **Rocky's Pizzeria** (3228 Magazine St.) sind beliebte Ziele für die Einheimischen.

Vincent (**24**): *7813 St. Charles Ave./ Ecke Fern St., (Carrollton-Gebiet). Kleines, alteingesessenes italienisches Restaurant. Ehrliche, deftige und authentische Pastagerichte. Gute Weinkarte. Keine Reservierungen.*

Eine weitere Empfehlung sind die ausgesprochen leckeren **Hot Dogs** *von den „Fahrenden Hot-Dog-Würsten" („Lucky Dogs" genannt), die Sie zumeist in und um die Bourbon Street finden.*

Sehr beliebt: Hot Dogs vom „Lucky Dog"

ESSEN SPÄT NACHTS

Falls zu spätester Stunde doch noch einmal Hunger aufkommt: Einige Imbisse in der Bourbon Street haben bis 6 Uhr geöffnet.

Eine Breakfastkarte (zu „normalen" Zeiten auch andere Snacks und kleine Gerichte) rund um die Uhr bietet **Dejavu**: *400 Dauphine St.*

Wer gerne sitzen möchte und sich vornehmlich mit Gebäck begnügen kann, für den bieten folgende Cafes rund um die Uhr Kleinigkeiten:

Café Beignet (**25**): *334B Royal St., am Wochenende bis in die Nacht geöffnet.*

Café du Monde (**26**): *800 Decatur St., 24 Stunden geöffnet.*

Hueys Diner (**27**): *Ecke Magazine/Common Sts. Im Pelham Hotel. Burger, Sandwiches u.a. rund um die Uhr.*

Pubs, Livemusik und Nightlife

New Orleans ist bekannt für seine Musikkneipen, Pubs und zahlreichen Restaurants. Schätzungen – genaue Angaben kann selbst die Stadtverwaltung gar nicht mehr machen – gehen von ca. 3.200 Bars, Saloons und Plätzen aus, an denen Alkohol verkauft und konsumiert werden kann. Und da es keine Kneipenschlusszeiten gibt, werden es eher Sie sein, der irgendwann müde ins Bett fällt, als der Wirt.

Für Sie wird die Erkundung auch nur eines Teiles des French Quarter mit seinen vielen Livemusik-Schuppen mehr als programmfüllend sein. Die hier aufgeführten Lokalitäten gelten als Tipps, doch werden Sie auf Ihrem Streifzug zwischen Bourbon Street und Mississippi noch eine Reihe anderer netter Plätze finden. Was Sie machen und welcher Musikrichtung Sie folgen, hängt ganz von Ihrer „Tagesform" ab – und natürlich dem Platzangebot. Ich rate Ihnen, zuerst einmal durch die Bourbon Street und deren Nebenstraßen zu schlendern und sich treiben zu lassen vom musikalischen Angebot. Aber passen Sie auf: Vor jeder Musikkneipe stehen „Animateure", die Sie hineinlocken wollen. Sind Sie aber erst einmal drinnen, müssen Sie etwas trinken. Und da in der Regel kein Eintritt verlangt wird, zahlen Sie die Musiker über die Getränke und etwa stündlich durch Herumreichen eines Säckchens für Trinkgeld.

Die Qualität der Musik ist im French Quarter aber nicht mehr so gut wie in den Musikclubs in anderen Teilen der Stadt. Denn leider gerät hier eines mittlerweile fast in Vergessenheit: die Improvisation, die doch so entscheidend ist für den echten Jazz. Sie werden bereits nach einem Abend merken, dass in vielen Lokalitäten immer wieder das gleiche Repertoire gespielt wird und zu einem großen

In New Orleans dreht sich alles um Musik

Teil gar nicht mehr Jazz und Blues sondern Rock oder moderner Hip-Hop. Und selbst Karaoke-Bars haben Einzug gefunden. Das bedeutet für die Anhänger des Free-Jazz bzw. Modern-Jazz, dass ein Streifzug durch das French Quarter häufig unbefriedigend verlaufen wird. Ein Tipp hierzu: Erkundigen Sie sich bei Einheimischen, wann und wo etwas Besonderes geboten wird. Im Folgenden habe ich mich bemüht, vor allem Lokalitäten aufzuführen, die abseits der Bourbon Street dem Jazz- und Bluesenthusiasten Ausgefallenes zu bieten haben.

Welche Musikrichtungen werden in New Orleans geboten? Alle! Jazz, Blues, Cajun, Zydeco, Rock, Klassik-Rock, manchmal sogar Country und eben seit einigen Jahren auch Hip-Hop und andere moderne Rhythmen. Die beste Informationsquelle für das Musikangebot in New Orleans ist das Monatsmagazin: „Offbeat", das Sie in allen Musikclubs und Hotels kostenlos erhalten (deren Internetseite www.off beat.com – Button „Listings" ist auch gut). Daneben gibt es noch zwei bis drei andere Blätter, wie z.B. das „Gambit Weekly". Außerdem informiert die Freitagsausgabe der Tageszeitung „Times Picayune" über alle Veranstaltungen. Wer bereits von zu Hause aus schauen möchte, dem sei die Internetseite www.satchmo.com (Button: New Orleans Music Clubs & Venues) ans Herz gelegt. Hier finden Sie die Adressen und zumeist auch Websites der meisten Clubs mit den aktuellen Ankündigungen.

Doch nun endlich zu den Musiklokalen.

IM FRENCH QUARTER
Nur eine kleine Auswahl. Doch nochmals: Entlang der berühmten Bourbon Street hat das Niveau der Livemusik stark nachgelassen. Einmal die Bourbon Street entlang zu schlendern, gehört aber trotzdem zum Pflichtprogramm eines Erstbesuches von New Orleans.

The Court of Two Sisters: 613 Royal St., ☎ 522-7261. Historisches Musikrestaurant. Nennenswert ist hier der tägliche Jazz-Brunch. Im Patio ist das gediegene Restaurant, vorne, an der Bourbon Street, der Cajun-Imbiss, der wirklich gut und günstig ist und zum „Happen zwischendurch" einlädt (Tipp: Dinner Special = 1/2 Po'Boy und Gumbo)

Preservation Hall: 726 St. Peter St. ☎ 522-2841. Klassischer Jazz in uriger und alter Räumlichkeit. Sehr voll! Keine Getränke, aber eigene dürfen mitgebracht werden. **Der** Tipp für die Umgegend der Bourbon Street.

Tipitina's French Quarter: *233 N. Peters St.,* ☎ *566-7095. Ableger des großen Musikclubs im* N
Garden District. Nur selten Livemusik. Achten Sie auf Ankündigungen.

Fritzel's Jazz Pub: *733 Bourbon St.,* ☎ *561-0432 Kleine Bar mit kleinen Bands. Hier wird zumeist
noch alter Jazz gespielt.*

House of Blues: *225 Decatur St.,* ☎ *529-2583. Aufführungsstätte, die einer Kette in den gesamten USA angeschlossen ist – übrigens dieselbe, der auch das „Hard Rock Café" angehört. Daher
etwas zu organisiert, aber andererseits sehr gute und z.T. international bekannte Interpreten. Blues
wird jedoch selten gespielt. Zielgruppe sind eher junge Leute, daher meist Rock, Punk oder Hip-Hop.
Restaurant im Hause.*

Jimmy Buffet's Magaritaville: *1104 Decatur St.,* ☎ *592-2565. Großes Restaurant mit täglicher
Livemusik. Eine gute Gelegenheit, das Dinner mit Musikhören zu verbinden. Zu essen gibt es lokale
gerichte, Tex-Mex und Steaks.*

Kerry's Irish Pub: *331 Decatur St.,* ☎ *527-5954. Eine echte Bar: laut, eng und eher von Locals
besucht. Täglich Livemusik. Das kann Irish Folk sein, ein anderes Mal tritt dann eine junge Band mit
Zydeco-Funk auf. Lassen Sie sich überraschen.*

Ryan's Irish Pub: *Ecke Bienville/Decatur Streets. Ganz normaler Pub, wo die Einheimischen ihren
Drink nehmen. Keine Livemusik, kein Schnickschnack, dafür aber echte New Orleanser (vom Banker
bis zum Künstler).*

Palm Court Jazz Cafe: *1204 Decatur St.,* ☎ *525-0200. Traditioneller Jazz. Mi Bluesnight. So ab
12 Uhr Brunch. Kreolische Gerichte. Unbedingt Tisch reservieren.*

Donna's Bar & Grill: *800 N. Rampert St.,* ☎ *596-6914. Kleine Eckbar. Alle Musikrichtungen werden gespielt – bevorzugt aber Jazz und Brassmusik. Nahezu ein Geheimtipp selbst bei den Einheimischen. Ein wirkliches Erlebnis. Da nicht viel Platz ist, ist besonders an den Wochenenden rechtzeitiges Erscheinen angesagt. Sitzplätze gibt es aber kaum.*

CENTRAL BUSINESS DISTRICT(CBD) UND NORDÖSTLICH DES FRENCH QUARTER:

Howlin' Wolf: *907 S. Perters St.,* ☎ *522-9653. Lokale Bands. Blues, Rock und manchmal auch
moderne Rhythmen.*

Michaul's Live Cajun Music Restaurant: *840 St. Charles Ave.,* ☎ *522-5517. Live-Cajunmusik mit
Tanz. Täglich kostenloser Cajun-TanzunterrichtCajungerichte. Bis 23.30 Uhr geöffnet.*

Mulate's Cajun Restaurant: *201 Julia Street,* ☎ *522-1492. Live-Cajunmusik und entsprechende
Speisen (bis 23 Uhr geöffnet)*

Vic's Kangaroo Café: *636 Tchoupitoula St.,* ☎ *524-4329. Pub. Livemusik (oft irischer Folk). Snacks,
wie z.B. ein Pappkarton voll Crawfish zum Selbstauspulen.*

528 Music Club: *528 Fulton St.,* ☎ *533-6117, Eleganter, relativ neuer Jazzclub.*

Snug Harbor: *626 Frenchmen St.,* ☎ *949-0696. Jazz und Blues. Mahlzeiten und Snacks. 2 Auftritte
(21 u. 23 Uhr). Empfehlung für echten Jazz. Bekannt als der Club mit der progressivsten Musik – also
auch viel Freejazz. Snug Harbor gilt auch als „Heimat" der Masalis-Familie, dessen berühmtester Sohn
Wynton in New York Furore gemacht hat. In der Nähe vier weitere gute Clubs:* **Ray's Boom Boom
Room** *(508 Frenchmen St.,* ☎ *309-7137),* **D.B.A** *(618 Frenchmen St.,* ☎ *912-3731),* **Blue Nile**
(532 Frenchmen St., ☎ *948-2583) sowie* **Appel Barrel** *(609 Frenchmen St.,* ☎ *949-9399). Das
Gebiet entlang der Frenchmen Street, gleich auf der anderen Seite der Esplanade Avenue, bietet sich
also hervorragend für einen ganzen Abend an, denn kleine Restaurants finden Sie hier auch.*

AUF EINEM SCHAUFELRADDAMPFER

Steamboat „Natchez": *John James Audubon Riverboat, 1300 World Trade Center, Ticket Office und
Abfahrt am Fluss bei Jax Brewery,* ☎ *586-8777 od. 1-800-233-2628, www.steamboatnatchez.
com. Jazz-Dinner-Cruises um 19 Uhr (Boarding ab 18 Uhr). Jazz und Cajun-Musik jeglicher Stilrichtung.*

„Creole Queen": Abfahrt am Riverwalk hinter dem Hilton-Hotel. Buffet und Jazz auf der Abendfahrt. ☎ 529.4567, www.neworleanspaddlewheels.com

„WOANDERS IN NEW ORLEANS"

Maple Leaf Bar: 8316 Oak St., ☎ 866-9359. Richtig altes Lokal in einem etwas heruntergekommenen Neighbourhood-Viertel hinter dem Zoo. Hier findet sich ein sehr buntes Publikum ein, und die Stimmung ist entsprechend „echt". Hier war es auch, wo Scott Joplin seinen „Maple Leaf Rag", das erste Ragtime-Stück, zum ersten Mal spielte. Der Ragtime verbreitete sich daraufhin in Windeseile. Lange geöffnet. Jazz, Modern Brass Bands, R&B, Cajun, seltener: Reggae, Beat, Gospel etc. Auch Tanzen möglich.

Mid-City Lanes Rock ʼN' Bowl: 4133 S. Carrolton (200 m. nördl. des I-10), ☎ 482-3133. Eigentlich eine Bowling-Anlage, spielen hier mehrmals in der Woche Bands auf. Zumeist Zydeco-/Cajun-Musik, seltener Country, Rhythm & Blues sowie Rock. Eine typische New-Orleans-Stimmung, keine Touristen, einfaches Essen. Hier gehen die Locals hin. Es gibt auch Zydeco-Tanzunterricht (meist Sa.).

The Bulldog: 3236 Magazine St., ☎ 891-1516. Bekannt für seine reichhaltige Bierauswahl: 50 Biere vom Fass und weitere 100 aus der Flasche Keine Livemusik.

Tipitina's: 501 Napoleon St., ☎ 895-8477. Alteingesessener Club, der vorwiegend von Einheimischen besucht wird. Gegründet von der Musiklegende Professor Longhair und untergebracht in einem alten Neighbourhood-Ballroom. Besonders an Wochenenden sehr voll. Eine kaum funktionierende Klimatisierung erfordert leichte KleidungMusik: alle Stilrichtungen, oft Funk-Jazz.

Le Bon Temps Roulez: 4801 Magazine St./Ecke Bordeaux St., ☎ 897-3448. Bar/Restaurant/Nightclub/Livemusik. Hier gibt es alles und an Wochenenden wird „bis in die Puppen" getanzt.

Dos Jefes Uptown Cigar Bar: 5535 Tchoupitoulas St., ☎ 891-8500. Wie der Name bereits verrät, eine „coole" Zigarren-Bar, in der oft moderner Live-Jazz gespielt wird.

Rivershack Tavern: 3449 River Rd., Jefferson, ☎ 835-6933. Unkomplizierte Kneipe in einem Holzhaus direkt hinter dem Mississippideich. Hier gibt es Billard, Snacks, wie z.B. Alligator Sausages und Fried Green Tomatoes, und hier treffen sich die „Locals". Die Stimmung ist gut. Ehemals beherbergte das Gebäude einen Kolonialwarenladen. Übrigens: Für einen mitgebrachten, übermäßig hässlichen Aschenbecher gibt es ein Freigetränk bzw. vielleicht sogar etwas zu essen. Samstagabend: Livemusik.

WÄSCHE WASCHEN UND KNEIPE

Jeder muss einmal seine Wäsche waschen und nichts ist langweiliger, als dieses in einer „Coin Laundry" zu tun und den Trommeln der Maschine zuzusehen. **Igor's**, mittlerweile eine Institution in New Olreans, schafft dagegen Abhilfe mit Bars (inkl. guten Burgern auf dem „Menue"), wo man Wäsche waschen kann. Hier können Sie also ein Bierchen trinken und evtl. etwas essen, während Sie auf Ihre Wäsche warten:

Igor's Lucky's Lounge: 1625 St. Charles Ave., Garden District.

Igor's Bar & Grill: 2133 St. Charles Ave., Garden District.

Igor's Buddha Belly: 4437 Magazine Street, Uptown.

Igor's Check Point Charlie: 501 Esplanade Ave., French Quarter.

Einkaufstipps
SHOPPING MALLS

S. KARTE S. 248/249 ⓘ

Für allgemeine Einkäufe (Cajun-Spezialitäten/Kleidung/kleinere Souvenirs) bieten sich das **Jackson Brewery Millhouse (1)** in der 600 Decatour Street sowie der **French Market (2)** (1008 N. Peters St.) an. Etwas feinere Geschäfte finden sich im **New Orleans Center (3)** (1450 Poydras St. am

Hyatt Hotel), wobei es hier wenig Typisches für New Orleans gibt. Der **Warehouse District** (4)
(zwischen Girod St./Howard Ave./Camp St. und Mississippi) bietet alles von Kunst über Kitsch bis hin
zum „Shopping-Happening". Doch befindet sich das Gebiet noch im „Umbruch", gezieltes Suchen
ist kaum möglich, und die Größe des Areals erfordert gute Kondition und Schuhsohlen.
Die bekannteste und größte Mall im Innenstadtbereich ist ohne Zweifel der **Riverwalk Marketplace** (5) (1 Poydras St.) mit 140 Shops. Eine Mischung aus bekannten Franchise-Ketten sowie einigen lokalen Anbietern. Schräg gegenüber, an der 333 Canal St. gibt es wiederum etwas bessere
Geschäfte in der Mall Shops at Canal Place.

☞ Hinweis

Viele Geschäfte bieten „**Tax Free Shopping**" an – erkennbar an dem „Tax-Free-Sticker"
an der Tür. D.h., Sie erhalten im Geschäft eine Quittung über die bezahlten lokalen Steuern.
Diese Steuern erhalten Sie nach Vorlage der Quittung, des Passes und des Flugtickets dann bei
der Ausreise aus Louisiana (Schalter am New Orleans Int. Airport) zurück. Weitere Infos dazu
erhalten Sie unter ☏ 568-5323.

SOUVENIRS

Im French Quarter, besonders entlang der **Bourbon Street**, finden sich zahlreiche Souvenirshops.
Zumeist billiger Kitsch.
Antikes/Galerien (6): Hier bietet New Orleans alles, was ein gut gefülltes Portemonnaie zulässt.
Möbel, alte Karten, alte Bücher, Südstaatengemälde etc. Die meisten Antiquitätengeschäfte und
Galerien befinden sich in der **Royal Street** und deren Seitenstraßen.
Eine wahre Fundgrube für Antiquitäten und Ramsch ist die **Magazine Street** (7) im Hausnummern-
bereich 2000 bis 2200. Hier haben die Trödler ihre „Geschäfte", und von alten Musiktruhen bis hin
zu angerosteten Haushaltsgegenständen gibt es alles. Die Magazine Street ist aber auch weiter
oben (ca. ab Nummer 2800) eine schöne Einkaufsstraße. Kleine Boutiquen, Trödler, Spezialitäten-
geschäfte wechseln sich hier mit alten kleinen Wohnhäusern und Galerien ab. Die Zeiten der wirklich günstigen Schnäppchen ist aber auch entlang der Magazine Street vorbei. vorbei. Siehe: www.
magazinestreet.com
Elektronik: Entlang der Canal Street haben sich viele Händler angesiedelt, die vom Telefon über
Fotoapparate bis hin zu Hifi-Anlagen alles anbieten. Sie müssen aber beharrlich handeln, und wenn
Sie nicht die exakten Preise kennen für die ausgewählte Ware, sollten Sie mehr als vorsichtig sein.
Ohne diese Kenntnis werden Sie hier mit Sicherheit über's Ohr gehauen!
Pralinen: Der verwöhnte europäische Gaumen mag sich zwar fragen, warum nun gerade diese über-
süßen Pralinen aus New Orleans so berühmt geworden sind. Aber das liegt wahrscheinlich an dem
ansonsten sehr langweiligen Pralinenangebot in den USA. Als Mitbringsel eignen sie sich aber alle-
mal. Pralinen in New Orleans sind auch nicht, wie in Europa, gefüllt mit einer Creme, Frucht o.ä., son-
dern bestehen aus einer verfestigten Zuckermasse, der i.d.R. Pecannüsse beigefügt werden. Drei gute
Läden mit eigener Produktion sind: **Old Town Praline Shop** (8) (627 Royal Street), **Evans** (9)
(Ecke St. Peters/Dumaine Sts., French Market) sowie **Aunt Sally's** (10) (810 Decatur St., French
Market). Aunt Sally's bietet auch kurze Touren an durch die „Pralinenküchen". Diese sollte man aber
vorher anmelden: ☏ (504) 944-6090, 1-800-642-7257, www.auntsallys.com.
Masken: New Orleans ist auch für seine Karnevalsmasken bekannt. Meistens sind es maschinenge-
fertigte Massenwaren. Echte handbemalte Stücke erhalten Sie bei **Rumors** (11) (513 Royal Street)
sowie im **Little Shop of Fantasy** (12) (517 Rue Saint Louis).

Karnevalskostüme: *Falls Sie Mardi Gras miterleben oder etwas Ausgefallenes für den europäischen Karneval erstehen möchten, bieten sich folgende Geschäfte an:* **Mardi Gras Center** (13) *(831 Chartres St.) sowie die Filiale des* **Accent Annex Enterprises dba Mardi Gras Madness** *(in der Riverwalk Marketplace Mall)*

Platten (ja, auch die sind noch auf dem Markt)/CDs: *Wo sonst erwartet Sie eine so gute Auswahl an Blues- und Jazzmusik als in New Orleans? Die besten Läden finden Sie in der Decatur St., etwa gegenüber der Jax Brewery. Besonders in den kleinen Geschäften werden Sie gut beraten, denn hinter den Besitzern verbergen sich häufig eingefleischte Jazzkenner.* **Tower Records** (14) *(590 Decatur St.) und die* **Louisiana Music Factory** (15) *(210 Decatur St.) sind mit Sicherheit die größten Musikläden.*

MÄRKTE

French Market Flea Market: *St. Peters & Decatur St. Täglich von 7–19 Uhr. Hier gibt es mittlerweile nur Geschäfte/ professionelle Verkaufsstände mit viel Kitsch aus Ostasien.*

Farmer's Market: *Upper 9th Ward, 3500 St. Claude Ave. (nordöstl. D. French Quarter). Farmprodukte, Cream Cheese, Pecans, Obst, Gemüse etc. Samstags 13-17 Uhr.*

Echte Flohmärkte *finden oft auf den Parkplätzen der Shopping Malls in den Vororten statt. Achten Sie auf Aushängen bzw. Ankündigungen in den Zeitungen.*

🏃 Jährlich wiederkehrende Veranstaltungen

Mardi Gras: *Februar/März. Die größte Karnevalsveranstaltung der USA. Die 2 Wochen vor Aschermittwoch werden mit Straßenmusik, Umzügen u.v.m. gefeiert. Hotelzimmer sind zu dieser Zeit sehr teuer und müssen sehr früh gebucht werden.*

French Quarter Festival: *Mitte April. Outdoor-Livemusik im gesamten French Quarter. Jazz Brunch.*

New Orleans Jazz and Heritage Festival: *Letztes Wochenende im April bis zum ersten im Mai: Auf den Fair Ground Race Tracks. Musikveranstaltungen aller Stilrichtungen. Infos: ☎ 410-4100, www.nojazzfest.com. Kenner sagen, ein Besuch dieses Festivals sei noch lohnenswerter als Mardi Gras.*

📖 Literaturtipps zu New Orleans

John Kennedy Toole; *A Confederacy of Dunces: Dieses, mit dem Pulitzer-Preis gekrönte Buch lebt in eingängigster Weise von der Darstellung der verschiedenen New Orleans-Charaktere: Ihre Arbeit, ihre Probleme und vor allem ihre Sprache – ein Buch, das eigentlich nur im englischen Original seine volle Entfaltung findet.*

Mark Twain; *Leben auf dem Mississippi: Autobiographisch beeinflusstes Werk des bekanntesten „Mississippi-Schriftstellers". 10 Kapitel dieses Buches befassen sich mit dem New Orleans aus der großen Zeit der Schaufelraddampfer.*

Tennessee Williams; *Endstation Sehnsucht, Die Tätowierte Rose; Zwei Dramen, die die echten Probleme der kleinen Leute in Amerika aufzeigen. Die zerbrechliche Illusionswelt prallt auf die harte Wirklichkeit. „Endstation Sehnsucht" heißt im Original „Streetcar named Desire" und bezieht sich auf die Straßenbahnendstation Desire (New Orleans), in deren Umgebung damals das Kleinbürgertum gewohnt hat.*

Okefenokee Swamps (S. 376ff)

ℹ️ Information

Okefenokee National Wildlife Refuge: *Okefenokee Pkwy., am GA 121, Folkston, GA 31537, ☎ (912) 496-7836, www.fws.gov/okefenokee. Weitere Infos erhalten Sie in den einzelnen Besucherzentren.*

Okefenokee Swamp Park: *GA 177, Waycross, GA 31503, ☎ (912) 283-0583, www.okeswamp.com.*

Unterkünfte
Inn at Folkston $$$: 509 W. Main St., Folkston, GA 31537, ☎ (912) 496-6256, www.
innatfolkston.com. Schönes B&B mit 4 Zimmern. Von mehreren Lesern bereits hervorgehoben,
auch wegen der tollen Erläuterungen und Hilfen der Besitzer beim Organisieren von Touren in die
Umgegend.
Holiday Inn $$: 1725 Memorial Drive (US 1/23), Waycross, GA 31501, ☎ (912) 283-4490, 🖨
(912) 283-4490 ext.197, www.ichotelsgroup.com. Kinderspielplatz und Schwimmbad, sehr gut ge-
führtes Motel. Weitere Motels verschiedener Preisklassen finden Sie um das Holiday Inn bzw. an der
südlichen Ausfahrtsroute US 1.
Im **Stephen C. Foster State Park** gibt es kleine, voll ausgestattete Cottages (**$$**). Lebensmittel
müssen Sie aus Fargo (oder besser aus einem größeren Supermarkt in Valdosta oder Homerville)
mitbringen, denn der kleine Laden im Park hat nicht viel! Infos: ☎ (912) 637-5274; Reservierung:
☎1-800-864-7275, www.gastateparks.org/info/scfoster.

CAMPING
Im Stephen C. Foster State Park: ☎ (912) 637-5274
Laura Walker State Park: Infos: ☎ (912) 287-4900; Reservierungen: 1-800-864-7275, www.
gastateparks.org, 9 Meilen südöstl. von Waycross in der Nähe des Okefenokee Swamp Park.

 Ausrüster für Kanutouren
Okefenokee Adventures: Okefenokee Pkwy., am GA 121/ Rt.2, Folkstone, GA 31537, ☎
(912) 496-7156, www.okefenokeeadventures.com. Ein und mehrtägige Kanutouren (mit und ohne
Führer), Fahrradverleih.

> ☞ **Tipp**
>
> Für die Kanutouren unbedingt folgende Dinge mitnehmen: Sonnenschutz, Hut, Sonnenbrille,
> Schuhe (für Ausflüge an Land), Insektenschutzmittel, Trinkwasser und eine Kleinigkeit zu essen.
> Meiden Sie zudem die heiße Mittagszeit!

Osceola National Forest/FL (S. 380)

i **Information**
The Depot Visitor Center: 5892 N. CR 231, Olustee, FL 32072, ☎ (386) 752-0147,
www.fs.fcd.us

Unterkunft
CAMPING
Am **Ocean Pond** gibt es einen Campingplatz, der am Nordufer liegt. Hier kann man auch schwimmen.

Panama City Beach/FL (S. 364)

i **Information**
Panama City Beach Information Center: In der City Hall, 17001 Panama City Beach
Pkwy. (US 98), ☎ (850) 233-5070, www.visitpanamacitybeach.com.

Unterkünfte

Mariott's Bay Point Resort $$$$: *4200 Mariott Dr. (100 Delwood Beach Rd.), Panama City Beach, FL 32408, ☎ (850) 236-6000, 🖷 (850) 236-6158, www.marriottbaypoint.com. Überdimensionale Ferienhotel-Anlage an der Grand Lagoon (nicht am Golf direkt), eingebettet in ein großes und sehr beliebtes Golfgebiet. Die gesamte Anlage ist sehr schön, strotzt vor Luxus, bietet zudem Erholung, Abgeschiedenheit und mehr als einen Hauch von Exklusivität. Die Preise sind natürlich entsprechend, so dass ein kurzer Übernachtungsstopp nicht lohnen würde. Um alles zu genießen, sollten Sie hier mindestens 2 Nächte bleiben. Achten Sie darauf, dass Sie ein Zimmer mit Blick auf die Lagune bekommen, nicht auf den Golfplatz. Sehr teuer, aber exquisit sind die Villas (Häuser/Apartments mit kleinen Küchen). Grundsätzlich ist das Resort aber bekannt dafür, in der Nebensaison relativ günstig für die gebotene Leistung zu sein.*

Edgewater Beach Resort $$$: *11212 US 98A, Panama City Beach, FL 32407, ☎ (850) 235-4044, 🖷 (850) 235-6899, www.edgewaterbeachresort.com. Luxuriöses Resort mit 1–3-Zimmer-Apartments. Diese riesige Hotelanlage liegt direkt am Strand. In der Nebensaison bzw. unter der Woche günstigere Peise. Nichts zum Entspannen!*

Days Inn $$: *12818 Front Beach Rd. (Scenic 98)/Ecke Clara Ave., Panama City Beach, FL 32407, ☎ (850) 233-3333, 🖷 (850) 233-9568, www.daysinn.com. Einfaches, aber adrettes Motel direkt am Strand. Ein paar Blocks weiter machte auch das* **Seahaven Beach Hotel $$** *(15285 Front Beach Rd. (Scenic 98), ☎ 850.234.6636, www.pcbeachescapes.com) einen guten Eindruck.*

Restaurants

Boar's Head: *17290 Front Beach Rd., Panama City Beach, ☎ 234-6628. Atmosphäre eines englischen Pubs, aber vor allem bekannt und beliebt (seit Ende der 1970er-Jahre) wegen der guten Steaks. Seafood gibt es auch.*

Capt. Anderson's Dockside Restaurant: *5551 North Lagoon Dr./Thomas Dr., Panama City Beach, ☎ 234-2225. Seafood, direkt von der Fischereiflotte. Blick auf den Fischereihafen. Die Werbung, man könne den Fischern beim Entladen zusehen, trifft nur sehr selten den Kern der Sache, aber das Restaurant besteht schon seit 1953!*

Pensacola und Pensacola Beach/FL (S. 359ff)

Pensacola

Information

Convention & Visitors Bureau: *1401 E. Gregory St. (am Fuße der Brücke nach Gulf Breeze), Pensacola 32501, ☎ (850) 434-1234, www.visitpensacola.com (Pensacola) und www.pensacolabeach.com (Pensacola Beach)*

Unterkünfte

Pensacola Grand Hotel $$$: *200 E. Gregory St., Pensacola, FL 32501, ☎ (850) 433-3336, 🖷 (850) 432-7572, www.pensacolagrandhotel.com. Luxushotel, z.T. untergebracht im ehemaligen Eisenbahndepot der Louisville & Nashville Railroad – von 1912.*

New World Inn $$-$$$: *600 S. Palfox, Pensacola, FL 32501, ☎ (850) 432-4111, 🖷 (850) 432-6836, www.newworldlanding.com. Individuelles Haus, restauriert und eingerichtet mit Bezug auf alle historischen Stilrichtungen, die Pensacola erlebt hat. Etwas für Genießer (2 schöne Suiten!).*

Days Inn Historic Downtown $$: *710 N. Palfox, Pensacola, FL 32501, ☎ (850) 438-4922, www.daysinn.com. Die günstige (Motel-)Innenstadtvariante mit 100 Zimmern.*

P

Restaurants

McGuire's Irish Pub & Brewery: *600 E. Gregory St., Pensacola, ☏ 433-6789. Irischer Pub in altem Feuerwehrhaus. Rustikale Atmosphäre, irische Livemusik, verschiedene selbstgebraute Biere (das Cherry-Bier ist gewöhnungsbedürftig). Amerikanische Küche und irische Hausmannskost (es gibt auch Leberwurst!). Der Pub lädt auch ein für nur eine kleine Erfrischung.*

Ebenso in dem Gebiet zwischen Seville Historic District im Westen und der Rampe zur Brücke nach Gulf Breeze finden sich weitere Restaurants, wie z.B. das Seafood-Franchise-Restaurant **Landry's** *(905 E. Gregory, ☏ 434-3600). Herausragend in der Gegend ist* **Jamie's** *(424 E. Zaragoza St., ☏ 434-2911) mit exquisiter französischer Küche in einem restaurierten viktorianischen Haus. Dafür ist es hier aber auch ein wenig teurer.*

Ein Favorit bei den Einheimischen ist die **Marina Oyster Barn** *(505 Bayou Blvd. – am Bayou Texar nordöstlich der Innenstadt, ☏ 433-0511). In diesem „Down-to-Earth-Place" gibt es natürlich Austern jeglicher Art, aber auch andere Meeresfrüchte und das Ganze zu sehr günstigen Preisen. Nur Di–Sa und abends auch nur bis 21 Uhr!*

Pensacola Beach

i Information

Kurz hinter der Brücke, in Pensacola Beach (an der Dreieckskreuzung) befindet sich ein kleines Informationsbüro. Für schriftliche und telefonische Anfragen ist das Hauptbüro in Pensacola selbst zuständig. Schauen Sie bitte oben; www.pensacolabeach.com.

Unterkünfte

Grundsätzlich finden Sie am Via De Luna Dr. in Pensacola Beach viele Hotels aller Preisklassen.
Holiday Inn Express $$-$$$: *333 Ft. Pickens Rd., Pensacola Beach, FL 32561, ☏ (850) 932-3536, 🖷 (850) 932-7088, www.hiexpress.com. Hotel mit 76 Apartments, die meisten mit Blick auf den Golf, viele aber auch mit Blick auf die Lagune. Große Räume. Fragen Sie nach einem Zimmer in den oberen Etagen. Im Haus gibt es auch ein Restaurant und eine Bar. Von beiden aus haben Sie eine schöne Aussicht auf den Golf.*

Hampton Inn Pensacola Beach $$-$$$: *2 Via De Luna Dr., Pensacola Beach, FL 32561, ☏ (850) 932-6800, 🖷 (850) 932-6833, www.hamptonbeachresort.com. Großes Strandhotel mit über 180 Zimmern. Direkt am Strand. Strandbar. Die Hälfte der Zimmer hat Balkon mit Blick auf den Golf (die andere Hälfte ohne Balkon mit Blick auf die Bay!).*

Days Inn Pensacola Beach $$: *16 Via de Luna, Pensacola Beach, 32561, ☏ (850) 934-3300, 🖷 (850) 934-4366, www.daysinn.com. Hotel mit eigenem Strand am Golf. Alle Zimmer mit Mikrowelle, Kaffeemaschine und Kühlschrank. Günstig und gut.*

Möchten Sie in einem Apartment (Condominium) wohnen, finden Sie diese vornehmlich auf dem Perdido Key (südwestlich von Pensacola). Zu empfehlen wären:
Eden $$$-$$$$: *16281 Perdido Key Dr., Pensacola, FL 32507, ☏ (850) 492 3336 od. 1-800-523-8141, www.perdido-key.com. Luxiöse Apartments. Alle Zimmer mit Balkon zum Golf.*
Das schönste, wenn auch teure Apartmenthotel ist aber das **Portofino Resort $$$-$$$$$** *im Osten von Pensacola Beach: 10 Portofino Dr., Pensacola Beach, FL 32561, ☏ (850) 916-5000, 1-877-484-3405, 🖷 (850) 916-5010, www.portofinoisland.com. In fünf 20-stöckigen Türmen befinden sich luxiöse 2–4-Zimmer-Suiten für Selbstversorger. Nahezu von allen Balkonen gibt es eine schöne Aussicht, wobei auch hier die 3 Türme zum Golf hin vorzuziehen sind und dort dann auch die Seiten mit Blick zum Wasser. Darauf sollten Sie bei der Buchung achten. Zum Resort gehört auch ein tolles Spa/Wellness-Center, wo Sie Yoga-Stunden, Massagen, Saunasitzungen u.v.m. buchen kön-*

P

nen. Ein Restaurant mit mediterran angehauchter, guter Küche gehört ebenso zum Resort, sowie Liegestühle am Strand, die Möglichkeit mit einer Gondel abends hinauszufahren (und dabei zu dinieren) oder eine Picknicktour mit einem Katamaran zu buchen. Hier ist vieles möglich, und wer sich mal so richtig verwöhnen lassen möchte, der wird nicht enttäuscht. Das Ganze hat dann aber seinen Preis. Ohne Programm und in der Nebensaison sind die Zimmer bei der Qualität aber relativ günstig. Condos sind in der Nebensaison um einiges billiger!

CAMPING
Am Ft. Pickens am westlichen Ausläufer der Santa Rosa Island gibt es einen relativ ruhigen Campingplatz, der von den Rangern des Gulf Islands National Seashore verwaltet wird. ☎ (850) 934-2600, www.nps.gov/guis. Reservierungen sind zurzeit nicht nötig (first-come, first-serve!).

🍴 Restaurants und Bars
Die meisten Restaurants und Bars befinden sich im Bereich nahe der Brücke von Gulf Breeze. Auf der Bay-Seite sind einige davon in den kleinen Malls, so z.B. das beliebte Seafood-Restaurant **Flounder's Chowder & Ale House** (800 Quietwater Beach Rd). Nett ist es auch, sich in eine der Strandbars gegenüber dieser Malls zu setzen, wie z.B. dem **The Dock's** (oft „Oyster-Specials"!) oder **Crab**. Direkt am Golfstrand schmeckt der Sundowner besonders gut. Ansonsten sind die besseren Restaurants in den o.g. Hotels (**Portofino, The Dunes**).

Pine Mountain/GA (S. 506)

ⓘ Information
Pine Mountain Tourism Association: 101 East Broad St., P.O. Box 177, Pine Mountain, GA 31822, ☎ (706) 663-4000 oder 1-800-441-3502, www.pinemountain.org

🛏 Unterkünfte
Pine Mountain Club Chalets $$$$: 14475 GA Highway 18 West, Pine Mountain, GA 31822, ☎ (706)-663-2211 oder 1-800-535-7622, www.pinemountainclubchalets.com. Alpine Chalets an einem schönen See. Tennisplätze, Swimmingpool und Minigolf-Anlage vorhanden.
Günstigere Cottages gibt es übrigens im **Franklin D. Roosevelt State Park**, dessen Office an der GA 190 östlich der Callaway Gardens zu finden ist: FDR-State Park, 2970 Hwy. 190E, Pine Mountain, GA 31822, ☎ (706) 663-4858, www.gastateparks.org.
Days Inn $$: 368 S. Main Ave. (US 27), Pine Mountain, GA 31822, ☎ (706) 663-2121 oder 1-800-325-2525, www.daysinn.com. Eine etwas günstigere Alternative zu den doch recht teuren Cottages und Chalets. Sauberes Haus mit dem üblichen Motel-Standard.

🍴 Restaurant
San Marcos Mexican Restaurante: 352 Main St., Pine Mountain, ☎ (706) 663-8075. Recht authentische mexikanische Küche. Gut, lecker und preiswert. Die Fajitas schmecken einfach toll!

Plains/GA (S. 509)

ⓘ Information
Jimmy Carter National Historic Site: 300 N. Bond St., Plains, GA 31780, ☎ (229) 824-4104. www.nps.gov/jica

P

S

Georgia Welcome Center: *Am Ortsausgang von Plains (Richtung Americus), GA 31780,* ☎ *(229) 824-7477 od. (229) 824-5373, www.plainsgeorgia.com.*

🛏 **Unterkünfte**

Windsor Hotel $$$$$: *Wenige Minuten von Plains entfernt in östlicher Richtung am US 280 gelegen, 125 W. Lamar St., Americus, GA 31709,* ☎ *(229) 924-1555 oder 1-888-297-9567, www.windsor-americus.com. Edles Grandhotel von 1892 im Märchenschloss-Stil. Absolut feines Ambiente. Internationale Spitzenköche und ausgebildetes Fachpersonal runden das Ganze ab.*
Plains Historic Inn: *106 Main Street, Plains, GA 31780,* ☎ *(229) 824-4517, www.plainsinn.net. Gemütliches kleines, historisches Hotel in der Innenstadt.*

Plantagenstrecke (New Orleans-Baton Rouge)/LA (S. 320ff)

i **Informationen, Unterkünfte und Restaurants entlang der Strecke**

Destrehan Plantation: *9999 River Rd., Destrehan, LA 70047,* ☎ *(985) 764-9315, www.destrehanplantation.org. Geöffnet: Mo–Fr 9.30–16 Uhr (geschlossen an Feiertagen). Nur acht Meilen vom New Orleans Int. Airport – also durchaus erreichbar an einem Nachmittag von New Orleans aus.* **Keine** *Übernachtung,* **kein** *Restaurant.*
San Francisco Plantation: *Highway 44, Reserve, LA 70884,* ☎ *(985) 535-2341, 1-888-509-1756, www.SanFranciscoPlantation.org. Geöffnet: Täglich 10–16 Uhr (außer an Feiertagen). 45 Meilen von New Orleans.* **Keine** *Übernachtung,* **kein** *Restaurant.*
Tezcuco Plantation: *3138 Hwy. 44, River Road, Darrow (Burnside), LA 70725,* ☎ *(225) 562-3929. Das Haupthaus fiel 2002 einem verheerenden Feuer zum Opfer. Ob die schöne Anlage wieder zu besichtigen sein wird bzw. das Haus originalgetreu wieder aufgebaut wird, stand selbst Jahre später noch nicht fest.*
Houmas House Plantation: *40136 Highway 942 Burnside, Darrow, LA 70725,* ☎ *(225) 473-9380, www.houmashouse.com. Mo u. Di 9–17 Uhr, Mi–So 9–20 Uhr geöffnet. 60 Meilen von New Orleans. Keine Übernachtung, aber ein Café sowie ein Restaurant:* **Latil's Landing Restaurant**: ☎ *(225) 473-9380, geöffnet Do–Sa (18–22 Uhr) sowie So (14–21 Uhr).*
Latil's Landing Restaurant: ☎ *(225) 473-9380, www.houmashouse.com, geöffnet Do–Sa (18–22 Uhr) sowie So (14–21 Uhr). Keine Unterkunft. Ein Bed&Breakfast gibt es auch.*
Nottoway Plantation: *LA Hwy. 1 and Mississippi Rd., White Castle, LA 70788,* ☎ *(225) 545-2730, www.nottoway.com. Täglich 9–17 Uhr (außer Weihnachten) geöffnet. 69 Meilen von New Orleans (über das nördliche Mississippiufer). Stilvolle Unterkünfte (***$$$-$$$$***) und ein ausgezeichnetes Restaurant.*
Oak Alley Plantation: *3645 LA Hwy. 18, Vacherie, LA 70090,* ☎ *(225) 265-2151, www.oakalley plantation.com Von März Oktober 9–17.30 Uhr, von November–Februar 9–17 Uhr täglich geöffnet. 60 Meilen von New Orleans. Unterkünfte (Cottages,* ***$$$****) und Restaurant (kein Dinner!).*
Laura Plantation: *LA Hwy. 18, nahe LA 641, Vacherie, LA 70090, www.lauraplantation.com. Geöffnet: Täglich 10–16 Uhr. 57 Meilen von New Orleans.* **Keine** *Übernachtung,* **kein** *Restaurant.*

St. Augustine/FL (S. 385ff)

i **Information**

St. Augustine Visitor Information Center: *10 Castillo Dr./ San Marco Avenue, gegenüber dem Castillo de San Marcos, St. Augustine, FL 32084,* ☎ *(904) 825-1000, www.Getaway4 Florida.com, www.staugustine.com, www.historicaugustine.com, geöffnet: täglich 8.30–17.30 Uhr.*

Parken: Wegen der kleinen, alten Gassen gibt es in St. Augustine eine eigene Parkplatz-Politik: Sie müssen Ihr Fahrzeug, soweit nicht an der Unterkunft geparkt wird, auf kostenpflichtigen Parkplätzen abstellen. Es gibt an den Straßen ein paar „2-Stunden-Plätze", doch sind diese zumeist belegt und 2 Stunden genügen auch nicht für die Stadt. Parken Sie daher auf den um die Innenstadt ausgewiesenen Parkplätzen (einer ist nahe dem Visitor Center). Mit dem nicht ganz billigen Parkschein können Sie den Parkplatz dann zwei Kalendertage lang nutzen.

St. Augustine Visitor Information Center, 10 Castillo Dr., geöffnet: täglich 8.30–17.30 Uhr.

 ### Unterkünfte
HOTELS/MOTELS

> 📫 **Hinweis**
>
> Unterkünfte in St. Augustine Beach haben den Nachteil, dass Sie abends in die Stadt fahren müssen (siehe Parkplatzpolitik oben).

La Fiesta Oceanside Inn & Suites $$-$$$: 810 A1A Beach Blvd., St Augustine Beach, FL 32084, ☎ (904) 471-2220, www.lafiestainn.com. Relativ günstige Unterkunft in Strandnähe.

Conch House Marina Resort $$$: 57 Comares Ave., St. Augustine, FL 32084, ☎ (904) 829-8646, 🖨 (904) 829-5414, www.conch-house.com. Tropisch-floridianischer Stil, 17 Zimmer.

Monterey Inn $$-$$$: 16 Avenida Menendez, St. Augustine, FL 32084, ☎ (904) 824-4482, 🖨 (904) 829-8854, www.themontereyinn.com. Sauberes und adrettes Motel direkt in der Innenstadt. Für den Preis absolut okay und der große Vorteil dabei ist auch noch, dass Sie so kostenlos nahe der Attraktionen einen Parkplatz haben!

Days Inn Historic Downtown $$: 1300 N. Ponce de León Blvd., St. Augustine, FL 32084, ☎ (904) 824-3383, www.daysinn.com. Relativ preiswertes Motel, Swimmingpool. In die historische Innenstadt nehmen Sie von hier aber besser den Sightseeing-Train.

Howard Johnson Lodge $$-$$$: 137 San Marco Ave., St. Augustine, FL 32084, ☎ (904) 824-6181, 🖨 (904) 825-2774, www.staugustinehojo.com. Das Kettenhotel liegt günstig zu allen Sehenswürdigkeiten der Altstadt, 71 Zimmer, viele mit Kochmöglichkeit.

Sehr günstige, aber dafür auch **einfache Motels** finden Sie direkt auf der anderen Seite der Bridge of Lions.

> 📫 **Hinweis**
>
> Alle B&Bs sind in individuellen Häusern untergebracht. Die Zimmer variieren daher sehr in Größe und Ausstattung, aber eben auch im Preis (Unterschiede von US$ 75 bis 225 kommen vor). Hinzu kommen große Preisunterschiede je nach Saison und Wochentag. Möchten Sie also gerne in einem historischen B&B übernachten lohnt sich ein Preisvergleich einzelner Häuser. Vielleicht ist irgendwo ja ein günstigeres Zimmer frei.

BED AND BREAKFAST

Alexander Homestead $$$-$$$$: 14 Sevilla St., St. Augustine, FL 32084, ☎ (904) 826-4147, 🖨 (904) 823-9503, www.alexanderhomestead.com. Haus mit nur 4 Zimmern, 1888 im viktorianischen Stil erbaut, sehr romantisch. 2 Zimmer mit Jacuzzis. Ideal für „Honeymooner", aber eben auch recht teuer.

St. Francis Inn $$-$$$$: 279 George St., St. Augustine, FL 32084, ☎ (904) 824-6068, 🖨 (904) 810-5525, www.stfrancisinn.com. 17 Zimmer auf zwei Häuser verteilt. Kleiner Swimmingpool. Sehr *schönes B&B ein wenig außerhalb des Innenstadttrubels (400 m bis zur King Street). Kleiner Garten, nachmittags gibt es einen kleinen Snack. Sehr individuelle Zimmer (daher die Preisspanne), so dass Sie beim Reservieren bereits Ihre Wünsche äußern sollten. Hier im Ort unser Tipp.*

Kenwood Inn B&B $$-$$$: *38 Marine, St. Augustine, FL 32084,* ☎ *(904) 824-2116,* 🖨 *(904) 824-1689, www.thekenwoodinn.com. In der Altstadt gelegen, gediegen eingerichtet, nur 12 Zimmer, Swimmingpool und Sonnendeck.*

Victorian House Inn $$-$$$: *11 Cadiz St., St. Augustine, FL 32084,* ☎ *(904) 824-5214,* 🖨 *(904) 824-7990, www.victorianhousebnb.com. Altes, restauriertes B&B-Haus im viktorianischen Stil mit 8 Räumen.*

Westcott House $$-$$$: *146 Avenida Menendez, St. Augustine, FL 32084,* ☎ *(904) 824-4301,* 🖨 *(904) 824-1502, www.westcotthouse.com. Sehr schön und aufwendig restauriertes Haus mit nur 8 Zimmern, direkt am Wasser gelegen.*

Pirate House Inn & Hostel $-$$: *32 Tresuary St., St. Augustine, FL 32084,* ☎ *(904) 808-1999, www.piratehaus.com. Einfaches B&B – und auch Hostel mit kleinem Schlafsaal – in der Innenstadt. 2-Bettzimmer, 3 davon mit eigenem Bad. Wer also sparen möchte und das Glück hat, dass hier noch ein Zimmer frei ist, der hat hier die Alternative. Sauber, aber auch einfach.*

🍴 Restaurants

Le Pavillion: *45 San Marco Ave.,* ☎ *(904) 824-6202. Französische Küche, u.a. sehr gute Fischgerichte, Lamm, Austern. Den angebotenen Sauerbraten und das Wiener Schnitzel braucht man nicht zu essen. Mittlere Preise.*

Columbia Restaurant: *98 St. George St.,* ☎ *(904) 824-3341. Spanische Atmosphäre und spanische Gerichte. Sehr gute Zubereitungen, u.a. Paella, verschiedene Fischgerichte (gut: Snapper) und der berühmte Salat mit einem Dressing, das vor Ihren Augen zubereitet wird. Hier bekommen Sie allerdings nicht die exquisiten Zigarren, die Sie im ursprünglichen Columbia in Tampa genießen können.*

Scarlett O'Hara: *70 Hypolita St., St. Augustine* ☎ *(904) 824-6535. Im alten Holzhaus geht's richtig urig zu. Auf der Veranda kann man in Schaukelstühlen Platz nehmen, und Sänger sorgen für Unterhaltung.*

O.C. Whites: *118 Ave. Menendez,* ☎ *(904) 824-0808. Rustikales Restaurant mit guten Steak- und Fischgerichten, untergebracht in altem Generals-Mansion von 1791. Auch die Bar ist recht gemütlich.*

Osteen's: *205 Anastasia Blvd.,* ☎ *(904) 829-6974. Hier können Sie vor allem leckere Shrimps genießen.*

🎷 Pubs und Livemusik

Obwohl man es so in St. Augustine nicht erwarten würde, es gibt inmitten der Stadt ganz normale Pinten und vor allem auch Livemusik-Kneipen. Das „Waterhole" der Einheimischen und zumeist der Late-Night-Spot ist die **A1A Ale Works** *(1 King St, gegenüber Bridge of Lions), wo auch viel lebendiger Rock und Rhythm & Blues gespielt wird und es zudem Pubfood mit karibischen Einflüssen gibt. Eine weitere beliebte Bar ist das* **Mill Top** *(Ecke Castillo Drive/Fort Alley – direkt am Castillo), ebenfalls bekannt für Livemusik. Oben genannte Lokalitäten wie das* **O.C. Whites** *und das* **Scarlett O'Hara** *eignen sich auch für den Absacker am Abend.*

St. Francisville/LA (S. 594ff)

ℹ️ Information

West Feliciana Historical Society: *11757 Ferdinand St., St. Francisville, LA 70775, P.O. Box 338,* ☎ *(225) 635-6330, www.audubonpilgrimage.info, www.stfrancisville.us und gut ist auch www. stfrancisville.net*

🛏 **Unterkünfte**
Barrow House Inn B & B $$$-$$$$: *9779 Royal St., St. Francisville, LA 70775,* ☎ *(225) 635-4791, www.topteninn.com. Das Gebäude stammt von 1809 und diente zuerst als Salzlager. Ein Zimmer hat noch ein originales Mississippi-Plantagenbett, und in einem anderen gibt es noch eine Moos-Matratze, so wie sie vor über 200 Jahren in dieser Region üblich war.*
Myrtles Plantation $$$: *Eine Meile vom US 61 N., Nr.7747, St. Francisville, LA 70775,* ☎ *(225) 635-6277 oder 1-800-809-0565, www.myrtlesplantation.com. Schöne B&B-Unterkünfte auf einer alten Plantage. Achtung: Hier „spukt" es nachts! Restaurant um Haus.*
Greenwood Plantation and B & B Inn $$$: *6838 Highland Rd., St. Francisville, LA 70775,* ☎ *(225) 655-4475 oder 1-800-259-4475, www.greenwoodplantation.com. Schönes Antebellum-Haus von 1850. Auch das fantastische Frühstück überzeugt.*

St. Martinville/LA (S. 622)

i **Information**
Tourist Information Center: *215 Evangeline Blvd., St. Martinville, LA 70582,* ☎ *(337) 298-3556, 394-2233 od. 1-888-565-5939, www.cajuncountry.org.*

🛏 **Unterkunft**
The Old Castillo B&B $$$: *220 Evangeline Blvd., St. Martinsville, LA 70582,* ☎ *(337) 394-4010 oder 1-800-621-3017, www.oldcastillo.com. Günstige und ansprechende Bed&Breakfast-Unterkunft in einem historischen Haus direkt im Ortszentrum.*

Savannah/GA (S. 399ff)

i **Information**
Savannah Visitors Center: *301 Martin Luther King Jr. Blvd.,* ☎ *(912) 944-0455, www. savannahvisit.com oder www.savcvb.com. Untergebracht in dem alten Bahnhof. Hier gibt es eine Diashow zur Stadtgeschichte, und von hier starten auch eine Reihe von Sightseeingtouren. Besorgen Sie sich hier den ausgezeichneten Stadtführer „Sojourn in Savannah", der hervorragende Erläuterungen zur Architektur der einzelnen Häuser bietet. Gleich nebenan befindet sich die „Savannah Exposition", eine interessante Ausstellung mit Fotos und Exponaten zur lokalen Geschichte. Hier werden auch 2 Filme gezeigt, welche die Historie der Stadt veranschaulichen. Täglich 9–16 Uhr.*
Savannah Area CVB: *101 E. Bay Street, Historic District,* ☎ *(912) 644-6401. Eine weitere Infostelle.*

i **Wichtige Telefonnummern**
Vorwahl: ☎ *912*
Notruf *Polizei/Feuer/Ambulanz:* ☎ *911*
Krankenhaus *(24-Std.-Ambulanz): Chandler General Hospital: 5353 Reynold St., Kensington Park,* ☎ *(912) 692-6000*
Flughafeninformation: ☎ *(912) 964-0514, www.savannahairport.com. Shuttle-Busse verkehren für ca. $ 15–18 zu den Hotels in der Innenstadt..*

Verkehr
ÖFFENTLICHE VERKEHRSMITTEL

Amtrak: *Der Bahnhof befindet sich am 2611 Seabord Coastline Drive (4 Meilen sw der Stadt). Infos:* ☎ *(912) 234-2611. Täglich mehrere Verbindungen entlang der Ostküste.*
Überlandbusse: *Greyhound/Trailways: 610 W.Oglethorpe Ave.,* ☎ *(912) 233-8186 („ungemütliche" Umgebung). Mehrere Verbindungen täglich in alle Richtungen.*
Stadtbusse: *Chatham Area Transit (CAT),* ☎ *233-5767, www.catchacat.org. Verkehren in der Woche z.T. bis 23.30 Uhr! Der CAT-Shuttle verkehrt kostenlos in der Innenstadt zw. Visitor Center und den wesentlichen Attraktionen im Historic District.*

TAXIS
Adam Cab: ☎ *927-7466*
Yellow Cab: ☎ *236-1133*

Hotels und andere Unterkünfte

DeSoto Hilton ab $$$-$$$$: *15 E. Liberty St. (Bull Street), Savannah, GA 31401,* ☎ *(912) 232-9000 od. 1-800-445-8667,* 🖷 *(912) 232-6018, www.desotohilton.com. Neubau. Im historischen Distrikt gelegen. (Wenige) Teile der Architektur stammen noch aus dem letzten Jahrhundert. Ehemals das „In-Hotel" der High Society. Gutes Restaurant (Pavillon).*
Hyatt Regency Savannah $$$-$$$$: *2 W. Bay St., Savannah, GA 31401,* ☎ *(912) 238-1234,* 🖷 *(912) 944-3678, www.savannah.hyatt.com. Hinter der neuen Fassade, die leider gar nicht zur Architektur der Riverfront Plaza passt, erwartet den Gast der typisch hohe Hyatt-Komfort mit ausgezeichnetem Service und geschmackvoll eingerichteten Räumen. Viele Zimmer mit Blick auf den Fluss. Im Restaurant gibt es einen ausgiebigen Sunday-Brunch.*
Mulberry Inn $$$: *601 E. Bay St. Savannah, GA 31401,* ☎ *(912) 238-1200,* 🖷 *(912) 236-2184, www.savannahhotel.com. In der ehemaligen Coca-Cola-Fabrik untergebracht. Gemütlich eingerichtet. Motel der oberen Mittelklasse. Einen Block von der River Street entfernt.*
River Street Inn $$$: *124 E. Bay Street, Savannah, GA 31401,* ☎ *(912) 234-6400,* 🖷 *(912) 234-1478, www.riverstreetinn.com. Schönes renoviertes ehem. Lager- und Bürohaus direkt im Herzen des Geschehens.*
Marshall House $$$: *123 E. Broughton St., Savannah, GA 31401,* ☎ *(912) 644-7896,* 🖷 *(912) 234-3334, www.marshallhouse.com. Historisches „Boutique-Hotel-à-la-Savannah". 65 Zimmer und 3 Suiten. Viele Einrichtungsgegenstände beziehen sich auf die Geschichte wie auch die Kunstszene der Stadt. Der Tipp für diejenigen, die nicht so gerne in einem B&B nächtigen möchten.*
The Inn at Ellis Square $$-$$$: *201 W. Bay St., Savannah, GA 31401,* ☎ *(912) 236-4440,* 🖷 *(912) 232-2725, www.innatellissquare.com. Ebenfalls im historischen Distrikt gelegenes Hotel mit relativ günstigen Preisen unter der Woche. Die etwas teureren Suiten haben kleine Küchen. Das Hotel befindet sich in einem historischen Gebäude (1851).*
Quality Inn Heart of Savannah/Savannah Historic District $$-$$$: *300 W. Bay St., Savannah, GA 31401,* ☎ *(912) 236-6321, www.qualityinnhistoricsavannah.com. Modernes Motel direkt am westlichen Beginn der River Street. Günstig und sauber, aber ansonsten langweilig.*

BED&BREAKFAST-HÄUSER
Reservierungen über: **Savannah Historic Inns**, *Reservation Service, 147 Bull St., Savannah, 31401,* ☎ *(912) 233-7666.*
Savannah verfügt über zahlreiche schöne, leider i.d.R. auch recht teure Bed&Breakfast-Häuser im historischen Distrikt. Zu empfehlen wären u.a.:

The Gastonian $$$$: *220 E. Gaston St., Savannah, GA 31401, ☎ (912) 232-2869 (inlands), (912) 322-6603 (aus dem Ausland), 📠 (912) 232-0710, www.gastonian.com. Dieses B&B, dessen 2 Gebäude von 1868 stammen, hat 17 Zimmer, die sich aber alle selbst übertreffen an Charme und ausgefallener antiker Einrichtung. 11 Zimmer haben eine eigene Jacuzzi und jedes Zimmer einen eigenen Kamin. Das leckere und täglich wechselnde Frühstück findet morgens in der großen Wohnküche statt. Dieses Haus zählt ohne Zweifel zu den besten B&B-Unterkünften der USA, ist aber teuer. Tipp: Das „Juliette Gordon Lowe"-Zimmer hat zwar kein Jacuzzi (dafür eine riesige, gemütliche, gusseiserne Badewanne), verfügt aber über den schönsten und größten Balkon des Hauses, der von einer großen Eiche teilweise beschattet wird. Abends vorm Schlafengehen sollten Sie dort noch einen Schlummertrunk einnehmen. Als Eckzimmer ist es auch schön hell. Wegen des „mangelnden" Jacuzzi ist es eines der billigeren Zimmer!*

Kehoe House $$$-$$$$: *123 Habersham St., Savannah, GA 31401, ☎ (912) 232-1020, 📠 (912) 231-0208, www.kehoehouse.com. Viktorianisches Haus von 1890 mit großzügigen Gemeinschaftsräumen. 13 Zimmer.*

Olde Harbour Inn $$$-$$$$: *508 E. Factory Walk, Savannah, GA 31401, ☎ (912) 234-4100, www.oldeharbourinn.com. Schön restauriertes B&B oberhalb der River Street. Die meisten Zimmer haben Blick auf den Fluss.*

Savannah Bed & Breakfast Inn $$-$$$: *117 W. Gordon St. (Chatham Square), Savannah, GA 31401, ☎ (912) 238-0518, www.savannahbnb.com. Wohl das günstigste B&B im Innenstadtbereich. Sauber. In einem Haus von 1853 im ältesten Teil des Historic District.*

JUGENDHERBERGE

Savannah Int. Youth Hostel $: *304 E. Hall St., Savannah, GA 31401, ☎ (912) 236-7744. In historischem Gebäude und durchaus auch für weniger anspruchsvolle Erwachsene zu empfehlen. Das Haus sieht von außen schlimmer aus als von innen. Aber natürlich kein Luxus!*

🍴 Restaurants

Pirate's House: *20 E. Broad St., ☎ 233-5757. In historischem Gebäude von 1852. Exquisite amerikanische Küche (ja, die kann es geben) mit viel Gemüse. Das Brot wird selbst gebacken.*

The Lady & Sons: *102 W. Congress St., ☎ 233-2600. Sehr populäres Restaurant, dessen Hühnchengerichte und die Collard Greens legendär sind.*

Olde Pink House: *23 Abercorn St., ☎ 232-4286. Das Haus wurde bereits 1771 erbaut, und hier befindet sich heute ein elegantes Restaurant. Vielleicht ist es weniger das (gute) Essen, das den Aufenthalt so angenehm macht, als vielmehr die Atmosphäre des „alten" Savannah. Dinner bei Kerzenlicht. Für den Aperitif bzw. Digestif empfiehlt sich der Besuch der alten Kellertaverne (Pianomusik). Am Ende dann folgt die dicke Umarmung eines jeden Gastes am Ausgang.*

Elizabeth on 37th: *105 E., 37th St., ☎ 236-5547. In altem herrschaftlichen Haus untergebracht. Regionale Küche und leckere Nachtische. Zu einem der Top-25-Restaurants des Landes erkoren. Sehr teuer.*

Shrimp Factory: *313 E. River St., ☎ 236-4229. Seafood-Restaurant in einem alten Lagerhaus an der Riverfront (Aussicht auf die vorbeifahrenden Schiffe). Die Spezialität hier ist ein Stew („Pine bark stew") aus 5 verschiedenen Fischsorten – mit Kartoffeln und Zwiebeln.*

Vic's on the River: *15 East River/ 26 East Bay Sts. (2 Eingänge), ☎ 721-1000. „Upmarket" Restaurant mit Blick auf den Fluss (vorher Tisch reservieren) – etwas versnobt, aber sehr gute Südstaaten-Gerichte. Piano Bar.*

Mrs. Wilkes Boarding House: *107 W. Jones Street, ☎ 232-5997. Dies ist eine Institution! (Deftiges) Frühstück und Lunch. Wenn zum reichhaltigen, aber ausgesprochen günstigen Lunch gebeten* *wird, sind die Menschenschlangen lang. Denn in unkompliziert-persönlicher Atmosphäre kommen Sie auch leicht ins Gespräch. Am besten, Sie kommen nach 14 Uhr. Die ersten stehen bereits um 10.30 Uhr an. Südstaatenküche.*

Red Hot & Blue: *11108 Abercorn St., Southside,* ☎ *961-7422. Etwas abseits gelegen, ist dieses Lokal der „Favorite Place" bei den Einheimischen für Barbecue-Fleisch. Lange geräuchert, schmecken die Spare Ribs, das Hühnchen sowie das Pulled Pork besonders gut.*

Es sei noch erwähnt, dass die **Sunday-Brunches** *in vielen Hotels wirklich gut sind, so z.B. im* **Mulberry Inn** *(s.o.)*

✏ Pubs/Livemusik/Nightlife

Bayou Café & Blues Bar: *14 N. Abercorne St. (River St.),* ☎ *233-6414. Bluesbands vor allem am Wochenende.*

Kevin Barry's Irish Pub: *117 W. River St.,* ☎ *233-9626. Irischer Pub mit entsprechender Musik. Hier treffen sich alle – auch die Touristen. Vorteil: Die „late-night-kitchen" geht bis 2 Uhr.*

Bar Bar: *219 W. Julian St.,* ☎ *231-1910. Einfache Bar der Einheimischen mit guter Bierauswahl.*

M.D.'s Lounge: *2 W. Bay St., im Hyatt Regency Hotel,* ☎ *238-1234. Gehobenerer Stil. Tolle Aussicht auf den Savannah River.*

Entlang der **River Street** *gibt es aber auch noch eine Reihe anderer Lokalitäten mit Musik.*
The Crossroads: *219 W. St. Julian St.,* ☎ *234-5438. Di–Sa Jazz- und Blues-Musik live. Weitere Livemusikkneipen (eher für die Jüngeren geeignet) finden sich im Umfeld des* **City Market**.

🎁 Einkaufstipps

In der **Riverfront Plaza/Riverstreet** *befinden sich in mehreren Blocks Geschäfte aller Art, wobei der rückseitig gelegene* **Factors Walk** *mit seinen Antiquitätengeschäften noch mehr Charme hat.*

Der **City Market** *(West St. Julian St.) bietet dagegen neben Geschäften auch Cafés und Galerien, die vor allem jüngere Leute ansprechen werden.*

Zum allgemeinen Shoppen eignet sich die **Savannah Mall** *(14045 Abercorn St., am I-95).*

Für den Reiseproviant: **Kroger Supermarket** *(311 East Gwinnett Street)*

Selma/AL *(S. 519f)*

ℹ Information

Visitor Information at the Library: *1103 Selma Avenue,* ☎ *(334) 874-1720, www.selmaalabama.com.*

🛏 Übernachtung und Restaurant

St. James Hotel $$: *1200 Water Ave., Selma, AL 36701,* ☎ *(334) 872-3234,* 🖨 *(334) 872-0337, www.historichotels.org. Schon restauriertes Hotel aus der Zeit des beginnenden 19. Jahrhunderts. Direkt am Fluss gelegen und unter Denkmalschutz gestellt. Die Suiten* (**$$$**) *haben Jacuzzis. Restaurant und Bar im Haus. Zudem direkt im Zentrum nahe der Sehenswürdigkeiten gelegen. Etwas mehr an Renovierung wäre dem Hotel aber gut bekommen…*

Hotels *und* **Motels der bekannten Ketten** *finden Sie zur Genüge entlang des AL Hwy. East und der West Highland Ave.*

S) Shreveport/LA (S. 615f)

i Information

Shreveport-Bossier Convention & Tourist Bureau: *629 Spring St., Shreveport, LA 71166, ☏ (318) 222-9391 oder 1-800-551-8682, www.shreveport-bossier.org, www.louisianas otherside.com*

👁 Sehenswertes (Auswahl)

The Gardens of the American Rose Center, *8877 Jefferson Paige Rd. Im Sommer täglich ab 9 Uhr geöffnet.*

🛏 Unterkünfte

Best Western Chateau Suite Hotel $$$-$$$$: *201 Lake St. (I-20, Exit 19A), Shreveport, LA 71101, ☏ (318) 222-7620 oder 1-800-845-9334, www.bestwestern.com. Ansprechendes Motel mit geräumigen Suiten (viele mit Mini-Küche). Das Restaurant bietet gute Südstaatenküche und mittags eine ausgedehnte Salatbar. Schöner Innenhof.*
Holiday Inn Bossier City $$$: *2015 Old Minden Rd. (I-20, Exit 21), Bossier City, LA 71111, ☏ (318) 742-9700, 🖨 (318) 747-4651, www.hibossiercity.com. Modernes Motel. Die Zimmer sind zwar einfach aber sauber und die Preise relativ günstig.*
Fairfield Place $$$: *2221 Fairfield Ave., Shreveport, LA 71104, ☏ (318) 222-0048, 🖨 226-0631, www.fairfieldbandb.com. Bed&Breakfast-Haus im viktorianischen Stil (von 1890). Besonders schön ist der Garten mit den Bäumen und überhaupt die Wohngegend mit mehreren Villen und hohen Eichen.*

🍴 Restaurants

Superior Grill: *6123 Line Ave., Shreveport, ☏ (318) 869-3243. Gute mexikanische Küche und eine ansprechende Bar.*
Don's Seafood and Steak House: *3100 Highland Ave., Shreveport, ☏ (318) 865-4291. Qualität: gut. Atmosphäre: ungezwungen.*

Suwannee River State Park/FL (S. 380)

i Information

Suwannee River State Park: *County Rd. 132, 14 Meilen westlich von Live Oak, FL 32060, ☏ (386) 362-2746, www.floridastateparks.org/suwanneeriver.*

🛏 Unterkunft

Im Park können auch **Hütten** *(„Cabins") gemietet werden. Anfahrt und Reservierung: wie Camping (s.u.)*
Days Inn $$: *8182 State Road 6/ I-75 (Exit 460), Jasper, FL 32052, ☏ (386) 792-1987. Einfaches und preiswertes Motel.*

CAMPING

Abzweig vom US 90, ca. 15 mi östlich von Madison, bzw. 13 mi westl. von Live Oak gelegen, ☏ 1-800-326-3521, www.reserveamerica.com. Schattig, direkt am Fluss.

Tallahassee/FL (S. 368ff)

 Information
Tallahassee Area Visitor Information Center: *106 E. Jefferson St., (gegenüber City Hall), Tallahassee, FL 32301,* ☎ *(850) 606-2305 od. 1-800-628-2866, www.seetallahassee.com. Weitere Informationen bezüglich aktueller Veranstaltungen können Sie der Tageszeitung „Tallahassee Democrat" bzw. dem Veranstaltungsmagazin „Tallahassee Magazine" entnehmen.*

 Wichtige Telefonnummern
Vorwahl: ☎ *850*
Notruf Polizei/Feuer/Ambulanz: ☎ *911*
Tallahassee Community Hospital: *2626 Capital Medical Blvd.,* ☎ *656-5090*

Verkehr
ÖFFENTLICHE VERKEHRSMITTEL
Amtrak: *918 1/2 Railroad Ave., Infos:* ☎ *224-2779 od. 1-800-872-7245*
Überlandbusse: *Greyhound Bus Lines: 112 W. Tennessee St., zw. Duval und Adams Sts.,* ☎ *222-4249 od 222-4240*
Star Metro *unterhält das Nahverkehrsnetz der Stadt. Infos:* ☎ *891-5200, www.talgov.com/star metro*

TAXIS
Yellow Cab: ☎ *580-8080*

Hotels und andere Unterkünfte
Governor's Inn **$$$$**: *209 S. Adams St., Tallahassee, FL 32301,* ☎ *(850) 681-6855,* 🖶 *(850) 222-3105, www.thegovinn.com. Altes restauriertes Haus mit Atmosphäre, Nähe Capitol – von Geschäftsleuten und Regierungsbeamten bevorzugt. Lassen Sie sich nicht von der modernen Fassade täuschen.*
The Inn at Park Avenue **$$$**: *323 E. Park Ave., Tallahassee, FL 32301,* ☎ *(850) 544-2192, www. innatparkave.com. 5-Zimmer-Bed&Breakfast in historischem Haus. Nähe dem Capitol.*
Wakulla Springs Lodge & Conference Center **$$-$$$**: *550 Wakulla Park Dr., Wakulla Springs, FL 32305 (20 Meilen südlich am FL 61, in der Nähe des US 319),* ☎ *(850) 224-5950,* 🖶 *(850) 222-3105. www.floridastateparks.org/wakullasprings. Atmosphäre eines alten Südstaaten-Hotels. Idyllisch gelegen in einem Park und direkt an der größten Quelle der Welt – sehr gute Bademöglichkeiten.*
Double Tree Hotel Tallahassee **$$-$$$**: *101 S. Adams St., Tallahassee, FL 32301,* ☎ *(850) 224-5000,* 🖶 *(850) 513-9516, www.tallahassee.doubletree.com. Modernes Konferenzhotel, zentral gelegen und mit 16 Stockwerken eines der höchsten Gebäude der Stadt – also fragen Sie nach einem Zimmer in den oberen Etagen. Relativ günstige Wochenendtarife.*
Günstigere Motels *finden Sie vor allem an der* North Monroe Street *sowie dem* Apalachee Parkway.

Restaurants
Andrew's 2nd Act: *228 S. Adams St.,* ☎ *222-3444. Hier erwartet Sie ein eher informelles Restaurant mit geschmackvollem Essen (diverse Fleisch- und Fischgerichte sowie Pasta). Mittags ausgezeichnetes, preiswertes Buffet.*

Barnacle Bill's: *1830 N. Monroe Ave.,* ☎ *385-8734. Geräucherter Fisch, Austern und andere Meeresfrüchte in rustikaler Atmosphäre. Günstig. Bar und am Wochenende meist voll.*

Chez Pierre: *1215 Thomasville Rd. (Hist. Lafayette Park),* ☎ *222-0936. Französische Küche (selbstgemachte Suppen und Pasteten). Altes Holzhaus mit Veranda und Garten – dort auch eine Outdoor-Bar. Angeschlossen ist ein kleiner Gourmetladen, und Mi–Sa gibt es auch Musik.*

Nightlife

Entlang der **W. Tennessee Rd.** *gibt es einige einfachere Bars und Saloons, die vornehmlich von Collegestudenten aufgesucht werden. Zu empfehlen wäre hier für die Jüngeren und Jung-gebliebenen* **Bullwinkles Saloon** *(620 W. Tennessee Rd.) mit Livemusik, Billard und einer Modell-eisenbahn, die über Ihre Köpfe hinwegbrummt.*

Der **Bradford Blues Club** *(7152 Moses Lane, an der Bradfordville Rd.,* ☎ *906-0766, www.brad fordvilleblues.com) ist ohne Zweifel der beste Bluesclub am Ort.*

Veranstaltungen

März (der Sonntag, der dem 6. März am nächsten ist): **Natural Bridge Battle Reenact-ment***. Die Schlacht zwischen Konföderierten- und Unions-Truppen wird nachgestellt. Am Natural Bridge State Historical Site (9 Meilen südlich auf dem US 363 bis Woodville, dann 6 Meilen in östliche Richtung auf der Local Road). Infos:* ☎ *(850) 922-6007, www.floridastateparks.org/ naturalbridge.*

Mitte Juli: **Summer Swamp Stomp***. Live-Musik-Konzerte von Bluegrass bis „Saltwater-Music".*

Tupelo/MS (S. 557)

Information

Tupelo Convention & Visitors Bureau*: 399 E. Main St., Tupelo, MS 38802,* ☎ *(662) 841-6521 oder 1-800-533-0611. www.tupelo.net.*

Unterkünfte

Aufgrund des „Rummels" um Elvis' Geburtsstadt ist man hier natürlich mit zahlreichen Hotels und Motels auf den Besucheransturm der „Pilger" gerüstet. Die meisten Übernachtungsmög-lichkeiten befinden sich entlang der **North Gloster Street** *in der Mitte der Stadt. Hier finden Sie insbesondere Hotels und Motels der bekannten Ketten. Eine besondere Empfehlung kann ich Ihnen hier nicht geben. Einzig sollte man darauf achten, ein möglichst ruhiges Zimmer etwas abseits der Straße zu bekommen.*

Restaurants

Park Heights*: 343 East Main Street,* ☎ *(662) 842-5665. „Fine dining". Kreative Ameri-kanische Küche für den gehobeneren Geldbeutel. Spezialisiert auf Fleischgerichte.*

Ichiban Japanese Grill*: 603 N. Gloster St.,* ☎ *(662) 842-3838. Nettes und erschwingliches japa-nisches Restaurant mit Schwerpunkt Seafood und Sushi. Hier sind aber natürlich auch Steaks erhält-lich und die Qualität ist hervorragend.*

Cancun Mexican Restaurant*: 201 N. Gloster St.,* ☎ *(662) 842-9557. Das beste mexikanische Restaurant der Stadt bietet vor allem eine reiche Auswahl verschiedener Fajita-Gerichte. Familiäre Atmosphäre und moderate Preise.*

Tuscaloosa/AL (S. 504f)

 Information
Convention & Visitors Bureau: 1305 Greensboro Ave.P.O. Box 32167, Tuscaloosa, AL 35403, Suite 140, ☎ (205) 391-9200, www.tcvb.org
Mercedes Benz Visitor Center: I-20/59 Exit 89, Vance, AL, ☎ (888) 286-8762 oder (205) 507-2252, www.mbusi.com. Geöffnet: Wochentags 9–17 Uhr, jeden ersten Samstag im Monat 10–15 Uhr.
Visitor Center Museum: Mo–Do 8.30–16.30 Uhr, Factory Tours: Unbedingt vorher reservieren! Di/Do 9, 9.15, 13 und 13.15 Uhr.

 Unterkünfte
Hotel Capstone $$$: 320 Paul Bryant, Tuscaloosa, Alabama 35401, ☎ (205) 752-3200, 1-888-738-2444, www.hotelcapstone.com. Gemütliches Hotel auf dem University Campus. Hier können Sie die Besichtigungstour des Mercedes-Werkes gleich mit buchen (Paket) und Ihnen wird dabei alles abgenommen.
Best Western Catalina Inn $$: 2015 McFarland Blvd., Northport, AL 35476, ☎ (205) 339-5200, www.bestwestern.com. Sauberes, einfaches Motel.
Weitere Motels verschiedener Ketten befinden sich ebenfalls am McFarland Blvd.

 Restaurant
The Globe: 430 Main Ave., Northport, ☎ (205) 391-0949. Zehn Minuten Fahrt von Downtown Tuscaloosa aus. Restaurant mit englischem Shakespeare-Ambiente und intellektuellem Anspruch. Internationale Küche der gehobenen (Preis-)Klasse.

 Pubs/Livemusik/Nightlife
Eine Ansammlung von Bars und Pubs finden Sie am „**Strip**", entlang des University Blvd. Die „angesagtesten" sind:
Jupiter Bar and Grill: 1307 University Blvd., ☎ (205) 248-6611. Rock-Kneipe mit Livemusik. Etwas ruhiger geht es zu im **Mugshots Bar & Grill**: 511 Greensboro Ave., Tuscaloosa, ☎ (205) 391-0572.

Tuskegee National Historical Site/AL (S. 511)

 Information
Tuskegee: Exit „State Route 81" vom I-85. ☎ (334) 727-6390 (Infos) od. 777-3200 (Tourenprogramm), www.nps.gov/tuin; geöffnet: täglich 9–17 Uhr.

Tybee Island/GA (S. 406)

 Information
Das **Visitor Center** befindet sich an der 802 First St. (US 80), Ecke Campbell Ave., ☎ (912) 786-5444, www.tybeevisit.com oder www.tybeeisland.com.

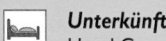 **Sehenswertes (Auswahl)**
Lighthouse: Mo–So 9–17.30 Uhr.

Unterkünfte

DeSoto Beach Hotel $$-$$$: *212 Butler Ave., Tybee Island, GA 31328, ☎ (912) 786-4542, www.desotobeachhotel.com. 37 geräumige Zimmer, meist mit Mikrowelle und Kühlschrank. Das Hotel liegt am Strand, wobei nur einige Zimmer dorthin zeigen. Besonders empfehlenswert ist aber das angeschlossene* **Bed&Breakfast-Haus**, *das gleich nebenan liegt liegt (www.desotobeach bandb.com). Das halbwegs historische Gebäude beeindruckt durch seine Veranda und die geräumigen Aufenthaltsräume, die nur den 4 Zimmern dort gehören. Die Zimmer selbst sind recht klein (bis auf eine Suite), aber schön.*

Ansonsten gibt es weitere Hotels und Motels entlang der Butler Street, vor allem nahe des Ortskerns zwischen 13th und 17th Streets, so z.B. das **Howard Johnson $$** *(1501 Butler St., ☎ (912) 786-0700, www.tybeehowardjohnson.com) und das* **Sandcastle Inn $$** *(1420 Butler St., ☎ (912) 786-4576, , www.sandcastle-inn.com). Ein paar Bed&Breakfast-Unterkünfte, wie z.B. das* **Hunter House Inn $$-$$$** *(1701 Butler St., ☎ (912) 786-7515, www.hunterhouseinn.com) runden das Bild ab.*

Restaurants

Hunter House: *1701 Butler St., ☎ 786-7515. Das wohl beste Restaurant im Ort. Steaks und Seafood sowie einige typische Südstaatengerichte.*

Wer einfach günstig Seafood, Burger oder Pizza möchte, der sollte sich im Ortskern in der Tybrisa Street sowie gleich um die Ecke am sog. „South Beach Parking" unschauen. Hier finden sich dann auch noch ein paar Kneipen für den Absacker nach dem Essen. Die urigste Kneipe (seit 1948) ist **Doc's Bar** *in der Tybrisa Street.*

Vicksburg/MS (S. 582ff)

Information

Vicksburg Convention and Visitors Bureau: *Ecke Clay Street und Old Military Highway 27 (gegenüber der Zufahrt zum Vicksburg National Military Park), P.O. Box 110, Vicksburg, MS 39181, ☎ (601) 636-9421 oder 1-800-221-3536, www.vicksburgcvb.org, www.visitvicksburg.com* **Main Street Programm Hospitality Suite**: *701 Clay St. (Ecke Washington St.), Vicksburg, MS 39183, ☎ (601) 634-4527, www.downtownvicksburg.com.*

Touren

Mississippi River Tours: *1108 Washington St., Vicksburg, MS 39183, ☎ (601) 883-1083 oder 1-866-807-2628, 🖨 (601) 661-8461, www.msrivertours.com. Eineinhalbstündige Gruppen- und Privatfahrten tagsüber sowie abends, Partys und Veranstaltungen auf der MS „Sweet Olive". Ganztagestouren auf Anfrage. Das Boot liegt direkt an der Wasserfront der historischen Downtown entlang der Washington Street.*

Unterkünfte

Cedar Grove Mansion Inn & Restaurant $$$$: *2200 Oak St., Vicksburg, MS 39180, ☎ (601) 636-1000 oder 1-800-862-1300, www.cedargroveinn.com. Elegantes Südstaaten-Herrenhaus von 1840 – wie aus „Vom Winde verweht", allerdings etwas renovierungsbedürftig. Viele Antiquitäten und ein großer, parkähnlicher Garten mit Schatten spendenden Bäumen und schönem Springbrunnen. Versuchen Sie, eine unwesentlich teurere Suite zu bekommen* **Annabelle Bed&Breakfast $$$**: *501 Speed St., Vicksburg, MS 39180, ☎ (601) 638-2000 oder 1-800- 791-2000, www.annabellebnb.com.. Günstiges Bed&Breakfast-Haus im historischen Garden*

District. Die Atmosphäre ist ausgesprochen persönlich, Herr Mayer spricht fließend Deutsch und kann Ihnen einiges über Vicksburg und die Umgebung erzählen. Das größte Zimmer in einem Nachbargebäude kann wahlweise auch mit einer Küche gebucht werden.

Linden Plantation Gardens and Bed&Breakfast $$$: *505 Duncan Rd., Vicksburg, MS 39180, ☎ (601) 529-1148 oder 1-888-470-0304, www.lindenplantationgardens.com. Imposantes Plantagenhaus von 1820, umgeben von groß angelegten Gärten und Wanderwegen inmitten einer wahren Magnolien-Blütenpracht. Gewohnt wird in schön hergerichteten Holzhäuschen, die auch über Küche, Bad, Kochstelle und Klimaanlage verfügen. Sehr schön!*

The Jameson Inn $$: *3975 South Frontage Road, Vicksburg, MS 39180, ☎ (601) 619-7799, www.jamesoninns.com. Typisches Motel, aber mit dem Vorteil, eines Frühstücks (einfach, aber warm).*

Battlefield Inn $$: *4137 Frontage Rd., I-20-Exit 4B, Vicksburg, MS 39180, ☎ (601) 638-5811, www.battlefieldinn.org. Saubereres Motel mit dem Vorteil eines leckeren Frühstücksbuffets.*

Hampton Inn $$: *US 80 und I-20, Exit 4B, 3332 Clay St., Vicksburg, MS 39183, ☎ (601) 636-6100 oder 1-888-568-4044, www.vicksburghamptoninn.com. Sauberes und preiswertes Motel gegenüber des „National Military Park".*

CAMPING

*Ein zentral gelegener **Campingplatz** befindet sich südlich des National Military Parks: Vicksburg Battlefield Campground, 4407 I-20/Frontage Rd., ☎ (601) 636-2025.*

🍴 Restaurants

Goldie's Trail Bar-B-Que: *4127 S. Washington St., ☎ (601) 636-9839. Einfach, dafür aber leckere BBQ-Gerichte. Bekannt für die Ribs und das „Pulled Pork".*

Rowdy's Family Catfish Shack: *Hwy 27 und Hwy 80 Intersection, I-20, Exit 5B, ☎ (601) 638-2375. Südstaatengerichte und die werden bereits seit mehr als 50 Jahren serviert. Wirklich lecker. Das Ambiente ist aber recht einfach.*

Borrello's: *1306 Washington St., ☎ (601) 638-0169. Familiär geführtes, italienisches Restaurant, dessen Besitzer, Arasimo und Holly Borrello, die Gäste mit wirklich guten Pasta- und Seafood-Gerichten und auch Steaks verwöhnen. Arasimo hat sizilianische Wurzeln, ist jedoch in New Orleans aufgewachsen.*

Walnut Hills: *1214 Adams St. (Ecke Clay St.), ☎ (601) 638-4910. Typische Südstaaten-Küche an runden Tischen. Lecker und preiswert. Unbedingt das Country Fried Steak probieren! Samstags geschlossen.*

🎁 Einkaufstipps

Pemberton Square: *3505 Pemberton Boulevard, Halls Ferry Road, I-20 Exit 1c. Moderne und groß angelegte Shopping-Mall am Stadtrand.*

Washington Street: *Zahlreiche Geschäfte aller Art, insbesondere Antiquitäten- und Ramschläden innerhalb Vicksburg's historischer Downtown.*

Vicksburg Factory Outlets: *4000 S. Frontage Rd.. Günstige Mall mit Shops von Bass, Gap, OshKosh B'Gosh, Reebok, Van Heusen u.a.*

Wakulla Springs (S. 367)

🛏 Übernachtung

Wakulla Springs Lodge and Conference Center $$-$$$: *1 Springs Drive, Wakulla Springs, FL 32305, 20 Meilen südlich von Tallahassee auf der SR 61, ☎ (904) 224-5950, www.flo*

ridastateparks.org/wakullasprings. Idyllische Lage direkt an der Quelle – gute Bademöglichkeiten. An Wochenenden häufig etwas voll (Naherholungsgebiet der Städter), aber unter der Woche ein Tipp!

Warm Springs/GA (S. 505f)

i Information

Warm Springs Welcome Center: *P.O. Box 578, Warm Springs, GA 31830, ☎ (706) 655-3322, www.warmspringsga.ws. Adressen erübrigen sich in dem Nest, alles liegt im Zentrum bzw. ist gut ausgeschildert. Vieles ist erhältlich, vom historischen Hotel bis hin zum Campground.*

Unterkünfte

Magnolia Hall $$$: *127 Barnes Mill Rd., Hamilton 31811, ☎ (706) 628-4566, www. magnoliahallbb.com. Kleines und hübsches Cottage im viktorianischen Stil mit einer schönen Veranda. Sehr elegant. Ca. 15 Meilen südlich von Warm Springs gelegen.*

Hotel Warm Springs B&B $$: *47 Broad St., Warm Springs, GA 31830, ☎ (706) 655-2114 oder 1-800-366-7616, www.hotelwarmspringsbb.org. Sehr schönes Bed&Breakfast-Haus, Haus von 1907. Unbedingt die hausgemachte Pfirsich-Eiscreme probieren!*

Pine Mountain Camp Ground $: *8804 Hamilton Rd. Hwy 27, Pine Mountain, GA 31822, ☎ (706) 663-4329, www.pinemountainrvc.com. Ordentlicher Camping-Platz, Swimmingpool und Kinderspielplatz. Außerdem ist eine kleine Minigolf-Anlage vorhanden.*

Restaurant

Oscars Steak and Seafood: *2 Meilen südlich des Ortes am GA 85 Alt., ☎ (706) 655-2563. Was der Name schon verspricht: Steaks und Seafood. Dazu noch Stubby's Pub im Hause für den Absacker danach.*

Das kostet Sie das Reisen im Süden der USA

Stand: September 2009

Auf den Grünen Seiten geben wir Ihnen Preisbeispiele für Ihren Urlaub im Süden der USA, damit Sie sich ein realistisches Bild über die Kosten einer Reise und eines Aufenthaltes machen können. Natürlich sollten Sie die Preise nur als **Richtschnur** auffassen. Bei einigen Produkten/Leistungen gebe ich Ihnen eine Preis-Spannbreite an.

Aktueller Kurs

1 € = ca. US$ 1,43   1 US$ = ca. € 0,70

News im Web:
www.iwanowski.de

Beförderungskosten

Flüge

Das Angebot an Transatlantikflügen ist nahezu unüberschaubar geworden – dank des Preiskampfes der einzelnen Airlines. Als Richtlinie für die Hochsaison: Die (günstigen) Preise nach New Orleans variieren zwischen € 700 und 850, nach Atlanta zwischen € 550 und 750. Andere Großstädte (Nashville, Jacksonville, Memphis) liegen ebenfalls ab € 650. Während der Zwischensaison und besonders in der Nebensaison liegen die Preise etwas niedriger. Gelegentlich kann man sogar ein richtiges „Schnäppchen" machen, ist dann zeitlich aber sehr gebunden und kann die Reise nicht langfristig planen.

Empfehlenswert wäre übrigens eine kombinierte Buchung Flug/Mietwagen über einen Spezialveranstalter. Der Flugpreis mag dabei zwar mal um € 50–100 höher liegen, der Gewinn beim Mietwagen („Paket") macht dieses in der Regel mehr als wett. Preisvergleiche in alle Richtungen machen sich immer bezahlt. Achten Sie dabei auf Zusatzleistungen, z. T. gibt es mit etwas teureren Airline-Tickets nicht nur vergünstigte Mietwagen, sondern auch Rabatte in Hotelketten.

 Tipp

Planen Sie Ihre Reiseroute so früh und so genau wie möglich. Spätere Umschreibungen des Flugtickets kosten oft ab € 100 für veränderte Abflugdaten und erweisen sich bei der Änderung des Abflugortes als kaum durchführbar.

Inlandsflüge

Auch hier gilt es, besondere Tarife zu beachten, die sich stündlich (!) ändern können. Wer z. B. spät (als preislich günstiger Eingestufte gelten „Kurzentschlossene", die innerhalb der letzten 14 Tage vor Abflug buchen) bucht, kann z. T. zum halben Preis fliegen, geht aber vorher das Risiko ein, überhaupt keinen Platz mehr zu bekommen, wenn die Maschine voll sein sollte bis zum Stichtag des günstigeren Tarifs. Innerhalb der USA erhalten Sie einen guten Überblick und günstige Angebote im Internet auf den Webseiten von: www.opodo.de, www.expedia.com, www.travelocity.com und www.cheaptickets.com.

Meine Empfehlung auch hier: Buchen Sie besser über einen Spezialveranstalter oder ein Ihnen bekanntes Reisebüro in Europa. Damit sind Sie immer auf der sicheren Seite und ersparen sich Stress und Risiko für einen nur eventuellen Geldgewinn von vielleicht € 100. Außerdem kann eine Kombination mit dem Transatlantikflug z. T. erhebliche Ermäßigungen mit sich bringen.

Mietwagen

Die Preise beinhalten in der Regel alle gefahrenen Kilometer – nur bei Campern wird häufig ab einer bestimmten Kilometerleistung extra abgerechnet (s. unten). Alle größeren Mietwagenfirmen liegen in etwa im gleichen Preisniveau und die Unterschiede sind minimal. Am besten ist es, Sie buchen Flug und Mietwagen als Kombination. Ein kleiner Wagen der Economy-Klasse kostet dabei ungefähr ab € 200 pro Woche. Doch sind diese Fahrzeuge in der Regel zu klein für einen Urlaub mit dem nötigen Gepäck.
Empfehlenswert wäre da eher ein Fahrzeug der Intermediate-Klasse (mit 4 Türen), das Platz und ausreichenden Fahrkomfort bietet. Es ist besonders auf langen Strecken sehr angenehm. Diese Klasse kostet ab € 230 pro Woche. Familien mit Kindern wären am besten bedient mit einem Mini Van, der ab € 300–400 pro Woche kostet.

Bedenken Sie, dass bei Abgabe des Fahrzeugs an einem anderen Ort als dem Empfangsort Rückführungsgebühren verlangt werden. Diese liegen für 500 km bei ca. US$ 100, für 1.500 km aber oft bereits bei US$ 300. Übrigens variieren die Preise für die Rückführung von Vermieter zu Vermieter teilweise beträchtlich. Preisvergleiche lohnen hier unbedingt!

 Tipp

Vergleichen Sie auch die Mietwagenpreise in den einzelnen Bundesstaaten. Zumeist ist Florida der günstigste Staat für das Mieten von Autos.

Camper

Auch diese Preise variieren je nach Saison erheblich. In der Nebensaison kostet ein Camper der kleinsten Klasse (Größe 25 ft.) ab US$ 50 (ohne 100 Freimeilen) pro Tag, € 80 (inkl. aller Freimeilen) pro Tag, während das gleiche Fahrzeug in der Hochsaison 50 Prozent mehr kosten wird. Die größte Klasse kostet etwa das Doppelte dieser kleinen Klasse, und dazwischen siedeln sich die anderen Klassen an. Ermäßigungen von bis zu 10 Prozent sind möglich bei Langzeitmieten (über 3 Wochen) bzw. für Frühbucher (im Vorjahr buchen). Bedenken Sie, dass 100 Freimeilen pro Tag bei den Entfernungen in der USA schnell verbraucht sind und jeder zusätzliche Kilometer extra berechnet wird.

Eine **Kombi-Buchung Flug/Camper** über einen **Spezialveranstalter in Europa** ist auch hier ratsam, denn dann werden Sie mit Glück auch vom Flughafen abgeholt oder das Fahrzeug wird dort bereitgestellt, was ansonsten kaum der Fall ist. Im Süden der USA sind Campmobile billiger in Atlanta und Florida als in New Orleans zu buchen.

Vergessen dürfen Sie bei Campmobilen nicht, dass sie viel Kraftstoff verbrauchen und die Campingplätze auch nicht immer billig sind. Eine Kostenersparnis gegenüber einem normalen Mietwagen und der Übernachtung in Motels ergibt sich mit Sicherheit kaum.

Aufenthaltskosten

Hotels/Lodges

Generell muss man als allerunterste Grenze ca. US$ 35 pro Nacht im Doppelzimmer eines Franchise-Motels (z. B. Motel 6, Super 8) rechnen, wobei die Regel eher bei US$ 50–60 liegt. Mittelklassehotels („Privat" oder z.B. Holiday Inns und andere bessere Franchise-Motels) verlangen zwischen US$ 70 und 130 für ein Doppelzimmer, wobei besonders in größeren Städten die Wochenendtarife deutlich niedriger liegen können (US$ 55–70). In ländlichen Feriengebieten verhält es sich oft umgekehrt. Luxushotels und vornehme Bed&Breakfast-Adressen, besonders die mit historischem Ambiente oder die, die zusätzliche Einrichtungen bieten (Golfplatz, Tennisplatz etc.), liegen eher bei US$ 160–250 pro Tag im Doppelzimmer. Einfachere B&Bs kosten zwischen US$ 80 und 110. Konkretere Beispiele möchte ich hier nicht nennen, da die einzelnen Hotels nach typisch amerikanischem Muster immer wieder spezielle Preisangebote machen. Fragen Sie nach „special offer" oder Preise für Mitglieder des „AAA" – dazu gehören auch Mitglieder der europäischen Automobilclubs (siehe dazu auch unter „Preisnachlässe" in den Allgemeinen Reisetipps von A–Z).

Frühstück ist im Hotelpreis meistens nicht enthalten. Hotels/Motels, die mit „Continental Breakfast included" werben, bieten meist nur schwachen Kaffee, einfachen Orangensaft und Muffins oder Kuchenstückchen – alles in Form von Selbstbedienung in der Lobby.

Als **Tipp** gilt häufig, dass besonders in den Großstädten die Übernachtung in einem besseren Franchise-Hotel (z.B. Hilton, Marriott, Holiday Inn) wenig sinnvoll ist. Die Zimmer sind nicht viel besser als z.B. im „Motel 6" oder „Super 8", und der mindestens doppelte Preis „finanziert" Einrichtungen (z.B. Faxservice, Konferenzzimmer, doppelte Telefonleitung), die eher Geschäftsleuten oder erholungsuchenden Amerikanern (die z.B. Tennis oder Golf spielen möchten und vergünstigte Tarife über den Hotelpreis bekommen) zugute kommen. Einzig die Innenstadtlage mag den einen oder anderen dazu bewegen, hier zu nächtigen.

Lodges kosten ab US$ 80 pro Doppelzimmer, können bei entsprechendem Luxus oder „einziger Alternative" auch weit über US$ 100 (bis hin zu US$ 250) liegen.

Bed&Breakfast

Wegen des speziellen Service sind diese Unterkünfte etwas teurer und kosten ab US$ 40 pro Person (bei mind. 2 Personen im Zimmer), beinhalten dafür aber auch ein gutes Frühstück. Die **Luxus-B&Bs**, wie z. B. einige in Charleston oder Savannah (hier beginnen die Preise bei US$ 100 und liegen **im Schnitt** bei US$ 160!) nehmen gerne auch ein Mehrfaches dieses Preises. Dafür aber gibt es hier tolles Ambiente, viele Extras und ein ausladendes Frühstück.

Nationalparks

Die Preise pro Fahrzeug mit 2 Insassen (Kinder unter 16 Jahren frei) liegen zwischen US$ 10 und 25. Kaum ratsam für den Süden ist der „National Parks Pass" („America the Beautiful – National Parks and Federal Recreational Lands Pass – Annual Pass") für US$ 80, mit dem Sie und **alle Fahrzeuginsassen** (bis zu 4 Erwachsene) ein ganzes Kalenderjahr in allen Nationalparks der USA freien Eintritt haben. Der Pass gilt aber nicht für State Parks! Siehe dazu auch unter „Nationalparks" in den Allgemeinen Reisetipps von A–Z.

Lebensmittelpreise

Hier können Sie das eine oder andere Schnäppchen machen, wenn Sie den unzähligen Sonderangeboten folgen. In der Regel aber liegen die Preise etwas **über dem europäischem Niveau**. Milchprodukte aller Art sind meist teurer, Fertiggerichte (die Sie im Camper oder auch in dem einen oder anderen „Residence Hotel" mit Küche selbst zubereiten können) sind gleich teuer oder auch billiger.
Grundnahrungsmittel wie z.B. Brot, Frischgemüse und Säfte, sind teurer, dafür aber sind Fleisch- und Fischwaren (besonders Shrimps an der Küste) oft billiger. Früchte kosten, je nach Herkunftsland, etwa das Gleiche wie bei uns. Bemerkbar macht sich aber, dass es wenig bis gar keine subventionierten Früchte und Agrarprodukte gibt. Daher sind Fruchtsäfte aus Florida z.B. recht teuer.
Alkoholische Getränke sind in der Regel teurer. Nur bei einheimischen harten Alkoholika (z.B. der Whiskey) liegen die Preise unter europäischem Niveau. Preisvergleiche lohnen da aber!

Telefonate

Die Konkurrenz der einzelnen Telefongesellschaften bietet unzählige Sondertarife, die Sie als Reisender aber kaum überblicken werden. Daher kann man aber auch keine einheitlichen Angaben machen. Ein 3-Minuten-Ferngespräch Inland kostet zwischen US$ 1,50 und 4,50. Nach Europa kosten 3 Minuten ca. US$ 3 (je länger, desto günstiger wird es). Erkundigen Sie sich auf jeden Fall nach den Extragebühren, die in Ihrer Unterkunft für Telefongespräche erhoben werden. Günstiger wird es besonders mit Telefonkarten, die es in vielen Supermärkten, Lebensmittelgeschäften und Tankstellen gibt. Lesen Sie hierzu ausführlicher in den Allgemeinen Reisetipps von A–Z unter „Telefonieren".

Flughafenbus-Transfers

Je nach Entfernung zwischen US$ 20–26 (Memphis) und US$ 28–35 (Atlanta und New Orleans) pro Person (vom/zum Innenstadtbereich).

Taxi

US$ 1–2 vor Beginn der Fahrt, US$ 2,50–3,50 pro gefahrener Meile und oft US$ 0,50 pro zusätzlichem Insassen (Stadt). Staus und verzögerte Fahrten werden etwas höher berechnet. Besonders in Großstädten ist es ratsam, auf einwandfreies Funktionieren und Einstellen der Taxameter zu achten. Die Preise sind im oder am Taxi angebracht.

Benzin

Die Preise variieren zzt. sehr stark. Sie liegen zwischen US$ 2 (Louisiana/Stadt, Normalbenzin) und US$ 2,50 (Land/abgelegen, Normalbenzin) pro Gallone (3,78 l). Dieselkraftstoff (nur für einige Wohnmobile interessant) ist ca. US$ 0,90 teurer als Normalbenzin. In ganz abgelegenen Regionen erreicht die obere Skala aber auch schon mal Preise über US$ 3 (für Normalbenzin). Wer sich aktuell erkundigen möchte, schaut mal nach bei www.gasbuddy.com.

Restaurants

Fastfood in entsprechenden Ketten ist um einiges billiger als in Europa, und einen einfachen Hamburger erhalten Sie z.T. für ca. US$ 1,50. Richtige Restaurants sind aber besonders abends teuer, vor allem, wo Sie auf ausgezeichnete Preise noch die Steuer (5–10 Prozent) und das Trinkgeld („obligatorisch" 15–20 Prozent) hinzurechnen müssen. Rechnen Sie hier inklusive einem Bier, einem normalen Hauptgericht (in der Regel inkl. Salat oder Suppe), Tax und Trinkgeld mit etwa US$ 20–25 pro Person, wobei Restaurants des gehobenen Standards um nochmals US$ 10–20 teurer sein können. Etwas günstiger geht es in den als „Diner" oder auch als „Dive Bar" bezeichneten Kneipen.
Fleischgerichte liegen – relativ betrachtet – nicht weit über europäischem Preisstandard. Ein Rumpsteak (inkl. Suppe und Baked Potato) kostet etwa US$ 20 plus Tax plus Trinkgeld.

 Tipp

Asiatische Restaurants und Familienrestaurants sind meist günstiger.

Gesamtkostenplanung

Ich habe mich hier bemüht, eine Kostenplanung zusammenzustellen, die mehr oder weniger alle anfallenden Reisekosten für eine Reise durch den Süden der USA zusammenfasst. Eine Kostenplanung für 2 Personen (ohne Souvenirs) könnte also beispielsweise wie in der Tabelle (s.u.) aussehen, wenn Sie in der Regel in günstigeren Motels übernachten (alle Angaben in €).

Sparen können Sie vor allem beim Essen, aber nur teilweise bei den Übernachtungen. Übernachtungen unter US$ 35 bedeuten in der Regel alte und abgenutzte Motels bzw. Jugendherbergen. Einige Ketten, wie z.B. „Motel 6" und „Super 8", bieten saubere und ordentliche Motelzimmer ab US$ 40.

Geben Sie sich fast nur mit Fastfood- bzw. Familien-Restaurant-Ketten zufrieden, liegen die u.g. Essenskosten bei ca. 30 Prozent weniger. Sollten Sie dagegen nicht so sehr auf die Reisekasse achten müssen, können Sie mit guten Restaurants Ihre Essensausgaben um bis zu 150 Prozent steigern, denn richtige Restaurants sind in den USA halt erheblich teurer.

Ich empfehle Ihnen, am Mietwagen nicht zu sehr sparen zu wollen. Ein kleiner Mittelklassewagen sollte es schon sein, denn die Preise liegen nicht so weit auseinander, und denken Sie daran, dass Sie einen großen Teil der Reise im Auto verbringen werden und Ihr Gepäck sichtgeschützt verstaut sein sollte.

Art der Kosten	3 Wochen	5 Wochen
An- und Abfahrt zum europ. Flughafen	100	100
2 Flugtickets	1.500	1.500
Gepäck- und Krankenversicherung	100	130
Mietwagen (Intermediate)	700	1.0150
Mietwagen-Versicherung (Rundumpaket)	330	550
Benzin (5.500 bzw. 8.000 km)	380	575
Übernachtung (à US$ 55/DZ)	1.200	2.030
amerik. Frühstück (à US$ 12/Person)	480	840
Mittagessen	480	840
(Fastfood, günst. Restaurant, à US$ 12/Person)		
Abendessen (à US$ 18/Person)	720	1.260
Getränke zwischendurch (US$ 5/Person/Tag)	200	350
Eintritte	200	270
Telefonate/Briefmarken etc.	60	90
Sonstiges (Kleidung, Reserve etc.)	250	300
Gesamt	**6.700**	**9.985**

Zusätzlich ein Kind
im Alter von 15 Jahren (Übernachtung im gleichen Zimmer)

Flugticket	750	750
Krankenversicherung	30	50
Übernachtung (zusätzlich US$ 10/Tag)	200	340
Mahlzeiten (inkl. Zusatzgetränke)	1.100	1.900
Eintritte	80	115
Sonstiges	100	130
Gesamt	**8.960**	**13.270**

Sondertarife für kleinere Kinder sind z.T. bei Flügen und Unterkünften möglich.

Neuigkeiten
von der US-Südküste

Liebhabern des amerikanischen Whiskeys aus Kentucky und Tennessee sei die Internetseite www.americanwhiskeytrail.com empfohlen. Hier stellen sich bekannte Destillerien, wie z.B. Marker's Mark, Jack Daniel's und Jim Beam vor. Gut für die Planung einer Rundreise zu den einzelnen Destillerien. Leider fehlt noch eine Karte auf der Webseite.

S. 284ff/New Orleans
Ein neues Projekt nimmt Gestalt an: **Das Musician's Village** (9th Ward, Bereich N. Prieur/ Bartholomew Sts., www.nolamusiciansvillage. com) wurde 2006 von den Musikern *Harry Connick, Jr.* und *Branford Marsalis* ins Leben gerufen. Hierbei handelt es sich um (bisher) 72 neue bzw. restaurierte Wohnhäuser im typischen New Orleans-Stil, die Musikern und älteren Leuten, die einst mit der Musik zu tun hatten zu einem günstigen Preis zur Verfügung gestellt werden. Die Häuser müssen gekauft werden und jeder Besitzer muss zudem nachweislich 350 Stunden eigene Arbeitsleistung beim Bau einbringen und sich mit den Regeln der Community einverstanden erklären. Mittlerweile wohnen schon viele Menschen hier und es wurde das **Ellis Marsalis Center for Music** eingeweiht. Hier gibt es Veranstaltungsräume sowie eine Outdoor-Bühne.

S. 322/Tezcuco Plantation
3138 Hwy. 44, River Road, Darrow (Burnside), LA 70725, ☎ (225) 562-3929. Das Haupthaus fiel 2002 einem verheerenden Feuer zum Opfer. Ob die schöne Anlage wieder zu besichtigen sein wird bzw. das Haus originalgetreu wieder aufgebaut wird, stand selbst Jahre später noch nicht fest.

S. 325ff
Die Delta Queen Steamboot Co. heißt jetzt **Majestic America Line** (Schaufelraddampfertouren). Informationen erhalten Sie unter: Majestic America Line, 2101 Fourth Ave, Suite 1150, Seattle, WA 98121, ☎ (206) 292-9606 od. 1-800-434-1232, www.majesticamericaline.com.
Ob das älteste Schiff, die „Delta Queen" noch einmal eine Betriebserlaubnis von den amerikanischen Behörden erhalten wird, schien bei Drucklegung fraglich. Und ob die „Mississippi Queen" auch verkauft wird von der Gesellschaft, stand auch nicht fest. Fragen Sie nach der aktuellen Lage in Ihrem Reisebüro bzw. schauen Sie auf o.g. Internetseite.

S. 504/Tuscaloosa
Nach dem Verkauf des Chrysler Konzerns tritt der Daimler-Konzern in Amerika jetzt wieder als **Mercedes-Benz – US International** (*MBUSI*) auf. Mittlerweile baut Mercedes hier neben der M-Klasse auch die R- sowie die GL-Klasse. Beachten Sie bitte, dass die Fabrikführungen unbedingt vorher angemeldet/ reserviert werden müssen. Lesen Sie dazu unter „Tascaloosa" in den Gelben Seiten (S. 271).

S. 581

Greenville

In Indianola, 27 Meilen östlich von Greenville, hat das **B.B.King Museum & Delta Interpretive Center** (Ecke Sunflower Ave., 2nd St, ☎ (662) 887-3009, www.bbking museum.org) eröffnet. Hier, in der Geburtstadt des bekannten Musikers, wird vor allem sein Leben, seine Musik und sein Werdegang vorgestellt. Aber auch die andere Bluesmusiker aus der Delta-Region werden erwähnt. *B.B. King* wurde in Indianola 1925 als *Riley B. King* geboren. Seinen heute bekannten Namen erhielt er als Beale Street Blues Boy in Memphis Ende der 1940er Jahre. Im Museum wird sehr anschaulich gezeigt, wie sich die Geschichte der Bluesmusik entwickelt hat. So geht der Besucher zuerst auch durch den Eingang, der einst einer Baumwollspinnerei gedient hatte. Das Museum ist geöffnet: Di–Sa 10–18.30 Uhr, So 13–17 Uhr.

4. Reisen im Süden der USA

Rundreisevorschläge, Zeitpläne und Routenskizzen

Überblick

Mit über 870.000 km² ist das Reisegebiet USA/Süden fast so groß wie Deutschland und Frankreich zusammen. Kein Wunder also, dass es schwierig sein wird, das gesam- *In einer* te Gebiet während eines Urlaubs ausreichend zu erkunden. Es bleibt Ihnen also nur *Urlaubsreise* die Wahl, entweder einiges auszulassen oder zwei, eventuell drei Reisen dorthin zu *ist nicht alles* unternehmen. Anders als z.B. der Südwesten oder auch der Westen der USA ist die- *zu entdecken* ses Gebiet auch um einiges dichter besiedelt.

Daher habe ich Ihnen neben einer Rundreise durch das gesamte Gebiet auch drei Alternativen aufgeführt, wie Sie Ihre Reise aufsplitten könnten. Für die große Rund- reise sollten Sie mindestens 4 Wochen (besser 6–7 Wochen) Zeit haben, während für die kleineren Touren eventuell auch 3 Wochen genügen könnten.

Eine Reiseroute entlang den Küstenregionen (ca. 3 Wochen)

> ▸ ▸ Fahrstrecke (inkl. kleiner Umwege): ca. 2.500 km

Fliegen Sie nach New Orleans und bleiben Sie dort 2 Tage. Planen Sie eventuell 1–2 weitere Tage für die Umgebung ein. Sowohl die großen Plantagen als auch die Sümpfe des Mississippi-Deltas sind einen Besuch wert. Fahren Sie nun schnell durch bis Pensacola (Florida), ohne sich dabei zu lange entlang der Anfahrtsstrecke aufzuhal- ten. Genießen Sie hier dann eventuell einen Extratag am weißen Strand. Danach fah- ren Sie weiter nach Tallahassee, der Hauptstadt von Florida, für die Sie nicht viel Zeit einplanen sollten. Schauen Sie sich den Blick vom State Capitol, die Altstadt und viel- leicht noch das „Museum of Florida History" an. Alternativ, wenn auch etwas weiter, geschichtlich aber interessanter wäre der Abstecher über St. Augustine.

Von nun an sollten Sie in maximal drei Tagen bis Savannah kommen. Jacksonville kön- *Je ein Tag* nen Sie getrost auslassen, falls Sie nicht auf weiteren Badeurlaub aus sind. Verbringen *für Savannah* Sie besser einen Tag in den Okefenokee Swamps und irgendwo an der Georgia- *und* Küste. Für Savannah und Charleston, Ihre nächsten Etappen, sollten Sie jeweils einen *Charleston* weiteren (Aufenthalts-)Tag einplanen. Zum Abschluss des Küstenaufenthalts bleiben Sie vielleicht noch zwei Tage an einem Ort Ihrer Wahl und genießen die warmen Wasser des Atlantiks. Wer gerne etwas Rummel mag, kann diese Zeit in Myrtle Beach verbringen, schöner und ruhiger aber sind die Strände direkt nördlich von George- town. Für mehr kulturell Interessierte bieten sich ansonsten noch einige sehenswer- te Plantagen in dieser Region an.

Abschließend führt Sie der Weg über Columbia, der Hauptstadt von South Carolina, und über Athens nach Atlanta. Je nach Interesse benötigen Sie hierfür ca. 2 bis 3 Tage.

Tour zum Stone Mountain Park
Übernachten Sie dazu in Columbia und Athens. Für Atlanta haben Sie dann noch 2 Tage, zuzüglich 2 weiterer Tage für dessen Umland. Hier empfiehlt sich besonders eine Tour zum Stone Mountain Park bzw. nach Dahlonega inkl. eines Abstechers in die nördlich davon gelegenen Bloody Mountains.

Alternativ dazu

Wer insgesamt 4 Wochen Zeit hat oder weniger Zeit an den Stränden des Atlantik verbringen möchte, kann auch von Columbia über Asheville zum Great Smoky Mountain National Park fahren und dann über Knoxville und Chattanooga nach Atlanta gelangen. Rückflug von Atlanta. Gesamtstrecke dann: ca. 3.200 km.

Eine Reise zu Jazz, Country und Rock'n'Roll (ca. 3 Wochen)

> ▸ ▸ Fahrstrecke (inkl. kleiner Umwege): ca. 2.500 km

Flug nach New Orleans. Verbringen Sie in der Stadt des Jazz mindestens 2 Tage. Dann folgen Sie dem Interstate 10 bis Pensacola (Florida), so dass Sie, mit einem Zwischen-

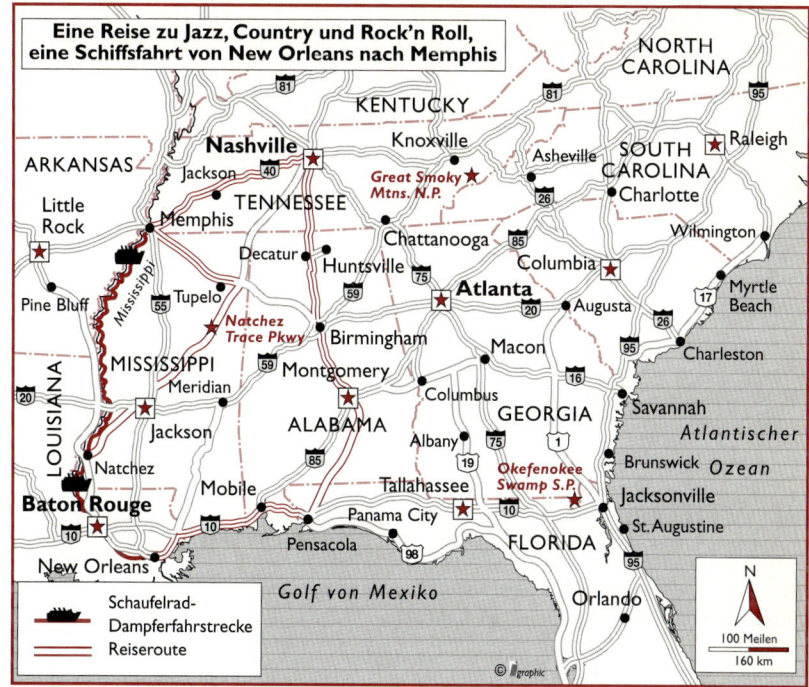

Eine Reise zu Jazz, Country und Rock'n Roll, eine Schiffsfahrt von New Orleans nach Memphis

Schaufelrad-Dampferfahrstrecke
Reiseroute

100 Meilen
160 km

stopp in Mobile, spätestens nach 2 Tagen erreicht haben sollten. Bleiben Sie hier einen Tag und genießen Sie den weißen Sandstrand Floridas. Nun fahren Sie in Richtung Norden über Selma, Montgomery und Birmingham nach Nashville. Für diese Strecke sollten Sie nicht mehr als 3 Tage einplanen. Nashville (2 Tage), die Hauptstadt der Countrymusik, ist für Musikinteressierte sicherlich einen Besuch wert. Auch wenn man nicht zur Gemeinde der Countryfans gehört, gesehen haben sollte man es doch. Weiter geht es in einem Tag nach Memphis. Hier bleiben Sie am besten ein bis zwei Tage und hier sollten Sie vor allem dem ehemaligen Wohnhaus von Elvis Presley – dem „Graceland" – einen Besuch abstatten, während Sie minde-stens einen Abend auch der Beale Street widmen sollten.

Wohnhaus des „King" in Memphis

Wer tief in die Tasche greifen kann, sollte sich überlegen, ob er nicht mit einem der legendären Schaufelraddampfer von Memphis nach New Orleans fahren möchte. Die Fahrt dauert 7 Tage. Diese Fahrt findet aber nur ein- bis zweimal im Monat statt, und eine Reservierung und Urlaubsplanung von Europa aus ist dazu unbedingt nötig.

Die Autofahrer unter Ihnen fahren von Memphis dann weiter zum Natchez Trace Nat. Parkway, der landschaftlich sehr reizvoll ist. Fahren Sie diesen Parkway hinunter bis Natchez, ohne sich lange in dem relativ uninteressanten Jackson aufzuhalten. Für diesen Streckenabschnitt (Memphis – Natchez) benötigen Sie ca. 2–3 Tage. Wer es etwas eiliger hat, kann auch die historische Strecke entlang dem Mississippi über

Greenville und Vicksburg wählen (Hwy. I u. 61), denn dabei kommen Sie durch das Ursprungsgebiet des Jazz, dem Mississippi-Delta. Nehmen Sie sich mindestens einen halben Tag Zeit für Natchez. Eilige unter Ihnen können von Natchez über Baton Rouge zurück nach New Orleans fahren und die letzten Tage noch in den Bayou-gebieten des unteren Mississippi-Deltas verbringen.

Alternativ dazu
Cajun- **Wer gute drei Wochen Zeit hat**, fährt am besten von Natchez nach Westen, um
Musikszene die Cajun-/Zydeco-Musikszene in und um LaFayette zu erkunden.
in LaFayette Abschließend fahren Sie in das Gebiet um den US 90 und zurück nach New Orleans. Abflug von New Orleans. Insgesamt ca. 2.800 km

Eine Reiseroute durch die Staaten der Ostküste (ca. 3 Wochen)

> ▸ ▸ Fahrstrecke (inkl. kleiner Umwege): ca. 3.200 km

Fliegen Sie nach Atlanta. Schauen Sie sich erst einmal die Stadt an und verlassen Sie sie am dritten Tag. Fahren Sie nach Savannah. Für Savannah, Charleston und die Küstenregion planen Sie am besten 4 Tage ein. Neben Strand und städtischer Kultur

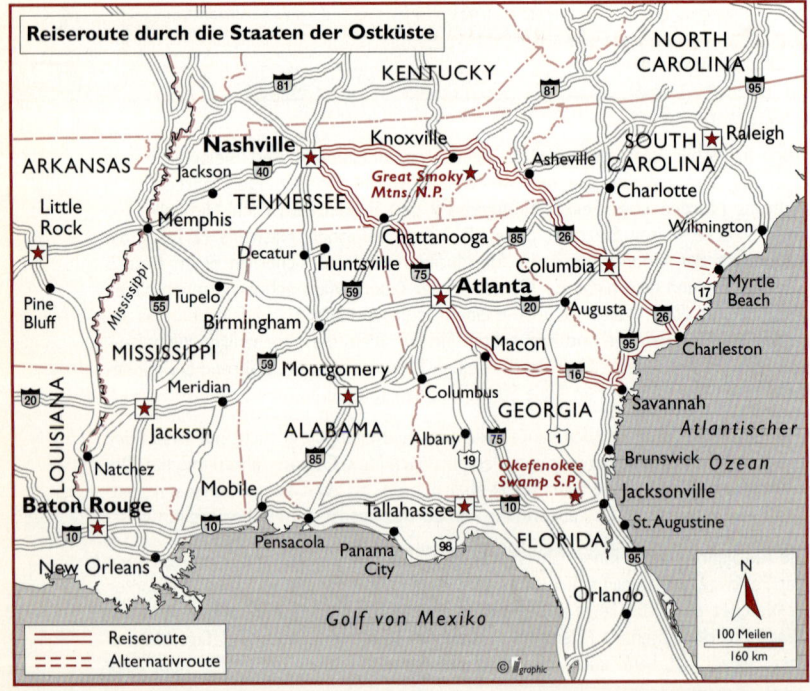

gibt es hier auch eine Reihe typischer Südstaatenplantagen zu besichtigen. Weiter geht es in 2 Tagen über Columbia, der Hauptstadt von South Carolina, nach Asheville. Hier und in der Bergregion um und im Great Smoky Mountains National Park sollten Sie 3 Tage bleiben. Danach geht es weiter über Knoxville, wo Sie maximal einen Tag verweilen sollten, nach Nashville, der Hauptstadt der Countrymusik. Besuchen Sie, auch wenn Sie kein Freund der Countrymusik sein sollten, ruhig einmal eine Countrymusikveranstaltung, in der Livemusik gespielt wird. Nach 2 Tagen geht es dann weiter nach Chattanooga. Bleiben Sie auch hier nur einen Tag und genießen Sie lieber die letzten Tage Ihres Urlaubes in den Wäldern in Nord-Georgia und fahren Sie über Dahlonega zurück nach Atlanta, von wo Sie dann zurückfliegen.

Alternativen für einen 2-wöchigen Aufenthalt

Eigentlich kann man dazu kaum raten, denn bei nur 2 Wochen Aufenthalt können Sie wirklich nicht viel sehen. Trotzdem möchte ich Ihnen 2 Alternativen nennen, bei denen Sie aber vornehmlich die Interstates (Autobahnen) benutzen sollten.

Alternative 1: „Küste und Georgia"

> ▸ ▸ Fahrstrecke (inkl. kleiner Umwege): ca. 2.500 km

☞ **Hinweis**

Für einen „Kurzurlaub" von ca. 10 Tagen würde sich diese Strecke auch anbieten, wenn Sie sich allein auf die Städte New Orleans, Savannah, Charleston und Atlanta konzentrieren würden.

Tag 1 Anflug nach New Orleans, wo Sie abends eintreffen.
Tag 2 New Orleans
Tag 3 New Orleans bis Pensacola Beach, um den weißen Strand vom Golf von Mexiko zu erleben.
Tag 4 Vormittags Stranderlebnis, danach zu den Okefenokee Swamps. Falls Sie dort aber noch mit dem Kanu fahren möchten, müssten Sie früh morgens in Pensacola Beach aufbrechen.
Tag 5 Weiter bis Savannah. Am späten Nachmittag hier noch die Stadt erkunden, am besten auf einer Kutschfahrt.
Tag 6 Savannah und mittags dann weiter nach Charleston
Tag 7 Charleston und Umgebung
Tag 8 Über Georgetown nach Columbia
Tag 9 Von Columbia nach Athens
Tag 10 Stone Mountain Park und nach Norden nach Dahlonega
Tag 11 Dahlonega und die umliegende Berglandschaft erkunden bzw. erwandern.
Tag 12 Nach Atlanta und dort bereits den Nachmittag für Erkundungen einplanen.
Tag 13 Atlanta
Tag 14 Atlanta und Rückflug

Alternative 2: „Um den Mississippi"

▸ ▸ Fahrstrecke (inkl. kleiner Umwege): 2.000 km

 Hinweis

Diese Strecke eignet sich z.B. auch für einen „Kurzurlaub" von ca. 10 Tagen, wenn Sie bereits von Memphis zurückfliegen.

Tag 1   Anflug nach New Orleans, wo Sie abends eintreffen.

Tag 2   New Orleans

Tag 3   Von New Orleans früh starten und ein oder zwei Plantagen auf der Strecke nach Baton Rouge ansehen, danach an Baton Rouge vorbeifahren bis St. Francisville.

Tag 4   Eine Plantage in St.Francisville anschauen und weiter entlang dem US 61 nach Natchez.

Tag 5   Antebellum-Häuser in Natchez anschauen und am späten Nachmittag noch bis Vicksburg fahren.

Tag 6   Vicksburg und den Bürgerkriegs Park dort anschauen. Anschließend weiter entlang dem Mississippi bis Clarksdale fahren.

Tag 7   Von Süden kommen Sie nach Memphis, wo Sie sich zuerst Elvis Presley's Graceland anschauen sollten. Abends Beale Street.

Tag 8   Memphis mit dem Mississippi Museum und dem Civil Rights Museum.

Tag 9   Von Memphis nach Little Rock. Dort nicht lange aufhalten und weiterfahren bis zum Hot Springs National Park.

Tag 10   Gebiet des Nationalparks erkunden und in einer Thermalquelle baden. Danach auf schnellstem Wege bis Shreveport.

Tag 11   Von Shreveport nach Natchitoches. Dort die Stadt und die Umgegend erkunden.

Tag 12   Von Shreveport über LaFayette nach New Iberia.

Tag 13   Tabasco-Fabrik und weiter über Franklin nach Morgan City und Houma. Anschließend nach New Orleans, um den letzten Abend noch in einem Musikclub verbringen zu können.

Tag 14   Abflug

Zeiteinteilung
für eine Rundreise durch den gesamten Süden der USA

Hierbei handelt es sich um einen Vorschlag, der aber auch nicht alle interessanten Gebiete einschließen kann. Die Kilometerangaben sind nur als Richtlinien anzusehen, die aber bereits kleine Abstecher einplanen und auch die Hotelanfahrt in einer Zielstadt.

Gebiet	Unternehmungen Ausflugsziele	Tage	ca. km	touristische Interessen
New Orleans ⓘ **S. 284ff**	French Quarter, Mississippi-Schaufelraddampferfahrt, Jazzlokale, Cajun-Küche	2	200	interessante Altstadtarchitektur, Plantagen im Umland
New Orleans – Mobile ⓘ **S. 338ff**	Sandstrände von Mississippi-Mobile	1	230	relativ uninteressante Sumpflandschaft, Mobile auch nur wenig eindrucksvoll
Mobile – Pensacola ⓘ **S. 356ff**	weiße Sandstrände, Badeaufenthalt	1–2	200	die „weißesten Strände Amerikas", Küstenlandschaft
Pensacola – Tallahassee ⓘ **S. 356ff**	Badeaufenthalt – Panama City	1	400	Strände, Wälder
Tallahassee (St. Augustine) – Savannah ⓘ **S. 368ff**	Hauptstadt von Florida, Küste, hist. St. Augustine, Okefenokee Swamps, Fort Frederica Nat. Monument, Atlantik	3	550–900	Geschichte, Küstenlandschaft, Sümpfe, Baden, Inseln
Savannah ⓘ **S. 399ff**	historische Altstadt	1	100	Geschichte, Architektur
Savannah – Charleston ⓘ **S. 407ff**	„herausgeputzte" Altstadt, Fort Sumter, umliegende Südstaatenplantagen, Badeparadies Hilton Head	1–2	200	Kolonialarchitektur, Geschichte, Strand, Plantagenhäuser
Charleston – Columbia ⓘ **S. 411ff**	keine besonderen Sehenswürdigkeiten entlang der Strecke, Geschichte von South Carolina in Columbia	1	240	Agrarlandschaft, Geschichte

Gebiet	Unternehmungen Ausflugsziele	Tage	ca. km	touristische Interessen
Columbia – Atlanta ⓘ S. 411ff	Washington Wilkes Hist. Museum	1	400	Landschaft, Geschichte, keine besonderen Höhepunkte
Atlanta ⓘ S. 469ff	Stadterlebnis, Museen, Olympiade 1996	2	200	Geschichte, Wirtschaftsmetropole
Atlanta – Great Smoky Mountain N. P. ⓘ S. 488ff	Asheville, Appalachen, Great Smoky Mountains National Park	2–3	500–600	Naturerlebnisse, Rafting, Wandern, Vanderbildt's Wohnsitz
Gr. Smoky Mts. N. P. – Knoxville – Chattanooga – Nashville ⓘ S. 521ff	Chattanooga mit historischen Eisenbahnbauten und schönem Umland, Geschichte d. Bürgerkriegs	2–3	440	Natur, Eisenbahngeschichte, Stadt
Nashville ⓘ S. 535ff	Hauptstadt der Countrymusik, mit allem was dazugehört (Countrybars, Schallplattenindustrie, Museen)	1–2	100	Countrymusik live, Geschichte, Riverbootfahrten
Nashville – Memphis ⓘ S. 550ff	Jackson/TN – Eisenbahnmuseum	1	340	Landschaft, Geschichte
Memphis ⓘ S. 562ff	Heimat des Blues, Elvis-Presley-Gedenkstätten, Bluesmusik in der Beale Street	1–2	100	Blueskneipen, Graceland, Riverboote

Alternative I

Gebiet	Unternehmungen Ausflugsziele	Tage	ca. km	touristische Interessen
Memphis – Natchez Trace – Natchez ⓘ **S. 575ff**	Landschaftlich und historisch schöne Straße, alte Gebäude von Natchez	3	650	Landschaft, Geschichte
Natchez – Baton Rouge ⓘ **S. 588ff**	Sumpfebenen des weiten Mississippi-Tales, Kudzu-Vegeation, Antebellum-Häuser in St. Francisville	I	240	Naturerlebnisse, Antebellum-Kultur
Baton Rouge ⓘ **S. 595ff**	Sumpfebenen, Geschichte der ersten Hauptstadt Louisianas, Kreolen	2	200– 300	Natur, Haupstadtbauten, **New Orleans**, Bootsfahrten in den Bayous
insgesamt		29–34	5.340– 5.670	

Alternative 2

Gebiet	Unternehmungen Ausflugsziele	Tage	ca. km	touristische Interessen
Memphis – Little Rock – Hot Springs N. P. ⓘ **S. 600ff**	keine besonderen Sehenswürdigkeiten, Little Rock als die Hauptstadt von Arkansas, Hot Springs N. P.	I	340	Agrarlandschaft und von Bill Clinton geprägte Hauptstadt, heiße Quellen
Hot Springs – Shreveport – LaFayette ⓘ **S. 600ff**	Fahrt bis in die bewaldeten Sumpfebenen des Mississippi-Deltas	2	600– 700	Landschaft
LaFayette – New Iberia – New Orleans ⓘ **S. 621ff**	Sumpfebene, Geschichte der ersten Kreolen/ Cajuns, Deltagebiet	2	260– 400	Natur, Antebellum-Städtchen, Krabbenfang, Sumpffahrten
insgesamt		27–33	5.500– 5.970	

5.　New Orleans und Umgebung

(ⓘ S. 155)

> ▸ ▸ **Entfernungen**
> New Orleans – Baton Rouge:
> 77 mi/124 km
> New Orleans – LaFayette:
> 129 mi/208 km
> New Orleans – Mobile:
> 148 mi/238 km (I-10)

Überblick

USA–Süden
New Orleans
Mississippidampfer

Eine einzige große Party

„**Laissez le bon temps rouler**" oder „**The Big Easy**": Es gibt viele Möglichkeiten, das Treiben in dieser einzigartigen Stadt am Delta des Mississippi zu beschreiben. Niemals wird man hier das Gefühl los, die Stadt feiert unentwegt eine einzige große Party. Selbst am „Morgen danach", wenn der Müll des letzten Abends weggeschafft wird, scheint ein jeder nur darauf zu warten, die nächste vergnügliche Runde einzuleiten.

Kein Aufgeben nach „Katrina"

Und auch trotz – oder vielleicht gerade wegen – der schweren Verwüstungen und Überschwemmungen nach dem Durchzug des Hurrikans „Katrina", haben die Bewohner der Stadt nicht aufgegeben.

Ohne Zweifel ist New Orleans immer noch eine der faszinierendsten Städte der USA und mit Sicherheit die beeindruckendste Metropole der Südstaaten:

• Die alte französische Architektur im Herzen der Stadt, dem French Quarter, mit den schmiedeeisernen Balkonbalustraden und den verwinkelten Hinterhöfen bietet etwas fürs Auge.

Redaktions-Tipps

• **Kreol**- bzw. **Cajunküche** dürfen Sie sich in New Orleans nicht entgehen lassen! Ein Dinner z.B. im „Arnaud's" wäre ein Klassiker für Romantiker. (S. 155)

• Ein Tagesausflug zu den **Plantagen** „Nottoway", „Oak Alley" oder „Houmas House" lohnt sich. (S. 320ff)

• Die **Antiquitätengeschäfte** im French Quarter sind unverschämt teuer. Häufig gibt es in der Magazine Street und besonders in der Provinz bessere Schnäppchen. (S. 155)

• **Zeiteinteilung**: 2–3 Tage; 1. Tag: Vormittags kreuz und quer durch das **French Quarter schlendern**. Lunch in einem **Straßenimbiss**. Nachmittags am **Mississippiufer** entlangschlendern. Abends Dinnerfahrt mit der „**Natchez**" – danach noch durch einige Musikclubs rund um die **Bourbon Street** ziehen. 2. Tag: Besuch des **Voodoo-Museums** – danach **St. Louis Cemetery No. 1**. Nachmittags mit dem Streetcar zum „**Audubon Zoo**". Abends Zeit nehmen für die **Musikszene**. 3. Tag: Fahrt zu den **Plantagen am Mississippi**.

- Die unzähligen Musikkneipen mit Jazz-, Cajun-, Soul-, Funky-Jazz- und anderen Klängen sorgen für ein unvergessliches Abendprogramm.
- Das Flair der Südstaaten: Die Kreolen – wie sich auch heute noch die Nachfahren der französischen Kolonisten nennen – vermitteln unbeschwertes Lebensgefühl, wie Sie es wohl kaum sonstwo erleben können, und die Atmosphäre ist überall gelockert und ausgelassen.

Typisches Bild: In New Orleans treffen alt und neu aufeinander

- Die ausgesprochen gute und abwechslungsreiche Küche, unbekannte Kulturen, wie z.B. der Voodoo-Kult, die Gegensätze der Südstaatengesellschaft, aber auch zahlreiche Museen und Kunstdenkmäler setzen dem Ganzen die Krone auf.

New Orleans allein ist schon eine Reise wert. Nehmen Sie sich also ausreichend Zeit für diese Stadt und das Umland – mindestens 3 Tage (3 Wochen würden aber auch nicht langweilig werden!). Sie werden es nicht bereuen. Nur „nachtfest" sollten Sie *Nachts* sein, denn ein großer Teil des Charmes der Stadt wird erst nach 22 Uhr versprüht, *am char-* wenn die wirklich guten Bands in Clubs außerhalb des French Quarter aufspielen *mantesten* und die Einheimischen erwachen und beginnen, die Nacht durchzutanzen. Und noch ein Tipp: Auch wenn Ihre Reisekasse etwas knapp bemessen sein sollte, sparen Sie nicht gerade in New Orleans!

Vielleicht ist es für manch einen auch eine Überlegung wert, erst am Ende der Reise die meiste Zeit in New Orleans zu verbringen. Dann haben Sie den Jetlag überwunden und sind bereit für die spätabendlichen Züge durch die Musiklokale.

Geschichte

Während des späten 17. Jh. – die Engländer waren noch damit beschäftigt, die Ostküste der Neuen Welt zu erkunden und zu besiedeln – machte sich ein kleiner Trupp **Franzosen** von Kanada auf, den Mississippi hinunterzufahren, um seine Mündung zu finden. Anführer dieser Expedition waren *René Robert Cavalier* und *Sieur de la Salle*. Am Delta angelangt und zufrieden mit dem Land, das sie gesehen hatten, *Sonnenkönig* erklärten sie 1682 das gesamte Einzugsgebiet des Mississippi zum Protektorat *als* Frankreichs und benannten es zu Ehren ihres Sonnenkönigs, *Louis XIV,* Louisiane. *Namenspate* 1699 zog es dann eine Handvoll anderer Franzosen an die Küste des Golfes von *für Lousiana* Mexiko. Die bekanntesten unter ihnen waren *Pierre le Moyne Sieur d'Iberville* und dessen jüngerer Bruder *Jean-Baptiste le Moyne Sieur de Bienville.* Zuerst wurden Biloxi und

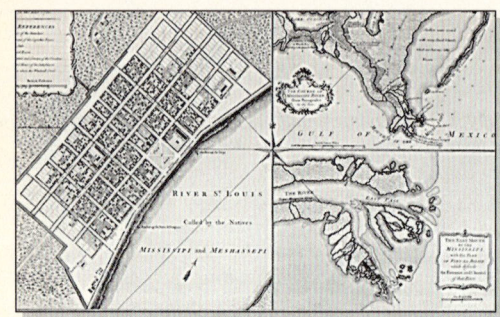
New Orleans um ca. 1760

Ocean Springs (heute im Staate Mississippi), später Mobile und Natchez gegründet.

Ein windiger Schotte, *John Law*, überredete 1717 – nachdem er sich von der französischen Regierung mit fragwürdigen Mitteln Befugnisse zur Besiedlung Süd-Louisianas beschafft hatte – *Jean-Baptiste le Moyne*, La Nouvelle Orléans zu gründen. Dieser hatte das dafür vorgesehene Gebiet bereits erkundet, zögerte aber noch. Ein Jahr später wurde die Stadt schließlich gegründet – dort, wo heute das **French Quarter** ist. Ihren Namen verdankt sie dem Herzog *Philippe von Orléans*, der zu dieser Zeit als Regent für den noch minderjährigen König *Louis XV.* eingesetzt war.

Kriminelle Damen aus Paris

Obwohl La Nouvelle Orléans zur Hauptstadt von Louisiane erklärt worden war und *John Law* in Europa vielversprechende Werbung für die neue französische Kolonie machte, verirrten sich nur wenige Siedler hierher. Größtes Problem war damals der **Frauenmangel**, was die französische Regierung 1727 dazu veranlasste, 88 junge Frauen aus den Pariser Gefängnissen zu entlassen (zumeist minderjährige Prostituierte und Diebinnen) und als „Bräute" nach Louisiane zu schicken. Als „Begleitung" wurden ihnen 5 Nonnen des Ursuliner-Ordens mitgegeben. Es wird behauptet, beide Seiten hätten von der jeweils anderen etwas gelernt.

1763, nach Beendigung des **Kolonialkrieges** zwischen England auf der einen und Spanien und Frankreich auf der anderen Seite, wurde Louisiane aufgeteilt. Was östlich des Mississippi lag, ging an England, der westlich davon gelegene Teil an Spanien. Obwohl dieses bereits im Geheimvertrag von Fountainebleau 1762 so vereinbart wurde, erfuhren die Bewohner der Stadt erst 1766 davon – nämlich mit Eintreffen des spanischen Gouverneurs. 3 Jahre lang versuchten sich die Kreolen, dem spanischen Diktat zu widersetzen, bis schließlich 1769 *Don Alexandro O'Reilly* – ein Ire im Dienste der Spanier – mit einer 3.000 Mann starken Truppe und geschickten politischen Manövern den Widerstand endgültig brechen konnte. Spanisch wurde Amtssprache. Doch das französische Kulturgut blieb erhalten. 1788 und 1794 wurden große Teile der Stadt durch **Feuersbrünste** zerstört, bis heute blieb nur das Ursuliner-Kloster (1114 Chartres Street) erhalten. Die wirtschaftliche Bedeutung von New Orleans war mittlerweile aber so groß, dass in kürzester Zeit wieder alle Häuser aufgebaut werden konnten – diesmal zumeist aus Stein. Mit der Entdeckung

Zucker-Metropole

der Herstellung von Kristallzucker in dieser Zeit durch den Plantagenbesitzer *Étienne de Boré* wurde der Anbau von Zuckerrohr in Louisiane forciert, und New Orleans blühte auf als die Handelsmetropole des Südens. 1800 überredete *Napoleon Bonaparte* die Spanier zur **Rückgabe** Louisianes an die Franzosen, verkaufte es aber nur 3 Jahre später für 15 Millionen Dollar an die Amerikaner weiter. 1805 wurden offiziell die Stadtrechte verliehen. 1815 geriet die Stadt noch einmal in die Kriegswirren zwischen England und den USA. Danach blieb sie bis zur Mitte des 19. Jh. von weiteren Missgeschicken verschont und wuchs zu einer der bedeutendsten Städte der USA heran. Die Plantagenwirtschaft (Baumwolle, Zuckerrohr, Tabak und Reis), aber vor allem der Einsatz der großen Schaufelraddampfer machten die Stadt zu einer internationalen **Handelsmetropole**. In dieser Zeit war New Orleans, nach New York, die zweitreichste und mit 140.000 Einwohnern (1850) die viertgrößte Stadt der USA. Während des Bürgerkrieges (1861–65) wurde New Orleans von den **Unionstruppen** besetzt. Als Folge brannten die Einwohner Lagerhallen und Hafeneinrichtungen nieder, um sie nicht in die Hände der Feinde zu geben. Nach diesem Krieg durchlitt die Stadt, wie der gesamte Süden, eine schwere wirtschaftliche Krise, *Wirtschafts-* von der sich die Region erst um 1880 wieder erholen konnte. Als 1901 das erste **Öl** *krise durch* gefunden wurde, begann eine neue Ära. Wenn auch unterbrochen von einem schwe- *den Bürger-* ren Hurrikan (1915), der große Teile der Stadt zerstörte, einer **Grippeepidemie**, *krieg* die 1918 35.000 Menschen das Leben kostete, und der Flutkatastrophe von 1927, entwickelte sich New Orleans von da an zu einer modernen Handelsstadt.

Übrigens leben in und im Besonderen um New Orleans viele Deutschstämmige. Viele Straßen trugen bis zum 1. Weltkrieg noch deutsche Namen, wurden mit Kriegsbeginn jedoch umbenannt. So wurde z.B. aus der Berlin Street die General Pershing Street. Heute spricht kaum noch jemand deutsch, aber viele Leute werden Ihnen erzählen, dass ihre Vorfahren um die Jahrhundertwende bzw. Mitte des 19. Jh. eingewandert sind. In der Galvez Street (200 Galvez Street)

Mit der Kutsche durchs French Quarter

gab es noch einen deutschen Club („Deutsches Haus" – wurde nach „Katrina" geschlossen, wird evtl. wiedereröffnet) und in Mid City New Orleans (4415 Bienville Street) befindet sich die Germania Lodge (📖 www.cazoo.org/GAChoir.shtml), eine Herren-Loge.

Problematisch war und ist seit dem Bürgerkrieg die Frage des **Rassismus** geblieben: *Schwarze* Bis in die 60er-Jahre des 20. Jh. hinein hatten die Schwarzen in den Südstaaten noch *immer noch* unter vielen ungerechten Gesetzen zu leiden, und auch heute noch spürt man ver- *benachteiligt* einzelt die Ungleichbehandlung der einzelnen Hautfarben.

New Orleans heute

Heute ist die Stadt ein moderner **Industriestandort** mit über 1,5 Mio. Einwohnern (Agglomeration), und Sie werden erstaunt sein, wie krass der Gegensatz zu der schönen, alten Innenstadt sowie dem Garden District ist, sobald Sie diese verlassen. Zahlreiche Raffinerien säumen das Umland, und im Golf von Mexiko und auch in den Bayous reihen sich die Ölförderanlagen wie Perlen auf einer Kette aneinander. Die

Erdölindustrie
stellt ein
Drittel der
Einnahmen

Offshoreanlagen liegen bis zu 200 km vor der Küste. Die Steuereinnahmen aus der Erdölindustrie machen 27 Prozent des Stadthaushaltes aus. Die Häfen in und um New Orleans haben zusammen mit über 185 Mio. t. die zweithöchste Umschlagsrate im ganzen Land (manche Quellen sagen sogar, dass New Orleans Häfen den zweithöchsten Umschlag der Welt haben, was aber eigentlich nicht sein kann) – dank der **Ölverschiffung** und des Umschlages verschiedener Waren aus dem riesigen Hinterland, welches das gesamte Einzugsgebiet des Mississippi und seiner Nebenflüsse umfasst. Jährlich landen 4.400 Schiffe in den Häfen in und um New Orleans an. Einen weiteren, wesentlichen Wirtschaftsfaktor bildet der Fischfang, u.a. auch die Austernfischerei (jährlicher Austernfang: über 6.000 t). Diese gegensätzlichen Strukturen im wirtschaftlichen Leben der Stadt und seines Umfeldes bieten für Sie einen guten Einblick in das Leben der Südstaaten – sowohl in historischer (French Quarter und Plantagen) als auch in wirtschaftlicher und gesellschaftlicher Hinsicht: **Arbeitersiedlungen** der Schwarzen liegen auch heute noch in unmittelbarer Nähe zu den herrschaftlichen Häusern der weißen Oberschicht (bleibt nun aber abzuwarten, wie es nach „Katrina" weitergeht, denn die Mehrzahl dieser Siedlungen ist fast völlig zerstört), und kleinste Farmen konkurrieren mit den übermächtigen Nachbarn – den nach modernsten Gesichtspunkten strukturierten Plantagenunternehmen.

Gesicht der
Stadt spiegelt
soziale
Verhältnisse

Falls Sie also etwas Zeit übrig haben sollten, fahren Sie einfach mal ein Stück die Strecke zum richtigen Mississippi-Delta (Flussaustritt in den Golf) entlang. Die Landschaft ist zwar langweilig flach, aber Sie werden sowohl in den Vororten von New Orleans als auch später auf dem Land einen guten Gesamteindruck über die Südstaaten erhalten. Als Tipp: Nehmen Sie erst die südlich des Mississippi gelegene Straße, setzen Sie auf etwa halber Strecke mit der Fähre über den Fluss und fahren Sie dann auf der kleinen Stichstraße direkt hinter dem Flussdeich zurück. Hier gibt es die verschiedensten Wohnstrukturen der modernen Südstaaten zu sehen (aber keine Antebellum-Plantagenhäuser).

Hurrikan „Katrina" und seine Folgen

Die Stadt lebt auch heute sehr riskant: Etwa die Hälfte der bebauten Fläche liegt unterhalb des Meeresspiegels und auch die andere Hälfte ragt selten mehr als 3 Meter über dem Meeresspiegel (N.N.) hinaus. Das birgt das Risiko von **Überflutungen** und nicht selten „schwimmen" ganze Stadtteile nach heftigen und vor allem lang anhaltenden Regenschauern. Natürlich gibt es hunderte von Pumpanlagen, Entwässerungskanäle, den Lake Pontchartrain als „Überlaufbecken" und andere Gegenmaßnahmen, doch reichen diese nur bei „normalen Unwetterkatastrophen" aus.

Kein
ausreichender
Hochwasser-
schutz

Ende August 2005 erreichte der Hurrikan „Katrina" mit Windgeschwindigkeiten von bis zu 240 km/h die Küste von Louisiana und Mississippi. Für New Orleans brachte der Sturm eine Katastrophe von unvorstellbarem Ausmaß: Mehrere Meerwasser-Schutzdämme brachen; binnen 2 Tagen waren 80 Prozent der Stadtfläche mit Wasser bedeckt! Die ganze Stadt musste daraufhin zwangsevakuiert werden. Die Katastrophe nahm schnell auch **politische Ausmaße** an. Präsident *Bush* und der FEMA (*Federal Emergency Management Agency*, eine Art Katastrophenschutz-Behörde) warf man zu langsames Handeln vor, teilweise sogar Rassismus, weil besonders die arme schwarze Bevölkerung unter den Umständen am meisten zu leiden hatte und bis dahin zu wenig für den Schutz ihrer Wohnungen unternommen wurde.

Es stellte sich auch bald heraus, dass die Gefahr der **Dammbrüche** bereits vorher bekannt war, man aber das meiste Geld im Katastrophenschutz für andere Zwecke, besonders in den letzten Jahren für Anti-Terror-Maßnahmen, verwandt hatte. Zurückgelegtes Geld wurde u. a. auch für die Kriege am Golf und in Afghanistan zweckentfremdet. Bereits 40 Jahre vor „Katrina", seit dem Hurrikan „Betsy", wusste man, dass die Dämme nicht ausreichten, dass besonders das alte Fundament der neueren Schutzdämme viel zu weich und anfällig war und dass – aus Kostengründen – die neueren Dammmauern nicht tief genug in der festeren Erde verankert werden.

Schäden durch ...

... Hurrikan „Katrina"

Über tausend Menschen starben in New Orleans und entlang der Golfküste von Mississippi durch den Sturm bzw. seine Folgen. **Hunderttausende** *Monatelang* **Flüchtlinge** verloren Hab und Gut sowie ihre Häuser und Wohnungen und wurden *in Camps* in den gesamten Süden, bis hin nach Dallas und Georgia, vertrieben, wo sie z.T. *und Hotels* Monate in Camps und Motels verweilen mussten. Wohngebiete mit insgesamt 346.000 Einwohnern (71 Prozent der Einwohner von New Orleans) standen wochenlang unter Wasser. Der Schaden, soweit man so etwas überhaupt genau bemessen kann, wurde nach einem Monat auf über US$ 200 Mrd. geschätzt, nicht eingerechnet sind dabei **Folgeschäden**, wie z.B. die Mindereinnahmen im Tourismusgeschäft, die gedrosselte Ölförderung und Verschiffung im Golf von Mexiko (was zu weltweit gestiegenen Ölpreisen geführt hat) sowie die sozialen Komponenten wie z.B. fehlender Wohnraum.

Es dauerte Monate, um in New Orleans wieder ein halbwegs normales Wirtschaftsleben herzustellen. Um den Gesamtschaden zu beheben und bessere **Vorkehrungen** gegen so ein Unwetter zu treffen, bedarf es aber noch vieler Jahre:
• Immobilien-Spekulanten aus Kalifornien, New York und anderen reichen Gegenden „verderben" die Preise für die Rückkehrwilligen.
• Die Preise im Touristikbereich sind gestiegen, eben weil die Löhne, Mieten und Steuern gestiegen sind.

- Die Versicherungen haben die Schäden nur bedingt gezahlt, denn wer überhaupt versichert war, war gegen Sturmschäden versichert, nicht aber gegen dessen Folgen.
- Viele Musiker sind abgewandert, was besonders in der Bourbon Street zu spüren ist.
- Die Medien schreiben zu viel über die Folgen, so dass weniger Gäste kommen. Das macht sich vor allem beim Kongress-Tourismus, der für die Stadt sehr wichtig gewesen ist, stark bemerkbar.

Für Jahre geschädigt

Der Werbeslogan der Stadt lautete daher in der ersten Zeit: „We are jazzed to have you here" und noch lange Zeit werden Sie des Öfteren zu hören bekommen: „Thanks for visiting us"! Die ehemaligen Bewohner, die zurückgekommen sind, wurden überall mit „Welcome back" begrüßt und mit **„New Orleans rejazzed"** motiviert.

 Hinweis

Im Folgenden werde ich kaum auf die Folgen des Hurrikans eingehen, weil ich der Meinung bin, dass die Stadt ganz einfach verdient hat, in die Zukunft zu blicken. Was zu den Vorkommnissen zu sagen war, wurde hier getan. Weitere Informationen und Erkenntnisse werden Sie mit Sicherheit vor Ort erfahren bzw. haben Sie zur Genüge in den Medien mitbekommen.

Und auch mit z.T. zu geringer Hilfe von Staatsseite wird sich die Stadt und auch die Küste von Mississippi eines Tages wieder zu dem entfalten, was man vor 2005 kannte.

Kleiner Sprachführer für New Orleans und die Südstaaten

N'Awlins oder N'Orlyuns	New Orleans. Man spricht es aus wie ein Wort, verschluckt also das „ew" von New und lässt das Ganze aus der „Tiefe des Halses entweichen".
Antebellum	aus dem Lateinischen: „Vor dem Krieg". Bezeichnet die die Südstaatenepoche vor dem amerikanischen Bürgerkrieg.
Banquette	Bürgersteig
Bayou	Bach oder „stehender" Fluss (indianisch)
Confederate Flag („Rebel Flag")	Flagge der Konföderierten Staaten aus dem Bürgerkrieg Auch heute noch ist sie Bestandteil einiger Südstaatenflaggen. Die echte Rebel Flag wird bei vielen Südstaatlern noch hoch in Ehren gehalten. Viele sehen dieses mit gemischten Gefühlen, besonders da auch Organisationen wie der Ku-Klux-Klan sie als Banner tragen.
Faubourg	aus dem Französischen: „Vorort"
Parish	eigentlich „Pfarrgemeinde". Heute hat ein Parish in Louisiana den Status eines County.
Vieux Carré	das „Alte Viertel", gemeint ist damit das French Quarter.
Neutral Ground	„Neutrales Gebiet". Begriff für die Canal Street, die ehemals den französischen vom amerikanischen Sektor getrennt hat.

Potpourri	eine Mischung aus verschiedenen, getrockneten, duftenden Blättern und Blüten. Mal in einem Körbchen, mal in ein Kissen genäht und mal als Strauß in einer Vase, ist diese Duftnote aus den vornehmen Villen und den Bed&Breakfast-Häusern kaum wegzudenken.
Southern Belle	eine schöne junge Frau der Südstaaten. Hiermit waren meist die (noch nicht verheirateten) Töchter der Plantagenbesitzer oder reicher Kaufleute gemeint.
Yankee	Nordstaatler

Mardi Gras

Krewes	private Clubs, die den Festumzug organisieren, ähnlich unseren Karnevalsvereinen
Rex	der Karnevalskönig
Masquers	die maskierten Leute auf den Umzugswagen, die Süßigkeiten und Souvenirs („throws") herunterwerfen
Doubloons	mit einem Motto versehene Münzen, die während des Karnevals in die Menge geschmissen werden

Essen

andouille und boudin	typische, scharf gewürzte grobe Würstchen
beignet	Hefegebäck
Chicory	Zichorie. Eine Gewürzpflanze, deren getrocknete und geröstete Wurzeln als Aromastoff dem Kaffee beigemengt werden.
Café au lait	Milchkaffee (halb Milch, halb Zichorienkaffee)
Crawfish	kleiner Hummer
étouffée	eingelegt. Meist in Zusammenhang mit in Tomatensauce eingelegten Meeresfrüchten
Jambalaya	ein der spanischen Paella ähnliches Gericht mit gelbem Reis, Tomaten, Schinken, Meeresfrüchten, Zwiebeln und Gewürzen, oft auch Hühnchenfleisch (kann scharf sein!)
Gumbo	ein dicker Eintopf, dessen Grundlage immer Reis bildet
Plantain	eine Kochbanane, die, weil sie nicht süß ist, als Gemüse bzw. Beilage fungiert
Pain perdu	Sandwich mit französischem Brot (meist Baguette)
Red Beans and Rice	rote (dicke) Bohnen mit Reis – in Sauce. Typisches Montagsessen, das die Kreolen als „Sparmaßnahme" nach den Wochenendgelagen zu sich nehmen.
Raison d'être of Oysters Bienville	In der Schale gebackene Austern, die mit einer Sauce mit Pilzen, Schrimps und Knoblauch (oder Senf) serviert wird
Raison d'être of Oysters Rockefeller	wie oben, nur dass die Sauce mit Kräutern und Erbsenpüree zubereitet ist. Das Ganze wird mit Anis-Likör abgeschmeckt.
Bananas Foster	in Butter, Zucker und Zimt angebratene Bananen, danach flambiert mit Cognac und häufig serviert mit Vanilleeis – eine Kalorienbombe!
Po-Boys	dick mit Schinken oder Roastbeef belegtes Baguette
Muffulettas	riesiges Brötchen. Mit italienischem Aufschnitt und Käse belegt, dazu Oliven-Relish.

INFO Was ist ein Kreole, und was bedeutet Cajun/Acadian?

Immer und immer wieder werden Sie auf die Begriffe „Creole" und „Cajun" stoßen, und es stellt sich dabei die Frage, worin eigentlich der Unterschied besteht. Heute werden beide Ausdrücke in vielen Dingen für die gleiche Umschreibung bzw. als Attribut mit gleichem Hintergrund verwandt, doch eigentlich haben sich die beiden Worte unabhängig voneinander entwickelt:

Creole: Ein New-Orleans-Kreole stammt von französischen bzw. spanischen Siedlern ab. Wichtig ist, dass diese Vorfahren „in der Kolonie geboren worden sind", nicht in Europa. Aus dem Lateinischen abgeleitet, hat sich das spanische Wort „criollo" entwickelt, welches die Franzosen dann in „Creole" umgewandelt haben. Alle Worte bedeuten, wie das englische Wort „create", „erschaffen" oder „zeugen". Also ein in den Kolonien „gezeugter" Franzose/Spanier. Später durfte ein Kreole aber auch ein Mischling sein, solange ein Elternteil französischen Ursprungs war. Und noch viel später hat sich alles verwaschen, und fast jeder bezeichnete sich als Kreole.

Cajun/Acadian: Die Vorfahren der Cajuns waren französische Kolonisten, die sich im beginnenden 17. Jh. an der kanadischen Atlantikküste niedergelassen haben, vorwiegend auf Nova Scotia und in New Brunswick. Sie nannten ihre damalige Heimat „L'Acadie" und sich selbst „Acadiens". Die Engländer machten daraus „Acadian" und im Slang wurde daraus „Cajun". Als die Engländer im 18. Jh. begannen, die Franzosen in Kanada zu verdrängen, zogen viele der Cajuns nach Süd-Louisiana.

In der eigentlichen Definition, kann man also sagen, sind Cajuns Kreolen, aber nicht andersherum.

Sehenswertes im Stadtbereich

Tipps für die Erkundung des Innenstadtbereichs von New Orleans
• Beginnen Sie Ihren Rundgang am Vormittag am Jean Lafitte Nat. Hist. Park Visitor Center bzw. am nahen Jackson Square, wo sich auf der Nordostseite (St. Ann Street) ebenfalls ein Visitor Center (Louisiana Office of Tourism) befindet.
• Danach erlaufen Sie sich das French Quarter, für das Sie mindestens 3, bei mehreren Museumsbesuchen aber auch 5–6 Stunden benötigen sollten.
• Am späten Nachmittag, wenn es nicht mehr so heiß ist, können Sie dann am **Riverfront Park** entlangpromenieren.
• Abends konzentrieren Sie sich dann auf die Bourbon Street (inkl. Seitenstraßen) mit ihren Lokalen und Musikkneipen.
• Wenn Sie nun Gefallen an der Architektur des French Quarter gefunden haben sollten, was kaum zu bezweifeln ist, dann bietet sich für den folgenden Morgen eine

Kutschen-Rundfahrt an. Die Kutscher können Ihnen eine Reihe von interessanten *Den*
Anekdoten erzählen. Eines sollten Sie aber bedenken: Sie sprechen sehr starken *Kutschern*
Südstaaten-Slang, der selbst für ein geschultes Ohr nicht leicht zu verstehen ist. *lauschen*
Bitten Sie den Kutscher also vorher, langsam zu sprechen.

Zu Fuß durch das French Quarter

Der folgende Rundgang soll nur einen Denkanstoß geben. Sie werden schnell merken, dass Sie sich auch gerne selber treiben lassen möchten. Binden Sie sich also nicht
zu sehr an das Folgende. Alle aufgeführten Punkte können Sie sowieso nicht an einem
Tag schaffen!

☞ Hinweis

*Auf die Beschreibung der unzähligen interessanten Wohnhäuser wurde bewusst ver-
zichtet, um nicht den Rahmen dieses Buches zu sprengen. Eine detaillierte Karte und
Erläuterungsbroschüren werden Ihnen hierzu aber im Visitor Bureau mitgegeben.*

Punkte, die Sie absolut nicht versäumen sollten

Pulsierender
* Zur Geschichte der Region: **Jean Lafitte Nat. Hist. Park Information Center** *Jackson*
* Die lebendige Atmosphäre des **Jackson Square**: Straßenkünstler, Musiker, Pferde- *Square*
  kutschen und Cafés
* Eine kurze Besichtigung des „**Cabildo**" mit dem **Louisiana State Museum**
* Der **French Market**: Geschäfte, Cafés und ein Stück
  weiter am **Fleamarket** auch ein paar Schnäppchen in
  punkto Souvenirs
* Das **Voodoo Museum**, das Sie entführt in eine mysti-
  sche Welt, die uns so unbekannt und fremd ist.
* Schauen Sie in den einen oder anderen **Hinterhof** hinein.
* Bei Tag die **Chartres-** und die **Royal Street** ablaufen,
  in deren Fluchten die Architektur und die schmiedeeisernen Balkone am schönsten sind
* Wenn dann noch Zeit ist, sollten Sie auch einmal die
  äußeren Bezirke des French Quarter besuchen,
  dort wo die Häuser kleiner, aber die Hinterhöfe noch
  ursprünglicher sind. Am interessantesten ist da sicherlich das Gebiet nordöstlich der Esplanade Avenue.
* Abends: Die Musikszene in der **Bourbon Street** und
  ihren Seitenstraßen

Das French Quarter, auch als „Le Vieux Carré" bezeichnet, bildet das Herz von New Orleans und kann sich mit

*Bezaubernd: die schmiedeeisernen
Balkone im French Quarter*

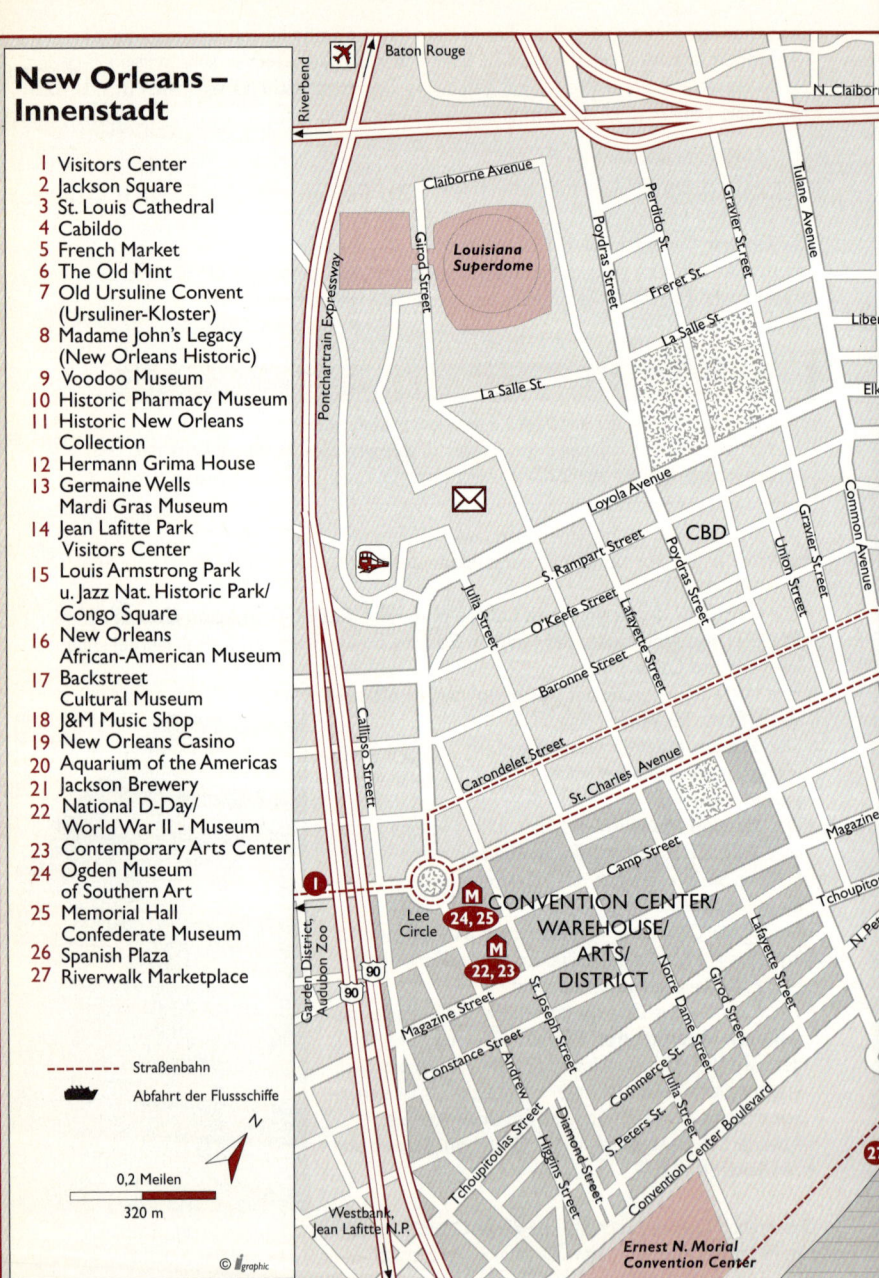

New Orleans –
Innenstadt

1 Visitors Center
2 Jackson Square
3 St. Louis Cathedral
4 Cabildo
5 French Market
6 The Old Mint
7 Old Ursuline Convent
   (Ursuliner-Kloster)
8 Madame John's Legacy
   (New Orleans Historic)
9 Voodoo Museum
10 Historic Pharmacy Museum
11 Historic New Orleans
    Collection
12 Hermann Grima House
13 Germaine Wells
    Mardi Gras Museum
14 Jean Lafitte Park
    Visitors Center
15 Louis Armstrong Park
    u. Jazz Nat. Historic Park/
    Congo Square
16 New Orleans
    African-American Museum
17 Backstreet
    Cultural Museum
18 J&M Music Shop
19 New Orleans Casino
20 Aquarium of the Americas
21 Jackson Brewery
22 National D-Day/
    World War II - Museum
23 Contemporary Arts Center
24 Ogden Museum
    of Southern Art
25 Memorial Hall
    Confederate Museum
26 Spanish Plaza
27 Riverwalk Marketplace

- - - - - - - Straßenbahn

Abfahrt der Flussschiffe

0,2 Meilen

320 m

© b.graphic

Baton Rouge

N. Claiborne

Riverbend

Claiborne Avenue

Claiborne Avenue

Girod Street

Louisiana
Superdome

Perdido St.

Poydras Street

Gravier Street

Tulane Avenue

Liber

Freret St.

La Salle St.

La Salle St.

Elk

Pontchartrain Expressway

Loyola Avenue

CBD

Common Avenue

Gravier Street

Union Street

S. Rampart Street

Poydras Street

Julia Street

O'Keefe Street

Lafayette Street

Baronne Street

Callipso Street

Carondelet Street

St. Charles Avenue

Camp Street

Magazine

Lee
Circle

CONVENTION CENTER/
WAREHOUSE/
ARTS/
DISTRICT

24, 25

22, 23

Tchoupitoulas

N. Per

Garden District/
Audubon Zoo

90

90

Magazine Street

Constance Street

Andrew

St. Joseph Street

Diamond Street

Higgins Street

Notre Dame Street

Commerce Street

S. Peters St.

Julia Street

Girod Street

Lafayette Street

Convention Center Boulevard

Westbank,
Jean Lafitte N.P.

Tchoupitoulas Street

27

Ernest N. Morial
Convention Center

Recht als den attraktivsten und einzigartigsten Stadtkern der USA bezeichnen. Bereits die Architektur, die durch spanische und französische Einflüsse geprägt ist, wird selbst das verwöhnte europäische Auge in seinen Bann ziehen. Der Baustil ist *Schmiede-* beispiellos: Die schmiedeeisernen Balkone erinnern an die französische Epoche, die *eiserne* großen Türbögen und die Innenhöfe eher an die Zeit der Spanier, die in nur wenigen *Balkone* Jahrzehnten ihrer Herrschaft deutliche Spuren hinterlassen haben und deren Anwesenheit auch heute noch durch die eingemauerten alten Straßenschilder deutlich wird.

Doch keine Hausanlage ist so, wie man sie von Europa her zu kennen glaubt. New Orleans hat seinen eigenen Stil: Die Kreolen und die Cajuns haben ihren Anteil, und auch amerikanische Elemente aus dem ausgehenden 19. Jh. haben Einkehr gefunden, so dass eine „New-Orleans-Architektur" entstanden ist. Zu all dem kommt schließlich noch hinzu, dass das subtropische Klima in den Hinterhöfen kleine „Urwälder" gedeihen lässt, die den Bewohnern dort einen beschatteten Patio bieten (schauen Sie ruhig mal hinein). Übrigens stehen alle Häuser auf hölzernen Stelzen, denn das French Quarter liegt auf, z.T. auch unterhalb des Wasserspiegels. Sollte gerade ein Haus „bloß gelegt" sein, weil es renoviert wird, betrachten Sie sich die Konstruktion einmal näher!

Fazit: Die Menschen hier haben ihre ganz eigene Lebensart, die nicht so passt in unser Bild von Amerika. Weniger Hektik und dafür eine gehörige Portion Lebensge-*Genuss des* nuss – das „**Laisser-faire**" – das ist das Einzigartige, was den Charakter des French *„Laisser-* Quarter und besonders auch von ganz New Orleans ausmacht. Öffnen nun auch Sie *Faire"* sich diesem Genuss und lassen Sie sich mitziehen. Machen Sie nicht den Fehler, alle Sehenswürdigkeiten „abklappern" zu wollen, sondern feiern Sie Ihre eigene große Party in „The Big Easy" – als das die Amerikaner ihre Lieblingsstadt gerne bezeichnen. Dazu gehört natürlich auch, sich von dem touristischen Treiben entlang der Bourbon-, Royal-, und Peters Streets zu entfernen.

Der Rundgang

Eingang zum French Market

Beginnen Sie am **Jackson Square** und informieren Sie sich zuerst im **Visitor Center** (I). Hier gibt es u.a. eine gute „Self Guided Walking and Driving Tour Map" von New Orleans.

Vielleicht blättern Sie nun erst einmal, bei einer Tasse Kaffee im „Café du Monde" (gleich gegenüber im **French Market**, Decatur St.), in den Prospekten und entscheiden Sie sich, ob Sie das French Quarter alleine und zu Fuß, oder mit Führer in einer Kutsche erkunden möchten. Um sich besser treiben lassen zu können, rate ich zur ersten Alternative.

Jackson Square (2)

Ehemaliger Paradeplatz der Stadt, an dem sich die Regierungsgebäude der frühen Kolonialmächte befanden. 1721 angelegt. Um 1850 begann man damit, den heutigen Park anzulegen, und 1856 wurde das Denkmal von General Jackson aufgestellt – übrigens das erste Reiterdenkmal der Welt, bei dem 2 Hufe nicht den Boden berühren. Rechts und links von diesem Platz stehen die **Pontalba Buildings** mit ihren einladenden Arkaden, die zwischen 1840 und 1849 erbaut wurden. Damals erhoffte man sich, den vom French Quarter abziehenden Handel in die hier eingerichteten Büros *Einzig fehlten* und Geschäfte zurückzuholen. Dieses Vorhaben schlug aber weitestgehend fehl, da *die Händler* die Geschäftsleute sich bevorzugter in den neuen Handelskontoren am Hafen aufhalten mochten. Das **1850 House** an der Nordostseite (St. Ann St.) kann Di–So 9–17 Uhr auf Touren besichtigt werden.

St. Louis Cathedral (3)

Älteste Kathedrale der USA (erbaut 1849–51). Bereits 1722 stand an dieser Stelle eine kleine Kirche, die aber von einem Hurrikan im selben Jahr zerstört worden ist. Die Kathedrale kann besichtigt werden, doch dürfen Sie alleine nur im Eingangsbereich des Kirchenschiffes stehen. Ansonsten müssen Sie sich einer Führung anschließen. Verwöhnt von prachtvolleren Bauten in Europa, lohnt dies aber kaum.

St. Louis Cathedral am Jackson Square

Cabildo (4)

Das Gebäude beherbergte die Regierungen aller Kolonialmächte und auch der Konföderierten und später der USA. Nachdem das erste Gebäude 1788 den Flammen zum Opfer fiel, wurde 1795–99 das heutige Steingebäude errichtet. Im Keller aber befinden sich noch Überreste der alten Polizeistation – der „Corps de Garde" – von 1753. 1988 wurde das Gebäude übrigens wiederum durch ein Feuer nahezu vernichtet.

Unter hohem Kostenaufwand hat man es aber restauriert und anschließend hier und im rechts von der Kathedrale stehenden **Presbytere House** einen Teil des **Loui-** *Geschichte* **siana State Museum** eingerichtet (geöffnet: Di–So 9–17 Uhr, Sonderausstellungen *von New* nur Fr–So). Eine interessante Ausstellung zur Geschichte von Louisiana und speziell *Orleans* von New Orleans erwartet Sie hier. Zudem wird auch eingegangen auf die Geschichte der Indianer dieser Region.

French Market (5)

Diese komplett restaurierten Markthallen, die im beginnenden 19. Jh. erbaut worden sind und über 150 Jahre lang der wesentliche Handelsplatz der Stadt waren, beherbergen heute eine Reihe interessanter Geschäfte und Boutiquen. Straßencafés und *Erfrischung in* Restaurants, von denen das „Café du Monde" das populärste ist, laden zu einer klei-*einem der* nen Erfrischung ein, und meistens spielen Straßenmusikanten vor ihren Türen. In den *Straßencafés* Markthallen befindet sich der **Farmer's Market**, wo Sie heute noch einige Früchte und Gemüse sowie Cajun-Spezialitäten erstehen können. Leider aber machen sich hier mittlerweile professionelle Händler mit T-Shirts und asiatischen Billigprodukten immer mehr breit, so dass der Charakter eines echten Marktes bzw. des hierfür angekündigten **Fleamarket** (Flohmarkt, weiter nördlich) bereits verloren gegangen ist.

Besuchenswert in diesem Komplex ist aber allemal das Info-Center des **New Orleans Jazz Historical Park** (916 N. Peters St., in der „zweiten Reihe" des Marktes). Hier können Sie ein wenig über die Geschichte des Jazz in New Orleans lernen.

The Old Mint (6)

400 Esplanade. Geöffnet Di–So 9–17 Uhr
Direkt am unteren Ende der wunderschönen **Esplanade Avenue**, die durch ihre vom Tourismus (noch) nicht beeinflusste Architektur und die großen, schattenspendenden Bäume ihren eigenen Reiz hat, ist in der ehemaligen Münzpresse die **New Orleans Jazz Collection** eingerichtet worden. Bilder und alte Musikinstrumente (u.a. Louis Armstrongs erste Trompete) lohnen einen kurzen Besuch.

Old Ursuline Convent (Ursuliner-Kloster) (7)

1114 Chartres St., Führungen: Di–Fr. 10, 11, 13, 14 u. 15 Uhr, Sa u. So 11.15, 13 u. 14 Uhr
Die Ursuliner-Nonnen waren lange Zeit die einzigen Lehrerinnen der Stadt, und sie waren es auch, die als erste in den Südstaaten den Minderheiten, wie den Schwarzen *Ältestes* und den Indianern, Unterricht gegeben haben. Das Gebäude von 1734 ist das einzi-*französisches* ge, welches die großen Feuer überstanden hat und gilt somit als das älteste franzö-*Kolonial-* sische Kolonialgebäude überhaupt im Mississippi Valley. Der französische Baustil wird *gebäude am* hier sehr deutlich. Zu sehen gibt es aber innen nicht viel außer einer renovierten *Mississippi* Kapelle, **St. Mary's Church** (1845) und einem katholischen Archiv, in das man aber nur nach Vorankündigung (und „sinnvollem Anliegen") Einblick erhält.

Madame John's Legacy (8)

632 Dumaine St. Geöffnet: Di–So 9–17 Uhr
Das Gebäude wurde 1789 nach dem großen Feuer von 1788 erbaut. Einzigartig für New Orleans ist der westindische Baustil, der dafür sorgt, dass genügend Schutz vor Hitze, Sonne und Regen vorhanden ist. *Madame John* war übrigens eine schwarze Mistress eines französischen Geschäftsmannes, der aber erst nach seinem Tod zu dieser Liebschaft stand und ihr das Haus vermachte. Neben der Architektur (gut erläutert) gibt es noch einige alte Möbel und Wanderausstellungen (zumeist künstlerische Themen) zu sehen.

(New Orleans Historic) Voodoo Museum (9)

724 Dumaine St. Geöffnet: täglich 10–18 Uhr
Kleines Museum, das eine sehr eindrucksvolle Sammlung in Bezug auf den Voodoo-Zauber beherbergt. Ein Opferungsaltar, Gris-Gris (Fetische) aller Art, eine echte Pythonschlange und ein Gemälde von der Voodoo-Queen *Marie Laveau* bilden die Höhepunkte. In dem vorgelagerten „Souvenirshop" können Sie Pülverchen erstehen, wie z.B. das „Have-more-Fun-Powder" oder das „I-like-you-Powder". Der Besuch dieses einzigartigen Museums ist ein Muss in New Orleans. Mr. *Charles Massicot Gandolfo*, Voodoo-Priester und Gründer des Museums, steht **nach Absprache** für Lesungen, Weissagungen und Führungen zur Verfügung; ☎ 523-7685.

Pülverchen zu kaufen

INFO Voodoo

Voodoo hatte schon immer etwas Mysteriöses, und bereits während des 19. Jh. zog es viele Reisende nach New Orleans, nur um die damalige Voodoo-Queen *Marie Laveau* (Voodoo basiert übrigens auf den Prinzipien eines Matriarchats) aufzusuchen. Obwohl auf afrikanischen Traditionen beruhend, huldigten bereits damals auch viele Weiße diesem Kult.

Voodoo kommt ursprünglich aus dem ehemaligen westafrikanischen Königreich Dahomey (heute Benin) und war die Religion der dort lebenden Bevölkerung. Die Religion hatte mehrere Götter, wobei einer der Hauptgötter „Zombie" war, der auch „Damballah" genannt und als riesige Python dargestellt wurde. Die *Dahomey* glaubten, dass die ersten Menschen blind waren und erst die große Schlange ihnen die menschliche Sehkraft verlieh. Daher ist der Schlangenkult bei den Voodoo-Zauberern von erheblicher Bedeutung. Die *Dahomeys* waren im 17. und 18. Jh. bekannt dafür, dass sie Sklaven an die Franzosen verkauft haben, die dann in die amerikanischen Kolonien verschleppt worden sind. Auf diese Weise gelangte der Voodoo-Kult bis nach Haiti auf die französischen Zuckerrohrplantagen. 1717 wurden dann etwa 3.000 Sklaven von Haiti nach Louisiana gebracht. Die dadurch ausgelöste Ausbreitung des Voodoo-Zaubers in Louisiana veranlasste den damaligen spanischen Gouverneur Ende des 18. Jh. sogar, die „Einfuhr" weiterer Sklaven zu unterbinden. Doch in den Folgejahren kamen auch immer mehr Weiße, vor allem Franzosen aus den Kolonien Westindiens, und auch sie waren von der Religion angetan. So erlangte der Voodoo-Kult im beginnenden 19. Jh. immer mehr an Bedeutung in New Orleans. Interessanterweise entwickelte sich dabei gerade in New Orleans in einigen Punkten eine Vermischung mit Prinzipien des Katholizismus. Bilder der Heiligen Jungfrau Maria und Ikonen anderer Heiliger schmücken nicht selten die Voodoo-Altäre.

Hauptversammlungsplatz der Voodoo-Anhänger damals war ein Park am Lake Pontchartrain, wo richtige Orgien abgehalten wurden. Man versuchte – veranlasst durch Lobbyisten der „klassischen" katholischen Kirche – diese Voodoo-Sitzungen zu verbieten. Ein weiterer Grund dafür war auch die Angst, es könne hier eine Sklavenrevolte angeheizt werden. Als man merkte, dass ein Verbot nicht durchzusetzen war, wurden Voodoo-Versammlungen nur noch an Sonntagen auf dem Congo Square (beim heutigen Municipal Auditorium im Armstrong Park) erlaubt.

Ziel war es, die Bewegung auf diese Weise unter Kontrolle zu behalten. Doch dieses inspirierte zunehmend alle Bevölkerungsschichten, sich das Treiben mit Tänzen, Trommelmusik und merkwürdig verkleideten Menschen anzuschauen. Schon bald war es große Mode, sich mit einem Picknickkorb an den Rand des Geschehens zu setzen – und später auch daran teilzuhaben.

Der wichtigste Tag der Voodooisten war und ist der St. John's Eve (23. Juni): Die Voodoo-Königin tanzte dann mit der großen Schlange. In Trance versetzt, tranken die Anhänger Blut von schwarzen Katzen, aßen lebendige Hühner, und es wird sogar behauptet, dass sie gegenseitig am Blut des anderen geleckt haben. Dass bei dieser Kultveranstaltung auch noch kleine Särge zugegen sein mussten, führte bei vielen Kreolen zu dem Glauben, in ihnen würden gekidnappte und getötete weiße Babys liegen. Heute sind die Sitten und Gebräuche an diesem Tag aber nicht mehr so „haarsträubend".

Zwei Personen hatten eine große Bedeutung in der Voodoo-Welt des damaligen New Orleans: Eine davon war **Marie Laveau** (es gab eigentlich zwei Königinnen dieses Namens: Mutter und Tochter). *Marie Laveau* I. (1796–1881) wurde 1830 Voodoo-Queen. Ihre Anhänger reisten aus ganz Amerika an, um sich von ihr heilen bzw. die Zukunft voraussagen zu lassen, und zu ihren Verehrern gehörten ranghohe Lokalpolitiker und führende

Voodoo-Altar im Voodoo-Museum

Geschäftsleute. Eigentlich war sie eine einfache Friseuse. Sie verstand es aber, die Erzählungen der Damen der gehobenen weißen Gesellschaft zu deuten und umzusetzen. Sie holte sich den größten Teil ihrer Informationen von den Bediensteten der Reichen, denen sie zu diesem Zwecke mit Voodoo-Ritualen vorher Furcht einflößte und sie so gesprächig machte. Bevor sie Voodoo-Queen wurde, heißt es, habe sie ihre „Konkurrentinnen" alle mit Voodoo-Zauberei getötet. Es wird außerdem gesagt, dass in dem Haus von Marie Laveau eine 6 Meter lange Python gelebt hat und dass zu ihren Fetischen sogar mumifizierte Baby-Skelette gehört haben sollen. Ihre Tochter setzte ihre „Regentschaft" fort. Das Grab von *Marie Laveau I.* befindet sich heute auf dem St. Louis No. 1 Cemetery, das von ihrer gleichnamigen Tochter auf dem St. Louis Cemetary No. 2. Ihre Anhänger meinen, dass ihre Seelen ewig weiterleben werden. Die zweite Persönlichkeit war **Doctor John**, der von sich behauptete, ein senegalesischer Prinz zu sein und dessen Wahrsagungen in der Mitte des 19. Jh. bis in die höchsten Kreisen erhört worden sind. Kenntnisse über die Lebensumstände seiner Anhänger erhielt auch *Doctor John* durch seine „Spione", meist Bedienstete in den Häusern der entsprechenden Personen. Er gilt übrigens als einer der Lehrmeister von Marie Laveau.

Der Voodoo-Kult lebte und lebt auch heute noch großenteils von seinen **Fetischen** („**Gris-Gris**"). Einer der bekanntesten ist die „Mojo-Hand": ein Stück Stoff, in den Überreste von verstorbenen Reptilien und Vögeln (und auch Menschen?) gewickelt sind und der dazu dient, ungeliebte Personen zu verhexen.

Ein anderes Gris-Gris ist eine Wurzel, „Johnny the Conqueror" genannt, die für die Potenz förderlich sein soll. Weitere bekannte Heilmittel wären z.B.: die „Get-Together-Drops", die „Follow-Me-Drops", das „Liebes-Öl" und das „Verhexungsmittel für den Chef". Doch auch die moderne Schulmedizin hat die Kraft der Voodoo-Medizin erkannt, und Voodoo-Ärzte werden des Öfteren von hoch dekorierten Wissenschaftlern konsultiert, speziell, wenn es um die Behandlung von Schizophrenie geht.

Übrigens: 15 Prozent der Bevölkerung von New Orleans praktizieren auch heute noch den Voodoo-Kult.

Historic Pharmacy Museum (10)

514 Chartres St. Geöffnet: Di–Sa 10–17 Uhr
Apotheke im Dekor von 1850. Die alten Schränke aus Rosenholz wurden in Deutschland gefertigt. Auch die Voodoo-Priester haben sich hier ihre Pülverchen zubereiten lassen.

Historic New Orleans Collection (11)

533 Royal St. Touren: Di–Sa 10–16.30 Uhr
In einem alten Häuserkomplex wurde diese Forschungseinrichtung untergebracht, in der man sich um die Aufarbeitung der Stadtgeschichte und die Erhaltungsmöglichkeiten alter Gebäude bemüht. Neben einem kleinen Museum gibt es einen Souvenirshop (sehr gute Auswahl an Büchern über die Geschichte von N.O.) und eine Galerie.

Erhaltungs-möglichkeiten alter Gebäude

Hermann Grima House (12)

820 St. Louis St. Touren: Mo–Fr 10–16 Uhr
Ein gutes Beispiel für die amerikanischen Architektureinflüsse (Georgian-Style) im French Quarter. 1831 erbaut, beeindrucken heute vor allem die noch intakte kreolische Küche aus den 1830er-Jahren sowie der komplett restaurierte Privatstall. Von Oktober bis Mai werden jeden Donnerstag Kochvorführungen in der Küche abgehalten.

Germaine Wells Mardi Gras Museum (13)

813 Bienville St., 2nd Floor (Eingang durch Arnaud's Restaurant). Geöffnet täglich 10–14 und 18–22 Uhr.
Germaine Cazenave Wells, die Tochter des Gründers von Arnaud's Restaurant war zwischen 1937 und 1968 ganze 22 Mal Karnevalskönigin – wenn auch bei unterschiedlichen Vereinen („Crewes"). Viele ihrer Kleider und Kostüme (und auch die von Freunden und Verwandten) aus dieser Zeit sind jetzt in dem kleinen Museum ausgestellt.

Kostüme einer 22-fachen Karnevals-prinzessin

Gehen Sie nun die Bienville Street hinunter bis zur Decatur Street. Gleich links um die Ecke befindet sich das **Jean Lafitte Park Visitor Center (14)** (419 Decatur St., tägl. 9–17 Uhr). Hier erhalten Sie alle nötigen Infos zu den einzelnen, über die Stadt und den Süden von Louisiana verstreuten Parkabschnitte. Im Visitor Center gibt es zudem eine interessante Ausstellung zu den Themen Mississippi-Delta, Geschichte von New Orleans und das Leben der Acadians. Ihr Rundweg endet nun an der **Canal Street**, und es bietet sich an, diese hinunterzulaufen bis zum Mississippi, von wo aus Sie zurücklaufen können zu Ihrem Ausgangspunkt, dem Jackson Square.

Infos zum Mississippi-Delta

Jean Lafitte National Historical Park und ein Ausflug nach Lafitte

Der Jean Lafitte National (Historical) Park and Preserve verfügt insgesamt über 6 Abschnitte, die sich bis nach LaFayette und Eunice weiter im Westen Louisianas hinziehen. Hier möchte ich nur die zwei Parkabschnitte in und um New Orleans erwähnen:

Östlich der Stadt – Chalmette Battlefield von 1815

Nur 7 Meilen entfernt vom French Quarter hat sich im Januar 1815 (Unabhängigkeitskrieg) *Andrew Jacksons* Armee mit den Engländern ein letztes Gefecht geliefert und die Schlacht für die Amerikaner gewonnen. Wie bereits im Geschichtskapitel erwähnt, war zu dieser Zeit der Krieg schon einige Wochen beendet, doch erreichte diese Meldung die kämpfenden Parteien nicht rechtzeitig. Trotz der deswegen militärischen Sinnlosigkeit dieser Schlacht heißt es heute, habe dieses Gefecht das Zusammengehörigkeitsgefühl der wild durcheinandergewürfelten amerikanischen Truppe (Cajuns, schwarze Feldarbeiter, verarmte weiße Fischer, Schmuggler, Handlanger, Indianer etc.) gefördert und damit auch das derer Angehörigen. Nach der Schlacht konnten sich alle Bewohner im Umkreis von New Orleans als Amerikaner sehen.

Anfahrt: Fahren Sie entlang des LA 46 (N. Rampart St., später St. Claude Ave., dann Bernard Hwy.) nach Osten bis Chalmette, wo sich der Park rechter Hand am W. St. Bernard Hwy. befindet, mitten in einer heute industrialisierten Hafenlandschaft.

Film zur Schlacht

Im Park gibt es ein kleines Visitor Center, wo ein 30-minütiger Film die Schlacht erläutert. Eine Rundfahrt zu erläuterten Gefechtsstellungen, ein altes Plantagenhaus und ein Gedenkturm in Form einer Nadel (Aussicht) gehören dann zum Erkundungsprogramm. Bereits die Anfahrt zum Park ist interessant, denn die Straße führt durch die ärmeren Gebiete von New Orleans und zeigt auf, wie sehr das French Quarter doch herausgeputzt ist. Hier finden Sie die echten Po'-Boy-Buden, gibt es in Zeitung eingewickelten Crawfish oder Shrimps und versprechen heruntergekommene Laundrys die Reinigung eines Hemdes für US$ 1,50 – inkl. bügeln. Hier wird deutlich, dass das Lohnniveau in N.O. sehr niedrig ist. Im „Tiping-Gewerbe" (wo Trinkgeld gegeben wird) z.B., das nicht an das Mindestlohn-Gesetz gebunden ist, beträgt der durchschnittliche Stundenlohn im French Quarter US$ 2,50! Bedenken Sie das bei „Tiping"!

Südlich der Stadt – Ein Ausflug nach Lafitte

Folgen Sie südlich von New Orleans der LA 45 (Exit Barataria Blvd. vom Westbank Expressway), passieren Sie nach ca. 8 Meilen (insg. ca. 20 Meilen vom French Quarter) die **Barataria Unit** des **Jean Lafitte National Park**, einen schönen 8.000 ha großen Naturpark inmitten der Swamps. Im Visitor Center können Sie mehr zum Thema Sümpfe und Bayous erfahren (Ausstellungen, Filme), und hier wird Ihnen auch etwas zur Geschichte des „Robin Hood von Louisiana", *Jean Lafitte*, geboten. Kilometerlange Holzstege über die Sümpfe bieten die Gelegenheit zu einem kurzen Spaziergang mit Lerneffekt – auf Wunsch mit Ranger.

Naturpark inmitten der Swamps

Durch den Park können Sie auch eine Kanutour unternehmen – ein Erlebnis ganz besonderer Art, wenn auch sehr beschwerlich während der schwül-heißen Sommermonate. Boote vermietet **Bayou Barn** (☎ (504) 689-2663), nahe der Kreuzung LA 45 und LA 3134 (noch vor der Brücke über den Intracoastal Waterway). Sie können mit oder ohne Führung paddeln. Jeden Sonntag (14–18 Uhr) – außer im Januar – veranstaltet Bayou Barns übrigens eine typische Cajun-Party (Tanzen und Essen), zu der mehr einheimische Cajuns kommen als Städter und Touristen! Außerdem ist Bayou Barn auch ein nettes und typisches Cajun-Restaurant.

Südlich des Hwy 301 – Bayou-Bootstour

Etwas weiter südlich gelangen Sie zum Hwy. 301 (auch noch vor der Brücke!), entlang dem Sie zu den Ablegern verschiedenster Bayou-Bootstouren kommen. Doch nur eines dieser Unternehmen sollte hier herausgehoben werden und ist nach verschiedensten Erfahrungen meinerseits die besterläuterte Bayoutour im Umfeld von N.O.:

Lil' Cajun Swamp Tours, Hwy. 301, ☎ (504) 689-3213 od. 1-800-689-3213. Touren beginnen i.d.R. um 10, 12 und 14 Uhr und dauern knapp 2 Stunden. Cpt. *Cyprus Blanchard*, ein waschechter Acadian/Cajun, der mit seiner Familie französisch spricht, kann Ihnen nahezu alles zu den Cajuns und der Naturlandschaft der Swamps und Bayous erzählen. Geboren in Lafitte, kennt Cyprus jeden in Lafitte, und die Tour führt nicht selten zu einem der Fischer des kleinen Örtchens, und ein (beinahe unverständlicher) Klönschnack mit dem Fischer bietet noch weiteren Einblick in das Leben hier.

Besterläuterte Bayou-Tour

Bayou bei New Orleans

Neben den Bayous erfahren Sie auf der Tour aber auch etwas über die Fisch- und Vogelwelt, über *Jean Lafitte* und über einige Schauplätze, an denen Szenen berühmter Filme (so z.B. „Forrest Gump" und „The Big Easy") gedreht worden sind. Von Mitte Mai bis Anfang Juli sowie Mitte August bis Mitte Dezember werden sog. Shrimp- und Catfishtouren von *Cyprus* angeboten, auf denen Sie einiges zum Thema Fischfang in den Bayous erfahren und auch ein paar Shrimps und vielleicht sogar einen Fisch ergattern können. Sollten Sie nach auffälligen Broschüren in Ihrem Hotel suchen, werden Sie kaum fündig werden. *Cpt. Cyprus* ist halt „ein echter Cajun". Für so viel Werbung, Bezahlung der Concierges etc. hat er nichts übrig.

Eine der größten Fischflotten in den USA

Der Ort **Lafitte**, bezeichnet sich stolz als „Cajun Fishing Village" und weist eine der größten Fischflotten der USA auf! Es gibt nichts Besonderes zu sehen, dafür aber einiges an Atmosphäre zu schnuppern. Das Informationsbüro befindet sich mitten im Ort (an der Kerner Bridge gegenüber dem großen Supermarkt).

Louis Armstrong Park und der Stadtteil Tremé

> ☞ **Hinweis**
>
> *Besonders dieses Viertel (nördlich Rampart Street) hat durch den Hurrikan „Katrina" stark gelitten, so dass über Jahre nicht sicher ist, welche der hier aufgeführten Attraktionen wann und wie wieder eröffnen.*

Der große **Park** im Nordwesten des French Quarter wurde nach dem Sohn der Stadt und weltbekannten Jazzmusiker, *Louis Armstrong* (1900-71) benannt **(15)** und eine Dauerausstellung, der **Jazz National Historic Park**, erläutert hier die Geschichte des Jazz und der Musiker, die großenteils aus New Orleans stammten. Ein kleiner Teil des Parks, gleich am French Quarter (N. Rampart St.) ist bekannt als **Congo Square**. Hier durften sich im 17. und 18. Jh. die schwarzen Sklaven jeden Sonntag treffen und Musik machen sowie auch dem Voodoo-Kult ausleben (siehe Info-Kasten „Voodoo", S. 299ff). Besonders die teilweise sehr lauten Jam-Sessions sind für viele Musikwissenschaftler der Beginn der Blues- und später auch der Jazz-Musik-Kultur gewesen. Heute werden auf dem Congo Square viele Veranstaltungen der New-Orleans-Jazz-Tage und auch der Bluesfestivals abgehalten. **Tremé**, das sich nordwestlich der N. Rampart Street an das French Quarter anschließt, gehört bereits zu den ärmeren Stadtteilen. Neben den im Infokasten „Friedhöfe in New Orleans" (S. 314) aufgeführten Friedhöfen St. Louis Cemetery Nr. 1 und Nr. 2 gibt es hier noch zwei kleine Museen zu besuchen:

Früher Jam-Sessions, heute Festivals

New Orleans African-American Museum (16)

1418 Governor Nicholls St., Tremé. Geöffnet: Di–Fr 9–17 Uhr, Sa 10–16 Uhr
Das Museum ist in einer schönen, 1829 erbauten Villa untergebracht und zeigt vornehmlich Wechselausstellungen, die sich mit der Geschichte der Afroamerikaner bzw. deren Kunst beschäftigt.

Backstreet Cultural Museum (17)

1116 St. Claude St., Tremé. Geöffnet: Di–Sa 10–17 Uhr.
Sylvester Francis, ein Historiker und Fotograph hat hier eine interessante Sammlung an Memorabilien zu ganz unterschiedlichen Themen in New Orleans zusammengestellt. Schwerpunkte bilden aber die Musik und die Mardi-Gras-Festivals. Und wer noch weiter auf den Spuren der Musikgeschichte von New Orleans wandern möchte, der sei auf den **J&M Music Shop (18)** (840 N. Rampart St., Ecke Dumaine St.) hingewiesen. In dem historischen Gebäude hier befand sich zwischen 1945 und 1955 ein Aufnahmestudio, in dem bekannte Musiker wie *Ray Charles*, *Little Richard* und *Fats Domino* ihre Karrieren begonnen haben.

Ray Charles' Studio

💲 New Orleans' Casino

New Orleans Casino (19)

S. Peters St./Canal St. Geöffnet: täglich 24 Stunden
Seit Anfang der 1990er-Jahre hat man auch in den Südstaaten erkannt, dass mit Casinos eine Menge Geld zu verdienen ist. So wurden entlang den Küsten und Flüssen von Mississippi bereits an die 50 Casinos errichtet. Der Neid und die Tatsache, dass der Staat Louisiana sein Geld in den Nachbarstaat abwandern sah, veranlasste nun seine Regierung dazu, ebenfalls das „Gambling" an Land (Casinoschiffe gab es bereits) zu erlauben. Zumindest in New Orleans, das jedes Jahr von Millionen von Touristen besucht wird. Ein gigantisches Casino wurde geplant, es sollte das größte der Welt werden. Politische **Rangeleien**, bei denen der damalige Gouverneur und sein Sohn mit fadenscheinigen Beteiligungen involviert zu sein schienen, verhinderten über Jahre die Fertigstellung. Zwischenzeitlich ging dann auch noch das Geld aus (bzw. verschwanden große Summen „einfach so" ...) und auch der Träger wechselte noch einige Male. Schließlich übernahm es die Harrahs-Gruppe und mit ein paar Jahren Verspätung ging es dann doch noch los. Gigantisch, wenn auch letztendlich nicht als das größte Casino der Welt: Über 6.000 „einarmige Banditen" und 200 Spieltische auf einer Fläche von nahezu 20.000 m^2 sollen hier nun den Leuten das Geld aus der Tasche ziehen.

Umstrittene Casinoschiffe

Die Schiffscasinos stehen übrigens im Kreuzfeuer der Kritik. Denn das Staatsgesetz, „Casino-Schiffe müssten immer auf dem Fluss sein", wird laufend von den Betreibern untergraben mit fadenscheinigen Argumenten wie z.B.: Die Betriebssicherheit sei nicht gewährleistet, ein unvorhergesehener Motorschaden sei aufgetreten bzw. „schlechtes" Wetter käme auf, so dass die Schiffe häufig das Glücksspiel am Ufer abhalten.

Woldenberg Riverfront Park

Mississippi Ufer, zw. Canal St. und Esplanade Ave.
Unternehmen Sie am Nachmittag, wenn die Sonne nicht mehr ganz so brennt, oder auch am Abend nach dem Dinner, einen Spaziergang am Riverfront Park („Moonwalk"). Auf zahlreichen Bänken können Sie sich ausruhen und den Schiffsverkehr auf dem Mississippi beobachten. Mit etwas Glück wird die Stimmung noch untermalt

Schaufelraddampfer „Natchez"

durch einen Jazzmusiker, der ganz in Ihrer Nähe auf seinem Saxophon spielt. Der Park wurde nach seinem größten Spender, dem Geschäftsmann *Malcolm Woldenberg* benannt. Ein **Holocaust Memorial** hier erinnert zudem an die Judenverfolgung. An der Südwestseite des Parks (Ende Iberville/Canal Sts.) befindet sich das

Aquarium of the Americas (20)

1 Canal Street (am Mississippi River). Geöffnet: täglich 9.30–18 Uhr, Fr u. Sa bis 19 Uhr, es gibt vergünstigte Kombi-Tickets mit dem Audubon Zoo und auch den Schiffstouren dorthin.
Riesige Aquarien (zusammen 4 Mio. Liter Inhalt!). Zu sehen sind hier vor allem Fische und Meerestiere aus Nord- und Südamerika. Zudem gibt es eine tropische Abteilung mit Piranhas und bunten Vögeln. Besonders für Kinder wäre der Besuch hier lohnenswert. Angeschlossen ist ein **IMAX**-**Theatre** in dem zumeist Unterwasserfilme gezeigt werden.

„Jax" Brewery

Jackson Brewery (21)

Decatur Street. Kurz „Jax" genannt. Ehemalige Brauerei, in der sich heute viele Geschäfte und Restaurants befinden. Eine gute Gelegenheit, Souvenirs zu kaufen und sich in der kühlen Luft der Aircondition in ein Restaurant zu setzen und von dort das Treiben auf dem Mississippi zu beobachten.

Central Business District (CBD) und der Warehouse District

Ein Streifzug durch den Warehouse District (E)

Intellektuelles Viertel

Als Warehouse District bezeichnet man das Gebiet zwischen den Hochhäusern an der Canal Street im Nordosten und dem Expressway im Südwesten. Ehemals war dieser Abschnitt ein wesentlicher Bestandteil des Hafens, und besonders die Stückgüter, hier vor allem die Lebensmittel, wurden in den z.T. sehr alten Lagerhäusern (beginnendes 20. Jh.) abgeladen und umgeschlagen. Nachdem die neuen Hafenanlagen weiter unterhalb des Flusses errichtet worden sind, wurden immer mehr

Gebäude hier geräumt, und eine avantgardistische **Künstlerszene** und kleine Kneipen und auch bessere Restaurants zogen ein. Später folgten auch größere Galerien
und Museen (s.u.) sowie Rechtsanwaltskanzleien und andere Büros. Dank eines
regen Zulaufs vor allem durch die Messebesucher der Convention Hall stiegen die
Mietpreise Ende der 1990er-Jahre, und kleineren Unternehmen und der Künstlerszene drohte hier das Aus. Um diese Abwanderung zu stoppen, hat die Stadt einige
Flächen zurückgehalten und bestimmt hier nun über die Mieten. Denn ohne die
Szene wäre der Warehouse District nur halb so interessant.

• National D-Day-/WW II-Museum (22)

925 Magazine St. Anlass so ein Museum gerade in New Orleans zu errichten, gab die *Rund um den*
Tatsache, dass in der Stadt die Landungsboote für die Invasion in der Normandie im *Zweiten*
Juni 1944 gebaut wurden. Das Museum zeigt aber nicht nur Exponate zur Landung, *Weltkrieg*
sondern beschäftigt sich auch mit anderen Themen rund um den 2. Weltkrieg, sehr
patriotisch natürlich.

• Contemporary Arts Center (23)

900 Camp St. Gezeigt werden hier vor allem Wanderausstellungen, zumeist mit
Werken von Künstlern aus den Südstaaten. Zudem werden Tanz- und Theateraufführungen abgehalten sowie experimentelle Filme gezeigt.

• Ogden Museum of Southern Art (24)

925 Camp St. Hier sind an die 1.200 Werke von Künstlern aus den Südstaaten ausgestellt. Sie stammen nahezu alle aus der Sammlung von *Roger Ogden*. Von der
Dachterrasse haben Sie einen schönen Ausblick auf die Umgebung.

Näher am Fluss, am Ende der Canal Street und zum Central Business District gehö- *Stiftung der*
rend, liegen die **Spanish Plaza (26)** und gleich daran der **Riverwalk Marketplace** *spanischen*
(27). Die Spanish Plaza mit einem Brunnen in der Mitte, um den die Wappen der spa- *Regierung*
nischen Regierungsbezirke gruppiert sind, wurde in den 1970er-Jahren von der spanischen Regierung gestiftet und von hier haben Sie einen schönen Ausblick auf den
Mississippi.

Gleich an der Canal Street steht das **World Trade Center**, ein 33-stöckiges, vier-
flügeliges Gebäude, auf dessen Dach sich ein drehender Nightclub befindet, von dem
aus Sie eine tolle Rundumsicht haben. Einlass aber nur abends und erst ab 21 Jahren.
Um das Gebäude finden sich einige Statuen bzw. Plaketten, so z.B. die von *Winston
Churchill* sowie dem ehemaligen spanischen Gouverneur von Louisiana *Bernado de
Galvez*. Der **Riverwalk Marketplace** ist eine riesige Shoppingmall mit etwa 150
Geschäften, alles sehr schön angelegt direkt am Fluss, inkl. Erläuterungen zur Ge-
schichte des Mississippi (auf einer Schauwand), einem Bordwalk und einer 60 m brei-
ten mexikanischen Wandmalerei auf der Flussseite. Am Marketplace legen auch die
Vergnügungsdampfer bei ihrem Besuch von New Orleans an.

• Memorial Hall Confederate Museum (25)

929 Camp St. Wie der Name bereits ahnen lässt, handelt es sich hier um ein Museum, *Militaria der*
das Memorabilien aus der Zeit des Amerikanischen Bürgerkriegs zeigt. Zumeist sind *Südstaatler*
natürlich Uniformen, Waffen und Flaggen der Südstaaten-Armee zu sehen.

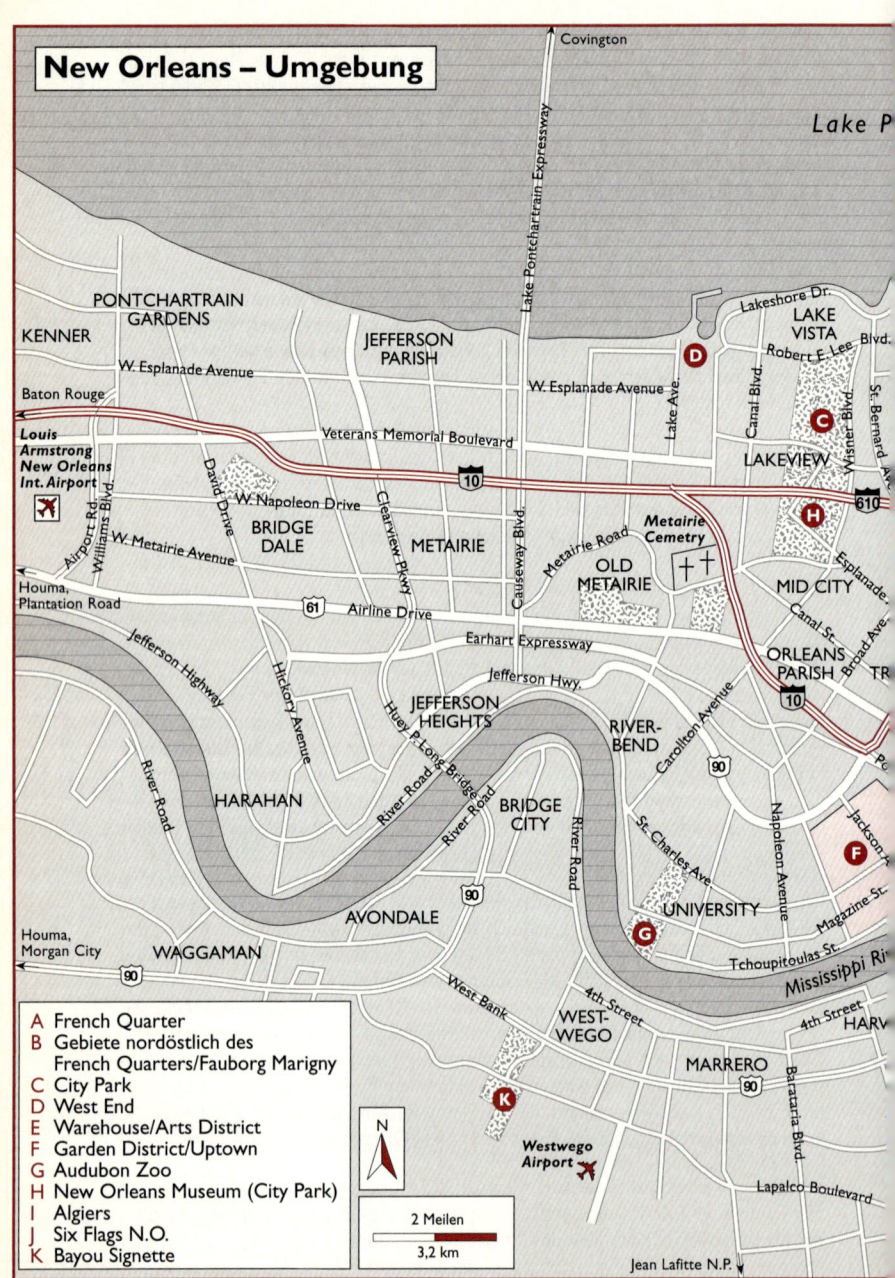

New Orleans – Umgebung

Covington

Lake P

Lake Pontchartrain Expressway

PONTCHARTRAIN GARDENS

KENNER

Lakeshore Dr.

LAKE VISTA

Robert E. Lee Blvd.

W. Esplanade Avenue

JEFFERSON PARISH

Baton Rouge

Louis Armstrong New Orleans Int. Airport

W. Esplanade Avenue

Lake Ave.

Canal Blvd.

Wisner Blvd.

St. Bernard Ave.

LAKEVIEW

Veterans Memorial Boulevard

10

610

H

Houma, Plantation Road

Airport Rd.

Williams Blvd.

David Drive

W. Napoleon Drive

Clearview Pkwy.

BRIDGE DALE

W. Metairie Avenue

METAIRIE

Metairie Road

Causeway Blvd.

Metairie Cemetery

OLD METAIRIE

Esplanade

MID CITY

Canal St.

61

Airline Drive

Earhart Expressway

ORLEANS PARISH

Broad Road

10

TR

Jefferson Highway

Jefferson Hwy.

RIVER-BEND

JEFFERSON HEIGHTS

Hickory Avenue

Huey P. Long Bridge

River Road

River Road

Carrollton Avenue

90

HARAHAN

River Road

BRIDGE CITY

River Road

St. Charles Ave.

Napoleon Avenue

Jackson

F

UNIVERSITY

Magazine St.

G

90

AVONDALE

West Bank

WEST-WEGO

4th Street

Tchoupitoulas St.

Mississippi Ri

Houma, Morgan City

WAGGAMAN

90

West Street

MARRERO

90

Batataria Blvd.

4th Street

HARV

K

Westwego Airport

Lapalco Boulevard

N

A French Quarter
B Gebiete nordöstlich des
  French Quarters/Fauborg Marigny
C City Park
D West End
E Warehouse/Arts District
F Garden District/Uptown
G Audubon Zoo
H New Orleans Museum (City Park)
I Algiers
J Six Flags N.O.
K Bayou Signette

2 Meilen

3,2 km

Jean Lafitte N.P.

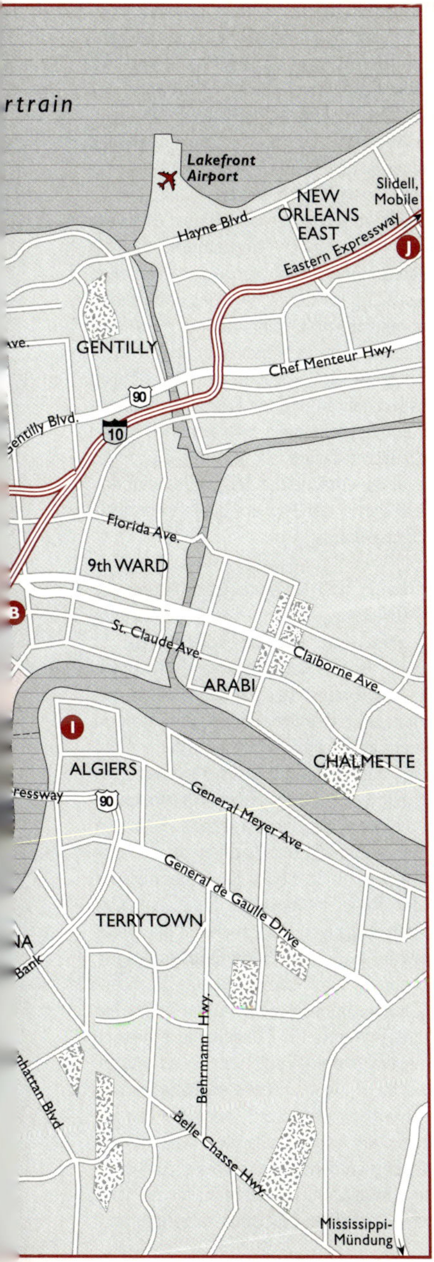

rtrain

Lakefront
Airport

NEW
ORLEANS
EAST

Slidell,
Mobile

Hayne Blvd.

Eastern Expressway

GENTILLY

Chef Menteur Hwy.

Gentilly Blvd.

90

10

Florida Ave.

9th WARD

St. Claude Ave.

Claiborne Ave.

ARABI

ALGIERS

CHALMETTE

ressway

90

General Meyer Ave.

General de Gaulle Drive

TERRYTOWN

Behrmann Hwy.

Belle Chasse Hwy.

Mississippi-
Mündung

Geschichte von Jazz und Blues

Die Wurzeln des **Jazz** reichen auf der einen Seite zu den Ursprüngen der afroamerikanischen Kultur in Westafrika zurück. Zwar war den aus Afrika importierten Sklaven lange Zeit das Spielen ihres wichtigsten Instrumentes, der Trommel, auf den Plantagen in Nordamerika untersagt, da die damit verbundene Musik häufig einen religiösen Charakter hatte, den die christlichen Weißen nicht duldeten. In der Vokalmusik jedoch konnten sich noch recht ursprüngliche Formen der afrikanischen Musik halten.

Gesänge, die bei der **Arbeit auf den großen Plantagen** gesungen wurden, und sog. **field hollers**, das waren gesungene Begrüßungen und Zurufe der Sklaven untereinander, ließen das afrikanische Element der afroamerikanischen Kultur überleben. Der Charakter dieser Musik orientierte sich an ihrer Funktion. Sie wurde durch den Arbeitsrhythmus bestimmt. Diese Formen der **Vokalmusik** gelten als Vorläufer des Blues, der als eine Mischung aus afrikanischer und europäischer Musik gilt. Der europäische Einfluss macht sich in der Übernahme des Systems von sieben Tönen, der Harmonie, die allerdings nach afrikanischem Musikverstandnis phrasiert wurde, und der Instrumentierung geltend. Der Rhythmus zeigt sowohl europäische als auch afrikanische Einflüsse. Auf geistlicher Ebene hatten sich die **Spirituals** entwickelt, die, an protestantischen

„Urblues" aus Memphis

Kirchenliedern orientiert, den Gottesdienst mit ihrem Wechselgesang zwischen Prediger und Gemeinde bestimmten. Die Texte waren christlichen Ursprungs, während im **Blues** weltliche Elemente, wie Sexualität, Arbeitsbedingungen und deren kritische Betrachtung Hauptthemen wurden. Das Leiden der afroamerikanischen Bevölkerung fand in ihm seinen Ausdruck. Wegen der stark sexuellen Färbung galten die Texte des Blues häufig als anstößig. Der sog. Urblues stammt aus dem Landstrich südlich von Memphis – dem sog. Mississippi-Delta. **W.C. Handy**, der als „Vater des Blues" bezeichnet wird, hat den Blues zuerst in Memphis salonfähig gemacht, und zwar in Form einer „Werbemusik" für die Bürgermeisterwahl von 1912. Nach der gewonnenen Wahl wurde sein Werbelied so populär, dass es den Namen „Memphis Blues" erhielt. Der Blues entwickelte sich in New Orleans, das als große Stadt mit internationalen Verbindungen eine tolerante Atmosphäre und viele neue Einflüsse bot, dann weiter. Hier spielte auch der französische Einfluss auf den Jazz eine große Rolle. Neben der Blues-Musik gab es sog. **Brass Bands**, die Straßenmusik machten und auf Festlichkeiten, wie Picknicks und Tanzvergnügen, aber auch auf Beerdigungen spielten. Ihre Musik war deutlich von Marschmusik und französischer Tanzmusik, wie der Quadrille, beeinflusst und hatte ihrerseits wiederum einen entscheidenden Einfluss auf den **Ragtime**. Der Trompeter **Buddy Bolden** war in der Ära um die Jahrhundertwende der bekannteste Jazzmusiker der Brass Bands.

Stimmungsvolle Solo-Session

Jazz im Rotlichtviertel

Über den Süden hinaus fand als erste Jazzrichtung der **Ragtime** seine Verbreitung, der von etwa 1890 bis zum Ersten Weltkrieg eine entscheidende Rolle spielte. In dieser Zeit wurde der Begriff Ragtime auch als Synonym für Jazz gebraucht. Der Einfluss der Marschmusik ist bei dieser Form des Jazz sehr deutlich. Die Musik wurde in der Regel nach einem gewissen Schema komponiert und bot wenig Raum für Improvisationen. Als weiteres Zentrum des Ragtime galt St. Louis, und **Tom Turpin** sowie **Louis Chauvin** wurden als herausragende Pianisten dieser Richtung angesehen. **Scott Joplin** galt als einflussreichster Komponist in St. Louis. Dokumentiert ist der Ragtime in der Regel heute jedoch nur auf Klavierrollen, die zu der damaligen Zeit auch für die weite Verbreitung dieser Musik wichtig waren. Ein Paradies für Jazzpianisten war damals auch Storyville, das Rotlichtviertel von New Orleans, in dem sich die Jazz-Musik bis zur „Schließung" dieses Viertel 1917 ungehindert weiterentwickeln konnte. Nach dem Ende Storyvilles gingen viele gute Musiker, die in New Orleans sozusagen über Nacht arbeitslos geworden waren, auf Tourneen, was als wichtiger Faktor für die Verbreitung des Jazz in den Vereinigten Staaten angesehen wird. Feste Engagements bekamen sie zu dieser Zeit eher im Norden. Die South Side von Chicago wurde Zentrum für die Jazz Musik im sog. **Chicago-Stil**, die dort auch von weißen Musikern aufgenommen

und beeinflusst wurde. Entsprechend entwickelte sich eine Musik mit immer größer werdenden Orchestern, die komponierte Arrangements mit einzelnen Soli
spielten. Diese Big Bands führten den Jazz in seine nächste Phase, die **Swing**-
Musik. Die erste Schallplattenaufnahme wurde 1917 aufgenommen von der **Original Dixiland Jazz Band** und erregte sogar in New York Aufsehen.

Entscheidend prägten den neuen Stil Musiker aus der alten New Orleanser Garde,
wie **Jelly Roll Morton** und **Louis Armstrong**, der uns auch heute ein Begriff
ist. Unter vielen anderen sind hier auch noch **King Oliver, Jimmi Noone, Baby
Dodds, Kid Ory** und der Saxophonist **Sidney Bechet**, der besonders den kreolischen Einfluss geltend machte, zu erwähnen. Die Musik der großen Orchester
nahm das „Frage-Antwort-Prinzip" der Spirituals in Form von Orchester-Arrange-
ment und Solo wieder auf. Ein New Yorker Ableger entwickelte sich mit dem sog.
Harlem Stride, dessen bekanntester Vertreter **Fats Waller** ist. Außer Chicago
und New York galt damals Kansas City als Metropole des Jazz.

Spirituals als Vorlage für Orchester- musik

Bevor sich diese Musik jedoch zu ihrem Höhepunkt entwickeln sollte, spielte der
Blues vornehmlich in seiner Form des **Boogie-Woogie-Pianoblues** in den
1920er-Jahren eine große Rolle. Die erste Bluesaufnahme, die gepresst wurde,
war von **Mamie Smith**. Sie wurde im ersten Monat in einer Auflage von 75.000
Platten verkauft und verhalf dem Blues zum Durchbruch. Weitere Produktionen
waren jedoch anfangs durch Proteste gegen die „anstößigen" Texte erschwert.
Das im Norden der Staaten zunehmende afroamerikanische Publikum, das
wegen der schlechten sozialen Verhältnisse im Süden abgewandert war, konnte
sich mit den Texten, die natürlich nicht nur von Sex, sondern auch von ihren persönlichen Schwierigkeiten als in Gettos lebenden Industriearbeitern handelten,
identifizieren. Sie waren der Markt für diesen Blues, der sich aufgrund der Pro-
duktionsbedingungen der Plattenfirmen zu einer eher standardisierten Form
entwickelte, die **Vaudeville-Blues** nach den Vaudeville-Theatern genannt wurde, in denen sich diese Bluesform als Blues und Theatersongs entwickelt hatte.
Auch Schlagerelemente standen Pate für diese populäre Form des Blues. Die
erfolgreichen Sängerinnen dieser Blues-Ära waren außer **Bessie Smith**, **Ma
Rainey**, **Ida Cox** und **Clara Smith**.

Erfolgreiche Blues- Sängerinnen

Der ursprüngliche Blues der Südstaaten ließ sich als Massenware nicht so gut
vermarkten, entwickelte sich jedoch in seiner Region weiter. Als bekannteste
Richtung gilt heute der **Mississippi-Blues**, der seine Heimat als **Country
Blues** südlich von Memphis hat. Nachdem der Blues vom Swing in seiner
Popularität abgelöst wurde, erlebte er unter anderem mit dem **Roll and
Tumble Blues** eines **Muddy Waters** in den 1950er-Jahren eine Renaissance,
und als Country-Blues stand diese Richtung des Jazz Pate für den Rock'n'Roll
sowie für die Rockmusik der 1960er- und 1970er-Jahre. Der Chicago Blues, auf
den auch die Musik von **Muddy Waters** zurückgeht, wurde in den 1960er-
Jahren von Rockgruppen wie **Cream** wiederaufgenommen.

Der **Swing**, dessen Wurzeln im **Chicago-Stil** um 1920 herum liegen, entwickelte sich in den 1930er-Jahren in seiner typischen Form und wurde damals

Einzug des Swing

auch hauptsächlich gespielt. Die Bands waren wesentlich größer, die Arrangements entsprechend festgelegter und die Soli bekamen eine herausragende Position. Swing wurde als Tanzmusik komponiert und bot außer den Soli für Improvisationen keinen Raum. Entsprechend hing der Erfolg einer Swing-Band auch von der Qualität der Solisten ab. Eine der bekanntesten Stilrichtungen innerhalb des Swing war der **Fletcher-Henderson-Stil**, der nach dem entsprechenden Orchesterleiter benannt wurde. **Benny Goodman** als weitere Größe dieser Musikform kam erst Mitte der 1930er-Jahre ins Spiel. **Count Basie** begann in Kansas-City seine Karriere und entwickelte eine eigene Note in dieser Musikrichtung.

Während die Anfänge des Swing auf afroamerikanische Musiker der South Side in Chicago sowie **Louis Armstrong** zurückgingen, wurde der weiße Einfluss auf diese Musik in den 1930er-Jahren zunehmend größer. **Glenn Miller**, der erst Ende der 1930er-Jahre groß herauskam, beherrschte den Swing bis Mitte der 1940er-Jahre. Vergessen werden dürfen natürlich nicht die großen Sängerinnen, die mit dem Swing große Erfolge feierten und auch heute noch sehr populär sind; nämlich **Ella Fitzgerald** oder **Billie Holliday**. **Duke Ellington** darf an dieser Stelle ebenso wenig unerwähnt bleiben. Abschließend sei zum Swing noch bemerkt, dass er sich durch Radioshows und das Kino gut verbreiten konnte. Diese Medien standen den Vorgängern dieser Stilrichtung nicht zur Verfügung.

Radio und Kino verbreiten Swing

Auf den Swing folgte als neue Stilrichtung Ende der 1940er-Jahre der **Bop** oder **Bebop**, die jedoch nie die Verbreitung und Popularität des Swing erlangte. Dieser Umstand ist zum einen dadurch bedingt, dass der Bebop nicht den Tanzmusikcharakter des Swing hatte, der letzteren in allen Bevölkerungsschichten beliebt machte. Zum anderen war der Bebop eine Musikrichtung, deren wichtigstes Element die Improvisation war, die sich zwar noch innerhalb der gewohnten Tonleiter und der entsprechenden Harmonien bewegte, für ein ungeschultes Ohr jedoch recht fremd klang. Als herausragende Vertreter dieses Stils gelten **Charlie Parker**, **Dizzie Gillespie** und **Miles Davis**, der innovative Veränderungen dieses Musikstils mittrug. Eine Richtung der Bops ist der **Modern Bop**, der sich besonders durch die hervorgehobene Stellung des Tenorsaxophons auszeichnete. In diesem Zusammenhang ist als wichtiger Vertreter sicher **John Coltrane** zu nennen, der in seiner Musik Anfang der 1960er-Jahre zum Free Jazz überging.

Freejazz bricht musikalische Formalien

Der **Free Jazz** ist als Weiterentwicklung des Bops zu sehen. Kennzeichnend für diesen Jazzstil sind die Hinwendung zu Musikelementen der Dritten Welt, das Einsetzen amelodischen Spiels, das Fehlen eines festen Themas sowie das Durchbrechen des Solo-Begleitschemas. Die Musiker reagieren mit ihrem Spiel spontan auf das Spiel der anderen Musizierenden. Musik wird so zum freien kommunikativen Element. Nicht jedes Stück des Free Jazz weist aber alle hier angeführten Elemente auf. Entscheidend ist jedoch der Bruch mit den formalen Traditionen der „klassischen" Jazzmusik. Als wichtige Musiker dieser Jazzrichtung sind sicher der Pianist **Cecil Taylor** und der Altsaxophonist **Ornette Coleman** anzuführen.

Mit der St. Charles Streetcar durch den Garden District und Uptown zum Audubon Zoo

Um den Zoo zu besuchen, bietet sich folgende Kombination an: Fahren Sie mit der St. Charles Streetcar (historische Straßenbahn) bis zum Audubon Zoo bzw. Audubon Park, wobei Sie, wie unten erläutert, ruhig hier und dort aussteigen sollten. Machen Sie anschließend eine Bootstour zurück in die Stadt – oder umgekehrt. Zeitlich ist es am sinnvollsten, Sie beginnen Ihre Tour am frühen Mittag, so dass Sie erst am Nachmittag im Zoo sind, wenn die Tiere nach ihrem „Mittagsschlaf" wieder herauskommen. Neh- *Nach dem* men Sie dann das letzte Boot zurück in die Stadt. *John James Audubon* Riverboat, 1300 *Mittagsschlaf* World Trade Center. Abfahrt ist am Zoo bzw. am Aquarium of the Americas. Alternativ *der Tiere* können Sie auch mit der **Magazine Line** (Bus) zurückfahren vom Zoo. Für **Selbstfahrer** bietet sich folgende Route an: Hin auf der St. Charles Avenue (mit ein paar Schlenkern) und zurück entlang der Magazine Street, in der sich viele interessante Boutiquen, Restaurants und Trödelläden befinden.

Besteigen Sie die St. Charles Streetcar an der Canal Street. Westlich der **Robert Lee Statue** (Südstaatenkommandeur während des Bürgerkriegs) kommen Sie in den **Garden District (F)**, dem schönsten Wohnbezirk von New Orleans. Er ist nochmals unterteilt in den wohlhabenderen Upper Garden District und westlich der Jackson Avenue den Lower Garden District. Rechts und links der Straße stehen große und kleine Villen, mal im viktorianischen Stil, mal im hölzernen „New-Orleans-Stil", mal „Greek Revival". Den wunderbaren Rahmen aber geben vor allem die großen Bäume, die den gesamten Straßenzug säumen und deren sattes Grün einen wunderbaren Farbkontrast zu den zumeist hellen Gebäuden bietet. Steigen Sie ruhig hier und dort mal aus und laufen Sie einen Haltestellenabschnitt. Die Bahn fährt tagsüber häufig genug.

An der Washington Street sollten Sie allemal aussteigen und einen Block nach Süden *Stilvolle Villen* laufen zum **LaFayette Cemetery No**. 1, einem der prachtvollsten Friedhöfe der Stadt. Er ist wochentags von 7–14 Uhr und am Samstag von 7–12 Uhr geöffnet. In diesen Vierteln, besonders auch entlang der nahen Prytania Street, können Sie auch viele historische Häuser anschauen (nur von außen, sie sind bewohnt). Der Garden District wurde übrigens um 1830 gegründet auf der Fläche einer ehemaligen Plantage. Damals gehörte er noch zur Stadt LaFayette, die dann 1852 in New Orleans eingemeindet wurde. Die ersten Bewohner waren vornehmlich Amerikaner, die in den anderen Stadtteilen der Kreolen nicht gern gesehen waren.

Uptown ist dann der Bereich westlich der Louisiana Avenue. Hier stehen besonders an der St. Charles Avenue nochmals hochherrschaftliche Villen. Bestimmt wird der Stadtteil aber vor allem dann durch den Zoo und die beiden Universitäten, Loyola und Tulane. Wer noch gerne mal stöbern mag in Antiquitäten-

LaFayette Cemetery

St. Charles Streetcar

und Ramschläden, dem sei die Magazine Street (bes. Blocks 2000–2200 und oberhalb des 3000er-Blocks) ans Herz gelegt. Hier gibt es bestimmt für jeden etwas.

Audubon Zoo (G)

6500 Magazine Street. Eingang auch von St. Charles Street. Geöffnet: täglich 9.30–17 Uhr, im Sommer oft auch länger. Durch den Zoo führt ein Rundweg, der auch von einem Shuttle bedient wird. Der Audubon Zoo gehört zu den größten und schönsten Zoos der USA, und alleine seine Anlage ist einen Besuch wert. Ob Sie sich nun mit den verschiedenen Tierarten der Erde beschäftigen möchten, mag dahingestellt sein, aber versäumen sollten Sie nicht das Gebiet der „Louisiana Swamps", wo es nicht nur Tiere zu sehen gibt, sondern auch eine Reihe von Exponaten zur menschlichen Geschichte der Bayous um New Orleans ausgestellt sind. Kinder werden auch die Dinosaurierausstellung mögen.

INFO   Friedhöfe in New Orleans

New Orleans ist für seine Friedhöfe bekannt. In keiner Stadt der Welt bilden diese Ruhestätten mit ihren auffälligen – z.T. protzig wirkenden Mausoleen – einen so großen Anziehungspunkt, aber zugleich auch Kontrast zu ihrem Umfeld. Nicht selten befindet sich einer der insgesamt 42 Friedhöfe der Stadt neben einer heruntergekommenen Bretterhaussiedlung, und nur ein Steingrab hat mit Sicherheit oftmals mehr gekostet als die Behausung der Hinterbliebenen. Doch haben die Friedhöfe eine eigene Bedeutung für die Menschen in New Orleans, denn der Tod wird hier wie folgt definiert: „Death is simply nature's way of telling us to slow down." Auch heute noch spielen Brassbands auf zu den Beerdigungsumzügen, und nach kurzer Trauer geht man hier schnell wieder zur Tagesordnung über. Wie kommt es nun aber zu der Tradition, solche Steinmonumente auf den Gräbern zu errichten? Ganz einfach: New Orleans liegt größtenteils unterhalb des Meeresspiegels, und das heißt, schon nach 1,5 m erreicht man das Grundwasser. Hat man in früherer Zeit noch versucht, die Holzsärge in die wassergetränkte Erde zu versenken, indem man Löcher in die Wände gebohrt hat, damit das Wasser eindringen konnte, wurde dieses Verfahren ziemlich schnell als pietätlos angesehen, und man begann mit der Errichtung der überirdischen Gräber. Es dauerte nicht lange, bis fast jeder bemüht war, sein Grab noch größer und noch eindrucksvoller zu gestalten. Das höchste Grabmal – und wohl auch das höchste private Monument der USA – findet sich heute auf dem Metairie Cemetery und ist 27 m hoch.

Friedhöfe, die Sie besuchen können (Auswahl): **LaFayette Cemetery Nr. 1**: 1400 Block an der Washington Ave. (zw. Prytania und Coliseum Sts.), Garden District; **St. Louis Cemetery Nr. 1**: Basin St., zw. Conti und St. Louis Sts., Tremé. Nicht weit davon entfernt an der N. Claiborne Ave. (zw. Bienville und St. Louis Sts.) liegt der **St. Louis Cemetery Nr. 2**.

Die Gebiete nordöstlich des French Quarter (B)

Zuerst gelangen Sie an die **Esplanade Avenue**, eine breite, von Bäumen bestandene Allee, deren Architektur eine Mischung aus viktorianischen Einflüssen und griechischem „Revival-Stil" verkörpert. Östlich davon liegen im Stadtteil **Faubourg Marigny** die Wohngebiete der weißen Mittelschicht sowie der Künstler. Kreolischer Cottage Stil und viktorianische Einflüsse bestimmen die Architektur.

Authentischer Charme

Hier gibt es kaum Sehenswürdigkeiten zu bewundern, dafür aber das **echte New Orleans**, dort wo die Menschen wohnen in ihren kleinen Holzhäusern, die einen immer wieder so faszinieren und die ihren Charme gewinnen durch die kleinen „Porches" (= Veranden), auf denen die Alten auf zu Sitzbänken umfunktionierten Autositzen sitzen – oder, wenn sie noch erhalten sind – auf den hölzernen Bänken schaukeln.

Die Häuschen wirken oft heruntergekommen – in New Orleans achtet man nicht so sehr auf das äußere Erscheinungsbild – doch haben Sie einmal die Gelegenheit hineinzuschauen, werden Sie sich wundern, was sich dort drinnen doch alles verbirgt: Inmitten des „organisierten Chaos'" gibt es (fast) alles: eine Mikrowelle, die überdimensionale Hifi-Anlage, mindestens zwei Fernseher und alles, was den technisierten Haushalt so ausmacht. Kaum ein Haus ist jünger als 50 Jahre, die meisten aber auch um einiges älter. Doch das Alter ist weniger von Bedeutung, es sind die Atmosphäre und das Lebensgefühl, die diese Stadtteile so lebendig machen. Die Hauptsstraße von Faubourg Marigny ist die **Frenchmen Street** mit Shops, Musikclubs und Restaurants.

Kunsthochschule mit großem Angebot

Weiter hinunter die Chartres Street, in **Bywater**, einem angeschlossenen Stadtteil von Faubourg Marigny befindet sich in alten Lagerhäusern heute das **New Orleans Center for Creative Arts** (**NOCCA**, 2800 Chartres Street). An dieser Hochschule werden alle Kunstrichtungen unterrichtet, von Musik über Schriftstellerei bis hin zu Malerei und Bildhauerei. Während der Schulzeiten können Sie hier herumlaufen und erwischen dabei vielleicht auch den einen oder anderen Musik-Gig bzw. können sich moderne Kunstwerke anschauen.

Nördlich der St. Claude Avenue erstreckt sich der Bezirk **9th Ward** bis hin zum Lake Pontchartrain, der bekannt wurde durch die besonders folgereichen Überschwemmungen nach dem Hurrikan „Katrina". Hier wird es noch sehr lange dauern, bis die Bewohner wieder einziehen können und ein leidlich intaktes Sozialgefüge entstehen wird ... falls das überhaupt stattfinden wird.

Die Gebiete nordwestlich des French Quarter (Jenseits des I-10)

Deutlicher sozialer Gegensatz

Gleich ab dem I-10 kommen Sie in einen Stadtteil (Mid City/Orleans Parish), der durch Hurrikan „Katrina" stark in Mitleidenschaft gezogen wurde. Einst lebte hier die untere Mittelschicht, zumeist Schwarze, die i.d.R. nur über ein geringes Einkommen verfügten. Obwohl New Orleans statistisch zu den reichen Städten zählt, wurde der soziale Gegensatz hier besonders deutlich, und nur wenige konnten sich eine gute

Scheibe des Kuchens abschneiden. Wie sich die Region entwickeln und wieder aufgebaut wird, ist fraglich. Ziel der Stadtregierung ist es, die ehemalige Bevölkerung wieder hier anzusiedeln. Ob das zu finanzieren ist, und wer die Gelder dafür hat (ehem. Bewohner, Stadt, Staat und/oder Bundesregierung), wird man wohl erst in einigen Jahren wissen. Nachdem Sie diese Stadtteile durchkreuzt haben, können Sie weiterfahren über die Orleans Avenue und dann die Carrolton Avenue, dort wo der obere Mittelstand sein bevorzugtes Wohngebiet hat, bis zum **City Park (C)**.

New Orleans Museum of Art (**NOMA**) und der City Park (**H**)

I Collins Diboll Circle, am Südrand des City Parks gelegen. Geöffnet: Di–So 10–17 Uhr

Das Gebäude ist – typisch für ein Kunstmuseum in den USA – in neoklassizistischem Stil gehalten, und sein äußeres Erscheinungsbild wirkt in der grünen Parkanlage des City Parks ziemlich massiv. Ausgestellt werden Werke von lokalen Künstlern (z.T. auch Indianerkunst), besonders aber moderne Stilrichtungen. Ein weiteres Ziel des *Lokale* Museums ist auch, dem Besucher die Geschichte der Kunst näherzubringen. Somit *Künstler und* finden Sie hier alle Kunstrichtungen, teilweise wild durcheinander. Für das europäi-*Geschichte* sche Auge etwas konfus, aber wer sich für Kunst interessiert, kann hier einiges Inte-*der Kunst* ressantes entdecken. Z.B. gibt es auch ein Bild von dem französischen Impressionisten *Edgar Degas*, das er bei seinem Aufenthalt in New Orleans gemalt hat und dessen Mutter aus New Orleans stammte. Bekannt ist das NOMA auch für seine *Miró*-Bilder; eine der größten Glas-Ausstellungen (16.000 Ausstellungsstücke) und die hier zu bewundernden Eier von *Peter Carl Fabergé*. Ein Café im Courtyard bietet eine gute Gelegenheit für eine Snackpause. Angeschlossen ans Museum ist noch ein **Skulpturen-Garten**, in dem u.a. Werke von *Henry Moore* und *Claes Oldenburg* zu bewundern sind.

Nördlich des Museums erstreckt sich der 600 ha große **City Park**, der vor allem bekannt ist durch seine vielen Eichen und beliebt ist fürs Picknick am Wochenende. An dieser Stelle sei noch auf zwei Attraktionen im Park, den **New Orleans Botanical Garden** (Di–So 10–16.30 Uhr) sowie die **Carousel Gardens**, einem kleinen Amusement Park mit alten Karussells und Roller Coastern hingewiesen. Carousel Gardens ist geöffnet: Juni–Aug. täglich 10–16 Uhr, März–Mai sowie Sept.–Nov. An Wochenenden 10–16 Uhr.

Etwas südlich des City Parks, an der 1440 Moss Street, steht das einzige zu besichtigende alte Plantagenhaus in New Orleans, das **Pitot House**. Erbaut Ende des 18. Jh., *Balkon rund* erstand es *James Pitot* 1810. Der Baustil ist westindisch, was sich vor allem durch den *ums Haus* rund ums Haus laufenden, überdachten Balkon ("Gallery") auszeichnet. Das war und ist ein guter Schutz vor Sonne und Regen. Das Haus kann auf Touren besichtigt werden: Mi–Sa 10–15 Uhr (letzte Tour beginnt um 14 Uhr).

Algier Point (I)

Algier Point erreichen Sie am besten mit der Fähre vom Spanish Plaza/Aquarium of the Americas aus.

Der Stadtteil liegt am Mississippi, gegenüber dem French Quarter. Benannt wurde er nach der Stadt Algier in Algerien, das früher als Sklavenhafen diente. Denn auch Algier Point war bis in die zweite Hälfte des 19. Jh. der Sammelplatz für die Sklaven, die aus Mittel-und Südamerika sowie Afrika in den Süden der USA gebracht wurden. Hier wurden sie „vorsortiert" und anschließend auf den Sklavenmärkten auf der anderen Seite des Mississippi „angeboten".

Mit dem Ende der Sklavenhaltung wurde Algier Point mit Straßen versehen und Häuser sowie Geschäfte errichtet, überwiegend im viktorianischen Baustil. Viele Jazzmusiker lebten einst hier und in einer kleine Info-Booth an der **Algier Point Library** (725 Pelican Ave.) erhalten Sie neben anderen Infos eine Karte, wo die ehemaligen Wohnhäuser dieser Musiker eingezeichnet sind. Heute wirkt der Stadtteil *Mardi-Gras-* verschlafen und gemütlich, lädt zum Schlendern ein und beherbergt zudem eine be- *Wagen* sondere Attraktion: **Blaine Kern's Mardi Gras World** (233 Newton St., geöffnet: *warten auf* täglich 9.30–16 Uhr). *Blaine Kern* ist einer der bekanntesten Künstler und Ausstatter *Einsatz*
für Mardi-Gras-Wagen, aber auch
-Figuren und -Bilder. Hier können
Sie nun den Künstlern zusehen, wie
sie arbeiten und was wohl beim
nächsten Mardi Gras zu bewundern ist. In den Lagerhallen sind zudem viele Mardi-Gras-Wagen zu
bewundern, die auf ihren nächsten
Einsatz warten. Mardi Gras World
kann entweder mit einem kostenlosen Shuttlebus von der Fähre aus
erreicht werden oder auch zu Fuß
entlang des Dammes in Richtung
Süden (10–15 Minuten).

Warten auf den nächsten Einsatz: Mardi-Gras-Wagen- und -Figuren

Six Flags New Orleans (J)

12301 Lake Forest Blvd. (Kreuzung I-10/I-510), ca 11 Meilen vom French Quarter entfernt. Geöffnet: Mitte März–Memorial Day sowie Mitte August–Oktober Sa 10–20 Uhr, So 11–19 Uhr, Memorial Day–Mitte August Mo–Do 10–21 Uhr, Fr u. Sa 10–22 Uhr, So 11–20 Uhr. Die Zeiten können aber variieren. Erkundigen Sie sich vorher nochmal.

Six Flags ist ein 60 ha großer Freizeitpark mit Achterbahnen, Abenteuerprogrammen, *Achterbahn* Stunt-Shows und einer Reihe von Livemusik-Veranstaltungen. Ein Besuch ist wohl *und* besonders etwas für Familien mit Kindern. *Abenteuer*

Eine Bootstour durch die Sümpfe des Bayou Segnette (K)

Zu empfehlen wäre eine erläuterte Bootstour mit „Cypress Swamp Tours" (Adresse siehe Gelbe Seiten, „New Orleans), die in Westwego, südwestlich der Stadt, beginnt und entlang dem Bayou Segnette durch den gleichnamigen State Park führt.

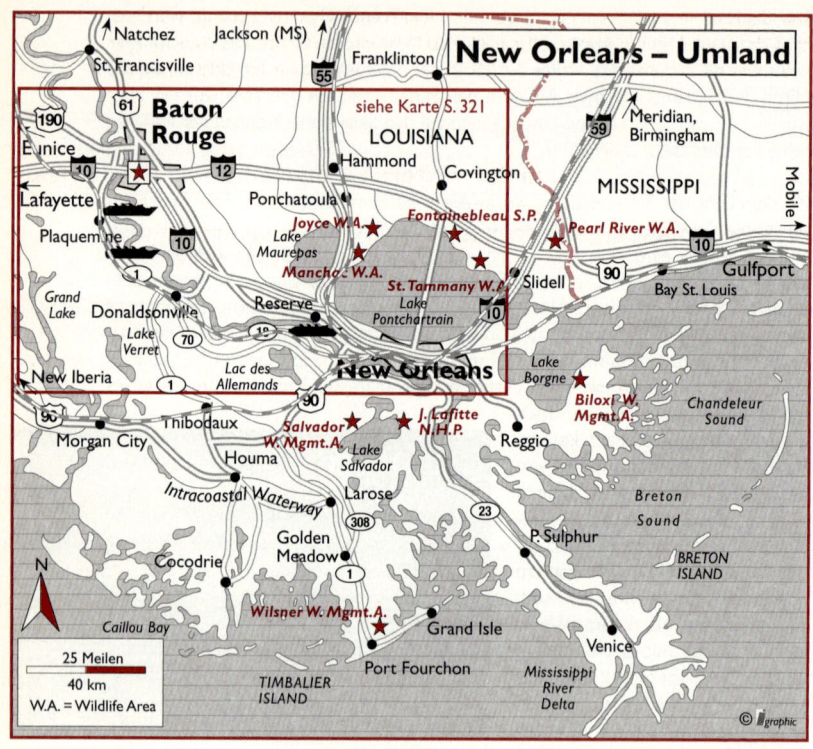

Auf Wunsch werden Sie vom Hotel aus abgeholt. Geld sparen Sie aber, wenn Sie selber fahren. Nehmen Sie dazu den City US 90, der über die große Mississippi-Brücke südlich des Warehouse District führt. Folgen Sie diesem, bis Sie in Westwego an die Larouissini Street gelangen. Dort weisen bereits mehrere Schilder zu Ihrer Linken auf die Swamp Tours hin. Zudem sehen Sie hier auch eine Reihe von **Fischverkaufsständen**, die besonders für die Selbstversorger unter Ihnen ein ansprechendes Angebot haben.

Die Touren durch die Bayous (ind. = stilles Wasser) dauern ca. 2 Stunden, und die Erläuterungen werden Ihnen das Leben der Cajun-Fischer und die Naturgegebenheiten dieser Biosphäre näher bringen. Schon nach wenigen Minuten durchfährt das Boot ein menschenarmes Gebiet, und nur die zahlreichen Hinweisschilder für die Gasleitungen weisen noch auf die Nähe der Stadt und ihrer Industrieanlagen hin. Unterwegs werden Sie eine Reihe von Alligatoren sehen und mit etwas Glück Reiher, Schlangen und Schildkröten. Die eigenartigen grauen Behänge an den Bäumen sind spanisches Moos, das auch heute noch als Füllstoff für Kissen und Puppen verwandt wird (Siehe Infokasten „Spanish Moss" S. 324). Übrigens der Grund dafür, warum es so viele Puppen in New Orleans gibt. Die meisten Bäume sind Zypressen, die das

Alligatoren und Reiher

Brackwasser am besten vertragen und ihren Assimilationshaushalt gut auf die Was-
serstände einrichten können. Die häufig auftretenden Wasserhyazinthen stammen
nicht ursprünglich von hier, sondern wurden um 1910 aus Südamerika eingeschleppt.

Sehens- und Erlebenswertes
in der weiteren Umgebung von New Orleans

> ☞ **Hinweis**
>
> Zum **Jean Lafitte National Park** *(Abschnitt südlich von New Orleans), lesen Sie
> bitte auf S. 320ff.*

Kanu fahren auf dem Bogue Chitto River

Nicht unbedingt das Hauptziel eines New-Orleans-Besuches, aber einen interessanten Zeitvertreib für die Sportlichen unter Ihnen bietet eine 3–8-stündige Kanufahrt
(bzw. lässiger mit einem Reifenschlauch) auf dem **Bogue Chitto River**. Der Fluss
kann bis Franklinton befahren werden und verspricht eine schöne Swamp- *Schöne*
Landschaft. Alles wird organisiert (Bootverleih, Wiederabholung am Zielpunkt etc.) *Swamp-*
vom Outfitter am Fluss: Adresse siehe Gelbe Seiten, „New Orleans". Reservierungen *Landschaft*
sind unbedingt nötig!! Anfahrt vom French Quarter: Ca. 60 Meilen.

Anfahrt: Fahren Sie über den schnurgeraden, 25 Meilen langen **Causeway**, der den
Lake Pontchartrain überquert. In Covington dann zweigen Sie ab auf den LA 21 in
Richtung Bogalusa. Nach ca. 18 Meilen zweigt dann nach Westen der LA 16 ab, an
dem dann die Outfitter zu finden sind. Zurückfahren sollten Sie dann über das kleine Städtchen Franklinton und den LA 25 nach Covington. Besonders die Land- *Tropische*
schaften am LA 16 und LA 21 sind schön und interessant. Tropische Bäume und *Bäume und*
Farmen (Tierzucht, Baumschulen, Gemüse) zeigen ein deutliches Bild des ländli- *Farmen*
chen Louisiana.

Gretna – Auf den Spuren deutscher Einwanderer

In Gretna gibt es das **German-American Cultural Center** (519 Huey P. Long
Ave., ☏ (504) 363-4202, 💻 www.gacc-nola.com, Di–Sa 10–16 Uhr), in welchem u.a.
eine Ausstellung zu sehen ist, die sich damit befasst, was die deutschstämmigen
Bewohner zur Kultur und Geschichte des unteren Mississippi-Deltas beigetragen
haben. Das Center liegt nur 15 Autominuten vom French Quarter entfernt (US 90
Abfahrt: Lafayette St.).

Auf dem Interstate 55 nach Norden Richtung Jackson, MS
– auf den Spuren eines Popstars

Wer mit gelangweilten Teenagern reist, kann in dem kleinen Dorf **Kentwood** halten.
Am 2.12.1981 wurde hier die Popsängerin *Britney Spears* geboren. Im örtlichen

Heimatmuseum auf der Avenue E gibt es hierzu eine ständige Ausstellung (Di–Sa, 10–16 Uhr). Aber Achtung! Es sind ca. 80 Meilen dorthin vom French Quarter.

 Eine Fahrt zu den Plantagen am Mississippi (ⓘ S. 155)

 Hinweis

> *Falls Sie eine Rundtour durch den Süden beabsichtigen, welche Sie am Ende wieder von Norden nach New Orleans führen wird, bietet sich ein Besuch der folgenden Plantagen eher auf der Rückfahrt an. Sie ersparen sich damit einen Reisetag.*
>
> *Diesen Streckenabschnitt sollten Sie jedoch nur nutzen, wenn Sie sich nur kurz im Süden aufhalten können oder sonst nicht die Möglichkeit haben, z.B. die Route zwischen Memphis und Baton Rouge zu befahren. Insbesondere gibt es zwischen Vicksburg und Natchez bei Weitem Schöneres zu sehen, vor allem was die Landschaft betrifft. Der Besuch der Plantagen zwischen New Orleans und Baton Rouge bietet zwar einige imposante Villen, er führt Sie aber weitestgehend auch an nicht enden wollenden Industrieanlagen vorbei. Auch der Blick während der Fahrt auf den Mississippi selbst wird fast durchgehend von großen Deichen versperrt und die Ortschaften entlang des Weges bieten keine besonderen Höhepunkte.*
>
> *Trotzdem gilt natürlich hier ebenso: „Auch das ist der Süden!".*

Am Mississippi-Abschnitt zwischen **New Orleans** und **Baton Rouge** können Sie heute mehrere **Plantagenhäuser** besichtigen. Die verschwenderische Architektur dieser Herrenhäuser sucht ihresgleichen, und heute kann man sich kaum vorstellen, *Unvorstell-* wie jemand alleine mit einer Plantage soviel Reichtum hat anhäufen können, um sol- *barer* che Glanzpunkte zu errichten. Beeindruckend sind aber nicht nur die großen Häuser, *Reichtum* in deren prunkvollem Inneren sich die harte Arbeit auf den Plantagen leicht ignorieren ließ. Auch die großen Parkanlagen beeindrucken. Ihr Gras wurde auf einer Fläche von mehreren Fußballfeldern nach englischem Vorbild kurz gehalten, und die vielen Eichen-Riesen geben dem gesamten Eindruck einen angemessenen Rahmen.

Hinweis

> *Beachten Sie, dass die letzten geführten Touren durch die Häuser eine Stunde vor dem Schließen stattfinden.*

Leicht lässt sich vorstellen, wie vor etwa 150 Jahren unter diesen majestätischen Bäumen feudale Feste gefeiert worden sind. „Scarlett O'Hara" aus *Margret Mitchells* *Fast alle* Südstaaten-Epos „Vom Winde verweht" wird einem sofort ins Gedächtnis gerufen *Häuser* (obwohl diese Geschichte eigentlich in Georgia spielt). Heute wohnt niemand mehr *unter* in den Häusern und fast alle stehen unter Denkmalschutz. Die modernen Plantagen *Denkmal-* werden heute von Gesellschaften oder reichen Farmern, die in den Orten leben, *schutz* bewirtschaftet. Bedrückend ist aber auch heute noch der krasse Gegensatz zwischen den Villen und den Siedlungen der Schwarzen in der Umgegend. Nachdem die **Sklaverei** nach dem Bürgerkrieg endgültig abgeschafft worden war, erhielten die Schwarzen als **Entschädigung** für die eigene Lebensgrundlage kleine Parzellen am

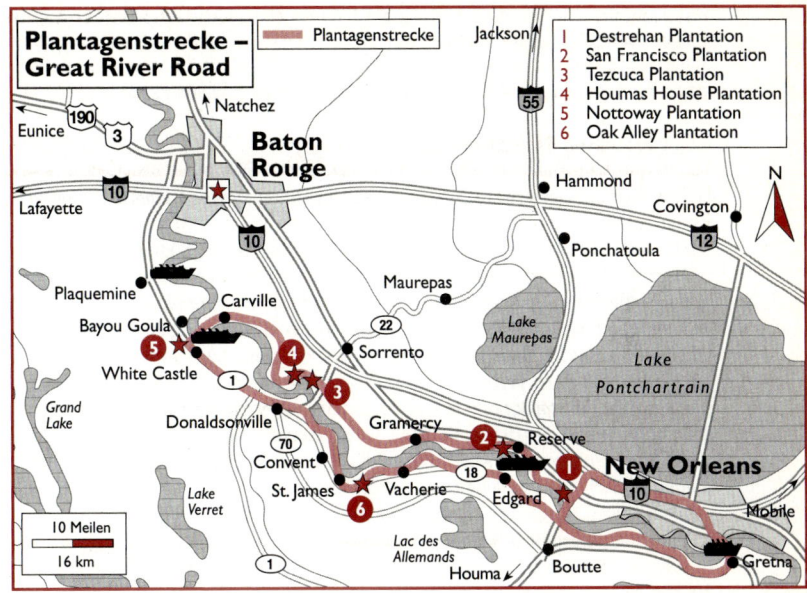

Rande der Plantagen. Doch reichen diese Felder (ca. 0,5–1 Hektar pro Familie) nach modernen Gesichtspunkten nicht mehr aus für einen produktiven Anbau. Somit müssen die Menschen hier den Weg zu ihren Arbeitsplätzen in die weit entfernten Städte auf sich nehmen bzw. sie sind großenteils arbeitslos. Von den zwölf noch zu besichtigenden Plantagenhäusern auf diesem Flussabschnitt sind die sechs folgenden die interessantesten. Für eine Besichtigungstour von New Orleans aus sollten Sie sich aber von vornherein für den Besuch von zwei bis maximal drei Plantagen entscheiden. Mehr können Sie an einem Tag nicht schaffen.

Zwei bis drei Plantagen am Tag

• Routenvorschlag

Fahren Sie zuerst am nördlichen Mississippiufer entlang und schauen sich die Plantagenhäuser hier, mit der Ausnahme der Houmas Plantation, nur von weitem aus an. Bei **Carville** setzen Sie dann mit der Fähre über und fahren zur **Nottoway Plantation**. Hier können Sie dann auch im Restaurant etwas essen – und falls Sie auf einer Plantage übernachten möchten, eignet sich diese am besten dazu.

Übernachtung möglich

Fahren Sie nun am südlichen Mississippi zurück nach New Orleans und statten Sie dabei der **Oak Alley Plantation** noch einen ausführlicheren Besuch ab. Auf allen Plantagen finden Touren statt.

• Destrehan Plantation (1)

Nördl. des Mississippi, 9999 River Rd., Destrehan, LA 70047. Geöffnet: Mo–Fr 9.30–16 Uhr (geschlossen an Feiertagen). Nur acht Meilen vom New Orleans Int. Airport – also durchaus erreichbar an einem Nachmittag von New Orleans aus. Keine Übernachtung, kein Restaurant.

Das 1787 in französischem Kolonial-Stil erbaute Herrenhaus ist das älteste noch intakte Plantagengebäude am Mississippi. Zu Anfang des 19. Jh. kamen neugriechische Stilelemente hinzu. Die zweistöckige Veranda und das Dach im Stil eines westindischen Plantagenhauses werden durch prächtige dorische Säulen getragen.

• San Francisco Plantation (2)
Nördl. des Mississippi, LA Highway 44, Reserve, LA 70884. Geöffnet: Täglich 10–16 Uhr (außer an Feiertagen). 45 Meilen von New Orleans. Keine Übernachtung, kein Restaurant.

Marmor-wände und -treppen

1856 erbaut, gehört das Herrenhaus zu den kunstvollsten der Südstaaten. Die große zweistöckige Galerie, die den Gesamteindruck des Gebäudes prägt, wird durch korinthische Säulen getragen. Das Innere wird durch Marmorwände und -treppen, aufwendige Holzschnitzereien und eine prunkvolle Einrichtung bestimmt. Ein architektonisch besonders beeindruckendes Bauwerk. Übrigens war es *Louise von Seybold* aus Füssen in Bayern, Frau des damaligen Plantagenbesitzers, die das Dekor ausgesucht hat. Der Name hat nun gar nichts zu tun mit der Stadt an der Westküste sondern stammt von der französischen (Slang-)Version „sans fruscine", was in etwa „kein Geld im Portemonnaie" bedeutet und die Situation des Erbauers, *Valsin Marmillion* nach Fertigstellung des Gebäudes widerspiegelt.

• St. James Historical Society Museum
Nördl. des Mississippi, LA Hwy. 44 (1988 Jefferson Hwy.), Lutcher. Geöffnet: Mo–Do 10–15 Uhr.

Ein kleines, von Freiwilligen unterhaltenes Museum, das die wechselhafte Geschichte der Region während der letzten 250 Jahre widerspiegelt. Hier können Sie ein paar alte Gebäude besichtigen, Riten nachvollziehen und einige historische Fotos anschauen.

• Tezcuco Plantation (3)
Nördl. des Mississippi, 3138 Hwy. 44, River Road, Darrow (Burnside), LA 70725. Geöffnet: Täglich 9–17 Uhr (geschlossen an Thanksgiving, Weihnachten und Neujahr). 60 Meilen von New Orleans. Bed&Breakfast-Unterkunft (Cottages) sowie ein Restaurant (kein Dinner!).

Das Haupthaus (griechischer Renaissance-Stil) wurde 1855 erbaut, ist aber nicht so eindrucksvoll wie das der anderen Plantagen. Die ebenerdige Galerie weist viele schmiedeeiserne Verzierungen auf.

Beein-druckende Einrichtung

• Houmas House Plantation (4)
Nördl. des Mississippi, 40136 Highway 942 Burnside, Darrow, LA 70725. Geöffnet: Februar–Oktober täglich 10–17 Uhr, November–Januar bis 16 Uhr. 60 Meilen von New Orleans. Ein Restaurant (nur Do–So Dinner).

Eines der schönsten Häuser. Große zweistöckige Galerie, die das Haus umfasst. Erbaut wurde es 1840, anschließend mehrfach erweitert und dann 1940 vollkommen restauriert. Beeindruckend sind vor allem die alten Möbel, die ausgefallenen Einrichtungsgegenstände (einzigartiger Billardtisch, Steinway-Flügel aus Hamburg u.a.) und eine dreistöckige Wendeltreppe. Mitte des vorletzten Jahrhunderts war die Houmas Plantation mit über 20.000 Acres die größte Plantage des Landes, und ihr damaliger Besitzer war ein Ire, der während des Bürgerkrieges mit der Südstaatenarmee häufiger im Zwist stand. Dies aber bewahrte ihn nach dem Krieg vor größeren Plünderungen. Auf der Houmas Plantage wurden auch mehrere Filme gedreht. Aufgrund der Hintergrundgeschichte und der vielen einzigartigen Einrichtungsgegenstände ist sie mit Sicherheit die interessanteste Plantage für eine Führung durch das Gebäude.

Houmas House

• Nottoway Plantation (5)

Südl. des Mississippi, LA Hwy. 1 and Mississippi Rd., White Castle, LA 70788. Geöffnet: Täglich 9–17 Uhr (außer Weihnachten). 69 Meilen von New Orleans (über das nördliche Mississippiufer). Stilvolle **Unterkünfte** und ein ausgezeichnetes **Restaurant**.

Das 1850 fertig gestellte Herrenhaus ist das **größte** und von außen **auffälligste** aller Plantagenhäuser und hat daher auch den Spitznamen „White Castle" erhalten. Die Übernachtung hier ist nicht nur stilvoll, sondern wird durch das Angebot an typischen Louisiana-Gerichten und -Snacks zu einem besonderen Erlebnis.

• Oak Alley Plantation (6)

Südl. des Mississippi, 3645 LA Hwy. 18, Vacherie, LA 70090. Geöffnet : März–Oktober täglich 9–17.30 Uhr, von November–Februar täglich 9–17 Uhr. 60 Meilen von New Orleans. **Unterkünfte** (Cottages) und **Restaurant** (kein Dinner!).

Das Herrenhaus wurde 1839 im griechischen Renaissancestil fertiggestellt. Es ist aber weniger das Haus selbst, welches besticht, sondern die ihm vorgelagerte Eichenallee. *Vorgelagerte* Die Eichen sind 100 Jahre älter als das Haus und es wird behauptet, der Architekt hat *Eichenallee* das Haus bewusst mit ebenso vielen Säulen versehen, wie Eichen in der Allee stehen.

• Laura Plantation

Südl. des Mississippi, am LA Hwy. 18, nahe LA 641, Vacherie, LA 70090. Geöffnet: Täglich 9.30–17 Uhr. 57 Meilen von New Orleans.

Das Haupthaus ist einfacher als alle anderen (teilweise durch ein Feuer vor wenigen Jahren zerstört und wieder aufgebaut). Die Geschichten, besonders die zum Thema Sklaverei, werden hier sehr eindrucksvoll dargestellt und erläutert. Diese Plantage zeigt einen sehr kreolischen Charakter. Sollten Sie also nach Houmas House noch ein zweite Plantage mit Führung besichtigen wollen, ist diese die Richtige.

Das Gebiet westlich des Mississippi-Deltas

Bootsfahrt zur Erkundung

Diese Region, bekannt als die **Atchafalaya Swamps**, eignet sich hervorragend, um einmal einen Einblick in die Welt der Sümpfe (Bayous) von Süd-Louisiana zu erhalten. Empfehlenswert zur näheren Erkundung wäre eine Bootsfahrt. Wenn Sie länger in dem Gebiet bleiben möchten, bieten sich die kleinen Städte **Houma** und **Morgan City** als „Stützpunkt" an. Lesen Sie dazu im Kapitel zur Route von Memphis über Little Rock, Shreveport und LaFayette nach New Orleans ab Seite 575ff.

INFO   Informationen zum Spanischen Moos

Spanisches Moos

In vielen Gegenden der Südstaaten hängen schleierartig Pflanzen an Bäumen herunter, die etwas melancholisch, ja fast gespenstisch wirken. In der Umgangssprache bezeichnen die Amerikaner sie als „Spanish Moss" (= Spanisches Moos).

Botanisch exakter ist die Bezeichnung *Epiphyten*. Damit sind Gewächse gemeint, die auf anderen Pflanzen, bevorzugt Bäumen, wachsen, ohne diesen allerdings Nährstoffe zu entziehen. Die Epiphyten haben Systeme entwickelt, die es ihnen ermöglichen, selbst Wasser und Humus zu speichern. Es gelangt zu den Pflanzen durch den Wind und – kaum vorstellbar – durch die nicht sichtbaren Minipartikelchen, die die feuchte Luft mit sich trägt.

Hier in Amerika sind die Epiphyten mit der Ananaspflanze verwandt und nicht, wie man dem Namen nach vermuten würde, dem Moos. Da die Pflanze sich selbst versorgt, ist sie kein Schmarotzer. Wird aber das „Gehänge" zu schwer und zu dicht, kann es den Baum allmählich abwürgen, weil es ihm Licht und Luft wegnimmt.

Zum „Spanischen Moos" gibt es einen kleinen Mythos: Einst habe sich ein spanischer Eroberer in ein indianisches Mädchen verliebt. Er kaufte es, doch die Schöne mochte den Konquistador nicht leiden. Sie flüchtete auf einen Baum, doch der Verehrer folgte ihr. Von oben ließ sie sich in einen kristallklaren Teich fallen. Als der Spanier ebenfalls vom Baum ins kühle Nass springen wollte, verfing sich sein Bart im Geäst und blieb als „Spanisches Moos" zurück ...

Mississippi-Telegramm

Abkürzung	MS
Beiname	„Magnolia State"
Namensherleitung	Der Mississippi-River stand Pate
Staat	seit 10. Dezember 1817 (20. Staat)
Höchster Berg	Woodall Mountain – 246 m!
Staatsblume	Magnolie
Fläche	123.516 km²
Einwohner	2,7 Mio., Anteil der Schwarzen (Afroamerikaner): 36,3 Prozent
Einwohnerdichte	23 E/km²
Hauptstadt	Jackson (200.000 E.)
Weitere Städte	Biloxi (50.000 E.), Greenville (46.000 E.), Hattiesburg (42.000 E.), Gulfport (71.000 E.)
Wichtigste Wirtschaftszweige	Wichtigster Wirtschaftszweig ist die Landwirtschaft (Baumwolle, Mais, Getreide, Südfrüchte); Erdöl- und Erdgasförderung; Verarbeitende Industrie: Nahrungsmittel-, Textil- und Möbelindustrie
Touristisches Potenzial	Die Strände am Golf von Mexiko; große Waldgebiete (über die Hälfte des Staatsgebietes ist mit Wald bedeckt); Strecke entlang dem Mississippi mit der Stadt Natchez als Höhepunkt (viele alte Südstaaten-Villen)

Mit dem Mississippidampfer von New Orleans nach Memphis (ⓘ S. 155)

„But the basin of the Mississippi is the body of the Nation ... The face of the water, in time, became a wonderful book ... and it was not a book to be read once and thrown aside, for it had a new story to tell every day."

Mark Twain, „Life on the Mississippi"

Die Schaufelraddampfer

Wer kennt sie nicht, diese schwimmenden Holzkisten mit der riesigen Walze am *Markante* Heck und den markanten Schornsteinen, deren „zerfranste" Kronen den Dampf *Schornsteine* gleichmäßig verteilen in die schwülheiße Luft.

Redaktions-Tipps

- Buchen Sie Ihre Tour bereits **rechtzeitig** von Europa aus. Das erspart Ihnen Mühe, und Sie gehen nicht das (große) Risiko ein, dass das Schiff bereits ausgebucht ist. (S. 103)
- Vor der Buchung sollten Sie sich zudem noch über die angebotenen **Kombinationstarife** informieren (z.B. Hotel in New Orleans, Schifffahrt und evtl. Mietwagen für Rücktour). (S. 103)
- Sparen Sie nicht am Geld und buchen Sie eine **Außenkabine**. (S. 103)
- Planen Sie erst Ihre Fahrt mit dem **Schaufelraddampfer** und richten Sie danach Ihre **weitere Reiseplanung** für den Süden ein. (S. 103)
- Als Kleidung empfiehlt sich: Gemütliches, festes Schuhwerk für das Laufen an Deck und die Erkundung der Orte. Ansonsten, wegen der Hitze: Leichte Stoffe. Für abends aber sollten Sie mindestens eine **gute Garderobe** (Anzug/Abendkleid) mitbringen. (S. 103)

Wer hat nicht, ob Kind, ob Greis, *Mark Twains* **Tom Sawyer** gelesen oder zumindest im Fernsehen gesehen und verbindet mit dem Ol'Man River – wie die Amerikaner ihren großen Fluss liebevoll nennen – die weite Flusslandschaft, in der diese majestätischen Dampfschiffe verkehren. Zwar haben diese Schiffe heutzutage ausgedient und moderne, überdimensionale Schubschiffe sowie die Eisenbahn haben ihren Platz eingenommen bzw. gewährleisten Flugzeuge und Autos die Personenbeförderung, doch gibt es noch drei dieser Dampfer, die Passagiere auf eine unvergessliche Kreuzfahrt auf dem Mississippi und seinen Nebenflüssen mitnehmen und die Zeit des *Mark Twain* noch einmal aufleben lassen. Sie gehören alle der „Delta Queen Steamboat Company".

Eines ihrer Schiffe, die „Delta Queen", ist sogar noch übriggeblieben aus der Zeit, als es noch viele dieser Steamer gab. Sie gilt als „Historical Landmark" und ist meines Erachtens das schönste Schiff, da es das echte Flair ausstrahlt.

Doch auch die beiden moderneren Schiffe haben ihren Reiz, und sie wurden nach alten Mustern nachgebaut, so dass sie einen guten Eindruck vermitteln über die alte **Steamboat-Zeit**. Die Fahrten sind heute aufgezogen im Stil einer Kreuzfahrt, doch gibt es ausreichend Gelegenheit, sich mit der Geschichte der Schaufelraddampfer zu beschäftigen und sie im Sinne einer „Showboat Cruise" zu erleben.

Auch früher, als die meisten Schaufelraddampfer zwar für den Transport von Baumwolle eingesetzt worden sind, gab es diese Kreuzfahrten, und selbst die einfachen Passagierdampfer auf dem Mississippi waren schwimmende Vergnügungsschiffe. Das mussten sie auch sein, denn eine Fahrt von St. Paul nach New Orleans dauerte 2–4 Wochen, und die Menschen an Bord wollten beschäftigt werden.

Auch heute kommt in keiner Weise Langeweile auf: Tägliche Stopps an Sehenswürdigkeiten (historische Städte, Plantagenhäuser und Civil

„Mississippi Queen" und „Delta Queen"

War Parks), zudem verschiedene Shows, Veranstaltungen und vorzügliche Einführungsprogramme zum Thema Mississippi und Steamboatin' bilden das Rahmenprogramm. An Deck können Sie aber auch einfach nur entspannen, sonnenbaden und die Atmosphäre dieses einmaligen Flusses auf sich wirken lassen. Eines ist allemal sicher: Eine Fahrt mit einem dieser Schiffe wird für Sie ein unvergessliches Erlebnis mit sich bringen. *Unvergessliche Dampferfahrt*

 Buchtipp

Graham, Philip; „**Showboats, an American Institution**". *Das wohl beste Buch zum Thema Schaufelraddampfer auf dem Mississippi.*
Weitere interessante Bücher finden Sie in dem Giftshop an Bord. Verpassen Sie aber auf keinen Fall, ein Buch von **Mark Twain** *zu lesen.*

„Mississippi Queen", „Delta Queen" und „American Queen"

Die Gesellschaft *Delta Queen Steamboat* verfügt über 3 Schaufelraddampfer. Alle drei Schiffe sind unterschiedlich, und einen Tipp, welches das schönste ist, kann man nicht geben. Die „Delta Queen" ist um einiges kleiner als ihre beiden Schwesternschiffe, ist aber dafür auch das älteste (und einzig historische) Schiff und besticht mit dem „wahren Ambiente des Alten Südens". Im Gegenzug bieten die beiden anderen Schiffe mehr Gemeinschaftsräume und „On-Deck-Programme" und das wirkliche „Kreuzfahrterlebnis" – ohne dass aber das **Erlebnis Mississippi** dabei verlorengeht. *Ambiente des „alten Südens"*

Einige Fakten und Daten

„Mississippi Queen"

In Dienst gestellt: 25. Juli 1976
Kosten: 27 Mio.
Länge: 382 ft. (116,5 m)
Breite: 68 ft. (20,7 m)
Höhe von der Wasserlinie bis zur Schornsteinspitze: 21,9 m (ohne Schornstein: 15,5 m)
BRT: 3.364
Verdrängung: 5.300 t
Anzahl der Decks: 7 (6 für die Passagiere zugänglich)
Kabinen: 207 mit 420 Betten
Besatzung: 165
Schaufelrad: Gewicht: 70 t, Breite: 10,7 m, Durchmesser: 7,6 m
Max. Geschwindigkeit: 12 kn
Reisegeschwindigkeit: 8 kn
Weitere Einrichtungen: Air Condition, 2 Fahrstühle, das größte dampfbetriebene (Orgelpfeifen-)Piano („Calliope") der Welt (44 Pfeifen), Spa Pool, Sonnendeck, Fitnessraum, Leihbücherei, Geschäfte, Bühne und Filmtheater

Einige Fakten und Daten

„Delta Queen"

In Dienst gestellt: 1927; 1989 zum „National Historic Landmark" erklärt
Kosten: US$ 875.000
Länge: 285 ft (86,9 m)
Breite: 58 ft (17,7 m)
Höhe von der Wasserlinie bis zur Schornsteinspitze: 17,5 m (ohne Schornstein: 13,1 m)
BRT: 3.360
Verdrängung: 2.700 t
Anzahl der Decks: 5 (4 für die Passagiere zugänglich)
Kabinen: 91 mit 182 Betten
Besatzung: 75
Schaufelrad: Gewicht: 44 t, Breite: 8,5 m, Durchmesser: 8,8 m
Max. Geschwindigkeit: 12 kn
Reisegeschwindigkeit: 8 kn
Weitere Einrichtungen: Air Condition, dampfbetriebenes Piano, Geschäfte, antike Holzeinrichtung

„American Queen"

In Dienst gestellt: 1995
Kosten: US$ 60 Mio.
Länge: 420 ft. (128 m)
Breite: 89,3 ft. (27,2 m)
Höhe von der Wasserlinie bis zur Schornsteinspitze: 16,5 m
BRT: knapp 4.000 t
Anzahl der Decks: 6
Kabinen: 206 mit 420 Betten
Besatzung: 300
Schaufelrad: Gewicht: 60 t, Breite: 9 m
Max. Geschwindigkeit: 12,5 kn
Reisegeschwindigkeit: 8 kn
Weitere Einrichtungen: Air Condition, verschiedene Aufenthaltsräume, Kartenraum mit den wesentlichen Karten der „Heartland-Flüsse", Fahrstühle, großes „Theater" mit täglichen Programmen (im Design eines Stadttheaters des 19. Jh.), Filmvorführraum, Kabinen mit Telefon und großen Bädern

Sehenswertes und Wissenswertes

Der Mississippi und seine Nebenflüsse

> „League after league, it still pours its chocolate tide along, between its solid forest walls,
> … and so the day goes, the night comes, and again the day – and still the same –
> majestic, unchanging sameness of serenity, repose, tranquillity."

Mark Twain, „Life on the Mississippi"

Bereits um 700 n. Chr. lebten Indianer der Spät-Wald-Periode beidseits der Mississippi- *Frühe*
ufer. Es waren Vorfahren der heutigen Cherokee. Ihre Blütezeit erlebte diese Kultur um *Indianerkultur*
1200, bevor sie dann um 1550 ihr jähes Ende fand. Die ersten Europäer, die den großen Fluss gesehen haben, waren 1541 die Spanier unter dem Konquistadoren *Hernando
de Soto*. Doch erst 1773 erforschten die Franzosen *Jolliet* und *Marquette* den südlichen
Flussverlauf. Durch ihre Berichte ermutigt, begannen die europäischen Siedler mit der
weiteren Erkundung. Sein unschätzbarer Wert für die Bewässerung von Feldern und
vor allem als Transportweg in die abgelegenen Gebiete des Nordens und Westens war
ohne Zweifel. Bevor es zu Streitereien gekommen wäre, wurde der Fluss 1783 als
Grenze zwischen amerikanischem und spanischem Machtbereich eingesetzt. 1812
begann dann die Zeit der Schaufelraddampfer, die ihren Höhepunkt um 1850 erreichte. Auf Dampfern aller Größen wurden nun Waren und Menschen in die bis dahin noch
weitestgehend unerschlossenen Gebiete der nördlichen USA befördert. Doch auch in *Lebensader*
anderer Richtung waren die Schiffe beladen: Mit **Agrarprodukten** aus dem Mittleren *zur*
Westen, Bodenschätzen aus dem Westen (später auch aus Tennessee und Kentucky) *Erschließung*
und „Hinterwäldlern", die einmal das Großstadtleben von New Orleans sehen und *Amerikas*
erleben wollten. Der Mississippi bildete zu dieser Zeit ohne Zweifel die Lebensader für
die Erschließung „Rest-Amerikas". Viele Städte, wie z.B. St. Paul, Cincinnati und
Memphis, verdanken ihre Gründung bzw. Entwicklung der Flussschifffahrt und waren
bedeutende Häfen und Umschlagplätze.

Um 1875 war es dann vorbei mit der großen Zeit der Schaufelraddampfer. Die ersten
Eisenbahnlinien parallel zum Fluss wurden gebaut, und mit der Flussregulierung –
und damit seiner Vertiefung an gefährlichen Stellen – wurden die flachen Dampfer
überflüssig, und modernere Schubkähne nahmen ihren Platz ein. Den letzten
„Todesstoß" gab den majestätischen Schiffen schließlich die Einführung des Diesel-
motors, der die großen Dampfmaschinen überflüssig machte und der um einiges lei-
stungsfähiger war. Probleme bereiten den Farmern und Flussanwohnern bis in die heutige Zeit die häufigen Überflutungen. Durch unkontrollierte Dammbauten – bis 1928
war jeder Bundesstaat für seinen Abschnitt zuständig und handelte entsprechend ego-
istisch – kam es zu immer größeren Überflutungskatastrophen. Dort, wo nämlich keine
ausreichenden Dämme existierten, suchten sich die Wassermassen ihren Weg ins
Hinterland und richteten verheerende Schäden an. Aber auch die Dämme hielten den
Wassermassen nicht immer stand, was 1927 zu einer der größten Überflutungskatastrophen der USA führte. Mit den Dämmen wurde aber auch verhindert, dass nähr-
stoffreiche Schlammablagerungen die Felder erreichten, womit die meisten Böden nach
wenigen Jahren unbrauchbar wurden. Seit 1928 gibt es nun ein Gesetz, das die Fluss-

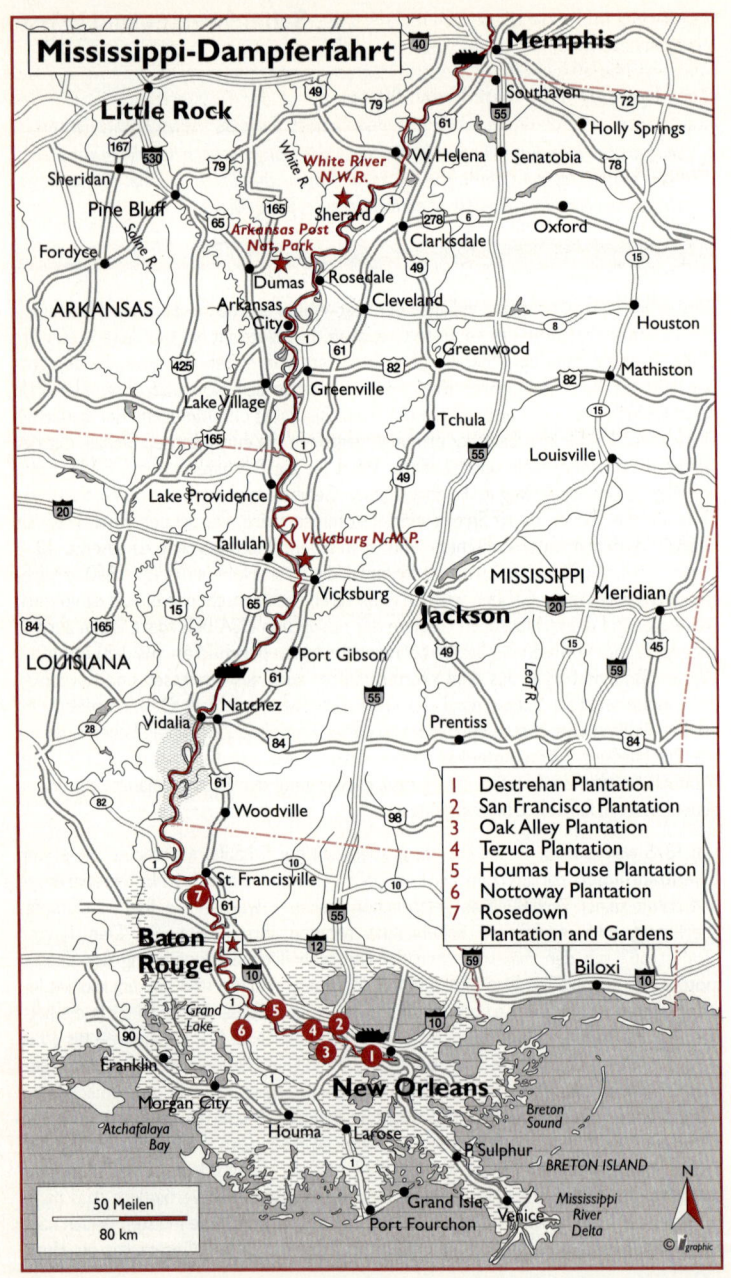

Mississippi-Dampferfahrt

Memphis

Little Rock

Southaven
Holly Springs

Sheridan

White River N.W.R.
W. Helena   Senatobia

Pine Bluff
Sherard
Arkansas Post Nat. Park
Clarksdale
Oxford

Fordyce

Dumas   Rosedale
Arkansas City
Cleveland
Houston

ARKANSAS

Lake Village
Greenville
Greenwood
Mathiston

Tchula

Lake Providence
Louisville

Tallulah
Vicksburg N.M.P.

Vicksburg
Jackson   Meridian

MISSISSIPPI

LOUISIANA
Port Gibson

Natchez
Prentiss

Vidalia

Woodville

St. Francisville

Baton Rouge

Biloxi

Franklin

Grand Lake

New Orleans

Morgan City
Houma   Larose
Breton Sound

Atchafalaya Bay
P. Sulphur
BRETON ISLAND

Grand Isle   Mississippi River Delta
Port Fourchon   Venice

1 Destrehan Plantation
2 San Francisco Plantation
3 Oak Alley Plantation
4 Tezuca Plantation
5 Houmas House Plantation
6 Nottoway Plantation
7 Rosedown
   Plantation and Gardens

50 Meilen
80 km

N

© Jgraphic

regulierung in die Hand der Bundesregierung gelegt hat. Die Zahl der Überschwemmungen hat seitdem zwar abgenommen, doch wird man sie nie ganz in den Griff bekommen. Mittlerweile sorgen an vielen Flussabschnitten zwischen Minneapolis und New Orleans Seitenkanäle für den reibungslosen Ablauf der Flussschiffahrt. Durch diese Kanalbauten können heute Schiffe von den Großen Seen bis New Orleans fahren.

Zahlreiche Überschwemmungen

Einige Zahlen und Fakten zum Mississippi

- Der Name Mississippi enstammt einem alten **Indianerwort** und bedeutet soviel wie „großer alter Vater".
- Länge: 3.778 km. Zusammen mit dem Missouri erreicht der Flusslauf eine Länge von 6.021 km, womit er nach dem Nil und dem Amazonas der drittlängste Fluss der Erde ist.
- Die Quelle des Mississippi bildet der Lake Itasca in Minnesota.
- Jedes Jahr wird das Delta um ca. 50 m (andere Angaben behaupten sogar um 200 m) vorgelagert.
- Der sogenannte Dammfluss (Lower Mississippi), der mit dem Einfluss des Ohio bei Cairo beginnt, ist etwa 1.400 m breit, wobei er weiter südlich wieder schmaler wird (bei New Orleans etwa 600 m).
- Das Einzugsgebiet des Mississippi und seiner Nebenflüsse ist 3,21 Mio. km² groß und erreicht in diesem Gebiet **31 US-Bundesstaaten** und 2 kanadische Provinzen.
- Der Mississippi hat über 40 bedeutende Nebenflüsse. Die bekanntesten sind: Missouri, Arkansas, Ohio, Tennessee, Yazoo und Illinois.

Vierzig bedeutende Nebenflüsse

- Den Mississippi fließen jährlich ca. 380 Billionen Liter Wasser hinunter (25-mal soviel wie den Rhein), und dabei führt er täglich 365.000 Tonnen Sedimente mit sich. Das reicht aus, um einen 150 Meilen langen Güterzug zu beladen!
- Der Nebenfluss Ohio führt fünfmal soviel Wasser wie Mississippi und Missouri zusammen.
- Obwohl der Mississippi als „Schlammsuppe" bezeichnet wird, gilt der Missouri als zehnmal schlammiger.
- Die Spanier nannten den Mississippi **„Rio del Espirito Santo"**, den „Fluss des Heiligen Geistes".
- Während der letzten 160 Jahre wurde der Flusslauf des Mississippi zwischen New Orleans und Memphis durch Dämme um 150 Meilen verkürzt. Doch davon hat sich der Fluss bereits 75 Meilen wieder zurückgeholt.

INFO **Mark Twain**

„A steamboat is as beautiful as a wedding cake – but without the complications."

Als *Samuel Langhorne Clemens* wurde Mark Twain am 30. November 1835 in Florida, einem Ort in der Nähe der kleinen Flusshafenstadt Hannibal (Missouri) geboren. Mit 12 musste er die Schule verlassen, um sich seinen Lebensunterhalt zu verdienen. Von da an verdingte er sich mit den verschiedensten Jobs. U.a. war er Lotse auf den Schaufelraddampfern, für wenige Wochen Soldat in der Armee der Konföderierten, Schriftsteller, Journalist, Minenarbeiter und Goldsucher.

Mark Twain

Bekannt wurde *Mark Twain* schließlich mit seinen Büchern, die sich mit dem Leben am Mississippi in der Mitte des 19. Jh. beschäftigen. Er galt in erster Linie als Humorist, der sich der amerikanischen Tradition des „Western humor" verpflichtet hat. Doch durch verschiedene Vortragsreisen, die ihn auch nach Europa geführt haben, und eine Reihe von persönlichen Missgeschicken erkannte Mark Twain bald seine eigentliche Neigung zu Skeptizismus und Pessimismus. Dieses wird besonders in seinen späteren Werken, wie z.B. „Ein Yankee (aus Conneticut) an König Artus' Hof" und „Querkopf Wilson" deutlich, in denen er sowohl die amerikanische als auch die europäische Gesellschaft auf satirische Weise anprangert.

Zu Lebzeiten wurden die Bücher von Mark Twain übrigens vorwiegend in Europa verkauft, während in Amerika der Verkauf nur mäßigen Erfolg zeigte. Sein Pseudonym entlehnte *Mark Twain* einem Ausdruck aus der Sprache der Flussschiffer: Ein mit einem Gewicht versehenes und in verschiedenen Längenabschnitten markiertes Band wurde nämlich damals in den Fluss geworfen, um seine Tiefe zu erkunden. Die „Mark Twain" war die 12-Fuß-Marke an diesem Band, die eine ausreichende Tiefe für die großen Schaufelraddampfer anzeigte.

Mark Twain starb am 21. April 1910 in Redding (Connecticut).

Die bedeutendsten Werke: „Leben auf dem Mississippi", „Abenteuer und Fahrten des Huckleberry Finn", „Die Abenteuer des Tom Sawyer", „Ein Yankee (aus Conneticut) an König Artus' Hof", „Querkopf Wilson", „Prinz und Bettelknabe", „Die Arglosen im Ausland", „Bummel durch Europa". Eine lohnenswerte **Biografie** ist: Breinig, Helmbrecht; Mark Twain

---

 Wussten Sie ...

- dass Fried Chicken, der Pecan Pie und die Chocolate Brownies zuerst auf den Schaufelraddampfern serviert worden sind,
- dass Schaufelraddampfer den Namen von einst unbedeutenden Ansiedlungen maßgeblich verändert haben. So z.B. wurde aus Mudville Memphis und aus Pigtown St. Paul,
- dass das Wort „Hillbilly" von den ersten Mitfahrern der Dampfer stammt. Diese siedelten nämlich in der Hügellandschaft („hills") des Nordens, und viele von ihnen hießen William, Wilhelm oder Wilburn, dessen Kurzform Bill ist,
- dass der Ausdruck „I cotton to you" („Ich mag Dich") auf den Transport von Baumwolle auf den überladenen Mississippi-Dampfern zurückzuführen ist. Baumwolle war nämlich die wesentliche Frachtware auf dem Fluss und hatte die Eigenschaft, an Kleidern haften zu bleiben,

- dass zur Einrichtung der Schaufelraddampfer große **Hotelarchitekten** aus aller Welt herangezogen worden sind,
- dass das Wort „Cabin" auf einem Schaufelraddampfer auch für die Gesellschaftsräume verwandt wird,
- dass Räume und Decks auf den Flussdampfern die Namen der einzelnen Bundesstaaten tragen, da die „Steamboaters" sich eher als Geografen, denn als Mathematiker ansahen,
- dass das „Texas-Deck" seinen Namen erhielt durch die Tatsache, dass seine Einführung zu jener Zeit stattfand, als Texas als Bundesstaat in die Union aufgenommen wurde, *Namen der einzelnen Bundesstaaten*
- dass die Reisegeschwindigkeit der Schaufelraddampfer von 5–7 Knoten häufig nicht ausreicht, um gegen die Strömung anzukommen (besonders noch bei Gegenwind), so dass sie dann kreuzen müssen zu Flussflächen, wo die Strömung geringer ist (meist die Innenkurve),
- dass der Steuermann in einer Innenkurve zwar auch sein Radar zur Hilfe nimmt, um entgegenkommenden Verkehr zu orten, sich in der Regel aber auf sein Gespür verlässt,
- dass ein Steuermann auf einem Mississippi-Passagierschiff für seine Lizenz den gesamten Flusslauf, den er befahren möchte, **aus dem Gedächtnis** aufzeichnen muss (inklusive aller Lichter, Kabel, Seitenkanäle etc.), *Gesamten Flusslauf im Kopf*
- dass sich der Flussverlauf und besonders seine Tiefen jährlich so verändern, dass die Wasserbehörde nicht nachkommt mit der Kartographie und auf Tiefenangaben auf den Karten grundsätzlich verzichtet. Nur die Erfahrung und der aktuelle Informationsaustausch zwischen den Steuermännern gewährleistet, dass die Schiffe nicht auflaufen,
- dass nachts mit einem 1,5-Meilen-Radar geortet wird und daraufhin Bojen und andere Gegenstände mit einem Suchscheinwerfer lokalisiert werden,
- dass die hölzernen Schaufelräder laufend in den Häfen erneuert werden müssen, da treibende Baumstämme und anderes Treibgut sie immer wieder beschädigen,
- dass die „Mississippi Queen" pro Stunde 1.320 Liter Treibstoff (Mischung aus Benzin und Wasserdampf) verbraucht,
- dass das Schaufelrad pro Minute ca. 12 Umdrehungen macht?

Streckentelegramm: von New Orleans nach Memphis

Hier gebe ich Ihnen nur einen groben Überblick auf das, was Sie erwartet entlang dem Mississippi-Abschnitt bis Memphis. Genauere Beschreibungen entnehmen Sie bitte den entsprechenden Buchkapiteln bzw. nehmen Sie sich an Bord die ausgelegten Flusskarten („Navigation Charts") zu Hilfe, die Ihnen wirklich alles zeigen, was es links und rechts der Ufer zu sehen gibt. Weitere Infos erhalten Sie an Bord durch die täglich erscheinende „Steamboatin' Times", die neben dem Tagesplan zusätzlich auf *Dampfer-* den Innenseiten über die zu besuchenden Sehenswürdigkeiten informiert. Bedenken *Zeitung* Sie auch, dass jede Flussfahrt auf diesem Abschnitt anders sein kann. Je nach Jahreszeit, Öffnungszeiten und Themenschwerpunkt kann der Ablauf also variieren.

Allgemeiner Überblick

 Hinweis

Genauere Beschreibungen zu den Sehenswürdigkeiten entlang der Strecke finden Sie in den entsprechenden Kapiteln im Reiseteil:
- *New Orleans und Umgebung: Eine Fahrt zu den Plantagen am Mississippi, S. 320ff.*
- *Memphis, S. 562ff.*
- *Von Memphis nach New Orleans (Hwys. 61 und 1), S. 575ff.*

Bis hinter St. Francisville (Meile 265) ist die Uferzone noch bestimmt durch Industrie, vor allem Ölraffinerien. Danach überwiegen die bewaldeten Gebiete und viele Sümpfe. Beachten Sie dabei besonders die alten Flussarme und die großen Sandbänke.

Meile	Sehenswertes (fett Gedrucktes: hier macht das Schiff einen Stopp)
95,8	Abfahrt: **New Orleans**, **Robin Wharf**. Auf den nächsten 15 Meilen führt die Fahrt vorbei an den westlichen Stadtteilen von New Orleans.
153,3	Oak Alley Plantation auf der linken Seite.
170,6	**Houmas House Plantation**, **rechts**. Das Schiff hält hier für einige Stunden.
228,4	Einfluss des Intracoastal Waterway, links. Dieser künstliche Wasserweg ermöglicht es Flussschiffen, entlang der gesamten amerikanischen Küste, geschützt vor den Wellen des Ozeans, zu fahren.
231,0	Innenstadt von Baton Rouge, rechts.
265,5	Die kleine Stadt St. Francisville, deren Hafen durch Überflutungen gänzlich zerstört worden ist, aber deren alte Wohnhäuser auf dem Hügel immer noch den alten Charme der Südstaaten repräsentieren. Nahebei, und allemal einen Besuch wert, ist die Rosedown Plantation, deren alte Gartenanlage ihresgleichen sucht. Lesen Sie zu St. Francisville auch im entsprechenden Kapitel im Reiseteil.
272–284	Tunica Swamps, rechts. Auch heute noch ein kaum durchdringbares Sumpfgebiet.
295–308	Louisiana State Penitentiary, rechts in der Innenkurve. Staatsgefängnis, aufgezogen als Farm.
304,2	Old River/Red River-Einmündung, links.
314,5/316	Old River Control Structure and Outflow Channels, links. Mit Hilfe von Schleusenanlagen können hier die Wasserstände von Mississippi und Red River reguliert werden. Zusätzlich gibt es ein Wasserkraftwerk. Meistens fließt das Wasser vom Red River in den Mississippi ein, was mittlerweile dazu geführt hat, dass die am südlichen Red River gelegenen **Atchafalaya Swamps** nicht mehr die ausreichende Wasserzufuhr erhalten und damit durch Austrocknung des Untergrundes immer weiter absinken. D.h.: Die Swamps sind trotzdem stärker überflutet, als es unter natürlichen Umständen der Fall wäre, und ganze Gebiete sowie kleine vorgelagerte Inseln verschwinden von der Landkarte. Ein entscheidender Grund für die Zufuhr von Wasser in den Mississippi ist aber auch, dass dadurch New Orleans Süßwasser, also Trinkwasser, zugeführt wird. Denn ohne dieses zusätzliche Wasser wäre der Rückstau des salzhaltigen Wassers aus dem Golf von

Gartenanlage ohnegleichen

Mexiko so stark, dass er bis weit über New Orleans hinausreichen würde und die Stadt dann unter Trinkwassermangel zu leiden hätte.

364,2 **Natchez, rechts**. Historische kleine Stadt, die durch ihre vielen Antebellum-Stadthäuser berühmt ist. Die hochherrschaftlichen Häuser wirken auf der Anhöhe wie die „Sahnehaube auf

Beim Auslaufen wird die Schiffsorgel gespielt

einer Torte". Eine Tour an Land hier lohnt sich allemal. Lesen Sie zu Natchez auch im entsprechenden Kapitel im Reiseteil.

365–736 Ab jetzt können rechts und links gut die Strukturen der alten Mississippiarme eingesehen werden.

370–392 Großes Sumpfgebiet auf der rechten Seite.

437,1 **Vicksburg, rechts**. 1863 fand hier eine der entscheidenden Schlachten des Bürgerkrieges statt, und die organisierte Tour zu den ehemaligen Schlachtfeldern lohnt sich, wenn auch die ausgesprochen detaillierten Erläuterungen etwas ermüdend sind. Sie bieten aber allemal einen guten Einblick in das für den Süden so einschneidende Kriegsereignis. Eine gute Touralternative bietet übrigens der Besuch der „Waterways Experiment Station", einem Institut, in dem Wissenschaftler die verschiedenen Naturkräfte anhand von Modellen studieren. Und nur mit Führung ist der Besuch hier wirklich lohnenswert. Lesen Sie bitte mehr im entsprechenden Kapitel im Reiseteil.

437,2 Nördlich von Vicksburg, mit dem Einfluss des Yazoo River, beginnt das Gebiet des sog. Mississippi-Delta. Über eine riesige Fläche, bis hin zum Zusammenfluss von Ohio und Mississippi River, erstrecken sich verschiedenste kleine Nebenarme und -flüsse und bilden eine einzigartige Fluss- und Schwemmlandoase. *(am Rand:)* *Einzigartige Schwemmlandoase*

488,0 Lake Providence, links.

537,2 **Greenville, 5 Meilen landeinwärts, rechts**. Während der nächsten Meilen umgeben den Fluss eine Reihe von Sandbanken, die bei gutem Licht als Kontrast zum Flusswasser und den grünen Wäldern ein gutes Fotomotiv abgeben.

582,2 Arkansas-River-Mündung, links.

589 Rosedale, rechts.

590,6 Alte Mündung des White River, links.

599,0 Neue Mündung des White River, links.

652,0 Friars-Point-Sandbank, rechts.

663,4 **Helena, links**. Kleine Stadt, die, nachdem der Mississippi seinen Flusslauf geändert und der Baumwollhandel seine Bedeutung verloren hatten, seiner wirtschaftlichen Grundlage beraubt worden ist. Dieses wird in den heruntergekommenen Nebenstraßen des Zentrums mehr als deutlich, und auch die ehemals vornehmen Häuser des Mittelstandes haben eindeutig bessere Tage gesehen. Mittlerweile versucht die Stadtverwaltung, einen Innenstadtteil wieder aufzumöbeln. Interessant wäre hier der Besuch des „Delta Cultural Museums", in dem die Geschichte der Erschließung des Mississippi-Delta anhand vieler alter Fotos eindrucksvoll erläutert wird.

672,3 Mündung des St. Francis River, links.

730,0 West Memphis, links.

736 **Memphis, rechts.** Haben Sie nun einen großen Teil des Ol'Man River hinter sich gelassen, sollten Sie sich nicht entgehen lassen, das Mississippi River Museum zu besuchen. Neben interessanten Geschichten und Exponaten beeindruckt hier vor allem das große Reliefmodell des Mississippi, das seinen Lauf von der Quelle bis zum Golf von Mexiko darstellt.

Beein-
druckendes
Reliefmodell
des
Mississippi

Weitere Höhepunkte in Memphis sind die Musikstraße Beale Street und Graceland, wo einst Elvis Presley gewohnt hat. Lesen Sie bitte zu Memphis im entsprechenden Kapitel im Reiseteil.

Louisiana-Telegramm

Abkürzung	LA
Beiname	„Bayou State"/„Sportsmen's Paradise"
Namensherleitung	Zur französischen Kolonialzeit hieß das Gebiet (damals mit anderen, weiteren Grenzen) Louisiane – zu Ehren des französischen Königs Louis XIV.
Staat seit	30. April 1812 (18. Staat)
Höchster Berg	Driskill Mountain – 160 m!
Staatsblume	Magnolie
Staatsvogel	Brauner Pelikan
Fläche	123.677 km^2
Einwohner	4,4 Mio., Anteil der Schwarzen (African-Americans): 32 Prozent
Einwohnerdichte	35 E/km^2
Hauptstadt	Baton Rouge (230.000 E.)
Weitere Städte	New Orleans (495.000 E., Greater New Orleans 1,5 Mio. E.), Shreveport (210.000 E.), LaFayette (100.000 E.), Lake Charles (74.000 E.), Bossier City (63.000 E.)
Wichtigste Wirtschaftszweige	Erdöl- und Erdgasförderung, petrochemische Industrie, Schwefelgewinnung, Fischerei (26 Prozent des gesamten amerikanischen Fangertrages), Tourismus und Landwirtschaft (Baumwolle, Zuckerrohr, Reis und Tabak)
Touristisches Potenzial	New Orleans, besonders das Gebiet des „French Quarter" mit seinen Musikkneipen und den Häusern aus der französischen Kolonialzeit; die hochherrschaftlichen Südstaaten-Plantagen, die besonders entlang dem Mississippi zwischen New Orleans und Baton Rouge zu sehen sind; die Bayous/Swamps (Sümpfe) des Mississippi-Delta, in dessen tiefstem Inneren die Zeit stehengeblieben zu sein scheint; Fahrten mit den Mississippi-Schaufelraddampfern.

INFO ## Die Geschichte der Cajun-Musik

Cajun-Musik ist ursprünglich auf die **Akadier** zurückzuführen, die als französische Siedler 1755 das Gebiet südöstlich des St.-Lorenz-Stroms verlassen mussten, weil die Engländer diesen Teil des heutigen Kanada 1713 im Frieden von Utrecht zugesprochen bekommen hatten. Eine große Gruppe dieser Akadier siedelte sich daraufhin in Louisiana westlich des Mississippi an und entwickelte unter dem Einfluss deutscher, spanischer und kreolischer Zuwanderer eine Kultur, die als **Cajun** bezeichnet wurde. In Bezug auf den Musikstil ist diese Kultur auch heute noch sehr lebendig. Die klassischen Volkslieder, die von zwei Fiedeln, einer Triangel und nach 1800 einem Akkordeon begleitet wurden, erfreuen sich immer noch großer Beliebtheit. Die Instrumentierung ist allerdings im 20. Jh. um einige Instrumente erweitert worden. So kann man bei Cajun-Gruppen auch Gitarre und Schlagzeug antreffen. Das Schlagzeug ist häufig durch einfache Percussion-Instrumente ersetzt. Es wird auch schon mal zu profanen Esslöffeln gegriffen, um den Takt zu schlagen. Seltener ist das Akkordeon durch ein Klavier ersetzt.

Cajun-Musik (historische Darstellung)

Während in den 1930er- und -40er-Jahren der Einfluss des Blues und des Western Swing das Akkordeon in den Hintergrund drängten, orientieren sich die Cajun-Musiker von heute eher an der traditionellen Form. Eine Ausnahme ist hier der sogenannte „Zydeco", der sich als Mischform von schwarzem Cajun und Rockmusik in den letzten Jahrzehnten entwickelte und immer häufiger gespielt wird. Die Themen der Cajun-Musik kreisen um Essen, Trinken, Schlägereien und Mädchen, und die Refrains sind eingängig und einfach, was diesem Musikstil häufig Verachtung eingebracht hat. Da Cajun-Musik jedoch Volksmusik ist, verwundert weder die Themenwahl noch die Schlichtheit des Aufbaus. Sicher ist, dass es sich nach dieser Musik hervorragend tanzen lässt. Die Texte sind auch heute noch zum größten Teil auf Französisch, auch wenn einige Cajun-Gruppen dazu übergegangen sind, ihre Lieder ins Englische zu übersetzen oder zumindest den Refrain auf Englisch zu singen. Französischsprachige Zuhörer werden möglicherweise auch nicht alles verstehen, da das Cajun-Französisch eine recht eigenwillige Aussprache aufweist und sich im Laufe der Jahrhunderte auch bezüglich der Wortwahl und -bedeutung verändert hat.

6.   Von New Orleans nach Mobile und zur Mobile Bay

Die Strecke von New Orleans nach Mobile

▸ ▸ **Entfernungen**

New Orleans – Mobile: 148 mi/
238 km (entlang dem I-10)
Für die Strecke direkt entlang
der Küste müssen Sie ca. 100 km
mehr einrechnen – inkl. kleiner
Umwege.

Streckenalternativen

• Entweder fahren Sie auf schnellstem Wege über die Interstates
59 und 10 oder

• Sie fahren entlang der Küste auf
dem US 90 (Erkundigen Sie sich
vorher aber nach dem aktuellen
Zustand der Strecke). Falls Sie bereits die Bellingrath Gardens auf dieser Route
besichtigen möchten, müssen Sie bei Grand Bay auf die AL 188 abbiegen. Das einfachste ist dann, Sie fahren diese Straße durch bis zum Mobile Bay und biegen dort nach
Norden ab auf die AL 193. Nach ca. 6 Meilen auf der AL 193 erreichen Sie die
Bellingrath Gardens. Die 193 führt dann weiter bis nach Mobile. Lesen Sie bitte auch
die „Streckenalternativen" auf S. 340.

Überblick

☞   Hinweis

*Neben New Orleans wurde besonders diese Region am 29. August 2005 besonders
stark vom Hurrikan „Katrina" betroffen. Der Küstenstreifen wurde z.T. gänzlich verwüstet und es wird noch Jahre dauern, bis auch hier wieder einigermaßen normale
Zustände vorzufinden sind. Doch man ist bemüht, alles Erdenklich dafür zu tun.
Neben den landschaftlichen Aspekten mag es daher interessant sein, auch einmal zu
schauen, wie eine ganze Region versucht, den Umwelteinflüssen zu trotzen und einen
Neuanfang zu starten. Das soll Sie jetzt nicht animieren, zu einem Schaulustigen nach
einem Desaster zu werden, sondern einfach dazu, Verständnis für solche Vorkomm-
nisse zu entwickeln. Gehen Sie also auch behutsam vor, wenn Sie fotografieren.*

*Wieder
errichtete
Sehens-
würdigkeiten*

Im Weiteren bemühe ich mich, **halbwegs aktuell** (was nur bedingt möglich ist in
einem Reiseführer), die noch vorhandenen bzw. wieder errichteten und in absehbarer Zukunft wieder restaurierten Sehenswürdigkeiten zu schildern. In einigen Punkten werde ich dabei auch nicht immer wieder auf die Folgen des Hurrikans eingehen,

denn das habe ich hiermit bereits getan. Nur noch einmal: Bedenken Sie, dass das Küstengebiet 2005 gänzlich verwüstet wurde und die Bewohner hier über alles bemüht sind, den Schaden zu beheben! Falls Sie nicht zu sehr unter Zeitdruck stehen, sollten Sie von New Orleans aus auf dem US 90, also entlang der Mississippi Coast, nach Mobile fahren. Die Strecke empfiehlt sich zwar nicht durch ausgefallene Highlights, aber Meeresluft, Seafood und ein paar sehr schöne alte Strandvillen (viele fielen leider „Katrina" zum Opfer) sind allemal lohnender als der langweilige Interstate. Fahren Sie früh los, so dass Sie am Abend eventuell noch Mobile erreichen. Machen Sie sich aber keinen Stress, sondern lassen Sie sich ein wenig treiben und entspannen Sie – das werden Sie mit Sicherheit nach Ihrem Aufenthalt in New Orleans zu schätzen wissen. Die zahlreichen Spielcasinos wirken zwar ausgesprochen protzig, doch stören sie relativ wenig das maritime Bild. Bleibt nur zu hoffen, dass sich das nicht ändern wird, nachdem alle geplanten Casinos eröffnet sein werden.

Übrigens wurde dieser Küstenabschnitt bereits früh von den Europäern besiedelt, und Biloxi, das 1717 gegründet worden ist, ist eine der ältesten europäischen Siedlungen im Süden der USA.

Geologisch wird das Meer zwischen Küste und den ca. 17 Meilen vorgelagerten Inseln als Mississippi Valley bezeichnet. Denn ehemals nutzte der große Fluss diesen Weg, um ins Meer zu gelangen und schuf damit meerwärts eine Kette von Inseln – auch „Barrier Islands" genannt. Diese aber werden langsam von den Meeresfluten weggespült, besonders dann, wenn die Wasser von den Winden der Hurrikans aufgepeitscht werden. Noch schützen die Inseln die Küste vor den Wellen, und die (zumeist durch Menschenhand geschaffenen) Strandabschnitte sind so flach, dass Baden kaum möglich ist. Dafür aber werden vielerlei ausgefallene Sportarten angeboten. So können Sie z.B. mit einem Fahrrad (mit überdimensionalen Reifen) über den Sandstrand bzw. durch das Wasser fahren oder Jet Skiing betreiben. Die Mississippi Coast trägt übrigens den Beinamen **Dixie Coast**, und hier fand der Dixieland-Jazz seinen

Redaktions-Tipps

• Falls Sie für die Strecke 2 Tage einplanen möchten, übernachten Sie in **Biloxi**. Am besten aber, Sie buchen Ihre Unterkunft entweder bereits von Europa aus oder über das Welcome Center am I-10 (hinter der Staatengrenze zu Louisiana), denn Hotelunterkünfte sind teilweise noch knapp bemessen. (S. 155)

• Essen: Restaurants gibt es zzt. nur wenige. Sollten Sie einen **Fish-Imbiss** aufspüren, empfiehlt sich der Boiled Shrimps Po'Boy. Boiled (= gekocht) ist außerdem bekömmlicher als die oft übermäßig frittierten Meeresfrüchte. (S. 155)

• Unternehmen Sie eine **Hochseeangeltour** oder nehmen Sie an einer Fahrt mit einem Krabbenfischer teil (ab Gulfport oder Biloxi), um zu sehen, wie Krabben gefangen und vorbereitet werden. (S. 342, 344)

• **Zeiteinteilung**: 1 Tag (inkl. einiger Besichtigungen) für die gesamte Strecke reicht aus, wenn Sie früh losfahren.

Schäden durch Wirbelstürme

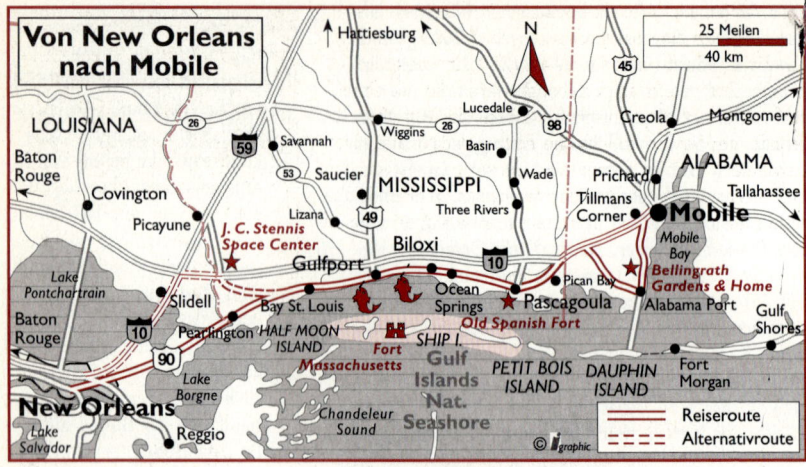

Ursprung, bis er schließlich in den Musikkneipen von New Orleans seinen entgülti-
gen „Schliff" erhielt.

Sehenswertes

Von New Orleans aus führt der US 90 zuerst über mehrere Bayous und die verschie-
denartigen Brücken, und die Ausblicke von diesen laden immer wieder zu einem
Fotostopp ein. Viele Städter haben hier, im südöstlichen Louisiana, ihre Wochen-
Motorboot endhäuser – jedes mit einem eigenen Anleger für das obligatorische kleine Motorboot,
obligatorisch mit dem an freien Tagen gerne zu Angeltouren aufgebrochen wird. Weiter in Richtung
Osten wird die Vegetation dichter und die Besiedlung dünner. Erst vor Bay St. Louis
werden Sie wieder in die moderne Zeit zurückgeholt: Unzählige, überdimensionale
Reklameschilder kündigen bereits hier die Spielcasinos von Gulfport und Biloxi an.

Alternativ über den I-10

• Stennis Sphere Space Center
Touren beginnen am Mississippi Welcome Center am ersten I-10-Exit hinter der
Grenze zu Louisiana. Zeiten variieren.
Mit einem Bus geht es zu der größten amerikanischen Versuchsstation für Antriebs-
raketen für die Raumfahrt. Die ca. 2-stündige Tour (soll evtl. ausgedehnt werden) führt
zu den Probeständen, aber auch technische Aspekte werden dabei erläutert.

Bay St. Louis (ⓘ S. 155)

Sommer- Dies ist der erste Ort an der Mississippi Coast. Seine Beschaulichkeit und der Charme
residenz von der Jahrhundertwende hatten viele Künstler aus New Orleans zu schätzen gelernt und
Künstlern ihre Sommerresidenz hier gewählt. Doch gerade der historische Ortskern am kleinen
Hafen hat sehr gelitten unter den Folgen von Hurrikan „Katrina". Bleibt erst einmal

abzuwarten, wie es sich hier wieder entwickeln wird. Über den St. Louis Bay führt der US 90 weiter nach **Pass Christian**. Schon der Hurrikan „Camille" setzte 1969 diesem Ort bereits stark zu, doch waren die Auswirkungen von „Katrina" wohl noch gravierender. Auf dem Abschnitt am Wasser können Sie noch ein paar alte Villen bewundern und Sie sollten hier für ein paar Meilen den Highway verlassen und auf der benachbarten alten Straße weiterfahren, damit Sie in Ruhe einmal anhalten können zum Fotografieren.

INFO   The Great Seawall

1928 entschloss man sich, zum Schutz vor den immer wiederkehrenden Sturmfluten, einen Wall zwischen Pass Christian und Biloxi anzulegen. Auf diesen Schutzwall baute man den heutigen Highway. Hobert Shaw, ein Ingenieur aus Gulfport, setzte dieses Vorhaben in die Tat um. 1951 schließlich, mit dem stetigen Verfall der Landwirtschaft und dem Niedergang

Strand bei Pass Christian

der Fischkonservenindustrie, entschied sich die County-Verwaltung zu einem noch spektakuläreren Schritt: Um Touristen anzulocken, schaffte man einen künstlichen, 25 Meilen langen Strand. Dafür war die Anlage zahlreicher Bunen nötig, und vor allem musste Sand aus anderen Gebieten und dem tieferen Wasser angekarrt werden. Ein immenser Aufwand, der die Steuerkasse arg schröpfte. Als nun dieses „Sanderlebnis" endlich geschaffen war, bemerkte man, dass die Wassertiefe im Strandbereich zum Baden kaum ausreichte. Nach 100 Metern steht man erst bis zum Bauchnabel im Wasser. Die Enttäuschung war groß, und die Badetouristen blieben natürlich aus. Trotzdem ließ sich die Touristenverwaltung damals nicht abschrecken und schickte stolz in alle Welt Säckchen mit Sand der Mississippi Coast.

Gulfport ((i) S. 155)

Die Stadt selbst bietet nicht viel und ist bestimmt durch eine wenig attraktive Innenstadt, ein wenig Industrie und die vorgelagerten Casinos – soweit diese nach „Katrina" wieder aufgebaut wurden. Lohnenswert aber ist eine Bootsfahrt nach **(West-)Ship Island**, einer der Inseln 16 Meilen vor der Küste. Ship Island war bis *Sturmflut* 1969 **eine** Insel, bis sie dann bei einer Sturmflut (Hurrikan „Camille") – wie es übri- *teilte Insel* gens schon Indianersagen vorhergesagt haben – zum Teil überflutet wurde und in eine östliche und eine westliche Insel aufgeteilt worden ist. Die Tour dauert 7 Stunden. Auf der Insel können Sie das 1859 erbaute **Fort Massachusetts** besichtigen, das den Unionstruppen im Bürgerkrieg dazu diente, die Meeresblockade am

Mississippisound zu überwachen. Außerdem bietet West Ship Island einen wundervollen, weißen Meeresstrand.

Beliebtes *Hobby* Eine weitere Aktivität, die für den einen oder anderen von Ihnen von Interesse sein mag, ist das **Hochseeangeln**, eine bei den Amerikanern sehr beliebte Freizeitaktivität. Boote und fachkundiges Begleitpersonal stehen in jedem Hafen zur Verfügung.

Fort Massachusetts

INFO   # Hochseeangeln

Ein besonderes Erlebnis ist eine Hochseeangelfahrt. Dazu benötigen Sie keine besonderen Vorkenntnisse, sollten aber gewährleisten, den geangelten Fisch hinterher auch zubereiten zu können. Falls Sie also z.B. in einem Apartement mit Küche wohnen, steht dem eigenen Fang eigentlich nichts im Wege. Ansonsten fragen Sie den Skipper nach Zubereitungsmöglichkeiten. Oft grillen die „Seemänner" am Abend an der Pier.

Wissenswertes

Wie lange dauert eine Fahrt? Ca. 8 Stunden.
Wann geht es los? In der Regel früh: Zwischen 6 u. 7 Uhr.
Welche Fische können Sie fangen? Makrelen, Delphine, Barsche
Welche Kleidung ist angebracht? Wetterfeste Jacke, Windschutz, Sonnenbrille, Schuhe mit griffiger Sohle (am besten Gummi).
Benötige ich einen Angelschein? Ja. Infos: Beim Skipper (einen Tag im Voraus!).
Wer stellt die Verpflegung? Die Gäste selbst – in der Regel auch für das Bootspersonal. Das sollten Sie unbedingt vorher absprechen.
Wer stellt die Ausrüstung? Alles, inkl. einem Eimer mit Eis, stellt das Charterbootunternehmen.
Was passiert mit dem gefangenen Fisch? Gegen ein kleines Entgelt säubert eine Begleitperson („Mate") den Fisch für Sie.
Werde ich seekrank? Auf hoher See schaukelt es ziemlich. Nehmen Sie sicherheitshalber ein paar Tabletten gegen Seekrankheit mit.

Beauvoir

Kurz vor Biloxi am US 90. Vom Hurrikan „Katrina" stark mitgenommen. In dieser eindrucksvollen Südstaatenvilla, erbaut 1854, verbrachte der einzige Präsident der

Südstaaten, *Jefferson Davis*, die letzten 12 Jahre seines Lebens. Hier hat er auch seine Memoiren geschrieben, die heute noch ein wertvolles Zeitdokument der Südstaaten-Philosophie darstellen. Das Haus und ein angeschlossenes Museum sind besuchenswert, da hier so einiges zusammengestellt worden ist, was Ihnen den Lebensstil *Lebensstil der* der oberen Zehntausend dieser Epoche besser veranschaulicht. Im Garten befindet *oberen* sich zudem ein Friedhof in Gedenken an „Den unbekannten Soldaten der Konfö- *Zehntausend* rierten Armee".

INFO **Jefferson Davis**

Jefferson Davis wurde am 3. Juni 1808 in der Nähe von Fairview (Kentucky) als Kind schottischstämmiger Eltern geboren. Seinen Vornamen verdankt er der großen Verehrung seines Vaters von *Thomas Jefferson*. Zwei Jahre nach seiner Geburt zog die Familie nach Woodville (Mississippi), um dort eine Plantage zu betreiben. Als 13-Jähriger schrieb sich *Davis* an der Transylvania Universität in Lexington (Kentucky) ein, um dann drei Jahre später an die berühmte Militärakademie West Point (New York) zu wechseln.

Anfang der 1830er-Jahre sammelte *Jefferson Davis* in Auseinandersetzungen mit Indianern in Wisconsin seine ersten militärischen Erfahrungen im Feld. 1835 schied er jedoch aus der Armee aus, um zu heiraten und sich in Mississippi als Baumwollpflanzer niederzulassen. Hier begann er auch seine politische Karriere als Demokrat. In der Sklavenfrage nahm er für einen Südstaatler eine gemäßigte Haltung ein. Er hielt eine **zeitlich begrenzte Aufrechterhaltung der Sklaverei** für wirtschaftlich

Jefferson Davis

und menschlich notwendig. Nach seiner Meinung sollten die Sklaven stufenweise gebildet und freigelassen werden, wenn das ökonomisch für die Plantagenbesitzer möglich wurde.

Mit einer kurzen Unterbrechung 1846–1847, als *Davis* im Mexikanischen Krieg Dienst tat, nahm er von 1845–1861 verschiedene **politische Ämter** in Washington D.C. wahr. Von 1853–1857 war er sogar **Verteidigungsminister**. Er galt ab 1850 als einflussreichster Politiker des Südens und war federführend am Gadsden Purchase 1853 beteiligt, das die Abtretung des Südens von New Mexico und Arizona an die Vereinigten Staaten regelte.

Im Februar 1861 wurde *Jefferson Davis*, der lange versucht hatte, die Abspaltung der Südstaaten durch einen Kompromiss zu verhindern, zum **Präsident der Konföderierten Staaten von Amerika** gewählt. In den ersten Monaten seiner Amtszeit bemühte er sich um eine friedliche Einigung mit den Nordstaaten, auf die *Abraham Lincoln* jedoch nicht einging.

Während des Bürgerkrieges kämpfte er für die Anerkennung und Unterstützung der Südstaaten durch Frankreich und England. Seinen Generälen galt er als sachkundiger Soldat, der sich auf Kriegsführung verstand. Nachdem General *Lee* 1865 kapituliert hatte, versuchte *Davis*, durch eine Weiterführung der Kampfhandlungen im Süden des Kampfgebietes bessere Bedingungen für die Südstaaten nach dem Krieg herauszuschlagen. Er wurde in diesem Zusammenhang gefangengenommen und zwei Jahre im Fort Monroe (Virginia) inhaftiert. Danach lebte er in Abgeschiedenheit in Beauvoir. 1889 starb *Davis* im hohen Alter von 81 Jahren in New Orleans.

☞ Hinweis

Beachten Sie die Zeiten der Wiedereröffnungen der Sehenswürdigkeiten/Museen nach „Katrina" ab S. 155 in den Gelben Seiten

Biloxi (ⓘ S. 155)

Frische Krabben vom Kutter — Bereits am Stadteingang erwartet Sie das **Biloxi Lighthouse**, ein 1848 errichteter Leuchtturm, der mit seinen 20 Metern aber kaum zu vergleichen ist mit den uns bekannten 50-Meter-Riesen an der Nordsee. Hier beginnen auch Hochseeangelfahrten sowie „Shrimping-Trips". Und mit etwas Glück können Sie hier auch frische Krabben direkt vom Kutter kaufen.

Shrimping Trips

Auf einer 70-minütigen Tour wird Ihnen erläutert, wie die Krabben gefangen und anschließend konserviert werden. Interessant dabei ist, dass die Schleppnetze so konzipiert sind, dass am Netzende mitgefangene Schildkröten wieder entweichen können. Die Krabben werden zur Lagerung nicht, wie an der Nordsee üblich, an Bord vorgekocht, sondern einfach auf schnellstem Wege in den Kühlraum an Bord geschaufelt. Für die Kochmethode ist das Klima in diesen Breitengraden einfach zu warm, und Krabben, die nicht nach 2 Minuten im Kühlraum sind, gelten als nicht mehr genießbar. Bis zu 15 Tage ist ein Boot heute auf See, bis es seinen Kühlraum voll hat. Auch an der Mississippiküste werden die Krabbenschwärme knapper, und nur dank modernster Radarortung finden die Fischer noch ausreichend Schwärme.

Biloxi wurde bereits 1717 von den Franzosen als eine der ersten weißen Siedlungen des Südens angelegt – damals noch auf der gegenüberliegenden Seite der Bucht – und verdankt seinen Namen einem damals hier lebenden Stamm der Sioux-Indianer. 1821 kam hier die dritte „Ladung" **Cassette Girls** an, jene Frauen, die als vermeintliche Bräute für die Siedler aus den Gefängnissen von Paris geholt wurden (siehe auch „Geschichte von New Orleans") und die ihre wenigen Habseligkeiten in einfachen „Kassetten" unterbringen konnten. Mitte des 19. Jh. erlangte Biloxi einen Ruf als Erholungsort, und mit der Errichtung der ersten Fischkonservenfabrik im Jahre

1883 wurde der Ort zu einem bedeutenden Fischereihafen. Die Fischkonservenindustrie stagnierte seit Mitte des 20. Jh. und fand 1969 einen jähen Einbruch, als der Hurrikan „Camille" fast alle Fabrikationsanlagen zerstörte. Anschließend kamen dann die Spielcasinos, die heute versuchen, Las Vegas Konkurrenz zu machen. Sie sind alle am Wasser gelegen – dazu zählt auch der dem Flussufer vorgelagerte „Back Bayou", da in Mississippi das Gesetz herrscht, dass Casinos ma-

Krabbenfischerboote im Hafen von Gulfport

ximal 250 m auf dem Land liegen dürfen. Hurrikan „Katrina" hat dann 2005 auch hier *Spielcasinos* gewütet und erst ein knappes Jahr später konnten die ersten Casinos, lange vor den *statt Fisch-* kleineren Hotels und Restaurants sowie den Museen, wieder öffnen. Sie aber halfen *konserven* den Einheimischen, das nötige Geld und die Jobs zu beschaffen, so dass Biloxi es wohl schneller schaffen wird, wieder „auf die Beine zu kommen". Übrigens stammen nur *Verheerende* 4 Prozent der Casinobesucher direkt von der Mississippi Coast. *Schäden durch*

Neben New Orleans und Mobile findet auch in Biloxi das farbenfrohe **Mardi Gras** *„Katrina"* statt, wenn auch mit weniger Aufwand. Dafür lautet aber das Motto: „Je kleiner, desto doller". In der Stadt selbst gibt es nur weniges zu sehen, denn die Auswirkungen von „Katrina" waren verheerend. Beachten Sie daher Ankündigungen zur Neueröffnung folgender Sehenswürdigkeiten:

• Seafood Industry Museum

Museum zur Geschichte der Region, die maßgeblich durch die Fischindustrie geprägt worden ist. Alte Bilder machen deutlich, wie noch zu Beginn des 20. Jh. – in Europa bereits lange verboten – Kinder in den Fabriken gearbeitet haben, um für ihre Familien den Lebensunterhalt zu sichern. Eine weitere Abteilung des Museums erläu- *1969:* tert die Bedeutung und Auswirkung der **Hurrikane „Camille"** und **„Katrina"**. *Hurrikan* Kurz etwas über „Camille": Dieser Hurrikan fiel 1969 mit über 320 Stundenkilometern *„Camille"* über die Mississippiküste herein und bahnte sich von dort seinen Weg durch die halbe Nation. Die Flutwelle, die dieser Sturm ausgelöst hatte, war 10 Meter hoch, und Wind und Wasser zerstörten fast alles – ganze Häuser wurden dem Erdboden gleichgemacht, und über 100 Menschen verloren ihr Leben, obwohl sie vorher gewarnt worden waren. „Lady Camille", wie die Amerikaner diesen stärksten Sturm der letzten 400 Jahre verniedlichend nennen, war somit stärker als „Katrina". Die Schäden durch „Katrina" waren nur deswegen weitaus größer, weil die Besiedlung und Bebauung der Stadt zwischen 1969 und 2005 um ein Mehrfaches zugenommen hatte.

• Ohr-O'Keeffe Art Museum

Der ehemalige Bau des Museums hatte schon kunstvolle Züge und das neue Gebäude soll noch eindrucksvoller werden. Ausgestellt werden ein paar Werke von der amerikanischen Malerin *Georgia O'Keeffe* sowie bekannter lokaler Künstler. Ziel des Museums ist vor allem die Förderung lokaler Künstler.

INFO   Was ist ein Hurrikan?

(vom indianischen „Hura" = Wind bzw. wegblasen)

Hurrikane gehören zu den **tropischen Wirbelstürmen** und zeichnen sich generell durch ein **Tiefdruckgebiet mit ausgesprochen niedrigem Kerndruck** aus. Der Durchmesser eines Hurrikans misst in der Regel mindestens 100 km (bis zu 1.000 km), und die Windgeschwindigkeiten erreichen häufig Werte von über 200 km/h (mehr als 300 km/h sind auch möglich, wenn auch sehr selten).

Tropische Wirbelstürme entstehen meist aus Wellenstörungen der Passatströmung und nur über warmen Meeren mit einer Wassertemperatur von 26 °C und mehr. Daher kommen sie auf der Nordhalbkugel nur im Sommer und Herbst vor. Über dem Meer lagert dann eine feuchtwarme Luftmasse, in der sich hoch aufgetürmte Quellwolken bilden. Bei der Kondensation werden erhebliche Wärmemengen frei, die der auftreibenden Luft einen zusätzlichen Auftrieb verleihen. Sie gelten als Hauptenergiequelle der Wirbelbildung. Damit aber eine Zirkulation in Gang gesetzt werden kann, ist in den unteren Schichten eine konvergente Strömung erforderlich, die am Südrand des Subtropenhochgürtels in den wellenförmigen Deformationen der Isobaren (Drucklinien) vorhanden ist. Mit der Ausbildung eines flachen Tiefs, das sich durch rapiden Luftdruckabfall rasch intensiviert, weht der Wind der unteren Schichten spiralförmig zum Zentrum hin. In den Cumulonimbuswolken (die großen „Gewitterwolken" – Quellwolken), die allmählich zu schweren, dunklen Wolkenmassen zusammenwachsen, steigt die Luft stürmisch in die Höhe und rotiert gleichzeitig kreisförmig um die Achse des Wirbels. In großen Höhen wird die Luft, mit Cirrus- und Cirrocumuluswolken (Schleier- bzw. Schäfchenwolken) durchsetzt, nach außen geworfen und sinkt, über ein großes Areal verteilt, wieder ab. Auch im Zentrum des Wirbels stellt sich eine absinkende Luftbewegung ein, wobei die Wolken hier von oben her abtrocknen und der blaue Himmel oder die Sterne sichtbar werden. Die kreisförmige, wolkenarme und windschwache Zone nennt man das **Auge des Hurrikans**. Das Auge wird von einer drohenden, tief herabhängenden Wolkenwand umschlossen, aus der sintflutartige Regenfälle niedergehen. Die Regenmengen können bis zu 1.000 mm pro Quadratmeter erreichen.

Die meisten tropischen Wirbelstürme werden am Südrand des Subtropenhochs nach Westen gesteuert und schwenken später in eine polwärts gerichtete Bahn ein. In Küstenregionen verursachen die starken Winde auch die gefürchteten, meterhohen Flutwellen. Über Land dann verliert der Wind schnell seine Energie.

Zur Unterscheidung der einzelnen Hurrikane eines Jahres werden sie mit engl. Vornamen in alphabetischer Reihenfolge benannt. Früher trugen sie nur weibliche Namen, im Sinne der Gleichberechtigung hat man sich aber mittlerweile abwechselnd für männliche und weibliche Namen entschieden. Bezeichnungen der Hurrikane in anderen geographischen Bereichen: **Östl. Atlantik**: Kapverdischer Orkan – **Westküste von Mexiko**: Mexikanischer Orkan – **China** u. **Japan**: Taifun – **Golf von Bengalen**: Zyklon – **Südhalbkugel** – **Pazifik**: Südsee-Orkan

Teilweise entnommen und verändert aus: Wie funktioniert das? Wetter und Klima; Meyers Lexikonverlag; Mannheim, Wien, Zürich

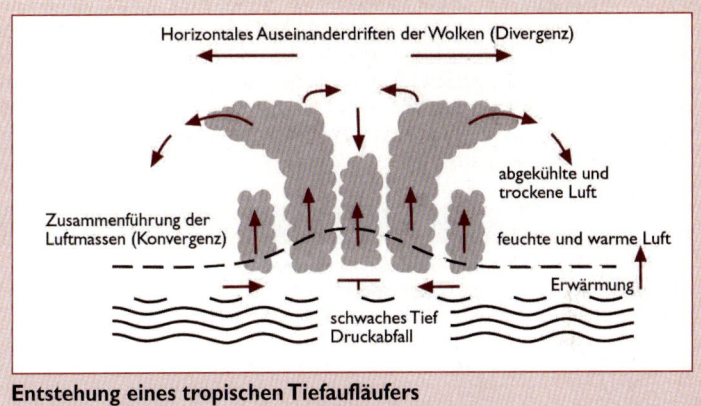

Entstehung eines tropischen Tiefaufläufers

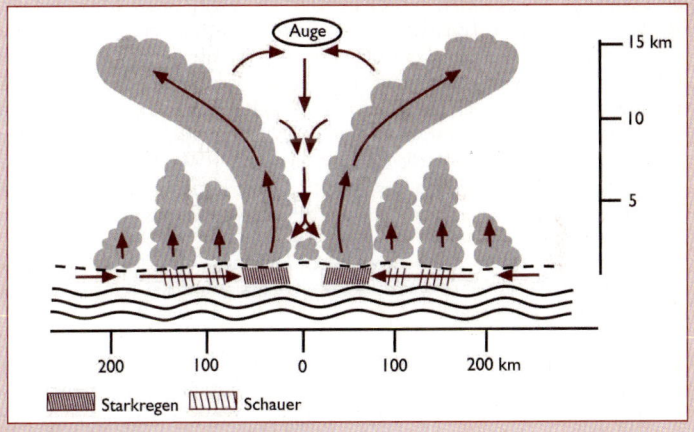

Querschnitt durch einen Hurrikan

Folgen Sie nun dem US 90 weiter nach Osten über die nach dem Hurrikan „Katrina" komplett neu gebaute Brücke, kommen Sie nach **Ocean Springs**. Hier landete *Pierre Le Moyne d'Iberville* 1699 und gründete die erste weiße Siedlung und das **Fort Maurepas**, das Sie heute als Rekonstruktion am Hafen besichtigen können (Kein Museum, keine Führungen). Es steht ca. 1 Meile östlich des ehemaligen Standortes. Ansonsten ist Ocean Springs nur ein Refugium einiger weniger Maler, die sich die Tatsache zunutze gemacht haben, dass ein in Amerika bekannter Künstler – *Walter Anderson* – die letzten 18 Jahre seines Lebens als Eremit auf einer vorgelagerten Insel verbracht hat. Das **Walter Anderson Museum** in der 501 Washington Street ist nur den ausgesprochenen Kunstliebhabern unter Ihnen zu empfehlen. Naturliebhabern sei das Visitor Center des **Gulf Islands National Seashore** (3500 Park

Rd., am Ortsausgang von Ocean Springs am US 90) ans Herz gelegt. Hier erhalten
Sie allerlei Informationen bezüglich des Naturschutzgebietes, das sich von der West
Ship Island bis zur Santa Rosa Island in Florida über 150 Meilen hinzieht. Naturpfade,
aber auch verschiedene geführte Touren (zu den Inseln, in die Marschen etc.) mit
Spezialtouren fachkundigen Rangern werden angeboten. Lesen Sie hierzu auch die Infos über die
mit Rangern Gulf Islands auf S. 363 (Pensacola Beach). Wer gerne zeltet, kann dieses auf insgesamt
51 (einfachen) Campingplätzen tun.

> 🖙 **Hinweis**
>
> *Beachten Sie die Zeiten der Wiedereröffnungen der Sehenswürdigkeiten/Museen nach*
> *„Katrina" ab S. 155 in den Gelben Seiten.*

Pascagoula (ⓘ S. 155)

Die Stadt liegt am gleichnamigen Fluss, der auch als „Singing River" bezeichnet wird.
Mythisches Eine Legende behauptet, das Fließen seines Wassers erinnere an die „singenden" Flug-
Sing-Geräusch geräusche von Bienen. Eine andere Legende wiederum besagt, dass die Pascagoula-
Indianer, nachdem sie sich dem Angriff der übermächtigen Biloxi-Indianer gegenüber-
sahen, sich dafür entschieden, geschlossen und singenderweise in die Fluten des Flusses
zu marschieren. Weniger mystisch behaupten Wissenschaftler heute, das singende
Geräusch entstamme unterirdischen Gasquellen oder wird von Fischschwärmen ver-
ursacht, die den Sand aufwühlen. Bewiesen sind diese Thesen aber nicht. Die beste
Stelle, um das Singen zu hören, befindet sich 2 Blocks westlich des Court House.

Pascagoula wurde später zu einem wichtigen Holzhafen, erlangt aber heute seine
Bedeutung vornehmlich durch seine Werften, die sich auf die Konstruktion von
Bohrinseln spezialisiert haben.

Das **Old Spanish Fort** (4602 Fort Drive, nördl. des US 90) bietet noch einmal frühe
Kolonialgeschichte. Errichtet 1718 von den Franzosen als Bollwerk gegen die India-
ner und Spanier, wurde es von letzteren später trotzdem eingenommen. Seine
Schutzwände aus Zypressenholz wurden damals mit Austernschalen, Meeres-
Relikte der schlamm und Moos verschmiert. Heute befindet sich hier ein kleines Museum, in
Indianerkultur dem auch einige Relikte der Indianerkulturen zu sehen sind.

Einblick in die Interessanter aber erscheint mir der Besuch des **Scranton Floating Museum** (River
Krabben- Park, nördl. des US 90, noch vor der Brücke). Dieses kleine Museum, untergebracht auf
fischerei einem ehemaligen Krabbenfangboot, bietet einen guten Einblick in die Krabben-
fischerei, die während der letzten 100 Jahre einen wesentlichen Anteil an der Wirt-
schaftsgeschichte der Region gehabt hat. Neben der Erläuterung der Fangmethoden
können Sie auch einiges über Meerestiere lernen und sich einmal eine Vorstellung
davon machen, auf welch begrenztem Raum die Fischer leben müssen. Dass diese
„Nussschalen" bereits bei leichtem Seegang ordentlich schaukeln und den Landratten
ein ungutes Gefühl im Magen bescheren würden, kann man sich bereits vorstellen,
wenn nur ein kleines Schiff das „Museum" passiert und dieses leicht zu wackeln
anfängt. In Wirklichkeit können diese Fischkutter aber höchste Wellen abreiten und

kentern, dank einer schweren Kielkonstruktion, nicht so leicht. Von Pascagoula aus nach Mobile können Sie, um Zeit zu sparen, über den I-10 fahren. Entlang dem US 90 gibt es nun nichts mehr zu sehen – sieht man einmal ab von den etwas abseits gelegenen **Bellingrath Gardens**. Beachten Sie aber zuerst die folgenden Alternativvorschläge:

Streckenalternativen von Pascagoula nach Pensacola

Es gibt für Sie eine Reihe von Möglichkeiten, den nächsten Abschnitt Ihrer Reise zu planen:

• Sie fahren nach Mobile, übernachten dort, schauen sich am folgenden Tag kurz die Stadt an und fahren dann entlang dem westlichen Abschnitt der Mobile Bay wieder nach Süden, besichtigen die Bellingrath Gardens und setzen anschließend über mit *Übernachten* der Fähre von der Dauphin Island zur Pleasure Island, von wo aus Sie über die *in Mobile* Hwys. 180 bzw. 182 bis Pensacola fahren können.

• Sie besichtigen nach Pascagoula erst die Bellingrath Gardens und fahren dann nach Mobile. Dort übernachten Sie und fahren nach der Stadtbesichtigung am nächsten Tag entlang dem östlichen Abschnitt des Mobile Bays über Orange Beach nach Pensacola.

• Wenn Sie wenig Zeit haben, lassen Sie Mobile ganz aus – wirklich Interessantes gibt es dort kaum. Somit besuchen Sie von Pascagoula aus zuerst die Bellingrath Gardens, setzen dann im Süden mit der Fähre über von der Dauphin Island zur Pleasure Island und fahren weiter über die Hwys. 180 bzw. 182 nach Pensacola.

Alabama-Telegramm

Abkürzung	AL
Beiname	„Heart of Dixie"
Namensherleitung	Von den urspr. am oberen Alabama River lebenden Alabama-Indianern
Staat seit	14. Dezember 1819 (22. Staat)
Staatsblume	Kamelie
Staatsvogel	Goldammer
Fläche	133.915 km^2
Einwohner	4,3 Mio., Anteil der Schwarzen (Afroamerikaner): 30 Prozent
Einwohnerdichte	33 E./km^2
Hauptstadt	Montgomery (200.000 E.)
Weitere Städte	Birmingham (275.000 E.), Mobile (210.000 E.), Huntsville (165.000 E.), Tuscaloosa (80.000 E.)
Wichtigste Wirtschaftszweige	Holzindustrie; Landwirtschaft (Sojabohnen, Mais, Baumwolle, Erdnüsse); Bergbau: Erdöl, Erdgas, reiche Kohle- und Erzlagerstätten; Stahlindustrie in Birmingham; Aluminiumindustrie in Mobile
Touristisches Potenzial	Golfküstenstrände; viele historische Plätze im gesamten Staat, Rocket Center in Huntsville; Bürgerrechtsgeschichte der Schwarzen

Mobile und die Mobile Bay (ⓘ S. 155)

> ▸ ▸ **Entfernungen**
> Die Entfernungen um den Mobile Bay können leicht unterschätzt werden. Eine Tour von Mobile Downtown nach Gulf Shores macht man nicht „mal so nebenbei".

Zeitbeispiele (ohne lange Stopps)	Mobile Downtown – Gulf Shores 1 Std. 20
	Mobile Downtown – Bellingrath Gardens 45 Min.
	Bellingrath Gardens – Ft. Gaines, 25 Min.
Fähre	Ft. Gaines u. Ft. Morgan 30 Min.
	Ft. Morgan – Gulf Shores 30 Min.
	Grand Hotel – Ft. Morgan 1 Std. 15 Min.

Mobile – New Orleans 148 mi/238 km (I-10) • Mobile – Tallahassee 240 mi/386 km
Mobile – Pensacola 58 mi/93 km   • Mobile – Montgomery 170 mi/273 km

Mobile

Geschichte

Eine der ersten Siedlungen im Süden

Bereits 1702 gründeten *Jean Baptiste Le Moyne* und *Sieur de Bienville* eine kleine Siedlung – eine der ersten überhaupt im Süden – am Mobile River, dessen Mündungsdelta und die Bay guten Schutz vor Sturmfluten und auch vor spanischen Angreifern versprachen. Gerade einmal ein Jahr später feierten die Einwohner hier schon „Mardi Gras", den ersten „Mardi Gras" überhaupt, worauf die Menschen noch heute stolz sind. Doch erwies sich dann letztendlich dieser Stützpunkt, 27 Meilen nördlich des heutigen Mobile, als wenig geeignet. Zwar nicht das Meer, dagegen aber der Fluss überflutete die Siedlung fortwährend. So entschied man sich 1711, flussabwärts zu ziehen. Dauphin Island wurde 1718 sogar für einige Zeit zur Hauptstadt des Louisiana-Territoriums ernannt. Von 1724 bis 1735 errichtete man in Mobile auf einer kleinen Anhöhe das Fort Condé, denn man fürchtete die Spanier, die ihrerseits ein Fort in Pensacola unterhielten. Die Franzosen verließen Fort Condé im Jahre 1763 und die Engländer, später die Spanier, und schließlich die Amerikaner regierten die

Hafen durch Inseln geschützt

Ft. Condé

Stadt. Geschützt durch die Inseln an der südlichen Bay, konnte sich der Hafen von Mobile gut entwickeln. Die Baumwollverschiffung und die Präsenz einer großen Navy-Einheit sorgten bereits im 19. Jh. für einen gewissen Wohlstand, und auch heute noch ist der Hafen der wesentliche Wirtschaftsfaktor der Stadt. Während des Bürgerkrieges sammelten die Südstaaten den größten Teil ihrer Flotte in der Bay, was im August 1864 zu einem gezielten See- und Landangriff der Unionstruppen führte, der „Battle of Mobile Bay". Die Konföderierten wurden besiegt und verloren ihre Flotte.

Mobile heute

Seitdem hat sich scheinbar nicht mehr viel bewegt in Mobile. Der Hafen und die Marine sind zwar geblieben, aber sonst scheint die Stadt eher in einem **Tiefschlaf** versunken zu sein. Kaum Hochhäuser, eine fast menschenleere Innenstadt, wenig verarbeitende Industrie, und auch die Menschen selbst scheinen alles etwas geruhsamer angehen zu lassen und sich hauptsächlich damit zu vergnügen, ihrer Angelleidenschaft auf einer der beiden Highwaybrücken über Mobile und Tensaw River nachzugehen. Einen Kontrast bildet dagegen das moderne, ziemlich protzig erscheinende **Convention & Visitors Bureau** am Fluss (1 S. Water St.). Was passiert bloß, wenn wirklich einmal 4.000 Kongressteilnehmer die Stadt aufsuchen und aus ihrem Schlaf „rütteln"? Kaum auszudenken! Für Sie empfiehlt sich, Mobile kaum mehr als einen halben Tag zu schenken. Sie müssen auch nicht zwingend die Antebellum-Häuser besichtigen, da gibt es interessantere auf Ihrer Reise. Machen Sie es am besten folgendermaßen, wenn Sie von Biloxi bzw. New Orleans kommen: Fahren Sie entlang der **Government Street** in die Stadt und kreuzen Sie ein wenig herum in den Blocks westlich der Broad Street, insbesondere im Bereich **Washington Square**. Hier finden Sie die interessantesten historischen Häuser. Haben Sie davon genug gesehen, fahren Sie direkt zum **Fort Condé**, wo sich neben dem Welcome Center auch ein kleines Museum befindet. Falls gerade Mittagszeit sein sollte, bietet sich noch ein kleiner Spaziergang zur **Dauphin Street** an, wo Sie einen kleinen Snack einnehmen können. Unterwegs lernen Sie dabei noch etwas über verschlafene amerikanische Großstädte. Den Rest des Tages sollten Sie dazu verwenden, die **Bellingrath Gardens** (falls Sie hier nicht bereits gewesen sind) und eines der Forts zu besichtigen. Das genügt, und Sie können nun mit „gutem Gewissen" Ihre Reise zu den weißen Stränden von Florida fortsetzen.

• Falls Sie trotzdem länger bleiben möchten: Übernachten Sie am besten in einem der historischen Häuser im Bereich der Innenstadt – die **B&B-Unterkünfte** sind in Mobile recht erschwinglich. (S. 155)

• Gut und unkompliziert essen können Sie am **Battleship Parkway** in der Waterfront/ Causeway Area (via I-10 den Mobile River durch den George-C.-Wallace-Tunnel unterqueren, dann Exit 27 nehmen, südlich halten). Dort gibt es mehrere gute Seafood-Restaurants&Grills und Sie können teilweise mit Blick auf die Mobile Bay und Livemusik speisen. (S. 155)

• Nachteulen wird in dieser Stadt nicht allzu viel geboten: In der Downtown befinden sich aber ein paar Läden entlang der Dauphin Street. (S. 155)

• **Zeiteinteilung**: 1 Tag. Verbringen Sie Ihren Tag am besten so: Vormittags Sightseeing (Oakleigh House, Innenstadt mit Ft. Condé); danach Lunch und anschließend entweder gleich weiter nach Pensacola oder zum Grand Hotel am **Point Clear**, um dessen Anlage noch genießen zu können. Wer die Bellingrath Gardens noch nicht gesehen hat, sollte diese aber in die Route einplanen.

Sehenswertes im Stadtbereich

• Ft. Condé (1)
150 S. Royal St. Geöffnet: Täglich 8–17 Uhr.
Während des Ausbaus des I-10 entdeckte man die bereits in Vergessenheit geratenen Anlagen des zwischen 1724 und 1735 errichteten französischen Forts. Man ent-

schloss sich, einen Tunnel für die Autobahn zu bauen und das Fort in seinem alten Zustand – zum Teil – wieder aufzubauen. Heute befindet sich hier ein **kleines Museum**, das sich vornehmlich auf die Geschichte des Forts beschränkt, und ein **Welcome Center**. Ein eindrucksvolles Fotomotiv bietet das Fort mit einem der wenigen, aber futuristischen Hochhausbauten im Hintergrund.

*Eindrucks-
volles
Fotomotiv*

• Condé-Charlotte Museum House

104 Theatre St., direkt neben dem Fort Condé. Geöffnet: Di–Sa 10–16 Uhr.

1824 erbaut, diente das Gebäude zuerst als Gefängnis. 1851 wurde es dann verkauft und als Residenz genutzt. Die Räume sind heute wieder so hergerichtet, wie sie im 19. Jh. wohl ausgesehen haben mögen und bieten einen Eindruck über die Wohnverhältnisse des oberen Mittelstandes zu dieser Zeit. **Der Innenstadtbereich** ist eigentlich ziemlich langweilig, und eine Reihe von Häusern sind nicht mehr bewohnt bzw. die Geschäfte haben aufgegeben. Die Stadtverwaltung ist zwar bemüht, den historischen Charakter wieder etwas herauszuputzen, aber bis dieses verwirklicht sein wird, muss wohl noch einiges Wasser den Mobile River hinunterfließen. Viele der „markanten" und historischen Plätze sind nur noch mit einem historischem Marker versehen, und der **Bienville Square**, einst pulsierender Mittelpunkt der Stadt, von dem die wichtigen Straßen zu den historischen Randvierteln abgehen, erfreut sich heute eher der Tauben als der Menschen – sieht man einmal ab von der Mittagszeit, wenn die Menschen aus den Büros strömen, um im Schatten seiner Bäume ihren Lunch einzunehmen. Nördlich des Bienville Square, am **De Tonti Square**, und südlich der Government Street im **Church Street Historic District** gibt es noch ein paar weitere historische Häuser zu sehen, denen Sie aber keine besondere Beachtung schenken müssen.

*Wenig
erhaltenes
Flair*

• Museum of Mobile

355 Government St. Geöffnet: Di–So 10– 17 Uhr.

Untergebracht in dem 1872 erbauten Bernstein House. Das Museum zeigt eine Reihe von Artefakten zur regionalen Geschichte von Mobile. Ganz anschaulich sind die Gemälde aus dem letzten Jahrhundert, die Schiffsmodelle und die Ausstellung, welche sich mit dem Mardi Gras beschäftigt.

• USS Alabama Battleship Memorial Park (2)

Battleship Pkwy., östlich vom I-10 (durch den **George-C.-Wallace-Tunnel** den Mobile River unterqueren). Geöffnet: Täglich ab 8 Uhr bis Sonnenuntergang.

*Schlachtschiff
aus dem
Zweiten
Weltkrieg*

Dieses riesige Schlachtschiff aus dem 2. Weltkrieg (Stapellauf 1942), das mit seinen 35.000 t noch um einiges größer war als die deutsche „Bismarck", überstand den Krieg im südlichen Pazifik und steht heute zur Besichtigung frei. 2.500 Menschen waren nötig, um das Schiff zu bedienen. Alles wurde wieder hergerichtet, und kleine Ausstellungen befassen sich mit den Strategien während des Krieges, u. a. auch der Sicherung der Versorgungsroute über den Nordatlantik. Außerdem sind zu besichtigen: Das U-Boot „USS Drum", ein B-52- und ein Mustang-Bomber.

Die alten Südstaatenvillen im Oakleigh Garden Historic District

Im Gebiet entlang der **Government Street** (Blocks 9 bis 13) sowie um den **Washington Square** finden Sie die schönsten historischen Häuser, von denen Sie das Oakleigh House bei genügend Zeit besichtigen sollten.

• Oakleigh House

350 Oakleigh Place. Geöffnet: Di–Sa 9–15 Uhr.

1830 erbaut im griechischen Renaissance-Stil. Damals stand das Haus noch ei- *Schlichte*
ne Meile vor den Toren der Stadt und wurde bewusst auf der höchsten Erhebung der *Architektur*
Umgebung angelegt. Die Architektur ist schlicht gehalten, ganz anders als in den meisten anderen Antebellum-Villen. Zu sehen gibt es vor allem die typischen Möbel
jener Zeit. Angeschlossen (und im Eintrittspreis enthalten) ist das nahe **Cox Deasy
House** (1115 Palmetto St.), welches 1850 erbaut worden ist.

Eine Rundfahrt um die Mobile Bay

Die Umgebung von Mobile bietet eigentlich mehr als die Stadt selbst, und es empfiehlt sich, dafür etwas Zeit aufzusparen. Da Sie wahrscheinlich nicht wieder nach
Mobile zurückfahren wollen, müssen Sie sich für eine Richtung entscheiden. Mehr
sehen werden Sie, wenn Sie von Mobile aus westlich der Bays nach Süden fahren und
danach mit der Fähre von **Dauphin Island** übersetzen zur **Pleasure Island**.
Anschließend können Sie Ihre Tour dann fortsetzen in Richtung **Pensacola**. Wählen
Sie die Route östlich der Bay, sollten Sie den Umweg über den „**Scenic 98**" in Kauf
nehmen. Die Strecke führt bei Daphne und Point Clear durch die vornehmen Wohnviertel von Mobile, und Sie haben die Gelegenheit, hier das eine oder andere Mal an *Ansprechende*
die Bay zu kommen. **Fairhope** bietet zudem eine ansprechende Einkaufszone *Einkaufszone*
(Fairhope Business Association) mit einer Reihe von Boutiquen und Shops (Downtown, östlich der Summit St.) und etwas südlich davon lädt das „**Grand Hotel**" **(3)**
am Point Clear zu einer Pause in der Lounge oder an der Gartenbar ein. Vielleicht
kommen Sie ja auch auf den Geschmack und möchten hier übernachten.

Bellingrath Gardens (4)

12401 Bellingrath Gardens Rd., 20 Meilen südwestlich von Mobile (I-10 Exit 15A),
Theodore, AL. Geöffnet: Täglich 8 Uhr–Sonnenuntergang.   *Pionier der*
Diese einzigartige Anlage voller Blüten und Bäume ist mit Sicherheit einen kleinen *Coca-Cola-*
Umweg wert. *Walter D. Bellingrath* – der als Pionier der Coca-Cola-Flasche gilt und *Flasche*
damit ein Vermögen gemacht hat – und seine Frau erstanden das Grundstück am
Isle-aux-Oies-River bereits 1917.
Aufgrund ihrer Erfahrungen und
Eindrücke, die sie auf unzähligen
Reisen nach Europa und Asien
gemacht hatten, entschlossen sie
sich, in dieser damals noch wilden
Landschaft, einen „**immerblühen-
den Garten**" anzulegen. 1932 war
das botanische Meisterwerk vollbracht. Auf 65 Hektar blühen heute
in regelmäßigem Turnus: Kamelien
(Januar), 250.000 Azaleen (Februar
bis Anfang April), 2.500 Rosen
(Ende April bis Dezember), 60.000

Bellingrath Gardens

Chrysanthemen (Spätherbst), und auch während der Zwischenzeiten finden sich
immer wieder andere leuchtend bunte Pflanzen. Neben den typischen Pflanzen der
Herrliche Südstaaten gibt es auch Areale mit tropischen Gewächsen anderer Kontinente.
Orchideen Interessant ist übrigens auch das Gewächshaus mit seinen herrlichen Orchideen.

Dauphin und Pleasure Island

Fahren Sie nun weiter in Richtung Süden. Nachdem Sie eine große Brücke überquert
haben, gelangen Sie zur Dauphin Island, einer lang gestreckten Strandinsel, die nach

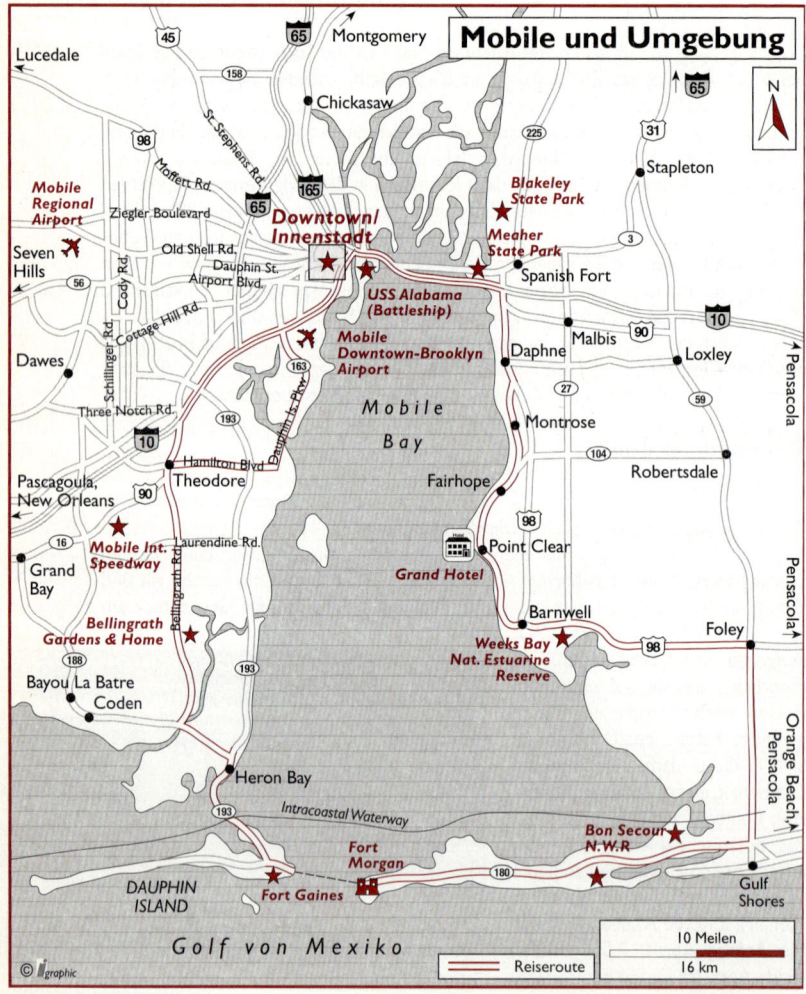

1718 die Hauptstadt des Louisiana-Territoriums gewesen ist. Heute hat sie sich ganz
dem Tourismus hingegeben. Bevor Sie hier das Ft. Gaines besichtigen, vergewissern
Sie sich zuerst, wann die nächste Fähre nach Ft. Morgan auf Pleasure Island geht,
damit Sie diese nicht verpassen, nur weil Sie sich 5 Minuten zu lange am Fort aufge-
halten haben. Die Fähren verkehren nämlich nicht allzu häufig. Sollten Sie die Fähre
trotzdem verpasst haben, können Sie sich auf Dauphin Island noch das **Audubon
Bird Sanctuary** (109 Bienville Blvd.) anschauen, dessen Trails durch eine für diesen
Küstenstreifen typische Vegetation aus Kiefern, Eichen und Sumpfpflanzen führen. Je
nach Jahreszeit nisten hier auch eine Reihe von Vögeln auf ihrem Zug von und nach
Zentral- und Südamerika.

• Fort Gaines (5)
Am östlichen Zipfel von Dauphin Island
Das Fort wurde an diesem strategisch wichtigen Platz um 1821 angelegt, aber erst *Wichtige*
30 Jahre später endgültig fertiggestellt. Während des Bürgerkrieges spielte es eine *Rolle im*
große Rolle, als die Flotte der Nordstaaten in die Mobile Bay eindringen wollte. Hier *Bürgerkrieg*
war es nämlich, wo die ersten Torpedos überhaupt abgeschossen wurden. „Damn
The Torpedoes – Full speed ahead!" waren die letzten berühmten Worte des Admiral
Farragut, bevor sein Schiff, die bereits mit Eisen verstärkte „Tecumseh", getroffen
wurde und versank. Doch auch die Torpedos nutzten letztendlich nichts, und das Fort
wurde schließlich doch von den Unionstruppen eingenommen. Heute können Sie das
Fort besichtigen, dem ein kleines Museum angeschlossen ist. Nehmen Sie nun die
Fähre nach Pleasure Island. Während der Überfahrt können Sie interessante und
kontrastreiche Fotomotive sammeln, wie z.B. „traditioneller Krabbenfischer vor moderner Bohrinsel" oder „Bohrinsel vor dem Fort Morgan." Fährzeiten siehe S. 155.

• Fort Morgan (6)
Mobile Point, westlicher Zipfel von Pleasure Island.
Gegenüber des Ft. Gaines an der Durchfahrt zur Mobile Bay gelegen. Obwohl Ft.
Gaines „ursprünglicher" geblieben ist, gibt es am Ft. Morgan mehr zu sehen. Bereits
um 1750 stand an seiner Stelle das Ft. Bowyer, welches bereits in Kampfhandlungen
mit den Spaniern verwickelt war und von dem aus noch im Februar 1815 angreifen-
de englische Kriegsschiffe beschossen worden sind, sechs Wochen nachdem das
Friedensabkommen von Gent bereits unterzeichnet gewesen war. Das wusste nur *Immer*
keine der beiden Parteien. 1819–1834 dann wurde das Ft. Morgan an dieser Stelle *wieder zur*
gebaut. Auch dieses Fort wurde immer wieder zur Küstensicherung während krie- *Küsten-*
gerischer Konflikte reaktiviert. Die Fahrt auf Pleasure Island führt abwechselnd durch *sicherung*
Kiefernwälder, Dünenlandschaften und bebaute Ferienhaussiedlungen – in dem Stil, *restauriert*
wie Sie sie auch später in Florida erleben werden: Obskure Holzhauskonstruktionen
auf vier Meter hohen Stelzen als Schutz vor dem Hochwasser.

Gulf Shores/Ocean Springs

Nach 22 Meilen erreicht die Straße **Gulf Shores** und danach **Ocean Springs**, zwei
moderne Badeorte mit Hotels, Condominiums (Apartmenthäuser) und einladenden
weißen Sandstränden – die Badeküste von Florida liegt bereits zum Greifen nahe!
Lesen Sie hierzu bitte weiter auf Seite 355.

7.   Von Mobile nach Tallahassee

> ▸ ▸ **Entfernungen**
Mobile – Tallahassee: 240 mi/386 km (I-10)
Mobile – Pensacola: 58 mi/93 km
Pensacola – Panama City: 100 mi/161 km
Panama City – Tallahassee: 125 mi/201 km (über US 98/Apalachicola)

Streckenalternativen
• Entweder Sie fahren die schnelle Strecke entlang der I-10, wobei es hier nicht viel zu sehen gibt und Sie in 4 Stunden in Tallahassee sein werden.
• Alternativ dazu nehmen Sie den US 98, der von Pensacola aus der Küste folgt, bis hinter Apalachicola.

 Tipp

Fahren Sie aber ruhig das eine oder andere Mal auf den „Scenic Routes".

 Hinweise

Eine Fähre zwischen der östlichen Perdido Island und der westlichen Santa Rosa Island (auf der Pensacola Beach angesiedelt ist), gibt es nicht. Sie müssen also durch die Stadt Pensacola fahren.
Bei Panacea oder alternativ kurz hinter Medart verlassen Sie die US 98 und fahren in nördlicher Richtung auf dem SR 319 nach Tallahassee. Der Abzweig nach Wakulla und zu den Quellen ist in Crawfordville nach rechts (SR 61) angezeigt. Kurz vor Wakulla selbst müssen Sie dann nochmal nach Norden abbiegen (immer noch SR 61).

Überblick

Hotels mit eigenem Strand

Strände, Strände, Strände und dazu noch weiß und fein wie Puderzucker. Falls Sie auch nur ein kleines bisschen Lust auf Sonne, Meer und Entspannung haben, sollten Sie sich ruhig 2 Tage in einem Hotel direkt am Meer einmieten – viele haben einen hauseigenen Strand. Der Panhandle („Pfannenstiel"), wie dieser nordwestliche Zipfel von Florida aufgrund seiner geographischen Form genannt wird, bietet ohne Zweifel die schönsten Strände Amerikas. Das leckere Seafood, das es selbst in den kleinsten Bretterbuden zu erstehen gibt, spricht auch für sich.

Die geeignetsten Orte für einen Aufenthalt am Golf von Mexiko sind mit Sicherheit Pensacola Beach und die einsamen, unverdorbenen Strände östlich von Mexico Beach. Panama City Beach bietet dagegen nur Rummel, und hier müssten Sie für etwas Ruhe schon etwas tiefer in die Tasche greifen, um in einem teureren Resort leidlichen Erholungswert genießen zu können.

Sollte der Geldgürtel aber enger geschnallt und der Sinn für Komfort nicht so groß sein, empfiehlt sich ausnahmslos der Strand von Mexico Beach bzw. ein Aufenthalt in Apalachicola, der „Hauptstadt der Austern", von wo aus Sie tagsüber zum Baden auf die nahe St. George Island fahren können.

Haben Sie aber weniger Sinn für Strand, Meer und Sonne und geben Sie dem kulturellen Aspekt der Südstaaten Vorrang, lohnt sich ein längeres Verweilen in dieser Region kaum. Zwar greift Pensacola auf eine alte Geschichte zurück, doch bieten die historischen Gebäude in der Innenstadt nur etwas für einen etwa 2-stündigen Aufenthalt. Sie sind zwar schön hergerichtet, aber es fehlt die Atmosphäre anderer Südstaatenstädte. Auch die Antebellum-Villa im Eden State Park bietet nichts Ausgefallenes. Daher würde sich für Sie unter diesem Gesichtspunkt anbieten, einmal kurz bei Pensacola an den Strand zu schauen, um die weiße Pracht zumindest gesehen zu haben, aber ansonsten auf schnellstem Wege über den I-10 nach Tallahassee und weiter nach St. Augustine oder Georgia zu fahren.

Tallahassee und Jacksonville, letztere auch eher eine Strand- und Ferienstadt, empfehlen sich ebenfalls nicht durch besondere Highlights. Es gilt daher sogar zu bedenken, ob Sie nicht über die Okefenokee Swamps direkt nach Brunswick abzweigen sollten oder eben nur nach St. Augustine fahren und von dort an den Städten vorbei nach Georgia.

Redaktions-Tipps

- Pensacola ist wegen der historischen Altstadt und dem ungezwungeneren und weniger „durchgestylten" **Strandleben** in Pensacola Beach den anderen Orten mit ihren Condos und großen Hotelanlagen vorzuziehen. (S. 359ff)
- Meiden Sie das laute Panama City. (S. 364ff)
- Bestes **Seafood** gibt es selbst in den einfachsten Bretterbuden und hier stimmen die Preise meist. (S. 155)
- **Zeiteinteilung**: 1 Tag: Den historischen Innenstadtbereich von Pensacola ansehen, danach zum Strand und ein Seafood-Lunch einnehmen, anschließend auf den I-10 und nach Tallahassee fahren. 2–3 Tage: Wie oben bis mittags. Danach die meiste Zeit in Pensacola Beach verweilen und den Strand genießen. Am 3. Tag so früh wie möglich abfahren, damit Sie in Ruhe die Küste entlang fahren können. Planen Sie keine nennenswerten Zwischenaufenthalte mehr ein, um am Nachmittag noch Zeit zu haben für **Apalachicola**. Dort übernachten oder von dort dann evtl. noch zu den Wakulla Springs zum Übernachten.

Sehenswertes entlang dem I-10

Florida's Canoe Capital

Milton, nordöstlich von Pensacola gelegen, gilt als Ausgangspunkt für ein sehr schönes Kanu-Revier, zu dem vor allem die folgenden Flüsse gehören: Blackwater und Coldwater River sowie Juniper und Sweetwater Creek. **Adventure Unlimited** (Route 6, Milton) sowie **Blackwater Canoe** (10274 Pond Rd., Milton) verleihen

Ausgangspunkt für Kanufahrten

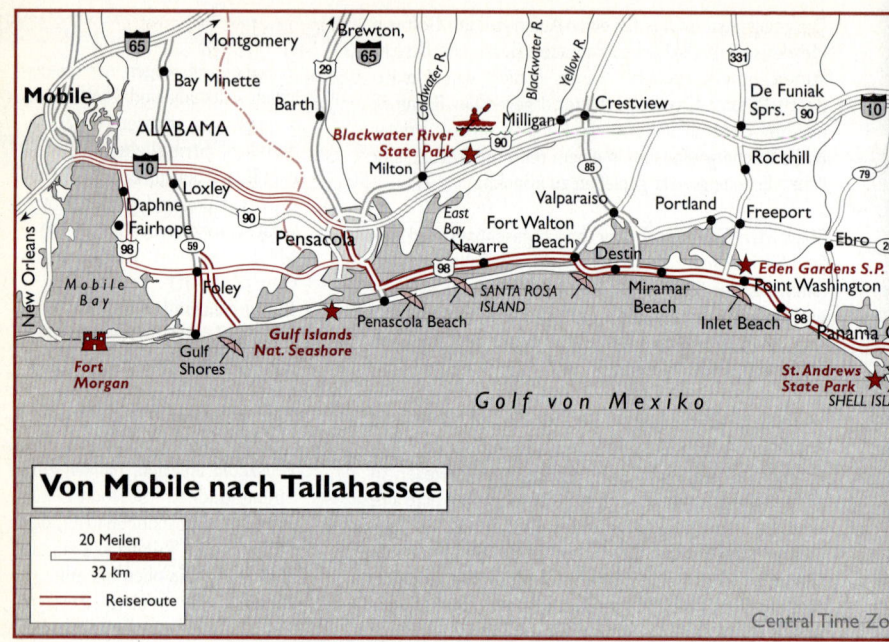

Kanus und helfen bei der Organisation auch längerer Trips. Gepaddelt wird vornehmlich auf den Flussabschnitten im **Blackwater River State Park** nordöstlich von
Milton, dessen Visitor Center sich in Holt (I-10, Exit 45) befindet.

Florida Caverns State Park (ⓘ S. 155)

Sehenswertes
Höhlen-
labyrinth

Nehmen Sie die schnelle Strecke entlang dem I-10, sollten Sie dem 3 Meilen nördlich
von Marianna gelegenen **Florida Caverns State Park** einen kurzen Besuch abstatten. In diesem Kalksteingebiet – ein geologisches Relikt aus jener Zeit, als Florida noch
vom Meer bedeckt war und sich die Skelette der Meerestiere allmählich zu Kalkstein
verdichteten – liegt ca. 22 m unter der Oberfläche ein Höhlenlabyrinth.

INFO   Information über Tropfsteinhöhlen

Unter Tropfstein versteht man in der Geologie verschieden geformte Gebilde, die vorwiegend aus Kalziumkarbonat $CaCo_3$ bestehen. Sie entstehen dadurch, dass kalkreiches
Wasser aus Gesteinsfugen herabtropft und verdunstet. An den Decken der Tropfsteinhöhlen bilden sich herabhängende Stalaktiten. Am Boden wachsen ihnen Stalagmiten entgegen. Manchmal verbinden sich Stalaktiten und Stalagmiten und bilden sogenannte
Stalagnaten als durchgehende Tropfstein-Säulen.

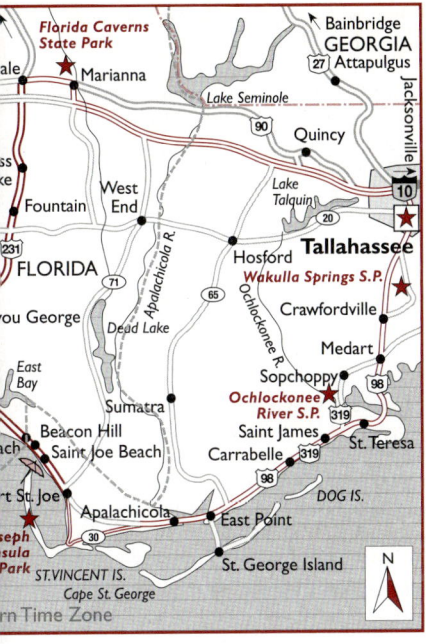

Die Kalksteinhöhlen sind sehenswert. Die verschiedenen Höhlen sind mit Namen wie „Waterfall Room", „Wedding Room" oder „Cathedral Room" bezeichnet. 1818 sollen sich hier im Zuge des Einmarsches von General *Andrew Jackson* (dem späteren US-Präsidenten und dem Schlachtensieger von New Orleans/1815) Indianer versteckt haben.

Der Chipola River fließt durch das Kalksteinsystem und teilweise durch ein Höhlensystem. Auf dem Fluss werden sehr erlebnisreiche Kanufahrten angeboten. Der sog. **Chipola Canoe Trail** hat seinen Anfang an der Brücke der SR 167, die den Fluss überbrückt. Endpunkt des Trails ist die Magnolia Bridge an der SR 280. Die Gesamtstrecke beträgt 18 km und dauert etwa 5 Stunden. Man bekommt Kanu und Schwimmweste gestellt und wird vom Endpunkt wieder zum Ausgangspunkt zurückgebracht.

Sehenswertes entlang der Küste (US 98)

Pensacola und Pensacola Beach (ⓘ S. 155)

• Überblick und Geschichte
Pensacola blickt auf eine sehr stürmisch verlaufene Geschichte zurück, in der die Stadt unter 5 verschiedenen Flaggen (Spanier, Franzosen, Briten, Konföderierte und USA) gestanden hat. Somit nennt es sich auch „City of Five Flags". Bereits 1559 – 6 Jahre vor der Gründung der „ältesten Stadt Amerikas", St. Augustine – errichteten die Spanier unter *Don Tristan de Luna* hier eine Siedlung, die aber schon nach 2 Jahren wieder aufgegeben wurde. Stürme und Überflutungen vertrieben die ersten Bewohner. Erst 1698 begannen die Spanier wieder mit dem Aufbau einer „dauerhaften" Stadt – dort, wo heute Pensacola Beach liegt – und errichteten ein Fort.

Puderzuckerweiße Strände und große Resorts locken viele Reisende an die Golfküste des Panhandle

Doch 1752 zerstörte wiederum ein Hurrikan die Siedlung, und die Überlebenden siedelten sich nun im Bereich des heutigen Seville Square an.

Heute ist Pensacola, als einziger Tiefwasserhafen von Florida, und seinen mehr als 75.000 Einwohnern zu einem wichtigen Militär- und Handelsstützpunkt geworden. Ohne Zweifel sind die Streitkräfte der größte Arbeitgeber der Region (Marine-*Marine- und* stützpunkt), und ihr Einfluss wird in vielen Punkten immer wieder deutlich. Militä-*Handelshafen* rische Sehenswürdigkeiten, wie z.B. 2 Forts und ein Luftwaffenmuseum, unterstreichen diesen Eindruck.

• Sehenswertes
Die Innenstadt aber lohnt trotzdem einen Besuch, wegen seiner drei historischen Viertel:
North Hill Preservation District (1), Villenviertel nördlich des Palafox Historical District. Wohngebiet der Oberschicht um die Jahrhundertwende. Einladend sind die vielen Parks und die großen, Schatten spendenden Bäume, unter denen die alten Häuser gespenstisch wirken.
Palafox Historical District (2), Rechts und links von der südlichen Palafox Street. Das
Herz der wirtschaftliche „Herz" der Stadt. Viele Stadthäuser aus dem ausgehenden 19. Jh., z.T.
Stadt noch verziert mit schmiedeeisernen Balkonen. Aber kein Vergleich mit New Orleans.
Seville Square Historical District/Historic Pensacola Village (3): Westlich des Palafox Historical District. Die eindrucksvollsten Häuser stehen um die Zaragoza Street zwischen Tarragona Street und Seville Square. Liebevoll restaurierte Häuser, zumeist aus der Zeit nach dem Bürgerkrieg (eine Reihe stammt aber auch aus der Zeit des beginnenden 19. Jh.). Mehrere Häuser und lokale Museen können besichtigt werden: das **Museum of Industry**, das **Museum of Commerce**, das **Charles Lavalle House** (1805), das **Dorr House** (1871) u.a. Alle Einrichtungen unterliegen der Pflege des „Historic Pensacola Preserve Board" und sind alle zu folgenden Zeiten – auch auf Touren – zu besichtigen: Mo–Fr 10–16 Uhr, Touren 11 und 13 Uhr.

Erwähnenswert sind auch noch das nahe **Pensacola Historical Museum** (115 E. Zaragoza St., Mo–Sa 10–16.30 Uhr) mit einer kleinen Ausstellung zur Geschichte von Pensacola sowie das **T.T. Wentworth Jr. Florida State Museum** (330 S. Jefferson St., Mo–Fr 10–16.30 Uhr), ebenfalls mit einer Ausstellung zur Geschichte von Pensacola und West-Florida. Hier gibt es vor allem auch Erläuterungen für Kinder.

Häuser aus dem beginnenden 19. Jh.

• US Naval Aviation Museum (4)
Südwestlich der Innenstadt gelegen: Radford Blvd./US Naval Air Station. Wenn Sie also von Gulf Shores/ Orange Beach anreisen, empfiehlt sich der Besuch vor dem Erreichen der Innenstadt. Geöffnet: täglich 9– 17 Uhr.
Bereits 1824 errichtete man hier die Naval Base, um sich vor Seepiraten

1 North Hill Preservation District
2 Palafox Historical District
3 Seville Square Hist. District/
  Hist. Pensacola Village
4 US Naval Aviation Museum

5 Gulf Islands Nat. Seashore (Hauptquartier)
  Naval Live Oaks Area
6 Fort Pickens
7 Gulf Islands Nat. Seashore

zu schützen. 1914 wurde dann eine Fliegerschule gegründet, aus der das Superteam der Navy, die berühmten „Blue Angels" hervorgingen. Auf dem Marinefliegerstützpunkt arbeiten heute 10.000 Soldaten und 9.000 Zivilisten. Im Museum sind 40 originalgroße Flugzeuge ausgestellt, u.a. auch die Skylab-Kommandokapsel und viele Ungetüme, denen man von ihrer Form her kaum die Flugtauglichkeit bescheinigen würde. Für Fans der Militärluftfahrt eine interessante Sache. Wer weniger dafür übrig hat, kann sich auch nur kurz die Flieger vor der Halle anschauen und dann weiterfahren. Das **Fort Barrancas**, das gleich neben dem Museum steht, lohnt kaum einen Besuch, besonders dann nicht, wenn Sie bereits die Forts am Mobile Bay gesehen haben oder vorhaben, das Fort Pickens auf der Santa Rosa Island zu besichtigen.

Ursprünglich Schutz vor Piraten

Erstaunliche Flugzeuge

Pensacola Beach und die Umgebung (ⓘ S. 155)

Von Pensacola (Stadt) aus fahren Sie über die 3 Meilen lange **Pensacola Bay Bridge**. Links neben der neuen Brücke existiert immer noch ihre Vorgängerin, stolz als der „längste Angelpier der Welt" bezeichnet. **Gulf Breeze** – auf einer „Zwischeninsel" gelegen – ist eine bevorzugte Wohnstadt für die wohlhabenderen Bewohner von Pensacola. Hier empfiehlt sich der kleine Abstecher zum **Hauptquartier des Gulf Islands National Seashore (5)** (Gulf Breeze Pkwy., gut ausgeschildert), wo eine kleine Ausstellung die Natur des Küstenstreifens erklärt und sich die sog. **Naval Live Oaks Area**, ein Abschnitt des National Seashore befindet. Ansonsten ist Gulf Breeze wenig interessant, und Sie sollten gleich weiterfahren über die nächste Brücke (SR 399) zur **Santa Rosa Island**, auf der der Ferienort **Pensacola Beach** liegt. Strenge Baubestimmungen haben es hier lange Zeit nicht zugelassen, Häuser zu errichten, die höher als 11 m sind. Mittlerweile gibt es ein paar größere Hotelbauten gleich hinter der Brücke und ein (Hochhaus-)Resort ganz im Osten des Ortes. Das ist aber zum Glück alles: Diese Tatsache macht Pensacola Beach zu einem *Über-* wirklich lohnenswerten Ziel und lädt um so mehr ein zum Verweilen. Der Charakter *schaubare* einer überschaubaren Feriensiedlung – obgleich mit über 4.000 Einwohnern bereits *Feriensiedlung* eine kleine Stadt – ist in jeder Beziehung erhalten geblieben, und der Eindruck einer niemals fertigen und immer im Umbruch befindlichen Zusammenwürfelung von Buden, Motels, größeren Hotels und urigen Holzhäusern (ein „Ufo"-Haus steht direkt an der Hauptstraße) sucht ihresgleichen entlang der Küste des Panhandle.

Oft ausgefallenes Design: Strandhaus in Pensacola Beach

Hier ist selbst die arbeitende Bevölkerung immer in Ferienstimmung ...und das färbt ab – ob man will oder nicht. So manch ein (Durch-)Reisender ist hier hängengeblieben, einige schon seit über 20 Jahren. Leider haben mittlerweile auch die Einwohner von Pensacola Beach zu kämpfen mit den großen Investoren, die den Wert dieser Oase erkannt haben (s.o.). Bleibt zu hoffen, dass Pensacola Beach der Verführung des großen Geldes noch lange standhalten kann.

Wenn Sie hier ein paar Tage bleiben möchten, bieten sich folgende Dinge an:
• Bleiben Sie im Ort und genießen Sie Strand, Seafood und das „Laissez-faire".
• Besuchen Sie an einem Nachmittag das **Fort Pickens (6)**, das sich im Westen von Santa Rosa Island in einem Abschnitt des Gulf Island National Seashore befindet. Errichtet 1829 und besetzt von den Unionsarmeen während des Bürgerkrieges, welche von *Haftplatz von* dort aus die Zufahrt nach Pensacola blockierten. Übrigens wurde hier auch der be-*Häuptling* rühmte Apachenhäuptling *Geronimo* inhaftiert – „A nice guy!" fanden seine Bewacher. *Geronimo* • Naturliebhaber sollten sich näher umsehen im **Gulf Islands National Seashore (7)**, das sich östlich und westlich (s.o.) von Pensacola Beach erstreckt. Auf einem „Dune Nature Trail" im westlichen Gebiet werden viele Pflanzen erläutert (Infos in der Ranger Station im Abschnitt westlich von Pensacola Beach).

Informationen zu den Gulf Islands und den weißen Stränden

Zu den **Gulf Islands** – Golfinseln – gehört eine Kette dem Festland vorgelagerter Inseln, die sich von Biloxi bis östlich von Pensacola über etwa 240 km in west-östlicher Richtung erstreckt. Die Inseln liegen stets in Sichtweite des Festlandes und gelten als „Barrier Islands", als Barrieren-Inseln, die das Festland vor den Stürmen schützen. Die Stürme können aber dazu führen, dass die Inseln geteilt werden (z.B. 1969 Ship Island/Mississippi) bzw. in Wellenrichtung wandern. So sind die Eilande in ständiger Veränderung begriffen: Sie wandern konstant in westlicher Richtung. An der Golfseite erheben sich Dünen. Zur offenen Meerseite sind diese Dünen von salzwasserresistenten Pflanzen bewachsen. Hinter den Dünen wachsen Büsche und wenige Bäume, doch sie werden selten höher als die Dünen, die sie vor salzigem Spritzwasser schützen. In dem Zwischengebiet zwischen den Barrieren-Inseln und dem Festland ist das Wasser weniger salzhaltig. Diesem eher seichten Gewässer werden auch Nährstoffe vom Festland zugeführt, so dass sich dort ein sehr differenziertes marines Leben halten kann.

Die **Strände** entlang dem ca. 160 km langen **Miracle Strip** (= *Wunderstreifen*) zwischen Pensacola und Panama City sind zum größten Teil sehr sandig und blendend weiß. Die Erklärung dafür ist relativ einfach: Die geographische Ausrichtung des Panhandle liegt ziemlich genau in einer Ost-West-Achse. Die Wellen des Golf von Mexiko prallen im Winkel von 90 Grad in kurzer Folge und mit voller Energie gegen das Land. Der Sand wird also immer feiner zerrieben. Durch eine stark ausgeprägte Rückströmung der Wellenbewegung unter der Wasseroberfläche werden unreine Bestandteile aus dem Sand wieder herausgespült. Ebenso gibt es entlang dem Miracle Strip auch keine Flüsse, die Schlamm ins Meer transportieren und verunreinigend wirken können. Der einzige Fluss, der Choctawhatchee River östlich von Fort Walton Beach, lädt seine Schmutzfracht in der gleichnamigen Bay ab.

Die weißen Strände hören genau dort auf, wo der Panhandle langsam nach Südosten abschwingt, südöstlich von Panama City (hinter Port St. Joe). Von dort an gibt es sie nur noch auf den vorgelagerten Inseln.

 Hinweis

Die nun folgende Strecke (US 98) nach Panama City führt nur bedingt am Wasser entlang. Hinter Fort Walton Beach aber gibt es mehrere Stichstraßen zur Küste („Scenic 30A" – der aber auch nicht mehr sehr „scenic" ist, da immer mehr Häuser und ganze Wohnkomplexe hier gebaut wurden und werden). Ein Abstecher bei genügend Zeit lohnt sich aber trotzdem. Auch in Panama City Beach (liegt noch vor der Stadt Panama City selbst) führt der US 98 nicht direkt an der Küste entlang. Fahren Sie also, auch unter Mitnahme des Touristenrummels, am Ortseingang nach rechts auf den „Scenic 98", der auf ca. 18 Meilen die Freizeit- und Hotelanlagen am Wasser passiert... und wo immer mehr Hochhäuser am Strand die kleinen Motels ablösen.

Von Pensacola Beach aus nehmen Sie die SR 399 in östlicher Richtung, die vor Destin wieder auf den US 98 trifft. **Fort Walton Beach** zeichnet sich durch nichts Besonderes aus, und auch **Destin**, das Domizil der Hochseeangelfahrten, bietet nichts Aufregendes – abgesehen von den schönen weißen Stränden und den vielen Hotels. Kurz hinter Destin liegt rechter Hand der **Eden Gardens State Park** (Garten geöffnet: täglich 8 Uhr–Sonnenuntergang, Führungen durch die Mansion zur vollen Stunde: Do–Mo 10–15 Uhr), dessen Antebellum-Villa und der gepflegte Garten darum zwar sehenswert sind, aber letztendlich mit den Südstaatenvillen in Louisiana, Mississippi und Georgia nicht konkurrieren können.

Weiße Strände

Panama City (ⓘ S. 155)

Lassen Sie es also ruhig angehen auf diesem Streckenabschnitt, und falls Sie in Pensacola bereits genügend Strand und Sonne genossen haben, erübrigt sich auch ein längerer Halt in **Panama City Beach**, das mit seinen zahlreichen Hochhausbauten und überdimensionalen Reklameschildern eher abschreckend wirkt. Andererseits ist hier auch viel los, was ihm den Namen „Redneck Riviera" eingebracht hat. Es ist das Feriengebiet der Farmer aus Alabama und Georgia. Wer also einen Tag „Rummel" über sich ergehen lassen möchte, kann dies hier tun, ansonsten empfiehlt sich: Den Tag auf Shell Island oder im St. Andrews State Park verbringen oder schnell durchfahren!

St. Andrews State Park

Zahlreiche Dünen

Wunderschöner weißer Sandstrand und zahlreiche Dünen am Ostende von Panama City Beach. Viel leerer als die Strände im Stadtbereich und ein Besuch bietet einmal die Gelegenheit, zu erkennen, wie es hier aussah vor dem Bau der ganzen Touristenanlagen…

Besuch auf der Shell Island

Ein Besuch dieser Insel, die vor Panama City liegt, nimmt einen Tag in Anspruch. Hier erwartet Sie eine herrlich ungestörte Natur: über 12 km weißer Sandstrand, Dünen … und Ruhe. Sie erreichen Shell Island von Panama City aus mit einem Boot in ca. 45 Minuten vom Anderson's Pier bzw. dem Pier gleich an der Brücke. Abfahrtszeiten variieren. Als Richtlinie: Mitte Mai–Mitte September täglich 9 u. 17 Uhr, Rest des Jahres an den Wochenenden 9–13 Uhr.

Weiter entlang der Küste wird es wieder etwas ruhiger, und kleine Orte wie **Mexico Beach** und **Port St. Joe** laden eher zum Baden ein als das überfüllte Panama City Beach. Besonders Mexico Beach ist sehr beschaulich und hat eine Ruhe bewahrt, wie man sie sonst nur noch an den ausgesprochen abgelegenen Stränden vom Panhandle vorfindet. Kleine Motels, aber auch Bungalows und einfache Holzhütten laden zur Übernachtung ein. Die Amerikaner nennen diese Plätze „Hideaways" („Verstecke"). Luxus, Trubel und vornehme Restaurants suchen Sie hier vergeblich. Oft wird es sogar schwierig, nach 20 Uhr etwas zu essen zu bekommen.

Ruhiges „Versteck"

Hinter Port St. Joe, dem Ort übrigens, wo 1838 die erste Verfassung von Florida unterzeichnet worden ist, führt die „**Scenic Route C 30**" (Mehrweg nur 4 Meilen) entlang einem attraktiven Küstenstreifen. Nicht mehr Strände, dafür aber von Palmen und Kiefern besetzte Uferwälder, in denen unauffällige, kleine Häuser auftauchen, vermitteln ein ganz anderes Vegetationsbild und einen Eindruck davon, wie es einmal am gesamten Panhandle ausgesehen haben mag. *Palmen und Kiefern am Ufer*

Von dieser Route führt auch noch eine Stichstraße zum **St. Joseph** (**Peninsula**) **State Park**, der auf der gleichnamigen Halbinsel mit wenig besuchten, weißen Sandstränden aufwartet. Ein Badeausflug hierhin würde Sie 2 Stunden kosten, dafür werden Sie aber mit dem hier besonders warmen Wasser des Golf von Mexiko belohnt! *Warmes Wasser am Golf von Mexiko*

Kurz vor Apalachicola führt die Strecke wieder auf die US 98.

> 🕐 **Achtung**
>
> **Zeitumstellung** *zwischen Mexico Beach und Port St. Joe. Es gilt jetzt die Eastern Time. Sie müssen die Uhr um eine Stunde vorstellen (aus 11 Uhr wird 12 Uhr).*

Apalachicola (ⓘ S. 155)

Apalachicola (ind.: „Die freundlichen Leute von der anderen Seite") erscheint dem Durchreisenden auf den ersten Blick als verschlafenes Provinznest, in dessen Hafengebiet sich ein paar müde Fischer gelangweilt herumzudrücken scheinen. Der Schein trügt aber! Dieser kleine Ort mit gerade mal 2.600 Einwohnern gilt als die „Hauptstadt der Austernfischerei". Denn fast 90 Prozent der gesamten Austernernte von Florida und damit 10 Prozent der USA stammt aus dem dem Ort vor gelagerten Bay. Über 5.000 ha bestens kultivierter Austernbänke haben den jährlichen Ertrag mittlerweile auf fast 1.000 Tonnen gebracht.

Die Austern aus Apalachicola gehören zu den besten Amerikas, denn die Bay bietet beste Voraussetzungen: ein richtiges Gemisch aus Salz- und Süßwasser. Und noch etwas: Die meisten Austern werden hier noch mit der Hand geerntet – eine Garantie für genau die richtige Größe. Kein Wunder also, dass die Einwohner eine auffällige Ruhe ausstrahlen, denn für diese Arbeit ist eine gehörige Portion Geduld erforderlich! Übrigens nehmen die Fischer einen auch mit zu den Austernbänken. Fragen Sie mal!

Apalachicola, während des letzten Jahrhunderts übrigens ein wichtiger Baumwollhafen, hat noch etwas zu bieten:

Fischerboote im Hafen von Apalachicola

das kleine **John Gorrie State Museum** in der Avenue D, Ecke 6th Street (geöffnet: täglich aus Do–Mo 9–17 Uhr. Mittagspause: 12–13 Uhr).

Wer war *John Gorrie*? Kaum einer in Amerika weiß es, und doch hat er eine bahnbrechende Erfindung gemacht: die Eismaschine, Grundlage auch für die Entwicklung der Klimaanlagen.

INFO   ## John Gorrie, der Erfinder der Eismaschine

John Gorrie

Gorrie war eigentlich Arzt und kam 1833 nach Apalachicola, um Malariakranke zu behandeln. Sein größtes Problem war damals die Kühlung der Räume. Man ging damals nämlich noch davon aus, dass die Malaria durch die schwülwarme Hitze verursacht wurde und wusste nichts von der Malariamücke. Gekühlt wurde mit einfachen Eisblöcken, die – und das war teuer – aus dem Nordosten des Landes herbeigeschafft werden mussten.

Gorrie, ein Tüftler, entdeckte daraufhin, wie man Eis mit Hilfe einer Maschine produzieren konnte. Die Erfindung war bahnbrechend, und *Gorrie* konnte alsbald 10 Eisblöcke pro Tag herstellen. Nur wurde seine Erfindung im Norden nicht anerkannt und als Spinnerei abgetan. Große Eisfirmen in Boston und New York inszenierten eine Antikampagne, um ihren Profit zu retten. Erst Jahre nachdem *Gorrie* gestorben war, erkannte man den Wert seiner Erfindung.

Auch sonst bietet Apalachicola eine günstige Gelegenheit, einen Tag hier und in der Umgegend auszuspannen. Fahren Sie zur St. Joseph's Peninsula (s.o.) oder zur u.g. St. George Island, entdecken Sie die Feinheiten der Geschichte des Ortes, schlendern Sie durch die **historische Altstadt** und genießen Sie in den kleinen Restaurants der Stadt die Meeresfrüchte, allen voran natürlich die Austern.

Vor allem Austern zu genießen

Badestrände bei Apalachicola finden Sie auf der **St. George Island** vor. Fahren Sie dazu erst in Richtung Osten über die Brücke (US 98) und biegen Sie dann nach rechts ab zum gleichnamigen State Park. Hier erwartet Sie ein 32 km langer Strand und eine ruhige, unberührte Dünenlandschaft. Ein Campingplatz ist vorhanden (Verpflegung sollten Sie bereits in Apalachicola besorgen) und es gibt auch Unterkünfte (siehe unter „Apalachicola" in den Gelben Seiten).

> **Hinweis**
>
> *Für einen kurzen Abstecher ist der Weg zu der Insel aber zu weit. Planen Sie mindestens einen halben Tag dafür ein, sonst lohnt es nicht!*

Die Weiterfahrt nach Tallahassee führt Sie nun durch einen großen Zypressen- bzw. Kiefernwald, dessen südlicher und östlicher Ausläufer als **Ochlockonee River State Park** (Teil des gesamten Apalachicola Nat. Forest) geschützt ist. Der Wald erstreckt sich fast bis in die Innenstadt von Tallahassee, dessen Vororte sich eher als unterbrochene Waldfläche mit dazwischengesetzten Holzhäusern präsentieren, denn als Wohngebiet einer Hauptstadt. *Großer Zypressen- und Kiefernwald*

Bevor Sie nun aber nach Tallahassee hineinfahren, sollten Sie noch einen Abstecher zu den Wakulla Springs machen.

Wakulla Springs (ⓘ S. 155)

Die Quellen der Wakulla Springs gehören zu den größten Süßwasserquellen der Welt. An ihrem Austritt, 55 m unterhalb der Wasseroberfläche, sprudeln pro Minute 2,5 Millionen Liter Wasser aus einem Erosionstrichter und bilden hier bereits eine seeähnliche Wasserfläche, die zum Baden einlädt. An den Ufern des Wakulla River stehen mit Spanischem Moos behangene Baumriesen, die im Licht des späten Nachmittages zu manch schönem Foto animieren.

Am besten können Sie die Quellen und die Flusslandschaft auf einer **Bootstour** bewundern, die regelmäßig von dem Bootsanleger unterhalb der Lodge startet. Die Boote haben alle Glasböden, die einen Blick in die Tiefe erlauben. Man entdeckt Fischschwärme, aber die Quelle selbst kann man nicht sehen. Am Grund der Quelle liegen übrigens noch Knochen eines urzeitlichen Rüsseltieres, eines sog. Mastodons, das mit dem heutigen Elefant verwandt ist. Sie sollen während der Kaltzeit über die Appalachen nach Florida gelangt sein. *Tour mit dem Glasboden-Boot*

Der Name „Wakulla" entstammt übrigens der Seminolen-Sprache und bedeutet soviel wie „seltsames Wasser". *Ponce de Léon*, der spanische Eroberer, fand übrigens auch die Quellen. Die Legende eines Jungbrunnens veranlasste ihn sogar, 1521 ein zweites Mal hierher zu kommen. Bei Auseinandersetzungen mit den hier ansässigen Indianern aber wurde er so schwer verletzt, dass er kurze Zeit später diesen Verletzungen in Havanna/Kuba erlag.

Wakulla Springs Lodge

8. Tallahassee und die Strecke nach Brunswick, Abstecher nach Jacksonville und St. Augustine

Tallahassee (ⓘ S. 155)

Überblick und Geschichte

Tallahassee: In kaum einem Reiseführer beschrieben – meist nur umfahren und mit einer wenig begeisternden Pressemappe, deren Liste an Sehenswürdigkeiten einen Reisebuchautoren nur müde lächeln lässt. Und trotzdem ist Tallahassee, eine Stadt mit über 150.000 Einwohnern, immerhin die Hauptstadt des Sonnenstaates Florida, einem der beliebtesten Urlaubsziele der USA und mit mehr als 15 Millionen Einwohnern auch nicht einer der unbedeutendsten Staaten.

Zugegeben, Tallahassees „Sehenswürdigkeiten" lassen sich kurz abreißen, und der Eindruck, den diese „Stadt inmitten des Waldes" erweckt, ist nicht gerade aufregend:

Moos-
behangene
Baumalleen
Erst im Zentrum lichtet sich die Baumsilhouette, und ein paar wenige Hochhäuser kommen zum Vorschein – alle weit überragend das 22-geschossige neue State Capitol. Trotz allem denke ich, sollten Sie der Stadt ein paar Stunden schenken. Einen gewissen Charme besitzt Tallahassee, besonders aufgrund der vielen Alleen, von deren Bäumen das Spanische Moos herabhängt, und einer Reihe älterer Wohnhäuser. Unbescheiden behauptet ein lokaler Prospekt übrigens, Tallahassee sei, ganz wie Rom, auf 7 Hügeln errichtet.

Erstes
Weihnachts-
fest
Bereits früh siedelten Apalachee-Indianer in dieser Region, und es heißt, dass der Spanier *de Soto* 1539 in dieser Hügellandschaft das erste Weihnachtsfest auf dem amerikanischen Kontinent gefeiert haben soll. Um 1633 gründeten die Spanier die ersten Missionsstationen, wurden aber, ebenso wie die Indianer, 70 Jahre später bereits von den Engländern von hier vertrieben. Aus dieser Zeit soll der Name Tallahassee stammen, der auf indianisch soviel wie „alte Stadt" bzw. „verlassene Felder" bedeutet.

Ihre eigentliche Gründung verdankt die Stadt aber der Tatsache, dass man sich Anfang des 19. Jh. nicht einigen konnte auf eine Hauptstadt für Florida. Kontrahenten waren die Hafenstädte St. Augustine und Pensacola. Man entschied sich schließlich für eine

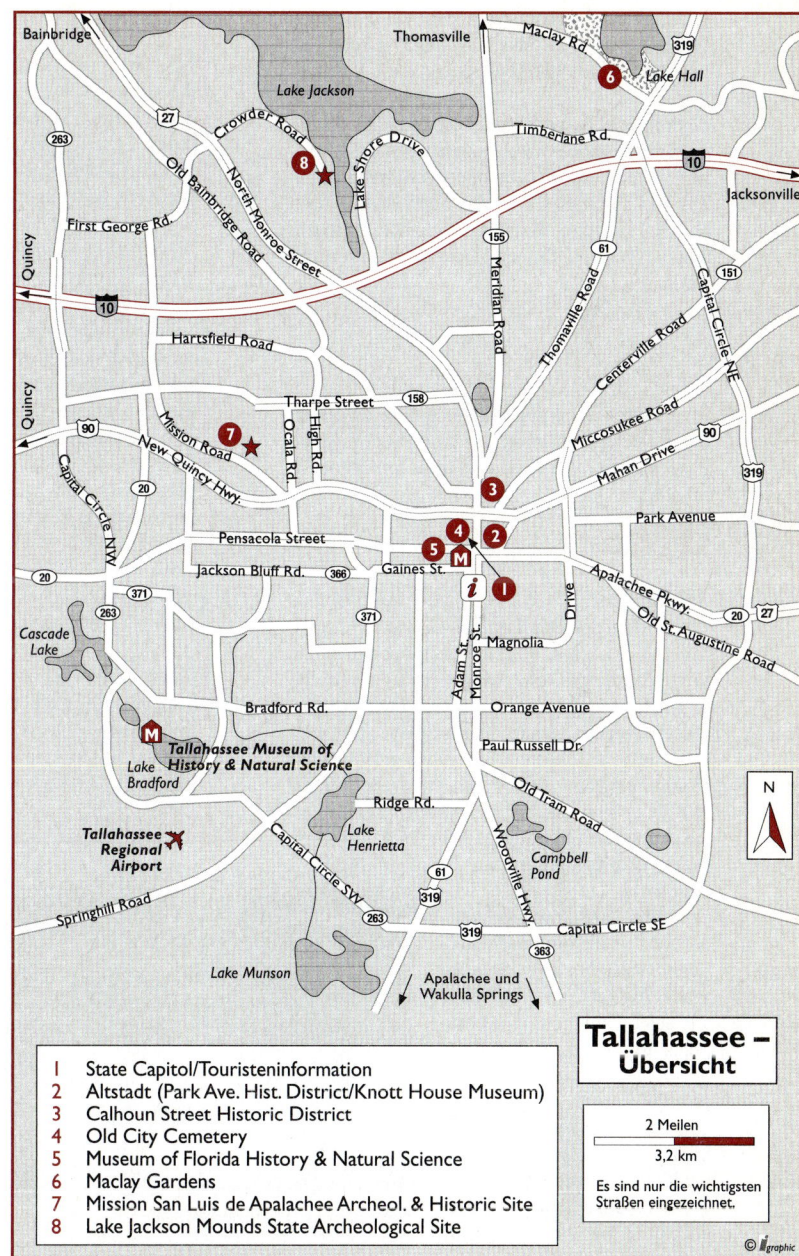

Tallahassee – Übersicht

1 State Capitol/Touristeninformation
2 Altstadt (Park Ave. Hist. District/Knott House Museum)
3 Calhoun Street Historic District
4 Old City Cemetery
5 Museum of Florida History & Natural Science
6 Maclay Gardens
7 Mission San Luis de Apalachee Archeol. & Historic Site
8 Lake Jackson Mounds State Archeological Site

2 Meilen
3,2 km
Es sind nur die wichtigsten
Straßen eingezeichnet.

© i graphic

Stadt genau auf halbem Wege zwischen diesen beiden. Das war 1824. Aber erst 1845 wurde diese Entscheidung schriftlich besiegelt.

Im Bürgerkrieg nie eingenommen

Während des Bürgerkrieges blieb die Stadt die einzig nicht eingenommene Hauptstadt der Südstaaten – dank eines wild zusammengewürfelten Haufens von Soldaten, die an der Stelle des heutigen **Natural Bridge Battlefield State Historic Site** 10 Meilen südlich den Yankees Paroli geboten haben.

Sehenswertes in Tallahassee

Die meisten Sehenswürdigkeiten können Sie zu Fuß erreichen. Beginnen Sie Ihren Rundgang am State Capitol, wo sich auch das Touristenbüro befindet.

State Capitol (1)

Geöffnet: Mo–Fr 9–16 Uhr, Sa u. So 11–15 Uhr
Mit dem Bau des **Old Capitol** wurde 1839 begonnen, und es entspricht mit seiner Kuppel und den Säulen ganz den Vorstellungen eines amerikanischen Regierungssitzes – vornehm und gediegen. Dieses Gebäude musste mehrmals erweitert werden, zuletzt 1902. Denn: 1845 lebten in Florida nur 58.000 Menschen, 1902 waren es bereits 530.000 und heute sind es über 15 Millionen. Daher entschied man sich Mitte der 1970er-Jahre, das **New State Capitol** mit seinen 22 Geschossen zu errichten, welches dann 1978 eingeweiht wurde. Ganz oben vom neuen State Capitol haben Sie eine hervorragende Aussicht auf Tallahassee und seine Umgegend. Beeindruckend ist hierbei wiederum zu sehen, wie nicht weit vom Stadtzentrum bereits der Wald wieder überhand nimmt. Im Old State Capitol befindet sich heute ein **Museum mit Erläuterungen zur Geschichte von Florida** (Geöffnet: Mo–Fr 9–16.30

Tolle Aussicht auf Talahassee

Redaktions-Tipps

• **Übernachten** Sie nahe de Innenstadt. (S. 155)
• Bedeutendste **Sehenswürdigkeiten**: State Capitol, Museum im Old Capitol, der Old City Cemetery, die Canopy Road und das Museum of Florida History. Wer noch nicht bei der Wakulla Springs gewesen ist sollte diese besuchen. (S. 440)
• Nachteulen. Für die Jüngeren empfehlen sich die **Pubs** und **Saloons** entlang der W. Tennessee Rd., wo die College-Studenten einkehren. (S. 155)
• **Zeiteinteilung**: ein halber Tag Beginnen Sie Ihren Rundgang am New State Capitol, wo Sie mit dem Fahrstuhl in den 22. Stock fahren sollten. Danach wandeln Sie durch die restaurierte Altstadt und weiter zum Old Tallahassee State Park Damit haben Sie das Wesentliche gesehen und können entweder nicht zum Museum o Florida History laufen/fahren oder gleich die Stadt verlassen

Nachgespielte Bürgerkriegskämpfe im Natural Bridge State Historic Site

Uhr, Sa 10–16.30 Uhr u. So 12–16.30 Uhr). Zudem sind viele Räume hier wieder so eingerichtet, wie sie es im 19. Jh. gewesen sind.

Die Altstadt (2)

Nördlich an die Capitole grenzt die Old Town, mittlerweile als **Park Avenue Historic District** bezeichnet. Viel zu sehen gibt es aber nicht, obwohl sich die Stadt bemüht, die paar historischen Blocks attraktiv zu gestalten. Man erhält aber eher den Eindruck, dass sich so recht keiner hier niederlassen mag, bis auf ein paar Rechtsanwaltskanzleien, Restaurants und nur sehr wenige Geschäfte. Viele Auslagen aber bleiben leer bzw. die Geschäfte wurden wieder geschlossen. Bleibt abzuwarten, was aus diesem ansonsten nett herausgeputzten Stadtteil wird. Manch einen mag noch der Besuch des **Knott House Museum** („The House that Rhymes") Ecke Park Ave./Calhoun Street interessieren. *William Knott* war einst ein bekannter Politiker in Florida und seine Frau schrieb z.T. sehr exzentrische Bücher (daher der Beiname). Innen sieht es heute aus wie in den 1920er-Jahren.

Altes und neues State Capitol

Nicht weit von hier, nordöstlich der Tennessee Street, zwischen Monroe und Meridian Streets liegt noch der **Calhoun Street Historic District (3)** mit seinen historischen Villen aus der Mitte des 19. Jh.

Canopy Roads

Die eigentliche Hauptattraktion im zentralen Stadtbereich sind die zahlreichen Alleen mit den Bäumen und Büschen, von denen – gespenstisch anmutend – das Spanische Moos herabhängt. Hinter den Bäumen verbergen sich des Öfteren kleine Holzhäuser, aber auch ein paar recht attraktive Villen, die den Gesamteindruck prägen. Die schönsten Straßenzüge sind: Meridian Rd., das Gebiet Monroe St./Park Ave., St. Augustine Rd. und Centerville Rd.

Old City Cemetery (4)

Eingerahmt von Call St. und Park Ave. sowie M.L. King Blvd. und Macomb St. ist der alte Friedhof der Stadt. Die frühen Gräber stammen noch aus dem beginnenden 19. Jh.

Old City Cemetery

Die verschiedenen Grabsteine, die mit Spanischem Moos behangenen Bäume und die kontrastreiche (Foto-)Kulisse des New State Capitol im Hintergrund machen einen Spaziergang hier lohnenswert. Der kleine Friedhof auf der gegenüberliegenden Seite der Call Street, nirgendwo auf der Karte vermerkt, bietet sogar noch interessantere Gräber, so z.B. das eines Neffen von *Napoleon*, der hier eine Plantage besessen hat.

Museum of Florida History & Natural Science (5)

500 S. Bronough St. (R.A. Gray Building). Geöffnet: Mo–Fr 9–16.30 Uhr, Sa 10–16.30 Uhr u. So 12–16.30 Uhr.

Geschichte Floridas Eine Reihe interessanter Exponate zur Geschichte Floridas finden sich hier: u.a. Abteilungen zur prähistorischen Geschichte (Mastodons etc.), zur Indianergeschichte, aber auch andere, die sich mit der Kolonialzeit beschäftigen. Das moderne Segment bietet Einblick in das Space-Shuttle-Programm.

Maclay Gardens (6)

5 Meilen nördlich – Abzweigung von der US 319, Thomasville Rd. Geöffnet nur vom 1. Januar bis 30. April: täglich 8 Uhr–Sonnenuntergang.
Ursprünglich als Wintersitz des reichen New Yorker Finanziers *Alfred E. Maclay* angelegt, werden diese herrlichen Gärten heute vom Staate Florida verwaltet. Im Frühjahr erwartet Sie eine herrliche Blumenpracht. Das Wohnhaus kann auch besichtigt werden (Januar–April täglich 9–17 Uhr).

Mission San Luis de Apalachee Archeological and Historic Site (7)

W. 2020 Mission Rd. (zw. W. Tennessee u. Tharpe Rd.), geöffnet Mo–Fr 9–16.30 Uhr, Sa 10–16.30 Uhr sowie So 12–16.30 Uhr.

Apalachee-Siedlung Hier kann man rekonstruierte Gebäude aus der spanischen Zeit sowie eine Indianersiedlung der Apalachees erkunden. 1675 lebten hier in der Indianersiedlung mindestens 1.400 Menschen. 1704 flohen die Apalachee, nachdem sie von Creek-Indianern sowie den britischen Soldaten fortgejagt wurden.

Lake Jackson Mounds State Archeological Site (8)

1313 Crowder Rd. Geöffnet: 8 Uhr–Sonnenuntergang.
Diese indianischen Grabhügel liegen in der Nähe des Lake Jackson, Abzweigung von der US 27 North. Wenn Sie eine begleitete Tour durch den State Park machen wollen, können Sie sich dafür zwei Wochen vorher unter der Telefonnummer (850) 562-0042 anmelden.

Nachgespielter Verteidigungskampf Zu den **Wakulla Springs** lesen Sie bitte am Ende des vorhergehenden Kapitels. Ein Besuch des nahen **Natural Bridge Historic Site**, wo die Südstaatler die Unionstruppen erfolgreich von der Stadt fernhalten konnten, lohnt nur während des Anfang März nachgespielten Verteidigungskampfes. Ansonsten dient das Areal nur als Erholungspark mit Picknickflächen. Nachdem Sie alles gesehen haben, führt Sie der US 319 nach Norden wieder aus der Stadt heraus – kaum merklich wird der Wald dichter, und plötzlich endet die Stadt...

8. Tallahassee und die Strecke nach Brunswick, Abstecher nach Jacksonville und
St. Augustine – Von Tallahassee nach Brunswick

373

Von Tallahassee nach Brunswick

> ▸▸ **Entfernungen**
> Tallahassee – Mobile: 240 mi/386 km (I-10)
> Tallahassee – Jacksonville: 163 mi/262 km
> Tallahassee – Valdosta: 85 mi/137 km
> Valdosta – Waycross: 65 mi/105 km
> Waycross – Brunswick: 58 mi/93 km

Routenempfehlung

Verlassen Sie Tallahassee in nordöstlicher Richtung nach Thomasville (US 319). Von dort folgen Sie der US 84 – die Sie bis Waycross (hier Abstecher nach Süden zum Okefenokee Swamp Park einplanen) begleitet – und dann der US 82 bis Brunswick.

Redaktions-Tipps

Die meiste Zeit für die **Okefenokee Swamps** einplanen und dort mindestens einen Tag in einer Hütte im Stephen C. Foster State Park bleiben. (S. 376ff)
Naturfreunde sollten diese Route wählen, wer aber lieber an den **Strand** möchte, sollte über Jacksonville fahren (Mehrzeit: mind. 1 Tag). (S. 380ff)
Mit einem **Kanu** in die Swamps fahren vom Stephen C. Foster State Park aus. (S. 378)
Zeiteinteilung: Für Eilige (1,5 Tage): Ein halber Tag in Tallahassee. Danach durchfahren bis Waycross. Dort übernachten. Am nächsten Morgen zum nahen Okefenokee Swamp Park. Für diesen 2 Stunden Zeit einplanen. Anschließend bis Brunswick bzw. auf eine der Atlantikinseln.
Wer mehr Zeit hat (mind. 2,5 Tage): Ein halber Tag in Tallahassee. Über Valdosta und den GA 94 zum **Stephen C. Foster State Park**. Dort 2 Nächte in einer Hütte übernachten. Am folgenden Tag früh aufbrechen zu einer Kanutour (bzw. in den kühleren Spätnachmittagsstunden). Danach „Erholungszeit" im Park. Am dritten Tag noch die beiden anderen Parkzugänge besuchen (insg. 4 Stunden dafür einplanen) und durchfahren bis Brunswick bzw. auf eine der Atlantikinseln.

Falls Sie für die Okefenokee Swamps mehr Zeit erübrigen können, umfahren Sie diese einmal: Von Valdosta über die GA 94 nach Fargo und dort nach Osten auf der GA 177 bis zum Stephen C. Foster State Park (Sackgasse!). Zurück nach Fargo und auf der GA 94 östlich nach Saint George. Von dort nördlich auf der GA 23/121 nach Folkston (dabei Zwischenstopp am Suwannee Canal Recreation Area). Von Folkston weiter nach Norden auf dem US 1/23 bis Waycross – mit Zwischenstopp am Okefenokee Swamp Park.

Überblick

Diese Strecke wird ohne Zweifel bestimmt durch den ausgesprochen lohnenswerten Besuch der Okefenokee Swamps. Zwar bietet Thomasville einige sehenswerte Plantagenhäuser, doch haben Sie dafür noch woanders Zeit und Gelegenheit. Für die Swamps aber sollten sich Naturliebhaber einen Extratag freihalten.

Lohnenswerte Okefenokee Swamps

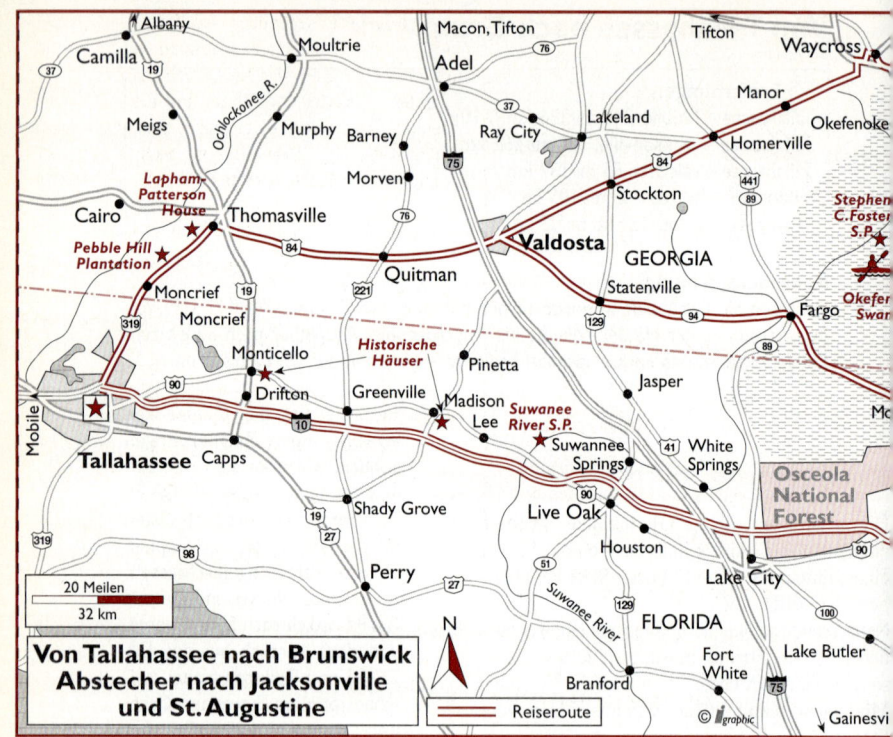

Von Tallahassee nach Brunswick
Abstecher nach Jacksonville
und St. Augustine

Reiseroute

© Igraphic

Falls dieser nicht vorhanden ist, fahren Sie früh los in Tallahassee, damit Sie zumindest den Okefenokee Swamp Park südlich von Waycross in Ruhe besuchen können.
Die einzigartige Landschaft der Swamps ist es wert!

Sehenswertes zwischen Tallahasse und Brunswick

20 Meilen nördlich von Tallahassee überschreiten Sie die Grenze nach Georgia. Drei
Dinge fallen auf:
- Die **Farmwirtschaft** tritt verstärkt in den Vordergrund.
- Die **Religion**, vertreten durch zahlreiche kleine Kirchen der einzelnen
Glaubensgemeinschaften – selbst in den kleinsten Nestern –, hat eine **viel größe-
re Bedeutung** als in Florida.

Schaukel-
stühle auf • Auf jeder Hausveranda (Porch) stehen hölzerne **Schaukelstühle** – für jedes Fa-
den Veranden milienmitglied einer.

Die Uhr in Süd-Georgia scheint um einiges langsamer zu ticken als in den bisher
von Ihnen besuchten Regionen. Kommen Sie in ein kleines Farmnest, schleichen

8. Tallahassee und die Strecke nach Brunswick, Abstecher nach Jacksonville und St. Augustine – Von Tallahassee nach Brunswick

375

ausgemergelte Gestalten über die Straßen, sitzen alte Männer zusammen auf ihrer Veranda und schauen sich das „Treiben" auf der Straße an, und die kleinen Tankstellen – zugleich auch Supermarkt und „Werkstatt für alles" – bilden den Mittelpunkt des Lebens.

Nur an Sonntagen übernimmt die Kirche für einige Stunden diese Aufgabe. Dann kann es Ihnen sogar passieren, dass selbst die Tankstelle geschlossen hat. Eine Bar, eine Ladenstraße, geschweige denn ein Restaurant, suchen Sie meist vergebens. Als „Restaurant" fungiert höchstens ein *Selbst-* kleines Café, in dem ein deftiges (gutes) Tagesmenü und die selbstgebak- *Apple Pie* kene Apple Pie die Speisekarte füllen.

gebackener

Sollten Sie also einkaufen wollen, tun Sie dieses in den größeren Orten: Thomasville, Valdosta, Homerville, Waycross oder Folkston.

7 Meilen vor Thomasville, auf der linken Seite, liegt die **Pebble Hill Plantation** (geöffnet: Okt. bis August Di–Sa 10–17 Uhr, So 13–17 Uhr, geschl. im Sept.). Das Herrenhaus ist recht eindrucksvoll und größer als die meisten „Konkurrenten" und daher einen kurzen Besuch wert. Um nicht zu viel Zeit zu verlieren, sollten Sie der Hausbesichtigung selbst fernbleiben. Es gibt innen nichts Ausgefallenes zu sehen, und die Geschichte der Plantage greift auch auf nichts Spektakuläres zurück.

Thomasville

ist heute eine beschauliche kleine Stadt – die sich ganz dem Charme eines verschlafenen Südstaatennestes hinzugeben scheint. Das war mal anders! Bis zum Beginn des 20. Jh. galt es als beliebtes Urlaubsziel für die Städter der Ostküste. Nachdem aber entdeckt wurde, dass die Malaria durch die Mücken an **stehenden** Gewässern übertragen wird, blieben die „Yankees" dieser Region fern, und es zog sie von da an nach Florida.

Mit der Baumwolle, dem 2. Standbein der Stadt, ging es danach auch bergab, vor *Baumwolle* allem, nachdem der mexikanische Baumwollkäfer sein Unwesen getrieben hatte. *zu Tabak* Schnell sattelte man erneut um: diesmal auf Tabak. Der Wohlstand wurde nochmals gerettet.

Von

Doch die Antiraucherkampagne, seit Ende der 1980er-Jahre deutlich im Vormarsch, setzt den Farmern wieder zu. Ob das vorerst letzte Umschwenken auf Erdnüsse und Getreide wohl Segen bringt? Sieht man die halbverlassenen Straßenzüge und Industrieanlagen, mag man seinen Zweifel haben. Wer gerne alte Häuser besichtigt, sollte noch kurz zum 1885 erbauten **Lapham-Patterson House** (626 N. Dawson St., geöffnet Di–Sa 9–17 Uhr, So 14–17.30 Uhr) fahren. Die 45-minütige Führung gibt Ihnen einen Eindruck, wie ein reicher Chicagoer Geschäftsmann sich zu jener Zeit sein Feriendomizil einrichtete – kitschig und verspielt.

Valdosta

Sieben Bahnstrecken

dagegen ist um einiges lebendiger. Als Eisenbahnknotenpunkt mit 7 Bahnstrecken erlangte die Stadt bereits früh eine regionale Bedeutung. Die mittelständische Industrie (Holz und Tabak) fand schnell Einzug und somit auch die wohlhabende Bürgerschicht. Eine Reihe von Häusern aus dem beginnenden 20. Jh., oft nachempfunden den typischen Antebellum-Villen, zeugen heute von dieser Zeit des einseitig verteilten Wohlstandes. Besichtigungswürdig sind sie aber kaum.

Falls es Sie doch treiben sollte, machen Sie einen Stopp an dem schönsten Haus, dem 1899 erbauten „**The Crescent**" (die *Mondsichel*) (904 N.Patterson St., geöffnet: Mo–Fr 14–17 Uhr). Angelegt in Rundform – daher der Name – beeindruckt hier neben der großzügigen Raumgestaltung vor allem der Garten, in dem sowohl das alte Schulhaus, als auch eine Kapelle stehen. Die bezaubernde Anlage trug den Namen „Val de Osta" und später Valdosta Garden Center. Grund genug für die Stadtväter, ihre Stadt von dort an Valdosta zu nennen (vormals: Troupville).

Holz-transporter auf dem Highway

Östlich von Valdosta erstreckt sich heute eine über 9.000 km^2 große Forstfläche, die im Süden bis nach Florida hereinreicht. Holztransporter auf schnurgerade angelegten Highways begleiten Sie nun auf Ihrem nächsten Streckenabschnitt. Nur vereinzelt tauchen kleine, idyllische Ortschaften auf. Umso weiter Sie sich vom US 84 entfernen, umso verträumter erscheinen diese.

Okefenokee Swamps (ⓘ S. 155)

• Allgemeine Informationen

Ein Besuch der Okefenokee Swamps ist für jeden Naturfreund ein Muss. Hier gewinnt man einen Eindruck von jener Landschaftsform, die so typisch ist für die Niederungen im Süden der Vereinigten Staaten. Das fast flache Land mit seinem geringen Gefälle fördert im Zusammenklang mit dem tropischen Klima die Bildung von **Sumpfgebieten**.

Sumpfiger Wasser-speicher

Der Okefenokee Swamp bedeckt eine Fläche von 2.079 km^2, misst an der breitesten Stelle (Ost-West) 32 km und an der längsten (Nord-Süd) 64 km. Wie ein Schwamm speichert das Sumpfgebiet Wasser, um es als Quellgebiet an den malerischen Suwannee River abzugeben, der in den Golf von Mexiko mündet. Die flachgründigen Seen, mit tiefbraunem Wasser gefüllt, sind von Inseln durchsetzt, auf denen Kiefern, Zypressen oder Magnolien wachsen. Das Flachwasser ist Heimat von wunderschönen Seerosen, Wasserhyazinthen und Schilfdickichten.

8. Tallahassee und die Strecke nach Brunswick, Abstecher nach Jacksonville und St. Augustine – Von Tallahassee nach Brunswick

377

Die meisten Wasserpflanzen sterben in der kalten Jahreszeit ab. Ihre Reste erhöhen allmählich den Seeboden, bis dieser die Wasseroberfläche erreicht. Diese „Pflanzenrest-Inseln" bieten nun wieder Landpflanzen hervorragende Wachstumsmöglichkeiten: Bald wachsen hier Gräser, später Büsche und Bäume. Der torfige Boden allerdings vermag noch lange Zeit nicht wirklich fest zu sein; geht man auf ihm, so federt man ab. Die Indianer nannten deshalb diese Stelle in ihrer Sprache „das Land der bebenden Erde". Je unzugänglicher die Gebiete sind, desto mehr stellen sie ein Paradies für alle wasserliebenden Tiere dar. Neben vielen (scheuen) Alligatoren leben hier unzählige Gänse, Wasservögel, Otter, Schildkröten, Frösche – und etwa 150 Bären, die sich in den bewaldeten Zonen versteckt halten. Wie alle sumpfigen Niederungen ist dies natürlich auch die Heimat vieler Mücken.

In den Okenefokee Swamps

> ☞ **Hinweis**
>
> *Auf Bootstouren werden Sie eine Reihe von Alligatoren sehen, die bis auf wenige Meter an das Kanu heranschwimmen. Keine Angst. Sie tun nichts und sind nicht gefährlich, sondern haben mehr Angst vor Ihnen als andersherum. Nur belästigen Sie die Tiere nicht. Fühlen sie sich angegriffen, werden sie aggressiv.*

90 Prozent des Gebietes stehen als Okefenokee National Wildlife Reserve unter Naturschutz.

Aktivitäten/Erkundungsmöglichkeiten
Es gibt 3 mögliche Zufahrten zu den Sumpfgebieten:
• **Stephen C. Foster State Park**, Westzugang, erreichbar von **Westen** (Valdosta) über den GA 94, von **Norden** von der US 84 bei Homerville und von **Süden** über US 441 (Exit 44 am I-10 zw. Tallahassee und Jacksonville). Bei Fargo/Edith folgen Sie dann der GA 177.

Was gibt es hier? Schöne Cottages; Camping; Bootsverleih (Kanu und Motorboot); sehr kleines Geschäft; Touren mit den Rangern. Hier erwartet Sie die **schönste Natur**! *Lohnenswertes Reiseziel*

• **Suwannee Canal Recreation Area**: Am Suwannee Canal, 11 Meilen südwestlich von Folkston gelegen; erreichbar: Von **Waycross** aus fahren Sie auf der GA 1/23 nach Südosten und von Folkston aus weiter nach Süden auf der GA 23/121.
Von **Jacksonville** fahren Sie entlang der 1/23 in nordwestlicher Richtung bis Folkston und von dort in südwestlicher Richtung über die GA 23/121 (dieses ist nicht die kürzeste, aber schnellste Anfahrt).

Was gibt es hier? Camping; eine Rundfahrt durch den Wald; Bootsverleih (Motorboot und Kanu), erläuterte Bootstouren; Fahrradverleih; kleines Museum; Aussichtsturm (1 Stunde Fußmarsch von der Rundfahrtstrecke); das erste Wohnhaus in den *Erstes* Swamps, deren Bewohner begannen, Terpentin aus den Harzen der Bäume zu gewin- *Wohnhaus* nen (daher auch heute noch die Anritzungen an den Zypressen), während der Pro- *der Swamps* hibition hier aber auch Schnaps gebrannt haben; kleines Geschäft; Snacks.

- **Okefenokee Swamp Park**: 8 Meilen südlich von Waycross über GA 177 und US 1/23 erreichbar

Was gibt es hier? Obwohl dieses Gebiet außerhalb des deklarierten Naturschutzgebietes liegt, gibt es hier einige Erkundungsmöglichkeiten der typischen Sumpflandschaft:
- **geführte Bootstouren** (im Eintrittspreis inbegriffen)
- **Stege**, auf denen man in den Sumpf gelangen kann
- einen 27 m hohen **Beobachtungsturm**
- **Informationsmöglichkeiten** über Tier- und Pflanzenwelt und **Camping** im nahen Laura S. Walker Park

Das Ganze ist ein wenig in Form eines Freizeitparks aufgezogen. Dafür können Sie hier in relativ kurzer Zeit ziemlich viel über die Naturgegebenheiten der Okefenokee Swamps erfahren.

Okefenokee Swamps   ⊙ff

the beaten path

Naturnahes Für Naturfreunde ist das „**Wilderness Canoeing**" ein besonderer Tipp. Es
Kanufahren gibt insgesamt 15 verschiedene Trails, die jeweils 2–5 Tage beanspruchen. Auf
kleinen Holzplattformen kann man zelten. Endpunkt der langen Tour ist in
Florida. Informationen u. Reservierung beim Refuge Manager. Eine Reservierung
ist ratsam und kann bis zu 2 Monate im Voraus vorgenommen werden. Boote
aber, und hier ist für Sie der Haken, müssen Sie mitbringen bzw. bei entsprechenden Verleihern z.B. in Jacksonville ausleihen, da der Endpunkt nicht den
Ausgangspunkt darstellt.

Kanus für Trips, die zum Ausgangspunkt zurückführen, können Sie im Park mieten (s.o.), und zwar an allen drei Punkten. Der Wasserstand lässt das Canoeing
aber nicht zu jeder Zeit überall zu! Die schönsten Routen beginnen am Stephen
C. Foster State Park.

Um der weiteren Reiseroute zu folgen, fahren Sie nun nach Waycross und von hier
über den US 82 weiter nach Brunswick.

8. Tallahassee und die Strecke nach Brunswick, Abstecher nach Jacksonville und St. Augustine – Abstecher nach Jacksonville und St. Augustine

379

Abstecher nach Jacksonville und St. Augustine

Das **Canoeing** im Suwannee River State Park ist einen Extratag wert. (S. 380)

Übernachten Sie in einem **historischen Bed&Breakfast** in St. Augustine. (S. 155)

Die Strände und die Atmosphäre in **Jacksonville Beach** sind um einiges besser als ihr Ruf! (S. 380ff)

St. Augustine, die älteste Stadt Amerikas, ist den Umweg wert. (S. 385ff)

Für die Weiterfahrt nach Norden nehmen Sie am besten die A1A („Bucaneer Trail"), die Sie über **Amelia Island** und durch den netten Fischerort Fernandina Beach führt. (S. 383f)

▸ ▸ **Entfernungen**

Tallahassee – Suwannee River State Park: 90 mi/ 145 km

Suwannee River State Park – Jacksonville: 90 mi/ 145 km

Jacksonville – Jacksonville Beach: 16 mi/26 km

Jacksonville – St. Augustine: ca. 35 mi/52 km

Routenempfehlung

Wenn Sie es eilig haben, nehmen Sie einfach den I-10. Bei Ellaville zweigt man zum Suwannee State Park ab, bei Lake City zum Osceola National Forest. Wenn Sie etwas mehr Zeit mitbringen, können Sie von Tallahassee über die US 90 nach Osten fahren und nehmen dabei die Orte Monticello und Madison noch mit.

Überblick

Sollten Sie sich für diese Strecke entschieden haben, haben Sie die Route zu einer weiteren Hochburg des Badetourismus gewählt, aber auch zu Amerikas ältester Stadt, St. Augustine. Die Strände von Jacksonville bieten Ihnen die Gelegenheit zu einem angenehmen und relativ preiswerten Badeaufenthalt. Am Jacksonville Beach ist nicht so viel Trubel wie z.B. in Panama City, aber es wird trotzdem etwas geboten, vor allem was Freizeitaktivitäten angeht. Das Programm reicht von Golf über Reiten bis hin zu Surfen und Segeln.

Preiswerter Badeaufenthalt

Kulturhistorisch ist „Jax", wie es die Einheimischen nennen, nur von untergeordneter Bedeutung, sieht man einmal ab von der Kingsley-Plantage und der Tatsache, dass die Region um Jacksonville eines der ersten Siedlungsgebiete der Europäer gewesen ist – davon aber sieht man heute nicht mehr viel. Um diesen Aspekt zu erleben, müssen Sie weiter nach Süden fahren bis St. Augustine… und der Abstecher lohnt sich! Für die eher **Naturverbundenen** bietet sich – neben der direkten Streckenvariante – noch die folgende Route an: Fahren Sie zum Suwannee River State Park und zum Osceola National Forest und biegen Sie dann über den US 441 nach Norden ab zu den einmaligen Okefenokee Swamps in Georgia. Lesen Sie ab dort weiter in der Beschreibung „Von Tallahassee nach Brunswick", S. 373ff.

Sehenswerte Kingsley-Plantage

Sehenswertes zwischen Tallahassee und Jacksonville

Entlang der US 90 kommen Sie zuerst durch **Monticello**, einem kleinen Städtchen, das einst bedeutende Baumwollplantagen besaß. Nachdem diese aber von dem mexikanischen Baumwollkäfer heimgesucht wurden, ist es vorbei mit dem Wohlstand. Alte Häuser, wie z.B. das **Monticello Opera House** (1890), wären einen kurzen Stopp wert.

Verschlafenes Südstaaten-nest
Als Nächstes führt die Strecke nach **Madison**, einem typischen, verschlafenen Süd-staatennest, in dem die Uhr bereits stehengeblieben ist. Dieser Atmosphäre wegen sollten Sie hier vielleicht mal eine Pause einlegen. Zu besichtigen gibt es das **Wardlaw Smith House** – ein weiteres Antebellum-Haus.

Suwanee River State Park (ⓘ S. 155)

Dies ist ein wunderbares Gebiet zum Erholen, denn aufgrund seiner abseitigen Lage von den Trampelpfaden des Massentourismus ist der Park wenig besucht. Der Su-wannee River ist ein vielbesungener Fluss. Der Volksliedkomponist *Stephen Foster* nannte ein häufig gesungenes Lied „S'wannee", weil das Wort sehr gut mit dem ame-rikanischen Süden assoziiert werden konnte. Der Suwannee entspringt in den Oke-*Rostfarbenes Wasser* fenokee Swamps in Georgia. Sein Wasser ist rostfarben, und während seines Laufes schlängelt er sich durch wilde Zypressenwälder. Hier im Suwannee River State Park können Sie campen, kleine Wanderungen unternehmen oder eine Kanutour machen. Übrigens endet hier auch der mehrtägige „Suwannee River Canoe Trail", der in den Okefenokee Swamps in Georgia beginnt.

Osceola National Forest (ⓘ S. 155)

Das etwa 650 km² große Waldgebiet – nach dem Seminolenführer *Osceola* benannt – ist hauptsächlich mit Pinien bestanden. Teile des Gebietes sind sumpfig, vor allem Zypressen wachsen hier. Es ist ein urwüchsiges Gebiet, das in letzter Zeit von Prospektoren untersucht wird: Sie suchen in der Region nach Phosphatvorkommen.

Jacksonville Area (ⓘ S. 155)

> ▸ ▸ **Entfernungen**
> Jacksonville – Tallahassee: 163 mi/262 km
> Jacksonville – Miami: 345 mi/555 km
> Jacksonville – Savannah: 142 mi/228 km

Überblick

Größte Stadtfläche der USA
Jacksonville sticht auf der Karte bereits als riesige gelbe Fläche hervor. Und in der Tat, die Stadt besitzt, obwohl sie „nur" 740.000 Einwohner zählt, die größte Stadt-fläche der USA (bemessen nach offizielle Stadtgrenzen)! Die Meinungen über Jack-sonville gehen weit auseinander: Die einen meinen, hier gäbe es gar nichts zu sehen, andere wiederum behaupten, ihr touristisches Potenzial würde weithin unterschätzt. Entscheiden Sie selbst!

Sehenswertes

Übernachten Sie in einem Hotel in **Jacksonville Beach** oder in St. Augustine. (S. 155) Bedeutendste **Sehenswürdigkeiten**: Zephaniah Kingsley Plantation und die Strände sowie die „Landschaft" entlang dem „Bucaneer Trail" (A1A in Richtung Norden). (S. 383f)

Downtown

Die Innenstadt können Sie schnell erkunden. Parken Sie in der Nähe von **Jax Landing (1)**. In diesem Shopping und Entertainment Center direkt zu Füßen der Hochhäuser finden Sie neben Geschäften auch eine Reihe netter Cafés und Lokale für den Abend. Von hier lohnt evtl. ein Spaziergang über die Brücke auf die andere Seite des Flusses (es gab einmal eine kleine **Fähre**, vielleicht wird die ja wieder zum Leben erweckt?), wo mit dem **Southbank Riverwalk (2)** ein weiteres Entertainment-Gebiet auf Sie wartet. Von dort haben Sie eine schöne Sicht auf die moderne **Skyline**. Gleich nebenan befindet sich das **MOSH**, das **Museum of Science & History** (geöffnet: Mo–Fr 10–17 Uhr, Sa 10–18 Uhr, So 13–18 Uhr), dessen Hauptattraktionen das **Alexander Brest Planetarium** und ein Dinosaurier-Skelett sind.

Nette Cafés für den Abend

Wer sich für vornehme Vorstadtvillen interessiert, kann dann noch mit dem Auto in die Stadtteile **Avondale (3)** bzw. **San Marco (4)** (beide südlich der Downtown) fahren – dort gibt es eine Reihe exklusiver Häuser, die einen zum Träumen veranlassen. Kunstinteressierten sei schließlich noch das **Cummer Museum of Art & Gardens (5)** (829 Riverside Ave., geöffnet: Di u. Do 10–21 Uhr, Mi sowie Fr u. Sa 10–17 Uhr, So 12–17 Uhr) mit einer Sammlung aus

Besonders beliebt am Abend: Jax Landing

der Zeit des frühen Ägypten, Gemälden amerikanischer Impressionisten sowie einiger Kubisten empfohlen. Schön ist zudem ein Spaziergang durch die englisch und italienisch gestalteten Gärten.

Amerikanische Impressionisten

Jacksonville Beach Area

Das Strandgebiet erstreckt sich von Norden folgendermaßen: Amelia Island (zumeist private Strände), ein paar Strände auf der Talbot Island und schließlich südlich der Flussmündung die eigentliche Strandregion der Stadt. **Atlantic Beach** bildet das (Erlebnis-) Zentrum mit Shops, Verleihgeschäften und zahlreichen Restaurants. **Neptune Beach** ist eher eine Wohngegend, und die Atmosphäre in seinen Nebenstraßen erinnert an die Zeit der Alt-68er, die mittlerweile aber immer mehr von sonnenhungrigen Collegestudenten verdrängt werden. **Jacksonville Beach** bietet ein

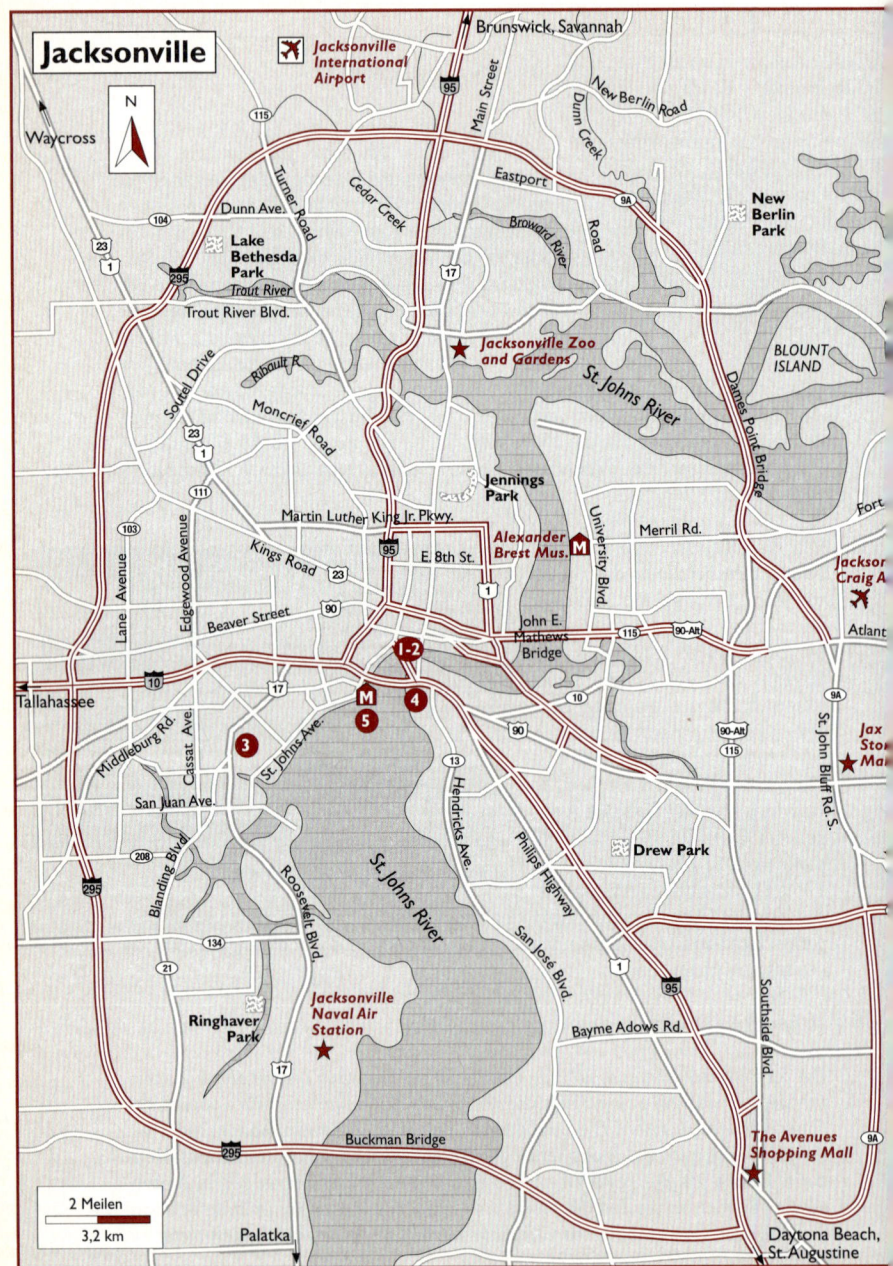

Jacksonville

paar Hotels und ein paar Geschäfte, die eher auf die „Locals" abzielen. **Ponte Verdra Beach** im Süden schließlich ist die „Residential Area" der Oberschicht. Die Geschäfte der Shopping Malls hier sind exquisit, die Resorts gut – aber teuer –, aber der Strand ist, falls nicht in Privatbesitz, eine Oase. Kaum ein Mensch findet hierher. Ehemals – so heißt es – hätte das gesamte Areal von Ponte Verdra dem Rockefeller-Clan gehört. Niemand weiß es aber genau.

Entlang dem Bucaneer Trail nach Amelia Island

Fahren Sie von Jacksonville Beach nach Norden, und folgen Sie immer der FL A1A. **Mayport** ist ein Fischereihafen, in dem Sie zahlreiche gute Fischlokale finden. Der nahe Marinestützpunkt ist übrigens der zweitgrößte an der Ostküste. Setzen Sie nun über mit der **Fähre**. Folgen Sie dem A1A. Nach wenigen Meilen führt linker Hand eine Straße zur Kingsley Plantation.

Zephaniah-Kingsley Plantation (6)

Nördlich am FL A1A, Ft. George Island, 11676 Palmetto Ave. Geöffnet: täglich 9–17 Uhr, Führungen: Mo–Fr 13 Uhr, an Wochenenden 13 und 15 Uhr. Erbaut 1792 von einem Sklavenhändler, übernahm *Zephaniah Kingsley* 1817 die Plantage und behielt sie bis 1829. *Kingsley*, ein Weißer, besaß 200 Sklaven, heiratete dennoch selbst eine Sklavin und vertrat die ungewöhnliche These, dass die Schwarzen den Weißen überlegen seien, moralisch wie auch physisch. Das bewegte ihn dann auch 1837, mit seiner Frau und den Kindern in die Karibik auszuwandern („To avoid the spirit of intolerant injustice in Florida",

Zephania Kingsley Plantation

wie er sagte). Zu besichtigen sind u.a. die Sklavenhäuser und das recht interessante Wohnhaus. Am eindrucksvollsten aber sind die auf den Führungen erzählten Geschichten zur Historie des Sklavenhandels und die Anfahrt durch einen dichten, tropischen Waldbestand, der sich wie ein Tunnel über die Straße wölbt.

Es geht zurück auf den A1A. Auf der folgenden Strecke passieren Sie einige Brücken, an denen häufig sog. **Fish Camps** zu finden sind. Hierbei handelt es sich um dunkle, urige Schuppen, in denen man nicht nur Angelzubehör erwerben kann, sondern auch ein kühles Bier und – sehr verbreitet um Jax – gekochte Erdnüsse. Schauen Sie einmal in so ein Fish Camp hinein. Eine nette Unterhaltung wird sich bestimmt ergeben.

Little und **Big Talbot Island (7)** sind Naturschutzgebiete mit ein paar einladenden Picknickplätzen.

Ehemalige Piratenstadt

Auf **Amelia Island** passieren Sie zuerst die große **Amelia Island Plantation**, die heute aber „nur“ noch ein vornehmes Resort darstellt. Hier finden alljährlich die bekannten Damen-Tennisturniere statt. Nördlich davon führt die Straße an anmutig wirkenden Strandhäuschen vorbei. Endpunkt ist schließlich die kleine Stadt **Fernandina**. Ein paar historische Häuser in den Nebenstraßen und ausgesuchte Boutiquen lohnen einen kleinen Zwischenstopp. Der Ort hat ehemals von Piraterie gelebt, was anhand der vielen einäugigen und -beinigen Holzkameraden kaum zu übersehen ist.

Für einen Lunchsnack bietet sich der „**Palace Saloon**" in der 117 Centre Street, Ecke 2nd Street an. Es ist der älteste Pub in Florida. Ein alter Tresen und Gemälde an den Wänden erinnern an rauere Zeiten.

Fort Clinch (8), direkt nördlich der Stadt, wurde angelegt gegen eventuelle Versuche der Engländer, nach 1812 noch einmal die USA anzugreifen. Es wurde nach alten Unterlagen wiederaufgebaut und bietet Picknickplätze, Angelgelegenheiten und einen Naturpfad.

Nach Brunswick fahren Sie von Fernandina weiter in westliche Richtung auf dem A1A, der dann den nach Norden verlaufenden I-95 kreuzt.

Fort Clinch

St. Augustine (ⓘ S. 155)

Die Stadt liegt knapp 40 Meilen südlich von Jacksonville und ist gut über den I-95, den US 1 oder den A1A von dort zu erreichen.

Geschichte

Die älteste von Europäern gegründete Stadt Amerikas – wer vermutet sie schon in Florida? *Ponce de León*, der spanische Eroberer, betrat hier 1513 zwischen dem Gebiet des Mantanzas Inlet und dem San Sebastian River floridianischen Boden. Ja, er wurde – ungewollt – zum Namensgeber des Bundesstaates. Da es kurz nach Ostern war und alles blühte, war das Land für ihn „Pascua Florida", was soviel wie „blühende Weide" bedeutet. Das Land, das er betrat, eignete sich nicht zum Ackerbau, auch gab es hier keine Schätze, Gold schon gar nicht. Dennoch hatte *de León* so seine Vorstellungen... Als Gouverneur von Puerto Rico hatte er von den dortigen Indianern vernommen, dass es hier einen Jungbrunnen geben solle, der allen Männern ewige Jugend verleihe... Nachdem *de León* ein zweites Mal Florida besucht hatte, wurde er in Indianer-Kämpfe verwickelt und entkam schwer verletzt.

Stadt Ponce de Leóns

Der damaligen Rechtsauffassung zufolge hatte bereits *de León* das Gebiet in spanischen Besitz gebracht. Eine zweite Inbesitznahme im Namen der spanischen Krone fand am 8. September 1565 statt, als Admiral *Pedro Menéndez de Avilés* St. Augustine als erste dauerhafte europäische Siedlung auf dem amerikanischen Kontinent gründete. Florida gelangte nun endgültig in die Hand der Spanier. St. Augustines strategische Funktion war es, fremde Mächte vor einer Inbesitznahme fernzuhalten. St. Augustines Hafen hatte eine geografisch herausragende Bedeutung, war er doch der nördlichste in der Neuen Welt, der die Ansprüche der spanischen Krone zu verteidigen hatte. An St. Augustine – wie an der gesamten Ostküste Floridas – fließt der warme Golfstrom vorbei. Mit einem Tempo von 1,8 km/Stunde brachte er den Seglern der Vergangenheit den nötigen Heimschub. St. Augustine war für die mit Gold und Silber beladenen, aus Mittelamerika kommenden Galeonen ein willkommener Zwischenlandepunkt auf dem Wege nach Europa.

Bis 1763 vermochten die Spanier ihre Stellung mit Hilfe des inzwischen erbauten steinernen Fort **Castillo de San Marcos** zu halten. Dann nahmen die Engländer bis 1783 die Stadt ein. Von 1783 bis 1821 erlangten die Spanier ihren Einfluss wieder, ab 1821 gehört die Stadt zum Gebiet der Vereinigten Staaten.

Englische Besetzung

In der jüngeren Stadtgeschichte spielte der Eisenbahnkönig *Henry Flagler* eine entscheidende Rolle: In den 1880er-Jahren baute er St. Augustine zum Hauptquartier seiner Florida East Coast Railroad Company aus.

Heute zählt die Stadt etwa 12.000 Einwohner. Die Wirtschaftsgrundlage sind kleine Werften, Fischverarbeitung, Buchbindereien, Druckereien... und Tourismus. Viele Reisende kommen her, um die sehr schön restaurierte historische Innenstadt zu

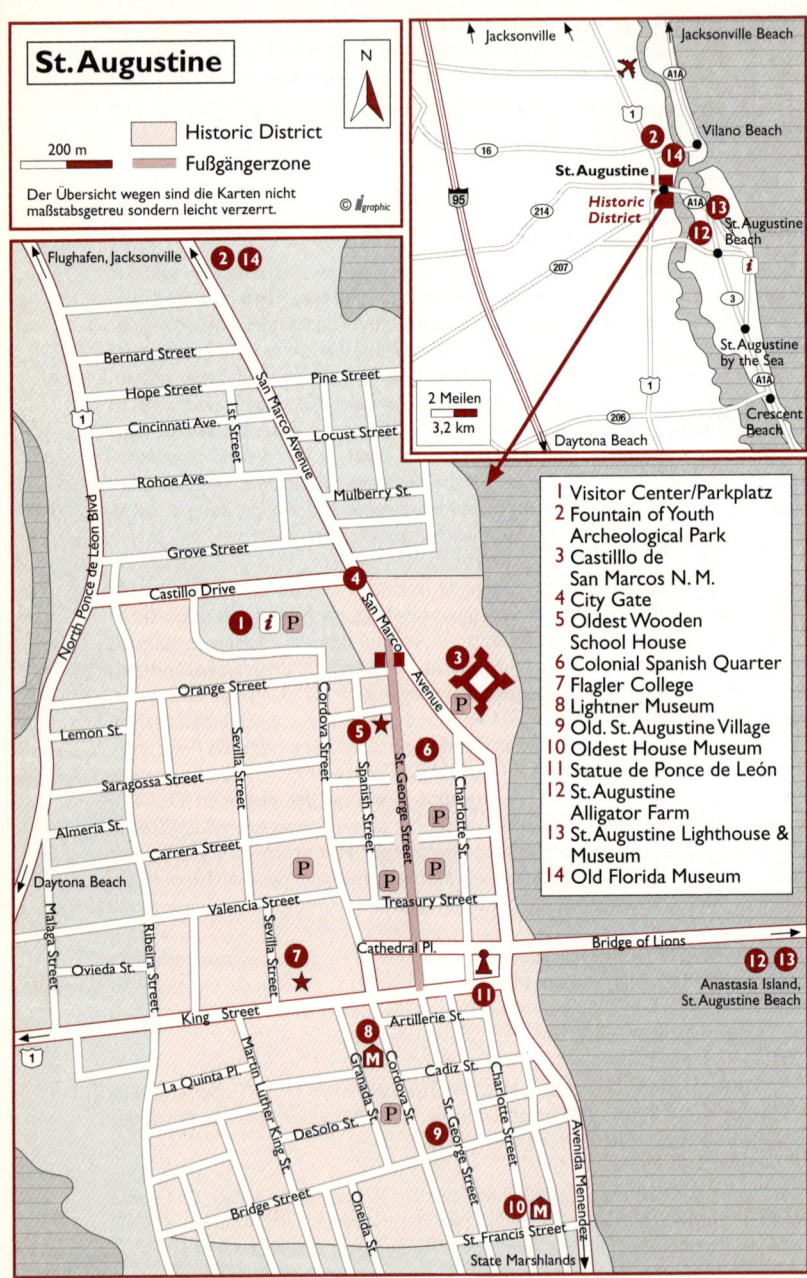

St. Augustine

200 m

Historic District

Fußgängerzone

Der Übersicht wegen sind die Karten nicht maßstabsgetreu sondern leicht verzerrt.

© l/graphic

N

2 Meilen

3,2 km

Jacksonville   Jacksonville Beach

A1A

Vilano Beach

16

St. Augustine

Historic District

St. Augustine Beach

St. Augustine by the Sea

A1A

Crescent Beach

Daytona Beach

1 Visitor Center/Parkplatz
2 Fountain of Youth Archeological Park
3 Castilllo de San Marcos N. M.
4 City Gate
5 Oldest Wooden School House
6 Colonial Spanish Quarter
7 Flagler College
8 Lightner Museum
9 Old. St. Augustine Village
10 Oldest House Museum
11 Statue de Ponce de León
12 St. Augustine Alligator Farm
13 St. Augustine Lighthouse & Museum
14 Old Florida Museum

Flughafen, Jacksonville

Bernard Street
Hope Street
Cincinnati Ave.
Rohoe Ave.
Pine Street
Locust Street
Mulberry St.
Grove Street
Castillo Drive
North Ponce de León Blvd
St. Marco Avenue
1st Street
San Marco Avenue
Orange Street
Lemon St.
Saragossa Street
Almeria St.
Daytona Beach
Malaga Street
Ribeira Street
Sevilla Street
Cordova Street
Spanish Street
St. George Street
Carrera Street
Valencia Street
Treasury Street
Charlotte St.
Cathedral Pl.
Bridge of Lions
Ovieda St.
King Street
Artillerie St.
La Quinta Pl.
Martin Luther King Jr.
DeSolo St.
Cordova St.
Granada St.
Cadiz St.
St. George Street
Charlotte Street
Avenida Menendez
Bridge Street
Oneida St.
St. Francis Street
State Marshlands

Anastasia Island, St. Augustine Beach

erleben und auch wegen der zahlreichen und guten Bed&Breakfast-Unterkünfte, die *Küsten-* sich großenteils auch in historischen Gebäuden befinden. Von St. Augustine kann man *siedlung* zudem gut die Strände an der Küste besuchen. Einige Meilen südlich der alten Stadt *Augustine* direkt am Atlantik hat sich daher auch in jüngerer Zeit eine zweite Ortschaft ange- *Beach* siedelt, St. Augustine Beach.

INFO **Ponce de León**

Der spanische Konquistador wurde 1474 in Santervas/Spanien geboren. 1493 begleitete er Kolumbus auf dessen zweiter Reise nach Westindien. Auf der Insel Hispaniola in der Karibik diente er als Soldat. Von 1502 bis 1504 kämpfte er hier gegen die Inselbewohner. 1508 erkundete er Puerto Rico, entdeckte Gold und gewann die Insel für Spanien. 1512 landete er auf der sagenumwobenen Insel Bimini, wo er den legendären Jungbrunnen suchte, der angeblich ewige Jugend bescherte. 1513 erreichte er Florida in der Nähe des heutigen St. Augustine und erklärte das Gebiet zum spanischen Besitz. Hier wurde er auch des Jungbrunnens fündig...

Ponce de León unternahm noch mehrere Schiffsreisen nach Florida, erkundete den Küstenverlauf und verschaffte Spanien einen ersten Überblick über die indianischen Siedlungen. Ihm wurde angetragen, die Indianer Süd-Floridas niederzumetzeln, da diese Kannibalen seien. Nach einer Reihe von Schlachten segelte de León an die Südwestküste und landete wahrscheinlich in der Umgebung des heutigen Port Charlotte. Hier revanchierten sich nun die Indianer für die erlittene Schmach. *De León* wurde ernstlich von einem Pfeil verwundet. Die Überlebenden seines Trupps segelten zurück ins spanische Kuba, wo *De León* 1521 starb.

Stadtrundgang

Einen guten Überblick über die Stadt kann man sich verschaffen, wenn man an einer Kutschfahrt oder einer Rundfahrt mit den „Sightseeing-Trains" teilnimmt. Innerhalb *Kutschfahrt* von ca. 1 Stunde gelangt man so zu den wichtigsten Sehenswürdigkeiten von St. *zum Über-* Augustine. Diese Fahrten beginnen und enden am Visitor Center (10 Castillo Drive). *blick* Von den Sightseeing Trains können Sie auch an jeder beliebigen Stelle aussteigen und mit einem späteren „Zug" weiterfahren (Hopp-on-hopp-off).

Ausgangspunkt für einen vorgeschlagenen Stadtrundgang (folgen Sie einfach dem Text hier) ist am besten das nachfolgend beschriebene Visitor Center.

St. Augustine Visitor Information Center (1)

10 Castillo Dr., **geöffnet, t**äglich 8.30–17.30 Uhr.
Das Besucherzentrum liegt gegenüber dem Castillo an der San Marco Avenue. Hier erhalten Sie kostenlose Karten, ebenso gibt es hier einen Film über St. Augustine zu sehen. Hinter dem Visitor Center können Sie auch gut parken. Für einen einmaligen Betrag dürfen Sie dann das Fahrzeug zwei Tage stehen lassen.

Fountain of Youth Archeological Park (2)

Legendärer Jungbrunnen

11 Magnolia Ave., geöffnet: täglich 9–17 Uhr.
Der Brunnen befindet sich nördlich des Visitor Information Center in der Magnolia Ave. Es handelt sich um den legendären Jungbrunnen, den *Ponce de León* 1513 aufsuchte. Auch Sie dürfen von diesem Wasser trinken und hoffen, dass es Ihnen Ihre Jugend wiederbringt...

Castillo de San Marcos National Monument (3)

Castillo de San Marco, Bollwerk der Spanier

1 E. Castillo Dr./San Marco Ave., geöffnet: täglich 8.45–16.45 Uhr (im Sommer auch länger)
Dies ist die älteste Steinfestung auf dem Boden der USA. Die Anlage hat die Form eines vierstrahligen Sterns und ist von einem breiten Wassergraben umgeben. An jeder Ecke dieses „Sterns" befinden sich kleine Wachtürme, auch als „Pfefferbüchsen" bezeichnet. Zu Beginn im Jahre 1565 stand hier ein **Holzfort**, das durch weitere 8 Forts ersetzt wurde. Alle Holzbauten fielen jedoch entweder Indianerübergriffen, Angriffen der Engländer oder Bränden zum Opfer. Ab 1672 baute man es deshalb zu einer wuchtigen Steinfestung aus. Als Baumaterial verwendeten die Spanier einen auf der benachbarten Insel Anastasia gebrochenen Muschelstein, den sog. „Conquina". Diese zementähnliche Mischung aus Muschelresten hatte den Vorteil, dass sich das Gestein leicht verarbeiten ließ. Außerdem ist dieses Material etwas elastisch, so dass Kanonenkugeln bei ihrem Aufprall abgefedert wurden.

Muschel-stein als Baumaterial

Gegen Mitte des 19. Jh. diente das Fort auch als **Gefängnis**. Benannt wurde es nach dem Heiligen Markus (San Marco).

Fototipp

*Vom Fort aus hat man einen schönen Überblick auf die mittelalterlich wirkende Stadt.
Beim Rundgang entdeckt man die alten, längst patinierten Kanonen.*

St. George Street

Gehen Sie nun direkt von der Orange Street in südliche Richtung in die als Fußgängerzone gestaltete St. George Street. Zunächst – bevor Sie die Straße erreichen
– sehen Sie das alte **City Gate (Stadttor) (4)** mit einem kleinen befestigten Wall,
wie er früher das Castillo umgab.

Oldest Wooden Schoolhouse (5)

14 St. George St., geöffnet: täglich 9–17 Uhr
Dieses alte Schulgebäude aus Zypressen- und Zedernholz ist über 200 Jahre alt. Auch
wenn dieses Haus eher wie das älteste Amerikas aussieht, sollten Sie es nicht mit „The *Altes
Oldest House" in der St. Francis St. verwechseln. In Broschüren kommt auch nicht im- *Schulgebäude*
mer so deutlich heraus, welches Haus nun wirklich das älteste auf dem Kontinent ist.

Colonial Spanish Quarter (6)

33 St. George St. und Nebenstraßen, geöffnet: täglich 9–17 Uhr
Hier sind einige Häuser im Stil des 17. und 18. Jh. nachgebaut worden. Das **DeMesa-
Sanchez House** ist übrigens echt (Bauzeit:1740–58). Ein kleines Museum auf dem
Gelände gibt noch mehr Einblick in die Geschichte. Täglich finden Vorführungen alter
Handwerkskünste statt. Um die Erläuterungen aber zu verstehen, benötigt man gute
Englischkenntnisse.

Flagler College (7)

78 King St., nur auf Touren zu besichtigen (meist 10 und 14 Uhr, ☎ (904) 823-3378)
Der Eisenbahn-König *Henry Flagler* errichtete hier sein luxuriöses Ponce-de-León-
Hotel. Da man ein Eisenbahnunter-
nehmen nur sinnvoll betreiben
kann, wenn man auch genügend Passagiere hat, baute *Flagler* bekanntlich entlang der Eisenbahnlinien
große Hotels. Seit 1967 ist hier das
Flagler College untergebracht.

Lightner Museum (8)

75 King St., geöffnet täglich 9–17
Uhr.
Es liegt gegenüber dem Flagler
College und war ebenfalls ein Flag-

Ehemals ein Hotel, heute das Lightner Museum

ler-Hotel, das „Alcazar" (1888 erbaut). Anfang der1930er-Jahre wurde das Hotel aus wirtschaftlichen Gründen geschlossen. 1948 kaufte es dann der Chicagoer Medienzar *Otto C. Lightner*, dessen ausladende Kunstsammlung aus der viktorianischen Zeit es heute beherbergt. Dazu gehören z.T. sehr wuchtige Möbel, Haushaltsgegenstände (inkl. einer eindrucksvollen Porzellan- und Glassammlung), Tiffany-Lampen, Musikinstrumente, eine Straßenszene (mit Geschäften und entsprechenden Verkaufswaren), aber auch archäologische Sammlungen sowie Indianerkunst, die man in dieser Zeit gesammelt hat. Zugegeben gibt es einen etwas „wilden Rundumschlag" aus der Zeit hier zu sehen, aber es sind wirklich gute Stücke dazwischen und das Gebäude selbst gibt einen tollen Rahmen für die Ausstellungen ab.

Viktorianische Kunst- sammlung

Old St. Augustine Village (9)

250 St. George St. (Eingang Bridge St.), geöffnet: täglich 9–17 Uhr, Touren zu jeder vollen Stunde von 10–15 Uhr (nicht um 13 Uhr).

Architektur- schau der Epochen

Hier wurden 10 Gebäude aus vielen Epochen von St. Augustine wiederhergerichtet. Beginnend um 1790 mit einem Haus, in dem einst auch ein ins Exil geschickter Neffe von *Napoleon, Achille Murat* gelebt hat, bis hin zu einem Haus aus der Zeit vor dem 1. Weltkrieg. Ein gutes Museum, um an das Erfahrene aus dem Colonial Spanish Quarter anzuschließen.

Mehrfach ausgebaut: The „Oldest House"

Oldest House (10)

14 St. Francis St., geöffnet, 9–17 Uhr
Die Architektur ist ein Gemisch spanischer, britischer und amerikanischer Einflüsse. Während das Untergeschoss aus Sandstein besteht, fügten die Engländer einen 2. Stock aus Holz an. Das Haus ist in Etappen zwischen 1702 und 1727 gebaut worden und beherbergt auch ein kleines Museum.

Sie können nun der Straße einfach nach Osten folgen und kommen automatisch in die Uferstraße Avenida Menéndez. Zur linken Seite liegt dann am Cathedral Place die **Statue von Ponce de León** (11). Ihr gegenüber führt die **Bridge of the Lions** auf die Anastasia Island.

Weitere Sehenswürdigkeiten in St. Augustine

St. Augustine Alligator Farm (12)

4 km südlich der Stadt an der A1A gelegen, 999 Anastasia Blvd.; geöffnet täglich 9–17 Uhr. Täglich mehrere Vorführungen und Erläuterungen zum Leben der Alligatoren.

Der Besuch dieser bereits 1893 gegründeten Alligatorenfarm lohnt unbedingt. Es ist die einzige Zuchtstation, wo alle 23 Alligatorenarten der Welt zusehen sind. Begehen Sie das im Naturzustand belassene Alligatorenhabitat. Vom Hochsteg aus kann man sich die Ungetüme ansehen. Übrigens: Alligatoren können zwar gewaltig mit ihren Zähnen zuschlagen, doch da sie nur sehr schwache Muskeln haben, gelingt es mit Leichtigkeit, ihr Maul mit einer Hand geschlossen zu halten (doch probieren sollten Sie dies lieber nicht!).

„Alligator-Treffen" auf der Alligatorfarm

Eine Ausstellung widmet sich dem wohl **größten bekannten Alligator** („**Gomek**"), der über 5 m lang gewesen ist und der einst auch hier zu Hause war. Gomek starb 1999. Außerdem gibt es u.a. auch **chinesische Krokodile** zu sehen, die vom Aussterben bedroht sind und die man hier zu Fortpflanzung animieren will. Einen herrlichen Platz haben hier auch **Riesenschildkröten** gefunden, die täglich nachmittags mit dekorativen Obst- und Gemüsetellern verwöhnt werden. Alligatorenkämpfe finden hier aber nicht statt, da man zu der Einsicht gelangte, dies würde die Panzerechsen zu sehr aufregen.

St. Augustine Lighthouse & Museum (13)

Anastasia Island, Lighthouse Ave., Abzweig vom A1A, nahe der o.g. Alligatorfarm (gut ausgeschildert), geöffnet täglich 9–17 Uhr. Mit knapp 50 m ist dieser Leuchtturm einer der höchsten an dieser Küste. Heute können Sie die 219 Stufen auf den Turm hinaufklet-

Das St. Augustine Lighthouse kann man besteigen

tern und die Aussicht von dort oben genießen. Beim Aufstieg dürfen Sie sich auch an beschwerten Ölkannen versuchen. Dieses Gewicht an Öl fürs Lampenfeuer musste nämlich früher der Leuchtturmwärter täglich (z.T. mehrmals) hinaufschleppen.

Beschwerliches Leben der Leuchtturmwärter

Im Haus unten erzählt ein kleines Museum die maritime Geschichte der Region sowie die der in der Stadt ansässigen Küstenwache.

Old Florida Museum (14)

Aktivitäten für Kinder

245-D San Marco Ave. (nördl. der Stadt), geöffnet: täglich 10–17 Uhr.
Das Museum beschäftigt sich mit der Geschichte von Florida und richtet sich besonders an Kinder. Hier können alte Handwerkskünste selbst ausprobiert und erlebt werden, wie z.B. die Indianer bzw. die ersten Spanier hier gelebt haben.

Georgia-Telegramm

Abkürzung	GA
Beiname	„Empire State of the South", auch als „Peach State" bezeichnet (peach = Pfirsich)
Namensherleitung	nach dem englischen König *Georg II.* benannt
Staat seit	2. Januar 1788 (4. Staat)
Höchster Berg	Brasstown Bald Mountain – 1.460 m
Staatsblume	Cherokee Rose
Staatsbaum	Eiche
Fläche	154.000 km²
Einwohner	7,8 Mio. (davon 27 Prozent Schwarze/Afroamerikaner)
Einwohnerdichte	51 E/km²
Hauptstadt	Atlanta (440.000 E.; Metropolitan Atlanta: 4,3 Mio.)
Weitere Städte	Columbus (190.000 E.), Savannah (155.000 E.), Macon (110.000 E.), Albany (83.000 E.)
Wichtigste Wirtschaftszweige	**Landwirtschaft**: Der traditionelle Baumwollanbau weicht zunehmend dem Anbau von Getreide und den Sonderkulturen (Gemüse, Obst, Erdnüsse; ferner Schweine- und Geflügelhaltung. Die **Industriestruktur** ist sehr differenziert: Papier- und Holzindustrie, Textilwerke, Nahrungsmittel-Weiterverarbeitung, Rüstungsindustrie sowie High-Tech-Firmen. **Bodenschätze**, Kaolin, Marmor, Granit, Bauxit
Touristisches Potenzial	Im Norden locken die Blue Ridge Mountains, im Süden liegt das große Naturschutzgebiet der Okefenokee Swamps (= größtes Moorgebiet in den USA). Die Atlantikküste mit den vorgelagerten Inseln bietet hervorragende Bade- und Erholungsmöglichkeiten an. Alte Städte wie vor allem Savannah lassen den Zauber des Alten Südens spüren und sind ein architektonisches Kleinod.
Interessantes zu Georgia	Das Weihnachtslied „Jingle Bells" wurde von *James L. Pierpont* in Savannah geschrieben. Varsity in Atlanta ist der größte Fastfood-Imbiss in der Welt. Täglich werden 2 Meilen Hot Dogs serviert sowie 1,3 Tonnen Kartoffeln für Speisen präpariert. *Martin Luther King* erhielt 1964 als erster Einwohner Georgias den Friedensnobelpreis. Es gibt 51 Salamander- und 27 Schildkrötenarten in Georgia.

9. Von St. Augustine/Jacksonville nach Savannah

Die Strecke von St. Augustine/Jacksonville nach Savannah

▸ ▸ **Entfernungen**
Jacksonville–Savannah: 142 mi/228 km, mit Umwegen zur Küste und auf die Inseln ca. 400 km.

Streckenalternativen
Der I-95 bildet Ihre Hauptstrecke, von der Sie, je nach Wunsch, abzweigen können an die Atlantikküste. Am besten eignen sich dazu die Jekyll- und St.-Simons-Inseln, die Sie über Brunswick erreichen (Exit 6). Fahren Sie erst zur Jekyll Island, danach durch

Redaktions-Tipps

Übernachten Sie stilvoll, aber teuer im ehemaligen Millionärsclub auf Jekyll Island, dem **„Jekyll Island Club"**. (S. 155)
Gut essen: Der **„Grand Dining Room"** im Jekyll Island Club bietet ein unvergessliches Erlebnis. (S. 155)
Möchten Sie auf die Cumberland Island oder Little St. Simon's Island fahren, bedenken Sie, dass die **Fähren** nur zu bestimmten Zeiten ablegen. Unbedingt aktuell noch mal erkundigen. (S. 155)
Zeiteinteilung: Eilige: Entlang dem Interstate schnell nach Savannah und den Nachmittag dort verbringen.
ganzer Tag: Erst zur **Jekyll Island** und dort den historischen District mit den Millionärsvillen anschauen, anschließend nach Brunswick. Dort essen, dann kurz zum Fort Frederica auf der St. Simons Island fahren. Von hier schnell zurück auf den Interstate und ohne Zwischenstopp nach Savannah.
Tage: Wie oben, doch übernachten Sie auf der **St. Simons Island**. Am zweiten Tag sollte dann noch Zeit für den Besuch der Plantage sein.

Brunswick und abschließend zur St. Simons bzw. Sea Island. Von dort dann weiter in Richtung Norden.
Eine alternative Strecke parallel zum Interstate bietet der US 17, der in früherer Zeit die Hauptlinie entlang der Ostküste gewesen ist.
Anfahrt zur Cumberland Island: Gleich hinter der Staatsgrenze zu Georgia (am Georgia Welcome Center) führt eine Stichstraße nach St. Mary's, von wo eine Fähre zur Insel übersetzt.

Überblick

Dieser Routenabschnitt führt parallel zur Atlantikküste. Sollten Sie es eilig haben, schaffen Sie die Strecke auf dem Inter-

Von Jacksonville nach Savannah

Reiseroute

state in 3–4 Stunden, hätten somit also noch den Nachmittag für eine erste Erkundung von Savannah. Vom Interstate aus aber sehen Sie das Wasser nicht und auch sonst ist die Fahrt hier monoton.

Haben Sie aber den ganzen Tag Zeit, eventuell auch etwas mehr, lohnt ein Abstecher nach Brunswick und zu den „Golden Isles" aus folgenden Gründen:
- Brunswick bietet den „Charme der ehemals besseren Zeiten" (30-minütige Rundtour).
- Jekyll Island fasziniert wegen seiner imposanten Ferien-Villen ehemaliger Millionäre (1–2 Stunden) und eines bezaubernden Strandes an der Ostküste (1 Stunde),
- und St. Simons Island lohnt der Urlaubsatmosphäre wegen. Außerdem gibt es hier Reste eines alten Forts zu sehen (2 Stunden).
- Nur wer mehr Zeit hat (mind. 1 Tag), kann noch auf die naturbelassene Little St. Simons Island übersetzen und dort auch nächtigen. Diese ist aber ziemlich teuer, denn die Insel ist in Privatbesitz.

Ansonsten können Sie noch kurz die Hofwyl Broadfield Plantation nördlich von Brunswick besichtigen. Weitere Höhepunkte finden sich nicht bis Savannah, und Stopps am Fort Morris bzw. Fort McAllister State Historic Park lohnen die verlorene Zeit für Savannah nicht. Naturliebhabern aber sei eine Fahrt zur Cumberland Island empfohlen. Eine schöne und weitgehend unberührte Dünenlandschaft wird Sie für den Umweg belohnen. Einen ganzen Tag oder besser zwei Tage inklusive Übernachtung (teuer! Alternative: Sehr einfache Campgelegenheit) müssen Sie aber einplanen. **Ein kurzer Trip hierhin ist nicht möglich.**

Sehenswertes

Off

the beaten path

Eine Tour zur Cumberland Island (ⓘ S. 155)

Im Gegensatz zu den Erläuterungen in den anderen Kapiteln in Bezug auf abgelegene Strecken müssen Sie sich hier gleich im Vornherein darüber im Klaren sein: Es lohnt eigentlich nur, wenn Sie mindestens eine Übernachtung einplanen und bereit sind, dafür entsprechend **tief in die Tasche zu greifen**. Einzige **Alternative: einfaches Campen**.

Anfahrt: Nehmen Sie die Stichstraße am Georgia Welcome Center und fahren Sie zur Fähre nach St. Marys. **Kein Autoverkehr auf der Insel!**

Reservieren: Es ist unabdingbar, den Aufenthalt auf der Insel zu reservieren, da täglich nur eine begrenzte **Zahl an Besuchern** auf die Insel darf (siehe Gelbe Seiten).

Was gibt es zu sehen? In erster Linie beeindruckt die Landschaft: An der Küste unberührte Dünen, zum Land hin ein eindrucksvolles Sumpfgebiet. Um die Landschaft richtig genießen zu können, sollten Sie etwas abseits der Anlegestelle herumwandern. Am schönsten ist es ganz im Norden, doch benötigen Sie mindestens einen vollen Tag, um dorthin zu wandern. Auch die Tierwelt ist einmalig. Es gibt u.a. Seeschildkröten, Alligatoren, Gürteltiere, wilde Pferde (von den Spaniern hinterlassen) und über 300 Vogelarten. Falls Sie länger auf der Insel bleiben, sollten Sie sich erst einer geführten Wanderung mit einem Ranger anschließen und dann – mit ausreichendem Wissen über die Natur – auf eigene Faust losziehen.

Beeindruckende Flora und Fauna

Auch der Mensch hat seine Spuren hinterlassen: Bereits die Spanier und später die Engländer erkannten die strategische Lage der Insel. Im 19. Jh. kamen dann die Pflanzer. Heute sind die Villenruine **Dungeness** im Süden der Insel und das wieder restaurierte Haus **Plum Orchard** (7 Meilen nördlich des Visitor Center), das einstmals als Wohnsitz der Carnegie-Kinder errichtet worden ist, einzige Zeugen vergangener Tage. Die Carnegies waren im 19. Jh. die reichste Familie der Insel.

Einst Wohnsitz der Carnegie-Kinder

Strände: Die Länge des weißen Strandes beträgt 18 Meilen. Platz genug für die maximal 300 Leute, die täglich die Insel besuchen dürfen.

Plum Orchard

Brunswick und die „Golden Isles" (ⓘ S. 155)

Strand auf St. Simon's Island

Von Süden kommend, führt Sie Ihr Weg zuerst zur **Jekyll Island**, der südlichsten der 7 „Goldenen Inseln" (die anderen Inseln sind: Cumberland, St. Simons, Little St. Simons, Ossabaw, St. Catherine's und Sapelo). Auf Jekyll Island wurde 1858 die letzte in Amerika angekommene „Ladung" Sklaven in Empfang genommen. Ende des 19. Jh. wurde die Insel zum Sitz eines Clubs, dessen superreiche Mitglieder ein Sechstel des gesamten Weltvermögens besaßen. Milliardäre wie *Rockefeller, Goodyear,*

Millionärsinsel mit „heißem Draht" *Pulitzer* und *Crane* kamen alljährlich von Januar bis April und wähnten sich unter ihresgleichen. Ihre Villen bezeichneten sie bescheiden als „Cottages". Jekyll Island wurde zu dieser Zeit nur als die „Millionärsinsel" bezeichnet, und ein extra angelegtes Telefonnetz, der „heiße Draht", verband diese abgelegene Insel direkt und exklusiv mit Metropolen wie New York, Chicago, Los Angeles und San Francisco. Mit der Rezession in den 1930er-Jahren und den sozialen Problemen im und nach dem 2. Weltkrieg löste sich der Club schließlich auf, und die Insel wurde an den Staat verkauft.

Heute bieten sich Ihnen auf der Insel folgende Möglichkeiten:
Besuch des **Historic District**: Eine historische Tram fährt stündlich vom **Historical Museum** ab, und die Rundfahrt schließt Besichtigungen von 3 „Cottages" und des eindrucksvollen Komplexes des „Jekyll Clubs" (heute ein vornehmes Hotel) ein. Schlendern Sie danach auch alleine etwas durch diesen Ortsteil.

Die **Rundstraße um die Insel** führt Sie anschließend an den Ruinen des **Horton House** vorbei. Auf der **südöstlichen Seite der Insel** befinden sich die meisten Hotelanlagen, denn hier ist auch der Strand, der immer wieder einlädt zu einem kurzen Sprung ins Wasser. Im Südosten schließlich dominieren die **Dünen**, durch die Sie eine kurze Wanderung unternehmen sollten.

Rundweg für Fahrradfahrer Falls Sie länger bleiben sollten, lohnt sich das **Ausleihen eines Fahrrades**. Ein Fahrradwanderweg führt um die ganze Insel. Verleih ist an fast jedem Hotel, am Jekyll Harbor Marina (an der Inselzufahrt) und am Airport. Die vielen Bäume und der fast als Dschungel zu bezeichnende Wald bieten genügend schattige Strecken, so dass ein Hitzschlag kaum zu erwarten ist.

Nachdem Sie die Insel wieder verlassen haben, führt der US 17 über eine große, neue Brücke nach **Brunswick**. Es ist die größte Spannbrücke Georgias. Sie wurde 2004 eingeweiht in der Annahme, der Hafen der Stadt würde bald expandieren und größere Schiffe würden anlaufen. Die Brücke ist 2,1 km lang und an der höchsten Stelle misst sie 150 m über dem Wasserspiegel. Mittlerweile laufen auch ein paar größere Schiffe Brunswick an, vor allem Autotransporter und Papierfrachter.

Die kleine Stadt wurde 1771 gegründet und verdankt ihren Namen dem englischen König *Georg III.* aus dem Hause Braunschweig (gehörte zu Hannover). Brunswick gelangte zu einem gewissen Wohlstand, als es Sitz des Glynn Countys wurde, und durch den Hafen, der als Hauptverladehafen des südlichen Georgia fungierte. Heute jedoch ist in der Stadt nicht mehr viel davon übrig. Der Hafen spielt nur noch eine untergeordnete Rolle und ist einzig noch berühmt für seine Krabbenfischerflotte. Wie viele andere Städte behauptet auch Brunswick von sich, die „Hauptstadt der Krabbenfänger" zu sein.

Berühmte Krabben-fängerflotte

Die alten Häuser stehen auch heute noch, wenn auch z.T. als heruntergekommene Ruinen oder in recht schlechtem Zustand. Das gibt der Stadt aber eine eigene Note, und der echte Charme des Südens – ohne künstlich herausgeputzte Antebellum-Villen – bietet dem Besucher auch etwas. Eine kleine Rundfahrt ist Brunswick somit allemal wert. Das Zentrum erreichen Sie am besten über die zweite Zufahrt zur Stadt (Gloucester Rd.).

Über eine Brücke nun führt eine Straße zur **St. Simons Island**. Die Insel ist heute Ziel vieler Touristen aus Savannah, Jacksonville und Atlanta und daher an Sommer-wochenenden und während der Ferienzeit im Ortskern ziemlich überlaufen. Trotzdem bietet sie allemal eine empfehlenswerte Al-ternative für einen 1- bis 2-tägigen Strandaufenthalt. Die Hotels sind in der Regel nett und beschaulich, und auch die großzügige Anlage der Wohngebiete – alle in einem

Die Brücke des US 17: 2,1 km lang und 150 m hoch

dschungelähnlichen Wald „versteckt" oder untergebracht auf ehemaligen Planta-genanlagen (oft in Form eines Golf-Resorts) – hat ihren Reiz. Im kleinen Ortskern (um die Mallery Street) dagegen dominieren Boutiquen, Restaurants, Antiquitä-tenläden und lustige Ramschgeschäfte. Auch diese Insel lässt sich gut mit einem Mietfahrrad erkunden.

An eigentlichen Sehenswürdigkeiten gibt es folgendes (auch hier verkehrt ein Trolleybus zu den Sehenswürdigkeiten):
Fort Frederica Nat. Monument: Frederica Rd., nördlich des Ortes, geöffnet: täg-lich 9–17 Uhr. Das Fort wurde 1736 von General *Oglethorpe* auf einer kleinen Anhöhe zur Festlandsseite hin errichtet. Als „Zement" wurden Ton, Sand und vor allem Austernschalen verwandt. *Oglethorpe* wollte von hier aus Florida erobern. Seine einzige Bewährungsprobe bestand Frederica 1742, als spanische Truppen von Süden kommend versuchten, es einzunehmen. Die Schlacht auf St. Simons Island („Bloody Marsh Battle") fiel zugunsten der Engländer aus, und damit waren die Spanier für immer aus dem englischen Machtbereich vertrieben. Bereits 1748 verließen die Sol-daten das Fort wieder und mit ihnen auch die Händler.

Bewährungs-probe gegen Spanier bestanden

Fort Frederica

Heute sind nur noch die Ruinen zu sehen, die von der Parkverwaltung mit zahlreichen interessanten Erläuterungen versehen sind. Die gesamte Anlage eignet sich auch hervorragend für einen Spaziergang unter den mit Spanischem Moos behangenen Bäumen – oder zu einem Picknick.

Museum of Coastal History/ Lighthouse Museum, 101 12th St. (im Ortskern), geöffnet Mo–Sa 10–17 Uhr, So 13.30–17 Uhr. Kleines Museum mit ein paar Exponaten zur Lokalgeschichte. Lohnenswert der Aufstieg auf den Leuchtturm. Von oben haben Sie eine schöne Aussicht auf die Insel und können auch Brunswick und Jekyll Island sehen.

Exklusive Privatinsel

Little St. Simons Island: Privatinsel mit einer kleinen, sehr ansprechenden Lodge. Hier haben Sie die Möglichkeit zu paddeln, Pferde zu mieten und Wanderungen entlang von Naturpfaden zu unternehmen. Sie kommen nur ein- bis zweimal täglich mit einem Boot auf die Insel, das ganz im Norden von St. Simons Island ablegt. Aktuelle Abfahrtszeiten erfragen Sie bitte vor Ort (wechseln zu oft).

Sea Island: Das luxuriöse Cloister Resort, eine riesige Hotelanlage, die zu den schönsten der Welt gezählt wird, ist alles, was Sie hier erwartet. Erbaut 1920 in spanisch-maurischem Stil, zielt sie aber eher auf den amerikanischen Geschmack. Wer hier trotzdem übernachten möchte, bekommt für gesalzene Preise aber auch etwas geboten: eigener Strand, Raquetplätze, eine schöne Golfanlage und und und ... Hier trafen sich übrigens die Staatschefs der G 8 im Jahre 2004.

Zurück auf dem Festland, fahren Sie zumindest noch ein Stück auf dem US 17. 14 Meilen nördlich von Brunswick passieren Sie dabei die **Hofwyl Broadfield Plantation**, eine alte Reisplantage aus dem 19. Jh., die Sie täglich außer montags besich-

INFO Gullah – der Slang der Ostküste

Gullah wird wissenschaftlich zu den „Pidgin"-Sprachen gezählt. Pidgin ist ein Begriff für die Abänderung europäischer Sprachen durch die Ureinwohner der Kolonien. Da Pidgin somit niemals als Muttersprache gelernt worden ist, sind Grammatik und Wortschatz stark eingeschränkt. Beim Gullah, dem kaum verständlichen Slang der Ostküste, waren es die ersten Sklaven, die mit dieser Sprache eine Brücke zum Englischen geschlagen haben. Gullah hat die Jahrhunderte aber überlebt, und im Gegensatz zum typischen Pidgin wird es heute von Geburt an gesprochen als Muttersprache – vornehmlich natürlich in den schwarzen Familien. Der Wortschatz wird auf ca. 1.700 Wörter geschätzt, und die Grammatik kennt nur 2 Vergangenheitsformen.

tigen können. Ihren Namen verdankt sie ihrem Gründer (Broadfield), der in der Schweiz ein Internat besucht hatte (Hofwyl). Das Herrenhaus ist gut erhalten und mit verschiedenen Antiquitäten möbliert.

Bei Richmond Hill, ca. 25 Meilen südlich von Savannah, führt die GA 144 zum **Fort Mc Allister Historical Park** (geöffnet: Di–So 9–17 Uhr). Zwar blickt dieses Fort auch auf eine bewegte Geschichte zurück und die Rekonstruktion seines Zustandes von 1864 ist gelungen, doch ist das Fort Pulaski östlich von Savannah trotzdem interessanter, und ich schlage Ihnen daher Folgendes vor:

Sparen Sie Ihre Zeit auf und fahren Sie gleich weiter nach Savannah. Bevor Sie dann aber dort in die Innenstadt zielen, machen Sie zuerst den Bogen östlich um die Stadt herum und fahren Sie zum Fort Pulaski – wenn Sie ganz viel Zeit haben, vorher sogar noch zun Wormsloe Historic Site. Anschließend können Sie noch zum Baden an den Strand von **Tybee Island**. Auf diese Weise können Sie sich daraufhin schließlich ganz dem historischen Stadtkern von Savannah widmen.

Fischerboote nahe Tybee Island

Savannah (ⓘ S. 155)

▸▸ **Entfernungen**
Savannah – Jacksonville: 142 mi/228 km
Savannah – Atlanta: 256 mi/412 km
Savannah – Charleston: 105 mi/169 km
Savannah – Tybee Island: 18 mi/28 km

Überblick

Oft wird Savannah verglichen mit Charleston, SC. Charleston ist mit Sicherheit herausgeputzter, so wie eine kleine „Puppenhausstadt", doch Savannah hat dagegen noch einiges mehr von seiner Ursprünglichkeit erhalten. Greifen Sie hier etwas tiefer in die Tasche und leben Sie die Stadt aus: Wohnen Sie in einem der schönen Bed& Breakfasthäuser, speisen Sie mit Stil, erwandern Sie die River Street morgens, wenn noch weniger Touristen dort sind, genießen Sie die schattigen Parks der 21 Town Squares, kehren Sie abends ein, wo Ihnen die Livemusik gefällt und **schlendern** Sie vor allem einfach so durch die Straßen des historischen Distrikts. Versprochen: Nach kürzester Zeit ist Ihr Film verknipst und Ihr Wunsch, noch eine Nacht länger hier zu bleiben, kaum noch zu verdrängen.

Ursprüngliches Savannah

Schlendern durch den historischen Distrikt

Ich persönlich bin der Meinung: Was Städte in den Südstaaten angeht, Savannah ist nach New Orleans die eindrucksvollste – und Savannah hat ein paar Vorteile: Es ist überschaubar (und begehbar) und Sie müssen – **noch** zumindestens – sich nicht in abgelegene Stadtteile verziehen, um „off the beaten path" zu gelangen. Haben Sie also in Ihrer Reiseplanung einen zusätzlichen Tag übrig, verbringen Sie ihn hier.

Geschichte

Im Februar 1733 landete General *James Edward Oglethorpe* mit 120 Kolonisten bei Yamacraw Bluff am Savannah River. Er hatte den Auftrag, die britische Kronkolonie Georgia zu gründen. Bei der Anlage der Stadt nutzte *Oglethorpe* eine Skizze aus Robert Castells Buch „Village of the Ancients". Das, was heute Stadtplaner unter „Daseinsgrundfunktionen und ihre räumliche Verteilung" verstehen, setzte schon vor über 250 Jahren *Oglethorpe* bei der Stadtplanung von Savannah um:

Früher Stadtplaner

• Er legte 24 „town squares" (= öffentliche Plätze mit Grünanlagen – 21 davon existieren heute noch) an, die für die umliegenden Bewohner jeweils als „Gemeindezentrum" dienten. Hier wurde z.B. gekocht, denn kochen war in früherer Zeit in den feuergefährdeten Holzhäusern nicht erlaubt. Der Johnston Square war der Hauptplatz, und hier standen stadteigene Backöfen zum Brotbacken.

Cotton Exchange Building

• Jede Siedlerfamilie erhielt ein Grundstück mit einem Gartenteil (5 acres).
• Am Hafen entstand ein Geschäftsviertel.
• Außerhalb der Stadt vergab man Farmgrundstücke (45 acres groß).

Redaktions-Tipps

• **Übernachten** Sie in einem gediegenen **Bed&Breakfast Haus**. (S. 155)
• Für ein üppiges und unvergessliches Mittagsmahl müssen Sie unbedingt zu „**Mrs. Wilkes Boarding House**". (S. 155)
• Das spätabendliche Programm gestaltet sich am besten an der **River Street**, wobei jüngere Leute auch die Region um den **Market Square** probieren sollten. (S. 155)
• **Touren/Kutschfahrten**: Das Angebot an erläuterten Touren (Trolleyfahrten, themenbezogene Touren) ist in Savannah groß. (S. 155, 402)
• **Zeiteinteilung**: Anfahrtstag plus 1 Tag: Anfahrtstag: Erst zum Fort Pulaski, von hier aus in die Innenstadt. Abends irgendwo entlang der River Street etwas Billiges essen (um die Reisekasse für den nächsten Tag zu schonen). 1. (nächster) Tag: Besuch des Visitor Center und des **Historischen Museums**. Danach die River Street entlanglaufen und das Ship of the Sea Museum kurz besuchen. Anschließend zurück entlang dem Factory Walk und einen Snack im Bereich des City Markets. Am Nachmittag einfach nur durch die schönen Straßen des historischen Distrikts schlendern und vielleicht das Green Meldrim House besichtigen. **Pausen** einlegen auf den schattigen Town Squares! Abends gepflegt dinieren (vorher reservieren!).

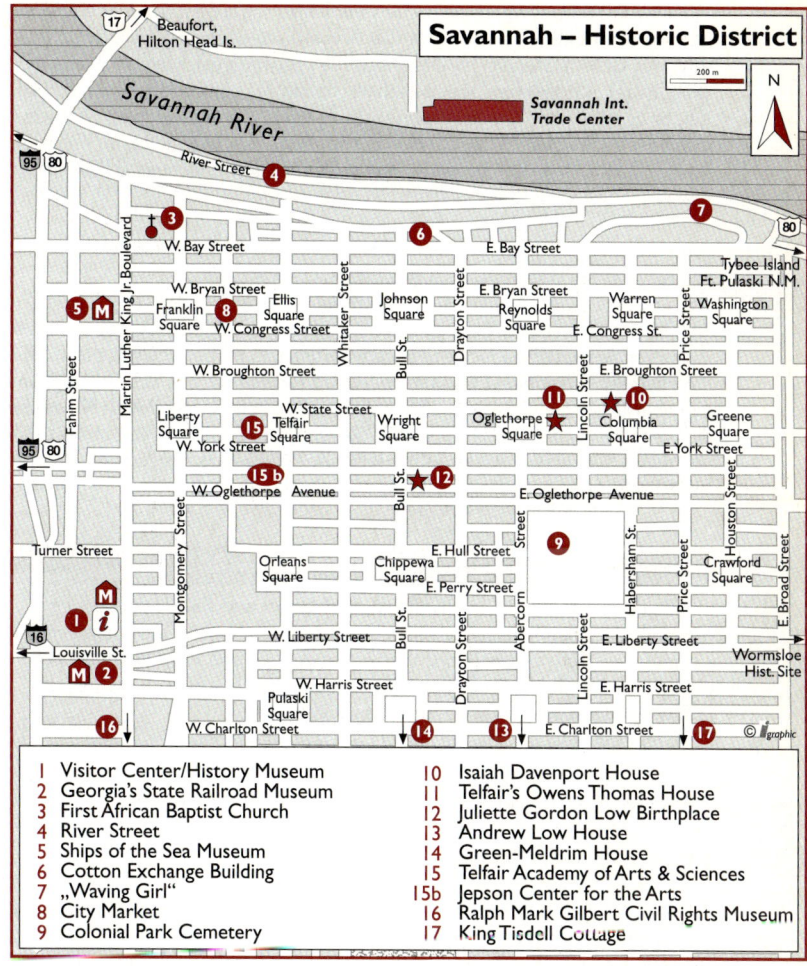

Savannah – Historic District

200 m

N

Beaufort, Hilton Head Is.

Savannah River

Savannah Int. Trade Center

River Street

Tybee Island Ft. Pulaski N.M.

W. Bay Street

E. Bay Street

W. Bryan Street

E. Bryan Street

Martin Luther King Jr. Boulevard

Franklin Square

Ellis Square

Johnson Square

Reynolds Square

Warren Square

Washington Square

W. Congress Street

E. Congress St.

Fahm Street

W. Broughton Street

E. Broughton Street

Whitaker Street

Bull St.

Drayton Street

Price Street

Liberty Square

Telfair Square

W. State Street

Wright Square

Oglethorpe Square

Columbia Square

Greene Square

W. York Street

E. York Street

Lincoln Street

Montgomery Street

W. Oglethorpe Avenue

E. Oglethorpe Avenue

Bull St.

Turner Street

Orleans Square

Chippewa Square

E. Hull Street

Street

Crawford Square

E. Perry Street

Habersham St.

Price Street

Houston Street

E. Broad Street

Louisville St.

W. Liberty Street

Bull St.

Drayton Street

Abercorn Street

Lincoln Street

E. Liberty Street

Wormsloe Hist. Site

W. Harris Street

E. Harris Street

Pulaski Square

W. Charlton Street

E. Charlton Street

© igraphic

1 Visitor Center/History Museum
2 Georgia's State Railroad Museum
3 First African Baptist Church
4 River Street
5 Ships of the Sea Museum
6 Cotton Exchange Building
7 „Waving Girl"
8 City Market
9 Colonial Park Cemetery
10 Isaiah Davenport House
11 Telfair's Owens Thomas House
12 Juliette Gordon Low Birthplace
13 Andrew Low House
14 Green-Meldrim House
15 Telfair Academy of Arts & Sciences
15b Jepson Center for the Arts
16 Ralph Mark Gilbert Civil Rights Museum
17 King Tisdell Cottage

Der Tiefseehafen zog in der Folgezeit spanische, portugiesische, deutsche, schottische und irische Einwanderer an. Entlang der Ufer entstanden Kaianlagen, Grundlage des aufstrebenden Seehandels. 1819 startete von hier aus die „**Savannah**" als erstes Dampfschiff über den Atlantik und kam planmäßig nach 27 Seetagen in Liverpool an. *Prachtvolle* Durch den florierenden Baumwollhandel verdoppelte sich die Einwohnerzahl. Der *Architektur* Reichtum gestattete vielen Bürgern und Geschäftsleuten, sehr schöne Häuser zu bauen. Vor dem Bürgerkrieg war es dann auch, dass sich die vielen Geistergeschichten und mystischen Erzählungen entwickelten. Oft nicht ohne Grund und auf wahren Begebenheiten beruhend.

Während des Bürgerkrieges (1861–65) konnte Savannah lange Jahre nicht eingenommen werden, obwohl die Stadt unter der Seeblockade der Unionstruppen zu leiden hatte. Als General *Sherman* im Dezember 1864 anrückte (nachdem er Atlanta zerstört hatte), kapitulierten die Bewohner Savannahs und verhinderten so eine Zerstörung der Stadt. General *Sherman* sandte damals seine berühmte Weihnachtsnachricht an Präsident *Lincoln*: „Als Weihnachtsgeschenk überreiche ich Ihnen die Stadt Savannah mit 150 schweren Kanonen, Munition und etwa 25.000 Ballen Baumwolle."

Ende von Ende des 19. Jh. verfielen die Baumwollpreise so sehr, dass das „Goldene Zeitalter
„King Cotton" von King Cotton" rapide zu Ende ging. Die Stadt verfiel.

Um ihr architektonische Erbe zu retten, schlossen sich sieben Damen der Stadt zusammen, besetzten die für den Abbruch bestimmten Häuser und gründeten 1955 die **Historic Savannah Foundation**. Fortan verbesserte sich das Stadtbild, und mittlerweile sind bereits an die 2.000 Häuser originalgetreu restauriert. 1977 wurde die Uferfront vor dem Verfall gerettet. Seit einigen Jahren ist man dabei, auch das südlich dieses Gebietes gelegene **viktorianische Viertel** zu restaurieren. Weitere Viertel sollen folgen.

📖 **Buchtipp**

Berendt, John: **Midnight in the Garden of Good and Evil**. *In ganz Savannah nur als „The Book" bezeichnet. Spielt in Savannah und befasst sich u.a. mit dem Voodoo-Kult. Gut geschrieben und* **die** *Lektüre auch für unterwegs. Als bester Buchladen dazu: E. Shaver direkt hinter dem Hilton DeSoto. Es gibt auch eine deutsche Fassung: Mitternacht im Garten von Gut und Böse.*

Sehenswertes im Stadtbereich

Spaziergang durch Savannah

Themen- Beginnen Sie Ihre Rundtour am **Visitor Center (1)** (Parkplätze hinter dem Ge-
bezogene bäude) im ehemaligen Bahnhof am M.L. King Blvd./Ecke W. Harris Street. Decken Sie
Trolleyfahrten sich mit ein paar Broschüren ein, besonders der der Trolleyfahrten mit guten Stadtplänen darin. Hier können Sie auch die Touren (Trolley oder themenbezogene) buchen. Es lohnt sich hier auch einen kurzen Blick in das **Savannah History Museum** im hinteren Bereich des Gebäudes zu werfen (geöffnet: Mo–Fr 8.30–17 Uhr, Sa u. So erst ab 9 Uhr).

Wichtiger Eisenbahnfreunde werden auch Gefallen finden an der alten Lokomotive und den
Eisenbahn- Waggons, die hier ausgestellt sind. Einen Block südlich befindet sich **Georgia's**
stützpunkt **State Railroad Museum (2)** an einem alten Lokschuppen („**Round House**") mit ein paar Lokomotiven, Erläuterungen zur Eisenbahngeschichte von Savannah sowie einer Modelleisenbahn. Als Hafenstadt war Savannah ein wichtiger Eisen-

bahnstützpunkt gewesen, und als der Baumwollhandel blühte, gab es an der östlichen Seite der Stadt ebenfalls einen Bahnhof. Das Museum ist täglich von 9 bis 17 Uhr geöffnet.

Gehen Sie nun die wenig attraktive Montgomery Street hinunter. An der Ecke W. Bryan St. befinden Sie sich an der Rückseite der **First African Baptist Church (3)** von 1861. Die Gemeinde selbst wurde bereits 1788 von Sklaven auf der Brampton-Plantage gegründet. Ge-

Sinnbild des neuen Wohlstandes: Hafenbrücke über den Savannah River

öffnet ist die Kirche nur zu den Gottesdiensten, die in der Regel Samstagabend und Sonntagmorgen stattfinden. Der Enthusiasmus des Pfarrers bei der Predigt, die Gospelgesänge und die ganz andere Kirchenstimmung in den schwarzen Kirchengemeinden lohnen einen Besuch. Gäste sind herzlich willkommen!

• River Street (4)

Gehen Sie nun hinunter zur River Street. Die alten Lagerhäuser am Kai, die Kopfsteinpflasterstraße und die Güterzüge, die gelegentlich noch auf der River Street selbst fahren, ergeben ein attraktives Foto (vielleicht fährt ja auch noch ein Schiff auf dem Fluss vorbei), und ein stimmungsvoller Spaziergang ist es zudem. Besuchenswert ist hier folgendes Museum:

Ships of the Sea Museum (5), M.L.K. Boulevard/ W. River St., geöffnet Di–So 10–17 Uhr. Über 3 Stockwerke verteilt finden sich hier Modelle und Bilder von Schiffen aus allen Perioden der letzten 300 Jahre. Besonders die alten Segelschiffmodelle sind klasse!

Alte Lagerhäuser an der River Street

Ansonsten schlage ich vor, lassen Sie sich einfach treiben entlang der leider mittlerweile sehr touristischen River Street. Schauen Sie auch mal „hinter die Kulissen" auf halber Etage unterhalb der Bay Street. Hier werden die Waren für die Geschäfte und Restaurants angebracht. Genießen Sie einen Cappuccino, setzen Sie sich auf eine Bank, betrachten Sie den Schiffsverkehr und versäumen Sie auch nicht die obere Rückseite (Bay Street), wo neben ausgesuchten (und leider teuren) Antiquitätengeschäften besonders auch das alte **Cotton Exchange Building (6)** gleich östlich neben dem **City Hall** sehr anschaulich ist. Ganz im Osten der River Street winkt die Skulptur des **„Waving Girl" (7)** den ein- und auslaufenden Schiffen zu. Daneben, direkt am Ufer steht eine weitere Skulptur, die in Gedenken an die Segelolympiade 1996 aufgestellt wurde.

The Waving Girl: Ein „Hello" oder „Goodbye" für die Seeleute

Kleiner Umweg: Weiter geht es zum **City Market (8)** in der W. Julian Street. Hier lädt besonders die Stimmung der Straßencafés ein, in denen manchmal auch am Tage Livemusik gespielt wird. Wenn Sie zudem Lust auf einige Boutiquen und Galerien haben, wäre der Umweg zu diesem Viertel also lohnenswert, nicht aber der Gebäude wegen.

Besteht wenig Interesse daran, sollten Sie von der River Street gleich weiterlaufen in den historischen Wohnbezirk, dem **Historical District**. Die alten Häuser hier sind schön, besonders auch wegen der so einladend wirkenden Parks an den Town Squares und den großen Bäumen, die an vielen Stellen den erwünschten Schatten bieten (ein Picknick auf einem der Plätze wäre eine gute Idee). Einige Häuser sind zu besichtigen, wobei ich vorschlagen würde, der Besuch eines Hauses reicht allemal aus. Der eigentliche Clou des Viertels ist wirklich die ruhige, beschauliche und trotzdem **echte Atmosphäre**. Auch ein Spaziergang über den **Colonial Park Cemetery (9)** lohnt sich. Hier sind viele Persönlichkeiten der Stadt begraben. Hinweisschilder erläutern die bekannten Grabstätten.

Hier eine Kurzbeschreibung einiger interessanter Häuser:

Isaiah Davenport House (10), 324 E. State Street (Columbia Square). Geöffnet Mo–Sa 10–16 Uhr, So 13–16 Uhr. Dieses Haus wurde 1815–20 erbaut und stellt ein hervorragendes Beispiel der sog. „Federal"-Architektur dar. Es sollte ursprünglich abgerissen werden, doch die Bürger von Savannah protestierten dagegen, was Anstoß zu weiteren Restaurierungsvorhaben gab (1954). Vor allem das Porzellan und der Courtyard Garden hier sind sehenswert.

Telfair's Owens Thomas House (11), 124 Abercorn St. Geöffnet Mo 12–17 Uhr, Di–Sa 10–17 Uhr, So 13–17 Uhr. Erbaut 1816 für einen reichen Baumwollhändler, ist dieses Haus eingerichtet mit Möbeln aus der georgianischen und viktorianischen *Plüschiger* Zeit. Die plüschige Atmosphäre macht es wohl zu dem interessantesten Gebäude im *Reiz* historischen Viertel.

Juliette Gordon Low Birthplace (12), 10 E. Oglethorpe Ave. Geöffnet Mo u. Di, Do–Sa 10–16 Uhr, So 12.30–16.30 Uhr. Das Haus wurde 1818-21 erbaut und ist heute so eingerichtet, wie es um 1886 ausgesehen haben mag, als *Juliette Gordon Low*, die spätere Gründerin der „Girl Scouts of America" hier lebte. Die „Girl Scouts" wurden 1912 ins Leben gerufen und wer sich näher mit deren Geschichte beschäftigen möchte, der kann dieses im **Girls Scout First Headquarter** (330 Drayton St., Mo, Di, Fr sowie erster und dritter Sa im Monat 10–16 Uhr, besser anmelden: (912) 232-8200) tun.

Andrew Low House (13), 329 Abercorn St./Lafayette Square. Geöffnet Mo–Sa 10–16.30 Uhr, So 12–16.30 Uhr, Do geschl. 1848 von *Andrew Low*, einem der reichsten Baumwollhändler von Savannah und Schwiegervater von *Juliette Gordon Low* erbaut. *Andrew Low*, dessen Hobby die Architektur gewesen ist, hat noch weitere Häuser in Savannah errichten lassen.

Green Meldrim House (14), 1 Macon St./Madison Square. Geöffnet Di, Do, Fr u. Sa 10–16 Uhr. Ebenfalls das Haus eines reichen Baumwollhändlers. Hier schlug General *Sherman* sein Hauptquartier auf, als er die Stadt Savannah 1864 einnahm. Heute ist das Haus das Gemeindehaus der St. John's Episcopal Church. Gut restauriert und elegant eingerichtet.

Weiterhin sehenswert im historischen Distrikt sind folgende Museen:
Telfair Academy of Arts & Sciences (15), 121 Barnard Street am Telfair Square. Geöffnet Di–Sa 10–17 Uhr, So 13–17 Uhr, Mo geschl. Im Jahre 1818 erbaut, sind im Haus heute viele Originalmöbel sowie europäische und amerikanische Malereien und Skulpturen zu sehen. Oft auch spezielle Sonderausstellungen. Dies ist das älteste Museum der Südstaaten. Angeschlossen ist das nahe **Jepson Center for the Arts – Telfair Museum of Art** (15b) (Ecke W. Oglethorpe/Barnard Street, gleiche Öffnungszeiten), das ebenfalls Sonderausstellungen (meist moderne Kunst) zeigt.

Instand gesetztes Haus in der Innenstadt von Savannah

Ralph Mark Gilbert Civil Rights Museum (16), 460 M.L. King Blvd., Geöffnet: Mo–Sa 9–17 Uhr. Sehr aufschlussreiche Erläuterungen und zahlreiche historische Fotos zur Geschichte der Bürgerrechtsbewegung in Savannah.
King-Tisdell Cottage (17), 514 E. Huntington St. (fahren Sie die Price St. Von der E. Bay St. 30 Blocks nach Süden bis zur E. Huntington St, dann nach links abbiegen), nur nach Vereinbarung: ☎ (912) 234-8000, 💻 www.kingtistell.org). Etwas außerhalb gelegen und nur mit dem Auto zu erreichen, wird in diesem kleinen viktorianischen Haus gezeigt, wie eine mittelständische schwarze Familie im ausgehenden 19. Jh. gelebt hat.

Lebensstil der schwarzen Mittelschicht

Übrigens ist nicht nur der historische Distrikt sehenswert. Fahren Sie z.B. die Abercorn Street nach Süden weiter bis zur 40th Street, gibt es auch eine Reihe alter Gebäude. Falls Sie Zeit haben sollten, lohnt diese „**Tour auf eigene Faust**".

Sehenswertes in der Umgebung

Fort Pulaski National Monument

15 Meilen (24 km) östlich der Stadt. Nehmen Sie den US 80. Geöffnet täglich 9–17 Uhr. Das Fort, direkt an der Mündung des Savannah River gelegen, wurde zwischen 1829 und 1847 als äußerst massive, fünfeckige Anlage erbaut. Es sollte mit seinen Kasematten und Kanonen die Flussmündung und damit den Hafen- und Seezugang sichern. Im Verlaufe des Bürgerkrieges wurde das Fort nach einem 30-stündigen Beschuss im Jahre 1862 von den Unionstruppen erobert, allerdings nicht Savannah, das erst durch die Landoffensive unter General *Sherman* 2 Jahre später besetzt worden ist.

Massives Fünfeck

Wieder hergerichtet im alten Zustand, bietet dieses Fort wohl die beste Gelegenheit, sich mit dem Leben während der Friedens- und auch Kriegszeit in so einer Anlage vertraut zu machen. An der östlichen Außenwand wurden die Einschuss-

Einschuss-löcher löcher von 1862 belassen, und es wird deutlich, dass die zu dieser Zeit neueren Geschossformen sich besser – nämlich in spitzerem Winkel und mit mehr Wucht –
„erzählen" in die dicken Mauern bohren konnten. Das war das Ende der Forts im Allgemeinen. Im Visitor Center können Sie die Geschichte jener Tage verfolgen, wobei auch die gesamte amerikanische Kriegsgeschichte der südlichen Ostküste während der letzten 300 Jahre anhand von Tafeln gut erläutert wird.

Tybee Island (ⓘ S. 155)

Vom Fort aus ist es nicht mehr weit zu dem Ort Tybee Island, der auf der gleichnamigen Insel, direkt am Atlantik, liegt. Einladend sind hier der Strand, die unkomplizierten Fischrestaurants und Kneipen sowie die Besteigung des 48 m hohen **Lighthouse** (tägl. 9–17.30 Uhr), von dem Sie eine eindrucksvolle Aussicht auf die Mündung des Savannah River haben. Das benachbarte **Tybee Museum** (Ft. Screven) ist weniger interessant und bietet vornehmlich Exponate zur Kriegsgeschichte des 20. Jh. Tybee Island eignet sich aber hervorragend als alternative Unterkunft zu Savannah, falls Sie dort den recht teuren Preisen entgehen und zudem einen weiteren Tag am Strand einlegen möchten. Neben der US-80-Brücke, kurz vor Tybee Island gibt es auf der Südseite übrigens günstige Shrimps und hier können Sie auch Kajaks ausleihen.

Wormsloe Historic Site

7601 Skidaway Road. Geöffnet Di–Sa 9–17 Uhr, So 14–17.30 Uhr, Mo geschlossen.

Küste nahe Tybee Island

Es sind weniger die Ruinen einer der ersten Plantagen im Umland von Savannah, die beeindrucken, sondern in erster Linie die 1,5 Meilen lange, 1890 gepflanzte Eichenallee. Zudem bietet das kleine Museum einen guten Überblick über die frühe Kolonialgeschichte der Küste von Georgia.

Weitere Routenempfehlungen

Von Savannah aus haben Sie jetzt zwei Möglichkeiten der Buchroute zu folgen:
Folgen Sie der empfohlenen Buchroute von Savannah aus über Georgetown und Columbia nach Atlanta oder Asheville zum Great Smoky Mountains National Park. Diese Strecke ist in den folgenden Kapiteln beschrieben. Zu Atlanta lesen Sie dann bitte ab Seite 469ff.

Die Abkürzung führt von Savannah über Macon nach Atlanta und dann weiter durch den Norden von Georgia bis zum Great Smoky Mountains National Park.

10. Von Savannah direkt bzw. über Charleston, Georgetown und Columbia nach Atlanta – Alternativstrecke von Savannah nach Atlanta

407

10. Von Savannah direkt bzw. über Charleston, Georgetown und Columbia nach Atlanta

Alternativstrecke von Savannah nach Atlanta

▸▸**Entfernungen**
(kürzeste Strecken)

Savannah – Charleston: 105 mi/169 km

Charleston – Atlanta: 317 mi/510 km

Charleston – Georgetown: 60 mi/97 km

Georgetown – Columbia: 123 mi/198 km

Charleston – Columbia: 114 mi/184 km

Columbia – Atlanta: 215 mi/346 km

Savannah – Atlanta: 256 mi/412 km

Streckenführung

• **Für die Strecke nach Atlanta** bilden der I-16 bis Macon und von dort der I-75 die „Leitlinien". Unter Umgehung der Küste von South Carolina können Sie von Atlanta dann z.B. gleich weiter fahren zum Great Smoky Mountains National Park oder nach Chattanooga. Wenn Sie entlang dem **Peach Blossom Trail** (nicht beschrieben in diesem Buch) fahren möchten, nehmen Sie von Macon den US 80 in westlicher Richtung nach Roberta und folgen von dort dem US 341 nach Norden. Bei Barnesville geht dieser dann über in den Hwy. 19/41 und führt schließlich bis Atlanta. Für die Jarell Plantation müssen Sie von Macon aus über den US 23 nach Norden fahren. Erläuterungen zur Strecke des **Antebellum Trails** finden Sie in der Beschreibung auf S. 410.

Gleich weiter zum Great Smoky Mountains National Park

Macon (ⓘ S. 155)

1820 – wie knapp 20 Jahre später bei Atlanta – entwickelte sich um einen Eisenbahnknotenpunkt eine kleine Siedlung. Waren kamen mit der Bahn hier an und wurden dann auf Boote umgeladen, die sie auf dem Fluss zur Küste brachten. Haupttransportgüter waren Baumwolle und Holz. Da der Fluss bei Macon aber nicht sehr tief ist, mussten extra flache Boote konstruiert werden.

Ursprünglich ein Eisenbahnknotenpunkt

Während des Bürgerkrieges wurden in Macon Kanonen und andere Waffen produziert. Daher galt der Stadt 1864 ein massiver Angriff durch die Unionstruppen, der

408

10. Von Savannah direkt bzw. über Charleston, Georgetown und Columbia nach Atlanta – Alternativstrecke von Savannah nach Atlanta

aber zweimal glorreich abgewehrt werden konnte. Im April 1865 aber musste sich die Stadt ergeben. Beschädigt wurde sie nicht, und nur eine Kanonenkugel des Gegners fand ihren Weg ins Zentrum. Sie ist heute noch in der Eingangshalle des **Old Cannonball House & Civil War Museum** (856 Mulberry Street, geöffnet Mo–Sa 10–17 Uhr) zu besichtigen.

Viele alte Häuser aus der Zeit vor dem Bürgerkrieg sind noch erhalten, und die meisten finden sich im Gebiet nordwestlich der Innenstadt, zwischen der Spring Street und dem I-75. Das schönste ist das **Hay House** (934 Georgia Avenue, geöffnet: Mo–Sa 10–17 Uhr, So 13–17 Uhr), welches 1855 im Stil einer italienischen Renaissance-villa erbaut worden ist und mit einer prunkvollen – fast zu pompösen – Einrichtung ausgestattet ist.

Italienische Renaissance

Die Innenstadt der heute 110.000 Einwohner zählenden Stadt hat sicherlich schon bessere Zeiten gesehen. Wirtschaftlich scheint Macon unter einem nicht so guten Stern zu stehen. Ausgerechnet das „Bancruptcy Courthouse" ist am besten erhalten von den zahlreichen Gebäuden aus der Zeit der Jahrhundertwende (1900). Im Gegensatz dazu gibt es nur wenige moderne Bauten, dafür aber zahlreiche verwahrloste bzw. verlassene Geschäfte. Die Bausubstanz der meisten Häuser ist aber noch gut und solide und lässt hoffen, dass sich in naher Zukunft doch noch etwas regen wird zur Erhaltung der ansonsten attraktiven Stadtgebäude.

Wenige moderne Bauten

Macon war während der 1960er- und -70er-Jahre übrigens eine Hochburg der Jazz- und Rockmusik. Alte Musikpaläste, zahlreiche Gebäude ehemaliger Tonstudios und verhältnismäßig viele Radiosender erinnern daran. Im historischen **Grand Opera House** (400 Poplar Street) sind Musiker wie *Little Richard* (der aus Macon stammt) und *Ray Charles* aufgetreten. Heute finden hier hauptsächlich Theaterveranstaltungen statt.

Um die Zeit als Musikmetropole des Südostens wieder aufleben zu lassen, hat man sich entschlossen, die **Georgia Music Hall of Fame** (200 Martin Luther King Jr. Blvd., geöffnet Mo–Sa 9–17 Uhr, So 13–17 Uhr) zu errichten. Dieses Museum hat wirklich überstaatliches Niveau, denn hier gibt es einiges zu erfahren über Musiker und Bands wie *Ray Charles, Otis Redding, Little Richard*, den *Allman Brothers, R.E.M, B-52's* und einigen anderen. Auch der Klassik wird in einer Extraabteilung gehuldigt (u.a. *Jessye Norman*). Und in der Music Factory können Sie sich selbst an Drums und Keyboards probieren.

Seit Jahren bemüht man sich in Macon auch um die Ansiedlung von Musikclubs. Doch das will mangels Publikum nicht so recht fruchten. Trotzdem lohnt sich sicherlich die Beobachtung der „Szene" während der nächsten Jahre. Infos über Livemusik – und im Übrigen gute Musik aus den 1960ern und -70ern – sendet „Q 106,3", der lokale Radiosender. Schalten Sie mal ein (Frequenz: 106,3)!

Rockgrößen aus Macon

Wer sich näher mit der Befreiung der Sklaven auseinandersetzen möchte, dem sei unbedingt das **Tubman African American Museum** (Cherry St., geöffnet Mo–Sa 9–17 Uhr, So 14–17 Uhr) ans Herz gelegt. Benannt wurde es nach *Harriet Tubman* (1820–1913), einer resoluten Frau, die zwischen 1850 und 1860 auf 19 Trips mehr als 300 Sklaven über die *Underground Railroad* von Maryland nach Ontario in die Freiheit geführt hat. In dem Museum sind eine Reihe von Relikten aus dieser Zeit ausgestellt, als auch Interessantes aus der Regionalgeschichte der Schwarzen sowie kunsthandwerkliche Produkte. Beachtenswert sind vor allem die i.d.R. sehr geschätzten Sonderausstellungen. Sollten Sie der Stadt übrigens im März einen Besuch abstatten, wird sie sich von einer viel schöneren Seite zeigen, denn keine Stadt der Welt hat so viele **Kirschbäume** (die Zahlen schwanken zwischen 100.000 und 150.000), und die blühen zu dieser Zeit. In den letzten 10 Märztagen wird ihnen mit dem **Cherry Blossom Festival** gehuldigt.

Befreierin von Sklaven

Etwas außerhalb von Macon befindet sich eine weitere Attraktion:

Ocmulgee National Monument

Von Süden kommend, verlassen Sie den I-16 am Exit 4 und folgen von dort den Schildern. Geöffnet täglich 9–17 Uhr
In dem kleinen Park befinden sich alte Siedlungsstrukturen und Kultstätten früherer Indianerkulturen. Bereits vor 12.000 Jahren lebten hier Menschen, deren wesentliche Proteineinkunfte aus ausgegrabenen Mammuts bestand. Im Laufe der Jahrtausende wechselten die Kulturen, zuletzt kamen die Mississippi-Indianer, deren Hügelanlagen („Mounds") noch heute gut erhalten sind. Ein sehr lehrreiches Museum (der Film lohnt sich), eine Rundtour, mehrere Wanderwege und die Besteigung einzelner Mounds lohnen den Besuch. Planen Sie mindestens 1,5 Stunden dafür ein.

Geschichte der Indianerkulturen

Jarell Plantation Historical Site

Rt. 2; 13 Meilen nördlich von Macon und 8 Meilen südöstlich von Juliette. Fahren Sie von Macon nach Norden über den I-75, den GA 23 und dann nach Osten auf der GA 18. Kurz nachdem Sie den Ocmulgee überquert haben, geht es nach links ab. Geöffnet Di–Sa 9 17 Uhr, So 14–17.30 Uhr.
Die Plantage wurde 1847 von *John Fitz Jarell* angelegt. Hauptanbauprodukte waren Holz, Tabak, Mais und Erdnüsse. Das Gelände ist heute sehr weitläufig. Sie bekommen hier – wie sonst auf keiner anderen Plantage – alte Handwerkskünste vorgeführt und erhalten Einblick in den Betrieb einer Sägemühle, einer Baumwollspinnerei und einer Sirupmaschine. Zudem laufen Haustiere herum, was besonders den Kindern Spaß machen wird. Die Gebäude sind alle noch im Originalzustand, und das erste Farmhaus von 1847 steht zur Besichtigung frei. Jarell Plantation bie-

Arbeit wie vor hundert Jahren auf der Jarell Plantation

„Whistle Stop Café"

Drehort von „Grüne Tomaten"

tet die Gelegenheit, sich mit der wirklichen Arbeit auf einer alten Plantage näher auseinanderzusetzen. Nehmen Sie sich hierfür also mindestens eine, besser zwei Stunden Zeit. Verlassen Sie nun die Plantage wieder und biegen Sie gleich am Ausgang (200 m von den Gebäuden) nach links ab. Die Straße ist für ein paar Meilen nur mit Schotter belegt, aber gut zu befahren. Nachdem Sie an der T-Kreuzung wieder auf eine Asphaltstraße gelangen, fahren Sie noch ein paar Meilen nach links. Sie erreichen gleich hinter der großen Brücke den kleinen Ort **Juliette**, den Kinofreunde vielleicht wiedererkennen als den Drehort zu dem Kultfilm „Fried Green Tomatoes" (deutsch: „Grüne Tomaten"). Die Touristengeschäfte haben den Charakter bereits etwas verdorben, aber das **„Whistle Stop Café"** ist noch im Originalzustand erhalten und verkauft Gerichte mit grünen Tomaten. Nördlich entlang dem GA 23 passieren Sie nun auf dem Weg nach Atlanta den kleinen **Indian Springs State Park**. Eine Verjüngungsquelle, ein kleiner See und ein Museum erinnern hier heute noch an die weniger ruhmreiche Zeit in der amerikanischen Geschichte, als die Siedler während des 19. Jh. die Creek-Indianer immer weiter zurückgedrängt haben. Heute gibt es in dem Park ein paar Cottages ($$), die einladen zu einer ruhigen Nacht vor der großen Stadt (Infos S. 155).

Kleiner Umweg: Antebellum Trail (ⓘ S. 155)

Heimliche „Antebellum-Hauptstadt" von Georgia

Diese historische Straße zieht sich von Macon bis nach Athens. Folgen Sie von Macon aus zuerst dem US 129 bis Gray, danach dem GA 22 bis Milledgeville und von dort bis Athens schließlich dem US 441. Die Strecke führt durch das klassische Farmland von Georgia – durch kleine verwunschene Ortschaften, vorbei an Pfirsichplantagen, Erdnussfarmen und Tabakfeldern. Es sind weniger herausragende Sehenswürdigkeiten als vielmehr die kleinen „versteckten Schönheiten", die diese Strecke attraktiv machen. Kleine Orte wie z.B. **Old Clinton** waren vor dem Bürgerkrieg bedeutende Städte in Georgia. **Milledgeville** gilt mit seinen vielen alten Villen als die heimliche „Antebellum-Hauptstadt von Georgia" – und diente auch tatsächlich als dessen Hauptstadt von 1807 bis 1868. Auch **Watkinsville** und **Madison** können stolz sein auf ihre alten Häuser. Entlang dem Antebellum Trail fasziniert obendrein die Landschaft. Zum einen gibt es Wälder, die mit Kudzu-Pflanzen zugewachsen sind, zum anderen tauchen immer wieder kleine Farmen auf, die z.T. so idyllisch wirken, dass sie einen fast vergessen lassen, dass man sich im hochindustrialisierten Amerika befindet. Die Strecke ist kein Muss, wäre aber eine gute Alternative für diejenigen von Ihnen, die, von Savannah kommend, der Großstadt Atlanta aus dem Wege gehen wollen und einmal auf eigene Faust weniger bekannte Ecken des „Alten Südens" für sich erobern wollen. Als Möglichkeit würde sich da z.B. eine Tagesetappe: Savannah – Athens anbieten. Von dort können Sie dann nach Norden weiterfahren. Über Athens lesen Sie bitte ab S. 488ff.

10. Von Savannah direkt bzw. über Charleston, Georgetown und Columbia nach Atlanta – Von Savannah über Charleston und Columbia nach Atlanta

411

South Carolina-Telegramm

Abkürzung	SC
Beiname	„Palmetto State" (nach der Palmetto-Palme)
Namensherleitung	nach dem englischen König Karl I. genannt
Staat seit	23. Mai 1788 (8. Staat)
Staatsblume	Gelber Jasmin
Höchster Berg	Sassafras Mountains – 1.085 m
Fläche	80.582 km²
Einwohner	4,2 Mio., Anteil der Schwarzen (Afroamerikaner): 32 Prozent
Einwohnerdichte	52 E/km²
Hauptstadt	Columbia (119.000 E.)
Weitere Städte	Charleston (98.000 E.), North Charleston (80.000 E.), Greenville (56.000 E.), Spartanburg (51.000 E.), Rock Hill (50.000 E.)
Wichtigste Wirtschaftszweige	**Landwirtschaft**: Tabak, Baumwolle und Sojabohnen; ferner Südfrüchte, Erdnüsse, Getreide sowie Fischfang. **Industrie**: Textil-, Papier- und Holzindustrie. **Bodenschätze**: Steine, Sand, Kies und Kaolin
Touristisches Potenzial	historische Innenstadt von Charleston; herrliche Küstenstrände am Atlantik mit vielen Badeorten und vorgelagerten Inseln; alte Hafenstadt Georgetown; Smoky Mountains; Cherokee Ind. Reservat; Blue Ridge Mountain Parkway; Plantagenhäuser an der Küste, Myrtle Beach als das „Mallorca der Südstaaten".

Von Savannah über Charleston und Columbia nach Atlanta

Streckenalternativen

- **Direkt nach Charleston**: Fahren Sie auf dem I-95 in nördlicher Richtung bis zum Exit 33. Von dort aus folgen Sie dem US 17 bis Charleston. Dieser setzt sich von dort fort als US 17/701 nach Georgetown und auch Myrtle Beach. Bis Charleston bzw. Georgetown führt diese Strecke durchs Landesinnere, so dass Sie, um an die Küste zu gelangen, Stichstraßen benutzen müssen.

Strecke durchs Landesinnere

- **Für den Abstecher nach Beaufort** verlassen Sie Savannah bereits über die Hafenbrücke (Alt 17) und folgen dann dem SC 170. Achten Sie dabei auf mehrere ausgeschilderte Abzweigungen. Von Beaufort dann fahren Sie auf dem US 21 nach Norden und biegen nach 14 Meilen auf den US 17 ab, der bis nach Charleston führt.

Überblick

Wesentlichste Attraktion bietet hier unverkennbar die historische Stadt Charleston, die vielfach als die schönste „Walking Town" der USA bezeichnet wird. Schön ist

412

10. Von Savannah direkt bzw. über Charleston, Georgetown und Columbia nach Atlanta – Von Savannah über Charleston und Columbia nach Atlanta

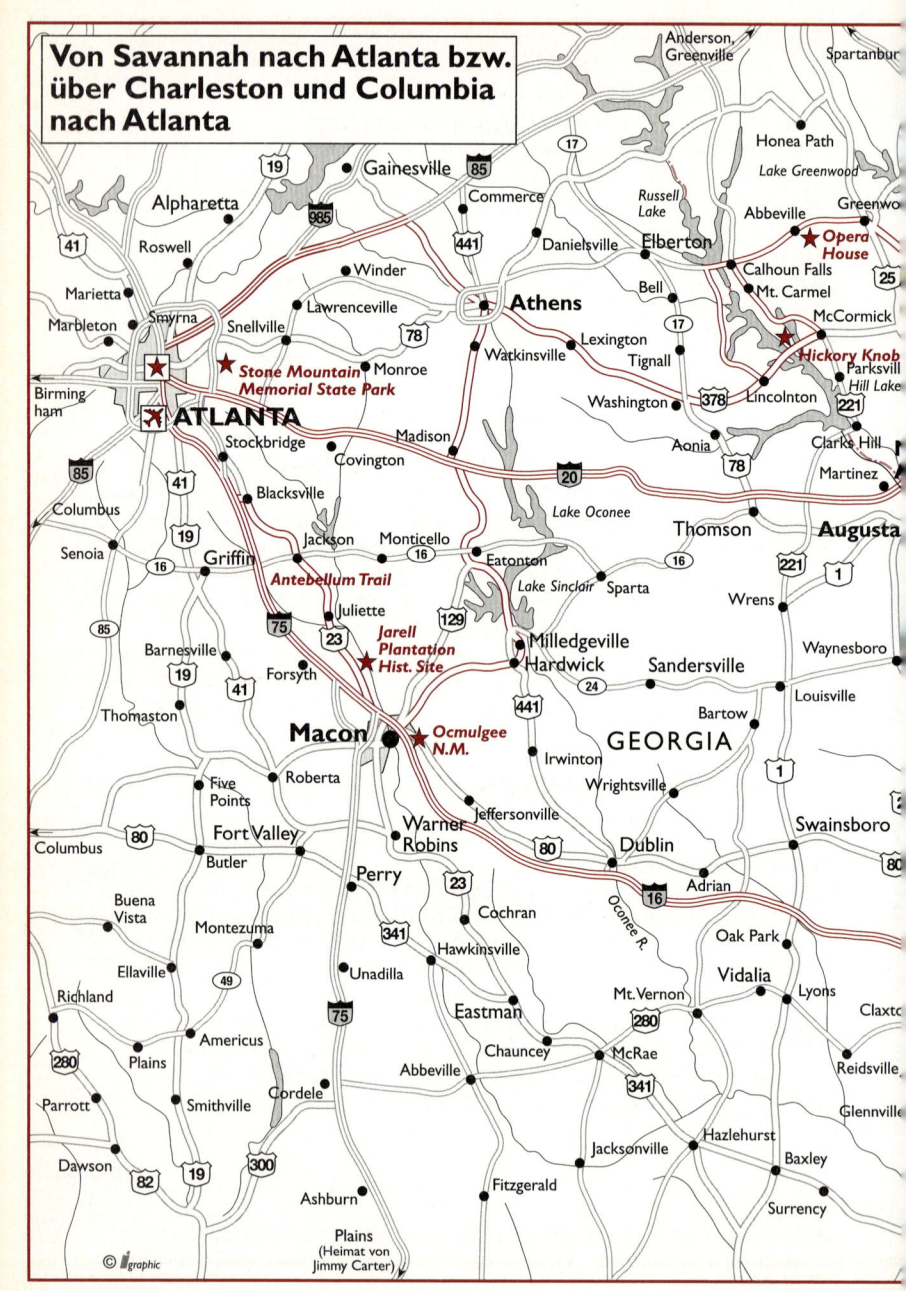

Von Savannah nach Atlanta bzw. über Charleston und Columbia nach Atlanta

10. Von Savannah direkt bzw. über Charleston, Georgetown und Columbia nach Atlanta – Von Savannah über Charleston und Columbia nach Atlanta

413

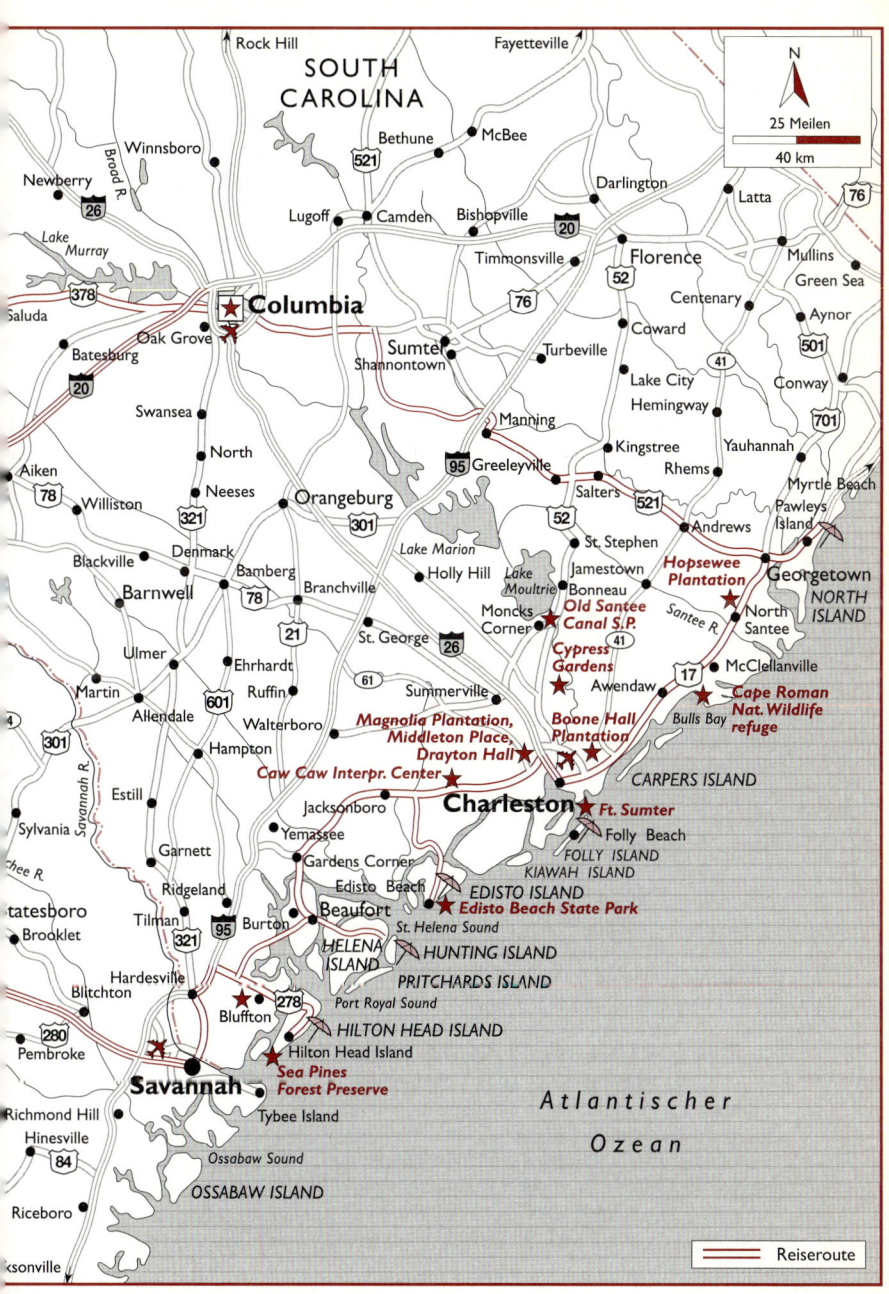

aber auch der Küstenabschnitt vor Charleston mit der Ferieninsel Hilton Head Island, der kleinen Stadt Beaufort, deren Antebellum-Häuser noch ihren ursprünglichen Charakter erhalten haben sowie weiteren Gelegenheiten, auf Inseln an der Küste zu fahren. So z.B. zur Hunting Island und zum Edisto Beach State Park. Nördlich von Charleston schließlich beeindrucken nur der südliche Teil des *Historisches* „Grand Strand", dafür aber umso mehr das kleine *Hafen-* und ebenfalls historische Hafenstädtchen George- *städtchen* town. Ein Abstecher zum Touristenspielplatz Myrtle Beach können Sie sich auf einer Rundreise durch den Süden sparen. Nur die Musikfestivals dort – meist Country und Western – mögen den einen oder anderen anziehen.

Columbia ist eine eher langweilige Hauptstadt eines Bundesstaates und nur für an speziellen Museen Interessierte einen halben Tag Aufenthalt wert. Von dort können Sie mit kleinen Abstechern gut in einem Tag durchfahren bis Atlanta.

Zwischen Savannah und Charleston

Hilton Head Island (ⓘ S. 155)

Die Anfahrt zur Insel erfolgt über den US 278, bzw. von Savannah kommend zuerst über den SC 46. Dabei passieren Sie den kleinen, historischen Ort **Bluffton**, der mit seinen Shops, Galerien und dem Bootspier an der Pritchard Street (schöne Aussicht) allemal einen kurzen Aufenthalt verdient. Hilton Head Island ist mit 108 km^2 die größte der vorgelagerten Inseln zwischen New Jersey und Florida und bildet heute mit seinen zahlreichen Hotels, Ferienanlagen sowie Golf- und Tennisplät- *Golf- und* zen ein beliebtes Reiseziel, besonders für die „be- *Tennisplätze* tuchtere" Gesellschaft. Billig ist es hier nicht, doch wird auch etwas geboten für das Geld. Falls Sie also etwas mehr ausgeben und dabei eine gesunde Mischung aus Strand, Natur, Feriengebieten und Souvenirshops genießen möchten, sind Sie hier richtig. Sowohl der Strand ist schön, die Atmosphäre entspannend, als auch die z.T. noch erhaltene subtropische Vegetation sehenswert. Besuchen Sie dafür einmal das **Sea Pines Forest Preserve** (südlicher Inselabschnitt am Greenwood Dr., täglich von Sonnenaufgang bis -untergang geöffnet) mit z.T. noch erhaltener Ur-Vegetation, Wanderwegen und auch einigen Programmen.

Redaktions-Tipps

• Unternehmen Sie Abstecher zur **Küste** und folgen Sie nicht nur den Hauptstraßen und Interstates. (S. 416)
• Übernachten Sie in (günstigeren) Beaufort. Am nächsten Tag haben Sie dann noch genügend Zeit für die Besichtigung einiger Punkte in **Charleston**. (S. 155)
• Bedeutendste **Sehenswürdigkeiten**: Das historische Beaufort und der Hunting State Park Wer „quirliges" Strandvergnügen sucht, dem sei ein Besuch der Hilton Head Island empfohlen. (S. 415f)
• **Zeiteinteilung**: 1–2 Tage (inkl Charleston): Für die Anfahrt nach Charleston sollten Sie einen halben bis 1 Tag einplanen und dabei in Beaufort die meiste Zeit verbringen und auch lunchen bzw., falls Sie mind. 2 Tage Zeit haben hier sogar übernachten. Möchten Sie dagegen mehr Zeit für Charleston haben, versuchen Sie, bereits am Nachmittag des ersten Tages in Charleston die **Boone Hall Plantation** zu besichtigen, um am 2. Tag dann in Ruhe die historische Innenstadt besichtigen zu können. Nur wenn Sie mehr als 3 Tage Zeit haben für die Küste von South Carolina, lohnt ein Abstecher in das Gebiet nördlich von Charleston.

10. Von Savannah direkt bzw. über Charleston, Georgetown und Columbia nach Atlanta – Von Savannah über Charleston und Columbia nach Atlanta

415

Neben ausgedehnten Strandwanderungen sorgen über 300 Tennisplätze – hier finden übrigens alljährlich internationale Damenmeisterschaften statt –, 23 18-Loch-Golfplätze (zzgl. einiger auf dem Festland), Fahrradwege und Reitgelegenheiten für genügend körperliche Ertüchtigungsmöglichkeiten. Hilton Head ist wirklich ein Ferienparadies, wie man es in dieser Qualität und Vielseitigkeit kein zweites Mal an der südlichen Ostküste wiederfindet – man muss es nur bezahlen. Dazu ein **Tipp**: Während der Nebensaison können Sie hier unterkunftstechnisch doch das eine oder andere Schnäppchen machen. Eine weitere Besonderheit der Insel ist die spärliche Beleuchtung und vor allem die dezent gehaltene Werbung an den Straßen.

Einzigartiges Ferien-paradies

Sehenswert sind die **Resorts** (bes. Sea Pines und Palmetto Dunes Resorts), aber auch das **Coastal Discovery Museum** (100 William Hilton Pkwy., US 278, North End, geöffnet Mo–Sa 9–17 Uhr, So 13–15 Uhr) mit Ausstellungen zur Geschichte der Insel, inklusive die der Indianer, aber auch Programmen wie z.B. erläuterten Kajak-Touren und Vogelbeobachtungs-Exkursionen. Wer es ruhiger angehen lassen möchte, dem sei ein Spaziergang entlang des Strandes ans Herz gelegt. Große Oak-Trees, Palmetto-Palmen und viele andere Bäume säumen die Küstenlinie.

Ornithologische Wanderungen

Beaufort (ⓘ S. 155)

Beaufort (sprich: „Bi-fort" mit kurzem O) ist eine kleine unscheinbare Stadt, deren Gründung auf das beginnende 18. Jh. zurückgeht. Mit der Einführung der sog. „Sea Island Cotton" um 1800, einer Baumwollart, die auch in den küstennahen und feuchteren Sumpfgebieten wachsen konnte, erlangte die Stadt einen bescheidenen Wohlstand. Aus dieser Zeit stammen auch die meisten historischen Gebäude. Einige Häuser können Sie besichtigen, obwohl sich die meisten in Privatbesitz befinden. Beschränken Sie diesbezügliche Besichtigungen auf das **John Mark Verdier House Museum** (801 Bay St., geöffnet: Mo–Sa 11.30–15.30 Uhr) von (1790), das mit älteren Möbeln eingerichtet ist.

Gebäude von um 1800

Unbedingt sehenswert sind die kleinen, schattigen Straßen, in denen sich viele alte, meist mittelständische Antebellum-Häuser unter den mit Spanischem Moos behangenen Eichen „verstecken". Die Atmosphäre und die Ursprünglichkeit der Häuser macht den Besuch von Beaufort lohnenswert. Übrigens haben auch die Filmproduzenten den Charme von Beaufort erkannt, und eine Reihe von Spielfilmszenen (u.a. „Herr der Gezeiten", „Forrest Gump") und auch Werbeaufnahmen sind hier gedreht worden.

Als **Tipp**: Wenn Sie in Beaufort über Nacht bleiben sollten, dürfen Sie es sich nicht entgehen lassen, sich abends auf die schwingenden Schaukeln am Fluss zu setzen (gleich

Antebellum-Haus in Beaufort

Wandmalerei in Beaufort

hinter der Bay Street) und den kleinen Booten beim Einlaufen in den Hafen zuzusehen. Der Sonnenaufgang – gleich gegenüber – ist übrigens auch klasse, doch müssten Sie dafür schon sehr früh aufstehen. Schön ist es auch, entlang des **Waterfront Parks** (nahe der Bay Street) zu spazieren und dabei die Schiffe zu beobachten. Hier findet von April bis August jeden Samstagvormittag ein **Farmers Market** statt.

Südlich der Stadt, auf der **Parris Island**, ist das Ausbildungszentrum der gefürchteten „Marines", der Elitetruppe der amerikanischen Armee, stationiert. Hier dürfen Sie herumfahren, und im Visitor Center hilft man Ihnen auch gerne weiter und beantwortet Ihre Fragen. Im **Parris Island Museum** (auf dem Gelände, geöffnet täglich 10–16.30 Uhr) ist eine kleine Ausstellung zur militärischen Geschichte dieses Küstenstreifens untergebracht.

Leuchtturm zu besichtigen

Interessanter aber wäre ein Abstecher zur 15 Meilen entfernten **Hunting Island**, in dessen eindrucksvollem gleichnamigen State Park sowohl die subtropische Vegetation fasziniert, als auch der weite Sandstrand, der allemal zum Baden einlädt. Den Leuchtturm auf der Insel können Sie besichtigen. Er war einer der wesentlichsten und größten Leuchttürme entlang der Ostküste, und von oben haben Sie einen schönen Überblick über Strand und Wald. Zeltplätze und schöne Hütten (direkt am Strand) stehen im Park zur Verfügung. Auf dem Weg nach Hunting Island überqueren Sie übrigens zuerst St. Helena Island, wo im kleinen **York W. Bailey Museum** (Penn Center, Martin Luther King Jr. Blvd., geöffnet Mo–Sa 11–14 Uhr) in der ehemaligen Klinik eine Ausstellung die Entstehung und Entwicklung der Gullah-Sprache (siehe dazu Infokasten S. 398) erklärt. Außerdem wird sich auch der Geschichte der ersten Sklaven in dieser Region gewidmet. Das Penn Center, gegründet während des Bürgerkriegs, war übrigens die erste Schule für befreite Sklaven im Süden der USA.

Teures Privatresort

Eine weitere Insel hier, **Fripp Island**, ist heute ein privates Resort. Hier können Sie auch Häuser mieten, nur liegen die Preise während der Hochsaison bei über US$ 3.000 pro Woche. Während der Nebensaison gibt es aber auch hier das eine oder andere Schnäppchen. Infos erteilt das Visitor Center in Beaufort. Auf dem Weg weiter nach Charleston ließe sich für die „Strandhungrigen" schließlich noch ein Abstecher zur **Edisto Island** einrichten. Hier geht es noch genügsamer zu als zum Beispiel auf Hilton Head Island und besonders im 500 ha großen **Edisto Beach State Park** (geöffnet täglich 8–18 Uhr, von April bis Okt. bis 20 Uhr) lassen sich Marschland, Küstenwald und Strand gut erkunden und genießen. Auch hier gibt es

Entdeckung für Investoren

einfache Hütten zu mieten. Nutzen Sie die noch gegebene Gelegenheit, denn das Umfeld auf der Insel wird mittlerweile zunehmend von Investoren entdeckt. Die Beschaulichkeit des kleinen Ortes mag dann bald Geschichte sein...

Zum **Caw Caw Interpretive Center** (US 17, 16 Meilen westl. von Charleston) lesen Sie auf S. 428.

10. Von Savannah direkt bzw. über Charleston, Georgetown und Columbia nach Atlanta – Von Savannah über Charleston und Columbia nach Atlanta, Charleston

417

Charleston (ⓘ S. 155)

Überblick

Charleston ist mit Sicherheit einer der Höhepunkte auf einer Reise durch den Süden der USA. Nahezu 2.000 schöne alte, zumeist liebevoll restaurierte Häuser aus allen historischen „Epochen" der USA (750 alleine aus der Zeit vor 1840) locken jährlich viele Touristen an. Aber auch die Geschichte dieser Stadt, die ihren Anfang 1670 gefunden und vor allem mit dem Beginn des Civil War durch den Beschuss auf das vorgelagerte Fort Summer ihren Höhepunkt erreicht hat, bieten Grund genug, mindestens einen, wenn nicht zwei Tage hier zu verbringen.

Höhepunkt einer USA-Reise

Die „Perle des Südens", wie Charleston bereits vor dem Bürgerkrieg genannt wurde, mag vielen von Ihnen zu künstlich erscheinen, besonders wenn Sie als Vergleich Savannah daneben betrachten. An nur wenigen Häusern blättert der Putz herab, und die Bewohner des historischen Distriktes setzen sich vornehmlich aus wohlhabenden Rechtsanwälten, Kaufleuten und Ärzten zusammen. Kein Wunder auch, dass alljährlich mehrere Filme hier gedreht werden. Im Gegensatz zu Savannah vermisst man etwas die Atmosphäre einer alten, gewachsenen Stadt (und auch die großen Schatten spendenden Bäume!). Ein sehr kleines Haus im historischen Distrikt, mit etwa 70 m² Wohnfläche, kostet ca. US$ 750.000.

Schon vor dem Bürgerkrieg bewundert

Beliebte Filmkulisse

Bedenkt man noch, was die Renovierung verschlingt und welche strengen Bauvorschriften eingehalten werden müssen, zeigt sich schnell, dass sich der Erwerb und Erhalt mit einem Durchschnittseinkommen nicht mehr verwirklichen lässt. Die Bewohner der Stadt sind sich ihrer Historie sowie auch der heutigen Bedeutung von Charleston allemal bewusst und behaupten stolz: Charleston liege dort, wo der Ashley und der Cooper River den Atlantik bilden ...

Redaktions-Tipps

▸ **Übernachten**: Am besten, Sie finden ein Hotel in bzw. nahe der **Innenstadt**, so dass Sie alles zu Fuß erreichen können. Die sind aber relativ teuer, selbst die Mittelklassehotels. (S. 155)

▸ **Essen**: Um den **Market** gibt es eine Reihe von Restaurants, die zu etwas erhöhten Touristenpreisen zumindest Mahlzeiten anbieten, die eine Autofahrt woanders hin nicht rechtfertigen. Tagsüber, wenn es Ihre Zeit erlaubt, wäre eine Fahrt zu einer der **Shrimp-Buden** in den Vororten empfehlenswert. Hier können Sie aber auch am Tag der An- bzw. Abreise hinfahren. (S. 155)

▸ Das Nachtleben spielt sich vornehmlich im Bereich in den Blocks um den **Market Square** ab. (S. 155)

▸ **Zeiteinteilung**: 1,5 Tage: Vom Visitor Center aus nehmen Sie den Shuttle-Bus in die historische Innenstadt. Dort sollten Sie 2–3 Stunden herumlaufen. Wandern Sie weiter in das Gebiet der Market Street. Hier können Sie zu Mittag essen. Für den Nachmittag fahren Sie entweder mit dem Boot zum **Fort Sumter**, erkunden das alte Charleston nördlich des Visitor Center oder fahren bereits zu den Plantagen östlich des Ashley River. Dinner dann wieder in der Innenstadt. Am folgenden Tag, besuchen Sie Richtung Columbia die Plantagen am östlichen Ashley River oder Richtung Georgetown die Boone Hall Plantation.

418

10. Von Savannah direkt bzw. über Charleston, Georgetown und Columbia nach Atlanta – Charleston

Typischer Baustil eines vornehmen Hauses in Charleston

Die „Bilderbucharchitektur" von Charleston weist eine auffällige Besonderheit auf: Fast alle Häuser haben eine schmale Straßenfront, ziehen sich dafür aber „endlos" in die Tiefe, wobei der Hauptbalkon zur Seite hin zeigt. Das begründet sich damit, dass die Haussteuern früher nach dem Anteil der bebauten Straßenfront berechnet worden sind. Zu den verschiedenen Architekturstilen des Südens lesen Sie bitte auch vorne im Kapitel „Grundbegriffe der historischen Architek-

Ehemals wichtige deutsche Gemeinde tur des Südens". Übrigens hatte Charleston um 1900 eine große deutsche Gemeinde, die über 30 Prozent der Bevölkerung ausgemacht hat. Heute jedoch ist nicht mehr viel davon zu spüren. Wirtschaftlich ist Charleston heutzutage definiert durch den Tourismus, einen großen Stützpunkt der Navy und das umliegende Agrarland, in dem im Besonderen auch Gemüse angebaut wird.

Einen Besuch ist die Stadt allemal wert, und Sie sollten selbst einen Umweg hierher auf Ihrer Rundreise unbedingt einplanen.

 Tipp

Architekturliebhaber werden sich übrigens erfreuen an der Vielfalt der Baustile und sollten sich evtl. einen Spezialführer in einer Buchhandlung beschaffen.

 Hinweise

• **Hinweis zu den überregionalen Straßen**: *Die üblichen Richtungshinweise der großen Asphaltstraßen (East, North etc.) verwirren in Charleston. Da die Stadt etwas „verdreht" auf der Landkarte liegt, stimmen die Himmelsrichtungen nicht immer mit den Straßenschildern überein. So führt z.B. die „North-Richtung" nach Osten und die „West-Richtung" nach Norden. Machen Sie sich also vorher vertraut mit den Gegebenheiten des überregionalen Straßennetzes.*
• **Eine kleine Warnung für den Geldbeutel**: *Charleston ist nicht billig, weder was Hotels, noch was die Eintrittspreise angeht. Für die Besichtigung einer Plantage müssen Sie mit gut über US$ 10 pro Person rechnen, und auch die Kutschfahrten sind teurer als z.B. in Savannah.*

Geschichte

Die Gründung von Charleston hängt mit einer Schenkung von *King Charles II.* von England im Jahre 1663 zusammen. Acht seiner Freunde, den sogenannten „Lord Proprietors" (= Lordeigentümer), vermachte er den Landstreifen zwischen dem 29.

10. Von Savannah direkt bzw. über Charleston, Georgetown und Columbia nach Atlanta – Charleston

419

und 36. Breitengrad, also das Gebiet zwischen dem heutigen Virginia und Florida. Dass gerade der Abschnitt um Charleston besiedelt werden sollte, geht auf *Lord Ashley* zurück, der zu den Lord Proprietors gehörte. Die ersten 147 Siedler gelangten auf drei Schiffen zu Beginn des Jahres 1670 an das Westufer des die Halbinsel umgebenden Flusses und nannten ihn „Ashley". Dieses Gebiet tauften sie zunächst als „Albermale Point" (nach einem ihrer Schiffe, später nannten sie die Stelle dem König zu Ehren „Charles Towne"). Etwa 10 Jahre danach siedelten sie aber auf die eigentliche Halbinsel über, die vom Ashley und Cooper River umgeben ist und bessere Hafenbedingungen aufwies. Hier entwickelte sich das heutige Charleston. Bereits in den ersten Jahrzehnten siedelten in Charleston viele Sklaven, Plantagenbesitzer aus der Karibik und Hugenotten aus Frankreich.

Den Reichtum von Charleston stellten vier Produkte sicher: Reis, der schon den alten Ägyptern bekannte Farbstoff Indigo, die von Indianern gelieferten Hirschfelle und Baumwolle. Ebenso sorgte die stets verfügbare billige Arbeitskraft der Sklaven für hervorragende Einkünfte. Die Söhne aus der Schicht der reichen Plantagenbesitzer studierten bevorzugt in England, aber auch in Holland und in der Schweiz. Doch nach ihrer Ausbildung standen ihnen im heimischen Carolina keine entsprechenden Posten zu – diese wurden nach wie vor durch Abgesandte aus dem britischen Mutterland besetzt. Das konnte nicht lange gut gehen. Aufgebracht durch den „Stamp Act" brach man mit fünf Delegierten zum 1. Kontinentalkongress 1774 auf. Und es war der Charlestoner Kaufmann *Christopher Gadsden*, der mit unter den ersten war, die den Vorschlag einer Trennung vom Mutterland guthießen. Von daher verwundert es nicht, *Im Fokus der* dass im Verlaufe des Unabhängigkeitskrieges die Engländer es bevorzugt auf *Engländer* Charleston abgesehen hatten: Sie verwüsteten Plantagen, ließen Häuser plündern und Vieh töten. 1780 belagerten sie die Stadt, die sich kurz danach ergeben musste. Viele Tote sowie die Plünderung der Waffenlager waren zu beklagen. Erst im Herbst 1782 zogen die letzten Engländer ab, erst ein Jahr nach ihrer Kapitulation von Yorktown.

Auch im Bürgerkrieg (1861–65) spielte Charleston eine – wenn auch nicht ruhmrei- *Bürgerkrieg* che – Rolle. Dadurch, dass South Carolina, wie die anderen Südstaaten auch, ihren *begann vor* Reichtum nicht zuletzt der ausgebeuteten Arbeitskraft der Sklaven verdankte, lehn- *Charlestons* ten sich die Charlestoner gegen die Forderung der Nordstaaten auf, die Sklaven frei- *Toren* zulassen. Diese „Meinungsdifferenz" führte schließlich zum Amerikanischen Bürgerkrieg, der praktisch vor den Toren der Stadt begann. Die Unionstruppen hatten sich bereits 1 Monate vorher vom Fort Moultrie zum Fort Sumter zurückgezogen, was die Südstaatler schließlich dazu bewog, diese am 12. April 1861 34 Stunden lang unter Beschuss zu nehmen. Von der East Battery aus schauten Tausende von Charlestonern dem Spektakel zu, bis sich schließlich die Unionstruppen ergaben. Hier in Charleston endete dann 1865 der Bürgerkrieg auch, nachdem General *Bewohner zur* Sherman den Bewohnern die Verbindungswege abgeschnitten hatte und sie somit zur *Aufgabe* Aufgabe zwang. *gezwungen*

Nach dem Bürgerkrieg verlor Charleston seine herausragende Rolle sehr schnell. Die historischen Veränderungen und der technische Fortschritt hatten die Grundlagen des Reichtums schwinden lassen. Charleston stand von auf der Rangliste der ärmsten Städte Amerikas auf Platz 1.

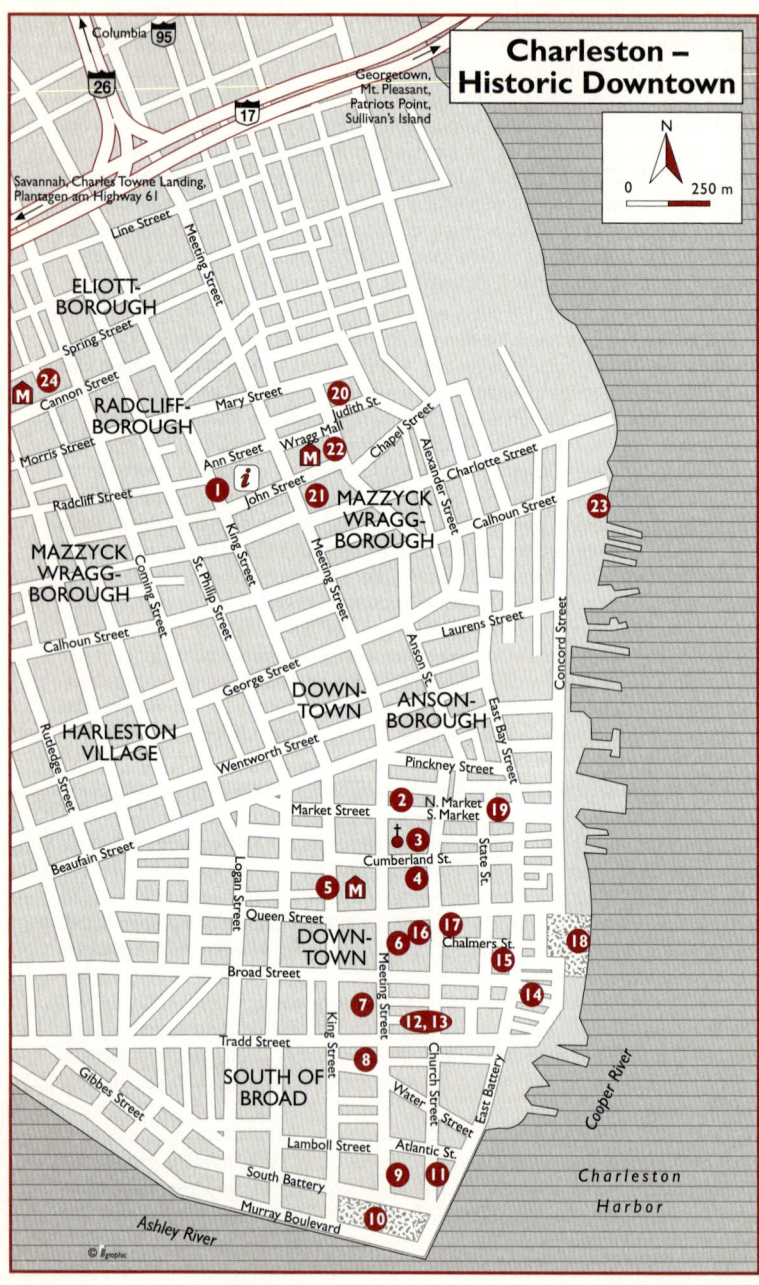

Charleston – Historic Downtown

N

0   250 m

Columbia 95
26
17
Georgetown,
Mt. Pleasant,
Patriots Point,
Sullivan's Island

Savannah, Charles Towne Landing,
Plantagen am Highway 61

Line Street

ELIOTT-
BOROUGH

Spring Street

Meeting Street

M 24 Cannon Street

RADCLIFF-
BOROUGH

Mary Street

Morris Street

Ann Street

Radcliff Street

1 i

John Street

20

Judith St.

Wragg Mall

M 22

Chapel Street

Alexander Street

Charlotte Street

21

MAZZYCK
WRAGG-
BOROUGH

Calhoun Street

23

MAZZYCK
WRAGG-
BOROUGH

King Street

St. Philip Street

Meeting Street

Anson St.

Laurens Street

Concord Street

Calhoun Street

George Street

DOWN-
TOWN

ANSON-
BOROUGH

HARLESTON
VILLAGE

Wentworth Street

Pinckney Street

East Bay Street

Beaufain Street

Market Street

2 N. Market
S. Market

19

Logan Street

Cumberland St.

3

4

State St.

5 M

Queen Street

DOWN-
TOWN

6 16

17

Chalmers St.

18

15

Broad Street

7

14

Tradd Street

12, 13

King Street

Meeting Street

8

Church Street

Water St.

East Battery

SOUTH OF
BROAD

Gibbes Street

Lamboll Street

Atlantic St.

9   11

South Battery

Murray Boulevard

10

Ashley River

© ligraphic

Cooper River

*Charleston
Harbor*

10. Von Savannah direkt bzw. über Charleston, Georgetown und Columbia nach
Atlanta – Charleston

421

1	Visitor Center
2	Market Hall
3	Circular Congretional Church
4	Old Powder Magazin
5	Gibbes Museum of Art
6	City Hall & Four Corners of Law
7	South Carolina Society Hall
8	Nathaniel Russell House
9	Calhoun Mansion
10	White Point Gardens/Battery
11	Edmondston-Alston House
12	Heyward-Washington House
13	Catfish Row
14	Old Exchange Building & Provost Dungeon
15	Old Slave Mart
16	Dock Street Theater
17	The French Protestant (French Huguenot)Church
18	Waterfront Park
19	Old City Market
20	Aiken-Rhett House
21	Joseph Manigault House
22	Charleston Museum
23	Charleston Maritime Center /S. C.Aquarium/Fountain Walk
24	Karpeles Manuscript Museum

Dem Verfall konnte bis zum Ende des 1. Weltkrieges kein Einhalt geboten werden. Um 1920 aber wurde die **Preservation Society of Charleston** gegründet, die sich zum Ziel setzte, ihren Verfall zu stoppen. Es war übrigens die erste Gesellschaft dieser Art in den USA. Hurrikane vor 1990, wie besonders „Hugo" (1989) erbrachten der Stadt noch einmal ungeahnte Gelder: Da fast alle Häuser hoch versichert waren, mussten die Versicherungen immense Summen für den Wiederaufbau zahlen, wodurch eine Reihe von „neuen" Architekturelementen kreiert wurde. Sehr deutlich erkennt das geschulte Auge dieses an Säulen- und Dachformen, die Häusern anderer Epochen auf- bzw. angesetzt worden sind.

Lange Periode des Verfalls

Zwei bekannte musikalische Errungenschaften fanden ihren Ursprung in Charleston: 1926 veröffentlichte *Du Bose Heyward* seinen Roman „Porgy", der vornehmlich in der damals sehr heruntergekommenen Catfish Row spielte. *George Gershwin* schrieb, basierend auf der Grundlage dieses Romans, das bekannte Broadway-Musical „**Porgy and Bess**", das aber, aufgrund der Rassendiskriminierung in den Südstaaten, erst Anfang der 1970er-Jahre in Charleston aufgeführt werden konnte.

Heimat des „Charleston"

Der „**Charleston**", einer der beliebtesten Tänze der 1920er-Jahre, wurde in Charleston kreiert. Unbekannte Jazzmusiker erfanden die Musik dazu in den armen Townships. Als sie die neuen Rhythmen dann in einem Jugendheim aufspielten, tanzten die jungen Leute dazu. Einer von ihnen fand dann den Weg nach New York. Und beeindruckt von der flotten Musik, fand der neue Tanz dort schnell Verbreitung und Zugang zu den höheren Kreisen.

Erste Adressen an der Battery Street

Sehenswertes im Stadtbereich

Zu Fuß durch die eigentliche Downtown

Wenig Front zur Straße: Typisches Haus in Charleston

Als erstes: Lassen Sie Ihr Fahrzeug am **Visitor Center** (1) oder Hotel stehen und fahren Sie mit dem DASH-Shuttle in den historischen Distrikt. Dessen interessantester Teil erstreckt sich von der Market Street im Norden über die Logare Street im Westen bis zur Concord Street im Osten. Die Südspitze bildet der Zusammenfluss von Ashley und Cooper River.

Es gibt nun verschiedene Fußwege, die eine Erkundung des historischen Stadtkerns interessant gestalten. Ich persönlich bin aber der Meinung, Sie sollten sich einfach treiben lassen, unbedingt auch in die eine oder andere kleine Seitengasse hineinschauen und vor allem nicht festhalten an vorgefertigten Routenvorschlägen.

Zur kurzen Erläuterung im Folgenden einmal die wichtigsten Regionen im Groben:
- **Obere King Street** (nördl. **Broad St.**), gepflegte Geschäfte und einige Cafés.
- **Untere King Street** (südl. **Broad St.**), kleinere, historische Wohnhäuser, die heute von wohlhabenden Leuten bewohnt werden.

Die wichtigsten Regionen
- **West Point Garden u. East Battery**: Stadtvillen verschiedener Stilrichtungen. Mondän und sehr fotogen. Von der East Battery aus haben Sie einen guten Blick auf das Ft. Sumter, so wie ihn auch bereits die Charlestonier während des Beschusses des Forts 1861 genossen haben.
- **Zwischen Broad, Meeting und Atlantic Streets sowie East Battery**: kleine Gassen mit urig bewachsenen kleinen Häuschen und alten Reihenhaussiedlungen.
- **Östlich der Broad Street** (östl. **East Bay St.**): alte Hafenstraßen und das Old Exchange Building.
- **Östliche Broad Street**: ehemals das mondäne Geschäftsviertel.
- **Market Street**: nördliche und südliche Straße um die alten Markthallen. Heute eher touristische Auslagen und drumherum viele Restaurants und Bars.

Hier nun eine kurze Beschreibung der Hauptsehenswürdigkeiten des historischen Distrikts, die grob der Route Market Hall – King/Meeting Streets – White Point Gardens – East Battery – Exchange Building – Broad Street – Market Street – Market Hall folgt.

Fahren Sie am besten mit dem Shuttle-Bus zur **Market Hall** (2) an der Ecke Meeting und Market Sts. In dem 1841 erbauten Gebäude befindet sich das kleine **Confederate Museum** (Uniformen, Waffen etc. der Südstaatenarmee (geöffnet Di-Sa 11–15.30 Uhr).

10. Von Savannah direkt bzw. über Charleston, Georgetown und Columbia nach Atlanta – Charleston

423

Von hier aus schlendern Sie nun einfach, grob den u.g. Sehenswürdigkeiten folgend durch die historische Innenstadt von Carleston.

Market Hall mit Confederate Museum

Circular Congretional Church (3)

138-150 Meeting Street, Öffnungszeiten variieren. 1681 gründete sich bereits die „Independent Church of Charles Towne". Der heutige Bau ist bereits der vierte, da die vorangegangenen Feuer und Erdbeben zum Opfer fielen. Die Grundstruktur stammt aber von 1806 und wurde von *Robert Mill* entwickelt. Der angeschlossene Friedhof ist der älteste der Stadt und wurde 1696 angelegt.

Old Powder Magazine (4)

79 Cumberland St., zw. Meeting u. Church Sts. Nur von außen zu besichtigen.
Erbaut 1713 und damit das älteste noch erhaltene öffentliche Gebäude von South *Munitions-* Carolina. Es diente während des Bürgerkriegs als Munitionslager und war so kon- *lager im* struiert, dass es bei einem Entzünden der Munition implodierte und damit der Stadt *Bürgerkrieg* keinen Schaden zugefügt hätte.

Gibbes Museum of Art (5)

135 Meeting St., geöffnet: Di–Sa 10–17 Uhr, So 13–17 Uhr.
Regional orientiertes Kunstmuseum, dessen wohl interessanteste Abteilung die Por- *Satirische* trätgalerie ist (Porträts bedeutender Leute in den Carolinas vor 1900). *Porträts von Prominenten*

City Hall und „Four Corners of Law" (6)

Ecke Meeting und Broad Sts.
Der Beiname dieser Straßenkreuzung repräsentiert die Gesetze von Staat, Bundesstaat, Stadt und Kirche. In der Nordost-Ecke steht die eindrucksvolle, 1801 eingeweihte City Hall, in der u.a. satirische Porträts von politischen Größen zu bewundern sind (u.a *George Washington*).

South Carolina Society Hall (7)

72 Meeting Street. Von Gabriel Manigault entworfenes und 1804 erbautes Haus. Der Portico wurde 1825 von *Frederick Wesner* hinzugefügt. Das Gebäude kann nicht besichtigt werden.

Nathaniel Russell House (8)

51 Meeting Street, geöffnet Mo–Sa 10–17 Uhr, So 14–17 Uhr. Ticketpreis kombinierbar mit Aiken-Rhett House. Um 1808 erbaut und wohl das beste Beispiel des

424

10. Von Savannah direkt bzw. über Charleston, Georgetown und Columbia nach
Atlanta – Charleston

Teure
Backsteine
aus England

„Adams-Stil". Bemerkenswert die ursprünglich ohne Abstützung konstruierte Spiral-treppe. Der Kaufmann *Russell* hat das Haus für US$ 80.000 errichten lassen – das war damals sehr viel Geld. Die hohe Summe kam zustande, da er als Baumaterial graue und rote Backsteine wählte, die z.T. aus England herbeigeschafft werden mussten.

Calhoun Mansion (9)

16 Meeting Street, geöffnet: Do–So: 10–16 Uhr. Viktorianisches Haus von 1876, also einer Zeit, als der wirtschaftliche Niedergang von Charleston bereits besiegelt war. Imposant die große Halle.

White Point Gardens/Battery (10)

Schatten spendende Parkanlage an der Südspitze der Stadt. Hier und entlang der East Battery trafen sich am 12. April 1861 zigtausend Bewohner von Charleston, um dem Beschuss von Fort Sumter zuzusehen. Besonders von der **East Battery** aus können Sie das Fort gut sehen. Die **Villa Marguerita** an der Ecke South und East Battery ist ein häufig gewähltes Fotomotiv. Gut unter Farbe, mit einem schönen Balkon verziert und im Garten Palmen, erinnert das Haus eher an die Karibik. Keine Besichtigungen!

Edmondston Alston House (11)

Ehemals
größte Privat-
bibliothek der
Landesküste

21 East Battery, geöffnet: Di–Sa 10–16.30 Uhr, So u. Mo 13.30–16.30 Uhr. Führungen alle volle Stunde. Ticketpreis kombinierbar mit Middleton Place. 1828 erbaut von *Charles Edmondston*, einem reichen Kaufmann und Werftbesitzer. Von seinem Balkon konnte er das Treiben im Hafen gut verfolgen. 1838 kaufte es der Reispflanzer *Charles Alston* und baute es um im Greek-Revival-Stil. Die alten Möbel sind eindrucksvoll, vor allem aber die umfangreiche Bibliothek, die ehemals als die größte Privatbibliothek an der Küste von South Carolina galt.

Heyward Washington House (12)

87 Church Street, geöffnet Mo–Sa 10–17 Uhr, So 13–17 Uhr. Führungen halbstünd-lich. Ticketpreis kombinierbar mit dem Charleston Museum und Joseph Manigault House. 1772 erbaut von dem Reispflanzer *Daniel Heyward* und seinem Sohn *Thomas*. *George Washington* war 1791 Gast im Hause. Die Einrichtung dieses Hauses halte ich für die interessanteste der zu besichtigenden Gebäude, da sie fast ausschließlich aus dem 18. Jh. stammt und gefertigt wurde von Handwerkern aus Charleston.

Catfish Row (13)

Schauplatz
des Romans
„Porgy"

Gleich neben dem Heyward Washington House. Heute ein idyllischer Fußweg, war diese Gasse zu Beginn des 20. Jh. Teil eines heruntergekommenen Stadtviertels. Hier spielte der Roman „Porgy".

Old Exchange Building & Provost Dungeon (14)

122 East Bay Street, geöffnet: täglich 9–17 Uhr. Das Gebäude (1771) beherbergte Zoll, Börse, Rathaus, Postamt, Kriegsgefängnis und Militärhauptquartier. Heute sind

10. Von Savannah direkt bzw. über Charleston, Georgetown und Columbia nach Atlanta – Charleston

425

ein paar Bilder und Memorabilien ausgestellt, die die frühere Zeit von Charleston gut dokumentieren. Eindrucksvoll aber vor allem die großen Säle. Geschichtlich wird hier besonders auf die Zeit des Revolutionskrieges eingegangen, u.a. durch Erläuterungen kostümierter Führer.

Old Slave Mart (15)

6 Chalmers Street. Charleston war einer der wichtigsten Sklavenmärkte der Ost- *Museum des* küste, doch als das Gebäude hier 1856 errichtet wurde, war der „Zenit des Men- *Sklaven-* schenhandels" bereits überschritten. Ein kleines Museum erinnert an die Zeit des *handels* Sklavenhandels.

Dock Street Theatre (16)

135 Church Street, geöffnet Mo–Fr 10–16 Uhr. An dieser Stelle wurde am 12.2.1736 eines der ersten Theater Amerikas eröffnet. Es wurde aber nur 15 Monate darin gespielt. Später mussten die Schauspieler auf kleinere, provisorische Bühnen ausweichen. Das heutige Gebäude stammt von 1809 und wurde damals als das „Planters Hotel" erbaut. 1936 restaurierte man das alte Hotel und baute es um zu dem

Dock Street Theatre

heutigen Theater mit ca. 460 Sitzplätzen. Die z.T. schmiedeeiserne Fassade erinnert an New Orleans, die Eingangshalle des Hotels ist erhalten worden, und der Theatersaal ist mit schwarzem Zedernholz getäfelt.

The French Protestant (French Huguenot) Church (17)

136 Church Street. Gottesdienste (in Englisch) sonntags um 10.30 Uhr. Gotischer *Orthodoxe* Revival-Stil, erbaut 1844/45. Die Hugenotten suchten 1867 religiöse Freiheit. Bis *Hugenotten-* heute erhielt sich hier die orthodoxe Hugenotten-Liturgie. Zu besichtigen: Mitte *Liturgie* März bis Mitte Juni sowie Mitte Sept.–Mitte Nov. Mo–Do 10–16 Uhr, Fr 10–13 Uhr.

Waterfront Park (18)

Prioleau/Concord Sts.
Schöner Park direkt am Wasser. Hier können Sie auf Bänken oder Swings sitzend sich ausruhen, picknicken und dabei dem Schiffsverkehr zuschauen. In der **City Gallery at Waterfront Park** gibt es wechselnde Kunstausstellungen.

Old City Market (19)

North und South Market Streets. Ehemals der Gemüsemarkt der Stadt. Heute gibt es aber nur touristischen Schnickschnack hier und samstags eine Art (kommerziellen) Flohmarkt. Um den Markt herum befinden sich Restaurants aller Art, Bars und Boutiquen.

Tipp

Eine nähere Betrachtung der einzelnen Kirchen und besonders derer Friedhöfe – von denen einige bereits verwildert sind – lohnt sich auch.

Der Bezirk um das Visitor Center (1)

Abseits der restaurierten Straßen
Östlich und nördlich des Visitor Center befindet sich auch heute noch die Wohngegend der ärmeren Bevölkerungsschichten. Wenige Häuser sind restauriert, und viele zerfallen sogar. Ein kurzer Spaziergang durch die Gegend ist mit Sicherheit aufschlussreich und vermittelt zudem einen Eindruck über das Charleston, wie es wohl vor 90 Jahren ausgesehen haben muss. Die Gegend ist aber nicht geeignet für nächtliche Spaziergänge. Einige Sehenswürdigkeiten befinden sich hier (Ticketpreise sind teilweise kombinierbar):

Aiken Rhett Mansion (20)

48 Elizabeth Street, geöffnet Mo–Sa 10–17 Uhr, So 14–17 Uhr, Ticket kombinierbar mit Nathaniel Russell House. 1817 erbaut, diente es von 1833 bis 1887 als Residenz des Gouverneurs *William Aiken jr.* 1864 war hier auch das Hauptquartier des Südstaaten-Generals *P.G.T. Beauregard* untergebracht. Eindrucksvoll ist die 2-stöckige Balkonbalustrade, die zum Garten, nicht zur Straße zeigt, und die Atmosphäre einer „bescheidenen Arroganz".

Joseph Manigault Mansion (21)

Schönstes Gebäude im „Adams-Stil"
350 Meeting Street, geöffnet Mo–Sa 10–17 Uhr, So 13–17 Uhr, Ticket kombinerbar mit Charleston Museum. 1803 von *Gabriel Manigault* entworfen für seinen Bruder Joseph, einem reichen Reispflanzer. Es war das erste Haus in Charleston, dessen Architekturstil brach mit dem bis dahin typischen „Georgian-Colonial Style", und es gilt heute als eines der schönsten erhaltenen „Adams-Stil"-Gebäude.

Charleston Museum (22)

360 Meeting Street, geöffnet Mo–Sa 9–17 Uhr, So 13–17 Uhr, Tickets kombinierbar mit Joseph Manigault House und Heyward Washington House. Das erste Charleston Museum wurde 1773 eingerichtet und war damit das erste Museum auf amerikanischem Boden. Heute ist es untergebracht in einem modernen Gebäude. Im Museum befinden sich interessante Ausstellungsstücke zur Geschichte von Charleston, wenn auch z.T. etwas unübersichtlich arrangiert. Wesentliche Ausstellungen beschäftigen sich mit dem Amerikanischen Bürgerkrieg und der Modernen Kunst.

Charleston Maritime Center (23)

Im Maritime Park legen die **Boote zum Fort Sumter** ab. Wer die Tour dorthin nicht unternehmen bzw. sich vorher genauer informieren möchte, kann sich bereits

10. Von Savannah direkt bzw. über Charleston, Georgetown und Columbia nach Atlanta – Charleston

427

hier im **Fort Sumter Liberty Square Visitor Center** (täglich geöffnet: Sommerhalbjahr 10–17.30 Uhr, Rest des Jahres nur bis 16 Uhr) die Geschichte der Anlage sowie die von Charleston während des Bürgerkriegs vor Augen führen lassen. Hauptattraktion hier ist das **South Carolina Aquarium** (geöffnet Mo–Sa 9–17 Uhr, So 12–17 Uhr, von April bis Mitte August jeweils bis 18 Uhr). Die Thematik des Aquariums beschäftigt sich zu einem großen Teil mit der Süßwasserfauna der Carolinas. Zudem gibt es ein großes Ozeanbecken. Täglich um 16 Uhr findet zudem eine Delfinshow statt. *Tägliche Delfinshow*

Nordwestlich des Visitor Centers liegt noch das **Karples Manuscript Museum (24)** (St. James Methodist Church, 68 Spring St., geöffnet: Mi–Sa 11–16 Uhr), wo über eine Million historische Manuskripte gelagert und einige davon natürlich einzusehen sind.

„H.L. Hunley" Confederate Submarine

Warren Lash Conservation Center, 1250 Supply St., Bldg. 255, North Charleston. Geöffnet: Sa 9–17 Uhr, So 14–17 Uhr.
Das U-Boot „H.L. Hunley" war wohl das erste U-Boot, dass in einem Krieg eingesetzt wurde. Es sollte die Blockade vor Charleston aufbrechen, versenkte aber nur ein Schiff der Union, die „USS Housatonic". 1995 fand man schließlich das vor Sullivan Island gesunkene U-Boot und ließ es für Besichtigungen restaurieren.

Sehenswertes in der Umgebung

Östlich des Cooper River

• Ft. Sumter National Monument

Nur mit Booten zu erreichen: Fort Sumter Tours, 205 King Street. Abfahrt entweder vom Aquarium aus (beste Verbindungen) oder vom Patriots Point in Mt. Pleasant. Touren des Fort Sumter und eines Museums in Charleston: Liberty Square Center (s.o. unter South Carolina Aquarium). Im Sommer 3 Touren täglich: 9.30, 12 u. 14.30 Uhr (Zeiten variieren!).
Das Fort liegt auf einer kleinen Sandbank an der Hafeneinfahrt zu Charleston. Es wurde erst kurz vor dem Bürgerkrieg fertiggestellt und erlangte bald darauf schon seinen Platz in der Geschichtsschreibung: Nämlich als mit seiner Belagerung und dem späteren Angriff durch die Konföderierten (12.4.1861) der Amerikanische Bürgerkrieg offiziell begonnen wurde. (South Carolina war bereits 1860 aus der Union ausgeschieden). Nach 34 Stunden ergaben sich die von 3 Seiten angegriffenen Unionstruppen schließlich.
Heute erinnern noch die alten Strukturen an den historischen Augenblick. Mehrere Umbauten an dem während

Neue Brücke über den Cooper River

428

10. Von Savannah direkt bzw. über Charleston, Georgetown und Columbia nach Atlanta – Charleston

des Angriffes fast gänzlich zerstörten Fort haben den alten Charakter aber gänzlich verdrängt. Später wurde das Fort verlassen und versandete zunehmend. Man hat die Mauern aber wieder ausgegraben. Einzig sehenswert ist der Film im kleinen Museum, der die Geschichte des Forts aufzeigt.

• Patriots Point/„USS Yorktown"

Patriots Point (am Fuße der Cooper River Bridge), Mt. Pleasant. Fahren Sie über die große Brücke auf dem US 17 in nordöstlicher Richtung und zweigen Sie gleich danach nach rechts ab auf die 703. Bald darauf geht es wieder nach rechts (Schilder). Geöffnet April bis Sept. täglich 9–19.30 Uhr, Okt. bis März täglich 9–18.30 Uhr.

Enorme Marine-Schiffe Schon von weitem sichtbar ist der 43.000 t schwere Flugzeugträger, der, 1943 vom Stapel gelassen, im 2. Weltkrieg im Pazifik eingesetzt worden ist. Den Beinamen „Fighting Lady" erhielt er, da er, trotz mehrerer Kampfeinsätze, immer unversehrt geblieben ist. Dieses Schiff sowie drei weitere (ein atomgetriebenes Versorgungsschiff sowie ein Küstenwachboot und ein U-Boot aus dem 2. WK) sind zu besichtigen. Eine Ausstellung beschäftigt sich auch mit den maritimen Einsätzen im Vietnamkrieg.

• Sullivan's Island und Isle of Palms

sind die „Strandinseln" von Charleston. Viele Zugänge zum Meer sind leider mit Privathäusern verbaut. Doch lohnt sich der Abstecher, wenn Sie sowieso schon in Mt. Pleasant sind. Auf Sullivan's Island gibt es eine Reihe älterer Strandhäuser, kleine Geschäfte und unkomplizierte Fischrestaurants. Das **Fort Moultrie** war eines der *Dokumentar-film zur Militär-geschichte* drei Forts, von dem aus Fort Sumter beschossen wurde. Heute ist es aber ein Relikt aus den Weltkriegen, und nur die Aussicht auf das gegenüberliegende Fort lohnt die Anfahrt. Ein Dokumentarfilm im Visitor Center erläutert die militärische Geschichte der Region.

• Boone Hall Plantation

US 17, ca. 7 Meilen östlich der Innenstadt, einbiegen in Long Pine Rd. Geöffnet April bis Mitte September: Mo–Sa 8.30–18.30 Uhr, So 13–17 Uhr, Rest des Jahres: Mo–Sa 9–17 Uhr, So 13–16 Uhr.

Boone Hall ist eine der bekanntesten Plantagen der Südstaaten. Da kann es schon passieren, dass Sie zwei Führungen abwarten müssen, bevor Sie das Haus besichtigen können. Die eigentliche Atmosphäre ist also ein wenig verdorben. Trotz allem ist Boone Hall einen Besuch wert, dafür ist die Anlage an sich zu interessant.

Westlich und nördlich des Cooper River

• Caw Caw Interpretive Center

5200 US 17/Savannah Hwy., Ravanel, 16 Meilen westl. von Charleston. Geöffnet: Mi–Fr 9–15 Uhr, Sa u. So 9–17 Uhr, 🖳 www.ccprc.com (dann unter „Search" *Caw Caw* eingeben), ☎ (843) 889-8898.

Infos zum Reisanbau Der wenig bekannte Park hat viel für den Naturliebhaber, aber auch den Interessierten der Geschichte der Sklaven auf den Reisfeldern zu bieten. Auf über 13 km Länge winden sich Wege und Boardwalks durch die Landschaft, die besonders für ihre Vogelwelt bekannt ist. Ein 400 m langer Weg führt durch einen Zypressensumpf. Wer sich näher mit medizinischen Pflanzen beschäftigen möchte, dem sei die Teilnahme an

10. Von Savannah direkt bzw. über Charleston, Georgetown und Columbia nach Atlanta – Charleston

429

der speziell dafür angebotenen Wanderung ans Herz gelegt („Edible and Medicine Plant Walk"). Erkundigen Sie sich aber unbedingt vorher nach den Zeiten. Ausgesprochen lehrreich sind hier auch die Erläuterungen zum Reisanbau im 17. und 18. Jh. Auch hierzu gibt es Touren, einige von denen werden sogar im „Gullah-Slang" erläutert (sehr schwer zu verstehen für Nicht-Muttersprachler).

Falls Sie vorhaben sollten, von Charleston weiterzufahren nach Columbia bzw. Atlanta, wäre es am sinnvollsten, Sie würden die folgenden Sehenswürdigkeiten am Abreisetag besuchen und schließlich östlich von Summerville auf den I-26 fahren. Wenn die Zeit etwas drängt – die **interessantesten Punkte** hier sind: Die leere Hausruine von **Drayton Hall** und eine Wanderung um den **Audubon Swamp Garden**. Fahren Sie von Charleston aus über die Ashley Bridge nach Westen. Gleich hinter der Brücke biegen Sie dann nach rechts ab, und die einzelnen Sehenswürdigkeiten sind von hier aus ausgeschildert.

• Charles Towne Landing
1500 Old Town Road an der SC 171. Geöffnet täglich 8.30–17 Uhr (im Sommer oft bis 18 Uhr)
An dieser Stelle haben sich 1670 die ersten Siedler niedergelassen. Ein alter Schutzwall erinnert an das frühe Charleston. Bereits 10 Jahre später aber wurde Charleston endgültig an der heutigen Stelle (historische Altstadt) erbaut. Zu niedrig war der Wasserstand am Charles Towne Landing, und das heiße Klima hier war (und ist) unerträglich. Alternativ mit einem auszuleihenden Fahrrad, zu Fuß oder mit einem *Vorführungen* Trolley können Sie heute das Gelände erkunden. Zu sehen gibt es: eine alte kleine *alter* Farm mit einem Gewürzgarten, ein Farmhaus, wo auch alte Handwerke vorgeführt *Handwerke* werden, den bereits erwähnten Wall – vornehmlich als Schutz gegen die Indianer erbaut, einen kleinen Zoo, einen schönen Garten mit einigen botanischen Raritäten, ein Antebellum-Haus und die spärlichen Reste eines Plantagenhauses. Kinder mögen sich zudem an der Besichtigung eines nachgebauten Handelsschiffes „Adventure" (17. Jh.) erfreuen. Im Pavillonbereich gibt es Erfrischungen, ein Informationsbüro, einen Souvenirshop und eine ständig wechselnde Ausstellung zur Geschichte (bzw. Kunst). Die Anlage eignet sich auch gut für ein Picknick. Meiden Sie aber den Besuch an einem heißen Tag (s.o.).

Die Plantagen

• Drayton Hall
Ca. 9 Meilen entlang der SC 61 (3380 Ashley River Rd.), Geöffnet März bis Okt. 10–16 Uhr, Rest des Jahres 10–15 Uhr. Führungen beginnen zur vollen Stunde.
Diese ehemalige Reisplantage gehört zu den wenigen, die nicht während des Bürgerkrieges zerstört wurden. Der Grund dafür ist einfach: Als General *Sherman* mit

Drayton Hall

den Unionstruppen anrückte, teilten ihm Sklaven der Plantage mit, dass Drayton Hall als Krankenhaus genutzt würde und voll belegt sei mit Pocken- und Malariakranken. *Sherman* ließ seine Truppen daraufhin einen großen Bogen machen um das Anwesen. Das Plantagenhaus, zwischen 1738 und 1742 von *John Drayton*, damals einem der einflussreichsten Männer in South Carolina, erbaut, gilt als das älteste und schönste Beispiel „Georgian-Paladian"-Stiles in Amerika. Beim Bau wurden großzügig heimische Baustoffe verwandt, doch zur Gestaltung von Details benutzte man englischen Kalkstein sowie westindisches Mahagoni. Heute ist das Haus absolut leer. Das schadet dem Eindruck aber nicht. Eher hat man hier einmal die Chance, sich selbst ein Bild über die Architektur zu machen, ohne von den häufig überladen und kitschig wirkenden Möbeln abgelenkt zu werden. Stellen Sie sich doch mal in die untere Halle, schauen Sie durch die offene Tür hinaus und richten Sie dann im Geiste das Haus nach Ihrem Geschmack ein.

Erhalt durch schlaue Kriegslist

Schönstes „Georgian-Paladian-Style"-Haus

• Magnolia Plantation and Gardens
10 Meilen entlang dem SC 61 (3550 Ashley River Rd.). Geöffnet: 8 Uhr bis Sonnenuntergang.
Auch dieses Anwesen gehörte einst der *Drayton*-Familie und ist, 1670 angelegt, die älteste Plantage der Region. Das heutige Plantagenhaus ist wenig eindrucksvoll und ersetzte das Haus, das im Bürgerkrieg zerstört wurde. Einzig interessant ist die Tatsache, dass das jetzige Haus ursprünglich in Summerville stand und – auseinandergenommen – auf dem Fluss hierher gebracht wurde. Einmalig ist der botanische Garten mit seinen Magnolien, Azaleen und Kamelien. Ebenfalls sehenswert sind die alten Sklavenhäuser und der Gewürzgarten. Zur Erkundung stehen kleine Trolleys und Fahrräder bereit, aber auch Bootstouren werden angeboten. Zum Grundstück gehören auch die **Audubon Swamp Gardens**. Ein Wanderweg führt hier um die pflanzenreiche Wasserstelle herum, aus deren Sumpf 20 m hohe Zypressen und andere Bäume ragen. Mit an mehreren Punkten bereitgestellten Feldstechern können Sie zudem die Vögel und Reptilien bewundern. Lassen Sie sich Zeit bei der Umrundung – Sie werden staunen, wie viele Tiere Sie entdecken werden. Wem es nicht zu feuchtheiß dafür ist, der kann mit einem Mietkanu durch ein 50 ha großes Vogelschutzgebiet paddeln.

Einmaliger Botanischer Garten

• Middleton Place
15 Meilen entlang der SC 61 (4300 Ashley River Rd.). Geöffnet täglich 9–17 Uhr (Garten), Touren: Di–So 10–16.30, Mo 12–16.30 Uhr.
Noch bevor Sie zur Einfahrt der Plantage gelangen, weist ein Schild zum **Middleton Inn**. Dieses moderne Hotel, das in seiner Baustruktur eher wie ein missratener Bunker wirkt, bietet aber eine gute Gelegenheit für eine komfortable, luxuriöse und nicht zu teure Übernachtung in der Abgeschiedenheit der Flusslandschaft des Ashley River. Die Zimmer sind geräumig, die Badezimmer mit Marmor ausgelegt, und jedes Zimmer hat Ausblick auf den Fluss. Das Restaurant ist ebenfalls gut. Die Plantage selbst beeindruckt durch ihre schöne Gartenanlage, für deren Erschaffung 100 Sklaven 10 Jahre hart arbeiten mussten (ab 1741). Der Garten gilt als der erste seiner Art in Amerika. Magnolien, Azaleen, Rosen und viele andere Blumen und Pflanzen schmücken die Anlage. Viele von ihnen sind angelegt an „Blumenalleen" und um künstliche Seen. Sie können den Park auf Touren mit einem Trolley erkunden, aber auch an Kajak-, Fahrrad- oder Reitexkursionen teilnehmen. Die Familie *Middleton*

Schmucke Magnolien und Azaleen

10. Von Savannah direkt bzw. über Charleston, Georgetown und Columbia nach Atlanta – Charleston

431

war maßgeblich in der Politik engagiert: *Henry Middleton* war Präsident des 1. Konti-nentalkongresses, der sich gegen die Vorherrschaft der Engländer richtete, sein Sohn *Arthur* war Mitunterzeichner der Unabhängigkeitserklärung, und der spätere *William Middleton* unterzeichnete den Vertrag, durch den South Carolina sich von den Nord-staaten trennte. Kein Wunder also, dass die siegreichen Unionstruppen die Plantage besonders in Mitleidenschaft gezogen haben. Das Haus beeindruckt durch die zahl-reichen Porträts der *Middletons* und den Eindruck, den es vermittelt über das Leben einer einflussreichen Südstaatenfamilie. Kinder wird der Besuch des Freilichtmuse-ums faszinieren, wo Hufschmiede, Müller und Landwirte ihre alten Künste vorführen. *Leben einer einfluss-reichen Südstaaten-familie*

Für Naturfreunde bietet sich im Raum Charleston noch der Besuch der beiden folgenden Parks an:

• Old Santee Canal State Park
Anfahrt über den US 52 nach Nor-den. Lage: bei Moncks Corner. Geöffnet täglich 9–17 Uhr (Som-mer 18 Uhr).
Hier, an einer der ersten Kanalanla-gen Amerikas, hat man heute ein schönes Naturgebiet erhalten. Wan-derungen und Kanutouren laden zu einem erholsamen Nachmittag in

Angeln im Old Santee Canal State Park

der Natur ein. Die Erläuterungen zum alten Kanal sollten Sie sich aber auch nicht entgehen lassen! Übernachtungsmöglichkeiten nur in Moncks Corner, nicht im Park (auch kein Camping). Nicht ganz so weit entfernt sind die **Cypress Gardens**: US 52 22 Meilen in südöstlicher Richtung (Richtung Charleston) und dann den Schildern folgen entlang der Cypress Garden Rd. Geöffnet täglich 9–17 Uhr. Unter hohen Zypressen, die in einem spiegelglatte,n schwarzen Sumpfwasser stehen, können Sie mit einem Ruderboot umherpaddeln (oder sich paddeln lassen). Besonders während der Woche ist hier nicht viel los, und die – wenn auch nur kurze – Tour vermittelt eine unvergessliche romantische Stimmung. Außerdem führt ein Fußweg um den Sumpfsee herum, gibt es ein kleines Aquarium, ein Reptilien-Center, ein Vogelhaus sowie ein Schmetterlingshaus. *Paddeln oder paddeln lassen*

 Hinweis

Diese beiden Parks lassen sich, soweit Sie noch eine Nacht in Charleston bleiben möchten, auch auf einer Rundtour in Verbindung mit den o.g. Plantagen besuchen. Hierzu fahren Sie erst zu den Plantagen, danach weiter über Summerville zum Old Santee Canal State Park und schließlich zu den Cypress Gardens.

Routenempfehlung: Sie können jetzt von Charleston direkt weiterfahren nach Columbia und von dort der empfohlenen Route folgen (lesen Sie dazu bitte weiter auf S. 434) oder aber noch einen Schlenker über Georgetown machen, wie im Folgenden kurz beschrieben.

432

10. Von Savannah direkt bzw. über Charleston, Georgetown und Columbia nach
Atlanta – Kleiner Umweg: Von Charleston über Georgetown nach Columbia

Kleiner Umweg: Von Charleston über Georgetown nach Columbia

Badefreuden in Myrtle Beach

Falls Sie nun doch einen Tag (oder mehr) erübrigen können, sollten Sie über einen kurzen Abstecher in Richtung des kleinen Städtchens Georgetown, der ehemaligen „Metropole" des Reisanbaus, nachdenken. Die Weiterfahrt bis nach Myrtle Beach würde sich aber nur lohnen, wenn Sie sich ganz und gar den Badefreuden und einem entsprechenden Massentourismus hingeben möchten. Unzählige Hotels und Apartmenthäuser bieten sich in endlosen Reihen entlang dem dortigen Strand an.

> ▸ ▸ **Entfernungen**
> Charleston – Georgetown: 60 mi/97 km
> Georgetown – Columbia: 123 mi/198 km

Sehenswertes

Der US 17 führt auf der Ostseite des Cooper River zuerst vorbei an der „USS Yorktown" (ⓘ S. 428) sowie der Boone Hall Plantation (ⓘ S. 428) und schließlich durch den **Francis Marion National Forest**, einem dichten Wald aus Zypressen, dessen Holz in Georgetown zu Papier weiterverarbeitet wird.

Plantagenhaus von 1730

Kurz vor Verlassen des Waldes (16 Meilen vor Georgetown) führt nach links eine Straße zur **Hampton Plantation Historic Site** (Öffnungszeiten Garten/Anlage: Do–Mo 9–18 Uhr, Haus: Do–Mo 11–16 Uhr, Juni-Aug. tägl. 11–16 Uhr). Nicht die imposanteste, aber eine typische Südstaaten-Plantage in deren Haus von 1934 bis 1973 der in South Carolina gefeierte Literat *Archibald Rutledge* gelebt hat. Einen weiteren bzw. alternativen kurzen Stopp ist die **Hopsewee Plantation** 12 Meilen vor Georgetown wert. Die Plantage wurde um 1730 eingerichtet, und das alte Haus stammt auch noch aus dieser Zeit und wurde damals von der *Lynch*-Familie erbaut. Die *Lynchs*, Vater und Sohn, waren beide Mitglieder des Continental Congress. Beide sollten die Declaration of Independence mit unterzeichnen, doch konnte *Thomas Lynch Sr.* wegen eines Schlaganfalles dieses schließlich nicht tun. Auch heute noch wird das Haus bewohnt. Der Grund kann jederzeit tagsüber besichtigt werden, während 25-minütige Führungen durch das Haus nur zu folgenden Zeiten möglich sind: März bis November, Mo–Fr 10–16.30 Uhr, Dez.–Feb. Do u. Fr 10–16.30 Uhr, alle halbe Stunde.

Georgetown (ⓘ S. 155)

Georgetown wurde 1729 gegründet, obwohl die Spanier bereits um 1526 ihr Glück versuchten, doch bereits nach wenigen Jahren von einem Hurrikan wieder vertrieben worden sind. Georgetown ist heute ein kleines, idyllisches Städtchen, das seine Boomzeit bis zum ausgehenden 19. Jh. erlebte, als der Reisanbau der Region über die Hälfte der gesamten US-Produktion ausmachte. Auch die Herstellung von Indigo bescherte der Stadt einen gewissen Wohlstand. Die Reisernte war sehr arbeitsauf-

10. Von Savannah direkt bzw. über Charleston, Georgetown und Columbia nach Atlanta – Kleiner Umweg: Von Charleston über Georgetown nach Columbia

433

wendig, anstrengend und forderte unzählige Menschenleben aufgrund der damals weitverbreiteten Malaria. Man kam kaum nach mit der „Beschaffung" neuer Sklaven. Vor dem Bürgerkrieg zählte Georgetown 20.000 Einwohner, von denen 90 Prozent Sklaven waren! Heute lebt die Stadt von der Verwertung und Verschiffung von Alteisen, der Holzverarbeitung und auch ein wenig vom Tourismus. *Einst 90 Prozent der Einwohner Sklaven*

Ein kurzer Spaziergang entlang der Geschäfte an der **Front Street** lohnt sich und auch das Schlendern an dem dahinter gelagerten **Harbor Walk**, dessen Holzsteg einen Eindruck vermittelt über die Zeiten, als hier noch die Reisschiffe beladen worden sind. Heute verkehren von hier Ausflugsboote zu 2–4-stündigen Touren zu den Flussmündungen und ehemaligen Reisplantagen – manche als Piratenschiff ausstaffiert, andere eher für Angler geeignet.

Habor Walk

Das **Visitor Center** befindet sich übrigens auch in der Front Street, Ecke Broad Street. Besuchenswert ist in der Stadt vor allem das kleine **Rice Museum** (Ecke Front/Screven Streets, geöffnet Mo–Sa 10–16.30 Uhr). Reis wurde fast 200 Jahre lang in dieser Region um die 7 Flussmündungen herum angebaut. In einem kleinen Geschäft neben dem Museum wird ein 15-minütiger Film über den Reisanbau gezeigt. Sehr schön ist schließlich noch das **Kaminsky House** (1003 Front Street, geöffnet Mo–Sa 10–16 Uhr u. So 13–16 Uhr) mit seinen alten Möbeln und Antiquitäten. Kaminsky war ein reicher Geschäftsmann, und sein Haus lag so, dass er den gesamten Hafenbereich gut einsehen konnte. Erfrischend ist auch die kühle Brise, die in dem beschatteten Garten weht. Weitere ältere Häuser der Stadt gehörten ehemals Plantagenbesitzern, die sich von Mai bis Oktober in die Stadt verzogen, um vor der Hitze und der Malariagefahr auf den Plantagen zu flüchten.

2 Meilen nördlich der Stadt am US 17 verspricht das **Hobcaw Barony Visitor Center** (geöffnet Mo–Fr 10–17 Uhr) einen guten Einblick in das Ökosystem der Region. Sehr gute, 3-stündige geführte Touren in das 7.000 ha große Naturreservat werden angeboten, allerdings nur 3–4 Mal in der Woche (Infos und Anmeldung: ☎ (843) 546-4623). Wer sich zudem noch die Jagd-Villa des legendären Wall-Street-Gurus *Bernard M. Baruch* (1870–1965) anschauen möchte, hat hier dazu die Gelegenheit. Zum Kreis seiner Besucher hier zählten einst auch *Winston Churchill* und *Franklin D. Roosevelt*. Beraten hat er aber auch andere Präsidenten. Etwa 10 Meilen nördlich von Georgetown (zweigen Sie ab auf den South Causeway) bietet sich ein Abstecher zur **Pawleys Island** an. Schöne Sandstrände und eine Reihe historischer Strandhäuser aus dem 19. Jh. (gekennzeichnet mit Messingschildern an der Straße) sprechen für sich. Früher verbrachten die reichen Plantagenbesitzer den heißen Sommer hier, um der Hitze und der Malaria zu entgehen. Die meisten Holzvillen sind aber neueren Datums. Einige dieser Strandhäuser lassen einen schon neidisch werden! Fahren Sie, wenn Sie *Infos zum Ökosystem der Region*

Skulptur in den Brookgreen Gardens

auf der Insel sind, nach rechts (Süden). Ganz am Ende der Insel ist ein großer schöner Strand. Das **Visitor Center** befindet sich an der Einmündung der Hauptstraße (North Causeway), linker Hand. Hier können Sie sich nach evtl. zu vermietenden Strandhäusern erkundigen. Während der Nebensaison durchaus bezahlbar. Pawleys Island und Litchfield bilden übrigens das älteste Resort der USA.

Weiter nördlich von Georgetown entlang des US 17 wären noch die **Litchfield Plantation** (Plantagenhaus, Geschichte des Reisanbaus, luxuriöse Unterkünfte, Golfanlage und ein eigener Strand) sowie die **Brookgreen Gardens** (wunderschöne botanische Anlage mit zahlreichen Skulpturen, tägl. geöffnet) und der kleine Fischerort **Murell's Inlet** (Seafood-Restaurants, Apartment-Unterkünfte) zu nennen. Wenige Meilen nördlich davon liegt **Myrtle Beach**: Über mehr als 250 Straßenzüge – oder 35 Meilen – Strandtourismus! Myrtle Beach ist Panama City (Florida) „in Groß". Kaum ein Flecken, der nicht mit einem Hotel, Motel oder Condo bebaut ist, sieht man einmal ab von den wenigen Residential *Vergnügungs-* Areas oder den kaum zu bebauenden Einbuchtungen. Wer gerne Sonne à la Mallorca, *parks à la* kleine Vergnügungsparks à la Mini-Disneyworld und abends Discos wie in New York *Disneyworld* genießen möchte, ist hier richtig. Der Strand ist wirklich schön und das Wasser warm. Ruhe werden Sie aber kaum finden! Eines aber wird die Musikfreunde unter Ihnen begeistern: Myrtle Beach hat sich während der 1980er-Jahre zu einem **Mekka der Countrymusik** entwickelt, und im Sommer gastieren hier zudem fast täglich international bekannte Rockbands. Die Empfehlung aber lautet, von Georgetown direkt nach Columbia, der Hauptstadt von South Carolina zu fahren und von dort dann weiter nach Atlanta oder Asheville und zum Great Smoky Mountains National Park.

Von Charleston über Columbia nach Atlanta

▸ ▸ **Entfernungen**
Charleston – Columbia: 114 mi/184 km
Charleston – Georgetown – Columbia: ca. 230 mi/368 km
Columbia – Atlanta: 215 mi/346 km (über den Interstate) – über Athens ca. 60 Meilen mehr.

Streckenalternativen
Direkt nach Columbia nehmen Sie einfach den I-26. Mit dem Umweg über Georgetown folgen Sie bis dort dem US 17 und nehmen dann den US 521 bis Manning und von dort die westliche Umgehung um Sumter (SC 261) bis zum US 76, dem Sie bis Columbia folgen. Nach Atlanta geht es dann von dort direkt auf dem I-20 weiter oder sie folgen den im Text beschriebenen kleinen Abstechern.

10. Von Savannah direkt bzw. über Charleston, Georgetown und Columbia nach Atlanta – Von Charleston über Columbia nach Atlanta, Columbia

435

Sehenswertes

Bis Columbia gibt es nichts zu sehen. Naturfreunden sei aber unbedingt ein Abstecher zum **Congaree Swamp National Park** (**Monument**) empfohlen (20
Meilen südöstlich von Columbia). Inmitten einer Sumpflandschaft steht hier noch der
letzte Hartholzwald Amerikas. Die Bäume sollen mit bis zu über 300 Jahren die älte- *Letzter*
sten und bis zu 45 m Höhe die größten östlich des Mississippis sein. Für einen loh- *Hartholzwald*
nenswerten Abstecher müssen Sie aber mindestens 3 Stunden extra einplanen. Jeden *der USA*
ersten und zweiten Sonnabend im Monat finden hier um 13.30 Uhr geführte Natur-
wanderungen statt. Das Visitor Center ist täglich von 8.30–17 Uhr geöffnet.

Columbia (ⓘ S. 155)

Überblick und Geschichte

Columbia wurde 1786 zur Hauptstadt von South Carolina ernannt und löste damit
Charleston ab. Die Entscheidung dazu wurde gefällt, um den Farmern des Landes- *Neue*
inneren entgegenzukommen. Die nämlich fanden Charleston zu weit entfernt und *Hauptstadt*
blickten mit immer mehr Neid auf die reichen Plantagenbesitzer und die dort ansäs- *nach*
sige Aristokratie. Die Stadt litt sehr unter dem Bürgerkrieg. Nur 5 Häuser blieben *Charleston*
während des Angriffs unversehrt, und nur ein Drittel der Häuser Columbias konnte
nach dem Krieg wieder im ursprünglichen Zustand aufgebaut werden. Die meisten
von ihnen befanden sich im **Five Points District**, einem Areal um die Straßenkreuzung Devine und Harden Streets. Hier treffen 5 Straßen aufeinander. Da das ehemalige Stadtzentrum vollkommen zerstört war, siedelten sich hier die Geschäfte an.
Erst nach der Jahrhundertwende zogen die Kaufleute wieder in den Bezirk um die
Main Street, und der Five Points District entwickelte sich immer mehr zur alternati- *Bürgerkrieg*
ven „Spielwiese" der Studenten. Heute befinden sich hier neben Restaurants und *ließ nur 5*
Kneipen kleine Boutiquen, Waschsalons und Hinterhofwerkstätten. Mittlerweile hat *Häuser*
die Stadtverwaltung sich bemüht, das Gebiet zwischen Innenstadt und Congaree *unversehrt*
River attraktiver zu gestalten. Das Convention Center wurde renoviert, das Carolina
Center, ein moderner Veranstaltungspalast wurde errichtet und ein (**Congaree**) **Vista**, ein neues Viertel zwischen Gervais St. und Convention Center für Restaurant-
gänger ins Leben gerufen.

Grundsätzlich ist Columbia kein herausragendes Reiseziel, und wenn Sie nicht viel Zeit
haben, fahren Sie mit gutem Gewissen daran vorbei. Sollte Sie die späte Tageszeit doch
in die Stadt locken, verbringen Sie – und das gilt auch für die Älteren unter Ihnen – die
meiste Zeit im Vista District. Die historischen Häuser der Stadt bieten nichts Neues.
Das State Capitol, stark ramponiert während des Bürgerkrieges, ist von geringerer
Bedeutung. Noch etwas hat Columbias Geschichte zu bieten: Im **Big Apple
Nightclub** (1000 Hampton Street) wurde Mitte der 1930er-Jahre von schwarzen *Erfindung des*
Jugendlichen der Shag-Tanz erfunden. Der Tanz wurde nach New York gebracht und *„Shag-*
fand dort viel Anklang. Da mit ihm die „kulturelle Szene" von New York noch mehr *Tanzes"*
unterstrichen wurde – so heißt es in Columbia –, wird New York seitdem mit „The

436

10. Von Savannah direkt bzw. über Charleston, Georgetown und Columbia nach Atlanta – Columbia

Big Apple" tituliert. Es gibt aber auch andere Meinungen dazu. Heute gibt es hier keinen Nightclub mehr, aber das Gebäude, übrigens einst als Synagoge gebaut, steht auf der Liste der denkmalgeschützten Gebäude. Die Atmosphäre der Stadt wird stark geprägt durch die Regierungsangestellten und vor allem durch die Universität (über 30.000 Studenten).

Sehenswertes

Fahren Sie zuerst einmal zum **State Capitol** (State House) und parken Sie dort am Anfang der Main Street. Von hier können Sie das Regierungsgebäude gut fotografieren. Besichtigungen sind während der üblichen Bürozeiten von Montag bis Freitag möglich. Weiter fahren Sie nun in die **Henderson Street** (zwischen Laurel und Taylor Sts.). In diesem Bezirk befinden sich vier zu besichtigende Häuser, für die Sie Tickets bei der **Historic Columbia Foundation** im Robert Mills House erhalten. Alle vier Häuser sind geöffnet Di–Sa 10–16 Uhr, So 10–17 Uhr. Touren beginnen jeweils zur vollen Stunde. Letzte Tour eine Stunde vor Schließung.

Robert Mills House, 1616 Blanding Street. Schöner Garten und aufwendige, beinahe überladene Einrichtung. Das Haus wurde 1823 im Greek-Revival-Stil errichtet. Hier gibt es die Tickets für die anderen Häuser.

Präsident **Woodrow Wilson's Boyhood Home**, 1705 Hampton Street. Hier verbrachte der *Wilsons* spätere Präsident *Wilson* vier Jahre seiner Jugendzeit (1872–75). Sein Vater war *Jugend-* Priester, und die (viktorianische) Einrichtung erinnert etwas daran.
adresse **Hampton Preston Mansion**, 1615 Blanding Street. Von außen ist dieses 1818 erbaute Haus bestimmt das eindrucksvollste in Columbia. Innen befinden sich Möbel aus der Zeit von 1835–55.

Mann Simons Cottage, 1403 Richland Street. Dieses unscheinbare Haus beherbergte vor dem Bürgerkrieg eine von nur 50 freien schwarzen Familien in South Carolina. *Cecilia Mann* war Sklavin in Charleston gewesen, bevor sie sich freikaufen konnte und die 100 Meilen bis Columbia zu Fuß zurücklegte. In Columbia fand sie Arbeit und konnte sich ein einfaches bürgerliches Leben erlauben. Die Einrichtung ist ganz anders als in den

Redaktions-Tipps

• Übernachten Sie im komfortablen Claussen's Inn gleich um die Ecke vom **Five Points District** oder noch besser, in bzw. nahe dem **Vista District**. (S. 155)

• Ein erstklassiges **Dinner** finden Sie in Columbia schwer. Daher rate ich ebenfalls zu einem Restaurant im Five Points District oder im Vista District. (S. 155)

• **Zeiteinteilung**: Sparen Sie sich Ihre Zeit auf für die Erkundung von Asheville und dem Nationalpark. In Columbia können Sie sich, je nach Zeit und Interesse, einfach nur kurz treiben lassen.

Mann-Simons Cottage

anderen Häusern: schlicht und praktisch. Hier lohnt sich eine Führung, um dabei mehr über die Lebensbedingungen der Schwarzen vor dem Bürgerkrieg zu hören. Zudem gibt es hier ein kleines Museum und eine Kunstgalerie.

Wer sich näher mit dem Amerikanischen Bürgerkrieg beschäftigen möchte, kann noch zum kleinen **Confederate Relic Room & Museum** (Columbia Mills Bldg., 301 Gervais St., geöffnet Mo–Fr 8.30–17 Uhr) fahren. Neben Konföderierten-Uniformen sind auch einige neuere Gegenstände zum Thema Militärgeschichte von South Carolina ausgestellt. Für diejenigen, die mit Kindern unterwegs sind, mag eher das **State Museum** im gleichen Gebäude (301 Gervais Street, geöffnet Di–Sa 10–17 Uhr, So 13–17 Uhr) von Interesse sein. Neben den üblichen naturwissenschaftlichen und historischen Ausstellungen gibt es nämlich auch eine Abteilung über Dinosaurier. Ein Spaziergang über den **Universitäts-Campus**, dessen historischen Kern der „Horseshoe" bildet (aufgrund der Gebäudeanlage um eine hufeisenförmige Straße), wäre etwas zum Entspannen. Wer noch etwas spazieren gehen möchte, der kann dieses nahe der Innenstadt im **Riverfront Park** (Parkplatz an der Laurel Street, Vista) tun. Ein *Interessante* Fußweg führt hier hinunter zum Congaree River und dem historischen **Columbia** *Spaziergänge* **Canal**. Marker an den Wegen erklären die Pflanzen der Region sowie die Geschichte der Gebäude am Fluss, die früher einmal die Wasserkraftwerke beherbergten.

Routenempfehlungen: Von Columbia aus können Sie, wie folgt kurz beschrieben über Atlanta und den Norden von Georgia zum Great Smoky Mountains National Park und nach Tennessee fahren oder aber unter Auslassung von Atlanta die Route über Asheville wählen. Lesen Sie dazu bitte weiter auf Seite 439.

Sehenswertes zwischen Columbia und Atlanta

Alternative 1

Nehmen Sie dazu den I-20 in südwestliche Richtung, der Sie direkt dorthin bringt. **Augusta**, das an der Strecke liegt, hat nichts Besonderes zu bieten. Nur die Golf- *Austragung* freunde werden davon gehört haben, dass hier das Masters ausgespielt wird, und so *des Golf-* dreht sich in der Stadt das touristische Interesse vornehmlich um diese Sportart. *Masters* Besuchenswert ist allerhöchstens noch das „Cotton Exchange Building" und wissenswert die Tatsache, dass am Savannah River in North Augusta (South Carolina) einst ein Deutscher eine Stadt mit Namen *Hamburg* gegründet hat, in der Hoffnung, hier eine prosperierende Metropole ins Leben zu rufen. Dieses schlug aber fehl. Heute befindet sich dort, wo das Zentrum von Hamburg einst gewesen ist, ein Golfplatz (gleich nördlich der Eisenbahnbrücke nahe der 5th-Street-Brücke am Fluss).

Die beiden folgenden Alternativen 2 und 3 versprechen eine sehr schöne Agrarlandschaft, deren Beschaulichkeit für sich spricht. Hier scheint die Uhr langsamer zu ticken, und am Sonntag ist die Kirche der zentrale Mittelpunkt. Kein Wunder, dass *Mitten im* diese Region von den Großstadtbewohnern verächtlich als „Bible Belt" bezeichnet *„Bible-Belt"*Σ wird. Kehren Sie ruhig mal in eines der kleinen Lokale in den verschlafenen Ortschaften entlang dem Weg ein. Es lohnt sich der Atmosphäre wegen. Oft verbergen diese sich auch in einer Tankstelle!!

Alternative 2

Anglerromantik im Hickory Knob State Park

Fahren Sie entlang der SC 378. Eine ausgefallene Übernachtungsmöglichkeit bietet auf der Strecke das Cottage des **Hickory Knob State Park** (ⓘ S. 155). Der nahe Ort **McCormick** lohnt übrigens auch einen kleinen Abstecher wegen seiner historischen Gebäude und den kleinen Antiquitätenläden. Diese bewaldete und flussnahe Region ist zudem ein beliebtes Erholungsgebiet für Jäger und Angler. Folgen Sie nun von hier weiter dem US 378 (später dann dem US 78). Als nächstes passieren Sie **Washington**, eine kleine Stadt, die „historische Bedeutung" dadurch erlangt hat, dass einer seiner Bürger, der Schatzmeister *Robert Toombs*, mit der Kasse der Konföderierten-Armee durchgebrannt ist. Bis heute glaubt man in Washington, der Schatz wäre irgendwo in *Geheimnis-* der Stadt vergraben. In Washington tagte auch die letzte Versammlung der konföde-*voller Schatz* rierten Regierung vor der Kapitulation. Außerhalb, westlich der Stadt, gibt es dann *der konföde-* noch die **Callaway Plantation**, deren schönes Herrenhaus Sie von der Straße aus *rierten Armee* fotografieren können. Zur Besichtigung aber müssten Sie sich extra mit dem Touristenbüro in Verbindung setzen. Da gibt es unkompliziertere Gelegenheiten. Schließlich kommen Sie zu der historischen Stadt **Athens**, zu der Sie bitte ab S. 488ff weiterlesen. Von Athens nach Atlanta sind es dann noch 80 Meilen.

Alternative 3

Verlassen Sie Columbia über den US 378 nach Westen, folgen Sie dann von Saluda dem US 178 bis Greenwood und fahren Sie von dort weiter nach Westen auf dem *Stadt der* Hwy. 72. **Abbeville** (ⓘ S. 155) ist einen Stopp wert. Hier haben sich bereits früh *Hugenotten* Hugenotten niedergelassen und hier wurde die Idee der Sezession geboren sowie die endgültige Kapitulation von Präsident *Jefferson Davis* beschlossen. Am interessantesten zu sehen ist das 1908 erbaute **Abbeville Opera House**, für dessen erstklassige Aufführungen (meist Broadway-Musicals) Sie Karten erstehen können.

Weiter dem Hwy. 72 folgend, passieren Sie das ansprechende kleine Antebellum-Städtchen **Elberton**, bis Sie schließlich auch hier nach Athens gelangen.

Zu Atlanta und die Weiterfahrt in den Norden lesen Sie bitte weiter ab S. 469ff.

11. Von Columbia über Asheville und den Smoky Mountains National Park nach
Knoxville und weiter nach Chattanooga – Überblick

439

11. Von Columbia über Asheville und den Smoky Mountains National Park nach Knoxville und weiter nach Chattanooga

▸▸ **Entfernungen**

Columbia – Asheville: 165 mi/266 km
Asheville – Knoxville: 125 mi/201 km (I-40)
Knoxville – Chattanooga: 112 mi/180 km
Knoxville – Nashville: 178 mi/287 km
Asheville – Knoxville: inklusive der Rundfahrten im Gr. Smoky Mountains Nat. Park sollten Sie mit mindestens zusätzlichen 100 km rechnen.

Streckenalternativen

Fahren Sie bis Asheville auf dem I-26.

Von dort aus nehmen Sie entweder den Blue Ridge Mountain Parkway oder alternativ den I-40 in westlicher Richtung bis zum Exit 27. Hier fahren Sie dann weiter auf dem US 19/23B, bis Sie nach gut 4 Meilen, kurz vor Waynesville, diesen verlassen und in westlicher Richtung auf dem US 19 nach Cherokee weiterfahren müssen. In Cherokee biegen Sie nach Norden ab auf den US 441, der Sie durch den Great Smoky Mountains National Park begleitet und der nördlich vom Park in Sevierville in westliche Richtung weitergeht bis Knoxville. Von Knoxville aus folgen Sie dem I-40 (Nashville) bzw. dem I-70 (Chattanooga). Weitere Alternativen entnehmen Sie bitte dem Text.

Überblick

Grundsätzlich sollten Sie sich Ihre Zeit aufsparen für Asheville und die reizvolle Landschaft der Blue Ridge Mountains und des Great Smoky Mountains Nationalparks. Diese faszinierende Bergwelt erlaubt eine gelungene Abwechslung zur flachen bzw. hügeligen Landschaft der Küste und der restlichen Südstaaten. Daher empfehle ich Ihnen auch – falls Sie natürlich nicht über Atlanta fahren sollten –, mehr oder weniger bis Asheville auf dem Interstate 26 zu bleiben. *Faszinierende Bergwelt*

Knoxville mit auf Ihrer Reiseroute einzuplanen, ist nicht unbedingt erforderlich. Die Stadt lohnt einen längeren Aufenthalt nicht – höchstens einen Übernachtungsstopp und die Besichtigung der Atomanlagen in Oak Ridge. Alternativ wäre eigentlich eine zweite Nacht in einem Cottage vorzuziehen, verbunden mit einer Wanderung in der

Bergwelt. Und lesen hier im Kapitel auch schon mal über Pigeon Forge, das „Country Las Vegas". Vielen wird es nicht zusagen, aber Sie sollten zumindest rechtzeitig wissen, was Sie dort erwartet.

Sehenswertes entlang der Strecke

Auf der Strecke von Columbia nach Asheville gibt es nicht allzu viel zu sehen. Städte wie **Spartanburg** (Agrarindustrie) bzw. **Greenville** (Textil- und Chemieindustrie) bieten zwar Gelegenheit für eine Pause, doch gibt es hier fast nichts zu sehen, was Sie nicht auch woanders vorfinden.

Ansprechender für eine Pause wäre der kleine idyllische Ort **Hendersonville** in North Carolina (I-26-Exit 49).

Tabakfelder und Pfirsichplantagen Die Agrarlandschaft ist zuerst noch bestimmt durch Tabakfelder, weiter nordwestlich dann von Pfirsichplantagen. Sparen Sie aber Ihre Zeit für die Berge auf. Sollten Sie etwas Muße haben, lohnen sich auf diesem Streckenabschnitt eventuell die Besichtigung einer der folgenden drei Sehenswürdigkeiten:

Walnut Grove Plantation: I-26-Exit 28 US 221, 8 Meilen südlich von Spartanburg (Schilder bereits am I-26). Geöffnet Di–Fr 11–17 Uhr (nur April–Okt.), das ganze Jahr: Sa 11–17 Uhr und So 14–17 Uhr. Eine alte Plantage von 1765, die ganz im Gegensatz steht zu den hochherrschaftlichen Antebel-

Zahlreiche Funktionsgebäude lum-Plantagen, die Sie sonst zu sehen bekommen. Selbst das Herrenhaus ist einfach und nur spartanisch eingerichtet. Es wurden zuerst nur Getreide und später z.T. auch Baumwolle angebaut. Auf dem Gelände gibt es neben den Farmgebäuden auch das alte Schulhaus, die ausgelagerte Küche (wegen Brandgefahr und um die schwarzen Köchinnen aus dem Haupthaus zu halten), ein Arztzimmer und andere Holzgebäude (Schmiede, Räucherkammer, Kneipe etc.) zu besichtigen.

BMW-Werk in Greer: Zwischen beiden Städten, 1400 SC 101 S., I-85-Exit 60, Greer, Öffnungszeiten Museum: Di–Sa 9.30–17.30 Uhr, Fabriktouren: Di–Fr 10, 10.15, 13, 13.15, 15, 15.15 Uhr. Dafür muss man sich aber anmelden: ☏ (864) 989-5297. Wer keine Tour erwischt, kann sich dafür den Film mit einer virtuellen Tour durch die

Redaktions-Tipps

• Wesentliche **Sehenswürdigkeiten**: In Asheville die Biltmore Estate; Blue Ridge Mountain Parkway; der Great Smoky Mountains National Park und die Bergwelt in dieser Region. Pigeon Forge, die Country& Western-Entertainment-Hochburg (echt „Americana"), Geschichte der Cherokee-Indianer, Atomanlagen in Oak Ridge. (S. 439)
Der Besuch der **Biltmore Estate** ist ziemlich teuer, doch die Tickets, die nach 15 Uhr erstanden werden, können auch für einen zweiten Besuch am folgenden Tag genutzt werden! (S. 443)

• **Zeiteinteilung**: 4 Tage/Tag 1: Sollten Sie früh loskommen in Columbia, fahren Sie durch bis **Asheville**. Tag 2: Erkundung von Asheville und nachmittags weiterfahren bis kurz vor den **Great Smoky Mountains Nat. Park**.
Tag 3: Nehmen Sie sich genügend Zeit für den Nationalpark. Übernachtung dann in Gatlinburg, Pigeon Forge, Townsend oder Knoxville.
Tag 4: Je nach Interesse: National Park, Pigeon Forge oder alternativ Knoxville und Oak Ridge. Dann noch bis Chattanooga fahren.

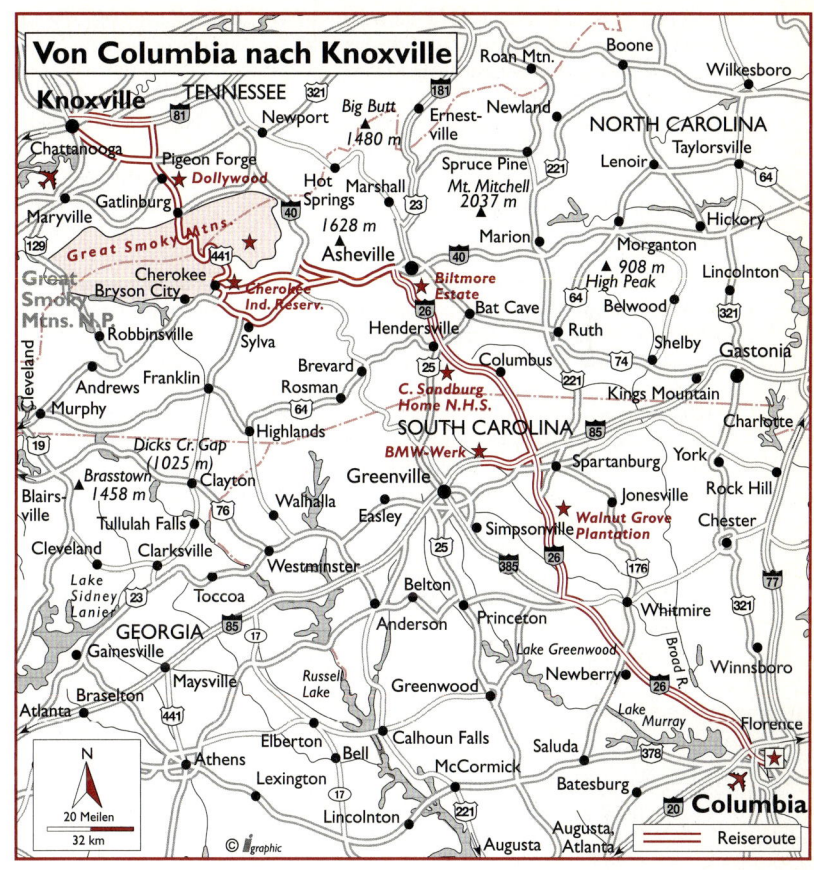

Fabrikationshallen anschauen (17 Minuten). Das Museum ist nicht besonders groß, dafür gibt es aber u.a. den Z3, den *James Bond* in einem Film gefahren hat, zu sehen.

Carl Sandburg Home National Historic Site: 1928 Little River Rd., 3 Meilen südlich von Hendersonville, NC, am US 25 in Flat Rock. Geöffnet täglich 9–17 Uhr (im Winterhalbjahr nur bis 16 Uhr). Hier, in einem Gebiet mit vielen Cottages und Sommerhäusern – einem Refugium des gehobenen städtischen Mittelstandes –, hat sich der bekannte amerikanische Schriftsteller *Carl Sandburg* (1878–1967) in einem kleinen, schön an einem See gelegenen Farmhaus mit dem Namen „Connemara", von 1945 bis zu seinem Tod 1967 niedergelassen. Sandburg war ein Dichter und Schriftsteller, der die amerikanische Wirklichkeit – das harte Leben des kleinen Mannes – hervorragend in Worte fassen konnte. Von vielen daher nicht geliebt, erhielt er trotzdem mehrere Preise, u.a. mehrfach den Pulitzerpreis. Bekannt wurde *Sandburg*, der sich selbst auch lange Zeit als Tagelöhner, Hilfsarbeiter und einfacher Soldat durch-

Refugium des städtischen Mittelstandes

schlagen musste, durch sein 1914 erschienenes Werk „Chicago", das das Leben in dieser Arbeiter- und Industriestadt einmal von der dunklen Seite beleuchtete. Später folgte dann noch eine hochgeschätzte Lincoln-Biografie.

Falls es Ihre Zeit erübrigen sollte, nehmen Sie doch einen späten Lunch in dem malerischen Flecken **Hendersonville** ein.

Asheville (ⓘ S. 155)

Asheville wurde bereits 1794 gegründet als Zwischenstation und Rastlager für die Händler auf dem Wege nach Tennessee. Ende des letzten Jahrhunderts wurde der kleine Ort inmitten eines wunderschönen Tales dann als Ferienziel entdeckt, obwohl die relativ zeitaufwendige Anreise zu dieser Zeit nur betuchten Leuten möglich gewesen ist. So war es auch kein Wunder, dass diese unter sich blieben. *Vanderbilt* ließ 1890 sein schlossähnliches Haus Biltmore hier bauen, und im Jahre 1913 wurde das vornehme **Grove Park Inn Resort** (290 Macon Ave.) gegründet, das heute neben dem Gästebetrieb die größte Sammlung an Kunstmöbeln sowie ein Automobilmuseum und eines für die Förderung von Indianerkunst (Homespun Museum) beherbergt. Während der 1920er Jahre folgten dann die Schriftsteller, die in der ruhi-

Heimat des gen Atmosphäre der Berge Muße suchten. Der bekannteste von ihnen war *Thomas*
Schriftstellers *Wolfe*, der hier bereits seine Kinderjahre verbracht hatte und der seinen berühmte-
Thomas sten Roman, „Look homeward, Angel", in Asheville spielen ließ. Das **Thomas Wolfe**
Wolfe **Memorial** (52 Market St., geöffnet April–Okt.: Di–Sa 9–17 Uhr, So 13–17 Uhr, Rest des Jahres jeweils nur bis 16 Uhr) erinnert an sein Schaffen und ist Literaturbegeisterten durchaus zu empfehlen. Während der 1930er Jahre kamen Künstler hierher, u.a. Vertreter der „Bauhaus-Gruppe", die sich für 6 Jahre im nahen Black Mountain niederließen. Unter ihnen befanden sich große Architekten wie *Walter Gropius*, *Marcel Breuer* und *Arthur Penn*. Ihnen hat die Stadt es wohl zu verdanken, dass sich bis in die heutige Zeit hinein eine große Künstlerkolonie etabliert hat, deren avantgardistische Lebensweise überall zu spüren ist. Auch die Universität wird vornehmlich von Kunststudenten besucht. Ihre Wirkungsstätte, das **Black Mountain College** ist zwar nicht zu besichtigen, dafür gibt es aber ein kleines **Museum** darüber in Asheville: 375 Lake Eden Rd.

Schauen Sie unbedingt auch in der Innenstadt in die **Galerien** und **Antiquitätengeschäfte** (Lexington u. Biltmore Aves. sowie Wall St.) herein. Sie sind sehr originell. Es wird dort wirklich alles angeboten – vom antiken Möbelstück bis hin zu alten Langspielplatten. Sie werden sich mit Sicherheit dort „festbeißen".

Architektonisch gesehen ist Asheville in der Zeit zwischen dem Börsenkrach und Ende der 1970er-Jahre stehengeblieben, was deutlich wird an dem eindrucksvollen bauli-

Asheville ist auch bekannt für seine
Musiklokale

11. Von Columbia über Asheville und den Smoky Mountains National Park nach Knoxville und weiter nach Chattanooga – Überblick

443

chen Kontrast im Stadtzentrum. Asheville rühmt sich z.B. – nach Miami Beach – die meisten **Art-déco-Gebäude** zu haben. Schlendern Sie einmal durch die Innenstadt, es wird Ihnen gefallen, und in verwinkelten Ecken werden Sie immer etwas Neues endecken. Tagsüber empfehlen sich viele **Straßencafés**, mal vegetarisch angehaucht, mal mit französischen Leckereien. Abends locken dann zahlreiche **Musiklokale**. Hauptmusikrichtung ist Modern Jazz und Rockmusik, ganz nach dem Geschmack der hiesigen Studenten- und Künstlerklientel – also, wer dies mag, es lohnt sich. Falls Sie *Studentisch* Anfang August in Asheville sein sollten, achten Sie einmal auf ein ganz anderes, aber *geprägtes* besonderes Musikerlebnis: „**The Mountain Dance Folk Festival**". Fiddler, Banjo- *Nachtleben* spieler, Clogg-Dancer (eine Art Schuhplattler!) und andere Kuriositäten werden dabei geboten. Infos und Ticketreservierung: ☎ (828) 258-6111.

Asheville hat heute gut 70.000 Einwohner. Es ist ein beliebtes Urlaubsziel für Reisende entlang dem Blue Ridge Mountain Parkway, aber auch begehrt bei Ruheständlern aus dem kalten Norden, die sich hier im Alter niederlassen möchten, sowie einer sehr offenen Homosexuellen-Szene. Die Immobilienpreise zeigen den Marktwert: Keine Stadt in North Carolina ist so teuer beim Immobilienkauf.

INFO „Halfbacks"

Amerika und seine Namenskreationen: In Gebieten um die Smoky Mountains wird der Ausdruck „Halfbacks" für diejenigen Ruheständler verwandt, die sich zuerst ganz im Süden, meist in Florida niedergelassen haben, dann aber feststellen mussten, dass es dort immer warm ist, keine Jahreszeiten gibt sowie kulturell oft eintönig ist und daraufhin beschlossen haben, sich wieder den *halben Weg* zurück nach Norden endgültig anzusiedeln.

Lesertipp

Unternehmen Sie eine Wanderung zum Chimney Rock, südlich von Asheville. Die Aussicht ist toll!

Als Attraktion in der Innenstadt möchte ich nun noch das **Pack Place** (2 South Pack Square, geöffnet Di–Sa 10–17 Uhr, So 13–17 Uhr) erwähnen. Dieses Kunstmuseum bietet moderne Kunst und eine ansehnliche Mineraliensammlung. Hauptattraktion von Asheville ist aber ohne Zweifel die Biltmore Estate:

Biltmore Estate

An der US 25 (McDowell Street), über Exit 50 auf dem I-40 erreichbar. Tickets sind *Ashevilles* teuer! Geöffnet April–Dez. täglich 8.30–17 Uhr, Jan–März täglich 9–16 Uhr (Winery *Haupt-* immer bis 19 Uhr). Tickets, die nach 15 Uhr gelöst werden, gelten auch für den fol- *attraktion* genden Tag.

Viel Pomp: Biltmore Estate

Dieses großartige Schloss wurde von *George Washington Vanderbilt*, dem Enkel des legendären *Cornelius Vanderbilt*, zwischen 1890 und 1895 fertiggestellt. Dabei standen ihm die besten Architekten Amerikas zur Seite, und es wurde an keiner Ecke gespart. Jeder Stein wurde eigens vor Ort gefertigt und mit dem Biltmore-Emblem versehen – mit einer Ausnahme: Der Marmor kam aus Italien. Das Haupthaus wurde im Stil der französischen Renaissance erbaut. Die 255 Zimmer ließ *Vanderbilt* alle individuell einrichten, und selbst die Wirtschaftsräume und die Räumlichkeiten für die Dienstboten übertrafen alles bisher Dagewesene. Als leidenschaftlicher Reisender und Sammler sorgte *Vanderbilt* auch dafür, dass ausgewählte Möbelstücke aus aller Welt hier Platz fanden, und zudem erstand er auf einer Auktion das Schachspiel samt Tisch, welches Napoleon auf St. Helena benutzte. Für die Anlage der Gärten und des Parks stellte *Vanderbilt* u.a. *Gifford Pinchot* (später Gouverneur von Pennsylvania) und *Frederik Law Olmsted* (dieser plante auch den Central Park in New York) ein. *Pinchot* war in jenen Jahren auf dem Gebiet der Forstwirtschaft und des Naturschutzes ein führender Mann. Er beaufsichtigte die Pflege der zum Biltmore Estate gehörenden Wälder, und Vanderbilt ließ hier später die erste forstwirtschaftliche Fachschule der USA eröffnen. Besuchenswert ist neben dem Haupthaus auch der botanische Garten, in dem im Frühjahr 50.000 Tulpen und mehr als 200 Azaleen-Arten blühen. Auf der Rundfahrt durch den heute immer noch 3.300 ha großen Park gelangen Sie schließlich noch zur **Winery**. Auf einem kurzen Rundgang können Sie verfolgen, wie Wein hergestellt wird und hinterher auch die verschiedenen Weine kosten bzw. erwerben.

50.000
Tulpenarten

INFO   **Wer waren die Vanderbilts?**

Den sagenhaften Reichtum dieses Clans begründete der am 27. Mai 1794 im Ort Richmond (Staten Island) geborene *Cornelius Vanderbilt*. Den Grundstock des Vermögens erwirtschaftete er zunächst aus dem Bau und dem Betrieb von Dampfschiffen. In seiner Zeit sorgte er für Schlagzeilen, z.B. mit der Schnellroute New York – San Francisco, die über Nicaragua (dort Landtransport) führte. Neue Tendenzen mit der rechten Spürnase auffindend, konzentrierte er sich schon früh auf das Eisenbahngeschäft und kaufte lukrative Eisenbahngesellschaften auf (New York and Harlem Railroad; Chicago Railroad). Auch bei Börsenspekulationen bewies er eine glückliche Hand, und als er am 4. Januar 1877 starb, hinterließ er ein Vermögen von US$ 105 Millionen.

Wie viele reiche Leute seiner Zeit, spendete er einen Teil seines Geldes für öffentliche Einrichtungen. So steuerte er zur Gründung der Vanderbilt University in Nashville/Tennessee über US$ 1 Mio. bei.

Das Unternehmen blieb über lange Jahrzehnte weiter in Familienhänden. Seinem Sohn *William Henry* folgten dessen Söhne *Cornelius* und *William Kissan* sowie *George Washington*. *Georg Washington* galt als der am künstlerischsten veranlagte aller Söhne, und neben der Errichtung seines Lebenswerkes – der Biltmore Estate – widmete er sich der Malerei, der Fotokunst, der Literatur und vor allem dem Reisen und Erkunden fremder Kulturen.

George Washington Vanderbilt

Um die gesamte Anlage der Biltmore Estate richtig zu erkunden, sollten Sie mit mindestens 3 Stunden rechnen.

Streckenalternativen von Asheville zum Great Smoky Mountains National Park

• Entweder Sie folgen dem I-40 und später dem US 19 bis zum südlichen Parkeingang (ca. 1 Stunde),

• oder aber Sie fahren den faszinierenden **Blue Ridge Parkway** entlang, der Sie durch die bezaubernde Bergwelt der Blue Ridge Mountains führt. Zahlreiche Aussichtspunkte verleiten zu mehreren Stopps. Dauer: mindestens. 2 Stunden.

Die rauchenden Berge: Smoky Mountains

Der Parkway entstand in den 1930er-Jahren auf Initiative von *Roosevelt*, der mit dessen Anlage während der Zeit der Depression eine Maßnahme zur Arbeitsbeschaffung ins Leben rief. Auch andere, ähnliche Projekte fallen in diese Zeit.

Cherokee Indian Reservation (ⓘ S. 155)

Das Indianerreservat ist etwa 2.000 km^2 groß. Hier versteckte 1839 sich ein Teil der vor allem aus Georgia vertriebenen Cherokee-Indianer, um dem grausamen „Trail of Tears" nach Oklahoma zu entkommen.

Beeindruckendes Indianervolk

Die Cherokee waren einst ein stolzes Volk, das von den Weißen zu den „Fünf zivilisierten Stämmen" gezählt wurde. Kein Indianervolk hat übrigens so viele Friedens-

„Holzhäuptling"

abkommen mit der US-Regierung geschlossen – die aber alle immer wieder von den vordringenden Europäern gebrochen wurden.

Heute leben nun knapp 15.000 Cherokee in und um das kleine Reservat herum, und es scheint, als wenn die Indianer sich an den Weißen nun zu rächen scheinen: Die nur wenige Meilen lange Fahrt durch den Touristenort Cherokee kann im Sommer Stunden dauern, so stark ist das Verkehrsaufkommen und so sehr lenken fragwürdige Touristenattraktionen am Straßenrand die Fahrer ab: Bingo, steuerbegünstigte Zigaretten, Bären in kleinen Käfigen, Fastfood-Buden, ausstaffierte Indianer etc. – nichts, was es nicht gibt.

Lohnenswert ist aber trotzdem der Besuch des **Museum of the Cherokee Indian** (Ecke US 441/Drama Rd., geöffnet Im Sommer: Mo–Sa 9–20 Uhr, So 9–17 Uhr; Rest des Jahres Mo–Sa bis 17 Uhr). In dem Museum wird u.a. anhand von zahlreichen Filmen der Leidensweg der Cherokee dargestellt. Am US 441 gibt es dann noch das **Oconaluftee Indian Village** (geöffnet Mitte Mai-Oktober tägl. 9–17.30 Uhr), wo das Leben der Cherokee im 18. Jh. dargestellt wird, einschließlich Vorführungen von Handwerkskünsten. Sollten Sie über Nacht bleiben, empfiehlt sich auch ein Besuch des Dramas „**Under these Hills**". Die Geschichte der Cherokees wird auf der Bühne nachgespielt. Das Freilichttheater befindet sich am Hang in der Drama Road. Gespielt wird von Mitte Juni bis Ende August täglich außer sonntags.

Geschichte der Cherokee auf der Bühne

INFO   **Die Vertreibung der Indianer aus dem Süden und der Trail of Tears**

Zu Beginn des 19. Jh. stellten sich viele Indianer auf die Seite der Briten, da sie sich als Belohnung für ihre Unterstützung unabhängige Staatsgebiete als Lebensraum erhofften, der ihnen von den Amerikanern nicht zugedacht war. Zu diesem Zeitpunkt war es wiederholt zu heftigen Auseinandersetzungen zwischen Indianern und Siedlern bzw. den sie schützenden Unionstruppen gekommen. Die Verbreitung der Idee, gemeinsam für die eigenen Rechte einzustehen, ist hauptsächlich auf den Shawnee-Häuptling *Tecumseh* (1768–1813) zurückzuführen, der von Indianerstamm zu Indianerstamm reiste, um seine Leidensgenossen im Kampf gegen die Vertreibung von ihrem Land zusammenzuschweißen. Viele Stämme gingen auf seinen Vorschlag ein und kämpften im Krieg von 1812–1814 auf der Seite der Engländer gegen die Unionstruppen.

1818 drang *Andrew Jackson* (1767–1845) an der Spitze von Unionstruppen sogar in die spanischen Gebiete von Westflorida ein, um den kriegerischen Tätigkeiten der Seminolen-

11. Von Columbia über Asheville und den Smoky Mountains National Park nach Knoxville und weiter nach Chattanooga – Überblick

447

Indianer, die auch nach Beendigung der Auseinandersetzungen mit den Engländern fortgesetzt wurden, ein Ende zu bereiten. Diese Aktion wird in der Literatur als **I. Seminole War** bezeichnet. Er endete mit der Einrichtung eines begrenzten Reservates für diesen Stamm in Florida, der die Ansprüche der Seminolen auf Land, das Siedlern zur Verfügung gestellt werden sollte, nichtig machte. Da das Baumwollgeschäft florierte, ließen sich in diesen Jahren viele Siedler im Süden der Vereinigten Staaten nieder. Florida wurde kurz nach den Kriegszügen von Jackson gegen die Indianer von den Spaniern abgetreten und war somit auch unter der Verwaltung der Union.

Als *Andrew Jackson* Präsident geworden war, verabschiedete der Kongress 1830 das „**Removal Bill**", ein Umverteilungsgesetz, das dem Präsidenten erlaubte, Landbesitz östlich des Mississippi gegen solchen westlich dieses Flusses auszutauschen. Dieses Gesetz bereitete den Weg für die Entrechtung der Indianer, die nach Oklahoma umgesiedelt werden sollten. Bereits 1831 zogen die Choctaw in Richtung Westen, um sich dort anzusiedeln. Ein Teil von ihnen ging mehr oder weniger freiwillig mit der Hoffnung, in einem Indianerstaat Ruhe vor den weißen Eindringlingen zu finden, während die Creek erst nach erheblichem Widerstand und unter Aufbietung militärischer Gewalt zu diesem Schritt bewegt werden konnten. Ein ähnliches Schicksal widerfuhr den **Chickasaw** ein Jahr später. Der Stamm der **Cherokee** versuchte beim Supreme Court (Oberstes Gericht) ein Urteil gegen die Zwangsumsiedlung zu erwirken. Nachdem dieses misslang, wurden die Mitglieder dieses Stammes in den Jahren 1838 und 1839 unter menschenunwürdigen Bedingungen nach Oklahoma vertrieben. Auf dem Weg dorthin starb ein Viertel der Indianer an Hunger, Krankheiten und Gewalteinwirkung. Dieser Leidensweg der Cherokee gab der Umsiedlungsaktion auch den Namen „**Trail of Tears**" (Weg der Tränen). Nur einige hundert Stammesbrüder konnten nach North Carolina entkommen, wo ihre Nachfahren heute noch leben.

Im **II. Seminole War**, der 1835 begann, setzte sich der fünfte große Indianerstamm, die Seminolen, gegen die Umsiedlung zur Wehr. Selbst als ihr Anführer **Osceola** (ca.1804 geboren) 1838 starb, kämpften sie noch bis 1842 weiter. Ein großer Teil von ihnen wurde mit Schiffen westwärts geschafft, während ein kleiner Teil von ihnen in die Sümpfe entkam und dort später auch offiziell bleiben durfte. Oklahoma, wohin auch andere Indianerstämme Nordamerikas flüchteten, entwickelte sich nicht zu einem „Indianerparadies", da es zu Streitigkeiten unter den verschiedenen Stämmen kam und die weißen Siedler riesige Rinderherden durch das Land trieben und sich auch dort niederlassen wollten. Der Traum vom eigenen Indianerstaat ließ sich nicht verwirklichen und fand endgültig mit dem Eintritt Oklahomas als 46. Bundesstaat in die Union 1907 sein offizielles Ende.

Weitere Infos zur Geschichte der Cherokee finden Sie auf der Internetseite www.cherokeeHeritageTrails.org.

Indianerin beim Korbflechten

Great Smoky Mountains National Park (ⓘ S. 155)

> ▸ ▸ **Entfernungen**
> Cherokee – Gatlinburg: 33 mi/53 km
> Cherokee – Cades Cove: 55 mi/86 km
> Cherokee – Townsend: 49 mi/79 km

📖 Buchtipps

• **Manning, Russ** und **Jamieson, Sondra**;*The Best of the Smoky Mountains – a hiker's guide to trails and attractions. Beschreibung der Wanderwege. Dazu nützliche Karten.*
• **DeLaughter, Jerry**; *Mountain Roads & Quiet Places – a complete guide to the roads of Great Smoky Mountains National Park. Mit schönen Bildern illustrierter Führer für Autotouren durch den Park.*
• **Frome, Michael**; *Strangers in High Places. Eingängiges Buch zur Geschichte der Smoky Mountains – von den Indianern bis heute.*
Diese und weitere Bücher erhalten Sie in den Besucherzentren.

Überblick

Name wegen aufsteigender Nebel

Die Great Smoky Mountains, gerne auch nur „Great Smokies" oder einfach „Smokies" genannt, liegen im südlichen Zentralgebiet der Appalachen-Gebirgskette. Die „rauchenden Berge" waren bereits den ersten Siedlern ein Begriff, denn die durch die hohen Niederschläge (in Tälern bis zu 2.160 mm/Jahr) verursachten Verdunstungsnebel erscheinen wie langsam aufsteigende Rauchschwaden. Auch die Indianer haben einen Namen dafür gefunden: „Shaconage" – „ewig blauer Dunst". Der über 2.000 km² große Nationalpark liegt auf der Grenze der Staaten North Carolina und Tennessee, und die Hauptstraße, die Newfound Gap Road, fungiert als Verbindungshighway zwischen

Meistbesuchter Nationalpark der USA

Knoxville, Tennessee und den Touristenorten im westlichen North Carolina und in Nord-Georgia. Das mag natürlich mit ein wesentlicher Grund sein für die hohe Besucherzahl von mehr als 9 Millionen Gästen jährlich – kein Nationalpark in den USA wird so stark besucht (an zweiter Stelle steht der Grand Canyon mit 5 Mio. Besuchern). Der größte Andrang herrscht während der Sommerferien und im Oktober, wenn das Laub die Berghänge in bunte Farben taucht.

Farmsiedlung am Oconaluftee Visitor Center

Die meisten Besucher fahren entlang der Newfound Gap Road zum Cades Cove, einem schönen Tal, in dem im 19. Jh. sich die ersten Siedler niedergelassen haben. Heute erinnern alte Kirchen und Holzhäuser dort an die frühen Tage. Aufgrund des hohen Verkehrsaufkommens und der z.T. sehr schmalen Straßen ist ein Vorwärtskommen oft nur mit

11. Von Columbia über Asheville und den Smoky Mountains National Park nach Knoxville und weiter nach Chattanooga – Überblick

449

Übernachten Sie alternativ: im Fontana Village Resort oder in einem günstigen Motel bzw. einem **Cottage** in Gatlinburg, Townsend oder Pigeon Forge. Die Lodge im Park ist meist über Monate im Voraus ausgebucht. (S. 155)
Erkundigen Sie sich vorher, ob die kleinen **Schotterstraßen** geöffnet sind. Im Winter werden nur die wichtigsten Strecken offengehalten! (S. 155)
Einkaufen: Einziger **Laden** im Park ist am Cades Cove Campground, und die Auswahl hier ist klein und vieles häufig ausverkauft. (S. 155)
Wandern Sie abseits der bekannten Touristenpfade. Der schönste **Wanderweg** ist der zu den Ramsey Cascades. (S. 541)
Zeiteinteilung: Wegen des z.T. hohen Verkehrsaufkommens dauert die Erkundung des Nationalparks länger, als Sie annehmen würden!
Für die Eiligen (2 Stunden): Holen Sie sich Infomaterial am südlichen Visitor Center und besichtigen Sie dort die kleine Pionier-Siedlung. Anschließend fahren Sie auf der Newfound Gap Road nach Gatlinburg. Halten Sie an dem einen oder anderen Aussichtspunkt an.
6 Stunden – 1 Tag: Konzentrieren Sie sich auf die Fahrt zum Cades Cove.

viel Geduld zu meistern. Für den 11 Meilen langen Rundweg um die Cades Cove habe ich z.B. über 4 Stunden gebraucht. Nehmen Sie also unbedingt etwas zu trinken mit!

Was aber macht den Great Smoky Mountains National Park so reizvoll? Es sind in erster Linie die großen zusammenhängenden Waldgebiete, die sich wie ein großer Teppich über die geschmeidigen Berge legen. Dazwischen, „genährt" von den hohen Niederschlägen, führen reißende Bäche die Güsse wieder in die Täler – nicht selten, indem sie als *Zahlreiche* Wasserfälle über Felsklippen hinunterstürzen. Die *Wasserfälle* hohe Feuchtigkeit sorgt natürlich nicht nur für große Bäume, sondern auch für eine artenreiche „kleine" Vegetation. Nicht selten findet man Hobby-Botaniker auf allen Vieren durch den Wald kriechend, um sich den verschiedenen Moosarten zu widmen. Keine Frage also, wenn Sie etwas Zeit mitbringen und Muße zu längeren Wanderungen haben, dann werden Sie diesen Nationalpark schätzen lernen und verstehen, warum er als einer der schönsten der USA bezeichnet wird. Haben Sie aber nur wenig Zeit und müssen sich auf den Hauptverkehrswegen aufhalten und kommen dann auch noch in Gatlinburg und Pigeon Forge vorbei, dann wird Ihnen der Eindruck einer überladenen und übernutzten Natur hängenbleiben. Das wäre aber eigentlich schade!

Der höchste Punkt im Park ist übrigens der **Clingman's Dome** mit 2.024 m, gefolgt vom 2.018 m hohen Mount Guyot. Wer bereits nördlich von Dahlonega (GA) gewesen ist, wird sich an den **Appalachian Trail** erinnern. Dieser Wanderweg führt auch mitten durch den Great Smoky Mountains National Park, und zwar auf einer Länge von 114 km.

• **Größe**
2.070 km^2

• **Beste Jahreszeit**
Am Tage ist es während der Sommermonate ange- *Juni und* nehm, doch muss mit vielen Regenschauern bzw. *September/* Gewittern gerechnet werden, und nach solchen Niederschlägen können die Nächte *Oktober am* auch etwas ungemütlich (klamm) werden. Richten Sie Ihr Reise- und vor allem *schönsten* Wandergepäck darauf ein. Die schönsten Monate sind wohl Juni und September/

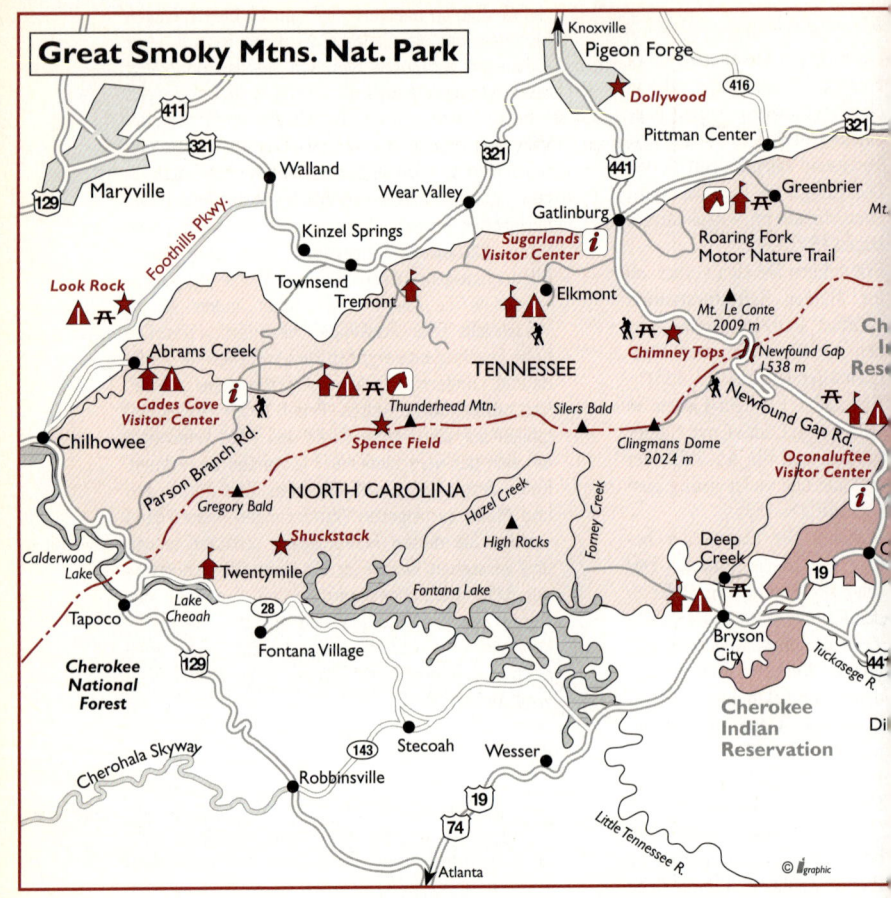

Great Smoky Mtns. Nat. Park

Knoxville
Pigeon Forge
Dollywood
416
321
321
Pittman Center
411
321
Walland
Wear Valley
Gatlinburg
321
441
Greenbrier
129
Maryville
Kinzel Springs
Sugarlands
Visitor Center
Roaring Fork
Motor Nature Trail
Townsend
Tremont
Elkmont
Mt. Le Conte
2009 m
Chimney Tops
Newfound Gap
1538 m
Look Rock
Abrams Creek
TENNESSEE
Cades Cove
Visitor Center
Thunderhead Mtn.
Silers Bald
Newfound Gap Rd.
Oconaluftee
Visitor Center
Chilhowee
Spence Field
Clingmans Dome
2024 m
Parson Branch Rd.
NORTH CAROLINA
Gregory Bald
Hazel Creek
High Rocks
Forney Creek
Deep Creek
19
Shuckstack
Twentymile
Fontana Lake
Bryson City
Calderwood Lake
Lake Cheoah
28
Tuckasegee R.
44
Tapoco
Fontana Village
129
Cherokee National Forest
Cherokee Indian Reservation
Cherohala Skyway
Stecoah
143
Wesser
Robbinsville
19
Little Tennessee R.
74
Atlanta
© graphic

Oktober. Wobei dann, wie natürlich auch während der Sommermonate, großer Be-
sucherandrang herrscht. Das Beste wäre somit, immer die Wochenenden (und Schul-
ferien) zu meiden. Im Winter fällt Schnee, und viele Straßen werden geschlossen
(nicht die Newfound Gap Road). Schön ist der beginnende Herbst (Oktober), wenn
die Blätter sich verfärben.

• Sicherheitsinformation
Es gibt schätzungsweise noch 600 Schwarzbären im Park: Wenn Sie Bären sehen sollten, verlassen Sie bitte nicht Ihren Wagen. Bei Wanderungen ist ebenso Vorsicht
geboten: Sie sollten sich, wenn Sie auf Bären stoßen, auf jeden Fall zurückziehen, der
Bär wird das gleiche tun. Füttern und sonstige Anlockungen sind zu unterlassen –

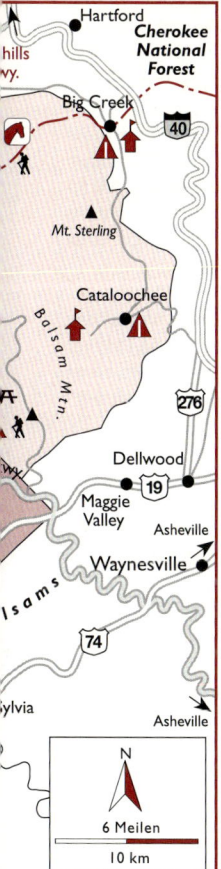

Bären sind wilde Tiere, sie sollen nicht gestört werden und wollen Menschen auch nicht belästigen. Es versteht sich von selbst, dass Sie keine Lebensmittel offen liegenlassen. Gleich nach dem Essen müssen Sie alles geruchsdicht wieder verpacken und am besten auch von der Schlafstelle entfernt aufbewahren. Abfälle gehören in die verschließbaren Mülltonnen. Wittert ein Bär nämlich Nahrung, vergisst er seine Angst vor den Menschen. Bären mögen übrigens besonders gerne Früchte und Nüsse.

• Aktivitäten
Wandern
Im Parkgebiet gibt es über 60 Wanderwege (Trails) mit einer Gesamtlänge von mehr als 1.000 km. Besonders schön sind die Wege zu den Wasserfällen. In den Besucherzentren erhalten Sie eine ausführliche Karte mit allen Wegen, den Wanderzeiten und den Schwierigkeitsgraden. Im Sommer gilt der Tipp: je abgelegener der Pfad, desto weniger Touristen und umso größer das Naturerlebnis. Empfehlenswert wären z.B.: der Trail zu den Ramsay Cascades im Bereich Greenbriar, die Wege am Balsam Mountain, im Bereich von Deep Creek und die Wege im Gebiet Cosby (Nordosten). Sie sind in der Regel für jeden zu schaffen.

Vorsicht vor Bären

Reiten
Im Nationalpark gibt es eine Reihe von Reitwegen. Gesattelte Pferde werden an folgenden Stellen in der Zeit von 1. April bis 31. Oktober vermietet: Cades Cove (Anthony Creek), Smokemont (Towstring), Big Creek (Nordosten), Round Bottom (Balsam Mountain/Straight Fork Rd. – Südosten) und Cataloochee (Osten). Es ist ratsam, Pferde vorher über die Parkverwaltung zu mieten (bis zu einem Monat im Voraus möglich). In Cades Cove können Sie auch 1-stündige, nicht vorher angemeldete Ausritte mit Führer unternehmen.

Abgelegene Pfade empfehlenswert

Geschichte

Die Landschaft der südlichen Appalachen war ursprünglich Siedlungsgebiet der **Cherokee-Indianer**. Als dann die weißen Siedler und Missionare kamen, nahmen viele von ihnen nicht nur den christlichen Glauben an, sondern imitierten auch die Lebensweise der Eroberer, indem sie die „Errungenschaften" der damaligen Zivili-

Blick über die „Smokies"

sation z.T. kritiklos annahmen. Bald bauten sie Häuser, Kirchen, kleine Handwerks-betriebe, und die Jüngeren zeigten sich bildungsbeflissen. Der Cherokee *Sequoyah*, väterlicherseits deutschstämmig, brachte die Cherokee-Sprache in eine Schriftform, und bereits 1828 erschien die erste Indianerzeitung. Während der ersten Zeit leb-ten so Weiße und Indianer relativ friedlich nebeneinander und trieben sogar regen

Indianer- Handel. Als dann aber Gold in den Bergen gefunden wurde und dazu immer mehr
zeitung auf Siedler Land forderten, wurden die Cherokee zusammengetrieben und 1838 auf dem
Cherokee „Trail of Tears" nach Oklahoma gebracht. Nur eine kleine Gruppe von ca. 1.200 In-dianern konnte sich diesem Leidensweg entziehen und in die Smoky Mountains flüchten (lesen Sie dazu im Info-Kasten auf S. 446f). 3 Jahre später erhielt diese Gruppe die Erlaubnis zum Siedeln in der Region.

Als der Nationalpark gegründet wurde, wurden die Cherokee nochmals umgesiedelt in das südlich gelegene, heutige Reservat. Kultur und Stolz aber haben die Indianer mittlerweile verloren. Der Massentourismus, der tagtäglich Cherokee überfällt, bietet zu viele fragwürdige Verdienstmöglichkeiten (Fototermin mit dem „Indianerhäuptling" etc.).

Kirche am Cades Cove

Die weißen Siedler bevorzugten ein Gebiet im westlichen Teil des heuti-gen Nationalparks. Sie nannten die große Talmulde **Cades Cove** und machten das Land ab 1821 urbar. Ihre Nachfahren lebten hier bis zur Schaffung des Parkes im Jahre 1934. Heute können die Parkbesucher das Gebiet, das immer noch landwirt-schaftlich genutzt wird, besuchen und sich anhand erhaltener bzw. wieder aufgebauter Siedlungen, Häuser und zahlreicher Kirchen ein Bild von der Lebensweise im 19. Jh.

Wieder auf- machen. An der **Cable Mill**, im äußersten Westen der Rundfahrtstrecke hier, befin-
gebaute det sich ein kleines Interpretations-Center, und während der Sommermonate wer-
Siedlungen den hier viele alte Handwerkskünste vorgeführt.

INFO   ## Umweltproblematik im Park

Obwohl die Parkranger um die Erhaltung des Naturzustandes im Park bemüht sind, sind viele Bäume krank. Dafür gibt es zwei Theorien bzw. Gründe:
1) Die aus Europa bereits um 1900 verschleppte **Fichtenbaumlaus** setzt sich vor allem in die Rinde der Fichten und infiziert diese, so dass an die 70 Prozent der Bäume daran ein-gegangen seien sollen.
2) Der „**Saure Regen**". Überall entlang der Straße, aber vor allem auf den höchsten Lagen – wie z.B. dem Clingman's Dome – ragen abgestorbene Baumstümpfe wie überdimensio-

11. Von Columbia über Asheville und den Smoky Mountains National Park nach
Knoxville und weiter nach Chattanooga – Überblick

453

nale Zahnstocher aus dem Niederholz. Eine Wanderung auf die höchste Spitze des Parks verspricht also nicht unbedingt das einmalige Naturerlebnis, und ich möchte Ihnen daher dazu raten, lieber andere Wege zu erlaufen. Am stärksten angegriffen sind die Nadelbäume. Statistiken besagen, dass 1985 noch 90 Prozent der Fichten gesund waren, 1989 noch 53 Prozent, 1992 noch 30 Prozent und heute stagniert die Zahl bei 29 Prozent. Mittlerweile glaubt man also, das Problem in den Griff bekommen zu haben und die Zahl soll sich nicht mehr verschlechtern.

Was ist nun die Ursache für den Sauren Regen?

Wie bei uns in Europa auch, hat die „Hochschornstein-Politik" auch in Amerika ihre „Früchte" getragen. Die Verbrennung fossiler Brennstoffe in den zahlreichen Erdöl- und Kohlekraftwerken, aber auch Autoabgase und – in Amerika in geringem Umfang – die Heizungen der Haushalte sorgen für eine erhöhte Schwefelkonzentration in der Luft, die den ehemals natürlichen blauen Dunst seit den 1960er-Jahren immer mehr in einen weißen Smog verwandelt hat. Verstärkt wird dieser Aspekt übrigens noch durch die Tatsache, dass in den Bergen die Niederschlagsmenge sehr hoch ist und damit ausgesprochen viel Säure auf die Wälder niedergeht. Forscher haben zudem ermittelt, dass die Fernsicht zwischen 1960 und 1991 um 32 Prozent abgenommen hat (mittlerweile aber wieder zunimmt). Die Luftverschmutzung bedroht übrigens auch 80 andere Pflanzenarten.

Politiker behaupten – immer noch kritisiert von den Umweltschützern –, man habe die Heizanlagen in Amerika nun umgerüstet und mit Filtern versehen, so dass die Luftverschmutzung deutlich nachgelassen hat. Das stimmt mit Sicherheit zu einem großen Teil, und die Bewohner von Chattanooga zum Beispiel werden Ihnen das bestätigen – galt ihre Stadt noch in den 1970er-Jahren als die Dreckschleuder der Nation. Doch haben anerkannte Wissenschaftler immer noch hohe Schwefelanteile in der Luft gemessen, und auch andere Substanzen in der Luft schädigen die Bäume. Es gibt also noch einiges zu tun.

Hauptertragsgut der Berglandschaft aber war der Wald. Um die Jahrhundertwende *Wald in* gab es unzählige kleine und große Sägewerke, und durch mehrere Täler zogen kleine *Gefahr* Eisenbahnlinien, die das Holz abtransportierten. Anfang der 1920er-Jahre waren bereits zwei Drittel des gesamten Waldbestandes der Axt zum Opfer gefallen. Das rief schließlich 1923 die Naturschützer der neu gegründeten **Great Smoky Mountains Conservation Society** auf den Plan. Wichtigstes Ziel dieser Gruppe war es, die Smoky Mountains als Nationalpark zu deklarieren. Private Spenden (US$ 1 Mio.), die Staaten Tennessee und North Carolina (mit jeweils US$ 2 Mio.) und Rockefeller (US$ 5 Mio.) ermöglichten schließlich den Aufkauf des Farmlandes, und ab 1934 konnte das Gebiet dann endlich zum Nationalpark ernannt werden.

Tier- und Pflanzenwelt

Die am häufigsten vertretenen Tiere sind heute die **Schwarzbären** sowie Hirsche, *Tier-* Rehe, Biber, Otter, Oppossums, Luchse und Füchse. Besonders die Hirsche und Rehe *beobachtun-* lassen sich in den frühen Abendstunden gut beobachten beim Äsen auf den offenen *gen gut möglich*

Weiden im Cades Cove. Ehemals lebten auch Bisons, Grauwölfe, Elche und Berglöwen hier, doch sind diese Tierarten um die Jahrhundertwende von den Holzfällern vertrieben bzw. abgeschossen worden. Ornithologen mögen sich an der Vielzahl der **Vogelarten** erfreuen, von denen ein Drittel ganzjährig im Park lebt. Besonders häufig trifft man auf Raubvögel und selbst scheue Tiere wie z.B. Eulen bekommt man zu Gesicht. Kleinere Vogelarten lassen sich zumeist sehr schwer ausmachen im Dickicht des Waldes, und ihre „Sichtung" erfordert viel Geduld und gute Augen. Von den 23 **Schlangenarten** sind nur 2 giftig – und sehr scheu. In den Flüssen ist die **Bachforelle** heimisch, die aber immer mehr von der **Regenbogenforelle**, die der Mensch (Holzfäller) einst eingesetzt hat, in ihrem Lebensraum bedrängt wird – besonders wenn es um die Nahrungssuche geht.

Verschiedene Waldzonen

95 Prozent des Nationalparks sind bewaldet, vor allem mit **Laubbäumen**, die selbst noch im Spätsommer mit ihren hellgrünen Blättern eine frühlingshafte Stimmung hervorrufen. Die Laubbaumzone geht bis auf 1.300 m. Oberhalb davon beginnt die Nadelwaldzone mit Tannen und verschiedenen Kiefernarten. Häufigste Laubbäume: Buchen, Eichen, Birken, Rosskastanien, Ahorn und Espen. Die Edelkastanie ist in den 1930er-Jahren dem Mehltau zum Opfer gefallen.

ℹ   Der Artenreichtum im Great Smokies N. P.

1.534 Arten blühender Pflanzen, 53 unterschiedliche Farne, 135 Baumarten, 71 Säugetierarten, 46 Fischarten, 35 Reptilien, 236 Vogelarten

---

 Kurze Einführung in die Geologie

Bereits vor 500-380 Millionen Jahren wurden die heutigen Appalachen gebildet, als sich der nordamerikanische Kontinent noch in Äquatornähe befand. Im Zuge der Kontinentalverschiebung und des parallel dazu verlaufenden Vulkanismus kam es durch Subduktion (= Unterschiebung von Landmassen durch Kollision von Gesteinsplatten) vor 340 Millionen Jahren zu einem weiteren gebirgsbildenden Vorgang, der vor etwa 230 Millionen Jahren endete. Danach (Beginn vor etwa 180 Millionen Jahren) trennte sich allmählich der zusammenhängende Urkontinent Nordamerika/ Europa/Afrika, was auf eine weitere Gebirgsbildung jedoch keinen Einfluss hatte.

Idealer Boden für differenzierte Pflanzenwelt

Vorherrschend treffen wir nun in den südwestlichen Smoky Mountains auf freigelegte Granite, Gneise sowie metamorphe Schiefer, während in den übrigen Parkteilen die uralte, präkambrische Sandsteinschicht präsent ist, die im Verlaufe der über 600 Millionen Jahre Faltungs- und Verwitterungsprozessen ausgesetzt war. Auf den relativ fein verwitterten Böden findet eine reich differenzierte Pflanzenwelt einen idealen Nährboden. Die Pflanzenwurzeln sorgten nun dafür, dass der Boden, trotz der hohen Niederschläge, nicht weggeschwemmt wurde, und das ist auch ein Grund dafür, dass die Berge so „abgerundet" sind und nicht die Schroffheit der Berge z.B. im Westen der USA aufweisen. Die Niederschläge aber und auch die jahreszeitlichen Temperaturschwankungen sorgen für eine sich noch immer verändernde Bodenchemie, und diese wird im Laufe der nächsten Jahrtausende wieder dafür sorgen, dass der Pflanzenbestand sich ändern wird – soweit der Mensch diesen Fortgang nicht bereits

11. Von Columbia über Asheville und den Smoky Mountains National Park nach Knoxville und weiter nach Chattanooga – Überblick

455

vorher beeinflusst. Die Smoky Mountains sind also auch heute noch einer steten Veränderung durch die natürlichen Umweltgegebenheiten ausgesetzt.

Fahrten im Nationalpark

Grundsätzlich, um Sie nicht zu sehr zu verwirren, möchte ich hier nur in aller Kürze auf die wesentlichen Strecken eingehen. Sollten Sie an einer speziellen Route besonderes Interesse finden, rate ich Ihnen dazu, sich die dahingehenden Infoblätter und -büchlein im Visitor Center zu besorgen, die detaillierte Karten und durchnummerierte Punkte beinhalten.

Die **Route entlang der Newfound Gap Road** führt über den gleichnamigen Pass *Zahlreiche* (1.539 m). Besuchen Sie zuerst das südliche **Oconaluftee Visitor Center** und *Aussichts-* schauen Sie sich dort die rekonstruierte Farmsiedlung aus dem 19. Jh. an. Unterwegs *punkte* locken zahlreiche Aussichtspunkte zum Anhalten, so dass Sie für die 50 km zwischen Gatlinburg und Cherokee bereits 1,5–2 Stunden rechnen sollten. Besonders schön ist das Licht übrigens am frühen Morgen, wenn die Berge „rauchen", und auch der Sonnenuntergang lockt häufig mit seinem Farbenspiel.

Die **Route zum Clingman's Dome** führt in der Nähe der Passhöhe ab nach *Höchster* Westen. Sie geht über 11 km entlang der Staatsgrenze, und auch hier gibt es atem- *Berg von* beraubende Ausblicke. Für die Fahrt alleine – hin und zurück zur Hauptstraße – *Tennessee* benötigen Sie ca. 1 Stunde, für den Fußweg auf die Spitze des Berges – oben befindet sich ein Aussichtsturm – zusätzliche 40 Minuten. Der Clingman's Dome ist mit 2.024 m der höchste Berg im Park und auch in ganz Tennessee.

Der **Roaring Fork Motor Nature Trail**: Der Name an sich ist bereits paradox, aber denken Sie daran, Sie sind in Amerika. Fahren Sie zuerst nach Gatlinburg hinein und zweigen Sie dann an der Ampel #8 nach rechts ab. Folgen Sie von dort den Schildern. Eine 11 Meilen lange Rundstrecke (Einbahnstraße) führt Sie durch dichten Wald. Verschiedene nummerierte Punkte erläutern Besiedlung und Natur dieses Parkabschnittes. Lohnenswert sind hier 2 Wanderwege: der **Rainbow Falls Trail** (insg. 10 km, 4 Stunden, mittelschwer) und der **Grotto Fall Trail** (insg. 5 km, 2 Stunden, leicht). Die enge Straße und das Anhalten der vielen Besucher mitten auf der Straße bedeutet: Geduld und eine reine Fahrzeit von mind. 1 Stunde.

Little River Road/Laurel Creek Road/Cades Cove: Die Straße folgt zuerst dem reißenden Little River und mäandert sich dabei durch eine schöne Waldlandschaft. Im großen Tal, dem Cades Cove, teilt sich die Straße und eine Einbahnstraße führt durch das ehemals von Farmern bewohnte Gebiet. Die Landschaft ist einmalig und die Weidefläche bietet einen schönen Kontrast zu den dahinter auf-

Blick vom Foothills Parkway

steigenden Smoky Mountains. An mehreren Punkten können Sie aussteigen und alte Siedlungen bzw. eine Reihe von Holzkirchen besichtigen. Das Farmland wird auch heute noch bewirtschaftet – hauptsächlich um Ihnen einen Eindruck zu vermitteln, wie die Menschen im 19. Jh. hier gearbeitet und gelebt haben. Im äußersten Westen, an der **Cable Mill**, hat man eine alte Dorfsiedlung aufgebaut, wo Sie Wohnhäuser, eine Wassermühle, eine Schmiede und andere Gebäude besichtigen können – hier werden

Abends am reizvollsten auch die alten Handwerkskünste vorgeführt. In einem kleinen Visitor Center können Sie sich speziell informieren. Diese Straße ist besonders abends reizvoll, wenn auf den Weiden Hirsche und Rehe äsen. Leider ist diese Parkregion ziemlich stark besucht, so dass sich auf der schmalen Straße der Verkehr nicht selten staut. Für die Rundfahrt inkl. Stopps sollten Sie also 3–4 Stunden einplanen. Von dieser Straße führen übrigens die o.g. 2 Schotterpisten (Rich Mountain Rd. und Parson Branch Rd.) nach Townsend bzw. in den Süden ab. Erkundigen Sie sich aber vorher, ob die Straßen offen sind. Selbst im Sommer können starke Regengüsse dazu führen, dass sie zeitweise unpassierbar sind.

Streckenalternativen nach Chattanooga

Im und weiter aus dem Nationalpark haben Sie nun **drei Streckenalternativen**, die sich wie folgt ergeben:

- Sie fahren im Nationalpark in die **Cades Cove** Area. Von dort nehmen Sie die **Parson Branch Road** und fahren zur Übernachtung entweder zum Fontana Dam oder über den US 129, den US 411 und den I-75 nach Chattanooga. Sie schaffen aber kaum diese gesamte Strecke von Asheville nach Chattanooga in einem Tag!!
- Sie fahren in die **Cades Cove Area** und fahren über die **Rich Mountain Road** nach Norden bis Townsend, in dessen Region Sie z.B. in einem Cottage übernachten können. Nordwestlich dieses Ortes fahren Sie dann auf den **Foothills Parkway**, der südlich auf den US 129 trifft, und fahren dann, wie später im Text beschrieben, nach Chattanooga. Wie ich finde, die schönste Alternative. Lesen Sie dazu den Text auf den folgenden Seiten.
- Sie verlassen den Nationalpark bei **Gatlinburg** und übernachten z.B. in einem Cottage bei **Pigeon Forge**. Am folgenden Tag fahren Sie dann entweder über Knoxville und den I-75 nach Chattanooga oder aber über die landschaftlich schöne Strecke: US 321 von Pigeon Forge bis Townsend und dann wie in Alternative 1 bzw. 2 beschrieben nach Chattanooga. Hierzu lesen Sie bitte im Folgenden weiter:

Absolute Touristenorte **Gatlinburg** und **Pigeon Forge** erweisen sich als absolute Touristenorte. Während ersteres noch in den Bergen gelegen und damit in seinen Räumlichkeiten begrenzt ist, wächst Pigeon Forge ins Uferlose. Wo man hinsieht an dem 7 Meilen langen Highway, der durch Pigeon Forge führt, sieht man Leuchtreklamen von Country-Shows, Souvenirshops, Motels, Fastfoodketten usw. **Townsend** dagegen ist erheblich ruhiger. Im Folgenden möchte ich nur in Kürze und in Stichworten die 3 völlig verschiedenen Orte vorstellen:

• Gatlinburg (ⓘ S. 155)
Gleich direkt nördlich des Nationalparks; das Visitor Center befindet sich an der Ampel #3 (es gibt 10, beginnend am Park); in diesem Ort finden Sie die besten Restaurants; die Hotels sind am teuersten; eine große Seilbahn fährt hinauf auf einen nahen Berg.

• Pigeon Forge
(ⓘ S. 155)

Diesen Ort kann man mögen oder am liebsten links liegen lassen. Innerhalb von 2 Jahrzehnten hat sich Pigeon Forge dank des Einsatzes der Countrysängerin *Dolly Parton* zu einem wahren Mekka der Country-Musikfans etabliert. 12 Millionen Besucher kommen jedes Jahr, über 20 verschiedene, zu-

Gatlinburg „versteckt" sich in einem Seitental

meist hochklassige **Dinner-Shows** werden mindestens einmal am Tag mit Slogans wie „Country Western Clogging plus Comedy Show" angepriesen, vier Mega-Outletmalls bieten Markenwaren zu günstigen Preisen und zahlreiche Geschäfte verkaufen Countrymusik-Artikel, Instrumente etc. Das Ganze ist „Bible-Belt-clean", oft auch offenkundig christlich angehaucht, so wie z.B. einige der Musik-Shows. Harte Alkoholika findet man hier also nicht.

Leuchtreklamen an der Durchgangsstraße, dem US 441 (Parkway) weisen Ihnen den Weg zu den günstigsten Angeboten, besonders den familienfreundlichen Hotels, die unter der Woche Zimmer wirklich zu Schnäppchenpreisen vergeben. Dazu muss man wissen, dass es in Pigeon Forge und der näheren Umgegend mehr Hotelzimmer gibt als z.B. in Nashville. Am Wochenende sollten Sie hier aber unbedingt vorbuchen, dann lassen bereits die Autokennzeichen erkennen, welchen Weg so manche Besucher auf sich genommen haben, um hierher zu kommen.

Hauptsehenswürdigkeit des Ortes ist zweifellos „**Dollywood**", ein Vergnügungspark, den Dolly Parton, eine Tochter des Nachbarortes Servierville gegründet hat: Viele Souvenirshops, eine historische Eisenbahn, Countrymusik-Shows, nachgebaute alte Häuser usw. Der Eintritt hier ist teuer, aber Karten, die nach 15 Uhr gelöst worden sind, gelten auch für den folgenden Tag. Pigeon Forge hat es „Dollywood" zu verdanken, dass aus einem verträumten Nest dieser Publikumsmagnet geworden ist. *Vergnügungspark mit historischer Eisenbahn*

Neben den großen Attraktionen gibt es auch günstige Hubschrauberflüge, Wasserparks, kleine Museen, wie das **Veterans Museum**, ein **Dinosaurier-Museum**, ein Museum mit alten bzw. hochfrisierten Autos (**Car Museum**), ein weiteres **Elvis Museum** (es soll über 20 davon geben in den USA) und ein **Wildlife Museum** (in Sevierville) zu erleben. Und wer **Dolly Partons Statue** bewundern möchte, der findet diese im benachbarten Sevierville an der Kreuzung von US 441/ TN 66 und US 411. *Vielfältige Attraktionen*

458

11. Von Columbia über Asheville und den Smoky Mountains National Park nach Knoxville und weiter nach Chattanooga – Überblick

Religion und Freizeitvergnügen liegen dicht beieinander in Pigeon Forge

Pigeon Forge ist „Americana pur". Bunt, voll, kitschig, aber eben auch bodenständig und familienfreundlich. Und das macht sich auch an den günstigen Unterkünften bemerkbar: Nicht alle liegen an der turbulenten Hauptstraße, idyllische Plätzchen finden sich auch gerade einmal über den nächsten Hügel, versteckt in Tälern und an Hängen. Pigeon Forge verspricht also eine preiswerte Übernachtungsmöglichkeit für die Erkundung der Umgegend und vor allem des Smoky Mountains National Park.

 Tipp

Für das Fortkommen in dem 7 Meilen lang gezogenen Ort sorgt ein sehr günstiger Trolleybus, der mit kleinen Abstechern regelmäßig (etwa alle 15 Minuten) den Parkway abfährt.

• Townsend (ⓘ S. 155)
Im Gegensatz zu den beiden vorgenannten Orten noch richtig idyllisch. Das Visitor Center ist neben den Motels. Landschaftlich schöne Zufahrt über die Rich Mountain Road (gute Schotterpiste) zur Cades Cove Area im Nationalpark. Von Pigeon Forge nehmen Sie den US 321 hierher. Günstige Motelzimmer und viele Cottages. **Hauptsehenswürdigkeit**: Die **Tropfsteinhöhle „Tuckaleechee Caves"**, 4 Meilen westlich des Ortes.

Auf dem Weg nach Knoxville sollten Sie bereits südlich der Stadt den Abstecher nach **Marble Springs Historic Site** (auch als **John Sevier States Historic Site** bekannt: 1220 W. Gov. John Sevier Hwy., geöffnet Di–Sa 10–17 Uhr) machen. Fahren *Farmhaus des* Sie dazu bei Neubert vom US 441 ab nach Westen auf den TN 168. Nach gut *ersten* 2 Meilen befindet sich das Gelände auf der linken Seite. Zu besichtigen ist das *Gouverneurs* Farmhaus und weitere Wirtschaftsgebäude des ersten Gouverneurs von Tennessee, *von Tennessee* *John Sevier*. Hier erhalten Sie einen guten Einblick in die Lebensweise im frühen Tennessee. Der kleine Park lädt auch zu einem Picknick ein.

Weiter von hier fahren Sie nach Westen auf der 168 und folgen dann dem TN 33 nach Norden in die Stadt. Die südlichen Wohn- und Kleinindustriegebiete von Knoxville entlang dieser Straße bieten einmal einen interessanten Einblick hinter die Kulissen einer amerikanischen Großstadt.

Möchten Sie Knoxville auslassen, dann fahren Sie von Townsend weiter nach Südwesten und nehmen den US 411 bis Ocoee als Richtlinie. Doch sollten Sie die

Möglichkeiten nutzen, auch **abseits der Hauptstraße** näher an bzw. in die Berge zu fahren. Dazu laden z.B. der **Foothills Parkway** (kurz hinter Townsend) sowie TN 68, TN 39, TN 30 und US 64 ein. Sie werden diese Umwege der Landschaft wegen nicht bereuen.

INFO ## Eine Arbeitsbeschaffungsmaßnahme: die Tennessee Valley Authority

In den Jahren der großen wirtschaftlichen Depression unterzeichnete Präsident *Franklin D. Roosevelt* am 18. Mai 1933 ein umfangreiches Gesetz, das zur Gründung der **Tennessee Valley Authority** (kurz: TVA) führte. Diese Behörde sollte ein riesiges Projekt durchführen: Als umfangreiches Arbeitsbeschaffungsprogramm der Regierung ausgelegt, sollte der bis dahin gefährliche Tennessee River gebändigt werden. Bis dato galt er als wenig nützlich; seine Sandbänke verhinderten Schiffahrt, sein Hochwasser konnte unberechenbar werden und gefährdete nicht nur die Menschen, sondern spülte ebenso fruchtbaren Ackerboden in den Mississippi.

Um den Fluss zu zähmen, wurden bis 1945 auf einer Gesamtlänge von über 1.000 km 16 **Staudämme** und **Seen** angelegt.

Die Ergebnisse:
• Auf Teilstrecken wurde der Tennessee **schiffbar**.
• An den Staustufen wurde **Elektrizität** gewonnen.
• Wertvolles **Ackerland** war nun vor Überflutungen geschützt und gleichmäßige Erträge wurden so gesichert.
• Im Kontext dieser infrastrukturellen Maßnahmen wurden zahlreiche weitere **Arbeitsplätze** geschaffen, u.a. durch die nun zur Verfügung stehende Elektrizität (Aluminiumindustrie).
• Im Gefolge der Wasserregulierung verlor die **Malariamücke** ihren **Lebensraum**. Vorher galt das Gebiet als Malariagegend, in der jeder 3. Bewohner unter Fieberanfällen litt.

Doch so reibungslos, wie es sich liest, verlief die Realisierung des Projekts nicht:
• Bauern, deren Land überflutet wurde, protestierten, da sie mit den **Entschädigungszahlungen** nicht zufrieden waren.
• Bauern, die nur Land gepachtet hatten, verloren völlig ihre **Lebensgrundlage**.
• Schwarze fühlten sich von der TVA **diskriminiert**, da sie nur in einem unproportional geringen Umfang Arbeit erhielten.
• Die von der TVA errichteten Kohlekraftwerke erwiesen sich zunehmend als wahre **Dreckschleudern**, die extrem die Umwelt belasteten.

Gegen eine Über-Industrialisierung setzten sich Umweltschützer immer mehr zur Wehr. Ihr größter Erfolg war die Verhinderung des Baus von 17 Kernkraftwerken im Tennessee-Valley.

Tennessee-Telegramm

Abkürzung	TN
Beiname	„Volunteer State"
Namensherleitung	Es ist nicht sicher geklärt, wo der Name herkommt. Eine Vermutung geht dahin, dass er dem Namen der alten Hauptstadt der Cherokee angelehnt wurde, die Tenasseee, Tanasi, Tanassee oder Tansi geheißen hat.
Staat seit	1. Juni 1796 (16. Staat)
Staatsblume	Iris (Schwertlilie)
Höchster Berg	Clingman's Dome – 2.023 m
Fläche	109.152 km²
Einwohner	5,1 Mio., Anteil der Afroamerikaner: 16 Prozent
Einwohnerdichte	46 E./km²
Hauptstadt	Nashville (600.000 E., Großraum 1,6 Mio. E.)
Weitere Städte	Memphis (700.000 E.), Knoxville (170.000 E.), Chattanooga (158.000 E.)
Wichtigste Wirtschaftszweige	**Landwirtschaft**: hauptsächlich Maisanbau, dazu Weizen, Gerste und verschiedene Gemüse; außerdem Rinderhaltung und Forstwirtschaft. **Industrie**: Metallverarbeitung im Raum Knoxville, Chemiewerke – die „Tennessee Valley Authority" hat mit einem groß angelegten Energiesystem für die Ansiedlung von ca. 1.600, zumeist mittelständischen Unternehmen gesorgt. Fremdenverkehr im Aufschwung. **Bodenschätze**: Kohle, Erze, Phosphate und Steine.
Touristisches Potenzial	Die Waldregionen, deren touristischer Mittelpunkt durch den „Great Smoky Mountains National Park" gebildet wird; Nashville, die Hauptstadt der Countrymusik; Memphis, die Heimatstadt von Elvis Presley und deren Beale Street auch heute noch zahlreiche Musikkneipen aufweist; die „Eisenbahnerstadt" Chattanooga („Chattanooga Choo-Choo") und Pigeon Forge, das Mekka der Countrymusik-Shows

Knoxville (ⓘ S. 155)

Überblick und Geschichte

Schießereien an der Tagesordnung

Knoxville wurde 1786 von den ersten Siedlern gegründet, die das Appalachen-Gebirge überquert hatten. Unter der Federführung des Generals *James White* wurde zuerst ein Fort angelegt, das als Handelsstützpunkt auf der weiteren Route nach Westen dienen sollte. *White*, ein hoch dekorierter Kämpfer aus dem Unabhängigkeitskrieg, benannte die Stadt nach seinem Freund, dem damaligen Kriegsminister *Henry Knox*. 1796 wurde die kleine Siedlung vom ersten Gouverneur, *William Blount*, zur Hauptstadt von Tennessee ernannt, eine Stellung, die sie 1845 an Nashville abtreten musste. Knoxville war zu dieser Zeit als raues Pflaster bekannt und Schießereien waren an der Tagesordnung. Ebenso floss der selbstgebrannte Whiskey in Strömen. Während des Bürgerkriegs zählte

11. Von Columbia über Asheville und den Smoky Mountains National Park nach Knoxville und weiter nach Chattanooga – Knoxville

461

Knoxville mehr Sympathisanten für die Unionsstaaten, so dass die Konföderierten ihre eigene Stadt besetzen mussten. Später aber wurden sie von den Unionstruppen verdrängt. Die darauf folgende Belagerung durch die Südstaatler ergab nur eine fast vollständige Zerstörung, aber niemals die Rückeroberung. Heute bietet die Stadt hauptsächlich den Kontrast zwischen Bauten aus der Zeit der Jahrhundertwende und moderner Glasfassaden an den Hochhäusern der Energiekonzerne und der Banken. Die Innenstadt samt der angrenzenden „Old City" wurde mittlerweile wieder herausgeputzt, ist aber auch jetzt kein wahrer Höhepunkt. Wenige wissen heute auch, dass eigentlich Knoxville und nicht Nashville der Geburtsort der Countrymusik ist und sich selbst als „Cradle of Country Music" bezeichnet. Nur wenige Clubs spielen die Musik, was auch an dem Boom im nahen Pigeon Forge liegen mag. Knoxville hat heute gut 170.000 Einwohner und im Großraum leben an die 390.000 Menschen.

Touristisch gibt es nicht viel zu erleben, sieht man einmal ab von ein paar regionalen Museen, ein paar Resten aus der Gründerzeit und dem Gelände der Energiewelt-ausstellung von 1972, dessen Höhepunkt der Ausblick vom Sunsphere Tower ist. Zudem lockt die nahe Stadt Oak Ridge mit mehreren Atomenergierelikten aus der Zeit während und nach dem 2. Weltkrieg. Südstaaten-romantik, ausgesuchte Restaurants, gemütliche Musikclubs u.ä. suchen Sie in Knoxville vergeblich. Die Abendszene ist vor allem durch die Universität geprägt. Erwähnenswert ist noch der Hang zum Sport. Das College Football Team ist sehr erfolgreich und hat dafür gesorgt, dass das Stadion am Tennessee River zum **zweitgröß-ten Stadion der USA** ausgebaut wurde – mit 107.000

Redaktions-Tipps

• Übernachten Sie in oder nahe der **Innenstadt**. (S. 155)
• Zum Dinner sollten Sie sich eines der kleinen Restaurants in der **Old City** aussuchen. Hier gibt es für jeden Geschmack etwas. (S. 155)
• Die bedeutendsten **Sehenswürdig-keiten**: Die alten Gebäude: bei Marble Springs, im James White's Fort und das Blount Mansion; die Aussicht vom Sunsphere Tower; Women's Basketball Hall of Fame, East Tennessee History Center und die Atom- und Energiemuseen in Oak Ridge. (S. 461ff)
• **Zeiteinteilung**: ein halber Tag: Besichtigen Sie von Süden kommend zuerst Marble Springs. Fahren Sie anschließend zum Visitor Center und schauen Sie sich danach das histori-sche James White Fort an. Alternativ ein Museum in der Stadt. Abends gehen Sie dann in die Old City zum Bummeln durch die „Ramschläden" und zum Speisen. Am nächsten Morgen können Sie dann noch das American Museum of Energy and Science in Oak Ridge besuchen.

Besucherplätzen! Auch das Basketball-Frauenteam hat national seine Spuren hinterlassen, sodass am Hall Drive nahe der Innenstadt die einzige **Women's Basketball Hall of Fame (1)** der USA errichtet wurde (Labor Day–April Di–So., Rest des Jahres tägl. *Hall of Fame* geöffnet) Ich schlage also vor, falls Sie den Weg hierher gefunden haben, Sie schlen- *für Basket-* dern einfach mal durch die Old City, gehen entspannt essen, besuchen ein oder zwei *ball-Frauen* Museen und erledigen Einkäufe, die Sie schon eine Weile vor sich hergeschoben haben. Am nächsten Morgen würde sich dann schließlich noch der Besuch des Energiemuseums im 22 Meilen entfernten Oak Ridge anbieten.

Sehenswertes

Sunsphere Tower und der World Fairs Park (2)

Westlich der Henley Street, in einem kleinen Flusstal, fand 1972 die Energie-Welt-ausstellung statt. Man wählte damals Knoxville, weil es durch die hier ansässige Ten-

Beiträge zur Energie-gewinnung nessee Valley Authority (TVA) interessante Beiträge zur Energie-gewinnung einbringen konnte – zum einen auf dem Sektor der Hydroenergie, zum anderen auf dem der Atomenergie. Heute befinden sich auf dem Gelände noch das Messezentrum, der **Sunsphere Tower,** von dem aus Sie eine schöne Aussicht auf die Stadt haben, die **Candy Factory,** eine ehemalige Bonbon-fabrik, in der heute Boutiquen und kleine Geschäfte unterge-bracht sind, und das **Museum of**

Ausgefallene Museen und eine überschaubare Downtown sind Knoxvilles Hauptattraktionen

Art (geöffnet Di u. Mi 12–20 Uhr, Do u. Fr 12–21 Uhr, Sa u. So 12–17 Uhr), in dem im wesentlichen Wanderausstellungen und einige indianische Kunstwerke gezeigt werden.

East Tennessee History Center (3)

601 South Gay St., Downtown, geöffnet Mo–Fr 8.30–16.30 Uhr
Kleine, aber gut aufbereitete Ausstellung zur Geschichte von Knoxville und East Tennessee. Beinahe interessanter aber ist die Abteilung für Ahnenforschung (Genea-logy Research Library) im ersten Stock. Hier können auch Sie einmal mit Hilfe eines Computerprogramms herausfinden, ob und wie einer Ihrer Vorfahren in die USA ein-gereist ist. Grundlage bieten dazu vor allem die Einreisedokumente von den ver-
Ahnen-forschung am Computer schiedenen Immigrationsstellen sowie die Schiffsdokumente. Achten Sie bei der Suche darauf, dass viele Namen nicht genau abgeschrieben wurden, oft alleine schon wegen der unterschiedlichen Buchstaben im 19. Jh. Ein „z" z.B. wurde damals ähnlich einem „g" geschrieben und so fand ich meinen Namen Etzbach unter *Etgbach*.

Tennessee Theatre (4)

604 South Gay St., geöffnet nur für Veranstaltungen
Das ehemalige Kino, eingeweiht 1928, ist ein kleines Juwel. Nach einer aufwendigen Renovierung wurde es 1955 wieder eröffnet und heute werden hier Musikveran-staltungen, Theateraufführungen u.a. geboten. Die restaurierten Verzierungen an allen Wänden, auf den Böden und in den Aufenthaltsräumen, die eindrucksvolle Be-
Bemerkens-wert gute Akustik leuchtung und die gute Akustik ist einen Besuch einer Veranstaltung hier allemal wert. Tickets gibt es an der Kasse vor der Tür bzw. werden Ihnen über das Visitor Bureau vermittelt. Dieses Theatre steht dem Fox Theatre in Atlanta in nichts nach. Hervorzuheben ist noch die restaurierte Wurlitzer-Orgel, die während einer Auf-führung mittels eines Fahrstuhles auf die Bühne gehoben werden kann.

Blount Mansion (5)

200 W. Hill Street, geöffnet Januar–März Mo–Fr 9.30–17 Uhr, Rest des Jahres auch Sa 9.30–17 Uhr. Touren beginnen jeweils zur vollen Stunde. Erbaut 1792, diente dieses Haus als Residenz für *William Blount*, dem Gouverneur des Südwest-Territoriums.

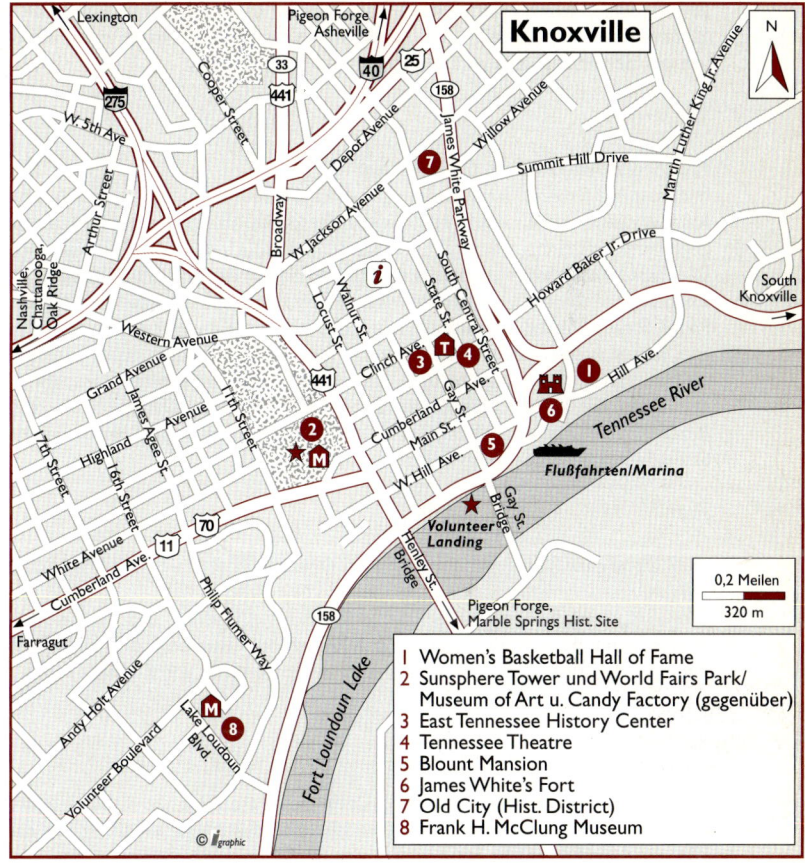

1 Women's Basketball Hall of Fame
2 Sunsphere Tower und World Fairs Park/
  Museum of Art u. Candy Factory (gegenüber)
3 East Tennessee History Center
4 Tennessee Theatre
5 Blount Mansion
6 James White's Fort
7 Old City (Hist. District)
8 Frank H. McClung Museum

Blount war auch Mitunterzeichner der amerikanischen Verfassung und seine Residenz *Politischer* war während seiner Dienstzeit politischer Mittelpunkt des noch unerschlossenen *Mittelpunkt* (damaligen) Westens. Zu sehen sind hier antike Möbel aus dem endenden 18. Jh. und *des noch* einige Memorabilien von *Blount* . Im benachbarten **Craighead-Jackson House**, dem *unerschlosse-* Visitor Center des Blount-Hauses, befindet sich eine kleine Ausstellung zur Ge- *nen Westens* schichte, und es wird ein Film gezeigt, der die Anfänge der Erschließung des Westens kurz umreißt.

James White's Fort (6)

205 E. Hill Ave., geöffnet Januar–März Mo–Fr 10–16 Uhr, Rest des Jahres Mo–Sa 9.30
–17 Uhr.
Um das erste Haus der Stadt von 1786 hat man das alte Fort wiederaufgebaut, und
auf einer 30-minütigen Rundtour wird Ihnen erläutert, wie die ersten Siedler hier

gelebt haben. Neben einem kleinen Museum gibt es eine Räucherkammer, eine Schmiede und ein paar kleine Wohnhäuser zu besichtigen. Sicherlich eine gute Gelegenheit, die Geschichte einer Pionierstadt besser zu verstehen.

Old City (7)

Kreuzung Jackson Ave. und Central Street.
In diesem kleinen Areal am alten Bahnhof, welches früher einmal die Lebensader von Knoxville gewesen ist, hat man heute wieder Geschäfte, Nachtclubs und Restaurants angesiedelt. Das Ganze wirkt sehr provisorisch, was aber gerade den Reiz ausmacht. Die Häuser haben ihre alte Fassade erhalten, die Reklamen sind noch aufgemalt, und die Geschäfte müssen von den nur wenigen Besuchern leben, die den Weg hierher finden. Schauen Sie z.B. einmal in die Ramschläden hinein. Sie werden vielleicht nichts zum Kaufen finden, aber das Stöbern macht Spaß: alte Schallplatten neben ausgetretenen Schuhen, dazwischen rostiger Schmuck und alte Filmkameras. Zwischen all dem finden Sie kleine Cafés, Boutiquen und die Bars sowie Nachtclubs, die den Bezirk am Abend erst richtig zum Leben erwecken. Wenn ein Zug die North Central Street kreuzt, lässt sich übrigens ein nettes Foto machen.

Alte Reklamen versprühen Reiz

Frank H. McClung Museum (8)

1327 Circle Park Dr. auf dem Universitäts Campus, geöffnet Mo–Sa 9–17 Uhr, So 13 –17 Uhr
Kleines Museum, das sich vor allem mit der Archäologie (weltweit) und der Geschichte der Indianer der Region beschäftigt. Keine große Ausstellung, aber für speziell Interessierte vielleicht einen Besuch wert. 20 km nordwestlich von Knoxville liegt

Oak Ridge

Unscheinbar, inmitten großer Wälder, verbirgt sich diese Stadt, die die Amerikaner erst Ende 1942 gegründet haben. Grund dafür war der Zweite Weltkrieg und das Ziel, die Atombombe als Erste zu entwickeln. Die gesamte Operation trug den Codenamen „Manhattan Project". Binnen weniger Monate wurde aus mehreren kleinen Dörfern eine Stadt mit 75.000 Einwohnern. Und die Zeit reichte nicht einmal, Blaupausen für die Errichtung der Forschungsanlagen anzufertigen. Oak Ridge wurde während des Krieges hermetisch abgeriegelt, selbst die meisten Angestellten im Atomlabor wussten nicht, woran sie arbeiteten. In Zusammenarbeit mit der Forschungsstation von Los Alamos in New Mexico und einiger anderer gelang es den Amerikanern bekanntlich, 1945 das Ziel zuerst zu erreichen und die erste Atombombe über Hiroshima abzuwerfen. Auch heute ist Oak Ridge Zentrum der Atomenergieforschung. Mehrere Labors, Fabriken und ein Museum ernähren immer noch fast 30.000 Menschen.

Zur Erforschung der Atombombe gegründet

American Museum of Science and Energy

300 S. Tulane Ave. im „Energy House". Geöffnet Di–Sa 9–17 Uhr, So 13–17 Uhr. Gleich daneben befindet sich übrigens das **Visitor Bureau**.

11. Von Columbia über Asheville und den Smoky Mountains National Park nach Knoxville und weiter nach Chattanooga – Knoxville, Von Knoxville nach Chattanooga

465

Didaktisch sehr eindrucksvoll gestaltetes Museum, das sich mit allen Fragen der Energiewirtschaft beschäftigt. Hauptaugenmerk wird dabei aber auf den Sektor Atomenergie gelegt, der nach heutigem Stand der Dinge zwar etwas zu unkritisch betrachtet wird, aber durchaus sehenswert ist. In einer Extraabteilung werden die Geschichte von Oak Ridge und der Werdegang der Atombombe vorgestellt. Zu guter Letzt würdigt das Museum auch *Albert Einstein* – und nimmt das Genie dabei das eine oder andere Mal ganz schön „auf die Schippe". Kinder werden besonderen Gefallen finden an den „Geräten zum Ausprobieren", die gelungen physikalische Gesetze erläutern.

Werdegang der Atombombe

i Anteil der Atomenergie an der Gesamtstromerzeugung			
USA	20 Prozent	Deutschland	28 Prozent
Frankreich	70 Prozent	Japan	33 Prozent

Graphit Reactor

Bethel Valley Road. Geöffnet Mo–Sa 9–16 Uhr.
Etwa 8 Meilen vom Museum entfernt. Hierbei handelt es sich um den ersten Atomreaktor der Welt. Am 16. Oktober 1943 in Betrieb genommen, diente er 20 Jahre lang als Produzent von Plutonium, welches für den Bau der Atombomben benötigt wurde. Den Reaktor können Sie heute besichtigen. Er liegt immer noch inmitten eines Forschungs- und Entwicklungszentrums. Der Reaktor hat übrigens 4.000 kW Strom erzeugen können.

Im Graphit-Reaktor

Von Knoxville nach Chattanooga

Die schnellste Verbindung ist natürlich entlang dem I-75. Sollten Sie aber 1–2 Stunden mehr Zeit haben, empfehle ich Ihnen die Landstraße. Fahren Sie von Knoxville erst nach Süden bis Maryville auf dem US 129 und folgen Sie dann bis Ocoee dem US 441/411. Dort geht es dann auf dem US 64/74 weiter nach Cleveland, wo Sie schließlich auf den I-75 nach Chattanooga treffen.

Die zweite Alternative bietet Ihnen eine z.T. sehr schöne Landschaft – ca. 7-10 Meilen unterhalb der Appalachen entlang. Und fahren Sie auch mal auf den kleineren Straßen in die Berge, so z.B. auf dem **Foothills Parkway** (südwestlich von Townsend oder später die TN 68, TN 39, TN 30 und den US 64). Eindrucksvoller als die Landschaft

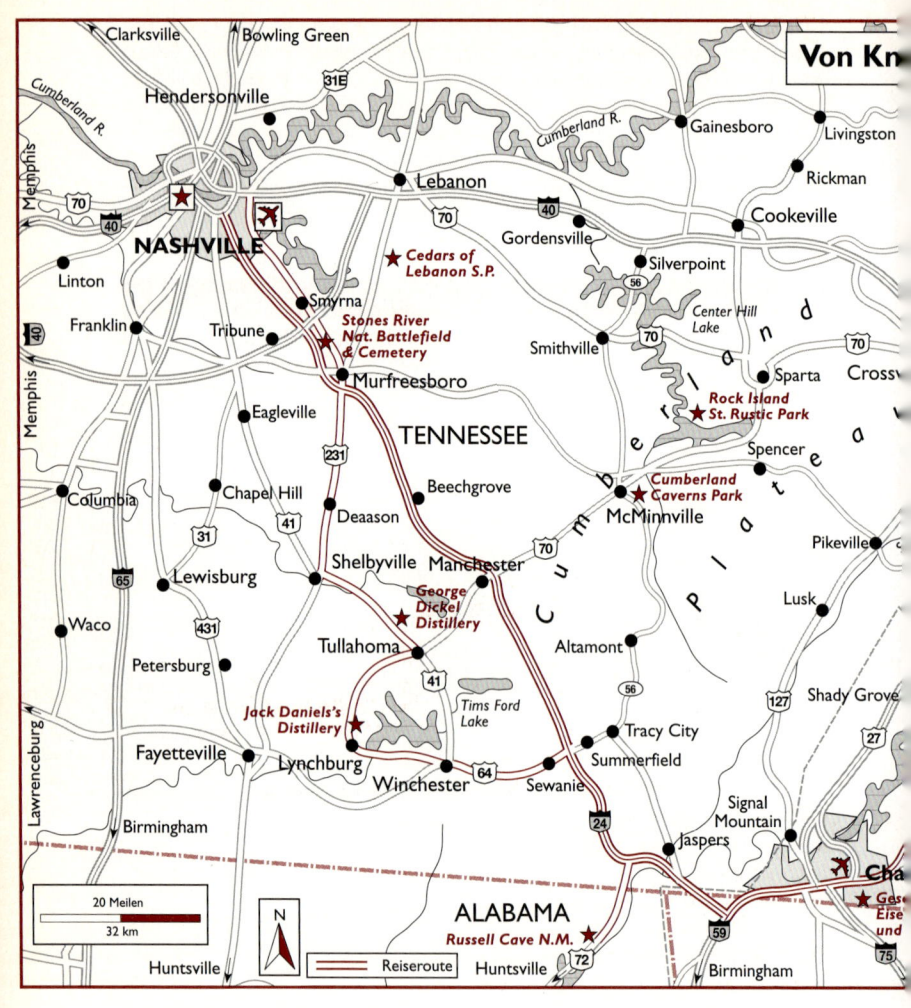

ist in dieser relativ armen Gegend aber die Siedlungsstruktur entlang der kleinen Straßen. Da die Böden nicht sehr gut sind und die meisten Farmen heute zu klein sind zum Überleben, hat sich hier während der letzten 40 Jahre ein sog. „Back-country" entwickelt – eine Gegend, die wirtschaftlich vom Aussterben bedroht wäre, gäbe es nicht den Tourismus – und auch das gehört zu Amerika – einem Land, das sich immer noch im Umbruch befindet! Verlassene Tankstellen, vom Verfall bedrohte Häuser, verschlossene Fabrikanlagen, dafür aber neue Bed&Breakfast-Unterkünfte, Bootsverleihe etc. Dazwischen lassen sich immer noch kleine BBQ-Imbissbuden mit leckeren Fleischgerichten, billige Factoryshops und eine Reihe verschrobener

Tourismus als Überlebens-faktor

11. Von Columbia über Asheville und den Smoky Mountains National Park nach Knoxville und weiter nach Chattanooga – Von Knoxville nach Chattanooga

467

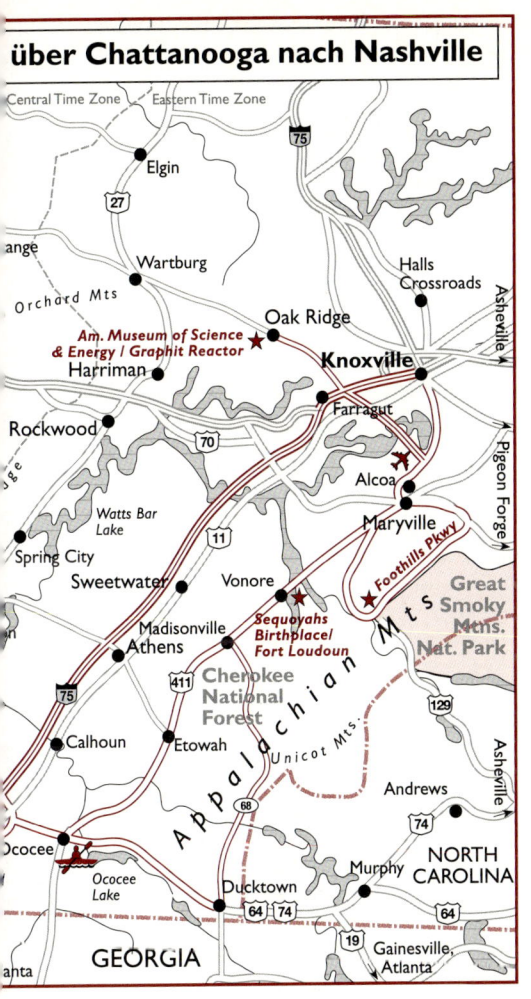

über Chattanooga nach Nashville

Central Time Zone | Eastern Time Zone

75

Elgin

27

ange

Wartburg

Orchard Mts

Halls Crossroads

Oak Ridge

Am. Museum of Science & Energy / Graphit Reactor

Knoxville

Harriman

Farragut

Rockwood

70

Alcoa

Watts Bar Lake

Maryville

11

Spring City

Sweetwater

Vonore

Foothills Pkwy

Great Smoky Mtns. Nat. Park

Madisonville

Athens

Sequoyahs Birthplace/ Fort Loudoun

Cherokee National Forest

411

129

Calhoun

Etowah

Unicot Mts.

75

Appalachian Mts

Andrews

68

74

Ococee

Ococee Lake

Murphy

NORTH CAROLINA

Ducktown

64 74

64

19

Gainesville, Atlanta

GEORGIA

anta

Antiquitätengeschäfte auftreiben. Also: eine Gegend zum Selbsterkunden – ein wenig „**Off the beaten path**".

Sollten Sie sich fragen, warum es hier so viele kleine Fabrikläden gibt, hier die Antwort: Zum einen beherbergt die Region eine Reihe kleiner Textilfabriken, die so ihre Ware billig losschlägt, zum anderen hat der Staat als Strukturförderungsprogramm die Reglementierung für solche Läden gelockert. *Gelockerte* Kein Wunder, dass sich hier *Handels-* jetzt jeder mit dem Verkauf *reglementie-* der unmöglichsten „Neuwa-*rung* ren" versucht. Bekannte Markenwaren finden Sie aber nicht. Neben der Landschaft gibt es auch noch ein paar Sehenswürdigkeiten:

Sequoyahs Birthplace

Bei Vonore, 1 Meile südlich am TN 360, geöffnet tägl., Öffnungszeiten variieren.
Hier, an der Stelle, wo der Cherokee *Sequoyah* (1776–1843) geboren wurde, erläutert das neben dem Museum in Cherokee wohl beste Museum die Geschichte der Cherokee. Ein fast ein- *Geschichte* stündiger Film erzählt, wie ihr großes Siedlungsgebiet, das sich ehemals bis nach *der Cherokee* Kentucky, Virginia, die Carolinas und weiter nach Alabama erstreckte, einst genutzt wurde, nämlich einzig als Jagdgebiet. Mit dem Eintreffen der ersten Europäer dann änderte sich im 17. Jh. ihre Lebensform. Sie jagten von da an das Wild, um anschließend die Felle an die Engländer, Franzosen und auch Spanier zu verkaufen. Abhängig vom Geld, wuchsen ihre Ansprüche und viel Geld wurde z.B. für den Kauf von Gewehren und Nahrungsmittel verwandt. Als im 17. und besonders 18. Jh. die Siedler vordrangen, verkleinerte sich das Stammesgebiet der Cherokee immer mehr, bis

schließlich erste Gesetze in Washington gemacht wurden, die den Abzug der Indianer nach Westen forderten. Zur folgenden Geschichte des „Trail of Tears" lesen Sie bitte im Infokasten auf S. 446f.

Alpha-betisierung der Chero-kees Sequoyah hielt in dieser Zeit zu den Fähigkeiten der Cherokee und schuf in nur 12 Jahren ein Alphabet aus 85 Zeichen, das sich vor allem auf Silben aufbaute. Nachdem die Schriftsprache 1821 von ihm publik gemacht wurde, lernten Tausende Cherokee das Lesen und Schreiben. Sehenswert ist auch das **Fort Loudon**, das kurz vor dem Museum auf der anderen Straßenseite liegt. Es wurde 1756–60 von den Engländern als Festung gegen die Indianer und Franzosen erbaut.

INFO   Tennessee over the Hills/Tennessee Overhill

Dieser Ausdruck für das Gebiet nördlich der Appalachen zwischen Maryville im Osten und Chattanooga im Westen bezieht sich ebenfalls auf die Cherokees. Für die nach dem „Trail of Tears" übrig gebliebenen Cherokee in den Appalachen gab es nur zwei Siedlungsgebiete. Zum einen das größere um den heutigen Ort Cherokee in North Carolina, zum anderen das derer, die hier „over the Hill" wohnten. Der erste ansässige Europäer in der Gegend war übrigens ein Pelzhändler, der seinen Stützpunkt Tanasee nannte.

Lost Sea

Zwischen Sweatwater und Madisonville an der TN 68 (I-75 Exit 60). Geöffnet täglich von 9–17 Uhr (Mai-August bis 19 Uhr, Juli bis 20 Uhr). Hier befindet sich der wohl größte unterirdische See der Welt, auf dem Sie mit Booten herumfahren können. Für Höhlenfreunde sicherlich ein ausgefallenes Erlebnis, ansonsten aber gibt es schönere Höhlen.

In **Ocoee**, wo die Route nach Cleveland abzweigt, haben Sie auch die Möglichkeit, noch einmal nach Osten abzubiegen in die Berge. Hier befanden sich die Wildwasserstrecken für die Olympiade 1996, und hier können Sie heute Schlauchboottouren unternehmen. Anbieter gibt es genügend vor Ort.

Auf der **direkten Strecke** von **Knoxville** nach **Nashville** erwartet Sie nichts Besonderes, und Sie sollten über den I-40 schnell dort hinfahren, um für Nashville Zeit zu haben. Für die 180 Meilen (228 km) benötigen Sie ca. 2,5 Stunden.

Schön ist es an den Stauseen um Ocoee

12. Atlanta (ⓘ S. 155)

▸▸**Entfernungen**
Atlanta – Savannah: 256 mi/412 km
Atlanta – Chattanooga: 117 mi/
188 km
Atlanta – Birmingham: 151 mi/242
km
Atlanta – Nashville: 248 mi/399 km
Atlanta – Cherokee (südl. des Great
Smoky Mts. NP): ca. 180 mi/190 km

Überblick

Über jeden Zweifel erhaben ist Atlantas herausragende Stellung im amerikanischen Süden. Das wird nicht nur deutlich an den nahezu 4,5 Millionen Einwohnern, die in der Metropolitan Area leben (Stadt selbst: 440.000) und Atlanta damit zur größten Stadt des sog. „Neuen Südens" machen, sondern vor allem an folgenden Punkten:
• Das **friedliche Zusammenleben verschiedener Hautfarben** und die hier bereits früh etablierte liberale Lebensauffassung. 65 Prozent der Bevölkerung sind Schwarze, zudem leben 170.000 Hispanics und 50.000 Chinesen hier.
• Die einzigartige **wirtschaftliche Bedeutung**. 440 der 500 größten US-Konzerne haben eine Niederlassung hier, mehrere Trusts sogar ihren Hauptsitz. Mehrmals wurde Atlanta mit dem Titel „Best City to do Business" tituliert.

Einzigartige wirtschaftliche Bedeutung

• Ein **Verkehrsknotenpunkt**, der sich bereits früh durch die verschiedenen Eisenbahnlinien herauskristallisierte und mit dem Hartsfield Int. Airport, dem nach Passagierzahlen (85 Mio. Fluggäste/Jahr) größten Flughafen der Welt.
• **Kulturell** bietet Atlanta neben zahlreichen Theater-, Ballett- und Opernensembles auch viele Museen, von denen das High Museum of Arts eine herausragende Bedeutung in den USA hat.
• Die **Architektur** bietet eine bunte Mischung aus allem, was Amerika seit Mitte des 19. Jh. hervorgebracht hat. Von viktorianischen Häuschen bis hin zu hypermodernen Wolkenkratzern findet sich hier alles.

Atlanta ist also eine Stadt der Gegensätze – Gegensätze, die Sie als Reisender aber erst herausfinden – ich möchte beinahe sagen: erarbeiten müssen. Der erste Eindruck

Atlanta's Skyline

Redaktions-Tipps

- Was auch immer Sie planen, denken Sie daran, dass Atlanta über ein sehr gut ausgebautes **Bus-** und **S-Bahnnetz** verfügt. (S. 155)
- Günstige **Wochenendtarife** bieten die Innenstadthotels. Fragen Sie danach! (S. 155)
- Nachteulen: Atlanta ist zwar nicht New Orleans, aber ein paar nette **Jazzkneipen** gibt es trotzdem. Am urigsten ist es im „**Blind Willies**" und den nahegelegenen Tavernen an der Highland Avenue. (S. 155)
- Alternatives Abendprogramm bietet das historische „**Fox Theatre**". (S. 485)
- **Zeiteinteilung:** 2 Tage. 1. Tag: Erkunden Sie die Innenstadt und die vollklimatisierte Welt der Geschäftshochhäuser um das Peachtree Center. Nachmittags besichtigen Sie das Martin Luther King Nat. Hist. Site. 2. Tag: Besuch des CNN-Senders und des High Museum of Arts. Anschließend gibt es folgende Alternativen: Stone Mountain Memorial State Park; Atlanta Historical Society in Buckhead oder das Cyclorama. Abends: Dinner oder zumindest Sundowner im 72. Stock des Peachtree Plaza Hotel.

nämlich mag für Sie erdrückend erscheinen und nur die älteren Gebäude lenken von der massiven Front der Wolkenkratzer ab. Doch in dieser Megastadt verbirgt sich einiges, das es zu ergründen gilt. Viele Sehenswürdigkeiten (und besondere Charaktereigenschaften) liegen weit über die Stadt verstreut. Jeder Stadtteil hat seine ganz eigene Gangart – weit mehr ausgeprägt, als in anderen Städten der USA. Daher gibt es eigentlich nur zwei Alternativen für einen Besuch hier: Entweder, Sie sehen zu, dass Sie schnell wieder wegkommen, nachdem Sie die wesentlichen Sehenswürdigkeiten besucht haben, oder aber Sie streifen auch an den Abenden mal abseits durch die Vororte bzw. „off the beaten track". Sie werden staunen, was Sie alles erleben werden.

Wirtschaftlich ist Atlanta seit Jahren eine aufstrebende Metropole. Populäre Firmen haben ihren Hauptsitz hier: Coca Cola, CNN (Cable News Network), SouthernBell, Delta Airlines, SunTrust, Home Depot, Ritz-Carlton, Days Inn und, und, und... Entscheidend für diese rasante Entwicklung während der letzten 40 Jahre waren übrigens *Martin Luther King Jr.*, der hier seine Predigten hielt, und später zwei schwarze Bürgermeister: *Maynard Jackson* und *Andrew Young*, die sich bis in die 1990er-Jahre hinein um das erste Amt der Stadt beworben – und dieses in steter Regelmäßigkeit abwechselnd in die Hand des anderen gegeben haben. Ihre vorausschauende Politik hat für Dynamik, Kreativität und das kultivierte Leben gesorgt, und in kaum einer Großstadt der USA wird die Gastfreundschaft so spürbar wie hier. 1990 sorgte Atlanta für weitere Schlagzeilen: Nur 6 Jahre nach den Sommerspielen in Los Angeles gelang es erneut einer amerikanischen Stadt, den Zuschlag für die Sommer-Olympiade 1996 zu erhalten. Der damalige Bürgermeister Atlantas, *Maynard Jackson*, meinte denn auch, dass das Leben in dieser Stadt dadurch mit einem Ausrufezeichen versehen worden sei. Jackson selbst prägte ein ausgezeichnetes Motto: „The world has one dream – to be one team!" Der Werbespruch beeindruckte schließlich die Olympiabosse.

Atlanta weist ein angenehmes Klima auf – Dank seiner Lage im mittleren Teil von Georgia (Breitengrad von Kreta) auf einer Höhe von 320 Metern über dem Meeresspiegel. Dadurch gibt es vier voneinander klar abgrenzbare Jahreszeiten:
- **Frühjahr** (**März–Mai**) und **Herbst** (**Sept.–November**): Angenehm warm mit Temperaturen von 11–21 °C.

• **Sommer (Juni–August):** Sehr heiß. Das Thermometer erreicht schon mal 35 °C. Im Schnitt bleibt es aber zwischen 22 und 31 °C. Im Juli fallen starke Niederschläge, meist als Gewitter.

• **Winter (Ende November–Februar):** Die durchschnittlichen Tagestemperaturen liegen zwar bei 14 °C, doch kann das Thermometer auch mal unter den Gefrierpunkt rutschen und etwas Schnee fallen.

Um Atlanta nun zu erkunden, sollten Sie sich erst einmal im Klaren darüber sein, wo Sie wohnen möchten: im ruhigeren Buckhead oder in der tagsüber belebten – nachts aber relativ ausgestorbenen – Innenstadt. Für ersteres spricht, dass Sie tagsüber die Innenstadt gut mit der S-Bahn, der MARTA, erreichen können, um dort dann zu Fuß die Sehenswürdigkeiten abzulaufen. Abends liegt Ihnen dann der „Peachtree Shuffle", das Restaurantviertel in Buckhead, zu Füßen, bzw. können Sie zu anderen Restaurants im Norden der Stadt fahren. Für den zweiten Vorschlag spricht, dass Sie über Tag immer wieder in Ihr Hotel zurückkönnen und für den Abend die Theater näher liegen. Diese Lö-

Geschäftliches auch im Park

sung wäre bei einem nur eintägigen Besuch vorzuziehen. Die Innenstadt mit dem Auto zu erkunden, ist sinnlos. Zu dicht liegen die entscheidenden Sehenswürdigkeiten und zu schwierig würde sich die Parkplatzsuche gestalten. Nehmen Sie lieber zwischenzeitlich mal ein Taxi oder fahren Sie mit der MARTA bzw. den Stadtbussen, deren Netz gut ausgebaut ist.

Essen gehen in Buckhead

 Hinweis

Es gibt in Atlanta 32 Straßenzüge, Plätze, Sackgassen etc. mit dem Namen Peachtree (St., Ave., Dr.). Vergewissern Sie sich also vorher, zu welcher Straße Sie fahren. „Peach" stammt übrigens nicht dem Wort für Pfirsich ab, sondern findet seinen Ursprung in „Pitch Tree", einem Kieferngewächs, das einstmals die Region bedeckte.

Geschichte

Atlanta ist eine sehr junge Stadt. Ursprünglich lebten Cherokee-Indianer in der Region (vor ihnen noch eine Kultur der „Mound Builders"), vornehmlich am Ostufer des Chattahoochee River. Als 1836 ein kleiner Bahnhof an einer Eisenbahnkreuzung

Indianische Siedlung am Chattahoochee River

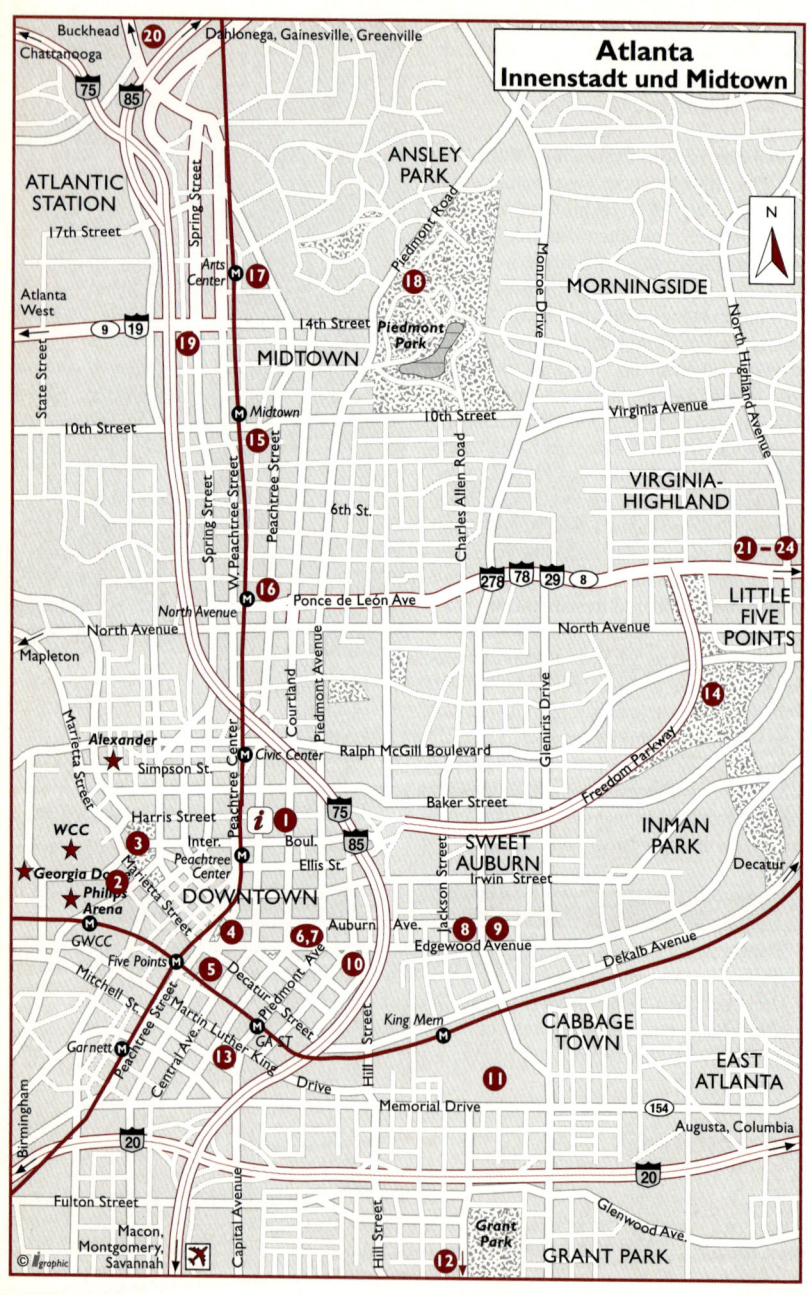

Atlanta
Innenstadt und Midtown

Buckhead 20
Chattanooga
75 85

Dahlonega, Gainesville, Greenville

ATLANTIC
STATION
17th Street

Spring Street

Atlanta
West
9 19

State Street

10th Street

ANSLEY
PARK

Piedmont Road

Arts
Center 17

18

MORNINGSIDE

Monroe Drive

14th Street

Piedmont
Park

MIDTOWN

19

Midtown M
15

Peachtree Street

10th Street

Virginia Avenue

North Highland Avenue

6th St.

VIRGINIA-
HIGHLAND

Charles Allen Road

Spring Street

W. Peachtree Street

16

Ponce de León Ave

278 78 29 8

21 – 24

LITTLE
FIVE
POINTS

North Avenue
North Avenue

North Avenue

Mapleton

Courtland

Piedmont Avenue

Gleniris Drive

14

Alexander
Simpson St.

Peachtree Center

Civic Center

Ralph McGill Boulevard

Freedom Parkway

Marietta Street

Harris Street

Baker Street

INMAN
PARK

WCC
3

Inter.
Peachtree
Center

i 1

Boul.

75
85

SWEET
AUBURN

Jackson Street

Decatur

Georgia Do
Philips
Arena

Ellis St.

Irwin Street

GWCC

DOWNTOWN

4

6,7

Auburn Ave.

8 9

Edgewood Avenue

Dekalb Avenue

Five Points M
5

Decatur Ave

Piedmont Street

10

Mitchell St.

Peachtree Street

Martin Luther King

Central Ave.

GA ST M

13

King Mem

Hill Street

CABBAGE
TOWN

EAST
ATLANTA

Garnett

Drive

Birmingham

20

Memorial Drive

11

154

Augusta, Columbia

20

Fulton Street

Macon,
Montgomery,
Savannah

Capital Avenue

Hill Street

Grant
Park

12

Glenwood Ave.

GRANT PARK

© Ilgraphic

N

1	Peachtree Center/Visitor Center
2	CNN Center
3	Centennial Olympic Park (Fountain of Rings, Georgia Aquarium, World of Coca-Cola: ab 2007)
4	Woodruff Park
5	Underground Atlanta (Visitor Center, Heritage Row Museum)
6	Apex Museum, Research Library, Atlanta Life Insurance Building
7	Atlanta Daily World
8	Martin Luther King Jr. Nat. Hist. Site (Visitor Center, Ebenezer Bapt. Church, Gravesite)
9	Martin Luther King Jr. Birth Home
10	Sweet Auburn Curb Market
11	Oakland Cemetery
12	Atlanta Cyclorama
13	State Capitol
14	Jimmy Carter Library & Museum
15	Margaret Mitchell House & Museum
16	Fox Theatre
17	High Museum of Art
18	Atlanta Botanical Gardens
19	Center of Puppetry Arts
20	Atlanta History Center
21	Fernbank Museum of Nat. History
22	Fernbank Science Center
23	Michael C. Carlos Museum
24	Stone Mountain Memorial

angelegt wurde, entwickelte sich um ihn herum eine kleine Siedlung. Sie hieß zuerst Terminus und wurde 1843 umbenannt in Marthasville – nach der Tochter des damaligen Gouverneurs von Georgia. Doch bereits 1845 entschied man sich für Atlanta, der weiblichen Form von Atlantik. Grundlage war, dass die Atlantic-Pacific Railroad durch die Siedlung führte. Der Bürgerkrieg bescherte der kleinen Stadt mit damals 10.000 Einwohnern eine harte Zeit: Da sie ein wichtiger Industriestandort war, wurde sie 1864 von General *Sherman* 107 Tage lang belagert, *Im* bevor er sie schließlich erobern *Bürgerkrieg* ließ. Er ließ die Stadt evakuieren *monatelang* und seine Truppen verbrannten *belagert* 80 Prozent der Häuser. Doch nur wenige Monate später kamen die Einwohner zurück und kein Jahr später stand die Stadt wieder. 1868 wurde Atlanta zur Hauptstadt von Georgia erklärt. 1917

zerstörte ein großes Feuer erneut große Teile der Stadt, doch seitdem und besonders in der Zeit nach dem 2. Weltkrieg entwickelte sich Atlanta zur Südstaaten-Metropole. 1929 wurde *Martin Luther King Jr.* in Atlanta geboren.

Sehenswertes im Stadtbereich

Downtown

Besorgen Sie sich zuerst einen detaillierten Stadtplan und Informationsbroschüren im **Visitor Center** (geöffnet 20. Aug.–9. Juni tägl. 9– 17 Uhr, 10. Juni–18. August 9 18 Uhr) in der Peachtree Mall bzw. am Concierge Desk eines der großen Hotels. Die *Über- und* Einkaufsmall um das **Peachtree Center (1)** und die über- und unterirdischen Gänge *unterirdische* zwischen den Bürohäusern und Hotels sind allemal einen Besuch wert. 8 Häuserblocks *Einkaufsmall* sind „luftdicht" miteinander verbunden und natürlich klimatisiert. Wohnen Sie nicht in einem der Hotels hier, lassen Sie sich den Besuch des **Hyatt** und des **Mariott** nicht entgehen. Beide haben eine faszinierende Atriumhalle. Die vom Mariott ist die größte der USA und reicht 47 Stockwerke hoch.

Das **Westin Plaza** dagegen ist mit 72 Stockwerken das höchste Hotelgebäude der USA, und in den drei obersten Stockwerken befinden sich ein Observatory (Aussichtsetage – kostenpflichtig) sowie ein Restaurant und eine Bar (kostenfrei) – alle drei drehen sich im 50-Minutentakt! Die genannten Hotels befinden sich alle nahe dem Peachtree Center an der W. Peachtree Street, Ecke Harris Street.

CNN Center (2)

1 CNN Center im Omni Plaza, Ecke Marietta Street und Techwood Drive. ☎ (404) 827-2300, 🖳 www.cnn.com/StudioTour. Führungen täglich 9–17 Uhr, Dauer 45 Minuten. Reservierung ist unbedingt empfehlenswert, mind. einen Tag im Voraus. Für einen saftigen Aufpreis können Sie übrigens auch eine VIP-Tour mitmachen, die ca. 1,5 Stunden dauert und bei der man näher ans Geschehen gelangt.

Einer der be-
deutendsten
Nachrichten-
sender

Dies ist die Hauptzentrale des berühmten Nachrichtensenders CNN (*Cable News Network*). Hier sind Headline News, International Studios untergebracht), der bereits seit dem ersten Golfkrieg auch aus der europäischen Fernsehwelt nicht mehr wegzudenken ist. *Ted Turner* hat es geschafft, innerhalb von nur 10 Jahren (1980–90) CNN zu einem weltweit beachteten und dem wohl bedeutendsten Nachrichtensender überhaupt zu machen. Bemerkenswert ist aber, dass sich nur 4 Prozent der amerikanischen Haushalte an das Netz angeschlossen haben. Der Wunsch nach neuesten Informationen ist wohl nicht so hoch hier.

Live-Blick aufs
News Desk

Bei der Führung können Sie einmal etwas hinter die Kulissen schauen und von einer Balustrade aus dem laufenden Programm zusehen. Wenn Sie winken, könnte man Sie sogar in Europa sehen. Am eindrucksvollsten aber ist die Vorstellung an der „Wetterkarte". Ich verrate aber nichts. Nur soviel: Ziehen Sie sich etwas Dunkelblaues an. Sie werden Ihren Spaß haben. Im Gebäude befinden sich noch einige Geschäfte, unter anderem natürlich der **Turner Store** sowie ein **Fanshop der „Atlanta Braves"**.

Centennial Olympic Park (3)

Der 9 ha große Park wurde für die Sommerolympiade 1996 angelegt. Heute beeindrucken noch der **Fountain of Rings**, ein großer Springbrunnen in der Form der 5 Olympiaringe sowie die **Flaggen** aller Länder, in denen in neuerer Zeit die Olympischen Spiele abgehalten wurden. Im Sommer finden im Park Konzerte statt und im Winter gibt es eine Eislaufbahn.

100.000
Meerestiere
im Aquariuim

Am Park befindet sich noch das große **Georgia Aquarium** (geöffnet tägl. 9–18 Uhr), das nahezu ausschließlich aus privater Hand finanziert wurde. Mit einer gesamten Wassermenge von über 30 Mio. Litern ist es eins der größten Aquarien der Welt, wenn nicht gar das größte. 100.000 Meerestiere (500 Spezies) aus aller Welt sind hier zu bewundern und da sich die Gesamtfläche auf 50.000 m^2 bemisst, können Sie sich vorstellen, dass Sie hier einige Stunden benötigen, alles zu erkunden. Ein 4-D-Kino gibt es übrigens auch noch. Und wer nun noch mehr erfahren möchte über die Unterhaltung eines solch großen Aquariums, der sollte sich für eine – wenn auch teure – einstündige „Tour Behind the Scenes" anmelden.

Die **World of Coca Cola** hat sich hier auch einen Platz gesichert und zeigt hier von 2007 an, was die braune Brause so alles bewegt hat.

INFO **The World of Coca Cola**

Bis 2007: 55 Martin Luther King Jr.Drive, gleich östlich von Underground Atlanta. Ab 2007 dann am o.g. Centennial Park. Geöffnet Juni–August Mo–Sa 9–18 Uhr, So 11–17 Uhr, Rest des Jahres täglich bis 17 Uhr.

„World of Coca Cola"

Coca Cola, seit 1886 in Atlanta, hat sich hier ein Denkmal gesetzt, an dessen Eingang sich ein überdimensionales Coca-Cola-Schild ständig dreht – eine Anspielung darauf, dass es kaum ein Land auf der Erde gibt, in dem es keine Cola gibt. Innen dann wird Ihnen die Geschichte der einzigartigen Cola-Flasche und des süßen schwarzen Getränks erläutert. Wussten Sie, dass ein Apotheker Cola als Medizin gebraut hat? *Robert W. Woodruff* – dessen Name überall in Atlanta auftaucht – schließlich war es, der während seiner 50-jährigen Laufbahn in den Chefetagen der Firma das Getränk weltweit vermarkten ließ. Im Museum können Sie auch die verschiedensten Cola-Produkte aus aller Welt probieren. Einige von Ihnen werden sich sicherlich noch an die noch süßere Cola aus den 1960er-Jahren erinnern. Kaum zu glauben, dass man sie damals so gerne getrunken hat. Coca Cola produziert heute aber nicht nur die braune Brause mit allen ihren Geschmacksvarianten, sondern auch das Root Beer, TAB, Fanta, Sprite u.v.m.

Buchtipp zu Coca-Cola

„Secret Formula" von **Frederick Allen**, *Harper Business Publisher. Eine gelungene Darstellung der Geschichte der Weltfirma Coca Cola.*

Gehen Sie nun wieder zurück zur Peachtree Street und schlendern Sie kurz über den **Woodruff Park (4).** Hier sitzen Banker, Schachspieler, Kinder und Handwerker während der Lunchpause vereint auf Bänken und Steinen und halten einen Plausch. In der Hand – der in Atlanta allseits beliebte Chili Dog. Zwei Blocks südlich davon, an der MARTA-Haltestelle Five Points, befindet sich die mit jährlich 11 Millionen Gästen meistbesuchte „Attraktion" von Atlanta:

Buntes Leben zur Lunchtime

Underground Atlanta (5)

Zwischen Peachtree Street, Central Avenue, Wall Street und Hunter Street. Mehrere Eingänge ringsum.
Informieren Sie sich am besten zuerst noch einmal am **Visitor Center** (überirdisch) über diese Region. Im gleichen Gebäude befindet sich auch das **Heritage Row Museum**, ein kleines Museum, das sich mit der Geschichte von Atlanta beschäftigt.

MARTA Rail – U- und S-Bahnen

North Line

P N 11 North Springs
P N 10 Sandy Springs
P N 9 Dunwoody

Northeast Line

Medical Center N 8 **P**
P NE 10 Doraville
P NE 9 Chamblee
Buckhead N 7 **P**
P NE 8 Brookhaven / Oglethorpe University
P NE 7 Lenox

Lindbergh Center NE 6 **P**

Arts Center N 5
Midtown N 4
North Avenue N 3
Bankhead P 4
Civic Center N 2
Peachtree C. N 1

E 1 Georgia Sate
E 2 King memoriall
E 3 Inman Park/Reynoldstown
E 4 Edgewood/Candler Park
E 5 East Line
E 6 Decatur
E 7 Avondale
E 8 Kensington
E 9 Indian Creek

West Line

P Hamilton E. Holmes W 5
P West Lake W 4
P Ashby W 3
P Vine City W 2
P Dome /GWCC/Philips Arenal/CNN Center W 1

East Line

Five Points

S 1 Garnett
P S 2 West End
P S 3 Oakland City
P S 4 Lakewood/Ft. McPherson
P S 5 East Point
P S 6 College Park
S 7 Airport ✈

South Line

East-West Rail Line
North-South Rail Line
☐ Station
P Station mit kostenfreien Parkplätzen
P Station mit Langzeit- und Übernachtparken

© graphic

Underground Atlanta ist der alte Stadtkern von Atlanta, der Mitte des 19. Jh. erbaut worden ist, heute aber unterhalb des modernen Stadtniveaus liegt. Während des Bürgerkrieges war hier ein Lazarett eingerichtet. Bis in die 1920er-Jahre hinein diente dieser Häuserblock als wirtschaftliches Herzstück der Stadt. Dann aber wurden neue und größere Häuser nördlich davon errichtet, Highways überspannten Teile dieses Stadtteils, und schließlich war das „Herz" begraben und vergessen. Erst 1969 entsann man sich wieder dieses historischen Gebietes und versuchte, es für Besucher attraktiv zu gestalten. Doch verkam es bald wieder aufgrund der hohen Kriminalitätsrate. 1989 wurde noch einmal alles umgebaut und restauriert, und mit Hilfe unzähliger Polizisten ist der alte Stadtkern wieder zum Leben erweckt worden. Man hat sich bemüht, vieles im Stil des 19. Jh. wiederherzurichten. Unzählige Restaurants, Touristengeschäfte und Boutiquen haben es zu einem lebendigen unterirdischen Markt gemacht. Zu touristisch vielleicht, aber einen Besuch wert.

Wieder- entdecktes Herz der Stadt

Im gleichen Gebiet, direkt hinter Atlanta Underground befindet sich das **Georgia Railroad Freight Depot** (1 Martin Luther King Jr. Drive). Hier liegt der Endpunkt („Zero Mile Post") der 1837 fertig gestellten Eisenbahnverbindung, die letztlich den Ausschlag für die Entwicklung der Stadt gab. Heute wird das Gebäude ausschließlich für Bankette genutzt.

Östlich und südlich der Downtown

„Sweet Auburn" und Martin Luther King Jr. National Historical Site

Um dieses Gebiet, das ehemals die am dichtesten besiedelte schwarze Wohngegend gewesen ist, richtig verstehen zu können, sollten Sie den vom Woodruff Park über 10 Blocks reichenden Fußmarsch auf sich nehmen. Denn nicht nur die Gebäude, Museen und Kirchen hier sind interessant, sondern auch das Treiben auf der Straße. Unter der Highwaybrücke treffen sich die Leute z.B. gerne zum Schachspielen, und in den kleinen Imbissen finden Sie schnell Kontakt. Die wichtigsten Gebäude sind z.B. :

die **Research Library**: Ecke Auburn Ave./Courtland Street, geöffnet Mo–Do 10–20 Uhr, Fr u. Sa 12–18 Uhr, So 14– 18 Uhr. Hier befindet sich eine der größten Bibliotheken, die sich mit der Geschichte des schwarzen Befreiungskampfes beschäftigt. Jeder hat Zugang (Personalausweis mitnehmen!). Häufig finden in dem Gebäude auch Ausstellungen statt.

Anti- rassistische Bibliothek

APEX Museum (6): 135 Auburn Avenue. Geöffnet Di–Sa 10–17 Uhr, Juni–August/Febr. auch So 13– 17 Uhr, Juni bis August nur 13–17 Uhr. Das **A**frican American **P**anoramic **Ex**perience Museum zeigt permanente und Wanderausstel-

Im Stadtzentrum von Atlanta

*„Daily World": Einst ein Sprachrohr
der schwarzen Gemeinde*

lungen zum Thema „Schwarze in Amerika". Der Besuch hier lohnt unbedingt, um einen ersten Eindruck zu erhalten. Schauen Sie sich auch den ausgezeichneten Film „Sweet Auburn Avenue" an. Hier bekommen Sie auch Informationen über andere interessante Plätze betreffs der Geschichte der Schwarzen in Atlanta.

Atlanta Life Insurance Building: 100 Auburn Ave., Mo-Fr 8–17 Uhr. *Alonzo Herndon*, ein ehemaliger Sklave, hat um die Jahrhundertwende an der 148 Auburn Avenue die heute große Versicherungsgesellschaft gegründet. Nebenbei war er auch Besitzer eine Kette von Barbershops.

In der 145 Auburn Avenue befindet sich das Gebäude der **Atlanta Daily World (7)**, der ältesten schwarzen Zeitung Amerikas. Nicht weit von hier steht ein altes Gebäude mit der Aufschrift **Royal Peacock Night Club**. Hier haben in den 1960er-Jahren täglich bekannte Jazzmusiker gespielt. Heute ist im Untergeschoss ein Souvenirladen untergebracht, und im Club finden nur noch an einigen Wochenenden Musikveranstaltungen statt.

Nun müssen Sie erst einmal ein paar Blocks laufen, bis Sie zur **Martin Luther King Jr. National Historical Site (8)** und als erstes auf der nördlichen Straßenseite zu dessen **Visitor Center** gelangen: Auburn Avenue zwischen Jackson und Randolph Streets, ☏ (404) 524-1956. Hier werden das Leben und die Ziele von *Martin Luther King Jr.* anschaulich aufgezeigt anhand von Berichten, Videos, Fotos und Aussagen von Zeitzeugen. Nehmen Sie sich für das kleine Museum eine Stunde Zeit. Hier müssen Sie sich auch für die Besichtigung von *Kings* Geburtshaus anmelden.

Ort der Predigten Martin Luther Kings **Ebenezer Baptist Church**: 407 Auburn Avenue, gegenüber des o.g. Visitor Centers. Sonntags Gottesdienste. Hier predigten *Martin Luther King Senior* und *Junior*. Und auch der Großvater war hier bereits als Geistlicher tätig. Die Kirche wurde 1922 erbaut und galt seit Ende der 1950er-Jahre als das Zentrum der Bürgerrechtsbewegung der unterdrückten schwarzen Minderheit. *Kings* Vater ging erst 1975 in den Ruhestand. *Martin Luther King Jr.* predigte hier das erste Mal als Siebzehnjähriger und diente seinem Vater von 1960–68 als Co-Prediger. Als *King Jr.* starb, nahmen hier Tausende Abschied von ihm. Was kaum jemand weiß: Die Mutter von *Martin Luther King Jr.* wurde in dieser Kirche 1974 beim Orgelspielen erschossen.

Jährlich Tausende Pilger Die **Martin Luther King Jr. Gravesite**, die Grabstätte, wo King Jr. marmorner Sarg über einer Wasserfläche („Meditation Pool") aufgestellt ist, befindet sich direkt hinter der Kirche. Hierher pilgern alljährlich Tausende von Bewunderern und fragen sich, was *Martin Luther King Jr.* wohl noch alles bewirkt hätte, wenn er noch länger gelebt hätte. Auf dem Sarg sind *Kings* Worte „Free at last" eingemeißelt.

Center for Non-Violent Social Change: 449 Auburn Avenue, geöffnet 9–17 Uhr. Informationsstelle und ein interessantes Museum, das sich mit dem Leben und Schaf-

fen des *Martin Luther King Jr.* beschäftigt. Hier sind u.a. sein Nobelpreis und seine Bibel zu sehen. Getragen wird das Museum von der
„Gesellschaft für friedlichen sozialen Wandel", die *Coretta Scott King*,
die Frau von *King Jr.*, mitbegründet
hat.

**Martin Luther King Jr. Birth
Home (9)**: 501 Auburn Avenue.
Geöffnet täglich wie Visitor Center
oben. Dort müssen Sie sich auch
für die Besichtigung anmelden.

Martin Luther King Jr. Gravesite

Das Haus wurde 1895 im viktorianischen Stil erbaut und mittlerweile so restauriert,
dass es ein authentisches Bild jener Zeit wiedergibt, in der *Martin Luther King Jr.* hier
lebte, und zwar von 1929–1941. Das Haus wurde im Jahre 1909 vom Großvater
Williams erworben. Am Thanksgiving Day 1926 heiratete *King Sr.*, damals junger
Geistlicher, *Williams* Tochter *Alberta*. Das junge Paar bewohnte das Obergeschoss.
Die Abende verbrachte *King Sr.* meist im Morehouse College (das übrigens von
Margaret Mitchell mitfinanziert wurde), um sein Theologiestudium zu beenden. Die *Martin Luther*
drei Kinder aus dieser Ehe, unter ihnen *Martin Luther Jr.* (2. Kind), wurden in diesem *Kings Wiege*
Haus geboren. Erst 1941 zog die Familie King in ein Haus unweit dieser Stelle.

Sweet Auburn Curb Market (10): Edgewood Rd., zw. Jesse Hill Jr. und Bell Sts.
Geöffnet Mo–Do 8–18 Uhr, Fr u. Sa 8–19 Uhr. Eindrucksvolle Markthalle, in der fri-
sches Gemüse, Fleisch, Fisch und vieles andere angeboten wird. Hier gibt es auch
einige Snackstände.

INFO ## Atlantas berühmtester Bürger: Martin Luther King

Martin Luther King Jr. wurde am 15. Januar 1929 hier in der Auburn Avenue in Atlanta als
Sohn einer Pastorenfamilie geboren. Seine Kindheit verlief wie die jedes anderen Kindes
auch. Er wuchs als 2. Kind in einer Geschwisterreihe von 3 Kindern inmitten einer schwarzen Nachbarschaft auf. Mit 19 Jahren machte er seinen Abschluss am Morehouse College,
im Alter von 27 Jahren beendete er seine theologischen Studien mit der Promotion. Er zog
1954 mit seiner Braut, der geborenen *Coretta Scott*, nach Montgomery in Alabama, um
Pastor an der Dexter Avenue Baptist Church zu werden.

Schon ein Jahr nach seinem Zuzug in Montgomery hatte er ein Schlüsselerlebnis: *Rosa
Parks*, eine Schwarze, wurde verhaftet, da sie sich weigerte, im hinteren Teil eines Busses
Platz zu nehmen. Es bildete sich spontan eine Gruppe, die es sich zum Ziel setzte, Rosa zu
verteidigen und die Busgesellschaft zu boykottieren. Führer dieser jeder Gewalt entsagen-
den Gruppe wurde *Martin Luther King*. Redebegabt, gelang es ihm, sich Gehör zu verschaffen und sich für die Benachteiligten einzusetzen.

Martin Luther King Jr.

Bald hörte man ihm nicht nur im heimischen Montgomery, sondern auch in anderen Teilen der USA zu. Ja, sogar in Übersee nahm man seinen Einsatz wahr. Sein Engagement nahm immer mehr politischen Charakter an.

Er zog zurück nach Atlanta und wurde Präsident der schwarzen Bürgerrechtsbewegung „Southern Christian Leadership Conference" (SLCL). Diese neue Organisation, die sich eines immensen Zulaufes erfreuen konnte, verschrieb sich von Anfang an dem passiven Widerstand. In den Folgejahren war er neben seinem Vater zweiter Geistlicher an der Ebenezer Baptist Church.

Martin Luther King Jr. setzte sich für gewaltlosen Widerstand und zivilen Ungehorsam überall dort ein, wo seiner Ansicht nach diskriminierende Gesetze galten. 1960 verurteilten ihn Richter wegen eines angeblichen Eindringens in ein Warenhaus und eines Verkehrsvergehens zu 4 Monaten Haft im Reidsville State Prison in Georgia. In Amerika herrschte damals der Wahlkampf zwischen dem Präsidentschaftskandidaten *John F. Kennedy* und dem Republikaner *Nixon* (bis dahin Vize-Präsident). *Kennedy* ergriff Partei für die Ideen *Martin Luther Kings*, *Nixon* dagegen nicht.

In den Folgejahren rief *King* zu weiteren gewaltlosen Protesten und Boykotten auf, allerdings wurden diese von der Polizei z.T. mit Gewalt beantwortet. Weiße Radikale traten auf den Plan, Häuser und Kirchen der Schwarzen wurden niedergebrannt, Bürgerrechtsvertreter ermordet. Im Frühsommer 1963 wurde ein Protestmarsch nach Washington geplant, auf dem Gleichheit und Arbeitsplätze für Schwarze gefordert werden sollten. Diese Aktion, an der alle großen Bürgerrechtsbewegungen teilnahmen und dem sich 250.000 Menschen aller Hautfarben anschlossen, fand am 28. August statt.

An diesem Tage hielt *Martin Luther King* seine berühmte „I have a dream"-Rede („Ich habe einen Traum..."):
„I have a dream that one day on the red hills of Georgia, sons of former slaves and the sons of former slave owners will be able to sit down together at the table of brotherhood... I have a dream that my four little children will one day live in a nation where they will not be judged by the color of their skin, but by the content of their character. This is our hope. This is the faith I go back to the South with – with this faith we will be able to hew out of the mountain of despair a stone of hope."

Übersetzt:
„Ich habe einen Traum, dass auf den roten Hügeln Georgias eines Tages die Söhne früherer Sklaven mit den Söhnen ehemaliger Sklavenhalter gemeinsam am Tische der Brüderlichkeit zusammensitzen werden... Ich habe einen Traum, dass meine vier kleinen

Beerdigungszug für Martin Luther King Jr. in Atlanta

Kinder eines Tages in einer Nation leben werden, in der sie nicht nach ihrer Hautfarbe, sondern nach ihrem Charakter beurteilt werden. Dies ist unsere Hoffnung. Dies ist mein Glaube, mit dem ich in den Süden zurückkehre – mit diesem Glauben werden wir fähig sein, aus einem Berg der Verzweiflung einen Stein voller Hoffnung zu schlagen".

Das Jahr 1963 war ein besonders wichtiges Jahr für *Martin Luther King Jr.*: Im Herbst erhielt er den Friedensnobelpreis, im Dezember des gleichen Jahres wählte ihn das Time-Magazin zum „Mann des Jahres". In den Folgejahren wurde seine Stimme immer mehr gehört. 1967 sprach er sich gegen das Vietnam-Engagement der Amerikaner aus, vor allem auch deswegen, weil es von den Problemen im eigenen Land ablenkte.

Im Jahre 1968 reiste er nach Memphis/Tennessee, um Arbeitern bei einem Streik beizustehen. Auf einem Motelbalkon wurde er am 4. April 1968 vom Attentäter *James Earl Ray* erschossen. In den darauffolgenden Tagen gab es in vielen Teilen der USA gewaltsame Rassenausschreitungen. Am Beerdigungszug durch Atlanta nahmen über 50.000 Menschen teil. Sie folgten dem Sarg *Martin Luther Kings Jr.*, der aus einfachem Holz gezimmert, auf einer alten Eselskarre transportiert wurde. Dieses war *Kings* Wunsch, da er damit seine Achtung vor den Armen in Amerika symbolisieren wollte.

Mit seinem Tode verloren die Schwarzen Amerikas den erfolgreichsten und populärsten Fürsprecher. Sein Lebenswerk wird von seiner Frau Coretta Scott King weitergeführt.

📖 **Buchtipps**

Martin Luther King *hat eine Reihe sehr lesenswerter Bücher geschrieben. Seine bekanntesten Werke sind: „Stride towards Freedom" (1958), „Strength to Love" (1963), „Why we Can't Wait" (1964).*

Oakland Cemetery (11): 248 Oakland Avenue. Dieser große Friedhof beherbergt die Gräber bekannter Bewohner Atlantas. U.a. finden Sie hier das Grab von *Margaret Mitchell* und einiger Generäle der Südstaatenarmee.

Atlanta Cyclorama (12)

Grant Park, 800 Cherokee Avenue, geöffnet täglich 9.30–16.30 Uhr, Juni bis Anfang Sept. bis 17.30 Uhr

Geschichte der Belagerung von Atlanta Ein 15 m hohes Rundgemälde mit einem Umfang von fast 120 m erzählt die Geschichte der Belagerung und Schlacht von Atlanta (1864). Ein erklärender Kommentar sowie dreidimensionale Figuren ergänzen die Darstellung aus dem Bürgerkrieg. Ein Muss für „Vom Winde verweht"-Fans.

State Capitol (13)

Capitol Square. Geöffnet (Führungen) zu den üblichen Bürozeiten (stündlich).
Äußerlich folgt auch dieses Capitol seinem Washingtoner Beispiel. Erbaut zwischen
1884 und 1889, glänzt seine 72 m hohe goldene Kuppel tagtäglich im Sonnenlicht. *Kuppelgold*
Und obwohl viel kleiner als die meisten anderen Gebäude in der Innenstadt, ist die- *als Freund-*
ses goldene Dach fast von überall aus zu sehen. Das Gold spendeten übrigens die *schaftsspende*
Bewohner der Stadt Dahlonega, wo es auch gefördert worden ist. Alle 20 Jahre muss
die Legierung erneuert werden. Im 4. Stock des Gebäudes befindet sich das überschaubare **State Museum of Science and Industry**. Hier werden Mineralien,
indianische Funde und zoologische Exponate gezeigt.

Nördlich der Downtown

Jimmy Carter Library and Museum (Carter Center) (14)

1 Copenhill/441 Freedom Pkwy., Little Five Points. Geöffnet Mo–Sa 9–16.45 Uhr, So
12–16.45 Uhr.
Jimmy Carter war der 39. Präsident der USA und war von 1977–81 im Amt. Er war
übrigens der erste Präsident aus den Südstaaten seit dem Bürgerkrieg, und es er-
scheint fast paradox, dass seine Amtszeit als die liberalste gilt. Denn gerade den
Südstaatlern sagt man ja ansonsten eine konservative und oft unverbesserliche poli- *Erster Präsi-*
tische Haltung nach. Trotz allem scheiterte seine Wiederwahl gerade an diesem *dent aus den*
Punkt und 1981 schlug ihn der konservative *Ronald Reagan* relativ deutlich. *Carters* *Südstaaten*
Erfolg in der Weltpolitik wird ihm aber noch heute hoch angerechnet. Es gibt neben *seit dem*
Ausstellungsstücken aus seiner Amtszeit den Nachbau des Oval Office im Weißen *Bürgerkrieg*
Haus, einen Film und eine gut ausgestattete Bibliothek zu sehen.

Margaret Mitchell House & Museum (15)

990 Peachtree St/Ecke 10th St., geöffnet täglich 9.30–17 Uhr (letzte Tour beginnt um
16 Uhr).
Das unscheinbare Haus, mehrmals umgebaut, diente bis in die 1930er-Jahre als Apart- *Schreibstube*
menthaus. Margaret Mitchell und ihr Mann lebten hier von 1925 bis 1932 in einem *Margaret*
2-Zimmer-Apartment im (damalligen) Erdgeschoss. Hier schrieb sie die wesentlichen *Mitchells*
Kapitel für ihr Buch. Später ließen die beiden das Haus umbauen und bewohnten den
größten Teil des Anwesens.

Zwischen 1960 und 1992 verfiel das Gebäude immer mehr, bis man sich entschied,
hier ein Museum einzurichten. Zwei kurz aufeinander folgende Brandstiftungen ver-
eitelten den Plan aber zuerst, bis dann Daimler-Benz 1997 über US$ 500.000 spen-
dete und das Haus letztendlich doch zu einem Museum umgebaut und ausgestattet
werden konnte.

Die erläuterte Führung durch das Haus dauert eine knappe Stunde. Hinterher können Sie noch ein kleines Museum auf der gegenüberliegenden Straßenseite besuchen.

INFO   **Kurzinformation zu Margaret Mitchell**

Margaret Mitchell wurde 1900 in Atlanta geboren, lebte hier bis zu ihrem 18. Lebensjahr, begann frühzeitig mit dem Schreiben von Kurzgeschichten und befasste sich bereits im Alter von 17 Jahren mit dem Studium der Journalistik am Washington Seminary. Ihr Hobby war es, kleine Bühnenstücke zu schreiben und diese auf der Schulbühne aufzuführen. Danach folgte ein Jahr an einer Journalistenschule in Washington, bevor sie zurückkehrte nach Atlanta, um von 1922–26 als Reporterin und Kolumnenschreiberin beim „Atlanta Journal" zu arbeiten. Eine langwierige Knöchelverletzung zwang sie schließlich, den Journalistenberuf nahezu aufzugeben.

Scarlett und Rhett

In dieser Zeit entschied sie sich, einen wirklichen Roman zu schreiben, der sich mit der Geschichte ihrer Heimatstadt beschäftigen sollte: „Gone with the Wind" („Vom Winde verweht"). Dabei hatte sie aber gar nicht vor, diesen Roman später zu vermarkten. Vielmehr diente ihr das Schreiben als interessanter Zeitvertreib und viele der Charaktere in diesem Buch stammten aus ihrem näheren Umfeld.

Ein New Yorker Verleger bekam das erste Manuskript durch Zufall zu lesen und entschied sich sofort, es herauszubringen. Dabei waren die beiden ersten Kapitel noch gar nicht geschrieben, nur die Höhepunkte und das Ende.

Die rührselige und zugleich dramatische Romanze auf einer Plantage bei Atlanta zur Zeit des Bürgerkrieges wurde wider Mitchells Erwarten („Ich hoffe, dass zumindest 5.000 Bücher verkauft werden") der Klassiker über den Bürgerkrieg – legt er doch die menschlichen Schwächen, das Fehldenken vieler Südstaatler, aber auch die Tragödien, die der Krieg mit sich brachte, schonungslos offen. Für dieses gewaltige Buch benötigte Margaret Mitchell ganze 10 Jahre. 1936 wurde es veröffentlicht, und 1937 erhielt Mitchell sogar den Pulitzer-Preis dafür. 1938 folgte die erste Übersetzung (ins Tschechische) und 1939 dann der Film mit Vivien Leigh und Clark Gable in den Hauptrollen. Auch dieser wurde ein Riesenerfolg.

„Gone with the Wind" wurde bereits im ersten Jahr mit über 1,5 Millionen Auflage verkauft, ein Rekord der erst durch *Bill Clintons* Biografie und später dann die Harry-Potter-Romane gebrochen wurde. Mittlerweile sind an die 20 Millionen Bücher über den Ladentisch gegangen, und die Geschichte ist in 36 Sprachen übersetzt worden.

Der Roman sollte Mitchells einziges großes Werk bleiben. Zu sehr musste sie sich mit dessen Vermarktung und alles, was sonst so um das Buch passierte, kümmern.

Margaret Mitchell starb am 17. August 1949 an den Folgen eines Autounfalls, nur 3 Blocks entfernt von ihrer Wohnung auf dem Weg zum Kino. Sie wurde von einem mit überhöhter Geschwindigkeit fahrenden Taxi überfahren.

Margaret Mitchell wurde später oft kritisiert. Besonders, weil sie ein in vielen Augen zu klischeehaftes Bild der Schwarzen malte. *Martin Luther King Sr.* aber, wie später auch sein Sohn, sahen das anders. Für sie mochte *Mitchells* Bild des Schwarzen vielleicht nicht passen, aber ihre Meinung war, dass mit diesem Buch genau dieser Punkt in den Medien publik gemacht wurde, ebenso wie Atlanta mit seiner damals stark ausgeprägten Ungerechtigkeit gegenüber den Schwarzen endlich auch überregional Beachtung fand. *Mitchell* aber, und das wurde erst sehr viel später bekannt, spendete anonym viel Geld für die Ausbildung schwarzer Kinder und besonders für die Einrichtung des ersten wirklichen Krankenhauses für Schwarze, dem First Black Community Hospital. Als Mitglied des Roten Kreuzes zahlte sie zudem die Gehälter vieler schwarzer Krankenschwestern, auch dies anonym.

Margaret Mitchell

Fox Theatre (16)

660 Peachtree Street NE, Führungen: Mo, Mi u. Do 10 Uhr, Sa 10 u. 11 Uhr.
Das Theater wurde 1929 im maurischen Art-déco-Stil erbaut und war einst eine der *Maurischer* bedeutendsten Stätten kultureller Veranstaltungen in Amerika. Während der 1960er- *Art-déco-Stil* und -70er-Jahre verwahrloste das Gebäude. Doch schloss sich in den 1980er-Jahren eine Gruppe von kulturbegeisterten Bürgern von Atlanta zu einer Gesellschaft zusammen, deren Ziel es war, das Fox-Theater zu altem Ruhm zurückzuführen – mit Erfolg. Alleine die Innenarchitektur ist einen Besuch wert. Falls Sie eine Karte für eine Theater- oder Ballettaufführung ergattern können, würde dieses ein unvergessliches Erlebnis bedeuten. Sie wissen ja: „Sehen und gesehen werden". Ich traf übrigens zufällig *Marlon Brando* hier.
Mit über 4.600 Plätzen ist das Fox-Theater das zweitgrößte in Amerika. Nach der Vorstellung empfiehlt sich übrigens ein Cocktail in der an das Theater angeschlossenen Künstlerkneipe (Ecke Peachtree/Ponce de León).

High Museum of Art (17)

1280 Peachtree Street NE, geöffnet Di–Sa 10–17 Uhr, So 12–17 Uhr.
Dieses Museum, in einem modernen, architektonisch eindrucksvoll gestalteten Gebäude untergebracht, bietet eine äußerst lohnende Gemälde-, Foto- und Kunstsammlung. Besonders die modernen amerikanischen Künstler werden hier gezeigt

(bevorzugt die aus Georgia). Die afrikanische Ausstellung ist auch sehr gut. Für Kinder befindet sich im Erdgeschoss ein „Selbsterfahrungs-Museum" mit Animationen zu Experimenten.

Weiß und modern: High Museum of Art

Atlanta Botanical Gardens (18)

Piedmont Ave./Prado, Midtown. Geöffnet April–Sept. Di–So 9–19 Uhr, Rest des Jahres bis 17 Uhr.

Der 12 ha große Botanische Garten ist Teil des Piedmont Parks. Neben vielen botanischen Raritäten sind vor allem der Japanische Garten, die Orchideen-Ausstellung sowie die erläuterten Pfade durch den 6 ha großen Hartbaum-Wald einen Besuch hier wert.

Center of Puppetry Arts (19)

Puppen aus aller Welt

1404 Spring St., Midtown, geöffnet Mo–Sa 9–17 Uhr, So 11–17 Uhr.
Das ausgefallene Museum beschäftigt sich ausschließlich mit Puppen aus aller Welt und ihrer Herstellung. Jeder kann mitmachen bei den angebotenen Workshops. Im angeschlossenen Theater werden oft Puppenaufführungen geboten.

Buckhead

Beliebter Kiez

Buckhead liegt 8 Meilen nördlich der Innenstadt und hat sich seit Anfang der 1980er-Jahre, als sich die Wirtschaft und die Sicherheitslage in der Innenstadt ungewiss darstellte, zu einem zweiten Standbein der Metropole entwickelt. Moderne Hochhäuser, das Shopping Center **Lenox Square** mit Geschäften wie Tiffany, Gucci, Saks Fifth Avenue und Macy's sowie große Hotels und edle Restaurants sind hier seither entstanden. Aber auch die Studenten und die ewig Junggebliebenen erfreuen sich der Szene entlang der Peachtree Road im weiteren Umfeld der Kreuzung mit der Roswell Road. Mittlerweile ist dieses Gebiet so beliebt, dass immer mehr Apartment-Wohnungen hier hochgezogen werden. Buckhead war und ist immer noch im Kommen!

Atlanta History Center in Buckhead (20)

Atlantas reiche Geschichte

130 West Paces Ferry Rd NW. Geöffnet Mo–Sa 9–17.30 Uhr, So 12–17 Uhr MARTA: Busfahrt vom Lenox Square Station (Bus #23) bis zur Kreuzung Peachtree und West Paces Ferry Roads. Dann noch 3 Blocks laufen.
Diese große Museumsanlage widmet sich der Geschichte von Atlanta sowie der von Georgia. Ein sehr gutes Museum erläutert die Stadtgeschichte, eine Bibliothek lädt zum Stöbern ein und der Naturpark ermutigt zum Wandern. Interessant ist auch der Besuch des alten Farmhauses (Tullie Smith House von 1840, Vorführungen von alter Handwerkskunst) sowie des „Swan House", einer großen Villa aus den 1920er-Jahren.

Auf diese Weise erhält man einen Eindruck über die Lebensweise zweier unterschiedlicher Gesellschaftsschichten von Georgia. Eine spezielle, große Ausstellung ist schließlich der Geschichte der Olympiade 1996 in Atlanta gewidmet. Für dieses Museum sollten Sie sich mindestens 2 Stunden Zeit nehmen.

Sehenswertes in der Umgebung

Fernbank Museum of Natural History (21)

767 Clifton Rd., Emory (östl. von Atlanta). Geöffnet Mo–Sa 10–17 Uhr, So 12–17 Uhr
Eines der größten naturkundlichen Museen der USA. Zahlreiche Schwerpunkte werden auf den Staat Georgia und seine naturkundliche Geschichte gelegt. Im angeschlossenen IMAX-Kino werden zudem anschauliche Filme gezeigt.

Fernbank Science Center (22)

156 Heaton Park Dr., Emory (östl. von Atlanta). Geöffnet Museum: Mo 8.30–17 Uhr, *Beein-*
Di–Fr 8.30–22 Uhr, Sa 10–17 Uhr, So 13–17 Uhr. Planetarium-Shows: Di u. Do 20 *druckendes*
Uhr, Mi u. Fr 15 und 18 Uhr, Wochenende 15 Uhr *Planetarium*
Noch mehr als im Museum of Natural History wird hier auf die regionale Geologie und Ökologie eingegangen. Am eindrucksvollsten ist aber das Planetarium, in dem auf Führungen die Erforschung des Weltraums erläutert wird.

Michael C. Carlos Museum (23)

571 S. Kilgo St., Emory (östl. von Atlanta). Geöffnet Di, Mi, Fr u. Sa 10–17 Uhr, Do 10 –21 Uhr, So 12–17 Uhr.
Das Museum wurde von dem berühmten Architekten *Michael Graves* entworfen. Zu sehen gibt es Kunstwerke aus der Zeit um 7.000 v. Chr. Bis heute. Ausstellungsstücke aus der Antike (Ägypten, Griechenland, Rom), aber auch aus Amerika und Afrika sind zu sehen. Zudem bietet die Ausstellung einen Einblick in die moderne Architektur.

Stone Mountain Memorial State Park (24)

18 Meilen östlich der Stadt, zu erreichen über Interstate 78 East (Exit Stone Mountain Pkwy.). Geöffnet täglich 6 Uhr Mitternacht.
Der Ayers Rock von Atlanta. Um einen 263 m hohen Granitfelsen – es heißt, er sei
der größte frei stehende Granitfelsen der Welt – wurde ein 1.300 ha großer Frei- *Gedenkstätte*
zeitpark als Gedenkstätte für die gefallenen Südstaatensoldaten angelegt. Eindrucks- *für gefallene*
voll ist daher besonders das in den Fels gehauene Relief, welches die Führungsper- *Südstaaten-*
sönlichkeiten der Konföderierten darstellt (Präsident *Jefferson Davis*, General „Stone- *soldaten*
wall" *Jackson* und General *Robert E. Lee*). Für das 24 x 55 m große Relief benötigten die Bildhauer fast 50 Jahre (1923–70). Ansonsten kann man im Park: Mit der Seilbahn (oder zu Fuß) auf den Berg, mit einer alten Eisenbahn um ihn herum oder mit einem Schaufelraddampfer unter ihm entlangfahren. Außerdem gibt es ein nachgebautes Südstaatendorf mit Plantage, abends begeistert die Zuschauer eine große Laser-Show.

13. Von Atlanta durch den Norden von Georgia und weiter zum Great Smoky Mountains National Park

Sehenswertes im Norden von Georgia

Athens (ⓘ S. 155)

Georgia's „Classic City" hat heute etwa 60.000 Einwohner und liegt 80 Meilen östlich von Atlanta. Die kleine Stadt verdankt ihre Existenz alleine der Universität, deren Studenten die Hälfte der Bevölkerung ausmachen.

Universität bringt Einwohner Als zum Ende des 18. Jh. die Politiker von Georgia über eine eigene Staats-Universität entscheiden mussten, wählten sie diesen Ort, da sich hier im Gegensatz zu Städten wie Charleston und Savannah keine „Gefahr" bot, die sich bildende Jugend vom rechten Pfad abzulenken. Kneipen und Amüsierschuppen sollten fernbleiben. 1785 wurde die Universität gegründet, aber erst 19 Jahre später erhielt Athens seine Gemeinderechte. Man wartete nämlich, bis die erste Studentenriege ihre Abschlüsse absolviert hatte.

Heute ist Athens ganz eingenommen von den jungen Leuten, und das macht sich überall im Straßenbild bemerkbar. Kneipen, Kopierläden, Straßencafés, kleine Restaurants, Boutiquen aller Art und ganz allgemein das Flair von „Laisser-faire" sind bestimmend. Der kleine Citybereich um die **College Avenue** wird somit jungen und junggebliebenen Leuten gefallen. Ganz anders sehen dagegen die umliegenden *Reges Studentenleben* Straßenzüge aus. Alte Häuser und Villen – einige noch aus der Zeit vor dem Bürgerkrieg – beherbergen heute Studentenwohnungen, und eine Atmosphäre wie in dem bekannten Film „Club der toten Dichter" kommt auf. Man fragt sich manchmal, wer denn solche Häuser finanziert. Betrachtet man die jungen Studenten in ihren schwarzen BMWs, Volvos und in exotischen Sportwagen, lässt sich leicht erahnen, dass die Eltern wohl einiges für die Bildung ihrer Kinder bezahlen können (und müssen).

Sehenswert in Athens sind also die **Innenstadt**, die alten Häuser in ihrem Umfeld – besonders schöne Exemplare finden sich an der nach Süden führenden **Milledge Avenue** –, der mit großen Bäumen bestandene **Universitäts-Campus** gleich süd-

13. Von Atlanta durch den Norden von Georgia und weiter zum Great Smoky Mountains National Park – Sehenswertes im Norden von Georgia

489

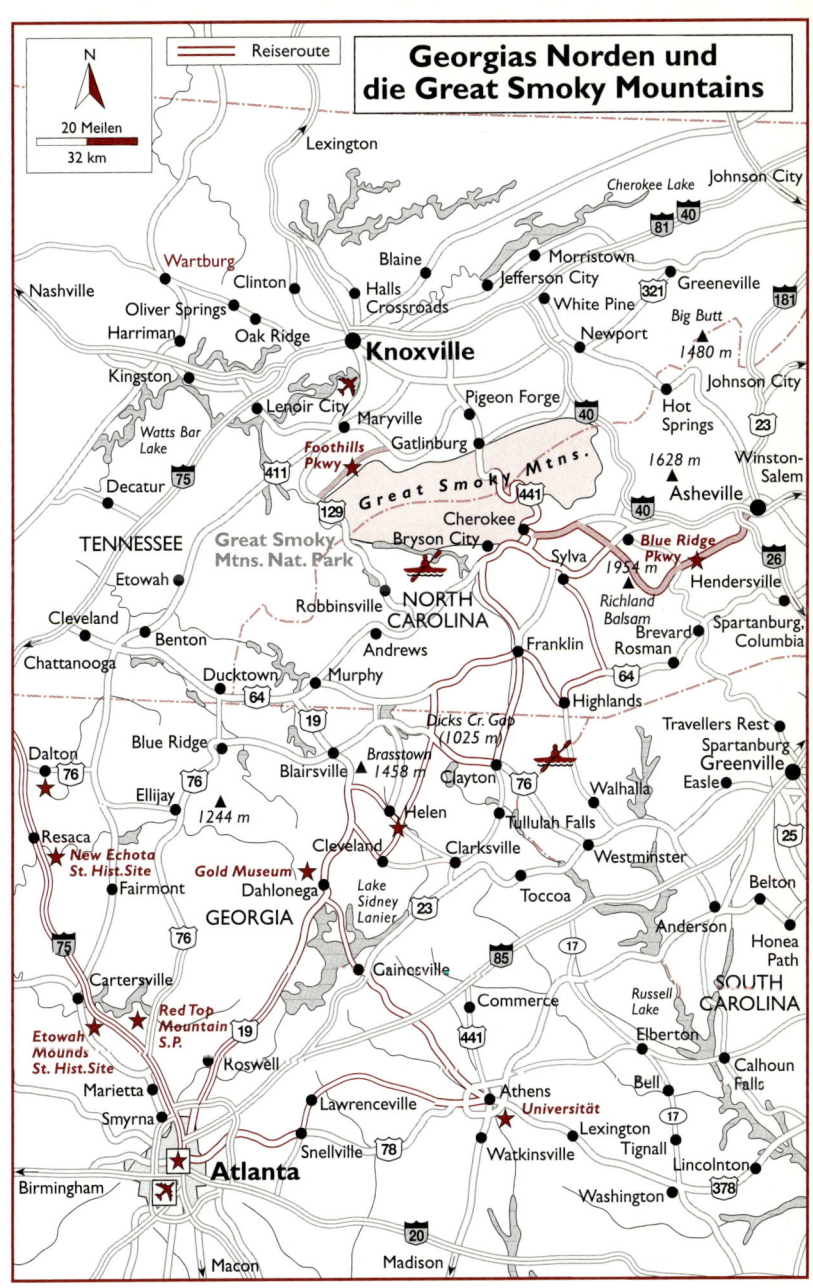

N

20 Meilen
32 km

Reiseroute

Georgias Norden und die Great Smoky Mountains

Lexington

Cherokee Lake

Johnson City

81 40

Wartburg

Blaine

Morristown

Clinton

Jefferson City

Greeneville

321

181

Nashville

Halls
Crossroads

White Pine

Oliver Springs

Newport

Big Butt
1480 m

Harriman

Oak Ridge

Knoxville

Kingston

Watts Bar
Lake

Lenoir City

Maryville

Pigeon Forge

Johnson City

40

Hot
Springs

23

Gatlinburg

Foothills
Pkwy

1628 m

Winston-
Salem

Decatur

411

75

129

G r e a t   S m o k y   M t n s.

441

40

Asheville

TENNESSEE

Great Smoky
Mtns. Nat. Park

Cherokee

Bryson City

Sylva

Blue Ridge
Pkwy

26

Etowah

1954 m

Hendersville

Cleveland

Robbinsville

**NORTH
CAROLINA**

Richland
Balsam

Spartanburg,
Columbia

Benton

Andrews

Franklin

Brevard

Rosman

Chattanooga

Ducktown

Murphy

64

64

Highlands

Travellers Rest

19

Dicks Cr. Gap
(1025 m)

Spartanburg

Greenville

Dalton

Blue Ridge

Brasstown
1458 m

Blairsville

Clayton

76

Walhalla

Easle

76

76

Ellijay

1244 m

Helen

Tullulah Falls

25

Resaca

New Echota
St. Hist.Site

Cleveland

Clarksville

Westminster

Belton

Fairmont

Gold Museum

Dahlonega

Lake
Sidney
Lanier

23

Toccoa

Anderson

GEORGIA

Honea
Path

75

76

Gainesville

85

17

**SOUTH
CAROLINA**

Cartersville

Commerce

Russell
Lake

Red Top
Mountain
S.P.

19

441

Elberton

Calhoun
Falls

Etowah
Mounds
St. Hist.Site

Roswell

Marietta

Bell

Smyrna

Lawrenceville

Athens
Universität

Lexington

17

Lincolnton

Snellville

78

Watkinsville

Tignall

378

★ **Atlanta**

Birmingham

Washington

20

Macon

Madison

490

13. Von Atlanta durch den Norden von Georgia und weiter zum Great Smoky Mountains National Park – Von Atlanta nach Chattanooga bzw. Asheville

*Ent-
täuschende
„Über-
raschungs-
waffe"*

lich der Innenstadt und das riesige, mit 13 großen Säulen „verzierte" **Taylor Grady House** (634 Prince Avenue, geöffnet Mo–Fr 10–15.30 Uhr), das von 1844 stammt. Eine ausgefallene Attraktion ist die **doppelläufige Kanone**, die am Rathaus in der College Street zu sehen ist. Sie sollte eine Überraschungswaffe im Bürgerkrieg werden, versagte aber bereits beim einzigen Probeschuss – denn die gleichzeitige Zündung funktionierte nicht, und eine Kugel traf sogar einen der Beobachter.

Wer sich für Pflanzen interessiert, sollte noch den **State Botanical Gardens of Georgia** der Universität südlich der Stadt an der 2450 S. Milledge Rd. einen Besuch abstatten. Auf 130 ha gibt es u.a. einen Baumpfad und eine speziellen Garten mit Duftpflanzen. Geöffnet Apr.–Sept. Mo–Fr 8–20 Uhr, Rest des Jahres bis 18 Uhr.

Grundsätzlich lässt sich zu Athens sagen: Es ist eher eine Stadt für junge Leute, die der Studentenatmosphäre etwas abgewinnen können, und für Spaziergänger, die es genießen, unter den großen Bäumen zu flanieren. Der Bauten und Sehenswürdigkeiten wegen lohnt ein großer Umweg kaum, denn die meisten Häuser sind eher aus der Zeit des ausgehenden 19. Jh.

Von Atlanta nach Chattanooga bzw. Asheville

Von Atlanta nach Chattanooga

Grundsätzlich sollten Sie sich an die Streckenführung des I-75 halten und so zeitig losfahren, dass Sie kurz vor Chattanooga noch den **Chickamauga & Chattanooga Military Park** besichtigen können, der vom Exit 141 aus zu erreichen ist. Erläuterungen dazu finden Sie im Kapitel über „Chattanooga". Ansonsten wären noch folgende Punkte entlang der Strecke von (untergeordnetem) Interesse:

Red Top Mountain State Park

I-75 Exits 278 u. 285. Freizeitgebiet für Atlanta. Cottages, Bootsfahrten und Campinggelegenheiten. Infos und Reservierung: ☎ (706) 975-0055.

Etowah Mounds State Historic Site

*Indianischer
Zeremonien-
platz*

I-75-Exit 283. 3 Meilen südlich von Cartersville am GA 113/61. Geöffnet Di–Sa 9–17 Uhr, So 14–17.30 Uhr. Zwischen 1.000 und 1.500 n. Chr. von Indianern angelegte Mounds (Hügel), die den Priestern als Zeremonienplatz gedient haben. Unterhalb befand sich damals eine große Siedlung, in der einst Tausende von Indianern gelebt haben. In einem Museum wird das Leben der Indianer zu dieser Zeit erläutert.

New Echota State Historic Site

I-75-Exit 317, 1 Meile östlich des Interstate am Hwy. 225. Geöffnet Di–Sa 9–17 Uhr, So 14–17.30 Uhr. 1828 gründeten hier die Cherokee-Indianer ihre Hauptstadt. Die Cherokee zählten zu den „5 zivilisierten Indianerstämmen", ihr Regierungssystem war ähnlich wie das englische parlamentarisch. Die Cherokee bewohnten einst weite Gebiete im Norden von Georgia, in Tennessee, West-Carolina, Virginia und Nord-Alabama. Doch wurden sie immer weiter zurückgedrängt, und auch in New Echota durften sie nur 10 Jahre leben.

New Echota

Der Druck der weißen Siedler und vor allem der Goldrausch um Dahlonega zwangen sie schließlich auf den „Trail of Tears" (= „Weg der Tränen"), der sie nach Oklahoma umsiedeln ließ (lesen Sie bitte dazu den Infokasten *„Weg der* auf S. 446f). Auf diesem Marsch starb über ein Viertel der Indianer. Wenige von ihnen *Tränen" der* konnten sich aber in die Berge retten und verstecken – dorthin, wo heute das *Cherokee* Cherokee-Indianerreservat liegt, südlich des Great Smoky Mountains National Parks. In dem Park können Sie heute ein paar restaurierte und hierher gebrachte Häuser der Cherokee besichtigen.

Dalton

I-75 Exits 328 u. 333. Selbst ernannte „Hauptstadt der Teppichfabriken". An die 40 Fabrikläden bieten ihre Teppiche an – in der Regel aber normale Auslegeware. Daher also kaum einen Stopp wert.

Von Atlanta nach Asheville bzw. zum Great Smoky Mountains National Park

Die Bergwelt, die nun vor Ihnen liegt, beschert Ihnen eine willkommene Abwechslung zu der flachen bzw. hügeligen Agrarlandschaft, die Sie sonst in den Südstaaten die Regel sind. Die Berge sind nicht gigantisch und auch in den seltensten Fällen schroff, doch sind es gerade die weitläufigen, abgerundeten Bergkuppen, die, fast durchweg noch von Wäldern bestanden, die Faszination dieser Landschaft ausmachen. Wasserfälle gibt es zuhauf.

Höhepunkte dieser für die Südstaaten so untypischen Landschaft sind die **Great Smoky Mountains**, eine Bergkette, die in den südlichen Appalachen liegt. Lohnenswert vor allem aber ist auch der **Blue Ridge Parkway**, der im Süden in Balsam beginnt, sich an Asheville vorbeischlängelt und bis Winchester, westlich von Washington DC, reicht. Nutzen Sie die Gelegenheit, zumindest den südlichen Abschnitt bis Asheville zu fahren (Beschreibung dieser Region ab S. 439ff.). Und auch die Bergregion im Nordosten von Georgia bzw. im Westen von North Carolina hat ihre *Route des* Reize. Es gibt nur wenige größere Siedlungen, wie z.B. Dahlonega, und viele davon *Goldes* haben ihre Gründung einzig dem Fund von Gold zu verdanken. Für die Agrarwirtschaft war das Gebiet zu unzugänglich, und nur in den größten Tälern finden sich

492

*13. Von Atlanta durch den Norden von Georgia und weiter zum Great Smoky
Mountains National Park – Von Atlanta nach Chattanooga bzw. Asheville*

*serpentinen-
reiche
Straßen*

heute ein paar kleine Farmen. Das aber macht gerade einen Abstecher hierher lohnenswert. Sollten Sie also mehr als 2 Tage Zeit haben (die alleine benötigen Sie für
den Nationalpark und die Umgebung von Asheville) für diese Region, kurven Sie ein
wenig durch die Berge. Vergessen Sie aber nicht: Die Straßen nehmen jeden Pass und
jede Bergkrümmung mit, und Sie schaffen hier allerhöchstens eine Durchschnitts-
geschwindigkeit von 35 Meilen pro Stunde – ohne Stopps! Das bedeutet: Bis Asheville benötigen Sie an reiner Fahrzeit einen ganzen Tag von Atlanta aus, oder aber Sie
müssen ausgesprochen früh starten, dann können Sie einige der Sehenswürdigkeiten
noch anschauen.

Hinweis zum Wildwasser-Rafting (Schlauchbootfahrten)

Es gibt drei Hauptgebiete fürs Wildwasserfahren in dieser Region:
- **Nantahale:** *Am US 19 in North Carolina, 13 Meilen südwestl. von Bryson City.
  Einfache und ruhige Strecken. Keine Stromschnellen. Hier können Sie ohne große
  Vorbereitungen eine Tour unternehmen. Dauer: ca. 3,5 Stunden.*
- **Ocoee:** *Am US 64/74 in Tennessee, 10 Meilen östlich von Cleveland. Hier gibt es
  schwierigere Streckenabschnitte. Es handelt sich übrigens z.T. um die Gewässer für
  die Olympiade 1996.*
- **Chattanooga:** *Am SC 37/196, ab vom US 76, 13,5 Meilen östlich von Clayton,
  GA. Z.T. sehr schwierige Streckenabschnitte mit Stromschnellen. Für diese Region, die
  von allen dreien die schönste ist, sollten Sie präpariert sein. Es wird kein „gemütli-
  cher" Ausflug.*

*Weitere Wildwasserstrecken gibt es nördlich von Asheville in Marshall, NC (US 70/25)
und Nolichucky bei Erwin, TN (US 19W).*

*Ein alteingessenes und empfehlenswertes Unternehmen für diese Schlauchboot-
fahrten, das alle Gebiete „bedient", ist* **Whitewater Rafting:** *Nantahala Outdoor
Center, 13077 Hwy. 19 West, Bryson City, NC 28713-9114, ☎ (704) 488-2175 od.
1-800-232-7238. Zu Chattanooga lesen Sie bitte auch weiter unten.*

Hier also **zwei Routenempfehlungen** mit kurzen Erläuterungen:

Die schnelle Variante

*Reise zum
Great Smoky
Mountains
National Park*

Fahren Sie entlang der folgenden Straßen: I-85, I-985, US 23. Danach weiter über
Clarkesville auf der US 23/441. Diese führt bei **Sylva, NC** auf den US 74. Hier
müssen Sie sich entscheiden, ob Sie gleich in die Great Smoky Mountains National Park oder ob Sie erst noch nach Balsam und von dort über den Blue Ridge
Parkway nach Asheville fahren wollen. Den Blue Ridge Mountain Parkway können
Sie natürlich auch in entgegengesetzter Richtung von Asheville zum Nationalpark
nehmen.

Hinweis

*Diese Hauptroute ist besonders im Nordosten von Georgia ziemlich touristisch, und
unzählige Souvenirläden, Motels und Fastfood-Restaurants können einem die ansonsten schöne Landschaft etwas vermiesen.*

13. Von Atlanta durch den Norden von Georgia und weiter zum Great Smoky Mountains National Park – Von Atlanta nach Chattanooga bzw. Asheville

493

Die längere Variante
Verlassen Sie Atlanta im Norden über die GA 400/US 19. Der US 19 führt zuerst nach Dahlonega.

Dahlonega (ⓘ S. 155)

Die Stadt wurde 1833 gegründet, 5 Jahre, nachdem man in den umliegenden Bergen Gold gefunden hatte. Es war der erste Goldrausch in den USA und der größte öst- *Größter* lich des Mississippi überhaupt. Er forcierte die Vertreibung der Cherokee-Indianer. *Goldrausch* Bis 1861 hatte man hier für US$ 6.115.569 Gold gefunden, dann war es vorbei damit. *östlich des* Danach vegetierte Dahlonega dahin, nur unterbrochen von kleineren Goldräuschen *Mississippi* – meist bedingt durch die Förderung mit besserer Technik. Der Ort verdankt seine „Wiederauferstehung" dem Tourismus und einer Handvoll abenteuerlustiger Rentner, die zum Zeitvertreib noch einmal die Pfannen in die Hand nehmen. Am Wochenende läuft der kleine Ort mit weniger als 4.000 Einwohnern quasi über. Im Sommer kommen dann an die 100.000 Besucher und zu den **Gold Rush Days** (drittes Oktober-Wochenende) sollen es dann 200.000 sein. Sehenswert ist in dem Touristenort das **Dahlonega Gold Museum** (im alten Court House mitten im Zentrum auf dem Platz), geöffnet Mo–Sa 9–17 Uhr, So 10–17 Uhr), wo u.a. auch ein interessanter Film zur Geschichte gezeigt wird.

Consolidated Gold Mine: 185 Consolidated Rd., tägl. 10–17 Uhr. Hier können Sie eine echte Goldmine auf erläuterten Touren besichtigen (auch unter Tage), in der noch bis 1980 gefördert wurde. Nach der Besichtigung können Sie sich dann selbst „Goldpannen".

Südlich von Dahlonega (GA 60) gibt es noch die Möglichkeit zu einer Kanu- bzw. Schlauchboottour. Infos: Appalachian Outfitters: ☎ 1-800-426-7177. Recht neu in der Region sind die kleinen **Weingüter**. Noch nicht zur Spitzenklasse zählend, schmecken einige Weine aber ganz passabel. Wer ein Weingut besichtigen möchte, sollte sich in der Touristeninformation am zentralen Platz dafür anmelden. Fahren Sie von Dahlonega weiter nach Norden, immer den Schildern in Richtung **Blairsville** (ⓘ S. 155) folgend. Nur ein paar Meilen weiter nehmen Sie dann die GA 180 nach Osten und nach nur 2 weiteren Meilen die GA 348, einen „Scenic Way", nach Südosten. Dieser führt Sie durch ein eindrucksvolles Tal und über einen atemberaubenden Pass.

Auf der Alt 75 gelangen Sie schließlich nach **Helen** (ⓘ S. 155). Der kleine Ort, Anfang der 1970er-Jahre totgesagt, hat sich seither zu einem touristischen Rummelplatz entwickelt. Stilrichtung: bayerisches-schweizerisches Alpendorf. Zu sehen, wie so etwas in Amerika vermarktet werden kann, lohnt den Abstecher. „Oktoberfest every Saturday", Schwarzwaldkultur vermischt mit oberbayerischen

Helen: alpenländischer Charakter

Spezialitäten etc. Wer mal wieder deutsche Weißwurst, Kohlrouladen oder Hefeweizen zu sich nehmen will, hat hier an jeder Ecke Gelegenheit dazu. Ein Süßwarenladen wirbt mit „Sweets-R-land" und in **Betty's Country Store** am nördlichen Ortseingang finden Sie wirklich alles: Hausgemachte Marmeladen, deutsche Tütensuppen, Weißwurst an der Fleischtheke etc. Schauen Sie mal rein. Sollte heißes

Nasser Spaß mit dem Lkw-Schlauch

Wetter herrschen und Sie haben auch noch Zeit, dann denken Sie mal über **Tubing** nach. Kurz vor Helen bieten mehrere Unternehmen Lkw-Schläuche an, mit denen Sie sich den Fluss hinabtreiben lassen können. Anschließend holt Sie ein Bus von der Aussetzstelle wieder ab.

Fahren Sie nun über die GA 365, GA 197 und den US 76 nach **Clayton**, dem Domizil der Wildwasser-Unternehmen. Einsetzpunkt ist am US 76, ca. 8 Meilen südöstlich von Clayton. Der **Chattooga River** ist mit Sicherheit einer der schönsten Wildwasserflüsse der USA und als solcher vom amerikanischen Kongress bereits seit 1974 unter Schutz gestellt. Empfehlenswertes Unternehmen; (ⓘ S. 155).

Berauschendes Naturerlebnis

Kurz hinter dem Touristenort **Dillard** überqueren Sie nun die Grenze nach North Carolina. Nehmen Sie die NC 106 nach **Highlands** (ⓘ S. 155) – allein die Anfahrt dorthin ist sehenswert! Highlands ist mit seinen fast 700 Einwohnern und seiner Lage knapp 1.300 m über dem Meeresspiegel ein idealer Erholungsort, auch wenn der Ortskern im Sommer „überzulaufen" droht. Eine würzige Waldluft, viele herrliche Wanderwege sowie malerische Wasserfälle aber zeichnen den Ort und seine Umgebung aus. Nördlich an der US 64 liegen die **Bridal Veil Falls** (= Brautschleierwasserfälle) sowie die **Dry Falls**, hinter deren herabstürzendem Wasser man entlanggehen kann. Highlands ist ein Ort des „gehobenen" Tourismus. Erstklassige Bed&Breakfast-Häuser, gepflegte Hotels sowie gute Restaurants runden die Empfehlung ab.

Zwei Alternativen für die Weiterfahrt

Weiter geht es auf dem US 64 North bis **Cashier** und von dort auf der NC 107 North, vorbei am malerischen **Thorpe Dam** nach Sylva, wo Sie sich, wie in der kurzen Variante weiter vorne beschrieben, für die weitere Zielrichtung entscheiden müssen.

Nehmen Sie den US 64 und später den NC 280 nach Osten, die Sie bis Asheville begleiten. Sie kommen übrigens dann von Süden in die Stadt und können bereits – bei genügend Zeit – am gleichen Tag noch die Biltmore Estate dort besichtigen.

☞ **Hinweis**

Der Eintritt zur Biltmore Estate ist sehr hoch. Jedoch gelten **Tickets**, *die* **nach 15 Uhr erstanden** *werden, auch für einen* **zweiten Besuch am folgenden Tag.** *Die Anlage ist es wert, aber falls es Ihnen zu teuer erscheinen mag, überlegen Sie vorher, ob Sie überhaupt nach Asheville fahren möchten, denn ohne den Besuch dieser Sehenswürdigkeit erübrigt sich eigentlich der Umweg dorthin.*

Lesen Sie zu Asheville bzw. den Great Smoky National Park nun weiter auf S. 440ff.

14. Von Atlanta zurück an die Golfküste (New Orleans/Mobile)

‣‣ **Entfernungen**

Atlanta – Birmingham: 150 mi/241 km

Birmingham – Meridian: 163 mi/262 km

Meridian – New Orleans: 184 mi/296 km

Atlanta – Montgomery: 167 mi/269 km

Montgomery – Mobile: 170/273 km

Streckenalternativen

Es gibt zwei Hauptalternativen: Entweder Sie fahren entlang dem I- 20/59 von Atlanta über Birmingham und Meridian nach New Orleans oder Sie nehmen von Atlanta aus den I-85 bis Montgomery und von dort dann den I-65 bis Mobile. Weiter bis New Orleans fahren Sie von Mobile auf dem I-10.

Bei mehr Zeit fahren Sie erst nach Birmingham und dann über den I-65 nach Montgomery. Von dort dann weiter wie oben beschrieben.

Für die „Umwege" lesen Sie bitte in der folgenden Reisebeschreibung dieses Kapitels.

Überblick

In diesem Kapitel möchte ich Ihnen zwei Routenalternativen vorstellen, die Sie auf dem schnellsten Wege wieder zurückbringen von Atlanta zu Ihrem Ausgangspunkt New Orleans. Absolute Highlights erwarten Sie hier nicht mehr – sieht man einmal ab von dem äußerst interessanten und eindrucksvollen Civil Rights Institute in Birmingham. Falls es Ihre Zeit zulassen sollte, machen Sie ruhig mal den einen oder anderen kleinen Abstecher von dem langweiligen Interstate. Sie werden in typisch amerikanische Agrargebiete vorstoßen – verschlafen und provinziell. Kaum vorstellbar, dass aus dieser Gegend ein ehemaliger amerikanischer Präsident, *Jimmy Carter*, stammt.

Typisches Agrargebiet

Städte wie Montgomery, Selma und Birmingham geben Ihnen die Gelegenheit, sich mit der Geschichte der Bürgerrechtsbewegungen auseinanderzusetzen.

Um Ihnen die Entscheidung für eine der beiden Routen leichter zu machen, hier eine kurze Gegenüberstellung der beiden Routen:

Als Stadt halte ich Birmingham für viel interessanter als Montgomery, denn es bietet sowohl das Civil Rights Institute, das sich mit der Geschichte der schwarzen Bürgerrechtsbewegung auseinandersetzt, als auch etwas ganz Neues für den Süden: die Industriearchitektur und -landschaft des beginnenden 20. Jh., erläutert an einem alten

Civil Rights Institute in Birmingham

Redaktions-Tipps

• Die interessantesten Punkte entlang der Strecke sind: Die Geschichte der schwarzen **Bürgerrechtsbewegung** verfolgen in Birmingham, Tuskegee, Montgomery und Selma; die Provinz südlich von Columbus: z.B. Plains und Eufaula. (S. 479ff)

• **Zeiteinteilung**: 2 Tage: Fahren Sie einfach entlang den Interstates und übernachten Sie in Birmingham bzw. Montgomery. Die interessanten Punkte entlang der Strecke können Sie sich je nach Interesse „herauspicken". Lassen Sie sich aber noch etwas Zeit für eine der beiden Städte. Sollten Sie die südlichere Route wählen, planen Sie für den 2. Tag einen Besuch von **Selma** ein und fahren Sie, falls Sie genügend Zeit haben, über die Nebenstraßen entlang dem Alabama River nach Mobile. Sie können die gesamte Strecke (Atlanta – New Orleans) auf dem Interstate auch in einem Tag schaffen, hätten dann aber keine Zeit für Besichtigungen und müssten früh losfahren.

Stahlwerk und gut erkennbar am Stadtbild. Zudem ist Birmingham eine lebendigere Stadt als Montgomery: Die Studentenszene und die überwiegend schwarze Bevölkerung haben der Stadt einen wesentlichen „Kick" gegeben. Ansonsten bietet die Nordroute nicht viel, und eine Stadt wie Meridian können Sie rechts liegen lassen, und auch Hattiesburg ist nicht herausragend.

Landschaftlich ist die Südstrecke ansprechender und gibt Ihnen zudem noch einmal einen Überblick über den amerikanischen Süden: Antebellum-Häuser in Eufaula und Montgomery und dazu auch hier die Geschichte der schwarzen Bürgerrechtsbewegungen – u.a. gut nachvollziehbar im Tuskegee Institute, sowie am Civil Rights Memorial und dem Rosa Parks Museum in Montgomery und auch dem fast vergessenen Städtchen Selma. Diese Route ermöglicht Ihnen auch den Abstecher zu Jimmy Carters „Erdnuss-Flecken", dem Örtchen Plains, dessen Provinzialität kaum zu schlagen ist.

Meine Empfehlung lautet:
• Haben Sie **2 Tage Zeit**: Fahren Sie über Birmingham die Nordroute. Übernachtung: Birmingham.
• Haben Sie **2–3 Tage Zeit**: Nehmen Sie die Südroute über Montgomery, inkl. des vorgeschlagenen „Umwegs". Übernachtungen: Plains bzw. Eufala und Montgomery.
• Haben Sie sogar **3–4 Tage Zeit**: Fahren Sie erst nach Birmingham, von dort dann nach Montgomery und anschließend über Selma nach Mobile. Übernachtungen hierbei: Birmingham, Montgomery und Selma.

Maroder Charme der Industriestadt

Ein Einheimischer verglich Birmingham und Montgomery folgendermaßen: „Birmingham hat den Charme einer maroden Industriestadt, die gelernt hat, ums Überleben zu kämpfen – und das z.T. mit ansehnlichem Erfolg –, weist aber auch Nachteile auf, wie z.B. starre Sozialstrukturen, noch nicht überall überwundene Rassenprobleme und eine höhere Kriminalitätsrate. Montgomery dagegen musste als Hauptstadt und Verwaltungsmetropole niemals ums Überleben kämpfen, blieb deswegen aber konservativ, provinziell und langweilig."

 Hinweise

In Alabama gilt die Central Time. Stellen Sie Ihre Uhr um eine Stunde zurück (aus 12 Uhr wird 11 Uhr)

Sehenswertes entlang dem I-20/59

Birmingham (ⓘ S. 155)

Überblick und Geschichte

Birmingham wurde 1870 als Verladebahnhof von Stahl, der aus den Bergen im Umland kam, gegründet. Bereits zur Jahrhundertwende überflügelte das „Pittsburgh des Südens" Montgomery als größte Stadt Alabamas. Ihr Ruf als „Magic City" gründete sich zu dieser Zeit. Erst zu Beginn der 1960er-Jahre wendete sich das Blatt, und das minderwertige Eisenerz konnte auf dem bereits stagnierenden Stahlmarkt nicht mehr konkurrieren. Die Atmosphäre der großen Zeit als Stahl-

Blick auf Birmingham

Redaktions-Tipps

Übernachten Sie möglichst nahe am **Five Points District** (südl. vom Zentrum). (S. 155, 503)
Lassen Sie sich nicht das gute **Soulfood** entgehen, am besten mit einer hauseigenen Sauce. (S. 155)
Bedeutendste **Sehenswürdigkeiten**: Das Civil Rights Institute und der gesamte District um die 4th Avenue; Sloss Furnace, das alte Stahlwerk. Das Barber Vintage Motorsport Museum. (S. 500ff)
Jazz/Bluesmusik: Wer abends noch fit ist, sollte unbedingt ein **Jazz**- oder **Blueslokal** aufsuchen. (S. 155)
Zeiteinteilung: Kommen Sie möglichst am frühen Nachmittag in Birmingham an, so dass Sie 3 Stunden Zeit haben für das Civil Rights Institute und die umliegenden Straßenzüge. Abends gehen Sie entweder in eine Jazzkneipe oder schlendern durch den studentisch angehauchten „Five Points South District". Am nächsten Morgen, möglichst früh, wenn das Licht gut ist, besuchen Sie das **Sloss Furnace Historic Site** und/oder das **Barber Vintage Motorsport Museum**.

zentrum hat Birmingham aber nicht verloren und erinnert in vieler Hinsicht an deutsche Städte im Ruhrgebiet. Dass die Zeit während der 1960er-Jahre *Gesicht der* hier stehen geblieben ist, gibt *Stadt wie in* dem Stadtcharakter die „Würze": Hauswände mit alten aufgemalten Reklamen, alte Neonschilder, kleine Barbershops, Kinopaläste aus den 1920er-Jahren und Geschäftsgebäude aus dem beginnenden 20. Jh. prägen noch immer Teile der Innenstadt und bieten Ihnen somit einmal einen ganz anderen Eindruck vom Süden... und der lohnt einen kurzen Besuch.

Dass der Stadt in kaum einem Reiseführer Beachtung geschenkt wird, ist wirklich schade und hat sie eigentlich nicht verdient. Zugegeben, abgesehen von dem sehr eindrucksvollen Civil Rights Institute, einem

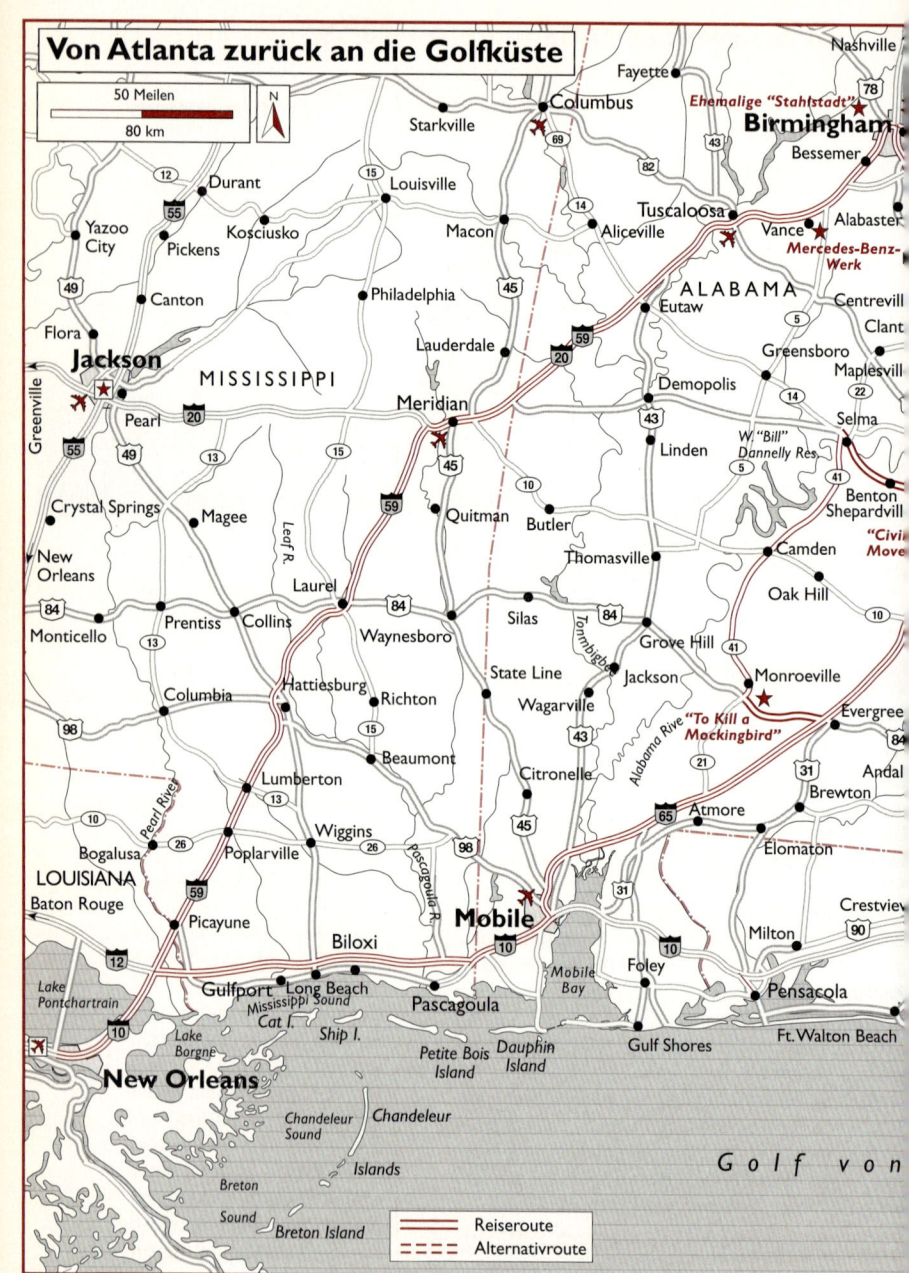

Von Atlanta zurück an die Golfküste

50 Meilen
80 km
N

Nashville

Fayette · Columbus

Starkville

Ehemalige "Stahlstadt"
Birmingham

78

Bessemer

82   43

12   Durant   15   Louisville

Yazoo
City   55   Kosciusko   Macon   14   Tuscaloosa   Alabaster

Pickens   Aliceville   Vance
*Mercedes-Benz-
Werk*

49   Canton   Philadelphia   45   ALABAMA   Centrevill

Eutaw   5   Clant

Flora   Lauderdale   Greensboro   Maplesvill

Jackson   MISSISSIPPI   59   Demopolis   14   22

Pearl   20   Meridian   20   43   Selma

Greenville   55   49   13   15   45   Linden   W. "Bill"
Dannelly Res.   41

5   Benton
Shepardvill

Crystal Springs   Magee   59   Quitman   Butler   10   Camden   *"Civil
Move*

New
Orleans   Laurel   Thomasville   Oak Hill   10

84   84   Silas   84   Grove Hill   41

Monticello   13   Prentiss   Collins   Waynesboro   State Line   Jackson   Monroeville

Columbia   Hattiesburg   Richton   Wagarville   43   *"To Kill a
Mockingbird"*   Evergree

98   15   Citronelle   21   31   Andal   84

Beaumont   45   Brewton

Lumberton   13   Atmore   31
10   Wiggins   26   98   65

Bogalusa   26   Poplarville   Elomaton

LOUISIANA   59   Mobile   31   Crestvie

Baton Rouge   Picayune   Biloxi   10   Foley   90

12   Mobile
Bay   Milton

Lake
Pontchartrain   Gulfport Long Beach   10   Pensacola

10   Mississippi Sound
Cat I.   Pascagoula   Gulf Shores   Ft. Walton Beach

Lake
Borgne   Ship I.   Petite Bois
Island   Dauphin
Island

New Orleans

Chandeleur
Sound   Chandeleur

Islands   G o l f   v o n

Breton
Sound   Breton Island   —— Reiseroute
==== Alternativroute

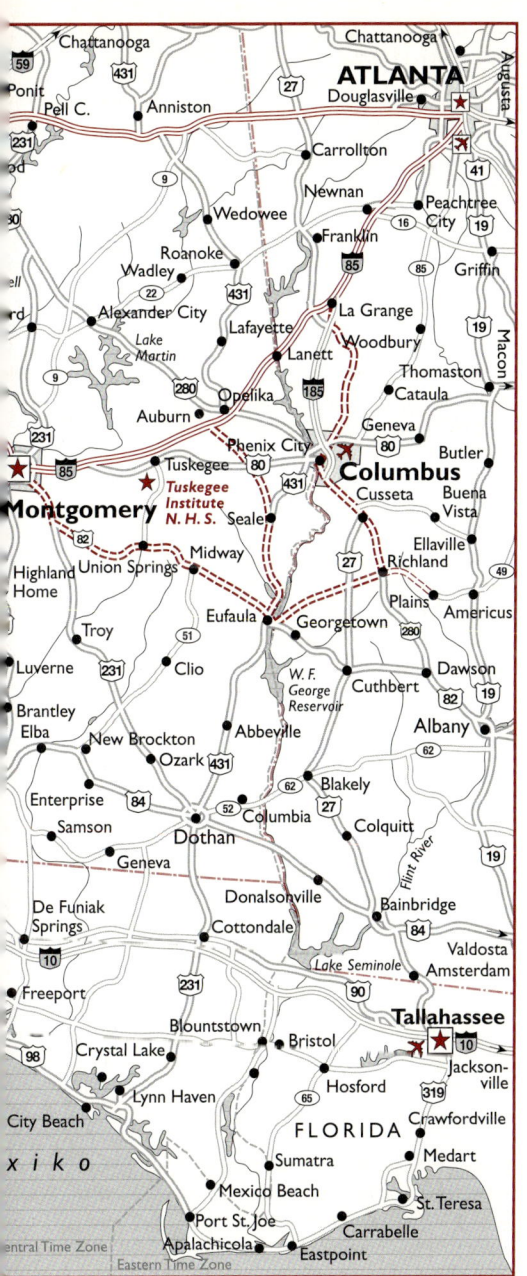

Museum, das sich mit der Geschichte der schwarzen Bürgerrechtsbewegung beschäftigt und für speziell Interessierte das Barber Vintage Sports Museum gibt es keine besonderen Highlights, aber versteckt, hinter Häuserecken, in unscheinbaren Restaurants, in den zahlreichen Kirchen und auf alten Industrieanlagen verbirgt sich etwas „Unfassbares und zugleich Faszinierendes", das *Faszinierende* erlebt und verstanden wer- *Spaziergänge* den will... und das jeder von Ihnen mit seinen eigenen Augen entdecken sollte. Versuchen Sie es mal!

Ganz nebenbei ist Birmingham übrigens auch die „Saucenstadt". Kaum ein Restaurant, das nicht seine eigene Mixtur auf dem Tisch hat, und des Öfteren passiert es Ihnen z.B. beim – normalerweise schon fertigen – Cole Slaw, dass Sie geriebenen *Kreativität* Kohl und eine eigene Sauce *der* aufgetischt bekommen, um *Saucenköche* alles dann eigenhändig zu vermischen. Eine Eigenart, die bei vielen Gerichten noch Tradition gewesen ist im Amerika der 1960er-Jahre.

Ganz so ruhmreich war Birminghams Geschichte in den 1950er und 60er Jahren aber leider nicht: Der übermäßig hohe Bevölkerungsanteil an Schwarzen, eine kleine, aber sehr konservativ eingestellte weiße Mittelschicht und die Arbeitsmarktlage in jener Zeit haben zu vielen Rassen-

Rassen-
konflikte in
„Bombing-
ham"
konflikten geführt, und zahlreiche Bombenattentate des Ku-Klux-Klan haben der Stadt damals den Beinamen „Bombingham" beschert. Mit dem 1993 eröffneten Civil Rights Institute hat die Stadt sicherlich einen großen Schritt in die richtige Richtung unternommen. Schade nur, dass unter den registrierten Besuchern aus dem Großraum Birmingham nur etwa 10 Prozent Weiße sind, deren Bevölkerungsanteil hier aber 53 Prozent ausmacht. Birmingham-Stadt hat übrigens einen schwarzen Bevölkerungsanteil von 64 Prozent. Übrigens ist auch die Jazz- und Bluesmusikszene der Stadt nicht zu verachten. Stammen doch bekannte Musiker wie *Emmy Lou Harris*, *Lionel Hampton*, *Odetta* und *Diana Roos* aus Birmingham bzw. seiner Umgebung.

Sehenswertes

Die Sehenswürdigkeiten von Birmingham sind schnell aufgeführt. Nehmen Sie sich aber am meisten Zeit für den Civil Rights District und dort vor allem für das Civil Rights Institute. Zuerst aber sollten Sie ein wenig durch die **Innenstadt** fahren. Als Ziel nehmen Sie sich dann den Civil Rights District vor.

• Civil Rights District
Civil Rights Institute (1): Ecke 6th Ave./16th St. N. Geöffnet Di–Sa 10–17 Uhr, So 13–17 Uhr. Mit Sicherheit gibt es kein besseres Museum in Amerika, das die Geschichte der schwarzen Bürgerrechtsbewegung erläutert. Absolut einmalig ist auch die didaktische Darbietung. Es beginnt mit einem kurzen Film, der die Zeit bis 1950 charakterisiert. Danach wird die Leinwand hochgezogen, und Sie beginnen Ihren Rundgang. Jeder Abschnitt der Zeit von 1950 bis 1970 wird auf eine andere Weise und sehr eindrucksvoll dargestellt. Am Ende werden Sie bestimmt noch einiges zum Grübeln haben. Unbedingt 2 Stunden Zeit nehmen!

Gelungene
Historien-
darbietung

Skulptur im Kelly Ingram Park

Kelly Ingram Park: Der Park liegt gleich gegenüber dem Museum. Eine Statue von *Martin Luther King Jr.* bildet einen interessanten Kontrast zu den dahinterliegenden Hochhausbauten der modernen „Welt der Weißen". Zudem gibt es hier noch andere Skulpturen zum Thema Bürgerrechtsbewegung bzw. deren Geschichte. Im Civil Rights Institute erhalten Sie ein Audiogerät mit Erläuterungen zum Park und den Skulpturen. Während der Zeit der Bürgerrechtsbewegungen war dieser Park Mittelpunkt der Kundgebungen, und viele friedliche Demonstrationen wurden hier niedergeknüppelt bzw. mit scharfen Hunden und Wasserwerfern gestoppt. Ein dunkles Kapitel in der modernen amerikanischen Geschichte hat sich hier abgespielt.

• 16th Street Baptist Church (2): geöffnet Di–Fr 10–16 Uhr. Ebenfalls gleich neben dem Museum war diese Kirche oft der Schauplatz von Versammlungen. Nicht nur eine Bombe explodierte hier und verletzte Menschen: Die Bombe

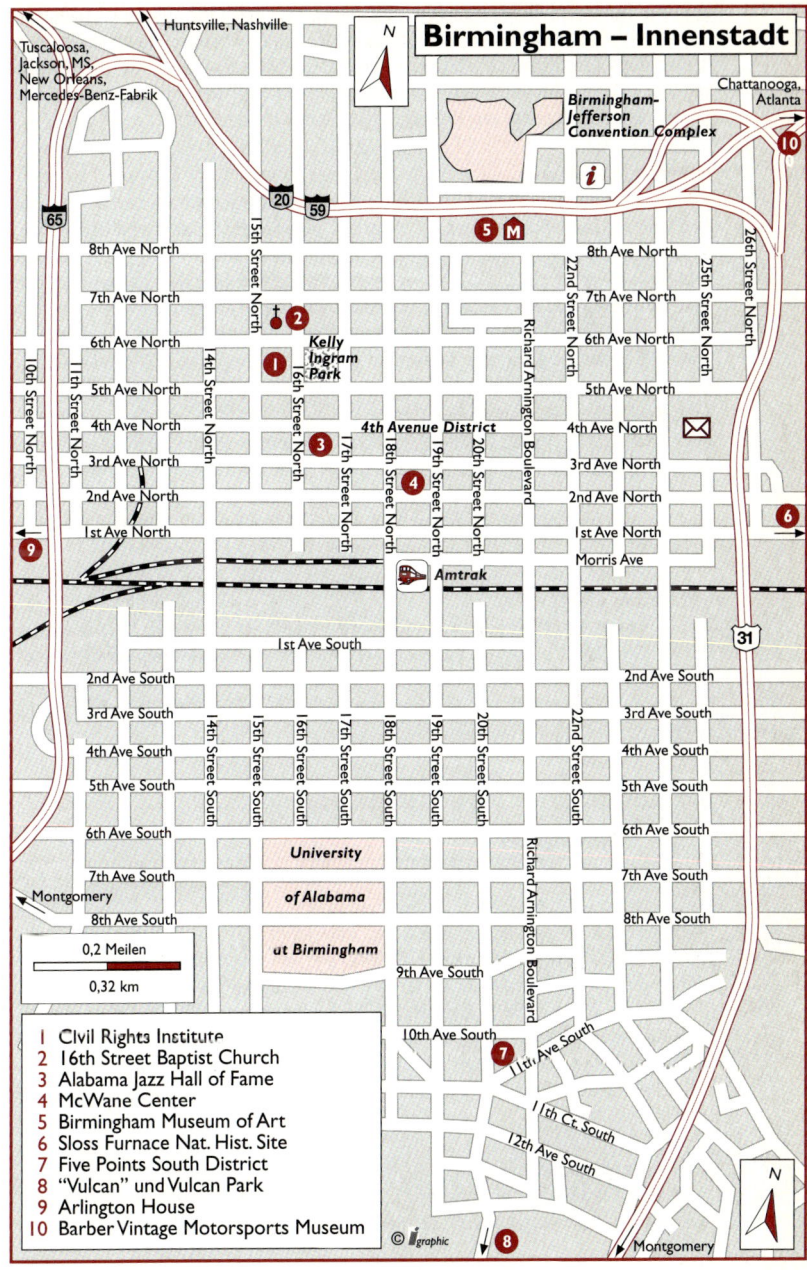

Birmingham – Innenstadt

Huntsville, Nashville

Tuscaloosa,
Jackson, MS,
New Orleans,
Mercedes-Benz-Fabrik

Chattanooga,
Atlanta

Birmingham-Jefferson Convention Complex

Kelly Ingram Park

4th Avenue District

Amtrak

Morris Ave

Montgomery

University of Alabama ut Birmingham

0,2 Meilen
0,32 km

1 Civil Rights Institute
2 16th Street Baptist Church
3 Alabama Jazz Hall of Fame
4 McWane Center
5 Birmingham Museum of Art
6 Sloss Furnace Nat. Hist. Site
7 Five Points South District
8 "Vulcan" und Vulcan Park
9 Arlington House
10 Barber Vintage Motorsports Museum

© *i graphic*

Montgomery

aber, die hier am 15.9.1963 explodierte, kostete vier schwarze Mädchen das Leben. Für alle Anschläge zeichnete der Ku-Klux-Klan verantwortlich. Heute finden hier immer noch Gottesdienste statt, und der Pastor hat sogar einen eigenen **Radio-sender** errichtet. An der Mauer erinnert eine Inschrift an die blutige Zeit: „*May Men learn to Replace Bitterness and Violence with Love and Understanding.*"

• 4th Avenue District

Einst 4th Avenue zwischen 16th und 21st Street. Hier haben die Schwarzen bereits um 1950
Handels- ihre kleinen Geschäfte eröffnet mit dem Ziel, eine Unabhängigkeit von den Weißen
zentrum der zu erreichen. Während der 1950er und 60er kauften nur Schwarze hier, und diese
Afro- kauften auch nichts bei den Weißen in der Innenstadt. Heute finden Sie hier vor allem
amerikaner kleine Barbershops und Modesalons für die Dame. Alles im alten Stil. Wenn Sie gerade mal einen Friseur gebrauchen könnten – hier ist der richtige Ort dafür. Ecke 4th
Ave./17th Street ist am interessantesten.

• Alabama Jazz Hall of Fame (3)

Ecke 4th Ave./17th Street. Geöffnet wie Civil Rights Institute. Im legendären Carver-Theater (Kino) untergebracht, finden sich im Museum eine Reihe von Memorabilia zur Geschichte des Jazz in Alabama – erläutert anhand der jeweils bekanntesten Musiker, die Alabama hervorgebracht hat. Z.B.: *Nat King Cole*, *Sun Ra* und *Lionel Hampton*.

• McWane Center (4)

200 19th St. N. Geöffnet Juni–Aug. Mo–Sa 10–18 Uhr, So 13–18 Uhr, Rest des Jahres
Kinder- Mo–Fr 9–17 Uhr, Sa 10–18 Uhr, So 13–17 Uhr. Technikmuseum mit vielen „Hands-
gerechtes on"-Stationen. Eher etwas für Kinder, aber manchmal haben ja auch die Erwachsenen
Technik- Spaß an so etwas. Im Hause gibt es zudem noch ein großes IMAX-Kino mit speziel-
museum len Filmen zum Thema Technik.

Birmingham   ◎ff

the beaten path

Eindrucksvolle Sollten Sie am Wochenende in der Stadt sein, lohnt sich eine Teilnahme an einem
Gospel- baptistischen Gottesdienst. Gospelchöre und ein allein durch die Gestik des
messen Predigers eindrucksvolles Erlebnis. Eine sehr nette Kirche in einem schwarzen
Wohnbezirk ist die **First Baptist Church Graymont** (100 9th Court West).
Gottesdienste fangen i.d.R. am Sonntag um 10.30 Uhr an. Aber auch in der
Innenstadt, unter der Woche, gibt es sog. „Lunch Services". Zeiten sind an den
Kirchen angeschlagen, meist beginnen Sie um 12.30 Uhr und dauern etwa 30
Minuten.

Schauen Sie einmal, ob es im historischen **Alabama Theatre** (1817 3rd Ave.)
ein alter Filmklassiker gezeigt wird. Das Kino aus den 1920er-Jahren ist allein seiner Architektur wegen den Besuch wert.

• Birmingham Museum of Art (5)

2000 8th Ave. N. Geöffnet Di–Sa 10–17 Uhr, So 12–17 Uhr. Sicherlich kein besonderes Highlight, aber die bunte Mischung aus Kunstobjekten bietet eine Abwechslung, besonders an Regentagen. Bekannt ist es für die große Sammlung an Wedgewood-Porzellan sowie einen über mehrere Ebenen reichenden Skulpturengarten.

• Sloss Furnace National Historic Site (6)

Ecke First Ave. N. und 32nd Street. Fahren Sie vom Zentrum einfach entlang der First Ave. Auf der Brücke sehen Sie bereits rechter Hand das alte Walzwerk, und kurz hinter der Brücke folgen Sie einfach der Ausschilderung. Geöffnet Di–Sa 10–16 Uhr, So 12–16 Uhr. Das alte Stahlwerk des Sloss-Konzernes wurde 1971 bereits geschlossen. Die meisten Anlagen ließ man aber stehen und überließ sie damit der Natur. Wo ehemals die Hochöfen rauchten, ranken heute Pflanzen. Am Eingang befindet sich ein kleines Museum, in dem auch ein Film gezeigt wird. Oft (aber unregelmäßig) führen *Ehemalige* Sie ehemalige Stahlarbeiter durch die Anlage. Die Halle der ehemaligen Walzstraße *Stahlhütte* wird heute übrigens des Öfteren für Konzerte und Versammlungen genutzt. Das gesamte Objekt lädt zum Fotografieren ein (besonders Schwarz-Weiß).

• Five Points South District (7)

Ehemals ein nobler Vorort von Birmingham, hat sich der Bezirk um eine Straßenkreuzung mit fünf Straßen (u.a. 20th St. und 11th Ave. S.) zum Unterhaltungsdistrikt der Stadt entwickelt, der regen Zulauf von den Studenten findet. Verschiedene Kneipen, Musiklokale und Straßencafés laden zu einem „unkomplizierten" und vergnüglichen Abend ein.

Straßencafé am Five Points District

• Vulcan und Vulcan Park (8)

Valley Ave. Das Interpretive Center sowie die Aussichtsplattform auf dem Vulcan Sockel sind geöffnet Mo–Sa 10–18 Uhr, So 13–18 Uhr, der Park tägl. 7–18 Uhr. Fahren Sie einfach die 20th Street in südlicher Richtung über den Berg. Kurz dahinter ist die Zufahrt gut ausgeschildert. Der „Vulcan" (der römische Gott der Eisenschmelze) ist die größte eiserne Statue der Welt. Selbst 18 Meter groß, steht sie auf einem 40 Meter hohen Sockel, auf dessen Spitze – und noch unterhalb der Statue – sich eine *Größte* Aussichtsplattform befindet, von der aus man gut auf die Stadt schauen kann. Eine *Eisenstatue* moderne Sage behauptet: Nachts, wenn alle Birminghamer schlafen, steigt der Vulcan *der Welt* von seinem Sockel und hüpft durch die Straßen der Stadt zu seiner Angebeteten, der „Eureka", die auf einem Häusersockel im Norden der Stadt thront. Ungeschickt, wie der Vulcan halt ist, hinterlassen seine Füße unzählige Spuren: die vielen Schlaglöcher auf den Straßen von Birmingham.

Der „Vulcan" wurde 1904 von dem italienischen Künstler *Guiseppe Moretti* für die Weltausstellung in St. Louis entworfen, stand dort bis 1938 und wurde dann hier nach Birmingham gebracht und auf den Sockel gehoben.

Vulcan

Unterhalb des Sockels befindet sich ein Interpretive Center und im Park selbst zahlreiche Schautafeln, die die Geschichte von Birmingham und vor allem die Bedeutung des
Eisenerzabbaus erläutern.

• Arlington House (9)

331 Cotton Avenue SW., Geöffnet Di–Sa 10–16 Uhr, So 13
– 16 Uhr. Einziges Antebellum-Haus von Birmingham – wir
erinnern uns, die Stadt wurde erst 1870 gegründet. Das
Haus ist von 1840 und im griechischen Revival-Stil erbaut.
Sehr ansehnlich, aber es gibt interessantere Häuser in den
Südstaaten.

• Barber Vintage Motorsports Museum (10)

Barber Motorsports Park, I-20, Exit 140 (nordöstl. Der
Stadt). Geöffnet Mo–Sa 10–17 Uhr, So 12–17 Uhr
Auf vier Ebenen und 14.000 m² können Sie im Museum
mehr als 800 historische und moderne Motorräder sowie
einige Autoklassiker bewundern. Die Motorräder stammen
aus 17 Ländern und von 125 verschiedenen Herstellern. Ein
absolutes Muss für Motorradfans. Wer nicht so sehr an
Motorrädern hängt, sollte sich auf das Bewundern der alten
Motorräder beschränken. Die Menge
ist erdrückend. Der Barber Motorsport Park selbst wird vor allem für
Motorradrennen genutzt. Die Strecke ist 2,4 Meilen lang und hat 16
Kurven.

**Weiter auf dem
Interstate 20/59
nach Südwesten**

• Tuscaloosa (ⓘ S. 155)

Auf halber Strecke nach Tuscaloosa übrigens, in dem kleinen Nest
Vance, produziert **Daimler-Chrys-
ler** Geländewagen für den amerika-

*Hunderte von Motorrädern sind im
Barber Vintage Motorsport Museum zu bewundern*

nischen Markt. Die hochmoderne Fabrik beschäftigt fast 1.500 Menschen und schaffte indirekt weitere 4.000 Arbeitsplätze. Alabama musste immense finanzielle Zuge-
ständnisse bieten, um Standortkonkurrenten wie z.B. Virginia auszuschalten. Falls Sie
einmal sehen wollen, was unter dem „Deutschen Stern" geschaffen wurde, können
Sie die Interstate-Abfahrt 89 (etwa 30 Meilen hinter Birmingham) nehmen und dort

*Historische
Mercedes-
Fahrzeuge*

an einer Werksführung teilnehmen. Außerdem sind eine Ausstellung mit historischen
Mercedes-Fahrzeugen sowie eine Multimedia-Show über die Vergangenheit, Gegen-
wart und Zukunft der automobilen Technologie zu sehen.
Adresse: I-20/59 Exit 89, Vance, AL. Geöffnet wochentags 9–17 Uhr Uhr und jeden
ersten Samstag im Monat 10–15 Uhr.

14. Von Atlanta zurück an die Golfküste (New Orleans Mobile) – Sehenswertes
entlang dem I-20/59, Sehenswertes entlang des I-65/85

505

Eine kurze Snackpause lohnt Tuscaloosa selbst wohl schon. Ein paar nette alte Häuser, eine Universität mit rund 20.000 Studenten (ein Viertel der Einwohner-Zahl!), die der Stadt Leben verleihen, und die Geschichte, die Tuscaloosa von 1826– *Einst* 1846 als Hauptstadt von Alabama gesehen hat, bieten Anlass für eine Verschnaufpause *Haupstadt* und einem Besuch im **Convention & Visitors Bureau** (600 Lurleen Wallace Blvd., *Alabamas* Suite 140).

Jüngere Reisende mögen vielleicht auch über Nacht bleiben: Wenn nämlich die **Studenten für Stimmung sorgen** und in einigen Lokalen Livemusik gespielt wird (meistens Rock). Eine Ansammlung von Bars und Pubs finden Sie am „Strip", entlang des University Boulevards. Sollte Ihre Zeit aber knapp bemessen sein, können Sie Tuscaloosa auch getrost auslassen.

• Meridian (ⓘ S. 155)
Fahren Sie nun auf schnellstem Wege nach New Orleans, um dort ggf. noch den Abend verbringen zu können. Sollten Sie jedoch für New Orleans zu spät dran sein, können Sie die von Agrar- und Holzwirtschaft lebende Stadt Meridian für Ihre Nach- *Agrar- und* truhe nutzen. Hier wurde übrigens außerdem „The Father of Country Music", *Jimmie* *Holz-* *Rodgers*, geboren. Informationen darüber hält das **Meridian/Lauderdale County** *wirtschaft* **Tourism Bureau** (212 21st Ave.) bereit

Sehenswertes entlang des I-65/85

Fahren Sie die I-85 Richtung **Montgomery** und machen einen kurzen Stopp in **Tuskegee** (ⓘ S. 155).

Falls Sie etwas Zeit übrig haben, empfiehlt sich an diesem Streckenabschnitt der im Folgenden beschriebene kleine „Umweg". An einem Tag schaffen Sie diesen jedoch von Atlanta aus bis Montgomery kaum, es sei denn, Sie sollten sehr früh losgefahren sein. Falls Sie sich also für diesen „Schlenker" entscheiden sollten, nehmen Sie sich ruhig einen Tag extra Zeit.

Der „Umweg"

Verlassen Sie den I-85 am Exit 41 (Newnan-South/Moreland), und folgen Sie der US 27-Alt nach Süden bis

Warm Springs (ⓘ S. 155)

In diesem kleinen idyllischen Nest verbrachte US-Präsident *Franklin D. Roosevelt* *Roosevelts* seine letzten 13 Lebensjahre, und hier starb er auch am 12. April 1945, ohne das *letzte Heimat* Ende des zweiten Weltkrieges miterleben zu dürfen. Er besuchte das Örtchen zum ersten Mal 1924, um mit dem warmen Wasserder Quellen seine Polio-Erkrankung zu lindern. Sein 1932 erbautes Little White House ist heute als **Little White House Historic Site** zu besichtigen und befindet sich in der 401 Little White

Little White House

House Rd. Geöffnet täglich 9–16.45 Uhr. Es beeindruckt durch seine relativ schlichte Einrichtung. *Roosevelt* galt als sehr genügsam. Informationen dazu finden Sie im **Warm Springs Welcome Center** im Ortskern. Im Ort haben Sie übrigens Gelegenheit, in dem alten Pullman-Waggon, der dem Präsidenten für Reisen zur Verfügung gestanden hatte, zu speisen. Das Essen ist zwar einfach, aber das Erlebnis ist es wert. Außerdem können Sie in einem oder mehreren der über 65 Geschäfte des Ortes ordentlich dem Einkaufen frönen.

Nur 17 Meilen südwestlich von hier kommen Sie in den Touristenort

Pine Mountain (ⓘ S. 155)

dessen Hauptattraktion die **Callaway Gardens** (südlich von Pine Mountain Downtown, direkt am US 27) sind. Das **Touristenbüro** befindet sich in der 101 Broad St. 177.

Hier hat der Textil-Tycoon *Cason J. Callaway* Anfang der 30er-Jahre einen großen Park anlegen lassen, der heute als **Erholungsstätte für Familien** und Wander-Begeisterte sowie als Golfanlage genutzt wird. Auch an Geschäften und Restaurants mangelt es hier keinesfalls; für jeden ist etwas dabei. Besuchenswert ist vor allem das „Butterfly Center", weniger das Gewächshaus mit seinen doch recht geradlinig angelegten tropischen Pflanzen. Für Erholungssuchende empfiehlt sich zudem eine Rad- oder Wandertour durch die ca. 6.000 ha große Anlage.

Spaß im „Butterfly Center"

Besonders gefallen in Pine Mountain hat mir der **Pine Mountain Wild Animal Park** (1300 Oak Grove Rd.). Der Park ist täglich ab 10 Uhr bis Sonnenuntergang geöffnet und man kann sich aus dem eigenen Fahrzeug heraus an vielen exotischen Tieren aus aller Welt erfreuen. Kamele, Giraffen, Lamas, Büffel, Elche und Antilopen dürfen sogar angefasst und gefüttert werden!

Der US 27 führt nun nach Columbus.

Columbus (ⓘ S. 155)

Energie durch Strömungs-kraft

Die Stadt wurde 1828 zunächst als Grenzposten angelegt, lebte danach aber schnell auf. Dank der starken Strömung und des Wasserfalls am Chattahoochee River konnte die Industrie der Stadt mit genügend Energie versorgt werden. Während des Bürgerkrieges wurden hier hauptsächlich Munition und Uniformen hergestellt, in der Friedenszeit eher Geräte für die Farmwirtschaft.

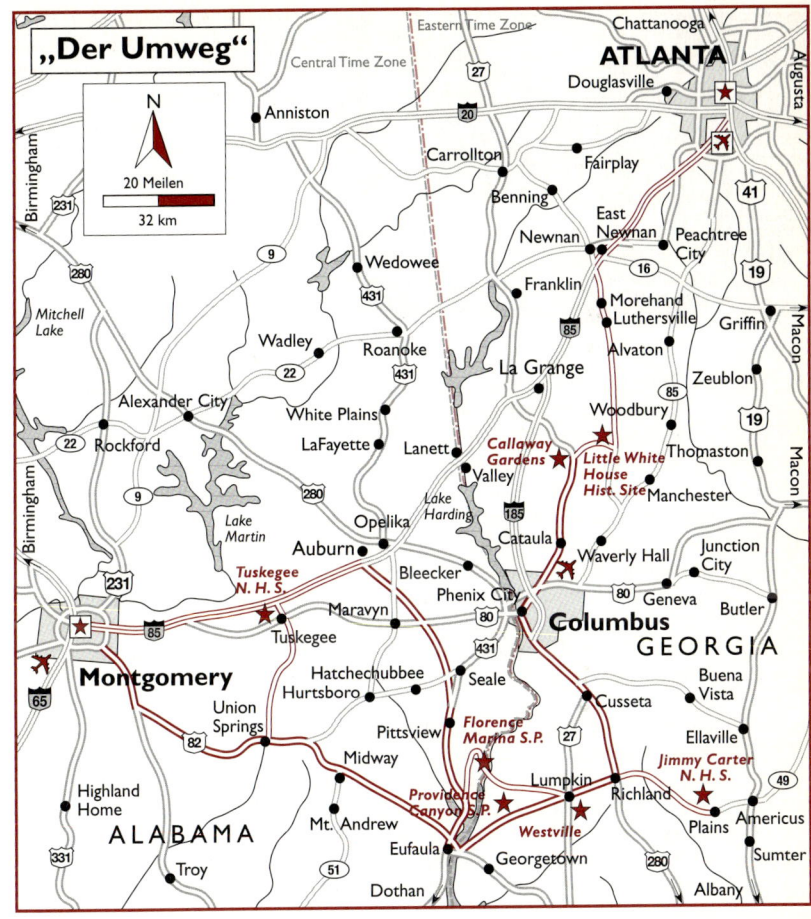

Ausschlaggebend für den wirtschaftlichen Aufschwung nach dem Bürgerkrieg war auch der drei Meter tiefe Kanal im Flussbett, auf dem Waren bis zum Golf von Mexiko befördert werden konnten. Columbus entwickelte sich bis ins 20. Jh. hinein zu einer **Metropole der Schwerindustrie.**

Heute jedoch wirkt die Stadt mit ihren ca. 185.000 Einwohnern eher verträumt. Die meisten Eisenwerke sind geschlossen und das wirtschaftliche Leben wird vornehmlich durch die Soldaten der nahe gelegenen Army Base, dem Fort Benning, bestimmt. Die Innenstadt bietet dem Besucher daher nur „Vergangenes": Ein altes Eisenwerk, die alten Industriegebäude und Handelshäuser, ein paar leer stehende Geschäfts-

Soldaten der
Army Base

Pemberton House

häuser aus dem beginnenden 20. Jh. und ein historisches Viertel mit viktorianischen Häusern (ansehen lohnt sich!), von denen aber nur einige zu besichtigen sind – vielleicht wollen Sie ja einen Blick auf das Haus des Coca-Cola-Erfinders, *Dr. John Pemberton* (712 Broadway), werfen. In diesem befindet sich heute allerdings ein Anwaltsbüro.

Das alles soll aber nicht heißen, dass es sich nicht lohnen würde, einmal in Columbus vorbeizuschauen! Ganz im Gegenteil, die Innenstadt hat durch ihre eigene Architektur einen sehr ansprechenden Charakter, und ein Spaziergang entlang des insgesamt über 20 Kilometer langen **Riverwalks** lohnt sich. Der Zugang befindet sich an der 1000 Bay Ave., täglich geöffnet 5–23 Uhr. Auch können Sie auf dieser Strecke bei Bedarf reichlich Sport treiben (Skating, Biking, Kanu) und sich dazu z.B. an die „Riverwalk Outfitters" halten. In dem kleinen Laden direkt am Zugang zum Riverwalk finden Sie alles, was Sie für Sport, Erholung und Erfrischung brauchen. Ebenfalls lohnt ein kurzer Besuch des **Broadways**, der Hauptgeschäftsstraße der Stadt, welcher sich nach Süden hin bis in den historischen Distrikt hineinzieht. Parken Sie für eine Stadterkundung Ihr Fahrzeug am besten etwas abseits des Broadway, gehen Sie danach zum **Columbus Convention & Visitors Bureau** (900 Front Ave.), und setzen Sie von dort aus Ihren Spaziergang zu den oben genannten Punkten fort.

Sport am Riverwalk

Der Broadway bietet sogar auch abends etwas: Einige Restaurants und Pubs (einfach der Lautstärke in der ansonsten recht ruhigen Straße folgen), in denen sich nach Anbruch der Dunkelheit vornehmlich junges Publikum vergnügt und nach dem Dinner in einer der dortigen Rockkneipen an der – doch recht lauten – Livemusik erfreut. Schlendern Sie nach dem Abendessen ruhig einmal den Broadway entlang und lassen Sie dort die Atmosphäre der sich abendlich vergnügenden „Dorfjugend" (und auch der meist etwas „reiferen" Touristen) auf sich wirken. Außerdem „versprüht" dieser in weiten Teilen sehr ruhige Straßenzug abends seinen ganz eigenen, lieblichen Kleinstadt-Charme.

Lautstarkes Nachtleben

Für einen länger ausgedehnten Aufenthalt empfiehlt sich Columbus aber nicht, es sei denn, Sie möchten noch eines der folgenden Museen besuchen:

Columbus Museum 1255 Wynnton Rd. Geöffnet Di–Sa 10–17 Uhr Do bis 21 Uhr, So 13–17 Uhr.
Amerikanische Kunst und Geschichte sowie indianische Ausstellungsstücke auf fast 30.000m²! Fläche. Angeschlossen ist auch ein Restaurant, ein Shop sowie ein Spiel- und Lernbereich für Kinder.
National Civil War Naval Museum 1002 Victory Drive. Geöffnet täglich 9–17 Uhr.

Maritime Bürgerkriegsgeschichte, die sowohl anhand von nachgebildeten Modellen als auch originaler Kriegsschiffe audio-visuell aufbereitet wird.
Coca Cola Space Science Center 701 Front Ave. Geöffnet Di–So 9–17 Uhr. Planetarium, Observatorium und vieles mehr rund um die Raumfahrt. Speziell auf Kinder ausgerichtet.

Plains ((i) S. 155)

Fahren Sie von Columbus aus weiter nach Südosten entlang des US 520/280 (bei Richland Richtung Osten abbiegen). Etwa fünf Meilen westlich von Americus, auf vielen Karten gar nicht erwähnt, befindet sich Plains, ein **Provinzflecken** erster Güte. Von genau hier kommt aber Ex-Präsident *Jimmy Carter* und hier lebt er auch wieder (sonntags hält er gelegentlich Gottesdienste).

Plains – stolz auf Jimmy Carter

Ob nun die Tankstelle, die seiner Familie einst gehört hat oder der Cousin, dessen „Antiquitätenladen" zum Treffpunkt der Neugierigen geworden ist: Alle scheinen seit 1976 *Carter* zu heißen, und selbst entfernteste Verwandte haben ihre Abstammung wiederentdeckt und an den Schaufensterscheiben deutlich platziert.

Das bodenständige Amerika

Trotz dieses kleinen Rummels und des aus unserer Sichtweise sicherlich stark übertriebenen Personenkultes, der den Ort erfasst hat, bietet Plains aber noch etwas. Es scheint die recht überschaubare Touristenzahl hierher zu bringen: Das bodenständige, ländliche Amerika. Nichts als Erdnussfarmen überall und selbst größere benachbarte Orte wie z.B. Americus, scheinen Welten entfernt zu sein von Atlanta und dem „Rest der Welt". Alleine diese Tatsache lohnt den Umweg nach Plains und in diese Region.

Übrigens wurde hier auf den Erdnussfarmen früher Baumwolle angepflanzt. Als diese sich nicht mehr absetzen ließ, sattelte man um. Die Farmer aber blieben in den Augen der Nordstaatler immer noch diese „verbissenen Haudegen der Konföderierten", die den anrückenden Unionstruppen während des Bürgerkrieges Kämpfe bis aufs Messer lieferten – selbst dann noch, als ihre Lage aussichtslos erschien. Mit *Carter* wurde also ein Präsident gewählt, dessen Vorfahren noch verbittert gegen die Union kämpften, und dieses wurde dem „Peanut-Präsidenten" selbst während seiner Amtszeit zur Genüge „aufs Brot geschmiert". In Plains gibt es auch das **Jimmy Carter National Historic Site** (300 N. Bond St.), sowie das **Georgia Welcome Center** am Ortsausgang von Plains (Richtung Americus) zu besichtigen. Beides eine Art Touristenbüro, in denen anhand von Informationsmaterial, Bildern und Ausstellungsstücken der Person des ehemaligen Präsidenten reichlich gehuldigt wird. Zudem können *Carter's* Geburts- und sein Jugendhaus besichtigt werden. Informationen dazu besorgen Sie sich am besten in einem der Büros. Seine Farm wird aber erst nach seinem Tod für die Öffentlichkeit freigegeben werden.

„Peanut-President" Carter

Providence Canyon

Fahren Sie nun zurück nach Westen. Südlich von **Lumpkin** (nach ca. einer Meile auf der linken Seite), wo es außer einem prächtigen Court House im Ortskern nichts weiter zu sehen gibt, können Sie noch den kleinen Ort **Westville** aufsuchen (folgen Sie einfach den Schildern), wo Familien in einem alten Dorf, dem **Historic Village**, das Leben vor dem Zeitalter der Elektrizität vorführen (1850 Martin Luther King Jr. Dr. Geöffnet Di–Sa 10–17 Uhr). Westlich von Lumpkin befindet sich der **Providence Canyon State Park**, dessen kleiner Canyon erst 150 Jahre alt ist und seine Entstehung der Bodenerosion zu verdanken hat – ausgelöst durch übermäßige Baum-Rodungen und offene Felder. Der Canyon ist bereits 50 m tief und wächst ständig. Ein Fußweg führt in den Grund hinunter (ca. 45 Minuten). Am Canyon-Rand lassen sich sehr schöne Aufnahmen machen: Kontraste bieten die rote und weiße Erde, dunkelgrüne Bäume sowie Kudzu-Pflanzen und dazu der blaue Himmel.

Eufaula (ⓘ S. 155)

Folgen Sie nun dem US 280 weiter nach Südwesten und dann dem US 82. Auf der Alabama-Seite (Uhr um eine Stunde zurückstellen!) liegt die kleine Stadt Eufaula, deren historischer Distrikt als der zweitgrößte in Alabama gilt.

Spaziergang durch die nördliche Eufaula Avenue

Beeindruckend sind vor allem die verschiedenen architektonischen Stilelemente, die hier Haus an Haus zu sehen sind. Fahren Sie am besten zuerst zum Touristenbüro, das sich im **Hart House** (211 N. Eufaula Avenue) befindet. Hier gibt es Infos zu Eufaula und auch zu dem gesamten umliegenden Gebiet. Die **wirklich schönen Häuser** finden Sie in Eufaula entlang der nördlichen Eufaula Avenue und ihrer Nebenstraßen – also gleich in der Nachbarschaft des Touristenbüros. Sie können von hier aus auch laufen. Es lohnt sich! Hervorheben möchte ich noch das **Shorter Mansion**, dessen neoklassizistischer Stil mit seinen übermäßig verzierten Säulen seinesgleichen suchen dürfte. Innen befindet sich ein Museum, das sich mit den früheren Gouverneuren von Alabama befasst. Sie finden es in der 340 N. Eufaula Ave. Geöffnet Täglich 9–16 Uhr, So ab 13 Uhr.

Fahren Sie von Eufaula über Land auf dem US 82 nach Montgomery bzw. machen Sie noch einen Abstecher nach Tuskegee.

Ab dort endet der „Umweg".

Tuskegee

Kurz vor Tuskegee können sie noch in dem kleinen und etwas schäbig anmutenden Örtchen **Union Springs** anhalten. Vorausgesetzt, Sie verspüren Hunger. Es gibt dort nämlich eine ganze Reihe und für ein Dorf dieser Größe auffallend viele Fastfood-

Restaurants der allgemein bekannten Ketten. Mehr als das gibt es jedoch nicht zu sehen. Außer vielleicht einer kurzen Durchfahrt durch den „Historic District", der bestimmt auch schon bessere Zeiten „gesehen" hat.

Tuskegee selbst hat eine **Universität** (1212 W. Montgomery Rd.) mit einem wirklich großen und interessanten Campus, auf dem sich sehr schöne Gebäude befinden. Fahren oder gehen Sie ruhig einmal über den Campus. An der Schranke zum Gelände wird man Ihnen gerne Einlass gewähren. Den eigentlichen Ortskern von Tuskegee mit seiner Durchgangsstraße können und sollten Sie getrost auslassen. Das Wort „schäbig" wäre noch geschmeichelt. Sollte es spät geworden sein und Sie sich nach einer Übernachtungsmöglichkeit umsehen müssen, können Sie ca. zehn Minuten weiter in Richtung des I-85 fahren und sich in den unmittelbar vor und hinter der Autobahnbrücke liegenden zahlreichen Motels der bekannten Marken ein Quartier suchen. Restaurants gibt es dort auch eine ganze Menge. Wer es allerdings ursprünglich und ruhig (auch sehr preisgünstig) haben will, der nimmt nur wenige Meilen hinter Tuskegee das „in the middle of nowhere" liegende, im Dunkel hell erleuchtete Motel auf der rechten Seite der Landstraße – mitten im Wald, fast unheimlich und wirklich sehr, sehr einfach!

Interessanter Campus

• Tuskegee National Historical Site

Hier, in diesem kleinen unscheinbaren Städtchen im Osten von Alabama verbirgt sich jedoch noch eine **Sehenswürdigkeit**, die mittlerweile etwas in Vergessenheit zu geraten scheint, aber einen kurzen Umweg wirklich lohnt – „off the beaten track" sozusagen. An der University of Tuskegee lehrten nämlich bereits zum Ende des 19. Jh. schwarze Professoren, und auch die Studenten waren schwarz.

Einer der Universitätsgründer war *Booker Taliaferro Washington* (1855–1915), der als Kind noch auf dem Sklavenmarkt in Virginia für US$ 400 verkauft worden war (seine Nummer: „1 Negro Boy"). Nach dem Bürgerkrieg aber bis hin zu seinem Tod wurde Washington zu einem der berühmtesten und angesehensten Bürgerrechtler Amerikas. Er gründete und leitete über 30 Jahre lang die Universität – ein Werk, das dem Selbstbewusstsein des „dummen und faulen Neger" – wie die Weißen die Schwarzen damals bezeichneten – immensen Auftrieb gab.

Das Museum hier ist wirklich sehenswert, und verpassen Sie auch nicht den Film. Der kleine Museumsshop führt übrigens eine Reihe sehr interessanter Bücher zum Thema Bürgerrechtsbewegung und auch viele Biografien über schwarze Persönlichkeiten. Planen Sie ruhig für den Besuch des Museums (inkl. des Umweges vom Highway) zwei Extrastunden ein. Nehmen Sie dazu auf dem I-85 bei Tuskegee den Exit „State Route 81" und folgen Sie der Ausschilderung nach Tuskegee. Kurz vor dem Ortseingang geht es nach rechts ab, dann einfach dem Verlauf der Straße folgen. Das Museum ist täglich geöffnet 9–17 Uhr.

Booker T. Washington

Montgomery (ⓘ S. 155)

Überblick und Geschichte

Montgomery wurde 1819 als Handelsplatz am Alabama River gegründet und entwickelte sich schnell zu einer relativ bedeutenden Stadt. Den Konföderierten diente sie dann als Hauptsitz, und hier war es auch, von wo der Südstaaten-Präsident *Jefferson Davis* das berühmte Telegramm „Fire on Fort Sumter" abschickte.

Vom Bürgerkrieg weitgehend verschont

Ein Wunder eigentlich, dass die Stadt von den Unionstruppen größtenteils verschont worden ist und auch heute noch eine Reihe von älteren Wohnhäusern erhalten ist. Die schönsten davon finden Sie im **Garden Historic District** (Cloverdale: südlich des I-85). Nach dem Bürgerkrieg blieb die Stadt eine Verwaltungsmetropole, denn es zog die Industrie entweder an die Küste oder ins größere Birmingham.

Hochburg der Konservativen

Eines blieb Montgomery aber doch noch: die Hochburg der konservativen weißen Südstaatler. Dieses konnte nicht ewig gut gehen, zu deutlich waren die Rassendiskriminierungen. Am 1. Dezember 1955 platzte dann den Schwarzen der Kragen.

Redaktions-Tipps

• Wenn Sie es irgendwie einrichten können, versuchen Sie, ein Ticket für eine **Shakespeare-Aufführung** zu bekommen. Saison: November–September. (S. 155)
• Bedeutendste **Sehenswürdigkeiten**: State Capitol; Civil Rights Memorial & Center; Rosa Parks Museum & Library, Old Alabama Town; Dexter Patronage, First White House of Confederacy, Shakespeare Festival. (S. 514ff)
• Beachten Sie, dass die meisten Sehenswürdigkeiten in Montgomery am **Sonntag geschlossen** sind und auch am **Samstag oft früher** schließen. (S. 155)
• **Zeiteinteilung**: Ankunft am Nachmittag. Besichtigen Sie das Civil Rights Memorial und das Rosa Parks Museum & Library, am nächsten Morgen dann evtl. noch die Old Alabama Town und/oder eines der Regierungsgebäude.

INFO   Der Montgomery Bus-Boykott

Mit *Rosa Parks* hatte sich wieder einmal eine schwarze Frau in einem Bus geweigert, einem Weißen Platz zu machen – und die Busplätze, wie auch öffentliche Anlagen und viele private Geschäfte waren damals streng nach Ethnien getrennt. „Jim Crow Laws" wurden diese diskriminierenden Gesetze, die noch aus dem 19. Jh. stammten, genannt – paradoxerweise benannt nach einem kirchlichen Gesang von vor dem Bürgerkrieg.

Diesmal aber ließ sich die schwarze Buspassagierin nicht einfach so abspeisen. Nachdem ihre Personalien von der Polizei aufgenommen worden waren, eilte sie zu einem guten Freund, dem Pastor *E. D. Nixon*. Er fasste schnell einen Plan: Ein Bus-Boykott, dem alle Schwarzen folgen würden, wurde für den folgenden Montag, dem 5. Dezember 1955, angesetzt und in allen Zeitungen und Sonntag auf allen Kanzeln verkündet.

Was aber kaum einer für möglich hielt, war die Tatsache, dass die Schwarzen diesem Boykott zu 100 Prozent nachkamen. Obwohl die meisten von ihnen auf die Busse angewiesen waren, liefen sie meilenweit zur Arbeit, fuhren mit dem Fahrrad oder schlossen sich schnell zusammengestellten Fahrgemeinschaften an („Car Pools"). Schwarze Taxifahrer beförderten ihre Gäste zu Selbstkostenpreisen. Eine alte schwarze Frau, die sich

Rosa Parks bei ihrer Inhaftierung

mühsam auf einem Gehweg bewegte, antwortete auf die Frage eines Priesters, ob er sie mitnehmen solle: „My feet are tired, but my soul is at rest".

Dem gewaltlosen Aufstand in Montgomery schloss sich auch ein junger Priester an: *Martin Luther King Jr.*, damals gerade 26 Jahre alt. Bereits bei seiner ersten Rede faszinierte er nicht nur die Schwarzen. Reporter aus ganz Amerika wurden auf ihn und den Aufstand aufmerksam, und bald auch trafen Journalisten aus aller Welt in Montgomery ein.

Der Boykott funktionierte also, nur zog er sich viel länger hin, als es jemals geplant war. Keine Seite wollte nachgeben. Die Busgesellschaft musste – um mehr als 70 Prozent ihrer Gäste „beraubt" – die Preise erhöhen, weißen Geschäftsinhabern in der Innenstadt blieben die schwarzen Kunden fern. Doch auch „die andere Seite" hatte schwere Einbußen: Die – selbst vergünstigten – Taxifahrten gingen an die Substanz, besonders da die weiße Regierungsschicht mit immer neuen Repressalien aufwartete: Schwarze Taxiunternehmen wurden bei Straßenkontrollen wegen kleinster Mängel am Fahrzeug aus dem Verkehr gezogen, und die Anführer des Boykotts, allen voran *Martin Luther King*, mussten sich vor Gericht wegen „Anstiftung zum Boykott" verantworten.

Seinen Höhepunkt erhielt die Geschichte, als am 30. Januar 1956 eine Bombe vor *Kings* Haus explodierte. Ein blutiger Aufstand war kaum noch zu verhindern. Doch wieder rettete King mit seinem Redegeschick und Charisma die Situation. Er sagte nur wenige Worte, die aber beruhigten nicht nur die schwarzen Gemüter, sondern brachten auch viele Weiße auf seine Seite: „We cannot solve this problem through retaliatory violence. We must meet violence with non-violence. Remember the words of Jesus: ‚He who lives by the sword will perish by the sword' and remember, if I am stopped, this movement will not stop, because God is with the movement. Go home for this glowing faith and this radiant assurance!"

Der Boykott zog sich noch 10 weitere Monate hin. Dann erklärte am 13. November der US Supreme Court die Rassentrennung in öffentlichen Verkehrsmitteln für grundgesetzwidrig.

Dieser Bus-Boykott in Montgomery bedeutete die Initialzündung für die schwarze Bürger-rechtsbewegung in Amerika. Die Masse der schwarzen Bevölkerung hatte nun Mut und Selbstvertrauen gefasst und war bereit, für ihre Rechte – gewaltlos – auf die Straße zu gehen. Bis zum Ende der 1960er-Jahre waren alle „Jim-Crow"- Gesetze in den Südstaaten aufgehoben.

Rosa Parks wurde mit ihrer Aktion zu einer der Symbolfiguren der Menschenrechts-bewegung, hielt Reden, ermutigte andere Bürgerrechtler und wurde später von Präsident *Bill Clinton* für ihr Lebenswerk ausgezeichnet. Sie starb 92-jährig im Jahre 2005.

Montgomery hat heute etwas über 200.000 Einwohner (Großraum: 340.000 E.). Touristisch gibt es aber nicht sehr viel zu sehen. Wie z.B. Hauptstädte wie Columbia, Tallahassee oder Baton Rouge wird auch diese Stadt heute fast ausschließlich von den Regierungsgebäuden bestimmt. Am interessantesten mag mir erscheinen, Sie schauen sich nach Ihrer nachmittäglichen Ankunft das Civil Rights Memorial & Center sowie Rosa Parks Library & Museum an und besuchen danach alternativ die Dexter Patronage oder die Alabama Old Town mit den historischen Gebäuden aus den letzten 250 Jahren.

Regierungs-gebäude prägen Stadtbild

Danach aber sollten Sie sich die Zeit nehmen und sich in Ruhe einmal ein Buch über die schwarze Bürgerrechtsbewegung zur Hand nehmen und lesen. Am nächsten Morgen fahren Sie dann einfach weiter nach Selma und zu Ihrem nächsten Ziel. Nur eines würde alles in den Schatten stellen: eine Karte für das Shakespeare-Festival. Montgomery wurde selbst von englischen Fachleuten als die **beste Shakespeare-Bühne Amerikas** bezeichnet. Saison: November bis August.

Sehenswertes

Um mich noch einmal zu wiederholen: Montgomery bietet nicht viel an Sehens-würdigkeiten, und mehr als 3 Stunden benötigen Sie für die Besichtigung des Wesent-lichsten nicht – soweit Sie sich nicht speziell mit etwas beschäftigen wollen.

Zu Fuß durch die Innenstadt

Beginnen Sie also die Erkundung am **Visitor Center (1)** im alten und schön restau-rierten **Union Station** in der Water Street. Von hier verkehrt Mo–Sa (9–18 Uhr) ein Trolley-Bus zu den Sehenswürdigkeiten der Innenstadt. Wo Sie möchten, können Sie aus- und später wieder zusteigen. Sie können die Innenstadt auch gut zu Fuß erkunden (nur die Dexter Patronage ist etwas weit). Gehen Sie zuerst durch das alte Geschäftszentrum der Stadt, der **Commerce Street** und nach dem u.g. Hank Williams Museum auch entlang der unteren **Dexter Avenue**. Die alten Stadt-gebäude mit ihren z.T. verfallenen Fassaden sind ein Indiz dafür, wie sich eine Stadt mit ihren Vorstadt-Malls wandeln kann. Wo vor 50 Jahren noch das Leben pulsierte und ausgesuchte Geschäfte zu finden waren, bemüht sich die Stadtverwaltung heute, zumindest wieder etwas Leben hineinzubringen. Bis zum Erfolg scheint es aber noch ein weiter Weg.

Hank Williams Museum (2)

118 Commerce St. Geöffnet Mo–Sa 9–18 Uhr (Nov.–Mrz. nur bis 17 Uhr), So 13–16 Uhr.
Der bekannte Country-Sänger war ein Kind der Stadt und verbrachte hier einen großen Teil seines Lebens. Er starb 1953 im Alter von nur 29 Jahren und wurde in Montgomery begraben (Oakwood Cemetery, Upper Wetumpka Rd., nordöstl. der Innenstadt). Zahlreiche Memorabilien aus *Hank Willams'* Leben sind hier zu bewundern (etwas wild zusammengestellt) und zwei Blocks entfernt (Ecke Madison/Perry Sts.) erinnert eine **Statue (3)** an ihn.

Old Alabama Town (4)

Old Alabama Town

Eingang und Info: 310 North Hull Street. Geöffnet Mo–Sa 9–15 Uhr. Im Infocenter erhalten Sie eine genaue Beschreibung der Häuser – auch auf Deutsch – bzw. einen Rekorder, der Sie sprachlich durch das Areal begleitet.
Auf 4 Häuserblocks verteilt, hat man 20 Gebäude wieder aufgebaut, die jedes für sich eine Stil- bzw. Zeitepoche in der Geschichte von Alabama widerspiegeln sollen. An einigen Häusern werden alte Handwerkskünste vorgeführt, in anderen befinden sich Souvenirläden. Viele Häuser sind auch von Firmen besetzt und daher nicht von innen zu besichtigen. Einen guten Eindruck erhalten Sie aber schon, selbst wenn Sie – mit Hilfe des deutschen Textblattes – nur von außen an den Häusern entlang spazieren.

Rekonstruierte Geschichte

State Capitol (5)

Bainbridge Street/Dexter Avenue, geöffnet zu den üblichen Bürozeiten.
Das stattliche Gebäude mit seiner typischen Kuppel wurde 1851 errichtet und beherbergte von 1860 bis 1865 die Regierung der konföderierten Staaten. Vor einigen Jahren wurde das gesamte Gebäude – welches heute nicht mehr für Senatssitzungen benutzt wird – kostenaufwendig renoviert. Der Besuch ist kostenlos, und Sie können einfach herumlaufen. Interessant sind vor allem die Gemälde in der Rotunde, die sich mit der Geschichte Alabamas befassen.

Historien-gemälde in der Rotunde

Alabama Department of Archives and History (6)

624 Washington Avenue, Museum geöffnet Mo–Fr 8.30–16.30 Uhr, nur erster Sa im Monat 8.30 –16.30 Uhr. Archiv: Gleiche Zeiten, aber Mo geschlossen.
Das Museum zeigt Exponate zur Geschichte von Alabama, während Interessierte in den Archiven die Möglichkeit erhalten, sich anhand von spezieller Literatur mit der Geschichte von Alabama, den Südstaaten und den Bürgerrechtsbewegungen auseinanderzusetzen. Als Archiv bietet diese Sammlung bestimmt den besten Einblick in Themengebiete, den Südens der USA betreffend.

Hoch-spezialisiertes Themenarchiv

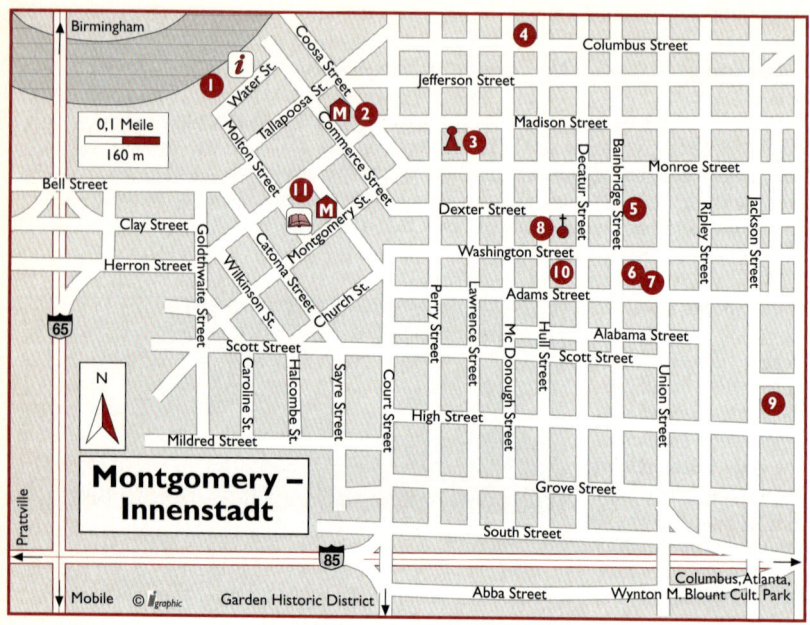

Montgomery – Innenstadt

First White House of the Confederacy (7)

644 Washington Avenue, Touren Mo–Fr 8–16.30 Uhr.
In diesem Haus lebte der Südstaaten-Präsident *Jefferson Davis* mit seiner Familie von
Januar bis Mai 1861. In dieser Zeit wurde das Staatswesen der Konföderierten Staaten im Capitol organisiert. Heute sind ein paar seiner Besitztümer hier zu sehen und
einige Andenken aus der Zeit des Bürgerkrieges.

Dexter Avenue King Memorial Baptist Church (8)

454 Dexter Avenue. Geöffnet Mo–Fr 9–12 Uhr u. 13 – 16 Uhr, Sa 10–14 Uhr. Touren
Mo–Do 10 und 14 Uhr, Fr 10 Uhr. Gottesdienste können besucht werden: So um 11
Uhr.

„Startpunkt"   Hier begann *Martin Luther King Jr.* 1954 seine Laufbahn als Prediger. An den Wänden
für Martin   finden Sie einige Erinnerungsstücke und Bilder aus *Kings* Leben bzw. betreffs der
Luther King   Bürgerrechtsbewegungen. Gewohnt hat er von 1954–60 in der **Dexter Parso-**
nage (9) (309 S. Jackson St., 10 Minuten zu Fuß von hier), das heute als kleines
Museum zugänglich ist und die Geschichte der Gemeinde und die Bedeutung ihrer
Pastoren für die Bürgerrechtsbewegung aufzeigt. Neben *King* war auch sein Vor-
gänger Pastor *Johns* (1947–52) sehr engagiert.

1	Visitor Center (Touristeninformation)
2	Hank Williams Museum
3	Hank Williams Statue
4	Old Alabama Town
5	State Capitol
6	Alabama Department of Archives and History
7	First White House of the Confederacy
8	Dexter Avenue King Memorial Baptist Church
9	Dexter Parsonage
10	Civil Rights Memorial & Center
11	Rosa Parks Library and Museum

Civil Rights Memorial (10)

Ecke Washington Avenue/Hull Street. 24 Stunden zugänglich.

Dieses kleine, aber eindrucksvolle Monument ist den 40 Menschen gewidmet, die während der „heißen Phase" der Bürgerrechtsbewegungen (1955–68) für ihre Idee ihr Leben lassen mussten. Die Gedenkstätte wurde 1989 errichtet. Designerin war die Vietnamesin *Maya Lin*, sich auch das Vietnam War Memorial in Washington erdacht hatte. Angeschlossen ist das **Civil Rights Memorial Center** mit Erläuterungen zur Geschichte der Bürgerrechtsbewegungen.

Den Toten der Bürgerrechtsbewegung gewidmet

INFO ## Geschichtsdaten der bekanntesten amerikanischen Bürgerrechtsgruppe, der NAACP

Die **NAACP** (*National Association for the Advancement of Colored People*) hat sich das Ziel gesetzt, sich für die Gleichheit der Bevölkerungsgruppen einzusetzen und dieses nicht nur in Amerika.

1909 Gründung durch *W.E.B. Du Bois* und ein paar weiße Liberale, nachdem in Springfield, ILL, 2 Schwarze von einem Mob gelyncht worden sind.

1915 Erfolgreich kämpft die *NAACP* vor dem Supreme Court für die Aufhebung des „Grandfather Device", eines alten Antebellum-Gesetzes, das die Rassentrennung immer noch legalisiert hatte. Dagegen verliert die Gruppe in einem Prozess um das Verbot des Ku-Klux-Klan-Filmes „Birth of a Nation", in dem die Schwarzen als gewalttätig und der Entwicklung des Landes hinderlich dargestellt werden.

1917 Erster Bürgerrechtsmarsch der NAACP in New York mit 15.000 Teilnehmern als Folge von Gewalttätigkeiten gegen Schwarze in St.Louis.

1919 Die *NAACP* veröffentlicht den Bericht „Thirty Years of Lynching in the USA 1889–1913", in dem 3.200 Fälle von Lynchjustiz an Schwarzen dokumentiert werden.

1939 Der Federal Court urteilt, dass ein Gesetz im Staate Maryland, das niedrigere Löhne für schwarze Lehrer vorsieht, gegen die Verfassung verstößt.

1941 *NAACP* übt Druck auf Präsident *Roosevelt* aus und zwingt ihn, diskriminierendes Verhalten von Kriegsfirmen zu unterbinden.

1954 Mit dem „Brown against Board of Education" (Brown gegen das Bildungsministerium)-Urteil setzt der Supreme Court fest, dass getrennte Schulen verfassungswidrig sind.

1955 *Rosa Parks*, eine Mitarbeiterin der *NAACP*, wird in Montgomery verhaftet, nachdem sie ihren Sitz nicht einer Weißen überlassen will. Der „Montgomery Bus Boycott" ist die Folge.

1956 Regierungen verschiedener Südstaaten erklären die *NAACP* zu einer „subversiven Vereinigung, die den Fortschritt der Nation behindert" und beginnen mit einer Reihe von Repressalien.

1957 Die *NAACP* hilft 9 schwarzen Schülern in Little Rock, AR, eine (bis dahin „weiße") High School zu besuchen.

1963 Bürgerrechtsmarsch in Washington mit über 200.000 Teilnehmern, darunter vielen Weißen. Im Staate Mississippi wird der *NAACP*-Führer *Medgar Evers* ermordet.

1964 Erfolgreicher Kampf der *NAACP* für die Gleichstellung aller Bevölkerungsgruppen bei Einstellungen, Besuch von öffentlichen Einrichtungen und bei Schulbesuchen.

1965 Der „Voting Rights Act" verbietet es Staaten, bei Wahlen diskriminierende Verhaltensweisen zu gebrauchen.

1970–1985 Verschiedene Initiativen der *NAACP* für die Gleichstellung aller Bevölkerungsgruppen – besonders was das Wahlrecht und die getrennten Schulen angeht.

1986 Die *NAACP* zwingt die Bundesregierung zu Sanktionen gegen Südafrika.

1994 Die *NAACP* gerät ins politische Schussfeld, nachdem ihr Verbindungen mit kriminellen Banden und dem antisemitischen Führer der Gruppe „Nations of Islam" nachgesagt werden.

2000 Am 17. Januar organisiert die *NAACP* einen „Great March" in Columbia, SC, bei dem gegen das Hissen der Flagge der Konföderierten an öffentlichen Gebäuden protestiert wird. 50.000 Menschen nehmen daran teil und in allen Südstaaten wird die Frage erneut zu einem Politikum.

2001 Unter dem Namen „Cincinnati Riots" beschließt der *NAACP* einen Strategieplan. Er beinhaltet verschärfte Vorgehensweisen gegen Menschenrechtsverletzungen.

2005-10-27 *Rosa Parks* stirbt 92-jährig.

Rosa Parks Library & Museum (11)

252 Montgomery St. Geöffnet Mo–Fr 9–17 Uhr, Sa 9–15 Uhr

Das Museum wurde an der Stelle erbaut, an der *Rosa Parks* sich geweigert hat, ihren Sitzplatz im Bus aufzugeben. Lesen Sie dazu im Info-Kasten am Anfang dieses Kapitels.

Im Museum wird auf die Geschichte der Bürgerrechtsbewegung eingegangen und eben besonders auf die Bedeutung von *Rosa Parks* und ihr Handeln. Zu sehen gibt es einen Nachbau des Busses und viele Dokumente und Filmausschnitte dokumentieren die unruhigen Jahre. Übersichtlich und gut zusammengestellt!

Gehen Sie nun zurück zu Ihrem Auto, und falls Sie noch Lust haben sollten, etwas herumzufahren, bieten sich folgende Punkte noch an:

Rosa Parks Museum & Library

Der **Garden Historic District** südlich des I-85 (Cloverdale zwischen S. Court Street und S. Ripley Street) mit seinen schönen Wohnhäusern, die z.T. noch von vor dem Bürgerkrieg stammen. Das **Shakespeare Theatre** und das **Museum of Fine Arts**, die sich beide – miteinander verknüpft – im Osten der Stadt im **Wynton M. Blount Cultural Park** befinden. Nehmen Sie den I-85 bis zum Exit Eastern By-Pass und folgen Sie von dort den Schildern. *Historische Wohnhäuser*

Weiter in Richtung Mobile bietet sich Ihnen eine alternative Strecke an, eine Strecke, die durch den tiefen und schwärzesten Süden führt und an deren Wegesrändern sich die Vergangenheit des schwarzen Befreiungskampfes und dessen (heutige) Resultate sehen und beurteilen lassen.

Selma (ⓘ S. 155)

Auf den Karten nur sehr klein eingezeichnet, ist Selma doch ein Ort, der wie kaum ein anderer die Geschichte des Südens widerspiegelt – mit allen ihren Höhen und Tiefen! Am 18. Oktober 1540 traf der spanische Eroberer *Hernando de Soto* hier mit dem Indianerhäuptling *Tuskaloosa* zusammen (der Ort Selma existierte zu dieser Zeit noch nicht). Ein Treffen, das mit einem Gemetzel an den Indianern endete. Nachdem Selma 1815 gegründet wurde, wuchs es schnell zu einer bedeutenden Baumwoll-Metropole heran, und das 9 Meilen entfernte **Cahawba** fungierte für wenige Jahre sogar als Hauptstadt von Alabama. *Spiegel der Geschichte des Südens*

Viele Villen entstanden vor dem Bürgerkrieg, und während des Krieges diente die Stadt als wichtiges Versorgungszentrum für die Südstaatenarmee. 1865 wurde Selma eingenommen, doch die Baumwolle bescherte den Bewohnern auch nach dem Krieg einen soliden Wohlstand.

Anfang März 1965 dann geriet die kleine Stadt in die Schlagzeilen: Am „Bloody Sunday" machten sich Tausende von Schwarzen – und auch weiße Bürgerrechtler – auf, um über die **Edmund Pettus Bridge** nach Montgomery zu marschieren, wo sie eine Protestnote übergeben wollten. Kaum hatten sie die Brücke überquert, fanden sich die friedlichen Demonstranten im Kugelhagel der aufmarschierten Nationalgarde wieder, und viele wurden niedergeknüppelt. Es gab unzählige Verletzte. *Blutige Bürgerrechts-kämpfe*

Am 21. März 1965 setzte sich daraufhin erneut eine Gruppe von Bürgerrechtlern in Marsch, angeführt von *Martin Luther King Jr.* Diesmal wurden sie durchgelassen und, angekommen in Montgomery, bewirkte diese Kundgebung das Passieren des „Nation's Voting Rights Act". Von nun an durfte jeder wählen, egal welche Hautfarbe er trug.

Edmund Pettus Bridge

Fahren Sie durch Selma durch, schauen Sie sich die alten Stadthäuser an der **Water Avenue** (gleich hinter der Brücke) und den **Historic District** um die Lawrence Street an, besichtigen Sie das **National Voting Rights Museum** (Water Avenue) und die **Brown Chapel AME Church** (410 Martin Luther King Street). Im **Old Depot Museum** (4 Martin Luther King Jr. St.) wird die Geschichte von Selma seit seiner Gründung erzählt.

Selma kann man wirklich als „Off the beaten path" bezeichnen, und es ist durch seine Provinzialität, die beschauliche Südstaatenatmosphäre und seine interessante, aber zumeist heruntergekommene Architektur immer noch ein Geheimtipp! Eine Übernachtung in Selmas historischem **St. James Hotel** böte sich als Alternative zu Montgomery an.

Verflogene Bedeutung
Falls Sie noch etwas Zeit haben sollten, fahren Sie nach **Cahawba**, um zu sehen, wie schnell eine einst bedeutende Stadt sich (fast) in nichts auflösen kann – all das ist der Süden Amerikas, und nur auf einem so kleinen Gebiet

Weiter geht es nun in südlicher Richtung. Folgen Sie den Hwys.: 41, 47, 21, 1 und 59, also immer dicht entlang dem Alabama River. Halten Sie die Augen auf und beobachten Sie, inwieweit oder ob überhaupt sich seit 1955 etwas ändert bzw. geändert hat im reaktionären Süden. Ich denke schon, aber es ist noch ein weiter Weg bis zur alle zufriedenstellenden Gleichberechtigung. Die Landschaft hier ist bestimmt von Agrarflächen: Baumwolle, Reis und Getreide, die kleinen Orte wirken verschlafen und etwas trostlos.

Monroeville (ⓘ S. 155)

Heimat Truman Capotes
Die kleine Stadt nennt sich heute gerne auch die „Literature Capital of Alabama", denn zwei berühmte Schriftsteller kommen von hier. Einer ist *Truman Capote* (u.a. „Breakfast at Tiffany's", „Grass Harp"), die andere *Nelle Harper Lee*, deren erfolgreicher Roman „To kill a Mockingbird" (dt.: „Wer die Nachtigall stört") ihr 1961 den Pulitzer Prize einbrachte. *Lee's* Roman erzählt die Geschichte von einem Anwalt, der in den 1930er-Jahren einen Schwarzen verteidigt, dem vorgeworfen wird, eine weiße Frau vergewaltigt zu haben. Vorbild für den Ort der Geschehnisse war Monroeville, hieß im Roman aber Macomb. Das Gerichtsverfahren, das heute noch alljährlich im Mai im **Old Monroe County Courthouse Museum** (Courthouse Square, Downtown, geöffnet Mo–Fr 8–12 Uhr, 13–16 Uhr, Sa 10–14 Uhr) als Theaterstück aufgeführt wird, verlief natürlich nicht ohne Hindernisse und Ressentiments von Seiten sturer Rassisten.

Sicherlich ist es interessant, einmal durch eine Stadt zu fahren, die Vorbild für so eine Geschichte gewesen ist und die stellvertretend für viele andere Kleinstädte im Süden der USA zu Zeiten der Rassenunruhen stehen kann. Zu sehen gibt es sonst aber nicht viel, außer vielleicht noch dem kleinen, 15 Meilen entfernten **Alabama River Heritage Museum** (erst AL 41, dann Co Rd. 17, Claiborne Lock&Dam, geöffnet März–Okt., Fr u. Sa 9–16 Uhr) nordwestlich der Stadt. Hier gibt es Infos und Ausstellungen zur Geschichte des Countys, beginnend mit der der ersten Indianer, u.a. mit dem Ziel, die Bedeutung des Alabama Rivers für die Region zu erläutern.

Infos zur Landesgeschichte

15. Chattanooga und weiter nach Nashville

Chattanooga (ⓘ S. 155)

> ▸▸ **Entfernungen**
> Chattanooga – Knoxville: 112 mi/ 180 km
> Chattanooga – Nashville: 129 mi/ 208 km
> Chattanooga – Memphis: 322 mi/ 518 km

Redaktions-Tipps

- Übernachten Sie nach Möglichkeit in einem Waggon des „**Holiday Inn Chattanooga Choo-Choo**" (S. 155). Rechtzeitig reservieren!
- Dinieren: Wegen der einmaligen Atmosphäre eines luxuriösen alten **Eisenbahnspeisewagens** sollten Sie im „Dinner in the Diner" speisen (nur Fr u. Sa). Rechtzeitige Reservierung empfehlenswert. (S. 155)
- Ohne das Verständnis für den komplizierten Ablauf der Bürgerkriegsschlachten lohnt der Besuch des gesamten Military Park nicht. Besuchen Sie daher das „**Battles of Chattanooga Museum**" und sehen Sie sich auch den Film im Visitor Center des Military Park an. (S. 530)
- **Zeiteinteilung**: 1 Tag: Am Ankunftsabend bzw. am Morgen können Sie sich ja zuerst den Chattanooga-Choo-Choo-Bahnhof anschauen. Nächste Station sollte das „Battles of Chattanooga Museum" sein. Fahren Sie anschließend zum Lookout Mountain. Am schönsten ist die Aussicht vom Point Park. Am Nachmittag steht der Abschnitt des Military Park am Chickammauga an.

Überblick und Geschichte

Gegründet wurde die Stadt am Tennessee River 1835 als Handelsposten von Cherokee-Indianern. Sie gaben ihr den Namen „Tsatanugi". Das bedeutet soviel wie: „Der Berg, der zu einem Punkt" kommt, womit der alles beherrschende Lookout Mountain gemeint war. Auch im weiteren Umland ist Chattanooga von mehreren Bergen umgeben, was es bereits früh zu einem beliebten Ausflugsziel gemacht hat. Nachdem die Indianer 1839 auf ihrem tragischen „Trail of Tears" die Stadt verlassen mussten, kamen die ersten Siedler. *Von Cherokee gegründet*

Mehrere Eisenbahnlinien und Straßen machten den um 1860 erst 2.500 Einwohner zählenden Ort zu einem wichtigen Verkehrsknotenpunkt. Diese Tatsache erkannten dann während des Bürgerkrieges auch die Generäle der Unionsarmee. Sie bereiteten 1863, nachdem sie bereits zuvor bei Gettysburg und Vicksburg die Konföderierten vernichtend an den Flanken schlagen konnten, den Angriff auf Chattanooga vor, um dann von hier aus ihren „Marsch *Wichtiger Verkehrsknotenpunkt*

Blick auf Chattanooga vom Point Park

zum Meer" beginnen zu können. Mit dem Sieg auf diesem Schlachtfeld und den Siegen von Vicksburg und Gettysburg war die Niederlage der Südstaaten und die Aufsplitterung ihrer Truppen endgültig besiegelt. 1876 wurde in Chattanooga die erste Coca-Cola-Abfüllanlage eingerichtet. Das brachte Startkapital für die wirtschaftliche Entwicklung der Stadt, und eine Reihe von Villen am Lookout Mountain wurde mit diesem Geld finanziert. Ein Geschäftsmann eines alteingesessenen Cola-Clans hat übrigens gut hundert Jahre später 30 Millionen Dollar gespendet für den Bau des Tennessee Aquariums.

Im beginnenden 20. Jh. entwickelte sich Chattanooga zu einer hässlichen Industriestadt. Bis in die 1980er-Jahre hinein galt die Stadt mit ihren zahlreichen Metall verarbeitenden Betrieben und Kraftwerken als die „Dreckschleuder der Nation". Moderne Filteranlagen und das langsame Aussterben der Schwermetall-Branche haben diesen negativen Effekt mittlerweile nahezu ausgemerzt. Heute hält vor allem der Tourismus Einzug, und besonders an den Wochenenden strömen Urlauber aus Atlanta, Birmingham und Nashville in die Stadt.

Architek-
tonisch im
Umbruch
Die Wirtschaft der Stadt basiert auf der Metallindustrie, Kraftwerksanlagen (Kohle und Atomkraft), Keksfabriken sowie der Tatsache, dass die Stadt ein bedeutender Eisenbahnknotenpunkt ist. Architektonisch und strukturell aber befindet sich Chattanooga – eine Stadt mit überwiegend Lagerhäusern und mittelständischen Industriebetrieben – im Umbruch. Viele Wirtschaftsgebäude stehen leer, und noch bemühen sich viele Stadtteile um eine Neuentwickelung. Bleibt also abzuwarten, wo sich mittelfristig die interessanten Geschäfte und Restaurants ansiedeln werden. Lohnenswerte Gebiete sind aber heute schon der Chattanoogaa Choo Choo District, der sich in und um den alten Bahnhof befindet, der Bluff View Art District, der Tennessee Riverwalk (um das Aquarium) und einige restaurierte Straßenzüge in der Innenstadt.

Reiz alter
Industrie-
fassaden
Chattanooga ist eine besuchenswerte Stadt für Eisenbahnfans, Interessierte am Bürgerkrieg und Hobbyfotografen, welche sich begeistert für Schwarz-Weiß-Aufnahmen auf die alten Industrieanlagen und Lagerhausfassaden stürzen werden. Wen keiner dieser drei Punkte lockt, der sollte nur eine Nacht hier bleiben, sich kurz im Chattanooga Choo Choo District umschauen, den grandiosen Blick vom Point Park genießen und anschließend weiterfahren.

 Tipp

Falls Sie die ganze Stadt erkunden möchten, sollten Sie dem „Scenic Drive" folgen, der gut gekennzeichnet ist mit kleinen Schildern, auf denen eine Dampflokomotive abgebildet ist. Eine Erläuterungskarte dazu gibt es im Visitor Center.

Geografisch lassen sich die touristisch interessanten Punkte in 4 Abschnitte einteilen:
Zentrum Innenstadt, Riverfront und Chattanooga Choo Choo District
Südlich Um den Lookout Mountain
Chickammauga-Schlachtfeld, Gebiet des gleichnamigen Military Park
Östlich Tennessee Valley Railroad

Sehenswertes im Innenstadtgebiet

Gehen Sie zuerst zum Visitor Center neben dem Aquarium und besorgen Sie sich hier Karten und Informationsmaterial. Besonders die **Karte mit der Erläuterung des „Scenic Drive"** sollten Sie sich geben lassen. Wer nicht alles zu Fuß erlaufen möchte, dem sei der (elektrische) **Shuttle-Bus** empfohlen, der die wesentlichen Sehenswürdigkeiten der Stadt abfährt. Ein guter Startpunkt hierfür sind der Choo-Choo-Bahnhof (gute Parkplätze im Umfeld) bzw. das Visitor Center (Parkplätze am Aquarium).

Ross Landing Park und Tennessee Riverwalk (1)

In den letzten Jahren wurde das Areal am Flussufer zwischen der I-75-Brücke im Westen und der Veterans Bridge im Osten zu einem attraktiven Viertel umgestaltet. Neben dem Aquarium gibt es zahlreiche Restaurants, Spazierwege nahe dem Ufer und über die **Walnut Street Bridge** (keine Autos, schöne Aussicht auf Tennessee River und Stadt!) sowie den Bluff View Art District mit dem Hunter Art Museum und weiteren Restaurants. Etwas modern an manchen Ecken, aber sehr beliebt auch bei den Einheimischen. Leider finden nur wenige Menschen am Abend den Weg hierher. *Zum attraktiven Viertel umgestaltet*

Tennessee Aquarium (2)

Am nördlichen Ende der Broad Street. Geöffnet täglich 10–18 Uhr. Bereits der Bau fasziniert durch seine pyramidenähnliche Glasfassaden. Das Süßwasseraquarium – übrigens eines der größten seiner Art in der Welt – ist sehr eindrucksvoll gestaltet: Die Fauna von 6 Süßwasserflüssen wird erläutert, und zudem wird Ihnen in einem extra angelegten Hartholzwald die Biologie des Tennessee River veranschaulicht („Tennessee River Gallery"). Auch speziell über das Mississippi-Delta und den Golf von Mexiko gibt es einen Bereich. Angeschlossen ist ein IMAX-Kino, in dem Unterwasserfilme in 3D-Format gezeigt werden. Das Kino befindet sich Ecke Chestnut/2nd Sts. *Faszinierende Einblicke in die Süßwasserwelt*

Eindrucksvoll in Szene gesetzt: das Tennessee Aquarium

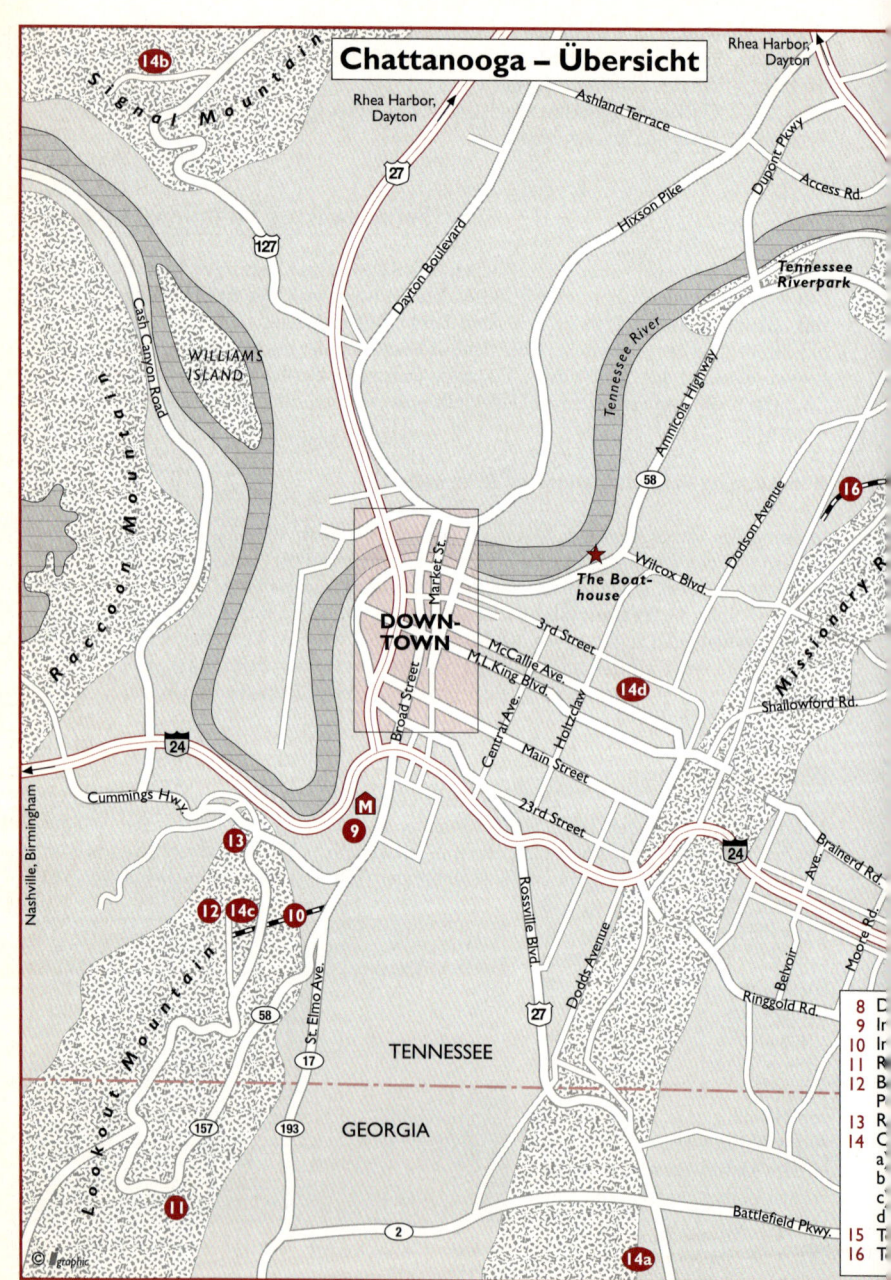

Chattanooga – Übersicht

Downtown

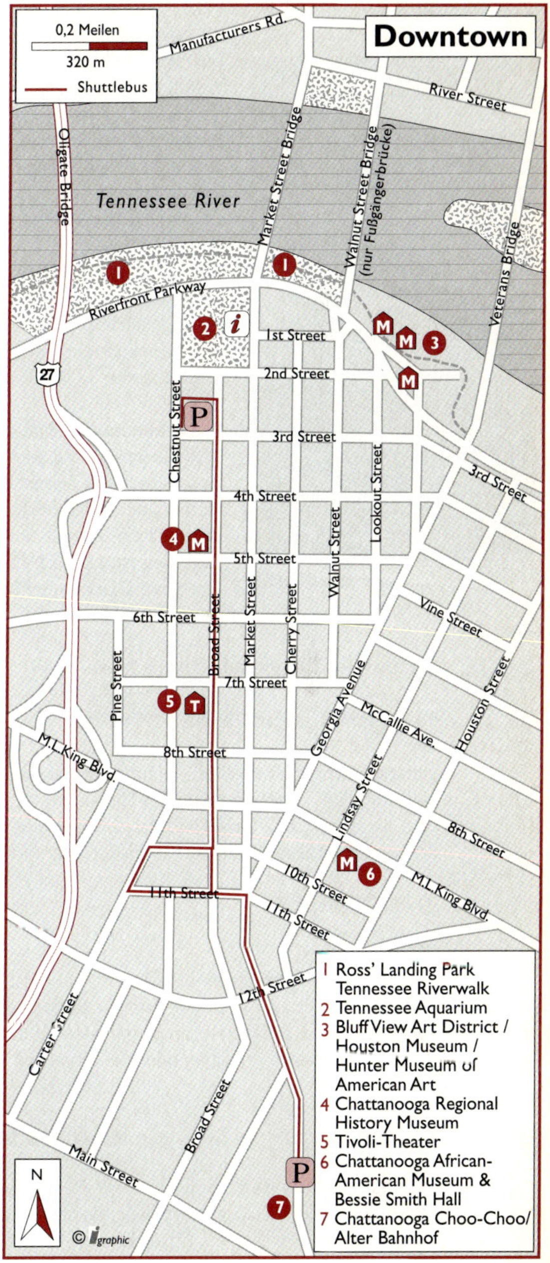

0,2 Meilen

320 m

Shuttlebus

N

1 Meile

1,6 km

Chickamauga Lake

Booker T. Washington State Park

58

Jersey Pike

Knoxville

Bonny Oaks Drive

Shallowford Rd.

Shepherd Rd.

Airport Rd.

Lee Highway

Atlanta

Manufacturers Rd.

River Street

Tennessee River

Riverfront Parkway

Ohgate Bridge

Market Street Bridge

Walnut Street Bridge (nur Fußgängerbrücke)

Veterans Bridge

Chestnut Street

Lookout Street

Walnut Street

Cherry Street

Vine Street

Houston Street

Market Street

Broad Street

Pine Street

M.L.King Blvd.

Georgia Avenue

McCallie Ave.

Lindsay Street

Carter Street

Main Street

Broad Street

1st Street
2nd Street
3rd Street
4th Street
5th Street
6th Street
7th Street
8th Street
3rd Street
8th Street
10th Street
11th Street
12th Street
M.L.King Blvd

i

1 **Ross' Landing Park Tennessee Riverwalk**
2 **Tennessee Aquarium**
3 **Bluff View Art District / Houston Museum / Hunter Museum of American Art**
4 **Chattanooga Regional History Museum**
5 **Tivoli-Theater**
6 **Chattanooga African-American Museum & Bessie Smith Hall**
7 **Chattanooga Choo-Choo / Alter Bahnhof**

...s Museum
...owing & Recovery Museum
...ailway) / Zahnradbahn
...dens
...tanooga Electrical Map & Museum /

... Chattanooga National Military Park
...a-Schlachtfeld

...ob
...y Railroad – East Chattanooga
...y Railroad – Grand Junction Depot

© graphic

Bluff View Art District (3)

Imposant: Hunter Museum of Art

Auf einer Anhöhe östlich des Aquariums wurde dieses Viertel nett herausgeputzt. Alte Häuser mit Galerien, Cafés und Restaurants locken tagsüber viele Besucher an, zudem das **Houston Museum** (20 High St., Mo–Sa 10–18 Uhr) mit einer Sammlung an Antiquitäten, Porzellan und Glaskunstwerken. Hauptattraktion aber ist hier ohne Zweifel das imposante **Hunter Museum of American Art** (10 Bluff View, Di–Sa 10–16.30 Uhr, So 13–16.30 Uhr) mit einer großen Ausstellung, die sich, wie der Name bereits verrät, mit amerikanischer Kunst beschäftigt. Beeindruckend sind neben dem Gebäude, das auf einer Klippe steht, vor allem die Skulpturen im Umfeld des Museums.

Die **Innenstadt** befindet sich seit Jahren in einer Phase der Neuentwicklung. Heruntergekommene und verlassene Geschäfte liegen Tür an Tür mit Hochhäusern, modernen Hotels und aufgemöbelten Yuppie-Lokalen. Durchaus ein interessanter Aspekt amerikanischer Innenstadtentwicklung. Neu ist z.B. auch das architektonisch eindrucksvolle **Creative Discovery Museum**, das aber vor allem technische Dinge für Kinder unter 12 Jahren erklärt.

Chattanooga Regional History Museum (4)

400 Chestnut St., Ecke 4th St., geöffnet Mo–Fr 10.30–16.30 Uhr, Sa u. So 11–16.30 Uhr.

Erste Coca-Cola-Abfüllstation

Untergebracht in einem alten – und ziemlich heruntergekommenen – Schulhaus wird hier vor allem regionale Kost zum Thema Geschichte geboten. Interessant ist z.B., dass die erste Coca-Cola-Abfüllstation 1899 hier in Chattanooga eröffnet wurde. Ansonsten wirklich sehr auf Chattanooga begrenzt.

Tivoli-Theater (5)

709 Broad St.

Sehenswerte Innenarchitektur

1921 erstmals eröffnetes Varieté-Theater. Für 7 Millionen Dollar wurde das Gebäude 1986 restauriert, und in unregelmäßiger Folge finden hier jetzt Konzerte, Theateraufführungen u.ä. statt. Zwar ist die Innenarchitektur nicht ganz so eindrucksvoll wie die des Fox Theatre in Atlanta oder des Tennessee Theatre in Knoxville, aber durchaus sehenswert.

Chattanooga African American Museum & Bessie Smith Hall (6)

200 East M.L. King Blvd., geöffnet Mo–Fr 10–17 Uhr, Sa 12–16 Uhr.
Eine etwas „wilde" Zusammenstellung, die der Geschichte der Schwarzen in Chattanooga gerecht werden soll. Dazu gehören dann wohl auch Kunstgegenstände aus

Afrika selbst und Erläuterungen, wie die Menschen dort leben. Interessant ist die kleine Ausstellung über die Bluessängerin *Bessie Smith* (1894–1937), die in Chattanooga aufgewachsen ist.

Chattanooga Choo-Choo (7)

1400 Market Street. 1909 fertiggestelltes Bahnhofsgebäude, dessen Entwürfe bereits *International* 1903 den 1. Preis bei der Paris Beaux Arts Competition erhielten. 1970 stillgelegt, *preisgekrönt* wurde der Bahnhof 1974 mit Hilfe einer privaten Finanzierungsgruppe und der Holiday-Inn-Kette restauriert und zu einem attraktiven Freizeitareal umgestaltet. Die alte Bahnhofshalle dient nun als Hotelfoyer, die Bahnsteige bieten Restaurants, Cafés, Pubs, Livemusik und viele kleine Souvenirläden.

Von hier fährt auch mehrmals täglich eine **historische Straßenbahn** ab, die auf *Anekdoten* den Gleisen um den Bahnhof herumbummelt. Der Fahrer erzählt dazu dann *in der* Hintergundgeschichten zur Eisenbahngeschichte von Chattanooga. Die große **Mo-** *Bummelbahn* **delleisenbahn** in einer ehemaligen Wartehalle sollten Sie sich auch nicht entgehen lassen. Es war einmal die größte Anlage dieser Art in der Welt. Viele der **alten Schlafwagen** auf den Gleisen sind umfunktioniert worden zu Hotelsuiten.

Der „Chattanooga Choo-Choo" war übrigens der erste öffentliche Personenzug, der ab dem Jahr 1880 die Nord-Süd-Route fuhr und wurde von der Cincinnati Southern Railroad betrieben. Alles in allem eine gelungene Symbiose aus Geschichte, Freizeitanlage und modernem Hotel. Abends böte sich ein Drink in der eindrucksvollen Hotelbar (aus den 1930er-Jahren) an.

Historische Bahnen im alten Hauptbahnhof

Im Umfeld des Bahnhofs entsteht ein interessantes Stadtviertel, das zzt. noch eine Mischung aus bereits vorhandenen *Neu-* Shoppingmalls (z.B. Warehouse Row) und kleinen Geschäften (entlang der Market *entwicklung* Street) und alten, größtenteils leeren Geschäften und Lagerhäusern ist. *im Bahnhofs-* *bereich*

 Zwei ganz ausgefallene Museen in Chattanooga

Dragon Dreams Museum (8)

6724-A E. Brainerd Rd. (I-75 Exit 3B), geöffnet Mi–So 10–18 Uhr (variabel, vorher anrufen: (423) 892-2384). Hier dreht sich alles um die Welt der Drachen: Auf bzw. aus Porzellan, als Spielzeug, in Glas geblasen, aus Metall und Edelsteinen und und und…Wirklich eindrucksvoll, für manche aber auch nur kitschig.

International Towing & Recovery Museum (9)

3315 Broad St., geöffnet Mo–Sa 10–16.30 Uhr (Sommerhalbjahr 9–17 Uhr), So 11–17 Uhr. Das einzige Museum auf der Welt, das sich mit der Geschichte der Abschleppdienste beschäftigt. U.a. sind Abschleppfahrzeuge aus der Zeit vor 1920 ausgestellt, aber auch neuere, zudem wird Ihnen etwas erzählt über den besonders in den USA sehr lukrativen Markt der Abschleppunternehmen. Angeschlossen ist auch die **Hall of Fame** der Abschleppunternehmer. Übrigens hat *Ernest W. Holmes Sr.* den „Tow Truck" 1913 hier in Chattanooga erfunden und seine Firma für die Ausstattung von Abschleppwagen hat einst 80 Prozent des Weltmarktes bedient.

Um den Lookout Mountain und südlich der Stadt

Steil geht's bergauf: Die Incline Bahn

Auf allen Karten etwas schlecht zu erkennen, ist die Rundfahrt zu den hier angegebenen Sehenswürdigkeiten dennoch kein Problem. Die Ausschilderung ist exzellent. Folgen Sie der Reihe nach – wie im Folgenden aufgeführt – den Attraktionen. Sie müssen sich ja nicht alles ansehen.

Von der East Brow Road fährt die **Incline-Bahn (10)**, eine Zahnradbahn auf den Lookout Mountain. Das oberste Stück mit einer Steigung von 72,7 Prozent ist das steilste Bahnsegment der Welt. Oben angekommen, fährt ein Shuttlebus Sie zu den wesentlichen Höhepunkten. Zu Fuß erreichen Sie locker das Battle of Chattanooga Museum sowie den Point Park und auch noch Ruby Falls. Die Rock City Gardens dagegen sind doch etwas weit zu Fuß. Die Bahnfahrt ist ein Erlebnis. Sie können auch mit dem eigenen Fahrzeug problemlos hinauffahren.

> ☞ **Tipp**
>
> *Es gibt vergünstigte Kombi-Tickets für die Incline Railway, Ruby Falls und Rock City Gardens. Erhältlich an allen drei Attraktionen.*

Hier nun in Reihe für die Autofahrer:

Rock City Gardens (11)

Schöne Felslandschaft

Am Ende des Ochs Hwy. am Lookout Mountain, geöffnet täglich 8.30–Sonnenuntergang, im Sommer mind. bis 20 Uhr. In eine schöne Felslandschaft gesetzter Freizeitpark. Gute Aussichtspunkte: Bei guter Sicht können Sie – mit viel Fantasie – von hier aus 7 Staaten sehen. Dazu gibt es nette Felsnischen und für Kinder sind in einer Höhle bunte Märchenlandschaften in Schaufenstern aufgebaut. Ein Labyrinth in einem Maisfeld („Enchanted Maize Maze") schließt das ganze ab. Schade nur, wie eine so eindrucksvolle Naturlandschaft so sehr kommerzialisiert werden konnte. An Wochenenden überlaufen und daher nicht zu empfehlen. Rock City gelangte übrigens während der 1940er- und 50er-Jahre zu einem überregionalen Bekanntheitsgrad. Über 400 Dächer (meist Farmscheunen), über die gesamten USA verstreut, waren mit der Aufschrift dieser Sehenswürdigkeit bemalt – so wie Sie es heute auch noch vorfinden im Umkreis von Chattanooga. Erst ein „Gesetz zur Verschönerung der Highways" unterband schließlich die Beschriftung von Dächern, und mittlerweile sind nur noch etwa 100 „Rock City Roofs" erhalten, zumeist in einem schlechten Zustand.

Gesetz gegen beschriftete Hausdächer

Battles of Chattanooga Electrical Map & Museum (12)

1110 East Brow Rd., am Lookout Mountain, am Eingang zum Point Park, geöffnet Memorial Day–Labor Day tägl. 9.30–18 Uhr, sonst 10–17 Uhr. Anhand einer Reliefkarte (dreidimensional) mit über 5.000 Miniatursoldaten wird Ihnen die Bürgerkriegsschlacht in und um Chattanooga in einer 25-minütigen Präsentation erläutert. Eine wirklich lohnenswerte Sache, um die Ereignisse besser verstehen zu können.

Point Park (12)

Hier auf der nördlichen Spitze des Lookout Mountain wurde 1863 die „Schlacht über den Wolken" gefochten. Alte Kanonen und Monumente. Eigentlich aber fasziniert die Aussicht über die Stadt am meisten.

Faszinierende Aussicht

Ruby Falls (13)

Am Lookout Moutain, halbe Höhe unterhalb des Point Park, geöffnet täglich 8–20 Uhr. Bereits die Indianer lebten in einer Höhle unterhalb des Lookout Mountain, deren Zugang noch heute von der US 41 zu sehen ist. Als man versucht hatte, diese Höhle um 1940 von oben über einen Schacht zu erreichen, entdeckte man durch Zufall eine zweite Höhle, die keinen Ausgang hatte. Dieser Höhle folgend, gelangten die Forscher zu einem unterirdischen Wasserfall, der in dieser Form eine geologische Seltenheit bedeutet. Heute fahren Sie mit einem Fahrstuhl hinunter und erreichen nach einem ca. 35-minutigen Fußmarsch dieses eindrucksvolle Naturschauspiel. Schade aber auch hier, dass die Attraktion selbst total verkitscht worden ist. Rote, grüne und rosafarbene Lampen beleuchten Sehenswürdigkeiten, wie z.B. den „Elephant's Foot", die „Steak & Potatoes" und die „Beautiful Niagara Falls". Stellt sich wirklich die Frage, warum in Amerika so vieles einen Namen bekommen muss. Die Wasserfälle werden Ihnen schließlich mit klassischer Musik und einem dramatischen „Lichtfinale" vorgestellt. Dauer für den gesamten Besuch: mind. 1,5 Stunden.

Unterirdischer Wasserfall

Chickammauga & Chattanooga National Military Park (14)

Visitor Center: US 27 in Fort Oglethorpe in Georgia, ca. 11 Meilen südlich von Chattanooga. Geöffnet täglich 8–16.45 Uhr.

Der Military Park erstreckt sich über mehrere Punkte im Umkreis von Chattanooga. Die wichtigsten sind:
- das Schlachtfeld am **Chickammauga** (beim Visitor Center) – das wichtigste Gebiet zum Thema (**14a**)
- **Signal Point** nördlich der Stadt (**14b**)
- **Point Park** am Lookout Mountain (**14c**)
- **Orchard Knob** östlich der Stadt (**14d**)

Den Kampf um Chattanooga verstehen

Den Ablauf der 66 Tage dauernden Schlacht habe ich in der Einführung zu diesem Kapitel nur kurz angerissen. Um den Kampf um Chattanooga und seine Tragweite richtig verstehen zu können, sollten Sie sich zuerst einmal das „Battles of Chattanooga Museum" am Point Park (s.o.) und die ausgezeichnete Multimediashow hier im Visitor Center angesehen haben. Zudem bietet das Visitor Center eine interessante Waffensammlung.

Das Chickammauga-Schlachtfeld (14a)

Eine Rundtour mit numerierten Schildern – eine Karte dazu gibt es im Visitor Center – begleitet Sie durch das ehemalige Schlachtfeld am Chickammauga. Chickammauga heißt bei den Indianern übrigens: „Fluss des Blutes". Die Autotour durch das Gelände dieser ersten Schlacht um Chattanooga führt durch eine schöne Landschaft mit unzähligen Gedenktafeln und Monumenten. Es ist schon eindrucksvoll, wie Amerika seine Geschichte aufarbeitet und wie sich überall Mühe gegeben wird, den Hass zu vergessen, ohne dabei aber den Respekt vor dem jeweiligen Gegner zu vernachlässigen.

Östlich

Tennessee Valley Railroad

Es gibt 2 Bahnhöfe:
East Chattanooga (15): In der N. Chamberlain Avenue. Hier befindet sich die Werkstatt der Eisenbahn.

Symbol von Chattanooga: alte Dampfloks

Grand Junction Depot (16): 4119 Cromwell Road TN 153, Exit Jersey Pike. Neben einem wiederaufgebauten Bahnhofsgebäude (mit Souvenirladen und Snackbude) ist hier vor allem das Eisenbahnmuseum von Interesse. Alte Waggons und Lokomotiven aus verschiedenen Epochen können besichtigt werden, und man kann diese nach Lust und Laune besteigen. Ein absolutes Muss für Eisenbahnfans.

Die Fahrt mit der historischen Eisenbahn lohnt sich auch (Abfahrt meist nur Grand Junction Depot). Sie führt vorbei an dem ehemaligen Schlachtfeld an der Missionary Ridge (Sherman Reservation) und durch einen 300 m langen Tunnel. Für eine Extragebühr dürfen Sie auch auf der alten Dampflokomotive mitfahren! Fahrtzeiten: Im Sommer täglich ca. jede Stunde von 9.30–16 Uhr (letzte Abfahrt); *Fahrt auf der* Rest des Jahres nur zweimal täglich (aktuelle Zeiten vor Ort erfragen). Im Sommer *alten* verkehrt am Wochenende auch ein Zug vom/zum Chattanooga Choo-Choo, und es *Dampflok* gibt auch halbtägige Fahrten bis nach Georgia hinein.

Von Chattanooga nach Nashville

 Hinweis

Westlich von Chattanooga müssen Sie die Zeit umstellen. Sie gewinnen eine Stunde – aus 12 Uhr wird 11 Uhr.

Überblick

Alternativ zur folgenden Routenbeschreibung können Sie auch von Chattanooga nach Huntsville fahren, dort das Space und Rocket Center besichtigen (siehe dazu S. 548ff.) und von Huntsville dann nach Nashville weiterfahren.

Die schnellste Verbindung nach Nashville bietet der I-24. Sollten Sie etwas mehr Zeit haben, machen Sie doch ein paar kleine Umwege, um die beiden im Folgenden beschriebenen Sehenswürdigkeiten zu besuchen. Diese Strecke bietet nämlich auch landschaftlich einiges: Eine wunderschöne, parkähnliche „Berg- und Tallandschaft" mit vielen alten Holzhäusern, von denen einige den Charakter kleiner Geistervillen *Villen wie* haben und z.B. an Pippi Langstrumpfs „Villa Kunterbunt" erinnern. In abgelegenen *von Pippi* Landstrichen scheint die Zeit stehengeblieben zu sein. Hier sind nur die Talebenen *Langstrumpf* kultiviert, während an den Hängen nur dichtgewachsene Wälder stehen – und durch diese schlängelt sich das eine oder andere Mal die Straße. Mein Vorschlag also: Früh aufbrechen in Chattanooga und diese schöne Landschaft sehen.

Sehenswertes

Russell Cave National Monument

Anfahrt: Exit 152 vom I-24 nach Süden auf dem US 72. Dann in Bridgeport, AL nach rechts auf den AL 98/75 – achten Sie genau auf die Ausschilderung. Geöffnet täglich 8–21 Uhr.

Zwei Höhlen – eine davon zu besichtigen –, ein paar nette Wanderwege durch die *Museum zur* Waldlandschaft und ein kleines Museum zur Indianergeschichte werden hier geboten. Verpassen Sie vor allem nicht den einleitenden Film im Visitor Center. Bereits vor *geschichte*

Drei Indianer-kulturen in Folge 8.000 Jahren haben hier die ersten Indianer der „Archaischen Gemeinschaft" gesiedelt. Ihnen folgten später die „Woodland-Gruppe" und zuletzt die „Mississippi-Kultur". Grund für die Ansiedlung war ein fruchtbarer Boden, eine geschützte Behausung unter mehreren überhängenden Felsnischen und eine Quelle.

Fahren Sie nun weiter auf der County-Straße nach Norden. In der bald folgenden kleinen Ansiedlung kommen Sie an eine nicht beschilderte Kreuzung. Biegen Sie dort nach rechts ab. Die kleine Straße führt über eine Bergkuppe. Auf der anderen Seite trifft die Straße dann auf die (nicht beschilderte) County-Straße 156. Nach rechts geht es zurück zum Interstate, nach links durch ein schönes Waldstück nach Sewanee, von wo aus Sie Ihre Fahrt fortsetzen können zur Jack Daniel's Distillery.

Außerdem ist die Besichtigung der alten Wassermühle, die immer noch nach alter Tradition Mehl mahlt (wie vor 100 Jahren) besichtigungswürdig.

Folgen Sie von der Falls Mill einfach der County Road (an der Kreuzung in Lexie nach links abbiegen auf die 121) und Sie kommen nach Lynchburg.

Jack Daniel's Distillery

Direkte Anfahrt vom Interstate: Exit 134 vom I-24, von dort US 41A/64 bis Winchester, dann der County Road 50 bis Lynchburg folgen. Alternative: Exit 111 des I-24 und dann über Tullahoma. Führungen: täglich 9–16.30 Uhr. Die Führungen dauern ca. 70 Minuten.

Inbegriff amerikanischen Whiskeys Jack Daniel's ist der Inbegriff für amerikanischen Whiskey, so wie es die Cola ist für Softdrinks. Viele Geschichten spinnen sich um dieses Getränk, und überall in der Welt (110 Staaten) trinken „harte Männer" diesen scharfen Whiskey. Dass die Herstellung von Whiskey seine Zeit braucht, ist uns sicherlich schon bekannt aus der Fernsehwerbung – beim „Jack" sind es über 12 Jahre. Aber dass im schnelllebigen Amerika wirklich noch die vielfach angepriesene Ruhe in die Herstellung gelegt wird, mag man kaum glauben. Es ist aber so. Keine Hektik, viel Handarbeit und eine Destillerie, die sich inmitten weiter Waldgebiete und am Rande eines verschlafenen Farmernestes angesiedelt hat, lohnen allemal den Besuch hier – selbst für Nicht-Whiskeytrinker.

Jack Daniel

Was hat *Jack Daniel* (1850–1911) nun dazu getrieben, ausgerechnet hier seinen Whiskey zu produzieren? Ganz einfach, er kam von hier und bereits mit 16 Jahren erkannte er, dass die Quelle bei Lynchburg hervorragend geeignet war für die Produktion von Whiskey – das Wasser hier enthält nämlich fast kein Eisen. Und was macht den „Tennessee Sour Mash Whiskey" so einzigartig im Geschmack und unterscheidet ihn von anderen Bourbon-Whiskeys?

Er wird am Ende des Destillierverfahrens durch die Holzkohle von süßem Ahorn gefiltert. Schauen Sie sich nach der Führung ruhig auch mal den reizenden Ort Lynchburg (361 Einwohner) an. Jedes Jahr, Anfang August findet im Ort ein bekannter **Fiddel Contest** statt, wo sich Geiger aus dem ganzen Land treffen. *Wettbewerb der Fiedler*

Lynchburg, TN (ⓘ S. 155)

Die Konkurrenz des „Jack" wird übrigens nicht weit von hier produziert: Der ebenfalls bekannte und recht gute **George Dickel Whisky** (wirklich ohne „e") wird seit 1870 in Cascade Hollow produziert. *George A. Dickel* erkannte damals, dass im Winter destillierter Whiskey weicher schmeckt, weil Whiskey, der bereits vor dem Filtern eisgekühlt wird, weniger „ölig" und „fettig" schmeckt. Anfahrt: Von Chattanooga I-24-Exit 111, dann TN 55 bis Tullahoma, ab dort ausgeschildert. Führungen Di–Sa 9–16 Uhr. *Konkurrenz zu Jack Daniel's*

Auf der weiteren Strecke nach Nashville gibt es nicht mehr viel zu sehen. Fahren Sie also über den Interstate schnell durch.

INFO Geschichte der Countrymusik

Die europäischen Wurzeln der Countrymusik in Amerika gehen auf Volksmusik in Wales und Schottland zurück. Gospeleinflüsse sowie Jazz und vor allem Blues waren es dann, die der Countrymusik vorausgingen. Davon ist jedoch heute nicht mehr viel zu erkennen, da die Countrymusik seit Jahrzehnten hauptsächlich im Nashville-Sound in dieser Stadt in Tennessee produziert, und man könnte fast auch sagen, „gebastelt" wird. Nashville ist in diesem Sinne das Hollywood der Countrymusik, auch wenn Knoxville und die Region der nördlichen Appalachen (Smoky Mountains) es eigentlich waren, in denen der Country-Sound seine ersten eigenen Schritte und Entwicklungen gemacht hat. In riesigen Aufnahmestudios mit allen technischen Finessen wurden und werden in Nashville Lieder nach einem bestimmten Strickmuster in großer Anzahl produziert und auf den Markt geworfen.

Mit den Smoky-Mountain-Balladen der 1920er und -30er-Jahre, in denen sich angelsächsisches Liedgut mit Merkmalen der Spirituals (bzw. Gospel) vermischte und die in der Regel nur von einem Gitarristen begleitet wurden, haben diese Songs heute kaum noch etwas gemeinsam.

Die Balladen der Smoky Mountains gelten als frühe **Hillbilly-Musik**, die in ihren Texten sehr erdverbunden ist. In der Entwicklung der Countrymusik spielten allerdings auch Einflüsse von Arbeitern im Süden der Staaten und im Rahmen des Western die Musik der Cowboys der großen Ebene eine Rolle. Letztere zeugt nicht nur inhaltlich von der Lebensweise dieser Leute, sondern auch in der Instrumentierung. Häufig hatte eben nur eine Mundharmonika Platz im Gepäck eines Cowboys.

Eine weitere Wurzel der Countrymusik ist der **Bluegrass**, bei dem Sänger zu Saiteninstrumenten meist im Duett oder Trio alte Balladen singen. Die Form des Country, mit der die elektrische Gitarre in dieser Musikrichtung gesellschaftsfähig wurde, ist der sogenannte **Rockabilly**, der als Mischung traditioneller Countrymusik und **Rhythm'n'Blues** von *Elvis Presley* berühmt gemacht wurde. Berühmte Country-Sänger wie *Johnny Cash*, *Jimmy Dean* oder *Marty Robbins* entwickelten in einem gewissen Sinne auch ihren Stil, aber da sie in der Maschi-

nerie der Country-Produktion in Nashville Grenzen fanden, entwickelten sie keine neue Richtung, die dem Rockabilly vergleichbar wäre.

In den 1960er-Jahren tauchten auch die schwarzen Musiker mit ihren Blues-Klängen wieder auf in der Country-Szene, besonders Dank einer Sendung, die den Namen „Nighttrain Nashville" trug und sehr beliebt war. Weiße Musiker, unter anderem auch *Jimi Hendrix*, *Bill Cox*, *Bob Dylan*, *Joan Baez* sowie viele andere kamen zu dieser Zeit nach Nashville. Zusammen mit den Bluesmusikern traten sie in dem Club „Bijou" nahe dem State Capitol auf. (dieser musste später einer Straße weichen). In dieser Ära und aus dieser Musik heraus entwickelte sich später der Rhythm and Blues sowie z.T auch die Rockmusik. Letztere fand ihre Wurzeln aber auch an vielen anderen Stellen.

Musiker wie z.B. *Willie Nelson* („Crazy", „Out on the Road again"), eigentlich ein Bluessänger, und *Dolly Parton* waren es dann, die der Countrymusik ab Ende der 1970er-Jahre schließlich zum großen Durchbruch verhalfen. Damit kamen die großen Produzenten und Musikfirmen in die Stadt und ihnen folgten zahlreiche kleine Aufnahmestudios. Nun wurde die Musikrichtung definitiv „von oben" bestimmt und gesteuert: eine bestimmte Zielgruppe wurde erkannt, der Sound verfeinert sowie unverwechselbar gestaltet und die Texte durften von nun ab bestimmte Themen nicht mehr anschneiden (z.B. harte Drogen, Sexualität). Eine „saubere und ehrliche Musik" sollte es sein.

Ab Mitte der 1990er-Jahre dann rückten die Sängerinnen wieder weiter in den Mittelpunkt, nachdem die Legenden wie *Patsy Cline* (1950er-Jahre), o.g. *Dolly Parton* u.a. musikalisch bereits im Abseits standen. Es begann die große Zeit von *Martina McBride* und *Trisha Yearwood*, der *Dixie Chicks* und vor allem von *Shania Twain*, die nun auch international Furore machten mit ihren Liedern über die Macho-Welt der Cowboys. Entscheidend für die weite Verbreitung des Country sind Radio und Fernsehen. Es erübrigt sich fast zu erwähnen, dass auch hier Nashville führend ist. Da Countrymusik ein Begriff ist, der, wie in diesem Abschnitt deutlich wird, sehr unterschiedliche Entwicklungsformen dieser Richtung zusammenfasst, ergeben sich häufig Schwierigkeiten bei einer genauen Definition des Begriffs „Country". Viele verbinden hiermit nur die modernere Variante des Nashville-Sounds. Lesen Sie auch im folgenden Kapitel.

16. Nashville und die Strecken nach Birmingham bzw. Memphis bzw. entlang des Natchez Trace National Parkway – Nashville

535

16. Nashville und die Strecken nach Birmingham bzw. Memphis bzw. entlang des Natchez Trace National Parkway

Nashville (ⓘ S. 155)

▸▸**Entfernungen**
Nashville – Chattanooga: 129 mi/ 208 km
Nashville – Memphis: 210 mi/338 km
Nashville – Birmingham: 188 mi/ 241 km

Redaktions-Tipps

- Konzentrieren Sie sich bei einem nur 1-tägigen Aufenthalt auf den Besuch der Innenstadt um Broadway und 2nd Street sowie das Opryland-Gebiet. (S. 539ff)
- Whiskey-Trinker sollten sich in Nashville einmal fachkundig beraten lassen. Nirgendwo sonst in den USA ist die Auswahl an „Bourbon" und „Tennessee Sour Mash" so groß. Denn viele kleine **Destillerien** im Umkreis der Stadt produzieren gute Spezialsorten. (S. 532ff)
- Das Abendprogramm sollte das legendäre „**Tootsies**" am Broadwy einschließen. (S. 155)
- **Zeiteinteilung**: 1–2 Tage: Zuerst sollten Sie zum Music Row District fahren, wo Sie sich alleine auf den Besuch des Studio B konzentrieren sollten. Danach fahren Sie zurück zum Music Valley 12 Meilen östlich der Stadt. Verbringen Sie den Nachmittag im Opryland-Hotel und in der nahen Opry Mills Outletmall. Abends alternativ: Grand Ole Opry, Ryman Auditorium oder ein Musikclub außerhalb der Innenstadt.

Überblick

„Music City USA" oder „Athens of the South". Beide Spitznamen sollen diese Stadt beschreiben, aber eigentlich trifft nur der erste zu.

Nashville gilt heute als die Stadt der Countrymusik, und bei einer Reise in die Südstaaten darf ein Besuch hier im Grunde nicht fehlen. Wer nun aber glaubt, überall auf alte Cowboypinten, schnuckelig-romantische Musikgigs in Hinterhöfen und ähnliches zu treffen, der verkennt Amerika. Längst ist das Geschäft mit der Countrymusik – seit Jahrzehnten von langer Hand geplant – eine Goldgrube für das Big Business. Was für Dallas die Banken und für Atlanta die multinationalen Konzerne sind, das ist für Nashville die Countrymusik bzw. die Kultur, die um sie gesponnen wird – und dieses bringt eine Menge Geld in die Stadt. Gestresste

Big Business mit der Countrymusik

536

16. Nashville und die Strecken nach Birmingham bzw. Memphis bzw. entlang des Natchez Trace National Parkway – Nashville

Alt und neu vermischt sich: Innenstadt von Nashville

Radiomanager, rotierende Filmagenturen, riesige Glaspaläste, Tausende von Musikern, die sich in zig Musikclubs die Klinke in die Hand geben und die größte Showhalle der USA, die **Grand Ole Opry**, bestimmen heute das Bild der Stadt. Und an diesem Bild wird immer noch weiter geputzt und restauriert. Der „Big Plan" ist noch lange nicht vollendet!

Waren es Ende des 19. Jh. noch die *Vanderbilts*, die das Geschehen der Stadt bestimmten, kamen in der ersten Hälfte des 20. Jh. die ersten Hillbilly-Musiker hierher und gründeten die ersten Countryclubs. Während der letzten Jahrzehnte des 20. Jh. aber waren es ein Mann, *P.G. Gaylord*, und sein Konzern, die Nashville fest im Griff hatten und noch haben. Der Gaylord-Konzern besitzt scheinbar die halbe Stadt: die gesamte Opryland-Hotel-Anlage, den Historic District, das Gaylord Entertainment Center, den bedeutendsten Fernsehsender „The Nashville Network" (TNN) und zahlreiche Studios und Radios. Ihm hat die Stadt ihren heutigen Reichtum zu verdanken – aber mit Sicherheit auch den Verlust des alten, ursprünglichen Flairs des Hillbilly.

Mächtiger Gaylord-Konzern

Sprechen Sie einmal mit älteren Einwohnern. Sie werden noch die Geschichtchen von den legendären Musikkneipen am Broadway erzählen. Heute jedoch treibt es viele Besucher zum modernen **Music Valley District** im Nordosten der Stadt. Viele sind hinterher enttäuscht, wenn sie einer (zu) durchgestylten Show in der Grand Ole Opry zugesehen haben und dafür viel bezahlen mussten. Aber das ist nun einmal Amerika, und trotz aller Vorbehalte gehört der Besuch einer Show in diesem Theater einfach dazu. Könnte ja sein, dass Ihnen der Rummel zusagt – man muss halt in der richtigen Stimmung dazu sein.

Wenig Gefallen am Musik-Kommerz...

Die alteingesessenen Nashviller haben sich bereits zurückgezogen, und fast jeder in der Boombranche Country- und Westernmusik kommt von außerhalb. Interessant aber ist, dass keiner Gefallen findet an der Kommerzialisierung dieser „Big Show", aber alle verdienen sehr gut daran. Eine unterdurchschnittliche Arbeitslosenrate in der Stadt bestätigt dieses von Jahr zu Jahr. Kaum einer mag sein Leben lang hier bleiben, und wer trotzdem bleibt, sucht sich die abgeschiedenen Plätzchen in den Vororten oder, wer mehr Geld hat, eine Ranch außerhalb. „Die Grand Ole Opry ist für Touristen – ich werde da kein Geld für ausgeben", hört man die Nashviller sagen.

...aber viel Verdienst

Was aber machen nun die einzelnen Menschen, die von diesem Boom leben?
• Die Songwriter? Sie findet man während ihrer Freizeit in Musikclubs, in denen Rhythm & Blues gespielt wird – eine Musikrichtung, die übrigens auch ihren Ursprung in Nashville gefunden hat, jedoch von der Countrymusik nach Memphis zurückgedrängt worden ist.

16. Nashville und die Strecken nach Birmingham bzw. Memphis bzw. entlang des Natchez Trace National Parkway – Nashville

537

- Die Filmemacher und Musikverleger? Sie kommen fast ausschließlich aus New York bzw. Los Angeles und sitzen nach Beendigung ihrer Tätigkeit wieder im nächsten Flieger.
- Die Bluegrass-Musiker? Versuchen sich in kleinen Kneipen mit Liveauftritten, in der Hoffnung, von den Großen der Branche entdeckt zu werden. Klappt das nicht – und das ist die Regel –, wird die Gitarre im nächsten „Pawn Shop" wieder verkauft. Viele von ihnen landen hinterher auf der Straße – immer noch in der Hoffnung, entdeckt zu werden. *Hinter den Kulissen der Musikindustrie...*
- Die Stars der Countrymusik? *Dolly Parton, Conway Twitty, Kitty Wells, Barbara Mandrell* und wie sie alle heißen, haben ihre Villen und Ranchen in und um Nashville. Viele haben dort Museen eingerichtet, und ihre Wohnstätten können z. T. besichtigt werden. Wohnen tun sie dort aber nur, wenn sie Auftritte haben oder gerade einmal eine Platte produzieren. Ansonsten leben sie in Los Angeles oder auf einer weit entfernten Ranch.
- Die Besitzer der über 40 Radiosender? Verdienen weniger an den Werbeeinnahmen als daran, dass die unbekannten Musiker dafür zahlen müssen, wenn ihre neuen Lieder gespielt werden. Denn je häufiger ein Song gespielt wird, desto höher steigt das Lied in den Charts. Ob den Sender überhaupt jemand hört, ist dabei zweitrangig. *...verbirgt sich manche Ungerechtigkeit*
- Die alten Nashviller? Sie reden gerne von der „Guten, alten Zeit".
- Und wer hört nun die Country- und Westernmusik, und für wen wird all dieser Rummel gemacht? Für die Besucher und die Fans der Musik – irgendwo, weit weg von Nashville, dort, wo die Musik immer noch den ehemaligen Kult verspricht!

Nashville ist heute also eine moderne Stadt und ganz nebenbei auch die **Hauptstadt** von Tennessee. Die Plattenherstellung ist nach Los Angeles die zweithöchste in den USA. Aber auch Banken, Versicherungen und eine nicht unbedeutende Metallindustrie steuern zum Wohlstand bei. Und nicht zu vergessen die über **750 Kirchengebäude**. Eine Reihe von Kirchengemeinschaften haben ihren Sitz in der Stadt, und das heilige Kreuz leuchtet nachts von nicht nur einem Hochhausgebäude.

Sie mögen nun denken, Nashville ist die Anreise nicht wert. Das stimmt so in keiner Weise! Es ist interessant zu sehen, wie sich die Countrymusik entwickelt hat und wie das große Musikgeschäft das Bild einer Stadt verändern kann. Außerdem: Spaß und interessante Eindrücke werden hier überall geboten, und auch „musikunabhängige" Museen bieten sich an.

Ernest Tubbs berühmter Plattenladen in Nashville

Geschichte

1779 kamen die ersten Pioniere in das Gebiet und siedelten sich am westlichen Ufer des Cumberland River an. Ihre Siedlung nannten sie Fort Nashborough. Nur ein Jahr später versetzte man 12 Richter in diese damals trostlose Region, um für die Siedler im „Heartland" von Tennessee eine gerichtliche Instanz einzurichten („Cumberland Compact"). Damit wuchs die Bedeutung der kleinen Stadt, die zu dieser Zeit noch in den Zuständigkeitsbereich von North Carolina gehörte. 1845, fast 50 Jahre nach der Gründung des Staates Tennessee, wurde der Regierungssitz von Knoxville ins zentraler gelegene Nashville verlegt. Die Wirtschaft begann zu boomen, vor allem bedingt durch eine florierende Holzindustrie. Und da die Stadt bereits im März 1862, also zum Beginn des Bürgerkrieges, eingenommen wurde von den Unionstruppen und ihre Bewohner kaum Gegenwehr boten, überstand sie den Krieg mit wenigen Zerstörungen.

Florierende Holzindustrie

Ende des 19. Jh. dann kamen die *Vanderbilts*, die u.a. die Fisk-University mitfinanzierten. Von da an, bis in die zweite Hälfte des 20. Jh. hinein, tat sich nicht viel in der Stadt. Erst mit der Erstarkung und steigenden Popularität der Countrymusikbranche entwickelte sich die heute nahezu 600.000 Einwohner zählende Stadt (Großraum 1,6 Mio. E.) zu einer der zukunftsträchtigsten Metropolen der Südstaaten.

Wie fand die Countrymusik Einzug?

Die Countrymusik fand ihren Ursprung wirklich auf dem Lande – in der tiefsten Provinz. Bluegrass und Hillbilly entstanden in den Bergen und Tälern der Smoky Mountains und auf den Farmen von Tennessee, Cajun am Unterlauf des Mississippi, Country auf den Ranchen von Texas, Arkansas und Kentucky, Zydeco an der Küste zwischen Florida und Texas und Gospel vornehmlich auf dem Lande in den abgetrennten Siedlungen der schwarzen Bevölkerung. Aus all diesen Stilrichtungen sollte die spätere Country&Western-Musik entstehen. 1925 fanden sich einige der

Stilmix als „Ursuppe" des Country

Musiker in Nashville ein, und eine kleine Radiostation mit lokalem Charakter wurde gegründet: WSM auf Kanal 650. An Sonnabenden wurde die Sendung „WSM Barn Dance" ausgestrahlt, eine Musiksendung, die so manche Party anheizte, aber nur lokale Beachtung fand. Als der Radiosprecher *George D. Hay* 1927 nach einer klassischen „Grand Opera" diese Musiksendung mit „Und nun folgt die Grand Ole Opry" ansagte, ahnte noch niemand, welche Bedeutung diese Worte einmal haben würden. Über Jahrzehnte blieb die C&W-Musik unbeachtet, und nur der kleinen Gruppe von „Hill-Billies" – wie die Hinterwäldler (Die Bills hinter den Wäldern der Smoky Mountains) arrogant von den Nordstaatlern genannt wurden – vorbehalten.

Machte die Countrymusik populär: die Grand Ole Opry

Das sollte sich Anfang der 1950er-Jahre ändern: Der Rock' n'Roll wurde populär, und bekannte Musiker, wie z.B. *Elvis Presley*, nutzten die Musikstudios und -hallen von Nashville. Mit argwöhnischen Augen betrachteten die Countrymusiker diese neue Ära in Nashville, denn sie sahen sich ihrer Früchte beraubt. Es kam aber anders. Viele Musiker arrangierten sich mit den Rock n' Rollern und entwickelten eine

539

16. Nashville und die Strecken nach Birmingham bzw. Memphis bzw. entlang des Natchez Trace National Parkway – Nashville

Musikrichtung, die beide Stilelemente miteinander vermischte. *Buddy Holly*, eigentlich ein Texaner, und die *Everly Brothers* sorgten für den ersten Durchbruch und brachten die „Hinterwäldler-Musik" in die großen Städte an der Ostküste.

Johnny Cash war der Missionar auf der C&W-Seite und sorgte mit seinen Shows für die Resonanz bei den alteingesessenen Countryfans. Als Popgrößen, wie z.B. *Bob Dylan* und die *Eagles*, internationale Erfolge erzielten mit ihren Country-Rock-Klängen, war es vollbracht. Der C&W-Sound wurde in der ganzen Welt populär, und eine groß angelegte und von langer Hand geplante Kampagne hat seitdem dafür gesorgt, dass diese Musik einen wichtigen Platz auf der Weltbühne der Musik einnimmt – mit ihrem Zentrum Nashville. Die alten Hillbilly- und Cajun-Klänge aber sind seitdem ins Abseits gerückt und moderne Soundmaschinen und hochtechnisierte Shows haben ihren Platz eingenommen. Seit Neuestem versucht man übrigens in Nashville, religiöse Texte bzw. Gospelmusik mit einzubringen. Dabei geht die Tendenz aber in eine neue Richtung: alte religiöse Texte im Rhythmus von Rock, Rap und Trash zu verknüpfen – es sollen ja auch in den Ghettos der Großstädte Anhänger gefunden werden. Doch schreibt auch die Musik manchmal ihre eigene Geschichte. Nicht der Gospel hat in den letzten Jahren die Musikrichtung vorangetrieben, sondern Sängerinnen wie z.B. *Shania Twain* und die Frauen-Gruppe *Dixie Chicks* haben die wirklichen Erfolge eingefahren.

Jonny Cash prägt C&W-Sound

Religiöser Techno-Trend

ℹ️ Wussten Sie...

- dass es über 5.000 Country-Songwriter in Nashville gibt
- dass über 4.000 Interpreten sich auf den Bühnen der Stadt versuchen
- dass in Nashville 70 Tonträgerfirmen, 130 Musikverlage und 200 Aufnahmestudios angesiedelt sind
- dass jährlich über 11 Millionen Countryfans den Weg nach Nashville finden
- dass die Countrymusik in Nashville eigentlich aus der Hillbilly- und Gospelmusik entstanden ist und erst 1925 begann, sich zu dem zu entwickeln, was wir heute als den typischen „Nashville-Sound" kennen, und
- dass die „Grand Ole Opry" die älteste noch ausgestrahlte Musiksendung der Welt ist, die ihren Anfang darin fand, dass eine Nashviller Versicherung Mitte der 1920er-Jahre eine Radiowerbung senden wollte und diese, ein Werbetrick, mit Countrymusik untermalen bzw. unterbrechen ließ, um die ländliche Bevölkerung am Radio zu halten bzw. dorthin zu „locken".

Sehenswertes

In der Innenstadt

Konzentrieren Sie im Innenstadtbereich Ihren Rundgang auf das Gebiet 3–4 Blocks rechts und links von der 2nd Avenue und dem Broadway und entlang dem Cumberland River. Beginnen Sie am **Visitor Center** im imposanten **Gaylord Entertainment Center (1)**, wo Sie sich noch mit Karten und Prospekten eindecken sowie Touren und Veranstaltungen buchen können.

540

16. Nashville und die Strecken nach Birmingham bzw. Memphis bzw. entlang des Natchez Trace National Parkway – Nashville

Der Historic District („The District")

Gelungene Restaurierung

Seit Anfang der 1990er-Jahre ist man bemüht, mit hohem Kostenaufwand den historischen Bezirk um die 2nd **Street** und den **Broadway** zu restaurieren. Viele alte Häuser sind seitdem wieder schön hergerichtet und eine Reihe von ansprechenden Restaurants und Lokalen hat Einzug gefunden. Schade ist nur, dass die alteingesessenen Musikclubs, die Plattengeschäfte und die Musikinstrumentenläden diesem neuen

Nashville – Innenstadt

© *i*graphic

1 Gaylord Entertainment Center	5 Fort Nashborough
2 Country Music Hall of Fame & Museum	6 Coliseum Stadium
	7 State Capitol
3 Musicians Hall of Fame & Museum (prop. Site)	8 Tennessee State Museum im Performing Arts Center
4 Ryman Auditorium	9 Music Row District / Studio B

0,1 Meilen

160 m

16. Nashville und die Strecken nach Birmingham bzw. Memphis bzw. entlang des Natchez Trace National Parkway – Nashville

541

Boom teilweise weichen mussten. Es geht dadurch eine Menge an Atmosphäre verloren. Entlang der 2nd Ave. North, dem Broadway zwischen 5th Ave. und Riverfront sowie der **Printers Alley** (um Church St, zw. 4th Ave. N. und 3rd Ave. N.) haben sich die alten Baustrukturen aber erhalten. Südlich des Broadway aber wurden für den Bau der Country Music Hall of Fame & Museum, des Schermerhorn Symphony Center und andere moderner Gebäude viele alte Häuser abgerissen. Besuchenswert ist dieser Stadtteil allemal, und besonders am Abend können Sie hier viel unternehmen. Am Broadway findet sich (noch) eine Reihe Relikte aus der Zeit, als Nashville noch ein unbekannter (Musik-) Flecken auf der Landkarte gewesen ist.

Country Music Hall of Fame&Museum (2)

222 5th Ave S./an der Demonbreun St., geöffnet täglich 10–18 Uhr

Das Museum zum Thema Country&Western-Musik. Um die Entwicklung dieser Musikrichtung verstehen zu können

Printers Alley

und einen Besuch in Nashville sinnvoll zu gestalten, ist ein Besuch hier unumgänglich. Didaktisch geschickt erläutert wird der Werdegang der Musik, ebenso die Geschichte der Grand Ole Opry interpretiert und bekannte Stars vorgestellt, unterbrochen von Gags, wie z.B. dem vergoldeten Lieblings-Cadillac von Elvis Presley. Hier können Sie auch Ihre eigene Country-Musik-CD zusammenstellen lassen. Den Film am Anfang des Rundganges über 3 Etagen sollten Sie sich auch anschauen. Achten Sie auch mal auf die

Wie eine Tastatur: Country Music Hall of Fame

äußere Gestaltung des Gebäudes. Es erinnert ohne Zweifel an eine Tastatur. Schräg gegenüber beeindruckt das imposante **Schermerhorn Symphony Center**, wo vornehmlich klassische Konzerte und Opern aufgeführt werden. Nicht weit entfernt (südwestlich), an der Ecke Clark Ave./6th Avenue South, soll die **Musicians Hall of Fame&Museum (3)** eröffnen, die auch weniger bekannter Musiker gedenkt. Achten Sie auf Ankündigungen.

Lohnenswerte Ausstellung mit Highlights

Ryman Auditorium (4)

116 5th Street, geöffnet täglich 8.30–16 Uhr, Shows um 20 Uhr.

In diesem alten Gebäude für religiöse Chorgesänge fand die Grand Ole Opry, die bekannte Radiosendung, von 1943 bis 1974 statt. Hier erlebte die C&W-Musik ihre

Ryman Auditorium

ersten großen Erfolge, und alle großen Stars sind hier aufgetreten. Erst als selbst dieses Gebäude zu klein wurde, zog der Sender weiter zum Music Valley District. Tagsüber können Sie heute Memorabilien aus der Anfangszeit der Countrymusik und ihrer großen Stars anschauen. Allein der Architektur wegen und des ausgezeichneten Raumklanges ist diese „Kultstätte" einen Besuch wert.

Fort Nashborough (5)

170 1st Street im Riverfront Park, geöffnet täglich 9–17 Uhr. Nachbau der ersten Siedlung am Cumberland River. Die Gebäude sind eingerichtet, wie sie es vor über 200 Jahren gewesen sind. Gegenüber, auf der anderen Flussseite ragt imposant das „neue Nashville" in Form des **Coliseum Stadium (6)** auf. Es hat 68.000 Plätze und beherbergt vornehmlich die Spiele der „Tennessee Titans" (Football).

Das **State Capitol (7)** (Charlotte Avenue) wurde 1859 im Greek-Revival-Stil errichtet und zeigt sich damit in einem ganz anderen Licht, als es die meisten anderen Regierungssitze tun. Nur ein schlanker, reich verzierter Turm steht auf seinem Dach, dort wo man sonst gewohnt ist, eine riesige Kuppel zu sehen. 2 Blocks südöstlich befindet sich das **Tennessee State Museum (8)** (im Untergeschoss des Performing Arts Center, 5th Ave. zw. Union u. Deadrick Sts., geöffnet Di–Sa 10–17 Uhr, So 13–17 Uhr) mit Ausstellungen zur Geschichte des Staates.

Sehenswertes im Music Row District

Hier begann die große Zeit der C&W-Musik. Heute jedoch sind nur noch ein paar Lokale und im Gebiet um die 18th und 19th Avenues zahlreiche Aufnahmestudios übriggeblieben. Diese Studios werden aber nur noch bedingt genutzt, und größere Anlagen im Music Valley District oder in versteckten Industriegebieten haben ihnen den Rang abgelaufen. Viele scheinen nur noch eine Dependance darzustellen.

Studio B (9)

Vergangener Glanz des Booms

Ecke Music Square West/Roy Acuff Place, Öffnungszeiten variieren (☎ 416-2096). Tickets für die Country Music Hall of Fame haben auch hier Gültigkeit. In diesem historischen Studio hat u.a. Elvis Presley „Return to Sender" aufgenommen. Insgesamt wurden 35.000 Musikstücke hier auf Tonträger gebannt. Das Studio wird heute nicht mehr genutzt, dafür können Sie aber alles besichtigen, und die verschiedenen Aufnahmetechniken werden vorgestellt – so z.B. das höchst eindrucksvolle „Tonmixen".

16. Nashville und die Strecken nach Birmingham bzw. Memphis bzw.
entlang des Natchez Trace National Parkway – Nashville

543

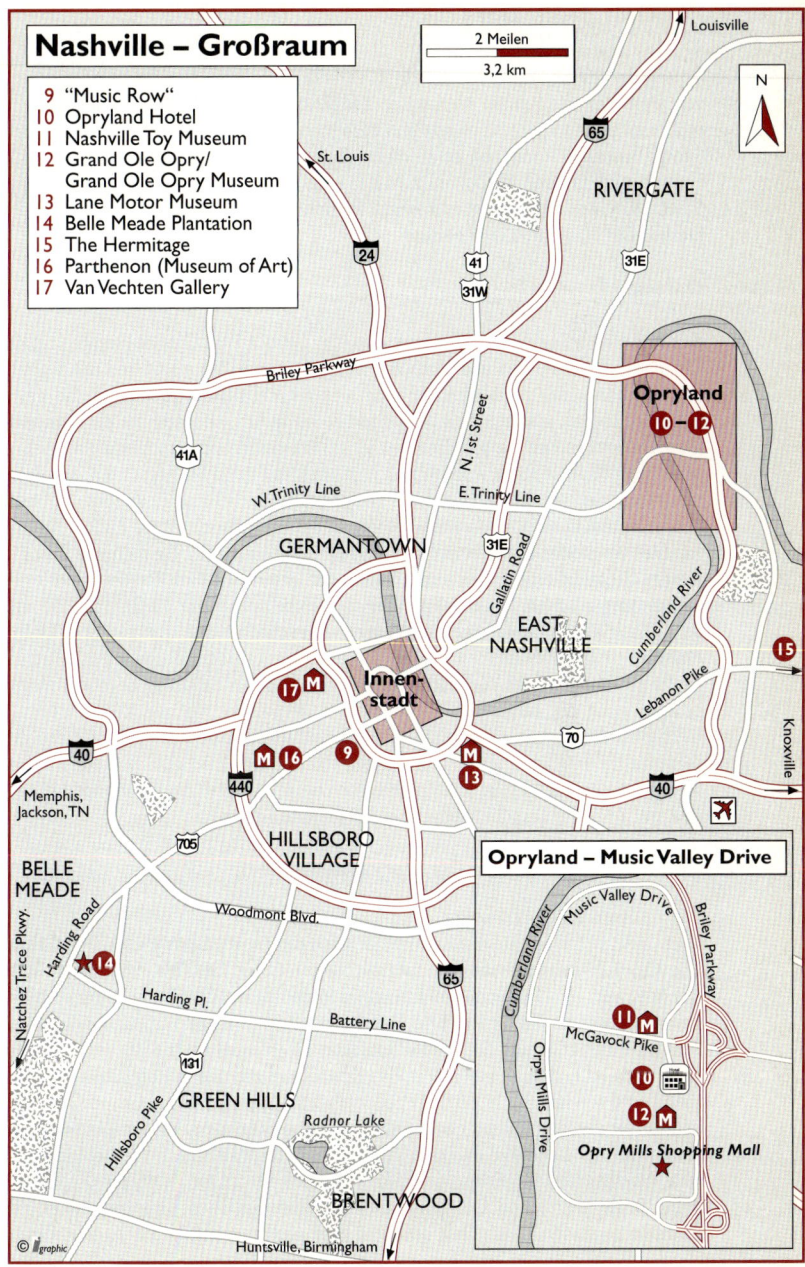

544

16. Nashville und die Strecken nach Birmingham bzw. Memphis bzw. entlang des Natchez Trace National Parkway – Nashville

Music Valley/Grand Ole Opry

Neubau für Besucherströme
Anfang der 1970er-Jahre wurde den C&W-Managern klar, dass die Innenstadt und vor allem das alte Ryman Auditorium den Ansprüchen der C&W-Gemeinde nicht mehr ausreichend gerecht wurde und dass man viel mehr Karten für Konzerte und Shows verkaufen könne, als es zu dieser Zeit möglich war. So entschied man sich, unter der Leitung von Mr. *Gaylord*, zum Bau einer Anlage 12 Meilen vor den Toren der Stadt. 1974 war alles fertig, und heute kommen jährlich Millionen von Besuchern hierher. Die Hauptattraktionen sind:

Opryland Hotel (10)

Exit 12B vom Briley Parkway, Einfahrt vom Mac Gavock Pike. Großes Hotel mit 2.900 Zimmern, dessen Anlage über mehrere riesige Atriumhallen reicht und das 3 große Empfangshallen besitzt. Alleine, um sich hier zurechtzufinden, benötigen Sie einen Plan (der überall aushängt bzw. ausgehändigt wird). Am schönsten ist die **Cascade Hall**, ein botanischer Garten mit künstlichem Wasserfall und verschiedenen Wasser-
Hübsch angelegter Komplex
spielereien (Bootstouren werden hier angeboten!). Fahren Sie rechts um das Hotel herum und nehmen Sie den Cascades Entrance, der in Richtung Fluss zeigt. Im Hotel gibt es natürlich verschiedenste Cafeterien, Bars und Restaurants. Zudem senden von hier ein großer Musiksender und die Fernsehanstalt TNN, die mehrere Büros in diesem Gebäudekomplex unterhält. Sie können gegen eine Eintrittsgebühr bei einer Livesendung zusehen. Gleich gegenüber der Hotelzufahrt am McGavock Pike und dem Music Valley Drive gibt es **Western-Geschäfte** und verschiedene **kleine Museen** (Autos, Wachsfiguren der Countrystars), zudem Restaurants, Platten-geschäfte, Westernclubs und Bars. Wer sich nun noch für Spielzeug begeistern kann, dem sei noch das **Nashville Toy Museum (11)** (2613 McGavock Pike, normale Geschäftszeiten) genannt. Puppen, alte Modellbahnen, Blechautos, Plüschtiere der vergangenen 100 Jahre u.v.m. mehr lassen mit Sicherheit so manches Herz höher schlagen. Es ist evtl. geplant, das Toy Museum umzusiedeln in die Innenstadt (162 8th Ave., zw. 1st u. 2nd Sts). Bitte beachten Sie die Ankündigungen.

Grand Ole Opry /Grand Ole Opry Museum (12)

Exit 12b vom Briley Parkway.
Alles dreht sich hier natürlich vornehmlich um das Thema C&W-Musik. Das **Grand Ole Opry Museum** erzählt die Geschichte der Grand Ole Opry und seiner Stars (geöffnet tägl. 10–17 Uhr, bei Vorführungen in der Grand Ole Opry länger). Haupt-
Größte Radiostation der Welt
attraktion aber ist die **Grand Ole Opry**, die mit ihren 4.424 Sitzplätzen die größte Showhalle der USA und die größte Radiostation (Frequenz AM 650) der Welt dar-stellt. Nahezu täglich finden hier C&W-Konzerte statt, und Freitag- bzw. Samstag-abend wird von hier die Mitte der 1920er-Jahre ins Leben gerufene Grand-Ole-Opry Radioshow vor der Kulisse der berühmten roten Scheune gesendet. Sie sind dann live dabei. Aber bedenken Sie, eine Radiosendung beinhaltet auch Werbeblöcke und viele Wortbeiträge. Ein Erlebnis und für Nashville ein „Muss" bedeutet der Besuch dieser Show aber schon. Übrigens ist es eine Ehre für einen Countrymusiker, hier auftreten zu dürfen. Diese Ehre bedeutet aber auch, regelmäßig und zu bestimmten

16. Nashville und die Strecken nach Birmingham bzw. Memphis bzw. entlang des Natchez Trace National Parkway – Nashville

545

Shows aufzutreten. Daher sind nicht mehr alle bekannten Stars dieser Musikrichtung dabei, denn ihr Terminkalender lässt es halt nicht zu.

Weitere Sehenswürdigkeiten in Nashville

Lane Motor Museum (13)

702 Mufreesboro Pike, geöffnet Do–Mo 10–17 Uhr.
Eindrucksvolle Ausstellung verschiedenster Fahrzeugtypen: Militärfahrzeuge, Autos betrieben mit alternativer Energie, Amphibienfahrzeuge u.v.m. Nur etwas für Autofans.

Belle Meade Plantation (14)

5025 Harding Rd., geöffnet Mo–Sa 9–17 Uhr, So 11 – 17 Uhr (die letzte Tour beginnt um 16 Uhr).
Ein Antebellum-Haus im Greek-Revival-Stil von 1853, eine Räucherkate von 1820 *Rund um* und ein Kutschen-Museum machen den Besuch dieser schönen Plantagenanlage loh- *Pferd und* nenswert. Hier wurden auch die ersten Vollblut-Pferde Amerikas gezüchtet. Nach- *Kutsche* dem Sie Haus und Museum besichtigt haben, sollten Sie sich noch etwas Zeit nehmen für einen Spaziergang durch die schattige Parkanlage.

The Hermitage (15)

4580 Rachel's Lane/Old Hickory Blvd., Hermitage. Anfahrt: Über den I-40 nach Osten. Am Exit 221 4 Meilen nach Norden auf dem Old Hickory Blvd. Geöffnet täglich 9–17 Uhr.
Hier, 15 Meilen außerhalb von Nashville, lebte der 7. Präsident der USA, *Andrew* *Wohnsitz von* *Jackson* (1767–1845). *Jackson* erlangte Ruhm und Ehre durch seine siegreiche *Präsident* Schlacht um New Orleans (1812). *Jackson* war aber auch für kurze Zeit Gouverneur *Jackson* von Florida und ein wohlhabender Baumwollfarmer, der später eher zurückgezogen mit seiner Frau Rachel bei Nashville lebte. Seine Freunde und Berater mussten ihn daher erst dazu überreden, sich als Präsident zur Wahl zu stellen. Der erste Anlauf misslang 1824, machte ihn aber bereits populär auf der politischen Bühne. 1828 – seine Frau starb ein Jahr zuvor – gewann er schließlich die Wahl und blieb bis 1837 im Amt. In dieser Zeit festigte er den Stand der Amerikanischen Staatsbank und entwickelte erste Ideen für eine staatliche Sozialpolitik. Diese Schritte brachten ihm natürlich viele Gegner in der betuchten Oberschicht ein, doch setzte sich „Old Hickory", wie er seit den Kriegstagen genannt wurde, in der Regel durch – wenn auch nicht immer mit konventionellen Mitteln.

Parthenon (Museum of Art) (16)

Ecke Westend/25th Ave. S, im Centennial Park, geöffnet Di–Sa 9–16.30 Uhr, April–Sept. auch So 12.30–16.30 Uhr.
Der in Originalgröße reproduzierte Nachbau des Parthenon in Athen. 1898 aus Holz und Gips errichtet, entschied man sich 1922 dazu, das Gebäude aus Stein neu zu

erbauen. Das dauerte über 8 Jahre, denn es war nicht einfach, entsprechende Handwerker dafür zu finden. Heute befindet sich in dem Gebäude das Museum of Art, eine große Athena-Skulptur und eine Galerie mit wechselnden Ausstellungen.

Van Vechten Gallery (17)

Campus der Fisk University, Ecke Jackson St./18th Ave. N. (T.B. Todd Blvd.), geöffnet Di–Fr 10–17 Uhr, Sa u. So 13–17 Uhr.
Oftmals unterschätztes Kunstmuseum mit Werken u.a. von *Georgia O'Keefe* sowie europäischen Meistern wie z.B. *Picasso, Renoir* und *Cézanne*.

Von Nashville nach Birmingham

Raumfahrt hautnah

Die wenigsten von Ihnen werden sicherlich diese Strecke wählen, denn sie würde Memphis bzw. den landschaftlich einmaligen Natchez Trace Parkway aussparen. Trotzdem wird der eine oder andere von Ihnen sich entscheiden, hier entlang zu fahren. Ich möchte Ihnen diesen Abschnitt auch deswegen kurz vorstellen, weil er eine ganz besondere Sehenswürdigkeit bietet: Das **U.S. Space&Rocket Center** und die NASA-Versuchsanlagen in **Huntsville**. Für einen lohnenswerten Besuch hier sollten Sie aber mindestens einen halben Tag einplanen. Der Rest der Strecke zwischen Nashville und Birmingham ist wenig interessant und Sie sollten nach dem Besuch des Museums schnell durchfahren.

Alternative: Sollten Sie das Raketenmuseum besichtigen wollen, aber anschließend Memphis bzw. den **Natchez Trace Parkway** als Ziel haben, können Sie von Huntsville aus über den US 72 nach Westen fahren. Der Highway kreuzt den Parkway und führt bis nach Memphis. In **Florence** sollten Sie dabei aber das **W. C. Handy Museum** (*Handy* gilt als „Vater" des Blues) und die **Alabama Music Hall of Fame** (direkt am US 72) nicht auslassen. Lesen Sie dazu bitte ab S. 552ff unter „Natchez Trace National Parkway".

Huntsville (ⓘ S. 155)

Hauptstadt der Raketenentwicklung

Huntsville wurde bereits 1805 als kleine Farmerstadt inmitten weiter Baumwollfelder gegründet. Während des Zweiten Weltkrieges dann veränderte sich vieles, denn das Militär begann, hier eine groß angelegte Chemie- und Raketenversuchsanlage, einschließlich mehrerer wissenschaftlicher Labors, einzurichten. Als dann Ende der 1940er-Jahre der deutsche Raketenforscher *Wernher von Braun* (1912–1977) und sein 130-köpfiges Team aus Deutschland abgeworben werden konnte, begann der ganz große Boom. *Von Braun* brachte alle Pläne der V-2-Rakete aus Deutschland mit und sorgte dafür, dass die kleine Stadt im Norden von Alabama zur geistigen Hochburg der amerikanischen Raketenentwicklung aufstieg. Als übrigens das Militär dieser Aufgabe nicht mehr gewachsen war, wurde hier die **NASA** (*National Aeronautics and Space Administration*), eine zivile Behörde, gegründet. Hier war es dann auch, wo der Flug zum Mond vorbereitet wurde und wo später auch die Entwicklung des Spaceshuttle-Programms, des umstrittenen SDI-Programms und die Einrichtung der bemannten Raumstationen („Spacelabs") vorangetrieben wurden.

16. Nashville und die Strecken nach Birmingham bzw. Memphis bzw. entlang des Natchez Trace National Parkway – Nashville

547

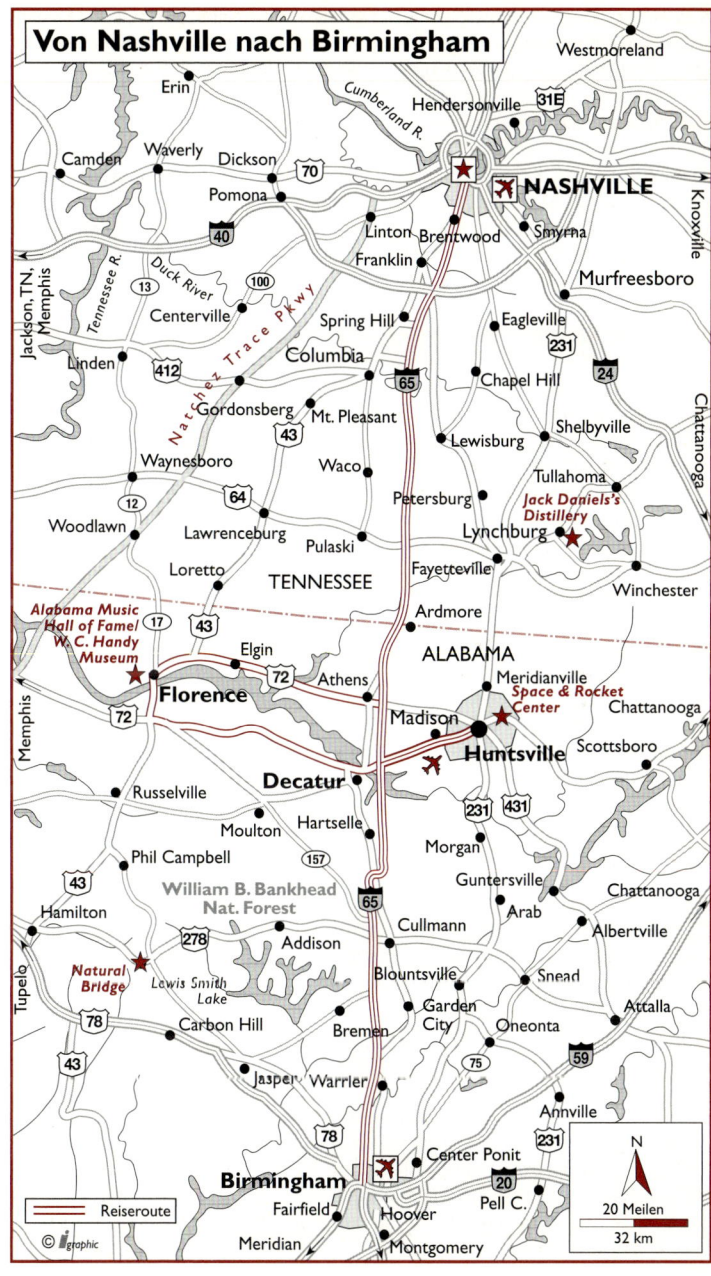

Von Nashville nach Birmingham

Wachsende
Stadt der
Wissenschaft

Auch heute noch ist Huntsville eine „**Stadt der Wissenschaftler**": Gut 10 Prozent aller Arbeitnehmer sind Ingenieure, etwa 20.000 der insgesamt 158.000 Einwohner zählenden Stadt sind angeworbene ausländische Fachkräfte. Die Raketen- und Weltraumindustrie bestimmt das gesamte Bild. Trotzdem haben sich mittlerweile auch andere große Firmen hier niedergelassen, unter ihnen der Computerriese SCI und die deutsche Reifenfirma Dunlop. Boeing hat auch eine große Dependance, vornehmlich weil der Konzern federführend am Ausbau der internationalen Raumstation mitwirkt. Abgesehen von den „Weltraum-Sehenswürdigkeiten" bietet die Stadt aber nicht viel. Der historische Innenstadtbereich („Old Town District" und der benachbarte „Twickenham District") sind zwar nett anzusehen, lohnen aber höchstens eine kurze Durchfahrt.

 Hinweis

Alternativ zur Fahrt mit dem eigenen Auto wird vom Huntsville Department of Parking & Public Transport auch ein „Tourist Trolley Loop" angeboten, ein auf antik getrimmtes Shuttlefahrzeug, welches von speziell ausgeschilderten Haltepunkten aus alle wichtigen Sehenswürdigkeiten der Stadt anfährt und Sie bei Bedarf auch an Ihrem Hotel abholt. Informationen dazu erhalten Sie direkt beim Department of Parking & Public Transport in der 500 Church St., Suite Two.

• Space and Rocket Center

Anfahrt von Westen: Verlassen Sie den I-65 am Exit 340 und fahren Sie in östlicher Richtung auf dem I-565. Nach etwa 14 Meilen liegt das Center gleich rechter Hand an der 1 Tranquility Base. Geöffnet Täglich 9–17 Uhr.

Für den Besuch dieses hochinteressanten Museums – wenn Sie zusammen mit Ihrem Nachwuchs unterwegs sein sollten, eigentlich ein „Muss" – sollten Sie mindestens drei Stunden einplanen. Es teilt sich wie folgt auf:

Simulierte
Weltraum-
fahrt zum
Jupiter

Space Museum: In mehreren Abteilungen wird Ihnen hier die Geschichte der amerikanischen Raumfahrt näher gebracht. Bilder von anderen Planeten, die Geschichte des Fluges zum Mond, eine simulierte „Reise" zum Jupiter, verschiedene Raumfahrzeuge, Militärraketen und eine – nicht nur für Kinder – interessante „Hands-On"-Ecke sowie eine Kletterwand für Jugendliche bilden hier die Höhepunkte. Besonders sehenswert sind die originalen Raumfahrtgeräte und -teile.

A-12 Blackbird: Gleich am Eingang steht dieser gigantische Starfighter, der während seiner Einsatzzeit eine Geschwindigkeit von nahezu „Mach 3" (3.000 Stundenkilometer!) erreichte und dabei für das gegnerische Radar so gut wie unsichtbar war.

Raumkapsel von „Apollo 11"

**16. Nashville und die Strecken nach Birmingham bzw. Memphis bzw.
entlang des Natchez Trace National Parkway – Nashville**

549

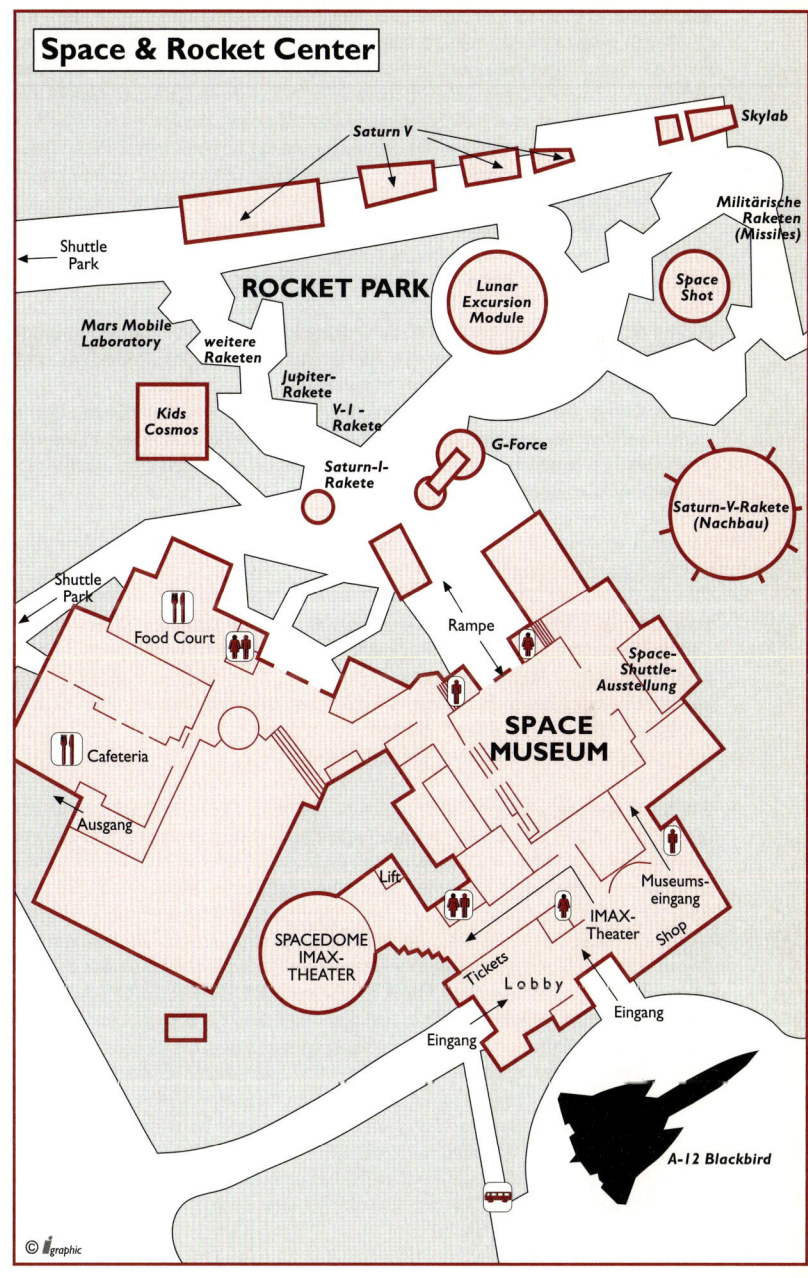

Space & Rocket Center

Skylab

Saturn V

Militärische
Raketen
(Missiles)

Shuttle
Park

ROCKET PARK

Lunar
Excursion
Module

Space
Shot

Mars Mobile
Laboratory

weitere
Raketen

Jupiter-
Rakete

V-1 -
Rakete

Kids
Cosmos

G-Force

Saturn-I-
Rakete

Saturn-V-Rakete
(Nachbau)

Shuttle
Park

Food Court

Rampe

Space-
Shuttle-
Ausstellung

**SPACE
MUSEUM**

Cafeteria

Ausgang

Lift

Museums-
eingang

SPACEDOME
IMAX-
THEATER

IMAX-
Theater

Shop

Tickets

L o b b y

Eingang

Eingang

A-12 Blackbird

© graphic

550

*16. Nashville und die Strecken nach Birmingham bzw. Memphis bzw.
entlang des Natchez Trace National Parkway – Nashville*

Rocket Park: Hier können Sie sich alle möglichen Raketen ansehen, die seit 1950 ins Weltall geschossen worden sind. Eindrucksvoll ist vor allem die riesige Saturn-Rakete, die als Trägerrakete für die Mondfahrten diente. Sie ist länger als ein Footballfeld. Simulationsanlagen im Park lassen Sie am eigenen Leib das Gefühl der Schwerelosigkeit und enormen Beschleunigungskräften miterleben.

Shuttle Park: Ein Spaceshuttle inklusive Trägerraketen ist hier ausgestellt. In einem kleinen Pavillon finden mehrmals täglich Erläuterungen über zukünftige Raumfahrtprogramme statt. Erkundigen Sie sich rechtzeitig nach den Programmzeiten.

Atemberaubende Weltraumshow

Spacedome-IMAX-Theater: Eine 21 Meter hohe kuppelförmige Leinwand bietet ein faszinierendes, dreidimensional wirkendes Bild. Die ca. 50-minütige Filmvorführung mit atemberaubenden Aufnahmen und Toneffekten rund um das Thema „Raumfahrt" sollten Sie sich nicht entgehen lassen. Entscheiden Sie sich am besten bereits beim Kauf der Eintrittskarte, zu welcher Uhrzeit Sie eine der Vorführungen sehen möchten und lassen sich bereits an der Kasse ein entsprechendes Ticket für das IMAX geben (ist im Eintrittspreis enthalten).

Space Camp Mission Center Complex: Die NASA hat mehrtägige „Workcamps" für Interessierte am Weltraumprogramm eingerichtet. Dabei wird alles vorgeführt und verschiedene Testgeräte dürfen selbst – unter Anleitung natürlich – ausprobiert werden. Eine durchaus attraktive Sache.

Von Nashville nach Memphis

Etwa auf halber Strecke zwischen Nashville und Memphis passieren Sie entlang des I-40 den **Natchez Trace State Park & Forest**, der seinen Namen dem Trail zwischen Natchez und Nashville verdankt. Der Park ist als großes Erholungsgebiet angelegt und bietet Outdoor-Fans eine willkommene „Verschnaufpause" zwischen den Großstädten, die sie auf diesem Reiseabschnitt zu sehen bekommen. An Sommerwochenenden aber wird es aber hier teilweise sehr voll.

Die kleine und lang gezogene Stadt **Jackson, TN** (ⓘ S. 155) – nicht zu verwechseln mit Jackson, MS – bietet eine weitere Möglichkeit, dem (abendlichen) Trubel von Memphis noch für eine Nacht zu entgehen und sich zudem von Nashville zu „erholen". Jackson bietet zwar nicht viel, jedoch sind die Menschen hier freundlich und zuvorkommend. Im Schatten des „großen" Memphis stehend, bemüht man sich hier sehr um Fremde, die sich für den überschaubaren Ort interessieren. Gehen Sie ruhig einmal kurz durch den historischen Innenstadtbereich und besuchen Sie das ein oder andere Geschäft oder ein Café. Die Atmosphäre wirkt zwar recht verschlafen, ist aber sehr herzlich. Musikfans sollten sich hier keinesfalls die **International Rock-a-Billy Hall of Fame** (105 N. Church St.) entgehen lassen: Ein kleines und besonders liebevoll ausgestattetes Museum mit allen erdenklichen Erinnerungsstücken rund um den Rock'n'Roll und seiner berühmtesten Musiker. Hier finden auch abendliche Tanzkurse für jedermann statt. Gerne wird Ihnen die Betreiberin der Galerie alles erzählen und Sie kommen so in der nicht gerade sehr stark besuchten Einrichtung schnell in den Genuss einer individuellen Führung, während der natürlich besonders an den Stationen der aus Jackson, TN, stammenden Musiker die ausführlichsten Erläuterungen stattfinden.

Im Schatten von Memphis

Ihren Namen verdankt die Stadt den vielen Nachfahren von Präsident *Andrew Jackson*, die sich hier niedergelassen haben. Bedeutung aber gewann Jackson durch die Eisenbahnverbindungen, die sich hier kreuzen. Kein Wunder also, dass heute die *Präsident* Hauptattraktion das **Casey Jones Home & Railroad Museum** (30 Casey Jones *Jacksons* Lane, I-40 & Hwy. 45 By Pass, gut ausgeschildert) im gleichnamigen historischen *Nachfahren* **Village** (56 Casey Jones Lane) ist. Das Museum feierte 2005 sein 40-jähriges Be- *als Namens-* stehen. Voller Stolz wird man Ihnen hier jede erdenkliche Geschichte rund um ein *geber* bestimmtes Ereignis aus dem Jahre 1900 erzählen.

In dem Museum werden Eisenbahnfans ihre wahre Freude an einer riesigen alten Dampflokomotive, einer Modellbahn und einer Reihe von Memorabilien von *Casey Jones* haben. *Jones*, seinerzeit Lokführer und Ingenieur, lebte Ende des vorletzten Jahrhunderts und gilt als *die* **Eisenbahner-Legende** Amerikas. Jones verhinderte nämlich am 29. April 1900 ein großes Eisenbahnunglück: Sein Zug fuhr damals durch einen kleinen Ort in Mississippi, als plötzlich mehrere Waggons auf seinen Schienen auftauchten. *Jones* konnte gerade noch rechtzeitig seinen Heizer anweisen, vom Zug *Held der* zu springen, bevor er mit gekonnten Bremsaktionen die Lokomotive (mit der Num- *Eisenbahn-* mer 382) von den Schienen beförderte und die mit Passagieren beladenen eigenen *geschichte* Waggons zum Stehen brachte. Jones war der einzige, der bei diesem Unglück ums Leben kam. Zudem laden historische Geschäfte und der rekonstruierte **Old Country Store** zum Shopping und zum (sehr leckeren und reichhaltigen) Speisen in rustikalem Ambiente ein. Ein kleiner Informationsschalter für Touristen ist dort auch vorhanden. Ab und zu finden auf der Veranda des antiken Krämerladens Folk- und Country-**Musikveranstaltungen** statt, bei denen sich jedermann, sofern er denn einigermaßen ein Instrument beherrscht, zu einer improvisierten Musik-Session

Improvisierte Musik-Sessions

zusammenfinden kann. Bis in die späten Abendstunden hinein wird dann am Banjo gezupft und in die Mundharmonika geblasen und Sie als Zuhörer können sich einfach unter die zahlreichen Musiker mischen und den Klängen aus nächster Nähe lauschen. Wann diese abendlichen Konzerte stattfinden, fragen Sie am besten jeweils aktuell direkt im Country Store oder im **Convention&Visitors Bureau** (314 E. Main St., 2nd Floor) in der Downtown nach. Nach Memphis sind es nun noch 85 Meilen.

Natchez Trace National Parkway (ⓘ S. 155)

› › **Entfernungen**
Nashville – Meriwhether Lewis: 75 mi/121 km
Meriwhether Lewis – Colbert Ferry: 56 mi/90 km
Colbert Ferry – Tupelo Visitor Center: 61 mi/98 km
Tupelo Visitor Center – Kosciusko: 106 mi/171 km
Kosciusko – Jackson: 61 mi/98 km
Jackson – Natchez: 81 mi/130 km

Geschichte

Bereits vor über 8.000 Jahren schlugen Indianer einem Trampelpfad durch die nahezu undurchdringlichen Wälder zwischen dem heutigen Natchez und den wildreichen Regionen des Gebietes nördlich des Tennessee River. Entlang dieses Pfades siedelten dann vor ca. 2.000 Jahren die Vorfahren der späteren Choctaw- und Chickasaw-Indianer. Ihre Siedlungen sind auch heute noch anhand der typischen Mounds (Erdhügel) zu erkennen. Im 18. Jh. folgten Bootsleute den ersten Weißen entlang dieses Pfades. Mit ihren Kähnen brachten sie Waren von Nashville nach Natchez, wo sie ihre Boote dann als Brennholz verkauften. Zurück nach Nashville zogen sie dann – meist zu Fuß! – auf dem Natchez Trace. Der Natchez Trace wurde zum bedeutenden Handelsweg, bis um 1840 die großen Flussboote, bzw. zwei Jahrzehnte später die Eisenbahnen, ihm den Rang abliefen.

Redaktions-Tipps

• Besorgen Sie sich bereits im Touristenbüro von Nashville die **Karte** des Parkway. (S. 155)
• Einzige **Tankstelle** direkt am Parkway ist in Jeff Busby (Meile 193,1). (S. 155)
• Legen Sie regelmäßige **Pausen** ein! Die gleichmäßige Fahrweise auf dem Parkway führt leicht zu mangelnder Konzentration und verleitet sehr zu einer nicht allzu genauen Einhaltung der Geschwindigkeitsbegrenzung. Beachten Sie diese unbedingt. Es wird scharf kontrolliert. (S. 103)
• Die **interessantesten Punkte** abseits des eigentlichen Parkway: Das berühmte Bürgerkriegsschlachtfeld im Shiloh National Military Park und die Alabama Music Hall of Fame. (S. 554)
• **Zeiteinteilung**: 2 Tage/Am ersten Tag sollten Sie über Franklin auf den Parkway fahren und sich als Ziel mindestens Tupelo vornehmen, besser Kosciusko oder Jackson/MS. Am zweiten Tag gibt es mehr lohnende Punkte zum Anhalten, zudem die ein oder andere Sehenswürdigkeit in Jackson.

Natchez Trace National Parkway heute

Heute wird die **etwa 450 Meilen lange Strecke** von der staatlichen Parkverwaltung unterhalten. Sie ist landschaftlich **wunderschön**, wenn sie auch keine einschneidenden Höhepunkte zu bieten hat. Abwechslungsreich führt die modern ausgebaute und kaum befahrene Straße durch Farmland, Mischwälder, über Flüsse, durch Sumpfgebiete und vorbei an ehemaligen Indianerkulturen und frühen Siedlungen der Europäer. Dabei kreuzt sie das eine oder andere Mal den historischen „Old Trace". Erwarten Sie nicht zuviel, sondern genießen Sie einfach die Natur und… dass es **keine Ampeln** und **Lkw** gibt! Am besten wäre es, Sie packen einen großen Picknickkorb zusammen und halten an einigen der sehr einladenden Plätze neben der Straße an. Erlaufen Sie sich auch den einen oder anderen Seitenpfad. Meist sind es nur kurze Strecken, die kaum mehr als 20 Minuten erfordern, dafür aber eine willkommene Bewegung bieten.

Fahrt durch wunderschöne Landschaft

Der Natchez Trace Parkway ersetzt mit Sicherheit nicht einen Besuch von Memphis bzw. die Weiterfahrt von dort entlang des Mississippi, aber er gibt Ihnen die Gelegenheit, ein bis zwei Fahrtage einzusparen, und manch einer wird es vielleicht begrüßen, etwas Natur und nicht nur Städte zu erleben. **Tupelo** und **Jackson**, MS, kann ich Ihnen nicht allzu sehr ans Herz legen: Beide Städte bieten eigentlich nichts Besonderes, sollten Sie nicht gerade ein *Elvis*-Fan sein. Denn Tu-

Sanfte Kurven und nichts als Natur

pelo ist die Geburtsstadt des „King". Sparen Sie Ihre Zeit lieber für Natchez selbst auf. Die kurz aufgeführten Strecken abseits des Parkways sind ebenfalls nur den speziell Interessierten zu empfehlen.

Sehenswertes

 Hinweis

Die Meilenangaben decken sich mit den Straßenschildern. Meile „0" befindet sich in Natchez.

Direkt entlang des Parkway gibt es eigentlich unzählige Punkte, an denen sich ein Anhalten lohnen würde. Häufig ist nicht viel zu sehen, aber überall erläutern Tafeln den geschichtlichen Hintergrund. Alle diese Stellen hier aufzuzählen ginge zu weit, und daher werde ich mich darauf beschränken, nur einige wenige lohnenswerte Stopps kurz zu erläutern.

Infotafeln für Touristen

> **☞ Hinweis**
>
> *Da Sie selbstverständlich nicht exakt die von mir beschriebenen Stationen entlang des Parkways abfahren müssen, nenne ich im Folgenden auch ein paar Alternativziele bzw. -strecken, die sich bei Interesse für den einen oder anderen sicherlich lohnen werden. Sie sollten diese kleinen „Schlenker" dementsprechend schon zu Beginn Ihrer Tour einplanen.*

Sehenswertes abseits des Parkway

Franklin

(südlich von Nashville)

Einladendes historisches Städtchen Ansprechendes kleines Städtchen mit Antebellum-Häusern, Historic District und bewegter „Bürgerkriegsvergangenheit". Hauptattraktionen: **Carter House&Museum** (1140 Columbia Ave., ☎ (615) 791-1861, geöffnet Mo–Sa 10–16 Uhr) und **Carnton Plantation** (1345 Carnton Lane, ☎ (615) 794-0903, geöffnet Mo–So 9–17 Uhr.

Shiloh National Military Park

Nehmen Sie etwa 16 Meilen südlich von Meriwether Lewis den US 64 (kurz vor Meile 370) in südwestlicher Richtung. Er führt zum Park. Bedeutsames Schlachtfeld, auf dem die Konföderierten vergeblich und z. T. mit Hilfe „Potemkinscher Dörfer" versucht haben, die Unionstruppen auf ihrem Weg nach Vicksburg aufzuhalten. Bei der Schlacht fielen 24.000 Soldaten. Touristenbüro, Autotour und Soldatenfriedhof. Geöffnet Mo–So 9–17 Uhr.

W. C. Handy Home&Museum

620 W. College St., Florence, AL. Geöffnet Di–Sa 10–16 Uhr.

Heimstatt des Blues Verlassen Sie den Parkway bei Meile 342 über den Hwy. 157, der Sie nach **Florence** führt. *W.C. Handy* gilt als Gründervater des Blues. Hier können Sie sein ehemaliges Wohnhaus besichtigen, zudem eine Reihe von Memorabilien. Von hier aus sollten Sie weiterfahren zur

Alabama Music Hall of Fame

Um direkt vom Parkway aus dorthin zu gelangen, fahren Sie entlang des US 72 (Meile 321) nach Osten. Südlich von **Tuscumbia**, direkt am Highway, befindet sich das kleine Museum, welches sich mit der Geschichte der Blues- und Countrymusik von Alabama beschäftigt. ☎ 1-800-239-AMHF, geöffnet Mo–Sa 9–17 Uhr.

Oxford

(Abfahrt bei Meile 260, ca. eine Stunde westlich von Tupelo)
Hier lebte der Literaturnobelpreisträger *William Faulkner* (1897–1962) von 1930 an bis zu seinem Tode. Sein Haus in der Rowan Oak kann besichtigt werden. Infos unter (662) 915-7073, geöffnet Di–Sa 10–16 Uhr, So ab 13 Uhr.

16. Nashville und die Strecken nach Birmingham bzw. Memphis bzw. entlang des Natchez Trace National Parkway – Natchez Trace National Parkway

555

Columbus, MS

von Tupelo über den US 45 nach Süden)
Liebliches Antebellum-Städtchen. Gilt als kleiner Geheimtipp, da abseits der Haupt- *Charmante*
Touristenrouten. Hauptattraktionen: Waverley Mansion (1852) und 100 weitere An- *Antebellum-*
tebellum-Häuser. Viele Bed&Breakfast-Unterkünfte. Infos dazu im Visitor Bureau (402 *Häuser*
2nd St., ☎ (601) 329-1191).

Vicksburg

Am schnellsten über den I-20 von Jackson aus zu erreichen. Nach dem Besuch von Vicksburg über die MS 27 östlich der Stadt wieder zurück auf den Parkway. Eine besonders sehenswerte Stadt am Mississippi mit einem bedeutenden Bürgerkriegspark. Lesen Sie über Vicksburg bitte ab Seite 582ff.

Nachdem Sie sich bereits in **Nashville** eine **ausführliche Karte** besorgt haben, fahren Sie zuerst über den US 31 nach **Franklin**, einem liebenswerten kleinen Städtchen mit Antebellum-Geschichte.

Von dort aus geht es über den Highway 96 nach Westen weiter zum Parkway

Meile **411,8**: Schöner Ausblick vom **Water Valley Overlook**.

Meile **403,7**: Ein ca. 1,3 km langer Wanderweg führt den „**Old Trace**" entlang.

Meile **401,4**: Auf einer alten **Tabakfarm** wird Ihnen der Anbau von Tabak erläutert. Dazu gibt es einen ca. zwei Meilen langen Fahrweg entlang des „Old Trace" (Einbahnstrecke von Süd nach Nord)

Meile **385,9**: Rastplatz **Meriwether Lewis**: Rangerstation, Camping, Picknicken.

Meile **377,8**: Schöner Picknickplatz bei **Jack's Branch**.

Meile **375,8**: 2,5 Meilen-Fahrstrecke auf dem „**Old Trace**" (Einbahnstrecke von Süd nach Nord)

Meile **363,0**: **Sweetwater Branch**. Naturwanderweg entlang eines Baches (ca. 20 Minuten).

Meile **328,6**: **John Coffee Memorial Bridge** über den Tennessee River. Einen Parkplatz direkt an der Brücke gibt es nur auf der nördlichen Seite. Geeignet zum Picknicken.

Meile **327,3**: **Colbert Ferry**: Ranger-Infostation. Der Fährmann *Georg Colbert* erhielt 1812 dort US$ 75.000 von *Andrew Jackson*, damit dieser seine Armee übersetzen konnte – damals immens viel Geld.

Meile **321**: Der **US 72** kreuzt. Nach Westen geht es zum schönen Coleman State Park, nach Osten zur Alabama Hall of Fame.

Meile **313,0**: **Bear Creek**: Schönes Picknick-Areal. Kanueinsatzstelle.

Meile **302,8**: **Tishomingo State Park**: Camping, Kanustrecke, Schwimmen.

Meile **286,7**: **Pharr Mounds**. Acht historische Indianerhügel („Mounds") aus der Zeit um 100 n.Chr. Sehr gute Erläuterungen.

Meile **266,0**: **Tupelo Visitor** Center (Hauptbesucherzentrum des Parkway). Sich hier zu informieren, sollten Sie nicht auslassen.

556

16. Nashville und die Strecken nach Birmingham bzw. Memphis bzw. entlang des
Natchez Trace National Parkway – Natchez Trace National Parkway

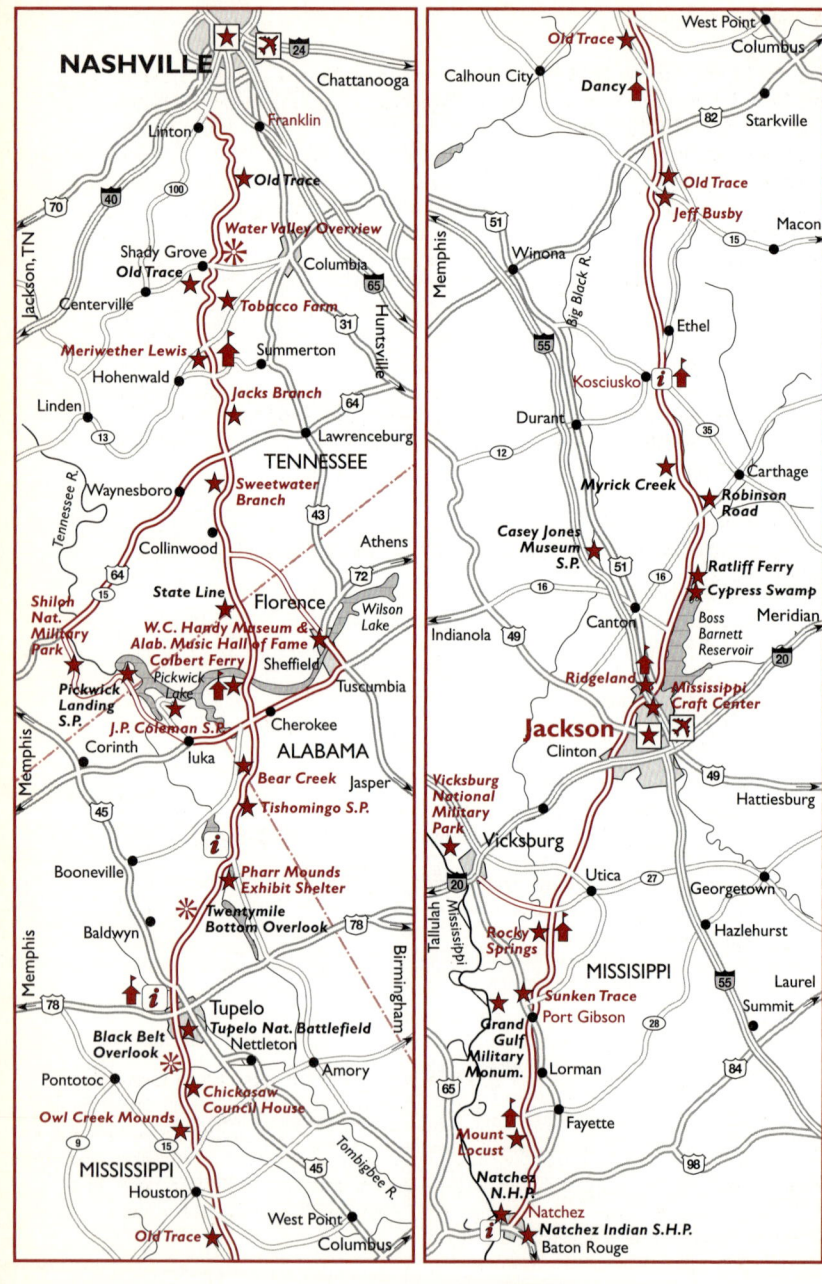

16. Nashville und die Strecken nach Birmingham bzw. Memphis bzw. entlang des Natchez Trace National Parkway – Natchez Trace National Parkway

557

Tupelo (ⓘ S. 155)

Elvis Presley erblickte hier am 8. Januar 1935 in einer zwei Zimmer kleinen Holzhütte das Licht der Welt. Sein Vater, ein einfacher Tagelöhner, erbaute seinerzeit die Hütte und nahm dafür US$ 180 Schulden auf. Als er diese Schulden nach drei Jahren immer noch nicht abzahlen konnte, mussten die *Presleys* die Hütte räumen. Heute kann der **Elvis Presley Birthplace** (306 Elvis Presley Dve. Geöffnet von Mai–September Mo–Sa 9–17.30 Uhr und Oktober-April Mo–Sa 9–17 Uhr, So jeweils 13–17 Uhr) besichtigt werden, und in einem angeschlossenen kleinen Museum gibt es Elvis-Andenken zu sehen. Außerdem können sich „wahre" Fans mit allerlei Kitsch rund um *Elvis* im – natürlich nicht fehlenden – Gift Shop zur Genüge eindecken. Fahren Sie zu dem Geburtshaus entlang der Main Street einfach in östlicher Richtung durch die Stadt. Das Haus ist gut ausgeschildert. Außerdem können Sie die ehemalige „Familien-kirche" der *Presleys* besichtigen (Assembly of God Church), ebenso den Hardware Store, in dem *Elvis* seine erste Gitarre erstanden hatte (E. Main Street – kurz vor den Bahnschienen links) und *Elvis'* Grundschule (Lawhon Elementary School).

Erinnerungen an den jungen „King"

Eine Karte zu den Pilgerstätten früherer Rockmusik gibt es im **Tupelo Convention & Visitors Bureau**, welches sich in der 399 E. Main St. befindet.

Wen der Hunger treibt, der sollte sich zwischendurch im gemütlichen Neighbour-hoodpub „**Jefferson Place**" (823 Jefferson St.) ein ordentliches Sandwich oder ein saftiges Steak gönnen.

Meile **261,8**: Fundamente einer alten Chickasaw-Siedlung. Gute Erläuterungen zur Lebensweise der Indianer damals.

Meile **221,4**: Kleiner Wanderweg zum „Old Trace".

Meile **198,6**: Der „Old Trace" führt hier in den Wald.

Meile **193,1**: Jeff Busby Rastplatz: Picknicktische, 20-minütiger Wanderweg, Tank-stelle, Camping.

Meile **180,7**: Das French Camp: Seit 1822 eine Schule. Dazu ein paar alte Gebäu-de und gelegentlich handwerkliche bzw. landwirtschaftliche Vorführungen. Bed&Breakfast-Unterkunft und gemütliches Café mit Terrasse.

Meile **176,3**: Bethel Mission. Eine Holzkirche erinnert hier an eine ehemalige Missionsstation.

Meile **160,0**: Kosciusko

Kosciusko (ⓘ S. 155)

Das kleine Örtchen lohnt einen kurzen Abstecher ins ländlich verschlafene Orts-zentrum oder vielleicht auch eine Übernachtung. Benannt wurde der Ort nach dem erfolgreichen General *Tadeusz Kosciuszko*, der als erster Fremder in der Armee von General *George Washington* dienen durfte. *Kosciuszko* stammte aus Polen. Das kleine **Kosciusko Museum&Information Center** (direkt an der Parkway-Zufahrt, Meile 160) bietet u.a. eine kleine Ausstellung über ihn. Am **Courthouse Square** in der Dorfmitte können Sie eine Kaffeepause einlegen.

Ein Pole in Washingtons Armee

558

16. Nashville und die Strecken nach Birmingham bzw. Memphis bzw. entlang des Natchez Trace National Parkway – Natchez Trace National Parkway, Jackson/MS

Stolz auf TV-Star Oprah Winfrey

Antiquitätengeschäfte, kleine Südstaatenvillen, Bed&Breakfast-Unterkünfte und überall der stolze Hinweis auf die Herkunft eine der berühmtesten und reichsten Frauen Amerikas: In Kosciusko wurde nämlich der Fernsehstar *Oprah Winfrey* geboren. Ein Dorf mit viel Charme. Fahren oder gehen Sie einfach einmal kreuz und quer durch den Ort, um einen Blick auf das eine oder andere schöne Haus zu werfen und die Ruhe dieses Platzes zu genießen. Sollte es bereits spät geworden sein, empfehle ich Ihnen, hier in einem der historischen Häuser zu übernachten.

Meile 124: Schöner Camping- und Picknickplatz bei Ratcliff Ferry.

Meile 122,0: Eine lohnenswerte Wanderung (25 Minuten) durch das Sumpfgebiet der Cypress Swamps.

Meile 121–105: Links liegt der 123 km^2 große Ross Barnett Stausee, rechts tauchen hier und dort kleine Sumpfflüsse auf.

Meile 102,4: Ridgeland (Mississippi Crafts) Souvenirladen und Informationszentrum: Korb- und Tonwaren sowie Textilien.

Meile 101,5: Fahren Sie über die I-55, I-220 und I-20 weiter zur Meile 87 oder direkt hinein nach

---

Jackson, MS (ⓘ S. 155)

 Hinweis

Nicht zu verwechseln mit Jackson, TN

Überblick und Geschichte

Stadt von einstiger politischer Bedeutung

1821 gegründet, versammelte sich in Jackson bereits 1822 das **erste Parlament von Mississippi**. Die Stadt wurde damals als Hauptstadt ausgewählt, weil sie zu dieser Zeit zentral im Staate gelegen war. Ihren Namen verdankt sie übrigens dem Präsidenten *Andrew Jackson*. Ein Vorhaben, die Regierung später nach Port Gibson umzusiedeln, verlief im Sande, und 1840 erklärte *Jackson* die Stadt offiziell zur Hauptstadt des Staates Mississippi. 1861 beschloss hier ein Konvent die Sezession der Südstaaten. Diese Tatsache und die strategische Lage an zwei wichtigen Eisenbahnlinien veranlassten 1863 die Unionsgeneräle, die Stadt zu

Redaktions-Tipps

- Jackson ist keinen langen Aufenthalt wer aber falls Sie hier übernachten sollten, biet die Stadt einige „kleine" **Sehenswürdig keiten**. (S. 558ff)
- Wenn Sie sich hier zu einer Übernachtung entschließen sollten, sind Sie am besten in einem der historischen **Bed&Breakfas Häuser** aufgehoben. (S. 155)
- **Bedeutendste Sehenswürdigkeiten**: Agr cultural and Forestry Museum, Historische Museum im Old Capitol Building, New Ca pitol, Smith Robertson Museum, Mississipp Governor's Mansion. (S. 558ff)

16. Nashville und die Strecken nach Birmingham bzw. Memphis bzw. entlang des Natchez Trace National Parkway – Jackson/MS

559

belagern. Nachdem sie Jackson schließlich eingenommen hatten, brannten die Truppen fast alle Häuser nieder, was Jackson den Beinamen „Chimneyville" einbrachte – die „Stadt der rauchenden Schornsteine". Somit ist hier nicht viel übrig geblieben von der alten Pracht des Südens. Jackson zeigt sich heute eher von der volkswirtschaftlichen Seite: Banken, Versicherungen und mittelständische Betriebe. Außer den Regierungsgebäuden, allen voran das Haus des Gouverneurs und das State Capitol, erwarten Sie also keine architektonisch herausragenden Sehenswürdigkeiten. Weitere Informationen über Jackson, MS, hält das unweit des State Capitol liegende **Convention & Visitors Bureau** (921 N. President St.) bereit.

Alte Bausubstanz niedergebrannt

Sehenswertes in Jackson

Mississippi Agriculture & Forestry Museum/ National Agricultural Aviation Museum

1150 Lakeland Drive. Geöffnet Mo–Sa 9–17 Uhr.
Das Museum befasst sich vor allem mit der Geschichte der Farmwirtschaft in Mississippi. Sehr interessant sind neben dem eigentlichen Landwirtschaftsmuseum das Farmerdorf aus den 1920er-Jahren, ein Rosengarten, ein Luftfahrtmuseum und ein Waldlehrpfad.

Mississippi State Capitol

400 High St. Geöffnet Mo–Fr 8–17 Uhr.
Das Gebäude wurde 1903 von dem deutschen Architekten *Theodore C. Link* entworfen, der es – unverkennbar – dem State Capitol in Washington nachempfunden hat. Hauptsehenswürdigkeit im Gebäude ist ein Tiffany-Fenster.

The Old Capitol Museum

100 S. State St. Geöffnet Mo–Fr 8–17 Uhr, Sa 9.30–16.30 Uhr, So ab 12.30 Uhr.
1833 erbaut, diente dieses Gebäude (Greek-Revival-Stil) bis 1903 als Regierungssitz des Staates Mississippi. Heute befindet sich darin das historische Museum des Staates Mississippi. Südlich angeschlossen sind die Staatsarchive, die neben denen in Montgomery als die umfangreichsten in den Südstaaten gelten. Mit einem gültigen Personalausweis darf man hier gerne stöbern.

Mississippi Governor's Mansion

State Capitol

300 E. Capitol Street. Halbstündige Führungen Di–Fr 9.30–11 Uhr.
1841 erbaut, dient diese Greek-Revival-Villa zwischen den Hochhäusern der Innenstadt auch heute noch als Wohnstätte für den jeweils amtierenden Gouverneur. Fantastische antike Möbel, aber vor allem die interessanten Hintergrundgeschichtchen, machen einen Besuch hier lohnenswert.

Mississippi Museum of Natural Science

2148 Riverside Dve. Geöffnet Mo–Fr 8–17 Uhr, Sa 9–17 Uhr, So 13–17 Uhr. Überschaubares, naturkundliches Museum. In verschiedenen Diaramas (Schaukästen) werden die einzelnen Naturelemente des Staates Mississippi vorgestellt und erläutert. Hauptattraktionen sind ein großes Aquarium sowie eine Sumpflandschaft, in der Alligatoren, Schildkröten und andere Flusstiere zu sehen sind.

Smith Robertsons Museum and Cultural Center

528 Bloom Street. Geöffnet Mo–Fr 9–17 Uhr, Sa 10–13 Uhr, So 14–17 Uhr.

Einzigartige Details zur Befreiung der Schwarzen

Das Museum, untergebracht in einer ehemaligen Schule für schwarze Kinder, beschäftigt sich mit der **Kultur der schwarzen Bevölkerung** in den Südstaaten. Interessante Diagramme, Gemälde, Fotos und Kunstwerke erzählen die Geschichte von frühester Zeit an. Dabei erfahren Sie viel Neues, z.B. dass die ehemaligen Sklaven sich erst dann richtig frei gefühlt haben, als sie um 1872 ihre dicke Baumwollkleidung abgelegt hatten, um die Garderobe der Weißen anzunehmen. Oder wussten Sie beispielsweise, dass 1860 von den ca. 440.000 schwarzen Menschen in Amerika nur ganze 1.700 frei waren? In der Geschichtsschreibung geht diese Tatsache meistens unter. Für dieses Museum sollten Sie sich mindestens eine Stunde Zeit nehmen und sich auch die Mühe machen, die einzelnen Tafeln aufmerksam zu lesen.

Mynelle Gardens

4736 Clinton Blvd. Geöffnet März-Oktober 9–17.15, So 12–17.15 Uhr. November-Februar täglich 8–16.15 Uhr.
Wunderschöner, ca. drei Hektar großer Blumengarten. Besonders im Frühjahr, wenn die Azaleen blühen, wirklich besuchenswert. Die Gärten können zwar einem Vergleich mit den Bellingrath Gardens bei Mobile nicht standhalten, bieten aber eine willkommene Gelegenheit für ein Picknick in wunderschöner Umgebung.

Weiter auf dem Natchez Trace Parkway

Meile **87**: Wiederbeginn des Parkway. I-20, Exit 34.

Meile **54,8**: Rocky Springs war ehemals eine kleine Siedlung am Natchez Trace. Heute erinnert nur ein kleines Kirchengebäude (sonntags Gottesdienste) noch daran. Pfad entlang des „Old Trace". Empfehlenswert sind der Campingplatz und die Picknickgelegenheiten.

Meile **41,5**: 5-minütiger Wanderpfad entlang einem im Sumpf versunkenen Teil des „Old Trace" (Sunken Trace).

Meile **39**: Abfahrt nach Port Gibson.

Meile **15,5**: Mount Locust: Eine alte Holzhütte und ein Gemüsegarten erinnern an die Zeit um 1800, als hier eine Farmerfamilie lebte und das Haus als Herberge für Wanderer entlang des Natchez Trace diente.

Meile **0**: Endlich Natchez!

16. Nashville und die Strecken nach Birmingham bzw. Memphis bzw. entlang des Natchez Trace National Parkway – Jackson/MS

561

INFO Rock'n'Roll

Die Wurzeln des **Rock'n'Roll** gehen einerseits auf den **Rhythm'n'Blues** afroamerikanischer Musiker und andererseits auf die **Countrymusik** weißer Musiker zurück. Geographisch gesehen hat sich der Rock'n'Roll entsprechend seiner Wurzeln vom Süden her mit seiner **Blues**-Tradition, und vom südlichen Mittleren Westen der Vereinigten Staaten mit dem für diese Gegend typischen Country, ausgebreitet.

Memphis gilt als die Stadt, in der die entscheidende Geschichte des Rock'n'Roll geschrieben wurde. Jedoch auch Chicago und Detroit galten als frühe „Brutstätten" des Rock'n'Roll. Der Name dieser Musikrichtung ist eine Verkürzung der im Blues häufig gesungenen Zeile „Rock me, roll me, all night long", die mit „wiege mich, schaukel mich, die ganze Nacht lang" übersetzt werden kann und entsprechend als sexuelle Anspielung zu verstehen ist.

Gitarren lokaler Rock-Größen in einer Kneipe

Im frühen Rock'n'Roll spielt die erste „große" Liebe bezüglich der inhaltlichen Themen in dieser Musik ebenfalls eine große Rolle. Darüber hinaus wurden Probleme mit der Schule und den Eltern ebenso besungen wie schnelle Autos. Diese Themenmischung war insofern nicht verwunderlich, als dass sich das Publikum des Rock'n'Roll zum größten Teil aus Jugendlichen zusammensetzt. So war diese Musik auch eng mit jugendlichen Protestkulturen wie **Rockern** oder **Teddyboys** verbunden, die sich nicht nur durch ihre Kleidung, sondern auch durch die Musik von den älteren Generationen – die den Rock'n' Roll mit seiner Lautstärke und seinem schnellen Tempo oft als Krach empfanden – absetzen. Rock'n'Roll ist in dieser Hinsicht also mehr als nur Musik, er spiegelte von Anfang an auch das Lebensgefühl junger Menschen durch die Generationen wieder.

Die Standardbesetzung einer Rock'n'Roll-Band ist ein Sänger, jeweils ein Solo-, Rhythmus- und Bassgitarrist, ein Schlagzeuger und ein Tenorsaxophonist. Als erster Rock'n'Roll-Star wurde **Bill Haley** (1927–1981) berühmt, der ab 1954 in großem Stil Platten aufnahm und in den gesamten Vereinigten Staaten Millionenauflagen davon verkaufte. Außer ihm gilt **Chuck Berry** (geb. 1931) als Star der ersten Stunde. **Elvis Presley** (1935–1977), der durch seine Musik zur Legende wurde, stieg ab 1956 in das Rock'n'Roll-Geschäft ein und landete mit seinem Song „Heartbreak Hotel" gleich einen Hit, der auch heute noch zu den Klassikern dieser Musikrichtung zählt. Anfang der 60er-Jahre verschwand der Rock'n'Roll fast ganz von der Musikszene und wurde vom Rock abgelöst, der gewisse Elemente des Rock'n'Roll, wie zum Beispiel die Besetzung einer Band, die Rolle der Leadgitarre oder die Art und Weise, dieses Instrument zu spielen, aufnahm und weiterentwickelte. Musikhistorisch wird das Ende der ersten Rock'n'Roll-Ära 1962 mit dem Bekanntwerden der Beatles angesetzt. In den 1970er-Jahren erlebte der Rock'n'Roll eine neue Blütezeit, als man die sogenannten Revivals spielte.

17.   Memphis (ⓘ S. 155)

(ⓘ S. 155)

> **› › Entfernungen**
> Memphis – Nashville: 210 mi/
> 338 km
> Memphis – Little Rock: 137 mi/
> 221 km
> Memphis – New Orleans (über
> die Interstates): 430 mi/692 km

Überblick und Geschichte

Bereits vor 1.000 Jahren nutzten die Indianer die geographischen Vorteile des Gebietes am Zusammenfluss von **Mississippi** und Wolf River. Denn zum einen boten höhere Uferböschungen Schutz vor Überflutungen, zum anderen waren auch die Böden von überdurchschnittlicher Qualität. 1541 war *Hernando De Soto* der erste Weiße, der hierher kam, und um 1740 errichteten die Franzosen unter *Sieur de Bienville* ein kleines Fort. 1819 dann – die Franzosen hatten mittlerweile ihren Einfluss am Mississippi verloren – erwarben die Generäle *Andrew Jackson* und *James Winchester* sowie *John Overton* die Rechte an diesem Landstrich und begannen mit der Errichtung einer kleinen Siedlung. Für sie boten nämlich der Zusammenfluss und die dazwischen gelagerte Halbinsel beste Möglichkeiten für den Bau eines Hafens. *Winchester* benannte die kleine Stadt nach einem gleichnamigen Ort am Nil, wozu ihn der Anblick des Mississippi inspi-

Generäle erwarben Landrechte

• Erleben Sie eine **Blues-Jam** in einem Lokal an der Beale Street mit. (S. 155)
• Genießen Sie den Sonnenuntergang in einer der **Parkanlagen am Flussufer** (Tom Lee Park) und schauen Sie sich dabei die einfallsreiche Architektur der noblen Stadtvillen mit Blick auf den Mississippi an. (S. 570)
• **Zeiteinteilung:** 1 bis 2 Tage/Das Mississippi River Museum auf Mud Island ist wirklich das beste im ganzen Süden zu diesem Fluss. Beginnen Sie hier ihre Tour. Danach besuchen Sie die Pyramide und fahren von dort mit dem Trolley entlang der Main Street zur Union Avenue, wo Sie lunchen. Weiter geht's mit dem Trolley zum Civil Rights Museum. Pünktlich um 16.55 Uhr (am besten ein wenig früher) sollten Sie in der Lobby des Peabody Hotels erscheinen, um den „Entenmarsch" mitzuerleben. Anschließend lädt die Espresso-Bar im Hotel zu einem Stück Kuchen und einer Tasse Kaffee ein. Beginnen Sie das Abendprogramm im W.C. Handy Park an der Beale Street, wo im Sommer häufig Livemusik (Blues) geboten wird. Am nächsten Morgen besichtigen Sie dann Elvis Presleys Graceland.

riert hatte (Memphis bedeutet übrigens „Der gute Wohnsitz"). Schon bald entwickelte sich Memphis zu einer bedeutenden Hafenstadt. Über die Baumwoll-Börse in Memphis „geht" auch heute noch mehr als die Hälfte der US-amerikanischen Baumwollernte. Nach einem Einbruch der Wirtschaft durch den Amerikanischen Bürgerkrieg wurde Memphis im Laufe des letzten Jahrhunderts die bedeutendste Stadt am Mittellauf des Mississippi, und vor allem sein Hafen brachte Wohlstand – zumindest für eine kleine Mittel- und Oberschicht. Es gab Zeiten, da lagen an die 300 Schaufelraddampfer dicht an dicht an den Sandbänken des Wolf River, und ein heute kaum noch vorstellbares, hektisches Treiben erfüllte die Innenstadt. Memphis war zugleich die **Metropole** des Mississippi-Deltas, eines Landstriches, der von der Lobby des Peabody-Hotels bis hin zur Catfish Row in Vicksburg reicht. Verarmte Farmer und arbeitslose schwarze Landarbeiter strömten zu Tausenden in die Stadt auf der Suche nach dem großen Glück. Das Mississippi-Delta nämlich bot nur Entbehrungen, durch die Mechanisierung der Landwirtschaft immer weniger Arbeitsmöglichkeiten, und fortwährende Überflutungen ruinierten so manche Baumwollfarm.

Metropole mit großer Anziehungskraft

Memphis heute

Mit diesen Menschen kam dann auch eine neue Musikrichtung nach Memphis, von wo aus diese später den Weg nach New Orleans fand: Der **Blues**. In früheren Zeiten noch als „Hillbilly" oder „Landgesang" abgetan, war es schließlich *W. C. Handy*, der mit dem legendären „Memphis-Blues" den Durchbruch schaffte. *Handy* spielte seinen Blues in der **Beale Street**, der Amüsiermeile der Fluss-Schiffer. Seither ist die Beale Street als die Geburtsstätte des Blues bekannt, und auch heute bieten die zahlreichen Kneipen täglich Livemusik. Wenn auch erste Tendenzen in diese Richtung gehen, ist die Beale Street noch nicht so sehr vom Tourismus „verdorben" wie z.B. die Bourbon Street in New Orleans – dafür ist Memphis selbst allerdings längst nicht so attraktiv wie jene Stadt an der Mündung des Mississippi, vor allem, was die Stadtarchitektur angeht, die hier doch recht eintönig ist.

Mitte der 1950er-Jahre legte ein großer Sohn der Stadt den Grundstein für eine weitere neue Musikrichtung: *Elvis Presley*, der „King of Rock'n'Roll". Er wurde zwar in Tupelo, MS, geboren, lebte aber bereits seit seiner Teenagerzeit in Memphis und wurde hier auch vom Besitzer der „Sun Studios" entdeckt. *Elvis* lebte bis zu seinem Tode 1977 in seiner Villa Graceland im Süden der Stadt.

Mit Elvis kam der Rock'n' Roll

Heute pilgern jährlich hunderttausende Menschen zu seinem Haus und seiner Grabstätte, um ihm zu huldigen. Selbstverständlich ist der Besuch von Graceland für alle Memphis-Touristen ein „Muss"!

Auch auf Memphis' Straßen dreht sich alles um Musik

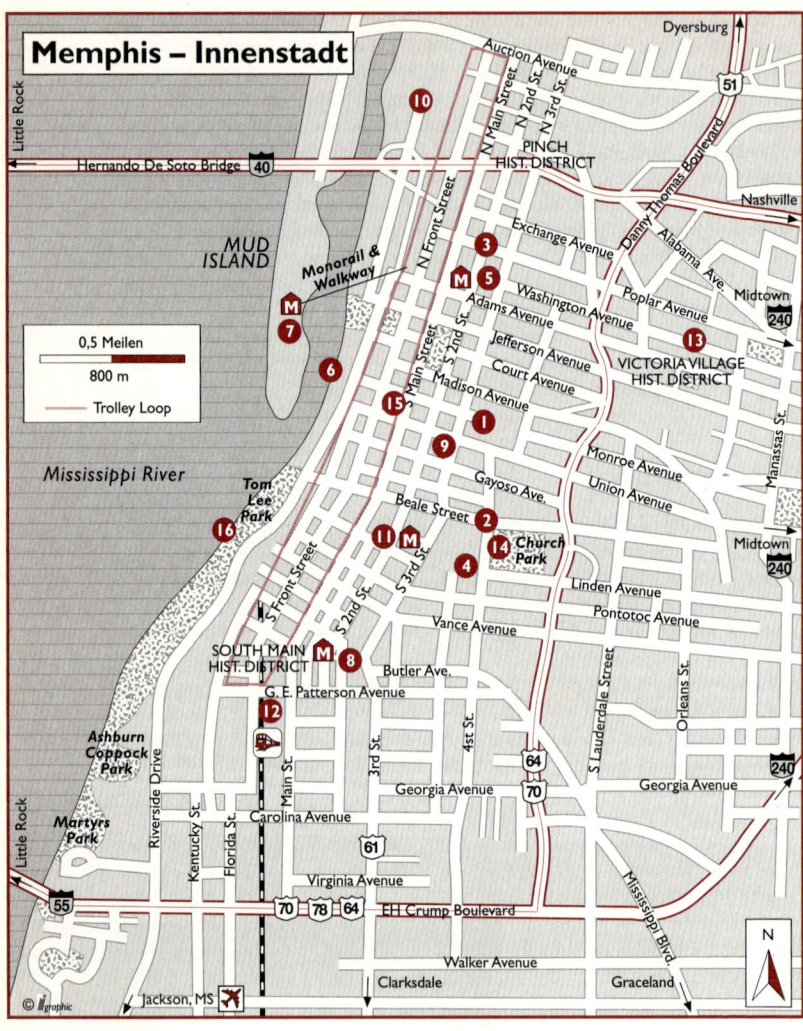

Memphis – Innenstadt

Dyersburg
51
Little Rock
Auction Avenue
Hernando De Soto Bridge 40
PINCH HIST. DISTRICT
Nashville
MUD ISLAND
Monorail & Walkway
Exchange Avenue
N Main Street
N 2nd St.
N 3rd St.
N Front Street
Danny Thomas Boulevard
Alabama Ave.
Poplar Avenue
Midtown
240
Adams Avenue
Washington Avenue
Jefferson Avenue
Court Avenue
Madison Avenue
S Main Street
S 2nd St.
VICTORIA VILLAGE HIST. DISTRICT
Manassas St.
0,5 Meilen
800 m
Trolley Loop
Mississippi River
Tom Lee Park
Monroe Avenue
Union Avenue
Gayoso Ave.
Beale Street
Church Park
S Front Street
S 3rd St.
S 2nd St.
Midtown
240
Linden Avenue
Pontotoc Avenue
Vance Avenue
SOUTH MAIN HIST. DISTRICT
Butler Ave.
G. E. Patterson Avenue
Ashburn Coppock Park
Riverside Drive
Main St.
3rd St.
4st St.
S Lauderdale Street
Orleans St.
64
70
240
Georgia Avenue
Georgia Avenue
Kentucky St.
Florida St.
Carolina Avenue
Martyrs Park
Little Rock
55
61
Virginia Avenue
70 78 64
EH Crump Boulevard
Mississippi Blvd.
Walker Avenue
Jackson, MS
Clarksdale
Graceland
N
© Bgraphic

1	Auto Zone Park	9	Peabody Place und Hotel
2	Beale Street	10	The Pyramide
3	Civic Center Plaza	11	Rock'n'Soul Museum
4	FedEx Forum	12	South Main Historic District
5	Fire Museum of Memphis	13	Victorian Village Historic District
6	Memphis Queen Line Riverboat Rides	14	Church Park/First Baptist Church
7	Mud Island River Park/Mississippi River Museum	15	Cotton Exchange Building
8	National Civil Rights Museum	16	Tom Lee Park

Hochhäuser bestimmen die Downtown Area, zahlreiche Galerien und Museen in der Innenstadt, gepflegte Parkanlagen und freundliche Menschen bestimmen das Bild. Memphis wurde übrigens mehrmals hintereinander zur saubersten Groß- *Sauberste* stadt der USA gekrönt. Eine riesige Glaspyramide ist weithin sichtbar als das neue *Großstadt der* Wahrzeichen. Das alte, der Mississippi, hat dabei aber nicht seine Stellung einge- *USA* büßt. Memphis verändert sich ständig und jedes Jahr findet sich etwas Neues. Doch für Sie als Reisende bleibt das Motto für diese interessante, fast eine halbe Million Einwohner zählende Stadt (im Großraum Memphis leben weit über eine Million Menschen) hoffentlich noch lange dasselbe: **Mississippi**, **Blues** und **Elvis Presley**!

Sehenswertes im Innenstadtbereich

Erwarten Sie bei Memphis keine pulsierende Metropole mit allzu lebhaftem Groß- stadttreiben. Auf mich macht die Stadt eher einen leicht verträumten Eindruck. Man lässt es hier ruhiger angehen, eben ganz nach Südstaatenart (natürlich abgesehen vom bunten Treiben rund um die Beale Street bei Nacht). Doch keinesfalls hat Mem- phis einen provinziellen Charakter, ganz im Gegenteil! Es ist eben nur alles ein wenig „übersichtlicher". Alle Sehenswürdigkeiten der Innenstadt können Sie deswegen auch *Auf Schusters* sehr gut zu Fuß erreichen, die Downtown mit ihren angrenzenden Bezirken ist über- *Rappen* schaubar und man kann sich kaum verlaufen. Falls Sie aber eine gewisse Strecke über- *durch die* brücken möchten, bietet sich die **Trolley-Route** entlang der Main Street an, die von *Innenstadt* der Pyramide im Norden bis zum Civil Rights Museum im Süden führt.

Für Autofahrer ist eine Rundtour durch die gesamte Stadt erdacht worden. Karten sind im **Memphis Convention&Visitors Bureau** (47 Union Avenue) erhältlich. Kleine – leider etwas zu kleine – grüne Schilder an Masten weisen Sie von einem Punkt zum nächsten. Ich empfehle Ihnen jedoch, auf das Autofahren während Ihres Aufenthaltes in Memphis zu verzichten – sicherlich zu begrüßen nach einer ganzen Menge „Fahrerei" auf Ihrer Reise!

☞ Hinweis

Rundgänge von Punkt zu Punkt sind in Memphis nicht immer sinnvoll, zumal einige Sehenswürdigkeiten etwas abseits liegen und überhaupt das Angebot insgesamt sehr groß ist. Manch einer von Ihnen möchte sicherlich – je nach Interessenlage – hier und da einen Punkt auslassen, um sich ggf. an anderer Stelle umzuschauen bzw. sich auf bestimmte lohnenswerte Orte aus Zeitgründen zu beschränken. Ich habe mich daher nachfolgend zu einer alphabetischen Auflistung der wichtigsten Stationen entschlossen und Sie sollten selbst entscheiden, was Sie sich anschauen wollen und was nicht.

AutoZone Park (1)

175 Toyota Plaza
Auf ein eigenes, mitten in der Innenstadt liegendes **Stadion** (das größte der zwei- ten US-Baseball-Liga) sind die Einwohner von Memphis besonders stolz. Ermöglicht

wurde diese doch recht große Anlage durch den amerikanischen Automobilclub AAA. Hier können Sie Spiele der „Memphis Redbirds" miterleben. Außerdem kann man im angegliederten Veranstaltungsbereich alles rund um Firmenveranstaltungen, private Partys und Hochzeitsfeiern arrangieren.

Beale Street (2)

Amüsier- Zwischen Mississippi River und 300er-Block, 🖳 www.bealestreet.com
meile der Der Straßenzug zwischen Mississippi und dem 300er-Block war bereits in früherer Zeit
Fluss-Schiffer die Amüsiermeile der Fluss-Schiffer, und neben der Musik stand besonders das Glücks-
spiel im Vordergrund. Anfang des 20. Jh. kam dann der damals noch unbekannte *William Christopher Handy* aus Clarksdale hierher, um Musik zu spielen. Seine Begabung wurde schnell erkannt, und *E. H. Crump* bestellte bei *Handy* für seine Kampagne zur Bürgermeisterwahl einen Song. „Boss" *Crump* gewann, und der Song wurde berühmt. Die ganz neue Stilrichtung faszinierte die Musikfreunde, und der Song wurde daraufhin umbenannt in „Memphis Blues". Damit war der Blues als „salonfähig" erklärt und setzte seinen Erfolgsweg von hier aus fort. In den späten 1940er-Jahren kam dann ein ande-
rer junger Musiker hierher: *Riley Boy*, später als der „Beale Street Blues Boy" bekannt,
Wiege und schließlich entschied *Riley* sich selbst für die berühmte Kurzform „**B.**(lues)**B.**(oy)
berühmter **King**". *King* verband in seiner Musik Elemente des Blues mit denen des bis dahin noch
Blues- und unbekannten Rock'n'Roll. *Elvis Presley* schließlich war es, der wenige Jahre später in den
Rock'n'Roll- Lokalen der Beale Street den eigentlichen Rock'n'Roll einführte – u.a. beeinflusst von
Musiker *B. B. King* und *Bill Haley*. Während der 1960er-Jahre fiel die Beale Street beinahe der wirtschaftlichen Depression zum Opfer, und die Bulldozer sollten den gesamten Stadt-
teil niederreißen. Erst in letzter Minute entschied sich die Stadt zur Erhaltung des **legendären Musikdistriktes**, und mittlerweile steht die Beale Street auf der Liste

der „National Historic Landmarks". Heute können Sie hier entlangflanieren und hinter fast jeder Tür hören Sie den Klang des Blues und Rock'n'Rolls. Viele Auftritte sind mittlerweile leider jedoch etwas eintönig und nur auf Tou-
risten ausgelegt. Trotzdem aber finden sich immer wieder lohnenswerte Gigs, und besonders wenn sich verschiede-
ne Musiker zu einer Jam-Session zusammentun, gibt es die für den Blues und Jazz so typischen Improvisationen zu erleben. Gut sind auch die Konzerte im direkt an der Beale Street gelegenen **W. C. Handy Performing Arts Park**, die im Sommer häufig stattfinden. Dann trifft sich dort – besonders an Wochenenden – jedermann zu einer großen Bluesparty.

Laufen Sie ruhig auch tagsüber bereits die Beale Street ent-
lang, und besuchen Sie z.B. **A. Schwab's General Store**, (163 Beale St. Geöffnet Mo–Sa 9–17 Uhr). Ein riesiger Ramschladen auf mehreren Ebenen, der seit 1876 in Besitz der Familie Schwab ist. Hier finden Sie wirklich alles, von Voodoozubehör bis hin zu alten Wahlplakaten, und das Motto „If you can't find it at A. Schwab's, you're better off without it" hat auch heute noch seine Gültigkeit.

Eigentlich begann alles mit dem
Blues Boy King

Civic Center Plaza (3)

Ecke Second St./Poplar Ave.
Ein inmitten der Downtown gelegener und ansprechend gestalteter Platz mit einer interessanten Trolley-Haltestation und dem Verwaltungsgebäude von Memphis lädt zu kurzem Verweilen ein.

FedExForum (4)

195 Linden Ave.
Die mehr als 18.000 Menschen fassende, als **Mehrzweckhalle** für Sportveranstaltungen, Ausstellungen und Partys dienende Arena und „Heimat" der „Memphis Grizzlies", dem hiesigen Basketballteam, lässt ihren Sponsor (den weltgrößten Express-Paketdienst mit Hauptsitz in Memphis) bereits von weitem erkennen. Sie sollten sich einmal ein Spiel anschauen. Dann „steppt" hier der Bär!

Fire Museum of Memphis (5)

118 Adams Ave. Geöffnet Mo–Sa 9–17 Uhr.
In der **historischen Feuerwache** von 1910 dreht sich alles rund um das Thema „Feuer". Neben Ausrüstungsgegenständen von Feuerwehrleuten früherer und heutiger Tage gibt es einen Informationsraum zur Brandverhinderung sowie eine Gedenkstätte für im Einsatz Umgekommene. Man muss dazu wissen, dass Feuerwehrleute in den USA eine Verehrung erfahren, wie wir sie zu Hause nur von verdienten Persönlichkeiten des öffentlichen Lebens her kennen. Erst recht, wenn ein „Firefighter" im Dienst starb. Wurde dafür bei einem Einsatz ein anderes Leben gerettet, wird der Verstorbene hierzulande als Nationalheld gefeiert. *Helden-Verehrung der „Firefighters"*

Memphis Queen Line Riverboat Rides (6)

Ecke Monroe Ave./Riverside Dr. Von Dezember bis Februar geschlossen.
Memphis vom Wasser aus erleben! Das ist mit einem der **historischen Schaufelraddampfer** sowohl tagsüber und auch bei Dunkelheit möglich. Angeboten werden Fahrten mit Dinner, Musik und Tanz oder auch ganz privat – mehrtägige „Cruises" sind ebenfalls buchbar. Die Ansicht von der Wasserseite aus hat natürlich ihren ganz eigenen – wenn auch etwas kostenintensiveren – Charme und verleitet zum Träumen. Wenn sich übrigens eines der ganz großen Boote aus anderen Städten entlang des Mississippi zum Festmachen in Memphis ankündigt, scheint die halbe Stadt diesem Ereignis beiwohnen zu wollen – eine Hommage an vergangene Zeiten. Vielleicht haben Sie ja Glück und sind gerade genau zu diesem Zeitpunkt in Memphis. Informationen dazu erfragen Sie am besten aktuell im Touristenbüro. *Träumerische Stadtkulisse vom Wasser aus*

Mud Island River Park (7)

Zugang an der 125 N. Front St. Geöffnet täglich 10–17 Uhr (im Sommer bis 20 Uhr). Fahrt mit einer Monorail oder zu Fuß über den Pedestrian Walkway zur Insel ab Front Street (zwischen Poplar und Adams Ave.), 🖳 www.mudisland.com.
Mud Island sollte eigentlich vernichtet werden, denn Wissenschaftler behaupteten, dass die Insel den Schlamm dafür liefere, um weiter stromabwärts den Mississippi im-

mer wieder versanden zu lassen. Glücklicherweise fand die Stadt aber Sponsoren, die nicht nur für die Erhaltung sorgten, sondern auch einen Freizeitpark (Fahrradfahren, Tretboot, Kanu und Schwimmbad) hier errichten ließen. Auf der Insel gibt es heute das **Mississippi River Museum** sowie ein riesiges, auf einer Distanz von über sechshundert Metern ebenerdig verlaufendes Mississippi-Modell („River Walk") zu besichtigen. Das Flussmodell ist – dem „Original" bis ins kleinste Detail gleichend – aus Beton gefertigt. Naturgetreu fließt Wasser von seinem Ober- bis zum Unterlauf und Sie können den gesamten Fluss von Cairo bis New Orleans entlangspazieren.

Flusswanderung

Besonders interessant ist vor allem aber das Museum, das sich in jeder Weise mit der **Geschichte** am und um den **Mississippi** beschäftigt. Teile des Museums sind auf einem rekonstruierten Schaufelraddampfer untergebracht, und visuelle sowie akustische Untermalungen sind hier didaktisch erstklassig aufgearbeitet. Das bezieht sich auch auf die vorhandene Ausstellung über – den Blues, *Elvis* und Rock'n'Roll natürlich! Am Ende des Rundganges durch das Museum werden Ihnen noch die neu-

Riesenfische im Mississipi

esten Forschungsmethoden und -ergebnisse in Bezug auf den „Ol' Man River" erläutert. Außerdem sehen Sie anhand einer Gedenktafel und eines Fotos mit einem gefangenen Fisch und dessen stolzem Besitzer, welch riesige Größe einige Fische im Mississippi erreichen können. Die Angler unter Ihnen werden vor Neid erblassen. Das sich in unmittelbarer Nähe des Zuganges zur Monorail befindliche **Welcome Center** können Sie übrigens guten Herzens auslassen: Außer guten Parkmöglichkeiten – sollten Sie Ihr Auto dabei haben – gibt es dort Interessantes, von überlebensgroßen Statuen aus Bronze von B.B. King und Elvis Presley einmal abgesehen, nicht zu sehen.

National Civil Rights Museum (8)

Mulberry St. Geöffnet Mo–Sa 9–17 Uhr, Di geschlossen, So 13–17 Uhr.

Ort der Ermordung Martin Luther Kings

Das Museum befindet sich im ehemaligen „Lorraine Motel", vor dessen Zimmertür Nr. 306 der schwarze Bürgerrechtler *Martin Luther King Jr.* am 4. April 1968 einem Attentat zum Opfer fiel. Heute ist eine groß angelegte und didaktisch gut aufgebaute Ausstellung zur **Geschichte der schwarzen Bürgerrechtsbewegung** hier untergebracht. Zudem können Sie noch das Zimmer von MLK besichtigen, in dem er seine letzte Nacht verbracht hat. Gleich gegenüber dem Museum aber sitzt *Jaqueline Smith*, die seit 1987 dagegen protestiert, dass sehr viel Geld für ein Museum ausgegeben worden ist, das gesamte Hotel jedoch leer steht, obwohl es in Memphis und den USA viele bedürftige und obdachlose Menschen gibt. Ihrer Meinung nach ist dieses nicht im Sinne von *Martin Luther King Jr.* gewesen – auch nicht die Aufmachung seiner Todesstätte zu einem Pilgerzentrum. Jaqueline hat diesen Platz seit 1987! nicht verlassen und versucht, einen Boykott des Museums zu erreichen. Sie ist freundlich und freut sich sehr über ausländische Besucher, die für ihr Anliegen Interesse zeigen.

Unterhalten Sie sich ruhig einmal mit ihr und entscheiden Sie dann, ob Sie in das Museum gehen möchten oder nicht. Die Unterhaltung mit einem solch konsequenten Menschen beeindruckt jedenfalls und hinterlässt einen bleibenden Eindruck – wenngleich Jaquelines Beweggründe, sich über Jahre einer solchen Tortur auszusetzen, nicht gerade für jeden nachvollziehbar sein werden.

Civil Rights Museum – ja oder nein?

Peabody Place und Hotel (9)

149 Union Ave.
Dieses **historische Grandhotel** begeistert auch heute noch durch seine Größe und Eleganz, die vor allem in der riesigen Lobby deutlich wird. Hauptattraktion aber sind (seit über 60 Jahren!) die berühmten „**Peabody Ducks**": Tagtäglich um Punkt 11 Uhr werden die Enten durch einem „Enten-Trainer" von ihrer Behausung *Berühmter* im Dachgeschoss mit dem Fahrstuhl in die Lobby gebracht, wo sie entlang eines *„Ententanz"* roten Teppichs, begleitet von Piano-Klängen und den Blitzlichtern der Touristen, ihren kurzen Weg zum Lobby-Bassin fortsetzen. Dort planschen sie dann bis Punkt 17 Uhr, wenn der Trainer sie wieder abholt und – begleitet von demselben Szenario – wieder nach oben führt. Das kurze Schauspiel ist amüsant, aber nur ein rechtzeitiges Erscheinen sichert einen guten Fotoplatz (Tipp: die Balkon-Galerie im ersten Stock).

The Pyramide (10)

1 Auction Ave.
Direkt nördlich der Zufahrt zur Interstate-Brücke ragt seit 1991 eine 32 Stockwerke hohe **Glaspyramide** in den Himmel und bietet besonders während der Nach- *Leckerbissen* mittagsstunden einen faszinierenden Fotokontrast zu den alten Häusern des North- *für Fotografen* End-Distriktes. Man wählte die Form einer Pyramide für die 22.500 Menschen fassende Arena, um die Verbundenheit zum Nil und seiner Pyramiden zu unterstreichen. Dieses war den Stadtvätern damals US$ 66 Mio. wert. Eine große Ramses-Statue aus Stein an der Ost-Seite krönt den Eindruck. Die Pyramide kann auch von innen besichtigt werden, beinhaltet aber eben „nur" eine große Arena.

Rock'n'Soul Museum (11)

Ecke Beale St./Third St. Täglich geöffnet 10–19 Uhr.
Dieses Museum befasst sich mit den Anfängen der Rockmusik und ihrer geschichtlichen Bedeutung für Memphis und die ganze Welt. Zu sehen sind auch zahlreiche **originale Ausstellungsstücke**, darunter Bühnenkostüme, Musikinstrumente und Juke Boxes aus den 1920er- bis 1970er-Jahren. Wertvolles Film-Material mit seltenen Aufnahmen zeigt die Anfänge des Rock und in einem Shop können Sie sich bei Bedarf reichlich mit Memorabilien zu diesem Thema eindecken.

South Main Historic District (12)

Etwas südlich der Beale Street gelegen.
Dieser historische Distrikt mit seinen **alten Häusern** wird zwar keinen Europäer „vom Hocker reißen", eine kurze Besichtigung lohnt jedoch allemal. Zahlreiche Shops laden zum Flanieren ein und ein breit gefächertes Angebot an Galerien, Cafés und Restaurants mögen den einen oder anderen zu einem längeren Aufenthalt anregen.

Victorian Village (13)

In der Adams Avenue (600er-Block)
rühmt sich Memphis mit diesem Viertel **herrschaftlicher Villen**. Mehr als eine Handvoll großer Villengebäude in dem für Memphis sonst untypischen britischen Queen-Viktoria-Baustil gibt es aber nicht zu sehen. Falls Sie trotzdem einmal eine solche Villa von innen bewundern möchten: Durch das Woodruff Fontaine House (680 Adams Avenue) werden täglich halbstündige Führungen von 12 bis 15 Uhr angeboten.

Weitere Sehenswürdigkeiten und Tipps

• Der Church Park (14)
Östlich der Fourth Street, gegenüber des FedEx Forums, war um die Jahrhundertwende der Versammlungsplatz der Schwarzen, denen der Zutritt zu öffentlichen Orten damals noch verwehrt war. Für sie hatten die Stadt und der reiche schwarze Kaufmann *Robert Church* eine Halle mit 2.000 Plätzen errichtet, in der auch Musikauftritte statt-

Schwarze durften sich versammeln

finden konnten. Die Halle existiert nicht mehr, aber die an den kleinen Park angrenzende **First Baptist Church** an der Beale Street erinnert noch an die Tage der Rassentrennung. Sie war die erste „schwarze" Kirche in Memphis. Überhaupt bietet das Stadtbild von Memphis eine stattliche Anzahl von Kirchen , die unvermutet hier und da zwischen den Häuserschluchten auftauchen und im Verhältnis zur doch etwas eintönigen Bauweise interessante architektonische Akzente setzen.

• Das Cotton Exchange Building (15)
an der Ecke Union Ave. und Front Street mit seinem Cotton Museum. Sitz der großen Baumwollbörse in Memphis (Zutritt zur Börse allerdings leider nur für Bedienstete).

• Der Tom Lee Park (16)
entlang des Riverside Drive zwischen Jefferson Street und der südlich gelegenen Trasse des I-55 wird übrigens die Sportler unter Ihnen erfreuen: Hier haben Sie die Möglichkeit, in einer gepflegten Anlage direkt am Mississippi-Ufer entlangzulaufen und dabei den Sonnenuntergang am Mississippi zu genießen.

Memphis abseits der üblichen Pfade

Wider Erwarten bietet Memphis gar nicht so viel, was „off the beaten track" liegt, besonders deswegen nicht, weil viele Bezirke als „No Go Areas" einzustufen sind bzw. zumindest so erscheinen. Das gilt vor allem für die Gebiete fünf Blocks südlich der Beale Street und südlich des I-55/240 (das Graceland-Areal ist hier eine Ausnahme). Ich bin jedoch der Meinung, dass man sich bei Nacht in Memphis – auch als Reisender – recht sicher und frei bewegen kann. Am Tage sowieso. Nachts sollten Sie allerdings trotzdem nicht auf das Auto verzichten und in unmittelbarer Nähe der etwas abseits gelegenen Clubs und Kneipen parken, wenn Sie sich einmal etwas jenseits der üblichen Pfade „herumtreiben" möchten. Was alles „off the beaten track" einen Besuch wert ist, finden Sie ab Seite 155. *Zur Sicherheit nachts nur im Auto*

Eine Blueskneipe, die nicht gerade in einer „vornehmen" Wohngegend liegt, möchte ich Ihnen jedoch besonders ans Herz legen: **The Green Lounge**, 2090 Person Ave. Bennie, die Besitzerin, hat während der 1950er u. 60er-Jahre in Nürnberg gelebt und freut sich über deutschen Besuch. Heute sitzt sie hinter ihrem Tresen, aufgestützt auf ein Kissen, und überwacht alles, was in dem kleinen Musik-Schuppen passiert. Stolz zeigt sie ihre handgeschriebene Speisekarte, auf der eigentlich nicht mehr zu finden ist als Hamburger, Bohnen, Alka-Seltzer und Kaugummi. Gute Bluesmusik gibt es hier am Freitag und Sonnabend. Am interessantesten aber ist die Stimmung, insbesondere wenn hinter Sonnenbrillen versteckte schwarze „Mafia-Gesichter" den Laden betreten. Schnell erhält man einen Eindruck, wer wichtig ist und wer nicht. Trotzdem halte ich die Kneipe für sicher, selbst einheimische Weiße kommen hier zu später Stunde hin. Ein weiteres verstecktes Highlight bietet an Sonntagen der **Full Gospel Tabernacle Choir**, der in der gleichnamigen Kirche (787 Hale Rd., Stadtteil Whitehaven) singt. Dazu die bebende Stimme des Reverend bei seiner Predigt. Ein zum einen ergreifendes und zum anderen auch Ehrfurcht einflößendes Ereignis. Nicht jeden Sonntag finden aber die Chöre und Predigten statt. Erkundigen Sie sich am besten im Touristenbüro. *Originelle Blues-Kneipe*

Südlich der Innenstadt

Graceland

3734 Elvis Presley Blvd., 🖥 www.elvis.com

> ☞ **Tipp**
>
> *Sollten Sie Elvis-Fan sein, müssen sich natürlich auch die* **Sun Studios** *(706 Union Avenue) anschauen. Geöffnet täglich 10–18 Uhr. Hier wurden die ersten Plattenaufnahmen des „King" produziert. Auch B.B. King, Muddy Waters, Howlin' Wolf, Ike Turner und Roy Orbison haben hier Platten aufgenommen. Das Studio ist auch heute noch in Betrieb (meistens nachts) und gibt Ihnen die Gelegenheit, ein „echtes" Studio kennen zu lernen. Diese Tour ist als „Paket" auch von Graceland aus zu buchen.*

Kaum eine „Pilgerstätte" in den USA zieht mehr Menschen an als „Graceland", das ehemalige **Wohnhaus** von *Elvis Presley*, dem „King of Rock'n'Roll". Das Vermächtnis des 1977 verstorbenen Rockidols wird hier in groß angelegtem Pomp vermarktet. Bereits vor Erreichen der Anlage weisen zahlreiche Souvenirshops und gleichnamige Motels den vermeintlichen *Elvis*-Fan auf den bevorstehenden Rummel hin. Solange Sie aber nicht gerade an einem Wochenende oder während einer der Veranstaltungs-

wochen (Geburtstag, Todestag etc.) hier ankommen, hält sich der Betrieb mittlerweile in Grenzen. Dank einer guten Organisation können Sie in ca. 2,5 Stunden alles angesehen haben. Sollten Sie nicht soviel Zeit haben, empfehle ich Ihnen jedoch, zumindest das Wohnhaus zu besichtigen (ca. eine Stunde). Zum Wohnhaus werden Sie übrigens mit einem Shuttlebus gebracht.

Graceland

 Hinweis für Fotografen und Filmer

Innerhalb der Räumlichkeiten ist es nicht erlaubt, Film- sowie Tonaufzeichnungsgeräte zu benutzen. Fotografieren ist jedoch möglich, wobei der Gebrauch von Blitzlicht untersagt ist!

• Das Wohnhaus

Von außen wirkt die Villa nicht so prunkvoll, wie man sich das vielleicht vorgestellt haben mag und vom „King" erwartet hätte. Das Gebäude wurde 1939 erbaut und nach einer Tante des ersten Besitzers benannt. 1957 erwarb *Elvis* das Haus und begann bald damit, es aufwendig umzugestalten. Jedes Zimmer hat seinen eigenen Charakter, und nicht jedem wird *Elvis'* Geschmack liegen. Einfallsreich aber ist es schon.

Im Erdgeschoss (das Obergeschoss kann nicht besichtigt werden) beeindrucken **Esszimmer**, **Wohnzimmer und Küche**. Die Mischung aus Kristall-Leuchtern, bunten Farben und ausgefallenen 50er-Jahre-Möbeln hat ihren Reiz. Im Keller ist das **Fernsehzimmer** – mit mehreren Bildschirmen nebeneinander! – in knalligem Gelb und dunklem Blau gehalten, der **Billardraum** ist mit fast 700 Metern Stoffbahnen in bunten Mustern verkleidet. Das auffälligste Zimmer aber ist wohl der **Dschungelraum**, der mit Möbeln aus tropischem Holz eingerichtet ist und dessen Wände und sogar die Decke mit dickem, tiefgrünen Teppich ausgekleidet sind. Durch den Garten geht es dann zum **Arbeitszimmer**, wo ein kurzes Filminterview gezeigt wird, das hier 1960 gedreht wurde. Im **Trophäenraum** finden die echten *Elvis*-Fans

Kult um private Andenken

dann allerlei Andenken, goldene Schallplatten, Trophäen, Bilder, originale Bühnen-Anzüge und vieles mehr, das ihr Herz höher schlagen lassen wird. Anschließend geht es an Schaukästen vorbei, die sich mit Stationen und Ereignissen im Leben des „King" befassen – von seiner Armee-Zeit in Deutschland über besonders wichtige Live-Konzerte bis hin zu einem Einblick in sein Privatleben. Hier darf man sich gerne länger aufhalten! Die audiovisuelle Aufbereitung ist gut gelungen und bringt einem *Elvis* als „Mensch" ein wenig näher. Auch ohne ein „echter" Fan zu sein, kann man sich dem Charisma und der musikalischen Anziehungskraft dieses großartigen Künstlers und bemerkenswerten Menschen kaum entziehen. Zum Schluss geht es dann durch den **Meditationsgarten**, in dem *Elvis* zusammen mit Vater, Mutter und Großmutter begraben ist – direkt am Swimmingpool! Kränze, Dankschreiben und private Fotos kündigen dieses Zentrum der „Pilgerstätte" bereits schon aus einiger Entfernung an. Übrigens empfand *Elvis* sein Haus als zu klein, besonders da er gerne viele Gäste um sich hatte. Aber anstatt umzuziehen oder anzubauen, entschied er sich dafür, viele Spiegel anzubringen, um einen großräumigeren Effekt zu erzielen.

• **Die „Lisa Marie"**

Elvis' eigener **Düsenjet**, benannt nach seiner Tochter. Eingerichtet mit viel Luxus, wie z.B. vergoldeten Waschbecken, Queen-Size-Bett, einer Telefonanlage, mit der *Elvis* bereits Mitte der 1970er-Jahre in aller Welt herumtelefonieren konnte, und einer Hausbar, die vornehmlich mit Softdrinks bestückt sein musste. *Elvis* trank nicht gerne Alkohol, dafür musste sein Bordpersonal aber immer 16 verschiedene Softdrinktypen vorrätig haben. Die „Lisa Marie" wurde übrigens in einer aufwendigen und von großem Trubel begleiteten Aktion vom Flughafen aus auf der Straße zu ihrem jetzigen Platz befördert. Dafür mussten ihr sogar die Flügel „gestutzt" und hinterher wieder angebracht werden. Nebenan steht noch ein weiteres, kleineres Düsenflugzeug, das auch *Elvis* gehörte. Sollten Sie kein Interesse haben, die Flugzeuge von innen zu besichtigen, empfehle ich Ihnen zumindest, sich den kurzen Film anzuschauen. Dieser wird am „Check-In-Schalter" vor Betreten der Maschinen gezeigt.

Luxuspassagier mit Sonderwünschen

INFO ## Elvis Presley

Elvis Presley

Elvis Presley, der als *Elvis Aron Presley* am 8. Januar 1935 in Tupelo (Mississippi) geboren wurde, arbeitete sich vom armen Jungen auf dem Lande zum **erfolgreichsten Rock'n'Roll-Star aller Zeiten** hoch. Er ist Symbol der amerikanischen Legende, dass man in diesem Land vom Tellerwäscher zum Millionär aufsteigen kann. *Presley* erreichte alles und landete allein in den Vereinigten Staaten 18 Nummer-1-Hits. Als bekanntester Rock'n' Roll-Sänger und Gitarrist bestimmte er die Entwicklung dieser Musikrichtung und übte einen entscheidenden Impuls auf die Entstehung der Rockmusik aus. Der Rock'n'Roll war jedoch nicht das einzige musikalische Einflussgebiet von Elvis Presley. Er hatte auch großen Erfolg im Countrybereich.

Der **große Durchbruch** gelang 1956 mit seinem ersten Gold-Hit „Heartbreak Hotel", der wie viele seiner zahlreichen Titel auch heute noch als Klassiker des Rock'n'Roll gilt. Seine große Popularität verdankte Elvis jedoch nicht allein seinen Platten, sondern in großem Maße auch seinen Fernsehshow-Auftritten und Filmen. In Hollywood war er jahrelang einer der bestbezahlten **Schauspieler**. Er drehte insgesamt 31 Filme, von denen „Jailhouse Rock" (1957) und „King Creole" (1958) die erfolgreichsten waren. Die jeweilige Filmmusik erreichte auf den Hitlisten auch entsprechende Plätze. In den 1960er-Jahren trat Elvis hauptsächlich in Fernsehshows auf. Ab 1969 stand er regelmäßig in **Las Vegas** auf der Bühne. Er absolvierte zwischen diesem Jahr und seinem Tod 1977 ca. 1.100 Liveauftritte auf Touren durch die Vereinigten Staaten oder auf Bühnen in Las Vegas.

Bis auf drei Konzerte in Kanada 1957 trat der populäre Rock'n'Roll-Star erstaunlicherweise nur in seinem Heimatland auf. Da seine Filme und Fernsehspecials jedoch weltweit gezeigt wurden, kamen auch die nicht-amerikanischen Fans auf ihre Kosten. Für Fernsehproduktionen, in denen er auftrat, bekam er insgesamt 14 „Grammys" verliehen, die höchste Auszeichnung in diesem Bereich.

Von 1957 bis zu seinem Tod 1977 wohnte Elvis in „Graceland". Ingesamt erhielt Elvis Presley 63 goldene Singles, 37 goldene Alben und 28 Platinalben. Er verkaufte bis zu seinem Tod insgesamt mehr als **zwei Milliarden (!) Schallplatten**, und die danach verkauften Tonträger dürften diese gewaltige Zahl noch wesentlich erhöht haben. Außer vielen Benefizkonzerten verschenkte Elvis einen Teil seines Vermögens und leistete somit einen großen Beitrag für den sozialen Bereich.

Als er 1977 starb, tragischerweise gezeichnet von Drogen, Kummer und Fettleibigkeit, wurde Elvis Presley, ohnehin schon zu Lebzeiten eine Legende, endgültig zur **Ikone**.

Sincerely Elvis Museum

In diesem kleinen Museum finden Sie weitere Memorabilien von *Elvis*, vor allem Plakate, Kleidungsstücke und alte Fotos.

Elvis Presley Auto Museum

Schwäche für luxuriöse Cadillacs

Elvis liebte bekanntlich Autos und seine Schwäche für luxuriöse „Cadillacs" ist sicherlich weithin bekannt. Neben seinem bekanntesten Auto, dem rosaroten „Cadillac" von 1955, gibt es aber auch andere Automarken zu bewundern, u.a. einen rosafarbenen „Jeep", einen „Stutz" von 1973 und ein „Mercedes"-Cabriolet. In der Mitte der Ausstellungshalle wird in einem nachgebauten Open-Air-Kino ein Film mit Ausschnitten aus den bekanntesten *Elvis*-Filmen gezeigt – natürlich nur die Szenen mit den tollen Autos! Der grüne „Cadillac" vor dem Museum gehörte übrigens niemals *Elvis*, sondern diente einem Memphis-Restaurant als Salatbar.

Außerhalb von Memphis

Chucalissa Archaeological Museum

Nachempfundenes Indianerleben

1987 Indian Village Dr., 🖳 www.people.memphis.edu/~chucalissa. Geöffnet Di–Sa 9–17 Uhr, sonntags ab 13 Uhr.
„Chucalissa" – was in der indianischen Choctaw-Sprache soviel wie „verlassenes Haus" bedeutet – diente zwischen 1000 und 1450 den Choctaws als eine ihrer wichtigsten Siedlungsstätten am Mississippi. **Ausgrabungen** der Universität haben alte Hausstrukturen wieder freigelegt. Einige dieser Ausgrabungen und ein kleines rekonstruiertes Dorf stehen zur Besichtigung frei. Besonders eindrucksvoll ist, dass man in den Hütten das Leben der Indianer nachempfinden kann. Schauen Sie sich aber zuerst das Museum und auch die dortige Filmvorführung an.

18. Von Memphis entlang des Mississippi (Rt 1/US 61), bzw. über Little Rock,
Shreveport und LaFayette nach New Orleans – Die Strecke entlang dem Rt 1/US 61

575

18. Von Memphis entlang des Mississippi (Rt 1/US 61), bzw. über Little Rock, Shreveport und LaFayette nach New Orleans

Die Strecke entlang dem Rt 1/US 61

> ▸ ▸ **Entfernungen**
> Memphis – Vicksburg: 243 mi/388 km
> Vicksburg – Natchez: 90 mi/144 km
> Natchez – Baton Rouge: 89 mi/
> 143 km
> Baton Rouge – New Orleans: 80 mi/
> 129 km
> Memphis – New Orleans (über In-
> terstates): 393 mi/633 km

Streckenalternativen

Wenn Sie es **besonders eilig** ha-
ben, folgen Sie dem I-55 bis kurz vor New Orleans, um dann über den I-10 in die
Stadt zu gelangen.

Beschaulicher und um ein Vielfaches **interessanter** ist aber die nachfolgend beschriebene Strecke parallel zum Mississippi (südlicher Abschnitt der „Great River
Road"). Hauptstraße ist dabei der Highway 61, wobei Sie von Helena bzw. Clarksdale
aus einen Teil der Strecke auf dem US 1 noch näher am Fluss entlangfahren können.

Interessante „Great River Road"

Von Baton Rouge nach New Orleans empfehlen sich **3 Alternativen**:

• Direkt am Mississippi entlangfahren, um die **Plantagen** dort zu besichtigen. Lesen
  Sie hierzu ab Seite 320.
• Sie fahren erst auf dem I-10 nach Westen bis LaFayette, der Hauptstadt der Zy-
  deco-Musik, und von dort in südöstlicher Richtung über den US 90 nach New
  Orleans. **Sümpfe**, **Fischerorte** und die **Tabasco-Fabrik** sind hier die Highlights.
  Lesen Sie hierzu ab Seite 622ff.
• Falls Sie es **eilig** haben sollten, nehmen Sie einfach den I-10 nach Osten.

Überblick

Die nun folgende Strecke, der südliche Abschnitt der am gesamten Mississippi entlang führenden „Great River Road" gibt Ihnen Gelegenheit, die **Atmosphäre** der
„ländlichen Südstaaten" mit all ihren Höhepunkten, aber auch sozialen Problemen zu
entdecken und zu erleben. Verlassene Dörfer, teilweise verkommene Innenstädte,

576

18. Von Memphis entlang des Mississippi (Rt 1/US 61), bzw. über Little Rock, Shreveport und LaFayette nach New Orleans – Die Strecke entlang dem Rt 1/Us 61

überall Straßenhändler und Autowracks am Straßenrand wechseln sich ab mit fein herausgeputzten Antebellum-Häusern, aufwendigen Kirchengebäuden und modernen Farm- und Hafenanlagen. Hier wird wirklich das ganze Spektrum des armen und reichen Südens deutlich.

Das ganze Spektrum zwischen arm und reich

Auch landschaftlich ist die Strecke sehr abwechslungsreich. Zieht sich der erste Abschnitt noch durch das flache, von der Straße aus betrachtet nach einiger Zeit etwas eintönige Mississippi-Delta – nichts als endlose Reis-, Baumwoll- und Sojafelder –, ändert sich dieses schlagartig bei **Vicksburg**. Eine hügelige, immergrüne Waldlandschaft, deren Baumriesen von den ewig wuchernden Kudzu-Pflanzen erdrückt zu werden scheinen, belohnen für das anfängliche „Durchhalten".

Ab Vicksburg dann, bis hin nach Baton Rouge und New Orleans, gibt es die wohl **schönsten** und **interessantesten Antebellum-Häuser** des Südens überhaupt, sowohl was die Stadtvillen betrifft, als auch die ehemaligen Plantagendomizile. Jedes Haus hat seine eigene Geschichte zu erzählen, deren zentraler Inhalt sich schließlich immer wieder um den Bürgerkrieg bewegt: Der Mississippi bildete nämlich bis zum Ende des Krieges die Lebensader der konföderierten Armee. Über ihn wurden auf Schaufelraddampfern die Waren und das Kriegsgerät aus nördlicheren Staaten, die sich nur halbherzig der Unionsregierung unterordnen wollten, herbeigeschafft. Erst mit der Belagerung und späteren Einnahme von Vicksburg wurde den Südstaaten dieser wichtige und alles entscheidende Transportweg genommen, und die Schlacht um diese Stadt bedeutete, gemeinsam mit der Niederlage bei Gettysburg, die Entscheidung über den Kriegsausgang.

Eng mit dem Bürgerkrieg verknüpft

Wenn Sie nun diesen Streckenabschnitt entlangfahren, sparen Sie sich die meiste Zeit für Vicksburg und den Abschnitt südlich davon auf. Das Mississippi-Delta können Sie vorher in einem Tag durchqueren und dort einfach nur Land und Leute auf sich wirken lassen. Absolut Sehenswertes gibt es dort nicht – Hörenswertes dagegen eher – denn auch heute noch versuchen sich Musiker im **Ursprungsgebiet** von **Blues** und **Jazz** in kleinen Scheunen und heruntergekommenen Kneipen. Um diese Musik-Gigs aber zu erleben, bedarf es eines „guten Riechers" – und so einiges an Extrazeit.

Im Deltagebiet werden Sie auch feststellen, warum die Kritik am sozialen System der USA immer wieder laut wird. Teilweise machen Orte und Städte in der so

Redaktions-Tipps

- **Übernachten** Sie in Vicksburg und in Natchez im einem klassischen Antebellum-Haus. (S. 155)
- Die Hauptstraße trifft eher selten auf den Mississippi selbst. Machen Sie daher ruhig einmal, falls es Ihre Zeit zulässt, einen Abstecher über die kleinen Stichstraßen zum Fluss. Nicht nur die Landschaft dort wird die Belohnung sein, sondern auch vielleicht der eine oder andere persönliche Kontakt mit einem Flussfischer. (S. 575ff)
- **Zeiteinteilung**: 3–4 Tage/Tag 1: Fahren Sie am ersten Tag bis Vicksburg. Machen Sie einen Zwischenstopp in Greenville. Tag 2: Erkunden Sie am Morgen Vicksburg. Über Port Gibson und die Windsor-Ruinen geht es dann nach Natchez. Besuchen Sie am 3. Tag dann die kleine Stadt St. Francisville und dort vor allem die prachtvolle Anlage der Rosedown Plantation.

genannten Dritten Welt einen ordentlicheren und humaneren Eindruck als diese Region – eine der ärmsten in den USA.

Eine der ärmsten Regionen der USA

Sehenswertes entlang der Strecke

Das Mississippi-Delta und seine Geschichte

Von Memphis aus – um genauer zu sein, von der Lobby des Peabody Hotels nach Süden – erstreckt sich das weite **Mississippi-Delta**. Es handelt sich dabei um ein Binnendelta, das geologisch geformt wurde, lange bevor der Mississippi durch das Gebiet floss. Es waren vor allem Gletscher, welche kleine Inseln gebildet hatten, durch die später der große Fluss seinen Weg suchte und mit seinen Wassermassen für die „Feinarbeit" sorgte.

Flussbett älter als der Fluss

Lange vor den ersten Siedlern lebten einige Indianer am Rande des Deltas verstreut. Das Vordringen der Europäer aber vertrieb sie. Weitsichtige Farmer siedelten sich später am Rand des Deltas auf den Anhöhen an, obwohl der Boden hier nicht so gut war. Die Deltafarmer in der Ebene aber mussten alle paar Jahre wieder gegen die Überflutungen des Mississippi ankämpfen, die in regelmäßigen Abständen ganze Erntejahre vernichteten, und nicht selten fielen Haus und Hof den Fluten zum Opfer.

578

18. Von Memphis entlang des Mississippi (Rt 1/US 61), bzw. über Little Rock, Shreveport und LaFayette nach New Orleans – Die Strecke entlang dem Rt 1/US 61

Baumwollernte im Mississippi-Delta

Das Delta steht vor allem für das Leiden der **Sklaven**, die unter schwersten körperlichen Entbehrungen das Land urbar machen mussten. Musik war für sie ein Kommunikationsmittel. So wurde mit der Zeit das Banjo entdeckt, in frühen Jahren noch ein Holzgefäß mit Stiel und einem Draht, und ganz allmählich entwickelte sich so der **Delta-Blues**, der zum musikalischen Vorreiter der Blues-, Jazz- und auch der späteren Rockmusik wurde. Seine Klänge und Rhythmen wurden von hier nach Memphis und von dort entlang des Mississippi auf den großen Schaufelraddampfern bis hin nach New Orleans getragen. Mit der Abschaffung der Sklaverei erhielten die Schwarzen als „Auszahlung" kleine Landpartien, die sie aber mangels Kapital und Fachwissen kaum sinnvoll bewirtschaften konnten. Für einen äußerst geringen Lohn fingen die meisten bald wieder an, auf den Plantagen der Weißen zu arbeiten.

Die erste auffällige Siedlung hinter Memphis ist **Tunica**. Bereits früh kündigen unzählige Reklametafeln die zahlreichen Casinoschiffe an, die sich von nun an entlang des Mississippi bis nach Natchez verteilen. Denn seit einigen Jahren erlaubt ein Gesetz im Staate Mississippi das „**Gambling**", und der ärmste Staat der USA erhofft sich damit eine lohnende Einnahmequelle. Einzige Bedingung: Das Casino muss im Mississippi selbst (bzw. im Golf von Mexiko) schwimmen. Kein Problem! Ein kleines Stück des Flusses wird eingedeicht, ein Ponton wird angelegt und das motorlose Casinoschiff darauf gesetzt. Ob sich nun auf dem ca. 500 km langen Uferabschnitt die zahlreichen Casinos alle rentieren werden, mag bezweifelt werden: Bereits innerhalb der letzten Jahre mussten viele der Casinos wieder aufgeben – dafür eröffnen aber auch neue. Erst einmal fließt zumindest eine Menge Geld in die Staats- und Countykassen – denn „Gambling" ist ein beliebter Zeitvertreib in den USA. Mit den großen Palästen und den bunten Shows von Las Vegas ist das hier aber längst nicht zu vergleichen.

Region der schwimmenden Casinos

Helena

Auf der westlichen Flussseite, in Arkansas, liegt das kleine Städtchen Helena. Ehemals ein bedeutender Flusshafen, verlor es seine Bedeutung, als der Mississippi sich einen neuen Flusslauf suchte und die Stadt „auf dem Trockenen" sitzen ließ. Helena rappelte sich zwar noch einmal auf, doch als schließlich auch der Baumwollhandel an Bedeutung verlor, begann die Stadt zu einer „Geisterstadt" zu werden. Heute macht sich dieses besonders in der Innenstadt bemerkbar, deren ehemalige Lagerhäuser zu Ruinen verkommen sind und wo sich schwarze Jugendliche ihre Zeit mit Biertrinken

Geisterstadt mit Leerstand

18. Von Memphis entlang des Mississippi (Rt 1/US 61), bzw. über Little Rock, Shreveport und LaFayette nach New Orleans – Die Strecke entlang dem Rt 1/US 61

579

und dem allseits beliebten „Cruising" (mit dem Auto kreuz und quer ohne Ziel durch die Stadt fahren) vertreiben müssen. Die Weißen sind zum größten Teil weggezogen oder verdienen ihr Geld mit den wenigen Geschäften, die sich besonders auf den (Aus-)Verkauf von Antiquitäten spezialisiert haben.

Seit einiger Zeit ist man aber bemüht, einen Teil der Innenstadt (entlang der Cherry Street) wieder herauszuputzen und für den Tourismus attraktiver zu machen. Lohnenswert ist hier vor allem der Besuch des **Delta Cultural Center** (141 Cherry St., geschlossen So und Mo), wo vor allem Bilder zur Geschichte des Mississippi-Delta aushängen, aber auch verschiedene typische Handwerkskünste der Region gezeigt werden. Wenn im Oktober übrigens das bereits seit 1986 stattfindende **King Biscuit Blues Festival** (🖳 www.bluesandheritage.com) abgehalten wird, steht die Stadt „Kopf". Bekannte Musiker und ihre Anhänger finden dann den Weg hierher zu einem der größten Festivals dieser Art in den USA. Informationen darüber sind im Delta Cultural Center erhältlich. Fahren Sie nun wieder zurück auf die östliche Seite des Mississippi und folgen Sie dem US 61 bis **Clarksdale**.

Bilder zur Geschichte des Mississippi

Clarksdale (ⓘ S. 155)

Zu sehen gibt es hier nicht viel – dafür aber umso mehr zu „erkunden". Beachtung finden sollte hier die typische Kleinstadtstruktur der Südstaaten, die Sie auf einem Schlenker durch die Innenstadt und ihrer Randbezirke aufnehmen können. Die Geschichte von Clarksdale hat uns allerdings die **wichtigsten Bluesmusiker** beschert, u.a. entwickelte *W. C. Handy* hier seinen eigenen Stil, um ihn dann als „Memphis Blues" in Memphis vorzuführen. Aber auch *Howlin' Wolf* und *Rufus Thomas* haben hier einige Zeit verbracht, genauso wie der Schriftsteller *Tennessee Williams*, der während seiner Kinderzeit den Großvater hier oft besuchte.

Viele Geschichten um die Entwicklung des Blues spinnen sich nun um die Stadt: Im **Delta Blues Museum** (1 Blues Alley. Geöffnet März bis Oktober Mo–Sa 9–17 Uhr, November bis Februar 10–17 Uhr) bekommen Sie eine kleine Karte, die Sie zu den Ursprungsplätzen des Delta-Blues führt. Das Museum befindet sich in der alten Lagerhalle am Bahnhof und wurde Ende 2004 völlig neu konzipiert.

Da Clarksdale so bekannte Musiker wie *Howlin' Wolf, Big Jack Johnson, Wade Walton, John Lee Hooker und Muddy Waters* hervorgebracht hat, sammelte die Rockgruppe „ZZ Top" in den 1970er-Jahren Geld für dieses Blues-Museum in Clarksdale. Heute finden Sie hier Memorabilien der bekanntesten Musiker sowie Bücher, Bilder, Tonbandaufnahmen und eine lebensgroße Wachsfigur von *Muddy Waters*. Viel zu sehen gibt es sonst nicht, dafür sind aber

Howlin' Wolf

580

18. Von Memphis entlang des Mississippi (Rt 1/US 61), bzw. über Little Rock, Shreveport und LaFayette nach New Orleans – Die Strecke entlang dem Rt 1/US 61

CD-Shop und Live-Performances

die Erläuterungen und Differenzierungen zu den einzelnen Musikrichtungen (u.a. Blues, Country, Jazz, Zydeco) sehr gut erläutert. Außerdem ist ein Shop mit vielen Blues-CDs angegliedert. Auch finden hier ab und zu Live-Performances bekannter Bluesmusiker statt, deren aktuelle Auftrittstermine jeweils aktuell erfragt werden müssen. Informationen darüber erhalten Sie im **Coahoma County Tourism Commission** (121 Sunflower Ave.).

Von Clarksdale über die Rt 1 weiter nach **Rosedale**, wo ein kleiner Aussichtsturm im nahen **Great River Road State Park** einen schönen Ausblick auf den Mississippi erlaubt.

 Musikclubs im Mississippi-Delta

 Hinweis

Lesen Sie hierzu auch das Info „Geschichte von Jazz und Blues" auf Seite 309ff.

Die Geschichte des **Blues** ist ohne das Mississippi-Delta nicht vorstellbar. Auch in der heutigen Zeit, in der sich die bekanntesten Musiker meist in den Großstädten aufhalten, finden trotzdem noch Gigs in kleinen Bars und abseits gelegenen Schuppen statt. Auch die „Großen" kommen gerne mal zurück zur „Wiege des Blues". Da die Musik in den heruntergekommenen Orten des Deltas aber nur noch „zum Spaß", nicht aber zum Geldverdienen gespielt wird, finden Auftritte nur sehr selten statt – meist an Wochenenden in versteckten, alten **„Juke Joints"**.

Ein Juke Joint ist im Grunde eine „halblegale" Bierkneipe, in der nur dann Musik angeboten wird, wenn gerade ein Musiker auftreten möchte. Es ist also kein Club im eigentlichen Sinne. Die Besitzer warten höchstens auf „Angebote" von Musikern, suchen aber nicht danach. Entsprechend unprofessionell gehen die Vorstellungen dann auch manchmal vonstatten, doch gerade das macht ja den Reiz der Blues-Musik aus. Die Stimmung bzw. die Spontaneität der Musik lohnen allemal einen vielleicht nicht geplanten Übernachtungs-Stopp. Hier nun verlässliche Juke Joints zu nennen, ist nicht einfach bzw. nahezu unmöglich. Viele haben vielleicht schon bei Drucklegung dieses Buches wieder geschlossen und neue sind entstanden. Um trotzdem an Adressen zu kommen, fragen Sie beispielsweise in Clarksdale im Delta Blues Museum einmal nach. Um einen guten Gig zu finden, ist jedoch weitestgehend Ihre **Spürnase** gefragt und ein Reisebuch einfach „überfordert".

Winterville Mounds Museum

Kurz vor **Greenville** haben Sie die Möglichkeit, das kleine, direkt an der Straße liegende Museum (2415 Rt 1 N.) und mehrere freiliegende Erderhebungen im angren-

18. Von Memphis entlang des Mississippi (Rt 1/US 61), bzw. über Little Rock, Shreveport und LaFayette nach New Orleans – Die Strecke entlang dem Rt 1/US 61

581

zenden Museumspark zu besuchen. Außerdem werden Erläuterungen zu frühen Indianerkulturen in dieser Gegend sowie die Ergebnisse archäologischer Forschungen geboten. Sie sollten sich eine halbe Stunde dafür Zeit nehmen, dann werden Sie auf der weiteren Strecke die frühe Besiedlungsstruktur am Mississippi besser verstehen können.

Greenville (ⓘ S. 155)

Vor dem Bürgerkrieg war Greenville einer der bedeutendsten Baumwollhäfen am Mississippi. Doch wurde die Stadt während des Krieges vollständig zerstört und hat sich über Jahrzehnte von diesem Schicksal nicht wieder erholen können. Flutkatastrophen und Fieberepidemien verhinderten den Wiederaufbau immer wieder. Erst die moderne Fluss-Schifffahrt gab wieder Auftrieb, und heute ist der Hafen ein we- *Interessanter* sentlicher Stützpunkt für große Schubschiffe, die von hier abgerufen werden, um ir- *Baumwoll-* gendwo entlang des Mississippi eingesetzt zu werden. Auch der Baumwollhandel hat *umschlag-* erneut Einzug gefunden und zahlreiche Firmen operieren wieder in der ehemaligen *platz* **Cotton Row** (Innenstadt, am nördlichen Teil der Main Street). Schauen Sie sich dort ruhig einmal um und beobachten Sie, nach welch strengen Kriterien die Baumwolle ausgesucht und klassifiziert wird. Infos zum Besuch einer Firma erteilt das **Convention and Visitors Bureau** (216 S. Walnut St.).

Richtig prosperiert die Stadt aber erst wieder, seitdem auch hier mehrere **Casino-boote** „angedockt" haben. Mit den daraus eingenommenen Steuergeldern hat die Countyverwaltung den alten Stadtkern wieder „aufpolieren" können. Doch letztlich wird die Präsenz der Casinos das historische Ambiente immer weiter in den Hintergrund drängen. Erstaunlich ist, dass eine Stadt wie Greenville, die nicht gerade durch besondere Größe imponiert (ca. 42.000 Einwohner), die drittgrößte Stadt des Staates Mississippi ist.

Lohnenswert ist der Besuch des **Greenville History Museum** (409 Washington Ave. Geöffnet Mo–Fr 9–17 Uhr), in welchem anhand von Fotos und Zeitungsartikeln das Ausmaß der großen Flutkatastrophe von 1927 eindrucksvoll veranschaulicht wird. Ebenso bietet die Stadt mehrere schöne Gebäude, darunter die **St. Joseph Roman Catholic Church** (412 Main St. Messen: Sa 5.30, So 8 Uhr und 10.30 Uhr), eine eindrucksvolle katholische Kirche, und den **Hebrew Union Temple** (504 Main St. Geöffnet Mo–Fr 9–12 Uhr), der Aufschluss über die Religion der früheren jüdi- *Jüdische* schen Bewohner von Greenville gibt. Außerdem gibt es einige imposante Plantagen- *Synagoge* Villen zu sehen, die – neben zahlreichen anderen Sehenswürdigkeiten – im Rahmen einer durch das Touristenbüro zusammen gestellten „Walking Tour" erlaufen werden können. Informationen darüber erfragen Sie am besten direkt im Touristenbüro.

In Greenville hat auch eine Reihe bekannter Schriftsteller gelebt, von denen uns (vielleicht) *William Alexander Percy* und *Walker Percy* am ehesten bekannt sein dürften. Eine kleine Ausstellung in der **William Alexander Percy Memorial Library** (341 Main St., täglich geöffnet), erinnert an die Zeit der Schriftsteller. Greenville rühmt sich übrigens damit, einst die höchste „Schriftstellerdichte" der USA, bezogen auf die Einwohnerzahl, aufgewiesen zu haben.

582

18. Von Memphis entlang des Mississippi (Rt 1/US 61), bzw. über Little Rock, Shreveport und LaFayette nach New Orleans – Vicksburg

BBQ im Deltagebiet

Freunde der „Muppets Show" dürfen sich schließlich nicht den Besuch der **Birthplace-of-Kermit-the Frog**-Ausstellung im nahen **Leland** (US 82 am Deer Creek. Geöffnet Mo–Sa 10–16 Uhr) entgehen lassen. *Jim Henson* ist der „Erschaffer" der Muppets-Familie und wurde in Greenville geboren.

Von Greenville nach **Vicksburg** sind es jetzt noch rund 90 Meilen. Etwa vier Meilen südlich von **Rolling Fork**, in dem kleinen Nest

Ein Flecken originalen Arbeitslebens

Egremont, befindet sich eine kleine, wenig einladende ehemalige Tankstelle, in der sich ein Geschäft und eine Kneipe verstecken. Sollten Sie noch etwas Zeit erübrigen können und in der Laune sein, ein Nachmittagsbier zu trinken, empfiehlt es sich, hier kurz einzukehren. Die Stimmung ist rau, aber herzlich, das „Englisch" kaum zu verstehen und die Einrichtung scheint jeden Moment zusammenzubrechen. Aber die Gelegenheit, hier mit einem Truckdriver, einem Mississippifischer oder einem Baumwollfarmer ins Gespräch zu kommen, sollten Sie sich nicht entgehen lassen.

Nördlich von Vicksburg ändert sich das Landschaftsbild signifikant. Die Straße führt heraus aus dem eintönigen Deltagebiet und Sie passieren nun weiche Hügel und von Kudzu-Efeu behangene Waldgebiete, die etwas an eine Märchenlandschaft erinnern. Falls Sie diese Waldgebiete fotografisch festhalten möchten, sollten Sie besser bis **Port Gibson** und das Gebiet um **Natchez** herum warten. Dort bieten sich noch schönere Punkte.

Vicksburg (ⓘ S. 155)

Geschichte

Erste Namen für diese Siedlung am Mississippi waren „Nogales" und anschließend „Walnut Hills". Ein Priester, *Newitt Vick*, gab ihr 1811 schließlich den heutigen Namen. Zu Beginn des 19. Jh. wuchs die Stadt schnell dank des florierenden Baumwollhandels und seiner günstigen Lage an einer Biegung des Mississippi. Bereits 1830 war Vicksburg die größte und bedeutendste Stadt am Mississippi nördlich von New Orleans.

Kriegsentscheidende Schlacht bei Vicksburg

Das Schicksal der Stadt wurde vor allem durch den Bürgerkrieg bestimmt. 1864 belagerten die Truppen der Nordstaaten unter General *Grant* die Stadt so lange, bis sie sich am 4. Juli 1864 ergab. Mit dem Fall von Vicksburg und der gleichzeitigen Niederlage bei Gettysburg am 3. Juli 1864 war der Krieg entschieden. Im Osten wurde die größte Südstaatenarmee zerschlagen und bei Vicksburg der wichtigste Nachschubweg abgeschnitten.

18. Von Memphis entlang des Mississippi (Rt 1/US 61), bzw. über Little Rock, Shreveport und LaFayette nach New Orleans – Vicksburg

583

Mississippi bei Vicksburg

Vicksburg heute

Vicksburg ist neben Natchez mit Sicherheit eine der **interessantesten Städte** auf diesem Streckenabschnitt und Sie sollten schon etwas Zeit für die Erkundung mitbringen. Geschichte, Kultur und modernes Leben des Südens werden kaum woanders so deutlich wie hier.

Nach dem Krieg vegetierte die Stadt vor sich hin und erreichte niemals mehr ihre ehemalige Bedeutung. Nachdem der Mississippi auch noch seinen Lauf geändert hatte und nicht mehr direkt an Vicksburg vorbeifloss, schien es um die Stadt geschehen zu sein. Ein großer Teil der Wirtschaft zog ab, selbst nachdem der *Yazoo*-Kanal ausgebaggert wurde und eine Hafenzufuhr ermöglichte. Heute hat Vicksburg 27.000 Einwohner und auch hier haben sich mittlerweile einige Casinoboote angesiedelt. Durch eine kluge Finanzpolitik jedoch hat es die Stadt in nur wenigen Jahren geschafft, ihr Erscheinungsbild deutlich zu verbessern.

Abseits des Mississippi

Die Innenstadt erhielt wieder ihr historisches Antlitz, zahlreiche Bed&Breakfast-Häuser locken mit komfortablen Unterkünften, Bootstouren in die Seitenarme des Mississippi werden angeboten, und schließlich ermöglicht der **National Military Park** einen lohnenswerten Einblick in die für die Südstaaten so entscheidende Zeit des Bürgerkrieges.

Sehenswertes

Wenn Sie durch die Innenstadt schlendern, schauen Sie doch einmal in die **Antiquitäten-und Ramschläden** (Pawn Shop) bzw. den Civil War Book Store entlang der Washington Street zwischen Clay und South Street hinein. Etwas Interessantes und ein kleiner Schwatz mit einem der Geschäftsleute ergeben sich bestimmt.

Außerdem hat sich an dieser Stelle die Stadtverwaltung etwas recht außergewöhnliches einfallen lassen: Entlang der Läden ragen an den Straßenecken überall kleine Lautsprecher aus dem Boden und untermalen das ohnehin schon nostalgische Szenario mit dezenten Klängen von alter Dixieland- und Jazz-Musik – ein wirklich gelungener „Stimmungsmacher"!

Nostalgie durch öffentliche Lautsprecher

Verpassen Sie in Vicksburg auch keinesfalls die Wegweiser des **Scenic Drive** (leider etwas klein geraten in blau und rot), die Sie in der gesamten Innenstadt an den wirklich sehenswerten Gebäuden und Ausblicken entlang führt – auch wenn sich einem nicht unbedingt an jeder Stelle erschließt, was denn nun gerade so besonders se-

584

18. Von Memphis entlang des Mississippi (Rt 1/US 61), bzw. über Little Rock, Shreveport und LaFayette nach New Orleans – Vicksburg

henswert sein soll. Um einen genauen Überblick in dem verhältnismäßig großflächigen Städtchen zu bekommen, lohnt sich diese kleine Tour in jedem Falle.

Die Rundfahrt führt Sie unter anderem an den folgenden Sehenswürdigkeiten vorbei:

National Military Park/Battlefield Museum

4139 Frontage Rd. Geöffnet bis Einbruch der Dunkelheit (Museum sowie Filmvorführung bis 17 Uhr).

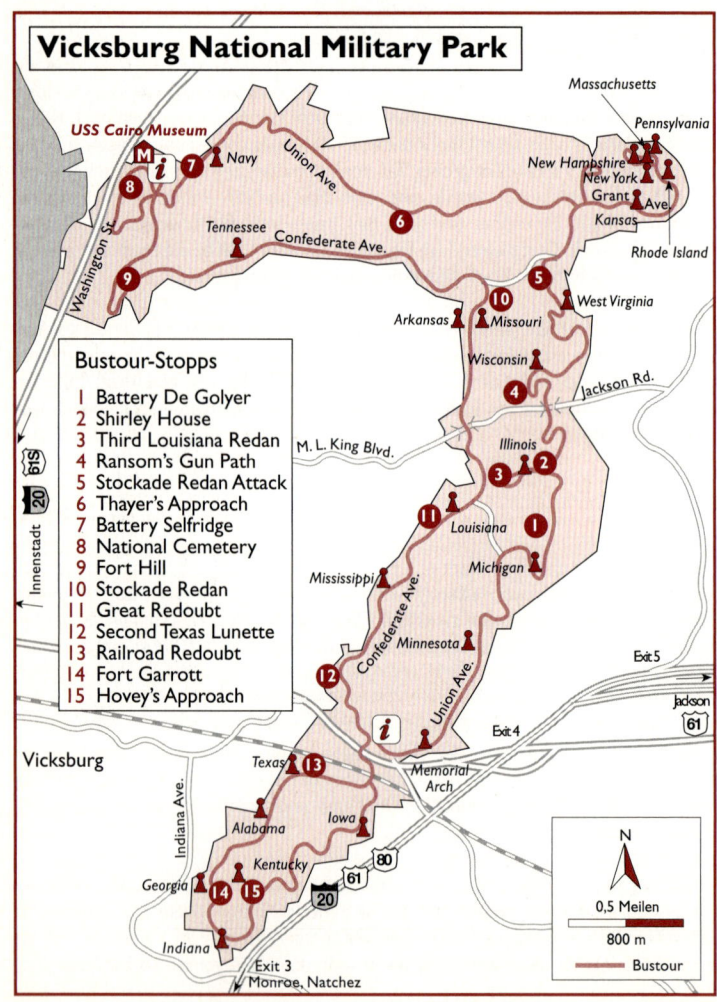

Vicksburg National Military Park

Bustour-Stopps
1 Battery De Golyer
2 Shirley House
3 Third Louisiana Redan
4 Ransom's Gun Path
5 Stockade Redan Attack
6 Thayer's Approach
7 Battery Selfridge
8 National Cemetery
9 Fort Hill
10 Stockade Redan
11 Great Redoubt
12 Second Texas Lunette
13 Railroad Redoubt
14 Fort Garrott
15 Hovey's Approach

0,5 Meilen
800 m
Bustour

18. Von Memphis entlang des Mississippi (Rt 1/US 61), bzw. über Little Rock, Shreveport und LaFayette nach New Orleans – Vicksburg

585

Am Eingang kommen Sie zum kleinen Museum des Parks, in dem Sie Bücher und Informationsmaterial zur Geschichte des Bürgerkrieges erstehen und sich auch mit diversem Informationsmaterial eindecken können. Ein 18-minütiger Film und eine gelungene kleine Ausstellung mit originalen Ausgrabungs- und Schaustücken aus Kriegszeiten erläutern in Kürze die Geschichte des Krieges und den Schlachtverlauf bei Vicksburg, wo sich damals etwa 130.000 Soldaten gegenüberstanden.

Eine mit dem Auto zu befahrende, etwa 15 Meilen lange **Rundstrecke** führt Sie zuerst an den Stellungen der Unionstruppen vorbei, danach zum „Cairo Museum", wo ein wieder ausgegrabenes Kanonenboot aus dem Bürgerkrieg zu besichtigen ist. Zum Schluss geht es entlang der Stellungen der Konföderierten. Für die Besichtigung des Parks sollten Sie mindestens zwei Stunden einplanen.

The Old Courthouse Museum

Antebellum-Villa an Vicksburgs Scenic Drive

1008 Cherry St., täglich geöffnet 8.30–16.30 Uhr, So ab 13.30 Uhr. Im Sommer bis jeweils 17 Uhr geöffnet.
Das protzige Gebäude wurde 1858, noch kurz vor dem Bürgerkrieg von Sklaven errichtet. Hier wurde nach dem Fall von Vicksburg die US-Flagge gehisst. Heute befindet sich ein historisches Museum in dem Gebäude, welches aber eher lokalen Charakter hat und sich mit der Geschichte von Vicksburg befasst.

Biederharn Museum of Coca Cola

1107 Washington St., geöffnet Mo–Sa 9–17 Uhr, sonntags 13.30–16.30 Uhr.
In diesem Gebäude wurde 1894 zum ersten Mal „Coca Cola" in Flaschen abgefüllt. Im jetzigen Museum finden sich zahlreiche Memorabilien aus der Geschichte dieses einzigartigen Getränks. Ein Souvenirladen verkauft jeglichen Kitsch zum Thema „Coke". Außerdem kann man sich mit reichlich Süßigkeiten und Eiscreme verwöhnen lassen.

Waterways Experiment Station

National Military Park

3909 Halls Ferry Road (Exit 1C vom I-20), geöffnet Mo–Fr 8–16 Uhr.
In verschiedenen Labors und Hallen wird hier an der Erforschung der Wassergewalten gearbeitet. Schwerpunkte sind: Flussregulierung, Ökologie, Vorhersage von Flutkatastrophen und Küstenschutz. Die Anlage untersteht dem „Corps of Engi-

Kudzu-Wälder bei Natchez

neers", einer Spezialeinheit der Armee. Auf einer 45-minütigen – ungeführten – Rundtour können Sie eine Simulationsanlage für den Tidenhub, ein Modell der Niagarafälle und ein paar Geräte aus dem Zweiten Weltkrieg besichtigen. Die eigentlichen, modernen Anlagen aber sind nur selten und nach Voranmeldung in Gruppen zu besichtigen. Am interessantesten ist die kurze Einführung am Eingang.

Von Vicksburg nach Natchez

Der Streckenabschnitt zwischen Vicksburg und **Natchez** ist landschaftlich sehr reizvoll und reich an interessanten Sehenswürdigkeiten. Sie sollten, Fotostopps eingerechnet, mindestens etwa drei Stunden für die Tour einkalkulieren.

Ein wirklich tolles Erlebnis und auch lohnenswerte Fotomotive erwarten Sie etwas nördlich von **Port Gibson** (fahren Sie aber erst nach Port Gibson hinein und folgen dann dem Schild „Downtown" nach rechts bis zum großen Court House von 1802 an der Market/Ecke Anthony St.). Von dort aus führt Sie ein Wegweiser zum **Grand Gulf State Park**.

Der Weg alleine dorthin lohnt schon und führt Sie über einen sehr reizvollen und einsamen Straßenabschnitt (allerdings erst nach dem Passieren eines verfallenen Industriegebietes), gesäumt von endlosen Baumwollfeldern und wucherndem Kudzu-Efeu. Sie treffen nach ca. acht Meilen auf das ehemalige Hafenstädtchen **Grand Gulf**, welches im Laufe seiner Geschichte alle nur erdenklichen Katastrophen ereilte: Überschwemmungen, Versandung des Mississippi vor seinen Toren, Epidemien, Feuers-

Schicksalhafte brünste, Verwüstung durch einen Tornado und die vollständige Zerstörung während
Historie des Bürgerkrieges, als die Unionstruppen hier von Westen her über den Mississippi übergesetzt sind, um dann, nach einer schweren Schlacht um Port Gibson, weiter nach Jackson und schließlich gen Vicksburg marschieren zu können. Es gibt dort außerdem einen Bürgerkriegspark mit Museum und einen großen Campingplatz.

Geradezu unheimlich aber sind die zugewachsenen Überreste, die an längst vergangene Zeiten erinnern. Um die alten Stadtreste zu sehen, müssen Sie übrigens am Eingang des Grand Gulf Military Parks vorbeifahren und einfach dem Verlauf der zahlreichen und immer schmaler werdenden Sträßchen und Feldwege folgen!

Port Gibson selbst ist eine kleine und liebliche Stadt, die dank der Großmütigkeit von General *Grant* („So etwas Schönes darf man nicht niederbrennen") den Bürgerkrieg unbeschadet überstanden hat. Viele schöne zurechtgemachte Häuser und Schatten

18. Von Memphis entlang des Mississippi (Rt 1/US 61), bzw. über Little Rock, Shreveport und LaFayette nach New Orleans – Vicksburg

587

spendende Baumriesen machen diese Stadt zu einem kleinen Idyll. Zudem fällt Port Gibson durch seine zahlreichen Kirchen auf – alleine an der **Church Street** stehen vier (zzgl. einer Synagoge). Schauen Sie einmal hoch zur Kirchturmspitze der „**First Presbyterian Church**" (Ecke Church/Walnut St.): Ein vergoldeter Riesenfinger an einer vier Meter hohen Hand zeigt zum Himmel! Direkt zu besichtigen gibt es aber sonst nichts. Nur im Frühjahr, während der „Pilgrimage",

Grand Gulf – der Zahn der Zeit

lohnt ein ausgiebiger Halt. An der 1601 Church Street/Ecke Horton Drive gibt es außerdem für besonders Interessierte ein kleines **Visitor Center**.

Zehn Meilen westlich der Stadt (entlang Old Rodney Rd./MS 552) können Sie die **Windsor Ruins** besichtigen. 23 korinthische Säulen sind leider alles, was von dem einstmals größten Plantagenhaus des Südens übrig geblieben ist. Erst 1860 erbaut, fiel es bereits 1890 den Flammen zum Opfer. Eingeschlossen in das Dickicht der Kudzu-Pflanzen wird einem hier eine gespenstische und gleichzeitig beschauliche Atmosphäre vermittelt. *Säulen in gespenstischem Dickicht*

Von Port Gibson aus haben Sie zwei Möglichkeiten, um nach Natchez weiterzufahren:

Die mehr besiedelte aber durch ihren schöneren Kudzu-Bewuchs eindrucksvollere Strecke weiter entlang des US 61.

Die **Rosswood Plantation** (2513 Red Lick Rd. bei Lorman) – gegenüber vom „Old Country Store" nach Osten einbiegen (ist ausgeschildert) – sollten Sie **unbedingt besuchen** und dort, sollte es Ihre Zeit zulassen, auch übernachten. *Jean* und *Walt* sind die stolzen Besitzer und gewähren gerne einen Einblick in die seit 1834 geführten, originalen Tagebücher des An-

wesens. Hochinteressant! In diesen finden sich u. a. Aufzeichnungen über Sklavenkäufe, wichtige Ereignisse und menschliche Schicksale der Bewohner dieses imposanten Ortes im Wandel der Zeit. Auf der Plantage zu nächtigen, ist übrigens verhältnismäßig erschwinglich, wenn auch nicht unbedingt ein „Schnäppchen". Handeln Sie ruhig kräftig, denn *Jean* und *Walt* sind sehr geschäftstüchtig und kennen die Übernachtungspreise in Europa ganz ge-

Veranda der Rosswood Plantation

nau! Über deutsche Gäste freuen sich die beiden ganz besonders, und unumgänglich werden Sie sich einige Geschichten über die Zeit von *Walts* Beteiligung an der Berliner Luftbrücke – auf die er sehr stolz ist – anhören müssen.

Sollten Sie sich für diese Route entschieden haben, können Sie auf dem Wege nach Natchez noch die recht interessante und mithin älteste Plantage (von 1784!), die **Springfield Plantation** in LaFayette besichtigen (vom US 61 in Höhe des Hwy. 553 S. nach rechts abbiegen, nach ca. sieben Meilen links gelegen). Der damalige US-Präsident *Andrew Jackson* feierte hier im Jahre 1791 seine Hochzeit, was diesem Haus einen Eintrag ins National Register of Historic Places bescherte. Innerhalb des Gebäudes befindet sich ein kleiner Shop, in dem Sie sich auch über die Geschichte der Plantage informieren können.

Parkähnliche Natur
Alternativ zu dieser Strecke können Sie von Port Gibson aus den **Natchez Trace Parkway** (lesen Sie hierzu auch ab Seite 552ff) nehmen, der Sie durch eine parkähnliche Landschaft nach Natchez führt. Auch hier beeindruckt die Natur, nur hat sie eben den Charakter eines gepflegten Parks – auch sehr reizvoll! Der Parkway ist auf diesem Teilstück übrigens auch als „Bike Route" ausgewiesen. Wenn es also Ihre Zeit erlauben sollte: Ein Ausflug mit dem Fahrrad auf dieser einmaligen Strecke wäre sicherlich etwas ganz Besonderes!

Am Meilenstein 15,5 gelangen Sie zum **Mount Locust**. Eine alte Holzhütte und ein Gemüsegarten erinnern an die Zeit um 1800, als hier eine Farmersfamilie lebte und das Haus als Herberge für Wanderer entlang des Natchez Trace diente. Die Gäste mussten auf der Veranda nächtigen. Mount Locust war das erste Nachtquartier hinter Natchez – man stelle sich vor, wie damals in feuchtheißem Klima die Reisenden die 20 Meilen (32 km) auf dem unwegsamen Pfad an einem Tag geschafft haben. Für den gesamten Pfad bis Nashville rechneten die Wanderer übrigens mit mindestens einem Monat!

Indianische Pilgerstätte
Kurz vor Natchez, östlich des Natchez Trace Parkway (Rural Rt.1, NT-143), liegt **Emerald Mound**, ein von den Vorfahren der Natchez- und Creek-Indianer um 1300 errichteter Erdhügel, der den Indianern ehemals als Pilgerstätte diente. Es handelt sich dabei übrigens um den zweitgrößten indianischen Erdhügel Amerikas (250 m lang, 140 m breit und 10 m hoch).

Natchez (ⓘ S. 155)

Geschichte

Natchez wurde 1716 als französisches Fort von *Sieur de Bienville* gegründet. Es trug damals den Namen Fort Rosalie. Die Plantagensiedlung, die sich in den Folgejahren um das Fort herum entwickelte, erhielt den Namen Natchez, benannt nach dem gleichnamigen Indianerstamm der Region. Mit diesem gab es im beginnenden 18. Jh. häufig Auseinandersetzungen, da sich die Indianer immer mehr von den Siedlern in

18. Von Memphis entlang des Mississippi (Rt 1/US 61), bzw. über Little Rock, Shreveport und LaFayette nach New Orleans – Natchez

589

▸ Verschaffen Sie sich im **Visitor Reception Center** einen Überblick. Insbesondere hängen dort eine ganze Reihe von Fotos mit den schönsten Villen. Sie sollten sich überlegen, welche Sie davon besichtigen wollen. (S. 155)

▸ **Essen** und **Bar-Atmosphäre** wird Ihnen in Natchez zur Genüge geboten – von elegantem Dinner- über Casino- bis hin zu einfachem Bar-Ambiente – dazu der Blick auf den „Ol' Man River"! Eine Konzentration von „Nightlife" in einer bestimmten Straße existiert jedoch nicht. (S. 155)

▸ Nehmen Sie sich mindestens einen halben Tag Zeit, um zumindest zwei bis drei **Antebellum-Häuser** hier zu besichtigen. Es lohnt sich! (S. 590ff)

die Enge getrieben fühlten. Zur Eskalation kam es dann 1729, als die Natchez-Indianer fast alle Franzosen töteten. Beim Gegenschlag ein Jahr später wurden die Indianer nahezu ausgerottet. Doch blieb Natchez bis 1763 ein unbedeutender, kleiner Ort und erholte sich nicht mehr von dem Indianerüberfall. *Schwere Kämpfe mit Indianern*

Dann kamen die Engländer, und nur 16 Jahre später übernahmen die Spanier die Macht. Beide bauten die Stadt aus, so dass die Amerikaner, die schließlich 1798 das Territorium übernahmen, eine leidlich intakte Infrastruktur vorfanden und kurze Zeit später Natchez zur **Hauptstadt** des Territoriums Mississippi erklären konnten.

Natchez heute

Die Jahre bis zum Bürgerkrieg waren geprägt durch das feudale Leben der weißen Oberschicht: Baumwollhändler, Advokaten, hohe Regierungsbeamte und Plantagenbesitzer, alle errichteten sie in Natchez ihre **prächtigen Residenzen**. Zu Beginn des Bürgerkriegs bereits wurde Natchez von Unionstruppen eingeschlossen, blieb aber glückli- *Die schönsten* cherweise weitgehend von Zerstörungen verschont. Dieser Tatsache verdankt es die *Antebellum-* Stadt, dass nirgendwo in den Südstaaten so viele schöne Antebellum-Villen wie hier *Villen der* erhalten sind. Im Gegensatz zu vielen anderen Häusern, die Sie wahrscheinlich schon *Südstaaten* auf Ihrer Reise gesehen haben, handelt es sich aber nicht um Plantagenhäuser, sondern um Stadtvillen.

Die Stadt selbst ist zwar kleiner als Vicksburg, versprüht aber wesentlich mehr Charme. Leider hat das „moderne" Leben auch bereits hier eine breite Schneise in das historische Ambiente gefressen. Daher bleibt Ihnen nichts anderes übrig, als durch die Stadt von Highlight zu Highlight zu fahren oder besser: zu gehen. Die Entfernungen sind hier nämlich nicht so groß wie in Vicksburg.

Mittlerweile ist man aber erfolgreich bemüht, die historische Innenstadt wieder herzurichten und die noch vorhandene Bausubstanz lässt einiges erhoffen.

Einen Besuch wert ist auch die **Silver Street**, auch als **Natchez Under the Hill (2)** bekannt. Von dort haben Sie einen schönen Ausblick auf den Mississippi, der sich vor allem abends lohnt. Hier unten am Fluss tobte vor dem Bürgerkrieg das Leben: *Ehemaliger* Baumwollkontore, Schiffsmakler, Bordelle, Saloons und alles, was eine Stadt zu jener *Puls der Stadt* Zeit lebendig machte, gab es hier. Die Straße war flussauf- und flussabwärts in aller Munde. Heute stehen noch einige wenige Gebäude aus jener Zeit hier, außerdem natürlich das obligatorische Casino.

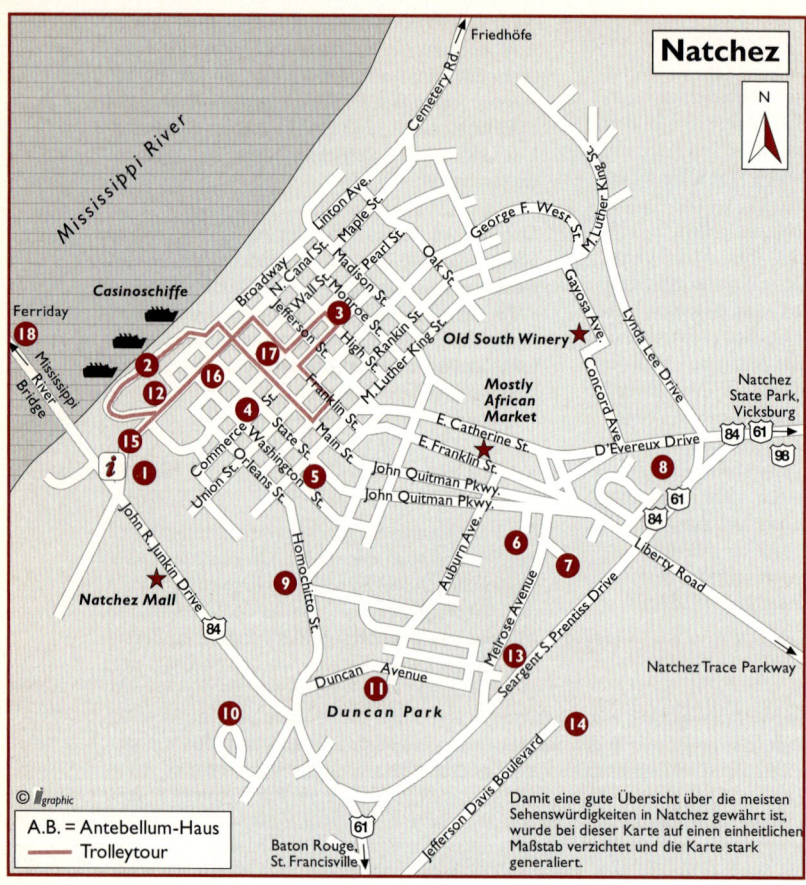

Damit eine gute Übersicht über die meisten
Sehenswürdigkeiten in Natchez gewährt ist,
wurde bei dieser Karte auf einen einheitlichen
Maßstab verzichtet und die Karte stark
generaliert.

A.B. = Antebellum-Haus
—— Trolleytour

© i graphic

Sehenswertes in Natchez

Alle Antebellum-Häuser der Stadt aufzuführen, würde den Rahmen dieses Buches
sprengen, daher gebe ich Ihnen hier nur einen kurzen Überblick über die schönsten
Anwesen. Informieren Sie sich trotzdem am besten vorher selbst im **Visitor Reception Center (1)** an der Kreuzung Highway 84/S. Canal St., direkt an der großen
Mississippi-Brücke. Dort können auch komplette Tourenpakete gebucht werden, die
einen guten Überblick über die lohnenswertesten Villen erlauben (Abfahrt direkt am
Touristenbüro). Auch werden im Center diverse Prospekte mit beschriebenen
Autorundfahrten sowie dazugehöriges Kartenmaterial angeboten. Die Häuser selbst
können nur durch Führungen besichtigt werden, die im Schnitt pro Haus 45 Minuten
dauern und in der Regel zur vollen bzw. halben Stunde beginnen. Der schönen Möbel

18. Von Memphis entlang des Mississippi (Rt 1/US 61), bzw. über Little Rock, Shreveport und LaFayette nach New Orleans – Natchez

591

1 Visitor Reception Center
2 Natchez Under the Hill
3 Stanton Hall (A.B.)
4 Magnolia Hall (A.B.)
5 The Elms (A.B.)
6 Monmouth (A.B.)
7 Linden (A.B.)
8 D'Evereux (A.B.)
9 Dunleith (A.B.)
10 Longwood (A.B.)
11 Auburn (A.B.)
12 Rosalie (A.B.)
13 Melrose (A.B.)
14 Great Village of the Natchez Indians
15 Natchez National Historical Park
16 William Johnson House (A.B.)
17 Natchez Museum of Afro-American History and Culture
18 Frogmore Plantation

und der Architektur wegen lohnt dieses allemal. Haben Sie aber genug von den Erzählungen, sollten Sie trotzdem die eine oder andere Außenansicht genießen. Für Liebhaber dieser Art von Baukunst werden Charme und Anmut dieser Anwesen teilweise hochinteressant sein!

Stanton Hall (3)

401 High St. Täglich geöffnet 9–16.30 Uhr. Führungen alle 30 Minuten.
Das 1857 erbaute Haus gilt als eines der majestätischsten in den USA. Mehrere Stilrichtungen (Palladio, Greek-Revival und New Orleans) entfalten sich hier zu einer einzigartigen Eleganz – fast mag man es für zu protzig halten. *Fast zu protzige Eleganz*

Das Gebäude wird unterhalten vom „Pilgrimage Garden Club". Entsprechend gepflegt ist der Garten. Auch die Sammlung verschiedenster Natchez Antebellum-Interieurs ist wirklich sehenswert.

Magnolia Hall (4)

215 S. Pearl St./Ecke Washington St. Geöffnet Täglich 9–16.30 Uhr. Touren alle 30 Minuten.
Ein Greek-Revival-Bau von 1858 mit monumentalem Einschlag, unterhalten vom „Natchez Garden Club". Ähnelt etwas der Stanton Hall, ist aber nicht so „herausgeputzt". Innen befinden sich u.a. ein Kostüm-Museum und ein kleiner Shop.

Magnolia Hall

The Elms (5)

Ecke Washington/S. Martin Luther King St. Nur während des „Pilgrimage" zu besichtigen.
Das Gebäude kann zwar nicht von innen besichtigt werden, aber allein die Stimmung in dem zugewachsenen Garten, wo sich das 1804 erbaute Haus zu „verstecken" scheint, ist einen Besuch wert. Es hat etwas Gespenstisches an sich. Sie dürfen den Garten betreten. Im Gegensatz zu den meisten anderen Häusern ist der Balkon hier noch mit schmiedeeisernen Gittern versehen. *Stimmungsvoller Garten*

Monmouth (6)

36 Melrose Ave./John A. Quitman Pkwy. Täglich geöffnet 9.30–16.15 Uhr. Touren alle 45 Minuten.

1818 erbaut, wohnte hier lange Zeit General *John A. Quitman*, Held aus dem Mexiko-Krieg und Gouverneur von Mississippi. Das Haus erscheint von außen etwas schlichter, bietet aber eine Reihe schöner Interieurs und interessanter Geschichten. Luxuriöse Bed&Breakfast-Unterkunft.

Linden (7)

1 Linden Place. Nur während des „Pilgrimage" zu besichtigen.
Eines der ältesten Häuser der Stadt (um 1800) und noch im Federal-Stil erbaut. Ehemals wohnte hier der erste gewählte Senator von Mississippi. Sehenswert vor allem der riesige Fächer über dem Esszimmertisch. Lohnenswert auch der „Geist" einer früheren Zeitepoche. Geschichtsträchtige Bed&Breakfast-Unterkunft.

D'Evereux (8)

160 D'Evereux Dr. Privates Wohnhaus, nicht von innen zu besichtigen.

Ein Hauch „Vom Winde verweht"   Typische Greek-Revival-Villa von 1840. Die ehemaligen Besitzer liebten große, rauschende Feste, und man kann sich auch heute noch gut hineinversetzen, wie das damals wohl ausgesehen haben mag. Ein Hauch von „Vom Winde verweht" liegt über dem Haus.

Dunleith (9)

84 Homochitto St. Täglich 9–16.30 Uhr geöffnet.
Greek-Revival-Tempel von 1856, vollkommen umgeben von einer imposanten, zweigeschossigen Balkonfassade. Der 17 Hektar große Garten bietet Gelegenheit für einen Spaziergang unter Schatten spendenden Bäumen. Luxuriöser Hotelbetrieb. Bekannt für exzellente Weine.

Longwood (10)

140 Lower Woodville Rd. Täglich geöffnet von 9–16.30 Uhr.

Achteckiger Grundriss   Erbaut 1860–1861. Ein absolutes „Muss". Riesige Villa, deren Einzigartigkeit in ihrem Grundriss besteht: Das Haus ist nämlich achteckig. Der es umgebende, sehr große Park verleiht dem Gebäude zudem einen majestätischen Charakter. Eine Architektur, die ihresgleichen sucht. Von außen atemberaubend!

Weitere schöne Antebellum-Häuser

Auburn (11) 400 Duncan Ave. Geöffnet Mo–Do 10–15 Uhr, Fr–Sa 9.30–16 Uhr, So 12.30–16 Uhr.
Im Jahre 1812 erbaut, galt das prächtige Haus lange als eines der stilistisch und architektonisch ausgereiftesten seiner Zeit.
Rosalie (12) 100 Orleans St. Geöffnet täglich 9–17 Uhr. Touren alle 30 Minuten.
Während der Zeit des Bürgerkrieges diente die 1820 erbaute Villa als Hauptquartier der konföderierten Armee. Ein sehr geschichtsträchtiger Ort.
Melrose (13) 1 Melrose-Montebello Pkwy. Täglich 9–16 Uhr geöffnet. Touren jede volle Stunde. Das Anwesen ist Teil des Natchez Trace und wurde um 1840 erbaut.

Beeindruckend ist vor allem der riesige Garten drumherum, der durch seine enorme Größe besticht. Sehr gut organisierte Führungen und ab und zu stattfindende kulturelle Veranstaltungen. In der Bibliothek des Hauses darf geschmökert werden.

Weitere Sehenswürdigkeiten in Natchez

Grand Village of the Natchez Indians (14)

400 Jefferson Davis Blvd. (südlich gelegen, geht vom Highway 61 ab). Geöffnet Mo–So 9–17 Uhr, So ab 13.30 Uhr.
Die Kultur der Natchez-Indianer erreichte ihre Blütezeit im Laufe des 16. Jh. Zwischen 1682 und 1729 stellte das Grand Village den kulturellen Mittelpunkt dar. Schlachten mit den französischen Kolonialisten, deren Garnison in Fort Rosalie (heutiges Natchez) diesen Indianerstamm 1729 nahezu gänzlich zerschlug, führten schließlich zum völligen Untergang. Die Geschichtsschreibung setzt das Ende der Natchez-Indianerkultur im Jahre 1730 an. *Geschichte eines untergegangenen Volkes*

Heute sind hier **archäologische Ausgrabungsstätten** zu besichtigen, und ein kleines Museum bietet einen Einblick in Geschichte und Kultur dieses untergegangenen Volkes. Eine Strohhütte auf dem Gelände macht zudem deutlich, wie die Indianer früher gelebt haben.

Natchez National Historical Park (15)

Headquarter and Reception Center: 640 S. Canal St. Geöffnet Mo–Sa 8–17 Uhr, So 9–16 Uhr.
Hier können Sie etwas über die frühere Lebensweise im Antebellum-Natchez erfahren. Zum einen gibt es das **Melrose House (13)** (1 Melrose-Montebello Pkwy.) zu besichtigen, ein Plantagenhaus mit antikem Interieur und – um einiges interessanter – das **William Johnson House (16)** (212 State St., Do–So 9–17 Uhr geöffnet). William Johnson lebte als Barbier in Natchez und war damals einer der wenigen freien schwarzen Bewohner. Geschichten, die er in seinem Barbershop aufschnappte, schrieb Johnson in sein Tagebuch, welches später eine hervorragende Chronik über die Zeit vor dem Bürgerkrieg darstellte. Heute ist sein Haus ein Museum, das sich um die Interpretation der Geschichte der Schwarzen in Natchez bemüht. *Chronik aus der Zeit vor dem Bürgerkrieg*

Natchez Museum of Afro-American History and Culture (17)

301 Main St. Geöffnet Di–Sa 13–16.30 Uhr.
In diesem kleinen Museum wurden Bilder, Bücher und andere Memorabilien zusammengestellt, die sich mit **Geschichte und Kultur der Schwarzen** zwischen 1890 und 1960 beschäftigen. Wenn auch nicht viel zu sehen ist, lohnt sich der Besuch des Museums allemal, da er einen uns weitestgehend unbekannten Aspekt bezüglich des Lebens der Schwarzen im jungen Amerika näher bringt. Sollten Sie sich insbesondere für die Geschichte der Schwarzen in Natchez interessieren, bietet das Touristenbüro zu diesem Thema eine Broschüre an, die einen erläuterten Routenvorschlag durch die Stadt beinhaltet. *Leben der Schwarzen im jungen Amerika*

Außerhalb von Natchez

Frogmore Plantation (18)

Diese Plantage ist einen Besuch wert. Sie liegt westlich der Stadt, direkt am US 84. Geöffnet von März bis November Mo–Fr 9–15 Uhr, Sa 10–14 Uhr, im Sommer Mo–Fr 9–13 Uhr.

Hier können Sie eine historische Baumwollplantage sowie die Verpackungsanlagen besichtigen (mit Führung). Dabei wird Ihnen u. a. die Arbeitersiedlung gezeigt und erläutert, wie und unter welchen Bedingungen im 19. Jh. die Baumwolle gepflückt

Baum-
wollindustrie
früher und
heute

wurde. Anschließend können Sie dann die moderne Verpackungsanlage besichtigen, wo anhand eines Filmes gezeigt wird, wie die Arbeitsabläufe heutzutage vonstattengehen. Jetzt arbeitet auf der ca. 720 Hektar großen Plantage nur noch eine handvoll Leute. Gepflanzt wird im April, geerntet wird dann etwa vier bis fünf Monate später. Wussten Sie übrigens, dass ein Farmer die für ein T-Shirt erforderliche Menge Baumwolle nur mit etwa 40 Cent vergütet bekommt?

Folgen Sie von Natchez aus nun wieder dem US 61, der Sie durch **Woodville** führt, wo einst der selbsternannte Südstaaten-Präsident *Jefferson Davis* auf der 1810 erbauten **Rosemont Plantation** (östlich, Hwy. 24) seine Jugend verbracht hat. Touren März–Dezember Di–Sa 10–16.30 Uhr.

St. Francisville (ⓘ S. 155)

Saint Francisville war einst ein wichtiges Zentrum der Baumwollplantagen des Südens und hatte auch als Umschlaghafen große Bedeutung. Vom Bürgerkrieg kaum in Mitleidenschaft gezogen, hat die Stadt ihren

Lieblicher
Charakter

lieblichen Charakter und das für eine Südstaatensiedlung typische Erscheinungsbild beibehalten. Einzig die Hafenregion und die ehemalige Innenstadt wurden durch die Flutkatastrophe 1927 nahezu gänzlich zerstört, so dass am Mississippi selbst nur noch vereinzelte Fragmente dieser Epoche erhalten sind. Sollten Sie einen kurzen Schlenker durch die Innenstadt machen wollen, müssen Sie vom US 61 nach rechts Richtung „Downtown" abbiegen.

Besuchenswert in St. Francisville sind zwei Plantagen:

Rosedown Plantation and Gardens

Östlich des US 61 gelegen, 12501 LA 10. Täglich geöffnet 9–17 Uhr.
Falls Sie bereits einige Antebellum-Häuser gesehen haben sollten, können Sie sich die Führung durch dieses

Allee zur Rosedown Plantation

18. Von Memphis entlang des Mississippi (Rt I/US 61), bzw. über Little Rock, Shreveport und LaFayette nach New Orleans – Natchez, Baton Rouge

595

Gebäude sparen, da es nicht viel Neues zu sehen gibt. Einzig die Geschichten aus der Antebellum-Zeit, als genau in diesem Hause üppige Feste abgehalten wurden und honorable Gäste sich hier ihr Stelldichein gaben, üben einen gewissen Reiz aus. Beeindruckend jedoch ist der parkähnliche Garten mit seinen **imposanten Magnolienpflanzen und Rosensträuchern**. Zudem hat man sich hier darum bemüht, die Gemüsefelder und die botanischen Zuchtanlagen zu erhalten bzw. wiederherzurichten.

Myrtles Plantation

Eine Meile nördlich vom US 61 Nr. 7747. Tägliche Touren 9–17 Uhr, Fr & Sa jeweils 20 Uhr „Geistertouren" durch das Haus.

Dem Plantagenhaus aus 1796 hängt eine Reihe von mystischen Geschichten an, und eine Führung durch das Haus untermalt diesen Eindruck noch, da besonders auf die *Schauplatz* Darstellung von „Spukgeschichten" großen Wert gelegt wird. Eine Bed&Breakfast- *mystischer* Unterkunft ist auch vorhanden. Optisch fällt die Myrtles Plantation aber nicht wirk- *Spuk-* lich auf. Sollten Sie in St. Francisville nur Zeit für eine einzige Plantage haben, bietet *geschichten* sich „Rosedown" eher für einen Besuch an.

Bis **Baton Rouge** gibt es jetzt eigentlich nicht mehr viel zu sehen Die Großstadt kündigt sich bereits 15 Meilen vorher mit Industrieanlagen an, welche leider das bisher Gesehene ein wenig verdrängen.

Baton Rouge (ⓘ S. 155)

Redaktions-Tipps

- Bedeutendste **Sehenswürdigkeiten**: State Capitol (ein sehr beeindruckendes Gebäude!), Old State Capitol, Catfish District, Magnolia Mound Plantation. (S. 597ff)
- Den Abend verbringen Sie am besten im **Catfish District**. (S. 155, 598)
- Überlegen, nach der „Ersteigung" des State Capitols, Baton Rouge gleich wieder zu verlassen. (S. 597)
- **Zeiteinteilung**: Am Nachmittag zuerst das Museum im Old State Capitol besichtigen, danach einen Blick vom 27. Stock des State Capitol werfen (ab dem 24. Stock müssen Sie den gegenüberliegenden Aufzug benutzen!) und sich anschließend im Catfish District umsehen.

Überblick und Geschichte

Der Name der Stadt erklärt sich folgendermaßen: Als 1699 die ersten französischen Kundschafter unter *Sieur d'Iberville* dieses Gebiet erreichten, fanden sie auf einem Hügel einen roten Stecken, der die Grenze zwischen zwei Indianerstämmen markierte. *D'Iberville Roter* benannte die Region in seinen Aufzeich- *Grenzstecken* nungen nach diesem Stecken „Le Baton *der Indianer* Rouge".

Als die Stadt schließlich um 1719 gegründet wurde, erinnerte man sich dieser Aufzeichnungen und behielt den Namen bei. Seither hat Baton Rouge unter zehn verschiedenen Flaggen gestanden und ist heute die **Hauptstadt** des Staates **Louisiana**.

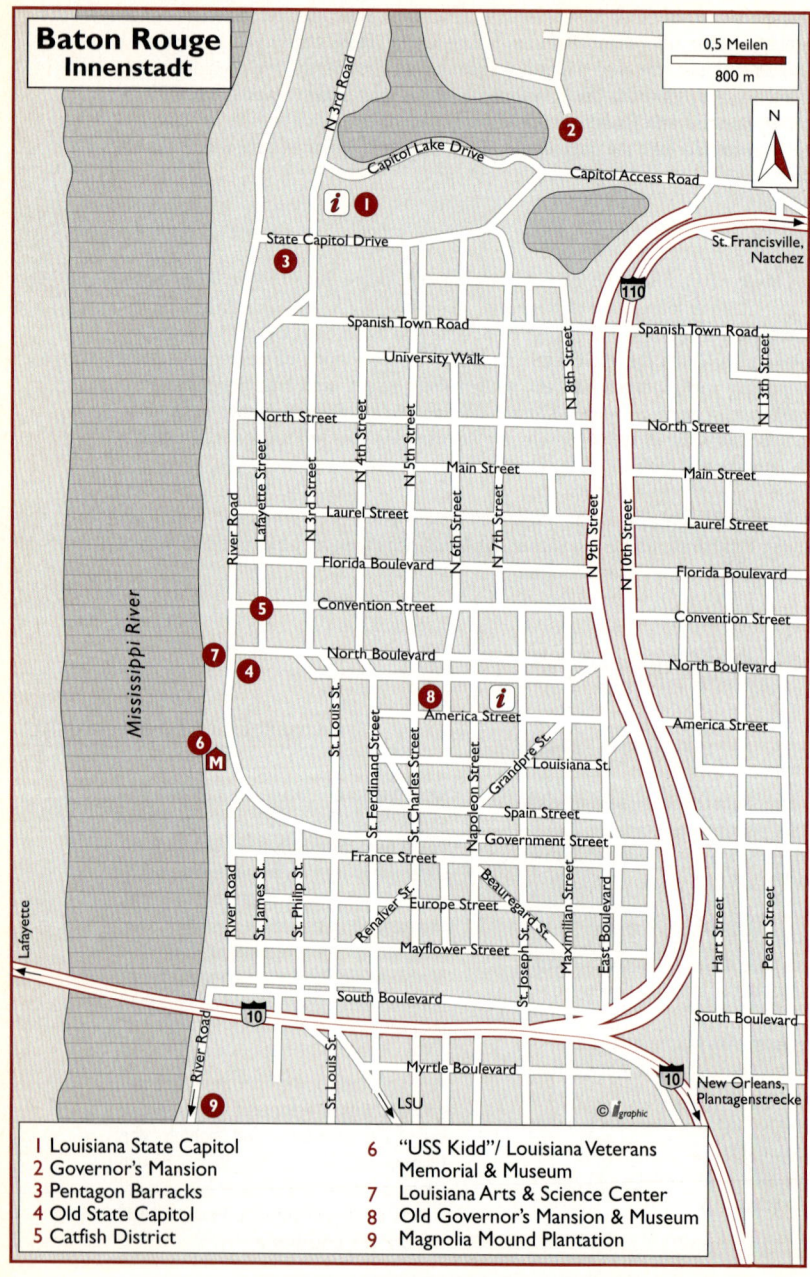

Baton Rouge
Innenstadt

0,5 Meilen
800 m

N

N 3rd Road

Capitol Lake Drive

Capitol Access Road

i 1

2

State Capitol Drive

3

St. Francisville, Natchez

110

Spanish Town Road

Spanish Town Road

University Walk

North Street

North Street

N 4th Street

N 5th Street

N 8th Street

N 13th Street

Lafayette Street

River Road

N 3rd Street

Main Street

Main Street

Laurel Street

N 6th Street

N 7th Street

Laurel Street

Florida Boulevard

Florida Boulevard

5

Convention Street

N 9th Street

N 10th Street

Convention Street

North Boulevard

7

North Boulevard

4

St. Louis St.

8   America Street   *i*

America Street

Mississippi River

6

M

St. Ferdinand Street

St. Charles Street

Napoleon Street

Grandpre St.

Louisiana St.

Spain Street

Government Street

France Street

Beauregard St.

Maximilian Street

East Boulevard

Hart Street

Peach Street

Renalver St.

Europe Street

St. James St.

St. Philip St.

River Road

Mayflower Street

St. Joseph St.

Lafayette

South Boulevard

South Boulevard

10

Myrtle Boulevard

St. Louis St.

9   LSU

© *i*graphic

10   New Orleans, Plantagenstrecke

1 Louisiana State Capitol	6 "USS Kidd"/ Louisiana Veterans Memorial & Museum
2 Governor's Mansion	7 Louisiana Arts & Science Center
3 Pentagon Barracks	8 Old Governor's Mansion & Museum
4 Old State Capitol	9 Magnolia Mound Plantation
5 Catfish District	

18. Von Memphis entlang des Mississippi (Rt 1/US 61), bzw. über Little Rock, Shreveport und LaFayette nach New Orleans – Baton Rouge

597

Ein großer Ölhafen, übrigens mit der sechsthöchsten Umschlagleistung in den USA, steuert maßgeblich zum Wohlstand der Stadt bei. Baton Rouge stand und steht jedoch kulturell weit im Schatten von New Orleans. Außer ein paar für Hauptstädte typischen Sehenswürdigkeiten (Staatsmuseen, State Capitol, etc.) gibt es hier nicht allzu viel zu sehen.

Blick auf Louisianas Hauptstadt

Ein paar Casinoschiffe haben aber dazu geführt, dass die ehemaligen Lagerhäuser im **Catfish District** zu einem Pub- und Restaurantbezirk umgebaut worden sind. Auch ein aufgedockter Zerstörer aus dem 2. Weltkrieg mit zugehörigem Museum sowie ein Kunst- und Wissenschaftscenter können besichtigt werden. *Zerstörer aus dem Zweiten Weltkrieg* Im Grunde aber sollten Sie Ihren Besuch höchstens auf die Besichtigung des State Capitol – dem immerhin höchsten der USA – und des Museums im Old State Capitol beschränken. Selbst die einladende Antebellum-Villa **Magnolia Mound** kann einem Vergleich mit den Häusern weiter unterhalb des Mississippi nicht standhalten.

Machen Sie es wie die Amerikaner: Lassen Sie Baton Rouge entweder einfach „links liegen" oder benutzen Sie es allerhöchstens als städtische Basis für die Besichtigung der verschiedenen Plantagenhäuser entlang des Mississippi. Sollten Sie bleiben wollen, können Sie sich im **Baton Rouge Area Convention & Visitors Bureau** (730 North Blvd.) über die Stadt informieren.

Sehenswertes in Baton Rouge

Beginnen Sie Ihre Erkundung am State Capitol, in dem sich auch ein Informations-Schalter für Touristen befindet.

State Capitol (1)

State Capitol Dr.
Das neue State Capitol wurde 1932 errichtet und unterscheidet sich deutlich von den typischen Kuppelbauten anderer Hauptstädte. Von außen sieht es aus wie ein einfaches Hochhaus, innen aber zieren verschiedenste Marmorsteine das Gebäude, und der Boden der Memorial Hall besteht aus polierter Lava-Asche vom Vesuv. Mit *Marmorne Innenarchitektur* 143 m ist es übrigens das **höchste Capitol der USA**. Diese Tatsache hat es dem damals hier residierenden – legendären – Gouverneur *Huey P. Long* zu verdanken, von dem behauptet wurde, er habe Louisiana regiert wie *Al Capone* seinerzeit Chicago. Die Ironie des Schicksals wollte es schließlich, dass *Long* gerade in diesem Gebäude 1935 einem Attentat zum Opfer fiel, dessen Hintergründe bis heute noch nicht ganz geklärt sind. Es wird sogar behauptet, dass der mutmaßliche Attentäter gar nicht der

598

18. Von Memphis entlang des Mississippi (Rt 1/US 61), bzw. über Little Rock, Shreveport und LaFayette nach New Orleans – Baton Rouge

Todesschütze gewesen sei. Die Einschusslöcher sind übrigens noch erhalten und dem Besucher wird freigestellt, eigene Schlüsse zu ziehen. Am eindrucksvollsten aber ist die Aussicht vom „Observation Tower" im 27. Stock des Gebäudes.

In der Eingangshalle des Gebäudes befindet sich auch ein kleiner Schalter für Touristen mit Informationen und Broschüren über Baton Rouge und Umgebung.

Nordöstlich des State Capitol steht das **Governor's Mansion** (2) (1001 Capitol Access Rd.), das Wohnhaus des Gouverneurs, erbaut 1930. Es kann nur zu speziellen Anlässen von innen besichtigt werden.

Etwas südwestlich des State Capitol, zum Fluss hin gelegen, befinden sich die 1823 erbauten **Pentagon Baracks** (3) (959 Third St., geöffnet Mo–Sa 10–16 Uhr, So ab 12 Uhr). Die ehemaligen Kasernen beherbergen heute ein kleines Militärmuseum, beeindrucken aber eher durch ihr Äußeres: ein offener Achteckbau mit Säulengängen.

New State Capitol

Old State Capitol (4)

100 N. Blvd. at River Rd. Täglich 10–16 Uhr geöffnet, sonntags ab 12 Uhr.
Auch dieses 1849 erbaute Haus fällt durch seine Einzigartigkeit aus dem Rahmen. Die Architektur im neugotischen Stil erinnert eher an ein **Zauberschloss** aus einem Märchen. Heute beherbergt das Gebäude das „Louisiana Center for Political and Governmental History", eine Art Institut für Geschichtsforschung, und ein Museum mit wechselnden Ausstellungen.

Catfish District (5)

Dieser alte Lagerhausbezirk um den südlichen Abschnitt der River Road/Ecke North Blvd. (nördlich der Mississippi-Brücke am I-10), bietet eine gelungene Kulisse für **Lokale** und **Restaurants** rund um das dortige Hotel. Gleich nebenan befindet sich ein großes **Casino** (als Dampfer im Wasser), das **USS KIDD Louisiana Veterans Memorial&Museum (6)** (täglich 9–17 Uhr geöffnet), dessen Kernstück der gleichnamige 2.-Weltkriegs-Zerstörer darstellt, und etwas weiter nördlich das **Louisiana Arts&Science Center (7)** (100 S. River Rd.), welches u. a. eine historische Eisenbahn und das *René-W.-Pennington*-Planetarium bietet.
Einen Straßenblock östlich des Catfish-Distriktes finden Sie übrigens noch eine Reihe alter Wohnhäuser – teils verfallen – die Ihnen einen Eindruck über das Baton Rouge zur Zeit des *Huey P. Long* vermittelt.

18. Von Memphis entlang des Mississippi (Rt 1/US 61), bzw. über Little Rock, Shreveport und LaFayette nach New Orleans – Baton Rouge

599

Old Governor's Mansion & Museum (8)

502 North Blvd. Geöffnet Sa 10–16 Uhr, So 13–16 Uhr.
Auch dieses Gebäude wurde unter dem Gouverneur Huey P. Long erbaut (1930). Ein paar antike Möbel sind aber das einzig Interessante hier.

Magnolia Mound Plantation (9)

2161 Nicholson Dve. Täglich geöffnet 10–16 Uhr, sonntags ab 13 Uhr.
Ein Plantagengebäude aus der Zeit um 1790, als die (französischen) Kreolen das Land beherrschten. Bemerkenswert sind vor allem die Wirtschaftsgebäude. Von Mai bis Oktober werden im Küchenhaus immer dienstags und donnerstags in zeitgenössischen Kostümen **Koch-Demonstrationen** am offenen Herd gezeigt. Das Haupthaus ist ein mit Antebellum-Möbeln eingerichtetes Museum. Auch ist ein kleiner Shop vorhanden.

Zeitgenössisches Kochen

Bis nach **New Orleans** sind es nun noch etwa 1,5 Autostunden auf dem Interstate 10.

Wer allerdings über mehr Zeit verfügt, kann alternativ auch entweder entlang der Plantagenstrecke (lesen Sie hierzu Seite 320ff) oder über LaFayette, New Iberia, Morgan City und Houma (auf Seite 624 beschrieben) nach New Orleans weiterfahren.

Arkansas-Telegramm

Abkürzung	AR
Beiname	„Land of Opportunity", „The Natural State"
Namensherleitung	Nach einem Indianerstamm des Siouan-Volkes benannt
Staat seit	15. Juni 1836 (25. Staat)
Staatsblume	Apfelblüte
Höchster Berg	Magazin Mountain – 838 m
Fläche	137.754 km²
Einwohner	2,38 Mio., Anteil der Afroamerikaner: 23 Prozent
Einwohnerdichte	17 E/km²
Hauptstadt	Little Rock (180.000, zusammen mit North Little Rock: 248.000 Einwohner)
Weitere Städte	Fort Smith (74.000 E.), Pine Bluff (59.000 E.), Jonesboro (48.000 E.), Fayettville (43.000 E.), Hot Springs (37.000 E.)
Wichtigste Wirtschaftszweige	**Landwirtschaft**: Große Spannbreite (Reis, Gemüse, Getreide, Tabak, Viehwirtschaft, Hühnerzucht); **Industrie**: Raffinerien, holzverarbeitende Industrie, Textilindustrie; Bergbau: 96 Prozent der US-Bauxitförderung, im Süden Erdöl und Erdgas
Touristisches Potenzial	Die heißen Quellen und Wanderwege im Hot Springs National Park; die Wälder der Ozark- und Quachita- (Wichita-) Mountains mit viel Wild und guten Angelmöglichkeiten

600

18. Von Memphis entlang des Mississippi (Rt 1/US 61), bzw. über Little Rock,
Shreveport und LaFayette nach New Orleans – Die Alternativroute

Die Alternativroute über Little Rock, Shreveport und LaFayette

> › **Entfernungen**
> Memphis – Little Rock: 137 mi/221 km
> Little Rock – Hot Springs N. P.: 55 mi/86 km
> Hot Springs N. P. – Shreveport: 180 mi/290 km
> Shreveport – Natchitoches: 76 mi/122 km
> Natchitoches – Alexandria: 55 mi/89 km
> Alexandria – LaFayette – Baton Rouge: 130 mi/209 km
> Alexandria – LaFayette – New Orleans (Interstate): 175 mi/282 km
> Alexandria – LaFayette – New Orleans (Interstate, dann US 90): 210 mi/348 km

Streckenalternativen

• Von Memphis nach Little Rock halten Sie sich am besten nicht lange auf und fahren einfach auf dem I-40 zügig nach Westen. Fahren Sie von Little Rock weiter auf dem I-30 bis zum Exit 111 und folgen Sie von dort dem US 70 bis zum Hot Springs National Park. Dort können Sie über den AR 7 wieder zurück zum I-30 fahren und diesem folgen bis Hope (Exit 31). Ab hier dann in südlicher Richtung entlang des AR 29 (später LA 3) bis Shreveport.

• Haben Sie nun nicht mehr allzu viel Zeit, fahren Sie von hier auf dem I-49 über Natchitoches (hier ein Stück entlang des LA 1 und LA 119 – der Plantagenhäuser wegen), Alexandria, LaFayette und von dort auf dem I-10, bzw. bei mehr Zeit, wie nachfolgend beschrieben, entlang des US 90 nach New Orleans.

Überblick

Um es vorwegzunehmen: Diese **Alternativroute**, um von Memphis nach New Orleans zu gelangen, kann sich nicht wirklich messen mit der Route entlang des Mississippi. Für diejenigen von Ihnen, die vielleicht bereits das zweite Mal im Süden der USA sind oder die gerne einmal in Thermalbädern baden, abwechslungsreiche Naturlandschaften erleben und den Spuren des *Bill Clinton* folgen möchten, stelle ich hier die Route durch Arkansas und Nord-

Redaktions-Tipps

• Die besten Unterkünfte in Little Rock sind bestechende, luxuriöse und **moderne Hotels**. (S. 155)

• Bedeutendste **Sehenswürdigkeiten**: Das Old State House in Little Rock, die Thermalquellen in Hot Springs mit seiner Kurort-Atmosphäre, die Antebellum-Häuser in Natchitoches sowie die Melrose Plantation und die Tabasco-Fabrik bei New Iberia. Außerdem allgemein die Atmosphäre der Swamps und ihrer Bewohner südlich von Morgan City und Houma. (S. 601)

• **Zeiteinteilung**: 3–4 Tage/Tag 1: Fahren Sie bis Little Rock durch. Machen Sie dort eine Rundfahrt zu den Wirkungsstätten von Bill Clinton. Tag 2: Auf Nebenstrecken Richtung Hope, der Geburtsstadt Bill Clintons. Dann weiter nach **Shreveport**. Hier nur Ihr Nachtlager aufschlagen, wenn Sie Interesse an dem American Rose Garden haben. Ansonsten fahren Sie bis Natchitoches durch. Tag 3: Am nächsten Morgen sollten Sie Zeit für die **Melrose Plantation** südlich von Natchitoches einplanen und dann durchfahren bis New Iberia, um die nahe Tabasco-Fabrik zu besichtigen.

18. Von Memphis entlang des Mississippi (Rt 1/US 61), bzw. über Little Rock, Shreveport und LaFayette nach New Orleans – Die Alternativroute

601

Louisiana vor. Sie ist nicht unbedingt uninteressanter – sie ist einfach anders. Der erste Abschnitt bis **Little Rock** ist relativ eintönig. Little Rock selbst gehört zu den Hauptstädten, die eigentlich nicht viel zu bieten haben und recht provinziell wirken – hätte nicht ein US-Präsident seine steile Politikerkarriere hier begonnen. Besuchen Sie bei Interesse an dieser Stadt also kurz eine oder zwei der Wirkungsstätten *Bill Clintons*. Danach können Sie am gleichen Tag noch weiterfahren bis **Hot Springs**. Hier sollten Sie sich erst einmal richtig in einem heißen Thermalbad entspannen und die Atmosphäre eines amerikanischen „Kurortes" auf sich wirken lassen. Die Strecke bis **Natchitoches** dann ist wenig eindrucksvoll (Ausnahme (!): die auf S. 613 beschriebene Strecke von Hot Springs nach Hope). In Natchitoches aber erwartet Sie noch einmal die schnuckelige Architektur eines Antebellum-Städtchens, welches Haustypen fast jeder amerikanischen Epoche aufzuweisen hat. Ein gelungener Übernachtungsstopp also. Am letzten Tag geht es weiter durch verarmte Plantagenregionen, vorbei an heruntergekommenen Städten wie **Alexandria** bzw. wenig begeisternden wie **LaFayette** (sieht man hier einmal ab von der Zydeco-Musikszene)

In Little Rock begann Bill Clinton's Karriere

und schließlich durch das westliche Mississippi-Deltagebiet mit der historischen Stadt **New Iberia**, der Tabasco-Fabrik, den Fischerei- und Swamptour-Hochburgen **Morgan City** und **Houma**. Schließlich nach **New Orleans**.

Schnuckeliges Antebellum-Städtchen Natchitoches

Dieser letzte Streckenabschnitt beschert Ihnen übrigens die „modernen Südstaaten" in komprimierter Weise: Antebellum-Villen – aufpoliert und heruntergekommen –, Krabben satt, Industrieanlagen und idyllische Kleinstädte. Für den Abschnitt zwischen LaFayette und New Orleans können Sie ruhig noch einen weiteren Tag einplanen – oder sogar zwei.

Sehenswertes

Bis Little Rock wirkt die Landschaft recht eintönig. Nichts als Sojabohnen-, Baumwoll- und Reisfelder – und das auf einer Ebene ohne eine einzige größere Erhebung. Einen Abstecher lohnen höchstens – kurz vor Little Rock in **Scott** – der **Toltec Mounds Archeological State Park** (490 Toltec Mounds Rd., geöffnet Di-Sa 8–17 Uhr, So ab 12 Uhr), eine Anhäufung alter Indianerhügel (Museum und Führungen) und das kleine **Plantation Agriculture Museum** (Kreuzung US 165 und AR 161), das sich mit dem Baumwollanbau, der Flutkatastrophe von 1927 und dem ehemaligen Sklaven und späteren Geschäftsmann *Scott Bond* beschäftigt. Verlassen Sie hierzu den I-440 am Exit 7 und folgen Sie dem AR 15 nach Süden bis **Keo** (alternativ: I-40 Exit 169 und dann nach Süden bis Keo). Dort fahren Sie dann in nordwestlicher Richtung auf dem US 165 Richtung Scott. Nach vier Meilen geht es links zum State Park. Vier Meilen weiter auf dem US 165 nach Nordwesten erreichen Sie Scott. Von Scott sind es dann noch gut zehn Meilen bis Little Rock.

Von Memphis über Shreveport nach New Orleans

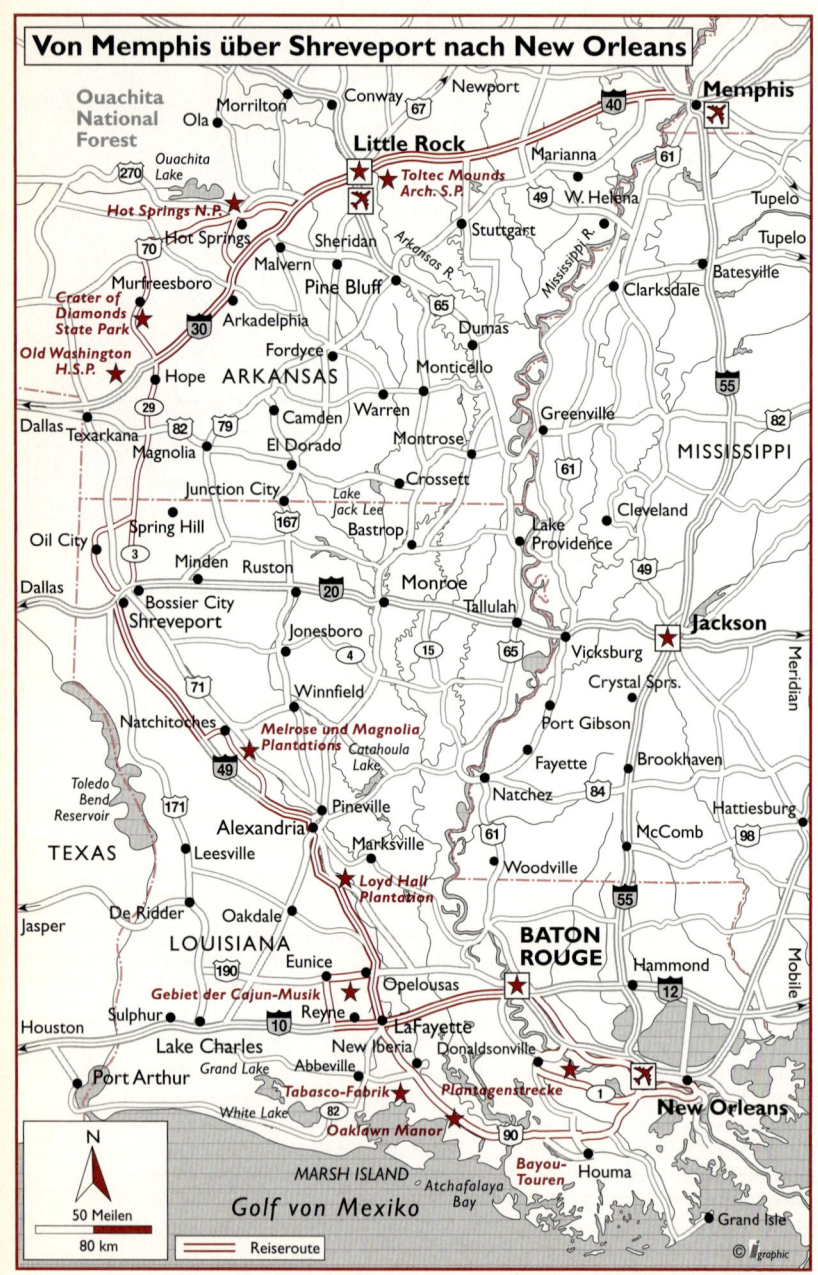

Ouachita National Forest

Morrilton · Conway · Newport

Ola ·

Memphis

40

Little Rock

Marianna

61

Ouachita Lake

270

Toltec Mounds Arch. S.P.

49 · W. Helena

Tupelo

Hot Springs N.P.

Sheridan · Stuttgart

Tupelo

70 · Hot Springs

Malvern

Arkansas R.

Mississippi R.

Batesville

Murfreesboro · Pine Bluff

Clarksdale

Crater of Diamonds State Park

30 · Arkadelphia

65

Old Washington H.S.P.

Hope   ARKANSAS

Fordyce

Dumas

55

Monticello

Dallas · Texarkana

29

82 · 79

Camden · Warren

Greenville

82

Magnolia

El Dorado

Montrose

MISSISSIPPI

Junction City

Crossett

61

Lake Jack Lee

167

Spring Hill

Bastrop

Cleveland

Oil City

3

Minden · Ruston

20

Lake Providence

49

Dallas

Bossier City

Monroe

Tallulah

Shreveport

Jonesboro

4 · 15

65

Vicksburg

Jackson

71

Winnfield

Crystal Sprs.

Meridian

Natchitoches

Melrose und Magnolia Plantations

Catahoula Lake

Port Gibson

Toledo Bend Reservoir

49

Fayette

Brookhaven

171

Pineville

Natchez

84

Hattiesburg

Alexandria

Marksville

61

McComb

98

Leesville

Woodville

TEXAS

Loyd Hall Plantation

55

Jasper · De Ridder · Oakdale

BATON ROUGE

Hammond

LOUISIANA

190 · Eunice

Opelousas

12

Gebiet der Cajun-Musik

Sulphur · Rayne

10

LaFayette

New Iberia · Donaldsonville

1

Lake Charles · Abbeville

Houston

Port Arthur

Grand Lake

Tabasco-Fabrik

Plantagenstrecke

New Orleans

White Lake

82

Oaklawn Manor

90

N

Bayou-Touren · Houma

MARSH ISLAND · Atchafalaya Bay

50 Meilen

Golf von Mexiko

Grand Isle

80 km

Reiseroute

© graphic

18. Von Memphis entlang des Mississippi (Rt 1/US 61), bzw. über Little Rock, Shreveport und LaFayette nach New Orleans – Little Rock

603

Little Rock (ⓘ S. 155)

Überblick und Geschichte

Franzosen waren die ersten Europäer, die an diesem Abschnitt des Arkansas River ihr Lager aufgeschlagen hatten. Wegen des verhältnismäßig kleinen Felsens am Nordufer des Flusses nannten sie die Stelle „La Petite Roche". Diese Bezeichnung übernahmen die ersten Siedler 1812, als sie ihre Holzhütten errichteten und übersetzten sie ins Englische. 1821 wurde dann der **Regierungssitz von Arkansas** hierher verlegt. Das war eigentlich alles Wichtige, was sich in dieser Stadt getan hat, die heute, zusammen mit der Schwesterstadt, North Little Rock, etwa 250.000 Einwohner zählt. Die Innenstadt wirkt verschlafen und nur wenige Hochhäuser zieren die Skyline. Die historischen Sehenswürdigkeiten beschränken sich auf ein paar wenige alte Häuser – stolz von der Stadtverwaltung als „Quapaw Quarter" bezeichnet (eine etwas irreführende Anlehnung an die frühe Besiedlung durch die Indianer). Ansonsten finden sich hier die üblichen „Highlights" einer Hauptstadt, wie z.B. ein altes und ein neues State Capitol und ein paar kleinere Museen. Einige farbliche Akzente bilden in dieser städtischen Landschaft die bunt bemalten Busse.

Franzosen kamen zuerst

Hätte nun nicht *Bill Clinton*, ehemaliger Gouverneur von Arkansas, den Sprung vom unscheinbaren Governor's Mansion ins Weiße Haus in Washington geschafft, wüsste wahrscheinlich kaum jemand, wo Little Rock liegt, und ich empfehle Ihnen gleich, sich dort nicht allzu lange aufzuhalten. Doch seit *Clintons* Amtseinführung ist die Stadt aus ihrem Dornröschenschlaf erwacht und bietet heute zumindest einige kleine Attraktionen, die sich um den 42. Präsidenten der USA drehen. Sollten Sie aber kein Interesse an *Bill Clinton* haben, fahren Sie einfach an Little Rock vorbei und sparen Ihre Zeit auf für den Hot Springs National Park.

Sehenswertes in Little Rock

Beschränken Sie also Ihren Besuch in Little Rock auf die „Fußspuren" des ehemaligen Präsidenten. Besorgen Sie sich hierzu zuerst eine Broschüre in dem wirklich ansprechenden **Little Rock Welcome Center at Historic Curran Hall (1)** (615 E. Capitol Ave.). In dem Center sind neben den Informationen über Little Rock auch Broschüren und Prospekte über die State Parks in ganz Arkansas und die wichtigsten Städte und Regionen zu finden. Sollten Sie also vorhaben, diesen Bundesstaat etwas genauer zu erkunden, sind Sie hier genau richtig und sollten dies auch ausnutzen.

Präsident Clinton als größte Attraktion

Old State House (2)

300 W. Markham St., geöffnet täglich 9–17 Uhr, So ab 13 Uhr.
Dieses schöne Greek-Revival-Gebäude diente von 1836 bis 1911 als Regierungssitz. Heute befinden sich hier eine interessante **Ausstellung zur Geschichte von Arkansas** und seinen Bewohnern sowie mehrere Wanderausstellungen, die sich ebenfalls mit den Geschicken des Staates und auch seiner Musik beschäftigen. Am

eindrucksvollsten aber ist das Gebäude selbst, eingetragen als „National Historic Landmark". Vom ehemaligen Sitzungssaal im ersten Stock haben Sie eine schöne Aussicht auf den Arkansas River und hier war es auch, wo *Clinton* seine Wahl angenommen hat.

Arkansas State Capitol (3)

Capitol Ave./Ecke Woodlane. Geöffnet täglich 7–17 Uhr, am Wochenende ab 10 Uhr. Am westlichen Ende der Capitol Avenue befindet sich ein dem Capitol in Washington

Little Rock – Innenstadt

1	Welcome Center/Visitor Inform.Cent.
2	Old State House
3	Arkansas State Capitol
4	Governor's Mansion
5	Clinton/Gore Campaign HQ
6	Will. J. Clinton Presidential Center & Park
7	Rose Law Firm
8	Historic Arkansas Museum
9	Aerospace Education Center & IMAX Theater
10	Arkansas Arts Center
11	Museum of Discovery

0,5 Meilen
800 m

© graphic

18. Von Memphis entlang des Mississippi (Rt 1/US 61), bzw. über Little Rock, Shreveport und LaFayette nach New Orleans – Little Rock

605

nachempfundenes **Kuppelgebäude**. Mit dem Bau wurde 1899 begonnen. 1911 fand hier die erste Sitzung statt. Endgültiges Bauende war aber erst 1915. Ab und zu finden kleine Ausstellungen und gesellschaftliche Ereignisse statt. Ansonsten aber bietet das Gebäude nicht viel, von der reizvollen Außenansicht einmal abgesehen. Für besonders Interessierte werden werktags Führungen angeboten.

INFO ## Kurzbiografie Bill Clinton

Bill Clinton

Als *William Bill Jefferson Blythe* am 19. August 1946 in Hope geboren wurde, war sein leiblicher Vater bereits seit drei Monaten tot. Er starb bei einem Autounfall. Während Bills Mutter nach seiner Geburt in Shreveport und New Orleans den Beruf der Krankenschwester erlernte, um die Ausbildung ihres Sprösslings zu garantieren, lebte der kleine Bill bei seinen Großeltern in Hope. Als Bill vier Jahre alt war, kam seine Mutter zurück nach Hope und heiratete dort den Autohändler *Roger Clinton*. Vier Jahre später zogen die Clintons nach Hot Springs, wo *Roger Clinton* bei seinem Bruder in das Automobilgeschäft einstieg. Bill ging hier zur Schule und wurde mit zehn Jahren zum Klassen- und später auch zum Unterstufensprecher gewählt. Später aber verlor er bei der Schulsprecherwahl gegen eine Mitschülerin.

Bill Clinton verließ Hot Springs erst 1964, um ein Jurastudium an der Universität von Georgetown zu beginnen. Weitere Studienorte waren Oxford und Yale. In Yale lernte er dann 1971 seine zukünftige Frau *Hillary Rodham* kennen, die er 1975 schließlich heiratete. Zu dieser Zeit unterrichteten beide bereits an der Universität von Fayetteville das Fach Jura.

1976 gewann *Bill Clinton* dann die Wahl zum Justizminister von Arkansas und die Clintons siedelten über nach Little Rock. 1978 gewann Clinton dann auch die Wahl zum Gouverneur von Arkansas. Mit 32 Jahren war er damit der jüngste Gouverneur, der jemals Arkansas regiert hat. Bei der Rückwahl zwei Jahre später unterlag *Clinton*, erlangte aber das Gouverneursamt 1981 wieder zurück. Von da an bis zu seiner Wahl zum 42. US-Präsidenten im November 1992 hatte *Bill Clinton* dieses Amt inne, während seine Frau sich stark im sozialen Bereich engagierte. *Clinton* wurde schließlich auch für eine zweite Amtsperiode wiedergewählt.

Ziel *Clintons* während seiner US-Präsidentschaft war es, die sozialen Disparitäten in der amerikanischen Gesellschaft abzuschaffen. Unter der Federführung seiner Frau stand die Einführung eines klassenlosen Krankenversicherungssystems im Vordergrund. Dieses Vorhaben fand nicht überall „offene Ohren". Politische Widersacher griffen *Clinton* mehrmals

606

18. Von Memphis entlang des Mississippi (Rt 1/US 61), bzw. über Little Rock, Shreveport und LaFayette nach New Orleans – Little Rock

an, teilweise mit fragwürdigen Mitteln, wie z.B. der „Aufblähung" der sogenannten „Whitewater-Affäre", bei der den *Clintons* eine Mitwisserschaft in einem spekulativen Immobiliengeschäft angehängt werden sollte. Dabei sollen sie ca. US$ 30.000 Steuergelder hinterzogen haben. Inwieweit diese Anschuldigungen stimmten, wird wohl niemals geklärt werden. Das Verfahren wurde 1994 mit einem Vergleich eingestellt.

Die Stellung von *Clintons* Frau als „gleichberechtigte Partnerin" wurde *Clinton* des Öfteren nachteilig angehängt: ein Zeichen für den immer noch stark ausgeprägten puritanischen Charakter der amerikanischen Gesellschaft. *Bill Clinton* hat übrigens eine große Vorliebe für's Saxophonspielen. Sein Können stellt er häufig unter Beweis, wenn er mit bekannten Jazzbands zusammen auftritt. Während seiner Zeit in Hot Springs bzw. Little Rock kam dies häufiger vor.

Governor's Mansion (4)

1800 Center St.
Der **Wohnsitz des Gouverneurs**. Er kann nicht von innen besichtigt werden, es lohnt sich aber ein kurzer Fotostopp. Das relativ schlichte Gebäude von 1950 macht

Karriere in schlichtem Gebäude

deutlich, warum viele Amerikaner die Tatsache belächelt haben, dass ein Gouverneur aus diesem „Provinzstaat" zu einem der mächtigsten Männer der Welt gewählt worden ist. Beachten Sie aber auch einmal die Wohngegend um das Haus. Dabei wird deutlich, warum *Clinton* versucht hat, einen für amerikanische Verhältnisse sehr sozialen Kurs einzuschlagen. Little Rock ist eben bei Weitem nicht so reich und mondän, wie es andere Hauptstädte zu sein scheinen. Die relative Armut macht erst kurz vor dem Haus des Gouverneurs halt.

Weitere „Clinton-Stopps"
Clinton/Gore Campaign Headquarters (5) (112 W. 3rd Street, im alten Gebäude der „Gazette"-Zeitung). Hier startete *Clinton* seine Wahlkampagne.
William J. Clinton Presidental Center & Park (6) (1200 President Clinton Ave). Ein 7.000 m² großes Archiv über die Geschichte der amerikanischen Präsidentschaft im Wandel der Zeit. Umgeben von einem großen Park.
Rose Law Firm (7) (120 E. 4th Street). Das Rechtsanwaltsbüro, in dem *Hillary Clinton* arbeitete und das durch die „Whitewater-Affäre" zweifelhaften Ruhm erlangte.
5419 L. Street, erstes Wohnhaus der *Clintons* in Little Rock, welches sie 1977 für US$ 35.000 erstanden.
816 Midland, zweites Wohnhaus der *Clintons* ab 1980. Hierfür mussten sie bereits US$ 112.000 ausgeben.

Historic Arkansas Museum (8)

200 E. 3rd St. Geöffnet täglich 9–17 Uhr, So ab 13 Uhr.
Eine kleine geschichtliche und kulturhistorisch geprägte Ausstellung über Arkansas sowie Exponate hiesiger Künstler und einige, auf zwei Häuserblocks verteilte, rekonstruierte **historische Arkansas-Gebäude** verschiedenster Epochen werden Ihnen hier auf einer einstündigen Führung erläutert.

18. Von Memphis entlang des Mississippi (Rt 1/US 61), bzw. über Little Rock,
Shreveport und LaFayette nach New Orleans – Hot Springs und der Hot Springs N. P.

607

Aerospace Education Center and IMAX Theater (9)

3301 E. Roosevelt Blvd.
Große Weltraum-Bibliothek, alte Raumfahrzeuge und wechselnde Ausstellungen rund um das Thema **Raumfahrt** sind in dem futuristisch anmutenden Gebäude zu finden. In dem 300 Zuschauer fassenden IMAX-Theater werden themenbezogene Filme gezeigt. Außerdem ist ein Shop vorhanden.

Arkansas Arts Center (10)

501 E. 9th St., im MacArthur Park. Geöffnet Di–Sa 10–17 Uhr, So 11–17 Uhr.
Auf insgesamt neun Galerien verteilt, können **Gemälde**, **Bilder und Zeichnungen** früherer und zeitgenössischer Künstler in dem modernen Gebäude, direkt im historischen MacArthur Park, bewundert werden. Darunter befinden sich nicht nur Werke amerikanischer, sondern auch die von bekannten europäischen Meistern. Die Kunstinteressierten unter Ihnen sollten diese gelungene Ausstellung keinesfalls auslassen.

Naturwissenschaftlich Interessierten möchte ich schließlich noch das kleine **Museum of Discovery** (11) nahelegen. Alles rund um die Wunder der **Natur**, **Wissenschaft und Technik** kann hier bestaunt werden. Außerdem bietet das Museum in einem Teil auch eine Ausstellung über die Geschichte Amerikas und von Arkansas. Interessant in diesem Zusammenhang ist übrigens auch, dass am 26. Januar 1880 der 2.-Weltkriegs-General *Douglas MacArthur* im Turmgebäude geboren wurde. Wechselnde Ausstellungen. Für Kinder und Jugendliche besonders geeignet. Es befindet sich in der 500 President Clinton Ave., geöffnet täglich 9–17 Uhr, So ab 13 Uhr. *Naturwissenschaften, anschaulich für Kinder und Jugendliche*

Von Little Rock ist es dann über den I-30 und den US 70 nicht weit bis Hot Springs (ca. 70 Meilen).

Hot Springs und der Hot Springs National Park
(ⓘ S. 155)

Geschichte

Hot Springs und der gleichnamige Nationalpark sind bereits seit dem beginnenden 19. Jh. das Ziel vieler Erholungssuchender, die sich in den vornehm gekachelten Badehäusern an den **warmen Temperaturen der Quellen** erfreuen. Damit sei bereits vorweggenommen: Auch wenn es keine gesundheitlichen Risiken gibt und ärztliche Atteste nicht notwendig sind – wer keine heißen Dampfbäder mag und nicht gerne ins Schwitzen gerät, dem sei ein Thermalbad nicht so sehr empfohlen. Bereits vor über 10.000 Jahren haben die ersten Indianer die heißen Quellen in den Quachita Mountains (auch „Wachita" geschrieben) entdeckt und sprachen den *Jahrhunderte-alter Badeort*

608

**18. Von Memphis entlang des Mississippi (Rt 1/US 61), bzw. über Little Rock,
Shreveport und LaFayette nach New Orleans – Hot Springs und der Hot Springs N. P.**

Redaktions-Tipps

- Der **Nationalpark** besticht vor allem durch seine warmen Mineralquellen, weniger aufgrund seiner Naturlandschaft. (S. 607ff)
- Besonders **Sehenswertes**: Die Bathhouse Row, mit Ihren Badehäusern, das Park Museum im Fordyce Bathhouse, der Hot Springs Mountain Tower und allgemein die Atmosphäre dieses gemütlichen Kurortes. (S. 607ff)
- Bringen Sie leere Wasserflaschen mit, um diese mit dem wertvollen **Mineralwasser** aufzufüllen, so wie es die Einwohner von Hot Springs regelmäßig tun. (S. 612)
- **Zeiteinteilung**: 1–2 Tage/Sie kommen nachmittags an und genießen zuerst einmal ein warmes Thermalbad – möglichst im eigenen Hotel. Danach erkunden Sie die Innenstadt entlang der Central Avenue. Abends schlendern Sie nochmals entlang der Bathhouse Row und kehren in einem der Musikclubs ein. Für den nächsten Morgen sollten Sie noch eine Tour hinauf zum Hot Springs Mountain Tower einplanen. (S. 612)

Wassern heilsame Kräfte zu. 1541 war es der spanische Eroberer *Hernando De Soto*, der mit seinen Mannen die „Vorhut" der Weißen bildete. Er blieb ein paar Wochen an den Quellen und ließ auch einige seiner Leute hier zurück, bevor er weiter zog. Zu dieser Zeit galten die Quellgebiete als „freies Land" und Indianer und Weiße lebten friedlich nebeneinander.

200 Jahre später kamen die ersten Franzosen, meist Jäger und Pelzhändler. Mit dem Verkauf des damals viel größeren Louisiana-Territoriums an die amerikanische Regierung im Jahre 1803 sollte sich aber vieles ändern: Bereits ein Jahr später nämlich schickte Präsident *Jefferson* eine Expedition hierher, um die Quellen zu inspizieren. Der positive Bericht lockte schließlich die ersten Badegäste hierher. 1832 entschied sich die Regierung dazu, das Gebiet zu einem **Naturreservat** zu erklären – das erste in Amerika.

In den folgenden Jahrzehnten boomte Hot Springs enorm. Straßen und Eisenbahnlinien wurden gebaut, und reiche Heilungssuchende strömten in Scharen herbei. Hot Springs wurde zum Treffpunkt der „oberen Zehntausend". Ende des 17. Jh. schossen zahlreiche Badehäuser, eines eleganter als das andere, wie Pilze aus dem Boden. Dazu gab es Mode-Salons, Beauty-Shops und das luxuriöse **Arlington Resort Hotel & Spa** (1) an der Bathhouse Row. Der Hot Springs Creek aber musste dem „Ansturm" der Touristen weichen und wurde mit der Central Avenue bedeckt.

1921 erklärte man die Quellen und das ca. 2.000 ha große umliegende Gebiet zum Nationalpark. Nach dem 2. Weltkrieg ging es bergab mit der Badelust, denn mit der Mobilisierung und dem Ausbau des Straßennetzes reisten die Amerikaner verstärkt auch in andere Regionen. Ein Badehaus nach dem anderen musste schließen, und heute gibt es nur noch eines an der **Bathhouse Row** (2), das den Badebetrieb aufrecht erhält. Ansonsten bieten „nur" noch Hotels Thermalbäder an.

Schön gelegen: Hot Springs mit der Bathhouse Row

Hot Springs heute

Die Stadt Hot Springs lebt mittlerweile von ihrer Legende und sonnt sich noch im Ruhm längst vergangener Zeiten. Trotzdem ist Hot Springs besuchenswert! Viele kleine Museen, nette Restaurants, ausgesuchte Boutiquen, Souvenirshops und ein Flair von **Kurbetrieb** und **Urlaubsstimmung** ziehen immer noch zahlreiche Gäste an, ohne dass der Rummel zu groß erscheint. Die kleine Stadt mit ihren ca. 37.000 Einwohnern wähnt sich noch immer als „The Nation's Health Sanatorium". Das mag bei der stark nachgelassenen Badegästezahl zwar etwas übertrieben sein, doch hat Hot Springs auch heute noch seine positiven Seiten und bemüht sich erfolgreich, davon loszukommen, allein vom Badetourismus abhängig zu sein.

Der Bereich um die Bathhouse Row entlang der Central Avenue wurde mit viel Aufwand wieder herausgeputzt, und die Besucherklientel ist inzwischen recht **kosmopolitisch**. Ein teurer Cadillac samt schnöseliger Besitzer wird von freakigen Harley-Fahrern überholt, während sich das Pensionärs-Ehepaar mit einer Zeitung auf die Terrasse des mondänen Arlington Hotels zurückzieht und junge Skateboardfahrer die eine oder andere abschüssige Straße für einen „heißen Ritt" nutzen. Junge Leute nämlich finden immer häufiger ihren Weg hierher, um einfach ein paar Tage auszuspannen oder einfach Spaß zu haben. *Gegensätzliches Treiben von Jung und Alt*

Ich denke, Hot Springs ist bei ausreichender Zeit allemal den „Umweg" vom Highway wert. Es bietet genügend Abwechslung für einen Tag und eine Nacht und ein Teil der mondänen Atmosphäre aus früheren Zeiten ist in der Jugendstadt *Bill Clintons* irgendwie immer noch vorhanden.

Der Nationalpark selbst besteht größtenteils aus einem hügeligen Mischwald-Areal, das durchaus seine Reize hat, aber mit nur wenigen Höhepunkten aufwartet. Außer einer Fahrt zum **Mountain Tower (3)** und insgesamt 30 Kilometern Wanderwegen gibt es hier nicht viel zu erleben. Gebiete weiter nördlich in den Quachita Mountains eignen sich eher für Outdoor-Aktivitäten. Ebenso ist es mit der Tierwelt: Nur ornithologisch Interessierte werden diesbezüglich auf ihre Kosten kommen. Eine Vogelartenliste sowie selbstverständlich alle anderen touristischen Informationen gibt es übrigens im offensichtlich etwas zu groß geratenen **Convention Center & Visitors Bureau (4)** am 134 Convention Blvd. im Innenstadtbereich. Nur wenige Gehminuten abseits der Bathhouse Row hat die Stadt hier einen riesigen und sehr modernen Gebäudekomplex errichten lassen, der auch als Kulisse für Konzerte, Sportveranstaltungen, Ausstellungen und andere gesellschaftliche Veranstaltungen dient. Ein großes und hochmodernes Hotel ist ebenfalls angeschlossen. *Ornithologischer Reichtum*

Ein weiteres Touristenbüro, das **Hot Springs National Park Visitors Center**, befindet sich direkt im historischen **Fordyce Bathhouse (5)** am 300er Block der Central Ave. Hier sind insbesondere Informationen über die Geschichte von Hot Springs als Thermalbad erhältlich.

Beschränken Sie also Ihren Besuch auf die Thermalquellen, die Erkundung der Bathhouse Row mit den umliegenden Geschäftszeilen und eine Fahrt zum Mountain Tower.

610

18. Von Memphis entlang des Mississippi (Rt I/US 61), bzw. über Little Rock, Shreveport und LaFayette nach New Orleans – Hot Springs und der Hot Springs N. P.

Beste Jahreszeit

Eigentlich das ganze Jahr, wobei es im Sommer recht heiß werden kann. Die Winter sind in der Regel trocken und nicht zu kalt. Empfehlenswert sind aber die Monate Mai, Juni und Oktober mit den angenehmsten Temperaturen und nicht ganz so vielen Touristen.

Tierwelt

Größere Tiere fehlen fast gänzlich, da der Park umgeben ist von Siedlungen bzw. Ferienresorts. Waschbär, Fuchs und Opossum zählen neben einer recht artenreichen Vogelwelt zu den interessantesten Tieren.

Pflanzenwelt

Der Park ist geprägt durch einen Mischwald vorwiegend mit Eichen, Kiefern und Hickory-Nussbäumen. Das Unterholz ist sehr dicht und in feuchten Gebieten finden sich Farne und Moose.

Aktivitäten

Historisches Badehaus

Baden in den warmen Quellen: Das „Buckstaff Bathhouse" an der Bathhouse Row ist das einzige noch geöffnete Badehaus außerhalb eines Hotels. Die historische Aufmachung lohnt hier einen Besuch. Zentrale Hotels, wie z.B. das „Arlington", das „Downtowner", das „Park-Austin" und das „Majestic" verfügen auch über Thermalbäder, ebenfalls das etwas abgelegenere „Hot Springs Health Spa".

INFO **Was passiert bei einem Badedurchgang?**

Rechnen Sie grundsätzlich mit mindestens einer Stunde, besser eineinhalb. Ein rechtzeitiges Erscheinen (am besten vor der Öffnungszeit) sichert Ihnen einen guten Platz. Nachdem Sie eingecheckt und Ihre Wertsachen hinterlassen haben, werden Sie zuerst in die Umkleidekabine geführt, die Sie anschließend nur mit einem Badelaken bekleidet wieder verlassen. Als erstes geht es dann in die heiße Badewanne, danach in einen Dampfkessel, aus dem nur Ihr Kopf herausschauen wird – kennen Sie sicherlich aus alten Mafiafilmen. Nachdem man Ihnen dann ein neues, heiß-feuchtes Laken („Hot Packs") überreicht hat, geht es anschließend ohne „Körperschutz" unter die Nadel-Dusche. Das ist eine Dusche mit dünnen, aber sehr harten Strahlen. Zum Schluss dürfen Sie sich im Liegesaal abkühlen – ein durchaus willkommener Abschluss.

• Wandern

30 km Wanderwege stehen Ihnen zur Verfügung, wobei der Sunset Trail im westlichen Parkabschnitt am schönsten (und einsamsten) ist, während die Wege am östlichen

18. Von Memphis entlang des Mississippi (Rt 1/US 61), bzw. über Little Rock, Shreveport und LaFayette nach New Orleans – Hot Springs und der Hot Springs N. P.

611

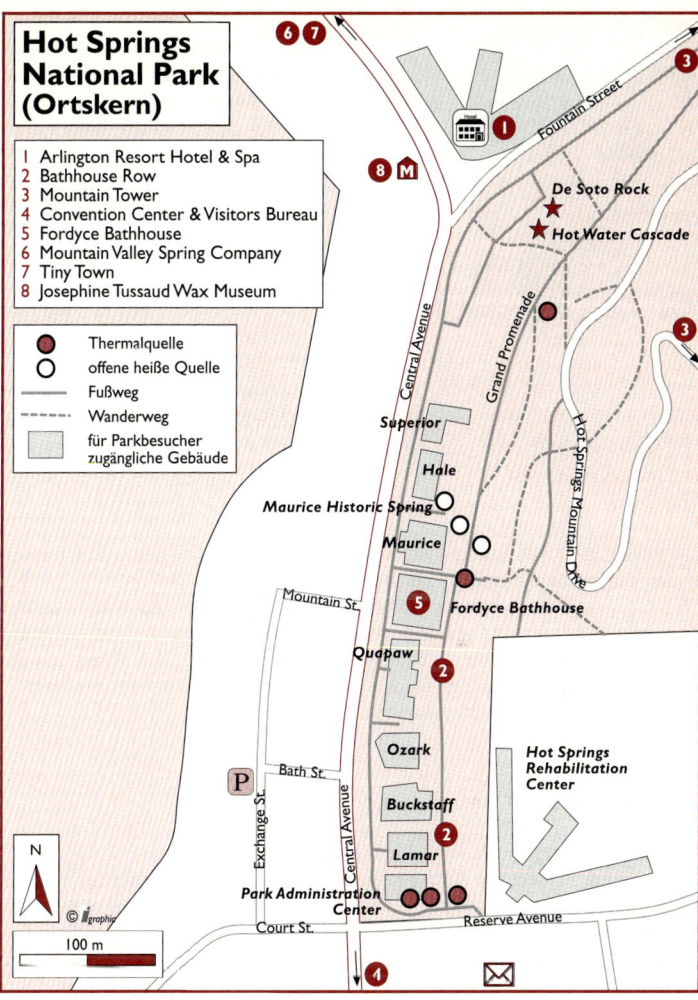

Hot Springs National Park (Ortskern)

1 Arlington Resort Hotel & Spa
2 Bathhouse Row
3 Mountain Tower
4 Convention Center & Visitors Bureau
5 Fordyce Bathhouse
6 Mountain Valley Spring Company
7 Tiny Town
8 Josephine Tussaud Wax Museum

● Thermalquelle
○ offene heiße Quelle
— Fußweg
----- Wanderweg
für Parkbesucher zugängliche Gebäude

Fountain Street

De Soto Rock
Hot Water Cascade

Central Avenue
Grand Promenade
Hot Springs Mountain Drive

Superior
Hale
Maurice Historic Spring
Maurice

Mountain St.
Fordyce Bathhouse

Quapaw

Ozark
Hot Springs Rehabilitation Center

Bath St.
Buckstaff

Exchange St.
Central Avenue
Lamar

Park Administration Center
Court St.
Reserve Avenue

N
© ilgraphic
100 m

Hot Spring Mountain am ehesten für kürzere Wanderungen geeignet sind. Hier können Sie z.B. zum Mountain Tower hinauflaufen und von oben mit dem Trolley-Bus zurückfahren – oder andersherum.

• Die Thermalquellen
Aus beinahe 50 Quellen kommt etwa 62 °C heißes Wasser aus dem Boden, welches auf Niederschläge von vor bis zu 4.000 Jahren zurückzuführen ist. Dieses Wasser erhitzt sich in tieferen Erdschichten und steigt von dort aus durch Spalten langsam wieder nach oben. Fast alle diese Quellen werden zur Speisung der Thermalbäder

612

18. Von Memphis entlang des Mississippi (Rt 1/US 61), bzw. über Little Rock, Shreveport und LaFayette nach New Orleans – Hot Springs und der Hot Springs N. P.

Ozark Bathhouse

genutzt, nachdem das Wasser auf 32 °C abgekühlt worden ist. Nur noch wenige Quellen liegen offen. Am besten zu besichtigen ist die offene Quelle an der Ecke Central Avenue/Fountain Street, gleich gegenüber des Arlington Resort Hotels. Das Wasser weist eigentlich nur eine Besonderheit auf: Es ist ausgesprochen rein und wenig mineralhaltig, denn bereits in tiefen Bodenschichten wird es durch den Filterungsprozess im Boden und die Erhitzung stark gesäubert. Es ist

Rein gefilter- wohl maßgeblich der Temperatur und auch der Legende zu verdanken, dass so viele
tes Wasser Heilkraft suchende Menschen den Weg nach Hot Springs gefunden haben. **Übrigens**: Jährlich sprudeln weit über 3 Millionen Liter Wasser aus den Quellen.

Geologie

Die Wasser, die heute aus den Quellen austreten, erhitzen sich durch die Erdwärme in den tiefsten Sandsteinschichten des seit Millionen Jahren trockenen, ehemaligen Meeresgebiets. Dass das Wasser gerade bei Hot Springs an die Erdoberfläche gelangt,
Ritzen im liegt darin begründet, dass gerade an dieser Stelle Verwerfungen im Sandstein Ritzen
Sandstein als und Poren verursacht haben, in denen es aufsteigen kann. Für den Sicker- bzw. den
natürliches Aufstiegsprozess benötigt das Wasser bis zu 4.000 Jahre. Das bedeutet, dass Ihr
„Wasserrohr" Badewasser zur Zeit der alten Ägypter als Regen gefallen ist!

Sehenswertes in Hot Springs

Zwei Stationen müssen Sie sich unbedingt anschauen:
Das restaurierte **Fordyce Bathhouse (5)** (369 Central Ave., täglich 9–17 Uhr geöffnet), das in seinen Zustand von 1915 gebracht worden ist und heute als Besucherzentrum und Museum dient sowie die Aussicht vom **Hot Springs Mountain Tower (3)** (am Hot Springs Mountain Dr., täglich 9.30 bis Sonnenuntergang geöffnet), zu dessen Füßen sich der Wald wie ein Teppich unter Ihnen ausbreitet, aber auch einen schönen Ausblick auf die Stadt ermöglicht. Ansonsten lautet die Devise: Wenn Sie sich keine der folgenden Sehenswürdigkeiten der Stadt ansehen, haben Sie nichts verpasst, doch würden Sie einen Besuch derselben auch nicht bereuen:

Mountain Valley Spring Company (6)

150 Central Ave. Geöffnet Mo–Fr 9–17 Uhr, Sa–So 10–16 Uhr.
Legendäre Untergebracht in einem ehemaligen Ballhaus. Heute finden Sie hier alles, was die
Mineral- Mineralwasserabfüllung des so begehrten „Mountain Valley Spring Water" betrifft.
wasserflasche Die legendäre grüne Flasche mit dem roten Etikett hat wirklich einen illustren Kreis

18. Von Memphis entlang des Mississippi (Rt 1/US 61), bzw. über Little Rock, Shreveport und LaFayette nach New Orleans – Hot Springs und der Hot Springs N. P.

613

von Durstigen gefunden: Er reicht bis ins Weiße Haus in Washington. Abfüllanlagen und Bilder berühmter Liebhaber des Wassers sowie alle Flaschenformen sind hier ausgestellt. Übrigens wurden dem Wasser bestimmte Mineralien zugeführt, da das natürliche Quellwasser keine befriedigenden Werte aufwies. Heute enthält das Wasser 68 mg Kalzium, 8 mg Magnesium, 2,8 mg Natrium, 1 mg Kalium sowie eine Reihe anderer Spurenelemente und erreicht dabei einen pH-Wert von 7,0.

Tiny Town (7)

337 Whittington. Geöffnet März–Nov Mo–Sa 10–16 Uhr.
Frank Moshinskie hat in mühsamer und liebevoller Weise in mehr als 50 Jahren eine kleine „Spielzeugstadt" aufgebaut, bei der nur die Eisenbahnen und Lichter technische Apparaturen darstellen. Ein Teil dieser Modellbahn ist mittlerweile 50 Jahre alt – eine echte Rarität also. Alle Häuser sind selbst gefertigt, und das „teuerste" hat *Wildwest-* US$ 4 an Material verschlungen. Es handelt sich also nicht um Modellbahn-Bastelsets! *Fantasiewelt* Mount Rushmore, ein Indianerreservat, eine Wildweststadt mit sich bewegenden Figuren und einem ausgetragenen Duell sind weitere Höhepunkte dieser kleinen Fantasiewelt. Es ist nicht die Perfektion, die beeindruckt, sondern die Liebe zum Detail und die lustigen „Spielereien", die den Besuch dieses Museums empfehlenswert machen.

Josephine Tussaud Wax Museum (8)

250 Central Ave. Geöffnet täglich 9–21 Uhr, während der Wintermonate bis 16 Uhr. Mehr als 100 Figuren berühmter Persönlichkeiten, Märchengestalten, bekannte Gangster und Schauspieler sind hier in Wachs verewigt. Das Highlight bildet das nachempfundene Abendmahl mit Jesus.

Für die Weiterfahrt von Hot Springs nach **Hope** haben Sie nun zwei Möglichkeiten: Falls Sie es **eilig** haben sollten, fahren Sie einfach über den AR 7 zum I-30, dem Sie dann bis Hope folgen.

Falls Sie aber mindestens einen **halben Tag** Zeit übrig haben, empfehle ich Ihnen die folgende, sehr reizvolle Route:
Von Hot Springs fahren Sie zuerst auf dem US 70 in südwestlicher Richtung bis **Kirby**. Viele Ranches und Farmen, streckenweise unberührte Natur mit malerischen Wäldern, Auen und Flüssen, kaum Verkehr sowie ein Gefühl von Freiheit begleiten Sie auf dieser Strecke. Von dort geht es weiter über den AR 27 in das kleine und hübsche Städtchen **Murfreesboro**, das sich für eine Übernachtung im „Queen of *Abbau von* Diamond Inn" (Hwy. 26/27, 1 Block North of Square) anbieten würde. Um diesen *Diamanten* Ort herum wurden teilweise noch bis 1970 auf kommerzielle Weise Diamanten und *und Halb* Halbedelsteine abgebaut. Als dieses sich nicht mehr lohnte, begann Murfreesboro ein *edelsteinen* wenig zu veröden. Aber ein paar geschichtsträchtige schöne Häuser sind auch heute noch zu besichtigen. Auch lohnt sich hier der Besuch des **Ka-Do-Ha Indian Village** (ca. 1,25 Meilen vom Courthouse gelegen, einfach den gelben Schildern folgen). Geöffnet täglich 9–16 Uhr), einem über 1.000 Jahre alten Indianerdorf mit angeschlossenem Museum und interessanten Vorführungen.

614

18. Von Memphis entlang des Mississippi (Rt 1/US 61), bzw. über Little Rock, Shreveport und LaFayette nach New Orleans – Hot Springs und der Hot Springs N. P.

Ein besonderer „Knüller" aber ist der etwa drei Meilen südlich gelegene

Crater of Diamonds State Park

209 State Park Rd., Murfreesboro, AR 71958. Täglich geöffnet bis Sonnenuntergang. Von Murfreesboro aus am alten Court House nach links einbiegen und den AR 301 in südwestlicher Richtung nehmen. Zum State Park geht es nach ca. zwei Meilen rechts ab (ist ausgeschildert). In dem von Flussläufen und Sumpfgebieten umgebenen Waldgebiet gibt es auch einen Campingplatz, ein Amphitheater und einige schöne Wanderwege.

„Diamantenschürfer"

Auf einem ca. 300 Hektar großen Areal können Sie hier eigenhändig nach Diamanten suchen und dürfen diese dann sogar behalten (viel Glück dabei!). Schaufeln und andere Geräte gibt es zu mieten. Auf diesem ehemaligen Minengebiet wurde von 1906 bis in die Nachkriegszeit hinein kommerziell nach Diamanten gesucht, und seit 1970 hat die Parkverwaltung das Gebiet für die Öffentlichkeit freigegeben. Seither wurden hier von Amateuren über 75.000! Diamanten gefunden – der

Selbst das hochkarätige Glück zu versuchen...

größte „Amateur-Diamant" wog immerhin über 10 Karat. Ein professioneller Fund von 1924 belief sich sogar auf über 40 Karat, der größte jemals ausgegrabene Diamant in Nordamerika. Interessant und ein wenig erheiternd dabei ist auch, mit welcher Ernsthaftigkeit und großem Eifer so manch einer bei der „Sache" ist, ausgerüstet mit Unmengen von Gerätschaften und Arbeitsutensilien. Das „große Glück" wurde jedoch nur wenigen bisher zuteil und einige Bewohner aus dem Umland kommen schon seit Jahren hierher und graben. Für die „Arbeit" auf dem Feld sollten Sie übrigens unbedingt einen Kopfschutz (starke Sonneneinstrahlung!) mitnehmen. Ausreichend Getränke und andere Erfrischungen hält die Parkverwaltung in einer überdachten Cafeteria bereit, welche sich gleich neben dem „Diamantenfeld" befindet und zum Ausruhen einlädt.

...hat auch seinen Preis

Fahren Sie nun zurück nach Murfreesboro, und folgen Sie dem AR 27 in südwestlicher Richtung bis **Nashville** (AR), von wo aus Sie weiter auf dem US 278 nach Süden fahren. Etwa acht Meilen vor Hope passieren Sie dabei den kleinen Ort **Washington**, ein historisches kleines Dorf, das im letzten Jahrhundert als Pferdewechselstation entlang eines Handelsweges gedient hatte und während des Bürgerkrieges sogar zeitweilig die Hauptstadt von Arkansas war. Heute hat man die alten Häuser als **Old Washington Historic State Park** wieder restauriert, und einige stehen zur Besichtigung frei. Ein wirklich schönes kleines Örtchen, in dem Interessierte das „South West Arkansas Regional Archieves Historical Research Center" (Franklin St./Ecke Gratiot St.) und das „Park Office" (Columbus St./Ecke Franklin St.) direkt in der Ortsmitte zwecks Vertiefung der Materie besuchen können.

In der alten Schmiede wurde übrigens das erste Bowie-Messer hergestellt, und in der „William's Tavern" (rechts von der Durchgangsstraße, sonntags geschlossen) von 1832 werden heute leckere Snacks, Kuchen und Erfrischungen gereicht. *Traditionelle „Bowie-Knife"-Schmiede*

Hope wurde zuerst bekannt als die Stadt der „größten Wassermelonen". Heute aber steht die Tatsache im Vordergrund, dass der ehemalige US-Präsident *Bill Clinton* hier geboren wurde und seine ersten Kinderjahre hier verbrachte. Zu sehen gibt es nicht viel, außer dem Wohnhaus seiner Großeltern und seines Stiefvaters, in dem *Bill* die ersten Jahre verbrachte. Eindrucksvoll ist eher, aus welchen Provinzflecken heraus es Leute zu solch machtvollen Ämtern bringen können.

Von Hope folgen Sie dem fast schnurgeraden AR 29 (später LA 3) Richtung Süden. Bei wenig Zeit sollten Sie durchfahren bis **Shreveport**. Falls Sie aber noch zwei Stunden erübrigen können, empfehle ich Ihnen die folgende Nebenstrecke:

Von **Plain Dealing** aus folgen Sie dem LA 2 in westlicher Richtung bis **Vivian**, und von dort geht es dann südwärts entlang des LA 1 bis Shreveport.

Das gesamte Gebiet hier ist bestimmt durch unzählige Ölförderpumpen – scheinbar wahllos aufgestellt in Gärten, auf Feldern, hinter Büschen und an Kirchen. Ausgefallene Fotomotive bieten sich also hier an. Der Nordwesten von Louisiana ist, wie die Mündung des Mississippi, ein noch immer **einträgliches Erdölgebiet**, und in der kleinen Stadt **Oil City**, südlich von Vivian, wurden um 1905 die ersten Fördertürme errichtet. Hier war es auch, wo im nahen Caddo Lake die erste Offshore-Bohrung (Bohrung im Wasser) der Erde vorgenommen wurde. Das kleine „Caddo Pine Island Oil Museum" am alten Bahnhof des Städtchens erinnert an diese Boom-Zeit. Das Öl fließt heute zwar spärlicher als damals, doch lohnt sich die Förderung dank moderner Techniken offenbar immer noch.

Shreveport/Bossier City (ⓘ S. 155)

Die Zwillingsstädte Shreveport und Bossier City zählen heute zusammen rund 260.000 Einwohner. Touristisch betrachtet ist die Stadt aber denkbar uninteressant und einzig bestimmt von unzähligen Ölfirmen und den entsprechenden Zulieferbetrieben. Lediglich bei Nacht bietet sich dem Besucher ein „Hauch" von Las Vegas, dank zahlreicher Lichtspielereien in und um das Innenstadtgebiet entlang der Spring und Commerce Street mit ein paar Bars und Kneipen („Red River District"). *Nächtlicher Hauch von Las Vegas*

Dort befindet sich auch **James Burton's Rock'n'Roll Café** (616 Commerce St.). *Burton* ist ein berühmter Gitarrist, der mit seiner Band, den „Corvettes" – manchen von Ihnen vielleicht noch bekannt – hier ab und zu abends die gute alte Rockmusik spielt.

Dies und auch die drei **großen Casinos** am Red River können jedoch über diese städtische Einöde nicht hinweg täuschen. Der sogenannte „Historic District" ist bereits mit modernen Häusern und Geschäften zersiedelt. Die wenigen alten Häuser stehen großenteils zum Verkauf. Somit verwundert es kaum, dass selbst bekannte

616

18. Von Memphis entlang des Mississippi (Rt 1/US 61), bzw. über Little Rock, Shreveport und LaFayette nach New Orleans – Hot Springs und der Hot Springs N. P.

amerikanische Reiseführer diese Stadt teilweise nicht einmal erwähnen. Für Sie bleibt daher nur übrig, vorbeizufahren oder höchstens einen Übernachtungsstopp hier einzulegen. Informationen über die Stadt hält das **Shreveport-Bossier Convention & Tourist Bureau** (629 Spring St.) bereit.

Eine bemerkenswerte Attraktion bietet Shreveport aber doch, zumindest für die Blumenfreunde unter Ihnen:

The Gardens of the American Rose Center

8877 Jefferson Paige Rd. Im Sommer täglich ab 9 Uhr geöffnet.

Attraktion für Blumen- freunde

Auf etwa 50 Hektar wurden hier 65 Gärten mit verschiedensten Rosenarten, die durch Spenden von Rosenzüchtern aus aller Welt zusammengetragen wurden, angelegt. Insgesamt sind es heute weit mehr als **20.000 Rosenbüsche**, noch dazu eine ganze Reihe anderer Pflanzen. Jeder Garten beherbergt Pflanzen aus einer anderen Region der Erde und die Bepflanzung wird ständig erweitert. Hier befindet sich auch ein Forschungszentrum, in dessen Bibliothek Interessierte einen tieferen Einblick erhalten können.

Weiter geht es auf dem I-49 in südlicher Richtung bis **Natchitoches**.

Natchitoches (ⓘ S. 155)

Heute nur ein kleiner Punkt auf der Landkarte, ist Natchitoches (ausgesprochen „Na-ka-tisch" – Ursprung: Name eines Indianerstammes) doch die erste europäische Ansiedlung auf dem Gebiet des Louisiana Purchase gewesen. Bereits 1714 haben die Franzosen hier am Cane River einen Posten errichtet, um einen mit den Indianern Handel treiben zu können, zum anderen aber auch, um ein Bollwerk gegen die von Texas nach Westen hin drängenden Spaniern zu errichten. Die kleine Stadt erlebte niemals großen Reichtum, trotzdem aber bauten viele Plantagenbesitzer aus dem Umland hier schöne Stadtvillen, um von hier ihre Waren – meist Baumwolle oder Reis – vermarkten zu können.

Hierin liegt auch der Ursprung begründet, dass die kleine Stadt heute zahlreiche, **schöne Antebellum-Villen** der verschiedensten Epochen aufzuweisen hat. Diese sind zwar nicht so groß und prächtig wie z.B. die in Natchez, aber dadurch hat sich Natchitoches bis heute den Charakter einer „schnuckeligen" kleinen Stadt erhalten und lädt seine Gäste zu einem entspannenden Aufenthalt ein, ohne dass großer Trubel die Atmosphäre stören würde. Neben den alten Häusern besticht auch die **historische Front Street**, die ehemalige Hauptstraße am Cane River, an der Bänke und schmiedeeiserne Stühle zu kleinen Pausen ein-

Straßenmusiker in Natchitoches

18. Von Memphis entlang des Mississippi (Rt 1/US 61), bzw. über Little Rock, Shreveport und LaFayette nach New Orleans – Hot Springs und der Hot Springs N. P.

617

laden. Dort befindet sich neben einigen Galerien, Restaurants und Pubs auch das **Convention and Visitors Bureau** (781 Front St.). Die Geschäfte hier bieten Antiquitäten und Souvenirs an und sind in Gebäuden untergebracht, die teilweise stark an New Orleans erinnern. Abends dann werden verschiedene **Lichterspiele** im Fluss geboten. Ein buntes Schauspiel, wenn auch etwas kitschig.

Südlich von Natchitoches befinden sich eine Reihe historischer **Plantagen**. Fahren Sie dazu erst auf die östliche Seite des Flusses und folgen Sie dem LA 494 in südliche Richtung. Fahren Sie dann im weiteren Verlauf den LA 119 entlang. Von hier aus sind die Plantagenhäuser ausgeschildert. Neben den Häusern beeindrucken an dieser verkehrsarmen und sehr ländlichen Nebenstrecke die alten Baumwollfelder, die klei- *„Shugs"der* nen Holzhütten („Shugs") der ehemaligen Landarbeiter, die Wohncontainer, die als *ehemaligen* „Wochenendparadiese" am Cane River aufgestellt worden sind, und die alten Baum- *Landarbeiter* reihen, welche ehemalige Plantagenhäuser verraten.

Auf diesem kurzen Streckenabschnitt befinden Sie sich noch einmal im **tiefen und ländlichen Süden**, und der Gedanke, sich in einem der reichsten Länder der Erde zu befinden, mag Ihnen in diesem Moment weit weg erscheinen. Selbst die ehemals prachtvollen Antebellum-Plantagenvillen wirken unter den mächtigen und sie scheinbar erdrückenden Bäumen eher wie „Geisterhäuser". Die interessanteste Plantage hier ist die an der Kreuzung des LA 119 und 493 liegende

Melrose Plantation

16 Meilen südlich von Natchitoches in der Cane River National Heritage Area. Bereits 1796 errichtet, ist vor allem die Tatsache von Bedeutung, dass eine Schwarze, *Sklavin,* Marie Thérèse Coincoin, die erste Besitzerin dieses Anwesens gewesen ist. Madame *Mutter und* Coincoin war zuvor eine Sklavin und wurde von ihrem ersten „Besitzer", dem franzö- *Gutsherrin...* sischen Kommandanten von Natchitoches – nachdem sie ihm mehrere Kinder geboren hatte – an den französischen Plantagenbesitzer Thomas Pierre Metoyer verkauft. Dieser entließ sie schließlich aus der Sklaverei. Auch mit ihm hatte sie einige Kinder. Metoyer gab ihr und ihren Kindern Land, auf dem sie dann die heutige Plantage anleg- *...mit eigenen* te. Bemerkenswerterweise wollte auch Madame Coincoin auf ihrem Anwesen nicht *Sklaven* auf Sklaven verzichten.

Im 19. Jh. gab es dann mehrere Besitzerwechsel, bis schließlich die Familie Henry die Plantage übernahm. Cammie Garrett Henry war es dann, die immer wieder Schriftsteller und Künstler zu sich einlud, unter ihnen William Faulkner, John Steinbeck und Francois Mignon, der letztendlich 32 Jahre hier verweilte. Auch heute noch liegt ein Hauch von Kunst über der Plantage. Die schwarze Hausköchin Clementine Hunter ist während der ersten Hälfte des vergangenen Jahrhunderts zu einer anerkannten Malerin der Naiven Kunst aufgestiegen, und einige ihrer Kunstwerke sind heute hier zu bewundern.

Weiter auf dem LA 119 Richtung Süden liegt die von außen nicht besonders beeindruckende **Magnolia Plantation** (nahe des Ortes Derry, 18 Meilen südlich von Natchitoches), die südlichste Plantage an dieser Strecke. Sie wird noch voll bewirtschaftet.

618

18. Von Memphis entlang des Mississippi (Rt 1/US 61), bzw. über Little Rock, Shreveport und LaFayette nach New Orleans – Hot Springs und der Hot Springs N. P.

Von hier aus gelangen Sie in südlicher Richtung, entlang des LA 119, wieder zum I-49, an dem einige Meilen weiter die Stadt **Alexandria** liegt.

Alexandria (ⓘ S. 155)

Alexandria zählt, zusammen mit seiner Zwillingsstadt Pineville heute ca. 60.000 Einwohner. Betrachtet man aber das Stadtbild, ist eine verstärkte Abwanderung kaum zu übersehen. Zahlreiche verlassene Gebäude und geschlossene Geschäfte, eine wirklich trostlose Innenstadt und löchrige Straßendecken unterstreichen diesen Eindruck noch. Da erscheint die riesige und wohl zu groß geratene Trassenführung des I-49, welche die Innenstadt umringt, eher als Fluchtweg denn als „Stütze der Wirtschaft".

Selbst das in der Innenstadt Street gelegene historische **Bentley Hotel** (200 De Soto Street) hat mittlerweile wieder geschlossen und das in Sichtweite liegende moderne Motel erweckt von außen den Eindruck, als ob es kurz vor seiner Schließung stünde. Auch der mit über 600 Tieren bestückte **Alexandria Zoo** (3016 Masonic Drive, täglich von 9–17 Uhr) reizt wohl kaum zu einem längeren Aufenthalt.
Als drittes sei nun noch ein Antebellum-Haus von 1800 erwähnt, das **Kent Plantation House** (3520 Bayou Rapides Rd., geöffnet Mo–Sa 9–17 Uhr), im Westen von Alexandria liegend. Das Haus ist erbaut in einem „Mischstil" aus spanischen und französischen Elementen und gilt als das älteste seiner Art im zentralen Louisiana.

Interessantes Sklavenhaus

Interessant hier sind vor allem das Sklavenhaus und das wegen der Feuergefahr abgetrennte Küchenhaus. Mit dem mittlerweile sicherlich aufgekommenen Drang, sich in dieser Stadt mit dem eigentlich so klangvollen Namen nicht länger aufhalten zu wollen, verlassen Sie Alexandria entlang der Jackson Street auf der alten Eisenbrücke über den Red River nach **Pineville**. Nach nur etwa 200 Metern biegen Sie dann nach links in die unscheinbare Hartner Street ein und parken hier.

Ein großer **jüdischer Friedhof** lohnt diesen kleinen Stopp. Anhand der Grabsteine lässt sich schnell erkennen, dass zu Beginn des 20. Jh. viele Einwanderer ihr Glück in Alexandria versuchten, unter ihnen auch viele Juden aus Deutschland. Folgen Sie nun wieder dem I-49 in Richtung Süden. Nach 16 Meilen, am Exit 61 (links abbiegen!), haben Sie die Möglichkeit, die **Loyd Hall Plantation** (292 Loyd

Loyd Hall Plantation

Bridge Rd., täglich von 10–16 Uhr geöffnet) von 1820 zu besichtigen. Sie liegt nur 2,7 Meilen vom Interstate entfernt und ist ein richtiges „Schmuckstück", umgeben von weitläufigen Feldern und Wiesen. Eine der bemerkenswertesten B&B-Unterkünfte des Südens – untergebracht in einer kleinen Antebellum-Villa.

Unterkünfte sind auch in einem der an das Plantagenhaus angrenzenden Cottages erhältlich. Die Baumwollplantage wird heute noch bearbeitet, und es gibt ausreichend Gelegenheit, sich den Arbeitsablauf auf einer modernen Südstaatenfarm einmal näher anzuschauen.

 Hinweis

Zur Erläuterung der **Cajun-Musik** *lesen Sie bitte den Infokasten auf Seite 337.*

Weiter auf Ihrem Weg nach Süden liegt **Opelousas**, ein kleines Städtchen, das für Sie auf dieser Strecke den ersten Kontakt mit dem Cajun-/Acadian-Land bedeutet. *Tor zum* Kleine Holzhäuser mit Veranden inmitten der Stadt sind ein typisches Merkmal dafür, *Cajun-Land* aber auch der Einfluss der Cajun- und Zydeco-Musik, sowie die häufig auftretenden französischen Sprachreste. In Opelousas befindet sich gleich hinter der Abfahrt des Interstate (unten rechts abbiegen!) nach ca. 300 Metern auf der linken Seite das Touristenbüro. Hier erhalten Sie ausreichend Informationen über die mögliche Erkundung der Stadt und des Cajun-Landes. Viele kleine Museen, aber auch Kulturinstitute, Radiosender und kleine Musikinstrumentfabriken „verstecken" sich im Hinterland. Eine weitere Hochburg der Cajuns ist z.B. **Eunice**, 15 Meilen westlich von Opelousas. Näher möchte ich hier jetzt darauf nicht eingehen, da eine detaillierte Beschreibung den Rahmen dieses Buches sprengen würde. Für Cajun-Fans aber beginnt es ab hier, interessant zu werden! Informationen: 🖥 www.eunice-la.com.

Ein paar Meilen südlich von Opelousas passieren Sie noch den kleinen Ort **Grand Coteau**. Ein echtes altes Cajun-Viertel mit alten Holzhäusern und die fotogene „Church of St. Charles Booromeo", eine große Holzkirche, sind einen kleinen Abstecher wert.

LaFayette (ⓘ S. 155)

LaFayette wurde von **Acadians** aus der kanadischen Provinz Nova Scotia 1823 gegründet, und seither hat sich um diese Stadt herum die Kultur der den Acadians nachgefolgten **Cajuns** immer weiter ausgebreitet. Lafayette ist aber auch heute noch – trotz seiner etwa 100.000 Einwohner – ein großes Dorf geblieben. Überall in der Stadt finden Sie noch die alten, kleinen Holzhäuser, die für die Cajuns so typisch sind.

Wenig lässt darauf schließen, dass Lafayette mittlerweile zu einer relativ bedeuten- *Großes Dorf* den Industriestadt aufgestiegen ist, was jedoch spätestens durch die gewaltige Er- *mit vielen* scheinung des **John M. Shaw United States Court House** (LaFayette St./Ecke W. *Einwohnern* Vermilion St.) deutlich wird. Bemerkenswert ist aber auch, wie sehr der französische Sprachgebrauch auch heute noch in der Stadt verwurzelt ist. Viele Schilder sind zweisprachig, und auch die Schulen unterrichten teilweise bereits ab der zweiten Klasse Französisch. Das **Convention & Visitors Bureau** befindet sich am 1400 NW. Evangeline Thrwy.

Zu sehen ist in LaFayette für Sie aber nicht viel, sieht man einmal ab von der historischen und sehr gemütlichen **Rue Jefferson** im Historic District, in deren Verlauf sich einige reizvolle Geschäfte, Musik-Clubs und Cafés in historischen Gebäuden

620

18. Von Memphis entlang des Mississippi (Rt 1/US 61), bzw. über Little Rock, Shreveport und LaFayette nach New Orleans – Hot Springs und der Hot Springs N. P.

Cathedral of St. John the Evangelist

befinden (man sitzt hier sogar draußen!). Außerdem lohnt sich ein Fotostopp an der **Cathedral of St. John the Evangelist** (914 St. John St.), einer besonders schönen und imposanten Kirche im Innenstadtbereich. Für Interessierte werden auch Führungen durch das Gotteshaus (Bauzeit 1912–1916) angeboten.

Lohnenswert ist auch ein Besuch der beiden historischen Dörfer

Acadian Village (200 Greenleaf Dve., täglich geöffnet 10–16 Uhr). Anfahrt vom I-10, Exit 100. Von dort entlang des Ambassador Caffery Pkwy. nach Süden bis zur Ridge Road. Dieser folgen Sie nach Westen, um dann, den Schildern folgend, nach Süden über die W. Broussard St. und die New Hope St. zum Village zu gelangen.

Hier hat man ein historisches Dorf aufgebaut, das das Leben der Acadians im 19. Jh. widerspiegelt. Angeschlossen sind ein kleines Museum, das sich auch mit der Geschichte der Indianer in diesem Gebiet beschäftigt, und ein Kulturinstitut, in dem ab und zu musikalische Darbietungen und Kochveranstaltungen stattfinden. Außerdem ist im Dorf das berühmte „Zydeco Pancake Breakfast" erhältlich, welches Sie sich nicht entgehen lassen sollten.

Vermilionville (300 Fischer Rd., Di–So 10–15 Uhr geöffnet). Liegt nicht weit entfernt vom US 90, nahe des Flughafens.

Lebendige Unterhaltung zum Leben der Cajuns Im Gegensatz zum Acadian Village ein groß angelegtes historisches Dorf, das ebenfalls das Leben der Acadians bzw. der Cajuns erläutert. Dabei werden täglich Tanzvorführungen, Musikveranstaltungen, Erläuterungen alter Handwerkskünste und Unterhaltungsprogramme geboten. Die Gebäude sind immer frisch gestrichen, und die Umgebung ist in einen Park verwandelt worden. Damit ist dieses Dorf sicherlich ansehnlicher und fotogener als das Acadian Village, aber auch nicht mehr ganz so typisch. Auf dem Gelände befindet sich ein gutes Cajun-Restaurant, in dem Sie sich zur Lunchzeit verwöhnen lassen sollten. Außerdem finden im Village regelmäßig Kochveranstaltungen statt.

INFO **Flagge der Cajuns**

Die drei silbernen Lilienblüten („Fleur de Lis") auf blauem Grund symbolisieren die französische Herkunft der Acadianer; der goldene Turm auf rotem Grund die spanische Kolonialmacht, die im 18. Jh. noch die Herrschaft in Louisiana hatte. Der goldene Stern im linken weißen Dreieck schließlich steht für Maris Stella, die Schutzgöttin der Acadians. Er soll auch daran erinnern, dass die Acadians während der amerikanischen Revolution unter Galvez gekämpft haben.

8. Von Memphis entlang des Mississippi (Rt 1/US 61), bzw. über Little Rock, Shreveport und La Fayette nach New Orleans – Von LaFayette über New Iberia und Houma nach New Orleans

621

Sie haben jetzt drei Möglichkeiten, um nach New Orleans weiterzufahren:

- **Am schnellsten** geht es über den I-10, der Sie an Baton Rouge vorbeiführt. Dauer: ca. 130 Meilen, gut 2,5 Stunden.
- Sie fahren über den Interstate bis Baton Rouge und folgen von dort der Straße entlang den **Plantagenhäusern am Mississippi**. Lesen Sie hierzu „New Orleans und Umgebung" auf Seite 284ff. Dauer: ca. 160 Meilen, einen halben bis 1 Tag, je nachdem, wie viele Plantagenvillen Sie besichtigen möchten.

  Hinweis

Baton Rouge an sich ist die Anreise nicht wert!

- Sie fahren entlang des US 90 wie im Folgenden beschrieben. Dauer: ca. 170 Meilen (zuzüglich der Abstecher zu den Sehenswürdigkeiten), 1 Tag.

Von LaFayette über New Iberia und Houma nach New Orleans

Der letzte Streckenabschnitt bis New Orleans bietet noch einmal die **Südstaaten** „**pur**" und ich empfehle Ihnen sehr, diesen Streckenabschnitt nicht auszulassen. Zwischen endlosen Zuckerrohrplantagen tauchen immer wieder alte – leider nicht immer fein herausgeputzte – Antebellum-Villen auf, und kleine Städte wie **New Iberia** versprechen einige interessante Perspektiven. Die **Tabasco-Fabrik** sollte unbedingt in Ihr Programm gehören, denn wer hat sich nicht schon mindestens einmal im Leben den Mund an diesem einmaligen und besonders scharfen „Gemisch" verbrannt und wäre nicht neugierig auf dessen Herkunft. Abseits der Hauptroute, dem US 90, verbergen sich zudem einige Südstaaten-Idyllen – so, wie man sie klischeehaft erwartet. Durchaus ein gelungener Abschluss Ihrer Reise! Zwischen **Morgan City** und **Houma** passieren Sie mehrere Werften, die die verschiedensten modernen Mississippischiffe und Bohrinseln bauen, und das auf provisorischen Anlagen, die man eher am Amazonas oder sonstwo in der sogenannten Dritten Welt erwarten würde. Vor Houma führt die Straße dann entlang eines kleinen Bayous (Flüsschen), an dem sich ein Stopp in einer kleinen Schänke, einem sogenannten „Shug", allemal lohnt. Die Hütten sind zwar einfach und die Atmosphäre mag am Anfang rau erscheinen, doch die Menschen sind gesprächsfreudig und gastfreundlich, und Sie werden hier mehr über das Leben im Delta erfahren, als jedes Buch Ihnen zu vermitteln in der Lage wäre. Sind Sie einmal schon so weit südlich, gehört außerdem eine Übernachtung in einem einfachen Cottage inmitten eines **Swamp** (Sumpf) mit seinem Artenreichtum unbedingt dazu!

Südstaaten pur auf einer Strecke

Werften für Flussschiffe und Bohrinseln

Als Hauptroute für diesen Abschnitt nehmen Sie den US 90, fahren aber ruhig des Öfteren von dieser Straße ab. Sollten Sie vorhaben, besonders viele oder gar alle der unten aufgeführten Punkte anzufahren, benötigen Sie jedoch mindestens zwei Tage dafür.

622

18. Von Memphis entlang des Mississippi (Rt 1/US 61), bzw. über Little Rock, Shreveport und L Fayette nach New Orleans – Von LaFayette über New Iberia und Houma nach New Orleans

Und noch etwas: Hier ist Ihr Gespür und Glück gefragt. Die Strecke kann manchmal langweilig werden, aber Sie kann Ihnen auch vieles bieten, was Sie vorher nicht so im Detail erlebt haben – eben die Südstaaten pur!

INFO **Was bedeutet Teche?**

Der größte Teil dieses Reiseabschnittes nennt sich „**Bayou Teche**". *Teche* kommt aus der Indianersprache und bedeutet „Schlange". Eine Indianerlegende behauptet, dass eine riesige alte Schlange während ihres Todeskampfes den Bayou (Fluss) hier geformt hat.

Sehenswertes zwischen LaFayette und New Iberia

St. Martinville

St. Martinville (ⓘ S. 155) am LA 31 ist ein kleiner Ort, der zum Ende des 18. Jh. als das „Petit Paris" (das kleine Paris) von sich reden machte. Zu dieser Zeit flohen nämlich viele aristokratische Franzosen vor der Revolution in ihrem Heimatland und machten sich in St. Martinville ein schönes Leben. Ein Opernhaus und mehrere Tanz-säle befanden sich damals hier. Heute bietet der Ortskern noch ein paar der alten

Wie eine Kleinstadt an der Loire

Häuser, die man eher in einer Kleinstadt an der Loire vermuten würde. Auch finden sich hier einige kleine interessante Museen wie z.B. das „African American Museum" – Thematisierung der Sklavenzeit und des Bürgerkrieges – (121 New Market St., täglich 10–16 Uhr geöffnet) und das „Acadian Memorial" – Historie und Kultur der Acadians – (121 S. New Market St., gleiche Öffnungszeiten).

Informationen über den Ort sind im **Tourist Information Center** (215 Evangeline Blvd.) zu bekommen und dort direkt in der Nachbarschaft haben Sie auch die Gelegenheit, im historischen „Old Castillo Hotel & Restaurant" zu speisen bzw. zu übernachten, einem sehr geschichtsträchtigen alten Gebäude, erbaut um 1800.

New Iberia (ⓘ S. 155)

New Iberia wurde bereits 1765 gegründet und ist damit eine der ersten und lange Zeit wichtigsten Städte der Acadians gewesen. Heute erscheint die Stadt in vielen Bereichen langweilig und auch zu kommerziell. Aber im Bereich der E. Main Street (über den LA 14 die Center Street bis dorthin ganz durchfahren!) im **East Main Street Historic District** finden Sie noch zahlreiche alte, sehr schöne und vor allem

Ausgefallene Antebellum-Villen

auch sehr ausgefallene Antebellum-Villen, wie z.B. das „Steamboat House" in Form des Aufbaus eines Schaufelraddampfers. Alle sehenswerten Häuser dieses Districts hier aufzuzählen, würde jedoch etwas den Rahmen sprengen. Also lohnt sich hier ein Spaziergang oder auch nur eine Durchfahrt auf jeden Fall! Hingegen können Sie sich die angrenzenden Seitenstraßen aufgrund des teilweise schlechten Zustandes der Häuser getrost sparen. Das bekannteste Haus in New Iberia ist das **Shadows on**

8. *Von Memphis entlang des Mississippi (Rt 1/US 61), bzw. über Little Rock, Shreveport und La Fayette nach New Orleans – Von LaFayette über New Iberia und Houma nach New Orleans*

623

the Teche von 1834 (317 E. Main St. Geöffnet täglich 9–16.30 Uhr, sonntags ab 12 Uhr), zu dessen Innenansicht Sie sich unbedingt entschließen sollten. Informationen darüber sind im gleich gegenüberliegenden Visitor Center (320 E. Main St.) erhältlich, von wo aus die geführten Touren durch das außen wie innen sehr interessante und geschichtsträchtige Plantagenhaus starten. Lehrreich ist hier vor allem ein Einblick in die über 17.000 Dokumente und Aufzeichnungen, die die Geschichte dieses Ortes eindrucksvoll widerspiegeln.

Weiterhin besuchenswert in New Iberia ist die **Konriko Rice Mill** (301 Ann St. Geöffnet Mo–Sa 9–17 Uhr), die älteste noch operierende Reismühle in Amerika. Führungen durch die Anlage werden angeboten sowie recht interessante Louisiana-Kochutensilien aller Art im angeschlossenen Countrystore verkauft. *Älteste noch betriebene Reismühle der USA*

Rip Van Winkle Gardens (5505 Rip Van Winkle Rd.)

Fahren Sie von New Iberia die LA 14 und 675 in westlicher Richtung. Nach ca. sechs Meilen weist ein großes Schild zu den Gärten. Geöffnet täglich 9–17 Uhr.
Auf einer Salzinsel inmitten der Bayous hat sich hier um 1870 der damals sehr bekannte Schauspieler *Joseph Jefferson* eine **prachtvolle Villa** eingerichtet und um diese einen farbenprächtigen Garten angelegt. 1980 wurde die Insel beinahe vollständig zerstört, aber letztendlich doch wieder aufgebaut. Ein kleines Museum erinnert an die Naturkatastrophe von 1980. Eine 45-minütige Rundfahrt mit einem Boot ist im relativ hohen Eintrittspreis enthalten, sowie die Besichtigung der *Jefferson* Mansion. Ein Café bietet zudem eine Gelegenheit für einen leckeren Snack.

Die Tabasco-Fabrik auf Avery Island (Avery Island Rd.)

Anfahrt: von New Iberia auf der LA 329 ca. acht Meilen in Richtung Süden. Täglich 9–16 Uhr geöffnet.
Ich denke, jeder von Ihnen hat sich bereits einmal im Leben die Zunge verbrannt an der trüben, roten Flüssigkeit, die als „Tabasco" mittlerweile in **130 Länder** der Erde exportiert wird. Die Pfeffersauce wird drei Jahre lang in ehemaligen Weinfässern gelagert, wobei Salz auf die Fässer gelegt wird, welches sich während dieser Zeit mit der Flüssigkeit verbindet. Erst nach der Lagerzeit wird unter anderem Essig dazugegeben. *Jahrelange Lagerung in Weinfässern*
Auf einer kleinen **Rundtour** können Sie den Herstellungsprozess von Tabasco verfolgen sowie in einem kleinen Geschäft die verschiedensten Tabasco-Produkte zu ausgesprochen günstigen Preisen erstehen. Nahebei können Sie die Pfefferplantage besichtigen, wobei der größte Anteil des Pfeffers heute in Mittel- und Südamerika angebaut wird. Ein kleines Theater mit einem kurzen Film über die Firma und ihre Produkte gibt es auch zu sehen.

Sehenswertes zwischen New Iberia und Morgan City

Um Zeit zu gewinnen, sollten Sie nun zurückfahren auf den US 90 und diesem folgen bis zur LA 3211, welche Sie dann bis zur LA 182 durchfahren. Viereinhalb Meilen nördlich des kleinen Städtchens **Franklin** liegt, gut ausgeschildert am Hwy. 28 das

624

18. Von Memphis entlang des Mississippi (Rt 1/US 61), bzw. über Little Rock, Shreveport und L
Fayette nach New Orleans – Von LaFayette über New Iberia und Houma nach New Orleans

Franklin – Bayou an der Willow Street

Oaklawn Manor (3296 E. Oaklawn Dr., täglich geöffnet 10–16 Uhr), eine schöne Antebellum-Plantage von 1837. Das Haus ist mit eindrucksvollen Antiquitäten ausgestattet, aber besonders der Garten ist sehenswert – obwohl der oft angeführte Vergleich mit den Gärten von Versailles doch etwas übertrieben erscheint.

Franklin beeindruckt durch einen historischen Ortskern mit einer Reihe von exklusiven Antebellum-Villen in der **Main Street** (ganz durchfahren!), deren Anblick sich lohnt. Ebenfalls sehenswert und ein schönes Foto-Motiv ist der Blick auf den Bayou von der Brücke an der Willow Street.

Verlassen Sie Franklin südlich entlang des LA 182. Die Strecke führt bei **Patterson** wieder auf den US 90, bietet aber vorher einige Plantagenvillen entlang dem Bayou Teche. Diese sind nicht nur protzig und groß, sie gleichen auch das eine oder andere Mal eher einem Spukschlösschen.

Morgan City und Houma

Morgan City (ⓘ S. 155)

Bevor Sie das Zentrum von Morgan City erreichen, überqueren Sie auf dem US 90 die Bay Berwick über eine eindrucksvolle Brücke, von der aus Sie gut die alte Innenstadt, den **Historic District** entlang der Front Street sehen können. Fahren Sie also kurz an die Hafenpier unterhalb dieser Highway-Brücke. Die Gemeinde hat in der letzten Zeit diesen Stadtteil komplett restauriert und Sie finden hier in historischen Häusern zahlreiche interessante Läden und Restaurants, wobei die Szenerie durch die Präsenz der von unten noch gewaltiger wirkenden Brücke „verschluckt" zu werden scheint.

Shrimps-Imbiss im Hafengebiet

Man kann hier im Hafengebiet natürlich sehr gut frisch zubereitete Shrimps in einem der zahlreichen Imbisse zu sich nehmen – oder Sie fahren einfach kurz hindurch und lassen alleine die Eindrücke auf sich wirken. Interessierten sei noch das **International Petroleum Museum & Exposition** (111 First St., geöffnet Mo–Sa 10–14 Uhr) empfohlen, in dem eine alte Ölplattform mit dem Namen „Mr. Charlie" besichtigt und auch einiges zum Thema „Offshore-Ölförderung" an der Mündung des Mississippi in Erfahrung gebracht werden kann. Ansonsten hat Morgan City nicht viel zu bieten.

Swamp Gardens (725 Myrtle St. Geöffnet Mo 11–16 Uhr, Di–Sa 10–16 Uhr, So 13–16 Uhr)
Hauptattraktion von Morgan City sind nämlich die Swamp Gardens nahe des US 90 im östlichen Teil der Stadt.

8. Von Memphis entlang des Mississippi (Rt 1/US 61), bzw. über Little Rock, Shreveport und La Fayette nach New Orleans – Von LaFayette über New Iberia und Houma nach New Orleans

625

In einer für Louisiana typischen Bayou-Sumpflandschaft sind hier auf liebevolle Weise die verschiedensten Kulturepochen des Deltagebietes zusammengestellt worden – von den ersten „Chitimacha"-Indianern bis zu den Öltrupps der jüngeren Geschichte. Das Ganze wird anhand von unterschiedlichsten Behausungen und lebensgroßen Puppen erläutert, die über das ganze Wald- und Sumpfareal verstreut sind. Äußerst amüsant anzuschauen. Auch sind (lebendige) Sumpftiere zu sehen – so z.B. Alligatoren, Schwarzbären und weitere, für diese Region typische Arten.

Hafenbrücke in Morgan City

Liebevolle Darstellung der Kulturepochen des Deltas

Zwischen Morgan City und **Houma** passiert der US 90 eine Reihe von Flusswerften, die in ihrer Schlichtheit und dem provisorischen Eindruck in keiner Weise ahnen lassen, dass hier hochmoderne Bohrinseln, Schleppkähne und Schaufelraddampfer hergestellt werden. Manchmal aber sieht man doch eine Ölplattform hervorragen bzw. ein Casinoboot im Rohbau. Wenn Sie höflich fragen, dürfen Sie bestimmt auch näher an die Schiffe herantreten. Nachdem Sie diesen Abschnitt hinter sich gelassen haben, führt der US 90 vor Houma an einem kleinen Bayou entlang. Hier wechseln sich Wohncontainer, kleine „Shugs" (Kneipen) und Baumwoll- bzw. Reisfelder ab. Gehen Sie einmal in einen Shug, die Atmosphäre ist gewöhnungsbedürftig – aber herzlich.

Bootstour durch die Bayous

Houma (ⓘ S. 155)

Die Stadtgeschichte von Houma geht zwar auf 1795 zurück, doch sind viele der alten Häuser recht heruntergekommen bzw. in renovierungsbedürftigem Zustand. Heute lebt Houma von der Krabben- bzw. Austernfischerei und von Touristen, die eine Bootstour durch die **Bayous** unternehmen. So eine Tour lohnt sich, dauert aber auch ein paar Stunden und erfordert eigentlich eine Übernachtung in der Umgegend oder in Houma selbst.

Das Angebot für solche Touren ist schier unüberschaubar und am besten ist, Sie suchen dazu zuerst das **Area Convention and Visitors Bureau** auf (liegt nach der Abfahrt vom US 90 gleich rechts, ganz nach hinten durchfahren!). Dort sollten sie zuerst entsprechende Informationen einholen und sich dann entscheiden. Fahren Sie einmal durch den Ort bis zum südlichen Teil der **Main Street** und schauen sich dort die Läden und alten Häuser an.

Ein wirklicher Höhepunkt in Houma ist aber eine Übernachtung inmitten eines der zahlreichen **Swamps**, der Sumpfgebiete in dieser Gegend. Hier erleben Sie ein abso-

626

18. Von Memphis entlang des Mississippi (Rt 1/US 61), bzw. über Little Rock, Shreveport und L
Fayette nach New Orleans – Von LaFayette über New Iberia und Houma nach New Orleans

Swamp Cottage

lut rustikales und urtümliches Flair, was Sie die auf Dauer doch recht eintönigen Hotelzimmer der großen Ketten, sofern darauf des Öfteren Ihre Wahl gefallen sein sollte, rasch vergessen lässt. Verpassen Sie keinesfalls – sollten Sie in oder um Houma herum übernachten wollen – sich abends auf die Veranda Ihrer kleinen Hütte zu setzen und den Geräuschen hunderter Tiere, darunter Reiher, Alligatoren, Wildkatzen und selbstverständlich unzähliger Insekten, zu lauschen. Das Ganze bei

Geräusche der Tiere des Sumpfs einer Luftfeuchtigkeit und Südstaatenschwüle, die ihresgleichen suchen dürfte. Das ist **Wildnis pur**! Selbstverständlich ist auch das für diese Region typische Angebot an **Cajun-Musik** und typischer Speisen besonders groß und Sie sollten es nicht auslassen, einmal einer der zahlreich stattfindenden Musikveranstaltungen beizuwohnen und die äußerst delikaten Cajun-Gerichte in traditioneller Atmosphäre zu genießen, sofern Sie dazu vorher noch keine Gelegenheit gehabt haben sollten. Auch dazu hält das Touristenbüro zahlreiche Broschüren bereit.

Ein Schlösschen in Rosa Neben ein paar Museen ist das einzig besichtigungswürdige Haus hingegen das **Southdown Plantation House** (St. Charles St./Ecke Museum Dr., geöffnet Di–Sa 10–16 Uhr) eine alte Zuckerrohrplantage, deren originaler Greek-Revival-Stil von 1859 im Jahre 1893 umgewandelt wurde in ein viktorianisches Queen-Anne-Schlösschen – mit rosafarbenen Außenwänden! Ein paar alte Möbel eines ehemaligen Senators schmücken die gediegenen Innenräume. Außerdem ist ein Museum angeschlossen, welches lokale Geschichte und Kultur thematisiert.

Bis New Orleans gibt es jetzt nichts Besonderes mehr zu sehen. Sofern Ihrem Reiseplan entsprechend, sollten Sie zügig durchfahren, um die Abendstunden für New Orleans aufzusparen.

19.   Anhang

American/british English: Kleines Wörterbuch

Amerikanisch	Britisch	Deutsch
A		
after	past	nach (zeitlich)
aisle	gangway	Durchgang
apartment	flat	Wohnung
B		
baggage	luggage	Gepäck
billion	milliard	Milliarde
booth	kiosk	Kiosk
C		
to call	to ring up	anrufen
can	tin	Konservendose
candy	sweets	Süßigkeiten
check	bill	Rechnung
closet	cupboard	Schrank
comforter	eiderdown	Daunendecke
cookies	biscuits	Plätzchen
cop	policeman	Polizist
corn	maize	Mais
D		
date	appointment	Verabredung, Termin
diaper	nappy	Windel
drugstore	chemistry	Drogerie
E		
elevator	lift	Fahrstuhl
F		
fall	autumn	Herbst
faucet	tap	Wasserhahn
first floor	ground floor	Erdgeschoss
first name	Christian name	Vorname
to fix	to repair	reparieren
flashlights	torch	Taschenlampe
freeway	motorway	Autobahn
french fries	chips	Pommes Frites
G		
gas (gasoline)	petrol (diesel)	Benzin (Diesel)
grain	corn	Weizen
guy	chap	Kerl

H

American	British	German
hood	bonnet	Motorhaube

I

American	British	German
icebox	refrigerator	Kühlschrank

K

American	British	German
kid	child	Kind

L

American	British	German
last name	surname	Nachname
line	queue	Menschenschlange
long distance call	trunk call	Ferngespräch

M

American	British	German
mail	post	Post
movie	cinema	Kino

O

American	British	German
observatory	view tower	Aussichtsturm
one way ticket	single ticket	einfache Fahrt

P

American	British	German
pants	trousers	Hose
pavement	road surface	Straßenoberfläche
purse	handbag	Handtasche

R

American	British	German
round trip ticket	return ticket	Rückfahrkarte

S

American	British	German
sidewalk	pavemant	Bürgersteig
stick shift	gear stick	Schaltknüppel
store	shop	Geschäft
streetcar	tram	Straßenbahn
subway	underground	U-Bahn

T

American	British	German
tenderloin	undercut	Rinderfilet
thread	cotton	Baumwolle, Garn
trailer	caravan	Wohnwagen
truck	lorry	Lastwagen
trunk	boot	Kofferraum

U

American	British	German
underpass	subway	Unterführung

V

American	British	German
vacation	holiday	Ferien, Urlaub
vest	waist coat	Weste

W

American	British	German
wholewheat bread	brown bread	Graubrot, Schwarzbrot
wrench	spanner	Schraubenschlüssel

Z

American	British	German
zip code	post code	Postleitzahl

Literaturverzeichnis

Schöngeistige Literatur

Lisa Alther • Ohne Zweifel ist „**Original Sins**" („Hautkontakte") von *Lisa Alther* ein interessanter und lesenswerter Beitrag zur Sozialgeschichte der USA und speziell der Südstaaten während der 1950er- und -60er-Jahre. Erzählt werden die Schicksale einiger Freunde, die in der McCarthy-Ära in den Südstaaten aufwachsen und dann getrennte Wege gehen. Die Entwicklung einer ganzen Generation von Anpassung und Konformität über Individualisierung, Rebellion und den Versuch des Ausbruches bis hin zum Verlust sämtlicher Ideale erzählt Lisa Alther fesselnd und detailfreudig.

Flannery O'Connery • *Flannery O'Connery* spielt für die Literatur der Südstaaten eine nicht unerhebliche Rolle, weil bei ihr das Thema „Religion" im Vordergrund steht. In „**Wise Blood**" versucht ein junger religiöser Fanatiker, in seiner Heimat Georgia eine „Kirche ohne Christus" aufzubauen. Noch makabrer wird es in „**The violent bear it away**", wo in den Hinterwäldern von Georgia ein kleiner Junge versucht, einen noch jüngeren Knaben zu bekehren.

Ralph Ellison • „**The Invisible Man**", *Ellisons* zweiter Roman, der 1953 u .a. mit dem „National Book Award" ausgezeichnet wurde, zählt spätestens seit Mitte der sechziger Jahre zu den anerkannten Klassikern der amerikanischen Literatur. Er verfolgt das Leben eines jungen Schwarzen, der auf der Suche nach seiner Identität als Individuum und seiner Beziehung zu seiner Rasse sowie der Gesellschaft ist. Nachdem er aber merkt, dass er in den Augen der Weißen „unsichtbar" ist, zieht er sich von der Gesellschaft zurück.

William Faulkner • Spätestens mit dem Erhalt des Literatur-Nobelpreises 1950 gilt *Faulkner* als der zeitgenössische Autor des Südens. In loser Folge veröffentlichte er seit 1929 „**Sartoris**", „**The Sound and Fury**" und „**Absalom, Absalom**" sowie viele andere Romane, von denen viele in der erfundenen Gegend von Yoknapatawpha angesiedelt sind. Sie handeln von dem Abstieg der Sartoris, der Benbows und der McCaslins, Familien, die den alten Süden repräsentieren, und dem Abstieg der skrupellosen Snobs, die an deren Stelle treten. Somit bieten diese Romane eine ausführliche, detailfreudige und fast barocke Abhandlung der Geschichte des Südens von der indianischen bis in die moderne Zeit. Auch zu empfehlen ist der Roman: „**Schall und Wahn**".

Alan Gurganus • *Gurganus* Werk „**Oldest living Confederate Widow tells all**" („Die älteste noch lebende Rebellenwitwe erzählt") von 1989 kann als ein Kompendium zur Kulturgeschichte der Südstaaten angesehen werden. In diesem internationalen Bestseller findet man Hinweise auf die Geschichte der Südstaaten allgemein, auf Lokalgeschichte, auf persönliche Geschichte(n) sowie auf die Literatur der Südstaaten. In dem Roman versucht *Gurganus*, das Trauma des Südens, den verlorenen Bürgerkrieg, aufzuarbeiten, und erzählt dabei die Geschichte einiger Frauen aus verschiedenen Gesellschaftsschichten, während und nach dem Bürgerkrieg.

Eudora Welty • *E. Welty* schreibt Geschichten, die in der Gegend um den Mississippi spielen und die Menschen dieser Region charakterisieren. *Eudora Welty* kann zu den bedeutendsten Autoren der Südstaaten des 20. Jahrhunderts gezählt werden. „**Loosing Battles**" handelt von einer Familie in den dreißiger Jahren, die versucht, ihre traditionellen Lebensformen zu erhalten. „**The Optimist's Daughter**" („Die Tochter des Optimisten") beschreibt den Konflikt zwischen der Tochter eines alten Richters aus New Orleans und dessen zweiter Frau, die nicht dem Südstaaten-Milieu entstammt. Dieser Roman erhielt 1972 den Pulitzer-Preis.

Tennessee Williams • Voller Nostalgie für den „Alten Süden" ist das literarische Schaffen von *Tennessee Williams*. „**A Streetcar named Desire**" („Endstation Sehnsucht") spielt in den Slums von New Orleans und beschreibt die Auseinandersetzung einer neurotischen Frau und ihrer Traumwelt mit dem triebhaften Realismus ihres Schwagers. Andere wichtige Stücke von Williams sind „**A Cat on a hot Tin Roof**" („Die Katze auf dem heißen Blechdach") und „**The Glass Menagerie**" („Die Glasmenagerie"). *Williams* ist der wohl bedeutendste Dramatiker der Südstaaten und verschafft seinen Lesern vielfältige Einblicke in das Leben und die Charaktere der Menschen hier.

Margaret Mitchell • „**Vom Winde Verweht**" (**Gone With the Wind**), geschrieben 1928–36, war zwar das einzige große Werk der Schriftstellerin. Doch traf die rührselige Geschichte, die während des Bürgerkriegs auf einer Plantage bei Atlanta – und später auch in der Stadt selbst – spielt, den „Nerv" der alten Südstaatler und wurde auch dank der pompösen Verfilmung (1939) zu *dem* Südstaaten-Epos und hat sich seither in Millionenauflagen verkauft. Tragik, Freude, Liebe und der nötige Kitsch sprechen für sich und geben auch einen Eindruck über die Zeit zur Mitte des 19. Jahrhunderts in den Südstaaten. Eine Fortsetzung, „**Scarlett**", wurde wegen dieses großen Erfolges 1992 von einer Reihe von angesehenen Schriftstellern und Professoren geschrieben.

Loel Chandler Harris • *Harris* besonderes Verdienst für die amerikanische Literatur ist das Sammeln und schriftliche Festhalten von Teilen der afroamerikanischen Erzähltradition. Aus *Harris'* besonderem Interesse an der darin verankerten Tiermythologie entstanden seine Sammlungen „**Uncle Remus: His Songs and Sayings**" und andere Sammlungen über Br'er Rabbitt, Br'er Fox, die – mit menschlichen Eigenschaften belegt – aus der amerikanischen Literaturgeschichte nicht mehr wegzudenken sind und zumindest ein kurzes Anlesen von einigen dieser Geschichten fast unumgänglich machen.

DuBose Heyward • *Heyward* veröffentlichte 1925 den Roman „**Porgy**" über das Leben der schwarzen Bevölkerung in South Carolina (vornehmlich in Charleston). Interessant wird dieser durch die Beschreibung regionaler Themen und Motive sowie den Gebrauch der lokalen Folklore. 1927 vom Autor und seiner Frau umgeschrieben, bildete das Buch die Grundlage für *George Gershwins* Oper „Porgy and Bess".

Chester Himes • *Chester Himes* wurde bekannt durch die Beschreibung des Lebens seiner schwarzen Mitbürger in den Vereinigten Staaten. „**Lonely Crusade**" ist z. B. die Geschichte eines schwarzen Wanderarbeiters, der selbst in den Gewerkschaften und der Kommunistischen Partei auf Diskriminierung stößt. „**Third Generation**" beschreibt das Leben einer schwarzen Familie von der Sklaverei bis in die Mitte des 20. Jahrhunderts. Einem breiteren Publikum bekannt sein dürften jedoch die Romane, die *Himes* aus dem selbstgewählten Pariser Exil veröffentlichte: „**The Heat is on**", „**Rage in Harlem**", „**Real Cool Killers**" und andere Kriminalgeschichten um die beiden schwarzen Polizisten Grave Digger Jones und Coffin Ed Johnson, die im Harlem der 1930er- und -40er Jahre spielen und sehr anschaulich Gewalt und Rassismus dieser Zeit schildern.

Harper Lee • *Harper Lees* erster und einziger Roman, „**To kill a Mockingbird**" („Wer die Nachtigall stört"), gewann 1961 den Pulitzer-Preis, ist in Deutschland aber eher durch die mit einem Oscar ausgezeichnete Verfilmung mit *Gregory Peck* bekannt. Die Geschichte spielt in einer Kleinstadt in Alabama (Vorbild war Monroeville) und beschreibt den alltäglichen Rassismus in den Südstaaten vor der Bürgerrechtsbewegung. Erzählt wird von einem Prozess gegen einen Schwarzen, der angeklagt ist, eine weiße Frau vergewaltigt zu haben. Der Anwalt *Atticus Finch* übernimmt die Pflichtverteidigung und wird so zum Gewissen der Gesellschaft, deren Rassismus er anprangert.

Carson McCullers • „**The Heart is a lonely Hunter**" („Das Herz ist ein einsamer Jäger") ist die Geschichte eines Taubstummen im Süden, der seinen einzigen Freund, einen anderen Stummen, verliert und sich neuen Menschen anvertraut: Einem schwarzen Arzt, einem jungen Radikalen und einem von Musik schwärmenden Mädchen. „**Reflections in a Golden Eye**" („Der Soldat und die Lady") schildert die Erfahrungen aus einem im Süden liegenden Militärcamp kurz vor dem Zweiten Weltkrieg. Im Vordergrund steht bei der Autorin fast immer die Entdeckung des eigenen Ichs.

Mark Twain • geboren als *Samuel Longhorne Clemens*, schrieb *Mark Twain* die wohl bekanntesten Werke, die der Süden literarisch jemals hervorgebracht hat: In „**The Adventures of Tom Sawyer**" („Tom Sawyers Abenteuer") präsentiert Twain nostalgische Lausbubengeschichten vom Mississippi. In „**Life on Mississippi**" („Leben auf dem Mississippi") und „**The Adventures of Huckleberry Finn**" („Die Abenteuer des Huck Finn") beschreibt er das Leben der Menschen am Mississippi während der Zeit der großen Mississippidampfer. Über das Jugendbuch hinaus beinhalten gerade Tom Sawyers und Huck Finns Abenteuer aber auch beißende Ironie und eine tiefe moralische Dimension. Wer sich an die Originale heranwagt, wird in den Genuss von *Mark Twains* wahrem Verdienst kommen, der den Missouri-Dialekt in die Schriftsprache umsetzte.

Alice Walker • *Alice Walker* ist eine der bekanntesten schwarzen Autorinnen der Südstaaten. In „**The third Life of Grange Copeland**" („Das dritte Leben des Grange Copeland") beschreibt sie die Gewalt zwischen drei Generationen einer schwarzen Familie armer Landhilfsarbeiter. „**Meridian**" („Meridian") stellt den Interessenkonflikt einer schwarzen Frau dar, die zwischen der revolutionären Bürgerrechtsbewegung im Norden und dem ruhigen, fast sorgenfreien – weil eher unreflektierten – Leben der Schwarzen im Süden hin- und her gerissen ist. Durch eine Verfilmung international bekannt wurde „**The Color Purple**" („Die Farbe Lila"). Der Roman erzählt die Geschichte einer schwarzen Frau im ländlichen Georgia: Celie, die von ihrem Vater vergewaltigt, gegen ihren Willen verheiratet wird und ihren Trost erst in dem Briefwechsel mit ihrer Schwester in Afrika und in ganz persönlichen Briefen an Gott findet. Diese Mischung von feministischen, afroamerikanischen und spezifisch südstaatlichen Themen wurde von der Kritik hoch gelobt und erhielt sowohl den „National Book Award" als auch den Pulitzer-Preis.

John Kennedy Toole • „**A Confederacy of Dunces**": Dieses mit dem Pulitzer-Preis gekrönte Buch lebt in eingängigster Weise von der Darstellung der verschiedenen New-Orleans-Charaktere: ihre Arbeit, ihre Probleme und vor allem ihre Sprache – ein Buch, das eigentlich nur im Englischen seine volle Entfaltung findet.

Booker T. Washington • „**Up from Slavery**". Autobiografisches Werk über das Leben von *Booker T. Washington*, der als einer der ersten Schwarzen in den USA

Ende des 19. Jahrhunderts zu wissenschaftlichen Ehren gelangt ist. Ein sehr lohnenswertes Buch zum Verständnis der Schwierigkeiten, die Schwarze selbst nach ihrer „Befreiung" hatten und mit welchen Mitteln sie sich durchsetzen mussten.

John Berendt • „Midnight in the Garden of Good and Evil": Handelt in Savannah und beschreibt in Romanform u.a. die Entwicklung des Voodoo-Kultes in der Stadt. Gut geschrieben und eine hervorragende Lektüre für unterwegs. In Savannah nur als „The book" bezeichnet.

Allgemeine Sach- und Reiseliteratur

 Deutschsprachig

„Baedekers USA" • Stuttgart. Sicherlich das Standardwerk für Gesamt-USA. Sehr ausführlich vor allem im landeskundlichen Teil, zeitlich relativ unabhängig im touristischen Teil.

Jacob Holdt • „Bilder aus Amerika". Sozialkritische Bestandsaufnahme – besonders der Schwarzenprobleme in den Südstaaten. Viele Fotos.

Michael Iwanowski/Margit Brinke/Peter Kränzle • „**Reisehandbuch USA – Ostküste**", Iwanowski Verlag Dormagen. Mit vielen Tipps untermaltes Reisehandbuch. Gut geeignet für diejenigen, die von New York aus anreisen.

Michael Iwanowski • „Reisehandbuch USA – Florida", Iwanowski Verlag Dormagen. Reich an Tipps und gut beschriebene Reiserouten in Florida. Gut geeignet für diejenigen, die von Miami aus anreisen.

Dieter Kronzucker • „**Unser Amerika**". Ausgezeichnete Artikel zum Leben in Amerika und über die Amerikaner. Ein unbedingtes Muss, um Land und Leute zu verstehen.

„New Orleans und Umgebung" • DuMont Verlag. Kleines Buch, welches mit Sicherheit eine der besten Lektüren darstellt, wenn Sie nur New Orleans und das Mississippi-Delta besuchen wollen. Es fehlen ein wenig die „Geheimtipps".

Oskar Schmieder • „**Die Neue Welt, Band II, Nordamerika**", Keysersche Verlagsbuchhandlung München, 1963. Gutes geografisches Gesamtwerk für Nordamerika. Gegliedert nach geografischen Regionen. Die Wirtschaftsdaten sind natürlich mittlerweile völlig überholt. Dieses Buch werden Sie auch nur noch in speziellen Bibliotheken finden.

„New Orleans und die Südstaaten" • DuMont Verlag. Reihe: Richtig reisen. Gute Beschreibungen und Berichte einzelner Höhepunkte für die Staaten Louisiana, Mississippi, Alabama, Tennessee und Georgia. Zum Einstimmen, weniger zum Reisen.

 Englischsprachig

> ☞ **Tipp**
>
> *Die englischsprachige Literatur finden Sie in Europa nur in großen Reisebuchläden. Preislich liegt sie in den USA um gut 40 Prozent niedriger. Wenn Sie sie also nicht für Ihre Reiseplanung benötigen, besorgen Sie sich die Bücher besser dort.*

American Economics, **American Geography**, **American Government**, **American History** • herausgegeben von der amerikanischen Regierung und kostenlos erhältlich in den amerikanischen Kulturinstituten in Europa. Übersichtlich und nicht zu ausgedehnte Erläuterungen zu den einzelnen Themengebieten. 4 Bücher.

Christine Bird • „**Jazz and Blues Lover's Guide to the US**". Hervorragende Tipps zu Livemusik-Clubs in den gesamten USA. In geringerem Umfang werden auch Rock- und Country-Stätten aufgeführt. Gut: Ein Extrakapitel zu dem wenig beschriebenen Gebiet des Mississippi-Deltas südlich von Memphis. Zudem gute allgemeine Erläuterungen zur lokalen Geschichte der einzelnen Musikrichtungen.

Fodor's (Hrsg.) • „**The South**", Fodor's Travel Publications. Nach Staaten gegliederte Übersicht über alle Höhepunkte des Südens. Gute Tipps. Es gibt auch regionale Einzeltitel, Internet: www.fodors.com.

Frommer's (Hrsg.) • verschiedene regionale Titel. Zwar etwas unübersichtlich, aber ansonsten gute Bücher zur Vor-Ort-Erkundung. Viele Adressen und Tipps sowie abgelegene Wegbeschreibungen im Stil von „Off the beaten track". Internet: www.frommers.com.

Mobil Travel Guide • Bände „**Southeast**", „**Middle Atlantic**" und „**Southwest and South Central**". Alphabetische Auflistung und Kurzbeschreibung aller Städte und Sehenswürdigkeiten mit Schwerpunkt auf Hotel- und Restaurant-Empfehlungen.

Kartenmaterial

Hildebrands Straßenatlas • „**USA/Der Osten**". Für bestimmte Gebiete ausführlichere Karten als im Rand McNally. Gute touristische Hinweise im Textteil.

Hildebrands Urlaubskarte • „**Östliche USA**". Gute Übersichtskarte über das gesamte Reisegebiet mit Eintrag der wesentlichen Sehenswürdigkeiten. Gute Karte für die Vorabplanung zu Hause. Für unterwegs zu ungenau.

Hallwag/Rand McNally • Road-Guide-Reihe. Die Karten „Deep South" und „Florida" im Maßstab 1:1.200.000 sind wohl das übersichtlichste, was Sie zurzeit auf dem deutschen Markt erhalten.

Rand McNally • „**Distoguide USA**". In Europa herausgegeben vom Hallwag Verlag Bern. Gesamtkarte der USA. Übersichtlich gestaltet, mit Sehenswürdigkeiten. Gut geeignet für die Vorabplanung zu Hause. Für unterwegs zu ungenau.

Rand McNally • in Europa herausgegeben vom Hallwag Verlag Bern. Das Standardwerk (Straßenatlas) der USA. Karten nach Bundesstaaten gegliedert. Kurzer touristischer Einleitungstext.

Weiterhin sind Karten der einzelnen Bundesstaaten (die auch die wesentlichen Stadtpläne beinhalten) in den entsprechenden Fremdenverkehrsämtern erhältlich. Diese werden auf Wunsch zugeschickt. Ansonsten erhält man sie auch kostenlos an vielen Tankstellen. Bundesstaatenkarten vertreibt auch Rand McNally, und diese können Sie in Europa in größeren Reisebuchläden auch käuflich erwerben.

Stichwortverzeichnis

Abbildungsnachweis

Alle Abbildungen Dirk Kruse-Etzbach, mit Ausnahme von:
S. 32, 78, 421, 477   Dr. Margit Brinke/Dr. Peter Kränzle
S. 455   The Biltmore Company
S. 485   Atlanta History Center
S. 542   Gary Layda/Nashville CVB